中山出版
ZHONGSHAN PUBLISHING
香山承文脉 好书读百年

U0811394

从零开始学金融

刘一文◎著

SPM
南方出版传媒
广东人民出版社
·广州·

图书在版编目（CIP）数据

从零开始学金融 / 刘一文著. -- 广州 ：广东人民出版社，2018.3（2019.4重印）
ISBN 978-7-218-12547-3

Ⅰ. ①从… Ⅱ. ①刘… Ⅲ. ①金融学－通俗读物 Ⅳ. ①F830-49

中国版本图书馆CIP数据核字(2018)第023541号

CONG LING KAI SHI XUE JIN RONG
从零开始学金融　　刘一文　著
版权所有　翻印必究
出 版 人：肖风华

责任编辑：李锐锋　冼惠仪
装帧设计：陈宝玉
封面设计：

统　　筹：广东人民出版社中山出版有限公司
执　　行：何腾江　吕斯敏
地　　址：中山市中山五路 1 号中山日报社 8 楼（邮编：528403）
电　　话：（0760）89882926　（0760）89882925

出版发行：广东人民出版社
地　　址：广州市大沙头四马路10号（邮编：510102）
电　　话：（020）83798714（总编室）
传　　真：（020）83780199
网　　址：http://www.gdpph.com
印　　刷：恒美印务（广州）有限公司
开　　本：787mm×1092mm　1/16
印　　张：14.5　　字　　数：165千
版　　次：2018年3月第1版　2019年4月第3次印刷
定　　价：39.00元

如发现印装质量问题影响阅读，请与出版社（0760-89882925）联系调换。
售书热线：（0760）88367862　邮购：（0760）89882925

前　言

金融是未来若干年的热门行业，这是毋庸置疑的。当前，我国的金融业正处于飞速发展的阶段，中资金融机构和外资金融机构都需要大批量的金融人才，因此，学好金融就能拥有很大的就业市场。

即便所学的不是金融专业，日后也不打算从事金融行业，但扎实地掌握一些金融知识，能对自己的职业生涯和个人理财有着极大的帮助。

从国内看，金融是连接各个部门、各个行业、各个单位的重要手段，也是把社会中每个成员联系起来的重要枢纽，更是国家管理、监督和调控国民经济运行的重要杠杆。

从国际看，金融是世界各国政治、经济和文化交往的重要纽带，也是实现国际贸易、引进外资、加强国际间经济技术合作的重要桥梁。

学点金融知识，不仅能缩减个人开支，还能增强自身的风险意识。金融能够明显地提升人们的竞争力，这不仅对自己是一个提高，对民族经济的发展也会起到推动作用。读完《从零开始学金融》，您就会发现金融现象一直充斥在您身边。对一些出国旅游的人来说，人民币升值，旅游的费用也会便宜很多。比如去美国留学，由于人民币对美国的冲击很大，造成美元贬值，在出行费用上甚至能节约 1/3。

您或许会发现，在外国买东西很便宜，而当地商家的东西却卖不出去，比如只用 30 美元就能买一双约合人民币 600 元的耐克运动鞋；花 35 美元左右，就能买到一条李维斯的牛仔裤。读完这本书后，您就会发现，生活中的种种现象都跟这个词——金融密不可分。

本书共分四篇，第一篇详细介绍了当今的金融时代，告诉您金融并非什么高贵冷艳的难题，而是我们身边最常见的现象。本书会拂去金融神秘的面纱，即便是零基础的人，也能轻而易举地理解金融。

本书从第二篇开始逐步深入，让您漫步在金融的世界，明白如何在金融时代里独具慧眼，一旦遭遇金融风险，能全身而退。本篇采用犀利的语言和生动的例子，让您对货币现象洞若观火，一眼就能看出隐藏在货币背后的本质。

第三篇是从宏观角度阐述金融知识，让您在日常生活中，乃至国际环境中都能准确地把握金融问题；让您看到金融领域中的前车之鉴，避免重蹈覆辙。

第四篇是让您得心应手地运用金融。大浪淘沙，剩下的都是金子般的精华。本书将在本篇揭开资本高手神秘的面纱，教您如何应对生活中的金融骗局，避免财产损失。

《从零开始学金融》用浅显幽默的语言和适当的例子，详细讲解了金融运行的规律，以及价值流导向实物流的运行过程，并向您展示了货币资金运动如何导向物质资源运动。

读完本书后，您会发现只要金融运行得正常有效，货币资金的筹集、融通和使用就能有效，社会资源的配置也就合理，国民经济也能走向良性循环，现代经济中调节宏观经济的重要杠杆就是金融。

综观全书，您会发现，金融是联结国民经济各方面的纽带，能深入、全面地反映成千上万的企业及事业单位的经济活动。同时，与老百姓息息相关的利率、汇率、信贷、结算等金融手段，本书也做了详细的阐述。

下面，让我们一起翻开这本《从零开始学金融》，开启自己的金融高手之路！

目录

第一篇 金融时代，越是高贵冷艳，越要以平常心对待

第三篇
金融的罪与罚，机遇与挑战，前世与今生

第四篇
勇敢拥抱金融梦，不是高手，胜似高手

第一篇

金融时代，越是高贵冷艳，越要以平常心对待

第一章
金融扫盲，学好金融不犯错

“金融盲”的人生，处处是“糟点”

有一位亿万富豪，他受朋友的邀请来华尔街谈一笔生意。然而，当富豪下车后却没有前往酒店，而是径直来到了华尔街银行。

富豪到这家银行借了5000美元的贷款，还款期限为两星期。银行工作人员告诉富豪，来华尔街银行贷款，必须有房子或车之类的东西做抵押。于是，富翁就用停在银行门口的劳斯莱斯做抵押。

银行职员将富豪的劳斯莱斯停在银行的地下车库里，然后借给富豪5000美元。

两个星期后，富豪来银行还钱。两星期的利息一共是15美元。这时候，银行职员突然发现富豪这一账户上竟然有几千万美元，惊诧道：“您在我们银行的账户里就存有几千万，为什么还要借钱？”

富豪笑着说：“15美元使用两个星期的停车场，在华尔街是永远找不到的。”

各位可能觉得故事中的富豪十分聪明，或者十分狡猾。其实，他只不过多懂了一点金融方面的知识罢了。因为在这个理财时代中，“金融盲”注定要被淘汰。

有些人很奇怪，为什么自家的老人隔三差五就被邀去听讲座，或者结伴去聊聊天，而且每次去坐坐就能获得免费的礼品。这就是所谓的投资公司和投资担保公司，专门用“免费的甜蜜”去诱骗老年人。问题是，为什么老人会成为“投资公司”的受害者？他们又为什么会对这些“投资公司”“理财公司”深信不疑呢？

有的老人说：“当时接单子的人一个接一个，我拿了张单子后，就有个人跟我说‘走，到我公司看看’，又说有免费礼品拿，我就去了。”

这些“投资公司”就是看中了老人对金融不了解，于是挖了一个又一个坑，等着他们往里跳。这一次次看似机缘巧合的相遇，却使老人陷入了难以面对的投资噩梦。

我国一些金融学会也做了一番调查，发现那些行骗的人主要针对一些年老的市民。因为他们的理财愿望迫切，而且手上有很多余钱。这些老人的共同特点是特别缺少金融知识，甚至是“金融盲”，他们

“金融盲”

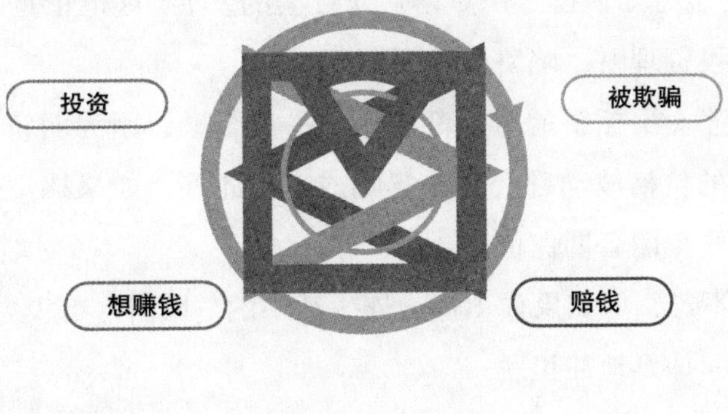

根本不懂什么叫理财，也不想了解，所以很容易上当受骗。

这些不懂金融的老人说：“每次进去坐坐都能获得免费的礼品，人家出手大方，利息也比银行高出几倍，关键是经营证件还合法齐全。”此外，一些业务员还会打出“亲情牌”，比如“给你的孩子存钱”“让你的孩子生活得更轻松”等。甚至有的业务员还忽悠“金融盲”，说自己的理财或投资的产品，年息能达到18%。

专家表示，这些投资公司之所以多选择在银行附近驻点，其实是有目的地制造一种错觉。他们套用当地金融机构的信誉，有意把自己所谓的“投资担保公司”开在当地银行附近。

这就给当地的“金融盲”造成一种错觉，让他们觉得这些“公司”跟当地的银行是一样的，这种误导心理对“金融盲”十分有效。然而，当“金融盲”意识到问题的存在时，这些违规经营的投资公司却早已经人去楼空了。

其实，出现这种状况的原因不仅是监管力度不足，还有就是老百姓的金融素质不够。这种打着“投资、理财”旗号的公司，正是看准他们贪财的心理，并进行了详细的策划。

当今社会是个理财的社会，但在这个时代背景下，也有一个不容忽视的事实：现在，绝大多数“投资者”，尤其是老年人中的“投资者”，他们的金融知识已经严重落后于社会的发展。这也正是“金融盲”频繁落入“投资理财”陷阱的重要原因。

现今，连卖手抓饼的摊主都应该学一点金融，因为面粉、鸡蛋、里脊等原料的价格波动都会直接影响成本。此外，如果摊主想要考虑开个店，就要考虑套期保值了。

金融学不难，但如果你不懂，连生活中的“陷阱”都没办法避开，就只能两眼一抹黑地往里跳。

从本质上看，金融就是一门关于未来、关于不确定性的学科。很多人不明白为什么会出现金融这个词，其实解释起来很简单。因为总有人手里有多余的钱，比如老人的退休金，而总有人在需要用钱的时候，自己又没办法一下子拿出钱来，比如年轻人要购房、要创业。

金融学就是要研究这笔钱进出的过程。如果你不想在生活中“两眼一抹黑”，那么，学点金融很重要。

金融学高贵冷艳？那是你被“out”了

今天，小镇的居民在炎热的天气中度过了慵懒的一天。太阳高高地挂在天上，街道上也没有行人，因为小镇上的所有居民都债台高筑，只能靠信用度日。

这时，从外地来了一位很有钱的客人。他走进了镇上的旅馆，并且拿出了10张百元大钞放在柜台上，说自己要先看房，挑一间最舒适的房间过夜。

就在客人上楼选房间的时候，店主拿起这叠钞票，跑到肉店付清了自己拖欠的肉钱。肉店老板拿到钞票后，赶紧去农场付清了农场主的猪钱、牛钱。

农场主拿到钞票后，赶紧去饲料铺还清了拖欠的饲料款。那个卖饲料的人拿到钞票后，赶紧付清了他给饲料做广告的钱。

广告商拿到这1000元，又赶忙冲进旅店，付清了自己拖欠的房费。

正当旅馆店主收好这10张钞票的时候，外地来的旅客下楼了。

他拿起1000元，抱怨说："这个镇上的房间太差了，没有一间让我满意。"于是他把钱收进口袋，走了。

这一天，没有任何人卖出东西，也没人买到什么东西，也没人生产什么东西，但全镇的债务都还清了，大家都很开心……

这个故事告诉人们一个什么道理呢？那就是现金只有流通才能产生价值。这是金融中很平常的知识点，看完之后，您还觉得金融学很难懂吗？

金融学并没有多么高贵冷艳。有人说，金融是很残酷的，是聪明人才能弄懂的东西。其实不然，金融并不比其他东西难多少，因为我们身边处处都是和金融有关的事情。

就像现在十分流行的"小清新"和"文艺青年"这个名称一样，如果给这类人群找个反义词，最恰当的当属"金融青年"。

这句话很好理解。文艺青年经常说："从明天起，我要有一所房子，面朝大海、春暖花开；从明天起，我要做一个幸福的人，喂马劈柴、周游世界；从明天起，我只关心身边的亲人、爱人和友人……"而金融青年会理性地告诉你："这一切的前提是你必须有一所房子……"

关于房子，如果你能用"金融思维"去看待它，你就不会迷恋某著名人士的那句"不买房、买梦想"的话了。金融，就是把你从梦幻当中拉回现实的钥匙。

卖火柴的小女孩划了无数根火柴，看到了无数甜蜜的幻想，但早上起来后，人们却发现她早已冻死在街头。如果没有金融思维，你的梦想不过是画出来的饼。

金融学的内容，用几个馒头就能说清。

东村有两个年轻人，小A和小C，他们都有点手艺。东村的人都

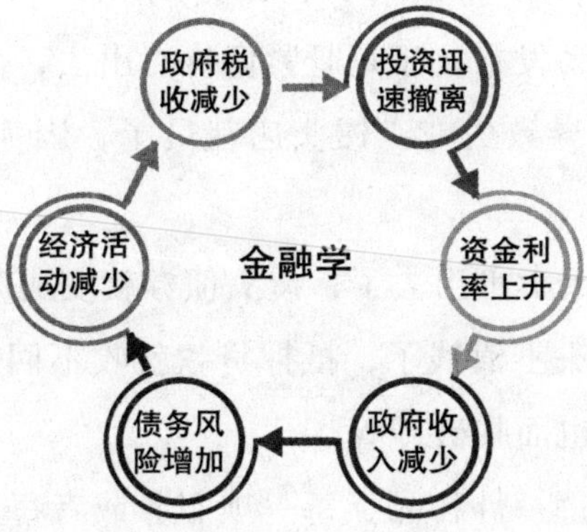

爱吃馒头，而且东村每天的馒头需求量是 50 个。于是俩人决定去卖馒头。一开始，他俩规定每人每天卖 25 个馒头，每个馒头卖 1 元，每天产值为 50 元。

题目已经列好了，下面我们来具体分析一下：

虚拟经济是指：小 A 跟小 C 商量好，他俩相互买卖。也就是说，小 A 每天从小 C 那里买 100 个馒头，而小 C 也从小 A 那里买 100 个馒头。彼此用记账的方式，馒头的价格不变，还是 1 元一个。如此一来，每天的交易量就变成 250 元。

泡沫经济是指：两个人去西村相互买卖，每个馒头卖 5 元，而小 A 和小 C 把自己的馒头涨到 2 元。东村的人听说，有的馒头卖 5 元 1 个，而自己村里的馒头只卖 2 元，赶紧购买。

融资是指：馒头不能立马做出来，于是增加了预订馒头。小 A 和小 C 一方面增加馒头产量，另一方面卖远期馒头，还做起了发行馒头债券的交易。买馒头的人不仅能用现金购买，还支持用抵押贷款购买。

次级债券是指：有些人想买馒头，但是他既没有钱，又没有抵押物，于是小 A 和小 C 就发放次级馒头债券。

泡沫破裂是指：某一天，人们发现买来的馒头根本吃不完，放起来既占地方，又容易发霉，于是赶紧低价卖出去，甚至赔本卖出去。

金融危机爆发导致失业：馒头店裁员了，因为每天只需要50个馒头就足够了。

次贷危机：馒头卖不出去了，馒头债券就变成废纸。

金融危机：馒头不值钱了，抵押贷款就收不回来，贷款银行就面临危机，保险公司也面临破产等。

其实，未来的每一件物品、每一项服务或者每一个企业，都有可能变成一个金融产品，然后就会有人对这些产品进行金融运作。比如电影就可以金融化：当你被影片吸引的时候，别人却在赌票房。

金融活动，就是钱生钱、钱滚钱

西塔发明了国际象棋，这让国王非常高兴。于是国王决定要重赏西塔。

西塔说："在下不需要您的重赏，陛下。您只要再把一些麦子赏到我的棋盘里就行了。"

国王有些不屑一顾。

西塔笑着说："您在棋盘的第1个格子里放1粒麦粒，在第2个格子里放2粒，在第3个格子里放4粒，在第4个格子里放8粒……依此类推，以后每一个格子里放的麦粒数都是前一个格子里放的麦粒数的2倍，直到放满第64个格子就行了。"

国王觉得很容易，于是同意了。但国王很快就发现，即使把国库里所有粮食都给他也不够。

尽管从表面上看，西塔要求的起点非常低，只有1粒麦子。但是经过多次乘方，就形成了一个令人咋舌的庞大数字。

很多人看完后，会把这个故事当成一则笑话，其实不然。这在金融行业中是非常重要的内容——复利。

诺贝尔在全世界20个国家内开了约100家工厂，在弥留之际，诺贝尔立下了遗嘱，将自己的财产变成基金，每年用这个基金的利息作为奖金，奖励那些在前一年度为人类做出卓越贡献的人。

诺贝尔奖的本金为3100万克朗。各位可以看一下历年诺贝尔奖奖金的变化情况：

1901年，奖金15万克朗；

1980年，奖金100万克朗；

1991年，奖金600万克朗；

1992年，奖金650万克朗；

2000年，奖金900万克朗；

2001年，奖金1000万克朗；

……

各位不难发现，诺贝尔发放的奖金总额，早已远远超过诺贝尔遗产的本金数额。有没有人想过这个问题，究竟是什么能让诺贝尔奖的奖金永远都发不完？

其实，如果这个世界上没有复利的话，那诺贝尔奖早就已经不复存在了。1953年，诺贝尔奖的资产只剩下300多万美元。加上通货膨胀的影响，这些钱只相当于1901年的30万美元。

于是，诺贝尔基金会的理事们求教理财专家，用一种新的理财方式，一举挽回了诺贝尔奖即将破产的危机。2005 年，诺贝尔奖的总资产增长到了 5.41 亿美元。这就是著名的“72 法则”。

72 法则，就是用 72 除以回报率，可以估出本金增减所需的时间，反映出复利的结果。举个例子，假如你投入了 100 万元，年利率是 10%，那么，你的 100 万增长到 200 万元，大约需要 72 ÷ 10，也就是 7.2 年的时间。

各位可以看一下复利计算公式：F =P（1+i）n

其中，P 就是本金，也就是那 100 万元；而 i 则是利率，也就是 10%；n 为持有期限。

复利最大的魅力就在于，本金产生利息，利息也能产生利息，就像滚雪球一样，越滚越大。

大家都认为致富的先决条件是庞大的本金，其实并非如此。“不积跬步，无以至千里；不积小流，无以成江海”就是这个道理。说白了，只要懂得复利，一粒米也能变成大粮仓。

有两个人，第一个人在 23 岁的时候，每年投资 1 万元，直到自己 45 岁，按照年复利率 15% 的收益增长；另一位在 32 岁才开始投资，他每年投资 2 万元，同样是 15% 的复利率。当二人都到 45 岁时，谁的钱更多？

答案很容易算出：先投资的人赚得更多。

先投资的人，在他 45 岁时，通过复利能得到约 138 万元，而后投资的人，到他 45 岁时只能获得 68.7 万元。这就是复利的力量。

爱因斯坦说过这样一句话：“宇宙间最大的能量是复利，世界的第八大奇迹是复利，复利的威力比原子弹更可怕。”也就是说，你从现在开始就必须有工具箱意识。

什么是工具箱意识呢？即你的房子、车子、票子等都是你的金融工具。你的目的不只是拥有它们，还要利用它们。你需要通过更新、倒手、与赎回去实现增值。通过增值，你就可以将自己的高度堆砌起来，从而获得更多资源。

说白了，金融的本质就是如何“钱生钱”。要知道，钱并不是万恶之源，钱只是将一切物品进行“量化”。人类的资产可以量化，思想可以量化，生命可以量化，感情可以量化，甚至连时间都可以量化。

就像金融界中常说的一句至理名言：“万物皆为我所用，万物皆不为我所有。一切有形资产都是身外之物，你在这一过程中形成的思想、格局才是自己的。”

什么是金融运作？就是把资金进行推动，让资金流通到最有效率的地方，可以是国家，可以是产业，可以是项目，也可以是个人。只有资金到位，才能进行资本的增值和扩张。

中国目前处于金融时代，甚至全面金融化。所以，一定要让自己的资产迅速滚起来。这一轮资产的金融化，就是中国下一轮的红利！

金融的真谛，告诉你钱与幸福的关系

假如把男人和女人分别划成A、B、C、D四种优秀程度，在男性中，大家普遍的心理状态就是如此：A男想找B女，B男想找C女，C男找D女，D男没有选择的余地，只能被剩下。

反之，女人在心理方面却是大不相同，即：A、B、C、D女都想跟A男谈恋爱。与男性心理综合，最后的结果就是剩下A女和D男。

在金融学中有个公式叫幸福 = 效用 ÷ 期望值。

比如，你的男朋友因为工作得十分出色，老板私下给了他1000元作为奖励，男朋友说要给你花掉其中的一部分。

问题来了，如果你听到这个消息后，期望他能给你买个价值10 000元的钻戒，那么，用1000除以10 000，你的幸福感只有0.1；如果你的期望是，让他给你买一支价值200元的口红，那么，1000除以200，你的幸福感就是5。

中国有句俗话说得好：知足者常乐。大家都知道，只有健康 + 财富 + 心情，才能构筑起幸福的基石。

一个人如果光有物质财富，而缺乏精神方面的财富，也不能说他是幸福的。比如，如果你没有一个健康的身体，光有财富也不会幸福；如果光有财富，却要钩心斗角，生活也不会幸福。

也就是说，如果没有快乐的心态、乐观进取的人生观，那么，即便你拥有再多的财富，也不会感到幸福。同时，如果你没钱，就没办法获得自己想要的东西，就会有束缚感，也不会感到幸福。

在金融领域中，对如何衡量幸福的指标给了三个标准：富足感、

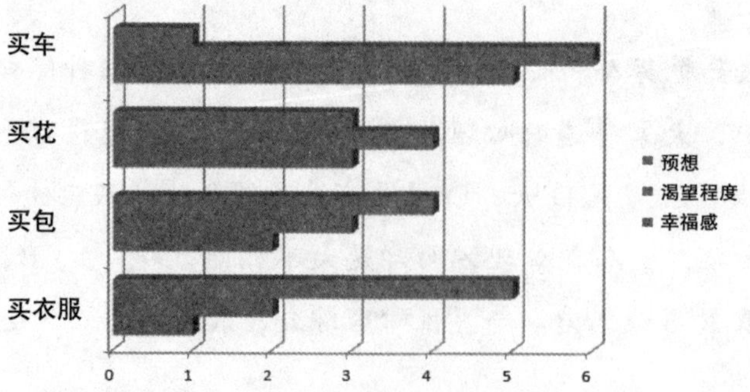

受偿感和安全感。用专业术语讲，财富主要包含了四大要素，即自然资本、生产资本、人力资本和社会资本。这就是财富的广义概念。

具体到个人，老百姓所指的财富就是财产。换句话说，就是各种能给自己带来实际利益的资金或资产。具体分为无形资金、有形财物和无形资产三大类。

无形资金是指你所持有的现金、债券、股票、基金和外汇等。

有形财物是指你的资产、房产、车辆、贵重金属、文物和珠宝等。

无形资产主要包括两类，一类是知识产权、专利和版权；另一类是本身不具备实际价值，但通过某些方式的运作，可以产生具有某种实际价值的东西，比如社交关系、个人形象、经验等。

其中，无形资产是不能用具体的货币来衡量的产物，但它也是财富的一部分。据统计，人类绝大部分的幸福感都来自于无形资产，因为它们既可以满足你的心理需要，又能够间接地将其转化为普通意义上的钱财。

从某种意义上来说，这些无形的东西甚至可能比普通的财产更重要。老话常说，金钱买不来幸福。然而，英国剑桥大学一个有关金融方面的研究发现，金钱是可以带来幸福的。不在于你有多少钱，也不在于你花了多少钱，而在于你是如何将钱花在有价值的行为上。也就是说，看你有多少钱能花在自己喜欢的事情上，在这方面，你花的钱越多，就越能带来幸福感。

比如有些女生喜欢各种漂亮的衣服，只要拥有购买很多件衣服的能力，你就会获得幸福感。也就是说，花钱要注重自我感受，而不是盲目地花钱，这样的行为更加有意义，也更能够给人带来欢乐体验。

各位可以看一下具体案例，就很容易理解钱与幸福的关系了。

日本兵库县有个村子叫丹波村。当时，整个日本都普遍富裕起来，只有这里十分贫穷——土地贫瘠、物产匮乏、交通闭塞……丹波村的村民们十分焦虑，可又没有办法。于是，村民们坐在一起讨论致富良方。

一位聪明人说："既然只剩下贫穷和落后，何不靠出售贫穷和落后致富？"

他向村民建议道："今后，大家都住到树上去，不要穿那些正常的衣服，只穿树皮和兽皮，都像原始人那样生活。这样，城里人就会来丹波村观光旅游，我们就有钱填饱肚子了。"

村民们听从了聪明人的建议，果然，这种另类的生活引起了城里人的好奇，大家纷纷来这里观光。不到一年，丹波村的村民们都能填饱肚子了，终于过上了幸福的生活。

这个例子并不是反面举例，因为没钱就没有幸福。各位可以试想，如果没有钱，连吃穿住行都是问题，还谈什么幸福感呢？

现在的社会是个欲望的社会，谁有钱，谁的幸福感就越高。比如，欧洲居民的幸福感要比非洲的居民高，因为有钱等于福利好，待遇好；城市的幸福感比农村高，因为农村赚不到钱，没有钱，连吃饭看病都成问题，还说什么幸福呢？

为什么我国要以经济建设为中心？就是为了让人民有更多的钱去创造幸福。有钱，是为了更幸福地生活，是为了该花钱的时候不至于无能为力。社会就是这么现实。

以金融之道治国，造就富有的人民

著名的“e租宝”案宣判了！

两年内，“e租宝”靠非法集资积累了762亿元，它的受害投资者遍布全国31个省。因此，“e租宝”又被业内称为“P2P第一案”。

9月12日，北京市第一中级人民法院依法公开宣判了被告单位——安徽钰诚控股集团、钰诚国际控股集团有限公司以及被告人丁宁、丁甸、张敏等26人。他们以集资诈骗、非法吸收公众存款被立案审判。

“e租宝”案的审判结果为：26人均获刑，主犯丁宁被判处无期徒刑，并处罚金1亿元；两个公司分别被处罚金，共计19亿元。同时，法院对张敏等24人，分别以集资诈骗罪、非法吸收公众存款罪、走私贵重金属罪和偷越国境罪，判处有期徒刑3年至15年不等，同时剥夺其政治权利并处以罚金。

截至目前，“e租宝”案已经追缴回部分资金，并且追回部分公司股权，以及房产、机动车、黄金制品、玉石等财物。“追赃挽损”的工作仍在进行中，据相关人士透露，追缴到案的资产会移送执行机关，按比例发还给投资受害人。

从案例中不难看出，“e租宝”就是一个彻头彻尾的骗局。这种骗局在金融上又称作“庞氏骗局”，就是“空手套白狼”的意思。

“e租宝”对外宣称，他们的经营模式是这样的：“由集团下属的融资租赁公司与项目公司签订协议，然后在‘e租宝’平台上以债权转让的形式发标融资；融资后，项目公司向租赁公司支付租金，租赁公司则向投资人支付收益和本金。”

照正常情况看，租赁公司会靠项目利差赚钱，而“e 租宝”的平台则赚取中介费，但其所谓的融资租赁项目根本名不副实。

主犯丁某交代道：“我们虚构融资项目，把钱转给承租人，并给承租人好处费，再把资金转入我们公司的关联公司，以达到事实挪用的目的。”据交代，他们在作案前后，特意花了 8 亿多元向项目公司买资料，造成全国大部分人都将资金投入到这个骗局中。

由此可见，金融对社会稳定有着很大的作用。就像习近平总书记说的那样：“金融活，经济活；金融稳、经济稳。必须充分认识金融在经济发展和社会生活中的重要地位和作用，切实把维护金融安全作为治国理政的一件大事，扎扎实实把金融工作做好。”

2017 年 4 月 25 日，习近平总书记在主持中央政治局第四十次集体学习时，提出了 6 项维护金融安全任务。由此可见，国家愈加重视金融。只有老百姓都懂点金融，中国才能从基层真正富强起来。

但首要的一点，还是由领导层将金融知识普及下去。习总书记的 6 项维护金融安全任务中，有一条便是“提高领导干部金融工作能力，领导干部特别是高级干部要努力学习金融知识，熟悉金融业务，把握金融规律，既要学会用金融手段促进经济社会发展，又要学会防范和化解金融风险，强化监管意识，提高监管效率”。

要做好金融工作，就离不开专业的金融人才。可我国在当前阶段，无论是城市还是农村，无论西部地区还是东部地区，都普遍缺少懂金融的专业人才。在各级领导班子中，尤其需要一些懂金融、懂资本运作的干部。

据了解，我国的金融人才占比不到公务员总数的 1%。从世界发

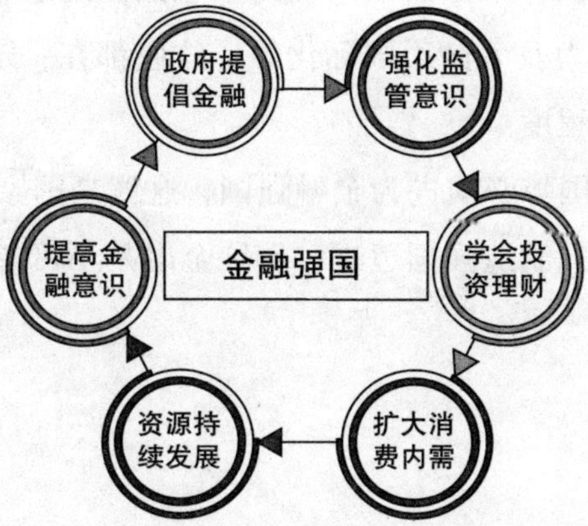

展经验中不难看出，经济强国一定是金融强国，而唯有成为金融强国，才能真正成为经济强国。金融强国是我国可持续发展的必然方向。

金融不仅是现代经济的核心，更是资源配置的枢纽。金融强国作为国家经济的主要表现方式，主要建立在强大的经济和军事基础上。当代的金融强国，都会凭借其金融能力的强大，靠竞争力在世界经济资源配置中站稳脚跟。

从国家经济的发展阶段看，金融强国是大国发展为经济强国的必经阶段，与经济决定金融的基本逻辑相契合。因为金融业的发展，主要来自于本国经济的内部融资需求。此外，金融业也与国家实体经济发展阶段相一致。

一方面，经济强国都是从制造业起步的，制造业规模大，就会产生极大的融资需求。金融机构和金融市场的服务范围也随着内部动力而拓展。另一方面，实体经济的发展，常常伴随利润率的平均化和边际收益的递减过程，从制造业走向服务业，规模从质量化走向对金融服务多层次、多元化、多类型的要求。

今天，我国从各个方面都体现出金融强国的趋势。比如消费者在境外的强大购买力及人民币国际化等，这些都在一定程度上体现了我国对金融的重视程度。

世界制造强国势必演进为金融强国，这就是国家发展“潜规则”。我国从制造大国向制造强国迈进，发展金融是不可忽视的一点。

第二章
当贫者越贫，富者越富

马太效应：强与弱、贫与富的铁律

《圣经》中曾记载这样一个故事，古罗马一位富人某次出远门前，将他的仆人们都召集在一起，想将自己的财产托付给仆人们照看。眼看仆人们恭谨地站成一排，富人仔细观察，心里渐渐有数了。

他将五个塔伦特交给了第一个仆人，将两个塔伦特交给了第二个仆人。轮到第三个仆人时，富人沉思了一下，只往他手里塞了一个塔伦特。富人归置好财产，满意地出门了。仆人们拿着属于自己的塔伦特，四散而去。第一个仆人怀揣着5个沉甸甸的塔伦特做起了生意。他脑筋活络，不久就又赚到了5个塔伦特。

第二个仆人亦将手中的两个塔伦特作为本钱，略施小计便又赚到了两个塔伦特。只有第三个仆人，在拿到那一个塔伦特后便将它用手帕层层包裹，藏了起来。月余后，富人远行而归，将仆人们召集在一起，向他们询问情况。

第一个仆人向富人展示赚到的5个塔伦特，兴致勃勃地说起自己做生意的过程。富人很高兴，当场将那10个塔伦特都赏给了第一个仆人。

第二个仆人也绘声绘色地述说起当初的经历。富人饶有兴趣地听着，同样大方地将4个塔伦特都赏给了第二个仆人。

轮到第三个仆人的时候，只见他扭扭捏捏地捧着那一个塔伦特，还没来得及说什么，富人便勃然大怒道："你这又懒又馋的仆人……"他随即命令身边的人将第三个仆人手里的那个塔伦特夺过来，赐给了第一个仆人。

身边的人不解，富人却说："凡是少的，应连他仅有的也要夺过来；凡是多的，却还要给他更多的东西，令他多多益善。"

《圣经·马太福音》距今已有2000多年，这个故事所讲的现象也是在社会中随处可见的，这又仿佛是一个不破的真理。有人将其形容为"赢家通吃"，也有人说这是强与弱、贫与富的铁律。

1968年，美国著名社会学家罗伯特·莫顿第一个提出"马太效应"这个术语。它描述的是这个世界中既残酷又真实的那一面，即贫者越贫、富者越富。

任何个体、群体或者地区，一旦在金钱、名誉或者社会地位等方面取得成功和进步，会逐渐变成明显的优势，而这种优势会随着时间的推进不断积累，便有机会去获得更多的成功和进步。这便是"马太效应"的实质意义。

在如今的社会中，成功的"倍增效应"无处不在。在经济领域，更是常见不鲜。其实这很容易去理解，比如说，在投资回报率相同的情况下，本金越比别人多，收益也就越大。

在资本市场中，财力雄厚的大企业可以为了广告和营销一掷千金，从而使得其名气愈发广为人知；而小企业却常常捉襟见肘，不得不精打细算，甚至在愈发激烈的市场竞争中战战兢兢地夹缝生存。

面对“马太效应”，普通百姓又该如何去管理自己的个人资产呢？你的财富是越积越多，还是逐渐缩水？想要彻底看清金融的真面目，那就绕不开“马太效应”。

若能善用“马太效应”，在这个“赢家通吃”的社会里，你非但不会输，还能赢得漂亮、赢得出彩。

善用财务杠杆，用金融撬动人生

古希腊物理学家阿基米德说过，给我一个支点，我将撬动整个地球。在物理学中，利用杠杆和支点，便能将最小的力量发挥至极致。在金融学中，同样存在着财务杠杆的概念。将财务杠杆运用得出神入化的金融大咖们，总能顺利地走上人生巅峰。

财务杠杆在金融领域中的应用极其广泛。关于财务杠杆的具体含义，大体可分为以下几种观点。

第一，财务杠杆又被称为融资杠杆、资本杠杆或者负债经营。企业在制定资本结构决策时对债务筹资的利用，揭示了财务杠杆其实是对负债的某种利用的本质。

第二，有些财务学者认为财务杠杆指的是筹资过程中适当举债，即对企业的资本结构做适当调整，以此获得额外的收益。而负债经营一般又会造成正财务杠杆和负财务杠杆这两种结果，在这种认知范围

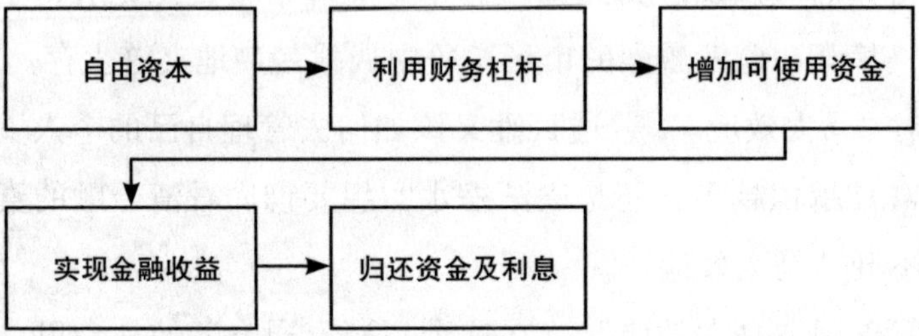

中，财务杠杆强调的是通过负债经营能够引起的结果。

第三，在企业的资金总额中，在使用利率固定的债务资金的前提下，企业主权资金收益所能产生的超出预期的影响便是财务杠杆的实质意义。这种观点和财务杠杆的第二种定义有着类似之处，都比较重视负债经营的结果。

在物理学中，杠杆是用来节省力量的好帮手。在金融学中，财务杠杆也有着“省力”的特点。在贷款利率远远低于资金利润率的前提下，利用财务杠杆的原理，即通过增加贷款数额的同时将自有资金的支出大大降低，使得资金的流动率大大提升，从而一举将收益水平拉到最高。

也就是说，用借来的钱去赚更多的钱。当然，借钱的利息一定要比赚来的钱低，才能保证利益最大化。否则，你贷的款项越多，损失就越大。这里又涉及财务杠杆率的问题，按照金融专家的解释，财务杠杆率是营业利润和税前利润之比。财务杠杆能带来巨额收益，也能带来风险。

杠杆率便是衡量一个企业负债风险的指标，通过杠杆率，便能看出该企业的还款能力。相信很多人都对2008年的金融危机记忆犹新，而引发这场危机的最重要原因之一是银行体系的表内外杠杆率的超额累积。

再往前看，1998 年金融危机的爆发也与杠杆率累积分不开。投资银行在巨额利润的诱惑下，往往采用 20 — 30 倍的杠杆操作。高收益的同时也伴随着高风险。

从 2007 年 8 月起，次贷危机如一场危机重重的旋风依次席卷美国、日本等发达国家，世界主要金融市场遭受大规模重创，美国新世纪金融公司、英国诺森罗克银行等知名企业的抵押贷款业务被沉重打击。

除此之外，花旗集团、瑞士银行等大型综合银行或投资银行更在此危机中损失巨大。在二十多倍高杠杆的持续作用下，世界金融巨头们在次贷危机中无一幸免，投资损失率竟高达 18% — 66%。

有人说，杠杆其实就是将盈亏放大的倍数。100 元赚 1%，若杠杆提升至 5 倍，便赚 5%，若提升至 100 倍，便赚 100%。善用财务杠杆，才能用金融撬动人生；滥用财务杠杆，甚至会落得一个从云端跌至谷底的结局。而财务杠杆率能让你一夜暴富，也能让你一夜破产，就看你能否理智去面对这柄“杠杆”。

近些年来，国内多家上市公司财务杠杆频频“超标”，资产负债率一度居高不下，企业业绩长期处于亏损状态。盘点上市公司 2014 年年报数据，可以看到，2014 年，在 2771 家非金融上市公司中，上市公司资产负债率约有 369 家，占比为 13.32%，而这些公司的资产负债率都超过 70%。

从 2014 年至今，这个数据在逐年增加。这些上市公司错估行业前景，并盲目借债，使得财务杠杆多次“超标”，才使得资产减值，业绩下滑。盲目借钱扩大产能的企业很容易面临这种风险。

财务杠杆虽是省力的好帮手，但一旦破裂，引发的后果不堪设想。

当资产负债率超过了“警戒线”，当巨额借债无法转化为预期的利润，财务杠杆的溃破便无法阻挡。

在金融市场中，从来不乏那些能够正确运用财务杠杆的企业，它们在激烈的市场竞争中步步为营，勇敢理智，利用借来的钱获取了最大的利益，既壮大了企业规模，又使得企业的发展立于不败之地。

在现实生活中，若能善用财务杠杆，普通人也能获得超出预期的资产性收益。善用财务杠杆，用金融撬动人生。

帕累托法则，这世界充满不公平

有一种有趣的现象充斥在我们生活中。

企业里有八成的利润来自于二成的项目或重要客户；社会上，二成的人掌握着八成的财富；人类社会中，二成的人身上集中了八成的智慧，等等。

这种现象在时间管理领域也很常见。二成的重要项目能带来八成的工作成果；在大部分情况下，工作的前二成时间，会带来全部效益的八成。

这就是著名的“二八法则”。这个法则对我们的启示是：“大智有所不虑，大巧有所不为。”意思是你在工作中要避免把时间花在多数的无用问题上，因为就算你花了八成的时间，也只能取得二成的成效，完美地完成不重要的工作是最费时间的。

正确的做法是把时间花在少数的重要问题上，因为你只花二成的时间，即可掌握重要的少数问题，取得八成的成效。

工作中，各位应当学会“不钓小鱼，钓鲸鱼”。就算你抓到100条小鱼，所拥有的也就是一桶鱼；如果你抓住了一条鲸鱼，你就不枉此行了。

“二八法则”在金融行业的学名为“帕累托法则”，是19世纪末20世纪初意大利经济学家帕累托发现的。

帕累托认为，在任何一组东西中，最重要的只占其中一小部分，约二成，其余的八成尽管占大多数，但都是次要的，因此，“帕累托法则”又被称作“二八定律”。最初，“二八法则”只限定于经济学领域，后来这一法则被推广到社会生活的各个领域，且深为人们所认同。

这个法则其实很好理解，就拿股市来说吧。

在股市中，八成投资者的脑子里都是怎么赚钱，只有二成的投资者会考虑赔钱时该如何应变。结果很明显，只有二成的投资者能做到长期盈利，而八成的投资者则经常赔钱。

二成的人赚到了钱，是因为他们掌握了市场中八成的正确信息，这是十分有价值的。八成失败的人赔了钱，因为各种原因，他们没办法或者没用心收集资讯，只能通过股评或新闻报道掌握八成的信息。

当八成的股民看好后市时，股市其实已经到了短期头部；当他们看空后市时，股市已接近短期底部。只有二成的人能够做到铲底逃顶，而八成的人都是在股价处于半山腰的时候进行买卖。

券商的八成佣金都来自于二成短线客的交易，而股民的八成收益却来自于二成的交易次数。因此，除非有娴熟的短线投资技巧，否则不要贸然参与短线交易。只占市场二成的大盘指标股，却对指数的升降起到八成作用。在研读股市大盘走向时，需要密切注意这些指标股的情况。

在股市中，二成的大户占据八成的主流资金，而八成的散户只占有二成的资金。所以，投资者必须做到主流资金的动向掌握，才能稳定获利。

成功的投资者用八成时间学习研究，用二成时间实际操作。失败的投资者用八成时间实盘操作，用二成时间后悔。

股价在八成的时间内处于量变状态，仅在二成的时间内是处于质变状态。成功的投资者用二成时间参与股价质变的过程，用八成时间休息；失败的投资者用八成时间参与股价量变的过程，用二成时间休息。

在股市中流传最广的一句话是:“八成的收入来源于二成的客户。”真正的股市高手把大量的时间用于休息，因为他们会耐心等待，直到机会出现，他们就会用脱兔之势交易，并且绝对不会拖泥带水。短短几个回合下来，这小部分人就能获得可观的收益。这样不仅轻松自如，而且在获得不菲收益的同时，还能享受炒股的乐趣。

沪深股市这十几年来，每年都会出现至少一次的赚钱机会，即使在 1993 年大盘指数跌掉八成的情况下，也出现过一次大反弹，只是机会大小不同而已。

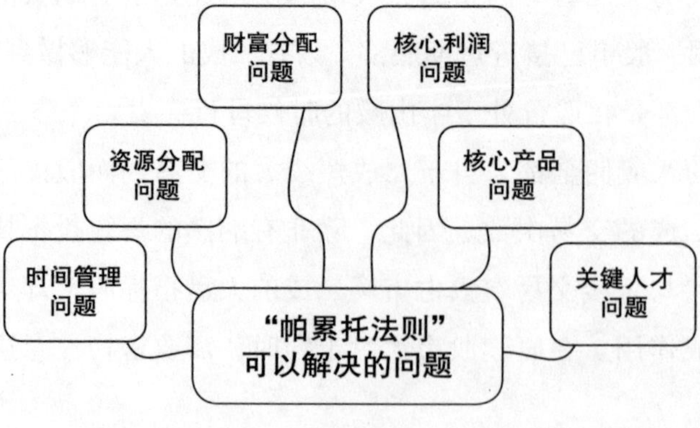

为什么股市里仍有八成的人亏钱？因为他们对进出的时间把握得不好。赚钱后，不能锁定利润，在大盘见顶时还频频出手。因此，“二八法则”就成了股市上非常普遍的一种现象。道理容易理解，做到却不容易。

在开始行动时要注意坚持。在应用“二八法则”时，应当时刻注意分析方法，抓住重点，从多个思维角度考虑问题。处于创造力巅峰，受到幸运女神眷顾的时候，请务必使用“二八法则”。寻求捷径，而非全程参与；选择性做工，而非事无巨细全做；在几件事情上追求卓越，不必每件事都追求完美，也不必苦苦追求所有机会。

从毕业起，你便一脚踏入了金融市场

李丹大学毕业后，突然发现自己与社会脱节了。步入工作岗位后，她突然发现这个社会跟大学的象牙塔简直相差甚远。

像李丹这样的毕业生，选择留在另一个城市打拼。她的日常生活时刻需要支付，结婚买房需要贷款，还要给孩子准备教育基金，还要给父母办理养老保险……李丹不得不从一个金融小白变成金融行家。因为这个社会就是个金融社会！

李丹跟同事说：“如今，需要为储蓄找到更安全的投资渠道，寻求更高的回报率，你需要为未来做准备。”

要知道，李丹工作的地方是公司，公司则是现代金融社会最基本的细胞。除此之外，她四周的每个场景、每块砖瓦以及脚下的每条路，甚至她喜欢的琴棋书画、诗茶花，背后都有着不同形式的金融资本在运转。

可以这么说，金融已经贯穿每个家庭，覆盖了每个个体生活的所有场景。

从故事中不难看出，金融不仅是柴米油盐酱醋茶，也是教育、养老、财富和安全。最近几年，随着我国经济发展的日新月异，人们都更感到金融+互联网科技正以一种不可以思议的速度进入我们的生活。

不管是在“北上广”这样的城市，还是在普通的小县城，无现金社会都不再只是个传说。只用一部手机，就可以把人们的衣食住用行、娱乐社交、投资理财等全部打通。

有些人喜欢把金融说得如天一般高，像天一般远，似乎金融主宰了人类社会，金融就是人类文明的顶尖一般。

有些人甚至认为，其他做实业的都不如金融业。他们都是被金融支配的奴隶，仿佛只要成为金融人士，就能出任CEO，就能迎娶白富美，走上人生巅峰。

事实上，金融技术与养殖技术、畜牧技术、制造技术等没有什么本质上的区别。这些都是人类出于对自身利益的考虑，逐渐发展出来的技术而已。

金融，既没有多“高大上”，也没有让人望尘莫及的特殊技巧，它也不是赌桌上毫无益处的赌博工具。金融，只是一种服务，一种被社会所需要的服务，无须仰视，也无须将其神化。

如今，金融逐渐开始与云计算、大数据、人工智能等词语联系在一起，“科技金融，或者金融科技”也成了最时髦的话。

各位可以将金融二字拆开看：金，指金钱；融，指融通。这也体现了金融具有瞬间的流动性、极强的兑现性、无限衍生性、无限可分性及无限可塑性等许多其他资产不具备的特点。

因此，尽管现代金融出现的时间并不长，但随着金融工作人员专业水平和道德素质的不断提高，各类技术的迅猛发展，现代金融无论从内部还是形式都能取得突飞猛进的发展。

由于金融大众化的程度非常高，所以西方发达国家从客观上，已经由工业社会发展到金融社会。金融在其经济中的比重不断增加，就业人数也不断上升。相比之下，原本的工业在国民经济中的产值则不断减少。昔日钢铁厂的大烟筒，早已经被无处不在的金融网络所取代。

如今，金融不仅成为发达国家的支柱产业，还发展成为国家经济的命脉。伦敦的金融城、纽约的曼哈顿、芝加哥的期权期货……这些金融城市不仅在本国扮演着重要角色，而且在全球的经济体系中也已经成为支柱。

同样，金融和老百姓的生活息息相关、密不可分。不止西方发达国家如此，各个国家都是一样的。例如，现在人们出行，已经很少使用大量的现金购物，因为现金既不方便携带，又不安全。外出旅行时，大多都选用信用卡和旅行支票等。

此外，金融还几乎存在于所有的家庭中，因为你不得不关注个人和家庭的投资理财。当今时代是理财时代，投资理财的好坏直接关系到你的生活质量，甚至关系到你的健康和人生目标。

怎样让你的财务计划支持你的人生计划？怎样实现你的梦想和目标？怎样的投资计划适合你？怎样安排你的旅行、退休、遗嘱等？这些原本是西方人考虑的金融问题，如今也成为我国生活中的重要组成部分。

消费的是是与非非

在消费中，穷人和富人存在非常明显的区别：穷人喜欢储蓄，富人喜欢借贷。

穷人喜欢把手里的钱存到银行，而且是存定期的，因为穷人都会反复计算自己到底有多少存款；而富人则更喜欢借贷，而且借得越多越好，他们钟爱计算自己到底投资了多少产业、投了多少资产。

这样的现象其实不难理解，因为从经济学角度看，穷人就是用自己的钱帮助富人，而富人却从某方面“偷”走了穷人的财富。

为什么会出现这样的情况呢？其实很好理解。

穷人把自己仅有的5万元存进银行，存了3年定期，年息为5%左右。3年后，穷人的存款会增多，大概有6万元。

富人在银行贷款贷了500万元，贷款期限也是3年，利率为7%左右。3年后，富人在银行的贷款总计为605万元左右。

如果故事到这里就结束了，大家肯定认为穷人是对的，因为穷人赚了1万元，而富人欠了105万元。但是富人用这笔贷款，购买了两套价值250万元的房子。那么，各位可以再计算一下。

富人在3年内买的两套房子，各自提升了60%的价值。因此，富人赚到了800万元，扣除605万元的贷款后，他3年的净收入有195万元，差距立显。

各位看完这个故事，肯定觉得十分正常，因为现实就是这样的。我们身边有很多这样的事情，虽然大家都咬牙切齿，但我们不得不说：

穷人就是在帮助富人，是富人用他们的智慧“偷”走了穷人的财富。

具体模式和路径如下：

穷人把钱存进银行——银行把穷人的存款贷给富人——富人用穷人存在银行里的钱进行重新配置——富人把挣到的财富拿出一部分还给银行——银行拿出一部分富人支付的利息，再支付给穷人——穷人拿最少的收益，银行次之，富人得到的最多。

因此各位可以看到，穷人、银行和富人形成了闭环的正向和反向循环。这也是为什么人们说“富人在拿穷人的钱在赚钱，而穷人也非常乐意将自己的资金奉献给富人让富人更富”的原因。

同时，穷人在货币超发的今天会更穷，这一点也很好理解：穷人拿到了最少的收益，同时还要贡献自己的本金；在货币超发的今天，就连银行的利率都是负数。因此，我们很容易得出穷人更穷、富人更富的结论。要想避免这种情况，就要做到消费。消费是人类通过消费品满足自身欲望的一种经济行为，对个人、对社会、对国家都有着不可估量的作用。

消费不仅能满足人们的基本需求，还是人们身份地位、价值追求和审美趋向的象征，所以消费也是自我价值的满足与体现。

通过对自我价值的实现与满足，消费能激发人们努力工作赚钱的意志，从而使得劳动者可以发挥自己的价值，得到个人能力的提升，使社会能够不断前进，让生产力不断提高。

在社会再生产环节中，生产—分配—交换—消费这四个环节是缺一不可的。消费不仅是社会再生产的最后一个环节，同时也是最重要的一个环节。

消费促进了生产，产品之所以被生产出来，是因为他们有被消费的价值。另外，在生产消费中，生产本身就是消费，消费也是一种生产。

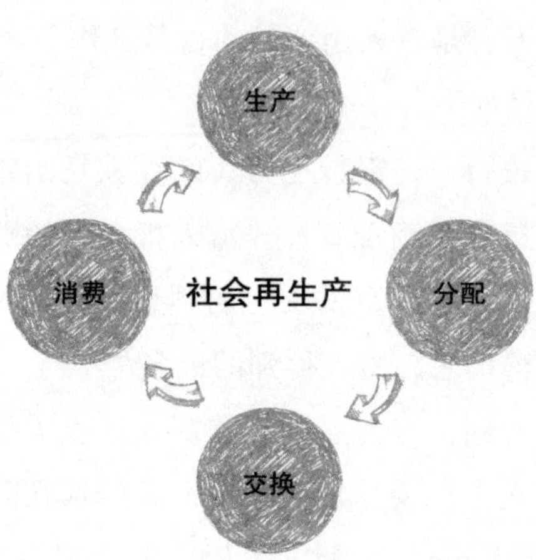

生产给消费提供了外在的对象，消费还给生产提供了想象的对象。

此外，人们正是因为有消费的需求，才会出现交换的行为。消费不仅促进了货币流通，还促进了商品的流通。这就给老百姓增加了就业岗位，还促进了经济增长，让老百姓的生活水平得到提高，这无疑是一举多得的好事。

消费者可以通过消费，让国家的内需得到扩大。目前，我国的政策就是鼓励消费与投资，刺激消费，让商品得以及时销售。

工厂只有靠老百姓消费才能开工，老百姓也因此才能实现就业，社会各方面能有机地开动起来，实现社会的再生产。因此，消费对企业来说是非常重要的事。只有消费者消费了，企业才有足够的资金支撑他继续进行生产。

同时，企业为了将自己的产品更好地销售出去，会不断进行创新开发，优化企业内部结构，调整产业结构，推动产业优化升级，促进市场经济平稳运行。

第三章
钱包空了，大脑满了

货币流动性与股票市场

小田是一名投资新手，为了能够在投资中获得更高的收益，近一段时间，小田一直在恶补金融投资方面的知识。虽然阅读了很多与股票投资有关的图书，但小田的投资水平依然没有出现明显的提升。小田对此大为不解，为了弄明白其中的原因，小田决定请教同公司的“投资高手”老白。

老白是公司的财务总监，不仅本职工作的能力出众，在股票投资方面也是高人一筹。小田向老白请教股票投资的诀窍，当老白听到小田看过的书目时，笑着说：“方向对了，但是路子窄了些。”小田不知道老白说的是什么意思。正在思考时，小田看到老白的笔记上记着 M1、M2 的字样。

老白还没等小田发问，便答道：“要想在股票投资中取胜，就要全面了解这方面的知识，这样，你首先需要弄懂货币学中的 M1、M2 代表什么意思。这些概念与股市的涨跌有着重要的关系。”

小田在怀疑老白是否在敷衍自己，而事实上，老白所说的确实存在一定的道理。其实，上面故事中提到的 M1、M2 代表的是货币供应量的范畴。在我国，货币供应量一般被划分为三个不同的层次。

M0 是流通中的现金，也就是在银行体系之外流通的现金。M1 则是一种狭义的货币供应量，也就是 M0 与企事业单位活期存款的总和。M2 则是广义货币供应量，是 M1 与企事业单位定期存款和居民储蓄存款的总和。

在具体的经济生活之中，M0 可以说是与居民消费联系最为密切的一个数值，它将会表明老百姓手头中货币是否充足、生活是否富足。M1 作为狭义的货币供应量，则反映了居民和企业资金的松紧变化，可以看作经济周期波动的一个先行指标。M2 所反映的则更多是社会总需求的变化，以及未来通货膨胀的状况。

之所以将货币供应量划分为这三个层次，主要是依据货币流动性的大小来确定的。很显然，在上面的分类中，M0 的流动性最强，而 M2 的流动性则相对较差。

货币流动性所代表的则是货币在市场上的投放量。在金融市场中，

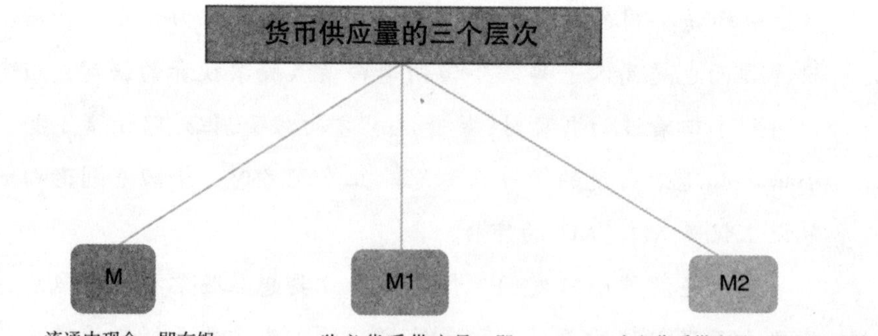

对各国的央行来说，流动性过剩主要是指基础的货币发行过多，超过了实体经济的承载能力。对商业银行来说，则是指存款远大于贷款比例。对于投资者来说，则是指自己账面上的可变现资产过剩。

为了能够更好地判断货币流动性的强弱，我国将货币流动性比例 M1/M2 来考察 M1 和 M2 之间的协调关系。我国的货币流动性比例 M1/M2 在 1978 — 1995 年呈急剧下降的趋势，但是从 1996 年至今，我国的 M1/M2 则基本保持平稳，主要体现了 1996 年前后我国货币化速度和货币需求特征的差异。而与流动性过剩相对的另一个概念便是流动性告急。顾名思义，流动性告急则表明市场之中的货币量不足，是与流动性过剩相对的一个概念。从世界范围来看，流动性过剩已经成为全球性的议题。

随着美联储降息步伐推进，发达国家不断放慢自己的利率上涨节奏，全球性的货币扩张政策不仅刺激了经济的复苏，同时也积蓄了大量的流动性。由于经济失衡的影响，这种流动性往往会大部分转移到新兴经济体国家，从而造成新兴经济体国家出现流动性过剩的问题。

近年来，中国可以说成了全球流动性的中心，中国的货币流动性过剩一方面是由于前面所提到的外部因素所导致的；而另一方面，则是由中国自身独特的经济环境和金融制度所导致的。

那么货币流动性对于资产价格又具有哪些影响呢？前面故事中，老白所说的 M1、M2 的数值与股票投资又有什么关系呢？

一般情况下，M1 的增速和 M2 的增速应该保持平衡，也就是说，在收入增长、货币供应量不断扩大的情况下，企业的活期存款和定期存款也随之同步增长。事实上，如果 M1 与 M2 的增速持平，那么可以认为货币的流动性是较为合适的。

如果 M1 的增速大于 M2，也就是企业的活期存款增速大于定期存款的增速，便表明企业与居民交易活跃，经济景气度上升。从以往的历史规律中可以发现，每当 M1 大幅度上涨时，经济都会随之波动，从而发生通货膨胀或股市上涨的现象。

另一方面，如果 M1 的增速快于 M2 的增速的话，也表明定期存款开始出现活期化现象，说明越来越多的人开始将自己的定期存款资金转化为活期存款，或是进行交易。这也会为股票投资带来利好的现象，因为大量资金的活期化将会对股票市场的资金供给造成积极的影响。

在金融市场中，许许多多的经济现象之间都可能会存在着某些特定的联系。那些没有掌握足够多的金融知识的人，往往只能看到问题的表面，而不了解其内在的根本原因，或者是引发这种现象的诸多因素。无论是面对金融问题，还是在进行金融投资时，我们都应该首先学习一些必要的金融知识，从而让自己能够更好地发现问题的本质，做出更好的投资选择。

从打工变成投资，白手起家不是梦

小航和小强都毕业于一所普通的本科院校，本以为毕业之后，能够留在大城市找到一份好工作，但他们都没有想到求职竞争的激烈程度。半年后，小航回到家乡，在一家工厂工作。小强在大城市坚持半年之后也回到了家乡。与小航不同的是，小强通过家人的关系进入了国有单位工作。

虽然工作不同，但两个人的工资水平倒是相差不多。虽然工资不多，但在小城市也足够支付自己的花销了，可想要攒下钱来就困难得多。小强基本上每个月都会花光自己的工资，而小航的工资扣除了花费之后，还会剩下一些，利用这些剩余，小航慢慢开始进行自己的投资理财。

3年后，小强的工资上涨了不少，但是小强却并没有攒下多少钱。这时的小航通过理财已经积攒一部分资金。利用自己手中的资金，小航开始做起快递代理的业务，虽然现在的规模很小，但他相信自己很快便能够把业务做大。小航打算等到业务做大之后，辞掉工作专心经营，而现阶段，自己依然需要慢慢积累资金才行。

不同的选择将会造就不同的人生，很多人往往都从同一个起点出发，但最后当别人到达终点时，自己依然还在半路上。能够发现自己落后的人还算是清醒的人，而那些明明落在后面却仍不以为然的人，则彻底失去了与他人竞争的机会。

如果我们可以选择自己的身份，恐怕没有人会拒绝当老板，而甘愿做一个打工仔。但实际上，能够成为老板的人很少，社会上大多数人都在打工。有的人在为老板打工，有的人在为家庭打工，有的人在为生活打工，当然也有人在为梦想打工。

这些打工的人都是平等的，无论是为老板打工，还是为生活、为梦想打工，那些努力生活的人都值得被尊敬。但从物质生活的角度来考虑，想要依靠打工完成财富的积累，可能并不是一个最好的方法。

大多数人认为只有努力挣钱，才能够变得有钱，所以想要赚钱只有努力工作就够了。但实际上，在现在这样一个金融社会中，依靠打工虽然能够维持我们的基本生活，但想要完成财富的积累，从而开创生活的新局面，可能就要困难得多了。

在金融市场中有一句话：你不理财，财不理你。大多数人都知道赚钱的重要性，却往往忽视了理财的重要性。即使那些了解理财重要性的人，也往往对投资理财存在着一个明显的误区。大多数人认为投资理财是有钱之后才需要去做的，对于那些挣到的钱都不够花的人来说，投资理财还是一件遥远的事情。

上面的这种想法就是一个明显的误区，投资理财并不是有钱的时候才去进行的，恰恰相反，这是一件需要我们在没有钱的时候才要去进行的事情，这样做会让我们一点一点变得有钱。

我们从上面的故事中去理解这个问题。小强每个月都会花光自己的工资，如果跟小强说让他尝试着进行投资理财，那么小强可能会说："没有钱怎么投资理财啊。"但事实上，小航从工资水平上，与小强相差无几，但小航却能够每月积攒一部分钱进行投资。可能很多人会认为这是因为小航每月的开销较小，但实际上，这其中涉及的只是一个用钱先后的问题。

如果小强在每个月刚刚拿到工资时，拿出一定的钱进行投资，那

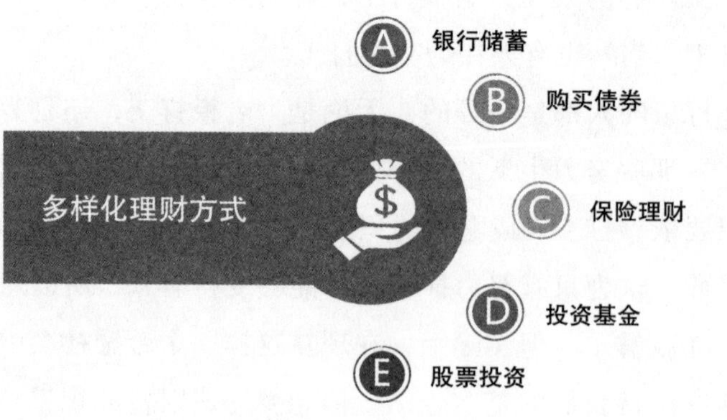

么剩下的钱，他依然会花光，但另一方面，实际上他的工资却出现了剩余。如果小航在工资发放之后，没有第一时间拿出一部分进行投资理财，那么很可能他的工资也会出现“月光”的现象。

对于投资理财来说，并不是有没有钱的问题，而更多的是行动不行动的问题。在确定了投资理财的想法之后，我们第一步要做的就是制定一个尽量详细的理财计划，首先要明确自己的财务目标。

财务目标要尽量具体，而且可以分为不同的阶段，按照短期、中期、长期这样不同的时间点来制定。而在制定投资理财规划的同时，需要权衡好自身收入和消费之间的关系，在计划执行的过程中，尽量不要出现因消费过度而导致理财资金被挪用的事情。因为虽然在当时我们可能会认为这是一时之举，但实际上，这种行为将会一步步瓦解我们的计划。

在权衡好收入与分配的比例之后，我们应该根据自己的实际情况来确定自己每个月的收入将会有多少用于消费，而又有多少将要用来储蓄。在另一方面，我们所说的投资理财行为并不单单指代储蓄这一种行为，如果具备了一定的知识水平，用证券投资、基金投资和股票投资来积累和增值财富也是不错的选择。

财富需要积累，即使是亿万富翁也需要不断积累自己的财富，如果不懂得投资理财，再多的财富也会被坐吃山空。对于工薪阶层来说，投资理财对于财富积累的重要性更加不言而喻。那些白手起家的人，大多都是从打工开始，不断进行投资理财积累财富，当手中有了一定的启动资金之后，就开创自己的事业。

最重要的是，钱得花出去

金钱，与每个人最直接的联系就是紧握在手里的纸币。因为这张纸钞，世界才得以井然有序地运转。那么，纸币是怎样保证世界得以有序地运转的呢？那就是靠大家来花钱。

钱如果仅仅是印出来，一点作用也没有。作为一般等价物，钱最大的作用在于交易媒介。如果没有交易，人人都把钱攥在手里，那么，钱的意义也就不存在了，在这个时候，社会经济是没有办法运转的。

只是，中国人向来崇尚节俭，家里的长辈总会循循善诱地教导你，想要致富，就要好好工作，好好存钱，勤俭才是优良传统。所谓手中有粮，心中不慌，中国人向来十分热衷于存钱。

因为社会保障尚不完善，将积攒的财富储存起来，以备不时之需，这原本是一种保障性的行为，本无可厚非。然而，如果每个人都不去消费，其结果就是金融市场停滞，进而影响到经济发展，最终将我们推到了极为危险的境地。

市场经济发展到如今，如果大家不试着去更改骨子里的老旧观念，一味将钱死死地捂在腰包里，如此恶性循环下去，最终会伤害到国民经济的根基。这不是一句戏言。当过度的储蓄严重阻碍了货币的流通，经济的发展与繁荣便是痴人说梦，老百姓的日子只会变得越发不轻松。一直流传在金融学界的“谈储色变”便很容易被理解。在专家们看来，货币不流通的危害令人担忧，钱只有花出去，才更有价值，才更令人心安。

超大数额的资金基本属于“不见天日”的状态，按照这样的态势，国内的消费市场将无可避免地走向沉寂，甚至危害到整个金融体系。

当大笔资本沉睡在银行，为了保持一定的货币流通，只能超发货币，若有一天沉睡的资本苏醒，重新回到市场，将极有可能引起通货膨胀。钱只有花出去，货币只有流通起来，整个市场才能欣欣向荣，才能良性循环、稳健发展。

最近几年，我们经常能够从媒体上听到这样的消息，某国家或地区的政府向全体国民派发现金，以增加社会福利。社会福利有很多种，但以现金的形式派发却并不多见。直接发钱给每一个人，听着似乎很刺激，但究竟有什么用呢?

其实，用处说起来很简单，就是用现金来刺激货币的流通。政府把现金发给老百姓，除了极个别人，大多数人都会选择把这笔钱花掉，那么市场上无形之中就等于多了一大笔游动资金。用钱来理发，理发店赚钱了；用钱来吃东西，饭店赚钱了；用钱来按摩，按摩院赚钱了；用钱来旅游，旅游公司赚钱了……

这些人或企业赚钱之后，他们又会把钱花出去，然后进一步促进整个社会的经济繁荣。所以说，不要小看政府发给老百姓的这笔小钱，当这笔小钱流向市场，带来的则是一个很大的金融强心针。

这个趣味小故事揭露了金融的真相——货币流通。经济的发展离不开货币的流通，口袋里的钱只有痛痛快快地花出去，才能迎来光明璀璨的未来。

金钱的流转离不开百姓的消费行为，与各种投资活动有着极其紧密的联系。对于政府来说，投资能够使货币得到最快速的流通。

2011 年 9 月 17 日，上千名示威者聚集在美国纽约曼哈顿，群情激奋，号称要占领华尔街。随后，这场抗议活动又席卷了加拿大温哥华，且有向全球蔓延之势。示威者们抗议社会种种不公正的待遇，最主要的就是在金融危机中，政府的援助对象却仅限于大企业和华尔街。

在这场运动中，美国政府成为被敌视、被抨击的对象，然而到了今天，却有不少人对美国政府当时的行为表示理解。美国政府采取量化宽松政策，向金融界注入资金，目的是为了运用投资拉动经济，帮助百姓度过金融危机。他们的出发点是好的。

货币是个复杂的概念，金融是个庞大的主题。太多年轻人不懂得如何去花钱，如何将所得收入合理地分配，如何进行有效的投资。节俭是一种好习惯，过度的节俭却有可能引发灾难。

一个简单的经济行为、一种老旧的理财观念背后，可能隐藏着一场风暴，深深地影响着你的未来。金融离我们并不遥远，它不仅仅意味着那些“高大上”的名词，它深入我们的生活，与我们生存的土壤、未来要走的路息息相关。金融也并不一定如你想象中的艰深难懂，在平常的日子里多积累一点关于金融的知识、原理，对你的人生大有裨益。

通货膨胀，你的钱每年都在贬值

小琪经常会听到奶奶给自己讲同样一个故事，虽然之前小琪并不理解其中的原理，但在上大学之后，小琪完全弄清楚了其中的道理。

小琪的奶奶在年轻时，用自己手中的300元能够换到1套房子、250千克猪肉、700盒中华烟和50瓶茅台酒。但是现在这些钱却只能够换200千克白面、35千克猪肉和40盒中华烟。

奶奶始终记着这些事，并经常跟小琪念叨这件事。之前小琪只是听着奶奶在说，自从学习了相关的知识后，小琪知道这是由通货膨胀造成的，并开始向奶奶解释其中的原因。虽然小琪解释得很详细，但奶奶依然不理解其中的缘由。

在金融领域中，通货膨胀被认为是在信用货币制度下，流通中的货币数量超过经济实际需要而引起的货币贬值和物价水平全面而持续上涨的现象。也可以理解为纸币的发行量超过流通中所需要的数量，引起纸币贬值、物价上涨，从而导致货币的购买力下降的现象。

正如上面故事中所描述的一样，通货膨胀导致小琪的奶奶花同样的钱没有办法购买到与当年同样多的东西。但在这里，在理解通货膨胀时，并不能单纯根据猪肉、茅台酒和中华烟等几种物品的价格上涨来判断，而应该从整个经济体之中的大多数商品和劳务的价格变化来判定。当大多数商品和劳务的价格在一段时间中普遍出现上涨时，才可以判定这个经济体正在经历通货膨胀。

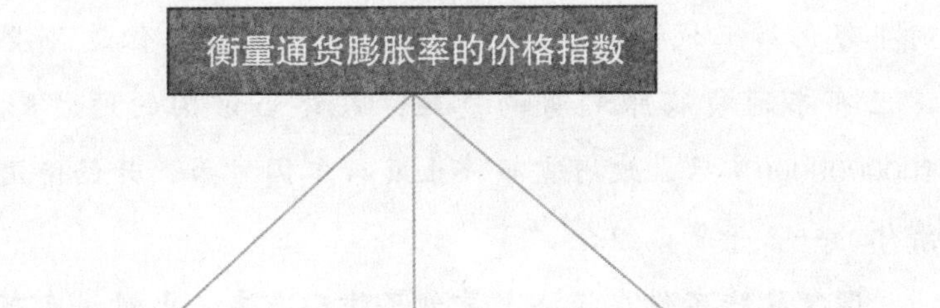

在通货膨胀之中，纸币的发行量是一个关键的概念，作为国家或地区强制发行和使用的一种货币形式，如果纸币的发行量超过了流通中所需要的实际数量的话，那么这些多余的纸币继续在市场中流转，就会造成通货膨胀。

津巴布韦在20世纪80年代获得独立。在独立之初，津巴布韦作为南部非洲第二大经济体，GDP增长曾连续两年达到21%，是撒哈拉以南非洲国家GDP增长率的3倍。当时由于良好的工农业生产基础和较高的受教育水平，津巴布韦也被认为是非洲最有希望获得重点发展的国家。

但在2000年之后，津巴布韦原有的经济体系被破坏，各种行业的发展也陷入停滞之中。到了2008年，津巴布韦货币的汇率已经跌至1美元兑换1000亿津巴布韦元。在当时，最常见的现象就是人们抱着厚厚一沓1000亿的纸币去购买一个面包。

同年，津巴布韦政府多次推出大面值纸币，到了8月，政府发行的新货币1元相当于上一代的100亿津巴布韦元，而到了年底，政府又相继推出了1亿、5亿、100亿面额的新一代钞票。

到了第二年，津巴布韦政府开始发行第四代新钞票，此时1万亿第三代钞票相当于1元第四代钞票。但这并没有阻止津巴布韦通货膨胀趋势的蔓延，最终当该国的通货膨胀达到1000000000%后，政府宣布停止发行本国货币，开始使用稳定经济体的一篮子货币组合。

通货膨胀不仅在经济上重创了津巴布韦，也对津巴布韦的政治稳定和社会安定造成了极大的影响。

按照通货膨胀的剧烈程度来划分，通货膨胀可以分为低通货膨胀、急剧通货膨胀和恶性通货膨胀。低通货膨胀中，价格上涨比较缓慢，并且可以预测，这时的物价较为稳定，人们对货币也较为信任。当总价格水平以 100%、200% 或更高的比率上涨时，急剧通货膨胀便产生了，这种情况一旦形成，将会带来很严重的经济扭曲。

从津巴布韦的通货膨胀之中可以看到，恶性通货膨胀不仅严重影响一个国家经济发展，同时也威胁着人民生活的稳定。如果对恶劣的通货膨胀不加以制止的话，在经济领域之中的危机也会很快转向到政治领域之中，从而威胁政权的稳定。

一般来说，市场经济正常运行，以及在政府强有力的宏观调控之下，急剧通货膨胀和恶性通货膨胀很难发生，而低通货膨胀则是在人们的经济生活之中较为常见的一种通货膨胀现象。这一点具体表现在与我们生活息息相关的物质材料价格的上涨上，可能今年猪肉的价格是 20 元每千克，而到了明年可能会上涨到 23 元每千克。物价会出现上涨，但并不会呈现出一种剧烈上涨的趋势。

但相对于物价的上涨，人们的工资水平却并没有出现相应的增长，这便导致了在一定程度上，人们的购买力出现下降。也就是说随着时间的推移，如果我们手中的钱没有出现增长的话，我们的购买力将会逐渐下降，我们手中的钱每一年都在贬值。

这时，对于大多数人来说，在工资水平一定的情况下，选择合理的投资理财是一种应对通货膨胀的绝佳选择。很多上了年纪的人都会将自己的钱存入银行中，从而赚取利息。从表面上看，这是一件划算的“买卖”，但实际上，这却是一笔并不那么划算的“买卖”。

从近些年看，我国始终保持着一定程度的通货膨胀，这便导致了我们存在银行中的钱所赚到的利息不足以与通货膨胀过程中物价的上涨速度相协调。也就是说，通过储蓄理财并不足以对抗通货膨胀。为了能够更好地应对通货膨胀给我们带来的影响，防止手中的钱贬值，我们应该选择其他合适的投资理财方式。

随着金融市场的蓬勃发展，越来越多的投资理财方式出现在我们的生活之中，但对于想要通过投资理财来应对通货膨胀的人来说，掌握全面的投资理财知识是首要条件。如果在没有充分的投资理财知识做基础之前，盲目进入金融市场中，很容易导致失败，造成资金的损失。

第四章
金融时代，学点有用的

这年头关心 GNP，更关心 GDP

甲和乙正走在乡间的小路上。时值寒冬，道路都被积雪所覆盖，两个人有说有笑地走着。不一会儿，甲看到道路前面有一个水坑，他看着水坑，又看了看乙，头脑中浮现出了一个有趣的想法。

甲对乙说："你若是喝一口水坑中的水，我便给你 1000 元。"甲本以为乙并不会真的去做，但没有想到，乙二话没说，打碎了水坑上的冰层，用手舀起一捧水，全部喝了下去。喝完水后，乙用冻得通红的手，从甲那里接过了 1000 元。

两个人继续若无其事地走着，但这时两个人的内心其实都已经发生变化。甲想要拿回自己的钱，乙则想要报复一下甲。很快，两个人又发现了一个水坑，这一次乙对甲说出了同样的话，而甲也做了同样的事，最终属于甲的 1000 元又回到了他的手中。

两个人看着 1000 元，以及冻得通红的双手都大笑了起来。

在上面的故事中，看上去两个人只是各喝了一捧冰水，而并没有获得实际的利益，似乎确实可笑。但实际上，如果从金融学的角度去看这个故事，我们便会发现他们手中的1000元却有着不同的意义。虽然从个人的角度来看，两个人并没有获得利益，但从国家的角度来看，两个人却创造出了2000元的GDP产值。

想要了解其中的原因，我们详细了解GDP的概念，而对于大多数人来说，在关注GDP之前，他们可能更多的会关注GNP。在金融学上，常用GDP和GNP来共同衡量一个国家或地区的经济发展综合水平，这两个概念也是当前各个国家和地区较常采用的衡量手段。

GNP（国民生产总值）是指由一国国民所拥有的生产要素，在一定时间之内，生产并且销售的最终产品和服务的价值总和。这其中只包括本国国民在本国和外国投资带来的产出，而并不包括外国人在本国投资带来的产出。

GDP（国内生产总值）则是指在一国国土内所有生产的生产要素，在一定的时期之内，生产并销售的最终产品和服务的价值总和。这其中不仅包括本国企业和个人在国内投资带来的产出，同时也包括外国企业在本国投资所带来的产出。

作为衡量一个国家或地区宏观经济发展水平的统计指标，二者在本质上并没有明显的区别，但从具体的定义上，我们可以看到GDP和GNP之间存在的差别。GDP主要根据属地原则来衡量一个国家或地区的财富，而GNP则是根据属人原则来衡量一个国家的财富。

从这里便可以发现，相对于GNP来说，将GDP作为统计指标，能够更加真实地反映出一国经济发展所具备的生产效率和竞争能力。也就是说，想要了解一个国家经济发展的综合水平，相比于观察该国的GNP水平，将GDP作为统计指标会更为准确一些。

首先，GDP 的规模体现出一个国家或地区的经济对于资本的吸收能力，而从 GNP 之中则无法表现出这一点。在这里，一个国家或地区的基础设施是否完善、社会文化制度是否健全，都将会影响着本国的经济发展。这些基础设施的建设将会改善一个国家的投资环境。随着投资环境的改善，该国的 GDP 才会随之出现增长。

其次，GDP 的质量还可以体现出一个国家或地区各种生产要素资源的优化配置程度，同样通过 GNP 无法全面地表现出这一点来。GDP 的增长不仅能够反映出一个国家或地区对于资本的吸引力，同时还能够客观地反映出本国各种资源的利用程度和效率。

最后，也是与人民生活息息相关的一点。相较于 GNP，GDP 的结构能够更好地反映出一个国家真实的社会福利水平。从 GDP 结构的合理优化之中，可以看到整个社会产业机构的变化，以及国民社会生存环境的改变。不断优化的 GDP 结构也能够更好地推动一个国家人工资源和环境之间的协调发展，从而促进整个社会的可持续发展。

所以说，相较于 GNP，GDP 的变化与我们的生活联系得更加紧密一些。但是不是说 GDP 增长得越快，人民的生活水平上涨也就越高呢？理想化状态下是这样的，但在实际的社会经济发展之中，GDP 的变化还受到许多其他因素的影响，所以说并不能够单纯地通过 GDP 增长速度的快慢，来判断一个国家或地区人民的生活水平。

回到最初的故事之中，甲和乙两个人除了各喝了一捧冰水之外，并没有获得其他的利益，这里也可以理解为他们的生活水平并没有出现增长，但是最终的结果却是 GDP 的数值出现了增长，两个人创造了 2000 元的 GDP 产值。

其实，在 GDP 的相关计算中，无效 GDP 是一个始终存在的问题。上面故事之中，甲和乙两个人所创造的正是无效的 GDP，虽然最终两个人什么利益也没有得到，但在交换的过程中，两个人却为国家创造了 2000 元的 GDP 收入。但实际上，整个国家的国民财富也并没有出现增长。

在现实生活中，这种无效 GDP 的存在是十分普遍的。在过去的几十年中，中国始终保持着世界领先的经济增长速度，但很多时候，这种经济增长速度的提高是以资源的浪费和环境的破坏为代价的。许多地方政府往往为了提高 GDP，而不顾环境的保护和经济社会的可持续发展。

为了改变这种盲目追求 GDP 数据的现象，国家出台了许多不同的举措。其中绿色 GDP 的出现，为解决这一问题提供了一个新的思路和方向。绿色 GDP 是指一个国家或地区在考虑自然资源与环境因素影响之后经济活动的最终成果，也就是将经济活动中所付出的资源耗减成本和环境降级成本从 GDP 之中扣除出去。

所以相比于普通的 GDP 计算，绿色 GDP 能够更好地反映国家经济发展的状况，以及人民的生活水平状况。在关注 GDP 时，我们应该更多地将目光放在绿色 GDP 上。只有可持续的经济发展，才是真正的经济发展。

账本上的 CPI，不只是冷冰冰的数据

最近，小丁在菜市场的生意很不好做，不但是生意难做，日子过得也很难受。小丁的故乡在农村，为了能够挣到更多的钱，小丁和妻子来到城里经营猪肉摊，儿子也来到了城市上学。原本

很不错的猪肉生意，在最近一段时间，却难做了起来。这着实让小丁不知所措。

小丁一家租住在一个简陋的小房间里，最近房东提出要涨房租，说是因为政府要征收房产税。房租上涨，小丁一家的日子一下子过得紧巴起来。为了改善这种情况，小丁决定提高猪肉的价格。很快小丁发现，市场之中的猪肉价格都出现了上涨。本以为这下可以弥补房租上涨带来的生活压力时，小丁发现，市场上的青菜的价格也出现了一定程度的上涨，仿佛是一瞬间，与小丁生活息息相关的“柴米油盐”的价格都出现了上涨。

在上面的故事中，小丁的生活水平因为房价的上涨受到了影响。而事实上，在上面的故事中，虽然房价上涨了，但是房东的日子也并不会因为房租上涨而变得好起来。因为相应地，他购买猪肉和青菜需要付出更高的代价。对于那些卖青菜的人来说，房租和猪肉价格的上涨，也影响到了自己的正常生活，所以他们也相应地提高了青菜的价格。

上面的故事看上去像是一个没法解决的闭环，很多人认为这种如故事一般的事情，在生活中并不会发生。但实际上，这种现象在生活中确是经常发生的，虽然没有像上面所描述的那样具有故事性，但实际上，这正是一种重要的经济现象。

人们经常会在电视新闻或是报纸上面看到CPI这样的表述，很多人知道CPI代表的是消费价格指数，但对于其实际内容却并不清楚。往往大多数时候，人们会将CPI仅仅当作国家统计的一组数据。

的确，CPI是一种数据，但实际上，它更是与我们的生活息息相关的一种经济指标。CPI是一个反映居民家庭一般所购买的消费品和

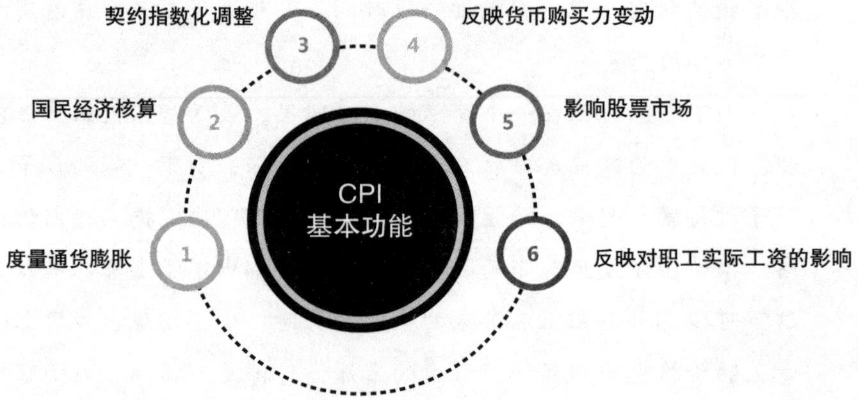

服务项目价格水平变动情况的宏观的经济指标，主要是用来反映居民家庭购买消费商品和服务价格水平的变动情况。

看到这样的解释，我们便很容易将上面的故事代入其中，上面的故事所讲述的内容正是 CPI 所统计的内容。CPI 是在特定时间内度量一组代表性消费商品和服务项目的价格水平随时间而变动的相对数。

简单来说，CPI 所代表的就是一定时间段的消费品价格水平，包括我们日常生活中的吃穿住用的价格变动。在上面的故事中，房租价格上涨，猪肉价格上涨，青菜价格上涨，CPI 指数也便随之上涨。

物品价格上涨也正是 CPI 最为直接的一种表现，这表示消费者需要付出更高的价格来购买市场中的商品。如果同一时期，消费者的个人收入水平没有出现上涨的话，那么人们的生活压力就会不断加大。

正如上面故事中的小丁一样，虽然猪肉的价格上涨了，但其他自身生活所需的消费品同样出现了价格上涨的现象，所以小丁依然会感觉到生活压力的加大。

CPI 所统计调查的是社会产品和服务项目的最终价格，这与我们的生活密切相关，而在整个国民经济价格体系中也具有着重要的作用。

CPI可以用来进行经济分析和决策，还可以作为消费品价格总水平监测和调控国民经济核算的重要指标。在一定程度上，CPI的变动率可以反映通货膨胀或是通货紧缩的程度，所以是十分值得关注的一组指标数据。

2017年10月，全国居民消费价格同比上涨1.9%，涨幅比9月份上涨0.3%。其中，食品烟酒价格同比上涨0.3%，衣着上涨1.2%，居住上涨2.8%，生活用品及服务上涨1.5%，交通和通信上涨0.8%，教育文化和娱乐上涨2.3%，医疗保健上涨7.2%，而其他用品和服务上涨了1.8%。

在食品烟酒的价格中，粮食价格上涨1.6%，猪肉价格下降10.1%，鲜菜价格上涨0.3%。从整体来看，10月，全国居民消费价格环比上涨0.1%，全国居民消费价格同比上涨达到1.5%。

从10月的统计数据来看，全国居民消费价格指数呈现出了上涨的趋势。如果我们详细了解前面几个月的全国居民消费价格指数后就会发现，从整体上来看，我国今年的物价水平仍然呈现出一种上涨的趋势。

物价的上涨可能会影响人们的生活水平，如果物价水平上涨过快的话，那么人们的生活水平将会远远落后于物价的上涨水平。如果这时人们的收入水平没有出现相应的增长的话，那么人们的生活水平将会出现很大的下降，严重的话，还会影响整个社会的稳定。

虽然市场上商品的价格由商品的价值决定，同时会受到市场规律的影响。但当物品价格出现异于市场规律的上涨时，就需要国家利用宏观调控手段来进行调控了，这样才能够保证市场经济的正常发展，维护市场的安定秩序，以及人们生活的稳定。

对于普通人来说，关注 CPI 的变化对于我们的生活也大有益处。作为一项重要的经济指标，我们可以通过 CPI 来了解市场之上消费品的价格走势，从而更好地规划自己的生活消费比例。

当然，与 GDP 一样，CPI 在统计和计算时也会存在着一定的局限，所以在研究具体的消费品价格时应该具体问题具体分析，从而做出正确的判断与决策。

懂了你的生活水平，便懂了基尼系数

小王高中毕业后，进了一家工厂工作。最近小王的日子很不好过，刚刚开完的工资，还没过一个星期就被自己花光了。每月 3000 元的工资已经持续将近一年。在小王看来，除非当上组长、班长，不然想要涨工资，真的比登天还难。

小李则没有这方面的烦恼。小李毕业后，进了一家金融公司。虽然最初的收入并不算高，但小李选择了坚持。随着工作年限的增加，小李的工资水平也随之不断地提高。除了正常的工资之外，小李还享受五险一金的待遇，同时还可以享受公司提供的各种福利。对于工作，小李认为虽然辛苦，但同样能够获得相应的回报。

可以想象，如果不出现什么意外的情况，小王和小李的工资水平将会不断拉大，而两个人的生活水平之间的差距也会越拉越大。而提到生活水平之间的差距，有一个重要的经济学概念便不得不提，那就是基尼系数。

基尼系数是一个重要的经济指标，是一种根据洛伦茨曲线所定义的判断收入分配公平程度的一个指标，同时也是国际上用来综合考察居民内部收入分配差距状况的一个重要指标，一般来说，其比例数值在 0 — 1。

在国际上，一般用基尼系数来定量测量社会居民收入分配的差异程度。当基尼系数为 0.4 时，是社会分配不平均的警戒线。如果基尼系数低于 0.2，便表示该社会收入过于公平，当基尼系数在 0.2 — 0.4 时，则表示收入分配适中。如果低于 0.2，则表示社会发展动力不足。高于 0.4 则表示存在收入分配不均问题，严重的话将会引发社会动荡。

一般发达国家的基尼系数为 0.24 — 0.36，相比于发达国家，发展中国家的基尼系数是普遍较高的。中国的基尼系数早在 1994 年就已经超过 0.4 这一警戒线，到了 21 世纪初，中国的基尼系数则达到了 0.459，同时每年还在以 0.1% 的速度增长。

2012 — 2015 年，中国居民收入的基尼系数开始呈现下降的趋势，虽然 2016 年的基尼系数 0.465 比 2015 年高出了 0.003，却并没有改变中国基尼系数总体下降的趋势。从这里也可以看出中国城乡居民收入的相对差距也在开始慢慢缩小。

根据上面的定义内容，想要去了解基尼系数，首先需要弄清楚洛伦茨曲线。洛伦茨曲线主要是研究国民收入在国民之间的分配问题而提出的，通常用来比较和分析一个国家在不同时代或者不同国家在同一个时代的财富不平等。从洛伦茨曲线中，可以较为直观地看到一个国家收入分配的平等或不平等的状况。

洛伦茨曲线的弯曲程度代表着收入分配的公平程度。根据洛伦茨曲线图可以看出，洛伦茨曲线的弯曲程度越大，收入分配就越不平等；

而洛伦茨曲线的弯曲程度越小，收入分配就会越平等。

当收入分配绝对不平等时，洛伦茨曲线会变成一条折线，这时也就表明社会收入全部分配到了一个人的手中。另一种情况，则是社会收入分配完全平等时，洛伦茨曲线会成为一条通过原点的均等线。当然上面提到的两种情况，在实际的国家收入分配之中，都是不会出现的现象。

改革开放以来，中国经历了一个快速发展的阶段，经济发展速度增长的同时也造成了社会财富分配的两极化。有钱的人越来越有钱，没有钱的人越来越没钱，反映在基尼系数上，便是基尼系数的不断升高。

基尼系数的升高，对于社会的公平稳定具有不利的影响，对于我们的生活也有诸多影响。在我们的生活中，每个人的收入水平都各不相同，随着社会经济的发展，收入水平也会相应提高，但很多时候会出现收入差距不断扩大的现象。最后这种现象反映在我们的生活中，就会造成生活水平出现差距。

根据基尼系数的变化，在国家层面上，政府可以出台相应的措施来防止社会贫富差距继续扩大，从根本上维护社会的稳定，同时对人们的生活水平加以保障。对于普通大众来说，造成贫富差距虽然有着一定的历史原因，但这与人们自身的工作能力、学习能力等也有着很大的联系。

基尼系数只是一个判断收入分配差距的数据指标，真正缩短自身与他人之间的收入差距，还需要从自身方面去寻找原因。不断提高自身的能力，是提高收入水平、提高生活水平的一个重要途径。

真正的民富在于恩格尔系数

恩格尔系数作为经济学中的一个重要概念，其与前面所讲到的基尼系数一样，与我们的生活息息相关，对于社会经济的发展有着重要的指示作用。

恩格尔系数由 19 世纪德国统计学家恩格尔提出，是指食品支出总额占个人消费支出总额的比重。恩格尔根据统计资料从消费结构的变化中发现了一个规律：当一个家庭的收入开始增加时，这个家庭收入中用来购买食物的支出比例便会下降；而一个家庭的收入越少，这个家庭在总支出中，用来购买食物的支出所占有的比例也就越大。

关于这个规律，我们可以仔细思考一下是否在自己的家庭或自己的身上发生过。当收入水平上升时，我们用来购买食物的支出比例却开始下降；而当收入水平下降时，我们用来购买食物的支出比例便会开始上升。

大多数人可能认为，当自己的收入增加后，自己用在食物上面的支出也同样增加了。事实确实如此，但在恩格尔系数中所比较的是食物的支出在总支出之中的比例。这样相比的话，实际上在收入上涨之后，我们用来购买食物的比例实际上是减少了。

既然能够从家庭推向个人，那么恩格尔发现的这一规律，同样可以推及整个国家的层面之中。也就是说，一个国家越富有，这个国家中每个公民的平均支出中用来购买食物的费用占总费用的比例就越小；相反，一个国家越穷，其国民用在购买食物的支出就越多。

从上面的内容中，可以看出，恩格尔系数所表现的是居民收入和食品支出之间的关系。通过食品支出占消费总支出的比例，可以表明经济发展、收入增加对于人们生活和消费所产生的各种影响。所以，恩格尔系数可以看作是判断一个家庭或一个国家是否富裕的标准。

在具体表现上，恩格尔系数越高，表明这个国家越穷；而恩格尔系数越低，则表明这个国家越富有。根据恩格尔系数的高低，联合国对世界各国的生活水平制定了一个划分标准。

当一个国家平均家庭恩格尔系数大于60%时为贫穷，50%—60%为温饱，40%—50%为小康，30%—40%为相对富裕，20%—30%是富足，20%以下是极为富裕。

2017年2月28日，国家统计局公布了《中华人民共和国2016年国民经济和社会发展统计公报》。经过初步核算，中国2016年国内生产总值744 127亿元，比上年增长6.7%。全年人均国内生产总值53 980元，比上年增长6.1%。

在物价方面，2016年，全年居民消费价格上涨2.0%，涨幅比上年提高0.6%，总体上呈现出温和上涨的态势。2016年全国居民恩格尔系数为30.1%，比上年下降了0.5%，接近联合国划分的20%—30%的富足标准。

从整个世界范围来看，美国的恩格尔系数早在20世纪90年代便已达到16%，其他发达国家也基本维持在20%—30%，而大部分发展中国家的恩格尔系数往往处于40%—50%。

个人的可支配收入越来越高时，其在饮食方面的支出虽然也会不断增加，但相比于其他方面的支出增长，用在饮食方面的支出往往是有限的。简单来说，当个人在饮食方面的基本需求得到满足之后，他便会开始追寻新的需求和满足，而这种需求和满足更多地表现在精神方面。

在恩格尔系数之中，存在着几个推论。首先，最基础的就是随着家庭收入的增加，人们用于购买食品的支出占家庭收入的比重会下降。其次，就是当家庭收入增加时，人们用于住房和家务经营方面的支出则大体上保持不变。最后，随着家庭收入的增加，用于其他方面的支出和储蓄占家庭收入的比重将会上升。

当一个家庭的基本饮食需求得到满足之后，整个家庭便开始将消费支出的重心转移到生活、娱乐方面。通过家庭消费支出比例的变化，恩格尔系数也可以用来判断一个家庭的富裕程度。一个家庭的食物支出占总支出的比例较高，则表明这个家庭生活相对贫困，一个家庭食物支出占总支出的比例较低，则表明这个家庭的生活相对富裕。

我们可以根据恩格尔系数的变化，来判断一个家庭、一个国家的富裕程度。但恩格尔系数开始逐渐升高时，说明这个国家的经济发展出现了问题。人们将更多的支出用在了食物支出上，这样下去，人们的生活水平也将不断下降。

当然，恩格尔系数的计算需要考虑众多不同的因素。在运用恩格尔系数来判断一个国家或地区的富裕程度时，需要具体问题具体分析，尽可能地排除其他干扰因素，从而更加客观地进行分析比较。

道琼斯指数大事记

小林是一个股票投资的新手，虽然手头有一些闲钱，但却始终不敢去股票市场中“闯一闯”。小林是一个谨慎的人，他认为想要在投资中获得利益，就需要首先掌握足够多的投资知识。因此，小林决定在投资之前向自己的同事小高请教一下要从哪些方面学习投资的相关知识。

小高与小林虽然在年龄上相差不多，但在股票投资方面的经验却十分丰富，在股票投资市场上可以算是一个老手了。虽然小高的投资并不是稳赚不赔，但在多年的摸爬滚打之中，也掌握了一些投资技巧和方法。

看到小林过来请教，小高也表现得很大方，尽数将自己多年的投资经验传授给了小林。虽然小高自认为已经很好地传授了自己的知识，但小林却听得一头雾水。为了能够让小林更好地掌握股票投资的知识，小高决定采用循序渐进的方法来指导小林。小高教给小林的第一个股票投资技巧便是认识股票市场中的晴雨表——指数。

在股票市场中，股票价格指数是用来描述股票市场总的价格水平变化的指标。一般由证券交易所或者金融服务机构来编制，主要用来表示股票行市变动的一种供参考的指示数字。

因为股票投资是一种具有风险性的投资行为，但在股票市场中的投资者往往并不具备完全规避这种风险的能力。对于投资者来说，将股票指数作为自己的投资依据和参考，是避免在纷繁复杂的股票市场中遭遇风险的一个重要手段。

在全世界范围内，道琼斯股票指数可以说是历史最为悠久的一个股票指数了。最初的道琼斯指数是由道琼斯公司的创始人查理斯·道在 1884 年开始编制的，到现阶段已经经历上百年。

最初的道琼斯股票价格平均指数是根据 11 种具有代表性的铁路公司的股票，采用算术平均法来进行编制的。而现在，道琼斯股票指数已经分化为工业股票价格平均指数、运输业股票价格平均指数、公共事业股票价格平均指数和平均价格综合指数 4 个不同的分支。

现在流传比较广的道琼斯股票指数主要是指其中的工业股票价格平均指数，这一指数也被认为是道琼斯股票指数的代表，因为在其中差不多集合了这一行业中的绝大多数顶尖公司。

道琼斯股票指数自诞生以来，便与世界经济形势的变化产生了纠缠不断的缘分。在诞生之初，道琼斯指数用了三十多年的时间从 40 点上升到了 400 点。但随着 1929 年经济危机的到来，道琼斯指数也开始不断下跌。在 1929 年到 1933 年，道琼斯指数一路下跌，在 1932 年 6 月 30 日以 43 点收盘。

这场史无前例的大股灾不仅将道琼斯指数“打回原形”，同时也让许多富有的美国人沦为穷光蛋。在经历大萧条之后，道琼斯指数开始缓慢回升，在艰难爬上了 100 点之后，又用了 22 年的时间增长到了 200 点，而后在 1928 年的最后一天。仅用一年多时间，道琼斯指数便攀升上了 300 点。但好景不长，在此后的 10 年时间里，道琼斯指数又下跌到了 100 点以下。

随着罗斯福新政的推行，已让美国在第二次世界大战中“大获其利”，这使得美国成了世界经济的霸主，在走出大萧条阴影之后，美国经济进入了一个大发展时期。而这时的道琼斯股票指数也随着美国经济一起，进入了大跃进的时期。

在 1956 年 5 月 12 日，道琼斯指数第一次突破 500 点大关。自此之后，道琼斯指数便如搭载了火箭一样，一飞冲天。

到了 1972 年 11 月 14 日，道琼斯指数第一次突破 1000 点，这也被认为是道琼斯指数的一个里程碑。此后虽然在 20 世纪 70 年代中后期，美国经济陷入发展“滞涨”阶段，道琼斯指数出现下跌，但却始终维持在一定的范围之内，大部分时间道琼斯指数都保持在800点左右。

20世纪80年代，美国走出“滞涨”阴影之后，随着经济水平的逐渐上升，道琼斯指数也重新回到了1000点的关口。此后便开始了自己的飙升之路。到了1987年1月8日，道琼斯指数第一次突破了2000点大关。

原以为道琼斯指数能够继续乘势而升，1987年10月19日，经济危机再次呼啸而来。道琼斯指数出现狂跌，美国的股市灾难像插上了翅膀一样，迅速飞向了世界各地，全球的股市都出现了同步暴跌的局面。

这一次，道琼斯指数没有像上一次股灾那样，跌回到原点。在当年年底，道琼斯指数便重新回到了2000点的关口。到了20世纪90年代，这一次互联网技术的发展应用，为美国经济插上了翅膀，美国的经济出现了持续多年的“长周期”的经济增长。随着美国经济的不断增长，道琼斯指数也出现了井喷式的增长。

1991年4月17日，道琼斯指数第一次突破3000点。

1995年2月23日，道琼斯指数第一次突破4000点。

1995年11月21日，道琼斯指数第一次突破5000点。

1996年10月14日，道琼斯指数第一次突破6000点。

1997年2月13日，道琼斯指数第一次突破7000点。

1997年7月16日，道琼斯指数第一次突破8000点。

1998年4月6日，道琼斯指数第一次突破9000点。

1999年3月29日，道琼斯指数第一次突破10000点大关。

2000年1月14日，道琼斯指数则创下历史最高纪录，11723点。

随着经济的迅猛发展，道琼斯指数出现了爆发性的增长，而当经济趋于缓和之时，道琼斯指数也逐渐开始回调，最终在2001年3月20日回到了9721点。

此后随着“9·11”恐怖袭击的发生，道琼斯指数出现了恐慌式的下跌，在2001年9月21日，道琼斯指数下跌到了8236点。此后随着美国经济的恢复与发展，到了2006年5月9日，道琼斯指数达到11640点。

道琼斯指数坎坷增长之路就是美国股票市场的风雨之路，而美国股票市场的风雨之路又反映着全球股市的起伏跌宕。这也正是道琼斯股票指数被认为是股票市场“晴雨表”的原因。除了道琼斯指数之外，股票市场中还有其他不同的股票指数。对于投资者来说，学会认识股票指数是每一个股票投资者必须经历的阶段，只有通过了这一阶段，投资者才能够在纷繁复杂的股票市场中找准投资方向，从而获得更多利益回报。

第二篇

漫步在金融的世界，独具慧眼方能全身而退

第一章
火眼金睛，一眼看透货币的本质

这个世界，曾经没有“货币”

从前有座山，山里有个洞，洞里住着一个原始人。这个原始人叫阿绿，他每天都到树林里面打猎。

有一天，阿绿在树林那边碰见了另一个原始人，两个人相互对视了很久，觉得对方都没有敌意，于是纷纷放下手中的木棍子，坐在地上聊起天来。

阿绿首先发问：“啊哦呵哦噢，你是谁？”

那个原始人回答道：“啊哦呵哦噢，我叫大头，就住在树林里的大树上。大家看我身上的毛很多，圆圆的一大团，都叫我圆毛人。”

“啊哦呵哦噢，元谋人？好奇怪的名字，我叫阿绿，住在山顶的洞里头，大家都叫我山顶洞人。你手里拿的是什么啊？”

大头说：“我手里是一包大米，想换一把镰刀，但是有镰刀的人不想要大米，想要肉，我正发愁呢。”

阿绿一拍大腿："哎！我这儿有肉啊，我就是打猎的。刚好我想吃大米换换口味。"

于是，大头就用大米换了阿绿的鹿肉，准备拿鹿肉去换镰刀。

可是，有镰刀的原始人嫌大头拿来的鹿肉不新鲜，拒绝把镰刀换给他。无奈，大头只能把肉拿回家。

回家后，大头的媳妇"啪"地打了他一巴掌："笨蛋！叫你去换镰刀，难道你要拿肉去割麦子吗？"

一番折腾后，大头蹲在地上捂着脸，仰天长叹道："唉，换个东西，咋这么难哟。"

货币在人们的生活中起到了至关重要的作用，人们每天的衣食住行都离不开货币。那么在货币出现之前，人们都是怎么交易的呢？那时候的人是用什么来"买"东西的呢？

就像故事中说的，原始社会的人们并不是用货币进行交易的，通俗地说，那时候还没有"钱"，人们没办法用"钱"在集市上买到需要的东西。他们通过物物交换的形式，用自己的东西去交换所需要的物品。

在没有货币的世界里，原始人会拿自己的物品交换所需要的物品。比如一把石斧能交换七只鸡，或者一只羊交换七只鸡等。当然，不是每一家都养鸡的。

如果没有鸡，或者对方不需要鸡怎么办呢？原始人只能找一种大家都能接受的物品作为交换媒介。

在中国汉字中，货币的"货"字，下面是一个贝，这说明什么？说明人类最早的货币是贝壳。可能也有些不解。是啊，贝壳又脆又不好保存，而且只有沿海地区才有贝壳，这怎么能当钱呢？

原始人也考虑到了这个问题，所以，他们选择了更坚硬和更常见的东西作为交换的媒介——石头。

您又会问了，这石头遍地都是，如果把它们当作货币，那原始人不就可以满大街捡钱啦？是呀，各位能想明白的问题，原始人同样也能想明白。于是，在贝壳、石头之后，漂亮的鸟羽毛、宝石、金银等物也开始逐渐演化成货币。

经过长年的自然淘汰，人类开始用金属取代贝壳和石头。因为金属货币需要人工制造，无法直接从自然界获取，同时还能长期保存。这使得数量较少的金、银、铜逐渐成为货币。某些国家甚至还使用过铁币进行流通。

早期的金属货币是块状的，在使用时还需要用试金石测试它的成色，同时还要对金属货币进行称重。随着文明的发展，人类逐渐建立了复杂而先进的货币制度。

古希腊、古罗马和波斯人都会将货币铸造成重量、成色统一的硬币。这些硬币上会带有皇帝的头像，此外，还会雕刻复杂的纹章和图案，以免伪造。

在我国，商朝的铜贝是出现最早的金属货币。商朝在我国历史上又被称为青铜器时代，发达的青铜冶炼业促进了生产的发展，也促进了交易活动的增加。但是，这种用青铜制作的金属货币质量粗糙，设计简单，就连固定的造型都没有。所以，青铜贝在市场上也未达到广泛使用的程度。

当铜贝发展到春秋中期，又出现了新的货币形式，叫作包金铜贝。包金铜贝就是在普通铜币的外部包上一层薄金，既华贵，又耐磨。值得一提的是，铜贝不仅是我国最早的金属货币，也是世界上最早的金属货币。

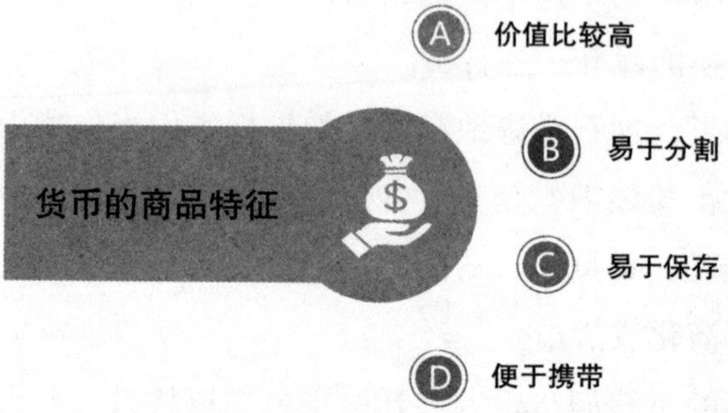

再来看看西方国家，他们的主币是金币和银币。从16世纪开始，哥伦布发现的美洲成为欧洲的“钱包”。大量来自美洲的黄金和白银通过西班牙流入欧洲，挽救了欧洲的货币制度，也为日后的资本主义发展创造了起步的经济条件。

随着经济的进一步发展，金属货币的弊端日益严重。人们发现，金属货币显示出使用上的不便。在某些大额交易中，需要使用大量的金属硬币，而其重量和体积都让人倍感烦恼。

此外，金属货币在使用过程中，还会出现不同程度的磨损问题。据统计，自从人类使用黄金作为货币以来，已经有超过两万吨的黄金在铸币厂中流失了，而且，那些在人们的手中、口袋中磨损掉的金量也相当可观。

于是，纸币作为金属货币的象征符号出现了。“交子”是世界上最早的纸币，出现在中国宋朝年间的四川地区。自此之后，纸质货币登上了历史舞台，一直发展至今。

当我从一间黑暗的小屋里被一台印刷机印刷出来时，就听到老板说，我们的老家在人民银行，人们给我取了个名字，叫作钞票。

我和众多同胞一起被装到一个大手提箱里，老板提着我们与一位商人进行交易。商人打开自己的手提包，一盒亮闪闪的东西映入我的眼帘，我心想这是什么稀奇货。几分钟后，二位握手惜别，显得意犹未尽。

次日清晨，商人外出吃早点，他来到摊位前，叫了一碗热气腾腾的牛肉面，大口地吃了起来。当他吃完后，把我从箱子里抽出来付给早点摊的大伯，就这样，我落到了早点摊大伯的钱包里。恰在此时，一位大爷来早点摊吃豆腐脑，没有零钱，就给了早点摊大伯一张百元大钞票。早点摊大伯见状，从钱包里把我掏了出来，找给了大爷。

大爷回家后，坐到树下和几个老街坊一起搓起了麻将，但是大爷运气不好，连着输了好几把。只好憋了一肚子气，把我输给了身边一位大叔，然后叹了口气，愁眉苦脸地回家了。

晚上，我跟我的新主人还没培养好感情，他就用我去菜市场换来了一斤青菜，以及大把零碎纸币。然后，他就拍拍屁股走了。

菜农的生意很好，不多时就“清仓”了。他从一堆钞票中找到我，拿在手里反复揉搓着，然后，他走向一家忙碌着的肉店，用我换来了一斤好肉……

故事中说到的是一张钞票的经历，“我”从印钞机中诞生后，便一直在市场里周转流通。然而，纸币却只承担了交换职责，本身却并没有价值。

您可能会问了，纸币能买到东西，怎么会没有价值呢？其实，就像前文提到的那样，纸币只是金银的一种代表物，它本身只是一个符号，是没有任何价值的。

经过长时间的自然淘汰，在绝大多数社会里，作为货币使用的物品逐渐被金属所取代。因为使用金属货币的好处是它的制造需要人工，无法从自然界大量获取，同时还易储存。出于这个原因，数量稀少的金、银和冶炼困难的铜逐渐成为主要的货币金属。

先来看看金银作为货币的好处，各位应该都知道“真金不怕火炼”这句话。金银耐高温，而且是贵金属，种类稀少、耐腐蚀、易分割、不生锈等，所以各个国家都愿意选择金银作为货币。此外，金银是当时市场自然选择的结果，因此更容易充当价值尺度、交换媒介和保值手段等。

最初的金币在标明价值时，与其本身的重量所值是一致的。中国还没有发现过金币，但金元宝和碎银子这些东西是有的。它们与银元和铜板一起，都能作为货币使用。这些金属本身就有其价值含量。因此金银本身是有价值的。

然而，由于金银稀少且沉重，它们越来越不能满足流通的需要。此外，金属货币磨损严重，自从金银作为货币以来，至少在铸币厂或人们的手中和口袋中磨损掉了两万吨。于是，方便快捷的纸币应运而生。

马克思说过这样一句话：“金银天然不是货币，但货币天然是金银。”所以纸币本身是没有价值的。

黄金具有绝对可靠性，所以纸币的信用要用黄金的储备量来担保。也就是说，货币量要和黄金储备量一致，纸币只不过是黄金的标志罢了。

为什么说货币天然是金银呢？其实从货币的起源方面，就能很好地理解这个问题。它就是充当金银的一般等价物。说白了，货币一生出来，就被当作金银看待，所以货币天然是金银，而金银天然不是货币。

这句话就更容易理解了，金和银属于矿物，它们怎么会天然是货币呢？它们天然是矿物，而不是货币。

因为金银最初出现在市场上也只是普遍商品，就像贝壳也可以作为一般等价物来使用一样。所以，作为一般等价物，金银和贝壳在本质上都是一样的。除了贝壳和金银，许多商品在人类历史的长河中都充当过“一般等价物”，比如牛、羊、鸡、盐，甚至还有鸟类的羽毛。

可是，金银是在漫长的人类的交换过程中，由于自身体积小、重量轻、价值大、易于保管等特征，使它们独占了“一般等价物”的宝座。此后，人类的经济生活中才出现了“货币”。

马克思的那句名言“金银天然不是货币，但货币天然是金银”，就深刻地说明了这一人类商品交换发展的过程。当商品交换发展到一定历史阶段，当一般等价物都集中到金银上，由金银固定地充当一般等价物时才是货币。

劣币驱逐良币带来的警示

阿华和阿岩是朋友，他们两个同时喜欢上了一个女孩子。女孩叫吴颖，身材高挑，长相出众，是一位标准的美女。除此之外，吴颖还在市里的一家银行上班，工作稳定。

阿华、阿岩和燕子三人是在大学认识的，毕业后又都在同一座城市工作，于是三个人经常联系。其中，阿华是高富帅、性格好的优质男，阿岩则是矮穷丑、性格还不好的劣质男。

如果单从资源配置上看，阿华应该最配燕子，这也是大家都希望看到的结局。然而现实并非如此简单。

阿华因为自身条件好，所以他对另一半有更多的选择权，往往不会在一棵树上吊死；阿岩则不同，如果他失去了这次机会，可能很难再遇到燕子这样的美女，于是他孤注一掷。

渐渐地，燕子明显地感觉到，阿岩比阿华追求自己的力度大得多，对自己也更温柔体贴。阿岩经常约燕子去看电影，而且格外殷勤，甚至每次出去玩的时候，都会在朋友圈里发一堆燕子的照片，然后对燕子大加赞赏，一副非她不娶的“忠诚相”。

阿华有自己的工作，身边的女性追求者也很多。因此，阿华会不经意间忽略了燕子，对她的追求也没有阿岩那么殷勤热烈。

燕子看不透两个人的内心，只能凭借对方的行为表现来判断对方爱恋自己的程度。因此，她很容易被阿岩的各种花言巧语和“忠诚”所迷惑，继而被阿岩带进婚姻的殿堂，为这场婚恋角逐画上完美的句号。

其实，故事中的这种情况，在经济学中被称作“劣币驱逐良币”。很多人都会有这样的疑问：如果按照经济学的思维方式，不应该是优胜劣汰吗？为什么不好的会把好的驱逐出去呢？

所谓劣币驱逐良币，就是在两种实际价值不同，但面额价值一样的货币同时流通的情况下，实际价值较高的货币（即良币）必然会被人们熔化，退出流通领域，造成劣币充斥市场。

这段话是什么意思呢？如果这么解释就很容易理解了。

早在16世纪的英国，金子已经不够造成金币，于是市场上出现了另一种“金币”，它与旧金币的面额是一样的，但掺了其他金属成分。于是，市面上同时流通了两种货币：一种纯金的，一种K金的。

这样的场面就有些啼笑皆非了。虽然两种金币的面值一样，但价值却大不相同，于是人们纷纷将纯金币熔掉，做成各种饰品。在买东西的时候，都只用杂质币进行交易。久而久之，市场上就全剩下杂质币了。而另外还有一种劣币驱逐良币的情形，会发生在这种情况下：

18世纪至19世纪的英国、美国和法国长期采用了这种方法，金币和银币之间存在着不变的兑比率。比如1个金币能换100个银币。可市场上，黄金和白银的相对价格却会上下波动。于是，有趣的现象出现了！

当黄金比白银贵时，人们就会将手中的金币熔掉，然后当作黄金卖出去。这样可以卖得140枚银币，比单纯地用金币兑换银币多换40枚。

人类的“智慧”真的是不可估量。有时候，人们会多次重复这样的过程，如此一来，市面上的金币，也就是良币，会日益减少，而银币，即劣币，则会充斥市场，并且严重扰乱市场秩序。这个劣币驱逐良币的理论，在人们生活中也有很多例子。

比如说你去小卖铺买酱油，酱油卖7元一瓶，你一摸兜，有两张面值为1元的旧钱，还有几张同等面额的新票子，怎么办呢？人们通常都会这么干：把那几张旧钱先花出去，新票子自己留着不用。所以旧钱，也就是劣币就在市场上流通，良币都被放到了家里。

请注意，并不是只有你自己这么想，几乎每个人都会这么想。所以，市场上流通的劣币会越来越多，而良币也就越来越少。此外，相信很多读者都有玩游戏的爱好，而且很多人都会选择购买盗版碟。

虽然大家都喊着支持正版，但由于正版碟片实在很贵，很多人都只是口头上说说罢了，基本上没人愿意花250元买个正版游戏碟片，因为内容一模一样的盗版碟，仅仅只要20元。

虽然大部分人都想买的盗版碟只要20元，但实际成本呢？正版碟片可能需要230元，而盗版只需要几毛钱的刻盘钱。盗版市场不好禁止，因为里面利润太大了。没人肯买正版碟，就导致越来越多的正版碟退出市场，反而盗版的碟片卖得越来越火。这就是劣币驱逐良币的例子。

这样的例子还出现在工厂里。工厂为了精简员工，提高效率，出了一项让人哭笑不得的规定：双职工中必须有一个人下岗。当然，工厂的本意是希望能力强的留下，优胜劣汰嘛。但事实上呢？常常是能力比较弱的继续留在工厂里，而有能力的人会选择离开。因为有能力的人找到新工作的概率更大。这样一来，劣币就自然会驱逐良币了。

货币经不起放置，小心过期

美国某位40岁的单身男士，年收入是18万美元，在美国属于中产阶级，但人们却发现，他所有账户里的钱加起来却只有3300美元。

他平时是这样消费的：买自行车3200美元，去迈阿密度假花掉六七千美元。他有3辆汽车，轮流开，旅行开房车，探险开越野车，上班开商务车。他还有一台超级跑车和一艘小游艇。

他的一位中国朋友建议他把钱存起来，他却回答："存钱没有啥用。”

确实，对于许多美国人来说，账户里有钱还真不如没有，资产过多也是种负担。如果你问中国人为什么攒钱，得到的答案可能是：“给孩子攒学费，给自己攒养老金。”

可美国的公立学校不收费，社会福利制度也很完善，美国人不需要考虑医疗和养老的问题。有人笑称，美国人买套餐具都要选择贷款，但美国人稳定的收入也让他们有稳定的偿还贷款的能力。

故事讲述了美国人的消费观念。从故事中不难看出，大部分美国人都是活在当下的，东西只有享受到了才有价值。

比如 20 年前，一支雪糕的售价是五毛钱。那时候，父母每天都会给小华五毛钱零用。而且小华的父母总是叮嘱他要养成储蓄的好习惯，把钱存到银行里。而小华没有听，每天放学都会买一支雪糕吃。

假如小华很乖，真的把钱存入银行，到现在也不过 5 元的利息。试问：到如今，5 元又能买几支雪糕呢？何况如今 10 支雪糕的价值，也抵不过小时候 1 支的价值。因为对于一个小孩子来说，吃雪糕是件很幸福的事情。如果当时没有吃到，而是听父母的话把钱存起来。今天一定会追悔莫及。所以，把钱存入银行倒不如尽早花掉。这种建议初听之下颇为突兀，其实不无道理。

金钱越早使用，就越有价值，其经济效用越高。人们把钱省下来，再存到银行里头，无非就是想通过这种办法给未来的享受有个保证。然而在通货膨胀的作用下，延迟享受的结果反而是减少了享受。

深圳某套房子值200万，现在中国的房价，平均每年都要上涨10%。假如一个做开发的IT工程师，每年年薪40万元。如果他想买这套房子，在不贷款，工资也不变，且每年不吃不喝不消费的情况下，需要几年才能攒够钱买房？

A. 5年

B. 10年

C. 20年

D. 50年

E. 永远买不起

答案当然是E！

各位可以把已知条件列成这样的公式：200（1+10%）n=40n。这道题列个方程式就明白了。房价每年增幅为10%，随着n的增加，上式的左边将呈指数级上涨。拿几个时间点代入一下，各位就知道怎么回事了。

比如A选项，5年之后，这套房子的价格已经涨到322万元。

再看B选项，10年之后，就变成了518万元。

20年之后就是1345万元。

50年后已经高达2亿元……

再看题目中这位不吃、不喝、不消费的IT工程师。按理说，他确实够勤俭节约了。但10年后，这位工程师的身家只有400万元。50年之后他攒够了2000万元，但却与房价拉开了足足10倍的距离。

各位可以看到，攒钱真的一点用都没有，因为在指数增长面前，线性增长简直就是徒劳的。这位工程师的买房梦，真的是三生三世都无法实现了！

有人可能会说：“我也没想过要买房子啊！我就安于现状，啥也不买，不乱花钱，能省下一点儿算一点儿，不也挺好的嘛！”

其实并非如此，就算你啥都不做，可别忘了，还有个潜伏在你身边的经济杀手——通货膨胀呢？如果你不懂投资，省钱只能委屈自己，而且越来越穷。

一位刚踏上工作岗位的年轻人，如果从这一刻开始，每个月从薪酬中固定存下 1200 元，并且都投资到股票或房地产，且平均每年获得 20% 的投资回报率。那么 40 年后，他能累积多少财富？

这个其实不难算，正确答案是 1 亿零 281 万元，一个令众人惊讶的数字。现代人开始上班的年龄多数为 20 — 25 岁，到了法定退休年龄 65 岁，工龄也就是 40 年。且每月存 1200 元对每个人都不是一件难事。换句话说，每个年轻人都可能在有生之年成为亿万富翁。

只要投资观念正确，方法得当，每个人都可以由投资理财而致富。相信各位读者的财富出发点都不是从零开始的，因此，大多数人都能在 20 年内成为百万富翁。

投资理财需要技巧，但最重要的是观念。首先你得相信理财能够致富，才有成功的可能。也许有人会问了：“如果我们不攒钱，怎么才有消费的能力呢？”

这个问题很简单。你可以赚啊！你会问了，赚钱说得容易，可怎么赚呢？这也简单，想赚钱，最重要的是投资。投资会让你的资产从线性增长变成指数增长。让资产的指数增长最简单的办法就是投资，再投资。要知道，复利的威力可是相当惊人的。

就拿普通的投资助手做例子，当你进行为期一年的投资后，他们会把你的本息一并还给你。此时，你只要把本息再投进去一年，就相当于复利投资了。这样下去，财富的雪球就会越滚越大。

货币幻觉，超发的危害

中国西部某地超生问题很严重。于是，某报社指派了一位记者去当地采访一位超生的母亲。正好到了吃饭的时间，母亲给记者端上来一碗水。

记者接过水喝了一口，然后问道："您家里都穷成这样了，生这么多孩子养得活吗？"

母亲满不在乎地回答："有啥养不活的，做饭时多加勺水就行了。"

记者看着七八个瘦骨嶙峋的孩子，不由得叹了口气，说道："我能看一下您家里的伙食吗？"

母亲无奈地说："伙食？你刚才不是已经吃一碗了吗？"

如果把国家代入故事中母亲的角色，那社会财富就是米，货币便是水。国家很大，当家自然不易，米饭总有不够的时候。为了应急，国家总会时不时地往社会财富这个锅里掺掺水。

刚开始的时候，一定是很小心地掺，后来发现问题不大，就开始放手乱掺起来，最终的结果不言而喻。开始本来是米饭，最终掺成了米汤水。

要知道，水就算给大家多喝几碗，也是吃不饱肚子的。这也是大家手中的钞票越拿越多，相反，感觉手头越来越紧的原因所在。

货币不像其他的东西，如果某地发现个大金矿，无疑是件高兴的事儿，可如果货币发行量过多，可就变成大灾难。

您可能会想：货币发多了，那就多花点儿呗，有什么严重的……

您说得没错，货币多发了，就会让人们多花钱。而钱多了就不值钱，所以超发的后果就是通货膨胀！

这里有这样的一个公式：MV=PT。M是货币的总量，V是货币的流通速度，P是通货膨胀的量度，T是总交换量。也就是说，如果M增长的比T多，物价水平就上升快，继而产生通货膨胀。

假如你有5个孩子，你给他们每人每天发1张蛋糕券，让他们用券换蛋糕吃。这样一来，每个孩子每天都能吃到1块蛋糕，对吧？

但是，你特别偏爱小儿子，于是偷偷塞给他2张券，而其他孩子获得的蛋糕券还是1张。问题来了！冰箱里只有5块蛋糕。就等于券变多了，蛋糕供不上了，所以蛋糕在孩子中间就涨价了。

故事中的蛋糕真涨价了吗？其实不是，只是蛋糕券不值钱了。把这个比喻用到现实中就更容易理解了。

大家都知道，现在不仅是猪肉涨价，就连白菜的价格都在上涨。就拿猪肉来说吧，按现在猪肉的涨价速度，养猪的经营情况应该是很好的，对吗？

有人会说："不对！我家就是养猪的，但我家经营情况可差劲了！"养猪的经营状况确实很堪忧。为什么呢？因为涨价的钱没有被任何产业链环节赚走，钱到哪儿去了呢？就像上个比喻中的蛋糕一样，被通货膨胀给稀释掉了。

货币发多了，其实是件两边都不讨好的事情。买方只能买到高价物，同时卖方又赚不到钱，这是何等凄凉。此外，通货膨胀的可怕之处还不止这些。从纸币贬值到纸币均匀地分散到整个社会中，需要相当长的时间，可能花十几年甚至一辈子都涨不回来，因为货币不一定什么时候又超发了。

如果从无限远的时间看，多印或者少印点儿货币其实没什么关系，但无限远的时间本身就是没有意义的。如果当下不稳定，更别提还有没有以后了。

过量印刷纸币从印刷完毕开始，所有纸币就贬值了，津巴布韦就是这种情况。津巴布韦废止了原有的货币，发行了大量的新货币。于是这样的一幕出现了：一个少年拖着满满一衣柜的原津巴布韦币，在街上逛了一圈，只买了一瓶可乐和几个饼就花光了辛辛苦苦搬来的钱。

20世纪20年代的德国也发生了通货膨胀，而且非常严重。1922年年初，如果物价指数是1的话，那1923年年末，物价指数就飙升到100亿了。多么惊人的数字！

这就相当于什么呢？一个德国人在1922年年初，就辛辛苦苦地开始攒钱，终于攒够了3亿元资产。结果两年后，这笔钱连一片口香糖都买不起了。

德国出现这种情况的原因很简单。它是一战和二战的战败国，德国在一战中失败后，丧失了1/7的领土，同时失去了1/10的人口。战争让各行各业，尤其是工业的产品大量减少。同时，德国还需要支付1320亿元的赔款。

这就让德国政府不得不靠多发纸币来渡过难关，结果却陷入灾难的深渊。当时政府投放了巨额纸币，各位可想而知，纸币会迅速贬值，这让德国的各个经济部门和家庭的生活都受到了致命的打击。

通货膨胀对经济影响很大，对战争的影响也很大。可是试想，如果一个国家出现了严重的通货膨胀，而且又是在战争时期，该国家的百姓本身就对本币失去了信任，下一秒就可能用本币换外币或真金白银，再下一秒就认为本国的胜利希望不大……

若国家的真金白银和外汇储备量不够老百姓兑换，不用打仗，该国内部就会发生暴乱，敌人也就会乘虚而入，以此消灭该国。

这一切，都是货币超发的后果。

第二章
明察秋毫，用心记录金融市场的纷杂

股票市场，涨涨跌跌的大时代

他是一个传奇，从一个不到20平方米作坊的小皮匠，成为今天身家超200亿元的资本大鳄。他有一种可怕的能力：从未错过一次中国股市暴富的机会。

可是，他却坦诚地说：“我能在证券市场上活到现在，只是因为我愿意承认自己比别人笨一点。”

人们说他只会钻制度的空子。但他说，他能把握住的暴富机会都是“露天金矿”，人人都能看到，人人都能开采，只是他们要么没动手，要么没耐心。

人们不信，说他就是一个投机分子，可当他取得巨大成功的时候，媒体却称呼他为“中国的巴菲特”。甚至连巴菲特的保险公司也跑到中国来跟他合作。他就是新理益集团董事长——江湖人称“资本猎豹”的刘益谦。

刘益谦成为“万元户”的时候，还是个不到20岁小年轻。他曾对记者这样说：“我不曾幻想自己一夜暴富，但我不会放过每一次暴富的机会。”或许，这句话是刘益谦真正的座右铭。

年轻的刘益谦很快找到了新的财富积累方式，因为他知道，大时代就要真正到来了！

1990年，上海的豫园商城发行了股票，刘益谦拥有豫园商城城隍庙市场的铺面，所以他对该公司有信心。他以每股100元的价位，买入了100股豫园商城发行的股票。

这只股票是刘益谦买的第一只股票，也成为刘益谦财富之路的转折——在豫园商城股票狂涨的过程中，刘益谦一直没有卖掉它。直到1991年，刘益谦的100股股票，以每股1万元的天价卖出，净赚了近100万元！

当时谁懂股票？没有人懂，甚至豫园的董事长都对刘益谦说："我觉得豫园的股票不可能一股值1000元。"

刘益谦本人也不懂，只是他抓住了本质，他知道，股票在当时是稀缺资源，就连深圳人都跑到上海来收股票。他只要抢到了，就不愁卖不出去。

刘益谦说："我只需要知道能赚钱，至于能赚多大的钱，就靠我的定力，还有老天能给我多大的机会了。"

中国股市可以说让国人是又爱又恨，但不可否认，就像故事中说到的那样，总有一批人在股市中赚取了大量的金钱。

股市中诞生过中国最早的一批百万富翁，将股市称为"造富机器"一点儿都不为过。其实，世界上最早的股票来自1609年的荷兰北部小城——霍伦，而最早的股票持有人是彼得·哈尔门松。

荷兰虽然在400多年前就出现了股份制公司和股票，但那时，证券市场尚未出现，人们只能通过股票经济人或中介公司买卖股票，或

者直接跟发行股票的公司进行买卖。

然而，股票的魅力确实让人难以阻挡，加上股份制公司如雨后春笋般涌现出来，越来越多的公司需要把自己的股票推行出去。这时候，即便是最专业的中介经纪人也没办法满足广大投资者的需求。

1609 年，一些商人来到荷兰的阿姆斯特丹，在这里进行荷兰东印度公司的股票买卖交易，形成了世界上第一个股票市场。

2012 年，胡润研究院和群邑智库联合发布了《2012 胡润财富报告》，这份报告详细解释了中国当前内地富豪的人数、分布情况以及消费习惯等。截至 2011 年年底，中国内地的千万富豪人数第一次突破 102 万人，比上一年增加了 6 万人，涨幅为 6.3%。这就意味着，每 1300 人中有 1 人是千万富豪。这其中有很多人都是通过股市实现了自己的“暴富梦”，而这些暴富的人，几乎全部都是上市公司的高管和其他持有原始股的人。

当企业上市之后，再加上一段时期的炒作，就能让股价稳步上升。但是，股市当然不是一帆风顺的。老百姓不难发现，在股市中能赚到钱的，往往只有少数消息灵敏的高层人士。而广大老百姓花血汗钱买的，可能只是一些毫无亮点的空壳公司。

各位需要知道的是，在股票市场中唯一不变的是变化。很多的股民朋友已经把赔钱当作一种习惯。这一点其实很好理解，因为目前的股市震荡，绝大部分人都摸不清门道，只能在里面随波逐流。

其实，在股市涨涨跌跌的大时代里，只要把握四点，就能让自己在这场激流中站稳脚跟。

首先，要把握节奏，“劳逸结合”，也就是说赚足波段利润。在股市中经常能听到这样一句话：一只脚穿皮鞋，一只脚穿运动鞋。这句话就是告诉你“有利则进，无利则走”，在新手股市中，游击战是比持久战更好的方略。

其次，以史为鉴，密切关注市场的热点。无论大盘如何运行，都会涌现出阶段性的热点，这段时间对投资者来说，就是很好的获利机会。因此，股民平时需要密切关注政策和国内外的经济动态，经常进行股票分析。

再次，顺势操作，趋势确定后再交易。这一点主要是用来回避市场或个股大幅回调带来的潜在风险。

最后，侧重“弃大从小”的投资策略。未来中小市值的主题投资品种将明显跑赢大市值蓝筹股，建议对中小市值股票加大持仓比例。

基金市场，让你的钱不再沉睡

刘光从大一开始定投，买基金。不得不说，在大学生里面，刘光也算是理财思维比较早的。像绝大多数的大学生，在大学时期对金钱的概念还是相当薄弱的，常常是花钱大手大脚，买回一堆用不到的东西。

刘光每月的生活费是800元，他从大一开始，每月从生活费中拿出200元进行投资。4年一共48个月，每月200元，就是9600元的本金。

毕业后，刘光找到了一份稳定的工作，生活费也更加宽裕。工作前两年，他每月进行800元的定投，有了19 200元本金。工作第3年开始到现在，他又投资了3年，定投额度每月也提高到了1200元，本金为43 200元。

到前天，刘光的基金总额竟然达到了21万元，几乎是原来本金的3倍。

刘光的好友文洁在上海工作，她每个月的工资也仅够花销。但因为有固定的理财支出——基金，到目前为止，她已经拥有一套属于她自己的小户型房子。虽然房子还需要按揭还贷，但是她用公积金贷款，基金给她带来的收益颇丰，每月还款根本不用花费她的工资。

故事中谈到的基金是一种理财形式。从广义上说，基金是指为了某种目的而设立的具有一定数量的资金。主要包括信托投资基金、公积金、保险基金、退休基金，以及各种基金会的基金。

根据不同标准，基金能被划分成不同的种类。

根据基金可否增加或赎回，可分为开放式基金和封闭式基金。开放式基金通过银行、券商、基金公司申购和赎回，且基金规模不固定；封闭式基金有固定的存续期，投资者通过二级市场买卖基金单位。

根据组织形态的不同，可分为公司型基金和契约型基金。通过发行基金股份成立投资基金公司的形式设立的基金，就被称作公司型基金。由基金管理人、基金托管人和投资人三方通过基金契约设立，通常称为契约型基金。我国的证券投资基金均为契约型基金。

根据投资风险与收益的不同，可分为成长型、收入型和平衡型基金。

根据投资对象的不同，可分为股票基金、债券基金、货币市场基金、期货基金等。

我国投资基金起步于1991年，当时，只有深圳“南山风险投资基金”和“武汉证券投资基金”两家，规模为9000万元。

1992年，随着深圳“天骥基金”、淄博“乡镇企业投资基金”和海南“富岛基金”等37家基金的成立，我国投资基金规模开始扩大。到1994年年底，我国投资基金共有73家。

中国基金行业伴随市场，一直保持自身高速增长的状态，但近两年来，随着市场环境和行业环境的变化，基金行业的发展也遇到了“瓶颈期”。

一些基金市场里的“老人儿”不难发现，现在资产管理规模开始停滞不前，而且人员流动过大、基金经理变动频繁，基金市场似乎正在经历“成长中的烦恼”。

我们也应该看到，基金发展的根基并没有动摇，各位可以从外部环境来看。

一方面，证券投资基金法修订工作，已纳入有关方面的工作日程，正在积极推进中，有望为行业的发展创造更为有利的制度环境。

另一方面，基金的监管层重新整理了思路，鼓励基金公司对产品进行整改创新。从基金本行业的发展情况来看，大部分的基金公司都推出了更具个性化的产品，如此一来，他们就可以为不同的投资者提供更适合对方的服务。

以2010年上半年为例，60家基金公司的业绩都呈现出优势，比如在A股市场大幅下跌26.82%的背景下，基金整体跑赢了大势，体现出明显的抗跌优势。

对于一些基金“老人儿”反映的，近两年来基金收益普遍不太理想的问题，其实也是情有可原。要知道，基金产品从本质上来讲，就是一套证券投资组合。基金的收益表现与投资标的基础市场的表现密不可分。

在股票市场连续下跌的情况下，以投资股票为主的股票型基金、混合型基金等，也会受到股票市场环境的影响，也难以取得正收益。就如同在股市上涨的行情下，偏股型基金往往大部分能取得正收益一样。所以，在近几年市场连续下跌的行情下，基金也不可能创造正收益的神话。

无论是中国股市的建设与发展，还是资产管理行业的各种问题，都不是短时间内就可以解决的，这需要市场整体的理性推动。作为基金投资者本身，却可以通过衡量自身的风险承受能力来决定投资的多少。

如果你在基金方面是个新手，切勿盲目听从销售人员的宣传。如果自身风险承受能力较弱，或是短期内有急需使用的资金时，切勿在单一的股票类基金中投入太多，以免受到股市波动风险的冲击较大。

对于个人投资者来说，更具实际意义的是抱有长期投资的心态，根据自身的风险承受能力和续期选择相应适合的基金产品。

避免过度追逐短期收益突出的热点基金，要多关注长期业绩相对较为稳健的基金，通过定投、组合配置来分散风险，以此来获取长期、稳健的资金回报。

债券市场，金融市场中的“短腿”

很久以前，在一个大村镇里有个富裕的家族，这个家族不仅人丁兴旺，而且家产十分殷实，全镇都有他家的产业。

当然，这个家族在有钱的同时，开销也是非常庞大的，有时候花的比赚的还要多。这时，他们就只能向左邻右舍借钱花。当然，因为他们家族很富裕，镇上的人都愿意借钱给他们，还能拿点儿利息，多好啊。

虽然大家愿意把钱借给他们，但这个家族入不敷出的情况没有得到改善，因此，他们没有多余的钱来还债。这时，他们只能通过借新债还旧债的方法，来保证家族的信用不会受损。

由于这个家族有钱，而且信誉不错，他们总能通过这个方法借到新债来偿还旧债。由于借钱能拿到利息，镇上的居民依然愿意把钱借给他们。且这个家族可信度高，这些借条开始变成一种被广为接受的、频繁买卖的有价证券。

数年过去了，这个借新债还旧债的方法一直发挥着重要作用，让这个有钱的家族肆无忌惮地到处借债来满足其开支。

终于有一天，这个家族的产业遭到了前所未有的损失，虽然已经挺过去，但产业恢复得太慢。同时，这个家族的某些成员和镇上的居民开始质疑，这种无度借债的做法到底是对还是不对呢？在大家的质疑声中，这个家族依旧在借债。

三年后，有部分家族成员开始反对提高借债的上限。因为他们家的产业并没有恢复到鼎盛时期的水平。此后，家族内部就一直没能达成一致，直到他们借的债务快违约时，才达成了提高借债上限的规定。

然而，家族的内部纷争也让镇上的居民开始意识到，这个家族借新债抵旧债的行为其实存在着很大的危险性。而且，镇上大部分居民都有这个家族打的借条，于是人们都开始恐慌：一旦这个家族经营不善，他们就没有办法偿还所借的钱。虽然大家看明白了这一点，但悲哀的是，此时镇上的居民发现，自己已经无法摆脱这些借条。

他们没办法把借条快速脱手，因为快速脱手会导致借条的市场价值暴跌，而他们也找不到其他更好的、更稳定的投资方式。因此，这个家族仍然在四处大额借债。

这个到处借钱的家族就是美国。

故事中说到的债券其实是指国债，国债是债券的一种。债券则是一种金融契约，是政府、金融机构、工商企业等直接向社会借债筹措资金时，向投资者发行，同时承诺按一定利率支付利息，并按约定条件偿还本金的债权债务凭证。

债券是一种有价证券。由于债券的利息常常是事先确定的，所以

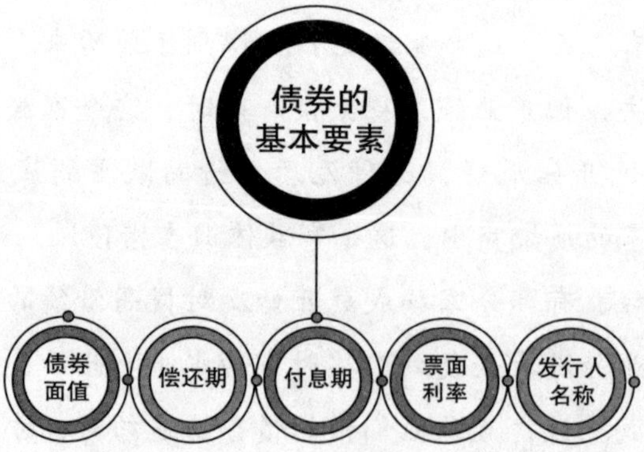

债券是定息证券（即固定利息证券）的一种。在金融市场发达的国家和地区，债券可以上市流通。我国比较典型的政府债券是国库券。

债券作为一种重要的融资手段和金融工具，具有如下特征：

首先是偿还性。债券都会规定偿还期限，也就是债券的发行人必须按约定，定期偿还本金并支付利息。

其次是流通性。债券的流通性比较强，能在流通市场上自由转让。

再次是稳定性。与股票相比，债券有其固定的利率，与企业绩效之类没有直接联系。这就说明了债券的风险小，收益更加安全稳定。此外，即便发行债券的企业破产，债券持有者也享有优先于股票持有者对企业剩余资产的索取权。

最后是收益性。债券的收益性主要表现在两个方面：一是投资债券能给投资者带来利息收入；二是投资者能够利用债券价格的变动，买卖债券，赚取差价。

债券的优点很多，比如资本成本低、风险低，其要求的报酬率也较低，所以公司债券的资本成本要低于普通股。此外，债券所筹集的资金属于长期资金。发行债券所筹集的资金一般属于长期资金，可供企业在 1 年以上的时间内使用，这为企业安排投资项目提供了有力的资金支持。

债券筹资的金额很大，筹资的对象也十分广泛。它不仅可以向各类银行或非银行金融机构筹资，也能向其他法人单位、个人筹资，因此筹资比较容易，并可筹集较大金额的资金。

当然，债券也有自身的缺点。比如财务风险大，就像故事中的美国债券。债券有固定的到期日和固定的利息支出，当资金周转困难时，就会让企业陷入财务困境，甚至破产。因此，买债券需要考虑未来收益的稳定性以及增长性的问题。而且，债券的限制性条款多，资金使用缺乏灵活性。要知道，债权人没有参与企业管理权利。所以，为了保障债权人的债权安全，通常会在债券合同中添加各种限制性条款，这些条款也会影响企业资金使用的灵活性。

债券，尤其是国债券，其风险比普通投资要小很多。对于一些稳健的投资者，购买债券也不失为一种好的选择。

保险市场的恩怨情仇录

从前，有100名学徒在五星级大酒店打工。虽然酒店很高级，但学徒每年的薪水只有几千元，还不如外面打零工的薪水高。此外，五星级大酒店的餐具都很名贵，一个盘子就要1000元。

如果谁不小心打破一个盘子，掏不出这1000元就会被开除。虽然大家都很小心，但一年下来，总有倒霉的人会打破盘子。大家都担心，如果一不小心就是自己走了霉运，那怎么办呢？

此时，新来的财务经理得知此事，就建议这些学徒："既然每年都会打碎几个盘子，而且谁都有可能打碎盘子，那就每人交点钱，提前把赔偿金凑齐，就不用这么担惊受怕了。"

有的学徒问："我们每人需要交多少钱啊？"

财务经理反问道："平均每年会碎几个盘子？"

学徒想了想说："每年总有三四个吧。"

财务经理掐指一算，笑道："就算每年会打碎4个盘子，损失4000元。那么100位学徒每人每年交40元就可以凑齐损失了。"

学徒一琢磨：不错啊，才40元，就当买个保障，总比轮到我头上，白白掏掉 1000 元要好。

财务经理接着说："为了方便起见，我自告奋勇来负责这笔钱的保管，但是要给我 600 元的薪水，再加上零碎的办公费用，一共是 1000 元。这样一算，每位学徒每年交 50 元，就不会有人因为打碎盘子而被开除了。"

故事中的财务经理所提议的方法就是保险。在人类社会开始的时候，人们就面临着各种自然灾害和意外事故的侵扰，所以，早在与大自然和其他人类的抗争过程中，古代人就萌生了对付灾害事故的保险思想，以及原始形态的保险方法。

公元前 2500 年，古巴比伦的国王命令僧侣、法官和村长等人收取税款，作为救济火灾的资金。

古埃及的石匠建成了丧葬互助组织，用"交会费"的办法解决了收殓安葬的问题。

古罗马帝国时代，士兵们组织以集资的形式，给阵亡的将士家属提供生活费，这些都逐渐形成了保险制度。

公元前 1792 年是古巴比伦第六代国王汉穆拉比时代，随着贸易发展、商业繁荣，为了援助商业及保护商队的骡马和货物损失补偿，在汉穆拉比法典中，规定了共同分摊补偿损失之条款。

公元前 916 年，在地中海的罗得岛上，国王为了让海上贸易能够正常进行，专门制定了罗地安海商法。该商法规定：如果货主遭受损失，船主和所有货主都要共同分担责任。

公元前 264 至前 146 年，也就是布匿战争期间，古罗马人为了解决军事运输问题，收取商人两三成的费用作为后备基金，以补偿船货损失。这也是海上保险的起源。

公元前133年，古罗马成立了共济组织，该组织向加入进来的会员收取100阿斯和一瓶酒。另外，每个月都会收取5阿斯，将这笔钱积累起来作为公积金，用于丧葬的补助费。这是人寿保险的萌芽。

中世纪时期，源于海上借贷，意大利出现了冒险借贷。冒险借贷的利息类似于今天的保险费，但因其高额利息被教会禁止而衰落。

1384年，比萨出现世界上第一张保险单，现代保险制度从此诞生。

17世纪，也就是欧洲文艺复兴之后，英国资本主义逐渐有了较大的发展，英国经过大规模的殖民掠夺，逐渐发展成垄断世界的“日不落帝国”，这也为英国商人开展世界性的海上保险业务提供了条件。保险经纪人制度也随之产生。

17世纪中叶，爱德华·劳埃德在泰晤士河畔开设了“劳合咖啡馆”，这家咖啡馆成为人们购买保险、交换航运信息以及交谈新闻的重要场所。1696年，劳合咖啡馆发展为“劳合社”的前身。

火灾保险制度起源于英国。1666年9月2日，伦敦城区发生了特大火灾，一半以上的伦敦城被烧毁，损失达到1200万英镑，超过20万人无家可归。由于这次大火的教训，保险思想开始深入人心。

1667年，牙科医生尼古拉·巴蓬在伦敦开办个人保险，专门经营房屋火灾保险。这是第一家专营房屋火灾保险的商行，从此之后，办理火灾保险业务的保险公司日益增多。

保险，本意是稳妥、可靠、保障，后来延伸成为一种保障机制，也是规划人生财务的重要方法，是在市场经济下进行的风险管理的基本手段。保险也是金融体系和社会保障体系的重要支柱。

保险是指投保人根据约定好的合同，向保险人支付保险费，保险人对合同约定的事故或造成的损失，承担相应的赔偿保险金责任。保险是当被保险人死亡、伤残、疾病或达到合同约定的年龄等条件时，

支付其保险金责任的商业保险行为。

从经济角度看，保险是意外分摊的一种财务安排。

从法律角度看，保险是一种合同行为，是一方同意补偿另一方损失的一种约定，是受法律保护的合同安排。

从社会角度看，保险是社会经济保障制度的重要组成部分，是社会生产和社会生活的“稳定器”。

保险是风险管理的一种方法。保险作为一种保障机制，也很适合喜欢做人生规划的人。

黄金市场，国人放不下的心病

这一阵子，我们的大妈们算是扬眉吐气了。因为黄金价格迎来猛涨！低迷了5年的黄金市场，终于迎来了美丽的春天。

这件事要从2013年说起。

当年，华尔街大佬们在美联储的授意下，向世界举起了“做空黄金”的屠刀，经过一年的酝酿造势，华尔街大佬们终于做空了黄金市场，导致金价大跌，这一举动也让世界一片哗然。

不料，半路却杀出一群“中国大妈”，1000亿人民币，300吨黄金瞬间被扫荡一空，整个华尔街都惊掉了下巴：无论华尔街卖出多少黄金，大妈们都照单全收。

在这场大战中，世界500强之一的高盛集团率先举手投降。

一场“金融大鳄”与中国大妈之间的黄金阻击战，以中国大妈完胜收场。

2016年上半年，黄金现货涨到了近30%。黄金市场的金价飙升使得黄金重新成为热门词汇，交易也变得活跃起来，买入和回购的都在成倍增加。

中国大妈由于大手笔买进黄金而一战成名，黄金后期仍有强劲的上涨预期，解套和盈利似乎都触手可及。

神州大地一片欢腾，大妈们把对幸福生活的向往重新融入到广场舞中……

故事中的黄金就是我们长久以来的一种投资工具。黄金的价值高，并且是一种独立资源，没有任何一个国家或贸易市场能够限制它，并且，黄金与公司或政府也没有什么牵连。

因此，投资黄金能够在经济环境里，帮助投资者解决可能会发生的问题。黄金投资就意味着投资金条、金币，甚至黄金首饰。在投资市场中，存在着众多不同种类的黄金账户。

黄金市场则是专门进行黄金买卖的金融市场。世界各国的公司、银行和私人以及各国官方机构都可以进行黄金交易。

黄金交易的去向，主要是在工业用金、私人贮藏、官方储备、投机商牟利等。二战后的一段时期内，由于国际货币基金组织限制其成员的黄金业务，规定在买卖黄金时，各国官方机构不得与黄金的官方定价相背离。因此，西方官方机构几乎都是通过美国财政部，按黄金的官方价格交易。

1968年，黄金总库宣布解散，美国和西方国家不再按照官方价格供应黄金，而是听任市场金价的自由波动；1971年8月15日，美国宣布不再对外国官方持有的美元按官方价格兑换黄金。

从此以后，全世界的黄金市场就只剩下自由市场。世界上约有40多个城市有黄金市场，而且存在着不少黑市。黑市的金价较高，因此也伴有走私活动。

黄金市场是全球范围内的市场，伦敦和纽约是全球两个最大的黄金交易市场。黄金市场的运作和其他投资市场类似。每天都会进行买卖，并且黄金的价格受市场内经济条件的影响。

和其他市场资源一样，黄金的价格由供求关系决定。黄金作为贵金属，一直是一项重要资源。人们往往会在通货膨胀的时候储备黄金，而战争期间也会促使人们进行黄金储备。储备黄金的行为会造成黄金的供不应求，致使金价暴涨。

黄金市场的发展不仅给广大投资者增加了一种投资渠道，而且还给中央银行提供了一个全新的货币政策的操作工具。也就是说，中央银行能通过在黄金市场上的黄金买卖，来调节国际储备构成以及数量，从而控制货币供给。这也是由黄金市场的保值增值功能和货币政策功能决定的。

正因为黄金具有很好的保值功能，所以就能作为一种规避风险的工具，这和贮藏货币的功能有些相似。此外，黄金市场给广大投资者增加了一种投资渠道，这就在很大程度上分散了投资者的投资风险。

虽然黄金市场的这个作用是有限的，但正由于黄金对利率和汇率的敏感性与其他手段不同，让它能作为货币政策操作的一种对冲工具。随着黄金市场开放程度的逐步加深，它的这个功能也将慢慢显现出来。

可以说，通过开放黄金市场进行深化金融改革，是中国的金融市场与国际接轨的一个客观要求。

当然，黄金跟其他货币及商品一样，在市场上都存在着市场风险。和货币相比，黄金价值的上下波动较低。作为投资对象，黄金与其他投资对象相比，也有着自己独特的优势。

一直以来，广大投资者都对黄金市场抱有很大的兴趣，这也导致了黄金市场的流通性远远高于其他市场。高流通性就意味着，当投资者想卖出的时候，完全不用担心找不到买家，同时，在投资者想买进的时候，也不愁找不到卖主。

在黄金市场上，投资者可以投资买卖金条、珠宝、期权、基金甚至黄金证。和其他物品交易相比，黄金交易不仅快，而且价格差额低。

在这里，不妨告诉各位一个小窍门，在外汇市场上，黄金被看成是美元的避险投资：美元升值，金价下跌；美元贬值，金价上涨。只要明白了这一点，投资者就能把黄金交易作为一种手段，平衡自己在美元买卖中的盈亏。

市场条件一直在变化，但黄金却始终保持其购买能力。就黄金与其他商品和服务的购买力相比较而言，它的价值一直很“坚挺”。相比黄金，其他货币在随着商品和服务价格的上升，其购买力却在一直在下降。因此，部分投资者也买入黄金，以此来平衡通货膨胀所造成的影响。

第三章
洞若观火，耐心梳理金融机构的脉络

揭秘中央银行的种种

罗斯柴尔德家族是世界著名的金融家族。1818 年，内森·罗斯柴尔德成功给普鲁士政府提供了 500 万英镑的贷款，为国际贷款业务提供了新途径。

除了给世界各地政府发行债券，罗斯柴尔德家族挣钱的方式还包括为皇室、政治家理财，而且还从事了黄金和货币交易、进行工业和矿业的投资。

罗斯柴尔德家族凭借在战争中的赌博而低价收购来的英国国债，成为英国政府的第一大债权人，并且摇身一变，成为当时英国央行——英格兰银行的控制者。

有一次，内森拿着他哥哥阿姆斯洛从法兰克福罗斯柴尔德银行开的支票到英格兰银行要求兑换现金，银行以只兑换本银行支票为由加以拒绝。

内森勃然大怒。第二天一早，他就带着大批英格兰银行的支票兑现黄金，仅一天就让英格兰银行的黄金储备明显下降。第二天，内森带来更多的支票。央行高级主管声音发颤地问还要兑换几天。内森冷冷地回答："英格兰银行拒绝接受我的支票，我为什么要它的？"

英格兰银行立即宣布，英格兰银行今后将兑换所有罗斯柴尔德银行的支票。

由此可以看到，罗斯柴尔德家族控制了英国的中央银行，就等于控制了英国金融界的大半，就可以呼风唤雨、无所不能。

正如一位普鲁士驻英国的外交官说的那样："罗斯柴尔德对欧洲的金融事务有很大的影响力。他们能够左右外汇交易价格。当内森发怒时，英格兰银行都在颤抖。"

"中央的都是高于地方的。"这是我国人民长期以来形成的固有观念。其实，也难怪大家有这样的想法，但其实，央行远没有大家想象的那么神秘。

中国最早的中央银行是1928年11月1日由国民政府设立的，总行设在当时中国的经济金融中心——原上海华俄道胜银行大楼，并且在全国各地都设立了分支机构。

中国人民银行是中华人民共和国的中央银行。1948年12月1日，中国人民银行是在华北银行、北海银行、西北农民银行的基础上合并组成的。中国人民银行作为中央银行以法律形式被确定下来，成为国家银行，行使中央银行职责。

各个国家的中央银行主要以制定和执行货币政策为职能，对金融机构活动进行领导、管理和监督，是一个"管理金融活动的银行"。

中央银行揭秘的第一点，便是"发行的银行"。这里是指中央银行拥有垄断货币发行权，是国内唯一授权的货币发行机构。将垄断货币发行权赋予中央银行是非常必要的。因为统一货币的发行与流通，就是币值稳定的基本保证，也是正常流通的需要。

币值稳定是社会经济健康运行的基本条件。各位可以试想一下：如果多家银行都有发行货币的权力，那中央银行在调节货币供求总量的时候，就可能出现难以协调的偏差，造成通货市场动荡。所以，统一货币发行就是中央银行专属的能力，中央银行可以凭此调控商业银行的引用创造。独占货币发行权是中央银行实施金融宏观调控的必要条件。

中央银行揭秘的第二点，便是“银行中的银行”。央行是银行中的银行，而它的银行职能就是指中央银行充当商业银行和其他金融机构的最后贷款人。央行的银行职能体现了它是特殊金融机构的性质，是中央银行作为金融体系核心的基本条件。

中央银行通过银行职能，可以对商业银行的金融活动施加影响，以达到调控宏观经济的目的。中央银行作为银行中的银行，需履行的职责也有很多：集中商业银行的存款准备金；保证商业银行和其他金融机构具备最低限度的支付能力；有助于中央银行控制商业银行的信用创造能力，从而控制货币供应量；强化中央银行的资金实力；为商业银行之间进行非现金清算创造条件；充当银行业的最后贷款人。最后贷款人指商业银行无法进行即期支付而面临倒闭时，中央银行及时向商业银行提供贷款支持以增强商业银行的流动性。

中央银行揭秘的第三点，便是“政府的银行”。这一点很好理解，因为中央银行是为政府提供服务的，它是政府用来管理全国金融的专门机构。具体体现在代理国库、代理政府债券发行、为政府融通资金、为国家持有和经营管理国际储备等。

中央银行代理发行政府债券，办理债券到期还本付息。在政府财政收支失衡、入不敷出的时候，中央银行就需要履行为政府解决临时资金需要的义务。中央银行给政府融资的方式主要有两种：

第一种，为弥补政府财政的长期赤字，中央银行可以直接给政府提供贷款，以此防止恶性通货膨胀的出现。许多国家都明确规定，不要通过超发货币来弥补财政赤字。

第二种，中央银行直接在一级市场上购买政府债券。

中央银行可以对储备资金总量进行调控，使之与国内货币发行和国际贸易等所需的支付需要相适应，而且可以对储备资产结构特别是外汇资产结构进行调节。中央银行对储备资产进行管理，负责储备资产的保值增值，以此来保持国际收支平衡和汇率基本稳定。

中央银行可以代表政府，去参加一些国际上的金融活动，与其他国家的金融机构进行协调与磋商，积极促进国际金融领域的合作与发展。此外，中央银行还为政府提供了金融情报和决策建议，向社会公众发布了金融信息。中央银行处在社会资金运动的核心，可以掌握全国经济金融活动的基本信息，给政府的经济决策提供支持。

商业银行的本质：“存吧”

银行是经济中最为重要的金融机构之一。可各位知道银行的起源吗？早在公元前6世纪，巴比伦就已经出现一家名叫“里吉比”的银行。

考古学家在阿拉伯大沙漠发现的石碑证明，在公元前2000年以前，巴比伦的寺院就开始对外放款，而且放款的时候，还让债务人开了类似本票的文书，交由寺院收执。并且，这项文书还可以转让。

到了公元前4世纪，希腊的寺院、公共团体、私人商行等，都从事了各种金融活动，但这种活动只限于货币兑换，还未出现放款业务。

公认的早期银行起源于意大利的文艺复兴时期。"银行"一词，英文写作"Bank"，是由意大利文"Banca"演变来的。在意大利文中，"Banca"是长凳的意思。

最初的银行家都是意大利北部伦巴第的犹太人，他们为了躲避战乱而迁移到英国，以兑换、保管贵重物品、汇兑等为业。在市场上人各一凳，以此来经营货币兑换业务。

倘若有人遇到资金周转不灵，无力支付债务时，债主们就会合伙来砸碎他的长凳，他的信用也就宣告破碎。所以，英文的破产也写作"Bankruptcy"。

商业银行，英文写作"Commercial Bank"，缩写为"CB"。用我国网络通俗谐音讲，就是"存吧"。其实，这也解释了商业银行的本质——存储银行。

在所有银行中，商业银行的概念是区分于中央银行和投资银行的。因为商业银行是一个以营利为目的，以多种金融负债筹集资金，以多种金融资产为经营对象，具有信用创造功能的金融机构。

因此，商业银行的本质特征就是必须具备业务经营所需的资本，达到管理部门规定的要求，照章纳税、自负盈亏、自我约束，以获利为经营目的和动力。

其实，商业银行盈利的手段很好解释——你存钱，他贷款，我赚

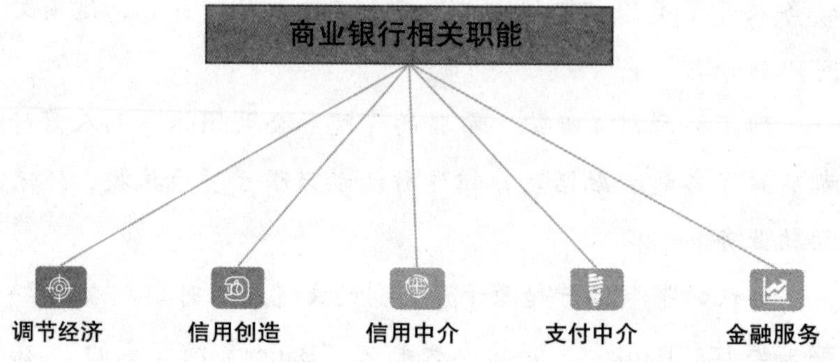

差价。这句话怎么理解呢？这么说吧，商业银行拿了1元买你的0.9元，然后以2元的价格卖给别人。你赚了，银行也赚了，是不是皆大欢喜？

也许你会问，那出2元的买家不是傻吗？并不是，他自己也明白，花2元去买1元是不值得的，但他急需用钱，而银行又不要求他马上还清，还给了他一个期限来付这2元。于是就有人用未来的2元，买银行现在的1元。别忘了，你可以拿银行的这笔贷款继续投资。比如，你用未来的2元买了现在的1元，又用这1元赚到了3元。这样一来，你在还清银行的2元时，自己还能赚1元。三方都是赢家。

有人问了，万一借款人投资亏了怎么办？不但自己赚不到钱，连银行的贷款也可能还不起，银行不就亏了吗？其实这个完全不用担心，商业银行不会做亏本的生意。他在借给你钱之前，会先对你的债权、债务和财产等状况做一番调查和分析，只有你抵押了价值100元的财物，银行才愿意借80元给你。

既然商业银行的本质是存钱，那按照传统的存款划分方法，主要有三种形式，即活期存款、定期存款和储蓄存款。

先来看活期存款。它是指能让用户自由存取的存款。首先，它没有确切的期限规定，商业银行也不会要求用户在取款时先写一个书面通知。持有活期存款的用户能用各种方式提取存款，比如开出支票、汇票、电话转账或使用ATM机等手段。

由于各种经济交易包括信用卡商业零售等，都是通过活期存款账户进行的，所以，国外又把活期存款称作交易账户。

再来看看定期存款。定期存款是指客户与银行预先约定存款期限的存款。通常为3个月、6个月或1年不等，期限最长的是5年或10年。利率会根据期限的长短而存在差异。

定期存款带有投资性，存款利率高，并且风险小，是一种风险最小的投资方式。对于银行来说，由于期限较长，按规定一般不能提前支取，因而是银行稳定的资金来源。定期存款所要求的存款准备金率都低于活期存款。因为定期存款会有日期的限制，所以稳定性较高，存款准备金率的要求也就低一些。此外，定期存款办理的手续简单。同时，定期存款较高的稳定性使其风险性较小。

然后就是储蓄存款。它是指个人为了积蓄货币、取得收入而开立的存款。储蓄存款具有两个特点：一是储蓄存款多数是个人为了积蓄购买力而进行的存款；二是金融监管当局对经营储蓄业务的商业银行有严格的规定。储蓄存款大多属于个人，用户分散在各地。为了保障用户的利益，国家会对商业银行有严格的管理规定，并要求银行对储蓄存款负有无限清偿责任。

除上述各种传统的存款业务以外，某些商业银行在存款工具上还有很多创新。比如转让支付命令账户、自动转账账户、货币市场存款账户、大额定期存单等。

非常有钱的保险公司

1919年，齐藤竹之助毕业于日本某大学的经济系。1951年，57岁的齐藤竹之助为了偿还重债，成了朝日生命保险公司的推销员。

齐藤竹之助进入朝日生命保险公司后，励志要成为公司首席推销员。为了实现这一愿望，齐藤竹之助更加努力地工作。

1959年7月，齐藤竹之助在朝日保险公司成立纪念日的那天全力以赴，实现了1.4亿日元的月销售额。其后，他又在11月创造了2.8亿日元的新纪录。也是在这一年，他成为日本首席推销员，登上了第一的宝座。

1963年，齐藤竹之助的年保费达12.26亿日元。这一年，齐藤竹之助被美国的"百万圆桌会议"吸收为会员。在随后的4年中，他作为唯一的亚洲代表，连续出席了4年的例会，最后被认定为终身会员。

在首次出席"百万圆桌会议"的那一年，齐藤竹之助的年销售额已突破10亿日元大关，第二年达到17亿日元，第三年却达到27亿日元。齐藤竹之助这样总结他的经验："靠坚定信念而焕发斗志，动脑筋，想办法，不断创新，顽强地使推销获得成功，就一定能成为优秀推销员。"

齐藤竹之助的故事确实很励志，但我们从中却不难发现，保险公司真的是太赚钱了。而且保险公司的钱基本都是别人的钱，可这个钱能"借"很长时间。

一般说一个公司"有钱"，都是指它的资产很多，但是资产是包括负债的。所以，保险公司其实大部分资产都是负债，90%、95% 负债率的保险公司不在少数，这是为什么？

保险公司在收取保费的同时，还承担了赔付给投保保额和收益的义务，所以，保险公司有大部分的钱都是准备赔偿给客户的。其实银行也是一样，用户存在银行里的钱属于储户，但银行也可以作为“负债”来使用。

关键来了，银行的钱其实储户是随时可以全额取回的，而保险却不是这样。保险的赔付是有期限和金额限制的。

比如你买了一份“大病医疗险”，如果你没有生大病，就不能领到保额。而且，如果你选择马上退保，就拿不回已交的保费，所以保险资产虽然很多都是“负债”，但这部分负债都是长期的，有些甚至不需要偿还。此外，理财类的保险（储蓄险、万能险），一样是短期退保有损失的，所以仍然可以算作长期的钱。保险公司收益比银行高是必然的，因为银行不能拿储户的钱去做投资，只能放贷或买债券。而保险公司可以投资股票、基金、地产等，收益当然比较高。

保险公司特色叫负债投资。银行虽然钱多，但不可能去股市里随便买，也不能随便就买个大楼什么的来赚钱。保险公司才是投资行业里真正的大佬。

中国第一大银行是工商银行，它的资产够大吧？但其 70% 都来自于储户存款，这些是不能拿去做投资的，只有银行理财的一小部分能拿去做投资。虽然中国人寿的总资产也就是工行的 10%，而且其中 90% 都是负债，但这些钱都可以拿去做投资，这就相当厉害了。

要知道，保险公司真正的利润来源于死差、利差和费差。死差是指什么呢？比如保险签单的时候，是按照 1% 的人有可能在 70 岁前死亡，而实际上只有 0.8% 的人死亡。那时，保险公司就赚了 0.2%。

再来看看利差。假设保险公司每年投资收益能到3%，或承诺给你3%，但是实际上，他们收益了4.5%，那多赚的钱就是保险公司自己的了。

当然，保险公司也不可能拿着用户的钱乱投资，因为保监会对保险公司的投资范围要求很高，所以绝大部分的保险公司还是以稳健投资为主。比如买写字楼，这样租金比较稳定，要是去搞房地产开发，就肯定不行了。

保险公司的费差是指公司在定价的时候，把自己每年预算的一些经营成本算进去了。假设保险公司每年报的经营成本要几千万元，但实际上没那么多，那么，省下来的钱自然就归保险公司自己了。

有人会问，如果保险公司赔得多呢？不就亏了吗？其实你大可不必担心。保险的每个产品都是由精算师算过的，他们不会做亏本的生意。比如让你交了1万元，得病时可能赔你10万元。你以为是捡了个便宜，其实保险公司对你的年纪、身体健康都是有要求的。

你要买保额大的保险，就要先通过仔细的体检才能卖给你，所以能买保险的都是些健康的、风险低的人，这样就能控制保险公司的赔付风险。

如果你觉得保险公司业务员佣金很高，那只能说是个错觉。给业务员的佣金也就是第一年高，第二年就开始不多了。而且，你要知道保险产品，尤其是那些保障类的保险，其实比标准化的理财产品还要复杂。业务员需要给客户讲清楚保障范围、给客户安排体检、管理后期理赔服务等。保险业务员其实很辛苦，这个钱拿得没那么容易。

信托投资公司，金融业三大支柱之一

一位银行的支行行长在工作的时候跟信托公司合作了几次，发现自己逐渐上瘾了，于是立马辞职不干，打算出来创业。

朋友很奇怪，问他："信托是什么啊？竟然有这么大的魅力。"

这位银行的支行行长说："其实它就是一种组织形式。"

朋友追问道："什么组织形式？你说详细点嘛。"

他说："其实啊，信托公司就是资源整合，如果你有足够的资源整合能力，能够整合全产业链，那你自己就是一个信托公司！"

不久，这位前支行行长便动手创业了。他先成立了一个资产管理公司，找好项目，协调好信托产品销售渠道，然后再去找信托公司。

信托公司当然乐意看到有人送项目上门，因为收到2%的信托报酬就很满足了，而前支行行长能收到融资方4%左右的"顾问费"。当然，前提是他找来的项目都要靠谱，才能过得了信托公司的风险控制程序。

就像故事中说到的，信托初看是金融，再看是法律安排，而本质却是对人性的感悟。因为信托存在的前提是信任。当然，这种信任是以法律制度的保障做基础。

信托投资公司是一种以受托人的身份，代人理财的金融机构。它与银行和保险并称为现代金融业的三大支柱。

在我国，信托投资公司的主要业务有经营资金和财产委托、代理资产保管、金融租赁、经济咨询、证券发行以及投资等多个方面。

但根据国务院关于整顿金融性公司的要求，我国信托投资公司目前的业务范围主要限于信托、投资和其他代理业务。

2007年，我国银监会重新制定了《信托公司管理办法》，把原来的“信托投资公司”统一改称为“信托公司”。

信托公司在管理信托财产时，会恪尽职守、诚实守信，因为信用、谨慎和有效管理就是信托公司的最大义务。信托公司会依照合同约定来管理财产，如果客户由于自身行为导致信托财产产生风险，则由客户自己承担。

如果信托公司违背合同，或在处理信托事务时方法不当，致使信托财产受到损失，则由信托公司以固有财产赔偿；不足以赔偿时，则由客户自行承担。从信托公司和其他金融机构的营业范围、经营手段和功能作用等各个方面来看，都存在着诸多联系，同时也存在明显差异。

从我国的信托业的发展历程看，信托公司和商业银行之间有着密切的联系，这其中的渊源来自西方国家。西方国家实行的是混业经营的金融体制，而其信托业务大都涵盖在银行业之中。

对于信托公司来说，他们会追求高投资高回报，而自身管理又缺乏风险机制，不得不依靠政府干预。有些投资项目缺乏可行性，但却经常对其进行投资研究，导致项目建成了，产品却没有市场，投资不能发挥效益，贷款收不回来。此外，国有企业的困境也影响信托公司的资产。目前，信托公司发生困难的更重要原因，在于它缺乏正常的资金来源。因为信托公司是不被允许利率浮动的，所以它就不能吸纳存款。

信托公司不能进入拆借市场，而正常的资金渠道又未开拓，信托投资公司的资金来源发生了障碍，大部分信托公司就会出现流动性问题。如果信托公司有正常的资金来源，而且有正常的经营条件，那么大部分的信托公司都能在经营中化解不良资产。

首先，随着我国房地产市场的蓬勃发展，加上国有企业的改革和推进，信托公司有一部分是可以逐渐盘活的。

其次，各个信托公司长期经营证券业务，在其规范经营和有效经营的基础上，能够用自己的经营收益盘活存量资产，以此弥补不良资产的损失。

最后，当主管部门明确信托投资公司的业务方向和资金来源后，一些还没有发生严重支付危机的信托公司会在发展新业务的基础上，逐渐消化不良资产。

主管部门规定了信托公司的五种资金来源，这种规定让信托公司的资金渠道变得狭窄。如此一来，除少数信托机构具有政府机构较多的委托资金外，大部分信托公司只能通过高息揽储等方式吸收资金。就这样，拆借资金成了许多信托投资公司的重要资金来源。

从宏观层面分析，国内储蓄结构已经从以往的政府储蓄转为居民储蓄，其比例是政府占 3%，企业占 15%，居民占 82%。

信托公司因为投资门槛较高，所以在主流理财产品之间不太显眼。但信托产品凭借其较高的收益率和抗风险能力，也开始受到更多理财人士的关注。

证券交易所的时代意义和消极影响

从前有座山，山里有个庙，庙里有一个老和尚，这个老和尚是个高深的住持。寺庙在山上，山下开了一家证券公司，与寺庙遥遥相对。某天，寺里来了很多炒股的人，在佛祖面前烧了很多香。大家都在苦苦哀求，让佛祖保佑他们脱离苦海。老住持心善，就问是怎么回事。

香客们说："股票大跌，我们被套牢了，赔了许多钱，不知怎么才能脱离苦海。"

老住持心想：这股票真是个坏东西，害了这么多人。好在我佛慈悲，应当以慈悲为怀，快把这些香客们救出来吧。于是，他就拿出庙中所有香火钱"解救众生"，买进了所有散户的一切筹码，然而，老住持买进股票后，股市却大涨起来。

过了一阵儿，香客们又来庙中烧香，大家的情绪都很激动，眼里放出精光，纷纷求佛祖保佑股票快涨多涨，甚至还有的香客抱怨自己买不到股票。

老住持不明白了，怎么股票又成为好东西了？但是转念一想：既然大家都要股票，那就卖给他们吧。于是老住持到股票市场把所有股票卖了个精光。没想到，股票刚卖出去股市就大跌，几个来回，老住持赚了很多钱。

香客们纷纷向老住持讨教秘诀。老住持说："哪有什么秘诀，只是心态而已。"

故事中，老住持炒股就代表了当前股市的一种现象。看似有规则，却很难摸到规则，所以在股市中，保持良好的心态最重要。

1990 年，当上海证券交易所刚刚成立的时候，在该所挂牌交易的只有 8 只股票。到 1991 年年底，上市的交易所总数为 14 家，总市值为 109.19 亿元。

经过二十多年的发展，特别是股权分置改革，以及工商银行和中国银行等一批大型蓝筹国企的登陆，这些都大大拓展了市场的规模。

最初，我国证券交易所交易的品种大多是股票和债券，经过十几年的发展，尤其是进入21世纪后的发展，目前已经有股票、债券、基金和权证等品种。

其中，我国的股票分为A股和B股；债券的交易品种分为国债、企业债和可转债；基金品种分为封闭基金和ETF[①]；权证主要是股票权证。

在我国证券交易所设立之时，直接采用电子交易的方式，实行了“无纸化”交易，所以，证券交易所的交易系统技术起点比较高。在投入运行后，交易系统进行了多次改造和升级，目前已经达到世界先进的水平。

就拿上海证券交易所来说，上海证券交易所在成立之初就采取了电子交易方式，它是亚洲第一家开业即实现电子交易方式的证券交易所。当时交易系统处理的能力为每秒成交3笔，年交易量为100亿元。

这些年来，证券交易所不断发展，上海证券交易所开发了以超级小型机为主机的第二代交易系统，该系统使得上海证券交易所的业务得到了很大的创新。比如网上发行、大宗交易和买断式回购等，都可以非常平稳地运行在第二代交易系统之上，系统每秒能处理的成交量为1万笔。

新系统在技术上更加安全可靠，可以保证系统在峰值数据流量下更加平稳地运行。此外，新一代交易系统技术还方便了国际各类人士的参与，为国际化业务打下了坚实的基础。

然而，在证券交易所划时代的意义下，各位也不难在股票交易中

① ETF为交易型开放式指数基金的缩写，通常又被称为交易所交易基金（Exchange Traded Funds，简称“ETF”）。

看出：虽然证券交易所能够保证股票市场的连续性，减少证券投资的风险等，但是证券交易所也存在着许多消极影响。

首先便是扰乱金融价格。证券交易所里有很大一部分只支持转卖和买回，因此，证券买卖周转量在证券交易所中是很大的。此外，这类交易并非代表真实金融资产的买卖，其供求形式在一定程度上会扰乱金融价格。

证券交易所也容易受到虚假消息影响。证券交易所对各类消息都特别敏感。因此，只要有人恶意传播不实消息，或谎报财务状况等，都有可能造成交易所的价格剧变。这会让部分投机者蒙受重大损失，而另外一些人则会获得暴利。

证券交易所不正当交易的存在也会造成消极影响，比如相配交易、虚抛交易和搭伙交易等。有些交易者会将证券用高价恶意抛出，并且让同伙进行收购，同时还约定一切损失归卖者负担。这种结果会导致该证券的虚假繁荣。此外，证券交易所里还不乏内幕人士操纵股市，因为各大公司的管理权都掌握在大股东的手里。这些人很有可能利用手中权力操纵公司股票的价格，或者直接利用内幕消息谋取暴利等。

股票经纪商和证券交易所工作人员作弊的现象也存在。比如代替客户一会儿买入，一会儿卖出，或用紧张的口气劝客户赶紧买入或卖出，以便他们从交易中获得佣金。或者直接进行非法的股票买卖，获取利益。因此，虽然证券交易所的时代意义是不可否认的，但也要看到它的消极影响。投资者只有这样耐心梳理、洞若观火，才能保证最大利益。

第三篇

金融的罪与罚，机遇与挑战，前世与今生

第一章
传统金融学，利率、汇率、信贷和投资

利率：金融市场的“晴雨表”

利率指的是一定时期内利息额和本金的比率，也叫作“利息率”。世界上几乎所有的金融现象都或多或少跟利率有所关联，因此利率也被人们称为金融市场的“晴雨表”。

由于利率的重要性，世界各国中央银行也会利用利率的重要作用来进行经济的调控。看一个国家的经济运行，有时只要看该国的利率是否合理。利率是国家经济的杠杆，中央银行可能加息，也可能降息，这些都是正常且必要的。

投资者需要银行为他们的存款支付利息，以便他们把货币转化成资本。简单说来，决定投资者是否从银行借钱的，标准在于投资者需要获取比利息率更高的投资回报率。

以通货紧缩的情况举例，如果投资者投入 100 元的货币资产，却只得到 95 元的实物资产，那么投资者需要向银行支付 5 元的利息。如果全社会各个产业的“回报”都抵不上“投资”，那么投资者当然不会从银行借钱。相反，许多投资人可能会把原有的资本也存入银行，因为银行的利率比投资回报更加可观。然而，如果社会缺少投资热情，经济将不可避免走向衰退。就我国情况而言，以积极财政政策为主，通过央行调控拉动投资，刺激国内需求。

作为金融市场的“晴雨表”，利率的变动影响经济形势的波动，这种变化是敏感迅速的。储蓄、证券、外汇都会受到影响。人们争先恐后地行动起来，该存的马上存，该取的马上取，该卖的马上卖，该买的马上去买。这便是利率对经济社会生活不可忽略的影响。

中国人民银行在2012年夏天宣布降息，这是3年多时间里的首次降息。仅仅半个多月后，央行又宣布把金融机构人民币存款基准利率和贷款基准利率下调。在存款利率中，期限比较长的存款利率比一年期以下的存款利率有更大幅度的下调。从中能够明显看出政策是在鼓励消费，反映出当时的经济形势不容乐观。

从世界经济的角度看，中国人民银行宣布降息之后，仅仅过了1小时，欧洲中央银行也紧随其后宣布降息。欧洲央行的行动从侧面反映出当时全球性的经济放缓。

利率的高低也深刻影响着外汇汇率。众所周知，两个国家的货币间的相对价格叫作汇率。汇率的高低决定外汇市场的供求关系。外汇跟本国货币一样，能够带来资本的收益。至于人们选择持有哪一种，取决于哪种货币能带来更大的收益。

不同国家的外汇收益率与该国金融市场的利率有关。当某国货币市场利率有提高，那么持有那种货币的投资者的收益率会有相应提升，那么投资者会更加愿意持有这种货币。反之，某货币的利率降低，该货币就失去了对投资的吸引力。

在经济全球化的背景下，资本在国家之间流动更频繁，影响范围也更广。各国间的利率区别空前地影响到了国家间的外汇汇率。粗略说来，资本一般是从利率较低的国家向较高利率的国家流动。利率高的国家常常能够吸引其他国家的资本进入，减少国内的资金流出，本国的货币会受到其他国家投资者的欢迎。

论及利率对投资规模的影响，主要是投资成本对整个投资行为的影响。假设投资收益保持原状，当利率提高的时候，投资成本就会增加，那么，投资者如果原先收益就不高，他们就可能退出投资。当利率降低，投资成本也会减少，可能有更多的人参与到投资中来。

利率对一个国家居民消费会有一定影响。国家能够通过操控经济杠杆来调整利率变化，从而让消费者不断调整他们的货币收入在消费和储蓄两方面分别投入的比例。当央行提高了存款利率，消费者会更愿意选择储蓄，购买的欲望会相对减弱，消费者的支出总额会降低。与之相对应的是，银行降低了存款利率，消费者会纷纷把收入从银行取出，进行消费行为，居民的支出总额就呈现增加趋势。

利率对一个国家的失业率有一定的影响。有些情况下，一些国家会通过降低利率的方法来降低这个国家的失业率，尤其是对资本和技术密集型的国家来说。利率降低，刺激了投资者把资本投入市场的步伐，那么对劳动力的需求也会相应增加。

利息：使用资本的代价

关于利息的定义，从利息的基本含义来说，它是指货币持有者通过发出货币资金，来从接收货币的人手中得到的利益。这个定义告诉我们，利息是借贷的人为了使用资本而付出的代价。

有一个脍炙人口的小故事，或许对读者朋友理解“利息”的概念有所帮助。

小男孩杰克问他的银行家父亲：“爸爸，银行的钱是储户们的，人们把钱存进银行，银行又把钱拿给人们。那么，咱们家的大房子、轿车和游艇是从哪里来的呢？”

爸爸看了看儿子天真的小脸，略加思索，说：“杰克，我记得咱们家的冰箱里有一大块肥肉，帮爸爸拿来好吗？”

杰克一蹦一跳地从冰箱取出肉块，交给爸爸。

爸爸点点头：“好的，谢谢。现在把它再放回冰箱里。”

杰克虽然感到不解，但还是照做了。

“杰克，看看你的手上留下了什么？”

“黏黏滑滑的油水，爸爸。”

爸爸微笑着看着儿子。

在市场经济条件下，资本的流动是需要代价的。没有免费的午餐，同样的，使用别人的住宅、车辆需要付款，使用别人的“共享单车”需要付款。就连使用别人的资金这件事本身，自然也是需要有偿的。

有些读者朋友可能不理解，使用别人的物品是购买行为，把别人的东西为己所用，当然需要付钱。然而，使用别人的资金，以后也要偿还，别人看起来并没有损失。为什么还要付出代价？

对于以上问题，读者朋友不妨换个角度来理解。虽然借了钱并如数偿还，对方看上去并没有“吃亏”，但是对方其实也付出了代价。

首先，他借给你的那些钱是有机会成本的，也就是说假如他不借给你，而把钱用来投资之类的，分明有机会得到更多；而对方选择借钱给你，就是放弃了那部分机会成本。

另外，承担风险的事情是应当有所收益的。大多数人在借钱的时候真心实意保证能还上，但不是人人都能得偿所愿。如果借出了钱却收不回来，借钱给人的一方就不得不蒙受损失。没有人有借钱给别人的义务，从别人手里借钱，应当给人提供一些利益上的优待。

基于以上理由，找人借钱就要承担一定的补偿金。从借款人的角度理解，这部分补偿叫作利息。对于借款人来说，使用他人的资本需要给人好处，不然别人没有借钱给他的理由。另一方面来说，对要把钱借给对方的资本持有人而言，借款人付出的利息就是他们肯伸出援助之手的收益。

前文提到的银行家的小故事，从某些角度而言揭示了利息的本质。一些读者朋友可能会有些愤愤不平：为什么银行家只是把钱过了手，就这么轻松挣到了钱？然而，如果没有这些银行家们让钱出出进进，市场上的资本该怎样运作？投资人的需求该如何满足呢？

或许一些读者朋友有过四处找人借钱、以解燃眉之急的经历。低眉顺眼、说尽好话自然是免不了的，而且，即使放下自尊也未必能够借到急需的款额。如果没有人愿意慷慨解囊该怎么办？而且有时急用的款额数额比较大，例如创业、买房等，个人在短时间要筹集如此大额的资金，是非常有难度的。

这时候，最需要的就是有人能够伸出援手，即使自己需要付出些代价或者承受部分损失，也非常需要有人能够帮忙。在这种情况下，银行贷款的好处是不是立刻显现出来了呢？如果为了规避付出少量的代价而拒绝银行机构的帮助，对急需用钱的个人而言绝对不是明智的办法。

读者朋友们，无需抗拒“利息”的存在。有了利息的出现，借贷才成为可能。如果没有如今随处可见的银行借贷，许多人将会错过创业、买房、投资的大好机会，经济也无法这么有活力地发展了。

以上对利息的解释较为通俗。那么，从金融学的专业角度看，利息的存在是有其必要性的。首先，社会上的资金分配不均。一些人需要资金来进行经济活动，另一些人有资金可提供给他们使用。这就产生了社会上的借贷关系。

资本持有人把资金借给需要使用的人，也就意味着他们对消费有所延迟。不难理解，消费者的偏好是，对现时商品的热情高于未来商品。所以，借贷行为是存在正利率的。商品经济社会的背景让借贷关系需要有利息来维持平衡。

另外，从市场规律来看，大部分经济通常伴随正常范围内的通货膨胀。通货膨胀意味着，借出的某个数额的金钱在未来会变得“不值钱”。所以这段时间给资本持有人造成的损失，借款的人应当补偿。即使资本持有人不去消费，他们也有把金钱用来投资的权利；而资本持有人没有投资，而是借钱给别人，意味着自行放弃投资的回报。

从借款人角度说，他们在借钱后有欠债不还的可能，这是资产持有人需要承担的风险。所以资产持有人收取额外费用，以保证万一资金打了水漂，也能得到一定的补偿。从经济学的角度讲，只要在法律和道德的范围内，利息的出现是利大于弊的。

汇率：国际经济交往的纽带

如今，世界市场就像一个大舞台，各国熙熙攘攘的贸易往来显示着“经济全球化”的魅力。诸如投资、合作、参观之类的国际间往来行为，货币的转换和使用是免不了的。

例如，一位中国教授要到新加坡参加国际学术会议，在出行安排中就必须涉及外币兑换的问题。中国教授如果想要行程顺利，必须把人民币兑换成新币，这样才能顺利在新加坡出行、购物等。如果这位教授忘记兑换，即便在“银联卡”畅行的今天，很多情形下依然不能顺利购买物品。所以，货币兑换在国际经济交往中有着不可替代的作用。

为了便于沟通和理解，有人把货币兑换行为称作外币买卖，而这样的行为依然是货币兑换的一种。货币兑换的完成需要场所来保证，这样一个场所就是外汇市场。在货币兑换行为过程中，人们把两种货币之间的兑换比率叫作汇率。汇率的高低是怎样得来的呢？以下小故事或许能给读者朋友一点启发。

假设，世界上有两个完全相同的国家：A 国和 B 国。无论是人口数量、环境资源，还是经济水平、国家政策都一模一样。两个国家的 GDP 相同，货币等值等额。

两个国家的人互相往来。他们都拿着自己国家的货币去对方国家购物，商品价格和货币的购买力自然也是一样的。这个时候，A、B 两国的汇率比是 1∶1。

这时，假设 A 国人民安于现状，比较重视安逸和享乐，A 国的 GDP 长期保持不变。B 国人民热爱挑战，不能接受平庸，工作积极努力，热爱加班。几年后，B 国的 GDP 翻了一番。而 B 国的货币总量不变，他们的货币购买力也翻了一番。

A 国人要到 B 国消费，需要把 A 国货币兑换成 B 国的货币。B 国人显然不能再接受 AB 两国货币等比交换的条件了，因为 B 国货币的购买力分明比 A 国强一倍。所以 B 国人提出：2 份 A 国货币换 1 份 B 国货币。A 国人听着也表示同意，因为他们持有的 B 国货币在 A 国也能买到双倍的物品，无论身在 A 国还是 B 国，使用货币的时候没有差异。A 国和 B 国之间的汇率成了 1：2，A 国货币贬值 50%，B 国货币升值 100%。

汇率究竟由什么来决定？按照金融学的理论来看，有一个决定汇率高低的标准叫作“购买力平价”，也就是上述案例中解释的。粗略说来就是，某国货币的价值（汇率）与该国货币能支付得起的商品或服务价值相关。

纵观现实当中的经济活动，一个国家货币汇率的高低，从根本上说，决定因素在于国家经济水平的发展程度。美元之所以在世界货币中“吃香”，与美国具有的强大经济实力分不开。

同样的道理，人民币在过去几年里，在外汇市场大幅升值，是因为在人民币的背后有着中国经济增长的重要支持。相反，近期人民币汇率的贬值，跟目前国内市场经济氛围不佳有联系。

从理财角度看，涉足外汇市场是具有一定难度的。外汇操作需要“眼观六路，耳听八方”，所以不少人推崇一句话：外汇市场是投资领域中最高端的市场。另一方面，外汇市场的投资行为也并非普通人难以理解的高端操作，国内有个传统说法“倒爷”，与外汇市场投资行为并无二致。无论是外汇投资者，还是“倒爷”，他们的智慧有相通的地方。

年龄较大的读者朋友应该对“倒爷”这个词汇并不陌生。“倒爷”们从商品便宜的地方买进商品，把它们运送到价高的地方来销售，赚到的就是由于地域不同而形成的价格差距。

而外汇投资者也是同理。对美元汇率有观察的读者朋友可能知道，过去美国的美元政策往往是涨五六年、贬四五年的规律。国内的外汇投资者的做法往往是用人民币大量购入美元，等到美元贬值、人民币升值的时候，外汇投资者再把美元出手，兑换成人民币，兑换前后的差额就是利用汇率的差异而得到的盈利。以上仅仅是最简单的投资方式，外汇市场的投资方式多种多样。

以上的案例是在向读者朋友说明，外汇市场的投资和“倒爷”的投资有着许多共同之处。通过在两个地方的交易形成的“差价”是他们的收益。

国家信用与国家债券

所谓国家债券，通俗地讲就是国家发行的债务。当国家需要一定资本的时候，采取市场募集的途径，将国家债务投放市场，承诺付出回报。如果你分担了一些国家债务，也就意味着你借钱给国家。支撑着你把钱借给国家的理由，就是国家的信用。

从基本形式来看，所谓国家信用，就是政府依据一定的信用原则来发行国家债券，几种比较常见的类型包括国库券、国内公债、国外公债等。与其他的投资理财方式相比，国家信用的高等级让它具有更大安全性，国民对国家债券的信赖度和认可度高，那么更多国民会愿意购买国家债券。对于国民个人而言，政府、国家能够帮自己赚钱，这样的事情何乐而不为？对大多数生活在信用等级高的国家的百姓来讲，国家债券是相对安全、收益较高的一种投资方式。

相反，如果一个国家的信用等级不够理想，当政府发放国债的时候，国民的内心就会对是否要购买国债存在一些疑问。比如担心政府的国债是否能够帮自己获得政府承诺的收益？国债的收益能不能按时返给投资的国民？自己的投资会不会“一去不复返”？种种担忧，让国民不敢去购买本国国债。

以上的分析能够显示一个国家发行了债券之后，能不能按照预期的那样回收预期的资本，与这个国家的信用等级是分不开的。而一个信用度高的国家，不仅发放本国国债会受到欢迎，而且发放外国公债也会有很大的公信力。以下案例能够说明这一点。

2017 年 10 月底，国家财政部召开的“投资者推介会”在香港举行。会议宣布：国家开始发行20亿美元主权债券。这批美元主权债券分成 5 年期和 10 年期，两者均为 10 亿美元，并且将在香港联合交易所上市。

根据中国发布的权威数据，20亿美元债券受到国际市场的热烈欢迎。刚刚发放后仅仅 1 小时内，认购订单金额已经超过百亿。不超过 24 小时，认购订单的金额总计已达 200 亿美元。这个数额是发行金额的 10 倍。其中超过 1/3 来自亚洲以外，认购的订单中不乏国际知名大型资产管理公司。

一些读者朋友可能会心生疑窦：我们国家为何要发放美元主权债券？

我国经济从高速增长阶段，开始转为高质量发展的阶段。我国的金融业当然也不例外，同样正在快速发展着。近年强调的“坚持以服务实体经济为导向”，促进了更高层次的开放型经济。

就目前国家金融开放的格局而言，我们国家发行美元主权债券，给国际资本市场的融资提供了更多的可能。显示出我国与国际资本市场的联系密不可分，也展示出我国金融业对外开放的形象。此外，从国际金融的行情来看，国际投资者对主权债券十分青睐。作为新兴的市场经济体之一，我国有着名列前茅的经济实力和信用水平，中国主权债券在国际市场上相当受欢迎。此次发放美元主权债券，能够让更多国际投资者参与到中国经济发展中来。

那么，国家为什么要发行债券？部分读者可能不甚理解，认为政府发行国债本身就是一种负债行为；一个国家去负债，那么这个国家

逐年增加的美国国债

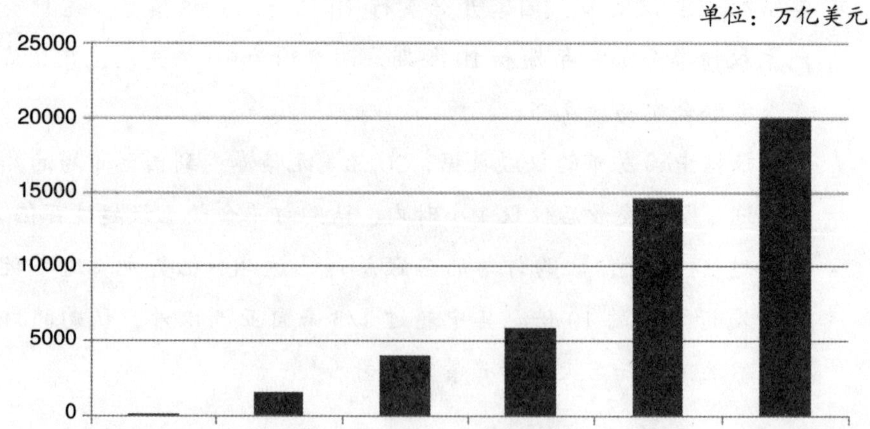

就成了一个债务国，如此对于这个国家的经济发展和人民的生活水平有什么好处？

其实，这种担忧是完全没有必要的。一些读者之所以会产生这种误解，主要原因是他们还没有对“国家债券”有通透的理解。

政府发行国家债券并非任意为之，是有深层原因的。从金融学的专业角度来解释，国家发行债券的主要目的有两个：第一是国家需要筹集资金。用于拉动内需，加强国家基础设施的建设；第二个就是政府在国内国际市场的一种操作，以此来调节国内国际市场的资金流动量。国债的发放有着诸多积极的意义。

总而言之，随着经济快速发展，国民生活水平不断提高，越来越多的老百姓手中有了“闲”钱。想让手里的钱“生”钱，就需要去投资。购买国家债券就是老百姓的投资方式之一。尤其是这个国家的信用等级非常值得老百姓信任，那么购买国债是百姓们开心的选择。

第二章
生活金融学，消费、储蓄与创业

消费主义在中国悄然崛起

网上流行这样一句话：70后爱攒钱，80后爱赚钱，90后爱花钱。中国经济高速发展30年，正好是这三代人分别步入社会的30年，在这30年里，这三代人在经济层面表现出三种截然不同的状态，人们也因此得出一个结论：消费主义在中国正悄然崛起。

消费主义这个词语我们并不陌生，它代表着一种崇尚物质和精神享受的生活态度。对于经济来说，适度的消费主义是十分有必要的，甚至有人讲欧美国家近百年的经济大发展直接归功于消费主义的盛行。由此我们想到，在中国经济高速发展急需拉动内需的今天，消费主义似乎是一个值得提倡的风潮，然而事实并非如此。

2017年4月，北京某区法院审理了一件恶意透支信用卡的案件。在这次案件中，被告是一名26岁的女大学毕业生侯某。

自2014年毕业之后，侯某一直在北京一家企业上班，她在入职3个月的时候，在北京某银行办理了一张信用卡，此后又先后在其他6家银行办理了信用卡。

侯某是一个典型的拜金女，平日里或者上班她都穿着名牌，名牌包包也是整天换着背，此前公司里的同事还以为她中了彩票，但是谁都没有想到，一直以来侯某都是在透支银行的钱来消费。

为了维持平日里习以为常的高消费水平，侯某在北京就职的几年时间里不断透支信用卡，最后在遭遇银行催款的时候，她就用拆东墙补西墙的办法，透支了这家银行的钱补上那家银行的空缺。直到2017年6月初，北京的一家银行在多次向侯某催款却遭到躲避的情况下，出于无奈银行才不得已设法找到了她远在老家的父母。

在侯某父母的配合下，该家银行终于找到了一直都没有露面的侯某本人。面对千里迢迢追债到自己老家的银行工作人员，侯某并没有否认自己恶意透支的事情，可是即使承认了又如何，她当即表示，自己欠银行的钱早已经不是一两万的事情了，事到如今，她也没钱可还了。

最后，侯某只得跟着银行的工作人员去了当地派出所，在派出所里，侯某据实交代了自己在其他银行恶意透支的事情。经查证，截止到案发前，侯某先后在多家银行办理了9张信用卡，总共透支金额高达11万元。

提到消费主义，人们很容易就会联想到超前消费、分期付款、信用卡借还贷等。从金融学的角度讲，消费主义提倡的是以消费来加速资金的融通，提升资金的使用效率，从而让社会经济更高速地运转。

通俗一点说就是，钱花得越快，钱赚得就越容易。

金融体系是经济系统的一环，如果整个经济体系是良性的，那么金融这一环做得很好，当然意味着整个经济体系更加快速地运转。所以，从大的经济体系的角度讲，消费主义有很多可取之处。

首先，从个人角度出发，提倡消费主义让人过上更好的物质生活，帮助个人购买到超出目前购买能力的消费品，改善生活质量，这可以从根源上激发一个人奋发向上的事业心。

其次，就我国目前的经济背景和消费市场而言，消费结构还存在一定的断层，由于商品的消费结构尚未完全成熟，因此就出现了买方市场对商品需求的严重不足，于是国家对超前消费的鼓励和引导就呼之而出。因为消费主义不仅可以带动新的消费热点，扩大市场的需求力，使消费结构更加合理，还可以增加资本的利用率，反过来促进生产的增长。

最后，超前消费是促进国民经济快速发展的手段之一。譬如，国家发行国债，国民购买国债，这些不仅是消费主义的表现，也是促进本国经济发展的表现。由此可见，消费主义还是值得提倡的。

然而，消费主义也存在一些致命的问题，其一就是像侯某的案例一样，容易导致过度超前消费。

从金融的角度来看，消费主义实际上就是使用了一些消费杠杆，用未来消费撬动当前的金融活动，消费带动生产，生产带动投资，投资带动经济发展，经济发展促进就业，就业促进收入，收入再进一步弥补超前消费所导致的金融缺口。

如果消费过度，则会导致未来的收入无法弥补，那么就会像侯某一样，陷入严重的负债而无法自拔。这还仅仅是从个人的角度讲，从整个社会经济层面来看，过度的超前消费会让整个经济体系极为脆弱，经不起任何风浪，因为这个经济链条一旦有一环出现问题，紧接而来的就是整个经济体系的崩塌。

中国老百姓当前还面临着一个重要的问题，那就是社会保障效率并不高，我们无法将个人全部保障寄托于社会和政府身上，个人还是要留存一些金融储备以备不时之需。以养老为例，养老金发放在最近10年都是很让政府头疼的大问题，这个问题直到今天仍然没有很好的解决方法。

我们可以假设，未来的某一天，真的到了养老不能靠政府的时候，个人的金融储备又因为消费主义被掏空了，那么，等待我们的将会是怎样的情景呢?

从生活金融学的角度讲，消费主义是亦神亦魔存在着的，利用好了，它就是造福于民的神；利用不好，它就是祸国殃民的魔。要想通过超前消费主义来拉动经济增长，同时又保证自己不会被其所吞噬，我们就要懂得在提倡消费主义过程中的一个适度原则。

当钱越来越不值钱，意味着什么

有人戏称：人民币每次出新版，一张百元大钞买到的东西就变少一点。这话有些逗趣，也有些无奈。应该说，在一定范围内的货币购买力逐渐降低，实际上有着积极的意义。只要货币的购买力不是跳水式猛降，说明经济是在慢慢进步的，也说明人们的生活水平比以前有所改善。

可以说，在“千禧年”到来之前，我国的货币购买力就是一点点地降低的。但是绝大多数人并不认为这有什么消极影响，因为改革开放之后，人们的收入明显提高了，生活水平也有了可喜的进步。

然而近些年，逐渐出现了一些抱怨的声音。主要的原因是，如今货币购买力的下降速度已经超越普通百姓的承受力，物价的增幅远远高于普通劳动者收入的增长速度，这导致他们的生活水平随着工资上涨反而下降，所以一些人开始感叹“钱越来越不值钱”。从金融学的角度上来分析，此种现象就是通货膨胀造成的恶果。

通货膨胀一旦产生，就如同“滚雪球”一般，影响越来越大。

老张家里有4套住房，他没有固定工作，收入来源是每月从租户手中收取的租金。大李是个上班族，收入一般，家里有1套住房。小王每天到市场卖菜，租房生活。

由于通货膨胀，老张决定提高租金。眼看租金上涨，小王用卖菜的收入来交房租有些吃不消了。他多方打听，发现周围的房子租金都在上涨。所以他不得不提高菜价。

老张和大李到市场买菜，发现菜价上涨。他们去了其他菜市场逛，发现哪里的菜价都不便宜。于是他们只好少买一些菜。

房价、租金、菜价都上涨了，老张他们的生活水平明显下降了。

通货膨胀是怎样变得严重的？从金融学角度看，主要原因是货币超发导致人们的收入被稀释，也就是货币总量增加而导致人们的收入被稀释。读者朋友不妨回想一下自己近几年的收入增长情况和生活水平的变化。

根据“智联招聘网”的大学生应届毕业生签约月薪平均值可以看出，从2013年的3727元，到2017年的4014元，薪水明显是上涨的。

逐渐下降的人民币购买力

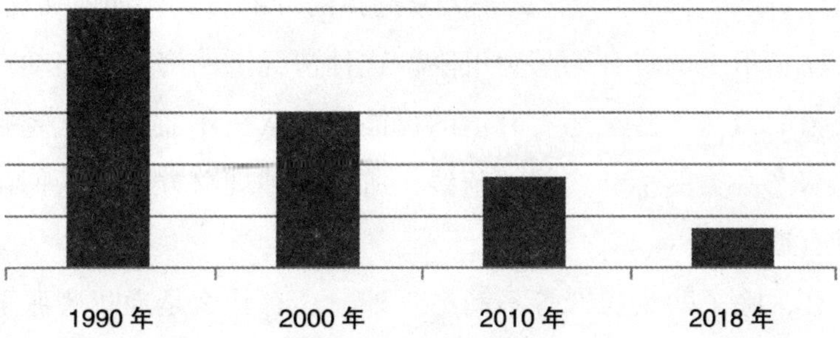

然而，如果看一下5年里日常的消费情况，读者朋友是否发现商品价格的上涨幅度更加明显？

房价过高已经是不争的事实，读者朋友仅仅查看一下衣食住行的消费记录，同样品牌、类型的产品，5年来的价格是否增长了不止1/2？在这样的对比面前，不难发现：收入虽然上涨，但是生活质量在降低。

虽然这种情况让人大伤脑筋，可是不得不承认：这就是货币超发引起的通货膨胀。有些读者朋友假如完全无视货币购买力在下降，却只是在看着每年收入在上涨，那么就跟金融学的思考方式背道而驰了。

如果缺乏一定程度的金融理财知识，许多人会采用最常见的理财方式——银行储蓄。必须承认，这种做法最为传统、最被老一辈认可，而且相对安全。然而在通货膨胀的市场经济条件下，银行储蓄的理财方式稍微有些过时了。存入银行的资金购买力不能随着物价上升而“与时俱进”，而且银行也不会因为通货膨胀而额外多加利息给储户。无论如何，储蓄既安全可靠，又方便灵活，如果是数额不多的钱，那么这种理财方式还是不错的。

关于通货膨胀下应当怎样理财，比较被公认的方式之一是购买房产等固定资产。不动产为什么是大家选择的理财方式？如前文提到的，通货膨胀情形下的资金购买力下降，这种情况下的房产等不动产却能免于贬值的遭遇，甚至还有升值的可能性。从往年经验看，越是通货膨胀，房产一类的不动产就越值钱，所以这种理财方式被人们认可，不是没有道理的。

那么，除了购买房产等不动产之外，还有什么是通货膨胀下可靠的理财方式？一种建议是购买黄金。市面上黄金的价格虽然也有波动，然而跟其他商品比，波动幅度要小得多，至少它的波动远远小于通货膨胀下资金的购买力的波动。

也有人认为股票是不错的选择，但是如果缺乏信息了解的渠道，股票投资的风险相当高。跟股票比起来，债券的可靠性要强得多，尽管依然有一定风险性。关于通货膨胀的理财方式众说纷纭，所以也有这种说法：当钱越来越不值钱的时候，最好的方式是投资自己。

带有瑕疵的个人信用，令你寸步难行

生活的方方面面都在体现着个人信用的重要性。一个信用良好的人能获得的好处绝不仅仅是口头的赞扬，同时还有经济方面的便捷。例如更容易申请到一笔贷款，额度也比信用较弱的人更高；信用记录好的人，能够享受免押金订酒店、租车、代购等服务；连在网上购买物品也能享受更方便的退换货和退款服务。随着个人信用在商品经济时代扮演越来越重要的角色，以后在买卖二手产品时，可能会听到对方说“你的信用度高，物品也值得信任”。

“个人信用”制度在欧美社会的历史更久远，如果失信，欧美社会的处罚也是相当严重的。可以说，带有瑕疵的个人信用，让人寸步难行。有的读者可能会疑惑：信用为何跟经济联系如此紧密？实际上，信用在经济上代表着一个人所能承担债务的程度。一个信用带有瑕疵的人，证明他的经济能力不强，而且经济责任感也有问题。面对着一个经济能力和经济责任都不值得信赖的人，跟他牵扯到金钱上的联系，势必会带来额外的风险，所以对方很可能在经济往来上更谨慎小心。因此，个人信用跟“钱途”息息相关。

通俗来讲，信用能不能带来“前途宽广”，实质就是商业机构肯不肯相信当事人。对信用度高的人，商业机构表示：“你值得信任。我们经常合作，好借好还。”对信用不好的人，商业机构则表示：“你不太可靠，而我还是愿意承担点风险，这样吧，你多出一些钱给我，我们试试能不能合作，一切看结果。”对信用破产的人，商业结构很无奈：“你人不错，但是我们或许不适合共事。会有商业机构来跟你合作的，我们恕不奉陪。”

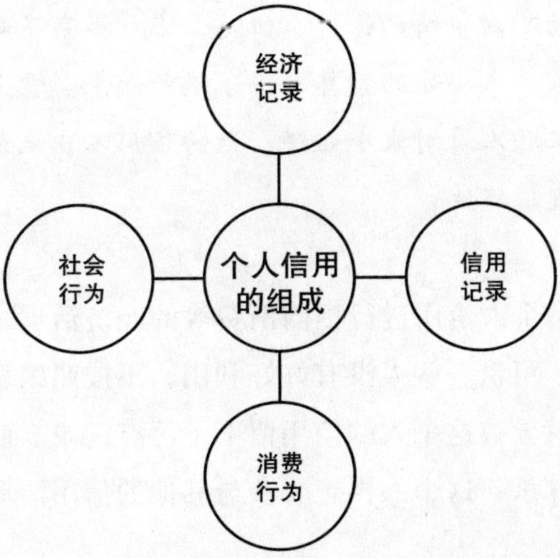

商业机构态度的反差可能让人难以接受。可是毕竟当事人有错，是个人行为导致失去信用，商业机构仅仅是依据个人的信用记录做出判断罢了。

朱小姐是北京某外资企业的一位中层管理者，薪水不菲。眼看二线城市的房价逐渐走高，她动了在家乡买房的念头。于是她来到一家投资担保公司，提出准备向银行申请房屋贷款的想法。担保公司的工作人员告诉她的话令她大吃一惊：她的名字位列银行征信系统的黑名单之中。

经过多方打听，原来是银行查看了朱小姐的信用记录，发现朱小姐名下办理的3张信用卡都曾逾期还款。银行因此拒绝了朱小姐的房屋贷款申请。

朱小姐急忙解释说，由于自己工作繁忙经常出差，导致一些款额没有按期归还，没有想到竟然会影响到她买房。然而，朱小姐的说辞也改变不了不良信用记录的事实。

最终，在贷款公司工作人员的努力下，总算找到一家愿意受理朱小姐的贷款申请的银行。但是，银行提高了对朱小姐首付款的额度要求，朱小姐的预算一下子吃紧起来。雪上加霜的是，贷款公司的工作人员对朱小姐说，她的信用不良记录不能被修改删除，会一直跟随她。

原本，凭借个人信用进行提前消费等的经济活动，是非常让人方便的一个举措。可惜一些人没有好好利用，不按照跟相关机构约定的期限还款，这就导致这个人的信用留下了污点记录。而且这些污点记录无法遮盖和抹杀，这个人再想要参与其他的信用活动，就会被设下无形的“障碍”。“小小的”错误，后果却是非常严重的。

个人信用记录的重要性非常强。不少人就是因为平时缺乏这样的意识而忽略了信用。然而，不良的信用记录就像一颗隐藏的炸弹，如果你已经感觉到危险，它已经在各个方面束缚了你的手脚。换言之，个人信用已经让你寸步难行，这个时候再慌慌张张地“亡羊补牢”，可能已经为时已晚。

所以，从金融角度看，每个人要时刻留心自己的个人信用记录。失去了信用，也就失去了“钱途”。许多事实证明，千万不要小瞧个人信用记录。信用记录良好，不仅能够方便个人经济活动，对人格而言也是信誉财富。或许在不久的将来，相亲会上有这样的声音：“你的个人信用记录不佳，我们不合适。”

信用记录的存在是社会经济活动运行的保障。一个有“高度信用”的社会，才是一个有诚信的社会。信用记录存在的最终目的，就是为了完善社会的信用体系建设，提高人们的信用意识。

融资：企业发展的“双刃剑”

在中国经济不断蓬勃发展的同时，越来越多人开始走上了自主创业的道路，每个人都希望通过创业来完成自己的梦想，改变自己的命运。但创业并不是一件简单的事情，不仅需要切合实际的创业项目，同时还需要充足的创业资金。对于创业者来说，创业项目自然是创业的基础，是每一个创业者都需要具备的。创业资金对于创业者来说，却是一个不得不面对的难题。

没有资金的支持，再好的创业项目也没有办法开展下去，这对于创业者来说，无疑是痛苦的。但随着金融市场的发展，融资成为大多数创业者的共同选择。

融资从广义上来说就是货币资金的融通，也就是当事人通过各种方式到金融市场上筹措或贷放资金的一种行为。从狭义上来讲，融资则是一个企业筹集资金的一个行为与过程。具体来说，就是一个企业根据自身的资金拥有状况、生产经营状况和未来经营发展的需要，而采取一定的方式，从一定的渠道向公司的投资者和债权人筹集资金，以保证公司正常运转的一种理财行为。

但对于大多数创业者来说，融资却不是一件简单的事。对于一个企业来说，融资获得的资金越来越多，在很多情况下也并不一定是一件好的事情。在中国，每年大约会有30%的中小企业因为资金问题而倒闭关门，而在这些倒闭的企业之中，又有将近一半的企业是因为融资问题而走向末路的。融资是企业生存发展的必要手段，但很多时候也会成为影响企业发展的一剂慢性毒药。

小王在一家科技公司工作了几年。在几个志同道合的朋友的邀请下，小王辞去了稳定的工作，开始了自己的创业之路。小王将自己的创业项目确定为手机游戏的研发，几个朋友凑齐了启动资金。随着时间的推移，虽然项目取得了很大的进展，但公司的资金也已经所剩无几。

为此几个人决定通过融资来继续自己的项目，在详细了解融资的步骤之后，小王还专门请教了这一方面的专家。在专家的帮助下，小王制定了一个完整的融资方案。在融资的过程中，虽然有投资方想要投入更多的资金，但小王依然坚持原定的融资额度。

最终小王顺利完成了第一次融资，项目也继续运转起来。后来小王团队又进行了几次不同的融资，也都圆满完成融资目标。团队的项目也在资金的支持下顺利进入市场，成为当年最火爆的手机游戏项目。

小李和小王同样选择了创业，但小李在刚刚大学毕业之后便走上了这条道路。小李的创业项目在当时极具竞争力，所以在融资时也受到了不少投资方的追捧。面对不断涌向自己的资金，小李仿佛看到了自己未来成功的样子。通过融资获得的资金，小李不断扩充着自己的项目队伍。从原有的5个人的小工作室，一下子变成超过50人的大公司。

小李从初出茅庐的创业者，转变为年轻有为的杰出青年。在不断引进人才的同时，小李的项目得到了飞速的发展。渐渐地，小李发现自己却逐渐被边缘化了。由于公司的发展资金来自投资商，所以小李的话语权也越来越弱。最终在投资商的“要求”下，小李离开了公司，自己的创业项目也变成别人的创业项目。

对于创业者来说，融资可以说是促进企业发展的一个重要手段，但融资行为本身也具有一定的风险性。在上面的故事中，小王在掌握融资技巧的同时，还向专家请教融资知识，同时严格筛选投资商，从而保证自己在获得资金的同时，能够仍然继续进行自己的项目。可以说，小王已经将融资知识了然于心，从而利用融资顺利地完成自己的项目的同时，还成为资本运作的高手。

小李的经历则可以作为一个融资失败的典型事例，因为没有从企业的实际情况出发，而盲目扩大融资的规模，最终导致在融资过程中遭遇到融资陷阱，失去了自己的创业项目。对于创业者来说，根据企业自身的实际情况，制定切实可行的融资方案，提高自身辨别融资陷阱的能力，端正自己的融资心态，是融资成功的关键，同时也是成为资本运作高手的必备条件。

对于企业的发展来说，融资所带来的远远不止资金那么简单。投资商除了会为创业者带来充足的发展资金，还会给创业者带来自身的企业管理经验。相对于专业的企业管理人员，创业者在经营管理方面的经验相对较少，专业的经理人将会帮助创业者更好地管理企业、发展企业。

同时，投资商还能够帮助创业者提供其他方面的资源，包括人才、技术或是市场，这都将会成为企业发展过程之中的助力。相较于自己单枪匹马地进行市场拓展，利用投资商的资源优势与同行业竞争者拉开距离，可以促进企业长远发展。对于企业来说，资源的价值甚至要远大于资金的价值。

当然，在通过融资获得这些“好处”的同时，创业者还需要面对同样多的“风险”。在股权融资之中，每引入一位投资者，都会让创业者的股份遭到稀释，这也将影响到创业者利益的获得。更严重时，创业者很容易因为股权而失去对于企业的所有权，正如上面故事之中的小李一样。对于创业者来说，虽然投资人大多以“天使”的形象出现，但利益始终是投资者追求的主要目标。所以虽然与投资者同乘一艘小船，创业者也要考虑小船破碎之后可能会出现的情况。

商场如战场，想要成为真正的资本运作高手，就要全面掌握资本运作所涉及的各个方面的内容。在商业市场之中，经验也是与知识同样重要的财富。想要成为资本运作的高手，就要从基础开始，一步一步地进行尝试才行。

民间借贷为何成为投资陷阱

最近Q市一个企业老板跑路的消息传遍了整个城市，让很多人的神经顿时崩溃了。这些人都是曾经借钱给这位老板的投资者，他们聚在一起商量对策，老吴就是当中的一个。

老吴是一个普通的高中老师，当老师这么多年攒了点钱，一直放在银行里“吃利息”。最近一段时间，老吴和老婆想着把钱放在银行里有点亏，正好这个时候学校里流传着一个民间借贷的消息。

原来，本市钢铁企业家周老板最近生意有些紧张，资金链出了问题，需要吸收一些资金。周老板承诺给30%的年利率。周老板和校长有点关系，所以，学校老师第一时间知道了这个好事。有些老师已经借给周老板不少钱，有些甚至拿出了一辈子的积蓄。在这种情况下，老吴也心动了，投入了20万元。

老吴想，周老板家大业大，不会赖自己这点钱，退一步讲，周老板的生意如果真的破产了，至少他还有房子有地，到时候一变卖，一样能还回来钱。

然而，仅仅8个月之后，周老板的钢铁企业还是倒闭了。山穷水尽的周老板选择了跑路，留下一个烂摊子和一身债务。此时，老吴才知道，周老板的房子和地早就抵押给银行，他已经没有任何能变现的资产。

最近10年，我国民间借贷发展得轰轰烈烈，不少人参与其中。作为一个对金融比较敏感的人，即便读者没有亲自参与，至少也听说过身边有人参与其中。

然而，无论是亲身参与还是听说，我们见到的民间借贷大多以两败俱伤告终，贷款的人生意失败，借款的人血本无归，这到底因为什么呢？难道民间借贷真的都是骗局吗？

我们首先来分析一下，民间借贷到底是什么。简单来说，它是一种双方参与的金融手段，解决的是私营企业筹资困难的问题。

企业筹资困难的原因很多，这不是我们讨论的重点。那么，以民间借贷的方式来解决私营企业筹资困难的问题，这难道不是好事吗？确实是好事，只不过，好事在某种情况下会变成坏事，比如，高息吸收民间借贷。

民间借贷的第一个问题是高息。在我国，企业银行贷款一般在 10% 左右，这已经让企业负担很沉重，而民间借贷利息至少要在 20%。虽然法律只保护 24% 的偿付线，但大多数民间借贷的利息依然高达 30% 以上，甚至有超过 40% 的。

这样高的利息借贷给企业，企业需要多高的收益才能够抹平这个资金成本呢？要知道，搞民间借贷的一般都是地方大企业（因为小企业搞，没人相信）。在现代中国，无论是哪个行业，不偷不抢想要靠办企业一年赚 40%，这几乎是不存在的。

那么有人会问，既然利息这么高，企业为什么不找银行借呢？答案是银行不借。我国银行放贷需要有抵押物，而这些企业可抵押的资产早就已经抵押出去，难道企业找银行可以借钱的情况下，它还会傻到去民间搞高息贷款吗？企业家当然有很多奉献社会的，但要奉献社会也没有这么干。

因此，民间借贷的企业本身就存在着极高的风险，企业资产早已抵押，本身偿债能力就不足，加上高息负担，让背负民间借贷的企业基本都到了破产的边缘。企业不到万不得已不会搞民间借贷，而民间借贷借给即将破产的企业，有多大的利率能收回来就没有人知道了。

其次，民间借贷还面临另外一个问题，那就是贷款方向不确定。因为我国民间借贷尚处于灰色地带，监管一时还没法到位，所以存在很多问题。

比如，明明是借给某家具企业的钱，转手就被借给房地产企业，这样无形之中就增加了很多不确定的风险。借款人不知道钱到底借给谁了，贷款人不在乎借款人的权益。这样的情况下，民间借贷就不免走向高息吸收贷款——高息回报——本金无保障——借贷崩盘的恶性循环。这个循环看起来很眼熟对不对？这就是典型的庞氏骗局。

有些企业发展得很好，但一时出现了资金链问题，为了继续生存启动高息杠杆，解了燃眉之急，这是一件很好的事情。然而，因为上面两个问题，让民间借贷不可避免地走向了庞氏骗局，以至于现在很多地方谈起民间借贷，几乎都等于在谈论诈骗。

那么，民间借贷这种金融手段还要不要存在呢？当然要存在！一方面，老百姓手里有闲钱没地方投资，一方面企业急需用钱并愿意为此支付一定的利息，这是互利互惠的事情，为什么不搞呢？关键在于怎么搞。其实，想让民间借贷良性发展很简单，只需要做好一件事，那就是放宽民间借贷。现在的民间借贷利息为什么那么高呢？还是因为太少了。

譬如市场上有 10 个需要 100 万元的企业，而民间借贷的融资总额只有 100 万元，那么当然是 10 家企业里面谁出价高就贷给谁，结果一来二去就变成高息贷款。但如果民间借贷能够融资到 1000 万元呢？那么就会贷给每一个企业，而且价格也不会太高。在这种情况下，每一家借贷机构都会正规地运作贷款，因为一旦有人不正规运作，那么企业可以向其他机构贷款，老百姓也可以把钱放到其他机构去，政府监管也会变得容易。

整个市场是良性发展的，再加上政府监管，民间借贷就会越来越繁荣，最终成为一种银行之外的金融补充手段。

所以，我国民间借贷最终成为庞氏骗局，成为很多老百姓的噩梦，原因就在于民间借贷的融资口太窄。而融资口之所以窄，是因为金融业是被垄断的。

可喜的是，新一届政府已经意识到这一问题，并已经有在金融领域改革的苗头。我们期待着这些苗头成为改革民间信贷的信号，让中国的民间信贷真正走到一条可持续发展的正轨上来。

第三章
国际金融学，大浪淘沙，剩下的都是金子

为什么我们一定要用美元

看过警匪电影的朋友应该能回忆起这样的细节：匪徒在某国被包围，匪徒挟持人质要求警方为其准备交通工具供其出逃，并要求警方准备数额巨大的现钞，这些现钞无一例外要求必须是美元。还有一些电影的场景是，有来自两个国家的犯罪分子进行犯罪交易，如交易毒品、军火等，犯罪分子一边让对方验货，一边则让对方扔过来一个箱子，箱子里装满了美元……

有过出国经历的朋友应该也会有这样的记忆，在走出国门之前，需要将我们的人民币换成目的地国家的货币。如果目的地国家的货币一时无法换到，也可以换成美元，因为美元在国际上是可以通用的。

有过国际贸易经历的朋友也应该有这样的体会，美元升值与贬值直接关系着自己的收入状况，因为国际间结算用的也是美元。哪怕你是在刚果共和国的布拉柴维尔做生意，互相结算用的也是美元。

现今，我们生活在一个国际间交流越来越频繁的世界上，国际金融成了关系我们每个人的重要话题。在讨论我国金融的时候，我们总绕不过美元。我们不禁要问，美元怎么就这么强势呢？为什么我们一定要使用它呢？

有人说，我们之所以用美元，是因为美元在国际金融世界中享有霸主地位，这个回答是正确的，美元的霸主地位是在第二次世界大战之后建立起来的。

众所周知，美国世界地位的异军突起是从两次世界大战开始的，尤其是第二次世界大战，将原本是世界中心的欧洲打得一片狼藉。美国在两次战争中大发其财，巩固了国内经济，然后又通过参与战争和帮助战后重建的方式树立自己的国际威信，进而确立了美国在世界上的声望。

1944 年 7 月，第二次世界大战正在最关键的时刻，打仗就是打钱，为了确保世界经济的稳定，并为战后经济制定适当的发展路线，美国邀请参与组建联合国的 44 个国家或政府的经济特使在美国新罕布什尔州的布雷顿森林召开了联合国货币金融会议，商讨战后的世界贸易格局。这次会议就是世界经济史有名的布雷顿森林会议。

经过 3 周的讨论，会议通过了以“怀特计划”为基础制定的《国际货币基金协定》和《国际复兴开发银行协定》。次年 12 月，与会国又签订协议成立了国际货币基金组织（IMF）和世界银行（WB）。这两次会议基本上确立了以美元为中心的国际货币体系，即我们常说的布雷顿森林体系。布雷顿森林体系的主要内容包括以下几点：

美元与黄金挂钩；其他国家货币与美元挂钩；实行可调整的固定汇率；确定美元为国际储备资产。

布雷顿森林体系最重要的内容就是将美元与黄金挂钩，这是美元成为世界货币的基础，保证了美元的流通性。此后相当长的一段时间里，世界各国进行国际间贸易都不得不借助流通性强的美元。这样一来，美国主导世界经济的局面就自然而然地出现了。

不过，在 1971 年，因为美元的强势地位有所松动，世界各国签订了美元与黄金脱钩的《史密斯协定》，美元似乎有放弃霸主地位的迹象。然而不久之后，美元又寻找到了一个“伙伴”，石油输出国组织（OPEC）宣布国际石油结算必须使用美元。石油是国际间最大宗能源交易，美元与它联系在一起，反而加固了美元在国际金融当中的垄断地位。

由此可见，美元成为国际货币，是因为它成功地找到了价值之标，与国际贸易紧密联系在了一起。当然，这一切都源自美国超强的国家力量和遥遥领先于世界其他国家的经济实力。

不过，我们也不能借此推导出美元是美国霸权所主导的产物，因为，我们使用美元还有另一个原因，那就是美元是世界上“最不差”的货币。

国际货币其实是一个比烂游戏，比的不是谁最好，而是谁最不差，而美元在这个游戏中胜出，成了“最不差”的货币。

这个道理要解释清楚需要一定的金融学知识。我们都知道货币是一国政府强制发行的一般等价物，从本质上说，它就相当于国家背负的债务。

国家往一张纸上印上 100 元，然后就拿走了你的 1 筐苹果、3 只烤鸭，或者换了你的 1 天劳作。你之所以愿意换，是因为你知道这张纸也可以用来换别人的东西和劳动，这一切有国家帮你担保。那么，国家可不可以多印一些呢？当然可以，货币的发行由政府说了算，政府当然可以多印货币，但如果货币量过大，大到了与实际需要不相符，那无疑等于在掠夺人民的财富。

国际货币也是同样的，一个国家的货币作为国际货币是由该国政府担保的，如果该国政府也多印货币，那不就等于掠夺全世界人民的财富了吗？我们又不是该国人，凭什么让该国政府这么做呢？而世界上所有的国家，一旦拥有“合法”掠夺世界人民财富的权力，几乎都是不会放过的。所以，国际货币比的不是谁更好，而是谁“最不差”。

美元为什么“最不差”呢？是因为美元的发行量根本不是由美国政府决定的。它的决定者是一个私营机构——美联储。有人会说，美联储难道不听从美国政府的吗？在某些问题上，美联储确实受美国政府的影响，但是在绝大多数关于美元生死的问题上，美联储都是独自决定的。

这就保证了美联储不是以美国政府的利益为首先考虑对象，他们考虑的是美元的国际垄断地位。想要保持美元的国际垄断地位，就一定不能让美元超发、滥发，一定要让美元对使用它的全世界人民负责，而这才是美元能够一直作为国际货币的真正原因。

国际货币互换，风险不在于贬值

2014 年，国际金融界发生过一件大事，那就是俄罗斯卢布贬值。因为政治问题，西方国家对俄罗斯进行经济制裁，导致俄罗斯国内货币卢布大幅贬值。这一年的 12 月，卢布经历了一场比严冬还要冷的打击，短短几天之内贬值 60%。如此大规模的贬值，不但让俄罗斯老百姓苦不堪言，更让中国老百姓看着揪心。

中国老百姓揪心的原因并不全是出于同情俄罗斯，而是仅仅一个月之前，中俄刚刚完成一项大规模货币互换。中国用1500亿人民币换了8150亿卢布。现在卢布贬值了60%，不就等于中国亏了吗？

因此，很多网民痛心疾首，中国政府这是做了一个赔本买卖，一下子就亏了一半多，还没地方说理去。然而，事实真的就是如此吗？要回答这个问题，我们首先要来明白一下什么叫货币互换。

货币是一个国家金融和经济的基础，所以，每个国家都要把本国的铸币权牢牢把握在自己手中。除了特殊的国家和地区，几乎所有的经济体都有各自的货币，这就导致了一个问题——国际贸易用什么货币结算。

当然，这个问题不需要回答，大家现在用的是美元。然而，很多国家一边用着美元，一边也在打着替换美元的主意，虽说一时半会儿还没办法抛弃美元，但也不能任由美元牵着大家的鼻子走，于是，就有了货币互换。

举个例子，中国要想往俄罗斯卖东西非常简单，只要过了海关交了关税就可以，但如果中国想向俄罗斯卖东西怎么办？俄罗斯是不认人民币的，中国要么就用美元，要么就用卢布。

美元不用说了，卢布从哪里来呢？有人说，我们向俄罗斯卖东西得来的呀！双边贸易确实可以换来外汇，但一方面双边贸易的外汇量有限，一方面结算起来非常复杂，不容易统一调配。这个时候，大家想出来一个好办法，那就是找对方借钱。

以中俄货币互换为例，双方的协议是1500亿人民币换8150亿卢布，本质就是中国借给俄罗斯1500亿人民币到中国去买东西，俄罗

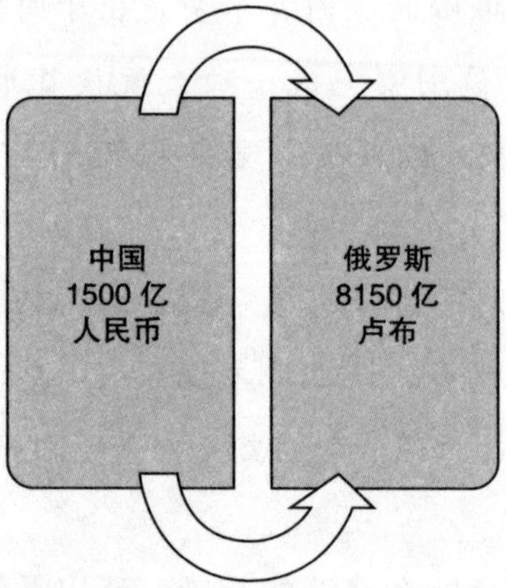

斯借给中国 8150 亿卢布到俄罗斯去买东西。这个时候，俄罗斯卢布贬值了，借给中国的 8150 亿变成了 3260 亿，看起来似乎是中国亏了，然而，这只是协议的上半部分。

协议的下半部分是，双方进行货币互换之后的一定时间里，再进行等额的换回。也就是说，俄罗斯需要还给中国 1500 亿人民币，中国要还给俄罗斯 8150 亿卢布，这样看来，即便卢布贬值到海里去，中国也是不会亏的，当然，也不可能赚钱。

货币互换本身并不是为了赚钱，而只是活跃双边贸易的金融手段。由此可见，说货币互换之后卢布贬值中国政府亏了的网友，其实是缺乏必要的金融学常识。

实际上不仅仅是中俄期间，为了稳定双边贸易，货币互换的身影在世界金融当中随处可见。以中国为例，仅仅最近十几年就有与英国、俄罗斯等几十个国家进行过货币互换。

这是世界各主权国家和地区想办法去除美元金融垄断地位的一种重要举措，也是向世界推广本国货币，实现本国货币国际化的重要手段。

那么这样看来，货币互换似乎是有百利而无一害的事情，但事情也没有这么简单。

货币互换作为一种国际金融手段，本身也存在着一个极大的风险。这个风险并不在于单方面货币贬值，比如卢布贬值。我们还给俄罗斯的卢布贬值了，只要到期俄罗斯还给我们借给他们的人民币，一切都没有问题。

货币互换的真正风险就在债务违约。俄罗斯的1500亿人民币是我们借给他的，那么到期了，他不还怎么办？

国家债务违约在国际金融体系中十分常见，不要觉得国家层面就不会赖账。可以这样说，国际上超过一半的国家都有过赖账的经历。这个时候，我们中国如果想不出好的办法解决，那就真的亏了。

有人会说，俄罗斯不还我们人民币，我们也可以不还他卢布，这个想法没错，但别忘了，卢布已经贬值，如果双方都不还，那么吃亏的肯定是中国。

难道中国政府没有意识到这一点吗？当然不是。在和俄罗斯签订货币互换协议的时候，我们就加入了这样的条款，如果一旦出现违约情况，允许俄罗斯用对华出口原材料、燃料和武器进行偿还。

但这样也有一个问题，那就是俄罗斯会不会坐地起价。本来天然气5元人民币1立方米，俄罗斯会不会涨到10元人民币，反正是抵账，我们不要还不行，这个问题其实才是真的值得注意的。对于这个问题，整个国际社会也没有太好的办法，而对于我们和俄罗斯的货币互换协议，就需要我们的政府和谈判专家想办法应对了。

总体来说，货币互换是国际金融一个重要的组成部分，即便不是因为美元的强势垄断地位，国际货币互换依然会在国家之间长久存在下去。

迈入辉煌之路的人民币

小林和阿花是一对小夫妻。两个人很喜欢出国旅游，领略一下与祖国大好河山不同的风景，也是别有一番滋味。

过年后，小林和阿花还有一个星期的假，于是两个人约好一起去美国游玩一圈。两个人去了旧金山、迈阿密和拉斯维加斯，爽爽地玩了一圈。回国后，两个人一算账，咦？怎么和想象的有些不一样？

还记得2003年的时候，小林和阿花刚结婚，小两口选择去美国度蜜月，一个星期花了2万多元，还没怎么买东西。而这次呢，纪念品不少买，吃的玩的也都挺好，怎么一个星期下来才花了2万元呢？

二人合计了半天才恍然大悟，噢！原来是人民币升值了，2003年的时候，1美元要8元多人民币，而现在，6元就能换到1美元。怪不得这次买到了比以往更多的东西。

其实，专家也列出了下半年的汇率排行榜，不仅是去美国比以前便宜，随着人民币的走强，到英国、日本、越南、马来西亚、阿根廷和埃及都很值。

这件事让阿花想到了自己的舅舅。舅舅是做投资生意的，生意做得挺大，也跟国外的企业有些投资往来。阿花隐约记得，过年的时候舅舅曾经说过，趁着人民币升值，赶紧去国外投资几个厂子，大赚一笔。

小林也一拍脑门，说道:“你舅舅公司里新来了一个美国高管，帮着公司引进了不少国外技术，你舅舅上次还把那个美国人带家里吃饭了呢。”

一时间，小夫妻陷入了对人民币升值的无限欣喜中……

故事中，人民币升值带来的好处显而易见。对于喜欢旅游的人，人民币升值能让他们在国外享受到更好的消费。此外，人民币升值还有利于国内资本到海外投资，间接引进国外先进技术，促进国内企业的技术进步。

此外，人民币升值还有不少好处，比如那些需要依赖国外厂商的原材料，进口成本就会下降；国内企业对外国厂商的投资能力也会增强。同样，那些在中国建厂的外国商人也会盈利。

人民币升值了，我们才可以用较少的花销，到国外进行培训和学习。此外，中国政府也更容易偿还外债。

各位可以看到，人民币升值了，就意味着中国 GDP 的国际地位提高了，国家的税收收入也提高了；这也意味着中国人的国际购买力提高了，此时，把中国资产售出会更合算。

人民币如果升值了，就意味着它的购买力强了。也就是说，我拿人民币就能在国外购买更多的商品。所以，人民币升值更有利于中国进口，利于中国用更低的价格把东西买进中国。

很多人看到这儿可能会想，照这个情况看来，人民币升值似乎是件好事情。

马克思哲学最著名的就是他的辩证法，凡事都要从正反两方面看。所以货币升值这件事，有好的一面也有不好的一面。

首先，各位要知道人民币升值对进口有利，就意味着对出口不利。国外容易把东西卖进中国，但中国的产品因人民币升值，反而不好往国外卖了。中国可是个出口大国啊，如果对出口不利，那可真是一件不利的事情。

此外，如果人民币升值幅度很小的话，其实不会让中国在出口方面有过大的冲击力，因为中国的劳动力成本十分廉价，这方面的竞争力使中国产品在出口方面不会受到太大影响。

但有些外国人会不假思索地认为：中国的产品涨价了，外国商人也会觉得从中国进口产品赚不到多少钱，然后给中国出口造成不利影响。这就可以说，只要人民币稍稍升值，就会对中国的出口起到实质性的伤害。

既然刚才已经提到，人民币升值有利于华人去国外投资，那就必然不利于中国引进外资。

原来，外国投资商在中国用1000万美元做成的事，在人民币升值后，可能就需要1200万美元的投资才能办成。这等于人家什么都没买，就要支付200万美元，这事儿放在谁身上，谁都不愿意。

既然如此，就会加速国内资本流动到国外去。此外，人民币导致的进口增加、出口减少，造成贸易逆差。国外企业会使劲儿把东西卖到中国，从而影响国内企业的竞争力。

此外，中国的房价总被炒高，其实也跟迈入辉煌之路的人民币有关。有人会好奇，人民币升值与否，跟房价有什么关系啊？

这其实很容易理解：人民币升值会导致房价上涨。房地产市场形成泡沫的原因，主要是人民币升值导致的外资投机性需求。

当然，人民币贬值就会导致房地产价格下跌，因为高房价本就需要靠着繁荣的经济做支撑。正因为人们对经济看好，所以才愿意贷款买房，房地产商也愿意在国内建房。如果人民币贬值，就会让房地产行业雪上加霜。

各位都知道，外资流入是中国资产繁荣的重要方式。在资本市场极度低迷，房地产岌岌可危的情况下，如果人民币还大幅贬值，让资金大规模流出，后果确实不堪设想。

因此，人民币迈入辉煌之路看似金光闪闪，实则也是危机四伏。只有透过现象看本质，才能找到最合适的金路。

货币一体化，由欧元开启

欧元（Euro）是欧洲联盟发行的单一货币名称，是欧洲货币体系统一货币兑换单位埃居的延续与发展。1995年，欧盟通过《马德里决议》，将未来单一货币正式定名为欧元，以取代埃居。1998年5月2日，欧盟确认比利时、德国、西班牙、法国、爱尔兰、意大利、卢森堡、荷兰、奥地利、葡萄牙和芬兰11国为欧元创始国，也即欧元区国家。希腊于2000年加入欧元区，成为欧元区第12个[①]成员国。1999年1月1日起，欧元正式启用，进入结算、金融交易和储备领域。从2002年1月1日起，欧元现金开始正式在欧洲的12个国家内流通。从这一天起，这12个国家将逐步回收自己的本国货币，只使用欧元。

有趣的现象发生了：人们去往德国、法国等国家旅行的时候，随身只需携带一种货币——欧元。欧元的使用源自一位经济学家，他在20世纪60年代提出了这一个伟大的设想。他就是1999年诺贝尔经济学奖获得者——罗伯特·蒙代尔。

在获得诺贝尔经济学奖后，罗伯特·蒙代尔用这100万奖金

① 截至2016年6月7日，欧元区有19个成员国。继希腊之后加入欧元区的国家有斯洛文尼亚、斯洛伐克、塞浦路斯、马耳他、爱沙尼亚、立陶宛、拉脱维亚。

先修缮一下自己在意大利图斯查尼的豪宅，又为自己2岁多的儿子尼古拉斯买一匹矮种马，最后把剩下的钱都存入银行。

值得一提的是，罗伯特·蒙代尔是以欧元的形式将奖金存入银行的，因为他很看好欧元的发展前景。

早在1961年，蒙代尔还不到30岁，他就在自己的文章里提出这样一个问题："一些国家什么时候会愿意放弃货币主权而去使用一个共同货币呢？"

在罗伯特·蒙代尔的设想中，西欧各国的经济水平相近，相互之间流动性较高，完全可以组成一个货币区。这一设想指引欧洲的决策者，把欧元从一个概念变成今天的现实，因此，罗伯特·蒙代尔又被称为"欧元之父"。

从2002年7月1日起，欧元取代参加国货币成为唯一共同的流通货币。欧元纸币的面值共有7种，分别为5欧元、10欧元、20欧元、50欧元、100欧元、200欧元和500欧元。

欧元区内各国印制的欧元纸币，正面、背面图案均相同。欧元铸币（也称辅币）的面值共有8种，分别为1欧分、2欧分、5欧分、10欧分、20欧分、50欧分、1欧元、2欧元。1欧元=100欧分。

铸币与欧元纸币不同，欧洲货币联盟规定欧元辅币正面采用相同图案，而背面中心图案可由欧元区各国自行设计，但其外沿应统一采用欧盟12颗五角星环绕的图案。

在零售业务领域，欧元区为便于公众熟悉和接受新货币，特意安排了3年过渡期，即从1999年1月1日起到2001年12月31日止。

在过渡期内，一个基本原则是"不强制、不禁止"，也就是欧元区的客户有权选择是否使用欧元，因此，在过渡期间，欧元和欧币可同时使用，相互替代。欧元只以记账货币的形式存在，各国货币的现钞仍然在日常生活中被广泛使用。

在金融批发业务方面，欧元启动的安排。从1999年1月1日起，所有的交易使用欧元，这包括银行同业间资金存放、划拨、债券发行和交易、外汇市场交易、股票定值和交易等。

人们熟知的绝大多数欧洲货币，如德国马克、法国法郎、荷兰盾等外汇报价将消失，它们都会被欧元的外汇报价所取代。

当然，欧元最重要的作用就是给欧盟国家带来了积极的影响。实行欧元的欧盟国家实行统一的货币政策，这种单一的货币形式消除了汇率风险，降低了交易费用，增加了市场的透明度。

各位可以想一下，欧洲就这么大，法国人去德国买火腿，就像香港人去深圳买酱油一样近。如果买个火腿还要把法币换成德币，这就太麻烦了。

此外，欧元还能减少金融方面的巨大耗资，大大提高了竞争力。单凭英、法、德等国，是不足以与美国抗衡的，但欧盟是个强大的后盾，这使得欧元能和美元相提并论，为欧盟化解国际金融市场的震荡提供有利条件。

欧元有利于促进物价的稳定，可以增强公众的信心，创造一个稳定的金融市场环境。当然，欧元还直接为欧盟内部建设带来很大活力。欧元把欧洲各成员国独立的资本市场合并到一起，促进了一个灵活的劳工市场，而且这个市场没有关税和银行管理问题，非常和谐。

欧元还推动了欧洲经济一体化的进程，这简直是神来之笔。它大大提高了欧盟国家在国际中的经济地位，甚至对欧盟在国际中的政治地位产生了重要影响。

在这个全球经济一体化的时代，欧盟当然对中国有不小影响。随着欧元的推出，欧盟国家对中国的投资也会稳定增加。中国现在正是高速发展的时期，需要大量资金。

欧元把欧盟建立成一个统一、有效、成熟、流动性好的资本市场，这也有利于中国筹措资金，发行欧洲债券。仅 1996 年，欧盟国家就在中国投资了 48 亿美元。中国是当年东南亚金融危机中，唯一一个实现持续高增长低通胀的国家。这也跟欧元在中国的投资密不可分。

欧元对中国的影响还不止这些，虽然现在欧元在中国外汇储备中的比重已经足够支付，但考虑到欧元的保值和增值方面，中国的外汇储备结构也需要做出调整，因为欧元具有长远优势。

不止如此，欧元把欧盟绑在了一起，欧盟需要中国的劳动力和产品，而中国又需要欧盟国家的技术，二者形成了强烈的互补性。欧元也使得欧盟和中国在合作的时候更加便利。

早在 2002 年，欧元就全面取代了欧盟各国的货币，进出口贸易统一按欧元结算。欧盟国家省下 280 亿美元的汇兑费，提高了商品竞争力。中国的外贸企业也能省掉不同币种之间的汇兑和风险，节约不少成本。

第四章
危机金融学，“七年魔咒”难打破

金融泡沫和经济大萧条

读中学的时候，我们在政治课上都学过一个经济学常识，那就是周期性经济危机不可避免，这是市场先天性的缺陷所导致的。而10年前那场由美国次贷危机引发的全球性经济危机似乎也向我们印证了这一点。

市场先天性的缺陷很多，最突出的表现就是在调节生产和消费的关系上失灵，这并不是我们要讨论的重点。在这里，所要讨论的是金融问题，也就是在经济危机中，金融到底起了什么样的负面作用。

20世纪30年代末期，一战已经结束15个年头，世界经济正在蓬勃复苏，尤其是美国，经济欣欣向荣，一派繁荣景象。

1929年，美国的工业生产指数是1921年的1倍，工业发展带来的是金融的繁荣。美国股票市场充斥着过剩的信心，实业家、学究式的经济学家和政府领导人都表示对未来充满憧憬。时任美国财政部长安德鲁·梅隆于1929年9月向公众保证："现在没有担心的理由，这一繁荣的高潮将会继续下去。"

然而，就在一个月之后，1929年10月29日，美国股市忽然出现断崖式下跌，随后几天，股市连续暴跌。随着股价的暴跌，金融市场彻底崩溃，大量银行倒闭，工厂停产，工人失业，美国经济陷入空前的大萧条当中。

以上这段文字叙述的是20世纪30年代世界经济大萧条的开始，这次大萧条彻底改变了整个世界的经济状况。

在这段文字中我们可以看到，大萧条的来临实际上是从金融市场开始的。再让我们回忆一下2007年开始的经济危机，它最先出现是美国次级贷款市场，其根源也源于金融领域。

由此我们可以得出一个结论，经济危机最先一定是爆发在金融领域，而最突出的表现就是金融泡沫瞬间破裂。

那么，什么是金融泡沫呢？1978年，美国经济学家金德尔伯格说过这样一段话：

泡沫状态这个名词，随便一点说，就是一种或一系列资产在一个连续过程中陡然涨价，开始的价格上升会使人们产生还要涨价的预期，于是又吸引了新的买主——这些人一般只想通过买卖牟取利润，随着涨价，常常是预期的逆转，接着就是价格暴跌，最后以金融危机告终或者以繁荣的消退告终而不发生危机。

从经济学家对泡沫的定义，我们很容易就会明白，泡沫就是一个由资产价格持续上涨从而引发投资热潮，进而导致资本价格过分膨胀，到最终价格暴跌，资本回归原始价格的过程。

如果再联系一下我们的现实，读者就会发现，真实的金融泡沫其实真的触手可及。比如，我们中国金融体系当前就面临着严重的资产泡沫。

说到资产泡沫，我们很容易就会想到我国的房价泡沫，毋庸置疑，我国的房地产已经成为全球史无前例最大的泡沫。

2008 年金融危机爆发之时，即使是在上海等一线城市，其房价也只是 1 万元每平方米，当时的泡沫还处于一个可控的范围内。而现在呢？在一线城市 5 万元以上的楼盘比比皆是，更为糟糕的是，这种疯涨状态已经很难控制，政府频频使出的各种调控手段也都收获甚微。

房地产泡沫很大，其他资产泡沫也是如此。读者应该能够发现，最近几年，除房地产之外，其他的资产价格也高得离谱。尤其是创业的读者一定会发现，现在很多资产的买卖都已经高到令人难以理解的程度，这些都是金融过热、投资过热导致的。

紧接着资产泡沫出现的是债务泡沫。资产的投资需要钱来支撑，然而我们中国虽然富起来了，但富裕的程度还远远够不上匹配如此高昂的资产。此时，无论是个人买房、创业，还是地方政府进行基础设施投资，都需要借助于金融市场的重要组成部分——债务市场。

还是以金融危机为界限，之前我国地方政府债务规模是几近为零的。然而全球金融危机爆发后，政府为了保证经济增长，硬是拿出了 4 万亿元的经济刺激计划，同时各地方政府跟着添油加醋。一时间，地方政府债务的规模像混雪球一样不断扩大，到了 2017 年，一度达到了 28 万亿元，债务危机非常严重。政府性债务严重，个人债务也非常严重，虽然没有详细的数据统计，但从我们每个人身边的亲戚朋友就能看出，贷款买房基本是购房市场的主流，仅这一项就让个人背负了沉重的债务。

上面两种金融泡沫的出现，还必将导致第三种严重的金融泡沫，那就是货币泡沫。货币超发，这是金融泡沫形成中另一个重要的问题。

投资需要货币，发放贷款也需要货币，金融过热实际上就是货币过热，因此，货币泡沫是不可避免的。早在2002年初，我国市场上M2（广义货币供应量）的规模就只有15.8万亿，而到了2013年，竟然达到了103.61万亿。在这期间只用了仅仅10年多一点的时间，与10年前相比足足增长了1倍。虽然说购买力上涨是一件好事，但是当一个国家的购买力在短时间里上涨过猛的时候，我们就该怀疑它的真实性和可靠性了。

现在我国一共拥有160多万亿M2的规模，如果你对这一个数字没有什么直观的概念，那么我想告诉你的是，这在全世界上也是极为罕见的。虽然对于这一问题，经济学者将其原因归结于我国储蓄率偏高、直接融资渠道不畅、保增长需要一定的货币支撑等。但是，我们不得不注意的是，人民币的实际购买力正在逐年下降，这是每一个消费者深有感触的不争事实。所以说，我们不得不开始警惕货币泡沫的危险性。

无论是美国当年的大萧条、后来的经济危机，还是我们当前所面临的问题，以至于未来还必将出现的经济危机，其核心部分就是金融泡沫过大，而想要解决这个问题，也只能从金融领域下工夫，这就需要我们的金融管理者踏踏实实地拿出解决问题的办法。

聚焦欧债危机，回眸过往时代

2007年，一场席卷全球的金融风暴从美国蔓延开来，中国、日本、美国以及欧洲一些国家和地区都受到了不同程度的冲击，其中欧洲受到的冲击最为严重。2008年，债台高垒的北欧小国冰岛宣布国家破产；2009年，南欧国家希腊又陷入了严重的债务危机当中，希腊领导人直言欧洲其他国家必须对希腊进行援助，否则后果不堪设想。

曾几何时，欧洲以国家组成经济共同体的模式被视为人类发展的未来，然而一场金融浪潮袭来，欧元区被打得七零八落。许多国家金融环境恶化，债务无法偿还，已经无法立足在欧元区。欧元到底该何去何从，考验着每一个欧洲政治家和经济学家。

时至今日，距离那段动荡的岁月已经过去10年，然而，欧债危机的氤氲还没有散去。2016年，本来就不使用欧元的英国宣布脱离欧盟，与此同时，因为背负着欧元区其他国家的巨大负担，德国也显得越来越力不从心，从上到下弥漫着不满的情绪。

整个欧元区的债务危机是从2009年10月开始的。2009年10月，希腊新任首相乔治·帕潘德里欧宣布，其前任隐瞒了大量的财政赤字，以便让希腊财政状况看起来运转良好，而实际上，希腊已经陷入严重的财政危机当中。

帕潘德里欧的言论一经发布，立即引发市场恐慌。三大评级机构纷纷下调了希腊的主权债务评级，投资者纷纷抛售希腊国债。希腊陷入了严重的债务危机当中。

希腊陷入危机，其他欧元区国家的日子也不好过。对于谁会成为下一个爆发主权债务危机的国家，知名信用评级机构标准普尔做出了暗示。在对希腊的主权信用发出警告之后，标准普尔随后又将葡萄牙的主权信用评级前景从“稳定”降至“负面”，理由是该国公共财政恶化。

经投资者发现，在本质上有着与葡萄牙类似危险的欧元区国家同样存在，分别是葡萄牙、爱尔兰、意大利和西班牙，再加上当时已经发生债务危机的希腊，这 5 个国家依照首字母组合而被称为“PIIGS”，因此以上这 5 个国家又被冠以侮辱性的称谓——“欧猪五国”。事实确实如此，此后两年，这些国家先后被信用机构降级。

此时德国、法国等经济状况良好的国家纷纷向“欧猪五国”伸出援手，然而令他们意想不到的是，“欧猪五国”没有被解困，自己反而也被拖进泥潭当中。

标准普尔长期债务分级表	
信用级别	信用评价
AAA	最高评级，偿还债务能力极强。
AA	偿还债务能力很强，与最高评级差别很小。
A	偿还债务能力较强，但相对于较高评级的债务 / 发债人，其偿债能力较易受外在环境及经济状况变动的不利因素影响。
BBB	目前有足够偿债能力，但若在恶劣的经济条件或外在环境下，其偿债能力可能较脆弱。
BB	相对于其他投机级评级，违约的可能性最低，但持续的重大不稳定情况或恶劣的商业、金融、经济条件可能令发债人没有足够能力偿还债务。
B	违约可能性较 BB 级高，发债人目前仍有能力偿还债务，但恶劣的商业、金融或经济情况可能削弱发债人偿还债务的能力和意愿。
CCC	目前有可能违约，发债人须倚赖良好的商业、金融或经济条件，才有能力偿还债务。如果商业、金融、经济条件恶化，发债人可能会违约。
CC	目前违约的可能性较高。由于其财务状况，目前正在受监察。在受监察期内，监管机构有权审定某一债务，较其他债务有优先偿付权。
SD/D	当债务到期而发债人未能按期偿还债务时，纵使宽限期未满，标准普尔亦会给予 D 评级，除非标准普尔相信债款可于宽限期内清还。此外，如正在申请破产或已做出类似行动以致债务的偿付受阻时，标准普尔亦会给予 D 评级。当发债人有选择地对某些或某类债务违约时，标准普尔会给予 SD 评级。
NP	发债人未获得评级。

2012 年 7 月，欧洲经济强国德国的信用评级被下调，欧盟最后一个形势“稳定”的经济体也变成了“负面”，整个欧盟区的债务危机形成了。

欧债危机给整个欧盟的经济带来了严重的影响，欧洲主权债务评级的下降使得资本出现恐慌，加速了资本的逃离，这让本就一蹶不振的欧洲经济雪上加霜。

欧洲经济复兴，最需要的就是资金和市场，然而一场金融危机，使欧盟各国对外贸易迅速萎缩，国民收入不断减少，失业率不断攀升。与此同时，日本经济仍旧没有好转，美国经济虽然有所起色，但自身麻烦不断，这就直接导致了欧盟国家潜在的市场变小，无疑让欧盟复兴的脚步更加艰难。

从金融的角度讲，欧债危机是欧元区国家福利过高，政府赤字过多，社会收入不足，经济疲软导致的。因为欧元区是一个金融体系，欧元是唯一的法定货币，所以又导致各国没有办法通过汇率贬值的手段来降低社会成本，吸引资本对本国进行抄底投资，从而导致金融形势恶性循环。

我们举一个简单的例子，如果希腊有本国的货币，那么在危机到来时，他只需要让本国货币贬值，那么本国资产就会跟着贬值，国际资本看到抄底有利可图，就会对希腊进行抄底性投资。这样虽然短时间内国内经济震荡，但也会在一段时间之后逐渐复兴。然而，统一的欧元打消了希腊的这种可能，而希腊又没有办法削减福利支出，只能依靠欧元区其他国家的资助度日。

德国、法国这样的健康国家虽然能保证自己的金融体系良好，但资助其他国家，一方面让他们背上了沉重的负担，一方面又给他们的金融体系增加了很多不确定的因素。所以，10 年过去了，今天欧洲依然在债务危机的阴影中没有走出来。

对于欧债危机，我们从金融的角度似乎要反思一下，统一货币、统一金融在大部分时间里确实让彼此都受益，然而当危机真的来临时，是否也意味着绑架了所有人，让原本可以逃生的人都没法逃生，这到底值还是不值？

国家为什么能破产

2008年，只有30万人口的冰岛破产了，原本“在世界边缘”的沉默小国一下子成了全世界的焦点。“国家居然还能破产？”无数人惊讶地提出这样的疑问。确实，对于我们大多数人来说，“国家破产”这个概念实在是让人觉得太过匪夷所思了。

一个企业会因为资不抵债而破产，那么一个国家难道也会资不抵债吗？相信很多人连想都没想过这个问题。

国家会破产？像这样的问题简直让人难以想象，但是难以想象的并不是不能发生，其实国家真的会破产，比如当它爆发严重的金融危机时。国家破产，说起来复杂，但其实只要债务国的国内生产总值远远低于需要偿还的债务时，那么这个国家将会像一个经营不善的企业一样，等待它的将是破产的结局。

2008年，冰岛的金融外债已经超过1383亿美元，然而冰岛这个国家的国内生产总值只有193.7亿美元。在这样的巨大差距之下，冰岛就像一个资不抵债的企业一样“破产”了。

一个企业宣布破产之后，它会就此从市场上消失。那么，一个“破产”的国家会从这个地球上消失吗？当然是不可能的。即便这个国家债务再多，也没有谁敢于“兼并”或“重组”一个国家，所以，国家“破

产”更多的是一种说辞。

冰岛之所以破产，其中一个重要的原因就是由于美国次贷危机引发的全球性金融危机，这次金融危机席卷了不少国家的金融市场，导致各种金融债务成本急剧增加。加上金融危机导致的经济衰退，一来一往，让很多背负巨额债务的国家无法偿还债务。所以，在冰岛之后，还排列着一批等待“破产”的国家。

公司破产债务要整理，那么国家破产呢？冰岛是不能被兼并的，但背负巨额债务也总得给债权国一个说法。国家债务也不是一声“我破产了”就不用还了，债权国才不会吃这样的哑巴亏呢！所以，冰岛必须尽快为自己的破产买单，赶紧填补上巨大的国家债务窟窿，抓紧寻找解决还贷问题的道路。

一个国家一旦沦为破产国，就意味着今后相当长一段时间里很难再从其他国家得到新的贷款，这是因为破产国家已经是一个空壳。没有了偿付债务能力的国家，又能够靠什么来赢得别人的信任呢？所以，面对破产国，不会有任何一个傻瓜国家大发慈悲。

值得一提的是，就在冰岛政府破产仅仅数年之后，全世界最强大的美国也宣布政府“关门”。难道美国也和冰岛一样因为没钱而破产了？

2013 年 10 月 1 日，由于美国民主、共和两大党没有在国会就下一个财年的财政预算达成协议，美国总统奥巴马宣布美国联邦政府的非核心部门被迫关门，美国政府正式停摆。

世界上最强有力的政府宣布关门，这当然是一大新闻，因此当美国政府停摆的消息一经发布之后，立即就在全世界引起了轩然大波。不过值得一提的是，虽然世界对于美国政府的停摆时间都倍加瞩目，但在美国国内，民众对于政府的关门却异乎寻常的淡定，这是为什么呢？

其实，美国政府的停摆并不是国家没钱，而是有钱不给政府花。美国国家财政预算是通过议会决定的，而议会中是存在党派分歧的，当在野党对执政党强烈不满时，他们就会在财政预算上给政府找麻烦，让预算案在议会被否决，于是政府就拿不到钱了。

眼看着钱在账面上却不允许花，美国政府实在是够悲惨的。但与政府的悲惨比起来，美国民众却并不会因为政府的停摆而感到不快，原因就是政府停摆对他们的影响实在说不上大。

政府停摆，意味着很多公共设施不再开放，但基本的警察、消防、公共教育还在，关闭的只是一些国家公园、公立图书馆等而已。不去图书馆，可以在网上购买电子书；不去公园，宅在家里睡睡觉也就过去了；没人发护照确实很麻烦，但想出国又没有护照的人也不在乎多等几天。

可以说，除了一些与政府有关的业务需要暂停之外，民众生活基本上不会因为政府的停摆而受到太大的影响，因此对于美国政府的停摆，美国民众才会出乎寻常的淡定，因为他们知道，政府的停摆只不过是政客们在互相扯皮，用不了多久，他们就会妥协。

事实上，也正如美国民众所预料的那样。2013 年，这场停摆最终也是按剧情收场。2013 年 10 月 16 日，美国国会参众两院分别投票通过议案，给予联邦政府临时拨款，同时调高其公共债务上限。根据这一议案，联邦政府各部门将获得预算运营到 2014 年 1 月 15 日，同时把财政部发行国债的权限延长至 2014 年 2 月 7 日。两党妥协了，停摆自然也就结束了。

然而美国政府停摆虽然结束了，但因停摆而造成的反响却远没有结束，人们在调侃美国两党扯皮导致政府关门的同时，也不禁陷入思考：如果美国政府陷入长时间的停摆，那么对于世界经济，是否会成为一场灾难？

政府关门、政府公务人员失业、政府消费停止，这是美国政府对美国经济最直接的影响。在此影响下，还会引发美国经济恶化的骨牌效应。有专家指出，美国政府每关闭一周，美国 GDP 就会下滑 0.15%。如今，在这个全球经济不景气的大背景下，美国政府停摆，无疑会严重拖累美国经济复苏的脚步。

由此可见，长时间的停摆对于美国经济的影响还是挺大的，而这也就是每次美国政府停摆的时间都不会太长的原因。

从冰岛“破产”到美国政府“关门”，在国家金融层面可谓“家家有本难念的经”，由此可见，一个健康稳定的金融环境是一个国家稳定的基础，而一旦金融出现危机了，那么什么诡异的场面都可能出现在我们面前。

人为引发的金融战争

在中国，没有人不知道《三国演义》。喜欢《三国演义》的人，有的是喜欢爱憎鲜明的人物，有的是喜欢波云诡谲的传奇故事，有的则喜欢这三个国家之间的斗智斗勇。

三国期间主要的斗争是以军事形势展开的。赤壁之战、诸葛亮六出祁山、张辽血战合肥、吕蒙白衣渡江、刘备败走白帝城……这些战争故事，我们每个人都耳熟能详，然而读者一定不知道，在这些你来我往的战争后面，也有看不见硝烟的金融战争。

当年，孙吴和蜀汉之间就进行过一场金融战争。在这场金融战争中，吴国利用的是在当时很重要的经济资源——铜。中国古代的货币主要是铸造铜钱，而当时的铜主要产自江东。周瑜就曾说过，江南铜矿富甲天下，有了铜就可以铸钱。

吕蒙用计占领荆州之后，基业很不稳定。刘备聚重兵虎视眈眈，一心杀过来夺回荆州。为了稳固荆州，孙吴一方面派大军赶往荆州前线，一方面运了大量的铸钱给吕蒙，合计有1亿枚之多。当时，孙吴的铸钱和蜀汉一样都是直百五铢，但是蜀汉因为国力贫弱，他们的直百五铢仅净重6到8克，而东吴的新钱全部按10克铸造。

东吴这一批新钱被以走私等各种方式投入到蜀汉市场上，立即引起了蜀汉的币制紊乱，更严重的是，蜀汉的物价因此发生暴涨，蜀汉金融市场在短时间内失去了平衡，这就给蜀汉本就贫弱的经济造成进一步的打击。所以，东吴在猇亭火烧刘备联营，我们不应该只记住陆逊的才略，也应该记住这1亿枚直百五铢在货币战争中所起到的作用。

东吴的货币为什么能够引起蜀汉的金融混乱呢？要解答这个问题，我们这里要用到一个名词——国际热钱。

国际热钱又称逃避资本，是没有特定用途的流动资金，它的目的只有一个，那就是寻找最高报酬及相对低的风险，在国际金融市场上进行迅速流动的短期投机性投资。

国际热钱最大特点就是短期、套利和投机。资本是金融市场最重要的资源，然而对于国际热钱这一笔重大的货币资本，很多国家却唯恐避之不及。这是因为国际热钱的出现会给本来平稳的金融市场带来巨大的不确定性，而且它随时会撤离。当它撤离之后，留下来的空缺就只能靠本国货币来填补，如果填补不上，那么就会发生金融危机。在国际金融市场上，操弄国际热钱最出名的就是世界知名的经济学者乔治·索罗斯。

乔治·索罗斯出生于匈牙利，1952年毕业于伦敦政治经济学院，4年后迁居美国。作为一个著名的经济学者和成功的投资者，索罗斯在美国只用了很短的时间便积累了大量的财富。成为亿万富翁的索罗斯一直活跃在慈善领域。但诡异的是，索罗斯虽然十分热衷公益，但用国际热钱摧毁其他国家的经济时却没有一点怜悯之心。

20世纪90年代初期，当西方发达国家正处于经济衰退的过程中，东南亚国家的经济却出现奇迹般的增长，索罗斯察觉到了东南亚经济过热的现象。

由于经济过热，资本市场问题十分严重。虽然此时各国中央银行采取不断提高银行利率的方法来降低通货膨胀率，但同时这种方法却又提供了很多投机的机会，甚至银行本身也加入投机者的行列。这就造成了一个严重的后果，各国银行的短期外债剧增，而一旦外国热钱迅速从各国金融市场流出，就将导致经济指数的大幅跳水。

索罗斯果断出手，他的第一个对象是泰国。1997年，索罗斯控制国际热钱大量抛售泰铢，泰国汇市场立刻波涛汹涌、动荡不安。泰铢一路下滑，短短几天时间里，泰国政府动用了300亿美元的外汇储备和150亿美元的国际贷款依然没能挽救局面，泰铢迅速崩溃。

之后，索罗斯又将灾难引到印度尼西亚、菲律宾、缅甸、马来西亚等国家。印尼盾、菲律宾比索、缅甸元、马来西亚林吉特等货币纷纷大幅跳水，一时间经济震荡、企业倒闭、银行破产、人们失业、物价暴涨，整个东南亚瞬间崩溃。

同样是金融资本，国际间投资可以促进一个地区的经济发展，但国际热钱却会造成如此巨大的破坏力，这是为什么呢？我们用一个成语来解释，那就是釜底抽薪。

国际热钱就像是一堆柴火一样，将一个国家的经济烧得热热的，在最热的时候，它却迅速脱身而去，留下的烂摊子就只能由该国自己来收拾了。比如，某地的房子本来是10万元一套，房价一直以来都很稳定，人人都买得起。这时，大量的热钱涌入该地房地产业，迅速抬高了房价，房价不停上涨，从10万元涨到100万元，再涨到200万元、500万元……

由于人本身追逐利益的天性，在房价不停上涨的形势下，大多数人自然会将钱投入房地产业当中去，渴望能够靠投机分一杯羹吃，而另一些人因为对房子有需求，也不得不高价购买房屋。

就这样，该地的财富基本上全部都聚集到了房地产业当中来。此时，在一个相对较高的价位上，国际热钱忽然撤出，迅速抽空该地的资本，过热的房地产因为没有后续的资金来源，自然面临崩盘的危险。而此时，民众手里剩下的除了不断贬值的房地产之外，便什么也没有了，因为财富已经被国际热钱以各种形式带走。

国际热钱的危害产生于其突然大规模撤离，只要给它炒作的空间，它就能迅速翻几倍然后脱身而去。那么，金融领域如何应对国际热钱呢？一个是把它挡在国门之外，二个是把它困在国门以内。想进的让它进不来，想出的让它出不去，这样一来，国际热钱便成了国际资本，所起到的作用就只能是促进经济。不过，这两个方法说起来容易，真正操作起来，就要看金融管理者的决心和能力了。

第四篇

勇敢拥抱金融梦，不是高手，胜似高手

第一章
资本运作高手是怎样炼成的

股权融资时代，优劣并列，利弊横行

老高拥有一片广阔的河滩地，他在这里建设了一个农场。除了种菜之外，老高还开了一个养鸭场。老高的鸭场中有50只母鸭，基本上每天可以收获50个鸭蛋。平日里除了自己吃之外，老高将剩下的鸭蛋卖掉，还能赚到一笔钱。由于老高的鸭子长期在河边散养，所以鸭蛋的质量很高，往往刚到市场就被抢购一空。

一天，秦老板看到老高的鸭场，经过商量之后，秦老板决定帮助老高扩大养殖规模。秦老板不仅自己出钱，还为老高找来了几位技术专家，老高承诺分给秦老板一半的股份。老高的鸭蛋销售很快，秦老板帮助老高把鸭场的规模扩大了许多。

过了一段时间，一家专门经营鸭蛋销售的企业找到老高，希望通过高价收购老高的鸭场。在征得秦老板的同意之后，老高卖掉了自己的鸭场。最终老高和秦老板平分了售卖鸭场得到的资金，算下来，秦老板原本投入的资金已经翻了十几倍。

上面的小故事可以简单地理解为一个股权融资的过程，现在，股权融资已经成为众多企业的一种重要融资选择。虽然在融资过程中存在着相应的风险，但从收益角度来说，股权融资是一种相对不错的融资选择。而对于投资者和融资者来说，又具有着不同的优劣利弊。

从大的类别上来划分的话，企业的融资方式可以分为两种不同的类别，分别是债权融资和股权融资。债权融资是指企业通过借钱的方式来进行融资，同时通过债权融资获得的资金，企业需要承担相应的利息，到期之后，企业需要向债权人偿还本金。

股权融资则是指企业的股东愿意出让部分企业所有权，从而通过企业增资的方式引进新的股东的融资方式。在股权融资之中，企业并不需要承担还本付息的责任，但相对来说，新股东和老股东同样会分享企业的赢利和增长。

从上面这两种不同的融资类别的特点中可以看出，债权融资一般用于企业营运资金短缺的问题，而股权融资的使用范围则更加广泛，既可作为企业的营运资金，同时还可以用于企业的投资活动。现阶段，股权融资是较为常见的一种企业融资方式。随着越来越多的创业企业的出现，股权融资将会应用得更加广泛，融资市场也将会进入股权融资的时代之中。

对于股权融资，可能大多数人从上面的介绍中会简单地认为，企业并不需要还本付息，那不是能够融到很多资金？实际上，这其中还涉及股权的稀释问题，所以，盲目地扩大融资规模对于企业来说并不是一件好的事情，很多时候，还将会让企业陷入危机之中。在获得融资之后，企业的经营者可能会产生一些非生产性的消费，不仅浪费融资得来的资金，还会对企业日后的融资造成不良影响。

但一般来说，股权融资对于企业的经营方面还是具有很多优势的。

首先，股权融资将会帮助企业建立起较为完善的公司法人治理结构，这种法人治理结构中的成员在相互之间形成了权力制衡机制和多重风险约束，从而降低了企业的经营风险。另一方面，股权融资可以稀释企业大股东的股权，从而减少企业大股东运用企业的借款从事高风险投资的可能性。

当然最为显著的一个优势就是通过股权融资，企业可以引进许多不同的投资者。这些投资者将会为企业的发展带来各种不同的资源，从人才、技术，到管理、市场，企业将会变得更加全面、完善，从而在市场的经济活动中具有更强的竞争力。

在股权融资过程中，还存在着一个与投资者和融资者相互关联的问题。首先对于投资者来说，随着科学技术的发展，越来越多人开始走上了创业的道路。投资者在选择这些创业者作为投资对象时，往往不能对创业者自身以及创业者的项目有着全面的了解，但出于不想错过好的投资机会的考虑，投资者往往会在这种信息不对称的情况下，把自己的资金投给创业者。

创业者项目有优有劣，创业者同样有优有劣。对于投资者来说，这是一个巨大的投资风险，同时也是一个很难躲避的投资风险。融资方案可以造假，创业者自身也能够进行伪装。所以对于投资者而言，虽然现在可供投资的项目越来越多，但是真正的优质项目和优秀创业者却仍然寥寥无几。想要在众多创业项目之中寻找到优质的那个，投资者需要具备一双慧眼才行。

另一方面，对于融资者来说，投资者也并不全是“天使”，没有人会平白无故地将自己的利益让给别人。获取利益永远是投资者追求的目标，而至于投资者是否真正对融资者的项目感兴趣，可能需要在考虑利益之后才会考虑这个问题。对于融资者来说，资金固然重要，但寻找到一个志同道合的合作者显然更重要一些。

在股权融资时代，优劣并列，利弊共存。无论是融资者还是投资者，都应该时刻保持警惕，面对眼前的机会要有一个良好的心态。

掀开私募基金的神秘面纱

对于大多数初入金融市场的投资者来说，选择一个适合自己的投资工具是一项重要的工作。对于那些金融知识并不充足的投资者来说，基金投资是一个不错的选择。相比于股票投资，基金投资由专业的基金经理负责操作，可以在很大程度上减少由个人投资带来的风险，同时还能节省投资者的时间。

但上面所提到的，更多的是公募基金，投资者对于公募基金的了解程度相对较深。在基金的分类中，除了公募基金之外，私募基金也是一个重要的类别。相比于对公募资金的了解，投资者对于私募基金的了解则并不多，很多投资者甚至并不知道私募基金的存在。下面我们就去详细了解一下私募基金的内容，从而让投资者能够更加详细地了解基金投资这一投资方式。

私募基金又被称为私人股权投资，是指对任何一种不能在股票市场自由交易的股权资产的投资，是一种私下或者直接向特定的群体募集资金的行为。从具体的种类上来看，包括杠杆收购、风险投资、成长资本、天使投资等不同的形式。

从发展历史来看，私募股权基金起源于美国，最初是一些富有的人通过其他人的介绍，将自己闲置的资金投入到一些风险较大的新兴产业之中。这类投资往往是出于投资者的个人决策，而不经过专门的机构和组织，渐渐地，这种形式的投资行为逐渐发展成为现在的私募股权基金。

虽然现在私募越来越多地出现在中国的资本市场中，但私募的定义却很难在我国的现行法律之中找到。一般来说，在国内还未上市或准备上市的公司在上市之前进行的私募融资活动被称为“私募”，已经上市的公司的私募融资活动则被称为“定向增发”。

至于私募基金的基本特征，我们可以通过一个小故事来了解。

小丁经过多年的打拼，手中积攒下了一部分钱，虽然在投资上小有成就，但小丁总觉得相比于那些金融大鳄，自己赚钱的速度实在是太慢了，不如利用自己的资金和人脉搞个私募基金来试试。

虽然知道私募基金的存在，但对于具体如何申请私募基金，小丁也是一头雾水。来到证监会之后，小丁才知道个人是没有办法申请私募基金的，只能挂靠在机构上面。之后，小丁依靠关系找到了一个符合条件的机构，开设了自己的私募基金。但开设了基金之后，小丁才知道以后想要这只基金运转起来，必须要有超过一半的投资人拥有300万元以上的资产。这一点是小丁在之前没有想到的。

为了扩大基金规模，小丁找到老王，两个人每人投入了200万元。看到小丁在搞基金，同乡的小张和小李也想加入，但由于他们只能拿出5万元，所以被小丁的基金拒之门外。在基金成立之后，小丁和其他人约定以1年为锁定期，在锁定期之后，投资人可以在固定的日期之内将资金赎回。最后经过协商，小丁可以在最终收益之中先分20%的收益。

在上面的故事中，其实已经涉及私募基金的几个重要特征。第一个特征是合格投资人，根据《信托公司集合资金信托计划管理办法》规定，如果想要成立私募基金必须要挂靠机构，而不能以个人的名义申请，同时在《私募投资基金监督管理暂行办法》之中，明确规定私募基金的投资者金额不能低于100万元。一个“合格投资者”的个人净资产不能低于1000万元，个人的金融资产不能低于300万元，同时个人的最近3年平均年收入不能低于50万元。

第二个特征是“个人高占比”，也就是说想要成立私募基金，发起人必须首先成为这个基金的债权人，这样才能让别人放心过来一起投资。

第三个特征是“高门槛”，将私募基金的投资门槛定在一个较高的阶段，一方面可以刷掉一部分资金实力不足的人群，在限制参与人数的同时，可以保障私募的性质。另一方面可以保证进入私募基金的人群，多是一些风险承受能力较高的群体，这样也可以保证私募基金的稳定发展。

第四个特征则是“锁定期”。相对应的第五个特征是“定期赎回”。锁定期是投资人约定一个锁定期限，在这个期限之中不可以随意撤资。定期赎回同样是双方约定一个日期，也就是在过了锁定期后，在这个日期时投资人可以赎回自己的投资，这样便可以保证基金平台资金的稳定性和流动性。

第六个特征是“收益权分配”。在这里，由于基金的发起人在基金投资的整个过程中付出了较多的劳动和智慧，所以在最后分红时，发起人一般可以享受到优先分红。

从这些特征之中可以看出，私募基金相对于公募基金有着一些独特的优势，但同时，其进入的门槛也是相对较高的。也正是因此，私募基金又被称为“有钱人的投资”。除了上面这些特征外，私募基金还具有非公开性、灵活性、专业性等优点，这也让它成为大多数中产阶级投资的一个重要选择。

对于一般投资者来说，虽然私募基金具有很多优势，但在投资时，还是需要根据自己的实际情况进行投资，不能为了追求高收益，而盲目进行投资。

金融租赁，古老的灵魂藏在现代的躯壳里

小齐利用自己工作中和家中的存款，购买了一套大型农用机械，主要包括翻地、播种和收割机器。虽然在购买设备之前，小齐的父母并不同意他这样做。但当设备买回家之后，小齐的父母才明白了小齐的想法。

小齐的家乡拥有大片的土地，农业也是这里的支柱产业。小齐家几代人都从事农业生产。虽然小齐考上了大学，但在工作几年之后，小齐依然选择回到家乡。小齐利用家中的积蓄购买了一套农业设备，这在小齐的家乡引起了轰动。很快，在掌握了设备的使用方法之后，小齐开始对外出租自己的设备。

最初小齐只是按照每天的工作量进行收费。看到了高效的机械化生产之后，越来越多的人开始找小齐帮忙。小齐就这样依靠出租机械设备赚到了自己的第一桶金。对于那些没有钱购买大型农业设备的人来说，租赁生产设备不仅能够节省大量的生产时间，同时还能够提高土地的开发效率。出于这样的考虑，越来越多的人开始向小齐租赁生产设备，小齐的租赁生意也逐渐红火起来。

租赁是一个相对古老的行业，最初的租赁物主要是土地和建筑等不动产。随着租赁业务的逐渐发展，越来越多的物品开始出现在租赁市场中，机械、设备等动产也成为租赁的对象。随着金融与租赁之间的相互融合，新的金融形式开始出现。很快，一种不依靠自有资金和借款而引进生产设备的机制逐渐形成，这也是现在融资租赁的雏形。

1952 年，美国一家小型食品生产厂由于资金不足，没有办法去更新陈旧的生产设备。为了工厂能够继续生产，经理决定以每月 125 美元的代价来租用生产设备。在这个过程中，经理产生了建立租赁公司的想法，并向一个商会的负责人提出这个建议。

当时这家商会正好想要引进一批价值 50 万美元的设备，但又不想一次性付清所有的款项。在双方的协商下，最早的租赁方案诞生了。商会成功地从美国银行获得了 50 万美元的贷款，用来支付这些设备的购入资金。

经过这次成功的交易，食品厂的经理决定创建一家美国租赁公司，主要根据顾客的需要从其他制造商处购买设备，然后租赁给顾客。这一方面解决了很多顾客的资金不足的问题，同时也保证了顾客能够尽早地使用上机器设备进行生产。因此，美国租赁公司也被认为是世界上第一家现代化的融资租赁公司。

一般来说，融资租赁是指出租人根据承租人对租赁物的特定要求和对出卖人的选择，出资向出卖人购买租赁物，提供给承租人使用，承租人向出租人按照约定支付租金的一种商业行为。我们在这里要讲到的金融租赁，则并不能等同于融资租赁，虽然二者之间存在着较大的联系，但在实际的内容上，还是存在着较大的区别。

金融租赁是指由出租人根据承租人的请求，按照双方事先合同约定，向承租人指定的出卖人购买承租人指定的固定资产。同时在出租人拥有该固定资产所有权的前提下，以承租人支付所有租金为条件，将一个时期的该固定资产的占有、使用和收益权让渡给承租人的一种商业行为。

在产业划分方面，金融租赁公司是非银行金融机构，融资租赁公司则是非金融机构企业。从监管部门来看，金融租赁公司由银监会前置审批和监管，而融资租赁公司则由商务部进行前置审批和监管。另外，金融租赁公司可以吸收股东存款，在经营正常之后还可以进入同业拆借市场。而融资租赁公司则只能从股东处借款，不能吸收股东存款，也不能进入银行之间同业拆借市场。

作为现代租赁的一种基本形式，金融租赁具有以下显著的特征。

第一，金融租赁涉及三方当事人，需要签订两个或多个以上的经济合同。

第二，承租人对租赁物和供货商具有选择的权利和责任，金融租赁的设备和生产厂、供货商都由承租方选定。

第三，租赁设备的所有权和使用权分离，也就是说在租赁合同期间，承租人只能取得对租赁物的使用权。

第四，金融租赁是融资和融物相结合的交易，其中融通资金起主要作用。

第五，承租人需要分期支付租金用来偿付本息。作为一种信用方式，承租人必须按照合同的约定分期支付租金。

第六，金融租赁合同不可以随意撤销，同时在租赁期内的设备保养、维修等工作由承租人负责。

第七，当租赁期满之后，承租人可以选择续租、留购和退租等设备处理方式。

我国的金融租赁业起步于20世纪80年代初，经过近30年的发展，现在的金融租赁行业已经从原来的无序发展过渡到了稳步发展阶段。虽然在现阶段，我国的金融租赁业还处于初步发展阶段，但随着近年来业务需求的增长，以及监管力度的适度放松，金融租赁行业也将迎来一个相对较快的发展时期。

在西方发达国家中，金融租赁已经成为一种非常重要的融资工具，同时也是大量企业实现融资的一个有效手段。金融租赁可以在一定程度上降低中小企业的融资难度，对于中小企业的发展具有重要的促进作用。同时金融租赁与其他金融工具的结合，也将会产生许多不同的金融创新，这对于金融市场的发展具有很大的促进作用。

巧用典当，“借鸡生蛋”

张先生和李先生在生意上是很好的合作伙伴，私下里两人也是很要好的朋友。两个人都对炒股有着浓厚的兴趣，平日里经常在一起讨论股票投资的问题。张先生在前一段时间投资过一段时间股票，并且赚到了一部分钱，他十分看好这只股票后续的走势，但由于手中没有足够的资金，所以只能保持观望的状态。

李先生在得知张先生的情况之后，建议张先生尝试通过典当来获得资金。原来，张先生自己拥有一套房产，按照市值来计算的话，大概价值 80 万元。如果通过典当估价，差不多可以贷到 60 万元。由于对典当行业并不了解，张先生最初并没有选择通过典当来融资。但看到股票走势的波动，张先生觉得现在确实是一个入场的最佳时机，于是在李先生的保证下，张先生准备好资料，顺利通过典当获得了 60 万元的资金。

张先生很快将全部资金投入到股票市场中，市场走势正如张先生所预料的一样，连续出现上涨。张先生并没有一味地追求更高的股票价格，而是在合适的价位将自己的股票适当卖出。在还清典当获得的资金的同时，张先生还赚到了许多钱。

典当行业可以说是人类最为古老的一个行业之一，同时也是现代金融行业的一个发展源头。中国的典当业出现于两汉时期，此后开始逐渐发展，到了两宋、明清时期发展壮大起来，进入兴盛时期。在清末民初，典当业开始逐步衰落，到了 20 世纪 50 年代被取缔，而自改革开放以来又重新复兴起来。可以说，典当行业在中国经历了一段漫

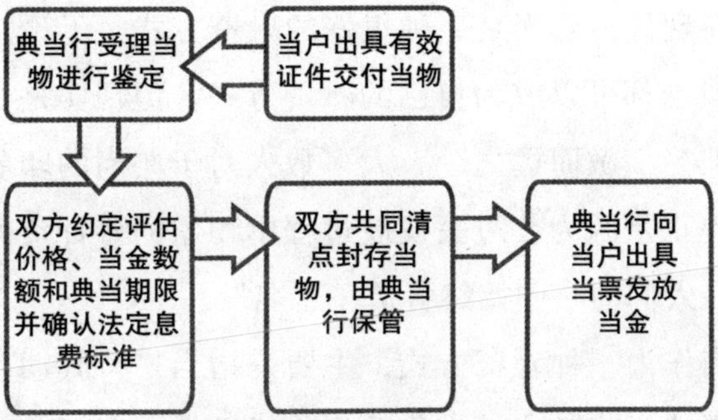

典当过程

长的兴衰历史。

现在，人们所说的典当业，主要是指现代典当行，与我国古代的“当铺”有着较为明显的区别。虽然其中进行的典当活动都是以财产作抵押进行限期有偿的借贷行为，但二者在地位和作用上却有着明显的不同。

古代典当行是当时的主要金融机构，也是当时最为主流的融资渠道，对于旧社会经济的发展起到了重要的作用。而现代典当行出现时，金融业已经十分发达，现代典当行更多地作为一种社会辅助性的融资渠道而存在，主导地位已经被取代。

除了社会作用不同之外，在服务对象和经营性质上面，二者存在着许多的不同之处。在服务对象上，古代典当行主要针对穷人，他们依靠典当物品来获取生活所需的资金。而现代典当行所面对的服务对象就要广泛得多，各个阶级、不同类型的个人和群体都可以成为典当行的服务对象。

在经营性质方面，古代典当行更多的是通过“趁火打劫”式的经营，来剥削典当者的利益。在这方面，现代典当行则要正式得多，其主要以服务为主，通过有偿服务来进行合理的经营，从而获得利益收入。

其实，在现代，典当是一种很好的融资方式，无论对于个人还是企业来说，典当都可以成为自己的融资方式。但现实是，很多时候人们往往会对典当“敬而远之”，大多数人对于典当的印象还停留在旧社会时期，也正是因为在过去发展过程中积累的各种负面因素，才使得现代典当在人们的心中始终背负“恶名”。

现代典当作为一种融资方式，主要是指当户将其动产、财产权利作为当物质押或者将其房地产作为当物抵押给典当行，交付一定比例费用，取得当金，并在约定期限内支付当金利息、偿还当金、赎回当物的行为。简单来说，典当与其他融资方式不同之处在于，典当需要以财物作为质押，只要客户在约定时间内偿还本金和利息，就可以赎回当物，可以说是一种以物换钱的融资方式。

在中国，对于注册典当行的管理十分严格。个人首先需要经过国家商务部审批，由商务部批准并颁发“典当经营许可证”，在领取许可证后 10 日之内，申请人还需要向所在地县级人民政府公安机关申请典当行“特种行业许可证”。在此之后，申请人在 10 日内需要到工商行政管理机关申请登记注册，领取营业执照后才能够正常营业。

根据不同的典当业务，最低注册资本也会有所不同，而且典当行注册资本的最低限额必须是股东实缴的货币资本，而不能是其他资本。正因为这种严格的注册管理制度和要求，才保证了现代典当行业的健康发展，从而在很大程度上避免了旧有的“典当恶习”出现在现代典当行业之中。

在金融投资中，理财高手往往懂得“借鸡生蛋”的技巧。正如上面故事中的张先生一样，当发现了股票投资有利可图时，虽然手中没有闲置的资金，但通过典当，张先生获得了一笔投资资金，从而在股市走高时大获其利。

虽然采用这种方式进行投资存在一定的风险，但对于投资者来说，如果真的遇到这样难得的机会，可以善用典当进行融资，把握住眼前的机会。相比于其他融资方式而言，典当在操作上相对简单，也更容易操作，更适合大多数人。当然，融资方式的选择见仁见智，适合自己的才是最好的。

住房贷款，安居乐业的起始

27 岁的小赵已经工作 3 年。在与女朋友交往 6 年之后，二人于去年订婚了。虽然订了婚，但却有两件事始终困扰着小赵，那就是买房和买车。因为女朋友的家庭条件并不好，所以小赵承担了买房和买车的双重任务。虽然在买车方面，小赵并不担心，但对于买房，小赵还是十分头痛。

两年来，全国各地房价都在上涨，如果再不入手，房子的价格还可能会继续上涨。和父母商量之后，小赵决定选择一处离市中心并不太近的楼盘，因为交通比较便利，所以外出上班也并不麻烦。小赵选择按揭贷款的方式购房，父母为小赵缴纳了首付款，扣除公积金之后，小赵只需要每月偿还较少部分贷款就可以了。

在搞定房子的事情之后，小赵开始考虑买车的问题。因为由小赵这边负责买车，所以女朋友家中并没有要彩礼，这在很大程度上减轻了小赵的经济负担。考虑到自己的经济状况，以及房屋装修可能会用到的资金，小赵决定通过贷款的方式买车。小赵以父母的房屋作为抵押，获得了银行的汽车消费贷款，顺利完成了汽车的选购。

完成了两件心头大事，小赵开始准备布置自己的新房，同时也静静等待着美好生活的开始。

结婚是每个人都会经历的人生大事，而伴随着结婚而来的，则是一系列各种各样的经济问题。买房、买车自然是其中的重大事项，尤其是买房，在现在已经成为绝大多数人择偶的一个重要标准。“可以没钱，但不可以没房”，如果在现阶段要问“爱情是建立在什么基础之上”，可能大多数人的答案都会是“房子”。

以前，结婚的标配是彩电、冰箱、洗衣机，而现在，结婚的标配则成为了楼房和汽车。时代在进步，人们的需求也在不断进步。面对不断增长的物质需求，与没有多少变化的月工资之间出现的矛盾，很多人表现得无可奈何。但结婚是必然要进行的，所以楼房和汽车在很大程度上也是必然需要购买的。对于那些并没有足够的资金解决这一问题的人来说，贷款成为一个十分不错的选择。

首先在住房方面，住房贷款将会帮助那些没有足够资金一次性支付购房款的人。住房贷款就是银行或是其他金融机构向房屋购买者提供的任何形式的购房贷款支持，一般情况下会以购房者所购房屋作为抵押。银行开办的住房贷款主要分为企业类和个人类两个不同的品种，根据不同的分类方法住房贷款可以分为不同的类型。

如果按照贷款款项的来源划分的话，可以分为公积金贷款和商业贷款两种。如果按照还款方式来划分的话，则可以分为等额本息还款方式和等额本金还款方式两种。在个人类住房贷款之中，又可以划分为两大不同的类别，分别是个人住房公积金贷款和个人住房商业贷款、委托贷款、自营贷款和组合贷款。

其中上面故事中，贷款买房的小赵所使用的就是个人住房公积金贷款。这主要是指按时向资金管理中心正常缴存住房公积金单位的在职职工，在本市购买、建造自住住房时，以其拥有的产权住房为抵押物，并由有担保能力的法人提供保证而向资金管理中心申请的贷款。

一般申请住房贷款主要会受到几种不同的因素所影响。首先就是申请贷款人的年龄，这也是银行在评估还款年限时，最先考虑的一个问题。简单来说，申请人的年龄越小，贷款的年限便越长；年龄越大，贷款的年限则越短。原则上来说，贷款人的年龄与贷款年限的总和不会高于 65 年。

另一方面，在贷款购房时，房屋的“年龄”也将会影响到贷款的年限。一般来说，新房申请贷款比较容易，而那些二手房，尤其是存在时间较长的房屋，因为银行可控的贷款风险较大，往往很难申请到贷款。

影响住房贷款的一个最主要的因素，就是贷款申请人的经济能力。银行将会对贷款申请人的工作收入、工作稳定性、储蓄情况和资产情况进行审核，从而确定贷款的年限以及是否予以发放贷款。

购房者在申请住房贷款时，不仅需要考虑自己是否能够从银行贷到款，更主要的是要考虑如何能够在日后的生活之中还得起款。前面提到过按照还款方式的不同，住房贷款可以分为等额本息还款和等额本金还款两种不同的方式。

等额本息还款主要是指在还款期内，每个月偿还的本金和利息是相同的，这种还款方式也被称为月均法。虽然这种还款方式对于贷款者来说还款压力较轻，但是贷款者需要支付的总利息则相对较多。

等额本金还款方式是将本金每月等额偿还，然后根据剩余的本金来计算利息。这种还款方式虽然在初期需要偿还较多的还款额，但是相对而言，由于前期偿还了较大款项，所以后续的利息支出将会减少。

对于那些想要依靠住房贷款买房的购房者，一定要仔细了解住房贷款的相关知识，同时还要衡量好贷款数额以及每月需要偿还的贷款金额之间的关系。

合理地使用住房贷款购房，不仅能够让购房者能够提前享受到入住新居的乐趣，同时还能够让购房者的生活水平不会因为购房而下降。但很多购房者正是由于没有处理好每月还款和工资收入之间的比例关系，从而导致正常的生活水平受到了影响。所以，在申请住房贷款之前，购房者需要进行细致的考量才行。

教育理财，爱与温暖延续在下一代

欣欣和乐乐同在一个舞蹈培训班学习，除了舞蹈之外，欣欣还学习了绘画和音乐课程，而乐乐则只学习了一个舞蹈课程。对于这一点，乐乐的心中始终有些不开心，她经常向妈妈表达自己想要和欣欣学习同样多课程的愿望，但却没有得到妈妈的重视。

这件事始终萦绕在乐乐的心中，即使到了大学时期，乐乐依然拿这件事和妈妈拌嘴。虽然小时候没有学习到和欣欣同样多的课程，也没有拥有与欣欣同样多的玩具，但乐乐依然健康快乐地成长了起来。

乐乐和欣欣不仅考上了同样一所大学，而且还选择了同样的专业，两个人依然是十分要好的朋友。在大二时，学校组织去日本交流学习，这对于学习日语的两人来说是一个十分难得的机会。

但由于交流学习的费用需要自行支付，所以乐乐和欣欣只能向父母寻求帮助。

在欣欣妈妈看来，即使去日本学习一年，最终欣欣也不会留在日本工作，对于日语学习也不见得有多大帮助。更何况供欣欣上大学、学艺术已经花费很多钱，在这种事情上花钱也是没有意义的，所以拒绝了欣欣的请求。

但这一次，乐乐妈妈却显得十分“开明”，她不仅同意乐乐去日本交流学习，同时还为乐乐准备了足够一年使用的生活费。面对这样大方的妈妈，乐乐感觉无所适从，眼泪夺眶而出。乐乐妈妈一边笑着，一边安慰道：“哭什么！这本来就是你的钱啊。”

原来乐乐妈妈从乐乐出生起，就开始进行投资理财，相比于其他方面的理财投资，乐乐妈妈专门为乐乐的未来进行了一笔教育投资。这也是在乐乐小时候，妈妈用钱比较节省的原因，一切都是为了乐乐未来的教育和学习所做的准备。

随着人们生活水平的提高，越来越多的家长开始加大孩子在教育方面的投资力度。无论是什么样的补习班，只要有用，就要花钱去上。无论孩子是否喜欢学习，都要花钱让孩子去学。在大多数父母看来，这种花在孩子教育上的投资，再多都不显得多，这都是在为孩子的将来做准备。

但很多时候，家长的这种做法往往并不会起到应有的作用，不仅让孩子在小小年纪便失去了自由，同时也造成金钱上的浪费。在上面的故事中，欣欣的妈妈就是这样一个典型，在孩子小的时候，无论多少钱都舍得投入。等到孩子上大学时，真正需要去开阔眼界的时候，却拿不出钱来继续给孩子投资。

相反，乐乐妈妈的做法则选择通过教育理财的方式来为乐乐的未来做准备。虽然在最初阶段，乐乐由于上的补习班比较少，在某些方面会比不上欣欣，但这种距离往往是非常小的。由于孩子的思想和意识还没有完全发育，所以过多的培训课程很难全部消化。所以家长在这些方面的投入，往往收益比是非常低的。

随着孩子年龄的增长，每到一个阶段，孩子需要花费的教育资金便会增多。事实上，孩子在义务教育阶段所需要花费的教育投入并不多，基本上这一时期的教育花费主要集中在课程培训班和艺术兴趣班上。但到了大学阶段，对于孩子的投入就会出现一个显著的增长，这对于每一个家庭来说，都是一种不小的负担。

大学的学费、住宿费，再加上孩子日常的生活费，大学四年下来，一个家庭至少需要付出10万元的费用。虽然在正常的情况下，一个三口之家很容易负担孩子在大学阶段的这种支出。但是很显然，这种支出会不同程度地影响到一个家庭正常的生活水平。

上面所列举的只是在大学阶段，家庭需要负担的孩子的基本教育费用。如果孩子选择一些艺术类的专业，或者需要出国留学，那么整体算下来，一个家庭所需要负担的教育支出就会出现成倍增长。当然，这时家长可以选择让孩子放弃出国留学的机会，或者选择一个省钱的专业，这样就能节省这部分不必要的开支。既然有这种想法，那当初不让孩子去上兴趣班和培训班，似乎能够节省下更多的开支。

正是因为一个家庭将会在孩子长大之后，面对“沉重”的教育负担，所以从孩子小时候开始便进行教育理财，对于一个家庭来说，是一个十分正确的选择。正如上面故事之中，乐乐妈妈的做法一样，虽然这可能会影响到平时对于孩子的教育投资，但通过合理规划教育理财的比例，便能够很好地解决这一问题。

现阶段，市场之中存在着许多不同的教育理财产品，这也让许多想要进行教育理财的家庭有了更多不同的选择。但同时，众多教育理财产品鱼龙混杂，对于缺少金融知识的家庭来说也造成了一定的投资风险。当一个家庭在选择教育理财之前，一定要首先了解一些基础的金融理财常识，这样至少能够避免掉入教育理财的陷阱中。

在进行教育理财时，应该根据家庭的实际情况进行选择，同时还要将低风险和高风险的教育理财产品按照一定的比例进行组合，这样不仅能够保证收益的稳定性，同时还能够在很大程度上降低投资的风险。

教育理财对于每一个家庭都有着重要的意义，虽然现阶段进行教育理财的家庭相对较少，但随着人们可支配收入的增加，以及金融理财常识的普及，越来越多的家庭将会加入到教育理财的队伍之中。

第二章
金融骗局是怎样被识破的

“空手套白狼”的金融“庞氏骗局”

小白发现，最近小伟的行为非常奇怪。算上这一次，小伟已经是一个月内第三次向自己借钱了。这在之前是从来没有发生过的事情，很多时候都是小白主动向小伟借钱。当小伟第四次向自己借钱时，小白抓住小伟，想要问一问原因，但小伟始终支支吾吾地不肯回答，只是说下个月月初就还钱。

因为之前一直向小伟借钱，小白也不好说什么。很快月初到了，小伟果真把借的钱全部还给了小白，甚至还多给小白 100 元，小伟笑着说是利息。满脸胜利表情的小伟向小白透露了自己的秘密，原来小伟的同事的朋友有一个项目正在网上融资，一个月之内就可以获得 40% 的利息收入，不论投入多少钱都可以，小伟之所以借钱就是因为想要多赚点利息。

听了小伟的介绍，小白觉得这种事有点不靠谱，所以并没有把这件事当回事。但小伟却不肯罢休，非要小白和自己一起投资，毕竟是兄弟嘛，有钱要一起赚。小白半信半疑地投了一个月，果然赚到了钱。此后几个月两个人同样赚到了钱，但是由于投入的钱太少，收益也并不多。

两人为了抓住机会多赚点钱，只得四处借钱，最后将钱全部投入其中。但这一次，两个人不仅没有赚到钱，还把所有的钱赔进去了，因为这个项目的负责人跑路了。

上面的故事可以算得上是一个典型的“庞氏骗局”。在故事中，小伟和小白在前几次投资之中获得的收益，并不是来源于真正的投资收益，而是骗局的制造者将其他投资者的钱当成收益转给了他们。而在获得收益之后，小伟和小白希望获得更多的收益，所以自然会投入更多的钱，但骗局制造者觉得自己收到的钱已经够多时，便会带着钱跑路。最后剩下的就是那些像小伟和小白一样“血本无归”的投资者们。

“庞氏骗局”是对金融领域投资诈骗的一个称呼，最早是由一个名叫查尔斯·庞兹的人发起的。这个骗局主要是利用新投资人的钱来向老投资者支付利息和短期回报，从而制造出赚钱的假象来骗取更多投资。这种骗局有一种“拆东墙、补西墙”的感觉，在中国也被称为“空手套白狼”。

“庞氏骗局”特征分析	**低风险、高回报的反投资规律**
	拆东墙、补西墙的资金腾挪回补特征
	投资诀窍的不可知和不可复制性
	投资的反周期性特征
	投资者结构的“金字塔”特征

在最初，这个骗局出现在1919年，查尔斯·庞兹成立了一家空壳公司，然后准备向这家公司进行投资。他许诺将会在3个月之内给予投资者将近40%的利润回报，这对于大多数投资者来说是极具吸引力的。当然，查尔斯·庞兹也确实这样做了，只不过他是将新投资者的钱作为盈利支付给了最初的投资者，而在这个过程中，他什么也没有做，甚至没有出过一分钱。由于投资者确实获得了40%的利润回报，所以越来越多的人开始加入这场投资之中。

最终查尔斯·庞兹的这场投资，在7个月内就吸引了超过3万名投资者，而正常骗局一直持续了将近1年的时间。虽然在此期间，有金融专家质疑庞兹的投资计划并不可能保证投资者获得如此高的利润收入，但却依然没有阻挡住投资者对于庞兹这项投资的热情。

在这一年时间之中，庞兹不仅购买了高价的别墅，还享受了各种奢侈的待遇。到了一年之后，庞兹的骗局被彻底识破，最终在1920年，庞兹因诈骗罪获刑入狱。但自此之后，“庞氏骗局”却成为金融领域之中最为著名的一个典型投资诈骗案例。可即使这样，在此后的100年间，依然有数不清的投资者跳入到“庞氏骗局”的陷阱之中。

自查尔斯·庞兹之后，美国华尔街传奇人物伯纳德·麦道夫的惊世骗局再一次让“庞氏骗局”传遍世界。之前，大多数人认为“庞氏骗局”所针对的只是那些不懂得金融投资知识的投资者，但麦道夫骗局出现之后，人们发现即使是金融领域的顶尖高手，也可能会成为“庞氏骗局”之中的受害者。

其实，“庞氏骗局”所针对的并不是缺少金融知识的投资新手，也不是将投资知识烂熟于心的投资高手。“庞氏骗局”所针对的是人类的贪婪和无知，这是人类所共有的弱点和缺陷，而“庞氏骗局”的成功正是利用了这一点。

那些被“庞氏骗局”所欺骗的投资者，大多数是为了追求过高的投资回报，而在获得了一定的投资回报之后，又想要继续获得更多的投资回报。投资者正是这样一步步地走入了骗局制造者设下的陷阱。

其实“庞氏骗局”并不能算得上是天衣无缝的骗局，其中所涉及的许多都是金融学之中的基础内容。大多数人都被贪婪蒙蔽了自己的双眼，从而没有看清其中的真相。

首先，“庞氏骗局”所宣称的高回报率就是一个反投资规律的特征，如果一个投资产品的投资收益率远远高于在实体投资之中最赚钱行业的利润的话，那么这个投资在很大程度上就是“庞氏骗局”了。

其次，在风险方面，风险与回报成正比是经济学的重要铁律，如果一个投资产品违背了这一铁律的话，那它往往是有问题的。在“庞氏骗局”之中，高回报、低风险往往是两个重要的宣传卖点。

最后，在具体的投资项目上。投资者在投资之前应该首先去了解自己投资的产品是什么，而不是首先去关心这个投资的收益、风险是怎样的。

在“庞氏骗局”之中，骗局制造者往往并没有一个实质性的投资产品，所以只能用新投资者的钱去充当老投资者的投资回报，从而不断地去发展下线，来保证骗局的正常进行。整个骗局之中，投资者呈现出一种“金字塔”型的结构。

当然，在现阶段，“庞氏骗局”也出现了一些新的特征。在渠道上，互联网成为一个新的设局平台，而在投资项目上，越来越多的虚拟产品让投资者没有办法去分辨真假。这时，对于投资者来说，想要辨别“庞氏骗局”似乎多了一些难度。

其实，对于投资者来说，只要能够端正自己的投资态度，在投资之时，不要贪图高回报，仔细分析自己的投资行为，就能够很容易辨别出“庞氏骗局”。高回报的投资必然会承担同样高的风险，如果单纯是高回报，而没有风险的话，投资者就要小心这种投资了，以免被别人“空手套白狼”。

读懂个人信用报告，打理好你的钱

小齐最近在考虑买房的问题，虽然现在房价较前两年上涨了很多，但看着仍在上涨的房价，小齐也是摸不准房价的未来走势。小齐很后悔前两年结婚时没有买房，现在孩子一天天长大，只能硬着头皮买房了。

小齐最近绕了全城的大半楼盘，最终找到了一处合适的楼盘。虽然东拼西凑能够凑足房款，但是小齐觉得这样一来，自己以后的生活水平肯定会受到影响。倒不如选择贷款的方式买房，每个月固定偿还一定的本金和利息，虽然每个月会承担一定的还款负担，但是整体的生活水平至少不会受到影响。

打定主意之后，小齐准备好材料前往银行申请贷款，但没有想到的是，小齐的贷款申请却被拒绝了。银行给出的原因是小齐的个人信用存在问题。在看到自己的个人信用报告之后，小齐才发现原来自己曾经有几次拖欠信用卡费用的情况。小齐早已经忘记这些事情，但没有想到这些内容都记载到了个人信用之中。

在生活中，和小齐有着相同经历的人不在少数。在西方，个人信用已经成为人们生活中非常重要的一种身份。由个人信用而来的个人信用报告则成为影响人们经济生活的一个重要材料。

在个人申请房贷、车贷或是信用卡的时候，金融机构需要获得客户的个人信用报告，来作为审核的一个重要依据。一般来说，金融机构可以通过个人信用报告来获知客户的真实借款动机和个人信用情况，根据这些信息来判断发放贷款是否存在风险。

简单来说，个人信用报告就是一个人信用历史的客观记录，包括借债还钱、合同履行、遵纪守法等具体的信息，也被看作是一个人的"经济身份证"。当个人信用记录良好时，不仅在申请贷款时更加轻松，同时能够享受到较低水平的还款利率。当个人信用记录不良时，不仅不利于贷款，同时还会影响到一个人各个方面的经济活动。

随着各种互联网信用贷款的出现与普及，现在越来越多人开始关注个人信用报告。虽然利用互联网可以轻松查询到个人的信用报告，但很多时候，大多数人看到自己的信用报告时，却出现了一个共同的问题——读不懂。

之所以出现这种情况，并不是因为个人信用报告中涉及复杂的理论、公式，很多时候是由于人们对于个人信用报告的基本内容结构缺少清楚的认识，这使得大多数人在阅读个人信用报告时，往往找不到重点，不知道应该详细看哪里。

其实，读懂个人信用报告并不困难，从央行官网可以看到，个人信用报告主要可以分为三个不同的版本。个人版主要供消费者了解自己的信用状况。银行版则主要供商业银行查询，在信用交易信息中，这一部分报告不会展示查询机构以外的其他贷款银行或授信机构的名称。社会版则主要供消费者开立股指期货账户，主要展示个人的信用汇总信息。

不同版本的个人信用报告在内容上也有所不同。银行版与个人版相比，银行版详细记录了信贷交易信息的明细，而个人版则只提供信息概要。

个人版信用报告主要包括五个部分的内容，其中报告头包括报告编号、查询时间和查询人的基本信息。信贷记录则主要包括个人信用卡、贷款、担保信息或其他信贷记录的信息。公共记录包括个人在最近5年的欠税、民事判决、或行政处罚、电信欠费等信息。查询记录则是被查询人的信用报告在最近两年内被查询的记录。最后，说明中主要包括一些报告中信息的说明和征信中心的免责条款。

了解个人信用报告的构成部分之后，我们主要从信贷记录和公共记录两个方面来详细了解一下个人信用报告的内容。

信贷记录可以说是个人信用报告之中最重要的一个部分，其中信息概要主要记录了个人的所有信用卡、住房贷款和其他贷款的账户总数和有过逾期的账户数，以及为他人担保的笔数等详细信息。

在信用卡账户的详细信息中，逾期超过60天和未逾期的信息会被分类显示，如果一个人逾期和超过60天逾期的信息记录非常多，也就是说有多次的信用卡逾期记录的话，那么对于个人信用的影响就非常大了。

就像上面故事之中的小齐一样，想要从银行贷款，小齐必须先将自己逾期未缴纳的信用卡费用结清，从而表明自己并不是诚心“赖账”的。但虽然逾期账户结清了，报告中仍然会显示出个人有过信用卡逾期的记录。这种记录可能需要几年时间，才能被清除掉。

在公共记录部分主要显示被查询人的非金融类负面信息，这部分信息内容很多，但同时也很容易被用户所忽视。这部分的信息内容主要包括欠税、民事判决、行政处罚记录和电信欠费记录等。

从内容上来看，前面的几项诸如欠税和民事判决并不是每个人都会遇到的情况，但行政处罚记录和电信欠费记录则是大多数人都会遇到的情况，尤其是电信欠费记录，这一点往往最容易被人们忽视。

想一想自己更换电话卡之后，是否及时将旧的电话卡注销了？相信绝大多数人都会有过更换电话卡的经历，但同样也有大多数人会忘记注销自己旧的电话卡。在这里，我们一定要注意，当旧的电话卡欠费停机之后，如果不想继续使用了，一定要将欠费结清，然后向运营商注销手机号。因为如果不及时注销，运营商在一定时间内仍然会继续计费。如果最后用户没有缴清自己的欠费金额的话，个人信用报告中则会出现相应的记录，这便是电信欠费信息的来历。

个人信用作为一个国家市场伦理和道德文化的基础，对于一个国家经济社会的持续发展具有重要的作用。在未来，个人信用将会成为一种重要的社会资源，不仅能够促进消费经济的发展，同时还能够优化社会的资源配置，从而促进市场经济健康有序发展。

随着个人信用体系的建立，个人信用已经成为一个人经济活动中的重要凭证，读懂个人信用报告也成为每一个人合理规划经济活动、养成良好的经济习惯的重要保障。

层出不穷的校园贷风波，引人深思

由于提前用完两个月的生活费用，小飞在朋友的推荐下通过某互联网平台贷款3000元。因为小飞是在校学生，所以在贷款时会享受到一定的优惠。相比于社会人士，该平台给予大学生的贷款利率是比较低的，这也是小飞决定在该平台上贷款的原因。

虽然家里的经济条件还不错，但小飞却不好意思再向家里要钱，毕竟是由于自己的原因才提前花完两个月的生活费用，也没有脸面再向家里要钱。小飞打算靠这笔贷款撑一段时间，等家里给打来生活费之后，再将贷款及时还上。

小飞在申请贷款的过程中表现得非常认真，对于合同的内容以及具体的偿还利息都记得十分清楚。在经过一系列复杂的审批之后，小飞很快便拿到了这笔贷款。有了钱的小飞并没有控制住自己的购物欲望，反而在消费上愈发“大手大脚”。这也导致他的贷款很快便花完了，而后小飞又通过这一平台贷到了3000元，结果在一个月之内又花得一干二净。

由于到了规定的期限没有办法偿还贷款，小飞只得向父母寻求帮助。虽然父母帮助小飞还清了贷款，同时也并没有过多地责怪小飞，但小飞的内心依然十分惭愧，同时对贷款产生了一种恐惧感。

在很长一段时间中，贷款只是步入社会之中的人会使用到的金融工具，但随着社会经济的不断发展，越来越多的新的金融工具出现在我们的生活中。互联网的普及在为人们的生活带来便利的同时，也同样为社会带来了很多不安定的因素。

近年来，校园贷引发的风波持续发酵，“裸条贷款”引发的自杀事件层出不穷，不仅影响了金融市场的稳定，同时也给社会带来了十分恶劣的影响。校园贷的出现以及后续出现的各种恶劣事件引起了整个社会的重视与思考。

不需要任何担保，也不需要出具任何资料，只需要填好几份表格，就能够获得几千元或者几万元的贷款，这对于大多数暂无经济能力的大学生来说，无疑是一个极大的诱惑。上面故事中的小飞便是一个典型的例子，而小飞的经历可以说是相对好一些的。

某大学学生赵某因为无力偿还近百万元的校园贷欠款，最终在暴力催款的威胁之下跳楼自杀。同样是大学生的小林，因为使用校园贷贷款3万元，经过两个月的时间欠款变成了50万元。一石激起千层浪，越来越多恶劣的校园贷通过媒体被播报出来，一下子，校园贷成为全社会共同关注的焦点。

校园贷在最初之所以会受到大多数大学生的追捧，主要是因为其操作方便、利息低廉，这也让大多学生产生了“拆东墙补西墙”的思维。正如前面故事中的小飞一样，通过低息借款来提前消费，原以为能够通过后期的生活费来填补空缺，但到最后，只会发现这个窟窿变得越来越大，最终无力弥补。

其实在最初，校园贷的形象是较为正面的。在某些方面，校园贷可以帮助那些缺少资金的大学生维持生活，同时可以帮助那些缺少资金创业的学生进行创业，也能够培养大学生的理财意识，但是在不断发展过程中，校园贷却越走越偏。

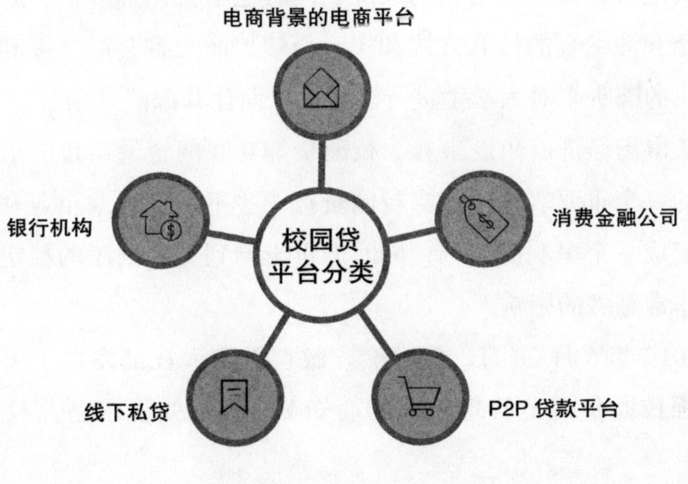

看到了庞大的学生市场，越来越多的资本开始注入校园贷之中，这也让校园贷成为风靡一时的现象，同时引发了越来越多的风波。随着资本的不断注入，越来越多的校园贷平台开始出现，而这些平台往往鱼龙混杂。缺少社会经验和经济常识的大学生很容易遭到虚假平台的欺骗，从而陷入高额贷款的骗局之中，最后导致自己债务缠身。

另一方面，“暴力催债”现象也成为校园贷走向歧途的一个重要助推力量。一般来说，在催债方面，放贷者应该按照法律规定的程序。对于那些不能及时偿还贷款的借款者，向法院发起诉讼，在法院审理之后，再依据法院的规定强制执行，从而追回全部或者部分欠款。

因为依照法律程序进行，所以这种催债方式并不会威胁到借款者的人身安全，当然也不会引发各种各样的社会事件。但实际上，大多数校园贷平台往往并不会通过法律途径进行催债，而是采取威胁、骚扰、跟踪，甚至是非法拘禁或更加极端的方式来进行追债。这不仅极大地威胁到了借款者的人身安全，同时也让借款者陷入更加窘迫的困境之中。

很多时候，校园贷平台在向大学生推销贷款业务的同时，往往不会真实地告知大学生借款的风险，同时也不会详细解释贷款的利息、违约金和滞纳金的计算方式和实际金额，而大多会以“零利息”“低利息”的噱头来对大学生进行诱导，从而让其深陷其中。

从市场经济的角度来看，校园贷等互联网金融项目的出现是经济发展的一个重要表现。但当校园贷被一些不法个人或企业利用之后，就会变成一个牟利的工具，同时严重影响到金融秩序的稳定，对社会造成非常恶劣的影响。

2017年6月28日，银监会、教育部和人社部发布了《关于进一步加强校园贷规范管理工作的通知》。该通知要求各高校要把校园贷风险防范和综合整治工作作为当前维护学校安全稳定的重大工作来抓，完善工作机制，建立党委负总责、有关部门各负其责的管控体系，切实担负起教育管理学生的主体责任；并明确表示，未经银行业监督管理部门批准设立的机构不得进入校园为大学生提供信贷服务。

现在，校园贷已经得到政府部门的有效监管，但对于大学生而言，制定正确的理财计划，合理支配自己的生活开销，才是获得经济自由、远离金融陷阱的根本方法。

那些年，我们掉入的陷阱

天还没有亮，陈女士便接到一通紧急电话，电话来自陈女士女儿的大学指导员。在电话里，指导员告知陈女士，她的女儿重病住院，希望陈女士能够尽快赶到学校，同时由于急需进行手术，所以需要陈女士先缴纳一定的手术费用。听到消息之后，陈女士犹如晴天霹雳一般，但很快她便冷静下来。她还是有些不能相信这件事，决定打电话联系一下女儿。

陈女士拨通了女儿的电话，但连续几次都是无人接听的状态，这下子，陈女士有些慌了。她又抓紧时间给自己正在上夜班的丈夫打电话，同样打了几次之后都没有接通。陈女士彻底慌了神，这时，指导员再一次给陈女士打来电话。在电话之中，指导员称自己已经帮助垫付一部分手术费用，但仍然缺少几千元，希望陈女士尽快带着钱赶到医院，或者先将钱转到自己的银行卡中。

即使坐最快的火车前往女儿的学校，也需要花费半天的时间，陈女士没有办法，只好前往银行的自助转账设备处，给女儿的指导员转去了几千元。当陈女士急急忙忙地将钱转过去之后，陈女士的电话再一次响起，但这一次来电话的不是指导员，而是自己的女儿。通话之后，陈女士才发现自己被骗子骗了，女儿并没有住院，打电话来的也不是女儿的指导员，一切都是骗子设计的圈套。

上面的故事，相信大多数人都经历过，或者从电视新闻中看到过。这是一起典型的电信诈骗案例，诈骗人通过家长和孩子之间信息的不通畅，制造出假象，从而让心疼孩子的家长陷入诈骗的陷阱之中，诈骗人通过这一行为从中牟取利益。

可能有人看到这个故事时，会云淡风轻地说自己能够看穿骗子的伎俩，所以并不会掉入这种陷阱之中。作为局外人，当然有这样说的资格，但是并不是所有的陷阱都会像上面的故事中一样，在冷静思考之后容易被看穿。尤其在金融市场之中，各种各样的陷阱往往具有极高的隐蔽性。在很多情况下，即使掉入陷阱之中，受骗者依然如蒙在鼓里一样。

近年来，随着中国经济的腾飞式发展，中国的金融行业也进入了发展的“快车道”。金融行业的发展，在很大程度上得益于广大人民

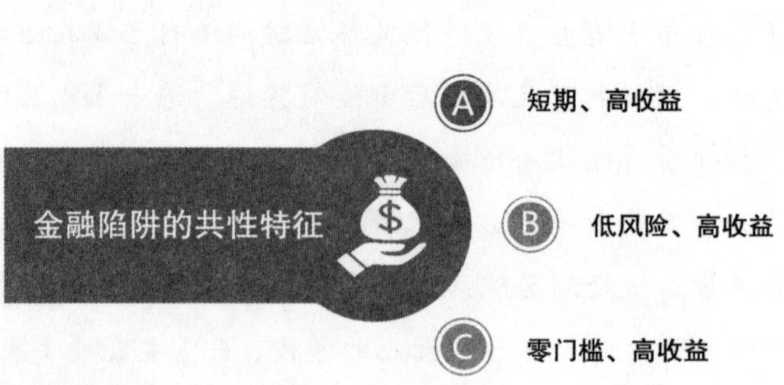

对于金融投资热情的提高。正是这种蓬勃发展的金融投资热情，却引来了不法之徒的关注。

最近几年，在中国的金融市场中，与繁荣发展相伴的是不断发生的金融诈骗案件，不仅在诈骗金额上屡创新高，在诈骗模式上也经常会推陈出新。各种各样的金融骗局为中国金融市场的发展蒙上了一层阴影，也在很大程度上影响到广大人民的金融投资热情。

之所以金融诈骗能够屡屡得手，不仅是因为大多数群众缺乏基础的金融知识，同时也是因为诈骗者们不断翻新的诈骗项目和诈骗手段。下面，就为大家介绍一下这些年，“我们”曾经掉入过的金融陷阱。

有一个国外的定向投资基金宣称可以获得高额返利，同时由于有大公司担保，风险相对较小，投资者可以通过互联网进行投资，操作简单。正是这样的宣传诱惑下，许多人都进入其中，最终投资的资金全部被卷走。在投资人之中，不仅有投资新手，同时还有大量的高学历人才。

有一个金融互助平台以“轻松赚钱”为口号，同时以互助、共赢等标语来诱导投资者进行投资。同时该平台还将按月发放 40% 的利息给投资者，很多投资者都已经获得回报。正因如此，越来越多的投资者加入其中，在这个平台之中的投资者还不断发展下线，从而获得额外的提成奖励，这也进一步刺激了投资者的积极性。

购物返利是一个较为常见的金融陷阱，随着越来越多电子商务平台的出现，这种现象出现的情况越来越多。因为购物有返利，所以许多消费者都会选择在这一平台进行购物。实际上，无论从购物质量上，还是从返利的优惠上，消费者丝毫没有占到一点便宜。这种购物返利还将随着消费者购物次数的增多而越来越少，到最后，消费者只能通过发展下线来获得更多的返利，最终形成一种类似于传销的商业模式。

随着网络游戏行业的发展，游戏也成为诈骗者的一个诈骗手段。一般诈骗者主要通过游戏网站为平台，通过招募游戏玩家，从而大肆发展下线来获得利益。网站上的游戏玩家需要购买积分，从而获得会员资格。在网站上，玩家可以使用积分购买游戏代币，同时也能够用游戏代币换回积分，最后通过发展下线来获得提成。

虽然上面的各种案例分别发生在不同的领域，但实际上都类似于一种传销行为。在面对各种涉及经济交易的金融产品时，投资者应该保持清醒的头脑，在投资过程中，不要盲目追求高收益，从而落入别人设计的金融陷阱之中。

小聪明与大损失

很久以前，有一队人在荒野之中徒步前行，他们每个人的身上都背有一个长长的十字架。由于十字架很重，所以这队人走起路来十分缓慢。这时，在队伍最后面的一个年轻人想到了一个办法，他将自己所背的十字架削短一些，从而减轻一些重量，这样他便慢慢地走到队伍中间，但是走着走着，他发现自己走得仍然不够快，而且还是感觉到很累。

于是他再一次削短自己身上的十字架，这样一来，他一下子走到队伍的最前面，这让他感到十分喜悦。回头看着那些仍然背着沉重十字架的人们，他觉得自己是世界上最聪明的人，他一边哼着小曲，一边蹦蹦跳跳地走在队伍的最前面。

很快，这队人走到了一条沟壑前，这条沟壑一眼望不到底。走在最前面的他停下了脚步，考虑着如何才能从沟壑上过去。正在他思考的时候，后面的大部队跟上来了，只见他们卸下身上的十字架，把十字架当作桥梁，跨过了沟壑。当其他人全部通过之后，走得最快的年轻人也想使用同样的方法过去，但当他卸下自己的十字架之后才发现，十字架的长度已经不够帮助他跨过沟壑。年轻人只能眼睁睁地看着跨过沟壑的人继续前进，而自己则只能留在沟壑这边。

在我们的生活中，许多人往往觉得自己是世界上最聪明的人，他们总是凭借自己的聪明来获得各种各样的利益。但实际上，他们的聪明往往是小聪明，而获得利益往往是通过自私自利的手段。他们的小聪明与真聪明存在着本质的区别。

小聪明是立足在自私自利的原则上，常常会表现出一种急功近利的状态。虽然有时通过小聪明能够获得一定的利益，但是在更多情况下，小聪明往往会带来大损失，这在金融市场之中表现得尤为明显。

在金融投资中，很多投资者都会依靠自己的小聪明去四处打探小道消息，他们认为这些小道消息能够帮助自己在金融活动中取得成功。很多时候，小道消息确实对于投资者起到了一定的影响，这也让更多的投资者纷纷开始依靠小聪明去挖掘小道消息。

小道消息“满天飞”之后，越来越多的投资者开始不相信自己的投资智慧，从而依靠他人的小道消息和小聪明来进行投资，这样做，可能在一次、两次取得成功，但时间一长，小道消息失去了作用，投资者便会遇到大的损失，从而让自己之前积累的收益通通化为乌有。

张某供职于一家教育机构，因为平日里善于交际，在这里混得可以说是风生水起，从最初的小职员，一直升职到教导主任。随着职位的上升，张某的工资水平也不断提高。看着手中渐渐有了余钱，张某决定将钱进行投资，赚取一些额外收益。他选定了股票作为自己的投资方式，同时也将自己的小聪明带入投资之中。

张某没有去仔细学习股票投资的知识，而是利用自己的关系找到了一个“投资高手”。这是张某的一个朋友介绍的，听朋友说已经靠大师的推荐赚了一些钱。张某决定和朋友一起跟随大师进行投资。张某给大师送了不少礼，大师自然对张某照顾有加。

在大师的帮助下，张某的股票投资果然进行得顺风顺水，看着钱挣得越来越多，张某开始大量地往股市之中投钱。相比于给大师送的礼，股票的收益显然要更高。张某继续发挥着自己的小聪明，但大师的指导却出现了失误。张某的股票赔了，不仅把之前赚到的钱全部赔进去了，自己的本钱也被套牢了。

为什么原本在自己的工作领域顺风顺水的张某，在股票投资领域却成功不起来呢？张某的小聪明在职场上让自己取得了成功，这也让他在进行股票投资时显得过度自信。在没有学习相应的股票知识时，便盲目进入股票市场，想要依靠自己的小聪明去获得成功。最终，他的小聪明为自己带来了大损失。

隔行如隔山，金融市场有着自己的特性，任何小聪明在这里都将会失去作用。在进行金融投资时，如果不提前学习相关知识，而妄图依靠小聪明来获得成功，往往都会遭到失败。那些“聪明人”往往是眼高手低、不愿学习的人，投资的失败大多是因为自己的盲目自信。

小聪明往往带来大损失，这在哪一个行业、哪一个领域都是通用的，不要相信那些依靠小聪明而获得成功的人，因为总有一天，他们会遭遇大的损失。

第三章
金融巨头们的前世今生

富可敌国的罗斯柴尔德家族

如果说有一个家族能够笑傲世界金融史，那么这个家族一定是罗斯柴尔德家族。

罗斯柴尔德家族是犹太人的骄傲之一，也是世界金融历史上第一个享誉全球的家族。这个家族一度近乎统治了整个欧洲的金融界，即便是今天，罗斯柴尔德家族依然拥有强大的实力。有人认为，罗斯柴尔德势力已经积累50万亿美元的家族资产，超过世界首富。

因为资产情况是罗斯柴尔德家族的隐私，所以外人对这个家族现今的经济状况无从知晓。无论如何，罗斯柴尔德家族为金融业做出的卓越贡献，创造的犹太财富神话依然在激励着后世的人们。

罗斯柴尔德家族的金融故事开始于18世纪。16世纪，罗斯柴尔德家族定居在德国法兰克福的犹太区。到了18世纪，这个家族开始崭露头角。梅耶·罗斯柴尔德是家族事业的先驱人物。

与同龄孩子相比，梅耶的童年少了许多乐趣，却从父亲那里受到许多关于财富的教育。生活中的耳濡目染让梅耶对生意有了兴趣，尤其对古钱币等古董表现得兴致盎然。小梅耶收集了许多中东、欧洲的古旧钱币，把它们当作至宝。即使一些大人认为他“不务正业”，梅耶仍然相信它们能赚钱。

一次机缘巧合，年轻的梅耶遇到一位对古玩有些兴趣的将军。梅耶搬出私藏多年的古钱币，给将军和同行人士介绍钱币的来历和掌故。作为犹太人，接触贵族买家的机会十分有限。他尽自己所能去取悦在场的贵族们，博得了笑声和称赞。

梅耶逐渐领会到跟上流社会打交道的方式。他通过邮局把自己的古钱币向贵族推销，把古币按照顺序和特点，编印出一份精美的目录，并附上他的亲笔信一起封在信件里，寄送给贵族们。

终于，当地的贵族比海姆公爵听说了这个年轻的古币商，要求召见梅耶。梅耶抓住这个良机，把自己收藏的上好古钱币以极低的价格卖给公爵。后来，25 岁的梅耶成为“宫廷御用商人”。

此时的梅耶名声在外，生意也顺利得多。金融、棉麻、烟酒方面的生意都成了梅耶的涉足范围。此时不惑之年的梅耶，成了法兰克福的首富。然而梅耶的眼光比人们想象的更加长远，“首富”之称不是他的终点。这时，梅耶有了下一个目标——走出法兰克福。

就这样，梅耶·罗斯柴尔德的 5 个儿子先后去了欧洲各地，一起为建立“罗斯柴尔德国际金融帝国”而努力。

19 世纪初期，梅耶的三儿子内森来到英国伦敦从事棉布生意。一些德国贵族为了躲避拿破仑战争的战乱而移民到英国，威廉伯爵是其中之一。内森帮助威廉伯爵大量购买英国债券，威廉伯爵因此度过经济危机。借此机会，内森开始经营债券和股票生意，不久生意便红火起来，还在伦敦金融证券界占有一席之地。

有了内森在英国取得的成功，受到鼓舞的梅耶在1811年把小儿子詹姆斯送往法国做生意。不久，巴黎也成了罗斯柴尔德家族的“根据地”。随后的几年里，次子所罗门在奥地利维也纳、老四卡尔在意大利的那不勒斯各自成立了家族银行的分支机构。

老梅耶和长子阿姆斯在法兰克福主营罗斯柴尔德银行，出国的几个儿子分布在欧洲各地，如英国伦敦、法国巴黎、奥地利维也纳和意大利的那不勒斯——罗斯柴尔德家族建立起了国际性的金融帝国。

罗斯柴尔德家族的金融帝国是以实业起家以证券业发家的，而最终让整个家族完成守业的则是银行业。

作为金融业的支柱，银行影响力巨大，而且与政府有千丝万缕的联系。经过了几代人，罗斯柴尔德家族在政商两界都积累了强大的人脉网络。当他们将这些人脉网络与自己的银行体系结合起来之后，终于形成了一股强大到超越国家的金融力量。

据说，在家族巅峰的时候，罗斯柴尔德这个姓氏几乎控制着一多半欧洲的银行，并可以影响全世界的银行业。

今天，低调的罗斯柴尔德家族已经逐渐放弃对世界金融业的过分干预。在金融这个大舞台上，他们开始逐渐转移到幕后，但无论如何，作为世界上第一个享誉世界的金融家族，罗斯柴尔德家族的成功经历依然值得我们思考和学习。

实业起家的洛克菲勒财团

在罗斯柴尔德家族逐渐走向金融舞台幕后的时候，美国一个享誉世界的金融家族逐渐站到了前台，那就是洛克菲勒家族。

不同于罗斯柴尔德家族以证券投资齐家，洛克菲勒家族的发迹更多源自事业，家族的创业者老洛克菲勒与其说是一位金融家，不如说是一位实业家。

在纽约州里士满的一个农户家庭，1839 年诞生了一个男婴——约翰·戴·洛克菲勒。他的父亲威廉的家里有些田产，顺便做些木材生意。每当家里经济有些入不敷出，威廉就会“消失”一阵子，不久后便带着钱财而归。

直到洛克菲勒长大一些，他才明白父亲是出去装成聋哑的货郎来行骗。威廉总是风尘仆仆地奔波数百公里之外，向那里的印第安人出售“抗癌药物”，且售价奇高。凭着这样的骗术，威廉总能挣到一些“快钱”。

尽管威廉的工作为人不齿，然而威廉却很重视家庭教育。在工作之余，威廉很有耐心地教儿子约翰写商业书信的方法，以及如何清楚地记账，还教他如何在做生意时准确快速地付款。威廉在行骗生涯中体味了社会的残酷，因此他不惜用一些特殊的方式教育孩子冷酷和精明，让约翰早早地依靠自己。

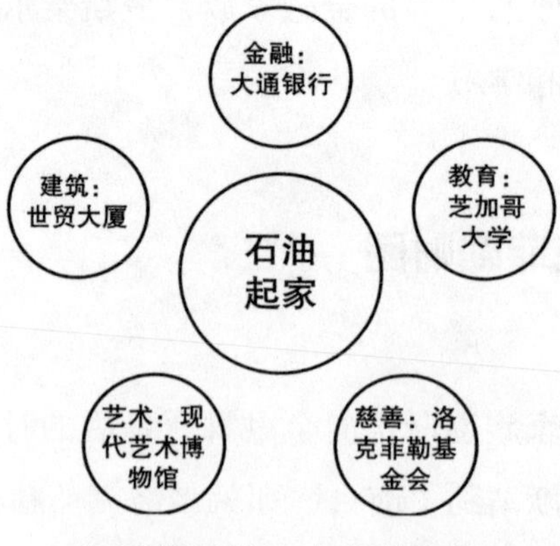

多元发展的洛克菲勒家族

洛克菲勒 16 岁那年成为一名店员，社会经历让他比同龄人更冷静且现实。19 岁时，洛克菲勒遇到了他的贵人莫里斯·克拉克。大他 12 岁的莫里斯对洛克菲勒喜欢且信任，闲暇时间会给洛克菲勒传授许多亲身积攒下的生财诀窍。

后来，这两位忘年交合伙开办了“克拉克·洛克菲勒商行”，生意十分红火，仅仅用了一年时间就获得 45 万美元的利润。洛克菲勒也因此得到了人生的第一桶金。

1860 年之后的一段时间，美国石油开采业大受欢迎，石油工业、铁路业等得以空前发展。洛克菲勒向克拉克提出与石油提炼技术高超的塞缪尔·安德鲁斯合伙，把经营范围发展到石油业。但是，克拉克对此丝毫没有兴趣，这对多年合作的朋友就此告吹。

洛克菲勒取得股权之后，将公司更名为“洛克菲勒·安德鲁斯公司”，大刀阔斧地做起了石油行业。为了实现他的垄断计划，洛克菲勒不惜血本地收购全国各地的炼油厂，跟竞争对手们进行“速度大比拼”。很快地，费城、匹兹堡等石油储备丰富地区的石油公司被洛克菲勒一一打败。

当然，在积累财富过程中，洛克菲勒的一些手段是被对手非议的，这些行为甚至遭到美国联邦众议院和当地参议院的调查和罚款。然而洛克菲勒依然在“鲸吞”小企业，甚至被人评价为“贪婪、冷血的洛克菲勒”。

洛克菲勒并非他的对手们所描述的如此冷血。早在洛克菲勒还只是个小小店员的时候，他就有定期捐赠的习惯。他发迹之后，很多医院、教会、科学机构、基金会都承蒙他的捐赠。有人统计洛克菲勒一辈子的贡献，说他为慈善事业的贡献超过 55 亿美元。所以有人说，他是“像赚钱一样地做慈善”。

洛克菲勒在即将迎来98岁生日时与世长辞。他的生意让洛克菲勒家族富可敌国。军火、飞机、车辆、化工、保险、百货等产业均有洛克菲勒家族企业的投资。

正是从洛克菲勒开始，家族逐渐成为世界金融领域的翘楚。家族企业逐渐转型，从以实业为主逐渐转移到以资本运作为主。经过几十年的努力，洛克菲勒家族企业逐渐在实业领域淡出人们的视线，转而暗藏在金融领域的阴影中。

洛克菲勒育有6个子女，最大的是女儿芭布斯。长子约翰稳重内敛，接替了父亲的慈善事业。次子纳尔逊在政坛颇有天赋，最高职位是美国副总统。三子劳伦斯钟情于华尔街，后来是他继承了洛克菲勒的纽约证券交易所，被后世尊称为“风险投资之父”。四子温思罗创办了世界知名的“大通国家银行”。

“风险投资之父”劳伦斯·洛克菲勒可以说是家族金融转型的佼佼者。而在他这一代之后，家族企业又几经拆分。今天，洛克菲勒家族依然闻名，但家族企业却不为人所知，这也正印证了家族金融转型的成功。

从实业到金融业，洛克菲勒家族的故事告诉我们。所谓“富不过三代”不过是一个妄言，家族企业固然很难流传几代，但家族的金融投资血液却可以代代相传，有这个血脉在，家族就不会被金钱所抛弃。

政经结合的摩根财团

有一家见证了美国金融界两百多年风雨的企业——摩根大通集团是世界闻名的全球性银行。由于悠久的历史和强大的实力，摩根大通银行被人们当作“银行业的晴雨表”，其资产占全美存款总额的将近1/4。毫不夸张地说，摩根大通集团的一举一动都直接关系着美国乃至于全世界金融市场的走向。

鼎鼎大名的摩根财团，最初的由来是1838年位于英国伦敦的一个商人银行，创始人是美国银行家乔治·皮博迪。后来，朱尼厄斯·斯潘塞·摩根参与合伙，并在10年后接管了乔治的银行，把它改名为“J.S. 摩根”。再后来，朱尼厄斯的儿子约翰·皮尔庞特·摩根继承了公司，从此银行名字定为“J.P. 摩根”。

J.P. 摩根在经营事业之初稳扎稳打，子承父业进行投资与信贷等业务。十多年后，他把自己的经营范围扩展到了铁路、钢铁、公共事业等，影响力自然不同往日。以 J.P. 摩根公司为主，他一手创立了三大公司，这三家公司是各自领域的翘楚，它们就是著名的通用电气公司、美国钢铁公司以及美国电话电报公司。与此同时，摩根财团先后“鲸吞”了13家金融机构。美国金融界把约翰·皮尔庞特·摩根称为“银行家的银行家”。

20世纪初期，美国经济陷入第一次大萧条当中，企业纷纷倒闭，工人失业，投资者恐慌地抛售股票，美国的经济陷入一场噩梦中。那时，美国缺乏中央银行的有力调控，财政部根本无法促使人们投资去发展经济。

时任总统西奥多·罗斯福没有把这场危机重视起来。然而，约翰·皮尔庞特·摩根以他敏锐的金融家头脑，意识到了事态的紧要性。

年过七旬的约翰·皮尔庞特·摩根急匆匆到了纽约，跟财政部长和银行家们开会商议如何度过危机局面。摩根先生以他的权威性和号召力，从银行家们手里筹集到2000多万美元来应对经济危机。摩根公司身先士卒，发行了1亿美元的票据，从而稳定了金融市场的信心。

摩根先生的力挽狂澜传遍了整个美国，人们的心情逐渐平复，股市也慢慢回升。这位老人成了美国金融界的英雄。时任总统西奥多·罗斯福虽然不喜欢摩根，但对摩根拯救危机的行为，他也不得不予以盛赞。

然而，对于商人来说，参加公益事业是责任心使然，虽然重要但并不是大家的原始动力。拯救了美国经济危机之后，摩根和其他慷慨解囊的投资家都大发了一笔横财。摩根的壮举启发政府设立中央银行来应对紧急状况，于是，美联储的成立被列入政府的计划之中。

豪华游轮“泰坦尼克号”于1912年4月撞上冰山而沉入海底，这是世人皆知的事件。这艘豪华游轮正是J.P.摩根公司倾力打造的。有人认为，这是个不好的预兆。一年以后，摩根去世，这位金融巨头给人们留下了许多怀念和遗憾。

该年年底，美联储问世，这家独特的机构开始掌控美国金融业。一个特殊的时代画上句点。

美联储诞生后，J.P.摩根公司的投资部门不得不考虑接下来的发展，于是化身成为摩根士丹利。原先的J.P.摩根公司变为纯商业银行。到了20世纪40年代，J.P.摩根公司完成转型，从私人合伙的企业转变为公司化的企业，杰克·摩根担任董事会主席。首席执行官的位子首次交给了家族之外的人。

今天的摩根集团由位于纽约的四家大型银行构成，分别是J.P.摩根银行、大通曼哈顿银行、化学银行、汉华实业银行，它们的总部都设在纽约。

虽然前有美联储的控制，后有互联网金融的竞争，但时至今日，摩根依然被人们认为是美国最赚钱的银行。

在这个系统中，J.P.摩根银行的存在让人们看到“传统”不曾丢失。

直至今日，纽约的宽街和华尔街相交处依然坐落着 J.P. 摩根公司，像它的前代一样主宰着美国的金融界。

摩根财团是一家完全靠金融起家，并始终在金融领域呼风唤雨的企业。它能够屹立百年而不倒，其内在的经营理念、对于金融的敏锐嗅觉，以及如何将金融与行政结合起来的能力，都值得每个金融从业人员思考。

U0811399

唐诗审美

Aesthetics of Tang Poetry

肖文苑 / 著

天津出版传媒集团
百花文艺出版社

图书在版编目（CIP）数据

唐诗审美 / 肖文苑著. -- 天津 ：百花文艺出版社，2018.1（2023.8重印）
ISBN 978-7-5306-7130-6

Ⅰ. ①唐… Ⅱ. ①肖… Ⅲ. ①唐诗-鉴赏 Ⅳ. ①I207.227.42

中国版本图书馆CIP数据核字(2017)第301047号

唐诗审美
TANGSHI SHEMEI
肖文苑　著

出 版 人：薛印胜
责任编辑：徐　姗　**装帧设计**：蔡露滋
出版发行：百花文艺出版社
地址：天津市和平区西康路 35 号　**邮编**：300051
电话传真：+86-22-23332651（发行部）
+86-22-23332656（总编室）
+86-22-23332478（邮购部）
网址：http://www.baihuawenyi.com
印刷：河北浩润印刷有限公司
开本：787 毫米×1092 毫米　1/16
字数：400 千字
印张：21.75
版次：2018 年 1 月第 1 版
印次：2023 年 8 月第 2 次印刷
定价：68.00元

如有印装质量问题，请与河北浩润印刷有限公司联系调换
地址：河北省沧州市肃宁县河北乡韩村东洼开发区 188 号
电话：(0317)3220409

版权所有　侵权必究

〈中小学推荐阅读书目〉

目录

代　序

唐诗审美四题

五彩交辉

大千世界，是由各种颜色组成的。没有颜色的世界，不堪想象。

形象求美，必须绘色。“虎豹无文，则鞟同犬羊；犀兕有皮，而色资丹漆”（刘勰《文心雕龙·情采》）。优秀的作品，不仅形象生动，它的色彩也往往给人以强烈的感受。“鹘翻锦翅云中落，犬带金铃草上飞”（韦庄《观猎》）。因为诗中有“锦翅”“金铃”，所以使得云中之鹘，草上之犬，分外醒人眼目。“两个黄鹂鸣翠柳，一行白鹭上青天”（杜甫《绝句》）。画意诗情，固然令我们陶醉，单就色彩而言，也颇值得我们欣赏。鹂是黄的，鹭是白的，柳是翠的，天是青的，互相烘托，更见神采，假如没有这些颜色的作用，是不会收到如此大的艺术效果的。

杜甫喜欢在极有限的文字中，融入更多的色彩。“金刹青枫外，朱楼白水边”（《舟月对驿近寺》）。十个字中，四种颜色，金与青，朱与白异常鲜明。前者表现出庄严静穆之美，后者表现出华丽柔和之美。赤橙黄绿青蓝紫，这些颜色是固定的，但在艺术家的手中，却是变幻莫测的。正像十个阿拉伯数字，可以组成许多电话号码一样，可又不是随心所欲，而是一定要符合美感法则，根据心情、环境和作品的整体设计而定。“桃花细逐梨花落，黄鸟时兼白鸟飞”(《曲江对酒》)。杜甫时在曲江边上喝酒，心绪宁静，故以红黄白三色组成淡雅的图画，表现出自己瞬间的佳趣。“青青竹笋迎船出，白白江鱼入馔来”(《送王十五判官扶侍还黔中》)。诗在写笋，写鱼，因为有了这“青青”，这“白白”，便放光生彩，有色有香，倾注了诗人的浓烈的情绪。

诗要炼字，有时可说是在炼色。“日落江湖白，潮来天地青”(王维《送邢桂州》)。“傍水竹禽通体白，饤盘山果半边红”(黄损)。对比强烈，着色极深。有些诗句，为了突出某种颜色的效果，其他文字，皆为辅助，皆为烘托。“落尽最高树，始知松柏青”(廖凝)。一“青”独见，众皆失色。色彩的运用，可以使画面变得更加活跃。李白奉诏入京，与家人告别，“白酒新熟山中归，黄鸡啄黍秋正肥。呼童烹鸡酌白酒，儿女嬉笑牵人衣”(《南陵别儿童入京》)。白酒黄鸡，黄鸡白酒，穿来跳去，表现出他一片狂喜之情。“鲁酒若琥珀，汶鱼紫锦鳞……呼儿拂几霜刃挥，红肌花落白雪霏。”有人送给李白鱼酒，他立即动刀做食。酒若琥珀，鳞如紫锦，耀眼的霜刃，带着血花的白肉，多彩多姿，显示出餐桌的丰盛与气氛的活跃。

一般地说，贫穷愁苦，颜色会变得暗淡，但有的诗人，为了表现自己的乐观与幽默，顾及形象的美好，也常常附上华丽的色彩。“金错囊垂罄，银壶酒易赊”(杜甫《对雪》)。钱囊已尽，酒壶已空，大雪纷纷，难得一醉，这足以令人眉头打结了，而偏要空囊饰金，空壶饰银，穷死不忘一个美。

人对色彩的选择，与性情有关。李白爱白，他的诗，常有雪情霜韵，显得皎洁明净。“白云映水摇空城，白露垂珠滴秋月”(《金陵城西楼月下吟》)。云白水白露白珠白，满眼皆白。“秋浦多白猿，超腾若飞雪，牵引条上儿，饮弄水中月”(《秋浦歌》)。这些小精灵，在月下奔腾跳跃，白光闪烁。“常闻玉泉山，山洞多乳窟，仙鼠如白鸦，倒悬清溪月”(《答族侄僧中孚赠玉泉仙人掌茶》)。玉泉，乳窟，白鸦，溪月，句句有白，白白相连。他的《赠黄山胡公求白鹇》诗：“请以双白璧，买君双白鹇。白鹇白如锦，白雪耻容颜。”以白字为中心，组成各种形象，反复回环，一唱三叹。他对白的喜爱，还表现在地名对句上。“朝别朱雀门，暮宿白鹭洲”(《宿白鹭洲寄杨江宁》)。“西出苍龙门，南登白鹿原”(《别韦少府》)。“春光白门柳，霞色赤城天”（《送金陵张十一再游东吴》）。“君登金华省，我入银台门”（《朝下过卢郎中叙旧游》）。白鹭洲、白鹿原、白门、银台等地名入诗，运用自如，得心应手，表现出高超的技巧，显示出自己独特的个性。

以错为美

科学要求真实地正确地反映世界，艺术在表现手法上，有时不特不需要肩负这个光荣的使命，而且放胆地追求一些不真实、不确切的东西，仿佛愈失真、愈错误，审美的价值就愈高。蓝天上的星星，无论你在哪个角落都可以看得见，既不是属于甲地的，也不属于乙地的，但罗隐却说：“雁门穷朔路，牛斗故乡星”（《边夜》）。这种归属，无疑是错误的，但却是美的。星星的归属问题有争论，方位的问题也没解决。韦庄《焦崖阁》诗云：“李白曾歌蜀道难，长闻白日上青天。今朝夜过焦崖阁，始信星河在马前。”他把视觉的错误当真理，这太离谱了。但他愈是坚持这种错误，其可爱之处愈多。

罗隐和韦庄这两位诗人，难道对星星的普通常识都不具备吗？绝对不是。诗人们有时力图“把水搅浑”，呕心沥血地去制造“错误”。“水近沙连帐，程遥马入天”（张乔《送河西从事》）。请问世上谁有这等本事，骑马可以入天？“水随空谷转，山向夕阳偏”（许棠《隗嚣宫晚望》）。夕阳不动而山动，岂不是阴差阳错，世界颠倒了吗？“孤猿叫落中岩月，野客吟残半夜灯”（夏宝松）。月出月落，有它自身的规律，哪是猿叫落的？灯有油而明，无油而暗，哪是野客吟残的？作者明白，故意为之。他们追求的是艺术而不是科学。

有些“错误”，常常似是而非，难下结论。酒徒们说：“情多最恨花无语，愁破方知酒有权”（郑谷《中年》）。酒有什么权？当官的才有权！你不喝它，难道它会强迫你喝吗？这些傻话，痴话，乍听起来，真是丈二金刚，摸不着头脑。“发从今日白，花是去年红”（殷益《看牡丹》）。“今日”这个时间概念，十分明确，作者说得斩钉截铁，没有回旋余地，而一细想，这很不严密。发白是渐变过程，在人们不注意时悄悄地白的，哪能眼睁睁地看着它一下“白”？但谁又能证明其不是？似是而非，以错为对，这里面包含着作者强烈的主观意识。无中生有，随意构想，世界在他们心目中，变成另外一个样子。“岸花飞送客，樯燕语留人”（杜甫《发潭州》）。燕说什么了？谁能翻译得出来？“幽鸟唤人穿竹去，野猿寻果出云来”（沈彬）。鸟唤谁？不知道，但作者言之凿凿，毋庸置疑。它们最深层的感情，也被人发现：“花经宿雨香难拾，莺在豪家语更娇”（郑谷《阙下春日》）。真是天生一副特殊的耳朵，不然如何能听得出来？凡此种种，都无法求证。问题不在于客观世界的有无，而在于诗人主观世界是否产生。韦庄《与东吴生相遇》诗中说得好：“贫疑陋巷春偏少，贵想豪家月最明。”一个“疑”，一个“想”，就揭开了全部秘密。

以错为美，增加趣味，陶冶性情。没有几个读者希望在诗中寻求科学道理和政治常识，他们读诗，是鉴赏艺术，看看生活中的一些平凡事情，人所共知的道理，在诗人的笔下，都变成什么样子。说年老了，头发变白，喝酒了，脸变红，你是不想听的，但如说“衰鬓霜供白，愁颜酒借红”（郑谷《乖慵》）。“白”是“霜”提供的，“红”是“酒”借的，你说新鲜不新鲜，有没有味道?或许会使您开心解闷，化积消食，神经松弛，身心愉快。当然，人们是绝不会相信“鹿听经”“马入天”之类的奇谈的，否则不就成了半个呆汉了吗。

百川皆乱流

“杂乱无章”，“凌乱不堪”，反映在艺术上，有时却是一种美。

丘希范《与陈伯之书》云：“暮春三月，江南草长，杂花生树，群莺乱飞。”这一“杂”字，写出百花争艳，草木欣欣向荣的情景，这一“乱”字，写出莺声呖呖百鸟闹春的欢乐。倘若不是“杂”，而是一样的树木，开一样的花，恐怕就觉得单调，倘若群莺都像遵守交通规则的自行车，一个跟着一个地飞，就显得呆头呆脑，死气沉沉。“竹寒沙碧浣花溪，桔刺藤梢咫尺迷，过客径须愁出入，居人不自解东西”（杜甫《将赴成都草堂途中有作先寄严郑公五首》）。一个迷魂阵，令人路都找不着，这还不够乱吗？但它表现出生态环境的和谐，未经雕琢的天然之美。

诗人深懂个中三昧，所以取景的时候，往往从乱处落笔。李白《望汉阳柳色寄王宰》诗云:“树树花如雪,纷纷乱若丝。”无数柔条迎风舞动,飘飘扬扬,相互交织。这是春日里极富诗意的气象。他的《走马赠独孤驸马》诗云:“都尉朝天跃马归,香风吹入花乱飞。”如是一片两片落花,就显心闲意淡,有了这一“乱”字就风里带香,活泼多姿,跟“跃马”的情景完全一致,写出独孤驸马的得意心态。在杜甫诗中的许多景物,都带有杂乱美。“风起春灯乱,江鸣夜雨悬”(《船下夔州郭宿雨湿不得上岸别王十二判官》)。“畎亩孤城外, 江村乱水中”(《向夕》)。“六月青稻多,千畦碧泉乱”(《行官张望补稻畦水归》)。这也乱,那也乱,乱中呈现出美。

乱里写形,乱里写声。“野寺垂杨里,春蛙(一作畦)乱水间”(杜甫《奉陪郑驸马韦曲二首》)。坑塘水洼五零星散,无法见到蛙,是东鸣西应,四处和声,才使人知道它们的存在。有蛙在,则其声出矣。“树蜜早蜂乱,江泥轻燕斜”(杜甫《入乔口》)。这“乱”,不仅有无数蜜蜂在飞舞,也听到它们没完没了的营营嗡嗡之声。形乱声也乱。“风泉夜声杂, 月露宵光多”(陈子昂《酬晖上人秋夜山亭有赠》)。秋风起处,夜泉的音韵,高低无准,起伏难定,千变万化,但不是乱七八糟。它是一支由风指挥演奏的小夜曲。“群鸡正乱叫,客至鸡斗争。驱鸡上树木,始闻叩柴荆”(杜甫《羌村三首》)。杜甫于乱世中还家,邻里纷纷前来探望,喔喔乱啼的鸡群,闻得脚步响,争打起来。真是鸡飞狗跳,乱得不可收拾。诗由群鸡的喧闹,转入杜甫与乡邻共诉离情,那群鸡的杂乱喧闹,显示出乡村宁静的典型环境。乱世中还有一片净土,实属难得。

记得有位哲人说过,世界是无序的。静而思之,亦觉有理。“鹅儿黄似酒,对酒爱新鹅。引颈嗔船逼,无行乱眼多”(杜甫《舟前小鹅儿》)。这些鹅儿,觉得船仗人势,冲散它们的阵营,于是引颈喧闹,纷纷瞪眼表示抗议。“乱眼”二字写出了这些小家伙像顽童一样天真烂漫、活泼可爱的形象。有人想固定次序,但维持不了多久,便被打破:“过橹妨僧定,惊涛溅佛身”(孙鲂《题金山寺》)。佛徒闭目合十,跏趺入禅,菩萨低眉,安详无恙。忽然橹声传来,咿呀不断,将佛徒的禅思搞乱了,浪溅波飞,把菩萨也吓了一跳。幽静的佛国,顷刻乱得不可开交。但却写出水寺的独特风光,它比静寂有序之美,更有灵气。

杂乱之美，处处表现出一种动态感，它反映出生活的真实。我们所看到的物象，都是有序与无序交织。无序变成有序，然后又复归于无序，有序是暂时的，无序是永恒的。橹声过后，僧可以安定入禅，但船行江上，很快又变得无序。蜂入窠中，好像是有序，但一放出来，便又成无序。倘若永远不杂不乱，生活的步伐就停止，美就消失了。

艺术的杂乱美，来自生活。天上群星灿烂，任意散布，万家灯火辉煌，满目历乱。“百川皆乱流”，因此才有一个充满生命的世界。从人们的审美心态来说，紊乱之美，似乎更有情味。长街上的行人，红衣绿裳，长袍短褂，五颜六色，像条多彩的河，令你眼花。如若不分男女老幼，一律穿蓝色的干部服，齐则齐亦，但像秦始皇兵马俑一样。一说吃粥，你也许觉得味道枯淡，但一说吃八宝粥，你可能食欲就来，恨不得多吃两碗。因为这里面有花生、小枣、大板栗、葡萄干……红的是小豆、白的是江米、黄的是小米……既乱且杂，看着美，吃着香。

留得枯荷听雨声

美具有多样性，花好月圆，整齐和谐，这当然是美；落红飞絮，荒城断碑，同样可以成为美。

残缺美是客观存在，只不过需要我们去发现就是了，不像“接天莲叶无穷碧，映日荷花别样红”那样，你一眼便能看得出来。一幅画破碎了，颜色走样，形象已变，似无美可言。但你从另外一个角度去看，它又呈现出一种美态。章孝标《破山水屏风》：“时人嫌古画，倚壁不曾收。雨滴胶山破，风吹绢海秋。残云飞屋里，君能补缀休？”它原本的形象，我们无从看到了，但眼前的零山碎水，残云飞动，不也令人神往吗？当然这种残缺美，不是直接得来。它需要联想进行再创造。联想愈多，得之愈奇。

残缺是令人遗憾的，但有一种美，却是在残破缺损之后才出现。庄子曰：“故纯朴不残，孰为牺尊？白玉不毁，孰为珪璋”（《马蹄》）？一个成熟的石榴，像玛瑙球一般，闪着霞光，无论从哪一个角度去审视，都令你啧啧称赞：“萧娘初嫁嗜甘酸，嚼破水精千万粒”（皮日休《石榴歌》）。它的完整性被破坏了，但溢彩流芳，甘酸之味全出，令人口舌生津，更见其美之所在。“归穿绿荇船头滑，醉踏残花屐齿香”（来鹏《清明与友人游玉粒塘庄》）。落花委地，常使多情人感慨，但如今醉踏落花，屐齿带香，这该多有诗意？枝头的鲜红，变成屐齿的芳香，是美的转换，不是美的消失。白居易《早服云母片》云：“每夜坐禅观水月，有时行醉玩风花。”风动落花，在月下飘舞，美不胜收，诗人带着醉意，一边走，一边仰头捕捉，一个垂垂老矣的诗人，仿佛青春来复，又有了童年的情趣。

人们追求完整，但完整未必令你欢心；人们害怕残缺，但残缺未必就令你烦恼。李商隐的《月》云：“未必圆时即有情。”人们盼月圆，如月圆人未圆，就会使你怨恨。满则亏，在这之后一天不如一天了。而月魄初生，孕育着希望，产生美好的幻想。“风暖鸟声碎，日高花影重”（杜荀鹤《春宫怨》）。这一“碎”字，使人想见鸟儿的悠闲自得，在枝头跳跃时断时续地歌唱的情景，人与鸟共同感受到熏风的和暖，鲜花的芬芳，春光的明丽，这“碎”字是生机，是欢乐，是美好！假如不“碎”，而是一直嘸嘸嘸下去，没完没了，这个鸟儿就讨人憎恨，该用竹竿把它的老窠捅了。“碎”，有时表达出最高的境界和追求。“宁为玉碎，不为瓦全”。全，可能是苟且偷生，胆小无能，放弃原则，碎，则可能是勇于献身，豪气千尺，精光四射。“梅蕊腊前破，梅花年后多”（杜甫《江梅》）。只有“破”了，才能换来繁花如锦的春天。破是美，不破不美。

残缺破损之美，大多带有一种凄清的韵味。“落尽梨花春又来，破篱残雨晚莺啼”（郑谷《下第退居二首》）。“乱山残雪夜，孤烛异乡春”（崔涂《巴山道中除夜书怀》）。艺术要表现美，但它和作者的心情、环境、身世有着密切关系，戍边塞外，作客他乡，赴考落榜，宦海遏风，凡此种种，都是人生之不足，反映到艺术形象上，便往往带有残缺美。

残缺美，在某种情况下，它更有艺术效果，可品味之处更多。“夜来雪压前村竹，只见溪南几尺山”（韩偓《寄邻庄道侣》）。大山巍巍，壁立千仞，这是何等的雄伟；但如今大多被遮住了，只有“数尺”，是不是山也真的缩小了，变矮了呢？不是，山的雄姿，仍在读者胸中耸立，银装素裹，姿媚跃出，小中见大，缺而不少。

“万叠影遮残雪在，数峰岚带夕阳明”（熊皎《九华望庐山》）。山峦重叠，夕阳残照，或明或暗，各种颜色互相交织，层次清楚，线条分明，颇具想象余地。“棹穿波底月，船压水中天”（贾岛）。一轮水中之月，被棹摇破，这好像失掉完整美，其实破而复圆，散而复聚，在月破的瞬间，使美更富动感，更有生气。

基于上述的原因，有人特别喜欢残缺美，把它作为欣赏的对象。白居易《衰荷》云：“白露凋花花不残，凉风吹叶叶初干。无人解爱萧条境，更绕衰丛一匝看。”李商隐《宿骆氏亭寄崔雍崔衮》云：“秋风不散霜飞晚，留得枯荷听雨声。”人弃我取，自得其乐。这与“只恐夜深花睡去，故烧高烛照红妆”，大异其趣。

我们要扩大审美的范围，否则就会把生活中许多美的形象漏掉，只见其丑，未见其妍。正如大工业产生“三废”，而不知其价值之所在。

画　眉

眉对人体的妍媸显得十分重要，女子尤其是这样。《诗经·卫风》："齿如瓠犀，螓首蛾眉。巧笑倩兮，美目盼兮。"白白的牙齿，又弯又细的眉毛，那么一看一笑，就把人的魂魄都勾走了。因此，古人干脆用"蛾眉"来代表美人。

天生有好眉的女子，固然不少，但为了美观，大都需要加工。眉的画法到底有多少种？我没做过研究。记得《后汉书·梁冀传》里说："妻孙寿……做愁眉，啼妆。"千万不要以为这是一幅哭相。据《风俗通》解释："愁眉者，美而曲折之眉也。"看来这是一种高难度的画法。李商隐的《无题》诗云："寿阳公主嫁时妆，八字宫眉捧额黄。"汉武宫人喜画八字眉，眉心眉梁间涂抹黄粉，和后来点在眉心的胭脂差不多。画眉用的黛，是一种青黑色的颜料。李白的《对酒》云："葡萄酒，金叵罗，吴姬十五细马驮。青黛画眉红锦靴，道字不正娇唱歌。"这种青黛，恐怕比不上今日的高级化妆品，调弄得不好，或手头重了些，就跟老鸦撒翅一样，变成两片黑乎乎的东西，多俊的脸蛋也得减色。李商隐善窥女子心态。他在《无题》中写道："长眉画了绣帘开，碧玉行收白玉台。"没有把眉画好，外面着了火也不能匆匆迈出闺门。"八岁偷照镜，长眉已能画。"基本功从小就得抓紧训练。古人用的是铜镜，对于自己的影子往往是看得不大真切的。希腊人不就把镜子作为模糊的象征吗？那又细又长的眉毛，自己看不清，画起来就很不顺手。有时令旁人也为之焦急。汉朝的京兆尹张敞，见妻子描得不好，便抢过笔来替她画。不知哪位在窗户根窥见了，便向上汇报。皇上问张敞："听说你给妻子画眉，有这回事不？"张敞答道："闺房之事，有甚于画眉者。"虽妙语解颐，但差点惹出麻烦，可见不能轻易代劳。

审美的心态，有些是古今相同的。君不见，今天的演员，在出场之前，总要对自己的眉毛细描细画，精心修饰，“不把双眉斗画长”的恐怕很少。经过一番描画，在五彩灯光的辉映中，确实生色不少，画与不画，画好画丑，效果大不一样，人世间有许多生缠死恋、千载含恨的事，常常发生在眉来眼去、眉目传情、眉飞色舞之中。

画眉不全是闺房绣阁中的事，有时七尺昂藏的壮汉也免不了。在这里我想起一个老掉牙的故事。诗人朱庆馀在考试之前，想听听张籍对他作品的意见，便作了一首《闺意献张水部》的诗：“洞房昨夜停红烛，待晓堂前拜舅姑。妆罢低声问夫婿，画眉深浅入时无？”“舅姑”即公婆，比喻主考，“夫婿”比张籍。借新婚的生活来表达自己的衷曲。构思新巧，浅而不俗，颇可供人玩味。张籍也作了一首《酬朱庆馀》的诗：“越女新妆出镜心，自知明艳更沉吟。齐纨未足时人贵，一曲菱歌敌万金。”他以美女的艳饰，动人的歌声，来赞誉朱庆馀的作品，大概朱庆馀的“眉”，画得符合“舅姑”的心意吧，后来他果然高中了。

如果把“眉”比之为作品，那是画给人看的，是好是丑，自己有时不易看清。因此不妨像朱庆馀那样，去征求意见，不仅要问一个张籍，最好多问几个“张籍”。这对于把眉画好，是很有好处的。起码比画好之后，把自己锁在深闺里，对影自怜好得多。

当然也不能心头无主，别人说什么你就画什么，那样就会画成个四不像，画成个丑八怪。一旦你认准那样好看，你就大胆地画下去，画出自己的个性和格局来。

评论别人的眉画得如何，也要出于公心，消除嫉妒、怪癖、保守的心理障碍。是好说好，是丑说丑，是浓说浓，是淡说淡。要符合实情，不能因为与己见不合，有半点不足，或与汉唐画法有违，便大肆诋毁，全盘否定，那只能使天下美人，对镜垂泪，不敢出门。也不要因为妇人夜来有托，或属圈内相知，就厚脸阿谀。明明是把眉毛画成两把黑刷的丑妇，却硬吹捧成绝代佳人，使丑妇在脂粉队中，有恃无恐，横冲直撞。

要树立良好的鉴赏风气。女子脸皮薄，自尊心重，要讲求批评方法，不能因为自己是鉴赏名家，就可以摆出狂态，信口指摘。女子本身，也不要因描眉不易，而一听别人说不足，就眉打死结，把脸拉长。有根有据地指出画眉之不足，乃是出于真诚之爱护。“移时施朱铅，狼藉画眉阔。”杜甫非常疼爱自己的小女，但见她花了许多时光，胡乱画出来的眉并不雅，于是便吟出这两句诗来。这种直言不讳的父女亲情，才真教人感动呢。

酒急过米

一日三餐，柴米油盐，哪一样也不可缺少。但对酒徒们来说，则是“酒”字当头，缺了酒，日子就过不下去。

无衣以御寒，无食以果腹。个中的苦况，人们多有体验；但无酒的难受，却不是人人都晓得的。这大概与瘾君子没烟抽，眼泪流，鼻涕滴，全身疲软相似。所以酒徒们不是怕瓮中无米，而是怕樽空无酒。“瓢弃樽无绿，炉存火似红”（杜甫《对雪》）。诗人呆坐如木，愁思百结，这时若有杯酒，当亦可以排解；然而空瓢委地，点滴无存，更添烦恼。酒瘾来时，不但难以制止，而且拖一刻都不行。“买酒怕迟教走马”（姚合《赏春》），即是此情此景的写照。假如酒未能买来，酒徒可就惨了：“停樽等尔怪来迟，手挈空瓶毷氉归。满面春愁消不得，更看溪鹭寂寥飞”（韦庄《买酒不得》）。不特人的烦恼难除，连溪上的鹭鸶也飞得没劲。“当时每酣醉，不觉行路难，今日无酒钱，凄凄向谁叹？”（王昌龄《大梁途中作》）两相对比，使人相信，有酒与无酒大不一样。

酒徒们为米下锅，向人伸手借债求援的少；而为了杯酒生钱造债、以致典当行乞的却不少见。杜甫诗云：“酒债寻常行处有”，他自己也记不清欠了人家多少。大概只欠不还吧，他都不好意思出面了。“邻人有美酒，稚子亦能赊”，把小家伙推到第一线。他们在急不可耐时，便把自己的衣物拿去典当。“五花马，千金裘，呼儿将出换美酒”（李白《将进酒》）。“卖我所乘马，典我旧朝衣。尽将沽酒饮，酩酊步行归”（白居易《晚春沽酒》）。如是为了两餐，而到处借债典当，那是穷光蛋的形象；如果为了美人脂香，而倾尽家资，那是花花公子的形象。这都难免招致轻蔑的目光。唯独为了酒，却觉得有几分雅气，几分文气，不失豁达豪放之风。在当世固于形象无损，在后世也为人津津乐道。

世人干苦活，受大累，为的多是两餐，而酒徒们付出的汗水和智慧，却是冲着一个“酒”字。打柴是换酒，捕鱼是换酒，写诗作画也多是为了换酒。“但使主人能醉客，不知何处是他乡”的李白，饮了人家的酒，作诗抵偿，脱帽跳舞报答，如是为无米之炊，而有此举，便成了丐帮首领了。“千里做官，为了吃穿。”对酒徒来说，是恐怕为了一个酒字。有些朝代，衙门有公田种粮，大概是考虑到醉酒之需，陶渊明为彭泽令时，拟将公田全种高粱酿酒，因遭夫人的坚决反对，才匀出一半种粳稻。王绩已归隐家中，闻太乐署史焦革家善酿，又请求到他那里当小官。若为了两斗米去“补差”，就无多少诗意了。

有饭不见得请人共吃，有酒多邀人共享。这是酒徒的风格。杜甫诗云：“得钱即相觅，沽酒不复疑。”“径须相就饮一斗，恰有三百青铜钱。”杜甫贫困，尚且如此，那些当官的有了俸禄，当然就更不在乎。岑参诗云：“俸钱尽供客，家计常清贫。”“爱客多酒债，罢官无俸钱。”假如朋友见面，不请吃饭，似乎不打紧，倘无酒招待，那真是惭愧难当。“丈夫贫贱应未足，今日相逢无酒钱”（高适《别董大二首》）。所以酒徒们在这个时候，就是卖琴当剑，也要干两杯。当然最兴奋的时候，便是朋友见面时，樽满杯满。贺知章微笑地拍着自己的口袋说：“莫谩愁沽酒，囊中自有钱”（《题袁氏别业》）。

酒虽然是米酿的，但比米重要。酒徒们把它看成是壮筋骨、增力气、长精神的神物；是上山打虎、下海擒蛟的力量源泉；是除烦解恼、启智明心的妙方。那些在黄金宴席上一醉万钱的人，未必知道酒中的真味。

月·风·云·山

唐诗中哪些字出现的频率最高？据深圳大学的电脑统计结果，为月、风、云、山四字。它们出现的频率，均在一万两千次以上。而那些脍炙人口的诗句，又常与此四字有关。探讨个中原因，是件很有趣的事。

月、风、云、山是属于自然景物。它们和人的生活密不可分。我们生活在它们的怀抱中。吉凶祸福、喜怒哀乐，有的与它们有关，有的则由它们决定。诗人们的心思围着它们转，就不足为奇了。

月行高天，光华遍地。“月出惊山鸟”，感到欢乐的何止是人？“清风朗月不用一钱买”，万物众生皆可免费享受。它柔和的光辉，令人想到慈祥的微笑，它忽圆忽缺，使人想到聚散无常。那朦朦胧胧之处，别有天地，正可驰骋想象，制造诗的佳酿。在诗人的眼中，它有性有灵，善解人意，颇得人怜。“举杯邀明月，对影成三人。”诗人爱月莫若李白，可谓一往情深。“月”在他诗中出现了二百多次。

风是流动的气体，缺了它就没有生命。它是至珍至贵的，但脾气无常，难以捉摸。既可为福，也可为祸。“风暖鸟声碎，日高花影重”，薰风阵阵，鸟声啁啁，世界一片欣喜。“千里莺啼绿映红，水村山郭酒旗风”，绿树阴浓，繁花似锦，水村山郭的酒香好像让风也醉了。不过它一“醉”过头，就威势难禁，“八月秋高风怒号”，这一“怒”不打紧，可把杜老先生房顶上的三重茅吹跑了！“一风三日吹倒山，白浪高于瓦棺阁”，按李白之说，这恐怕要够上十二级台风。天上的风，人间的风，挟雷带闪，在诗中激荡。

云变幻莫测，故有“白云苍狗”“翻手为云，覆手为雨”之说。世情无常，心态变化，与之吻合。除了乌云翻滚、黑天黑地的瞬息情景外，它多能使人倾心相爱。“行到水穷处，坐看云起时”，“思家步月清宵立，忆弟看云白日眠”，“闲爱孤云静爱僧”，那一片薄如蝉翼的云，可以使人看淡名利，去烦除躁，幽思入静。唐代不少诗人，外儒内佛，或亦儒亦佛，心归释氏，以恬静虚无为上，所以诗中那一片白云，是大有文章的。

山在自然环境中顶天立地，气魄恢宏。它的青峰白石、大瀑小溪、奇花野草、鸟语虫吟，无一不显示出生命的活跃，色的瑰丽，美的丰富。它的岩穴，是读书人的好地方，是归隐的好去处。淡于名利的人，固愿幽居，身在庙堂之上的人，也时时梦想。儒释道都和它有缘。所以吟山唱山的诗，也多似恒河砂粒。

所谓“吟风弄月”，多作贬义，以此批评脱离现实的诗人，但要防止片面性。我们不仅要看写什么题材，更主要的是要看诗人抒发什么样的感情。反映自然风物的诗篇，大多不局限在表面的刻画，而是有所寄托。月、风、云、山是自然美，欣赏它们，讴歌它们，是人类所共有的感情。离开月、风、云、山，世界不成为世界，诗也会变得枯燥乏味。将自然形象与社会生活形象结合起来写，诗会变得生动优美，丰富多彩。唐代诗人有那么多写月、风、云、山的好诗，便能说明这个道理。

科举病综合征

科举，对封建社会的知识分子来说，是具有很大吸引力的。他们“焚膏油以继晷，恒兀兀以穷年”，刻苦砺志，一心拼搏，为取功名。然而，科举的道路，像一条独木桥，万万千千的人走在上面，你挤我拥，能达到彼岸的为数甚少。绝大多数都纷纷落水，即使不淹死，也呛得够受。当然，有志者还可爬起来再走，不过那已是十分狼狈了。

来年再考，又不知命运如何。落第举子，回家灌田食力，心又不甘。那些滞留京师的寒士，米珠薪桂，钱囊已空，或破庙栖身，或乞借度日，不少人成了等待救济的“难民”。他们悲吟愁叹，怨天怨命。他们恨那些贵家子弟，依仗后门势力，捷足先登，他们骂主考老爷，有眼无珠，把白璧当作顽石。有的神情沮丧，如痴如傻，有的看破红尘，削发为僧。这种种情状表明，他们许多人得了科举病综合征。

当权者始终给举子们一个热火罐，让他们抱着。科举不受年龄限制，即使白发三千丈，胡子一大把，你还可以跟少年郎一比高低。也真有在考场上翻了一连串筋斗之后，终于在金榜上忽然站定的。如孟郊屡败考场，登第时，年将五十，他作诗一首：“昔日龌龊不足夸，今朝放荡思无涯。春风得意马蹄疾，一日看尽长安花。”金榜题名，骑马游街，万民瞻仰，何等神气。这是用一生的辛苦和悲酸，换取片刻的荣耀。后人从“春风得意”“走马看花”这两个成语中，似乎也分享到他的快乐。我佩服他咬紧牙关百折不回的坚韧，也佩服他大出风头而未癫狂的沉稳。须知有些人是经受不住这种考验的。

姚合及第后，说自己“喜过还疑梦，狂来不似儒。爱花持烛看，忆酒犯街沽”(《及第后夜中书事》)。《唐才子传》说他：“元和十一年，李逢吉知贡举，有夙好，因拔泥涂，郑解榜及第。”如果不是老朋友拉一把，恐怕还得在泥涂上继续挣扎。因此，一朝高中，还疑为是在做梦，竟至发狂。长安有禁令，日落西山，净街鼓击过后，关闭各坊门，不得走动，否则按违法论。他实在按捺不住了，想要破禁，大醉一场。诗中那个“狂”字，使人想到头披髻散、衣裳颠倒、错穿鞋袜、手舞足蹈、不知卯酉的情景。大喜过望，会得狂疾，这在医学上也是有些根据的，不过，并非不治之症。《儒林外史》里的范进，中举而疯，胡屠户走到他的跟前骂道："该死的畜生，你中了什么？"一个嘴巴打将去，才清醒过来。胡屠户如此治疗狂疾，是心狠了一点，绝不可以推广，不过还是有些合理成分。《素问·阴阳应象大论》说："喜伤心，恐胜喜。"高兴过度，方寸迷乱，吓他一跳，使之一身冷汗出来，血压正常、立即病愈。

科举对知识分子来说，笑的少，哭的多。不过唐太宗却很满意。那日他在端礼门看见新进士列队而出，便暗自喃喃："天下英雄入吾彀中矣！"换言之，用"科举"做笼头，把他们全部都套牢。

从杜诗查户口

杜甫在《无家别》一诗中，借孑然一身的老兵之口说："我里百余家，世乱各东西。四邻何所有？一二老寡妻……"在安史之乱的战争中，许多村落都被荡平，百姓流离失所，死伤殆尽，杜甫的诗是写实的。

唐代社会的盛衰，和户口的增减密切相关。唐开国之初，户口只有三百多万。但由于休养生息，天下安定，户口随之递增。从高宗永徽三年至中宗神龙二年的五十年间，户口发展到六百多万。从开元盛世至天宝末年，四十多年间，户口又一跃而为九百多万。按一户为五口计算，全国已有五千万左右人口。比隋代开皇年间的八百多万户，还增了数十万。唐代的户口，至此登峰造极。这六百多万户的增加，走了一百四十年左右的路程。它基本上是直线上升的，没有什么曲折。而安史之乱以后的户口急剧变化，从高峰一跌而入低谷。肃宗至德元年，离天宝末年仅一年之隔，户口就减少了一百万。到了肃宗乾元三年，也就是跟天宝末年仅相隔五六年，户口已不到二百万，比繁荣时期少了四分之三。此后各朝的户口，虽略有回升，但元气大伤，生机难复，总在三四百万徘徊，一直没有突破过五百万大关。

户口减少的原因之一，是百姓死于战火。当时虽然还没有原子弹，但一场战争下来，“积尸草木腥，流血川原丹”，情景也惨不忍睹。如至德元年，房琯率兵与安史叛军在陈陶交战。他用春秋时的牛车战阵进攻，敌人顺风放火，扬沙鼓噪，结果不战自乱，“四万义军同日死”。又如哥舒翰守潼关，杨国忠督战，兵败桃林，仅坠黄河而死的即有数万人。两次相加，死亡即为十多万。在当年，这样的战役恐怕不在少数。唐代是府兵制。白居易说：“户有三丁点一丁。”这是按常规而言，而战争打起来，就全民动员，不受这个框框限制。“暮投石壕村，有吏夜捉人。”这户是“烈军属”。三个儿子都上前线，有一个已经战死，不仅没受到优待，官府还要来“捉人”。老翁手脚麻利，爬墙头跑了，老妇看样子是被抓走。儿媳如有裙穿，恐亦在劫难逃。府帖规定，男子十六岁为中男（后又改为十八岁），二十一岁才为壮丁；但前方一吃紧，从军年龄就模糊。杨国忠抓壮丁时，十五岁便算“合格”。杜甫担心这些身材短小的“童子军”难与挥长枪大戟的敌人对阵。唐制规定，六十为老，可以免征。但《垂老别》中那位老人，是“子孙阵亡尽”的“烈属”，仍得奔赴前线。这些参战的人，多是有去无回。所以诗人哀叹：“十室几人在？青山空自多。路衢唯见哭，城市不闻歌”（《征夫》）。昔日人烟稠密、车马喧阗的世界，这时已是哭声满路，悲风惨惨，不寒而栗。

户口减少的原因之二，是生产力受到严重破坏。自给自足的自然经济非常脆弱，稍有天灾人祸即面临崩溃。“汉家山东二百州，千村万落生荆杞。”男劳力差不多都被驱赶上前线，土地大片荒芜。“纵有健妇把锄犁，禾生垄亩无东西。”正常年景无法维持，因之园庐丘墟，饿殍载道，十室九空。

杜甫不是社会学家，不是统计学家，但他非常关心人民的命运，对户口的锐减及其原因，做了生动形象的描绘。难怪后人称他的作品为“诗史”。

大辞典不“大”

日前从书店买了一部《唐诗大辞典》。辞典而冠之以“大”，想来当是包罗万象、丰富多彩。然而翻过以后，却颇感失望。

它给我最大的感觉是空疏。如“胜迹”一章，计二十页，不足一百处。编者没有界定这种“胜迹”是属于国家级的还是地方级的，好像都有。若将诗人吟咏游赏过的地方，都称之为“胜迹”，仅此一项，便可编本寸厚的辞典。如长安有个青龙寺，许多诗人都吟咏过，应该说是“胜迹”了吧？“不知香积寺，数里入云峰”。这香积寺的知名度也很高。张祜诗中写到润州甘露寺、杭州孤山寺、濠州钟离寺、苏州灵岩寺……真是“南朝四百八十寺”。它们都该是“胜迹”了吧？“夕阳无限好，只是近黄昏。”李商隐写的乐游原，可谓妇孺皆知。“晴川历历汉阳树，芳草萋萋鹦鹉洲。”那“鹦鹉洲”关系到一个大知识分子祢衡的命运，不少诗人都唱吟过，也该算“胜迹”吧？但上述这些都不收。

又如“典故”一章，计十页，七十多条，连《唐才子传》中典故都没概括进去。参照词条，举些例证。如收“诗囚”“诗圣”“诗仙”“诗虎”“诗豪”，却不收“诗魔”。其实“诗魔”赫赫有名。唐代不少诗人都有绰号，但辞典收录时，丢三落四。如收“温八叉”，不收“方三拜”“张三头”；收“胡钉铰”，不收“嗫嚅翁”……

作为一部大辞典，有充分的篇章，对它所编的对象进行描述。但它有些地方，详略欠妥，简化得莫名其妙。如在“成语”一章中，把杜甫的名句“语不惊人死不休”条目简化为“语不惊人”。“语不惊人”与“貌不出众”，皆属贬词。而杜甫的诗句，是表示刻苦锤炼语言的决心，和不登上艺术高峰绝不罢休的精神。“语不惊人”能等于“语不惊人死不休”吗？

我在这里只是泛泛谈点感想。全面评价它的得失，则有待专家去做。目前新出辞书之多，令人目不暇接。这是可喜的现象，然而也存有隐忧。一部辞书，须有众多专家，年深日久，惨淡经营，方能编就。若匆匆搭台，匆匆组班，匆匆推出，则无论冠以何等美名，我想都难孚众望。

创作心态

张九龄为政多年，身居相位，除了在庙堂之上施展自己的政治才能外，还须伴随皇上吟唱，写了不少“应制诗”。

所谓“应制诗”者，即应皇帝之命而作也。老头子一高兴，写了一篇什么，你也得跟着哼哼。像在化妆舞会上，两人戴着同样的鬼脸在比划着，举手投足，影必随形，进退有序，心领神会，不得乱来。思想处在牢笼之中，受到严格的禁锢，没有半点自由可言。在这样的心境下写出来的诗，必定是枯燥乏味，满脸肃穆，像一条死鱼。这种奉命应制的诗篇，尽管当时身价十倍，享受皇恩，但后之读者是不会去欣赏它的。

诗是心灵的火花，是有血有肉的躯体。它的产生，不是根据谁的意图去描写，奉谁的命令去制作，而是生活使诗人激动，然后才有灵魂震颤的旋律。“楚臣去境，汉妾离宫；或骨横朔野，魂逐飞蓬；或负戈外戍，杀气雄边；塞客衣单，孀闺泪尽；或士有解佩出朝，一去忘返；女有扬蛾入宠，再盼倾国……”（《诗品·总论》）这些使心灵摇荡的生活，可以产生使心灵摇荡的诗。在深宫长殿之中，陪伴皇上，美酒连觞，歌迷舞醉，即使吟唱，便都是赞颂功德，随声附和，蹈袭陈言。不管诗人有多大的才华，最终都会被扼杀。正如一股可以奔腾千里的岩浆找不到喷射口一样。

创作要有可观，心境必须自由，任情放纵，不受掣肘，独抒胸臆。张九龄在受到李林甫的陷害打击、被玄宗疏远之后，清夜难眠，品苦尝辛，对于人生有了真切的体验。这种体验一旦化而为诗，就与那些应制之作绝然不同。“江南有丹橘，经冬犹绿林。岂伊地气暖，自有岁寒心。可以荐嘉客，奈何阻重深。运命唯所遇，循环不可寻。徒言桃李树，此木岂无阴”（《感遇》）。皇帝不在身边，就无牵无挂，可以去虚饰，露真情。“海上生明月，天涯共此时。情人怨遥夜，竟夕起相思。灭烛怜光满，披衣觉露滋。不堪盈手赠，还寝梦佳期”（《望月怀远》）。这才是真诗，不是假诗。这才是好诗，不是劣诗。

心的自由固然重要，身的自由也绝不可少。走出深宫长殿，离开歌台舞榭，随着“下放”的足迹，一路看去，山水入画，画景入诗，自由自在地放声歌唱。“檐风落鸟毳，窗叶挂虫丝”（《郡内闲斋》）。“两边枫作岸，数处橘为洲”（《初入湘中有喜》）。“重林间五色，对壁耸千寻”（《浈阳峡》）。在那些应制诗中，绝对找不出这种佳句。可以说，离开皇上愈远，诗情愈多。

在心身都获得“自由”，神经得到松弛的情况下，诗神在位，灵感不退，是创作的最佳状态。“自君之出矣，不复理残机。思君如满月，夜夜减清辉”（《赋得自君之出矣》）。“松叶堪为酒，春来酿几多？不辞山路远，踏雪也相过”（《答陆澧》）。

这种小诗写得多么清新，多么自然，多么精美！它们像荷叶上的一滴清露，像花丛中的一片幽香，像奇石中的一线山泉。读着这样的小诗，谁不为之陶醉呢？

无论是古是今，都证明如此一条真理，诗是用心灵之火冶炼成的，是在心态绝对“自由”下完成的。不能依照公式，不能根据概念。即使是皇帝老子的命令，你也不必听它。否则，你写了两公斤，也是一篼废纸。

锄杆与笔杆

文人靠笔杆，一到改拿锄杆，大概日子就有点不妙了。“读书破万卷，下笔如有神”的杜甫，在安史之乱后，离官西行，客居同谷。时在寒冬，缺衣短食，只好扛起锄头去挖野菜。“长镵长镵白木柄，我生托子以为命。黄独无苗山雪盛，短衣数挽不掩胫。此时与子空归来，男呻女吟四壁静”（《乾元中寓居同谷县作歌七首》之二）。笔头尚且养活不了妻儿，何况锄头？

杜甫入川之后，虽然生活常有人接济，但亦离不开锄头。采药用锄，种庄稼用锄，挖菜待客用锄……严冬酷暑，出出进进，常扛着它，像个老农一般。“细雨荷锄立”，虽然很有诗意，但也十分艰难。

杜甫种过柑园、竹林、药圃、菜畦，接触过许多农活，但因本少力微，土地面积都不大。真正大规模经营的，是他晚年快要出峡时，在夔州的瀼西、东屯住了一个时期，夔州都督柏茂林，让他主管一百顷公田。这个数目不算小，可说是个“农场”。“白盐危峤北，赤甲古城东。平地一川稳，高山四面同”（《自瀼西荆扉且移居东屯茅屋四首》）。东汉公孙述曾在瀼西屯稻田。这里前带清溪，后枕崇冈，环境是很不错的。种稻也比挖野菜有诗意，万顷碧波，一茬青苗，“晴浴狎鸥分处处，雨随神女下朝朝。”（《夔州歌十绝句》）人们一定还会记起王维的诗句：“漠漠水田飞白鹭，阴阴夏木啭黄鹂。”画面都是诱人的。

不过，这一千亩稻田交给老杜，也是够他累的。这时依靠一把锄头不行了，需念一部锄经。自己开个药圃，种畦韭菜，是丰是歉，风险都不大。管理百顷稻田就不同了。一个年过半百的衰翁，正被糖尿病折磨得有气无力，走路发飘，这么大的面积,你叫他如何去巡视督促、指挥春播秋收?光摇羽毛扇、动动嘴是不行的。再说,他在种稻方面的实践和经验,并不很丰富。要不组织一个专门班子,恐怕是忙不过来的。事实上,杜甫许多具体的工作,都交给行官张望,“东屯大江北,百顷平若案。六月青稻多,千畦碧泉乱。插秧适云已,引溜加溉灌。更仆往方塘,决渠当断岸……”(《行官张望补稻畦水归》)。杜甫有时做原则上的指示,有时又做具体的督促,“尚恐主守疏,用心未甚臧(完善),清朝遣婢仆,寄语逾崇岗”。自己去不了,便派出“通讯员”传达,自己好像成了农村的“脱产干部”。

我在这里无意去责备柏茂林。这位都督大人,倒是一番好意,在杜甫艰难困顿的时日,让他管理千亩稻田,挂个闲职,领份薄禄;但杜甫不是个混饭吃的人,他办事认真,安排劳力,催促耕作,都十分细心,他在东屯和瀼西都筑有茅屋,来回奔走,不说劳累。但他到底不是农业专家,既不能改良土壤,又不能培育新品种,许多事情,不能亲临现场,均须他人代劳。如果仅仅因为他挖野菜开药圃时捏过锄把,便让他主管农业,正如某个人因为他打过铁,便让他当冶金部部长一样,虽曰爱之,但恐怕未必就是好事。

用人当用其长。从杜甫的实际情况来说,他的笔杆硬过锄杆,与其把他提到农业的领导岗位上来,倒不如来个“五亩之宅,树之以桑”,他轻轻松松地过日子,把捏锄杆作为业余活动以祈达到调节身心、增进健康的目的。这样,可以有少忧少恼,从从容容地去多写几首诗。让他当个“农场场长”,不见得能做出什么业绩。杜甫在这方面付出的劳动,就鲜为人知。如评职称,在作家系列,他可评“一级”“特级”,从农业系列去评,恐怕连个“农艺师”他也评不上。

宫廷的“窃听器”

鹦鹉羽毛美丽,能学人语,历来受宠。唐宫养猫养狗之事,诗中少有记载,而写到鹦鹉的诗却不少。檐头廊下,多能看到这些精乖伶俐的家伙,戴着金链,在架上晃来荡去,为宫廷的富贵气象,增添几分风光。

因为皇帝喜欢鹦鹉,所以有的地方选以进贡。《唐会要》载,太宗时,林邑献的鹦鹉，“精识辨慧，善于应对”。玄宗时，天竺献五色能言鹦鹉。它们进宫后，有人驯其念诗。花蕊夫人诗：“碧窗尽日教鹦鹉，念得君王数首诗。”皇帝知道这个消息自然高兴，要来体验一番，“等候大家（皇帝）来院里，看教鹦鹉念新诗。”这些嘴乖舌巧的小家伙，学到新东西后并不保守，暗中收起徒弟来，“羡他鹦鹉能言语，窗里偷教鸜鹆儿。”鸜鹆是八哥，看来本事比鹦鹉差一筹。

鹦鹉不仅成为皇帝的“弄臣”，使他们快活开心，而且充当他们的爪牙。“玄宗时，有五色鹦鹉能言，上令左右试牵帝衣，鸟辄瞋目叱咤。”玄宗此举当然是在向身边的臣仆暗示，连鹦鹉都对他忠诚，谁还敢有异心？据段成式说，凡鸟都是下睑向上，唯独此鸟两睑都动，似人的眼睛。如此更像个小奴才，一旦效忠，就脱尽美丽的外衣，露出一副狰狞面目。宫女对这些鹦鹉多无好感，有时恨不得宰而烹之。朱庆馀《宫词》：“寂寂花时闭院门，美人相并立琼轩，含情欲说宫中事，鹦鹉前头不敢言。”两位宫女好不容易碰在一起，想趁此花开寂静院门紧闭之时，互吐心声，以解悲愁，忽然抬头看见它，便不敢吱声。诗中通过对鹦鹉的描写，反映出宫廷阴森恐怖的气氛。

宫廷是皇上的天堂，却是宫女的地狱。她们一入深宫，便与世隔绝，悲愤压抑无处倾吐。这些弱女子深怕言语不慎，被鹦鹉“录了音”，在皇上面前“播放”，就会遭到灭顶之灾。

醉　语

倘有人说话不着边际，往往被讥为：“此公莫非喝醉乎？”其实醉时之言，非此一端，详究起来，甚多谐趣。

醉人话多，即便娴静少言的人，一到三杯入肚，便多会口若悬河，声高气壮，甚至缄固甚密的个人隐私、房中奥秘也不忌讳。如有人提示他嘴要把门，他则更加激愤。非做到竹筒倒豆，绝不罢休。酒可使人兴奋，浮想联翩。大如山丘之事，固能忆起，小如芝麻的琐事，亦不遗忘。且灵性顿悟，借题发挥，无中生有，指黑为白，妖狐野鬼，天下珍闻，皆出其口，可续编一部《山海经》，可再修一本《子不语》。听者惊心，闻者瞠目，于是狂笑不止，东歪西倒。他以为这是热情的嘉奖，更加继续严肃地深入开掘，推陈出新。直到席散，有人将他扶走，他还回过头来扬眉振臂呼喊："言犹未尽！"所以欲窃取机密，套人情报，最省事的是多沽两瓶酒，便可一一灌将出来。杜甫诗云："常恐性坦率，失身为杯酒。"他老先生没有什么可失的，不过世人因此而招致重大失误的可不少。

或曰，这是聚饮，正在兴头，如无人在场，恐怕连喝三缸，也不一定有话可说。其实也不尽然。李白常常独酌，醉劲上来话多过酒。"青天有月来几时，我今停杯一问之"(《把酒问月》)。问人还有个对答，问月能有反应吗？没反应也继续问：月亮啊月亮，我想登上月宫，与你为伴，可你为什么高不可攀？月宫里有个小白兔，职司捣药，它一年四季不停地捣，累不累？月宫里的嫦娥，形单影只，无人共度良宵，她冷清不冷清？"古人不见今时月，今月曾经照古人。"那么今人与古人，是否看到月时，感慨都不一样的多……总而言之，想问什么就问什么，一问到底。杯空了，酒尽了，醉倒了，还在喃喃絮语。

喝醉的人，大多面泛红光，或脸如关公、或紫如熟蟹。个别的人则脸发绿、发白、发黄。愈是后者，往往醉的程度愈深。

喝醉的人，满嘴酒气，双目乜斜，有的步履蹒跚，需人搀扶；有的则就地卧倒，两瓢清水浇头，未必就能使他明白事理，但若一律以为都糊里糊涂，迷迷懵懵，则恐怕未必。许多酒徒，多是面醉心不醉，甚至愈醉愈清醒，愈醉愈能耐。君不见：刘伶喝醉了，与人吵架。他一见对方举着砂锅大的拳头直奔过来。心想，这一拳不将自己击散了才怪呢。便连忙作揖笑道："你看我这几根瘦骨，对得起你的尊拳吗？"对方一愣，气消了。一般地说，醉汉胆子最大，坦克开来也敢拦，老虎经过也要揪尾巴。无事找架打，皇帝老子也不怕。两人纠缠起来，十人相劝不开。医院急诊室里，常见有脑袋开花，手断腿折者，问原因，往往是醉时打架。而刘伶表面醉得一塌糊涂，却能在紧急关头刹车，能说他是真醉吗？

许多醉汉，醉时口吐珠玑，笔底生花，如有神助。阮籍参加宫廷宴会，奉命撰写文告，可他喝醉了，倒在床上打呼噜。使者奉命急来索稿，将他叫醒。他记起前事，挥笔立就。"无所改窜，词甚清壮，为时所重"(《晋书·阮籍传》)。李白在这方面堪称奇才。《松窗录》说，明皇与贵妃在沉香亭赏牡丹，令李白作新词。其时他宿酒未醒，却作《清平调》词三章，传唱千古。"李白斗酒诗百篇"。他的许多佳篇,都是“醉”出来的,带有一阵浓冽的酒香。杜甫作《醉时歌》,醉得忘形,诗却清醒,目光锐利,看透社会的弊端。白居易“醉复醒,醒复吟,吟复饮,饮复醉,醉吟相仍,若循环然。”有酒便有醉,有醉便有诗。酒与诗是孪生兄弟,所以他自号“醉吟先生”。皮日休也是醉而挥毫,故亦自号此名。唐代的诗人醉而出佳作的实在太多了。范成大有联云:“老去读书随忘却,醉中得句若飞来。”酒除了令人陶醉外,大概还可长人智慧,激发灵感吧?

醉不言醉。喝酒时,若有人连连推却,说已醉了,你尽管放心,还可继续给他再酌一两杯。如果眼已变红,话已走调,手已哆嗦,还口口声声说自己有海量,面前这点酒不够他饮的,这种人你倒要当心,不可再劝。

碰杯时,酒徒们一个个昂首挺胸,豪气千丈,杯来盏往,各不相让。有人虽已脑大如斗,腾云驾雾,仍硬撑死顶。元稹《泛江玩月二十韵》云:“已困连飞盏,犹嫌未倒缸。”有酒尽管拿来,揭盖开瓶,饮完为止。若临阵逃脱,便不是好汉。自求减半,已是气馁三分,不战自败,当了投降派,既乏味,也难堪。

聚饮的人,多为亲友,或在春秋佳日,或值月明花开,大家赏景娱心,举杯取乐。但彼此关心,多防过量,所以若见有人醉象已显,便以善言规劝。醒者自警,而醉者则不闻。“我愿东海水,尽向杯中流”(聂夷中)。良辰美景,心里快乐,正该痛饮。眼下才进三杯两盏,尚填不满肚角,离“东海”之量相去还远呢。大家明知这是吹牛,可转而一想,又似觉其理可解,其情可原,谁还好意思阻拦?当然也有在座的相知,怕他出乖露丑、大杀风景,劝之不听,便控制酒壶。醉者多有不甘,或好言请再筛一杯,或正言厉色与之争夺,自斟自酌,不顾礼仪,并拍胸保证:绝不过量!虽眼红面赤,样子吓人,软得像一摊泥,就是硬充好汉,死不认醉。

史笔生辉

文学创作,应当根据自身的力量和爱好,扬长避短,发挥优势。有人寄情空闺,有人描写军旅,有人展现市井,有人着意田园……

胡曾一生，专门咏史，写了一百多首诗篇。他是个有才华的诗人，但连年不第，抑郁难伸，后虽中了进士，出任汉南节度从事，但对功名却已淡薄。他性喜登临，乘骑远游，南至岭外，北涉幽燕，大漠之浩瀚，吴越之富丽，只要力所能及，他都排难前往，游历一番。其笔下展现出来的图画，是秦时之明月，汉时之关塞，有霸王的鞭声，有昭君的怨恨，有洪荒的异闻，有远古的奇事……

诗人的一颗心，虽与古人神交，但却没忘今人的处境。借古人之幽魂，抒今人之感慨。他的《阿房宫》云："新建阿房壁未干，沛公兵已入长安。帝王苦竭生灵力，大业沙崩固不难。"晚唐之世，统治者更加荒淫腐朽，敲骨取髓，把人民推向苦难的深渊。这点胡曾看得很清楚，历代统治阶级都是这样倒下去的。他借秦朝的故事，向当权者发出警告。

历史是客观存在。诗人虽可借它来抒发感慨，但对于它的真貌，是不能随便加以"改造"的。因为如此，你吟我唱，皆是同一题材，就容易千部一腔，千人一面。其易处是有一个完整的图像在那里，而难处亦因为有个完整的图像在那里。胡曾咏史，常能注入自己新的思绪，有情景交融之篇，即使议论亦不伤格。他的《荆山》云："抱玉岩前桂叶稠，碧溪寒水至今流。空山落日猿声叫，疑是荆人哭未休。"卞和献玉，得了欺君之罪，被砍了双足。这段历史是尽人皆知的。但诗人结合自己怀才不遇的身世，写出荆人至今"哭未休"。这一想象，感染力就更强了。千百年的历史，有如此可悲遭遇的何止一个卞和？万岭千峰，皆蕴藏宝玉，何止一个荆山？昨天发生的和今天发生的，有多少相似之处，真教壮士气愤难平。诗人不仅是写了卞和，而且也写了自己，写了千千万万个同命运的人。他的《汉宫》云："明妃远嫁泣西风，玉箸双垂出汉宫。何事将军封万户，却令红粉为和戎？"写昭君出塞的诗，汗牛充栋，要出新是很难的。诗的开头平庸，但最后两句，嗖的一声，射出一支响箭，令人震惊。外患频仍，边烽四起，拥兵者割据自大，食重禄者屈膝求和，把安危委给弱女，谁来为国分忧？诗人明写的是昭君，暗击的是时政。这样结尾，既是心之所生，亦为情之所致。有新意，有奇趣，既有排山倒海之力，又有振聋发聩之功。

唐诗中，有不少咏叹历史的佳作，如杜甫的《蜀相》、杜牧的《赤壁》、温庭筠的《苏武》等等。这些诗坛人杰，无论写古写今，都有可惊可愕之作。譬如腰缠十万贯，于闹市开豪华餐馆，八珍杂陈，水陆具备，别人难与相比。胡曾独树一帜，不涉他途，好比专售狗不理包子，虽然买卖单一，但照样门庭若市，令品尝者啧啧称誉。

唐诗中的商人

古代文学作品，描写商人生活的，可谓凤毛麟角。这原因是，自给自足的自然经济形态妨碍商业的发展，可写的内容不多；另外，也是最主要的，封建社会重农抑商。舍本逐利，即使腰缠万贯，也受人轻视。一提到商，便往往斥之为“末业”。这在当时算是“上纲上线”了。司马迁的外孙杨恽，罢官后籴贱贩贵，以生财为乐，汉宣帝说他不闭门思过，还干起这等“末事”，于是将其腰斩。

到了唐代，社会繁荣，商业发达，对商的看法，也有了一些转变。前代商人禁止骑马，至此，“得以恣其乘骑，雕鞍银登，装饰灿烂”。张易之曾引蜀商宋霸子等人入宫赌博（见《唐会要》卷三一、五一）。中唐时，户部侍郎张平叔，建议盐由官卖，戴乌纱帽者“下海”，以收入多寡考核政绩。虽然这些现象和观点也受到一些人的攻击和抑制，但对商人来说，环境倒是宽松多了。

长江是黄金航道。大艑高帆，连樯千里，百货畅流，估客往来频繁。“云阳上征去，两岸饶商贾”（李白《丁都护歌》）。这一“饶”字，说明以长江为主渠道的商业网路，向四处扩张。商人不识周公孔子，不问三皇五帝，只要能获厚利，就舟不停橹，日夜奔忙。“百尺竿头五两斜，此生何处不为家？北抛衡岳南过雁，朝发襄阳暮看花”（吴融《商人》）。虽然四海为家，但并不寂寞，“荡桨巴童歌竹枝，连樯估客吹羌笛”（刘禹锡《洞庭秋月行》）。三五月明，顺流东下，“扬州市里商人女，来占江西明月天”（刘禹锡《夜闻商人船中筝》）。他们又吹又唱，又醉又玩，自然旧爱早忘，“乐不思蜀”了。不过，这可苦了那些独守空闺的女子。她们在江头凝望，远水连天，橹声不闻。“十月三千里，郎行几时归”（李白《巴女词》）。回答她们心中呼唤的，只有千波万浪的一声声叹息。青春暗谢，后悔莫及。“嫁得瞿塘贾，朝朝误妾期。早知潮有信，嫁与弄潮儿”（李益《江南词》）。商人萍踪不定，“譬如云中鸟，一去无消息”（李白《估客乐》）。音书难寄，见面无期。有的已知情景不妙，心生怨恨，但却并未绝望。“莫作商人妇，金钗当卜钱”（《啰唝曲》）。泪水盈巾，悲愁难诉，多是由于丈夫离乡别井经商所引起的。

当时的一些大都市，如长安、洛阳、金陵、扬州等地，贸易兴旺，一片繁华景象。经商的潮水，将许多人卷出门。不特男子穿州过府，女子也大显身手。李白《金陵酒肆留别》云：“风吹柳花满店香，吴姬压酒唤客尝。”吴姬越女，当垆经营，“思想解放”，世风大变。他们的生意做得活。如果无钱沽酒，可以赊欠记账，用衣物抵押也行。在贺知章、李白、杜甫、白居易、刘禹锡、韩愈等人的诗作中，都有这方面的记载。酒商待客热诚，气氛轻松，喝醉了一时走不动，也不打紧。王绩《题酒店壁》诗云：“倚垆便得睡，横瓮足堪眠。”店家大概不会借口打烊来驱赶你。李白“长安市上酒家眠”，他在这方面的经历恐怕不止一次。胡人也纷纷来华投资，诗中描写的主要是经营饮食业，而抛头露面的则是胡女。“五陵少年金市东，银鞍白马度春风。落花踏尽游何处？笑入胡姬酒肆中”（李白《少年行二首》其二）。胡姬态度和蔼，笑意迎人，除卖酒外，还有歌舞表演，提供多种服务。从“笑入”二字，可以看出酒徒们的满意。当然，车马塞途，客似云来，有时是醉翁之意不在酒。“为底胡姬酒，长来白鼻騧。摘莲抛水上，郎意在浮花”（张祜《白鼻騧》）。一语道破天机，无隐无忌。

货真价实，童叟无欺，逐什一之利的商人固然不少，而弄虚作假，坑害消费者的现象也并非个别。最明显的就是在秤砣上做手脚。拾得对那些“买人推向前，卖人推向后”的欺骗行为，甚为不满。这个和尚骂道：“死去见阎王，背后插扫帚。”到了阴曹地府，要罚这些奸商扫厕所！有的酒家，以假酒骗人。韦应物在《酒肆行》一诗中写道：“豪家沽酒长安陌，一旦起楼高百尺。碧疏玲珑含春风，银题彩帜邀上客。”这在当时，大概也算得是“星级”的酒家了。人们闻名而来，争相解囊，可是那些酒“初酞后薄”，愈饮愈淡，原来是对水了。这种作假现象叫作“大偷”。元稹在《估客乐》中指出，他们的生意经是“卖假莫卖诚”，“鍮石打臂钏，糯米吹项璎。归来村中卖，敲作金玉声。村中田舍娘，贵贱不敢争。所费百钱本，已得十倍赢。”这些黑心的商人，笑脸藏奸，造假手段十分高明，不特欺骗见识短浅的村妇，连自己的亲爹都敢宰。

他们一旦钱囊鼓起来，就财大气粗，挥金如土，表现出金钱占有者的疯狂。“商人占酒楼”（刘禹锡《酬令狐相公早秋见寄》），就是一个例子。他们把酒楼所有的位置都包了，即使空在那里，别人也休想上去。你看这多霸道！“西江贾客珠百斛，船中养犬长食肉”（张籍《野老歌》）。这在吃糠咽菜、难得一饱的百姓看来，是多么的不公平啊！商人骄奢淫逸，在白居易的《商盐妇》、在元稹的《估客乐》中，都有很具体的描写。

士农工商，他们排行“老四”，但钱能通神，他们却有法子使自己的地位提高。他们带着金珠宝玉、蜀锦名马进入长安。东西两市的官吏一听到消息，便面笑颜开，远接高迎。精明的商人，最懂得那些贪婪官吏的心思：“先问十常侍，次求百公卿。侯家与主第，点缀无不精”（元稹《估客乐》）。白花花的是银，金闪闪的是钱，朝新官老吏一齐砍过去。哪一个不眼花缭乱，手酸脚软？小卒得了钱沽酒，大官得了钱盖楼。这时全都转变过来，成了他们的保护神。他们八面威风，气焰炽天，不特假货横行无忌，连木材盐卤的税收也有“优惠”。损国家之利，谋个人之益。钱与权交易，才是人世间的绝妙买卖。

虽说农是“本”，商是“末”，但从实际情况看，“本”远不如“末”。农民风雨辛劳，饥寒不免；而商人倒卖获利，乘肥衣轻，这是一。农民捐多税重，县胥逼迫，急如星火；商人税项不全，甚至免征，这是二。朝廷在税收上也是重本而轻末，商农负担不公，致使农民怨声载道。有的人为求生计，便扔锄弃耕。“客行野田间，比屋皆闭户。借问屋中人，尽去做商贾。官家不税商，税农服作苦”（姚合《庄居野行》）。商人队伍的扩大，在一定程度上也是被逼出来的。

当然，经商也不是旱涝保收，没有风险。穿山越岭，遇着虎狼，碰上土匪，行囊洗尽，连脑袋也搭上去的固有；舟行江海，遇上大风，一经沉没，便永不抬头的，更是时有所闻。“无言估客乐，估客多无墓。行舟触风浪，尽入鱼腹去”（刘驾《反估客乐》）。商人固故有其奸诈狡黠的一面，但在繁荣市场，促进流通方面却是功不可没。不少诗篇在写到他们离乡别井、艰难奔波的生活时，也多给予同情。

深宫怨

封建帝王为了个人的享乐，把民间有姿色技艺的女子搜罗入宫。就以唐代而言，高祖时竟多至数万人。她们一入深宫，便失去父母的温暖，失去人身的自由。锦衣玉食，心中装的是愁和怨；脂红粉白，脸上挂的是血和泪。她们的命运，是一首令人垂怜的悲歌。

有的宫女，即使原先受宠，但一旦花容减色，便被贬入冷宫。大门一关，铁锁一挂，就像判了无期徒刑，至死为止。白居易的《上阳白发人》一诗，借一位老宫女之口，诉说自己凄凉的身世。当初"选美"时，说入宫是承恩享福，是老祖宗积德的结果，与父母分别时，不许痛哭。如果知道是这种结局，做父母的死也不肯撒手。封建统治者，一方面使用强权，一方面使用欺骗，造成百姓骨肉分离，坠入苦海。

封建帝王，既贪婪，又残忍。他们生时珠环翠绕，死时也要同等享受。他们的陵园，相当于活着时的宫殿，仍要许多宫女在那里侍候。这些被发配到那里的宫女，是人世间最悲惨的囚徒。"老母啼呼趁车别，中宫监送锁门回"（白居易《陵园妾》）。那里松柏森森，悲风萧瑟，不见天日，不识春秋。虽生之日，犹死之年，好像是被活埋了。

有些宫女，虽没打入冷宫，也没关进陵园，但痛苦并不比前者少。她们是活人，有性有灵，需情需爱，但生活空虚，无欢乐可言。"泪湿罗巾梦不成，夜深前殿按歌声。红颜未老恩先断，斜倚熏笼坐到明"（白居易《后宫词》）。前殿在歌，后殿在哭。这位"斜倚熏笼"的女子，也许曾有过片刻的欢乐，但转瞬即如云烟飘散。皇上只顾自己寻欢，哪管他人死活？千千万万的宫女，在他眼中不过是一群玩物而已。在这个残酷无情的地方，得宠的恨，失宠的也恨。宫女之间围绕着一个男人，也在互相嫉妒、猜疑、倾轧。日日夜夜都有一股怨气，积压于心，难以排解。张祜《赠内人》云："禁门宫树月痕过，媚眼惟看宿鹭窠。斜拔玉钗灯影畔，剔开红焰救飞蛾。"她们脆弱的生命，就跟灯畔的飞蛾差不多。飞蛾也许因她的仁慈得救了，但谁来救她们？

有些不屈的灵魂，在争取自由，但除了借元宵观灯的机会逃跑外，其余多是请求为道姑。道教的祖宗是老子。老子姓李，和唐皇是一个姓。大概感到宫女当了道姑，仍没跳出李家的掌心吧，所以往往允许。张萧远《送宫人入道》云："舍宠求仙畏色衰，辞天素面立阶墀。金丹拟驻千年貌，玉指休匀八字眉……"脱下身上珠翠，戴上黄冠，穿上道袍，旦夕焚香，割断尘念，不再供人玩耍。在某种意义上说，也是一种反叛。

虽然史书上有释放宫女的记载，但如同大赦，多年难得一遇。“云惨烟愁苑路斜，路旁丘冢尽宫娃”（孟迟《宫人斜》）。她们生时无欢，死后凄凉，被重重叠叠地埋葬在一起。此生何辜，罹此劫难？那些荒坟青冢，仿佛向着迷惘无奈的苍天，对封建统治者做愤怒的控诉！

寒山的执着

“姑苏城外寒山寺”，张继的诗句很有名，寒山寺也因之很有名，而相比之下，寒山其人和他的诗，却往往易被忽略。

寒山是位出家人，又是个穷得丁当响的知识分子；但他努力读书，醉心于诗，远胜于以身献佛。自谓：“闲居好作诗，札札用心力。”一字字，一句句，都凝聚着他的血汗。他的诗不是写在纸上，而是写在岩石上，自称共有“六百首”。

他虽然说，“一住寒山万事休，更无杂念挂心头”，但实际上他并没忘记人世的艰苦，饥寒的现实。他要以自己的诗“正人心”，除贪婪。他的诗是风俗画，是世态图，直接切入生活，和百姓的心贴得很近很近。

他为人正直，天性纯厚，“偃息深林下，从生是农夫。立身既质直，出语无谄谀。”诗如其人，所苦所乐，所爱所恨，均直书其事，连弯都不拐。他写得那样平易，那样浅显，以致有人怀疑它们到底是不是“诗”！“有个王秀才，笑我诗多失。云不识蜂腰，仍不会鹤膝。平仄不解压，凡言取次出。”也就是说，他连写诗起码的常识都不懂，问题够严重了。王秀才对寒山诗的批评，是有些道理的，但他并不理解寒山的用意。寒山是有意抛开现成的章法，另辟蹊径，自成一格。他的诗，既不是古体，也不是今体，而是白话、是口语。我手写我口、我口言我心，无拘无束，随意写来可也。

更为难得的是，寒山敢于坚定地走自己的道路，不怕四面交攻，各种帽子压顶。他勇敢地宣扬自己诗歌的优点，批判别人诗歌的毛病。他说：“有人笑我诗，我诗合典雅。不烦郑氏笺，岂用毛公解？”的确，一首诗若须作“笺”作“解”

都读不明白，哪还有什么诗味？还能引起读者的兴趣吗？相比之下，他的诗即无此烦累。但他并不认为，所有的人，都不喜欢他的诗，读者层次不同，见解自然各异。“下愚读我诗，不解却嗤诮。中庸读我诗，思量云甚要。上贤读我诗，把着满面笑。杨修见幼妇，一览便知妙。”他甚至抨击那些讥笑他的人，为“瞎子诙日”。他深信，他的诗一旦遇到明眼人，将会流传天下。果如其言。今天他的诗不特为国人所喜爱，且在海外赢得广泛的声誉。

艺术的创新和探索，历来都困难重重。一是要战胜外界的压力；一是要克服自身的弱点。有些人在这方面，一遇批评，便如鼠咬手，屈从于传统的理论，有些人虽然也敢对着干一阵，但缺乏自信心，缺乏耐久力。没有丰硕的业绩，干巴巴的理论也行而不远。当然这两方面也是不可分割的，寒山一介和尚也，人世间什么事都可以想得开，都可以想得淡，唯独对于诗的是非，却耿耿于怀，日夜不忘，一千个不服输。你笑你的，我干我的。一息尚存，此志不懈。诗写于岩石之上，等待后世有识之士的公正裁判。他对诗艺有着如此执着的追求，能不令凡夫俗子为之动容吗？

手刃数人

李白“少任侠，手刃数人”。此事既不见有人起诉，官方也没予深究。这到底是何原因呢？

根据唐律，杀人偿命。

女诗人鱼玄机，嫁与李亿为妾，遭到大妇的虐待，后只好到咸宜观当道士。因为情怀恶劣，竟打死女童绿翘，闯下大祸。她在狱中给李亿寄诗道：“易求无价宝，难得有心郎。”她恨李亿薄情无义，将她抛弃，否则当不致有今日。但不管怎样，人命关天，最后还是被京兆尹温璋判斩！诗人罗虬，迷上妓女杜红儿，无奈她已为副戎所爱。但罗虬不肯死心，他请红儿唱歌，赠缯彩表爱。李孝恭见自己的下级夺副戎之爱，便命红儿不接受。罗虬失爱怀恨，第二日便一刀把红儿杀了。他不特自己锒铛入狱，还连累“上级”。罗虬追悔莫及，作一百首《比红儿诗》，以诉红儿之冤枉，声泪俱下地哭道，“欲知此恨无穷处，长倩城乌夜夜啼”。悔恨是不能抵罪的。如果不是遇着大赦，他那颗脑袋，肯定是要搬家的。

鱼玄机、罗虬的杀人，都与爱情的不顺心有关。那么李白为什么要“杀人”呢？查他的诗文和史料都找不到答案。因此“手刃数人”之事是真是假，便成了问号。

李白“刃”人的可能性是存在的。他给人的印象，不是文弱书生，而是“眸子炯然，哆(张口的样子)如饿虎”(魏颢《李翰林集序》)。李白腰间总挂着一把剑。它是装饰也罢，是切不动东西的也罢，反正是把铁家伙。有时还吹自己那把铁家伙是吃肉的，“我有匕首剑，买自徐夫人”。徐夫人之剑，就是荆轲刺秦皇的剑，是淬过毒药的，见血即死，带点“化学武器”的性质。这不一定是真的。荆轲和秦舞阳被秦皇杀了以后，那把剑肯定被没收了。至于流落何处，似乎史家也没考证出来。果真存在，想来也会价值千金，不见得以剑换酒的李白，突然就富甲天下，能将它买下。李白还练过一些日子的剑术，自解自嘲地说：“学剑翻自哂，为文竟何成”(《经离乱后天恩流夜郎忆旧游书怀赠江夏韦太守良宰》)。他的剑技，不一定比得上他的诗技，但我想总会懂两套的。少年气盛，路见不平，拔剑相助，朝人家胳膊大腿一剑捅去，扎出个把窟窿来，也并不是没有可能的。就假定如此，恐怕也只是轻伤，或死不断气。真是一命呜呼，就不信你李白身生双翼，飞到爪哇国去。这次算你逃脱了，下次呢？别忘了，你是“手刃数人”。第一次你胜了，第二次你也赢了，但难道总没挨刀挨剑、挨踢挨砸的时候？须知杀人不像杀鸡，对手也不木雕泥塑，每次你都平安无事，成了常胜将军。这也是教人大惑不解的。那么为何又生出这段带血的历史来呢？人命关天，这可不是玩的。要明白这一点，就必须进一步考察他的思想。

李白任侠使气，常欲一鸣惊人，一飞冲天，觉得一个七尺昂藏的男子汉，要不让剑尖上带点血花，似乎不够威武。“酒后竞风采，三杯弄宝刀，杀人如剪草，剧孟同游邀”(《白马篇》)。这才叫好样的，易被人看成“英雄”。太史公写的侠义之士不是被许多诗人当成赞颂的对象吗？但不管怎么说，“手刃数人”，都是件可怕的事，即使有司宽大，不“严肃处理”，难道仇家就不伺机报复，来找麻烦吗？李白自己也并不糊涂，假如他真的“手刃数人”，即使不隐姓埋名，藏之深山，染发毁容，以图幸免，但也绝不会像领了诺贝尔奖那样，到处张扬，因为脑袋之于我们，只有一个而已，谁都得珍惜它。

“手刃数人”之事，如照哈哈镜，虽有些依据，但绝不会是原貌。

诗中说蔷薇

今之月季，古称蔷薇。她是中国花。最早见于《尔雅》，至今已有两三千年的历史了。在唐诗中，月季尚无“知名度”，大概到了宋代，在杨万里《久病小愈雨中端午试笔》诗中，才见到她的芳名：“月季元来插得成，瓶中花落叶犹青。”

蔷薇花粗生易长，适应性强。在古代大江南北的高崖断涧，可以看到她的倩影；在黄河两岸的深山幽谷，也能闻到她的芳香。陶渊明《问来使》云：“蔷薇叶已抽，秋兰气当馥。”李白《赠别王山人归布山》云：“林壑久已芜，石道生蔷薇。”

为了观赏方便，人们从野外把她移植到庭院。在门前屋后，亭边湖畔，栽上几丛，清风吹来，幽香阵阵，该给人带来多少快乐，增添多少诗意！皮日休和陆龟蒙还认为，门檐之上，如果披着一丛蔷薇，花红叶绿，贫穷人家也显得不穷。蔷薇柔枝袅袅，善于攀援，倘不加修剪，很快便爬墙上房。李白《春归终南山松龙旧隐》云：“蔷薇缘东窗，女萝绕北壁。”因此李时珍的《本草纲目》又称蔷薇为墙蘼，庭栽的蔷薇，往往要搭架。裴悦《蔷薇》云：“一架长条万朵春，嫩红深绿小窠匀。”从自然的生长状态，走向艺术化的造型，改良了庭院的布局，增加审美的内容。

蔷薇的奉献精神，堪称百卉之首。许多鲜花，开时都大红大紫，富贵逼人，但只是艳极一时，一阵风雨，便纷纷凋零。而蔷薇，在春风中已有她的神韵，在夏光中更见她的丽蕊。逐月开放，久而不败，故她又得月月红之美名。有花如此，能不令人动情？

蔷薇花繁，色呈五彩，且变幻不定，是花中之奇观。皮日休《重题蔷薇》云：“浓似猩猩初染素，轻如燕燕欲凌空。可怜细丽难胜日，照得深红作浅红。”诗人用科学的眼光，来解释蔷薇色泽变化的原因。生长在顶端的花，因受强光的照射，由猩红变为浅红；而底层之花仍不改色。这首诗可称为园艺方面的“科学诗”。

唐以牡丹为国色，但许多人都喜欢蔷薇。李白《忆东山》云：“不向东山久，蔷薇几度花？白云还自散，明月落谁家？”日夜思念她的风姿，而不得一见，何等惆怅？东山为晋朝谢安所居处，又名谢安山。据《会稽志》记载，谢安山巍然突出于众峰间，如鸾飞鹤舞。附近有个蔷薇洞。花开之时，谢安就领着妓女到那里饮酒。李白很想效仿谢安，可惜其时已被排挤出宫门，囊空如洗，一筹莫展，只能独对窗边的蔷薇，自饮闷酒。诗人孟郊，连年落第，穷得见骨，还有多少心情去赏花？唯独蔷薇开时，欣喜若狂，经他生花的妙笔一描画，觉得世上之花，唯有她最可爱、最动人，于是呼朋唤侣，前来共赏。那份深情，那种狂态，大概只有牡丹开时，醉卧其下，不忍归去的花痴，才能跟他相比。

水村山郭酒旗风

唐代不禁酒，可以自由买卖，从事酒业的人特别多，无论到了哪里，都能看到酒旗飘扬，闻到醉人的芳香。从酒店之多，也可想见社会繁华的影子。诗人大多为酒徒，他们对那一座座一爿爿风味各异的酒店，赞不绝口。

当时的酒店，有的十分豪华，十分壮观。韦应物《酒肆行》云：“豪家沽酒长安陌，一旦起楼高百尺。碧瓦玲珑含春风，银题彩帜邀上客。”这当然是京都大酒店了！坐在它的高处，可以望见龙楼凤阙，可以俯瞰市井万家，虽比不上如今的旋转餐厅，但也够令人惊羡。可以说，哪里热闹，哪里就有酒店；哪里有酒店，哪里就热闹。皮日休《酒楼》云：“钩楯跨通衢，喧闹当九市。”如钱囊羞涩，花费不起，可不必登高楼。“自昭应县官道左右村店之门，当大路市井，量钱数多少饮之”（《开元天宝遗事》）。罗隐《夏口》云：“汉阳渡口兰为舟，汉阳城下多酒楼。”杜牧《江南春》绝句云：“千里莺啼绿映红，水村山郭酒旗风。”处处方便，处处可饮。到了晚唐，有的店主打出李白的旗号，以广招徕。陆龟蒙《宛陵怀旧》云："宛陵佳地昔曾游，谢朓青山李白楼。"

酒店都有旗做标志。诗人对这面迎风猎猎令人垂涎三尺的酒旗，歌而唱之，毫不吝惜笔墨："长干午日沽春酒，高高酒旗悬江口"（张籍《江南曲》），"风弄青帘沾酒市"（李中），"萦风酒旆挂朱阁"（杜牧）。只要抬头看看，就可以知道哪里有可以大醉一场的地方。如果许多酒店排在一起，光这飘飘扬扬的酒旗就令人赞叹。"酒幌高楼一百家"，这不成了酒王朝的写照了吗？有旗必有酒，有酒必有旗。即使在绿林丛中，山村僻处，也不会有例外。大酒店"青幔阔数尺"，气魄不凡；而"小旗村店酒"，也一片诗意。酒旗是招牌，是广告，也是酒谱。它们悬于当道显眼处，"多为风所扬，时见酒名号"（皮日休《酒楼》）。如果看到酒徒在旗下仰头，就应想到他可能是在选酒。旗面上的字，犹如今日的招牌，绝对不能胡乱涂鸦，多请名家书写，使店堂面貌生辉，生意更加兴隆。

酒店营业不受时间限制，白天可以沽酒，夜里也可以沽酒，通宵达旦，随时接待，酒徒成了真正的"上帝"。张籍《寄元员外》："月明台上惟僧到，夜静坊中有酒沽。"不特城市如此，乡村亦不例外。殷尧藩《旅行》："寂寥一点寒灯在，酒熟邻家许夜沽。"因为夜里可以沽酒，所以夜生活也显得特别活跃。别的店铺，早早关门了，唯独它们此时繁忙。罗隐《酬黄从事怀旧见寄》云："水馆酒阑清夜月，香街人散白杨风。"酒徒们喝得面红耳热，在呼吸吐纳之间，连风都带有香味。酒徒们夜里坐不稳，睡不着，定要喝上两杯。"夹岸画楼难惜醉，数桥明月不教眠"（杜荀鹤《送蜀客游维扬》）。如果眼前又无酒店，酒瘾又十分难熬，哪怕是月黑星稀，风高雨急，也打着火把，撑着小船去买酒，"栖雁远惊沽酒火，乱鸦高避落帆风"（罗隐《金陵夜泊》）。这为酒奔忙的劲头，把雁群鸦队的好梦都搅碎了。酒家善于窥测酒徒们的心态，即便在生意冷淡时，他们也耐得寂寞。"停烛待沽客，卖酒与渔家"（张籍《宿江店》）。到时自会有人来。酒徒的夜饮，给生活添了不少诗意。店主关于经营、服务项目也较为齐全。有人喝醉了，便可就地休息。"李白斗酒诗百篇，长安市上酒家眠。"这就避免一些酒徒喝得迷迷糊糊跑到马路上去撒酒疯。唐代有题壁的习俗，供酒徒们诗兴来时，在上面作诗。王绩《题酒店壁》云："昨夜瓶始尽，今朝瓮即开。梦中占梦罢，还向酒家来。"店家这种做法，是很高明的。诗人题壁，无异是给它们搞免费装修，既满足酒徒的需求，也引起他人的兴趣。大家来欣赏诗篇，品味书法，生意也就更加红火。

当时的酒店,许多都由女子当垆。李白诗云:“风吹柳花满店香,吴姬压酒唤客尝。”唐代虽为封建社会,但女子做生意,接待客人,都很大方。“远客无主人,夜投邯郸市。飞蛾绕残烛,半夜人醉起。垆边酒家女,遗我细绮被”(王建《邯郸主人》)。这些酒店,也留客宿,兼有旅馆的功能。女主人热情接待,关心冷暖,使远方来客有如归之感。酒店有妓女陪酒,有歌妓演唱。“南邻新酒熟,有女弹箜篌”(岑参)。闻到乐声,酒徒的双脚自动朝那里走去。她们所唱歌词,多为当代诗篇。当然,作者在喝醉之后,也可以自己奏乐演唱,大概跟如今的卡拉OK差不多,罗隐诗云:“醉吹村笛酒楼寒。”自吹自弹自唱,悉听尊便,无人去管。

当时来中国的胡人,不少是经营酒店的。胡姬当垆,别有一番风情。她们能歌善舞,笑脸迎人,把许多纨绔子弟,弄得神魂颠倒。胡姬的经营很有绝招。雪白的胳臂,朝你招呼,甜甜的小嘴,朝你微笑,多情的目光向你飞来,你好意思不进入里面饮两杯吗?那些白马郎君,是卖酒女的常客。“朔风高紧掠酒楼,白鼻䯄郎白罽裘。有个当垆明似月,马鞭斜揖笑回头”(杜牧《黄州偶见作》)。不难看出,他们早有交情,此时因故匆忙,未能就饮,但酒女眉眼传情,他回头笑揖了,恐怕很快就会返来,在欢笑中抖光自己的钱囊。

百计经营,手段用尽,目的只有一个:为了赚钱。不少酒徒,倾家荡产,债台高筑,质衣典裤,以求一醉,而卖酒女、卖酒郎、卖酒翁,却因生意兴隆,而财源滚滚。“邯郸女儿夜沽酒,对客挑灯夸数钱”(岑参)。她们赚了大钱,每晚收摊时,便丁丁当当地盘点。那副纸醉金迷的神情,令人生出许多感慨。但不管怎么说,所有这些,都标志着当时酒业的繁荣。

“炼精诗句一头霜”是谁

在《全唐诗》中,有些篇目,既记在这个作者的名下,又记在另一作者的名下,不过在大多数情况下,编者都加上说明;但亦有不说明的,如《维扬冬末寄幕中二从事》即为一例。

江上数株桑枣树，自从离乱更荒凉。那堪旅馆经残腊，只把空书寄故乡。典尽客衣三尺雪，炼精诗句一头霜。故人多在芙蓉幕，应笑孜孜道未光。

这首诗，在《全唐诗》卷三百，三四一七页，作王建诗；在卷六百九十二，七九七二页，作杜荀鹤诗。那么，到底这首诗的真正作者是谁？

我们先考察杜荀鹤的身世。他生于“四海兵戈无静处，人家废业望烽烟”(《赠崔道士》)的晚唐。他命运多舛，屡败文场，快到五十岁了才中进士。在这漫长的岁月中，他数度赴京，受尽白眼，失意贫困，集于一身。“年年名路漫辛勤，襟袖空多马上尘”(《感秋》)。“风射破窗灯易灭，月穿疏屋梦难成”(《旅中卧病》)。“回头不忍看羸童，一路行人我最穷”(《长安道中作》)。这些诗句，已经鲜明地勾出自己凄凉的形象。在家时，衣食无着，过着半耕半读的生活，一旦到了大都会，米珠薪桂，两手抓空，生借无门，不典尽客衣，尚待何时？杜荀鹤的诗，长于写实，《维扬冬末寄幕中二从事》一诗所言，并非无据。

王建的情况，则与杜荀鹤有所不同。他生活的年代，虽在安史之乱以后，社会元气大伤，但缝缝补补，尚可维持下去。大家都知道王建是颍川人，但对于他的生卒年，文学史家至今还弄得不大清楚。《唐才子传》说他“大历十年丁泽榜第二人及第”。大历十年，即公元七七五年。有人假设他的生年为七六八年，如是七六八年，中进士当在童稚年。《登科记》卷十一载：“大历十年，五月二十五日，敕童子科宜停。”看来，他在这年中功名不大可能。再假设，把他的生年往后推一二十年，他登第亦不算晚。他一举及第，便释褐授官。虽“四授官资元七品，再经婚娶尚单身”(《自伤》)，但混两餐，当是不成问题的。在长安之日，曾有“骑马傍闲坊，新衣著雨香，桃花红粉醉，柳絮白云狂”(《长安春游》)的诗句，“典尽客衣”云云，似无这等体验。

杜荀鹤在屡败文场之后，有一度曾结束琴书，纵情浪游，到过今之江西、湖南等地。维扬之游，恐亦包括在内。在维扬时，他碰见曾隐居过九华的老友罗隐，和诗友张乔。未到维扬时，对扬州的风光，颇多仰慕之情，在《送蜀客游维扬》一诗中写道：“青春花柳树临水，白日绮罗人上船，夹岸画楼难惜醉，数桥明月不教眠。”及至身临其境，囊中羞涩，念及功名前程、所经所历，又生出许多感慨来。“不为荣家不为身，读书谁料转家贫……多情御史应嗟见，未上青云白发新”(《维扬春日再遇侍御》)。他还写过《维扬冬末寄幕中二从事》同题诗:“年来疏览镜,怕见减朱颜。”这些诗篇,都慨叹穷困和白发。这正好为“典尽客衣三尺雪,炼精诗句一头霜”做了注解。

王建亦有维扬之游,并有诗记述其行踪。《扬州寻张籍不见》云:“别后知君在楚城,扬州寺里觅君名。西江水阔吴山远,却打船头向北行。”《夜看扬州市》云:“夜市千灯照碧云,高楼红袖客纷纷。如今不是时平日,犹自笙歌彻晓闻。”他虽有愁苦,但不在“贫穷”和“白发”上。他的隐忧,较之杜荀鹤显然有所不同。对他来说,这时很难哼出“典尽客衣三尺雪,炼精诗句一头霜”的诗来。

杜荀鹤是位苦吟诗人。“生应无辍日,死是不吟时”(《苦吟》)。无论在任何艰难困苦的情况下,他都没有停止过对诗艺的追求。“吟苦猿三叫,形枯柏一枝”(《长安冬日》)。苦吟苦练,形枯骨出,不知呕了几斗心血。他的“一头霜”恐怕是由此而来的。他一生制作近体诗三百首,诗名大播于时。观其“风暖鸟声碎,日高花影重”(《春宫怨》),诗句确亦是“炼精”了。而王建不是苦吟诗人。他的作品虽比杜荀鹤多,但不是专门从事近体诗创作的。他的诗,以乐府和宫词饮誉当世。观其“三日入厨下,洗手做羹汤。未谙姑食性,先遣小姑尝”(《新嫁娘词》),炼意重于炼句,他的诗,少见苦吟的痕迹,其风格和韵味,亦与杜荀鹤迥异。

《维扬冬末寄幕中二从事》一诗,通过以上的分析,即可断定其为九华山人杜荀鹤的作品。

木　妖

在封建社会里,常常有这样的情形:愈是民生凋敝、国库空虚、危机四伏,当权者大兴土木之风就愈烈。唐自安史之乱以后,军阀割据,明里贪污,公开受贿,将相宦官用剥夺来的民脂民膏营造私第,互相攀比,竞赛豪奢,好像末日快要到来,再不享乐,便没有机会了似的。

白居易看到这种情景,作《伤宅》诗给予揭露和抨击。“丰屋中栉比,高墙外回环，累累六七堂，栋宇相连延。一堂费百万，郁郁起青烟。”不仅外观气势逼人，内部装修也极其讲究。房里夏天凉爽，冬天温暖，厅室宽阔高大，坐卧都可以望见终南山。“绕廊紫藤架，夹砌红药栏。攀枝摘樱桃，带花移牡丹。”布置陈设，雅致异常。“厨有臭败肉，库有贯朽钱。”吃不完，用不完，可以任意挥霍。若仅凭一份规定的俸禄，哪能有这等豪华的屋宇，哪能有这等阔绰的享受？

高楼大厦多，住不了便闹鬼。当官的也会有倒霉的时候。“十载为大官”，也许到了十一载就会锒铛入狱，充军砍头。因此他们便归咎于这些楼宇，说它们不吉利，连忙搬迁。一方面是百姓贫无片瓦，一方面是李家大院，王家大院，马家大院……一座座楼房空在那里，狐藏兰丛，枭挂松枝，阴风阵阵，黄叶飘飘，无人居住。他们搬后，自然还得重建大宅，奴役万夫。钱从何来？当然仍是向百姓搜刮。民怨沸腾，叫苦不迭。因此百姓把这些日夜营造不息的土木工程称之为“木妖”。

“木妖”肆虐，为患无穷，不仅老百姓对它恨之入骨，唐代宗也感到它已威胁到国家的生存，非挥剑斩妖不可了。为了紧缩国库开支，抑制贪欲，减轻百姓负担，以保存危如累卵的政权。他先“从我做起”，将御苑的驯象、斗鸡、猎犬，一概纵之荆山，释放数百宫女，然后下决心向“木妖”开刀。他命令把元载、马璘、刘忠翼等人的宅第，统统毁了。因为他们都是朝廷的大官，凭借手中的权力，掠夺钱财，营造私第，堆金砌玉，雕梁画栋，极尽豪奢，在京师里最为引起公愤。向他们开刀，就可以杀一儆百，震动一大片。若只着眼于郡县的小“木妖”，而把朝廷的大“木妖”放过，即使轰轰烈烈一阵子，不久又会死灰复燃。因为上头有人做出了样子给他们看，下面就会纷纷仿而效之。

唐代宗是个较能纳谏、想有所作为的君主。他与“木妖”的斗争，很可能是受到老祖宗的影响。玄宗在登基之初，有感于风俗侈靡，会破家亡国，便将金银器玩，珠玉锦绣，统统置在殿前焚毁。大概也是怕“金妖”“银妖”“珠玉妖”“锦绣妖”作祟吧？的确，一旦被这些妖缠体，少有不国贫民穷的。

与妖斗争的精神，是有点感人的，但只是一时的冲动；与妖斗争的形式，是轰轰烈烈的，但只限于表面。这阵风一过，就连反对者也与妖亲密无间，共睡一个枕头了。因为用人民的血汗营建私宅，大肆挥霍，是封建政权与生俱来的恶性。不消除封建制度，这种妖是除不了的。

酒的浪漫曲

酒是世间最美妙之物，一经问世，就立即使人倾倒。它是一种魔水，只要有几滴落肚，就会使你五脏调和，身心康泰，眼放异光，如梦如幻。它产生的威力，超越佛祖，压倒仙翁，使掌握生杀予夺大权的帝皇，也为之顶礼膜拜。只要酒力尚在，长醉不醒，你便是处在一种妙不可言的状态里。这是远离魔水、不识其味的人，永远想象不出来的。

人自出娘胎，便有各种各样的烦恼。这点连智力超群的圣人，也逃脱不了。于是便想法去寻求一种东西，来解救自己。黄金白璧，高官厚禄，未必就无烦恼；绝代佳人也有过时成空之悲。“何以解忧，唯有杜康！”（魏武帝诗）这就被把酒临江、横槊赋诗的曹操，一下敲定了。其后千歌万曲，都在这个基调上吟唱。“荡涤千古愁，留连百壶饮”（李白《友人会宿》）。“一饮解百结，再饮解百忧”（聂夷中《饮酒乐》）。“醉耳歌催醒，愁眉酒引开”（白居易《醉中戏赠元使君》）。不管是新愁旧愁，大愁小愁，多愁少愁，总能酒到愁消，儿无例外。有时用不着酩酊大醉，“酒力半酣愁已散”。经反复试验，有效率为“百分之百”。酒为你解愁消忧，当然也就为你带来无限快乐。“有酒有酒兮湛淥波，饮将愉兮气弥和”（元稹《有酒十章》）。“酒来笑复歌，兴酣乐事多”（李白《金陵江上遇蓬池隐者》）。酒还没饮，就又歌又唱，又舞又跳。酒既然有如此作用，便难怪白居易说它是“一饷消愁值万金”了。不过也有人说，酒醒之后，苦恼更多。

生活的道路，山高水深，千难万险，怎样才能排除阻力，奋勇而前？据说酒可以帮忙。“求人气色沮，凭酒意乃伸”（牛僧孺）。碰壁归来，唉声叹气，头都抬不起来，可一杯在手，就眉飞色舞，俨然换了一个人。“天水春暗幕寒浓，船闭篷窗细雨中。闻道渔家酒初熟，晚来翻喜打头风”（郑谷《江上阻风》）。俗话说，屋漏怕遭连夜雨，行船最忌打头风。如今不特无忌，想起渔家酒熟，精神还立即振作，满江满河，都流动着一个喜字。“今日听君歌一曲，暂凭杯酒长精神。”刘禹锡被贬，在巴山蜀水度过了二十三年的凄凉岁月。那日在扬州，与白居易重逢，白居易设宴款待，击盘而歌，同情他不幸的命运，刘禹锡于席上吟诗作答。这杯美酒，使他增长了精神，提高了生活的勇气。卢殷《长安亲故》云："楚兰不佩佩吴钩，带酒城头别旧游。年事已多筋力在，试将弓箭到并州。"诗中的主人，尽管年事已高，但仍带刀携箭，奔赴边地，是什么能使他涌起这股豪情？是酒！酒有时可以产生一股强大的力量，胜过千军万马，无坚不摧。李白《九日登巴陵置酒望洞庭水军》云："酣歌激壮士，可以催妖氛。"

酒可以驱寒化热，祛病止痛，饮酒之后，身体产生热量。即使外面大雪纷飞，冰冻三尺，也无寒冷的感觉。酒酣耳热之际，酒徒大都解衣脱履，袒腹露胸。呼出的热气，像喷出火似的。所以朔风凛冽之时，酒徒们便十分活跃，纷纷致柬相邀，围炉煮酒。奇怪的是，酒竟然也能忘热。"云峰峨峨自冰雪，坐对芳尊不知热"（李颀《夏宴张兵曹东堂》）。虽是夏日炎炎，但玉盘贮水，浮李沉瓜，酒果都经过冷处理，吃喝起来，觉得清肺润心，身生凉意。酒与治疗一向关系密切。医字的原体为"醫"。其上左为外创伤，上右是指按摩、针灸等，下面的酉即古之酒字。酒为兴奋剂，也可做麻醉之用。酒徒们喝得朱颜酡些，酩酊大醉，即使你用刀刺他们，也不知道。元稹在《饮致用神曲酒三十韵》中说："刮骨都无痛，如泥未拟停。"这可不完全是夸张。权德舆跌了一跤，伏枕呻吟，有人送来酴酒，痛饮之后，舒舒服服地入睡，不知什么是苦痛。他为此作诗一绝云："一杯宜病士，四体委胡床，暂得遗形处，陶然在醉乡。"

许多人都想长生不老，能登仙境，但古往今来，传说得道的多，真能成仙者却不见有，这确是令那些辟谷绝粒、烧丹炼汞的人大失所望。然而，因为有酒在，故可弥补这方面的不足。三杯过后，飘飘然，昏昏然，不知春夏，忘了早晚，大概这就是"仙"了。"当代不乐饮，虚名安用哉。蟹螯即金液，糟丘是蓬莱"（李白《月下独酌》）。李白有仙风道骨，愿倾资炼出仙药，一家老小都到瑶池仙子、王母娘娘那里落户，后来发现个中虚妄，远不如饮酒来得实在："贤圣既已饮，何必求神仙？三杯通大道，一斗合自然。"酒能使自己达到最高的境界，它与"大道"相通，它与"自然"合一。一个道徒，连做仙人的理想都放弃了，便可知酒具有多大的魅力。李中《赠王道者》云："槎流海上波涛阔，酒满壶中天地春。"有了满壶酒，便是神仙的日子，你想的是全都得到了，什么都不必苦苦追求了。

神仙之事，属于虚妄，许多人未必相信，但希望炼出灵药而延年益寿，则是许多人都在脚踏实地去做，而至今也没见有这种药问世。有人发现“杜康”就是这种药。饮过之后，使你青春年少。“明公论兵气益振，倾壶箫管黑白发”（杜甫《暮秋枉裴道州手札率尔遣兴寄递呈苏涣侍御》）。即使发不变“黑”，跟别人比也不一般。权德舆为此还写过一首诗，题目就叫《览镜见白发数茎光鲜异常》。酒徒喝得满面通红，就好像是返老还童。虽然时间是短暂的，但心里却觉得十分满足：“醺然耳热后，暂似少年时”（刘禹锡《和乐天烧药不成命酒独酌》）。人过早衰老，两鬓添霜，贫困是一大原因。但“白发欺贫贱，不上醉人头”（聂夷中《饮酒乐》）。据说只要你拼命饮酒，天天烂醉如泥，就可保满头黑发。因此什么长寿补品也不如饮酒。“烧得硫磺漫学仙，未胜长付酒家钱。窦常不吃齐推药，却在人间八十年”（张祜《劝饮酒》）。如果觉得窦常这例子，还不够有说服力，那么请听白居易谈谈自身的感受吧！“退之服硫磺，一病讫不痊。微之炼秋石，未老身溘然。杜子得丹诀，终日断腥膻。崔君夸药力，经冬不衣绵。或疾或暴夭，悉不过中年”（《思旧》）。他这些老朋友，都吃药求长生，结果早死，而他天天大喝特喝，虽然一身是病，但过了七十还感觉良好。“且进杯中物，其余皆付天。”好像是酒使他获得长寿。

唐代的诗人，普遍嗜酒，有人须臾不可无此君。当时的酒价如何？有人说“金尊美酒斗十千”，有人说斗酒三百青铜钱。这些都是诗中语言，不大可信，不过肯定是不贱的。为了饮酒，什么都舍得拿去变换，倾家荡产，亦在所不惜，酒在豪情在。一杯斟满，仿佛便占有一切。“醉来枕曲贫如富，身后堆金有若无”（白居易《尝黄醅新酎忆微之》）。

在美酒饮过之后，神旺气足，灵感骤至，于是吟出佳章，绘出名画，写成好书，为文坛艺苑增添无价之宝。而酒力过了之后，身心倦怠，没精打采，灵气全失。这样看来，酒在文艺创作活动中的功效，真是不可低估呢。

酒徒们一面吱儿啧儿地品尝酒的美味，一面又在大事宣扬酒的好处，为扩充队伍造舆论，为自己继续狂饮找借口。李白唱道：“天若不爱酒，酒星不在天；地若不爱酒，地应无酒泉。天地既爱酒，爱酒不愧天……”（《月下独酌四首》）。高莫大于天，厚莫过于地，天地都爱酒了，人怎么能不饮呢？先别管他这种推理是否站得住脚，但这种宣传却颇有煽动性的。即使不爱酒的人，也禁不住这种引诱。白居易有感于刘伶作过《酒德颂》流传于世,自己也作一篇《酒功赞》。其词曰:“麦曲之英,米泉之精,合作为之,孕和产灵……”他从四面八方,宣扬了酒的神圣伟大之后,于是便做出一个绝不动摇的结论:“吾尝终日不食,终夜不寝,以思无益,不如且饮。”他还在《不如来饮酒七首》中,吁请人们不要去耕田,不要去经商,不要去当官……什么也别干、别求,坐在家里好好饮酒。不过,不种田,哪来酿酒的材料?没有商人做买卖,到哪里去沽酒?当然这些酒气熏天的醉话,说时脑筋是不大清醒的,你只要知道他是在为酒唱赞歌就够了。

平生不解藏人善

“文人相轻”,是久治不愈的顽症。不过在中唐之世,文士互相推毂、奖掖后进,却蔚然成风。杨敬之《赠项斯》云:“几度见诗诗总好,及观标格过于诗。平生不解藏人善,到处逢人说项斯。”他热情宣扬别人的长处,可谓这种风气的代表。如今我们用“逢人说项”这个成语,就是出自这里。

杨敬之是文学家。他曾作过一篇《华山赋》,送给韩愈看,受到赞赏,由此在文坛广为流传。他后来做了宰相,没有忘记这段经历,十分尊重同行。受到他嘉奖和帮助的人很多,最突出的就是项斯。

项斯的诗,格韵清绝,语多妙趣。他曾落第失意,困居长安,愁病交侵。他的《落第后寄江南亲友》云:“古巷槐阴合,愁多昼掩扉。独存过江马,强拂看花衣。”真有点走投无路。幸好,杨敬之读到他的诗称赞不已,项斯因此扬名。他不久及第,想来当与此有关。

得人帮助,是快乐的事;能够帮助别人,也是快乐的事。“平生不解藏人善”,不管是谁,有了“善”,都应为之表扬。他大概知道,光有一两条好汉在舞文弄墨不行,必须有千千万万的人在艺苑里共同耕耘,才能培育出灿烂的繁花。作为文学家宰相的杨敬之,虽然地位显赫,但并不是眼睛向上,而是把爱心给予那些失时落魄的文人,赞扬他们诗文的优点,关心他们的生活。如他赞赏文章家濮阳愿，到处向人推荐。濮阳愿死，他自己出钱敛葬。此事成为美谈。

唐代社会讲究推荐。那些受到名士赞赏的人，高中的机会就多。所以许多人不仅乐于被人赞扬，也乐于赞扬别人。张籍是反复被韩愈推荐的人，而他又向社会推荐项斯和朱庆馀，效果都很好。韩愈不分儒释，不分长幼，乐道人之善，以荐人为己任。当然被荐的人，并不一定都能达到目的，但被荐者则希望名声显赫的老前辈对自己的作品说句公道话，以求得心理平衡和精神慰藉。如尹公亮的诗，写得很好，但考试不被录取。那些没有本事的人，仅凭达官的一张条子便高中了。白居易为此而抱不平："袖里新诗十首余，吟看句句是琼琚。如何持此将干谒，不及公卿一字书？"

不藏人之善，是一种广阔的胸怀，是一种美德，也是培养人才的积极方法。不过也应看到，封建社会压抑人才是常见的事。以文学为敲门砖的人，一旦功成，身居高位，便对他人之"善"视而不见，冷眼相看，生怕后来者夺其霸位，对正在爬坡的人，连手也不肯伸一下。若遇此情景，恐怕只能令人长叹了。

白日见鬼

世上无鬼，然而有人开眼见鬼，不仅夜里见鬼，白天也见鬼；不仅在荒坟野地里见鬼，在帐前幕后也见鬼。鬼气森森，不寒而栗。谓予不信，请看李益便知。

李益是唐代大历年间的诗人，才华出众，少年登第。他留下的诗作虽然不多，但为人传唱的却不少。如《喜见外弟又言别》《夜上受降城闻笛》等。史称他"从军十载，运筹决胜，尤其所长。往往鞍马间为文，横槊赋诗，故多抑扬激历悲离之作。"观其写大漠风情，塞外埋恨，真为一绝！难怪诗一出，即为乐工赂求，被之管弦，或为绘成画，以供瞻仰。然而名声如此之大，颂扬如此之多，却因妻妾之事，受尽世人讥笑，留下"臭名"，连正史也对他"口诛笔伐"，而其间攻击最烈者，则数蒋防。

蒋防作了一篇小说，名曰《霍小玉传》。说李益二十岁擢第后，居住长安，结识未涉风尘之妓女霍小玉。互相爱慕，如胶似漆，粉身碎骨，誓不相舍。后李益为官，另有所欢。霍小玉多方寻求，李益终不示一面。临死之日，一豪士将李益揪至她家中，她长号数声而绝。死前她指着李益痛骂：“李君，李君，我死之后，必为厉鬼，使君妻妾，终日不安！”果如其言，从此李益白日见鬼。他与卢氏共寝，闻幕后簌簌有声，惊起视之，见一男子，姿态温美，藏之幕后，频向卢氏招手，急起搜捕，而一无所得。因此，他怀恨卢氏，痛加鞭挞。卢氏皮肉受苦，终不明何故，讼之公堂，分手大吉。细观其他妻妾，亦无不可疑。他百般猜忌，绝招也多，如门前撒灰，检验脚印，外出时，浴盘覆妻，归必详视，然后乃开。自备一短剑，必要时，即以武力解决之，竟有无辜被杀者。呜呼！小说家之奇文，真是玄之又玄，玄不可测！

其实，考诸李益其人，未必是如此狼心狗肺的。他的《江南词》云：“嫁得瞿塘贾，朝朝误妾期，早知潮有信，嫁与弄潮儿。”他的《过马嵬》云：“汉将如云不直言，寇来反罪绮罗恩。托君休洗莲花血，留记千年妾泪痕。”女子独宿空闺、形单影只的苦况，他似乎是感同身受。妇女是牺牲品，动不动即朝她们开刀，这点他亦发出不平之鸣。有两重人格的人，世上自然会有，但言为心声，诗如其人，总不能说李益的言词全为虚假。

如今要问一句：李益为何得此恶名？《旧唐书·李益传》中有两句话，似乎可以作答：“自负才地，多所凌忽，为众不容。”这就是说，他恃才傲物、得罪人多，有不堪者，便施报复。说你李益是个大笨蛋，你的诗又写得那么好，这谁会相信呢？但你妻妾成群，猜忌成性，难道从中就不能找到一点缝隙吗？于是李益“白日见鬼”之事，便不胫而走。

其实作者蒋防也是白日见鬼。小说中之霍小玉，是霍王元轨之小女。元轨是太宗的兄弟，因反武则天，早已被杀。与小说中所说的“大历中”事，相隔将近百年。一个尸骨无存的“死鬼”，怎么又和李益勾搭上了呢？蒋防确有其人，但查其集中，并无《霍小玉传》一作，看来是假“蒋防”所为无疑。而指名李益云云，无非是想取信于人，以达到攻击的目的。

李益疑妒妻妾的痴呆事情，有多少是真，有多少是假，鱼目混珠，一时也细摘不清。笔者无意在这里为他辨诬，更不想为他呼喊“平反”。只是觉得文士的爱情生活，比其他人的枝节都多。而世有好事者，专窥隐秘，善发阴私，捉影捕风,更其所长。在渲染成文时,又复调以老醋、绍酒、蚝油、椒面,使看之者惊心,闻之者动容,品之者其味无极,作为填补生活的某种空虚,更是上品。此等“白日见鬼”之怪象,虽发生在古代,但并未绝迹。稍加留意,如今仍觉鬼影幢幢!

生活的韵味

有的小诗,写得很平实,并无惊人语,但能唤起情思,给读者留下深刻的印象。这就是生活的韵味。

皮日休因酒成病,卧床不起,表示要与酒绝缘;然而这个决心,被一个叫卖声动摇了:“何事晚来还欲饮?隔墙闻卖蛤蜊声”(《酒病偶作》)。黄昏时分,炊烟缭绕,随着“卖蛤蜊”一声吆喝过后,便是四处涌动的足音。人们拿着大盆小钵,掀起阵阵喧哗,朝着这美味奔来。诗人这时,定然也会病减三分,忽然振作,准备老姜陈醋,开樽痛饮。这是临近江河湖海人家的寻常日子、普通一幕,但却有很浓的生活情趣。

陆游奉命至杭州,住在客舍。夜雨敲窗,辗转难眠,翌日起床作诗云:“小楼一夜听春雨,深巷明朝卖杏花”(《春雨初霁》)。宋人喜欢杏花。在杏花盛开的日子,一清早,在长街深巷,便可听到叫卖的声音。几枝鲜花是一幅画,几声吆喝是醉人的歌音。我们在这两句诗中,看到世俗的情态,读到有声有色的历史。陆游回到山阴后,常与田父野老交往。他的《东村》云:“野人喜我偶闲游,取酒匆匆劝小留。舍后携篮挑菜甲,门前唤担买梨头。”村人见陆游到来,热情招待,但没有什么可以下酒。忽见有小贩担梨路过,便买一些“梨头”(陆游自注:村人谓小梨为梨头)。物贱情深,厚意难量。这几枚梨头,胜过珍馐美味。诗人赞美村民的纯真质朴,反映出村居生活的特别风情。在这里,我又想起苏东坡的《浣溪沙》词句:“牛衣古柳卖黄瓜”。七个字是诗,七个字是画。初读似淡,细嚼即甘。它浓缩了生活的场景,注入了世俗的情味。

“卖蛤蜊”“卖杏花”“买梨头”“卖黄瓜”等等,用今天的话来说,是买方卖方的事，商味重，俗气浓，以之入诗，难得飘逸潇洒、玲珑剔透。然而，雅和俗是相对的，并没有不可逾越的鸿沟。俗中见雅，雅不拒俗。淡到极点即浓，俗到极度入雅。世人往往只知七宝楼台闪光耀彩为美，而不知质朴无华、纯真自然是美中之美。文坛高手，熟知个中三昧，在切入生活时，似不经意，便捕捉到美妙的音响，塑出动人的形象。而有的诗人，只求高雅，怕浅俗被讥，所以在反映生活时，缩手缩脚，缺乏胆量，这就难得出新，有醒人耳目的佳句。其实就读者而言，他们也很喜欢这类浅显而又有生活韵味的篇章。

李白的“职业”

李白是干什么的？如提这样的问题，当会令人笑掉大牙。然而前不久读到一篇文章，作者却给李白做了一个这样的鉴定：“李白何等样人：恣意纵酒，口出狂言，四处游逛，不务正业……”经作者这么一勾勒，李白仿佛像个二流子了。

所谓“正业”，用今天的话来说，就是本职工作。李白的“本职工作”是什么？他不是官。虽然朝廷曾征召他入翰林院，但并无实职。据说唐玄宗曾三次要给他封官，因为他写了那倒霉的《清平调》三首，惹恼了贵妃娘娘，结果都被否决了。他死后，代宗才颁下诏书，拜左拾遗。“生不及禄，没而称官”，世人为此而长叹。“赧郎明月夜，歌曲动寒川。”他虽赞美过冶炼工人，但他未做过工人。他也不是农民，他说：“耻学琅琊人，龙蟠事躬耕。”他想到溪边去牧牛，那是图清静。郭沫若先生据此生发开去，以为是李白想“发展农业”，这恐怕是搞错了。他也不是商。他有“混迹渔商”的话，其实只是说说而已。“长袖善舞，多财善贾”。他穷得不名一文，做哪家生意？他倒是个“士”，既学文，又学武。他要为国分忧、建立功业，“愿将腰下剑，直为斩楼兰”。然而爱国有心，请缨无路。他参加永王的军事行动，当过几天“水兵”，但肃宗与永王两兄弟打架，玉石俱焚，他被扣上“从逆”的帽子，流放夜郎，差点丧命。晚年闻李太尉出兵东南，还想从军，“聊申一割之用”，结果也未能如愿，在悲愤中辞世。

由此观之，李白一生没有“正业”，是“社会闲散人员”。既不属于“全民”，也不属于“集体”。若生于当世，可以在作协或文联任个什么职，领份俸禄。唐时虽然有人因写墓志铭而成了万元户，但写诗却难得报酬。李白有时靠诗换杯酒喝，换个鸟玩，说不上是谋生的主要手段。非不务“业”，是无业可务。若让他填表，“职业”一栏是无法落笔的。这不是李白的过错，是封建社会没有给这位天才以献身报国的机会。一千多年后，对这个问题应是看得清楚了，如果还批评他“不务正业”，岂不是对天放炮，令闻声者瞠目？

然而李白亦务“正业”。他是个诗人，写诗就是他的“正业”。自云“常横经籍书，制作不倦”，“书秃千兔毫，诗裁两牛腰”。我们今天看到他的作品有千篇，实际数字恐是过万。因为社会动乱，作品十不传一。一生写了那么多诗，写了那么多好诗，真可以说苦心钻研业务的“积极分子”，有突出贡献的专家了。

还应当指出的是，他这些诗，好些是“到处游逛”时写出来的。李白自己就说：“五岳寻仙不辞远，一生好入名山游”。他不仅白天游，夜里也游，寻幽探胜，冒艰历险，全身心地投入，以他多姿多彩的画笔，赞美祖国壮丽的河山。这种“到处游逛”，用今天的话来说就是深入生活，熟悉所写的对象，应当予以肯定。所谓“到处游逛，不务正业”，批评吃饱撑得难受的二流子可以，批评用公款到处玩耍的人也行，如此批评李白，可乎？

道直去官早

无论干什么事，都得有诀窍，比如做官吧，有的人在官场里，如鱼得水，像个不倒翁，直至发讣告了，才知道他不再做官了。而有的人，干不了几天，便被“炒鱿鱼”。来也匆匆，去也匆匆。何故呢？许浑《送前缑氏韦明府南游》云：“道直去官早，家贫为客多。”这是慨叹后一种人不懂官术。

“直”是一种美好的品德，是受人赞扬和尊敬的。但是在封建社会里是容纳不得一个“直”字的。倘若你把它带进官场里去，定是凶多吉少。官场里只讲歪道、不讲正理，欺上瞒下，以大压小，大家都虎视眈眈地盯着百姓身上那几两肉。四面皆曲，被夹其中，如何能直？比如说从上到下，都贪污受贿，你却两袖清风，自视高洁，对他们吹胡子瞪眼，摆出一副不能容忍的架势，那么，同僚就会栽赃陷害，把你活活整死。又比如，县太爷的小舅子，目不识丁，却要安插在文书科任职。你不特不通融，还要据理直顶，等不了多久，连你的饭碗也砸了。官场上像走马灯似的，你来我去。这不完全是工作需要的正常调动，有好些是脖子梗梗好说直理的先生挨踢。“直如弦，死道边；曲如钩，反封侯。”老百姓总结出来的话，错了吗？

“直”，不见得都死，穷，则是肯定的。许浑的《姑孰官舍》云：“贫后始知为吏拙，病来还喜识人疏。”为吏之时，大概手上是有点权的，但是你不使用，过期便作废了，及至病卧官舍，囊中空虚，提壶赊酒，柴米为忧，才暗骂自己的憨直，后悔做了傻瓜。当初如心眼稍为灵活点，别说走私军火，偷运烟土，可以一变而为巨富；就是管理贷款、负责税收，个中也有吮不完的油水。会当官的人，不但有俸禄，还有外快。官愈大，钱愈多，所以人们才说“升官发财”。当然，本直道而且不善做手脚的例外。

在外人看来，当官的要发横财，会有风险。这是事实。即使在封建社会里，也有人因为获取不义之财，而被充军、砍头，抄家灭族，或自己动手解裤带上吊的。但更多的则是漏网之鱼，或鱼大网小，或根本无网。有武力的，凭七八条枪，占一个山头，明抢暗夺，谁敢吭一声？无枪无炮的，也道术甚高，比有枪炮的还保险。开元以前，政府向百姓征收租庸调，后户口废坏，无法核查，所以改为“两税制”，即将租庸调合并而统收钱帛。一年两次，不得再增加农民负担。白居易《重赋》云：“赋外加一物，即以枉法论。”但那些贪吏，才不怕呢。你有皇法，我有对策。既收“两税”，又收租庸调。“攫搏如猛虎，吞噬若狂獒。山秃逾高采，水穷益深捞。龟鱼既绝迹，鹿兔无遗毛”（舒元舆《杭州按狱》）。横征暴敛，敲骨吸髓。表面看来，他们是违法了，应当惩罚；但他们却打着给皇上小钱柜进贡的旗号，多征是为了朝廷的利益，令百姓有苦难言。其实上贡给皇帝小钱柜的，只是十分之一；乃至百分之一；绝大多数，都落入他们的私囊。而他们却捞得名正言顺，捞得稳稳当当。变曲为直，捣鬼有术！

在封建社会里，做个正直的官也难。那些坐塌衙门的老吏，大多练得铜筋铁骨，刀枪不入，圆得像颗滚珠，滑得像条泥鳅，连老孙的金箍棒也打不着他。

杜甫虽当过官，但看来不懂个中三昧。他逃离安禄山的虎口，到凤翔担任了左拾遗谏官，见宰相房琯遭到厄运，便上疏救援，结果惹恼了肃宗。只当了三个月的官，板凳还没坐暖，便又卷铺盖了。假如他把营救的奏折，改为声讨的檄文，盛赞皇上英明伟大，说不定还可连升三级；或者像他人一样袖手旁观，默而不语，天塌下来也砸不着。但他对于当面烧香、背后放枪这一套，全然是外行。大概后来也悟出了官场这一套，自己很不适应，所以说，“不爱入州府，畏人嫌我真”（《暇日小园散病将种秋菜督勒耕牛兼书触目》）。“真”就是一条直肠，连弯也不拐，哪有不遭白眼之理？所以他索性不进官场，在家养牛种菜，“冬菁饭之半”。苦点就苦点，忍了。他那个工部员外郎的“职称”，还是老朋友严武帮他搞到的，要是靠同僚去评，恐怕麻烦事就多了。他曾叹道：“乾坤一腐儒”。“儒”而且“腐”，可见不是一块做官的材料。

狂人的脸谱

古今文坛上，有许多关于谦虚的佳话，为人所津津乐道。杜甫和李白是好友，一个是“诗圣”，一个是“诗仙”，诗坛上的“双子星座”。杜甫在称赞李白时说：“白也诗无敌”，意自己不如他，但后人并没因杜甫这样推崇李白而将他看低半分，相反却更觉得他人品的伟大。

俄国作家约翰·保罗说：“一个人的真正伟大之处，就在于他能够认识到自己的渺小。”可是，要认识到这个“渺小”，又是多么的不易啊！有的人，往往稍有成就，便觉得他人难以匹敌，甚至自感“天下老子第一。”唐朝的薛能便是这样一个人物。他是个诗痴，创作勤苦，《全唐诗》收他的作品有四卷之多，实际数量恐远不止此。史书上说他“每日作诗一首。”他自己亦云：“到处吟兼马上吟，总无愁恨自伤心。”“千题万咏过三旬，忘食贪魔做瘦人。行处便吟君莫笑，就中诗病不任春。”确实很苦，算是呕心沥血了。写诗必须付出艰苦的劳动，这是毫无疑问的，但如无实际感受，为诗而诗，一味以“苦”造诗，恐怕只能出惊人的数量，而难以出惊人的质量。薛能的情形，恐怕当属此类。倘若他能有点自知之明，倒还好些，但恰恰相反，他却狂到不得了。

薛能写过一首《荔枝诗》："颗如松子色如樱，未识蹉跎欲半生。岁杪监州曾见树，时新入座久闻名。"这首诗，既无新意，又乏文采，算得上是平庸之作了。而他却在诗序中说："杜工部老居两蜀，不赋是诗，岂有意而不及欤？白尚书（居易）曾有是作，兴皆卑泥，与无诗同……"所以，他这首诗便是前无古人，成为"首唱"了。

薛能做过许州刺史，一次与幕僚酣饮，令部妓跳杨柳枝健舞，复歌其词，觉得无可听者，于是便自制新词五首，末首云："刘白苏台总近时，当初章句是谁推？纤腰舞尽春杨柳，未有侬家一首诗。"他在题下自注："刘、白二尚书，继为苏州刺史，皆赋《杨柳枝》词，也多传唱。虽有才语，但文学太僻，宫商不高，如可者，岂斯人徒欤？洋洋乎唐风，其令虚爱。"

杜甫不行，白居易、刘禹锡也不行，数来数去，也就只有李太白了。他是"无敌牌"的，在他面前，该小心一点了吧？但狂人已顾不得这些了。请听薛能的高论："李白终无取""我身若在开元日，争遣名为李翰林"。

长庆间诗人刘得仁，作品被誉为"五言清莹，独步文坛"，看来是有两下子的，不知是惑于薛能的吹牛皮，还是因连年落第想寻个进阶，捧着自己的诗卷去请薛能评定。薛能翻了一下，便道："百首如一首，卷初如卷终。"呜呼哀哉，只能丢进废纸篓去了！

至此，上至李白、杜甫、白居易这些诗坛泰斗，下至刘得仁辈这些"芸芸众生"，全部被薛能手中的笔杆撂倒在地，真是"独树一帜"，没个对手了。不过打倒了别人，自己不一定就伟大。薛能这大名与他的大作现在恐怕已没几个人知道了。

像薛能这样的人，虽然少见，但也称得上是一种典型。我们能说，这号人只在过去才出现，当今就已经绝迹了吗？如果有人说，某某的书写得不错，某某的作品有水平，你便可看到有人要站出来，跟他比，将自己的长处，比他人的短处，比来比去，比出自己是"文豪"，比出别人是"二三流"。可见薛能的幽魂，是不容易消散的。

古希腊有位智者说过："谦虚为美德增色。"但如果不把自大狂的脸谱勾勒出来，何以显出美德之可贵？

“白”“碧”缘由

名字是一种符号，应当彼此各异，避免撞车；而有的人却偏偏喜欢重复，以自己崇拜的别人之名，作为自己之名，于是便出现了名字雷同的现象。无论是古是今，都不乏其例。

李白，字太白。他是唐代一颗耀目的金星，令人为之景仰。有不少人便以他的名字命名。当时有位张姓诗人，单名碧、字太碧。“碧”“白”谐音，义亦相连，不但学其饮酒吟诗的风度，连“名字”也酷似。这一来，仿佛自己也是诗翁酒仙了。这种简单化的模仿，是没出息的。事实恐怕也是如此，张碧连年落第，功名失意。当然，这不能断定是缺乏才思的结果。但也不能说明是才学过人表现。《唐才子传》说他有《歌行集》二卷传世，但《全唐诗》只收有他十几首诗。就仅有这点而言，已可见一斑，李白的诗，豪迈奔放，形象生动，如一股山泉，清澈无比，如一颗明珠，闪亮夺目。张碧的诗，呆板凝滞，缺乏灵气。他们两人都写过庐山瀑布。李白的诗脍炙人口，妇孺皆知，不必引用了，且看张碧是如何落笔的：“谁将织女机头练，贴出青山碧云面，造化功夫不等闲，剪破澄江凝一片……”又“贴出”，又“剪破”，都没有“疑是银河落九天”传神。孟郊赞他的诗，如“高秋数奏琴，澄潭一轮月”，恐怕是溢美了。当然我们不能要求，凡崇拜他人者，都应达到同样的高度，或者其风韵情致都必须相似。“学我者生，似我者死”。相似已是“绝路”，更何况连皮毛也未曾学得？既然如此，为什么还非要“碧”“白”，“白”“碧”，将自己的名字与别人的名字掺和得难解难分？

艺术的风格不易学，不宜学，事已明矣，而思想气质，则更是各有特点，不能效仿。大文豪司马相如，羡蔺相如之为人而取此名，然而一个“睨柱吞嬴”，英气勃勃，死且不怕；一个以驰骋想象为能事，走投无路便当“个体户”，夫妻双双把酒卖。此相如，绝不类彼相如。

一人一副脸孔，相同了就容易乱套；一人一个名字，相同了就会惹起麻烦。敝国人口多多，名字很容易重复，不得不编一部《同名大辞典》来解围。人们选名，多选吉祥如意的字眼，这完全可以理解，但这类词有限，大家都扎堆，就分不过来。虽然起名立号，全是个人的自由，但应力争“独立性”，考虑社会效果和适合自身的情况。

生不逢时之叹

知识分子有颗爱国心，只要敞开言路，他们大多会知无不言，只要给他们均等的竞争机会，他们就可能脱颖而出。最怕说的是说，做的是做，轰轰烈烈半天，最后还是把他们晾在一边，甚至产生恼恨。

武则天昭问群臣，怎样才可以“调元气”，振兴社稷。陈子昂于是剖心析肝，上书言事。希望朝廷重视农桑，“明讼恤狱以息淫刑，修文德以止干戈，察孝廉以除贪吏。后宫非妃嫔御女者，出之；珠玉锦绣、雕琢伎巧无益者，弃之；巫鬼淫祀营惑于人者，禁之……”（《新唐书·陈子昂传》）这些道理，称得上是“建国方略”了，如肯采纳，于社会不无裨益。可惜的是，言者谆谆，听者藐藐。真的被武则天听进去的到底有多少？

武则天为政期间，自己好像坐在一个炸药桶上。不特朝廷之内，危机四伏，边境的干戈也扰扰不息。兵败将亡的消息，时有所闻。陈子昂这时忧心如焚。“汉甲三十万，曾以事匈奴，但见沙场死，谁怜塞上孤”（《感遇》三）？说的是汉，实际上指的是唐。战事的不利，其中很大的原因是主将无能，策略失误，广大将士受到压抑。“每愤胡兵入，常为汉国羞。何知七十战，白首未封侯”（《感遇》三十四）。契丹在营州叛乱，建安郡王武攸宜，亲自统兵出征，以陈子昂为军中参谋。武攸宜不识兵机，刚愎自用，视军事为儿戏，既不能总结以前的失败教训，又不能重用军中的人才，在强敌面前，眼见又是一盘死棋。陈子昂在这危急关头，向武攸宜力陈用兵之道，并乞求“分麾万人以为前驱”，与敌做一死战。如肯听他“参”一下，战局也许很快便有转机。但武攸宜认为他是书生。书生者，知识分子也。思想毛病多，军事上也是外行。所以对他的意见谢而不纳，并将他“下放”。爱国有心，请缨无路。任你胸中有六韬三略，锦囊里贮满妙计，也只能对天长叹！

诗人的感情，纯真率直，忠诚无隐，一旦受到压抑，便钳口无言。情怀之恶，可想而知；但是口不能言，心海就能平静吗？他登上蓟北楼，仰视辽阔的苍穹，俯视茫茫大地，思绪翻腾，百感交织。远去的历史长河，又在他的眼前掀起大波大浪，冲激得他魂摇魄荡，难以自抑，不禁唱出“前不见古人，后不见来者”的悲歌。在这泪光中，有他对国家前途的忧虑，有对腐朽朝政的愤慨，有对人民命运的关心。那爱才的燕昭王如今是看不到了，他筑起那座招纳贤士的黄金台，也埋没在蒿莱之中。今天即便有像乐毅这样的智士，谁又能识别，谁又能重用？“古人”已远，“来者”如何？陈子昂是看不到了。他希望精英继出，人才荟萃，不致再有他那样的痛苦。

不过，后之“来者”，倘若真的让他看到了，恐怕更加令他感到悲哀。其后一千多年的封建社会，知识分子的命运不是有目共睹，尽人皆知的吗？能免“生不逢时”之叹的有多少？

和尚与圣人

钱是个宝物，世人谁能离得开它？别说凡夫俗子，即使是心清如水看破红尘的和尚，学问博大坚守节操的圣人，也难例外。若是摆出一副清高的面孔，就只有喝西北风的份儿了。

寒山是位名僧，在天台隐居时，靠寺院施舍的残羹剩饭度日。他原是个失意的知识分子，出家之前就很穷。“家中何所有？唯有一床书。”生活中有一个奇怪的逻辑，书多的人，往往贫困。“寒到烧软火，饥来煮菜吃。”肚皮填不饱，衣也难盖体。“今我有一襦（短衣），非罗复非绮。借问作何色？不红亦不紫。夏天将作衫，冬天将作被。冬夏递互用，长年只是这。”物质匮乏到了如此地步，真是令人为之一叹！

想来他曾经奋斗过，然而青云有路，飞黄腾达，并不都是学问超群的结果。没有两根合金一样坚硬的后戳，即使才高八斗，也难免碰壁。“未能得官职，不解秉耒耜。”读书误事，他深深地体会到了。尽管饱读经书，六艺俱通，称之谓“先生”，呼之为“学士”，“若无阿堵物（钱），不啻冷如霜。”他也需要钱，风光风光。“一日有钱财，浮图顶上立。”他站得比谁都高，通通盖了。钱从何来？他说：“养得一牸牛，生得五犊子。犊子又生儿，积数无穷已。寄语陶朱公，富与君相似。”没有什么高招，仍是鸡下蛋，蛋生鸡的老法。这反映封建社会的小农经济意识，不过在那个时候，算得是“高水平”，不可以今人之眼光去衡量。

和尚应六根清净，但只要人性还没完全泯灭，就既清不了，也净不了。于是我又想到孔老先生。他终日奔走，恓恓惶惶，去传播他的道学。他那份积极性，不亚于今日知识分子搞“创收”。结果一事无成，被人骂作丧家狗，差点打破脑壳。但孔老先生亦人也，他需要吃饭，而且伙食标准很高。“食不厌精，脍不厌细”，又曰“割不正不食”，诸多挑剔。其时粗茶淡饭尚且不易混得，更何况又“精”又“细”呢？大概他手头也有些拮据了，于是想到要发财。他说，“富而可求也，虽执鞭之士，吾亦为之。”据杨伯峻先生考证，“执鞭之士”是市场的守门卒，属低等职业，孔老先生为之，岂不有失身份吗？但只要薪高，他就可以置“贤人七十，弟子三千”于不顾，改装易服，从杏坛走向市场，干起第二职业、第三职业。虽然“子罕言利”，但必要时也得“言”它一下，不必左顾右盼，羞羞答答。

和尚谈致富，圣人想发家，是说人与金钱联系之密切，并非对他们做全面的评价。寒山的最终目的不是为财而生，孔子求富，但要取之有道。他有一句话，是我们万万不能忘记的：“不义而富且贵，于我如浮云。”

日久情深

白居易受权贵诬陷，被贬为江州司马。江州属“偏州恶郡”，是惩罚臣子的地方。白居易当时心情恶劣。来到江州正是秋天，放眼看时，“树木凋疏山雨后，人家低湿水烟中。菰蒋喂马行无力，芦荻编房卧有风”（《初到江州》）。贫困落后，跟京都比相去甚远。九江潮湿炎热，四月天梅雨连绵，云含瘴气。北人南来，难以适应，唯有叫苦。白居易思念家乡，思念京洛。“一夕高楼月，万里故园心”（《江楼闻砧》），司马青衫，已见泪痕。

江州真的那么可怕吗？不，住下去就会发现它的美处。它气候温暖，雨量充沛，物产丰富，是个鱼米之乡，浔阳多美酒，鱼贱如泥。鱼吃腻了，这里的蔬菜也别具风味。“此州乃竹乡，春笋满山谷。山夫折盈抱，抱来早市鬻。物以多为贱，双钱易一束。置之饮甑中，与饭同时熟”（《食笋》）。笋片炒鱼，美其名为“玉兰片”，身份不凡，而在这里却像吃山芋一样，尽可大饱口福。九江有庐山，白居易一到那里便陶醉：“若远行客过故乡，恋恋不能去。”于是置草堂三间，栽花植树，引泉灌溉。庐山春有锦绣谷花，夏有石门涧云，秋有虎溪月，冬有炉峰雪。山水悦目，琴书消忧，一上庐山，十天半月不归。这时的白居易，又愿终老是乡。接到任命调离，他说“身出草堂心不出”，发誓“三年官满却归来”。后出任杭州太守，途经江州，果然不忘旧约，其情浓处似久别游子归乡。

他又出任忠州刺史。忠州是个小邑，“山束邑居窄，峡牵气候偏。林峦平地少，雾雨多阴天”（《初到忠州登东楼寄万州杨八使君》）。贫穷闭塞，刀耕火种，夜来灯火稀少，只见满天星光。如果把初到江州时比为“笼中鸟”，那么到了忠州就像“槛中猿”了。生活寂寞，心情苦闷，只想急急脱身。

不过从另外一面看，忠州有些优点又为他处所不及。

这里盛产荔枝，随处伸手可得，山涧有种木莲树，花开如莲，色香艳腻，天下奇绝。这里是少数民族聚居区，虽语言不懂，但当地的民歌《竹枝》却悦耳愉情，令人喜爱。日子有滋有味，过得蛮不错。他又着手改善环境，修路植树。春至花开，红如霞，白如雪，蜂来蝶去，漫步其间，已把他乡当故乡了。临别之时，他在花间树丛里徘徊，舟出三峡，还登高回望：“时时大开口，自笑忆忠州。”你看，人的感情，变化有多大啊！

地区之间，有先进落后之分，自然环境也不一样，但都各有自己的优势。说哪个地方不好，往往是夸大它的落后，以偏概全；或者尚未接触实际，一旦深入其间，感觉自会不同。如果为它洒过血，流过汗，那感情就可能更加深厚。常说某处是自己的第二故乡，这感情不是与生俱来的，这里面有长期熟悉与适应的过程。白居易的思想变化，为许多人所共有。人非草木，日久有情。无论到了哪里，祖国的每一寸土地，都使你着迷。

风味的引诱

故乡的风味，具有极大的诱惑力。如果小时或在家乡喜欢吃某种食品，长大或离开后，还会常常想念，甚至一闻其名，便立即来劲。这现象似乎是较为普遍的。

晋朝文学家张翰，有“文笔数十篇行世”。李白对他的诗十分赞赏。但张翰迷恋家乡风味的逸事，却远远超过他的文名。他是吴地人，随贺循入洛后，被齐王封为大司马东曹掾。他天性旷达，追求自适，不喜欢做官。于是找个借口，说秋风起了，想吃老家的莼羹鲈脍，便赋“归去来兮”。当然，在这个借口的背后，有乱世做官生命难保的隐忧。至于他所言的那种莼菜，是一种生长在湖面的蔬菜，十分易得，并不是什么稀奇之物，但他喜欢这一口，所以乌纱帽也可以不要了。

张翰这种情思，在后世的文人心中不时引起共鸣。贺知章做了一些日子的官后，也觉得腻味了，于是给皇上打报告，请求还乡为道士。此外还有一个理由，就是迷恋故乡的风味。他的《答朝士》云：“钑镂银盘盛蛤蜊，镜湖莼菜乱如丝。乡曲近来佳此味，遮渠不道是吴儿？”他也是吴人，自然也是想吃莼羹鲈鱼脍的，不过却多添了一味蛤蜊！此物产于江河湖海的浅滩，种类繁多，吃法不一，光去壳，佐以新姜老醋一味，就会令人吃得眉开眼笑。

蛤蜊味道之美，可以使人感情失去控制。皮日休也是吴人。嗜酒成病，已经卧床不起了。这时他发誓，不再饮酒。然而他的誓言受到蛤蜊的强烈挑战。他正睡得迷迷糊糊，忽然听得隔墙有人吆喝卖蛤蜊的声音，于是一骨碌爬了起来，酒瘾、蛤蜊瘾，一齐翻肠搅肚，唾液难止，还顾得上什么酒病？我们可以想到，面对味鲜肉美的蛤蜊，恐怕是要开缸倒瓮，大碗大碗地豪饮的。

这种对故土风味的特殊爱好，成为人们生活中的美谈和吟咏的题材。温庭筠在秘书省的墙上，看到贺知章留下的书法，于是想起他为了吃莼菜蛤蜊而辞官的情形，作诗吟道：“越溪渔客贺知章，任达怜才爱酒狂。鸂鶒苇花隐钓艇，蛤蜊菰菜梦横塘……”张翰、贺知章、皮日休等人，都是美食家，可算是在吃莼菜蛤蜊方面出了名的。然而风味之美，不止一端，因人而异，千差万别。笔者有位堂兄，携妻挈子，赴外地工作，忽而弃职还乡为此受了不少苦楚。人问何故归来，答曰：“为了能吃到家乡的石首鱼汁浇米饭。”怪哉！他人不解，他却自得其乐。不过此举付出的代价，不比张翰贺知章辈少！

谨防假冒

在商品市场上时见的假货，文学艺术领域也未能免。有人见某家作品走俏，有利可图，便仿而效之，冒名推出，蒙人骗人。对此，报上曾有披露。然而追根寻源，此风却并非今日始。

唐代无稿费制度，但作品可以拿到市面上出售，若喜欢某人的作品，也可预订索购。白居易的诗红极一时，“二十年间，禁省、观寺、邮候墙壁之上无不书，王公、妾妇、牛童、马走之口无不道”。处处传抄，覆盖面广。手头有他的作品，就等于有了钱，可以用来交换茶酒，或其他物品。当时与一些国家交往频繁，诗也经常“出口”。鸡林贾人在市面上收购白居易的诗，说“本国宰相，每以百金换一篇”。文价如此高昂，真是教人心跳。若开馆授徒，辛苦一生，累个半死，未必就能获得这个数目。

于是，一些不逞之徒便纷纷盗窃白居易的名字，推销自己的“作品”。一个白居易，变成十个白居易，百个白居易……鱼龙混杂，“黑”硬说是“白”。这种严重的“侵权”行为，作者是无处投诉的。再说他们是挣“老外”的钱，又不是掏国人的荷包，自然也无人理会。不过，“老外”的钱也是不好挣的。据那位鸡林的商人说，“其甚伪者，宰相辄能辨别之。”我佩服这位宰相，他一定是位中国通，对白居易的诗，对当时的文学现状，都较有研究，不然是没有这等本事的。如果他是“打假办”的成员，恐怕那些盗名的人就会露出马脚。

造假骗众者一是贪财，二是觉得事情易为。我想他们不会再来一篇“长恨歌”或“琵琶行”，因为那是世人尽知、无假可造的，而作三二十行的短章，则颇易得手。白居易的诗有个特点，通俗显浅，老妪可解，且也有套路可依。如他的《新乐府》："篇无定句，句无定字，系于意，不系于文。首句标其目，卒章显其志……"照此办理，一篇"白居易的诗"很快出笼，就像如今的假货，调换包装，改贴标签一样，花力不多而获利甚巨。对于那些混迹文场，既乏真才，又不愿吃苦，且想快速致富的人来说，干这一手是最好不过了。

白居易对于这种"情况"并非一无所知。他虽不直接发表声明，提出抗议，但一定反感。他把自己的文集抄成四份，除家藏一本外，其余分别放在洛阳圣善寺、庐山东林寺、苏州南禅院。"书不出院门，不借官客，有好事者任就观之。"使那些假货自生自灭，变成一场闹剧。我们今天所见到的白居易诗歌，都是正品，不像李白的诗，中有许多假货，至今仍真伪莫辨，令专家学者大喊头痛。在没有"版权法"可依，没有"打假"办事机构去检查的情况下，白居易此举，不失为斗争的一种好方式。

赶　鬼

世上有没有鬼？古往今来，争论不休。韩愈曾花大力气，写了一篇研究鬼的文章："有啸于梁，从而烛之，无见也。斯鬼乎？曰：非也。鬼无声。有立于堂，从而视之，无见也。斯鬼乎？曰：非也。鬼无形。有触吾躬，从而执之，无得也。斯鬼乎？曰：非也。鬼无声与形……"（《原鬼》）他一方面否定了常人以为鬼其实非鬼之现象，却又从另一方面证明鬼无声无形确实在冥冥中存在。韩愈属儒家，儒家认为人死变鬼，孔老先生对此便笃信不疑。

鬼既然有，就存在如何与它们打交道的问题。在韩愈看来，人比鬼厉害，鬼得听人的。世上的君王，不但可以指挥臣民，连摸不着、看不见的鬼，也得听从。作为皇上委派的官吏，不但治民，也可治鬼。根据这种思想，韩愈要显示威力，把害人的鬼赶跑。人得疟疾，发冷发热，其状甚苦。韩愈认为，这是虐鬼在作怪。这种鬼，是水帝的魂魄，从烟波中冒出来，形象十分丑陋猥琐。见人呕吐出脏的东西，它就趴下来舔吃。这种鬼很难对付。"医师加百毒，熏灌无停机；灸师施艾炷，酷若猎火围；诅师毒口牙，舌作霹雳飞；符师弄刀笔，丹墨交横挥”（《谴虐鬼》）。药、灸、符、诅，四面交攻，它都不怕。但因这种鬼门第高贵，所以也不敢太过得罪，最后只喝了一声：“咄！快滚！”到底滚了没有？难说。

最讨厌的是“穷鬼”，到处布阵，所在多有。有一天，韩愈终于看到它的尊容：“若啸若啼，砉欻嘤嘤，毛发尽竖，竦肩缩颈。”谁若“运交华盖”，被它缠住，就家徒四壁，鹑衣百结，饿得两眼昏花，不辨南北。它专欺善良，折磨文人尤有高招，就连在“国立大学”当了四年“校长”的韩愈，也朝齑暮盐，咸菜挂帅，天天像吃忆苦饭一般，不得不“结柳为车，缚草为船”，要赶快送走这个穷鬼。然而它像万能胶，一旦把你粘上，怎么苦苦挣扎也无济于事。

若把“鬼”的概念扩而大之，凡害人的皆可称为“鬼东西”。韩愈赶鬼一如老法，用“大批判开路”。他在潮州做刺史时，鳄鱼为患，便作了一篇祭文，先投猪羊慰劳一番，继则做“思想工作”，指明出路，限日搬迁，否则按“抗拒从严”论处。韩愈是古文八大家的第一把手，自以为“之乎者也矣焉哉”便是七节钢鞭，只要打出去，鬼们没有不哭爹喊娘，夹着尾巴逃跑的。然而鬼有鬼术，鬼有鬼心，没有两套看家本领，怎能称得上“鬼”！无论是有形之鬼，或无形之鬼，无论是大鬼或是小鬼，也无论是青面獠牙之鬼，或是化妆成美女之鬼，你要叫它们服输，都不是易事。你声色俱厉地谴责，它掩面哧哧而笑；你三令五申，它认为是老调重奏的催眠曲。奈何？

韩愈有杀鬼之心，斗鬼之胆，当然值得赞扬，不过有人将他的行为，宣扬得神乎其神，我却始终不敢相信。假如一篇小小的诗文，便可收驱鬼的奇功，别的不说，文人从此便可吃香喝辣，大走红运了。比如森林着火，可以写篇敬请祝融退位的祭文；三江水涨，祈求冯夷速归东海；社会治安不好，促城隍爷加强管理；甲肝流行，文人一齐拿笔驱鬼……不管什么天灾人祸，头痛脑热，有文人在，便可保平安。这样一来，办公的开支可以大大缩减，许多久砍不动的臃肿机构，便可一扫而光。功莫大焉！善莫大焉！谁还敢对文人白眼?!

令人遗憾的是，无论是昌黎公的妙文，或是后人的佳作，鬼都不怕。千百年来，不断地闹鬼，这就是明证。倘有人仍用老法赶鬼，不特被鬼嘲弄，而且弄不好还要挨鬼咬。

越女天下白

对人的看法最怕有成见。一有成见，就觉得这个人，处处都是缺点。在别人身上算不了什么的小事，一到这个人的身上就严重得很。

杜甫晚年漂泊夔州时，写了一首题为《壮游》的诗，追溯自己过去的阅历，其中有句云："越女天下白，鉴湖五月凉。"诗人在这里，歌颂了吴越秀丽的风光，赞美了那里的女子漂亮可爱，有一种对祖国河山，对人民大众的美好感情在里面。但有人对此，却做出相反的结论，认为这种描写、回忆，涉及杜甫的"风流韵事"，"杜甫也并不经常那么道貌岸然的"(郭沫若《李白与杜甫》)。

我想，杜甫在这里惹出事来，恐怕是诗句中那个"白"字。吴越女子，一向被人认为很美。一搞美人计，就常常从那里物色对象。一些封建统治者，朝思暮想游江南，以满足自己荒淫无耻的欲壑。所以一提起吴越女子，神经就立刻有所警惕，何况那些女子还是"白"的呢？倘若，由此生发开去，而想及其他，说你杜甫生活作风有问题，难道还冤枉吗？就是起杜甫于九泉之下，也辩白不清。

诗人应当真实地反映社会生活。越女是"白"的，就说她们"白"。倘有人怕牵涉到"风流韵事"，而改为"越女天下黑"，不特歪曲了生活，恐也未足以证明其思想之纯洁。

非洲的情况，我不大清楚，在中国似乎没有把"黑"作为美的。如果因为说了女子是"白"的，而怀疑其作风有问题，中国的诗人，就有不少该设立专案，好好审查一番。《诗经》开头就说："窈窕淑女，君子好逑"。"淑女"如何？未得睹其芳容，但想来恐怕也不是"黑"的。"手如柔荑，肤如凝脂，颈如蝤蛴，齿如瓠犀……"(《诗经·硕人》)柔荑、凝脂、蝤蛴、瓠犀都是雪白雪白的。可见形容女子之"白"，并不是杜甫的发明。古往今来，不少民歌，描写两性相恋，哭天喊地，对于那些"风流韵事"，自身就供认不讳。但是，从不把这列入禁区。

还是以杜甫的好朋友李白为例吧。他一生写了大量的情歌。其内容之丰富多彩，更有甚于一个“白”字的。李白一生，仕途失意，心情苦闷，看不惯社会的黑暗，憎恨人世的虚伪，于是寄意杜康，狎妓放纵。这自然有其反抗现实的一面，值得人们同情，但及时行乐的思想，无论如何也是消极的。倘认为是糟粕，亦应实事求是地指出。

或曰：李白可没有说过吴越女子是白的啊？其实不然。“长干吴儿女，眉目艳星月。屐上足如霜，不著鸦头袜。”“霜”不就是“白”的吗？“镜湖水如月，耶溪女如雪。”“雪”也是“白”的。“玉面耶溪女”，这回更特别点明，脸蛋是“白”的。李白和杜甫这两位大诗人，对江南人民都怀着十分亲切美好的感情，为什么有的人评价起来，却相差如此之远呢？

作为封建社会的文人，无论是李白，或是杜甫，他们的私生活，都不可能是那么“道貌岸然”的。金无足赤，古人有些生活小节，未尽合今人之理想者，此事亦不必大惊小怪。对待前人，应采取历史态度，从他们作品的实际情况出发，糟粕就是糟粕，精华就是精华，不无限上纲，不捕风捉影，更不因对方无法还手而任意挞伐。倘如此，则文坛上的风气，自然使人觉得堂堂正正，心情舒畅多了。

南　味

食在广东，名不虚传。

天生万物，是养活百姓的。人们对食物的广泛利用和摄取，无疑是对客观世界认识的深化，是文明和进步的表现。螃蟹张钳舞爪，其形甚凶，头一个吃它的人，称得上是聪明的勇士；西红柿又名“狼桃”，传说有毒，莫敢染指，如今已为人所共好的佳品。广东人吃的范围广，烹调的方法精，且被认为有点“野性”。山猫田鼠，固然可炮制上桌；狗肉蛇羹，更为席上奇珍。至于为人津津乐道的，敲猴头以啖脑，更是品之者其味无穷，闻之者皱眉惊心。

今日许多人，都乐意到广东走走，饱览岭南风光，品尝南国佳肴。可是往日，许多人都怕到那里去，除非是犯罪充军，身不由己。因为最难过的一关，便是饮食不习惯。当地人吃得又香又甜、挤眉咂嘴的，外乡人却闻着恶心，见而生畏。韩愈便有这种感受。

韩愈先后两次去过广东，但都不是“参观团”，到那里去旅游的。头一次，其时十岁，兄韩会罪贬韶州，举家南迁，欲哭无泪。第二次，因谏迎佛骨，惹恼皇帝，被贬潮州。“云横秦岭家何在，雪拥蓝关马不前。”还未出门，便想到有去无回。因为他知道，到了那里以后，除了山岚瘴气、毒蛇猛兽外，还得吃那些令人捧着要吐的东西。

还未到潮州，他的心便悬起来了。他的《题临泷寺》云：“不觉离家已五千，仍将衰病入泷船。潮州未到人先说，海气昏昏水拍天。”潮州近海，天赐宝物甚多，应是件好事，何必忧心忡忡呢？问题就在这里。看看当地百姓，都吃些什么吧！鲎（音候），形似惠文冠，眼长在背上，壳甲坚硬，雌负雄而行，一捉就是一对。你别小看它这副尊容，它可是海之珍品。它的“血”微呈蓝色，煮汤甜透牙齿。腹中之子，色黄，类乎小米，吃过之后，芳香不退。蒲鱼，尾巴如蛇，面貌丑陋，但肉鲜骨脆……此外如江瑶柱、大牡蛎等，都是席上之珍。当地群众，知韩愈贬官而来，颇多同情，便将这些海货奉上。本该笑容满面放心地吃才对啊！但他对于这些东西尚未认识，下不了决心。别说吃，看着就害怕。“又尝疑龙虾，果谁雄牙须。蚌赢鱼鳖虫，瞿瞿以狙狙。”看到这些东西，便紧皱眉头，一旦要他吃蛇，该怕成什么样子？乡人可能有送蛇给他的。要是他“敢”字当头，来个“龙虎斗”，或来个“鸡蛇羹”，吃过之后，将会终生难忘的。但他“以貌取味”，未能通过表象，看到本质，见到这些东西滑腻腻、软乎乎，口眼狰狞，便生出恐惧和厌恶，于是“开笼听其去”，终于未敢品尝一脔。想来当时站在旁边的老广，一定长叹连声，大呼可惜，或者有骂他是傻瓜的，亦未可知。

俗话说：“入乡随俗，入巷随曲。”在一个地方住久了，耳濡目染，潜移默化，就不怕你不变。韩愈是个人，是个聪明的才子。他看到别人吃得津津有味，自己就无动于衷？试试看！他真的动嘴了。他学习南人的烹调技术，用醋去腥，用花椒、橙皮做作料。如此这般一炮制，鲜香扑鼻。想他面对桌子上佳肴，一定会露出笑容来的。

他似乎愈吃胆子愈大。最初看来可憎可怖的东西，也敢尝试。如虾蟆，广东人叫作“田鸡”，味道鲜美，滋阴降火，清蒸红烧皆宜。韩愈说：“余初不下喉，近亦能稍稍”(《答柳柳州食虾蟆》)。这不能不说是韩愈的一大进步。

但是,人们对客观世界的认识,总是受到思想的局限的。在韩愈的思想中,有保守的落后的一面,对当地的群众,有错误的看法。他说:“常惧染蛮夷,失平生好乐。”不过,当地的“蛮夷”,对食的利用和认识,反映出他们和自然界做斗争的聪明才智,是对文明的贡献,是勇敢的创举。这些就好像一股强大的潮水,冲击着韩愈保守思想的堤坝,终于使它露出缺口来。虽然他害怕“染”上“蛮夷”之气,但到底还是“染”上了。假如他在那里多“染”几年,则完全变“色”,亦未可知。

环境可以改变人的习性,存在决定人的意识。这是一条规律。难道对韩老先生来说就不合适吗?

贞曜先生

孟郊去世后,韩愈为其作《贞曜先生墓志铭》。“贞曜先生”是他的谥号。

古代的礼制,取谥号是有严格规定的,不能随便乱来。据《唐会要》载,职事官三品以上、散官二品以上身亡者,由佐史记录下他的生平业绩,向考功申报,考功核对过后,送太常寺拟谥,又经过有关官员讨论上报,皇帝准奏,才算定下来。“无爵者称子”。如道德高尚,声名显著,“虽无官爵,亦奏赐谥曰先生。”孟郊登第后,曾任溧阳县尉。后应山南西道节度使郑余庆之请,赴兴元任参谋,卒于道中。他官卑职小,没有资格申报谥号,是他的老朋友韩愈、张籍等人,私下给他取的。

申请谥号,不特有严格的报批手续,用哪一个字,也颇有讲究。也可以这样说,世上最美好的字眼,都被谥号概括了。如贞曜先生的“贞”字,就有大卢克就、清白守节、图国忘死、直道不挠等意。贞曜二字,当然就是美德显耀,光照人间了。又如韩愈死后,赠礼部尚书,谥曰文。文是经天纬地、道德博厚、勤学好文、愍民慧礼之意。白居易有感于谥号的申报手续烦琐,无益于死者,有害于生人,于是在遗嘱中,严正声明不搞这一套,不过他死后此事便由不得他了。他的老弟白敏中上疏请谥，批号曰“文”。一般地说，都是“死后从宽”。只要官阶品位够了，大概都可搞到个满意的谥号。单从谥号看，没有几个不是圣者贤者，英雄豪杰。当然确实生平劣迹昭彰，神憎鬼恶的，就不一定能骗到美谥，而是另备严词在等待他们。襄阳节度使于頔，生前滥杀无辜，侵剥百姓，用自己的爱妾向皇上行贿，所以死后，有关方面讨论结果，谥他一个“厉”字，以概括其恶行。皇上朱批改为“思”，有追悔己过，道德纯一之意。大臣们坚决不从，结果皇上也只好收回成命。因为按照礼制，谥号是对死者一生的“鉴定”。用以彰善恶，垂劝诫，“一字之褒，宠逾绂冕之锡；片言之贬，辱过市朝之刑”。如怕死后得恶谥，那么生前就必须多修功德。这对于那些贪官污吏来说，或许有点震慑作用。

杜甫《君不见简苏徯》云：“丈夫盖棺事始定。”有些是定了，有些一时还定不了。就以杜甫而言，“拾遗半载，郎官遥受”，死之日，连丧葬费都没有。过了四十年，他的孙子才借钱将他的灵柩迁回老家。不管诗文如何经天动地，这般身世是绝对得不到一个谥号的。而到元顺帝至正二年，却追谥“文贞”。也就是说，他的美德，等于一个孟郊加一个韩愈；或者一个孟郊，加一个白居易。愈往后，愈见其光芒。于是又想起孔老先生，至唐追谥“文宣”。而岁月悠悠，棺木已朽，方才定性。有人以为谥号一字不足以尽其美，方用二字，如“文贞”“文宣”“忠勇”“武烈”等等。但这方面的“指标”更是从严掌握。很少有人能摊上这个份儿。名公巨卿，对此耿耿于怀，而老百姓对此则甚为冷漠。写过“慈母手中线，游子身上衣”的孟郊，许多三岁幼儿都知道他的大名，而什么“贞曜先生”，恐怕连不少读书人也会感到他像“外星人”一样陌生。

一股清新之风

诗人的创作活动，常常和他的政治命运分不开。有的人，仕途失意，远谪殊方，自是身世的不幸，但对于创作，往往大有好处。中唐文学家刘禹锡是一位才子。他诗文俱佳，富有政治才干。他二十一岁中进士，后又中博学宏词科。

他加入王叔文革新集团。王叔文集团失败后，他受到牵连，被贬为朗州司马，其后又辗转为夔州刺史等，地近长江，身居泽国。“巴山蜀水凄凉地，二十三年弃置身。”他在这边远地区生活了很长的时间，心情苦闷，时时思乡；但是，这里的人民勤劳勇敢，能歌善舞，因而又使他获得很大的安慰。虽然刘禹锡听不懂当地人民的歌声，但那种清新爽朗的情调，如同一阵春雨洒在他的心头。刘禹锡深深地爱上这里的人民，爱上这里的民歌，并以自己丰富的才情，多彩的画笔，写了两组有名的《竹枝词》。据他在《竹枝词九首·引》中说：“岁正月，余来建平（巫山县），里中儿联歌竹枝，吹短笛击鼓以赴节。歌者扬袂睢舞，以曲多为贤。聆其音，中黄钟之羽，卒章激讦如吴声，虽伧伫不可分，而含思宛转，有淇澳之艳。昔屈原居沅、湘间，其民迎神，词多鄙陋，乃为作《九歌》，到于今荆、楚歌舞之。故余亦作竹枝九篇，俾善歌者扬之。”我们从这段话可以看出，他的《竹枝词》，是在民歌的基础上创作的，是受到大诗人屈原的影响的；也可见，一个诗人多么需要从人民的生活和人民的创作中吸取营养。如果一旦离开这个肥沃的深厚的土壤，自己的才情也会变得贫乏。

刘禹锡的《竹枝词》，和他创作的其他一些民歌真可以说得上是艺海中的明珠，光华闪烁，令人目眩神迷。我们从这些作品的艺术风格来看，觉得有以下几个特色。

第一，它是令人迷恋的风俗画。《竹枝词》所描绘的是长江边上人民群众的生活。“白帝城头春草生，白盐山下蜀江清。”青山之上，绿水之边，既有汉族的人民，也有少数民族的百姓。他们的迷信风气很浓，他们的歌舞，都和迎神送鬼、祈天拜地的内容分不开。但是，经过重新诗化的《竹枝词》，却不再是迎神送鬼的产物，如屈原《九歌》中的山鬼女神，已变成充满人情味的形象一样。“昭君坊中多女伴，永安宫外踏青来。”参拜昭君坊、永安宫的善男信女，已把迷信活动，当作歌舞的节日，互表心曲的场所。在“两岸山花似雪开，家家春酒满银杯”的时刻，青年人扬袂起舞，击节踏青。刘禹锡那优美的诗篇，对“踏青”的场面描写得很具体：“新词宛转递相传，振袖倾鬟风露前，月落乌啼云雨散，游童陌上拾花钿。”这种露天的歌舞活动，从黄昏一直进行到黎明，人们如醉如狂地沉浸在酒一样的气氛中，以致云髻散乱而不知理，花钿委地而不知捡。至于白天，人们就到处都可以听到歌声：“江上朱楼新雨晴，瀼西春水縠纹生。

桥东桥西好杨柳，人来人去唱歌行。”

近水人家是如此风情，生活在山巅云崖里的少数民族，则是另外一幅情景：“山上层层桃李花，云间烟火是人家。银钏金钗来负水，长刀短笠去烧畲。”这首诗的末尾两句，生动地画出少数民族人民的优美形象。诗人非常喜爱他们，从心里吐露出一种赞美之情。刘禹锡的组诗《浪淘沙》有两首的情调与此颇相类似：“濯锦江边两岸花，春风吹浪正淘沙。女郎剪下鸳鸯锦，将向中流匹晚霞。”“日照澄洲江雾开，淘金女伴满江隈。美人首饰侯王印，尽是沙中浪底来。”诗人通过劳动场面的描写，为我们勾画出一幅长江边上特有的生活图画。而后一首诗，通过风情画的描绘，不仅赞美了淘金女郎的辛勤劳动，而且对不劳而获的上层贵族发出了激愤之词。

第二，它是扣人心弦的情歌。长江边上，不仅生活的色彩特殊，爱情的调子也不一般。因为交通方便，船来帆往，经商为客者多，所以离愁别恨之声，思夫怀郎之曲，也就处处可闻。民歌似乎善写柔情，这种生活一经入谱，更显得哀怨。“商人重财轻别离”，怨者多在女方。你听：“山桃红花满上头，蜀江春水拍山流，花红易衰似郎意，水流无限似侬愁。”郎君一去，音讯杳然，当此春光如画，红桃满山的时候，睹物思人，便想起自己的情郎。花红易衰，芳春易逝，也许负心人到了他乡，又另有新欢了。看着这悠悠远去的江水，真是道不尽心里哀愁。帆影连绵，两岸舟楫，多想通个音讯，以慰情肠啊！“欲寄狂夫书一纸，家住成都万里桥”，这种思念，不一定有什么效果；“衔泥燕子争归舍，独自狂夫不忆家”，就是骂他，也听不见了。然而剪不断，理还乱，一种强烈的爱恋之情，把男女双方的心联结在一起了：“杨柳青青江水平，闻郎江上唱歌声。东边日出西边雨，道是无晴（情）却有晴（情）”（《竹枝词》二首）。在滔滔的江水声中，在春草青青的岸上，随时随处都可以听到那些不平静的心在追求，在呼喊，在歌唱：“唱尽新词欢不见，红霞映树鹧鸪鸣。”“桃叶传情竹枝怨，水流无限月明多。”仿佛有一种强烈的爱的力量，在支持着这些普通的人们的生活。

第三，清新宛转，活泼多姿。刘禹锡除了创作《竹枝词》以外，还运用民歌的手法、情调，写有《杨柳枝词》《浪淘沙》，等等。这些诗篇，除了写长江边上的估客别恨，离人惆怅外，也用来写自己的生活遭遇，反映政治斗争，抒写心头的哀怨。因为是用了民歌的手法、情调，所以读来别有一种韵味，使人呼吸到一股清新的空气。“莫道谗言如浪深，莫言迁客似沙沉。千淘万漉虽辛苦，吹尽狂沙始到金。”刘禹锡虽然遭到贬谪，但他在权贵的面前不低头、不屈服。他在这首诗中，把自己比喻为金子。谗言如浪，千丈百尺，黑势力的凶恶，让人难以抬头，要想使自己闪光，露出金的本色，不特需排除风涛，还要排除压埋住自己的沙海，只有千漉万漉，尝尽辛苦之后，才能闪光，才能发亮。刘禹锡坚强、乐观，深信黄沙可以淘尽，金子一样的心，一定能被人了解的。刘禹锡是个朴素的唯物主义者，他的诗文，充满辩证法的思想。他的目光向着未来，相信方生的必定胜利，腐朽的必然灭亡。“请君莫奏前朝曲，听唱新翻杨柳枝。”他的《杨柳枝词》正是以这样的思想展开自己的画卷。“金谷园中莺乱飞，铜驼陌上好风吹。城中桃李须臾尽，争似垂杨无限时！”在他看来，权贵们的嚣张气焰，不过是一阵云烟，春风中的桃李，转眼之间，就要消散委地。他就是这样，运用民歌清新的情调，生动的比喻，来抒发自己的情志的。

刘禹锡把民歌的神韵情调，融入自己的诗中，所以他有一些作品民歌的气息是很浓的。“谪在三湘最远州，边鸿不到水南流。如今暂寄樽前笑，明日辞君步步愁”（《赴连州途经洛阳诸公置酒相送张员外贾以诗见赠率尔酬之》）。“江上楼高二十梯，梯梯登遍与云齐。人从别浦经年去，天向平芜尽处低”（《楼上》）。写情言志，莫不如此。刘禹锡博采江南江北的俚曲，探讨诗的新形式，制作新诗词，推陈出新，贡献甚多。他的诗篇晓畅明朗，既不朦胧，也不晦涩，情调极美，诗意极浓，读了之后，令人拍案激赏。今天，我们的新诗要发展，当然应当向古典诗词和外国诗歌学习；尤其不可忽视的，应当向民歌学习。民歌像一股清新活泼的春风，一旦吹进诗坛，就会群芳吐艳，万木葱茏，显示出无限蓬勃的生机。

司空图归山

司空图生于晚唐离乱之世，目睹干戈扰攘，世路崎岖，为求自身的安全，便弃官不仕，回到老家中条山王官谷隐居起来。他的《丁未岁归王官谷》云：“本来薄俗轻文字，却致中原动鼓鼙。将取一壶闲日月，长歌深入武陵溪。”别人要怎么打，就怎么打；要怎么争，就怎么争，反正自己管不了那么多了！他将自己的亭子取名为“休休亭”。幸得老祖宗留下一份遗产，除填饱肚皮外，还可以朝吟夕唱。

山家的风物，诗情是很足的。站在门前一看，跃入眼帘的景象，也不比一般：“幽鸟穿篱去，邻翁采药回。云从潭底出，花向佛前开”（《即事》）。一局棋，一壶酒，一炉香，与僧夜话，对菊作诗，此时神思独运，常有佳句。真是“数竿新竹当轩上，不羡侯家立戟门”（《硐户》）。他虽然有时美化自己的山居，其实并不像有些史书所记载的那样阔气。观其“独萤出荒池，落叶穿破屋”（《秋思》），“暑湿深山雨，荒居破屋灯”（《杂题》），似乎手头并不富裕，还有不少苦衷呢。

生活尽管清淡，假如平安无事，便算是福。然而人间的烦恼却偏来光顾他。乱世的烽烟，像无孔不入的山风，随着悲号惨叫之声，飘到他的眼前。“逃难人多分隙地，放生鹿大出寒林……”不知从什么时候起，一下子拥来那么多的难民。他们不是躲避躲避便走，而是结茅为庐，垦荒而耕，要长期落户了。他们闹得老林深处的麋鹿都无处藏身。巍巍千仞的云峰，尚且如此，那干戈纵横的平地城乡，岂不早就乱成一锅粥了吗？

司空图是为了苟存性命才退隐王官谷的，而眼下这里，又是这等模样，还逃往何处？“须知世乱身难保，莫喜天晴菊并开”（《狂题二首》）。

人祸天灾，是一对孪生的兄弟，它们往往是同时到达人间。司空图走出家门，所见所闻，无一不是令人伤心的。他的《虞乡北原》云：“泽北村贫烟火狞，稚田冬旱倩牛耕。老人惆怅逢人诉，开尽黄花麦未金。”他真想对着荒天野地痛哭一场啊！

泥塑木雕者除外，一个有性灵的，吃着人间烟火的诗人，想和现实世界一刀两断，犹如要揪住头发离开地面一样困难。以司空图的艺术才华来说，假如他敢于直面惨淡的人生，不回避残酷的现实，则其所反映的生活，将会更加深刻。在艺术上的成就也会更大。明乎此，则知道一个诗人与现世的结合，是何等的重要了。

司空图品诗

诗人对于创作，总不免要发点议论。李白、杜甫、白居易等，不特诗作甚丰，且论诗亦颇为深刻和独到。晚唐杀出一个司空图，著《诗品二十四则》，以四言诗体的形式，专门谈诗，道人之所未道，发人之所未发，成一家之言。

论诗，就是说理。为求理之通明条贯，往往容易流于呆板和苦涩。而司空图品诗，虽然亦在论理之列，不免有难解之句，抽象之词，但总的说来，是颇有诗味的。他在表现一些艰深的概念时，语言优美典雅，比喻形象生动。寄兴无边，涉笔成趣。他的诗品，几乎每一则都能贻人以佳句。不特使读者体会到议论本身之精义；且亦可以享受到品诗的美妙。因为具有这样的特点，所以一经问世，便赞誉雀起。

司空图品诗，表现出自己特殊趣味和审美情操。他对于当朝的诗人，是有所偏爱的。尝曰："看师逸迹两师宜，高适歌行李白诗。"这两位名家，是颇为使他动情和倾倒的。此外，他在诗文中，也十分推崇王维、王昌龄、孟浩然、杜甫、韦应物等人。他晚年退居中条山王官谷，赏菊赋诗，踵武陶潜遗踪。这位隐逸诗人之祖，在他心里自然也有重要的地位。他为人为诗，都受到陶潜的影响。另外，他是个极其勤奋的诗人，他留下的诗篇虽然只有三卷，但实际上创作的数量，远不止这些。他为人淡于功名利禄，诗作没很好保存，随作随失，有的为好事者所取去。史书上说他："性苦吟，举笔缘兴，几千万篇……"长期的创作生涯，大量的创作实践，当然体会也是很多的。

司空图的《诗品》，是研究他人创作的总结，亦是自己创作体验的结晶。而这些，反过来又影响他的创作。如果我们将他的《诗品》，和他的创作对对号，或许是有点意义的。如《典雅》云："玉壶买春，赏雨茅屋。坐中佳士，左右修竹。白云初晴，幽鸟相逐。眠琴绿荫，上有飞瀑……"《自然》云："俯拾即是，不取诸邻……如逢花开，如瞻岁新……"《疏野》云："筑屋松下，脱帽看诗，但知旦暮，不辨何时。"我觉得，他既是形象地谈诗，也是在描述自己的生活情趣。他的山居生活及自己的追求，差不多就是这种境界。他的创作理论与他的创作实践，是颇为吻合的。他的《独坐》云："幽径入桑麻，坞西逢一家。编篱薪带茧，补屋草和花。"在司空图看来，这就是典雅，是生活中的美，是灵魂中的美，是艺术造型的美。这种美，胜过琼楼玉宇的豪华阔绰，和公侯将相的富贵尊荣。

司空图作诗，重视从生活中提炼形象，创造形象，追求自然纯真的美。如"草嫩侵沙短，冰轻着雨消"（《早春》）。"川明虹照雨，树密鸟冲人"（《华下送文浦》）。"却嫌今日登山俗，且共高僧对榻眠"（《重九日访元秀上人》）。这些诗句，写出自己率真的性情，疏野的生涯。诗中的画面，清新明丽，不雕饰，不造作，似乎信手拈来，他为诗甚少用典，有自然淡泊之趣。这与其所提倡的诗旨有关。

司空图生于晚唐离乱之世，虽有"百岁如流，富贵冷灰"之悲，然而目击时艰，诗心不死，故亦有"壮士拂剑，浩然弥哀"之叹。他对黑暗的政治，昏庸的朝廷，感到愤慨，所以在他的诗中，亦有悲凉之风。他的《河湟有感》云："一自萧关起战尘，河湟隔断异乡音。汉儿尽作胡儿语，却向城头骂汉人。"扼腕言怀，怒发直指，与他的"大风卷水，林木为摧"（《悲慨》）之旨，是极为一致的。

所谓"不着一字，尽得风流"（《含蓄》），是司空图品诗的名句，常为人们所引用。想来，司空图自己也以这个道理去作诗。他的咏物诗《山鹊》，堪称得上是这两句名言的注脚。"多惊本为好毛衣，只赖人怜始却归。众鸟自知颜色减，妬他偏向眼前飞。"

这首诗，表面上是写鸟，其实是写人。它包含着诗人对诸多生活不平的阅历，对嫉妒成风的世道的感慨。既有丰富的诗情，也有深刻的哲理。像这样的诗，写得艰涩朦胧，不易为人理解，而过分率直，则又嫌味淡。司空图似远远道来，在九千里之外，而细思之，其味无穷，其情其景，皆有可依，道的就是眼前之事。这大概就是"尽得风流"吧！许多诗人都在追求这点，然而要达此目的，却甚为艰难。必须有"深浅聚散，万取一收"的高超本领才行。

前人专搞评论的很少，故论诗多为诗人自己的事，不过，这倒有些好处。他们既是创作的实践者，也是经验的总结者：既知自己之得失，亦能探测他人之深浅。议论起来，可以避免空泛，不致隔靴搔痒。不过也须防止诗人热情冲动，与鉴赏家的冷静发生矛盾，以致走上偏激之一途。

佛殿的诗声

佛庙禅院，是个清静去处。一旦削发为僧，遁入空门，自当万念俱绝。“不了了之”。然而也有例外的。唐代诗人齐己便是这样。

齐己是个孤儿，少时为大沩山寺司牧，取竹枝画牛背为诗。人见其聪悟，于是推挽入戒。他虽然口念弥陀，合掌向佛，但心却在人世漫游。因为生活让他尝了许多苦果，所以对于不公平的世道十分憎恨，对于敲骨取髓的吃人者极端愤慨。从殿堂的角落里，传出《耕叟》的诗声：“春风吹蓑衣，暮雨滴箬笠。夫妇耕共劳，儿孙饥对泣。田园高且瘦，赋税重复急。官仓鼠雀群，共待新租入。”

晚唐之世，社会混乱，兵戈四起，不特民不聊生，且僧庙禅院也难逃其劫。他的《乱后经西山寺》云：“松烧寺破是刀兵，谷变陵迁事可惊。云里乍逢新住主，石边重认旧题名。闲临菡萏荒池坐，乱踏鸳鸯破瓦行。欲伴高僧重结社，此身无计舍前程。”感受深刻，写得悲凉沉痛，不是瞪大眼睛细看现实的人，是写不出来的，而它却是出自一个不嗜荤血的佛徒之手。在这里，我们看到，齐己的心中不是一撮冷灰，而是一团烈火。他在《寄诗友》一诗中说：“天地有万物，尽应输苦心……返朴还时态，关门度岁阴。”所谓“万物”，当是指纷繁复杂的大千世界。这里面不仅有佛殿的慈悲，还有尘世的饮泣。诗应注重现实，以“万物”为对象、同时要“返朴归真”，力去奢华和浮夸。这恐怕便是他盘膝蒲团之上，而琢磨出来的至理吧！

齐己在创作上，肯用心动脑，严格要求，一丝不苟。他在《言诗》中说：“毕竟将何状？根元在正思。”“正思”二字，说得很好，无论做任何事情，要想获得好的结果，都必须这样。写诗当然亦不例外。有时笔头枯竭，有“山重水复疑无路”之感，待经过一番深思之后，忽然笔下生花，奇景纷呈。这好像是方法技巧问题，实质上是创作态度问题。齐己对此是深有体会的。

晚唐诗坛，苦吟者多。他们虽然表现出一种唯美主义的倾向，不过在讲究技巧，在追求艺术的完美上，还是有值得肯定之处。他们重视诗句的修改，把炼字放在极其重要的地位。齐己在这方面也是很突出的。他在《赠孙生》中说："道出千途外，功争一字新。"为了这一字，往往需要诗人呕心沥血，短叹长嗟几个昼夜。据《郡阁雅谈》云：齐己拜见郑谷时，献诗中有这样两句："自封修药院，别下著僧床"。郑谷说："善则善矣，一字未安。"这"一字未安"不要紧，可使他苦恼了几天，才想出一个"扫"字，来代替"下"字。郑谷与齐己是诗友，也是齐己的"一字师"，这是大家都知道的。

齐己虚怀若谷，拜人为师，而对于后学，则循循善诱，严格要求。他生活在僧院佛殿，不是讲授经卷，真传衣钵，而是教导那些小沙弥刻苦学诗。有个弟子，性情懒散，不肯用脑，齐己便板着脸孔，将他训斥一番："他年白首当人问，将底言谈对后生？"有个佛徒，认真用功，不怕吃苦，他便作诗勉励："千途万辙乱真源，白昼劳形夜断魂。忍着袈裟把名纸，学他低折五侯门。"你看，当了和尚，可不能"白吃饱"，还须有番事业心才行。但不知如来佛祖，对禅院添了一门诗教，是高兴呢，还是皱眉？

齐己和当时诗界联系甚密。不少人闻他大名，都纷纷前来拜访，还奉上诗卷，请他评阅。齐己认真地读他人作品，才肯发表评论；不过他的接待来访者，有时却有点特别。在湘西道林寺时，僧乾康来拜访他。齐己为考他的诗才，便让他作诗一首，以代名刺。乾康当即作诗："隔岸红尘忙似火，当轩青嶂冷如冰。烹茶童子休相问，报导门前是衲僧。"齐己大喜，款待甚殷，临别之日，作诗赠送。

据《唐才子传》说，他"尝撰《玄机分别要览》一卷，摭古人诗联，以类分次，仍别风、赋、比、兴、雅、颂，又撰《诗格》一卷"。如此看来，他无论是创作、或是研究，都是硕果累累的。"死也何忧恼？生而有咏歌"（《示诸侄》）。他给人最深刻的印象，不是唤醒尘寰的梵音，而是从佛殿传出的琅琅诗声。

诗的装饰

李贺在自己的诗中，喜欢对所写的对象加以装饰。他的饰物不同于常人，带有自己独特的情趣和风格。

他的《五月》云:“雕玉押帘额,虚縠笼虚门。井汲铅华水,扇织鸳鸯纹。”这是初热时宫廷之景。雕玉为帘额,薄纱为门帘,黑铅给井水消毒,鸳鸯小扇驱暑降温,读来令人身心清爽。《夜来乐》云:“红罗复帐金流苏,花灯九枝悬鲤鱼。丽人映月开铜铺,春水滴酒猩猩沽。”这是青楼妓馆的装饰。其中的酒水,以饰有猩猩的酒器盛装。据说,猩猩贪酒,醉而被缚。其实进入妓馆里,被缚的岂止是贪酒的猩猩?选择这样的器皿渲染环境气氛,耐人寻味。李贺富于奇思怪想,所取的饰物,往往为世人所少用。“王子吹笙鹅管长”,“金鹅屏风蜀山梦”。这里的“鹅管”、“鹅屏”,不仅形象鲜明,且有仙灵之气和梦幻之感。有些饰物,世上根本就是没有的。像洛下美人头上的“玉燕钗”。传说,它在汉朝时,就化成白燕飞上天了。有些饰物,别人未必就能想得出,就有胆去使用。如“舞席泥金蛇,桐竹罗花床”(《感讽六首》)。洞房花烛之夜,舞席上画条蛇。这确是少见。

李贺写美人,除了重视服饰之外,还十分注意她们面上的妆饰。一般文学作品的描写,多为搽脂敷粉之类,而李贺则不同。他把握住那个时代的生活特点。“晓奁妆秀靥,夜帐减香筒”(《恼公》)。“靥”是妇人面上的妆饰。其源起于孙吴邓夫人,用琥珀粉敷颊伤,痊愈后,面上有红点如朱,益见其妍。宫人想受宠,便用红脂点颊。到了唐代,这种风气更盛。有时不用丹脂,而用黄或黑,看哪一种更时髦。《同沈驸马赋得御沟水》云:“入苑白泱泱,宫人正靥黄。”白嫩嫩的脸,以黄点染,在当时是一种美。

李贺喜欢给他笔下的人物,抹上一点香料。妇女生活的环境,大多一片芬芳。“真珠小娘下青廓,洛苑香风飞绰绰”(《洛姝真珠》)。美人一出场,便飘来一阵芳香,连风和露都带着兰桂的馥郁,令人为之陶醉。“西施晓梦绡帐寒,香鬟堕髻半沉檀……一编香丝云撒地,玉钗落处无声腻”(《美人梳头歌》)。除了化妆品的芬芳外,还在她们生活的环境里,饰以“香丛”“桂叶”“香葱”“芍药”“芙蓉”等等,以增情味。不但对女性如此,对男士也喜欢用香来打扮。“袅袅沉水烟,乌啼夜阑景。曲沼芙蓉波,腰围白玉冷”(《贵公子夜阑曲》)。“沉水烟”,即沉香之烟。此贵家公子,生活在香雾萦绕之中。待到出门时,也是“青骢马肥金鞍光,龙脑入褛罗衫香”(《嘲少年》)。唐人重视用香料化妆,这在李贺的诗中多有反映。

世上恐怕没有哪一位作者，愿意自己所写的环境，所刻画的人物，光秃秃，赤裸裸，无光无音，无色无味的吧？但不同的作者，有不同的情思，绝对不会是一样的。李贺的装饰，带有一种怪异和自己的追求。研究一个诗人的创作特点，假如从这些细微之处入手，是否会得到一点启示？

“涧水东流复向西”

《吊古战场文》的作者李华，不仅是文章高手，有些诗写得也漂亮。他的《春行寄兴》：“宜阳城下草萋萋，涧水东流复向西。芳树无人花自落，春山一路鸟空啼。”芳草，涧水，落花，啼鸟，一路写去，灵气浮动，诗意洋洋。每一位读者都可以从中获得美的享受；而我情有独钟的则是它的第二句。

“涧水东流复向西。”此句表面看来无奇，其实内中有很浓的诗情，和很强烈的艺术效果。水向东流，在人们的心目中已成定局，“黄河落天走东海”，“东流不作西归水”，“江水东流夜猿声”……这些佳章丽句，无一不是如此。李华在写“涧水”时，也是“东流”的，但忽而一折“复向西”，境界大开，画面迭出。这虽在情理之中，但却也有点意料之外。倘若一直“东流”下去，也于诗无损，于义无害，谁也不能责备他如此写诗不对。但若认真仔细地观察一下，这个流动的空间和流动的过程，却不是如此之简单，当大有文章可做。柳宗元诗云：“江流曲似九回肠。”它既向东，也向西，既向南，也向北。总的方向不变，而局部则时时有异。“复向西”三字，正是写出了事物发展过程中的复杂性。诗人为了讲究艺术效果，不肯顺手捡来现成的熟语和人所共知的结论，随便塞给读者以为满足。

艺术的目的是创造美。单纯是美，多姿多彩也是美。这些当然是生活本身所决定，但也有赖于艺术家的深层开掘和创造。从审美的心态来说，流动的美胜过定型的美，多彩的美胜过单一的美。“复向西”三字，虽是水流过程中的一个拐弯，但心随物迁，情因景变，寄意无穷，浮想联翩，有很高的审美价值。诗句往往靠细微之处传神。诗人观察生活的本事和独特的功力，也在这些地方显示出来。

"涧水东流复向西"这句诗，不仅可以入画，而且具有深刻的哲理。自然现象，固然千变万化和令人难以捉摸；社会生活，何尝不也是如此？一对恋人喜结良缘，可是其间也有误会，有争吵，甚至将要闹翻。一个优秀生将要进入高校，已吃了定心丸，但电脑出错，结果名落孙山，查实后方才录取。所谓"万事如意""一帆风顺"，往往只是人们一种美好的愿望。须知每一个成功，都有可能包含着许许多多失败，达到目的之前，可能要走不少弯路。人们往往只看到"东流"时的辉煌，"东流"时的壮美，而忽略"向西"时的曲折和"向西"时的艰辛。明乎此，倘若大方向正确，就应受挫折时不灰心，失意时不气馁，始终坚定，"奔腾至海不复回"。这些好像都是题外话，其实正是诗句向我们昭示的。

一句好诗，就像一个无瑕可指的美人，不管你从哪一个方面去欣赏，她都是美的。

烛光夜语

在靠烛照明的年代，夜的世界是烛光的世界。有之则四面生辉，无之则一片黑暗。人们对烛光之重视和关心，当是可以想见的。

烛制造简单，使用方便。夜幕降临，手持一烛，如打电棒。白天玩不够，还可秉烛夜游。想看花，"故烧高烛照红妆"；想打猎，就举烛火围捕。总而言之，夜在烛光中是静不下来的。当官的上朝须早起，遇上没星没月，天如锅底，就得瞎撞。这时，"秉烛千官去"，人人手中都有支火炬，荧荧煌煌，明亮如昼，十分壮观。但烛光怕风，于是便出现灯笼。"千门万户开相当，竹笼左右列成行"（张籍《楚宫行》）。这比没遮没拦，在风中摇摇曳曳的烛火，又不知进步多少了。

一支烛火看似平常，其实也显示出等级和身份。尽管在正常的日子里，人人都可用，但外观与造型有严格的规定。如唐代，豪华型的花烛，只有皇宫才使用，百姓不得越轨。《新唐书·令狐绹传》记载：令狐绹为宰相时，在宫中议事，蜡烛烧完出宫，皇上以金莲花炬送行，不知者远远望见，误为是皇上外出。宫灯华美，固非民间的竹笼可比，就是那烛台的高贵，也令人惊叹不已。王仁裕《开元天宝遗事》载："申王府中夜宴，有龙柽雕成独鬟童子，衣以绿袍，系以束带，使执华烛，立于宴席之间，目为烛奴。"清明前一天叫寒食节，家家禁火，不许煮食。韩翃诗云："春城无处不飞花，寒食东风御柳斜。日暮汉宫传蜡烛，轻烟散入五侯家。"王公贵族有特权，准许点烛，互相传送，而平民百姓，则不能举火。韩翃这首写寒食节的诗，受到唐德宗的赞赏，点名要他出来做官。

没有钟表计时，考核作诗为文的速度，可以烛光为准。孟浩然在张明府中宴饮，便玩过"刻烛限诗成"的游戏。即在烛上刻个记号，烧到那里，诗便须完成，否则受罚。唐代举子考试，通宵忙碌，不得出户，只给蜡烛三条，烧完不管。举子崔承贻曾将这段生活偷偷地记在试场的壁上，其中有句云："三条烛尽钟初动，九转丹成烛未开。残月渐低人扰扰，不知谁是谪仙才。"元和年间，发生一件考试"舞弊"案。当时的社会风气，名流可以推荐举子。除了举子本身的能力外，还得看谁后台硬。因为录取没能全合心愿，结果后台与后台争打起来，告到皇上那里。宪宗下令要白居易监督重考，蜡烛只给两条，使一些举子急得抓耳挠腮，脑浆都快迸裂了。有人蜡烛已完，卷未做完。结果十四人被刷下十个。真够惨的！

"日出而作，日入而息。"虽自谓"羲皇上人"的生活，但未必是理想的。人的时光，有一半是在夜里度过，总不能黑灯瞎火，坐而论道，必须得见头面，才有苦有乐。烛光便自然而然地进入人们的感情世界。烛火燃烧时滴蜡，称为烛泪。离人行将分手，依依不舍，触景生情，觉得烛在为人难过："蜡烛有心还惜别，替人垂泪到天明"（杜牧《赠别》）。烛火烧尽，泪也就没有了。于是多情人，忽生感慨，以"蜡炬成灰泪始干"，来表达自己对爱情的执着。"乱山残雪夜，孤烛异乡人。"崔涂作客他乡，在除夕之夜无法归去，对着那支孤烛，寄托自己的愁思。"何当共剪西窗烛，却话巴山夜雨时。"李商隐在西川，夜雨对烛，思念远在长安的妻子，万千心事，无从诉说。唯有寄希望于重逢之时，共倚西窗，剪烛夜话，以补眼前之不足。

环绕一支烛光，产生过许多动人的故事和诗篇，不妨称之为"烛光文学"。

老僧难解儿女愁

王梵志是初唐的和尚。虽身在空门，却未能忘怀世情，特别是儿女之事，常常令他日夜不安。

关于他的生平事迹、多不可考。他在出家之前，可能是位读书郎。他说："黄金未是宝，学问胜珍珠"，很想有所作为。那时大概日子过得还不错："吾有十亩田，种在南山坡。青松四五树，绿豆两三窠。热即池中浴，凉便岸上歌。遨游自取足，谁能奈我何？"但很快便交上厄运。这既非天灾，亦非人祸，而是忘了"计划生育"。他说："夫妇生五男，并有一双女。儿大须娶妻，女大须嫁处。"这么大的一个摊子，处处需钱。这头儿子的礼聘还没筹足，那头女儿的嫁奁又须准备，应付乏力，捉襟见肘，唯有大喊头痛而已。既为一家之主，差役临门，催租逼税，都找老头子算账。这时米瓮空空，灶头无烟，众人围坐一起，像群饿狼。"热即池中浴，凉便岸上歌"，那份潇洒没有了；"闷遣奴吹笛，闲令婢唱歌"，那份惬意也没有了。总而言之，那"小康"局面，被满堂儿孙击得粉碎。

瞧瞧自己，看看周围，好像都是那副模样。"富儿少男女，穷汉生一群。"而这"一群"又是怎么"生"出来的呢？道理很简单："频年勤生儿。"这个"频"字，说明"喜事"连连，没能控制，这个"勤"字，说明"生产"积极性很高，忘了节制。儿女愈多愈穷，愈穷儿女愈多，形成"恶性循环"。多儿多女之家、普遍如此，"积代不得富，号曰穷汉村"。沉重的人口压力，没法翻过身来。

王梵志这位老僧，在凄清的静夜里，慢慢地咀嚼那逝去的人生，深感"少生优育"是何等重要。他说，穷苦人家的孩子，生下来以后，放在草窝里，鞋破露脚丫，衣短露肚脐，吃糠咽菜，像牲口似的。即便有幸而不死于饥饿，长大之后不是当仆夫，就是服兵役。而富人的子女少，结果就不会这样。因此他呼吁："生儿不用多，了事一个足"。"了事"就是能干之意。他说的"儿"当然是男儿。人的质量胜过数量。这虽不能说他在提倡"独生子女"的高论，但说法已是很大胆，突破了封建社会的千年陈规。他甚至说："儿子有亦好，无亦甚其精。"这种带点偏激的言论，究其原因多是自身的不幸遭遇所引发。“人间养男女，直成养鸟儿，长大毛衣好，各自觅高飞。”他的儿女一“高飞”，就把老人抛下不管，让他晚年过着孤独凄苦的生活。他是佛徒，但提倡孝道。他说，对于那些逆子，应以鞭子管教。这招虽然不高，但却反映出他心中无可奈何的愤慨。

王梵志与寒山，是同代人。在政府鼓励生育、增加户口的时候，却与之唱反调。他关于人口之论，虽没有寒山全面深刻，但也确有振聋发聩之功，不得不令世人刮目相看。

从唐诗中看生态

人和鸟兽，存在矛盾，互相侵犯，互相搏击，互相撕咬。智者胜，而愚者败；强者存，而弱者亡。因之各自防范，均存戒心。但除了这种残酷无情的斗争外，还有互相依存，和谐共乐的一面。

王梵志诗云：“我家在河侧，结队守先阿。院侧狐狸窟，门前乌鹊窠。闻莺便下种，听雁即收禾。”彼此结为芳邻，碰头碰脑，不避嫌疑。人不干扰狐窟鹊窠，莺雁也知为人殷勤报告时令，帮助春播秋收。“马随山鹿放，鸡杂野禽栖”（姚合《武功县闲居》）。人不怕山鹿把马拐走；山鹿也不怕人们以马将它们诱捕。当然，鸡不会一夕便野化，野禽也不会傻乎乎地钻入鸡窝。虽然阵线混乱，你中有我，我中有你，但大家都相安无事。这天下一家的局面，不是蛮好吗？虽然语言不通，谋生手段各异，但彼此的心迹好像都了解。“童子念经深竹里，猕猴拾虱夕阳中”（贯休《山居诗》）。你安静地念经坐禅，我也抽空搞搞自己的卫生，不到处乱蹦乱跳。“满院松桂阴，日午都不知。山人睡一觉，庭鹊立未移”（皮日休《鹿门夏日》）。睡觉怕闹，也许鹊儿知之。假如在这时吱吱啁啁，扰人清梦，就十分讨厌了。所以山人酣睡，它也枝头静养，配合得何等默契。倘有“懒汉”贪床恋席，“春眠不觉晓”，那就该尽点职责，催醒他们，免得生物钟乱套。它们于人无害，人们也不对他们还有恶意。“鸟下竹根行，龟开萍叶过”（杜甫《屏迹》）。假如有人心存不良，到处寻找做龟灵膏的原料，它还敢在萍叶上露头游走吗？

"和平共处"的原则一旦确立,就可做到亲密无间。"寺高猿看讲,钟动鸟知斋"(李洞《喜鸾公自蜀归》)。讲经布道,不完全是佛徒们的事,猿也来凑热闹,潜心谛听。鸣钟是和尚开饭的信号,鸟儿也觉得是自己用膳的时间到了。"有果猿攀树,无斋鸽看僧。"有果有斋,事情好办,就怕枝头空空,钵里一无所有。佛徒们如果都饿得眼冒金星,拿什么去喂养它们?

人与人过分亲密会闹矛盾,鸟兽与人的关系也是如此。"果熟猿偷乱"。好不容易盼到秋实,但没等人动手,它长长的胳臂就先尝了,而且是乘人不备,把果园糟蹋得不成样子。这很可能招致棍棒的驱逐,或被人剥皮做垫。一旦矛盾激化,生活就变得不和谐了。燕子是精乖可爱的小家伙,但过分淘气:"含泥点污琴书内,更接飞虫打着人"(杜甫《绝句漫兴九首》)。小孩讨厌它们,执竿追打,但杜甫颇能宽容。他说:"帘户每宜通乳燕,儿童莫信打慈鸦"(《题桃树》)。衣冠楚楚的人类,尚有那么多的缺点,怎么能要求它们,一举一动都符合我们的心愿?出现矛盾,就要正确对待。不管怎么说,在这广阔无垠的世界,也应有它们生存之所,有它们飞翔奔跑的自由。"自去自来梁上燕,相亲相近水中鸥。"在月光如昼的夜里,它们也互相呼唤,谈情说爱,或挈妻领子,外出游玩。"秋浦多白猿,超腾若飞雪。牵引条上儿,饮弄水中月"(李白《秋浦歌》)。弓矢和猎枪,如果不对准它们,它们也照样繁荣壮大,成立"王国"。"渔樵不到处,麋鹿自成群"(许浑《游茅山》)。

鸟兽的数量,对于人类来说,少则有害,多则无益。比方老虎。如今它们成了珍稀动物,受到法律保护。老虎吃人"无过",人杀老虎"有罪"。但在杜甫那个时代,它们到处为患,啖食人畜。杜甫在面江靠山的地方居住,老虎觉得这地方不错,也拖儿带女来落户。"虎穴连里闾","人虎相半居"。与这些喜欢吃人肉的家伙为邻,还有好日子过吗?"畏虎不敢语",连咳嗽都不敢高声。"不寐防巴虎",夜里睡觉,腰不敢贴席。杜老先生没有别的办法,只得把篱笆墙扎紧一些,以防它们突然"光临"。人们在忍无可忍的时候,就联合起来狠揍它们。裴旻守北平时,一天之内,射杀三十一头老虎。王建在《射虎行》一诗中说,当地政府,发动民众,联合剿虎。总而言之,有虎无我,有我无虎,跟它们玩命就是了。

矛盾的双方,常常是此消彼长,彼长此消,消消长长,长长消消,以期达到相对的平衡,长期共存,互相补益。

玩　水

“游山玩水”。水怎么个玩法？其实与游山一样，饶有情趣，令人着迷。

白居易在渭上村居时，有时到河边垂钓。微风吹来，钓丝袅袅，久坐无鱼，百感交织，忽见秋光在水波上跳动，十分可爱，便舍钓忘鱼，玩起水来。他被贬江州后，除了游山，还设法玩水。“湖山处处好，最爱溢水头”（《泛溢水》）。浩浩奔腾，气势万千的大江，固然可以使人赞叹，一线残水，也能唤起无穷的情思。那日他登上山亭，见秋至平湖，水浅底出，零零星星的残水在夕照中，乍明乍灭，有的像白龙静卧，有的像青蛇盘屈，有的像一面碎镜，有的像两截剑，奇形殊态，不一而足。他发现了美，也创造了美。

大江长河，小溪平湖，美不胜收，令人向往。但是，或因路途太远，或因身体欠佳，或因事务鞅掌等等，总不能天天都外出观赏，于是他便凿池蓄水，将万里波涛，千顷湖光，移至眼底。出可以观，入可以鉴，使心灵获得满足。他在江州时，开凿一池，“淙淙三峡水，浩浩万顷陂。未如新塘上，微风动涟漪”。他觉得小胜于大，其可玩可乐处，江河之壮都无法相比。在这小小的池中，萍叶泛泛，浦芽离离，内有二三寸长的红鲤，应时而开的朵朵白莲，是个五光十色、丰富多彩的世界。周围的人呼之为“白家池”。夏日炎炎时，诗人坐在池边，摇着大蒲扇，或低头观鱼，或昂首吟诗，乐也融融。

白居易很懂得水的特性，善于利用，以悦性情。他退居洛阳时，患有足疾，不便外出，便将泉水引入园中，水中有石，“立为远峰势，激作寒玉声”。夜来高枕，满耳音韵可听，此中之乐，万金不换。

游山有山友，玩水有水友。白居易结识一位骆姓的山人，他弃官归隐，以水为乐，在野居之地，凿了一个小池。水清如镜，开着红莲，小鸟伸长白颈在窥探池中的小鱼，石上长着苍翠的青苔，数尺之中，使人有烟波浩渺的感觉。白居易对骆生的水池和人品都赞不绝口。有位崔姓朋友凿了一个新池，因为水清见底，使人误以为是一池琉璃。为此，白居易写了一首很有风趣的小诗：“爱君新小池，池色无人知。见底月明夜，无波风定时。忽看不似水，一泊稀琉璃”（《崔十八新池》）。

玩水不仅有娱性悦情，消忧解愁的作用，对白居易来说，还可寄托理想。“但问尘埃能去否，濯缨何必向沧浪”（《池上夜镜》）？《沧浪歌》云：“沧浪之水清兮，可以濯吾缨，沧浪之水浊兮，可以濯吾足。”但“沧浪之水”距离太远了，不如蓄池清水，修身养性，净化自己的心灵。池水是静止的，宽不过丈方，但“清能律贪夫，淡可交君子”（《玩止水》）。贪夫见钱眼开，心动手痒，欲壑难填，死不知足。假如有勇气面对那池清水，照见自己一身污垢，双手肮脏，立即悬崖勒马，何至锒铛入狱，绞索上脖？当然也有深怕水清见底，存心搅浑，然后摸鱼的。悲剧的产生，并不都因为钱，但常和钱有关，故古人说，君子之交淡如水。

皇帝“受贿”

封建帝王，骄奢淫逸，挥霍无度。天下财富，在他手中，任意而为，别人也奈何不得。但作为国家机器，要维持正常运转，又须有一定之规。赋税的收入，费用的支出，都有限度，超过这个范围，社会就会出现危机。中唐之世，民生凋敝，经济崩溃，靠强取豪夺过日子。宪宗不但不知节俭，为了挥霍方便，还建立自己的“小钱柜”。个中腐败情形和给百姓带来的痛苦，白居易在诗文中，做了无情的揭露和批判。当时规定，两税以外，不能多收一物，否则便是犯法，但贪吏们以为皇上“小钱柜”效劳做幌子，苛捐名目，多如牛毛，春征夏敛，急如星火。“号为羡余物，逐月奉至尊”（《重赋》）。百姓的缯帛被收尽，丝絮被敛光，风雪寒天，“幼者形不蔽，老者体无温”，到处是泣饥号寒的悲惨之声。

向谁行贿，也没有比向皇上行贿保险。他一言出而为天下法，生死大权全在握中。只要他对你的礼物点个头，赏个笑脸，马上就青云得路，富贵兼至。因为个中油水大，所以贪吏们日夜奔走，各路节度使积极性更高。淮南节度使王锷，五年之内，百计侵削，把地皮也刮薄三分。“钱物既足，部领入朝，号为羡余，亲自进奉”（《论王锷欲除官事宜状》）。他是想用这些“羡余物”换得相位。

此事轰动京师，凡有耳者，无不知之。

元和四年，天旱无雨，朝廷想积点德，以感动天地，决定不再增加农民额外的负担，暂时停止进奉。有违命者，物品归库，公布名单，严肃处理。但那些贪吏们心中明白，三令五申，无非是做给百姓看的，有皇帝做后盾，谁也不敢动真格的。所以裴均照样进奉银器一千五百两。他说，这是在皇命禁进之前发出，不算违纪。“裴均本性贪残，动多邪巧，每假进奉，广有诛求”（《论裴均进奉银器状》）。他要以一换十，也捞个宰相当当。荆襄节度使于頔，儿子是驸马，一家显贵，但还不满足。他忍痛割肉，把爱妾作为“羡余物”暗自奉送。皇宫里，金有银有，妙容丽质的美人，车载斗量，而于頔送的恐是压倒六宫的绝代佳人，否则此举不就成了多余了吗？“得人钱谷，替人造福”。宪宗若把她留用，就得准许于頔入朝。那时他“兼任将相，来则总朝廷之权，家通国亲；入则连戚里之势。亲则疏者不敢谏，权重则群下不敢言”（《论于頔裴均状》）。大权在握，势倾人主，若被这枚糖弹击中，老皇帝这条残命还能保得住吗？所以白居易劝告皇上，这份厚礼，享受不得，美人快快退了吧！

上梁不正下梁歪。这些贪官污吏，当然该斩该杀。但皇上如不授意行贿，他们长六个脑袋也不敢如此胆大妄为。所以白居易把矛头直接指向最高的统治者。他说：“人之困穷，由君之奢欲。”广大百姓，满足皇上一人的生色犬马之乐，还勉强能支撑；如果皇上公开要进奉，那祸害就无法抵挡了。因为皇命下达，层层加码，官吏乘机搜刮，“君取其一，而臣已取其百矣”。裴均奉送银器一千五百两，他搜刮到的可能是这个数目的十倍百倍。白居易看清这种弊端，所以才直言诤谏的。

行贿者，以小本求大利，一向活跃；受贿者，自得一分益，不惜贻天下百分害。其理昭然，明若观火。

居也不易

白居易，字乐天。他的名字在很大程度上体现出他的思想和行为准则。

“居易”二字做何解？《礼记·中庸》:“故君子居易以俟命，小人行险以徼幸”，也就是安于平易的意思。

白居易天赋奇才。五六岁时学作诗，九岁谙识声韵。少年值离乱，家中乏粮，常与弟“索米丐衣于邻郡邑”，开始知道活着的不易。他的大哥白幼文和两个弟弟都在徐州依靠父亲，他见有人北上便托他捎去一首诗，以表思念之情：“故园望断欲何如？楚水吴山万里馀。今日因君访兄弟，数行乡泪一封书。”这时他才十五岁。他的那首为人传颂的《赋得古原草送别》，也差不多是在那个时候写成的。

白居易满怀信心地赴长安应考。唐代有个风气，举子在考试前，大多把自己的诗文送给社会名流品评，希望获得赏识，给予推荐，白居易拿着自己的诗卷去拜访著作郎顾况。顾况见这个小青年名字有点不一般，便说：“长安米价正贵，‘居’亦不‘易’”。及至打开诗卷，读到“离离原上草，一岁一枯荣”，又说道：“能写出这样的好诗，‘居’亦‘易’矣。刚才不过是跟你开玩笑。”

当时长安米珠薪桂，许多前来应考的举子寄宿僧寺，数米而饮，欲谒朱门遭白眼，欲归故里无盘缠。个中酸苦，难以一言道尽。白居易自言“中朝无缌麻之亲，达官无半面之旧”。应举期间，他在曲江边上流浪，饥肠辘辘，无钱沽酒，解衣去换。幸好他才学兼优，所向俱捷，十年之内三登科第，难亦“易”矣。

白居易一生，宦海沉浮数十年。为国分忧无功，忠言直谏受罚。他任赞善大夫时，被人诬陷，贬为江州司马。可见长安城里，“居”确不“易”，而江州就“易”了吗？他初到那里的头一个感觉是：“树木凋疏山雨后，人家低湿水烟中。菰蒋喂马行无力，芦荻编房卧有风。”潮湿闷热，毒云苦雨，对于北人来说，很不适应。有人从高到低，从“易”到难，便捶胸顿足，郁结难纾，甚至投江自沉，解带上吊，因为感到“居”已不“易”，对生存失去了信心。白居易也曾有过悲愤，但他看到江州物产丰富，民情淳朴，且有庐山风景，可以娱性悦情，于是弃其难而取其“易”，逢凶化吉。

白居易晚年无子，一身是病，想吃没牙，想走没力，难处多多。一般人就可能认为活得很累，活得很乏味，而白居易却不计较得失，“独善其身”，寻找乐趣。他的优势，大概是名中有个“易”字。别人只看到难，而他还想到“易”，故有难皆克，能以七十五岁高龄谢世。宣宗皇帝以诗吊之曰：“浮云不系名居易，造化无为字乐天。""居易""乐天"四字,可谓是古传"秘方",虽不能说可医百病,但对于那些挣不脱名缰、打不开利锁,或陷入困境一时无力自拔的人来说,服之当会有疗效。

挽救诗道

白居易不仅在创作上异常勤奋,同时也非常关心诗界的现状,注意诗歌的发展方向,用他的理论去影响当时的诗坛。

白居易在回顾我国诗歌发展历史的时候,非常重视那些生活气息浓烈、反映现实深刻的作品,认为它们可以使人认识现实,受到教育,为之警醒。白居易在肯定我国诗歌具有优良的现实主义传统的同时,也明确地指出,晋宋以后,一些使人偏离了生活,嘲风雪、弄花草的词章多,描绘民生疾苦的诗作少。到了唐代,名家继起,佳作迭出。"李(白)之作才矣,奇矣,人不逮矣","杜(甫)诗最多,可传者千馀首";但白居易觉得他们深刻感人的诗作,还不够多。他这种看法对不对姑作别论;但有一点可以肯定,他是在批判脱离生活的倾向,大力提倡现实主义的诗风。

"仆常痛诗道崩坏,忽忽愤发,或食辍哺,夜辍寝,不量才力,欲扶起之"(《与元九书》)。"欲扶起之",说来容易,做起来极难。但古往今来,不乏涉远负重、不畏艰难险阻之士。白居易可说是其中之一。

在与"崩坏"的诗道做斗争的过程中,白居易打起"文章合为时而著,歌诗合为事而作"的旗帜。他认为应当代民传情,揭露民生疾苦,促使当局施行仁政,达到救济苍生的目的。这是诗人的重任。他不是停留在宣言上,而是努力创作反映现实生活的诗篇。功果辉煌,千秋自有公论。

白居易在这个斗争中,冒着极大的风险。因为揭发时弊,诉民疾苦,必然要触及封建统治者的痛处。他们不会真正做到"言之者无罪,闻之者足戒",而是明里暗里跟诗人算账。"凡闻仆《贺雨》诗,而众口籍籍,谓非宜矣;闻仆《哭孔戡》诗,众面脉脉,尽不悦矣;闻《秦中吟》,则权豪贵近者相目而变色矣;闻

《乐游园》寄足下诗，则执政柄者扼腕矣；闻《宿紫阁村》诗，则握军要者切齿矣”（《与元九书》）。四面包围，当时是一种什么样可怕的处境啊！

当然，白居易的斗争，也不是孤独无援的，因为他代表文坛的正确方向，深得民心。当时一些有影响的诗人，也与他结成“联盟”，创作反映民生疾苦的“新乐府”。他们的诗篇，到处为人传唱。白居易这个光辉的名字，是与他的“新乐府”“秦中吟”等诗篇，联系在一起的。

衣钵难传

做父母的若有点成就，大多希望儿女也像自己，但这可不是一件易事。

杜甫养过的孩子不少。“老妻寄异县，十口隔风雪”。这“十”字若不是约数，恐怕他有好几个孩子。但因时代离乱，生计艰难，所以成活率很低，原先他写到的脚腻不袜、狼藉画眉的“两小女”，后来不见提及。逃亡路上，饥时咬他胳膊的“小女”也不明去向。“入门闻号啕，幼子饿已卒”。饿死的是否只这一个？长大成人，在晚年诗中仍频频出现的只有两个儿子。大的叫宗文，小名雄儿；二儿叫宗武，小名骥儿。

杜甫舔犊情深，甚疼儿女。从他给这两位儿子取名来看，不仅显露出一片爱心，且满怀希望。尤其对于宗武，寄意更在宗文之上。杜甫有一首《天育骠骑图歌》，说“骥子”是神骏，曳风扯电，奋飞万里。谚云：“父母痛晚儿”。骥儿是最后一个，又是在乱世中出生，故怜惜甚多。虽说儿女都是父母的心头肉，但爱心难免有所倾斜。杜甫《得家书》云：“雄儿幸无恙，骥子最怜渠。”此外还有《忆幼子》诗，夸奖小儿子。

爱哪个孩子，哪个孩子的优点似乎就多。“骥子好男儿，前年学语时。问知人客姓，诵得老夫诗”（《遣兴》）。人来客往，对骥儿的聪明赞叹不绝，我猜他多少也是沾了老子的光。骥儿不仅能背诵杜诗，且能制作：“觅句知新律，摊书解满床”（《示宗武》）。熊儿虽名宗文，但“文”气不足，似乎没受到杜甫的赞扬。杜甫看着骥儿，仿佛眼前出现一颗新星，难掩心头的兴奋。在当时虽然写诗不易找到饭吃，但杜甫仍希望他克绍箕裘。于是对骥子进行传统教育："诗是吾家事，人传世上情"(《宗武生日》)。杜甫的祖父杜审言是著名诗人，曾为著作郎、修文馆直学。杜甫以先人的业绩自豪。

杜甫教骥儿要刻苦读书。最重要的一本书是梁朝萧统编的《文选》。俗语云："《文选》烂，秀才半。"杜甫在这方面抓得很紧，亲自授课，"续儿诵《文选》"。要孩子对《文选》之理达到精熟程度，否则不可以罢休。

由于家境困难，孩子都得参加劳动，但宗文是长子，负担较重，骥儿则因年小受宠，似乎得到某些"优惠"。比如没吃的，宗文怕父母难过，找些苦李嚼嚼就算一顿了，骥儿就跺脚大哭，闹着要饭吃。他性情活泼，逗猴、打鸟、钓鱼……哪样也短不了他。不管有什么需求，杜甫都是尽量满足他，不过杜甫也看出他贪玩好逸的毛病，便说："休觅彩衣轻"，"莫羡紫罗囊"，说"休"说"莫"是对后辈语重心长的告诫。

宗武无心读书，聪明才智自然无法发挥出来，这使杜甫十分生气，十分伤心。一天，他把两个儿子叫到面前。他说："岁月无情，我渐老了。你们怎么办？将会有老大徒伤悲的一天啊！"教训激励，似乎都不起多大的作用，以后"失学从儿懒"，就索性不管了。

宗武自小聪明，又有杜老先生的指教，书香的熏陶，按理说应是能继承衣钵的，然而却与士无缘，没有留下一行诗，为农度日，终其一生。当中的原因当然很复杂，但我只想到一点；也许他觉得老子诗名盖世尚找不到饭吃，自己何必再去寻那份烦恼？杜甫原本对他希望很高，而忽然撒手不管，大概也是想到自己尚且如此如此，何必非要儿子还那样那样？父子之间心理如此之不同，但都可能在人生道路这个大沟坎上获得统一。

诗人命案

说起诗人，就会想到温文尔雅，似乎与刀光血火无涉。一般地说是如此，不过也有例外的。翻开唐代诗人的"卷宗"，便可发现一些命案。

伤害人身事故的发生,大抵有如下两类情况。

一是路见不平,拔刀相助,或受到凌辱,决一死战。李白少任侠,好剑术,腰间常带把铁家伙。他的好友魏颢这样形容他:大眼睛,像只饿虎,有几分威势,据说他曾“手刃数人”。李白天性善良,不忍心伤生,怎么会有这等纪录?被“刃”者恐怕是横行乡里,作恶无忌的人。如长安的斗鸡徒,李白曾受到他们的围攻和凌辱。在火性难控时,便拔剑相斗,但到底是一次还是数次,是捅死还是捅伤?魏颢没有细说。估计是捅伤。真正捅死了,李白也不会那么逍遥,事后也不敢对人乱说。韩愈的高足刘叉,年少时尚义行侠,醉后杀人。大概知道后果严重,所以赶快逃亡。姚合《赠刘叉》云:“避时曾变姓,救难似嫌身。”

二是情场失意,气愤不平,于是产生极端行为。女诗人鱼玄机聪明多才,她曾在进士题名处慨叹:“自恨罗衣掩诗句,举头空羡榜中名。”如果不是女士,她可能在科场夺魁。她嫁给李亿为妾,不为大婆所容,被迫入观当道姑,身世不幸,遭遇可悯,在悲愤难排的时候,竟失手将婢女绿翘打死。她在铁窗里悲吟:“易求无价宝,难得有心郎。”她认为自己眼下这个处境是李亿的薄情造成的。但法律并不因她身世如此,便免她一死。罗虬爱上歌星杜红儿,在心中将她与历史上一百位美人比较,觉得都逊色三分,但遗憾的是,红儿已被本部门一位头头包下。这位头头外出时,罗虬便向红儿大献殷勤,被认为非礼,加以制止。他见无法改变命运,而迁怒于红儿,一刀把她结果了。

根据唐代的刑律,杀人偿命。即使坦白也不从宽,知悔也不留情。《新唐书·刑法志》有这样一则记载:“太和六年,兴平县民上官兴,以醉杀人而逃,闻械其父乃自归。京兆尹杜悰、御史中丞宇文鼎以其就刑免父,请减死。”封建社会重孝道。上官兴投案自首,使其父亲得到解脱,当局一些人便打算免其死刑,但皇上命百官讨论时,大家一致认为:“杀人者死。若许以生,是诱之杀人也。”当然,法律是法律,意见是意见,最后都得由皇上定。皇上出言为法,出言压法,若遇大赦,罪行便一风吹。王勃藏匿犯罪的官奴曹达,后来害怕事泄,便杀人灭口,论罪当诛,会赦得免。逃亡了很久的刘叉,也是在这个时期才敢露面,罗虬也是沾了这个光,才从铁窗钻出。

封建社会的法律尽管有许多局限性和“不完善”的地方,但只要是杀戮无辜,就追究责任,甚至刀斧侍候,即使被杀的是奴隶军卒,娼妓歌女,也不例外。在舆论上,人们一致谴责杀人者。即使杀人者才高八斗,诗名盖世,也不会有哪位不识好歹的人去为他唱赞歌。这就是世道正义,这就是天理良心。

书多人穷

就常理而言,书多即钱多。有的富贵人家,附庸风雅,一个个红木雕花书架,装满孤本珍本,一望而知是财富的堆积。然而在封建社会里,寒士身边的那一堆堆书,却往往是穷的标志。

扬雄家贫,"乏无儋石之储"。"寂寂寥寥扬子居,年年岁岁一床书"(卢照邻《长安古意》)。杜甫一生贫困,但身边处处有书。即使在逃难途中,囊橐空虚,图书也是不少。寒山破衣敝履,四壁萧然。"家中何所有?唯有一床书。"卢仝"家甚贫,唯图书堆积,终日苦吟,靠邻僧送米"(《唐才子传》)。据孟郊说,"饿死抱空山"的卢殷,家中图书撒满一地,任鼠啮虫咬。无论是扬雄的简策,还是寒山、卢仝辈的手抄本,都来之不易。说他们穷,又有那么多的书;说他们富,却又无米下锅。这大概称得上是特殊的穷吧。

读书是一种投资。为了获得功名,找到出路,不仅需要三更灯火五更鸡地苦读,还须付出不少钱财。许多清贫的士子,为了得到书而减衣缩食、生钱造债。即使原先有些产业,"黄金散尽为收书",也因之耗光。别的家具几乎都缺,那一堆书就显出它的穷来。书是唯一的财富,唯一的希望。由书转换成"千钟粟""黄金屋",不仅像梦一样难以实现,其捉弄人的时光也特别漫长。春去秋来,与这堆图书终日相守,左吮右啃,肚里倒是有些学问,然而考功名、求官职,不完全是凭本事,往往需要走后门、找靠山,而读得昏头昏脑的人,多不精此道,故常常碰壁。当此之时,既不能弃之而操耒耜,亦难"下海"而致千金。不穷得像个黔娄才怪呢。

书多人穷,这是无疑的了。倘若说个中一点乐趣也没有,却又不尽然。斗室之中,书籍杂陈,像有许多高人哲士圣者贤者,环列身边,促膝谈心,长夜忘倦，广收博采，启智明心，觉思想之充实，朋友遍于四海。皮日休《读书》云：“案头见蠹鱼，独胜凡俦侣。”他不愿奔走于势利之途，与俗士周旋应对，以书为伴，乐在其中。不过这样一来，恐怕就更穷了。

书本虽然可爱，若读出一身病，一身穷，那三千丈无名火，恐怕就要朝书而发。怨书恨书的话，是常常听到的。更有甚者，索性将它们变卖了。“尽将书籍卖，来问尔东家”（杜甫）。“贫来卖书剑，病起忆江湖”（李中）。不过，一到卖书，就是想哭都没有眼泪了。不管你买来时多么的值钱，多么的不易，出手时，多按斤计算。一大捆书，换不到半斤猪头肉。积金可以保值，买股可以生息，唯独积书是赔本的买卖。不过，明知如此，穷秀才们也多不肯洗手不干。

美的动摇

审美的心态十分复杂，很难一言以蔽之。

人们生活在世上，可以对美进行选择。爱什么，恨什么，喜欢什么，讨厌什么，别人只能疏导，不能代替。今日他对这个爱得狂热，明日却又表现出冷漠；反之，被他白眼相看的东西，忽然又变得价值连城。凡此种种，都不足为怪。

春花秋月，绿水青山，令人心旷神怡，获得美的享受，但又不是在所有的情况下都是如此。杜甫非常爱花，他的《江畔独步寻花七绝句》写道：“江上被花恼不彻，无处告诉只颠狂。”“稠花乱蕊畏江滨，行步欹危实怕春。”“不是看花即欲死，只恐花尽老相催。”可是，同样的春花，却使杜甫看之伤心，见之落泪。“花近高楼伤客心，万方多难此登临”（《登楼》）。“犹存数行泪，忍对百花丛”（《登牛头山亭子》）。因为他在这时，想到争战不停，河山破碎，人民受苦，所以花不但不能引起他的美感，反而增加他的痛苦。“关塞三千里，烟花一万重”（《伤春五首》）。孤立地看这两句诗，当是一幅壮丽的图画，但若联系到群凶猖獗，西京动乱，则又蒙上了一层悲凉。花愈美，心愈伤，色愈浓，情愈惨。

"凤尾萧萧，龙吟细细。"竹的形象是美的。初生之时，柔弱而茂盛。《诗经》："瞻彼淇奥，绿竹猗猗。"杜甫爱竹的感情也很深。他说："平生憩息地，必种数竿竹"（《客堂》）。竹在他的笔下，是诗是画。"竹高鸣翡翠"，"竹送清溪月"，"竹细野池幽"……他在生活中，以赏竹为乐事："赏静怜云竹，忘归步月台"（《徐九尹见过》）。但他也说过："恶竹应须斩万竿"。竹被冠之以"恶"，可见其恨之深，一反常态，真有点令人不易理解。其实竹无所谓"善"，也无所谓"恶"。无论怎么生长，都能表现出自然的形态美。只有丰富它美的内涵，不会消弱它的美感。在这点上，贯休有两句诗，颇值得玩味："惜竹不除当路笋，爱松留得碍人枝"（《山居》）。他对于美的多样性，表现出一种兼爱的精神。不过应当指出，杜甫对于枳棘藤梢所造成的"迷途"，亦感到是美，并不一概反对。他之所以要"斩万竿"，并不是真正挡道塞途的竹，而是借它们以喻丑恶的事物。当然，作为审美的对象来说，竹在这一特定的情况下，成了他心目中不美的东西。心情不同，时间不同，环境不同，审美的对象就有可能发生变化。美可以变为丑，丑亦可以变为美。在生活中，"朝秦暮楚""喜新厌旧""古老当时兴"之类的事，比比皆是。

对于一个被自己确认为美的对象，也会因时间、环境、心情等等之不同，而有爱得深浅强弱之分。杜甫《上白帝城二首》云："江城含变态，一上一回新。""新"就美，它是在变化中产生的。诗人每次登临，都有不同的感受。"楼光去日远，峡影入江深"（《白帝楼》）。这是描写晴日的楼光峡影。"高江急峡雷霆斗，古木苍藤日月昏"（《白帝》）。这是勾勒雷电交加的图像。"急急能鸣雁，轻轻不下鸥"（《白帝城楼》）。这是录下高空的雁鸣鸥翔的神态。"峡坼云霾龙虎卧，江清日抱鼋鼍游"（《白帝城最高楼》）。这是俯察时搜索到的山形水状。这些全是白帝城楼的美景，但每组景物，全不相同。你很难在同一时间，同一地点将它们获得。景物之美，受到光线、温差、时令、气候的影响。为什么有的名山胜水，人们看过一次之后，还想再看，往往不是为观赏已见过的东西，而是想观赏未见过的东西。"一上一回新"，是反映诗人对美的不停捕捉，和对美的认识的不断加深。这点，无论在创作实践方面，或是在对艺术的鉴赏方面，都有很重要的意义。它要求艺术家对生活的观察，不要浮光掠影，浅尝辄止，而是要深入其中，得到更多的感受，使作品不断出新，在变化发展运动中去创造形象。我们研究一个作家的思想,鉴赏一篇作品的艺术特色,也要在变化发展中考察,不要用一个固定的尺度衡量,这样才能真正把握住美之所在。

美是有客观标准的,但人们对它的看法却很难绝对统一。这不仅受到感情的影响,也受到理性的制约。

庄子说:“毛嫱丽姬,人之所美也,鱼见之深入,鸟见之高飞,麋鹿见之决骤。”它们见到这些大美人,怎么都远走高飞了呢?大概是不知“天下之正色”吧!若是人,恐怕就不会这样傻了,不过也不见得。有人把美女视作“祸水”,认为国破家亡都是她们造成的。“惆怅兴亡系绮罗,世人犹自选青娥。越人解破夫差国,一个西施已是多”(卢注《西施》)。美人计厉害,一个西施胜过一枚炮弹,被她击中,少有不人仰马翻的。由此观之,西施不特不可爱,有时简直可怕。老天爷最好是不生她们,或者说愈少愈好。多了就天下大乱。话是说得严重了,可有谁去听它?无论是庶人娶妇,或皇子纳妃,都乐意挑选头面姣好、眉眼生辉的“西施”。

众雏烂漫

“无情未必真豪杰,怜子如何不丈夫?”鲁迅先生这两句诗,使我们想起了杜甫。

如果看过杜甫的画像,或许以为这个干瘦多病的老翁,是一个只知苦吟、乏味呆板的诗人。其实不然。他的风趣,他的柔情,他的童心,都是十分突出的。尽管他没有专门写过什么“儿童诗”,但我们从他的诗集中,可以看到许多儿童的形象。从这些童稚的身上,我们看到时代离乱的影子,人世的苦难和辛酸。虽然这些儿童,常常是诗人自己的儿女,但我们不妨理解为他所生活的那个时代,广大儿童的缩影。

杜甫本人,小时是十分活泼的。他一方面努力读书,追求功名,一方面积极进行体育锻炼。“忆年十五心尚孩,健如黄犊走复来。庭前八月梨枣熟,一日上树能千回”(《百忧集行》)。这是说十五岁时的生活。十五岁以前,恐怕“孩”

得就更加厉害了。“一日上树能千回”，虽然是有点夸张，但反映出他的身体是非常健壮，精力是非常旺盛的。诗人写《百忧集行》时，已是五十来岁了，但对于少年儿童时代的生活，仍念念不忘。“七龄思即壮，开口咏凤凰”（《壮游》）。杜甫是一位早熟的诗人。十四五岁时，已被当时的文豪比作班固、扬雄了。

生活在离乱之世，多灾多难，儿童们是没法保持“庭前八月梨枣熟，一日上树能千回”的境遇的。他们的命运跟大人一样，在小小的年纪，便饱尝人世的辛酸，受尽生活的折磨。杜甫虽然出身在“奉儒守官”之家，但一生不得志，日子过得非常艰难，“饥饿” 二字，常常威胁着他一家老小。“饥卧动即向一旬”，杜甫家里有时揭不开锅。大人挨饿已是很难受了，何况是小孩？“恒饥稚子色凄凉”。他家的儿女，大都面黄肌瘦，缺衣乏食，让人见了顿生怜悯之心。一次他探亲回家，“入门闻号咷，幼子饿已卒”（《自京赴奉先县咏怀五百字》）。“瘗夭追潘岳，持危觅邓林”（《风疾舟中伏枕书怀三十六韵奉呈湖南亲友》）。杜甫晚年流落湖南时，有一位小女因生活条件恶劣而夭亡。在封建社会里，一位大诗人，连自己幼小的儿女都无法养活，实在使人感到不平！

儿童们最不幸，是逃难时的情景。在战火烽烟中，杜甫举家出走，夜宿晓行，山高水深，有时连一点吃的也没有。怀中那位娇小的幼女，饿得难受时，就咬杜甫的胳臂。可怜的孩子，她怎么能够懂得人肉是不能够充饥的啊！此情此景，哭得就更加厉害了！杜甫怕虎狼听见哭声，便用手捂住她的嘴，但愈捂哭得愈厉害。儿子大了两岁，稍为懂点事。虽然饿得难受，但为了不让为父的伤心，便要点难以入口的苦李来吃。杜甫要养活这些嗷嗷待哺的黄口小儿，确实是困难得很啊！为了找点吃的，杜甫扛着锄头到山中挖野芋，但天寒雪深，无法找到，只好空手归来。入门一看，喊饥闹饿的儿女，在母亲身边哭作一团。“痴儿不知父子礼，叫怒索饭啼门东”（《百忧集行》）。“索”也是没得给。在这种情况下，吃饭当然是没有钟点的了。有时三更半夜，才弄到一点食品，但一看，“众雏烂漫睡”，刚才闹饿的孩子，已横七竖八地躺在那里打呼噜了！见此情景，做父亲的哪有不心痛的？在这里杜甫用他深沉的感情，细致的笔墨，勾勒出一幅难民图。

孩子不幸的命运，是由大人的命运所引起的。先看看杜甫自己的穿着吧：“敝衣何啻联百结”，“被褐短窄鬓如丝”。也就是说，他衣裳破败，更别说有什么是完好合身的。而孩子们的穿着，比杜甫本人就更不如了。“床前两小女，补绽才过膝。海图拆波涛，旧绣移曲折。天吴及紫凤，颠倒在裋褐”（《北征》）。他家连块像样的补丁都没有，只好用绣着神像的幛子来代替。在成都时，穷到数口之家只有一条棉被，而且遮盖多年，硬如铁板，风雨寒夜，小儿女们用力一蹬，就吱啦一声裂开了。到了秋天，孩子们还光着脚，没有鞋袜。

生活愈是艰难，对自己的儿女愈是疼爱。鲁迅用“小老虎”来形容自己的儿子，而杜甫则用了一个“雏”字，都是表示爱称。杜甫跟自己的小儿痴女，十分亲近，彼此感情都很好。“娇儿不离膝，畏我复却去”（《羌村三首》）。杜甫为了求官，有一段时间，很少在家。一旦归来，儿女们又怕他远离，因此都希望他多待些日子。这种心理状态，是完全可以理解的。每当孩子们看到他归来，就簇拥在他的身边，你一言，我一语，问长问短，说着说着，就动手摸他的胡须。虽然有失父子之礼，但心性善良、为人慈爱的杜甫，也只好听之任之了。杜甫想，如果将眼前这种家庭生活，跟在敌人的俘虏营中，跟在苦雨凄风的逃难路上相比，就算是幸福的了。谁能预卜，一经分离，还能再见？

杜甫虽然生计艰难，但常常是十分乐观的。看到那些天真无邪的小儿小女的穿着打扮，生活情趣，常常弄得自己发笑。杜甫是这样描写形容她们的：“瘦妻面复光，痴女头自栉。学母无不为，晓妆随手抹。移时施朱铅，狼藉画眉阔”（《北征》）。这位“痴女”的形象栩栩如生，神态可掬。古代的诗人，很少有如此凝神注目于这些童稚，用如此精炼的语言、生动的文笔，去描绘他们的生涯，刻画他们的形象的。

孩子的心情，常常跟大人不一样。到了一个新的地方，他们就觉得好闹好玩，或奔或跳，或呼或喊，即使是在逃难的途中，也是这样。大人有时也受到孩子们的精神感染，忘了旅途的艰难而笑了起来。“形色递隐现，人烟时有无。仆夫穿竹语，稚子入云呼。转石惊魑魅，抨弓落狖鼯。俱供一笑乐，似欲慰穷途”（《自阆州领妻子却赴蜀山行三首》之三）。但这“一笑”是暂短的。作为一个有良心有正义感的诗人，在这国破家忘，人民涂炭的岁月，目光不仅注视着自己的儿女，更主要的是看到人民的痛苦和不幸。在逃难的路上，看不完人世的惨像，听不完撕碎人心的哭声。无论是自己的儿女，或是别人的儿女，都是十分令人可怜和同情的。“二十一家同入蜀，惟残一人出骆谷。自说二女啮臂时，回头却向秦云哭”(《三绝句》之一)。二十一家,只残存下一个大人,多少无辜的百姓,已是陈尸山谷。可怜无知的小女,在想念家、想念亲人时,哇哇地哭喊。生离死别之惨,令人目不忍睹。诗人在叙述这些童稚生涯时,洒下同情与怜爱的泪滴。

杜甫入蜀后,生活条件有了改善,日子较为安稳,膝下的儿女,也很少哭饥喊饿了。他曾耕种一些田地,“卧病识山鬼,为农知地形”(《奉酬薛十二丈判官见赠》)。除了艰苦之外,也领略到农事的乐趣。他有时领着自己的小孩,翻荷采莲,踏泥踩藕,放舟击水,下笱捕鱼。或者扛着锄头,带孩子们去锄草,或者让孩子敲针做钓钩,在江村消夏。天气晴朗,艳阳高照时,便看孩子在江里游泳,自己则扶着藜杖,在岸边欣赏,捻须微笑。

杜甫的孩子很聪明,长子宗文叫熊儿,幼子宗武叫骥儿。杜甫特别喜欢骥儿,为他写过一些诗。如《忆幼子》《宗武生日》等。宗武是天宝末年生人。杜甫当俘虏时,他才牙牙学语。“遥怜小儿女,未解忆长安”(《夜月》)。这些儿女中,已经包括宗武了。“骥子好男儿,前年学语时。问知人客姓,诵得老夫诗。世乱怜渠小,家贫仰母慈”(《遣兴》)。如此看来,他也是有点聪明的。

在江峡山间,杜甫的住地接近一些少数民族。小熊小骥,常跟他们往来,感情十分融洽。再加上他们的聪明好学,所以很快便懂得少数民族语言。杜甫跟少数民族接触时,小熊小骥便当翻译。“儿童解蛮语,不必做参军”(《秋野五首》之五)。

杜甫非常注意对儿童的教育。“帘户每宜通乳燕,儿童莫信打慈鸦”(《题桃树》)。杜甫认为鸦有反哺之义,可敬,因此劝告小孩不要乱打。当然,杜甫还没有具备科学的观点,从区分益鸟害鸟的角度去教育儿童。但这已是很可贵的了。

杜甫教育孩子学习,抓得很紧。杜甫的家庭,是诗的家庭。孩子们生活在他的身边,经常受到诗的熏陶。杜甫告诉孩子,他们的老祖宗杜审言是诗人,要继承祖业。“诗是吾家事,人传世上情”(《宗武生日》)。“诗言志”,它的本质是抒情的。无情不能为诗。杜甫灌输诗教的头一课,便是这个内容。杜甫写诗时,孩子们常在身边,参加一些辅助性的劳动。“呼儿觅纸一题诗”,大人高兴,小孩也快乐。

耐辱居士

司空图晚年自号“耐辱居士”。他为什么起了这个号?

大丈夫生于世间,无不自尊自爱,昂藏做人。“儒有可亲而不可劫也,可近而不可迫也,可杀而不可辱也”(《礼记·儒行》)。司空图“辱”而不校至于“耐”,可谓非同一般,想来定有惨痛的经历,才以“耐辱”二字为号。考诸他的生平确实也是如此。

他才华卓绝,志气高远,一举成名。他受到王凝的赞赏,名声大振。不久王凝坐法被贬商州。他感知遇之恩,一同前往。当此之时,讲仁义,论是非,别说“耐辱”,恐怕连他人半句闲话也忍受不了。及至王凝起用,任宣歙观察使,他为幕僚,召拜殿中侍御史,一路官运亨通,以当朝的节士文人为榜样,一身严正,有“高士”之称。这时无“辱”,也经不起“辱”。

他思想上的重大转折,当在黄巢起义军进入长安以后。他慌乱中未能逃脱,叫苦不迭。他弟弟有一奴已投义军,劝他道:“我所主张将军,喜下士,可往见之,无虚死沟中。”话虽有理,但霎时之间由地主阶级立场,转到农民阶级立场,他是绝对做不到的,当然也会认为这是一种“辱”。以后在离乱中奔走,为衰败没落的唐王朝竭志尽忠,然而回天乏术,最后佯称足疾,退出官场。

司空图回到他老家中条山王官谷隐居,好像是经历了一场暴风雨后,忽然看到了天朗气清,也好像做了一场恶梦,忽然醒了过来。环境清静,心境清静,对以往的一切,都重新进行思考。痛定思痛,他首先感到,捡条老命回来就很不容易。“家山牢落战尘西,匹马偷归路已迷”(《丁未岁归王官谷》)。那个“偷”字,已形容出他的狼狈。“离乱身偶在,窜迹任浮沉。虎暴荒居迥,孤萤黑夜深”(《避乱》)。躲进深山,藏入老林,虽有恶虎为患,但也较人烟稠密的城郭为安稳。当此之时,这荒山,这穷谷,就无异仙境。只求苟存性命于乱世,什么名也利也,通通都抛到脑后了。“松日明金像,山风响木鱼。依栖应不阻,名利本来疏。纵有人相问,林间懒拆书”(《上陌梯寺怀旧僧二首》)。他聆听梵音,口念弥陀，心如止水。在他乱后山居的诗中，多写清静幽闲的自得，不时见到佛影禅光。“却嫌今日登山俗，且共高僧对榻眠。”“云从潭底出，花向佛前开。”佛国无争，佛国无怨，佛国无怒，这“三无”就成为他“耐辱”的基础。

司空图在他的所居处建了一个亭子，名曰“三休”。对此他这样解释：“某宦情萧索，百事无能，量才一宜休，揣分二宜休，耄而聩三宜休。”还作了一篇《题休休亭歌》，最后一句云：“若曰尔何能？答言耐辱莫！”一切俱罢，心满意足。天塌地陷，雷打火烧，似乎亦全可忍受。这种情怀，既诉之于诗，也见之于亭，以示其无可回转的决心。一个名字，包含着人世多少苦难，蕴含着多么复杂的思想啊！

说“盗贼”

在封建社会里，人民被迫起来造反，统治阶级就诬蔑他们为“盗贼”。

杜甫是一个忠君爱国的诗人。在他的眼中，一般地说来，凡是有损于唐王朝的行为，不管是外族的入侵，或是内部的叛乱，他都坚决反对。杜甫的世界观充满矛盾。他既要维护封建王朝的利益，又同情人民的疾苦；而人民的疾苦，又往往是封建王朝造成的。当然，在特殊的条件下，如安史之乱，国家的利益有与人民的利益一致的地方。维护国家的安全，河山的完整，也就是维护人民的利益。杜甫那些反对侵略、反对压迫、反对剥削的诗篇，是属于人民的，他的精神是与人民一致的。而对人民的造反，有时又表现出他的反动立场，如在广德元年写的《喜雨》一诗，其下原注：“时闻浙右多盗贼”。这里的“盗贼”，即指台州袁晁领导的起义农民。当时浙右久旱，干戈扰攘，杜甫忧心如焚地写道：“安得鞭雷公，滂沱洗吴越。”他希望老天来场暴雨，不特可解久旱无雨之苦，且也能把那些“盗贼”一同冲掉。对此，我们应当加以批判，绝不能把糟粕也当作精华。

但是杜诗中的“盗贼”概念，内涵很不一致。我们不能把杜诗中的“盗贼”概念，一概当成对人民造反的称呼，或者一见到“盗贼”二字。就认为是反对人民群众，如果那样，笼而统之，不但分不清它们的含义，而且对人民群众也不见得是爱护和尊重。

杜甫生活的年代，正赶上安史之乱，社会动荡，人民涂炭。杜甫认为，这种惨祸，根源在统治阶级，直接屠杀人民的则是安史叛军。“无端盗贼起，忽已岁时迁”（《历历》）。这里的“盗贼”，就是指安史之乱。“北极朝廷终不改，西山寇盗莫相侵”（《登楼》）。“遥拱北辰缠寇盗，欲倾东海洗乾坤”（《追酬故高蜀州人日见寄》）。这里的“盗贼”“寇盗”则是指吐蕃。唐王朝利用吐蕃的力量，反对安史叛军，反过来他们又变成唐王朝的敌人，到处作乱，散布灾难，杜甫十分痛恨他们。“西卒却倒戈，贼臣互相诛”（《草堂》）。“避贼今始归，春草满空堂”（《四松》）。这里的“贼”，则是指割据叛乱的军阀。这些家伙，乘国家灾难深重之际，舞弄权柄，鱼肉人民，任意杀戮，血溅长衢。“前年渝州杀刺史，今年开州杀刺史。群盗相随剧虎狼，食人更肯留妻子”（《三绝句》）？杜甫身受其害，对他们痛恨之深是可想而知的。在杜甫看来，外寇、军阀是贼，衣冠楚楚的谋臣武将也是贼。“衣冠兼盗贼，饕餮用斯须”（《麂》）。杜甫在这里，把“衣冠”与“盗贼”的概念并列，毫不客气地指出，这些衣冠之士，实质就是盗贼。

在杜甫看来，“盗贼”不是天生的，是被逼出来的，是统治阶级一手造成的。“不过行俭德，盗贼本王臣”（《有感》）。因此，他无情地鞭挞统治阶级的荒淫无耻，对荼毒生灵的罪魁祸首，表示极度的痛恨，杜甫把同情寄寓在被逼到悬崖之旁，以致铤而走险的人民群众。他鲜明的爱憎，对人民的深切同情，无论如何是值得肯定的。当然，杜甫这种思想是有其局限性的。他希望统治阶级“行俭德”，做些改良，目的仍然是为了唐王朝的巩固。他是不可能找到一条拯救天下苍生的道路的。

这里想就《茅屋为秋风所破歌》中的“南村群童欺我老无力，忍能对面为盗贼”中的“盗贼”议论几句。有人认为这里的“群童”是穷人的孩子，而骂穷人的孩子为盗贼，当然就是站在地主阶级立场了（见《李白与杜甫·杜甫的阶级意识》）。问题应不应该这样看？

一、杜甫这首诗，是漂泊成都时所作。当时寄人篱下，只能盖间茅舍栖身。杜甫并没有条件住在高楼大厦里面，当然境况比无衣缺食的农民为佳。但如以为他住茅屋“冬暖夏凉”甚至“比起瓦屋还要讲究”，则未必如是，恐系猜测之词。果真如此，则历来阔气人家，为什么都不肯住茅屋，而要住高楼大厦呢？生活中只有“茅屋为秋风所破”的烦恼，而不见有“大楼为秋风所破”的烦恼。这就是并不那么“讲究”的证明。那种“高抬”茅屋的说法，杜甫在一千多年前就表示过异议：“旁人错比扬雄宅，懒惰无心作解嘲”（《堂成》）。当然，今天无论如何“嘲”他，他也无法去“解”了。杜甫盖建“草堂”很不容易，需要多方资助才行，无力盖时，曾经租赁过。因此，对于大风刮掉了屋顶，他的心情是又焦急，又难过。那些被刮掉的茅草，折的折，烂的烂，水泡风吹，根本不能重新用来盖屋，但杜甫仍然拾回来，作为重新修补房屋之用，否则他们一家就屋漏挨浇，长夜沾湿。倘若杜甫阔气，刮掉旧的，重盖新的，何必为此苦恼？看来他的境况是相当不佳的。所以群童拾走稻草，他便口焦舌干地叫喊，指责他们为“盗贼”。

二、看问题要看它的实质，不要被它的表面现象所迷惑，“盗贼”这个概念，要赋予阶级斗争的内容，应当做怎样的解释？也就是一些人夺取另一些人的生活资料或生产资料，被夺取者把夺取者称为“盗贼”。这里面有个立场问题。我们从《茅屋为秋风所破歌》来看，这些所谓“盗贼”，不过是一群顽童，他们在大风过后，出来玩闹，或者拾点柴草，看到大风刮掉屋顶，有点好奇，由于年幼无知，完全不能了解杜甫的处境，欺辱杜甫年老体弱，赶不上他们，所以拾到茅草，便穿竹而去。他们既不是夺取生产资料，也不是夺取生活资料，根本就不存在“盗”与“不盗”的问题，最多也就是淘气、捣蛋。杜甫在这里所使用的“盗贼”概念，在本质上有别于称军阀外寇为盗贼，称起义农民为“盗贼”的概念。

三、骂一群小淘气为“盗贼”，不等于骂他们大人为“盗贼”，更不等于骂整个农民阶级为“盗贼”。孩子的举动，并不代表大人的意志和愿望，更不代表一个阶级的利益。孩子们的行动不带任何政治色彩，杜甫诗中的锋芒，既不是针对他们大人，也不是针对他们所出身的那个阶级。如果说，骂了孩子，就等于骂了农民阶级，岂不无异于说，打了神父的耳光，就等于抽了上帝的嘴巴？有时一些似乎合乎三段论式的推论，未必符合科学原则。

评论古人，必须用阶级观点，贫富二字是不可不注意的。但是诗中这些顽童，没有留下花名册，姓氏出身无法考查，是不是穷孩子，亦只是猜测之词。当然猜测之词，有时也有一定的合理成分。“千金之子不死于盗贼”，百万富翁的儿童，哪会在大风过后出来拾一点茅草？但当有人说，杜甫骂穷人的孩子为“盗贼”，立场成问题时，原来说群童是穷孩子的也改变了说法，说群童中有些人是富人的孩子。以为如此，杜甫骂群童为“盗贼”就站得住脚了，于他的品格也就无伤了。但是，有什么科学方法能够鉴别，这其中有富人的孩子，占百分之几，超过有效的半数呢？杜甫更不可能有那么高的觉悟，因为其中有富人的孩子，便骂他们为盗贼。在一群年幼无知的顽童身上，穷兮大作文章，“阶级斗争的弦绷得紧紧的”，不特得不出科学的结论，读者也如坠五里雾中。

比喻的通俗美

唐代诗歌，百花齐放，流派纷呈。当许多人都在精心制作近体诗的时候，有人却在运用口语作白话诗。后者最突出的代表是寒山。《全唐诗》收其诗作三百首，实际的数字肯定不止这些。他是个行踪无定的僧人，走到哪里，便写到哪里。自云：“五言五百首，七字七十九，三字二十一，都来六百首。一例书岩石，自夸云好手。”因为是写在岩石上，所以搜集困难，不能全都流传下来。

寒山的诗，意在宣传佛理，劝导世人，弃恶扬善，不要争斗。他不务高深，以通俗为美。设譬取喻，多为口头语，有浓厚的生活气息，读之令人耳目一新，这是寒山诗的显著特点。

寒山认为，人生暂短，转眼即成过客。那些貌胜神仙、容若桃李的人，“更过三十年，还成甘蔗渣。”由丰满至干瘪，由甜蜜至无味，以“甘蔗渣”做比，内涵丰富，浅不避俗，实在有胆。

寒山是有感于世道烦恼太多，才看破红尘遁入空门的。他把当时官僚之间的争权夺利，比拟为一群狗在互相撕咬。“我见一群狗，个个毛狰狞。卧者渠自卧，行者渠自行。投之一块骨，相与啀喍争。良由为骨少，狗多分不平。”那些拼命相争的人，自以为很精明，其实是“盲儿问乳色”，不知红白，不识造化，未明因果。人生百年，忧患无穷，为什么不赶快撒手，及早回头呢？大概需闭眼那天才明白吧？“秤锤落东海，到底始知休。”他劝告人们，要正直无欺，不要弄奸耍滑。“我见瞒人汉，如篮盛水走……我见被人瞒，一似园中韭。”园中韭割了还生；而竹篮打水的人，到头来什么也没捞着。

寒山原是位寒士，鹑衣百结，面有菜色，深感读书误事，有才难用。“骅骝将捕鼠，不及跛猫儿。”他动辄得咎，连交恶运，如“行泥屡脚屈。”若无权势，缺乏实力，就要受人欺凌。这好比“失却斑猫儿，老鼠围饭瓮。”人一旦倒霉，诗也受冷遇：“题安糊饼上，乞狗也不吃。”千灾万难，真不知何时了结？他虽是佛教徒，但未忘尘世，怨言时起，一肚子牢骚。

寒山的诗，有的整首设喻。如《昨见河边树》一首，说树备受摧残，“二三余干在，千万斧刀痕。霜凋萎疏叶，波冲枯朽根。”以这些形象来比喻人在世间所经历的种种苦难。他诗中的比喻，有时与其他修辞方法连用，显得文采缤纷，情味更浓。如“慈悲如野鹿，瞋忿似家狗。家狗趁不去，野鹿常好走。”他的比喻通俗，但不是白水寡味，而能创造出意境。如：“闲自访高僧，烟山万万层。师亲指归路，月挂一轮灯。”他生活在天台之上，很喜欢山月的皎洁。“月挂一轮灯”，既是对幽静山境的描画，也是对佛国光明的追求。

寒山的诗，在当时遭到一些人的反对。有个王秀才，说他的诗平直浅俗，没有波澜，不解押韵，不懂平仄，不知“蜂腰”“鹤膝”的声病。他对此给予坚决的还击。他说自己的诗，不须郑氏笺，不用毛公解，一看就明，有识之士，自会赞赏。历史已经证明：寒山的诗，王秀才之流是诋毁不了的。

鹤　舞

鸟的飞翔是最美的舞蹈。千类万状，各具特色。如记录下来，真可编本大书。不过，我在这里，只想谈谈鹤舞。

鹤羽毛丰满，皎如白雪。这身华丽的服装，一出台，便令众鸟惊呆，引起轰动。它的长相，也并非“凡夫俗子”。瘦头，显得精明，丹顶示其高贵。露眼玄睛，高鼻长喙、燕胸凤翼，龟背鳖腹。大喉以吐故，修颈以纳新。天赋可爱的仪容，多是舞蹈家必备的条件。它性情温和，举止优雅。“朝戏于芝田，夕饮乎瑶池”。不跟鹰隼去抢腐尸败肉，不与鸡鹜去争残稻剩粟。它的心灵美，赢得世人的青睐和怜爱。然而，它孤高却不艳俗。对于慕恋它的人，总是以深情相报。白居易家养有双鹤，刘禹锡常来访，它们认得熟客。每见便缓步来迎，徘徊俯仰。这虽为简单的“亮相”，却令客人欣喜莫名。

当然，最优美最动人的画面，是在它展翅翱翔的时候。一道雪亮的白光，耀眼夺目，扶摇直上，以至天之尽头。特别是在秋高气爽、风清日朗之时，那景致就更加动人情肠。刘禹锡在仰视惊叹之中吟道：“自古逢秋悲寂寥，我言秋日胜春朝。晴空一鹤排云上，便引诗情到碧霄”(《秋词》)。那萧瑟的时令，因此一鹤而完全改观。月出东山，众鸟早已投林，寂无生息，而鹤则把这明净的夜空，当作辽阔无边的舞台。“声断碧云外，孤飞明月中”(杜牧《别鹤》)。它尽情舞蹈，无须伴舞，也不想向任何人献媚，而讨得廉价的掌声。

求离烦嚣，淡泊名利的人，多爱写孤鹤振羽，少见写群体共翔。其实在大自然中，鹤的集体舞并不少见。我少时在粤西老家，探亲路经一棵大树之下，其时朝暾初露，水草生辉，见群鹤在树冠上竞翔，如飞雪迎风，奇姿异态，且歌且舞，久不绝响。路人驻足翘首，赞叹不已。我至今仍常在梦幻中，追思那一逝不返的景象。

鹤舞，“有章可依”不？古书上说：“老鹤之舞，应节而动。”刘禹锡在白居易家中所见之双鹤，“翔舞调态，一符相书。”由此看来，可能有“鹤舞图”。惜孤陋寡闻，未得一见。不过人们有的武术舞容，便是从仿鹤而来。《吴越春秋·阖闾内传》：“乃舞白鹤于吴市，令万民随而观之。”

鹤不仅是出色的舞蹈家，也是出色的高音歌唱家。《诗经》上说：“鹤鸣于九皋，声闻于天。”这当然是浪漫的夸张，而平实一点说：“常夜半鸣，其声高朗，闻八九里。”不飞则已，一飞冲天；不鸣则已，一鸣惊人。即此之谓欤？三国时的由拳县华亭墅，泉清林茂，风景甚佳，以产鹤著称。文学家陆机，喜欢到那里游玩。后兵败被诛，临刑时叹曰：“欲闻华亭鹤唳，岂可得乎？”能令人至死不忘，就可知它的歌音非同凡响。

鹤艺高胆大，但不爱出风头。我们能见到它时，多是在从容散步；或静立芳洲，或俯视清流，或蜷一足而前瞻，或侧长颈而回顾。“谁谓尔能舞，不如闲立时”（白居易《鹤》）。高飞是美，“闲立”也是美。“舞蹈家”的一招一式，都可入诗入画，就看你是从哪个角度去欣赏了。当然，“闲立”也不是偷懒，而是养它奋飞的志气，聚它冲天的力量。我有一座“闲立”的瓷鹤，置于书案上，终日相伴。

白　老

白居易晚年，非常喜欢李商隐的文章，曰：“我死后，得为尔儿足矣。”虽为戏言，却令对方为之感激涕零。

白居易评论别人作品，都能出以公心。见有佳处美处，赞不绝口，如同己出。诗人徐凝游长安时，不善推销自己，有志难伸，而白居易却对他十分激赏。徐离长安时留诗言谢：“一生所遇唯元白，天下无人重布衣。”唐时干谒之风甚盛，举子在考试之前，往往先将自己的诗给社会名流品评。若有人推荐，将来录取的可能性就大，然而亦不全凭本事。一张条子，有时胜过十卷妙文。尹公亮有此遭遇，便拿诗来给白居易鉴定。白居易在赞扬之中，为他打抱不平：“袖里新诗十首馀，吟看句句是琼琚。如何持此将干谒，不及公卿一字书？”白居易与张祜相交，认为他诗有不足之处，亦直言无隐。无论是赞扬或是批评，都是对青年人的关怀和爱护。

白居易比李商隐大四十一岁，在老退之年，已经功成名就，李商隐只不过是个“小青年”而已。作为文坛泰斗，只要对小青年动手描描就好看得多。假如在赞扬优点、肯定成绩的同时，再来个“不过”“但是”，折中公允，不失身份，也是顺理成章，合乎常情之举。而白居易却说出那样崇拜到五体投地的话，能不教人惊讶？白居易不想从中得到什么好处，完全是为他人才情所动。

作品受到别人的颂扬，是一种快乐和欣慰。白居易死后数年，李商隐生一儿子取名“白老”。此子虽非白居易的化身，却是永记他人厚爱的明证。“白老”云云，比称官衔、呼职称为尊敬。当然，“白老”若倒过来，就变成“老白”了。这一倒也平等亲切，无可厚非，就怕时过境迁，觉他人无用，而改呼“老头子”“老家伙”“老帮子”……若惊闻此变，能不为之气结？

韩愈服硫黄

人到老年，常常爱回忆过去，尤其对于那些作古的亲友，不特思其生时之欢容，且念其死时之悲苦。白居易《思归》云：“闲日一思旧，旧游如目前。再思今何在，零落归下泉。退之服硫黄，一病讫不痊……”韩愈字退之，是白居易的好友，因服硫黄中毒而亡。白居易的诗，有所依据，是符合实情的。

据李时珍考证，韩愈服硫黄致死。硫黄又名黄牙、阳侯、将军，入药可坚筋骨，除头秃，治虚肾久冷，炼服主治虚损。但有毒，弄不好就一命呜呼。韩愈一生，“抵排异端，攘斥佛老”，从不信这类服药、飞升之事。他对于那些服药致死的人，曾哀叹不已，告诫别人千万不要重蹈覆辙。到晚年，他自己却为此丧命，岂不悲哉？

迷信道家的丹药，在唐代是一种风气，上至皇帝，下至一般士大夫，多有此癖。李白是道徒，到处寻找仙药，杜甫也在苦苦地追求。白居易虽说不信，但世风所及，有一段时间也沉湎其间。“公好神仙，自制飞云履，焚香振足，冉冉生云。初来九江，居庐阜峰下，作草堂，烧丹”（《唐才子传》）。只因技术欠佳，把鼎烧干，没能炼成。他也有诗记录这种情景。人们迷信丹药，是希望除病延年，但服食硫黄丹砂这类矿物质，五脏如焚，十分痛苦，中毒深的便一个接一个地倒下。人们却很少能从中取得教训，即使是智慧超群者，有时也难免跃跃欲试。

韩愈“文起八代之衰，道济天下之溺”，是继孔子、孟轲之后的儒家一位大师。对于他服硫黄而死之说，有些人不能接受，深怕有损儒门，而为之辩解。或曰韩愈一向攘斥佛老，服食丹药，与其性格不符；或曰白居易所说的“退之”，不是韩愈，是有人名叫“知退”的误写；或曰白居易是误信谣传。总而言之，都是为尊者讳，为贤者讳。

韩愈到底不是神而是人。他站在儒家的立场，坚决反道反佛，他生性狷介，敢于直言，不畏豪门，他正襟危坐，向人们传道授业解惑。但，他的性格有许多矛盾的地方，偶服食丹药，似乎就不是一件奇怪的事了。古人对硫黄、丹药、白矾这些矿物质，还缺乏足够的药理分析，对其补其弊所知较片面，在老病之时，无药可解，对它们便做无可奈何的选择。

蔷薇花是美人姿

蔷薇开时，幽香阵阵，娇艳可爱。诗人吴融形容她，像江南美女，喝醉了酒，脸颊绯红；如西施换上新装，妩媚动人。花是美人，美人是花，在欣赏之时，会产生许多奇思怪想。

有一丛蔷薇，开在水边。清水映着花，鲜花照着水，像是一个美人在对镜临妆。浪摇绽开笑靥，风来舞动腰肢。诗人李群玉久看出神，情思缱绻，竟幻想与她互通情愫，像当年楚怀王遇巫山神女，共圆好梦。花如有知，也许会感激涕零，为他献上一颗芳心。

白居易是才子，十年之间，三登科第，然而时运不济，被派到周至任县尉之职。兵头官尾，终日碌碌，风尘仆仆，有一肚皮的苦闷。所可喜者，那里有个蔷薇涧，他经常到那里去，与朋友一道看花饮酒。其时他已三十六岁，还没娶妇。春来之时，群芳灿烂，彩蝶双飞，触景生情，能不寂寞？他想，娶妇当如蔷薇，方可称意。为了能时时得睹她的芳容，于是把一丛移回庭院，并盼她繁花如锦，共度春光："移根易地莫憔悴，野外庭前一种春。少府无妻春寂寞，花开将尔当夫人"（《戏题新栽蔷薇》）。他比李群玉来得更加直接，更加大胆。这支浪漫曲至此奏出最高音！

诗人多是务虚，但亦有务实的。李商隐的《日射》云："日射纱窗风撼扉，香罗拭手春事违。回廊四合掩寂寞，碧鹦鹉对红蔷薇。"据专家考证，"碧鹦鹉""红蔷薇"借比男女。其时李商隐官场失意，离职居家。春日寂寂，院门紧闭，唯有夫妻相对，互吐心曲。以红蔷薇喻妻，可见对此花的钟爱，对夫人的深情。

蔷薇花之美，教人神魂颠倒。为了追求她，又有喜，又有愁，有时还须流下几点殷红的血。李商隐的《题二首后重有戏赠任秀才》云："一丈红蔷拥翠筠，罗窗不识绕街尘。峡中寻觅常逢雨，月里依稀更有人。虚为错刀留远客，枉缘书札损文鳞。遥知小阁还斜照，羡杀乌龙卧锦茵。”这首诗用典太多，如同谜语，不易读懂。暂且抛开这些，说说它的大意。诗中“一丈红蔷”，借喻美人。有位任秀才与她结识，在罗窗小院，共理情丝，后常发现她与别人有云雨之欢。昨日相好，是图他钱财，今日通书，已拒不作答。此情此景，自然令秀才十分沮丧。末句的“乌龙”是犬名。《搜神记》说，张然有一个美丽的妻子，与仆人相通，奸夫情妇，想谋害张然，幸得家中养了一头猛犬，在紧要关头把奸夫咬死。乌龙有功，自然躺在锦茵之上。李商隐对任秀才说，我们要是弄到一头“乌龙”，把插足的“第三者”“第四者”……通通地收拾那就好了！这当然是戏言。其实唐代的歌妓舞女，常与文士往来，多是露水情人，朝欢夕散。只有这位任秀才，呆性未除，痴性十足，才久久没有回过味来，但不管怎么说，还不是为了那“一丈红蔷”？

月光曲

古往今来，不知多少诗人对着月亮倾吐过自己的衷曲，然而，像李白那样描写月亮、赞美月亮的，则极为罕见。李白对月亮爱得强烈，爱得深沉。他把自己的命运和月亮紧紧地联系在一起。

李白是个喜山爱水、嗜酒如命的诗人，但是在他看来，酒缺月无味，景无月不美。“窥日畏衔山，促酒喜得月。”月亮好像也知道他的心意，有时不请自来：“皓月生海，来窥醉客。”明月当空时，他就不想睡眠，即使是喝醉了，醒来之后也要踏月散步。

《旧唐书·文苑列传》说：“崔宗之谪官金陵，与白诗酒唱和。尝月夜乘舟，自采石达金陵，白衣宫锦袍，于舟中顾瞻笑傲，旁若无人。”江南的月夜，使诗人感到万分兴奋：“沧江溯流归，白壁见秋月；秋月照白壁，皓如山阴雪”（《自金陵溯流过白壁山玩月达天门寄句容王主簿》）。诗人反复吟咏，一唱三叹，对着那优美的月光，流露出多少欣喜之情！

他写的风景诗,常常蒙上一层轻纱似的月光。那样地轻盈、柔和,那样地妩媚、皎洁,给如画的山水,添上一层浪漫主义的色彩。“船下广陵去,月明征虏亭。山花如绣颊,江火似流萤”(《夜下征虏亭》)。

即使是梦绕神思的山水,也是笼罩着一层妩媚的月色,洋溢着一种浓烈的诗情。“湖月照我影,送我至剡溪”《梦游天姥吟留别》。这首诗,猿啼虎啸,水转山迷,千奇百怪之状,惊心动魄之景,都是在一片月色的天地中展开。丰富的联系、生动的描绘,都以月光来做它的背景。

明月出自东山,歌声涌自肺腑。月光最明的时候,也就是他诗情最浓的时候。饮酒自娱,放歌自遣,以至霜露湿衣都忘记了。

在李白看来,月是有性灵、有感情的东西。它和诗人是“朋友”,是“邻居”,脾气相投,心心相印。诗人的一举一动,一言一语,常常是与月共喜,与月同忧。对着明月,他可以吟,可以唱,可以玩,可以攀,可以揽……月亮随他的心理感觉和情绪变换而流转、变动,起伏、升沉。月亮好像是为诗人的歌吟唱啸而存在。诗人说过“明月长相知”的话,既然是相知,当然感觉自与人殊。“举杯邀明月,对影成三人”,大概也就只有李白才能够做到了。

诗人总是富于想象的。当明月在天,银光如雪的时候,他们就展开自己想象的翅膀,抒发自己浓郁的诗情,探求人生的哲理。与李白同时的诗人张若虚,写了有名的《春江花月夜》,江流、潮水,月色、山花,把自然界的美,活活地画了出来。他提出“江畔何人初见月,江月何年初照人”的探问。这样的探问,何等天真烂漫,又何等老练深沉!李白《把酒问月》一诗,深受《春江花月夜》的影响。他端起酒杯,对着明月发问:“白兔捣药秋复春,嫦娥孤栖与谁邻?”从人间想到天上,想得多么的遥远!“今人不见古时月,今月曾经照古人。”浓郁的诗情与深沉的哲理,很好地融合在一起了。《春江花月夜》的作者,从“人生代代无穷已”,得出一个空虚而又无可奈何的结论;而李白在“古人今人若流水”的叹息声中,归结为“月光长照金樽里”,同样是找不到出路。

《鹤林玉露》说:“李太白当王室多难、海宇横溃之日,作为歌诗,不过豪侠使气,狂醉于花月之间耳。社稷苍生曾不系其心膂,其视杜少陵之忧国忧民,岂可同年而语哉!”这句话有些道理,但也不完全对。拿他的诗和杜甫比较,思想意义可能差一些。杜甫忧国忧民的诗篇写得非常悲愤,而李白表现出来的就不那么强烈了。但我们不能因此而认为他的歌诗是“狂醉于花月之间”。李白赞美月亮，歌唱月亮的诗篇，是他追求光明，寻找理想的反映，是他憎恨丑恶现实、厌弃庸俗人生的一种高洁感情的流露，是他遭遇不幸、经历挫折的写照。它既联系民生，也接触到现实。

“长安一片月，万户捣衣声”（《子夜吴歌》）。在这片月光下，毫无欢乐，毫无生趣。多少怨妇在思夫，多少征人在念家。这里有战争的阴云，也有渴望和平的呼喊，反映出边防多难、国家不安的现实。诗人在这里，显然不是浅斟低唱，“狂醉于花月之间”，而忘却人民的痛苦。

“蟾蜍蚀圆影，大明夜已残”（《古朗月行》）。这里，李白用神话传说和动人的故事，表达出他关心国家、不忘朝政的情怀。诗人为政治腐败，权奸当国，而怒火中烧，扼腕愤恨。在月蚀夜暗，阴精沦惑的描写中，倾吐出他十万八千丈不平之气。

李白诗中的明月，常和思亲、思友、怀乡的感情，紧紧联系在一起。“我寄愁心与明月，随风直到夜郎西。”王昌龄是李白的好友，他的遭遇被贬，反映出社会的黑暗，人世的不公。李白对他表示同情。但两地相隔，千里遥遥，只能将愁心寄给明月，以表达自己对朋友的思念。晁衡是日本来华的使者，在中国居留多年，对于促进两国的文化交流有一定贡献，在中日两国的友谊史上写下令人难忘的一章。相传他在返国的途中“遇难”。李白听到这个消息，心情十分悲痛，故作诗悼念。“明月不归沉碧海，白云愁色满苍梧。”他把象征美好事物的明月来比喻晁衡，表示对友人“逝世”的惋惜，对中日人民友谊的珍重。

“床前明月光，疑是地上霜。举头望明月，低头思故乡”（《静夜思》）。这是一首被人们广泛传诵的诗。李白从月光的皓明，想到一片白霜。比喻贴切，清新可喜。故乡是美的，明月也是美的。从明月而跳跃到故乡，形象过渡自然新巧。儿时对月光的印象最深刻，及至千里远离，便见月思乡。故乡、明月，明月、故乡，这里两个形象于是糅合在一起。故杜甫有“露从今夜白，月是故乡明”之赞，白居易有“共看明月应垂泪，一夜乡心五处同”之叹。

从长空的一轮全月，联想到人世的悲欢，自己也希望寻求到欢乐，获得解脱。

苦难的历程

杜甫是一位诗人，也可以说是一位旅行家。他的一生，游历过祖国许多高山大川，名城古镇。他一面旅行，一面歌唱，写了许多描写祖国山河，记述自己行踪的诗篇。在这些诗篇里，我们不仅看到祖国壮丽的山河，而且看到时代动乱的影子。因此，他的诗篇，向有“诗史图经”之称。

“平生为幽兴，未惜马蹄遥”（《陪郑广文游何将军山林十首》之一）。杜甫二十九岁以前，做过两次漫游。一次是漫游江南，一次是漫游齐赵。江南的秀丽，齐赵的雄伟，使诗人觉得十分惬意，直至晚年，还念念不忘这段旅游生活。后来由于环境的变迁，时代的丧乱，诗人像一个流浪者一样，萍踪无定，东漂西泊。在流浪中度过他的后半生。诗人在这段流浪生活中，走过今之西北、西南、荆湘等地。雄关要塞，剑阁栈道，荒村野谷，险岭奇峰……都留下他艰苦奔波的足迹，飘着他悲凉愤慨的歌声。这段漂泊流浪的生活，和他前期漫游吴越、齐赵是不同的。漫游吴越、齐赵的生活，是出于自愿，境遇较好，而晚年的流浪生活，则是出于被迫和逃难，境遇十分凄凉。然而，不管怎样，这两种漫游生活，同样扩大诗人的眼界，加深他对生活的认识。特别是后期的流浪生活，虽然艰难困苦，却是使他成为一个伟大的诗人必不可少的条件。

安史之乱以后，潼关失守，两京沦陷。诗人携家带眷，随着难民的队伍，一起漂流。奔秦州，转同谷，经剑阁，入成都之后，乘舟出峡，寄居夔府，流寓荆湘，最后客死旅途。诗人在这段漫长的流浪生活中，历千辛，经万苦，一步一滴血，一步一滴泪，凄凉惨戚，实为古今诗人中所罕见。至今读着这些诗篇，仍然使人们的灵魂颤抖。“晨发赤古亭，险艰方自兹。乱石无改辙，我车已载脂。山深苦多风，落日童稚饥……”（《赤谷》）

从秦州的赤谷开始，旅途愈来愈困难。“径摩穹苍蟠，石与厚地裂”（《铁堂峡》）。“熊罴咆我东，虎豹号我西。我后鬼长啸，我前狨又啼。天寒昏无日，山远道路迷”（《石龛》）。“溪西五里石，奋怒向我落”（《青阳峡》）。“再闻虎豹斗，屡踽风水昏”(《木皮岭》)。“目眩陨杂花,头风吹过雨”(《龙门阁》)。“连笮动嫋娜,征衣飒飘飖”(《橘柏渡》)。……杜甫不仅走过这段艰苦的旅程,而且把它绘成多彩的画卷,其情调,有点似屈子漂泊行吟时的《涉江》。

在这里,我们应当称赞杜甫的乐观、顽强和勇气。在环境如此之恶劣,在古代交通工具如此缺乏的情况下,就凭着自己的双足,一步步地走,一步步地攀,和天上的恶风恶雨斗,和地上的恶虎恶狼斗,登巉岩,凌绝顶,下深谷,穿草莽,百险而不退,万死而不辞。这点,无论是作为一个诗人,或是作为一个旅行家,他都是杰出的,值得歌颂和赞美的。

杜甫在这段旅途中,不仅注意到自然界的惊险奇绝,而且注意到沿途人民生活的苦况。他经过盐井时,目睹盐工的辛劳,于是痛斥奸商对劳苦人民的盘剥。他过石龛时,看到人民为官家采伐竹箭,于是对时局表示出深切的关怀。到了剑门,看到这里形势险要,“一夫怒临关,百万未可傍”,军阀混战,各据一方,于是愤慨地唱道:“吾将罪真宰,意欲铲叠嶂。”当然,“叠嶂”真的铲除了,天下也不见得太平。总之,在这段旅途中,社会的面貌,可以用他这几句诗去概括:“东征健儿尽,羌笛暮吹哀。”“警急烽长报,传闻檄屡飞。”

杜甫入蜀后,虽然还几经离乱,但比起前一阶段,生活安稳多了,条件也好多了。因此,他能有余暇,饱览蜀中的风光名胜。山寺古庙,小镇江村,鱼鸟花柳,无一不成为诗人吟咏的对象。在这段时期所写的纪游诗,显出清新淡雅的风格。“含风翠壁孤云细,背日丹枫万木稠”(《涪城县香积寺官阁》)。“花浓春寺静,竹细野池幽”(《上牛头寺》)。“青云羞叶密,白雪避花繁”(《柑园》)。此外如:“青青竹笋迎船出,白白江鱼入馔来。”“市桥官柳细,江路野梅香。”“有径金沙软,无人碧草芳。”这些都是写巴山蜀水,最为清新秀雅的名句。至于诗人笔下的草堂景色,浣花溪的浅水白沙,江村的生活风貌,都可以当作蜀中的山水名画来欣赏。

但在这段时间,杜甫也曾为时局的动荡而奔走。故在他吟山唱水,写柳描花的诗篇中,不时夹杂着战争的烟云,人民的号哭。“故国犹兵马,他乡亦鼓鼙”(《出郭》)。蜀中不是世外桃源。天下虽大,但已很难找到一片净土。“江城孤照日,山谷远含风。兵革身将老,关河信不通,犹残数行泪,忍对百花丛”(《登牛头山亭子》)。社稷多难,兵戈不息,虽有百花如锦,但也减少不了自己的哀愁。杜甫是一个关心现实生活的诗人,对于人民的痛苦,可以说是没有一刻曾经忘怀的。在目睹“远鸥浮水静，轻燕受风斜”之际，也看到“小市常争米，孤城早闭门”的景象；在“桃花一簇开无主，可爱深红爱浅红”的狂喜中，也有“陇右河源不种田，胡骑羌兵入巴蜀”的忧虑。诗人无时不在关心现实，谛听生活的音响。他的心，是与社会的脉搏同时跳动的。

“五载客蜀郡，一年居梓州。”严武死后，诗人生活无着，只好乘舟东下，离开了他生活了五年多的草堂，漂泊到夔州，随之，在我们的眼前出现另外一种风格的山水图画。

杜甫是在大历元年到了夔州的。他一到这里，就为险要的形势所震惊：“白帝高为三峡镇，瞿州险过百牢关”(《夔州歌十绝》)。接着便挥动画笔，描绘出江汉山川的景色。如《瞿塘两崖》《瞿塘怀古》《滟滪堆》等诗篇气魄雄浑，想象丰富，充满激情，与前期的诗风，稍有不同。这是由于生活画面起了变化的缘故。“干戈连解缆，行止忆垂堂。”这时期的诗篇，仍然笼罩着战争的阴影。

杜甫在他的纪游诗中，注意反映各地的风俗人情，和对人物形象的刻画。在他《五盘》一诗中，描写山民生活的特点：“好鸟不妄飞，野人半巢居。喜见淳朴俗，坦然心神舒。”杜甫在旅途中，接触到各种各样的人物，有蜀水篙师，有江村渔女，有盐井工人，有不畏虎豹的彝族山民……诗人对于他们的命运，十分关心，表示出极度的同情。杜甫盛赞他们的勇敢机智，讴歌他们刻苦耐劳的精神。“篙师暗理楫，歌笑轻波澜”(《水会渡》)。从这两句诗中，想见波浪滔天，篙师镇定自若、毫不畏惧的神态。在《负薪行》一诗中，杜甫满怀同情地写出“四十五十无夫家”的夔州女子的痛苦。她们整日辛劳，长年奔波，“面妆首饰杂啼痕，地褊衣寒困石根”，在这丧乱年代，抱恨咨嗟，郁郁终老。

杜甫在自己的纪游诗中，常借名胜古迹，抒发自己对丑恶事物憎恨的感情，表达自己美好的愿望和崇高的理想。石笋、石犀，皆是蜀中迷信之物。说什么石笋可以“镇住海眼”，石犀可以“压水精”。杜甫对于这些谬论邪说，根本不信。他在《石笋行》《石犀行》两诗中，从唯物主义的角度出发，指出跟自然界做斗争，靠的是人之力，认为灾难的产生，往往在于弊政和坏人当道。接着，他就石笋问题加以发挥：“惜哉俗态好蒙蔽，亦如小臣媚至尊。”对于当朝的宦官，力加痛斥。杜甫说，这种迷信之物，是扰乱人心，影响社会的，应当彻底根除。“安得壮士掷天外，使人不疑见本根。”对于石犀亦应采用这种手段！

杜甫在《凤凰台》一诗中，抒发自己献身为民的理想。他在逃难的时刻，来到凤凰台。由眼前的凤凰台，想到凤鸣岐山，文王西伯。面对高峰，云气飘荡，无路可上，而想到山顶之上，该有无母之雏，在泣饥号寒。凤凰为祥瑞之征，国家命运所系。为了救活凤雏，"我能剖心血，饮啄慰孤愁。心以当竹实，炯然无外求。血以当醴泉，岂徒比清流。"目的是："再光中兴业，一洗苍生忧。"至于个人流离颠沛，沥血剖肝，亦都全无所顾了。杜甫面对一些名胜古迹，不是舞文弄墨，而是将动人的传说，结合自己的理想去抒情，因此，他的诗篇更能放出光辉，能够感动别人。

杜甫认为，国家要兴旺，社会要强盛，必须有贤人能才，出而辅佐。但是，从自身的遭遇来看，又觉得十分可悲。因此，对于历史上的英雄豪杰，志士仁人，总是竭力颂扬，衷心赞美，且为其不幸露出惋惜之情。如他的名著《蜀相》："丞相祠堂何处寻？锦官城外柏森森。映阶碧草自春色，隔叶黄鹂空好音。三顾频烦天下计，两朝开济老臣心。出师未捷身先死，长使英雄泪满襟。"

杜甫对于诸葛亮是十分景仰的。他来到成都后，对于蜀相的祠堂，能不瞻仰一番吗？但是，眼前的祠堂，松柏森森，一片肃然的景象。当年辅佐两朝君王的名相，也许早已被人置诸脑后，有谁还想起他来呢？"出师未捷身先死，长使英雄泪满襟。"古往今来，多少仁人志士，赍志以殁，含恨辞世。每念及此，真令人泪湿衣襟啊！杜甫在这里似在凭吊诸葛亮，其实亦是借古喻今，有悲叹个人的身世的因素在内。

作为一个诗人，作为一个旅行家，杜甫在这方面创作了那么多、那么出色的诗篇，这在诗歌史上，是极为罕见的。他的纪游诗，有的清新华美，有的雄伟壮丽，有的惊险奇绝，组成五彩缤纷的画卷。我们祖国的河山，是美丽可爱的，再经杜甫诗篇的描绘，就更增添光彩。

王维对生活的观察

王维说："晚年唯好静，万事不关心"（《酬张少府》）。他这句话，只是说对了一半，我们不能全信。的确，他政治上遭受挫折后，消极隐退，长斋奉佛，养生断血，不衣文彩，室中唯有茶铛药臼，绳床经案，对于纷纷的人寰，扰扰的尘世，他是不关心了，但是作为一个诗人，他对于身边发生的事，又未能忘情，可以说“万事都关心”。

蓝田别墅，是一个风景非常优美的地方。那里有华子冈、欹湖、竹里馆、柳浪、辛夷坞等名胜。“兴来每独往，胜事空自知。”他整个身心，都陶醉在这个小天地里。对于这个小天地，他了解比谁都深，观察比谁都细。他研究周围的环境，寻找题材，吸取诗情，进行创作。他以诗人的性灵，画家的手法，描绘他所生存的现世。蓝田精舍，辋川别业，于今已形迹荡然，但我们凭借诗人的作品，仍可追想当年的风貌。

王维是属于田园诗派。他那些成功的诗篇，脍炙人口的佳句，许多不是反映社会生活，而是描绘自然景象。既然要描绘自然界的景象，就离不开对自然界的观察。王维在这方面，是付出艰苦的劳动，是投进极大的热情的。他虽然长斋奉佛，但不是一个昏昏沉沉、醉生梦死的颓废派。从观察生活这个角度来说，王维不特没有隐退，而且是突进了。他的精力不在禅，而在诗。他外表枯槁，而感情丰富。禅是他的外衣，诗才是他真正的内核。

“时倚檐前树，远看原上村”（《辋川闲居》）。“倚杖柴门外，临风听暮蝉”（《辋川闲居赠裴秀才迪》）。这个“倚”字，是他观察生活的独特形式，很可以看出诗人幽闲潇洒，自在恬淡的神态。他在“倚”的过程里，都看见听见了些什么呢？“天寒远山静，日暮长河急。”黄昏的景致，把诗人的目光吸引住了。青山从立，长河滔滔，一静一动，一高一低，一缓一急，构成一幅引人入胜的画面。“青菰临水映”，这是低头所见；乍一仰望：“白鸟向山翻”，又呈现出一种奇观。诗中这一“翻”字，有画意，有诗情，有浓厚的生活气息。令人想到诗人昂首云天，捕捉形象，已经到了出神的程度。如果是一个粗心大意的诗人，不认真进行观察，就有可能写成“白鸟向山飞”。“飞”字，平淡无奇，诗意锐减。“白云回望合，青霭入看无。分野中峰变，阴晴众壑殊。”“谷静泉愈响，山深日易斜”（《奉和圣制玉真公主山庄因题石壁十韵之作应制》）。从这些诗句，可以窥探出诗人观察的细致。从山到谷，从明到暗，从动到静，从高到低，啼听音响，留心变化，真可以说是一丝不苟啊！

生活中一些极微极细的东西，到了他这里也没遗漏。“竹喧归浣女，莲动下渔舟。”这些生活不是发生在眼前，不是直接看到，而是察微知著，由此及彼，从联想中得来。我们设想，诗人的住宅非常安静，周围绿竹成林，月光下，一群浣女归来，穿过竹径，边走边谈，边谈边笑，诗人闻其声，如见其人，故此写下“竹喧归浣女”的诗句。诗人也并未见渔舟，而是由“莲动”而推想出来的。诗人显然是在凭借生活的经验，在思索，在研究。如果不是作为一个有心人，上述的轻微音响，细小波动，就很容易一滑而过。怎么能说是“万事不关心”呢？

王维有不少画是描绘雪景的。如《雪山图》《雪渡图》《雪江赏胜图》《群峰雪霁图》等等。他也有不少写雪景的诗，如“行人返深巷，积雪带余晖”，“清冬见远山，积雪凝苍翠”等等。他不但注意雪景，而且注意与雪有关联的其他事物。“草枯鹰眼疾，雪尽马蹄轻。”这是何等深刻的观察啊！冬草干枯，原野开阔，狐兔露形，老鹰侧翅，俯冲而下，用一“疾”字写出鹰之神态。日照长空，积雪化尽，马蹄欢快，嘚嘚有声。用一“轻”字，写出雪后之景。以上两句诗，出自他的《观猎》。可见他“观”时不是随便一看，而是观得深，观得细，观得全。他不是以欣赏者的身份，以求娱心悦目，而是以艺术家的姿态，在研究各种形象和动作。诗中这个“疾”字“轻”字，就是从这生动多彩的活动中，提炼出来的。毫无疑问，这显示出他观察生活本领的高超。

山居的生活，给人的印象当然是“静”，可是，作为一个诗人，愈是静，愈喜欢构思；愈是静，愈是推敲诗句的好时候。生活是静的，但诗人的心则是不平静的。“闲花满岩谷，瀑水映杉松。啼鸟忽临涧，归云时抱峰”（《韦侍郎山居》）。有声的也罢，无声的也罢，都是静到极点，无关世情，不涉纷争，在这个天地里，容易万念俱绝，何况更是一个佛徒？怪就怪在这里。王维不但注意它们，而且观察得极为细致。“归云时抱峰。”这个“抱”字，不但写出青峰巍峨，烟云缭绕，而且注进自己的强烈情感。“行到水穷处，坐看云起时”（《终南别业》）。那些过眼云烟尚且不轻易放过，也要坐在那里静静地等待，其他情况，就可想而知了。

他有一首诗题为《过沈居士山居哭之》：“闲檐喧鸟雀，故榻满埃尘。曙月孤莺啭，空山五柳春。野花愁对客，泉水咽迎人。”这是一幅破落、荒凉、凄冷的画面。诗人显然就是到了这里之后，逐一地进行观察，从晒太阳的鸟雀，到床上的积尘，到孤莺的鸣叫，到无主的花柳，他都不放过。他正是通过这些景物描绘来创造气氛的。他的“野花愁对客，泉水咽迎人”，“泉声咽危石，日色冷青松”（《过香积寺》）等诗句，用了“咽”字“愁”字，表明他并没有和人世的生活一刀两断，他的诗句，也不像出家人的语言。喜怒哀乐，咸酸苦辣的感觉，都可以从他的诗中找到。他往往是口念经文，心中却另有一个世界。兀然寂坐，胸前合十，你以为他在礼佛吗？“雨中山果落，灯下草虫鸣”（《秋夜独坐》）。他早已走神了。“兴阑啼鸟换，久坐落花多”（《从岐王过杨氏别业应教》）。这个“换”、这个“多”，不都是在寂中默察得来的吗？他在这些诗中，很少宣扬经文佛理，而是描述自己从自然界中捕捉到的诗情。

他不特白天注意观察，夜里也很注意观察。“夜登华子冈，辋水沦涟，与月上下，寒山远火，明灭林外。深巷寒犬，吠声如豹。村墟夜舂，复与疏钟相间”（《山中与裴秀才迪书》）。他用诗一样优美的文字，描述他夜登山头，观察生活的情景。“月出惊山鸟，时鸣春涧中”（《鸟鸣涧》）。“明月松间照，清泉石上流”（《山居秋暝》）。他笔下的月色风光，非常优美而又富有诗意。这些诗句，想亦是他观察的结果。

诚然，在王维的诗歌中，反映人民生活的较少，这不能不说是一个缺陷。值得提出来的，是他刻画田夫牧童的形象，非常逼真，非常富有诗意，表现出诗人对人民群众的一种美好感情。他是用山水画家的手法，来写封建社会的农民的。“牧童望村去，猎犬随人还”（《淇上即事田园》）。“野老念牧童，倚杖候荆扉。……田夫荷锄至，相见语依依”（《渭川田家》）。这是封建社会农民生活的一个侧面，他只是粗粗两笔，便把形象勾勒出来，有景、有情、有味。这些句子，是画的诗化，是经眼入心然后形之于笔的。

王维观察生活的能力，不是一天养成的，也不是定居辋川之后才有的。可以说，注意观察是他生活的一种习惯。王维特别注意观察自然界的风光和周围的环境。有一次，他去参加宴会，但关心的不是名酒，不是华丽的车马，不是显赫的贵宾。“深巷斜晖静，闲门高柳疏”（《济州过赵叟家宴》）。是这样的一种环境把他深深地吸引住了。他曾一度出使塞外，对于边土的人物风情，十分留意。有的诗，是直接记述他观察生活的情景的，如：“云黄知塞近，草白见边秋”（《垄上行》）。这是垄上特有的景色。他那脍炙人口的名句：“大漠孤烟直，长河落日圆”(《使至塞上》),充分表现出诗人观察生活的本领。诗中的“直”字,是狼粪点火,烟旋直上的情景,很生动,很形象,很新颖。出使塞外的诗人,可谓多矣,何以只有王维才留下这样的名句?这岂不说明他的观察力有异于常人的地方吗?

王维是一个非常勤奋刻苦的诗人。他的弟弟王缙,在《进王右丞集表》中说他:“乘兴为文,未尝废业”。认真观察生活,注意捕捉形象,这就是他的“业”的一个重要组成部分。

当然,王维观察生活,是受到他的世界观限制的。他经历过安史之乱、民族危亡、山河破碎,他不可能不观察到许多撼人心弦的东西,可惜他这方面没有留下什么感人的诗句。我们今天谈论他的观察力,对生活的感受,并非是赞赏他远离斗争,在幽静的环境里寻找乐趣,而是想从他认真细致刻苦地观察生活的过程中,获得一点启示,以便提高我们的创作水平。

让皇帝

为了争夺皇位,子弑其父,弟杀其兄,同室操戈、骨肉相残的事,历史上并不少见。然而也有不想当皇帝,而拱手相让的。唐代就有一个著名的“让皇帝”。

李宪是唐睿宗之子、李隆基之兄,按说应当由他继位。李隆基在家国多难之秋,领兵平定韦后之乱,使唐朝江山回到李氏手中,军功卓著,声望甚高。到底应由谁继位,便颇有争论。李宪本人,大概也深知这点,即使自己为皇,臣子们也不一定拥护。与其去争,不如让出。在这方面,他还找到下台阶的理由:“时平则先嫡,国难则先功。”但不管怎样,风格也是蛮高的。假如他要争,动刀大杀一场,李隆基的麻烦就不少。

皇帝是让出了,但官封一品,位极人臣。没有做皇帝那份“辛苦”,但凡皇帝享受的他差不多都能得到。名去实归,何曾不是一种聪明的做法?让了之后,躲到一边清闲,不干预政治,使当皇帝的放心,自己也免灾得福。玄宗对这位让兄,又感激,又尊敬。曾做大被长枕,共卧一榻,下朝之后,不敢以皇帝自居,念念不忘长幼之序。特别盖了一座花萼相辉楼,兄弟共乐。史家对此手足情义,赞不绝口。他辞世时,玄宗失声悲号。为褒奖他的高世之行,追谥让皇帝。破格立庙,四时奠祭。让帝有功,泽及妻子。妻追赠恭皇后,长子封汝阳王。杜甫诗云:“汝阳让帝子,眉宇真天人。”这位“天人”,是唐代一位著名酒徒,杜甫在《饮中八仙歌》中,对他的醉态有十分生动的描写。

让皇帝生前,有仁爱之心,玄宗对他的话不敢违背,一次玄宗与他从复道入宫,见卫士将吃剩的食物倒在洞里,怒不可遏,命高力士查明杖杀。他从容对玄宗道:“这样挑剔别人的过错,恐怕大家都很紧张。浪费一点东西事小,杀一人事大。”玄宗感谢让兄的及时教导,不致过失。

正史对让皇帝多有赞词,而在文学作品中,对其奢侈浪费,风流韵事,却不乏渲染。他在深宫,可与玄宗的妃嫔厮混,自由无惧。张祜诗云:“金舆远幸无人见,偷把宁王小管吹。”宁王就是让皇帝。玄宗不在,杨贵妃就吹他的小管,媚眼传情。用一“偷”字,说明这种情形是不允许的。张祜《宁哥来》云:“日映宫城雾半开,太真帘下畏人猜。”太真是杨贵妃,她在帘下望眼将穿,若有所待。这些玄宗不会不知,但可能会想,这三千粉黛本该属他,而如今都归自己了。即使这位让兄有些犯规动作,也只好一个眼开,一个眼闭,来点“难得糊涂”了事。

诗圣品画

唐代不特是诗歌的黄金时代,绘画、雕塑、音乐、舞蹈等其他艺术品种,也获得空前的繁荣和发展。其中尤以绘画为突出。可以说,诗与画,是唐代文艺的两颗明星。

唐代的画家,有史可考者,约四百人。《历代名画记》录二百零六人。“曹(仲达)衣出水,吴(道子)带当风”,名家辈出,名作如林。各种各样的风格,竞相发展,丰富多彩的内容,如百花争妍。有名的文士,如阎立德、阎立本兄弟的人物画《秦府十八学士图》《凌烟阁功臣二十四人图》《太宗步辇图》《文成公主降蕃图》等，推陈出新，令人赞叹。敦煌的壁画，昭陵的珍品，也大都是无名士的佳作，令中外为之震惊。于此可见，绘画事业，在当时确是彬彬大盛的。

有的诗人，本身就是画家，如王维。据《宣和画谱》记载，御府藏其画一百多幅。有的诗人，即使不作画，但和画家的关系比较密切，或者热情关怀绘画事业，积极参与评论和研究。如杜甫就是这样。

从杜甫的情况来看，他好像没作过画，但他对画很有兴趣，很会欣赏，很关心画家的生活和创作。对于当代的绘画事业，有过相当精到的见解和评论。这些见解和评论，散见于他的诗篇之中，我们对此做些分析研究工作，不论对于了解杜甫的文艺思想，或是了解当时的绘画活动，我想都是有点意义的。

杜甫很喜欢画。无论是山水画、人物画、花鸟画，他都喜欢。也无论是障子画、壁画、绢画，他都要评论一番。“老夫生平好奇古”。虽然有所挑剔，但胃口很好，不管风格如何，内容如何，只要形象鲜明，有艺术水平，他都赞不绝口。他对着那些珍品名作，常常看得出神。用他的话来说：“看画曾饥渴，追踪恨淼茫，虎头金粟影，神妙独难忘”（《送许八拾遗归江宁觐省甫昔时尝客游此县于许生处乞瓦棺寺维摩图样志诸篇末》）。据说，这里的维摩诘图样是晋虎头将军顾恺之所画。《京师寺记》说：“兴宁中，瓦棺寺初置，众僧设会，请朝贤鸣刹注钱，其时莫有过十万者，长康（恺之）直打刹注钱百万，后寺众请勾疏，长康曰：‘宜备一壁。’遂闭户绝往来一月余，画维摩诘一躯。工毕，将点眸子，乃谓寺僧曰：‘第一日观者，请施十万。第二日可五万，第三日可任例责施。’及开户，光照一寺，施者填咽。”对于这样的名作，杜甫当然索其一观，激赏不已。一次，朋友把画送至家中，他正在梳头，便赶紧握住头发，呼儿迎客，殷勤接待。欣赏之后，立即评论，并为之提句。

杜甫赞扬形象鲜明，生动传神的作品。

杜甫喜欢马。他的《房公曹胡马》云：“胡马大宛名，锋棱瘦骨成。竹批双耳峻，风入四蹄轻。所向无空阔，真堪托死生。骁腾有如此，万里可横行。”这是生活中之真马，也是理想中之骏马。在杜甫看来，马之美，在它的奔腾飞跃，四蹄生风，瘦骨露锋，神采奕奕。现在看看他，是如何评论画面上之马：“曾貌先帝照夜白，龙池十日飞霹雳……昔日太宗拳毛䯄，近时郭家狮子花。今之新图有二马，复令识者久叹嗟。此皆战骑一敌万，缟素漠漠开风沙。其余七匹亦殊绝，迥若寒空杂烟雪”（《韦讽录事宅观曹将军画马图歌》）。画家笔下的唐皇坐骑“照夜白”“拳毛䯄”“狮子花”，我们今天是看不到了，但从杜甫的描写中，想见画家塑造形象的成功。曹霸是当时的大画家，尤善画马，王室对他的画十分欣赏。“诏谓将军拂绢素”，待遇的规格是很高的。唐明皇把玉花骢置御榻上，让他在庭前写生。他在艺术上的成就，使得“至尊含笑催赐金，圉人太仆皆惆怅。”

韩干是曹霸的弟子，工山水人物，也擅长鞍骑。《画马赞》：“韩干画马，笔端有神。骅骝老大，騕褭清新。鱼目瘦脑，龙文长身。雪垂白肉，风蹙兰筋。逸态萧疏，高骧纵恣。四蹄雷雹，一日天地……”但是有一次，他画的马杜甫不喜欢：“干唯画肉不画骨，忍使骅骝气凋丧”（《丹青引》）。从唐代的风气来说，形象以饱满、肥硕、圆润为美。韩干的“肉马”，大概是为适应宫廷的需要而作的吧。但在杜甫看来，这点恰好相反。画得肥大，就会露出蠢相，丧失“龙马精神”。所以他一方面赞扬韩干，一方面又批评他画“肉马”的俗气。杜甫这种审美观，不趋时，不附会，有自己独特的看法。古人画《八骏图》，皆螭颈龙体，矢激电驰，非马之状也。《列子》伯乐曰：“良马可形容筋骨相也。”杜甫是从《相马经》的角度，来考察马之优劣。这种瘦骨露锋、螭形龙体之马，在艺术上是最为传神的。

在画马的大师中，还有一个佼佼者，名字叫韦偃。他和杜甫是朋友。杜甫认为，在画马的名家中，韦偃是少有对手的。韦偃技法高超，构图独特，拿起秃笔，随便一扫，两匹宝马就呈现在观众的面前：“一匹龁草一匹嘶，坐看千里当霜蹄”（《题壁上韦偃画马歌》）。韦偃喜欢越笔点簇鞍马，“千变万态，或腾或倚，或吃或饮，或惊或止，或走或起，或翘或跂，其小者，或头一点，或尾一抹，巧妙精奇”（《画断》）。真是千类万状，穷形尽相。这样的大画家，怎能不受到杜甫的称赞呢？

韦偃不仅善画马，而且善画老松、奇石，高僧、奇士。杜甫赞扬他作画时的情景：“绝笔长风起纤末，满堂动色嗟神妙。”他画的松树：“两株惨裂苔藓皮，屈铁交错回高枝。白摧朽骨龙虎死，黑入太阴雷雨垂”（《戏韦偃为双松图歌》）。杜甫喜欢松树，认为枝干屈曲，虬体龙形，多呈怪状者为美。松下若添置人物，配合和谐，就更显出妙趣。“松柏胡僧憩寂寞，庞眉皓首无住著，偏袒右肩露双脚，叶里松子僧前落。”杜甫这种描写，不特生动地记录下韦偃高妙的手法，也表现出杜甫的审美情操。

杜甫十分重视画面的结构。一个艺术家，无论他是使用语言，或是运用音符、色彩、动作等去创作形象，反映生活，都必须注意画面的结构，讲究艺术的辩证法。杜甫自身的作品证明了这点，而他在论述绘画的时候，也表现出这种见解。诗的构思，与画的布局，常常是相似的。他的《奉观严郑公厅事岷山沱江画图十韵得忘字》：“白波吹粉壁，青嶂插雕梁。直讶杉松冷，兼疑菱荇香。雪云虚点缀，沙草得微茫。岭雁随毫末，川蜺饮练光。霏红洲蕊乱，拂黛石萝长。谷暗非关雨，枫丹不为霜……”这幅岷山沱江图的结构，丰富多彩，手法巧妙。画面颜色的不同，高低的差异，大小的对比，明暗的映衬，虚实的结合，使人深有“绘事功殊绝”的感觉。杜甫在《奉先刘少府新画山水障歌》中，描述刘单宅融精汇神，乘兴挥毫，绘出画面之后，他的两个儿子，立即拈毫配合，补充形象。“大儿聪明到，能添老树巅崖里；小儿心孔开，貌得山僧及童子。”杜甫认为，此种笔墨的组合搭配，十分协调，意境更加鲜明，诗情更加动人。一个艺术家，即使是在一个眼神、一个音符、一个逗点中，都应融进自己的苦心。

为了在艺术上获得成功，那些有出息之士，从来都是埋头苦干，富贵于我如浮云，不知老之将至。他们除了天赋的才华之外，对于自己的事业，都是爱入骨髓的。其成功之日，差不多人人都能看到，而在其惨淡经营时，则往往不为人所知。

杜甫十分关心画家的命运。他不仅以自己的诗篇，去评论他们的作品，而且以自己的诗篇去给他们作传记。如《丹青引》就是记述大画家曹霸的身世及其创作活动的。杜甫对他的刻苦磨炼，表示赞赏，对他的艺术独创，给予肯定，对他的坎壈身世，表示同情。

杜甫的论画诗，不是单纯地客观地去评论画的本身，而是常常借画来发挥自己对时局的看法，表现出自己的理想。如他的《画鹰》：“素练风霜起，苍鹰画作殊。竦身思狡兔，侧目似愁胡。绦镟光堪摘，轩楹势可呼。何当击凡鸟，毛血洒平芜。”结尾二句，表现出自己嫉恶如仇的心情。《通泉县署壁后薛少宝画鹤》：“高堂未倾覆，常得慰嘉宾。暴露墙壁外，终嗟风雨频。赤霄有真骨，耻饮洿池津。冥冥任所往，脱略谁能驯？”既借鹤以写其身世之悲凉，亦表现出他高尚坚贞的品格。杜甫是一个关心国家,注意时局的诗人。这点,从他的论画诗中,亦可以看出。

白居易养生之道

白居易活到七十五岁,对古人来说,称得上“寿星”。不了解他的人,或许以为他是天生有副好身板,其实不然。

白居易因过度用功,体质较差。他在病中吟道:“少年又多病,此身岂堪老”(《病中作》),三四十岁时,已头有二毛,牙齿亦开始脱落。五十岁后,“气衰神不全,已垂两鬓丝”(《仲夏斋戒》)。眼昏耳鸣,头风肺渴,像如今一辆用了多年的自行车,所有的零件都纷纷出现故障。于是担心自己寿命不长,开始讲究养生之道。

他首先在食字上下功夫。他晚年仓有余粟,库有余钱,不忧冻饿。按照常人做法,很可能是提高伙食标准,但他考虑到自己脾胃虚弱,所以少吃荤腥,以清淡为主。“老饥初爱粥,瘦冷早披裘”(《履道新居二十韵》)。他所吃的粥,常加药物:“黄芪数匙粥,赤箭一瓯汤”(《斋居》)。“何以解宿斋?一杯云母粥”(《晨兴》)。据《本草纲目》说,黄芪补丈夫虚损,五劳羸瘦,是补药之长。赤箭益气力,长阴肥健,轻身增年。云母主治中风寒热,除邪气,安五脏。这些药物熬粥,就是“食疗”。经常服用,自然可收功效。他认为,食不必用珍馐,饮不必耗万钱,饱饥肠则可。“园葵烹佐饭”,“烹葵炮嫩笋”,这些蔬菜既清淡可口,又易于吸收。“腹冷先进松花酒”(《枕上作》),不要一上来便暴食一顿。

他的起居饮食,比较有规律。饭后先盥漱,保持口腔清洁,然后在庭院散步,略为舒展一下筋骨,待到有点困乏了,便临窗拂枕,睡他一觉。“食罢一觉醒,起来两瓯茶”(《食后》),“或酌一杯酒,缓弹数弄琴”(《食饱》)。有条不紊,优哉游哉。当然他是诗人,是酒徒,有时诗兴大发,“日午悲吟到日西”,或醉复吟,吟复饮,醉吟相仍,一切便全部都乱套了。我们只是就其正常的情况下而言的。

加强保养,不忘自疗。他是佛徒,常于清夜趺坐,以息尘虑,气功做得很认真，有时家人唤他都不应。见冬日太阳可爱，便一面闭目负暄，一面按摩脚。脚是人的起点，也是人的终点。脚穴位多，与脏腑联系紧密。人老先老脚，经常按摩，无疑有裨益。他在太阳下活动，感觉良好。“初如饮醇醪，又如蛰者苏”（《负冬日》）。

他的牙齿，大概剩不下多少了，唯其如此，才更值得珍贵。“起来无可作，闭目时叩齿”（《晚起闲行》）。“起坐或无思，叩齿三十六”（《晨兴》）。所谓“老掉牙”，人大都不能幸免，但态度却不尽相同。韩愈的牙，掉三落四，说话都漏气了。但却自解自嘲，说一年掉一个，还可掉若干年。不能嚼硬的，吃软的更美。这种乐观精神固然可爱，但也有破罐破摔之嫌。当科学还未发达到能给你制造一副假牙时，有幸存几个支撑局面，总比一览无余为好。

白居易深知心理健康的重要。人有七情六欲，很难抑制。庄子曰：大喜偏于阳，大怒偏于阴，喜怒失位，思虑不畅，健康就难得保证。人们往往只知饥餐渴饮，而忽略心理上需要保持平衡。白居易自觉早衰，寝食无味，后见同岁的崔舍人，满面红光，才悟出忧乐与容貌的关系。“畏老老转迫，忧病病弥缚”（《自觉二首》）。与其终日愁眉不展，忧病畏死，还不如当个乐观派。世上那么多不公不平、不仁不义的事，你要是天天激愤填膺，还不早早气死？要把神经放松，多往宽处想。“眼下有衣食，耳边无是非。不论贫与富，饮水亦应肥”（《归履道宅》）。他知足保和，淡化人生，以诗酒琴歌自娱，殊觉生命之可贵，已失当年愤世嫉俗、怒视权豪的情怀了。

当与白居易同一时代的许多壮夫健者，都纷纷撒手西归的时候，而体弱多病的白老先生，还一杯一盏有滋有味地活着，这是否与他的养生之道有点关系呢？

吞　钩

据《后汉书·逸民传》说，严子陵少有高名，曾与光武帝同游学。后来光武帝即位，他便改名换姓，隐居起来。光武帝好不容易才发现他，封他为谏议大夫,他不肯做官,就跑到富春江边去钓鱼。厌弃仕途,不慕名利,成为千古流传的佳话。

在封建社会里,不愿与浊世合污的知识分子,常常想起这位高士。李白《酬崔侍御》云:“严陵不从万乘游,归卧空山钓碧流。”戴叔伦《闲思》云:“何似严陵滩上客,一竿长伴白鸥闲。”许浑《晚泊七里滩》云:“荣华暂时事,谁识子陵心?”几乎众口一词,都在颂扬,而张继则从新的角度切入。他的《题严陵台》云:“鸟向乔枝聚,鱼依浅濑游。古来芳饵下,谁是不吞钩?”这不仅比泛泛的颂诗更能醒人耳目,而且思想意义也更为深刻。

弃官不仕,临流垂钓,这是人人都能看得到的,而“吞钩”却常常被人忽略。钩上那一点点香饵,是极有诱惑力的,即使是严光这样的人,也曾有过动摇的刹那。光武帝发现他后,“乃备安车玄纁遣使聘之。”这“安车玄纁”就是“香饵”。所以他还是从鲜为人知的地方走出来了。

人是有七情六欲的,意志比鱼坚强不了多少。当芳香的饵味扑鼻而来的时候,有人难免魂魄动摇,禁不住要张嘴“吞钩”。而钓人之饵,最常见的则有三种:一是金钱;二是乌纱;三是美色。有人既不图钱,也不图官,但一见钩上挂着个小妖精,便张嘴去吞,结果可想而知。能抵抗这三种香饵诱惑的,天下大有人在,不过日夜思念,见钩便要吞的,恐亦不少。

吞钩者大都不大舒服。君不见监狱里法庭上,一个个铁索锒铛,哭天抹泪、垂头丧气?据说有些人后悔吞钩,喔喔想吐,但很不容易。有的钩不仅挂住腮帮,而且进入大肠,即使动手术,也难以取出。

有些机警者,闻到香饵,便深怕有暗钩存在,猛然甩尾,还是可以生还的。严子陵与光武帝共寝,足加帝腹,翌日太史即奏“客星犯御座”。再共寝两夜,还不大祸临头?

钩不好吐,因为上面不仅有香饵,而且有倒刺。即使智力高明者,也乏解术。洪承畴被俘后,坚不投降。小说家说他是中了美人计才变节的,实际上是清太宗亲临拘所看望,见他寒冷,便“解所御貂裘衣之”,以此为饵,果然“吞钩”。他称清太宗为“命世之主”,叩头请降,为镇压抗清义士,大卖力气。但做得了清朝的精卒,却当不了明朝的忠臣,因而苦恼万分。据说,有位书生给他出了个高招:“杀吾君者吾仇也,杀吾仇者吾君也。”李闯王率领起义军进京,崇祯皇帝自杀，后清朝统治者，又将农民起义军镇压下去。所以他在“吾君”二字上大作文字游戏，想把水搅浑，将钩吐出，既当婊子，又立牌坊，不过清史还是将他归入“贰臣传”。自认为聪明，把钩摘除了，其实是硬拽，在史书上留下二指宽的疤痕。

听　雨

广东音乐有一曲《雨打芭蕉》。在美妙声中，仿佛使人看到淅淅沥沥的雨，敲打着翠绿肥大的蕉叶，像拨响一面面琵琶。时疏时密，时急时缓，浮想联翩，情不能已。陆游说：“生涯自笑唯诗在，旋种芭蕉听雨声。”如他深知个中妙趣的人，想来当是不少。有人将自己的书房取名为“品雨轩”“听雨斋”……青灯黄卷，难免寂寞，而檐头滴水，空阶有声，这时似乎有人在陪伴着你呢喃。倘若焚香默坐，细品天韵，杂念不生，心脑俱净，岂不是人生一份实实在在的清福？

雨声丰富多彩，任你赏玩。“高江急峡雷霆斗。”这是杜甫在白帝城头听到倾盆大雨在峡中轰鸣的情景。雷霆相缠，天兵相杀，怒涛高飞，古木腰折，人被雨声所裹，仿佛无可思虑。“碎声笼苦竹。”这是白居易对连宵阴雨的描述。它疲疲塌塌，散散碎碎，滴滴答答，若有若无。还有一种雨飘飘拂拂，朦朦胧胧，如烟如雾，如梦如幻，你很难听得见。杜甫所说“润物细无声”的春雨，当属此类。

有雨无雨，并不都须凭目睹，有时从听觉便可得知。“小雨晨光内，初来叶上闻”(杜甫)。“隔窗知夜雨，芭蕉先有声”(白居易)。听来的雨，比看到的更富情思，更有诗意。王维诗云“山中一夜雨，树杪百重泉”。他是佛徒，世事悲欢，难闯入他的怀抱，想来觉一定睡得很香很香，但一夜之雨，却未忘于心，并推知山中万木，重泉滴翠，交响同声，这是诗心捕到的美景，是佛子寄情的幽梦。当然也有闻声误断的。僧无可诉说他在庐山西林寺，思念从兄贾岛，有诗云：“听雨寒更尽，开门落叶深”。一夜萧萧，还以为是雨鸣呢，原来是落叶的萧骚。不过无可是故意借叶声喻雨，以写独处孤寂，思兄情切，并非真的错觉。

作客他乡，驿馆无聊，夜来的雨声，更易触发思亲的情怀。“君问归期未有期，巴山夜雨涨秋池。何当共剪西窗烛，却话巴山夜雨时”（李商隐《夜雨寄北》）。诗人身在西川，妻子远在北国，时时盼望聚首，而青山万叠，绿水迢迢，难卜归期，那一缕缕情思，只能暗自付之风雨。心灵交感，情志互通，料想闺中人，也在怀念远行客。那份情，那份爱，大概只有重逢之时，共倚西窗，剪烛夜话，才能倒叙出今夜沉重的眷恋。雨声难静，心境难静。细听秋池纳水的韵味，莫不就是谱写离人的恋曲？

我们听雨，赏雨，时间都较为短暂，苦乐哀愁随之易忘。而蒋捷说他的一生是在“听雨”中度过的。他的《虞美人》云：“少年听雨歌楼上，红烛昏罗帐。壮年听雨客舟中，江阔云低，断雁叫西风。如今听雨僧庐下，鬓已星星也。悲欢离合总无情，一任阶前，点滴到天明。”词中虽然写到歌楼红烛少年听雨的欢乐，但更主要的写他的人入暮年，失意落魄，不是身在庙堂之上一展抱负，而是倦倚僧庐，咀嚼人世的沧桑。一点一回顾，一滴一悲吟，点点滴滴都在咬啮他的心。悲欢离合，万般无奈，都压缩在“听雨”二字里面。人生的步履，从“听”中开始，一步步走到尽头。

从雨声中听出人生百感，不同心音。

前门和后门

唐以诗取仕，但个中有股“不正之风”。

长时开卷考试，有的主司看见达官贵人的“条子”，或知某举子已被名公巨卿吹捧过，便往往另眼相看，高抬贵手。懂不懂诗，写得好坏，有时倒是其次。如著名白卷先生张奭，倚仗父力，录取第一，复试时，咬笔终日，不下一字。张九皋被九公主内定为解头，后来王维晋见，受到赏识，她又改批王维为解头。这就看谁的腰杆硬了。许多人对此甚为不满。高蟾《下第后上永崇高侍郎》云：“天上碧桃和露种，日边红杏倚云栽。芙蓉生在秋江上，不向东风怨未开。”这些“碧桃”“红杏”，都是因为沾了在天近日之光，所以才果大色鲜，出尽风头，谁叫自己时运不好，没有找到得力的后台呢？一股不平之气，破胸而出。在他之前，白居易也打抱不平，他的《见尹公亮新诗偶赠绝句》云："袖里新诗十馀首，吟看句句是琼琚。如何持此将干谒，不及公卿一字书？"

许多举子都明白这么一个道理，关在家中写三年，不及出去活动半天，于是他们纷纷将自己的作品编成卷轴，去求达官贵人、社会名流品评，希望他们鼓吹宣扬，提高自己的知名度。那些达官贵人和社会名流的府第，此时就像香火鼎盛的庙宇，前来参拜者，络绎不绝，但"拜神"比到麦加朝圣还艰难。首先是庙门不好进。许多把门者，表情僵硬，一脸死气，对那些贫寒的举子，常常拒之门外。万彤云《献卢尚书》云："荷衣拭泪几回穿，欲谒朱门抵上天。不是尚书轻下客，山家无物与王权。"俗话说，狗咬破衣人。把门的一见他身着"荷衣"的寒酸模样，便不用正眼看他。刘鲁风《江西投谒所知为典客所阻因赋》云："万卷书生刘鲁风，烟波万里谒文翁。无钱乞与韩知客，名纸毛生不肯通。"他的名片长毛了，也不替你通报一声。奈何？莫非撞头吗？把门的厉害，并非人间独有，"天国"也如此。"吾令帝阍开关兮，倚阊阖而望予"(《离骚》)。屈原就吃过闭门羹。

权不在多，有之则灵。把门的虽为隶卒，但守着方寸之地，发起神威来，同样将你摆布得不亦乐乎。你来访，他说主人已赴宴去了，其实在后院斗鸡呢。你初一来访，他说，单日不会客；改日再来，他说主人正在酣睡，过了两个时辰一问，他说，白日的觉与夜里的连着了。大雨倾盆，或烈日如火，他从门缝探出头来与你对话，你站得过他吗？如此等等，不一而足。

其实这些把门的，也好对付。你只要拎两瓶好酒，或塞他一些银钱，便立即笑脸相迎，磕头如捣蒜。即使主人不在，也会让你进会客室，在板凳上歇一会儿，说不定还告知主人脾性，你如何才能讨好。功名这玩意儿，不完全是靠本事得来的，有时需要用金钱去砍。王仁裕《示诸门生》云："掷金换得天边挂，凿壁偷将榜上名。"这些"金"，有些便是用来打发"监门将军"的。前门通过了，后门如何，更是吉凶难卜。

举子们为了诗被赏识，为了榜上有名，除了十年寒窗之苦外，还需忍受许多屈辱，杜甫也是尝过这种苦味的。他说："以兹误生理，独耻事干谒"(《自京赴奉先县咏怀五百字》)。一个"耻"字，说明自尊心受到多大的打击！但气候已经形成，你耻我不耻，或昨日耻，今日不耻，许多人照样闯前门，"走后门"，终日奔波，汗流浃背，以至腿都跑细了！

钱的闲话

钱之为物，种类繁多；然而在一些人眼中，还有另外一种钱。它非金非银，非铜非铁，形态美丽可爱，富有情味，只是多无实用，难以流通，

岑参的《戏问酒家翁》云："道旁榆荚青似钱，摘来沽酒君肯否？"《本草纲目》："榆未生叶时，枝条间先生榆荚，形似钱，白色，俗呼榆钱。"诗人大概是阮囊羞涩，欲饮无钱吧，所以用此逗弄卖酒的老头。"风吹榆钱落如雨，绕林绕屋来不住"（施肩吾《戏咏榆钱》）。若是这样，便可迅速"致富"了。李商隐《和人题真娘墓》云："柳眉空吐笑颦叶，榆荚还飞卖笑钱。"真娘是吴地的名妓，当年红极一时，车马盈门，卖笑钱之多，如流水不绝。不过若是真的用榆荚支付，恐怕享不到艳福。诗人富于浪漫情思，在这里拿榆钱弄鬼。

杜甫《漫兴绝句九首》有云："糁径杨花铺白毡，点溪荷叶叠青钱。"他春日出游，见圆荷小叶，色青如钱，不禁一喜。他的一生，贫困潦倒，凡在诗中提到钱字，都很可怜，很辛酸，此时生活安稳，心情闲适，故说起钱来，又是另一番情景。

皮日休《金钱花》云："阴阳为碳地为炉，铸出金钱不用模。"假如此物真的能够流通，也轮不到诗人发财致富，它们早就被豪门贵族掠夺一空了。罗隐的《金钱花》一诗，就表达这样一种思想。"占得佳名绕树芳，依依相伴向秋光。若教此物堪收贮，应被豪门尽劚将。"因为不能收藏，不能使用，所以此花还能为世人一看。

人们多么希望"千金散尽还复来"，常用常有，少能变多啊！有一种叫青蚨（蚨母）的小虫，它的特性正好适合人们这种心态。它如蝉大小，生于草间。取其子，母即飞来。传说，以母子之血，分别涂于钱币上，钱币就互相吸引，团聚到一起。这真正是梦寐以求的宝物啊！许浑《赠王山人》云："君臣药在宁忧病，子母钱成岂患贫？""开贯泄蚨母"，那是"大款"们的阔绰；而贫穷的诗人，则有"囊里无青蚨"之叹。

有人一说到钱，便以为庸俗低下，尽量绕开，以示清高。最有代表性的人物当数王夷甫。此公一向不言钱，憎恶妻子贪鄙。妻故意为难他，令婢在床的四面摆满钱，使他不能行走。他早起一看，急了："快把阿堵物拿开！"称钱为"阿堵物"即自此公始。普天之下，谁能离得开"阿堵物"？寒山是和尚，按理说，应该是看破红尘、六根清净，不再言钱了，但他却说："若无阿堵物，不啻冷如霜。"好厉害的一个"霜"字，冷冰冰的。出家之前，他是个穷知识分子，出家之后，也常靠僧寺的剩饭为生。敝衣破履，困顿异常。他说，若有"阿堵物"，便可站在高高的佛塔上，把他人都盖过了。他的话，虽然少了金花银花、青钱榆钱那份诗意，但我觉得倒是有点务实的精神。不管你是力能举鼎的英雄，还是学富五车的博士；不管你是日夜辛劳的凡夫俗子，还是闭目敲经的佛徒，一旦床头金尽，就会颓然失色，立即打蔫。

"十二金钗"诗影

《红楼梦》第五回："游幻境指迷十二钗，饮仙醪曲演红楼梦"。"金陵十二钗"首次在这里集体"亮相"，贾宝玉在这里进行总检阅。这回是全书的关键，为故事的发展埋下伏线。可以这样说：没有"十二钗"，便没有《红楼梦》。然而曹雪芹的笔下何以有"十二钗"？这恐怕和诗有点瓜葛。

"金钗十二"之名，最早见于梁武帝《河中之水歌》："河中之水向东流，洛阳女儿名莫愁……头上金钗十二行，足下丝履五文章。"后人以"十二金钗"指美人，富贵人家妻妾众多，亦以此为喻。唐代诗人，多喜欢用此典故。施肩吾《夜宴曲》云："兰缸如昼晓不眠，玉堂夜起沉香烟。青娥一行十二仙，欲笑不笑桃花然。"诗写豪门长夜之饮，兰缸的沉香，淡烟袅袅，侍女如花，倩妆侍候，男女调笑，交杯共醉。此情此景，使人想起钟鸣鼎食的贾府。宝玉游太虚幻境所见之"十二钗"，亦称"仙"，与施肩吾诗意颇合。

唐代的官僚士大夫之家，多养倡伎。朝廷有明文规定，级别不同，养倡伎的数目也不同。但一般都突破指标。不养倡伎，倒显得清冷，不够档次。"樊素口，小蛮腰”，樊素与小蛮，是白居易最有名的歌舞女子，但他不止这两个。他诗中有云：“菱然执笙簧，谷儿抹琵琶。红绡信手舞，紫绡随意歌。”自注菱、谷、红、紫，都是家伎，是小乐队的主要成员。诗中又说：“小奴捶我足，小婢捶我背。”这些小女子，平时多在身边侍候。他的家伎，经常更新换代，总数大概也不少于“十二”。牛僧孺讥笑他，年老体弱，身边留那么多女子是浪费。白居易作诗反唇相讥：“钟乳三千两，金钗十二行。妒他心似火，欺我鬓如霜”（《酬思黯(牛僧孺)戏赠》）。牛僧孺当过宰相，晚年在洛阳营造第宅，广蓄歌伎。他曾向白居易吹牛，服用过“三千两”钟乳，情欲甚旺，火力甚猛。唐代官僚士大夫这种浪漫生活，是当时的社会风气，不影响声名，不影响升迁。

“十二金钗”之重名，并非是一种巧合，而是曹雪芹深受唐诗影响的结果。一部《红楼梦》，唐诗的典故，俯拾皆是。仅就第五回而言，写晴雯的判词“彩云易散”，就用了白居易《简简吟》一诗的典故；写李纨的判词“如冰水好空相妒”，就用了寒山诗的典故；《虚花悟》曲中的判词“天上夭桃盛，云中杏蕊多”，就用了高蟾《下第后上永崇高侍郎》一诗的典故；“青枫林下鬼吟哦”，就用了杜甫《梦李白》一诗的典故，等等。

诗对小说家的影响，主要是启发性灵，增加睿智，丰富想象，而不是某些情节的直接移植。从唐代诗人与“金钗十二行”的浪漫生活联想开去，曹雪芹便塑造出“十二个”有鼻有眼、有血有肉、有灵有性的女子。“金陵十二钗正册”之外，又有“金陵十二钗副册”，“金陵十二钗又副册”，十二道判词，十二个舞女，十二支曲子。这些“十二”，上勾下连，左牵右挂，施脂傅粉，上漆涂丹，痴男怨女，生缠死恋，哭哭啼啼，卿卿我我。于是便有了一幅多姿多彩的长卷画图，一部勾魂摄魄的长篇小说。“十二”之功，于曹雪芹可谓大矣！好有一比：如醍醐灌顶，大彻大悟，令作者立地“成佛”！

关于娘娘出国

影片《杨贵妃》已上映，这里说一说杨贵妃东渡之谜。

马嵬兵变,贵妃缢于佛堂。这是传统的说法。又有传说,说贵妃当时死里逃生,东渡日本,在异国演出一段风流韵事。日本渡边龙策先生的《杨贵妃复活秘史》,对此极尽描画之能事,步其后者,又有一部《艳妃之谜》的电视剧,更是多有奇想。

贵妃之死,似乎不应怀疑。在事变中,统治者要将她处死,就绝不会有手下留情之理。君王都尚且“救不得”,两个心腹仆从如何能保她出走?其时杨家都快斩绝了,倘不杀贵妃,岂不是留下祸根?将士都怕报复,她不死在佛堂之内,也会死于乱军之中。在逃亡中生活十分艰难,连明皇都饿得老眼昏花,向村民讨一碗麦饭吃。贵妃等几个弱女子,如何能穿关历险,到达扬州口岸?其时兵荒马乱,贼多如毛。安史叛军对于官吏和王室成员也是不肯放过的,连杜甫都成了搜捕的对象。《哀江头》云:“少陵野老吞声哭,春日潜行曲江曲。”他在荒郊野外遇上王孙,都不敢多说话。“一号美人”杨贵妃,却可以大摇大摆下扬州?

退一步说,就算贵妃洪福齐天,平安到达港口,也无法东渡。那时去日本,渡海之事险象环生,许多有志之士难达目的地而葬身鱼腹。就以安史之乱前三年第十一次遣唐使来说,他们在归途中,第一船漂到安南,遣唐大使藤原清河死里逃生,不愿再奏还乡之曲,留在中国做官。鉴真和尚出国条件要比贵妃娘娘好,但屡次试航,或遭贼劫,或遇船破,或因官阻,或受监视,十余年间筹划五次,均告失败。海路漫漫,有时一漂就是数月,吃生米,喝海水,娘娘久处深宫,锦衣玉食,软绵绵的身子骨,能顶得住吗?有唐三百年间,日本派遣唐使十九次,马嵬之变前后三四年,日本没有使者往来,莫非娘娘能腾云驾雾离开中国?当时控制很严,每一个出国人员都须核对身份,“偷渡”无门。贵妃既是叛军的追踪对象,也是官方捕捉的目标,一亮真正的身份就立即上绑,不亮谁肯护送这几个素昧平生的妇人出国?还有一个难题,日本船以载妇人为不吉。天宝年间,日本留学生高内弓携中国妻子归国,女人与幼儿被扔下大海。

东渡之事如有,绝对难以隐瞒。娘娘“出国”,正史没有记载,野史也寻不到蛛丝马迹。相反,唐代不少诗人,都写到贵妃已死之事。《长恨歌》是一首全面叙述她生平事迹的诗,“宛转娥眉马前死”,也分明是说她“成仙”去也。

渡边龙策先生根据《长恨歌》中的“忽闻海上有仙山,山在虚无缥缈间”,

想象“仙山”就是他的祖国。不过他声称这为“秘史”，并非考据而得。作为一个作家，“无中生有”地虚构，是他的权利。倘以为外国人说过是如此如此，我们就肯定是那样那样，那就连起码的常识都忘记了。

“上纲上线”分析，贵妃娘娘是统治阶级的一分子，考其生平多有不是处。有人希望她不死，到海外避难，这是出自善心，发自同情，完全可以理解。但考诸史实，“娘娘东渡”纯属子虚乌有。

蝉唱最高枝

鸟语虫吟，皆有可听。性格不同，喜好亦异。贾岛对蝉，情有独钟，蝉的声音，在他听来是最美妙的乐曲。他经常骑驴外出，在原上觅句。每遇槐花盛开，熏风送暖，传来阵阵蝉声，心头之乐，如登仙境。由夏至秋，他的思绪都牵挂着蝉，对它们的栖息进行细微的观察。

王维也喜好蝉声。他的《辋川闲居赠裴秀才迪》云：“倚仗柴门外，临风听暮蝉。”蝉思很足，但并没有具体描画，而贾岛就不同了。他的《闻蝉感怀》云：“新蝉忽发最高枝，不觉立听无限时。”闻声入迷，神游其中，忘了晨昏。看样子，他可以一直听下去。忽然有朋友来向他告别，才使他回过神来。友人告别，心里难过，中断听蝉也不好受。所以他说：“一心分作两般悲。”世人如此，真不多见。正因为如此，所以能写出“杨柳无风蝉满枝”“槐花风处蝉”等佳句。

贾岛将自己闻蝉的感受写入诗中，寄与亲朋，希望别人也能理解他的哀愁，分享他的快乐。日久天长，人们就把他看成一只“蝉”了。姚合听到蝉声，便想起贾岛，写了一首诗寄去：“秋来吟更苦，半咽半随风。”这一“咽”字表面是写蝉，就是苦吟诗人的形象写照。诗接下去写道：“蝉客心弥静，愁人耳愿聋。”贾岛是佛徒，闻声不乱，闹中取静，若是个心烦的人，听到这没完没了的“知了”，恐怕就头痛欲裂了。

贾岛《寄刘栖楚》云：“蝉吟我为听，我歌蝉岂闻？”他多么希望蝉也能理解他的心音。可惜，这只是一厢情愿，永远办不到。然而，他痴心难改，执着不悟，把蝉引为同党，认定自己就是一只“蝉”。他文场失意，屡试不第，作《早蝉》诗以寄意：“得非下第无高韵，须是青山隐白头。”蝉无高韵，竟跟他的落第联系起来。可谓心心相印，同病相怜。他觉得自己性情高洁，怀才不遇，受到环境的迫害，是个很不幸的“蝉”。“病蝉飞不得，向我掌中行。拆翼犹能薄，酸吟尚极清。露华凝在腹，尘点误侵睛。黄雀与鸢鸟，俱怀害尔情”（《病蝉》）。

唐代诗人以蝉自况，留下许多佳章。虞世南的《蝉》云：“居高声自远，非是藉秋风。”啜饮清露，凭借自己的实力生存。骆宾王被武则天投进监狱时，闻蝉惊心，冤情难白，有“露重飞难进，风多响易沉”之叹。李商隐身为一介小吏，“本以高难饱，徒劳恨费声”，终日劳累，未脱清贫，与蝉何异？虞世南、骆宾王、李商隐各言其志，均无大碍，而贾岛的《病蝉》就不同了。他被认为讽刺公卿，而遭贬斥。他原想在失意时吐口闷气、浊气，发点牢骚，怎么会想到惹出如此麻烦？不过他可不在乎。只要闻到蝉声，他还是要唱的。

论“左”说“右”

左右是方向性问题，但并不固定。面向南，则东为左；面向北，则西为左。上古之礼，大多重左。请客入席，居左位。客未至，则虚左以待。《史记·魏公子列传》说，魏公子大会宾客，在府中摆好酒席以后，便带领车骑去请隐士侯嬴。“虚左，自迎夷门侯生。”这表现出公子的谦虚有礼。

人有左右手。左虽为尊，但在实际生活中并不方便。一旦依赖左手，往往是在遇到麻烦之后。所以，人们又开始轻左而重右。《史记·田叔列传》：“上（高祖）尽召见，与语，汉廷臣毋出其右者。”“右”代表最高水准。在朝廷做官曰“右官”，在诸侯那里做官曰“左官”，以示尊卑有别。那时的读书人，十年寒窗，熬得筋露骨出，就是希望将来有机会加入“右”的行列。

唐承汉制，更是“老右”的天下。一些吃香的东西，都贴上“右”的标签。豪门大姓，称为右姓；皇帝亲戚，称为右戚。相反的，“左”就处处受歧视了。原为朝廷命官，一旦犯了错误，降职使用曰“左除”，降职调离曰“左迁”，名目不同，但都是倒霉的标志。令身居左位的人，有生不逢时之叹。唐代不少官吏，都受过左的处分。王昌龄由江宁丞贬龙标尉。李白有赠诗云："杨花露尽子规啼，闻道龙标过五溪。我寄愁心与明月，随风直到夜郎西。"李白同情好友的遭遇，但不久自己也当了"老左"。"去岁左迁夜郎道，琉璃砚水长枯槁"（《自汉阳病酒归寄王明府》）。韩愈也被贬潮阳，有《左迁至蓝关示侄孙湘》一诗。五溪、夜郎、潮阳，如今都是旅游的好去处，但在当时榛莽未辟，属远恶军州。别说山岚瘴气，毒蛇猛兽，光是那细如粃糠的虫子，就把人叮得体无完肤。"夕贬潮阳路八千"，就算命大不死，能平安归来，"飞鸟犹是半年程"，也够人奔波的。其时谈"左"色变。当朝廷宣布处分决定的时候，没有几个不仰天悲号，泪落如雨。

那些被定为"左"的人，许多并没什么过错。有的是才智超凡，而为谗言所伤；有的是生性耿直，而触犯忌讳，当然也有循规蹈矩，而受到株连的。皇帝老儿一人，就代表法和理。他手里拿着"左"和"右"两顶帽子，高兴时给你戴上这顶，不高兴时给你戴上那顶。王昌龄被贬，至今还搞不清他犯的是什么严重错误。查几种史书，都说他是"不护细行"。换言之，大概就是生活作风不够检点吧。仅此而已。李白参加李璘的水军，兵败被肃宗戴上"从逆"的帽子。城门失火，殃及池鱼。韩愈谏迎佛骨入宫，皇上虽说过"言者无罪"，这回却要斩要杀。所以说，侍君如侍虎，不知什么时候就跟"左"挂钩。

"左迁"的人，并不是一沉就不露头。有的根据需要，半途调回；有的写份检讨，认罪态度较好，又获宽大处理。若遇大赦，错误就可能一风吹。所以李白"左迁"时，常常在盼望"金鸡放赦"。当然，皇帝老儿一糊涂，此事也可能遗忘了。白居易《自题》云："一旦失恩先左降，三年随例未量移。"顾炎武《日知录》卷三二："唐朝得罪窜远方，移赦改近地谓之量移。"白居易贬到江州三年了，遇上大赦，政策也没落实，因此一肚皮牢骚。"左迁"的官吏，仍属国家编制，所犯错误，记录在案，但不影响升迁。"左迁"是惩罚官吏的一项制度，也有点像下放到艰苦地方去"锻炼锻炼"之意。

尊左或尚右，都不是根据自然的法则，而纯是人为的因素，受到时代意识的制约。就"左派"而言，有过风光的日子，也有过头痛的时候。

天下谁人不识君

人生聚散无常，易生感慨，故在诗文中，离愁别恨之作尤多。江淹为天下离人，作了一篇《别赋》，开头即云："黯然消魂者，唯别而已矣！"在一声"珍重"之后，泪珠在眼眶里打转，这时不特人"消魂"，恐木石鱼鸟，也为之动情。"天下伤心处，劳劳送客亭。春风知别苦，不遣柳条青"（李白《劳劳亭》）。

有分别之日，自有重逢之时，按理说，是该如此的，但也不是容易的事。一者关山阻隔，舟楫难通；二者，命之修短，不由自己，有人过早地到另外一个世界去了。杜甫《赠卫八处士》云："访旧半为鬼，惊呼热中肠。"就算彼此都健在，此后重逢有期，也不知在猴年马月。

所以送别之时，许多人都泪水盈巾；但从人们的心态来说，又总愿化涕为笑，多言吉祥，把那些带咸味的泪水，默默地咽到肚里去。高适《别董大》云："千里黄云白日曛，北风吹雁雪纷纷，莫愁前路无知己，天下谁人不识君？"据心理学家分析，天气对人的情绪有极大的影响。眼下千里黄云，北风吹雪，去雁悲鸣，白日无光，这本身就足以令人情绪不佳，何况又在这时要和亲友告别呢？诗再往下写，多悲戚的言词，都可以倾吐出来，但诗人忽然笔锋一转，以"天下谁人不识君"作结，好像挥动一支巨笔，将千里愁云，一扫而光，使苍天露出笑容，在离人面前铺开一条宽阔光明的大道。

董大者，董庭兰也。他是位大音乐家。据李颀的《听董大弹胡笳弄兼寄语房给事》诗说，他弹起琴来，可使"空山百鸟散还合，万里浮云阴且晴。"他虽有这等绝技，却只能依人篱下做个门客，眼下生计艰难，四顾茫然，雪满荒山，雁归南浦，自己则不知该投何处。高适碰到这位老朋友时，本想请他醉一顿的，可是"今日相逢无酒钱"，大家都"运交华盖"，如之奈何？但对于患难中的老友，即使不能在物质上给予帮助，亦应在精神上给予支持。于是立即想到他的"知名度"："天下谁人不识君"？

"知名度"是文人的"优势"。至于能起多大作用，则很难说。如在今天，"知名度”高的音乐家，可以“走穴”，开个独角音乐会，不需半个时辰，即有丰厚的收入，你“识君”也罢，“不识君”也罢，反正都肥了。

高适一生，写过许多送别的诗，常想在诗的结尾处给人以安慰和鼓舞，如《别韦参军》：“丈夫不作儿女别，临歧涕泪沾衣衿。”又如《送李少府贬峡中王少府贬长沙》：“圣代而今多雨露，暂时分手莫踌躇。”可是这些诗写得都不大好，或直白而无味，或说教而少情。而《别董大》则于平稳自然处，显出豪壮和气势。韵味悠长，入耳经心，历久不忘。

董庭兰虽未能在行前饮到高适的酒，但那两句诗，却帮他擦干了脸上的泪，壮了他的行色，增加他对生活的勇气和信心。他所得的养分，远远超过一盘熟肉和两瓶二锅头。倘在这时对他唱：“劝君更尽一杯酒，西出阳关无故人”，美则美矣，恐怕他眉头就立即打结，双腿就立即打颤。

琴韵悠扬

白居易喜欢弹琴。他说，我有三种酷好：诗、酒、琴。琴是他的知心朋友，伴他度过漫长而短暂的一生。

《风俗通义》说：“琴者，乐之统也……以为琴之大小得中而声音和，大声不喧哗而流漫，小声不湮灭而不闻，适足以和人意气，感人善心。”这种乐器，对白居易的后期思想来说，无疑是十分适合的。白居易所弹的是七弦琴。“七弦为益友，两耳是知音”（《船夜援琴》）。这种琴，是横置在几案上弹奏，与“犹抱琵琶半遮面”迥然不同。

白居易弹琴，一般以夜静为佳，月白风清，银光四布，更能撩人琴兴。此时焚香默坐，四顾寂寥，身心俱泰，步入佳境。“月出鸟栖尽，寂然坐空林。是时心境闲，可以弹素琴”（《清夜琴兴》）。其情其景，与王维“独坐幽篁里，弹琴复长啸，深林人不知，明月来相照”（《竹里馆》）颇为相似。

弄丝品竹的人，大都讲究技巧，希望自己的妙音，能引起他人共鸣。而白居易却不然，“自弄还自罢，亦不要人听”（《夜琴》）。他选择的曲子，节拍较慢，奏起来舒缓沉稳。一声声地拨，一韵韵地弹，他人听来单调无味，而自己品之却恰到好处。他的用意在于求得一个“淡”字，淡化音韵，淡化人生，淡到心头那团熊熊烈火完全熄灭，淡到人世的争斗完全看不见，宠辱不惊，贫富皆忘，什么生老病死的苦恼，通通云散烟消。他是佛徒，以此入禅，以此修心养性，以此寻求解脱。

白居易最喜欢弹奏的曲子是《秋思》：“晨起对炉香，道经寻两卷。晚坐拂琴尘，《秋思》弹一遍”（《冬日早起闲咏》）。他在《醉吟先生传》中说，“酒既酣，乃自援琴，操宫商，弄《秋思》一遍。”这支琴曲，指底下有飒飒的风声，琴弦上有无限的情味。调慢，轻缓，可以除烦恼，可以洗心尘。难怪他一遍遍地老调重弹了。

弹琴不可以无酒。酒为琴助兴，琴为酒添味，琴酒之外，再吟诗，此三者便是他的头等乐事。琴置好的同时，酒樽也跟着打开。弹一曲，饮两杯；饮两杯，弹一曲。弹而复饮，饮后复弹，自觉幸甚。“琴匣拂开后，酒瓶添满时……未及弹与酌，相对已依依”（《对琴酒》）。如果酒饮醉了，琴也就弹不了，诗也就吟不了，不要紧，听他们的。“命乐童登中岛亭，合奏《霓裳·散序》，声随风飘，或凝或散，悠扬于竹烟波月之际者久之”（《池上篇》）。

白居易无论到什么地方，琴都带在身边。“屦及邻，杖于乡，骑游都邑，肩舁适野。舁中置一琴一枕，陶谢诗数卷”（《醉吟先生传》）。山高水深，路途遥远，旅人都轻装简从，但琴则不可不带。“身外都无事，舟中只有琴”（《船夜援琴》）。“虽在穷阎陋巷，深山幽谷，犹不失琴”（《风俗通义》）。这又有点儒雅之风。

老退之年，百病缠身，歌伎放了，琴自然也显得索漠，人也显得清冷，已非当年小童合奏宫商之时了：“露白风清庭户凉，老人先着夹衣裳。舞腰歌袖抛何处，唯对无弦琴一张”（《夜凉》）。

白居易弹琴的目的，虽然只是为娱性愉情，使精神有所寄托，不打算当一个什么演奏家，但年深月久的抚弄，他对琴的神韵，该有多少独到的领悟，对音乐形象该有多少绝妙的联想！这就不难理解，他为什么能在《琵琶行》中，对音乐有如此成功的描写，令千百年后的读者都惊叹不已。这绝不是一个不懂音乐，或知之甚少的人，信笔写来，便能达到的高度。诗与音乐，原是密不可分的啊！

鸡不可貌相

人不可貌相,鸡亦不可貌相。

有个成语叫“呆若木鸡”。以此喻人,则是如痴如傻、无所作为的写照,若以此喻鸡,则是个中佼佼者。据《庄子·达生》记载,纪渻(shěng)子为周宣王养斗鸡,十天之后问道,鸡训练好了吗?回答说,不行。它恃杖志气,十分骄傲。过了十天又问,回答说,还不行。它见到别的鸡的身影,就蠢蠢欲动,表现出好斗的样子。过了十天又问,回答,差不多了。别的鸡在叫时它却不哼不哈、没精打采,像个木鸡。这是修养到家、内功练就的标志。而一旦临阵格斗,则又凶又狠,把同辈撕个粉身碎骨。

唐代的贾昌驯鸡也很出色。贾昌是玩木鸡出身的,因技艺高超而被选入宫,担任驯鸡“大队长”,其时才十二三岁。玄宗好斗鸡,华清宫盖有斗鸡殿,专供他与贵妃娘娘赏玩。他每次出巡,都由贾昌带领几百雄鸡相随。它们阵容壮大,趾高气扬,一路咿喔打鸣,好不热闹。鸡们不讲内部团结,即使被缚在一起等待挨刀,还争打不休。秦惠王在与六国抗衡时,对寒泉子这样分析当时的形势:六国没有什么可怕,就像连鸡不能栖在一起一样。真可谓一语中的。韩偓在《隰州新驿》一诗中,使用了这个典故,比喻唐末藩镇割据、拥兵自大的局面:“掷鼠须防误,连鸡莫惮惊。”可是也不要把棋看死了。那些鸡一经贾昌的训练,就能遵守纪律,保持行动一致。贾昌发出战令,它们就昂首振翅去玩命,待胜负既定,又随鞭一指,迅速跑步归队,向前后左右看齐。对这些好斗的公鸡能不刮目相看吗?难怪他受到玄宗的重奖,享受荣华富贵。有此一招,即使生于当世,亦能钱囊鼓涨,名满天下。

要让斗鸡获胜,除加强训练、提高它们的战斗力外,还须进行“武装”。李白《答王十二寒夜独酌有怀》云:“君不能狸膏金距学斗鸡,坐令鼻息吹虹霓。”“金距”,“施金芒于距也”(《吕氏春秋》)。让它们的爪子带上锐利的金属套。对手若遇上这些“装甲兵”,就会被打得头破颈折、屎流肠出。它们还使用“化学武器”。庄子对惠子说:“羊沟之鸡,三岁为株,相者视之,则非良鸡也;然而数以胜人者,以狸膏涂其头。”株是魁帅、得胜者的意思,从外表看不像“良鸡”,但头上涂有狸膏,狸能捕鸡,别的鸡闻到异味就吓得魂飞魄散,完全丧失战斗力。韩偓的《观斗鸡偶作》云:“白日枭鸣无意向,惟将芥羽害同群。”斗鸡的羽上撒上芥末,抖动时,对手眼睛睁不开,因而败北。不过以歪门邪道取胜,算不得英雄。

斗鸡成了赌博,这在唐代社会十分盛行。当时的一些无赖恶少,公子哥儿,吃饭无事,到处斗鸡。白日赌,夜里赌,赌钱、赌物、赌老婆。胜负的关键全在鸡,所以鸡价一涨再涨。社会上出现一股“炒”鸡热。有的善斗公鸡,“炒”至百金。有人为了得到它,即使倾家荡产亦在所不惜。好鸡在手,很快致富,艺高一筹的也前景可观。所以许多家长,都教子斗鸡,无钱买鸡的,也做个木的给他练。“生儿不用识文字,斗鸡走马胜读书。”社会上既然重鸡重狗,人世间自有“读书无用”之叹。

驴背闲话

唐代的长安,市面繁华,道路宽阔。南北走向、东西走向的二十五条大街,使长安的布局整齐有条。其中的朱雀大街,长约五公里,宽一百五十多米,颇为壮观。在这些大街上,有骑大马的,也有骑毛驴的……熙来攘往,络绎不绝。那些肥腚高撅、皮毛生光的骡马,相当于如今的高级轿车,坐在上面的多是富人和贵人。而那些慢慢吞吞、低头走路的毛驴,相当于如今的破旧自行车,它们的主人,有不少是穷困落魄的书生。他们交游求官为功名利禄奔走。瞧他们那风尘仆仆样子,大都心绪不佳。他们有多少艰辛,令人同情;他们有多少故事,为人传唱?

读书破万卷的杜甫,到长安求官,若凭借他的本事,是很有竞争力的。谁知,朝政腐败,奸臣当道,他一困就是十多年,一筹莫展。他拜大官,谒贵人,奔走不息,就靠一头毛驴。“平明跨驴出,不知适谁门。”因为受尽了白眼,碰了许多钉子。早上出门,心绪茫茫,偌大的长安,真不知该投何处。“骑驴十三载,旅食京华春。朝叩富儿门,暮随肥马尘。”含羞忍辱,跟在高车肥马的后面,讨他们一点残羹冷饭。为了活命,自己还卖药。这头毛驴,大概就是流动的摊位了。

杜甫后来做了“仓库保管员”,但薪微俸薄,别说养妻蓄子,就是连饮杯薄酒的钱,都不易剩下来。更糟糕的是,那头骑了十多年的毛驴也没了。他上班只好徒步行走,一迟到就挨长官骂。那日风雨和鸣,睡得很美,不闻钟鼓之声,醒来一看,又过点了,房东见杜甫急得不成样子,便借头毛驴给他。可长安的大马路,既不是沥青的,也不是水泥的,全是黄土铺就,雨水一泡就成浆了。杜甫前胸是汗,后脊是水,虽快驴加鞭,也无济于事。也许正是自身如此之艰难,才对人民的痛苦体会得更加深切。

那时的诗人,好像总和毛驴有缘。有人问郑綮:“你老兄近来还写新诗不?”他回答说:“诗思在灞桥风雪中驴背上,此处何以得之?”也就是说要骑着毛驴,去欣赏风雪漫天的风景,才能产生诗情,如关在书斋里,脱离生活,脱离自然环境,即使有八斗高才,也难得一字。杜甫不是终日在长安奔波,在驴背上观察,才写出《兵车行》《丽人行》《八仙歌》这些优秀的诗篇来的吗?这里又使人想起李贺。他每天骑驴子,背个破锦囊,到处游逛,有了心得,就记录下来,回到家中在灯下再写成篇,不是遇上婚丧日子,不是喝醉酒了,便都是这样。

骑驴虽不如骑马神气,不如骑马风光,但可一边走,一边构思诗句。大路朝天,各走一边,即使神游八方,心不在驴,也不会有什么危险。不过贾岛却出了“重大交通事故”。那日他骑着毛驴横过马路。当时正是秋天,风吹得落叶哗啦哗啦地乱滚,他吟道:“落叶满长安”。正想寻找上联作对,可很久也没得,忽然想出一句“秋风吹渭水”来,高兴得不得了。谁知这时已走火入魔,忘了周围的一切,结果跟“市长大人”的车骑撞上了。他被扭送到有关当局,押了一夜。当时的马路,大概没有交警指挥,大家都可自由穿梭,这怪不得贾岛。问题是他在驴背上搭了个棚子,比谁都显得“摩登”。这么一来,自己是优哉游哉了,可是视线却受到影响。不管怎么说,为了这两句诗,到监牢里蹲了一夜,代价是够沉重的。

世人的心态,往往在比较中求得平衡。诗僧王梵志说:“他人骑大马,我独跨驴子。回顾担柴汉,心下较些子。”这就叫作“比上不足,比下有余”。为什么世人恋恋不舍那辆自行车？虽然坐不上小轿车，但总比走路舒服。假如连这辆自行车都没有，脸色就更难看了。

骑大马，往往意味着做高官，有权有势。但读书人往往喜欢清高，多想骑头小毛驴，悠闲自得。陆游《剑门道中遇微雨》云："衣上征尘杂酒痕，远游无处不消魂。此身合是诗人未？细雨骑驴入剑门。"有了这头毛驴，似乎身价陡增，有足够的资格做诗人了。

儿女累

短尾猴机灵，援藤上树，往来倏忽。然而母猴觅食时，初生之子，反抱其腹，步履迟缓，上下艰难，非不能浪奔，怕伤其子也。昔日的广东妇人，婴儿背于身后，或裹在胸前，磨谷舂米，种菜挑水，炎暑伏天，大汗淋漓。儿在背后长大，她们在重负中衰老。

当儿女能离开怀抱、独立行走时，煮泥饭，骑竹马，父母见之，自是轻松了几分，嘴角会露出一丝笑意。然而烦恼也跟着而来。在小朋友中，互相攀比，今日要红，明日要绿，满足则眉开眼笑，不满足则撒泼打滚。"见人初解语呕哑，不肯归眠恋小车。一夜娇啼缘底事？为嫌衣少镂金花"（韦庄《与小女》）。小宝贝开始向大人宣战了，不过这还是"初级阶段"。

儿女像春风吹拂中的小树，转眼就枝干粗壮，绿叶繁茂。他们一路冲去，父母是后勤部部长、财政总长，如牛负重，不胜其苦。凡有坚关死结，儿女无法化解的，转过身去，做父母的就得出头露面，赔尽笑脸，甘当"孙子"。请听世人的长嗟短叹，有几个不是因为儿女？虽然如此，觉得这是命运的安排，人生发展的必然轨迹，不便抗争。

终于盼到了，男儿纳妇，女儿有夫，船到码头车到站，可以喘口粗气。"毕娶愿已果，养恬志宁违"（钱起《酬陶六辞秩归旧居见柬》）？不过这个航程往往并不一帆风顺，多令为父母者发白心焦，夜不成眠。始知养儿女之乐，全在嗷嗷待哺、牙牙学语之时。他们年龄日增，则烦恼渐重。或曰，儿女婚事，任其自然发展好了，何必再操那份心？话虽如此，但连哲人也想不开。后汉有位向子平，崇尚老庄，不愿做官。他说："吾已知富不如贫，贵不如贱。"他要游览名山，以此终老，然而在男女娶嫁未毕时，他哪里也不敢去，像被一根无形的绳索牢牢地捆住。后人在这难关面前，常常借他表白无可奈何之情。

因为儿女婚事，把人折腾成什么样子的都有。

杜甫养过不少儿女，但成活率很低。在后期诗中常常提到的有两个男儿，一个叫宗文，一个叫宗武。"诗是吾家事"，杜甫希望他们继承父业，不过看来也是"衣钵难传"。杜甫在夔州时，已是五十多岁了，但他们还都没结婚，为此他愁得眉头打结。"毕娶何时竟？消中得自由"（《西阁二首》）。今之糖尿病，古称消渴，有上中下三症。杜甫自称所得的是"中消"。他说什么时候他们完婚了，我就一身轻松，病也转好。据现代医学分析，此病之得，与心情恶劣、忧思过度有关。他已深感儿女之事给自己造成沉重的压力。或许有人以为，杜甫儿女婚事，与自己的奔波无定、生活穷困有关，倘若是富贵之家，当无此累。不过也不要把话说得太绝了。

帝王将相之家，生了男儿好办，要多少娶多少，不满意的随时调换，如生了女儿怎么办？招驸马不像纳妃子那么轻松。深怕一步踩空，就把公主糟踏了。虽然皇帝老儿权力无比，一旦看中人选，可以当"硬性指标"下达，但婚姻之事，必须这头愿娶那头愿嫁才行，否则必不和美。唐代许多公主都找不到出路，纷纷"下嫁"，但百姓人家怕金枝玉叶不好侍候，都婉言拒绝。有下嫁者，与夫争吵回宫，请求撑腰。皇帝老儿则绷着脸说：你还是按婆家规矩办事吧！因为他这头若依仗权势，女儿以后更无人敢娶了。谁能想到皇帝老儿也有此累？宰相李林甫，两面三刀，满肚奸计，可生下六个女儿，积压滞销。为使她们都找到合心的对象，便在堂壁中间开了一个横窗，让她们蒙上红纱巾，有贵家子弟来拜访，就让她们瞄准自选。虽然如此苦心经营，但仍然有打发不了的。他的二女李腾空后来上庐山当了道姑，住在屏风叠之北，常夜舂云母片服食，想当王母娘娘，不知是否为情场失意所致？李白有《送内寻庐山女道士李腾空二首》，描述她的生活情景。

在这里我想起《三国演义》中的吕布，被曹操困于下邳时，向袁术求救，愿结秦晋之好，但袁术要他将女送来才发救兵。而敌军千重，严如铁桶，怎个送法？万般无奈，吕布只好将女“以棉缠身，用甲包裹，负于背上，骑马执戟，开门杀出。”这一仗打得史无前例地辛苦。他原本是条汉子，“三英战吕布”也没能取胜，但如今顾虑重重，不敢冲突，深怕有失，结果还是退回城中，连连叹气。

元人邓玉宾的《叨叨令·道情》有云：“为儿女使尽些拖刀计，为家私费尽些担山力。”三十六计中设有拖刀计，不知是怎么个“拖”法？大概此计是为解儿女之累而专设的吧！

五言长城

刘长卿有一首为人传唱的五言绝句，题为《逢雪宿芙蓉山主人》。诗曰：“日暮苍山远，天寒白屋贫。柴门闻犬吠，风雪夜归人。”现在，我们先来分析一下这首短诗：山长水远、行旅艰难。黄昏时分，仍在旷野上跋涉。前不挨村，后不靠店，只好硬着头皮，夜走空山了。时值隆冬，忽然狂风呼啸、大雪飞扬，真的把人急杀。幸好，不远处有两椽草屋，走上去借个地方住下来再说吧。手不僵硬了，心也不颤抖了。吃过点东西之后，精神也恢复了。长途易困乏，打开铺盖安歇吧。朦胧中，忽听得柴门外犬吠声声，不禁心又悬了起来。莫非发现“敌情”了？啊，不用害怕，是家犬辨认出主人的足音，在远接高迎，又似在无限嗔怪呢。可不是，风这么狂，雪这么猛，不好好在家待着，到处跑什么？唉！人世艰难、生计不易，也许是出门告贷，也许是卖药方归，也许……总而言之，此情此景，门外的家犬也未必知道。屋内豆灯拨亮了，四壁又有了微光，灶内还有余温吗？锅里的食物是否还热？家人起来忙活，白屋有了生气。夜归人，你在絮絮叨叨些什么啊？

若大的一个芙蓉山，从表面看来，只有两椽小屋，一个守门的家犬、一个夜归的主人、一个尚未入眠的他乡之客。环境空旷寂寥，但并不荒凉凄冷。犬吠声在这里主宰一切，摇山撼谷，四处回响。吓得寒风像个野孩子到处乱跑，把深山的怪影，和内心的孤寂一齐驱赶得无影无踪。诗在静中见动，动中寓静。画面清晰，历历可见。它造出来的诗情，足足够人玩味半天。

刘长卿的五言诗，娴熟老练，功力深厚，不乏佳句。权德舆称之为“五言长城”，刘长卿自己亦颇自负，然而盛名之下，其实难副。他的一些诗句改头换面，形象相似，意境重复，如“犬吠寒烟里，鸦噪夕照中”，“山含秋色近，鸟度夕阳迟”；“朝无寒士达，家在旧山贫”，“群公谁让位？无柳独知贫”……这类现象，诗中并不少见。此外诗中常常出现什么“寒山”“寒林”“寒烟”“寒月”等等，也觉意思不新。当然，同一的景象，同一的词语，有些诗人喜欢常用，这与他们的风格、个性、情趣有关，但细细想来，刘长卿当不属此类。

诗贵创新。公开的抄袭和暗中的剽窃，都是为人们所不齿的。但是，老跟自己重复，难道就可以原谅吗？

龙马精神

诗人往往喜欢从自然界中，选取一种美好的形象，作为自己思想和人格的象征。屈原选择了香草，陶渊明选择了菊，李白选中了月亮，而李贺选中了马。

马，威武雄壮，驰骋沙场，不怕枪林，不畏箭雨，驱雷逐电，踏烟踩火，不知生命为己有。马，筋强骨壮，拉车牵犁，越山过涧，不怕路遥，任劳任怨，品质坚贞，让人肃然起敬。李贺通过马的形象，抒发了自己的情思，表达了自己的抱负。他一共写了二十三首题为《马》的诗，是唐代诗人中，写马较多的一个。这些诗篇，形象生动，构思新巧，给我们留下深刻而难忘的印象。

李贺以马自况，胸怀壮志，自命不凡。

在李贺的笔下，马的形象大多俊俏、威武、可爱。脊背如龙，一身文锦，银蹄闪光，精神抖擞。它与腰粗肚圆的庸马不同。如果以肥瘦去衡量它的价值，那就错了。“向前敲瘦骨，犹自带铜声。”龙马精神，豪气千尺。

马中的骅骝，人中的俊杰。这样的马，与能吃三斗红高粱的骡子不同。它不是只求一饱为满足。它要奔赴疆场，它要吞烟吐火，在锋刃箭簇之中，抒写壮丽豪迈的诗篇。平时不露声色，默默无闻。“他时须搅阵，牵去借将军。”诗中这一“搅”字，写出它的壮志和抱负，形象又何等地传神！

这样的战马，在格斗中绝不贪生怕死，讨价还价。它能走千里，绝不走八百。战斗的生涯，才真正是它所追求和渴望的。“莫嫌金甲重，且去捉飘风。”“飘风”尚且可以“捉”，人间还有什么重任它不能肩承呢？诗人在这里展示自己的理想，倾吐浪漫主义的激情。

千里马的抱负，只有伯乐才能赏识。“不从桓公猎，何能伏虎威？一朝沟垅出，看取拂云飞。”但如果没有献身的机会，那就只能老死于沟垅之中，埋没于破厩之内，默默无闻，郁郁终老了。古代的名士英才，如此遭遇者实在不少。李贺渴望一个走出沟垅的机会，能有拂云而飞的一天。

李贺一面展示自己的抱负，一面也为自己的不幸而唱着悲歌。

李贺是一个才华极高的诗人，但生不得志，愁多欢少，只活了二十七岁便与世长辞。李贺生前，诗名大振，公卿瞩目。他虽系王族远支，但在门户之见极严的唐代，地位也远比一般平民百姓为高。可是封建制度，并没有为这位诗人铺下锦绣的前程。相反地，处处给他作难，妨碍他的发展，“家门厚重意，望我饱饥腹”的愿望都达不到。给他最大的打击是：他父名晋肃，因“晋”“进”同音，竟不能举进士。虽有韩愈极力为之辩解，而终不济事。人们对他的不幸，深表同情，极为惋惜。“丽句清词，遍在词人之口，含冤抱恨，竟为冥路之尘”（《容斋三笔》）。因为社会如此不公，所以在诗人心中产生强烈的不满。

李贺深深地感到，生活在这个黑暗的社会里，永远无法施展自己的才能。当权者和贵族老爷们，爱好的是声色犬马之乐，沉湎在花天酒地之中。“斫桂烧金待晓筵，白鹿清酥夜半煮”（《秦宫诗》）。李贺在自己的诗中，描绘出一幅幅统治者荒淫无耻的生活画图，如《追赋画江潭苑》《荣华乐》等。在这样的现实面前，统治者自然不会重视人材，有志之士的命运，也一定是十分可悲的。“飂叔去匆匆，如今不豢龙。夜来霜压栈，骏骨折西风。”“催榜渡乌江，神骓泣向风。君王今解剑，何处逐英雄？”

字里行间，流露出一种生不逢时之叹，托足无门之悲。愤慨哀愁，交织在一起，读来令人为之凄然。

当日的社会，想爬得上去，必须疏通各路关节，找靠山，走后门。李贺为人刚正，性情耿介，以才学为可恃，不在钻营上下功夫，孤高自赏，且亦有点傲气，因此碰壁更是不可避免的。他总结自己的经验：“萧寺驮经马，原从竺国来。空知有善相，不解走章台。”这个驮经之马，气质好，有经验，有能力，但不懂章台的门户，不懂走达官贵人的上层路线，因此不为人所重视。李贺以马自况，用意是十分明显的。而王琦却认为：“此诗似为番僧之才俊者而作”（《李贺诗歌集注》）。实在是皮相之谈，未得诗人之要旨。

李贺的生活，无疑是苦闷的。他有一首《开愁歌》，是自己不幸生活的写照。诗人虽云“开愁”，其实是添愁。正如李白的“抽刀断水水更流，举杯消愁愁更愁”一样。李贺唱道：“我当二十不得意，一心愁谢如枯兰。衣如飞鹑马如狗，临歧击剑生铜吼。旗亭下马解秋衣，请贳宜阳一壶酒。”诗人贫寒潦倒，到了如此地步，则其悲伤的情怀也就可想而知了。诗人的生命虽然十分短促，但所尝到的苦头，和遭受白眼的时候却是很不少的。他不止一次地描述过他在长安时候的失意心情，他不止一次地描述过从洛阳至昌谷的旅途的悲酸。他看到别人“香风下高广，鞍马正华耀”，而自己“独乘鸡栖车，自觉少风调”（《春归昌谷》）。“落漠谁家子，来感长安秋？壮年抱羁恨，梦泣生白头”（《崇义里滞雨》）。诗人这种失意的生活和苦闷的情调，也通过马的形象表现出来。“饥卧骨查牙，粗毛刺破花。鬣焦朱色落，发断锯长麻。”这个马的形象，使人产生哀悯，寄予深切的同情。

在他的不断碰壁中，他深深地体会到，人生的道路，处处坎坷，稍不小心，就要大吃苦头，坠入陷阱。他在《艾如张》一诗中说：“艾叶绿花谁剪刺，中藏祸机不可测。”世上有一张无形的网，鸟兽虫鱼、万物众生，往往难逃其劫。“腊月草根甜，天街雪似盐。未知口硬软，先拟蒺藜衔。”

生活中，似乎有一些甜头在吸引着你。这种“甜”，在茫茫的白雪下覆盖着，需要去探索，去寻找，可能一口咬着甜甜的草根，也可能咬着蒺藜，玻璃碎，铁渣子，扎得满嘴是血。因此，必须想到航道中的暗礁，夜路中的陷阱。人世的机巧，不全都是外露的，往往有一层“雪”在覆盖着，必须时时在意。这是李贺把自己比作马，在寻找草根甜头中所总结出来的经验。

正如李白所说：“弥猴骑土牛，羸马驾双辕。”騄駬骅骝，既不为当权者所重视，因此驽马便立刻升格，充当千里之驹。在旧日的中国，这差不多是十分普遍的现象。李贺在诗中，十分愤慨地抨击这种现实。“内马赐宫人，银鞯刺麒麟。午时盐坂上，蹭蹬溘风尘。”

这是截然两种不同的待遇。庸马披着银鞍金鞯，神气十足，而千里之驹，则汗毛滴血，在烈日之下，拉着盐车，备尝苦辛。这是马的命运的写照，也是人世不公的写照。李贺面对这样的现实，不仅怨恨无知的伯乐，而且锋芒直指最高的统治者。“武帝爱神仙，烧金得紫烟。厩中皆肉马，不解上青天。”一股愤闷之气，破胸而出。那些名声显赫的王公贵族，百官群僚，有多少是酒囊饭袋，昏庸无能之辈！他们是真正的皮毛光滑，徒有其表的“肉马”，而皇上爱的偏偏是他们。李贺在这里写的，好像是汉武帝，实质是讽刺当朝的君主。

李贺的思想是充满矛盾的。他一面怨恨统治者对自己不重视，一面又不放弃以祈一吼的努力。“西母酒将阑，东王饭已干。君王若宴去，谁为拽车辕？”

“拽车辕”的当然是马，而且是良马，不是“肉马”。诗人自谓有拂云登天的本领，甘心为此而不辞辛劳。生活在封建社会的知识分子，除了揭竿而起和归隐田园以外，谁能离开“拽”这条道路呢？这点对李贺来说也是如此。所可叹者，是“无人织锦韂，谁为铸金鞭”罢了！诗人是言在此，而义在彼。王琦没有觉察到这点，而认为这首诗是“盖为时君求慕神仙，而为方士所欺，微言以讽之，见其徒思无益”（《李贺诗歌集注》）。这种看到西王母、东王公，便以为是求神幕仙之说，是没有体会到作者真正的用意，而为表面的词句所迷惑。

“忧眠枕剑匣，客帐梦封侯”（《崇义里滞雨》）。功名富贵，只能是一个梦境了。他在愤慨之中，完全看不到出路。“男儿何不带吴钩，收取关山五十州。请君暂上凌烟阁，若个书生万户侯”（《南园十三首》其五）？其实，投笔从戎，弃文就武，也不见得就能解决问题。不是有许多转战沙场的老将，也被当作庸马看待，以致郁郁而死吗？这反映了诗人思想的苦闷，看不到自己的悲剧是社会所造成的。

“只今道已塞，何必须白首”（《赠陈商》）？既然找不到出路，便很容易产生离开这个可憎的社会的念头。他追求解脱，不愿受制于人。他借马的形象来展示自己这种思想。“大漠沙如雪，燕山月似钩。何当金络脑，快走踏清秋。”

他觉得社会上处处陷阱，充满欺骗和奸诈。有一条无形的绳索在束缚住自己的手脚，无法施展自己的抱负。不如到辽阔的沙漠，可以任意奔腾；不如到深山大谷，那里有肥美的青草，清澈的流泉，自由自在，一身痛快。这种思想，即是他在《南园》诗中所流露出来的“舍南有竹堪书字，老去溪头做钓翁”

的另一种表现手法。愿作烟波钓叟与沉湎麯蘖同样是消极的。“劝君终日酩酊醉,酒不到刘伶坟上土”(《将进酒》)。一匹追风拂云的战马,到此时倦卧俯首,听候生命的自动窒息,实在令人为之感叹噫嘻!

李贺能从自身的命运,联想到人民的痛苦。如《老夫采玉歌》,揭露统治者为了自己的享受,而驱使劳动人民到深水中去采玉的情景。字字血,声声泪,与“午时盐坂上,蹭蹬溘风尘”的马,有什么两样?

李贺笔下的马,毛蹄鲜明,骨络传神,二十三首写马的诗,各有各的神态、音容、品格,而竟没有一首是雷同的。这使人惊叹他用笔之细腻,表现手法之丰富。唐代不少有名的诗人,都曾以马的遭遇来比拟自己。李白的骅骝不如瘸驴,杜甫的名驹而无人相顾,白居易的《羸马行》,道尽马的痛苦和辛酸。而李贺写马的诗,形象新颖,不落前人窠臼,在艺术的园林中,是颇具特色的,在文学史上具有较高的地位。

从白居易的“淫”谈起

舒芜《伟大诗人的不伟大一面》一文,根据白居易的两首诗而骂他是“老流氓”“老淫棍”。开弓有力,但未中鹄的。

唐皇李氏祖先与西北胡人有些瓜葛,不讲究闺门仪礼。武则天原伺候太宗,后归高宗;杨玉环原伺候寿王,后归玄宗。杨贵妃收安禄山为养子,出入宫禁,不时传出绯闻。玄宗见到他们母子俩在一起,就眉开眼笑。这样的宫廷生活,势必影响社会风气。

后宫佳丽三千,官宦人家也养娼蓄妓。当官的政绩可嘉,皇上则有美人赏赐。家妓不对外,但可当礼品馈赠亲友。韩熙载为人作碑文,无“稿费”,对方以一歌妓为酬。白居易诗云:“十载春啼变莺舌,三嫌老丑换蛾眉。”十年三换,是约而言之,其实他的家妓经常更换。除小蛮、樊素为人熟知外,有名有姓的还有几个。韩愈未得志时,对富贵人家有那么多美女甚感不平,及其阔了,身边也有两位美人。杜甫无钱养妓,但参加过京郊一次宴会,有妓女在侧,也归而赋诗，以记其乐。

舒芜先生如果肯静心回顾一下当时光怪陆离的大环境，或许就可少生一些闲气。

沟 通

人与人之间，理应是朋友，是兄弟，无猜无忌，推心置腹，互相信任，然而由于地位之高下，财富之差别，见解之异同，知识之深浅……往往又很难坐到一起，从容对话。

你想与我亲热，我却对你冷淡；你对我冷淡，我却想与你亲热。这样的事，生活中并不少见。杜甫在成都时，生活困难，常靠人接济。有些钱囊已鼓的老友，装起糊涂，渐渐地疏远，柴门显得冷落。忽一日，车马喧阗，来了一位贵人。他是慕杜甫的大名，前来附庸风雅的。杜甫一看，知是俗客，便心生厌烦。说道："劳你大驾来看望，可我又老又病，走路都须人搀扶，请原谅我无法向你叩拜。"听了对方的吹捧后，杜甫又说："我哪是什么大诗人，大文豪，这完全是社会浪传，你老搞错了。"相对半日，话不投机，更别说取酒相待了。这位贵人大概也觉得乏味，便起身告辞了。杜甫送客时说："如不嫌这里贫困简陋，缺少吃喝，有兴趣时便来看看药栏。"王顾左右而言他，无一字语及诗文。不要以为，只须有权有钱，想与谁沟通，就能与谁沟通；也不要以为，清贫之士，见到有权有钱的人，就一定喜而与之亲热。

杜甫离官场远，离农舍近；与官府沟通难，与农民沟通易。某日外出散步，一位老农看见他，便热情邀至家中，取酒共饮。一会儿"叫妇开大瓶"，一会儿"高声索果栗"。虽然缺少文人聚会时那种情调和氛围，但杜甫觉得农民可爱，酒也饮得很快乐。

沟通，思想当然是主要的，但衣着打扮也不可忽视。老农敢强留杜甫做客，因为杜甫衣着寻常，接近民众，假如他身穿耀眼的官服，外加一根文明棍，在村道上迈着四方步、端着臭架子，东指指，西划划，农民就以为是"狼来了"，还敢与他亲近，请他饮酒？

旧日的读书人，与农民之间好像有道天然屏障，农民长年在风里雨里泥里水里，胼手胝足，不识之乎也者，见到读书郎，就以为是未来的官，不是一条道上的人。虽然绝大多数读书郎都不轻视农民，热爱农民，但想要像杜甫那样，与之亲善融洽，却不是易事。宋代大诗人杨万里，到朋友家饮酒，醉时归来，日已西斜，便在半路的山村投宿。“有叟喜我至，呼我为‘君侯’。告以‘我非是’，俯笑仍掉头”（《次日醉归》）。杨万里虽任过临安府教授，但并不是“君侯”，见农民如此称呼，便赶忙解释。但农民看到他的风度装扮，便一眼断定无错，任对方说破嘴皮，也只是笑而摇头。杨万里苦吞闷酒，觉得很悲凉，很无奈。

某君也跟我讲过一段自己的经历。大学毕业那年，他分到一家刊物当编辑，奉命至一偏僻的小山村搞调研。这里很少有省里的干部来过。村长在召集群众开会时，头一句话就是：“今天我们热烈欢迎一位大官僚……”群众跟着呼喊：“欢迎大官僚”。某君忙对村长附耳低言，说自己只是个刚参加工作的小干部，不要这样称呼。村长以为他客气，语句中反反复复地出现“大官僚”。某君面红耳赤，无地自容。

造成隔膜容易，打破隔膜难。如何才能使心灵沟通，是一门大可研究的学问。

谈广色变

如今许多人都乐意到广东走走，到那里捕捉南海的波光，品尝一下南国的佳果，参观一下繁荣的城乡，总之，会得到许多见识和乐趣。不过唐代人说起广东，都脸色阴沉，眉打死结。因为广东属南蛮百越之地，那时榛莽未辟，一片荒凉。如果从农耕发达的关中平原地区走向广东，那真是艰险的历程。

张九龄是唐玄宗时的宰相，他是“老广”。他对皇上说，臣子们犯了错误，不用做别的处罚，下放到广东即可。皇上也真的听了他的意见。所以以后这条

"京广线",不断传来下放臣子的悲声。

唐代佛教大盛,信徒之多,曾达到过数十万人。宪宗亲迎佛骨入宫参拜。韩愈认为佛不耕不织,不讲君臣父子之礼,所以上表反对。他说,佛如有灵,惩罚他一人好了。这下惹恼宪宗,要将他杀头。幸得众人相救,才贬往潮州。这位雄赳赳、气昂昂的韩先生,这下清醒了。因为他十岁时,兄韩会被贬韶州,他也随往,知道广东那里是什么滋味。所以没出京都,便双足打颤。"云横秦岭家何在?雪拥蓝关马不前。"不但人无勇气,马也失去信心。他告诉自己的侄儿韩湘,准备收拾他的骸骨,今番肯定是有去无回了。

武宗时的宰相李德裕,也因为反佛交了恶运,同样得到岭南走一回。他一边走,一边抹着眼泪;一边走,一路唱着悲歌:"愁冲毒雾逢蛇草,畏落沙虫避燕泥。"山岚瘴气,说不定人碰上它,便倒了下去,蛇跟草一样,草跟蛇一样,人还没弄清时,就死于非命。地上积水的地方,有肉眼难察的虫子,人涉过后,便附在脚缝咬啮皮肤。燕含这种泥筑巢,落到人体,小虫便又作祟。笔者少时,被这种沙虫咬过,故深知古人的惊畏。

据典籍记载,那时百越之地有大象、老虎、鳄鱼等等。如今我们都觉得新鲜,很想看看,但在那时如碰上它们,恐怕凶多吉少。这些家伙拉帮结派,出没无常,而且体积也异常庞大。韩愈说:"鳄鱼大于船,牙眼怖杀侬。"这么大的家伙,别说咬人,就是对你瞪着那双充满杀机的双眼,龇着那副丑恶的牙齿,就足以把人吓死。后来韩愈作了篇《祭鳄鱼文》,想用大批判开路,把它们赶到应去的地方,以免贻害百姓。

如今夏日有蚊,挂上蚊帐便可防止,但那时有种山蚊,像米糠大小,你根本就防不胜防。蛇不是野外才有,就在你门前屋后的竹梢、树顶,蛇男蛇女蛇子蛇孙,纠结在一起,一嘟噜一嘟噜地挂在上面,晃过来,荡过去;荡过来,晃过去,玩得很开心。你不惊死也烦死。

就算毒蛇猛兽你躲过了,台风暴雨,也没把你伤害,下放日期已满,或皇上实行大赦,你可以返回长安了,但路在哪儿?既无火车,也没汽车,就凭一双脚掌跋涉,不也是一大难关吗?"独上高楼望帝京,飞鸟犹是半年程。"李德裕站在城楼上哀叹,老天爷啊,我此生如何归去?据史书记载,不少被贬的臣子,都做了异乡之鬼。

山川凶险，道路艰难，这是事实。但人是勇敢的、聪明的，在惊悸之余，吃亏之后，就寻找出办法来对付。原先有人在路上吃野果中毒而死，后来的人就精了，不是虫咬过的不吃，不是鸟啄过的不用。这样就在觅食时求得一条生路。他们还想出与蛇斗争的方法："攻巨蟒用雄黄烟。"蛇头如被烟熏就会裂开。俗话说，"食在广东"，可北人不习惯那些食物。比如广东人喜欢吃蛇，就像北方人吃带鱼一样。蛇与猫炖，称"龙虎斗"，与鸡炖，称"龙凤呈祥"。笔者在家乡时，品尝过此物，至今还齿颊留香。韩愈到潮州做刺史时，乡人对他非常敬重，特送一笼蛇给他。可是老先生看着这些口眼狰狞、又滑又软的东西，惊得不敢用正眼去看，终于开笼把它们放走。

人们对广东看法的变化，说明时代在走向文明，走向进步。

"老外"喜通俗

唐代许多优秀诗篇都介绍到国外去，其中不乏通俗显浅的作品，且深受"老外"的欢迎。

在唐人注重制作律诗和绝句的时候，却有人不务格律、不事雕琢，运用口语写"白话诗"。后者以寒山和王梵志为代表。虽然他们的身世俱难考定，但普遍认为他们是初唐时的出家人。寒山自称有诗六百首，一例写在岩石上，但如今看到的不足此数。他虽为佛徒，却直面人生，淋漓尽致地刻画世俗百态。如写一个富婆："东家一老婆，富来三五年。昔日贫于我，今笑我无钱。渠笑我在后，我笑渠在前。"又如告诫世人婚配要年龄相当才幸福："老翁娶少妇，发白妇不耐。老婆嫁少夫，面黄夫不爱。老翁娶老婆，一一无弃背。少妇嫁少夫，一一相怜爱。"因为浅白如话，故有人讥其不是诗。但寒山坚定自信，反击那些讥讽他的人，是"瞎子咏日"。值得注意的是，寒山的诗如今在西方一些国家，都有译本，且登畅销书榜，与那些诗坛璀璨的明星，同样受宠。王梵志的诗，一如寒山，在唐宋时颇有影响，只是宋以后才湮没无闻，以致《全唐诗》不但没收他一首诗，连他的名字都见不到。直至敦煌石室发现他的手写本，胡适在《白话文学史》中大肆鼓吹,世人才掀起研究他的热潮。日本学者对此兴趣甚浓,研究成果亦丰。王梵志可能出家较晚,前脚跨进佛门,后脚还在尘世。天国的禅光还没见到,人间的悲声却时时在心头涌起。劝善惩恶,无隐无忌,议人论事,甚多谐趣。如写无求无欲的快乐,则云:“他家笑吾贫,吾贫极快乐。无牛亦无马,不愁贼抄劫。”写人生的最后归宿,则云:“城外土馒头,馅草在城里。一人吃一个,莫嫌没滋味。”日本的内泉之助在《唐诗的解说与鉴赏》中说:“王梵志是通俗诗派的提昌者”,此论确是中的。

白居易反映现实生活的通俗诗,“二十年间,禁省、观寺、邮候墙壁之上无不书,王公、妾妇、牛童、马走之口无不道,至于缮写模勒,衒卖于市井,或持之以交酒茗者,处处皆是”(元稹《白氏长庆集序》)。不但国人如此喜欢,“老外”也特别垂青。“鸡林贾人,求市颇切,自云本国宰相,每以百金换一篇。”李杜的诗篇,也没卖过这么高的价钱。

诗是不好翻译的。有些诗人好用典故,年代久远,读时费力。有些诗表面看来明白,但内涵极丰,且言在此,而意在彼。只能意会,“不可以言传”。这便使译诗造成许多困难。无论是外国诗译成中国诗;或是中国诗译成外国诗,大多神韵难传,淡如鳖尿。而通俗的白话诗,则无此弊端。如王梵志的“城外土馒头”,无论用何方语言去译,我想都不会走味。

只有理解,才能喜爱。爱之愈深,理解愈透。反之亦然。北方人喜欢京剧,京胡一响,便精神陡振,摇头晃脑,随声哼哼,而广东人则很可能昏然入睡,或立即如厕。其间的分野,在于理解与否。寒山与王梵志的诗,其艺术成就,自然无法与李杜相比,但通俗有味,故仍能堂而皇之地走向世界。

唐代重户口

户口是国家的基础,关系到国家的强弱,为政者绝不敢掉以轻心。

唐代的一些帝王,都亲自过问户口,把它当作国家的头等大事,经常把臣子召到身边查询。做臣子的,必须心中有数,不能瞠目结舌,一问三不知。如唐太宗问户部侍郎卢承庆历代户口的数目，卢承庆皆一一答出。这是道难题，许多历史学家未必就能即时回答，获得满分。对历代的户口既能熟记于心，问及本朝更是了如指掌。唐高宗问户部侍郎高履行："去年进户多少……隋有几户，今在几户？"他不仅对答如流，而且说明增减的原因。所以我们从唐史中看到，各个时代的户口记录，都十分清楚明细，最后一位数字也列出来，没有"大约"、"大概"之类的模糊词句。当时的统计手段，远没有我们如今这样先进，但正因为这样，才看出他们所下的苦功和认真的程度。

户口与兵役的数目息息相关。白居易的《新丰折臂翁》有云："户有三丁点一丁"。从户口的数目，便可算出兵源的多少。不过一旦打起仗来，前方吃紧，"三丁点一"的框框就完全打破。"暮投石壕村，有吏夜捉人。"捉男人，也捉女人。她们虽不能挥戈对敌，但可编入"后勤部"，或充当"火头军"。王梵志诗云："妇人应重役，男子从征行。"又云："儿行母亦征，项膇（颈部肿起）连脑急。"王梵志是初唐人，诗中已有老弱妇女应征服役的描写。在睿宗景云二年，监督御史韩婉的疏中，也有征妇人服役的记载。可见杜甫"犹得备晨炊"的话，并非虚设。

户口是税收的主要依据。国家一年有多少收入，要通过它来核算。军队靠老百姓供给，"两户资一兵"。这是就正常情况而言，一旦有变，农民负担更重。官员的编制，也根据户口的多少而定。户口多则官多，户口少则官少，不能随心所欲，盲目增加官员指标。如贞元三年发布诏书："诸州户口减耗三分去二，其官员亦合减省。"整个国家机器的运转，统治集团的挥霍，全得用百姓的血汗。杜甫诗云："彤庭所分帛，本自寒女出，鞭挞其夫家，聚敛贡城阙。"统治者只根据户口的实数征收，遇上水旱天灾，百姓无力缴纳，他们也照样榨取。于是杜甫看到"朱门酒肉臭，路有冻死骨"的不平现实。

唐代的户口，鼎盛时期也不到一千万户。那时的情况，不怕"超生游击队"，而是怕人丁不旺，户口减少。白居易在长庆二年，自长安出任杭州刺史，路经洞庭湖口时，看到浩浩荡荡渺茫千里的湖水，首先想到的是治理水患，拓展农田，使户口增加"百万"。朝廷考核地方官吏，其中很重要的一条，便是看户口数目。唐玄宗时规定，官员离任，不能拍拍屁股就走，必须把户口交割清楚。如是户口减耗，说自己有丰功伟绩也不行。但"上有政策，下有对策"。有的奸吏，为欺骗朝廷，获得升迁，便将一户析为二户、三户，或将财产分开，挂一个虚户名，同时招引流动人口凑数，而实际税额一点也不增加。朝廷为此感到十分头痛。于是派出观察使严加核实，力纠不正之风。

待到成名身已老

谁不羡慕那些少小有为、未老成名的人？因为这不仅是凭自身的实力，而且也是走了好远。不过这种幸运儿，世上到底不多。

韩愈一次与朋友去钓鱼，从早到晚，坚坐不动，好不容易才钓上一条才分鳍鳞、不足一寸的小鱼。于是他想起自己的身世，觉得也跟这钓鱼差不多。他参加进士考试，三次落榜。及第后，未得官职，需参加礼部考试，结果又落选。在此期间，“无僦屋赁仆之资，无缊袍粝食之给。”而立之年将至，才在汴州董晋那里求到一个推官。这“鱼”虽小，可“钓”了十来年啊！悲从中来，感慨系之。

读书人多希望获得美名。这标志着事业有成，献身为国。能如此，当不枉十年寒窗之苦。“老冉冉其将至兮，恐修名之不立”（《离骚》）。安史之乱期间，杜甫携妻挈子逃难。风餐露宿，朝不保夕。其时年将半百了，他叹道：“男儿生不成名身已老，三年饥走荒山道。”老而无成之悲，甚于饥寒交迫，甚于刀兵水火。

前日读到涂宗涛先生的一首五绝：“羞作《关雎》咏，春归独倚楼。年年妒双燕，霜满嫁时头。”他获得高级职称时，正好是退休年龄。如同一个盼望成双的女子，出嫁时，已是满头白发了。春来何迟！春归何速！教授、研究员也算“名”吧？可是不少人获得这个职称时，已是垂垂老矣。百病交侵，行路靠拐。虽有翱翔的雄心，但已乏展翅的力量。更有甚者，有人白雪满头仍无缘“上轿”。那一缕悲愁，似乎就显得更加沉重了。论其才干，本可早就“成名”；而生存的艰难，竞争的失衡，终使他们无法显露自己的光辉。

“待到成名身已老。”这不完全是寒士们的叹息，连圣人也有此感受。舜耕于河阳，陶于雷泽，苦修苦练，忍辱负重。及受尧之禅，年已长，智已昏，什么也干不了。孔子明帝王之道，应时君之聘，到处奔波，“穷于商周，围于陈蔡，受屈于季氏，见辱于阳虎，戚戚然以至于死。”生无一日之欢，死后才有万世之名。

然而拔一毛而利天下不为的杨朱则认为，舜也罢，孔也罢，虽然美名所归，但死后还不是与桀纣为伍？与其生前受罪，追求美名，还不如纵情求欢，做长夜之饮。他这种价值取向，不能说对后世没有影响。假如几千年的历史，只有逸乐的狂笑，而无奋争的哀吟，那才是真正的可悲，好在人们多不听杨朱的高论，所以我们的历史才有今日的辉煌。

成材成名，以身许国，这是社会肌体中最为健康的部分，是万曲千歌中最为昂扬的一章。虽然那些志士成长艰难，忧患伴随，但他们都赢得人们的同情和赞许。我深信，随着社会的进步，竞争的平等，有才能的人，都能及时脱颖而出。一条开满鲜花的康庄大道，任他们纵马奔驰！

从唐代的酒风看文学

唐代是醉汉的天下。

在中国的历史上，并不是任何一个朝代都可随便饮酒。周初开始禁酒，除祭祀用酒外，平时不能饮，否则送京师论罪，不服管教，"搏而戮之"。秦行商鞅之法，酒重税高价，不得私酿，民不能饮。汉初用萧何律令，三人以上无故群饮，罚金四两。三国时曹魏和蜀汉都禁酒。

到了唐代，全方位开放，百无禁忌。公家酿酒，私家酿酒，家家户户都可酿酒。不管是官是民，是僧是道，是男是女，是老是幼，都可随便饮。不管饮成什么样子，都无人干涉，无人理会。这点我们只要看看杜甫的《八仙歌》便明白了。这是一幅绝妙的漫画，但却有深厚的生活基础。它是现实主义与浪漫主义完美地结合的典型之作。诗中的人物，不仅狂饮烂醉，而且公开抵抗君命。"天子呼来不上船，自称臣是酒中仙"。这既无人怀疑杜甫在煽动叛逆，也无人给李白加上不服朝廷的罪名。

"醉月频中圣，迷花不事君。"李白如此称赞孟浩然。这些酒徒，真是胆大包天！"眼花落井水底眠"的贺知章，"道逢曲车口流涎"的李琎，"饮如长鲸吸百川"的李适之……都是"部长""副部长"级的大官。这些"酒鬼"一经曝光，还能做官不？但平安无事。真有事，就不饮了。他们被人如此夸张描画，觉得形象光彩，是酒中豪客，世上壮夫，不会站出来公开声明："本人虽嗜酒，但无如此丑态"；更不会要与杜甫对簿公堂，要求停止侵犯名誉权。

为什么社会上会出现如此饮酒无忌的浪漫行为呢？其原因是皇上提倡。唐太宗就是个大酒徒，并亲自造酒。他和臣子共宴，以多饮为乐。《新唐书·李勣传》说："（勣）俄太醉，帝亲解衣覆之。"唐代不少帝王，都举行过大酺。据经学家解释，"酺者，布也。言王德布于天下，而合聚饮食焉。"汉初粮食紧张，饮酒受罚，到了文帝时，日子好过了，赐酒食与民共享。这种赐酺的活动，中国历史上例子不多，而唐代则较为频繁。《新唐书·太宗本纪》：贞观二年，九月丰收，赐酺三日。贞观四年，三月大赦，赐酺五日……他在位期间，赐酺十来次之多。唐高宗、武则天、唐玄宗等，均不止一次地举行过大酺，为老百姓免费提供酒食。这对酒徒们来说，无异是过一次盛大的节日，欣喜之情当可想见。唐肃宗至德二载，赐民酺五日。其时李白下放夜郎，未能参加，后来听到这个消息，作了一首《流夜郎闻酺不预》的诗，对此深感遗憾。

酒业发达，名牌酒之多，超过其他朝代。他们尽情享受之后，还嫌不够，又引进"外资"来开办酒家，采购"洋酒"，以尝新味。空气里弥漫着酒香，白天的太阳、夜里的月亮，仿佛都有醉意。就常理而言，人们如此沉湎于酒，治安状况一定不佳，颓风当是不可挽救的。但社会清醒，人心未醉。唐代大部分时光，社会生活都比较安定，犯罪率低。盛世之年，远行出门，不持寸刃。大唐帝国不但没被酒泡酥，一捏即散，而且铜头铁脑，非常坚强。

人们不但可轻轻松松地饮酒，也可轻轻松松地写酒、吟酒、唱酒。文学艺术的酒味，比哪一个朝代都多，比哪一个朝代都浓。别的不说，光一部《全唐诗》就有浓烈的酒香扑面而来，令人不饮自醉。

诗眼看丹青

李白的艺术才华，是比较全面和精到的。他是一个著名的诗人，同时对音乐、舞蹈、书法等，也都有很深的研究。不过因为前者声名盖世，所以后者往往不为人所知罢了。

据说，“李白尝作行书。有‘乘兴踏月，西入酒家，不觉人物两忘，身在世外’一帖。字画尤飘逸。乃知不特以诗名也”（《全唐文纪事》卷三十二）。当然，李白这幅字帖，今天是无从看到了，但从它所反映的内容来看，是比较可信的。它符合李白爱月嗜酒、舞剑狂歌、飘飘欲仙的生活情趣。那“飘逸”的笔法，也符合他的神韵气质。字法诗风，有相同相似处，均表现出他的人格来。

李白是否作过画，不得而知。这方面不但没有留下作品，且亦难找到记载。不过，我们可以肯定，李白对于绘画事业是十分有兴趣的。在他的诗集中，有不少作品论及画的艺术创作。他所论及的画，有刺绣、壁画、挂图等，其中尤以论及壁画的为多。从李白这些论画的诗篇来看，可以想见当日绘画事业之盛，画工之多，人们欣赏情趣之浓。

唐代的画，与唐代的诗一样，常常是写在墙壁上的。墙上涂上白粉，抹平之后，便在上面作画，称作粉壁画。一天夜里，李白和他的族弟为了欣赏壁上的图画，手里高擎蜡烛，一边照，一边议论。诗人为画中的大海洪波、奇峰峻岭、仙界景物所吸引，以至时间过了很久，都没有觉察。

李白在欣赏画的时候，常常爱发议论。但李白的论画，与杜甫有些不同。杜甫在论画的诗中，常常提到当时一些画家，如曹霸、韩干等，而李白在论画诗中，就很少提到画家的名字。不过，他跟杜甫一样，对于那些创作出动人形象的大师，总是表现出自己的崇敬与热烈赞赏之情的。“名工绎思挥彩笔，驱山走海置眼前”（《当涂赵炎少府粉图山水歌》）。画工在这幅作品中，描绘出峨眉高峰，潇湘烟雨，流泉漱石，惊涛拍天。在长松之下，有仙人对坐，神态安详。整幅作品，描写生动，富有诗意。李白想，如果没有画工的精思竭虑，哪能制作得出来啊！唐代不特是诗歌的黄金时代，绘画的创作，亦空前繁荣。除了一些声名赫赫人所共知的画家外，还有许多无名的画师，散布在社会各个角落。他们以自己的才华和绝技，为生活增添了异彩。

在李白看来，画不特需要形似，还要有神气。有想象余地，方能称为上品。在他赞扬过的画图中，有不少是描写峨眉山水、蜀中名胜的。对于故乡的风光，他非常熟悉，十分喜爱。如画得不似，他一眼便知；但如不能引人遐想，给人以艺术的享受，当然他也不会满意。“昔游三峡见巫山，见画巫山宛相似。疑是天边十二峰，飞入君家彩屏里”(《观元丹丘坐巫山屏风》)。诗人在这里用了“似”“疑”之类的词，是说明艺术形象之逼真，从而引人产生联想。这种观点，他在《壁画苍鹰赞》《金乡薛少府厅画鹤赞》《方城张少公厅画狮猛赞》等篇中，表现得就更加明显。那只苍鹰，兀立于一株枯树之上，眉若愁胡，嘴如剑戟，爪似刀锥，形象之生动，似欲穿牖而去。那个丹顶鹤，目如明星，昂然独立，忽若鸾飞，形在眼前，而势出天表，从这蓬山之奇禽，而想到瀛海之缥缈。那个猛狮，雄姿奋发，斗狮的胡人，蹲在那里，牵挽着它，相持不下，有大厦将倾之势，令人目眩神骇。这种种艺术效果，都是从形象产生出来的。李白是个富于奇想的诗人，但是他的奇想，是以形象为基础的。没有后者，也就没有前者。他的诗令人想得深，想得远，言有尽而意无穷，也说明这一点。

李白是一个浪漫主义的诗人。他有些诗篇气势雄伟，想象奇特，激情如火，追求一种高远的境界。他在评论别人的画作时，也很喜欢这样的特色，赞赏这样的格调。他的《观佽飞斩蛟龙图赞》题材取自神话。据《淮南子·道应训》载，佽飞从干队那里得到宝剑，渡江返回时，有两蛟夹绕其船。“佽飞谓枻船者曰：‘尝有如此而得活者乎？’对曰：‘未尝见也’”。于是佽飞拔剑，入水中斩杀两蛟，救活了一船人。李白欣赏这幅画时，心情十分激动。他这样写道：“惊波动连山，拔剑曳雷电。鳞摧白刃下，血染沧江变。感此壮古人，千秋若对面。”这个题材，本身就是超现实的，是充满奇想的。在和自然界做斗争的过程中，一些英雄人物勇敢机智，为了拯救别人而牺牲自己。在社会斗争中也是这样。“北落明星动光彩，南征猛将如云雷。手中电曳倚天剑，直斩长鲸海水开”(《司马将军歌》)。英雄们手中的宝剑，不管是自然界的恶蛟，还是人世间的恶蛟，都应斩尽杀绝。摧毁黑暗的势力，为正义事业扬眉吐气。这种英雄的业绩，武士的壮举，就是李白常常在诗中所歌唱的：为国出力，清除边患，建立不朽的丰功伟绩。他所歌颂的英雄形象，正是他追求的崇高理想。李白的浪漫主义情调，经常表现在这一方面。他在诗中所讴歌的，与他在画中所评论的，有时十分地吻合。

画与诗一样，都应讲究艺术结构。在画面中，光线的强弱，色彩的明暗，山峦的起伏，溪流的隐现，烟霞的聚散等等，都要配合得当，互相呼应，才能产生强烈的艺术效果。李白有一首《酬殷明佐见赠五云裘歌》,是赞美刺绣艺术的,但从中很可以看出他对画图的见解。唐代的刺绣艺术相当高超,无论花卉禽鸟,或人物山水,都十分生动逼真,引起人们热烈的赞誉。李白从朋友手中,接触到这件五色斑斓的大衣,放声唱道:“粉图珍裘五云色,晔如晴天散彩虹。文章彪炳光陆离,应是素娥玉女之所为。轻如松花落金粉,浓似锦苔含碧滋。远山积翠横海岛,残霞飞丹映江草。”这些景物色彩鲜明,配合得当,构成富有魅力的画面。这样一件大衣,在今天看来,像件戏装,无法去穿了,可在李白那个时代,则无异珍宝。不特李白喜欢到不得了,就是“仙人”也惊叹不止。那些骑着白鹤、手里拿着紫芝的“仙人”,从高山峻岭中走来,从云海烟波中拥来,围着诗人,又笑又舞,甚至动手撩起他的云裘,看了又看,弄得云裘上的花如雪片一样落下来,在春风里飘扬,散发出香味。李白这时更感到飘飘然了,觉得自己的大衣,比司马相如的鹔鹴裘、王恭的鹤羽衣还值钱。很明显,这种浪漫主义的奇想的产生,是以鲜明生动的艺术形象为基础的,是由云裘的精致的布局、巧妙的构思所引起的。平庸的构思,杂乱的图案,绝对唤不起诗人的情思,产生不了强烈的艺术效果。

咫尺千里,无限风光。这是李白赞赏和追求的艺术境界。在这里,我们首先想起他的一些绝句。它们凝炼精巧,寄意无穷。李白在这方面,是积有丰富的艺术经验的。他通过评论绘画,也表现出来。“高咫尺,如千里”(《观元丹丘坐巫山屏风》)。在有限的空间,展现无穷的意境,应该是衡量艺术是否成功的一个重要标志。生活的海洋,无边无际,世间的事物,复杂纷繁。一个艺术家,不管他有多大的本事,都不可能把生活中的群像,全描绘下来。然而通过高超的艺术手法,却有可能获得。其诀窍即是给观众留下想象的余地,让读者的生活去做补充。像李白的诗句:“孤帆远影碧空尽,惟见长江天际流”。“孤帆远影”,寂寞惆怅之情全见,长江千里,无异在读者的眼前展开一幅画卷。万千景象,纷至沓来。可以说,碧空有多宽,江流有多长,读者的所见所闻就有多宽多长。诗与画是接近的,其情景颇相类似。“粉壁为空天,丹青状江海。游云不知归,日见白鸥在”(《观博平王志安少府山水粉图》)。这个粉壁是有限度的,但碧海、蓝天、游云、鸥鸟则是没有限度的。通过画家的布局安排,使人觉得其真实可信。它以小喻大,以少胜多,尺幅就是天地。

成功的艺术作品，不特可以使人置身其内，而且可以让人神游其中。一个小小的盆景，可以让你想到崇山林海；一个泥塑的奔马，可以使你想到无边的草原。夏日有凉秋之感，北人有南国之思。那位博平真人王志安，面对那幅粉壁画，把其中的天空云海、茂林清泉当作真景，认为至此可以挂冠，不需另寻胜地了。在李白看来，这就是艺术的魅力，这就是艺术家的本领。

李白一生，漫游过祖国许多名山大川，写过许多描写瀑布的作品。最有名的则是《望庐山瀑布二首》。“日照香炉生紫烟，遥看瀑布挂前川。飞流直下三千尺，疑是银河落九天。”这是白天之景。夜里则是“海风吹不断，江月照还空。”风啸雷鸣，飞扬喷洒，何等的瑰丽！何等的壮美！这是李白对庐山的瀑布经过细致的观察之后才写出来的。李白认为，那些本领高超的画家，同样可以创造出这样的神韵和气氛。“百丈素崖裂，四山丹壁开。龙潭中喷射，昼夜生风雷……”（《求崔山人百丈崖瀑布图》）据《天台山志》载，百丈崖瀑布的景象是：“峭险束隘，四山墙立，下为龙湫，翠蔓蒙络，水流声潨然。盘涧绕麓……凄神寒骨。”可见画工是从生活出发的，是抓住形象的。李白说，只要得到这幅瀑布图，我就不需跋山涉水、攀藤援崖，亲自到天台去看望了。对于成功的艺术来说，没有几个人不会在它的面前倾倒的。

李白论画与李白论诗，有许多相似的地方。他常以对诗的见解去论画。这里面有不少切身的经验，和独到的心得。他喜欢形象生动，凝炼简洁，布局巧妙的作品。他认为画与诗一样，都要感情丰富、充满奇想，给人以艺术的乐趣。这种见解，不特可以使我们进一步认识诗人的形象，而且对我们的艺术实践也是很有意义的。

艺妓的身价

艺妓虽然披红挂绿，打扮得花枝招展，但实际身价并不高。

唐代允许倡妓存在，官家私宅，蓄养成风。这些被养起来的妓女，除生活有保障外，演出时还多能获得赏赐。士大夫之家，宴请宾客，歌舞完毕，客人也有馈赠。公开的表演，甚至出现“五陵少年争缠头，一曲红绡不知数”的热闹场面。什么“门票”“出场费”都在绫罗锦缎里面了。

那时写诗作词的人，社会地位不比歌妓低。据《集异记》载，王之涣与王昌龄、高适同在旗亭饮酒，一群歌妓在唱他们的诗。后来得知他们正在旁边倾听，便都纷纷过来叩拜，请求共饮，以此为荣。白居易往江州，路过汉南时，主人宴客，那些歌舞艺妓，都走过来看，互相耳语：“这就是《秦中吟》《长恨歌》的作者。”那情景，就像我们今天看见著名的歌星影星一样雀跃，一样追逐，一样倾倒。

当时的艺妓，挂牌分级，价钱面议。值多值少，不仅视其声音、长相，还须看她的文化素质。军使高霞寓想聘娼妓，嫌价高，那位娼妓说：我能背诵白居易的《长恨歌》，“岂同他妓哉？”看来那些目不识丁，只会涂红抹绿，高喊几嗓子的是不大值钱的。艺妓因沾了诗人的光，而抬高身价，在别的朝代恐怕不易见。

艺妓不论长得多么漂亮，歌舞多好，也不敢在文人面前摆架子，妄自尊大。这恐怕是受到环境的制约。社会文化发达，人多以无知为耻，唱歌跳舞的人是搞艺术的，怎么可以轻视文化？事实上，当时许多妓人与文士过从甚密，有的还结成鸾俦。她们中不乏才情丰富，能诗善赋之人。

“家妓”与“国妓”情况有点不同。“家妓”，主人随时可以将她出嫁送人，或用来换马。“国妓”生活于宫中，虽同样没有人身自由，但生活相对安定。开元天宝年间，从民间选拔艺人进入梨园深造，明皇亲自指导培养。梨园是“皇家歌舞团”，人才荟萃，如舞蹈家谢阿蛮、歌星念奴，都是其中佼佼者。

艺妓不管多么红火，都如昙花一现。思虑及此，有人早早从良，而流落人间仍继续“零敲碎打”的亦不少。一待人老珠黄，她们的生活就相当悲苦。白居易笔下的琵琶女，称得上是科班出身。十三岁便在名家指点下成才，很快轰动京师，但她既无大笔存款，也无高车别墅，“老大嫁作商人妇”，冷冷清清，凄凄惨惨，咀嚼着被遗弃的苦味。白居易请她演奏时，她既羞且愧，“犹抱琵琶半遮面”，已无昔日登台亮相时的风采，也失去了公子王孙簇拥身边时的神气。

封建统治者，不可能真正重视文艺人才。蓄养艺妓，是为了满足声色之乐；对待文士，用司马迁的话说，也视同“倡优”。艺妓与文人，彼此彼此。白居易从琵琶女的命运而念及自身的境况，不禁泪湿青衫。

写人高手

诗以抒情为主，刻画人物非其所长。要在短短几句话中写出形象生动、个性鲜明的人物，非高手莫属。

诗中写人，最好是抓住有特色的一点，不能贪多求全。于鹄的《江南曲》：“偶向江边采白苹，还随女伴赛江神。众中不敢分明语，暗掷金钱卜远人。”一群女子到江边游玩，中有一位貌合神离，只想念远方的情人，但又不敢让姐妹们知道，于是趁人不留意时，抛掷金钱，暗卜吉凶。这最后一句，是画龙点睛之笔，是全诗的命脉。人物的心思神态，全部可以想见。

薛逢的《侠少年》云：“绿眼胡鹰踏锦韝，五花骢马白貂裘。往来三市无人识，倒把金鞭上酒楼。”游侠在唐代社会较为普遍，许多诗人都写过他们，这首诗给人的印象很深。诗中最后一句写活了，“倒把金鞭”四字生活情味浓厚，表现出人物的气质和风度。如换成别的动作，则恐怕不能这样传神。

卢纶是大历十才子之一。他的诗擅长于写边塞战士、马上将军，寥寥几笔，即见人闻声。他的《赠李果毅》：“向日磨金镞，当风著锦衣。城上邀贼语，走马截雕飞。”果毅是统府兵的官，薛仁贵当年便担任过这职务。我们虽不知这个果毅的真情，但从诗中，却看出他是个侥勇异常的赳赳武夫。诗中连用了“磨”“著”“邀”“截”四个动词，去刻画他的性格。有的是高难度，一般人难以做到的。而他却什么难干什么，什么辣吃什么，不信邪。镞是白光耀眼的，为保护双睛，人都背光而磨，而他却对着白日，有点像今人瞪大眼睛看焊接。大风中着衣难，而他却喜欢当风而着。这是日常中的两件小事，但也足以显示出人物的性格来了。当大兵压境，城池被困之时，士兵为防箭伤，都不敢露头，而他却挺身而出，从容镇静，不知惊畏。“城上邀贼语”一个“邀”字，绘声绘色，写出他的英雄气概，足令三军壮胆，贼人魂飞。鹰击长空，瞬息即逝，飞马难及，而他却要“截”而射之。即使不能达到目的，但已豪气千尺！后面这两个动词，极富浪漫色彩，像两个巨手把他的形象高高地举了起来。

《江南曲》《侠少年》，刻画人物的主要动作不多，而《赠李果毅》却有四个，没有多余的装饰，没有任何陪衬。一个动作一件事，一个动作一个场景，涉及面广，跨度大，小至穿衣磨镞，大至冒死对敌，总而言之，几乎包括他个人的一生。这些动作，表面看来，没有必然的联系，彼此完全可以独立，但从内容看，不同形象表现同一思想，紧扣题意，聚而不散。它的分量，足够做一篇小说。

一首短诗，面面俱到，什么都写，是诗家的大忌，但并不是一条死路。卢纶敢于在别人怕烧手的地方落笔，塑造出李果毅这个光彩夺目的形象，可以说是善于险中取胜。

已将书剑许明时

李白非常热爱自己的故乡。对于那里的一草一木，都充满深情。蜀国的风光，本来就十分雄伟秀美，经诗人的画笔一描绘，就显得更加迷人。我们在他二十五岁离开故乡之前所写的作品里，看到青峰万叠、瀑水喧腾、幽篁摇曳、怪石耸立、珍禽清唱、金鹿跳跃，各种各样的奇景。

李白少年时代，向往道教，常登名山，寻访尊师，在深幽静穆的“仙境”里，乐而忘返。他在《访戴天山道士不遇》一诗中这样写道：“犬吠水声中，桃花带露浓。树深时见鹿，溪午不闻钟。”诗人对于田父野老的形象、农家的辛勤劳作，也给予热情的赞美和讴歌。“樵夫与耕者，出入画屏中”（《题窦圌山》）。

生活最难得的是清静，在这可爱的天地里，最好莫若读书了。李白是深深地知道这一点的。他少年时，与东严子隐于岷山之阳，巢居数年，不迹城市，潜心苦读，希望学有所成。而周围的珍鸟奇禽，翠竹清溪，使他的性灵得到更好的陶冶，使他的诗情更加丰富，为他学好本领创造更有利的条件。

故乡的风光既然这般美好，假如长住蜀国，永恋三巴，又有何妨？但是，李白自为“怀经济之才，抗巢由之节，文可以变风俗，学可以究天人”（《为宋中丞自荐表》），有了这等才能，就应为国出力，拯救天下苍生。倘若耽于田园之趣，山水之美，迷恋自己的安乐窝，岁月便算是虚度了。李白展开鹏翅，心逐长风，告别可爱的家乡，飞向更广阔的天地。他的《别匡山诗》，写出自己复杂而真实的心境。“晓峰如画碧参差，藤影风摇拂槛垂。野径来多将犬带，人间归晚带樵随。看云客倚猿啼树，洗钵僧临失鹤池。莫怪无心恋清境，已将书剑许明时！”最后一句的“许”字，力重千钧！像诗人对人世间庄严的宣告，表现出自己不可动摇的决心。其后在许多诗中，都不断地抒发这种情思：“羞作济南生，九十诵古文。不然拂剑起，沙漠收奇勋”（《赠何七判官昌浩》）。“手中电曳倚天剑，直斩长鲸海水开”（《司马将军歌》）。直到晚年，闻李太尉大举秦兵百万，出征东南，自己还准备从戎：“拂剑照严霜，雕戈鬘胡缨”。

李白一生，不离书剑。文也罢，武也罢，都是为家国献身的手段。在他那浪漫主义的心海中，曾经涌起过各种奇波怪浪，时见时灭，然而救苍生、兴社稷的思想，凝成一支冲天的石柱，屹立在横流的沧海之中。

令人痛心的是，“明时”不明，社会和人生，并没为诗人铺下一条坦途。十年蹉跎，无人引荐。虽曾做了一段翰林供奉，有过金马玉堂的生活，然而很快便遭到排挤打击，像枯蓬一样四处飘飞。他的老朋友杜甫，从肺腑中发出深沉的呼叫：“匡山读书处，头白好归来”（《不见》）。然而，李白只能看着天空那轮金月，徘徊叹息。只能看着异乡的杜鹃花，想起阳春三月的三巴美景而垂泪。他始终无缘再回去看看那“一条藤径绿，万点雪峰晴”（《冬日归旧山》）的故乡。一个“心雄万夫”的诗人，生活在封建社会里，尽管以身许国，摩拳擦掌地想干一番事业，但到头来，却四处碰壁。每念及此，不禁为之扼腕长叹。

卢照邻问医

卢照邻是初唐文学家，“四杰”之一。在邓王府任典签时，被认为有司马相如之才。闻一多先生称他的诗“以市井的放纵改造宫廷的堕落”，起着划时代作用。

历来多才之士，常有不幸。他除贫困潦倒外，还被疾病苦苦相缠。他患的是风疾。风为百病之长，游走无定，与湿结合则为风湿，与热结合则为风热，与寒结合则为风寒。其临床症状:头晕昏厥,四肢麻木颤抖,口眼歪斜。孙思邈其时住长安鄱阳公主旧宅。卢照邻执师资之礼求见。卢照邻问道:“名医愈疾,其道何也?”孙思邈说,天与人,人与天,都有其相似之处。天有四时,寒暑更迭,日月相推。和而为雨,怒而为风,散而为露,乱而为雾,凝而为霜雪。这是天地正常的规律,而一旦失去正常的运行,就产生水旱风雷之灾。我们之所以患病,其理亦在于此。卢照邻又问道:“此情景可以改变吗?”孙思邈说,当然可以。“身有可消之疾,天地有可消之灾”,关键是要懂得其中的规律。养生之道,首要的是“忧畏”二字。这关系到生死存亡、吉凶祸福。人如无忧畏之心,则事业难成,灾祸必至;反之,则“水行蛟龙不能伤,陆行虎兕不能伤,五兵不能及,谗贼不能谤,毒螫不能加”。这不仅是治病之理,亦是处世之道,细细咀嚼,当于人生大有裨益。

遗憾的是,卢照邻对“忧畏”二字缺乏辨证的理解,一天到晚陷入忧愁恐惧之中。这对于病人恢复健康来说,十分不利。文士又偏爱联想。他见孙思邈庭前有棵病梨,“花实憔悴,似不任乎岁寒;枝叶零丁,才有意乎朝暮”(《病梨树赋》)。觉得它像自己的有病之身。悲观消沉,病情加重。后来,他“足挛,一手又废”(《新唐书·本传》)。行路艰难,咫尺千里。在痛苦的折磨中,自料不久于人世,便在具茨山下,自备坟墓,偃卧其中。

卢照邻虽然找到良医,但过度的悲观,抵消药石的功效,既已失去求生的欲望,智者的金玉良言,自然起不到鼓舞的作用。我们既为他的不幸而深表同情,也为他与疾病做斗争缺乏信心和勇气而惋惜。

姓名疑案

唐代有位刘叉,名气不小。曾因酒醉杀人,亡命江湖。大赦后,折节读书,成了韩愈的入室弟子。他见老先生案上有为人写墓碑所得的“稿费”,便抓了一把去喝酒,从此不知所终。书上都说他是刘叉,但是不是“叉”?至今尚成疑案。

据查，《全唐诗》《唐才子传》都称他为刘叉，而在《全唐诗索引》中，却把刘乂、刘义归入他的名下，把他的大名归入刘乂的名下，这真有点乱套了。《全唐诗》卷二十有首《相和歌词》："君莫嫌妇丑，妇丑死守贞。山头一怪石，长作望夫名……"作者署名刘义；而在卷三九〇刘叉名下，也收这首诗；很可能作者为同一人。《全唐诗外编》下，有一首《落叶诗》："返蚁难寻穴，归禽易见窠。满廊僧不厌，一片俗嫌多。"署名乂，诗的风格情调与刘叉相似。而刘乂除在此处出现外，其余不见有此人。

假定刘叉与刘乂、刘义为同一人，那么为什么会出现这种错误呢？恐与字体易混有关，"叉"据《文字蒙求》的解释：是手指相错，又像叉之形。俗言拱手曰叉手。柳宗元诗："入郡腰常折，逢人手尽叉。"起个"叉"名倒是不俗，不过写时，千万别偷工减料。去其内脏则为"又"，谬以千里。若写作"乂"，是贤才之意，是当官的料子，但非己愿。若写作"义"，是義之简化，古无此字。写楷书不会引起误会，若写草书、行书，以笔走龙蛇、缺斤短两为潇洒。谁能保证"叉"字总给够分量，不会写成"又""乂""义"？好在当时没有版权之争，不管作品归到谁的名下，都不会对簿公堂；也好在当时没有汇款因笔画有差，而遭银行拒付。总而言之，不管有什么差错，是谁造成的，都一律从宽处理，存档备考。世上的事，本来就够多够烦了，谁还因那一点半点而去详加考订？

古人之事，离我们终于是遥远了，顺带说一点今人的事。有位总经理的名片印三个大字：乐乐乐。我以为是小学生的作业、写错一字，老师罚抄三遍。又以为老眼昏花，出现重影，而定睛一看确是那三字。"乐"字有三个读音，名片该如何念？除了他自己，别人很难一下念准。我只好向他请教。他的嘴像塞着一大块肥肉，舌头都翻转不动地念给我听。啊，原来如此！一个姓名像一道谜语，把人难倒。虽然满眼都是"乐"字，但我却一点也乐不起来。

刘表遗恨

刘备有三顾茅庐的佳话，刘表也有数请庞公的逸闻。

天下纷争，群雄割据，谁能统一天下，不仅需有驰骋疆场的武将，还需有运筹帷幄的谋士，所以霸主们都礼贤下士，重金以求。荆州刺史刘表在平定长沙太守张羡的叛乱以后，"开土遂广。南接五岭，北据汉川，地方数千里，带甲十余万"(《后汉书·刘表传》)。但与曹操、孙权比，尚不足以抗衡。他在听了蒯越"兵不在多，贵乎得人"的意见之后，曾邀请庞公出山。

庞公何许人也？他是一位名士，在襄阳的鹿门山隐居，与诸葛亮孔明、徐庶等过从甚密。他从未入过城府，与妻躬耕，相敬如宾。刘表三番五次邀请他不至，便亲自去"顾"。刘表对他说："你保全自身重要，还是保全天下重要？"有点责备之意。庞公说："鸿鹄巢于高林之上，暮而得所栖；鼋鼍穴于深渊之下，夕而得所宿"(《后汉书·庞公传》)，自己跟它们一样，不过寻到自己的归宿罢了，"天下非所保也"。刘表见庞公之妻仍在辛苦地耕耘，便说：先生不肯官禄，将来以什么留给子孙？显然他不理解庞公已把利禄置之度外。他说服不了庞公，便叹惜而去。庞公大概是怕官府以后会来找麻烦吧，所以便领妻子入深山采药，不知所终。杜甫诗："刘表虽遗恨，庞公至死藏。"

读书人有了本事以后，大多想做官，不过也得看是什么环境，在谁人手下出力。其时干戈扰攘，命如累卵。一些知识分子"苟全性命于乱世，不求闻达于诸侯"。庞公当属此类。庞公一定知道刘表无主见，喜听谗言，不能容人，在他那里，能有什么好结果？离乱之世，不特"君择臣，臣亦择君"。如果不是看得很准，不仅不可全身心地投入，甚至不可轻出一谋。刘备能得孔明，不仅有决心、有耐心，做了过细的工作，而且也因为自身有宽厚仁慈的品德。刘表不特不如刘备，且不如其子刘琦。刘表听信后妻蔡氏之言，要害刘琦。刘琦求救于孔明。孔明初不肯为计，刘琦便与他共登高阁，令人把梯搬走，说道："今日上不至天，下不至地，言出子口，而入吾耳，可以言未？"孔明于是教他学晋献公之子重耳，为躲开骊姬之害出奔。刘琦果用其计，在江夏太守黄祖被孙权杀后，请求代任。

庞公不接受刘表之请，除了上述原因外，还因为有林泉可恋。鹿门山清水秀、风景甚佳。后来孟浩然在那里归隐，地近旁公旧宅，不时寻幽探胜。山寺钟声，江岸沙禽，岩潭九曲，松径寂寥，只有幽人来去。既无市井的烦嚣，也无浊世的争斗，完全是世外画面。即使吃红薯、煮稀粥，但心境平和，得自然之趣。"春眠不觉晓，处处闻啼鸟，夜来风雨声，花落知多少。"一觉天亮，连做梦都是美的。皮日休是襄阳人，也在那里归隐，“满院松桂阳，日午都不知。山人睡一觉，庭雀立未移。”睡醒后便读书，著《鹿门隐书》六十篇。

唐代的诗人，纷纷赞赏庞公不出山这步棋下得高明，追思仰慕之情甚多，几乎找不到有人责备他为什么有官都不去当。知识分子这种心态，能不令刘表“遗恨”？

“宽容”得福

爱情是自私的，不特不可以侵犯，甚至打个“擦边球”都不行。不过有人采取“宽容”的态度，未尝不是良策。

唐代诗人李颀有一首《绝缨歌》，其中这样写道：“罗衣半醉春夜寒，绝缨解带一为欢。君王舍过不之罪，暗中珠翠鸣珊珊。”这里面讲诉一个故事：楚庄王与群臣夜里饮酒，正在酣醉间，烛火忽被风吹灭。这时有位臣子混水摸鱼，向庄王在座的爱妃动手。正在“初级阶段”，便被她一把将帽带揪了下来，并厉声喝道：“快取火来，看看是哪个贼了敢如此狂野！”庄王一听，知道有人因醉失礼了。他想，怎可为显示自己妃子的贞节，而使臣子受辱？于是对左右道：“今夜饮酒，不饮到掉了帽带的不算好汉！”在座的众多臣子纷纷揪了自己的帽带，狂醉而罢。两年以后，楚晋交战，有一人冲锋在前，屡屡立功。庄王对那人道：“我平时对你并无特殊照顾，何以今日如此英勇？”那人道：“我是那夜饮酒失礼的人。王不使事情暴露而杀我，故今日愿为死战！”假如庄王当夜一怒之下，将那位臣子斩了，也是在情理中之事，但他“宽容”了一下，因而有了后来的结果。可谓“吃小亏占大便宜”！

唐明皇有一个兄长名李宪。按封建社会礼法，他当继位，但明皇在平叛中，军功卓著，所以他让出了自己的宝座，封为宁王，备受尊崇。此人生性风流，敢向贵妃娘娘眉眼传情，贵妃亦投桃报李。张祜诗云：“金舆远幸无人见，偷把宁王玉笛吹。”这种举动是宫规所不允的，但明皇不在身边她就偷偷地吹宁王的玉笛。有时在帘内窥探动静，等候“宁哥”。诗人虽如此描画，但个中微妙处恐怕谁也说不清楚。他对梅妃也挑逗。家宴送茶时，他踩她的鞋跟，她用力挣脱，缀在鞋面的珠子便散落了。明皇对这些心知肚明，但口中不说。“后宫佳丽三千人”，这点损失不大，心爱的妃子不是仍完好无缺地归自己所有吗？假如亮出“黄牌”警告，或彻底闹翻，不特兄弟情面过不去，争斗起来亦颇麻烦。而隐忍“宽容”，却可维持大局。当然，唐代社会有些“开放”，不大注重闺房礼仪，不可以今人之眼光衡量。

帝王的妃子，不过是头号的女奴而已。今日爱之，明日弃之，随心所欲，没有多少真情。虽有“宁要美人不要江山”之说，但到底还是江山重要过美人。因为有江山，便有美人；而有美人，未必就能保住江山。所以有些帝王，为了笼络臣子，有时不惜将身边的宠女赐赠。后宫充实，出手大方。若说“宽容”，当亦是有条件的。而平民纳妇不易，且多为一个。所以对于自己的爱侣定是“誓死捍卫”，一点也不含糊。

《三国演义》中的董卓，不精此道，为一貂蝉而葬送自己的老命。王司徒先将貂蝉许与吕布，继之又许给他，成了等腰三角形。假如权衡厉害得失，忍痛将貂蝉留与吕布使用，“父子”一心，势必如虎添翼，不特王司徒之连环计无所施其技，则曹操与各路诸侯亦将更加狼狈！且世上美人，绝非貂蝉一个。曹氏父子打天下时，一路觅去，虽未能“铜雀春深锁二乔”，然亦颇有所得。由此观之，董卓不特残忍贪色，也心胸狭窄，目光短浅。美人这篇文章，非高手莫属！许多风云人物，都在这上面留下败笔，点错句读，大跌跟斗！

说“娘”

语言具有时代特点和感情色彩。同一个词，因时地不同而含义有别。

如今世人多称母为娘，或亲娘。称上了岁数的妇人为大娘，更上点岁数的为老大娘。如没结婚生子，则无资格称娘。“有奶便是娘。”但“娘”在古时，还有另外一个意思，就的对少小女子的称呼。《乐府·子夜歌》：“见娘喜容媚，愿得结金兰。”《乐府·黄竹子歌》：“一船使两桨，得娘还故乡。”这些诗句都是说，见到一位美女而动情，愿与之相好。若以今人之意度之就糟了。《南史·后妃传》："徐娘虽老，犹尚多情。"徐娘是梁元帝萧绎妃子徐氏的姓名。她是少时便称娘，并非老了才称娘。

唐代特别喜欢称少小女子为娘。杜牧《郡斋独酌》云："旗亭雪中过，敢问当垆娘。"当时的酒肆，常有年轻女子当垆沽酒。即使不知其名，呼声"娘"就亲近许多。有的人有姓无名，只在姓氏后面挂个"娘"字，如李娘、崔娘、王娘等。有的既无名，也无姓，只知她的主人是谁，于是便在"娘"字前，冠以主人的姓氏或官衔为名。如刘禹锡《与歌童田顺郎》云："天下能歌御史娘，花前叶底奉君王。"她原为某御史所有，入宫后仍叫御史娘。有的女子无姓无名，只知她的出生地，于是便在它的后面挂个"娘"字，算是姓名。张祜诗中，有位击羯鼓的舞女，她的名字叫邠娘。有的女子虽有名有姓，但在后面也缀一"娘"字。杜牧在《杜秋娘诗·序》中说："杜秋，金陵女也。"裴铏的传奇小说，有位聂隐娘。聂是她的姓，隐是她的名。她被老尼拐走时，年方十岁，学成归来后才十五岁。裴铏是唐代人，他给人物的年龄设计，使我们看到当时的社会实况。

有的女子，在姓氏后面注上排行，才挂个"娘"字。李白在金陵时，身边有位小妓叫段七娘。杜甫笔下有位公孙大娘。公孙是复姓，大是排行。她有位弟子叫李十二娘，舞动双剑："来如雷霆收震怒，罢如江海凝清光"，一时称绝。有位顶竿的杂技演员叫王大娘。据《太平御览》载："竿上施木山，状瀛洲方丈，会小儿持绛节，出入于其间，歌舞不辍。"这些"大娘"的本事，好生厉害。

有的人名虽挂个"娘"字，但不一定指具体某个人。徐凝《忆扬州》云："萧娘脸下难胜泪，桃叶眉下易得愁。天下三分明月夜，二分无赖是扬州。"诗中的"萧娘"，指那些容貌美丽、活泼可爱、风流多情的女子。若循踪追查，恐怕当地户口没有此人。

说 "撞"

文艺作品，最怕雷同。千篇一律，面目可憎。所以文人多知忌讳，东躲西闪，独辟蹊径，但也有人亦步亦趋，以此为乐。就像在游乐园里玩碰碰船，存心相撞，“砰”的一声，溅身水花，皆大欢喜。他们知道不会掉到水里，变成落汤鸡，只想寻找一下刺激。“撞”者不是无名小辈，或初学乍练的新手，而多是在文学史上颇有名气的人物。

打开一部《乐府诗集》，题目相同、内容相似的作品比比皆是。乐府诗来自民间，清新刚健，生动活泼，可给沉闷的文坛注入一股活力。文人们的作品，如可入乐，亦称乐府。有人见到好的乐府诗出现，就争相仿作。你跟我撞，我跟你撞，有时自己跟自己撞，撞得七颠八倒，撞得一塌糊涂。这种互撞现象，有的绵延千年。这大概是中国文学史上的一种特色吧。如汉朝的徐干，曾作《室思》五章，其第三章云：“自君之出矣，明镜暗不治。思君如流水，无有穷已时。”诗写女子想念远行在外的丈夫。因头一句是“自君出之矣”，所以其后文人继作，便以此句为题。形式多为四句，内容同是思夫。首句一样，结尾用喻，如定型产品。你说：“思君如清风，晓夜常徘徊。”他说：“思君如形影，寝兴未能离”。陈后主一下写了六首，或曰：“思君如风影，来去不曾停”，或曰：“思君如夜烛，垂泪著鸡鸣”……张九龄则写女子：“自君之出矣，不复理残机。思君如满月，夜夜减清辉。”总而言之，你不得不惊叹他们的想象力，能以那么多的比喻去描写妇人的心态。诗语即情语。一个生动的比喻，胜过用千言万语直诉。从这个意义上说，他们对文学语言是有贡献的。

但也应看到，这种创作方式，容易成为文字游戏。形式既已固定，可喻之物，终究有限。这就难免智穷力竭，出现拾人牙慧、勉强凑数的现象。游戏虽是一种刺激，一旦刺激过后便是乏味，便是枯淡，再也引不起兴趣。到了唐代，李白、杜甫、白居易等人，虽用旧题，但不述古义，面向现实，推陈出新，以内容为重。杜甫以“乐府”的形式，“即事名篇，无复依傍”，创作了《哀江头》《悲陈陶》“三吏”“三别”等。白居易等人提倡的“新乐府运动”异军突起，成绩斐然。他在《新乐府序》中说：“篇无定句，句无定字。系于意，不系于文。首句标其目，卒章显其志……”打破旧框，与过去“划清界线”。“为君、为臣、为民、为物、为事而作，不为文而作。”

文学的生机，在于它能开辟新路，和对现实做深入的反映。唐代诗人之所以取得如此巨大的成绩，其理也还在于此。然而，这点常常被人遗忘。当今之世，我们不难发觉这样的现象：无论是著书，还是翻译；无论是影视，或是歌曲，题目相同，内容相似，改头换面，陈陈相因。古人之“撞”，多不计功利，那么今天之“撞”，目的是什么？大概不是游戏吧？

不能饮者止

酒是美味，饮时欢心，很难节制。入席之初，大多衣冠楚楚，浅斟慢酌，及至方寸迷乱，就袒胸露腹，东倒西歪，胡言乱语，天地不分；更有甚者，发狂动武，横扫杯盘。醉者不知，醒者皱眉。兴尽悲来，不欢而散。

有鉴于此，所以古人聚饮时，便都定出礼节。“能饮者饮之，不能饮者已”（《韩诗》）。但这个很难做到。不是亲人不聚会，不是好友不碰杯。我的杯满了，你的杯也得满。我既然一饮而尽，你好意思半途而废？于是咕咚一声，杯底朝天。倘若矫情硬顶，同饮者便好说歹说，长说短说。饮的必要性有一万条，但没有一条是教人少饮的。左推右挡，抗拒不过，便全部昏昏然，同入醉乡。当然也有铁石心肠者，即使你磨破嘴皮，我也不进涓滴。平原君劝子高饮酒：“尧舜千钟，孔子百觚，子路嗑嗑，尚饮百榼。古之圣贤无不能饮也，吾子何辞焉？”子高回答得好：我只听说圣贤以道德服人，没听说以能饮酒服人。结果平原君对他无法可施。陶侃与人饮酒。正到高兴时，忽然打住。同宴者劝他再干一杯，他凄然答道：“不是不能饮，因我只规定自己饮那么多。少年时，我饮酒有失，母亲责备，故至今仍记在心。”韩愈在《赠张秘书》中说：“人皆劝我酒，我若耳不闻。”何故？原来他曾与人同饮，烂醉如泥，彼此交股而眠，结果老虎来了，把驴子叼走都不知。不肯多饮，大概是想起这类堵心的事。当然，也有例外。为激发大家的诗情，还主动劝人干杯。

所谓“不能饮”，不仅看自己的酒量，还要看自己的健康状况。杜甫是个大酒徒，自云“每日江头尽醉归”，结果得了糖尿病，后来开始节酒。“老人因酒病，坚坐看君倾。”亲友聚饮，不亦乐乎，而自己却“坚坐”在那里，这可不是易事。有人开头“坚”，末尾不“坚”，经不起三劝两劝，便认同归宗了。有的人口头

"坚",心里不"坚"。见人饮酒,自己垂涎。暗自原谅自己:"我只饮半杯"。但一入佳境,便难以回头。杜甫之"坚",实际上也"坚"不了多久。"艰难苦恨繁霜鬓,潦倒新停浊酒杯"(《登高》)。"新停"已是在出峡的暮年。可见在这之前仍在嗜酒。白居易也是饮多伤身的一个。他"肺病不饮酒,眼昏不读书",但未能做到。他给自己立个规矩:"浅把三分酒,闲题数句诗。"所谓"三分"是指多少酒,一日之内来几个"三分"?这些属于"模糊数学"的范畴,别人不易判断。皮日休因酒病,已在床上静卧多日,思想斗争的结果:今后不再饮了,而忽闻隔壁叫卖蛤蜊的声音,想到此物下酒的妙处。于是倏地爬起,又准备开樽痛饮。

酒不但可"忘忧",也是养生之物,但必须掌握分寸。若沉湎其中,不能自拔,不但出尽洋相,也摧残身心。莎士比亚说:"每一杯过量的酒,都是魔鬼酿成的毒汁"(《奥瑟罗》)。

随俗与脱俗

做人难,要立定脚跟做人更难。一日三餐,柴米油盐,已是够奔波的了,假如在生活和创作中再要违背良心,以求适应,就更加困难。有人一举达标,有人则终生做不到。

张氲先生,大概碰过一些不硬不软的钉子,所以在似醉非醉的时候吟道:"下调无人睬,高心又被瞋。不知时俗意,教我若为人?"他被生活的激流冲得迷迷蒙蒙,一时间,心里无主,真不知该怎办。这种心态,是较为常见的。你胸乏大志,不争不求,可能便被认为窝囊,说话都无人答理;你貌也惊人,才也出众,鹤立鸡群,心比天高,更易成为打击的目标。看来既不显"下调",也不露"高心",最为稳妥。有感于此,张氲又吟道:"入市非求利,过朝不为名,有时随俗物,相伴且营营。""随俗物"就是随大溜。但"大溜"也不是那么好"随"的。有时需不乐而笑,无苦而哭,众人称善,你也喊好;众人伏下,你也趴倒。要学会打太极拳,左推右移,取其顺势;上托下压,心领神会,有时还须来个 360 度转体,照顾方方面面,以便跟上。不必探求原因,只须步调一致。即使不能得福,当亦不致惹祸。

张氲先生登上酒楼，无钱沽酒，见大家都朱颜酡些，醉得不省人事，自己虽滴酒未沾，但也装模作样卧在他们旁边。大溜“随”到这等水平，也就令人叹为观止了。但这种“随俗”是高难动作，许多人都做不了。屈原是属于“高心”被“瞋”一类。他性情高洁，治国有才，但遭到令尹子兰、上官大夫等人的诽谤中伤。他们嘴上抹着蜜，心里藏着剑，把持局面，排斥异已，制造事端，能量非常非常大。你不低眉俯首、变志从俗，跟他们同流合污，蝇营狗苟，他们就整得你投河上吊。

李白在做翰林供奉时，被一群俗物包围，众奸鼓衅，聚蚊成雷，不时受到攻击。但他性情孤高，我行我素。“花间一壶酒，独酌无相亲。举杯邀明月，对影成三人。”有酒独自饮，不跟他们凑合。假如摧眉折腰，赔个笑脸，日子可能会好些。惹不起，还躲不起吗？他幻想到山间去放鹿，到溪边去牧羊，到五湖去放舟。能如此，便算是彻底脱俗了。杜甫也厌恶俗物。“眼前无俗物，多病也身轻”(《漫成二首》)。那些俗物说假话心不跳，办假事脸不红，还做正人君子状，而你偏偏像眼中容不得沙子，非要较真，把心里话和盘托出，他们不用白眼珠瞪你？既不能入俗，又不能媚俗，“致君尧舜上，再使风俗淳”便成了一句空话。

那位“相伴且营营”的张氲先生，在俗物面前勉为其难地追随了一阵子，不过很快便坚持不下去了。他后来出俗去当道士，连老婆也不娶。武则天和唐玄宗先后下过诏书请他出来做官，但他坚决不从，大概是想起俗物还心有余悸吧！不如一个人自由自在地饮酒快乐。

飞龙在天

世上没有一种动物，像龙那样引起我们的关注，牵动我们民族的情思。它是我们的老祖宗，它是我们的命根子。

龙到底是什么？恐怕谁也说不清楚，到底有没有，至今尚成疑案。据甲骨文和青铜器铭文载：它的主要特征，是张口卷尾，但到了《尔雅翼》它就成为鹿角、驼头、兔眼、蛇项、蜃腹鱼鳞、鹰爪、虎掌、牛耳，是诸多动物的组合形象。这样的龙谁见过呢？你所说的龙，我所说的龙，今世说的龙，前世说的龙，都在演化，各按各的心思去塑造。

李白最喜欢写龙，龙到了他的笔下，又成了一个新的品种。他不侧重写龙的形态，而侧重写它的品性和神韵。这种品性和神韵，是他心中所独有，而为他人心中之所无。他把自己的情思，常常寄托在龙的身上。

飞龙在天，与我们相隔千层云雾，“凡人”难得一见。但在仙境，则成了金童玉女、教主道君的坐骑。云来雾去，惊天动地。有时他们为摆阔气，“自挟两青龙”（《古风》二十）。这颇使李白眼馋。他多么希望有一天，也“驾玉辂之飞龙，历神州之层岑”（《大猎赋》），到处兜兜风，痛快痛快！但道行未备，级别不够，即使遇上仙人，也只能借白鹿给他骑。

李白一生都在求龙。“我昔钓白龙，放龙溪水傍，道成本欲去，挥手凌苍苍”（《留别曹南群官之江南》）。传说窦子明弃官学道，钓得白龙后来成仙。李白欲踵武前修，希望自己的钓钩也走好运。但成仙之事，终属渺茫，无法“凌苍苍”。

李白求天上之龙不可得，有时又回到地上求人间之龙。这人间之龙，便多了一层鲜明的现实色彩。这与李白的命运息息相关，不再是潜雾藏渊，不可捉摸之形象。他最得意时，恐怕是做过几天翰林供奉。“幸陪鸾辇出鸿都，身骑飞龙天马驹”（《驾去温泉宫后赠杨山人》）。他仿佛真的骑着飞龙，凌空而去，其实是幻觉。一转身，“攀龙忽坠无”（《留别广陵诸公》），很快被赶出宫门，理想为之粉碎。从天而坠，摔得委实不轻。不仅有外伤，而且有内伤，多年后还隐隐作痛。大概已经知道，龙这种神物，虽心向往之，无限崇拜，却不易沾它的光。至于自己要变成一条真龙，那更是谈何容易！“黄河三尺鲤，本在孟津居，点额不成龙，归来伴凡鱼”（《赠崔侍御》）。他仗剑去国，辞亲远游，遍于诸侯，历抵卿相，希望自己成龙，耕云播雨，润泽苍生。谁知运气不佳，不特没有跳过龙门，而且碰得头青面肿，几致毙命。跳不过去，就得编入另册。拖着受伤的身躯，与“凡鱼”为伴。“凡鱼”也者杂种也。奇形殊相，无所不有。有和颜悦色，暗中伤人的；有造谣诽谤，把水搅混的；有瞥见鳞鳍华美，便嫉妒生恨的；有看见弱者败下阵来，便立即将它撕成碎块的……他不愿与“凡鱼”为伍，要跳离那混浊的坑塘；他不愿受人制肘，要保持龙的精神。“龙虎谢鞭策，鹓鸾不司晨”（《对雪奉饯任城六父秩满归京》）。虽然当了五花马，千金裘，肚子饿得咕咕叫，但也不低眉俯首变成一个奴才。

李白想学道成仙，又想干一番伟业，出世与入世形成尖锐的矛盾。仙成不了，这是肯定无疑的了；伟业也干不成，更无须去证明。如今眼睁睁地活在这失意的现世，不特要对付饥寒，还须抵挡那些专啄伤口的"凡鱼""蝘蜓嘲龙，鱼目混珍"（《鸣皋歌送岑征君》）。怎样生存下去，如何做人？这时又想起龙来："栖岩君寂灭，处世余龙蠖"（《金门答苏秀才》）。《周易·系辞传》："尺蠖之屈以求信也；龙蛇之蛰以存身也。"保存自己，以求有伸的一日，待病躯痊愈、神气完足之后，向龙门来一个最后的冲刺，纵使不能化鲤成龙，也比"近日学得乌龟法，得缩头时且缩头"强得多。因为这一"缩"，则不知何时再想到伸出来。而龙之屈是为了伸，仍有进取之志存焉。

"空调"的诗意

现代人对付炎热的夏天，使用电扇空调。古代的科学虽没发展到这等水平，但驱暑降温也有绝招，且充满诗意。

白居易被贬为江州司马时，在庐山修建草堂。虽为"三间两柱，二室四牖"的简单布局，但降温设施堪称一流。堂东有瀑布、浇洒阶隅，日夜不息。他"以剖竹架空，引崖上泉，脉分线悬，自檐注砌，累累如贯珠，霏微如雨露，滴沥飘洒，随风远去"（《草堂记》）。冰凉的流泉，四面降温。即使有热风入户，烈日炙顶，也不用蒲扇，自得清凉。

这样的降温方式，当然需要客观环境和人力物力。寻常百姓，难得享此清福，不过宫廷贵族，却不忘此乐。花蕊夫人《宫词》云："水车踏水上宫城，寝殿檐头滴沥鸣。助得圣人高枕兴，夜凉长作远滩声"。宫里夏日，靠池塘生凉，金盘贮冰，但皇上还不满足，于是车水上城，从殿顶浇下来。车水可使用人力，也可使用风力。因不分日夜地滴滴沥沥，故多能保持恒温。圣人（皇上）两耳滩声，高枕而卧。

这种"空调"，据说老外做得更精。《唐会要》卷九九载："拂菻国（一名大秦）……至盛夏之时，引水潜流，上遍屋宇，机制考密，人莫知之。观者唯闻屋上鸣泉,俄见四檐飞溜,悬汲如瀑,激气成凉风,其巧如此。"拂菻当时已能生产自鸣钟。钟鸣,"机器人"即应声引唱。由此观之,它的科技已相当发达,能生产出这种"空调",不足为奇。只是我们如今仍搞不清楚,这水是如何上去的。"上遍屋宇",整体降温,若是如今,需多大马力的空调才能做到?

屋顶"空调"有以下三个优点:第一,不需常常关严门户,空气清新宜人,不易得"空调病";第二,既是消暑,也是听乐。白居易形容屋顶的泉声,如敲琴,如击筑,如鸣环佩。悦性怡情,去烦除恼,使人生在福中;第三,无论是中国的"自檐注砌,累累如贯珠",或是外方的"四檐飞溜,悬汲如瀑",都是一幅绝妙的画,一首趣味盎然的诗。终日相对,如居仙境。它与现代空调的穿墙凿壁,缆索纵横、大异其趣。

大诗人·大酒徒

李白、杜甫、白居易,是三位大诗人,也是三位大酒徒。他们都嗜酒、豪饮,饮酒像他们写的诗一样有名气,不过也各有各的特色。

李白是酒仙。他视酒如命,不可一日无此君。朋友相聚,他饮得痛快;对月独酌,也妙不可言。琼筵佳肴,他频频举觞;青梅白盐,也酒兴不减。有钱时,挥金如土;无钱时,典衣当剑。只要一醉,倾家荡产又有何妨?有酒,情怀激烈,豪气千尺,可以入深山,擒猛虎,出塞外,斩楼兰;有酒,青山绿水的故乡可以忘记;有酒,诗情滔滔如大江。酒里乾坤大,壶中日月长。什么道经佛典,都可以不要;什么灵丹妙药,都可以不吃。酒才是真正的快乐!他被酒的魔力迷住了,我们也被他的情绪感染了。

他的酒量如何?我没研究过。不过他曾经有过醉倒的记录,可见他并没有鲸吸大海、牛饮清川的本事。但他好吹,一会儿"一饮倾千觞",一会儿"一日须倾三百杯",一会儿"愁来饮酒二千石",吹得人们晕晕乎乎,头大如斗。在酒徒的狂野目光中,喝尽天下世间的酒都不解恨。"遥看汉水鸭头绿,恰似葡萄初酦醅。此江若变作春酒,垒曲便筑糟丘台"(《襄阳歌》)。刚才还醉醺醺的,转眼看到江水像酒，便又打起它的主意来了。他希望把君山铲平，洞庭湖水都变成酒，让自己喝个够。喝得了，还是喝不了，先别说，但这豪情，让人欢喜，让人痛快。比在推杯移盏中一再求饶，更有味道。饮酒是快乐，饮中吹牛也是快乐，又饮又吹，便是双料的快乐，因此天下世间的酒徒都对他倾心，引为知已。世上许多酒楼，都以他的大名为旗帜，猎猎迎风，以示酒灵不灭。他豪饮的名声，在很大程度上是靠吹出来的。

杜甫嗜酒成癖，但糟糕的是，他的一生从来没阔过。“朝回日日典春衣，每日江头尽醉归。酒债寻常行处有，人生七十古来稀”（《曲江二首》）。一与酒结缘，日子便更加艰难。有多少衣衫可当啊？他很快便债台高筑。旧债未清，新债又起，总赊不还，见到店主，老脸也挂不住。好在“邻人有美酒，稚子亦能赊”（《遣意》）。自己不出头，让孩子打先锋就是了。穷困的人觉得市面上什么都贵，酒，尤其如此。“街头酒价常苦贵，方外酒徒稀醉眠”。想大醉一场，也真不容易。有时手头攥着些钱，够喝一顿的，那自然再高兴不过了。这时当得邀老友共享。“速宜相就饮一斗；恰有三百青铜钱”（《逼仄行赠毕曜》）。不过这个数字也是不容易凑的。为了创造条件喝酒，便“日并园蔬课”，大搞副业，希望蔬菜快快长大，拿去换酒。老天爷啊，什么时候才能等到那一天？实在无计可施时，便“愁征处处杯”。“征”说得好听，其实跟讨吃差不多了。酒杯空空时，他也有过幻想：“气酣日落西风来，愿吹野水添金杯”（《苏端薛复筵简薛华醉歌》）。望野水变酒，与李白的盼长江变酒，比起来气魄差多了。这大概是他性情质朴，吹不起来的缘故。过惯节俭的日子，不轻易把酒喝光，哪怕是劣酒，身边也留一点：“盘飧市远无兼味，樽酒家贫只旧醅”（《客至》），但到底库存有限，经不起斟酌。“浪簸船应拆，杯干瓮即空（《遣闷奉呈严公二十韵》）。这是向人诉苦，但也道出实情。从这一酒字，完全可以透视出他艰难的处境。

白居易与李、杜不同，既不吹牛，也少哭穷，更不异想天开。高寿七十五，杯中酒不空。点点滴滴，全落在实处。他自称有三大爱好，第一便是酒，穿插于琴诗之间，无时不在，无时能离。他信道、信佛，后来觉得个中虚无，远不如喝酒。“唯将绿醅酒，且替紫河车”（《对酒》）。参佛之时，也是酒气熏人。“耳底斋钟初过后，心头卯酒未消时”（《醉吟》）。用杜甫的话说：“耽酒需微禄”。白居易有这个条件。他官运尚可，老退之年，收入仍丰。“中人百户税，宾客一年禄”

(《知足》)。没有儿子,留下的财产给谁啊? 索性都喝了吧! 提壶沽酒麻烦,也不过瘾,干脆自己动手去酿。"独醒从古笑灵均,长醉如今效伯伦。"他用杜康老法,用陈岵妙方,井水用九月九日的,曲用七月上寅的,选料精细,做工考究,炮制出来的定是佳品。"揭瓮时闻香酷烈,瓶封贮后味甘辛"。真令典衣当裤的酒徒们垂涎三尺。他说"岁酿酒约数百斛",相当于开个小厂,没有一批酒工,一片厂房,是办不到的。当然酒是自产自销,独家享用。他白天饮,夜里饮,马上饮,舟中饮,轿竿两边还挂着酒壶,走到哪儿,饮到哪儿,妻劝不听,侄劝不止,讥我装聋,笑我不理,饮到忘情时,箕踞仰面,对天长吁,"又饮数杯,兀然而醉,既而醉复醒,醒复吟,吟复饮,饮复醉,醉吟相仍,若循环然"(《醉吟先生传》)。这时的白居易,完全变成一个大写的"酒"字。李杜二位大兄,倘若见此,更当摇头赞叹,自愧不如!

恨者爱也

遣词造句,表达爱憎,应准确无误,恰如其分。这是人所共知的常识,无须赘议;然而在现实生活中,在文学作品里,有时并不直来直去,而是拐弯抹角,反话正说,或正话反说,以收独特之功效。

杜甫非常爱花。他晚年寄身蜀国,体弱多病,但春天来了,却要拄着拐杖外出寻花。当他看到千枝万朵,争丽斗妍、娇莺欢唱、彩蝶飞舞时,便心头激动,顿觉年轻,但不直言心头之喜,而说"行步欹危实怕春。"春有什么可"怕"的? 倘真的可怕,就闭门在家,不到处游赏了。可见"怕"是假,爱是真。有的专家解诗,过于拘泥,为表面词句所惑,以为人老而怕春,经此一解,味同嚼蜡矣!

心中的天地,如被烦恼占领,就无愉悦可言,但奇怪的是,诗人却以之为乐。杜甫说:"江上被花恼不彻,无处告诉即癫狂。"繁花似锦,春色醉人,杜甫为它们所"困扰",所撩拨,寝食难安,几致"癫狂"。这花不是太可恨了吗?但只要一想,就知道诗人言在此,而意在彼。后来的王安石也接过此法。他的《夜直》云:春色恼人眠不得,月移花影上栏干。"其时他被召入京,大展宏图有望,心中激动，夜不成眠，见花影月色，交错成画，预卜前景之美妙。此生饱览春色，哪见过有像今夜如此之可爱？真想将它拥入怀中，亲上几口。但却说它“恼人”。

就“恼人"而言，也有极级。杜甫诗云：“韦曲花无赖，家家恼杀人。”韦曲在樊川，是唐代长安花繁景美之地，一进入其中，便身心俱爽，如登仙境。若说“喜杀人”“乐死人”，当然也对，不过像顺口溜，味道鸟淡。李白《赠段七娘》云：“千杯绿酒何辞醉，一面红妆恼杀人。”段七娘是李白在金陵时的小妓，李白比之为美酒，千杯不醉。她妆扮起来，美若仙姬，简直要人老命。故李白用了“恼杀人”三字，曲里拐弯，仍掩饰不住诗人的欣喜之情。

“无赖”是贬词，常用以骂人，但“韦曲花无赖”，则又有别解。人无赖；人见人憎，人见人恨，但花到“无赖”，是一种什么情景呢？它百媚千娇，芬芳馥郁，哪一点惹恼了人，哪一点得罪了人，而被扣上了“无赖”的帽子？其实用不着我们去打抱不平，在诗人心中对它早已爱到情不能已。徐凝《忆扬州》云：“萧娘脸上难胜泪，桃叶眉头易得愁。天下三分明月夜，二分无赖是扬州。”萧娘、桃叶都是扬州风流多情的女子，在繁华的扬州，月夜里因有她们的存在，而变得风情万种。月夜分为三，扬州占二，这种裁定，已悖情理，看出诗人的偏心，再以“无赖”二字定性，更是不可思议。但扬州的夜生活，灯红酒绿、歌吹沸天，令人沉醉，令人着迷，即使是万语千言，未必就能概括出它的景况，而称其“无赖”，却回味无穷。诗人离开后，时时思念，不忍割爱，可见那“无赖”的魅力。

正如称爱夫为冤家，骂情郎为坏蛋，弦外之音，当可细品。直言解之，蠢人一个。常常是恨够了，骂够了，爱的分量也就给够了。

诗意尽在半醉中

有的酒徒，不管喝了多少酒，也没说够。虽已烂醉如泥，像个熟蟹，嘴里还喃喃地索酒。昏昏沉沉，一眠不知三日事，以为这样才过瘾，才解馋。其实这种人，不知酒味，不识酒趣，只落得一个酒鬼的称号。

饮酒是乐事，但如何饮法，这里面大有学问。有人说，饮酒与看花的情景相似。群芳灿烂，百花争妍，当然最能令人赏心悦目，但繁华时刻短暂，一场风雨骤至，即落红满地，惨不忍睹。所以花最耐看，也最动情，当在半开之时。这时姿媚跃出，芬芳初吐；充满活力，充满想象。郑谷诗云："露吟庭际待花开。"

如此看来，饮酒当然也不宜大醉。大醉伤及脏腑，呕出五颜六色，亲友厌弃。无故纷争。头破血流；昏睡不醒，贻误商机。坏处多多，好处没有。所以最好只取半醉。半醉之时，一切感觉良好。脸颊生辉，春光暂驻，愁容告退，而欢乐方滋。白居易的《劝酒》云："劝君一盏君莫辞，劝君两盏君莫疑，劝君三盏君始知……""知"什么？就是半醉时的美妙。心情兴奋，无拘无束，自由奔放，唱歌则有情，吟诗则有味，作书则有神，竞技则有力。李贺《嘲少年》云："有时半醉百花前，背把金丸落飞鸟。"他平时的弹技如何，不得而知，但这时发挥得如此惊人，靠的是什么？当是毋庸赘言。不过半醉了，就得立即打住，不要再贪杯。这时若结伴同游，外出踏青，你就会感到阳光为你添彩，小鸟为你欢歌，看水则更绿，看山则更青，不担心过桥失足，也不怕误入歧途。

李白大醉时，"天子呼来不上船。"不是不"上"，而是"上"不了。清朝苏六朋，有《李白醉酒图轴》。图中的李白耷头搭脑，东倒西歪，软得像隔夜油条，由两个宫监吃力地搀扶着。此刻皇上和妃子，正在沉香亭畔，等他创作新词呢，可他哪里还能动笔？据说，那《清平调》三首，就是在给他当面泼了两瓢冷水之后，一半清醒一半是醉，他才文思泉涌，笔走龙蛇，产生轰动的效应。

马的穿戴

俗话说："人配衣裳马配鞍。"无论是人或是马，经过一番装扮，都精神许多。

马的装扮，主要在以下几个方面。

一是鞍。好马配好鞍，主人更风光。鞍以金银为贵。"竹里行厨洗玉盘，花间立马簇金鞍。"严武是达官，带着仆从和酒肉来看望杜甫，故杜甫以"金鞍"来赞美他的坐骑。"五陵少年金市东，银鞍白马度春风。"李白写的贵家子弟，坐骑以银鞍装饰。据《汉书》载，武帝派他的小舅子李广利，带领大军去攻打西域的大宛国，经历多时，死了许多士卒，才取得大宛马归来。大宛马又名天马，是马中神品。杜甫这样赞美它："胡马大宛名，锋棱瘦骨成。竹批双耳峻，风入四蹄轻。所向无空阔，真堪托死生……"这种马把命交给它，都完全可以放心，所以汉武帝对它十分爱惜。"以玫瑰石为鞍，镂以金银鍮石。"玫瑰石是美玉，鍮是自然铜，石似金。而那一"镂"字，就是后来不少诗文所描写的雕鞍。镶金嵌玉，多方美化，从这鞍就可以看出马的品位。

二是勒，即马笼头。若说马笼头，竹编荆织，粗糙卑贱，哪能供宝马使用，所以勒亦多饰以珠玉，使人与马同时升价。庾信《三月三日华林园马射赋》云："控玉勒而摇星，跨金鞍而动月。"这是何等的神气！玉勒以贝为饰，自如玉，故又名玉珂，走动时丁当作响。李贺以马自比，希望自己戴的不是竹笼套。"何当金络脑，快走踏清秋。"

三是障泥。障泥是垫在马鞍两侧、垂至腹下之物，防止走路时泥水把皮毛弄脏。这障泥也颇讲究。汉武帝以绿地五色锦为之，后世阔人的宝马莫不如此。南朝萧绎《紫骝马》云："长安美少年，金络锦连钱。"连钱又称连乾，都是指障泥。隋炀帝南游时，他的马队皆披此物。李商隐《隋宫》云："春风举国裁宫锦，半作障泥半作帆。"

马经过如此包装，已变得娇娇滴滴，一身富贵气象了。它还能牵犁负重、踏烟踩火、临阵格斗吗？这样说，并非毫无根据。晋朝的王济善解马性，他所骑之马，披着锦连乾。在过水时，这马犹豫不肯渡。王济说，这畜生是爱惜身上的障泥。于是他命人把马的障泥摘下来，马果然轻轻松松地过河了。谁能想到，一匹好端端的马，因为身上有了漂亮的披挂，竟弄到路都不敢走。人比马聪明，但如装潢过度、养尊处优，是不是也会变得软弱无力，丧失斗志呢？

卖酒女郎

世上有些营生，女人比男人更受欢迎，比如卖酒。一个姿色艳丽的妇人，玉指纤纤在当垆，店里的气氛就分外活跃，酒味似乎也更香。当年卓文君开酒店，就客似云来。

酒徒喝酒，当然是要看谁家的酒好，但往往也看哪间店的妇人长得美。醉翁之意，不会在酒。《晋书·阮籍传》："邻家少妇有美色，当垆沽酒。籍尝诣饮，醉便卧其侧。"按常规，喝完就应结账走人，但他舍不得离开。这醉卧妇侧，到底是真醉，还是假醉？是三分醉，还是七分醉，都不易说清。假如此店是五大三粗的壮汉在营业，一副杀猪佬的脸孔，你让他"卧其侧"他也不敢。风流的文士，多把酒与美人联系在一起。李白诗云："风吹柳花满店香，吴姬压酒唤客尝。""满店香"固然诱人，而那娇滴滴的一声轻唤，不也同样令人动情？"落花踏尽游何处？笑入胡姬酒肆中。"在李白心里，"洋酒"固美，而"洋女"也同样有魅力。杜牧在过黄州时，见到这样一幕动人的情景："有个当垆明似月，马鞭斜揖笑回头。"当垆女子像明月一样美丽，光艳照人。这位白马少年，斜揖马鞭，频频回顾，那颗痴心，好像被她牢牢地拴住了。"旗亭雪中过，敢问当垆娘。"（杜牧《郡斋独酌》）"娘"不是老妇，是少女之号。风雪寒天，路过酒家，向当垆娘索酒，讨一份温馨，讨一份暖意，这时更使人明白酒的味道有多好。

唐时一些酒家，都把女人推到第一线。她们除售酒外，还表演歌舞，招徕顾客。"南邻新酒熟，有女弹箜篌"（岑参《冀卅客舍洒酣贻王绮题南楼》）。"落日胡姬楼上饮，风吹箫管满楼闻"（章孝标《少年行》）。有喝的、有听的、也有看的。只要你肯解囊，便可获得多方面的享受。卖酒女，最能体贴人心。王建《邯郸主人》云："远客无主人，夜投邯郸市。飞蛾绕残烛，半夜人醉起。当垆酒家女，遗我缃绮被。"长夜困乏，一饮即醉，半夜醒来，寒意难禁。这时卖酒女将一床锦被，轻轻地覆盖在客人身上。那份沉甸甸的暖意，教人永生难忘。

唐代的卖酒女，思想开放，不顾陈规，为繁荣市场、丰富人们的生活做出贡献，受到人们的普遍赞扬。因为如此，她们也获得可观的经济效益。"邯郸女儿夜沽酒，对客挑灯夸数钱"（岑参《邯郸客舍歌》）。"数钱怜皓腕，妆成上灯楼"（杨巨源《胡姬词》）。昼夜经营，挑灯结账。白嫩嫩的是胳臂，光闪闪的是金钱，令那些典衣当剑以求一醉的酒徒，好生羡慕啊！

秀发如云巧梳妆

发型随潮流，跟着感觉走。可以说，不同的时代，有不同的发型，从发型亦可判断得出不同的朝代。

唐代大部分时间，社会安定，生产发展，经济繁荣，人们有条件去讲究美。不但文学艺术塑造出许多瑰丽动人的形象，人们的衣着服饰，也求新求巧。妇女头上的功夫做得非常到家。杜牧的《阿房宫赋》写道："明星荧荧，开妆镜也；绿云扰扰，梳晓鬟也。"说的是秦宫，其实唐宫亦如此。宫女一清早，便展开梳妆大赛。女子化妆，最费心的恐怕就是那满头秀发。颜面轮廓，基本保持稳定。姣好的，一副淡妆也妩媚动人；头面欠佳的，浓施粉黛，也徒劳无功。唯独发型，变化万千，身手不凡者，常可在上面造出轰动效应。青春年华，信心最足的是头发，而最不放心的也是头发。宫女们个个貌若仙姬，难分高下，必须做好头上文章，才能力挫群芳，首先获宠。

古女梳妆，"工程浩大"，手续烦琐，没有如今的妇女这么省事。她们的头发，好像天生比男子长。社会的审美观，又助长了这股长风，头发成了负担，这的确不是今人所能体会的。"双鸾开镜秋水光，解鬟临镜立象床。一编香丝云拂地，玉钗落处无声腻"（李贺《美人梳头歌》）。这位女子把髻拆开后，站到象床去梳，结果还拖到地面。要将它收拾成型，楚楚动人。恐怕手臂都酸累了。因此之故，贵家女子，都有专人侍候料理。

唐代女子重高髻。什么乌蛮髻、椎髻、堕马髻、抛家髻……有的如拇指翘起，有的如新笋正壮，有的屈头如杖把，有的如马首探危崖。"云髻峨峨高一尺"，妇女普遍如此。这气昂昂的样子，或许正与唐代蓬勃向上的社会气氛相适应，绝非六朝女子的纤弱、宋代女子的娇柔可比。

高髻妆成常须钗、簪、笄等等头饰辅助。富贵人家，头饰多用金玉。贫贱之家多以竹木为之。不管怎么说，它们都是髻的"关键部件。"元稹无钱沽酒，要新婚妻子拔下金钗让他去换，软磨硬泡，纠缠不放。她当然不轻易答应。因为拔去金钗，头披髻散，姿容减半，再梳就难了。《长恨歌》云："云髻半偏新睡觉，花冠不整下堂来。"杨贵妃在仙境里，闻说天子派使者来看望，便匆忙起床。高髻睡歪也来不及梳整。其实杨贵妃获宠后，嗜酒发胖，头发掉得很厉害，不得不做个假髻来装饰。白居易为了美化她，不肯揭老底，所以又"云髻"、又"金雀"（金凤钗），好像她秀发如云，天下无敌似的。当然有的"部件"除护髻功能外，还有很强的装饰作用。汉武帝入李夫人闺房，用她的簪子搔痒，故簪子又称玉搔头。它被拔下时，也不影响发型。白居易《采莲曲》云："逢郎欲语低头笑，碧玉搔头落水中。"这是采莲女在考验"情郎"：如真正相爱，就到水中把簪子捞起来。簪不是妇人专用品，那时男子束发也用。

巧于梳妆者，以自然为师。《琅嬛记》载，魏国的宫中，有一条绿蛇。每天在甄后梳妆时，便盘结成一髻形，卧在她前面。她效仿蛇形梳髻，每日样式不同，号为灵蛇髻。杜牧诗云："宫妓巧梳妆。""巧"就是与众有别，花样翻新。

唐代女子很注重头发的保养。武则天以名贵药材制成护肤润发化妆品。头发经过精心保养，效果肯定会好。李贺说的那位秀发如云的美人"玉钗落处无声腻"，这一"腻"字，令人想到玉钗都有很浓的油性。南朝陈后主宠妃张丽华，发长七尺，油光泛亮，可当镜照。当然，护发品也一定芳香袭人的，杜甫说他的爱妻"香雾云鬟湿"，她不仅梳高髻，而且那气味闻起来也很香、很舒服。

女子宁肯草草吃顿饭，也不肯草草梳个髻。假如头发没整理好，你用香车宝马来接也不出门。薛涛病后揽镜，见发乱得像个鸡窝，就拒绝会客。梳发是头上功夫，对女子来说也是头等功夫。

韩愈交佛徒

韩愈"觝排异端，攘斥佛老"（《进学解》），成为儒家的一代宗师。唐宪宗佞佛，迎佛骨入宫，朝里朝外，焚香膜拜。外国僧人，纷至沓来，扰扰攘攘，中土顿成佛国。他认为长此下去，国事堪忧，作了《赠译经僧》一诗："万里休言道路赊，有谁教汝度流沙？只今中国方多事，不用无端更乱华。"

奇怪的是，韩愈一面屹立在儒家的阵地向佛坛发出一枚枚炮弹；另一方面，又与佛徒打得火热。贾岛是著名的诗人，一生多得韩愈的提携和赞赏。他曾为佛徒，韩愈劝他还俗，并授以文法，后诗艺大进，遂举进士。韩愈有诗赠他："孟郊死葬北邙山，日月风云得暂闲。天恐文章浑断绝，更生贾岛著人间。"评价之高，非同一般。

韩愈喜欢佛院僧舍的清静，常到那里游玩。"桥夹水松行百步，竹床莞席到僧家。暂拳一手支头卧，还把鱼竿下钓沙"（《题秀禅师房》）。在这里钓鱼，是别的地方比不上的。他陶醉其间，忘了一切。玩腻玩累了，就与僧抵足而睡，不过碰上打呼噜的，可就要老命。那位淡师是个大胖子，鼾声如同狂飙，震得牛马不敢吃草，木枕裂开。"铁佛闻皱眉，石人战摇腿。"韩愈觉得五脏也快震碎了。这时恨不得运来一畚箕土，扣在这位大师的头上。当然，是开玩笑的话，他到底喜欢这位淡公。韩愈觉得自己终日碌碌，事业难成，没有多少趣味。假如有僧来访，便十分快慰。长谈之后，还问及僧院的情况："天寒古寺游人少，红叶窗前有几堆"（《广宣上人频见过》）？与盈上人相处，分别之时，依依不舍，怅然难述："山僧爱山出无期，俗士牵俗来何时？祝融峰下一回首，即是此生长别离"（《别盈上人》）。

韩愈一面反佛，一面又与佛徒为友。这现象好像十分矛盾，对此应做怎样的解释？韩愈反对佛徒，主要是他们"髡而缁，无夫妇父子，不为耕农蚕桑而活乎人"，偷懒享乐，对社会不负责任，但是许多佛徒都是知识分子，佛其面，而儒其心。通达无碍处，"往往与《易》《论语》合……不与孔子异"（柳宗元《送僧浩初序》），这样就使儒道有可能接近。柳宗元又说："退之好儒未能过扬子。扬子之书，于庄墨申韩皆有取然。"任何一种学说，都不可能绝对地纯。你中有我，我中有你，韩愈可能看见了"佛中之儒"。他在连州时，与惠师交游。惠师不喜欢官府，志在山水之乐。"太守邀不去，群官请徒频。囊无一金资，翻谓富者贫"（《送惠师》）。这种哲理很使韩愈喜欢。所以他说："吾非西方教，怜子狂且醇。"

韩愈重才，乐道人善，三教九流中，不管是哪一等人，只要有优点有长处，他都大力宣扬。他所与之交游的佛徒,大多有才有识,绝非等闲之辈。如颖师善鼓琴,韩愈听了他的弹奏后,泪湿衣衫,觉得妙不可言,为之作了《听颖师弹琴》一诗。在描声写音方面,与白居易的《琵琶行》李贺的《箜篌引》,同享盛名。他的《送僧澄观》诗盛赞和尚澄观的诗才吏才:"皆言澄观虽僧徒,公才吏用当今无……人言澄观乃诗人,一座竞吟诗句新。"

韩愈因为与佛徒十分亲近,致使一些人误为他已被"演变"过去。其实这种担心是多余的。他不特没有被"演变"过去,有的还被拉了过来,如贾岛便是。还有一位文畅,通过柳宗元来向他请教,他即灌输"二帝三皇之道",后来与文畅"安居而暇食,优悠以生死",大概已打成一片了。

韩愈在思想上与佛徒"划清界线",但仍可与之为友。海纳百川,有容乃大。团结的人愈多愈好。不必因观点分歧,信仰不同,就拒人于千里之外,甚至见面时也脖子梗梗,不打招呼,以示自己"立场坚定",纯之又纯。那样做自己未必就高大起来,而苦恼和损失则是难以避免的。

纤夫的恨

俄罗斯画家列宾有一幅《伏尔加纤夫》,描绘纤夫的艰辛。我想,无论是外国的纤夫,或者是中国的纤夫,他们的命运都是相同的。

水上行舟,在没有机器驱动的情况下,遇到难行的路段;往往得靠人牵挽。许多河流都如此,在中国尤以汴河为甚。汴河是隋炀帝役使无数良工所开挖。他命人造巨大龙舟,俨然宫殿一般。舳舻相接二百余里,纤夫达八万余人,其中还有十四五岁的小女子,均身穿彩服,沿途牵挽。隋炀帝不仅要去看江南的美景,而且要折磨这些牵挽的男女取乐。"汴水东流无限春,隋家宫阙已成尘"(李益《汴河曲》)。这以后的封建统治者,在这条运河榨取钎夫的血汗都愈演愈烈。杜牧曾数过汴河,回想起"锦缆龙舟隋炀帝",再看看眼前纤夫的命运感到更加可悲。他在《与汴州从事书》中说:"汴州境内,最弊最苦是牵船夫。大寒虐暑,穷人奔走,毙踣不少。"王建在《水夫谣》一诗中,具体而细微地描绘出纤夫生活的痛苦。“苦哉生长当驿边，官家使我牵驿船。”大河里宫船来往，将驿站附近的百姓赶来牵船。夏天烈日当头，汗流如注，短蓑难遮暴雨；冬日寒风扑面，踏雪踩冰，单衣难当风寒。拉着高山一样沉重的大船，顶着逆流，走永远也走不完的路。粗麻大绳勒得肩头胸脯一道道深沟。他们一边躬身挪步，一边腾踏悲歌。他们没有别的希望，只幻想眼前的大河变成田畴让他们耕种，做个普通的农民足矣。封建社会的农民够苦了，而纤夫的苦则过之。李白的《丁都护歌》，写纤夫运送大石，干旱水浅，炎阳蒸晒，道路难行，限期又急。“水浊不可饮，壶黎半成土”，身心十分痛苦，于是唱《丁都护歌》。关于此歌，《古今乐录》有如此记载：彭城内史徐逵之被鲁轨杀害，宋高祖派丁督护去殡葬。过后徐逵之妻听他说当时之事，每问一句即叹息曰“丁督护”。声音哀切，令人肠断。运石的纤夫，借这首歌来抒怀，怎不“心摧泪如雨”啊！

牵挽之苦，不仅说明劳力之沉重，也说明社会之不公。富豪之家与官府勾结，不须负担这种徭役，可以终日闲坐；而贫苦之人，长年累月不得休闲。这种社会弊端，如不革除，沿河百姓真没活路了。杜牧路过襄邑时，见县令李式年少有吏才，善于摊派徭使，十分赞赏。李式的办法是将须负担徭役的人，都登记在册，亲自掌握，派差不分贫富，一人一年两次。出钱的不出力，出力的不出钱。这样富家不能逃避，奸吏不能作弊，贫户大大松了口气。杜牧希望他的同事们都用这种办法以解民困。不过封建社会的痼疾甚深，并非扎两三针就可治愈。在旧时代，江河之水有多长，纤夫之恨就有多长。

诗人之夜生活

写诗是件难事，也是件苦事。字斟句酌、反复推敲，犹未易工。有的人，白天勤奋不息，夜里还接着吟唱不已。如入魔中邪，忘了晨昏。

李商隐的《无题》云：“晓镜但愁云鬓改，夜吟应觉月光寒。”有些诗人在月下吟诗，寒也不觉。诗僧齐己倚着山石苦思，梧桐惊风，冷露刺骨，袈裟都打湿了，他仍然兀立不动。有的诗人，夜里的劲头，比白天还足。九华山人杜荀鹤，白日挥汗躬耕,夜烧枯叶照明取暖。“吟到三更未著题,竹风松雨共凄凄。此时若有人来听,始觉巴猿不解啼”(《秋夜苦吟》)。他熬夜的本事,许多人都比不上。“山馆坐待晓,夜长吟役神。斜风吹败叶,寒烛照愁人”(《秋宿山馆》)。他在赴长安应试的途中,宿一间破店,屋顶见星,四壁透风,冷月如刀,割人肌骨,他冻得瑟瑟发抖。“冷极睡无离枕梦,苦多吟有彻云声”(《馆舍秋夕》)。那种顽强与执着的追求,教人肃然起敬。

杜甫的夜生活,就是诗的生活。他那颗激动的诗心,夜里仍像奔涛,像山火,很难有平静的时候。有人说:夜里有月亮才有诗,有时的确是这样。“秋月仍圆夜,江村独老身。卷帘还照客,倚杖更随人……”这个月是有性有灵的。你走到那里,她就跟到那里,撩人心绪,不得安宁。假如没有月色,大既诗情也就泯灭了。其实也不完全是这样。黑咕隆咚什么也看不见,杜甫的诗情,仍如泉涌。”城郭悲笳暮,村墟过翼稀”(《夜二首》)。日刚西坠,鸟未全归,诗神便来叩响他的门扉。夜来临了。也许是刚刚躺下吧,便被鸟兽的声音惊醒了。“号山无定鹿,落树有惊蝉。”又听到脚步声响了。谁啊?“甲兵年岁久,赋敛夜深归。”风起了,急雨打在暗绿的芭蕉叶上,打在摇曳的竹枝上,像一首美妙的催眠曲。这时要是睡觉,那才甜美呢。可是杜甫睡不着:“村春雨外急,邻火夜深明”(《村夜》)。他从这模糊杂乱的雨声中,辨别出一记记春声来。从窗缝中望去,见油灯忽闪忽闪,知邻人在夜深之际还为生计辛劳。他不禁又发出一阵感叹噫嘻。“好雨知时节,当春乃发生,随风潜入夜,润物细无声……”(《春夜喜雨》)杜甫自云:“右臂偏枯耳半聋。”既然如此,又怎能于“无声”处听出声来?显然他是用心去谛听,而不是用耳去谛听。有时困得要命,恨不得立即打开铺盖卷,两腿一伸就去见周公。可是,“暮投石壕村,有吏夜捉人……”这虽是个特殊的环境,但人民生活在水深火热之中,是他所面对的现实。他怎能闭上眼睛便安然睡去?

“日出而作,日落而息”这画出唐虞之世的“理想”生活,但许多诗人,常常不能享受这种清福。因为诗神喜欢在夜里来访。往往夜愈静,则叩门之声愈急。常常闹得诗人眼布红丝;心率加快,整夜折腾。个中滋味,诗人自已体会最深。如把床比作热铛,诗人就像一张饼。夜里辗转反侧,来回翻个。火候不到,饼是不会熟的。“烙”熟的诗,才是真正的好诗。

打虎出现新问题

如今的老虎，身价不凡，成了国家保护的珍稀动物。遥想当年，此物到处出没，磨牙吮血，拦路称霸。有的地方，农夫需结伴下地，儿童不许出门。虽对它们敬而远之，还是常常不期而遇。李白出蜀时，与友人吴指南游洞庭。指南死，李白抚尸痛哭。一只猛虎忽然凑了过来，要跟他玩命。杜甫多次遇虎，几死于非命。入蜀时，"不寐防巴虎"。白居易被贬忠州时，"巴猿引路虎随行"。韦庄的回忆，更令人有无可奈何之叹："白额（虎）频频夜叩门，水边踪迹渐成群。"在虎的包围中，真是难以逃脱网罗。

面对这凶险的现实，躲是没有出路的。只有奋起抗争，消灭老虎，才是唯一求生之策。如今打死老虎犯法，那时打死老虎就是英雄。唐代有位裴旻，善射技，守北平时，北平多虎，他一天之内，射杀三十头。李白的诗歌，张旭的书法，裴旻的射技，被称为当时"三绝"。

老虎那么多，光靠一个两个裴旻，十个八个裴旻，是打不过来的。因此当地政府，便纷纷组织打虎队，官与民同时动作。虽然有了积极性，但效果却并不见好。这是因为"自去射虎得虎归，官差射得虎迟。独行以死当虎命，两个因疑终不定"（王建《射虎行》）。也就是说，百姓自身打虎，以命相搏，别无选择，因而往往得胜；而官差与百姓同时出阵，见到老虎，就你推我先行，我让你向前，只想对方出力！求自己平安。如此一磨蹭，老虎早就逃之夭夭了。人合作之难，亦于此可见。

这也许是"吃大锅饭"的害处。假如打虎之事，官方承包，或由民方承包，责任分明，赏罚得当，大概就不会出现这种局面。而细究起来，官方缺乏积极性。他们平日只是耀武扬威，虚张声势。即使在深山老林里转来转去，也是掩人耳目的"假打"。一旦闻听老虎被人打死了，自己就赶去分肉，争着领奖。至于周围还有没有虎害，根本就不去关心。最好深山总有些虎影，村民不时受到骚扰。这样，打虎队就不解散，打虎机构就不撤销，那份皇粮就可照领不误。这对于人来说，虽为有害，而对于自己则确实得益。假如老虎全都打死了，饭碗不就砸了吗？有位哲人说：西以利养民，而我们则是以弊养人。如果没有各种各样的弊端存在，有一部分人势必就没有饭吃。

世上有些事情，总是劳而无功，屡战无果，情况就跟这打虎差不多。

家有良妻

有的人心无主见，唯枕边之言是听，被讥为“没出息”。不过听老婆的话，未必都错。

元载是唐肃宗、代宗两朝的宰相。他的起家发迹，便是与听老婆的话有关。他的老婆王韫秀是王忠嗣之女。王忠嗣是太原人，玄宗时的著名边将，“佩四将印，劲兵重地，控制万里。”家中的富豪，可想而知。可他却把女儿嫁给元载这个贫困的书生。王韫秀的姐妹个个富贵，从钱眼看人。因此这小两口在王家受尽歧视，无法立足。王韫秀劝元载往长安求功名。他接受意见，临别挥泪作诗言情：“年来谁不厌龙钟？虽在侯门似不容。看取海山寒翠树，苦遭霜霰到秦封。”王蕴秀见他那凄凄惨惨落魄可怜的样子，心有不忍，于是便决定同往，以解孤愁。她的《同夫游秦》云：“路扫饥寒迹，天哀志气人。休零离别泪，携手入西秦。”

元载平日读书刻苦，功力深厚，文笔甚佳，到了长安以后，果然策入高科，获得官职。其后沿着官阶，一路攀去，登峰造极。除了皇上大概就数他了。假如仍龟缩在老丈人那里，忍气吞声，讨口残羹剩饭，亦能苟活，不过实在没劲，更别说有后来那种风光了。想想过去，看看现在，一言以蔽之，都是听了老婆之言的结果。

“人一阔，脸就变”。这好像成了规律。对元载来说也不例外。他这时贪得无厌，飞扬跋扈。在长安的第宅已有两处，豪奢无比，又叫人按宫廷模样，绘制图纸，另建别墅。他的儿子，个个像贼，“聚敛无涯”。金银之多，自不待言，抄家时，只胡椒一项便是八百石。府中娼优，公演“黄戏”，亲族围观，不知羞愧。元载当初的飞黄腾达，是靠巴结宦官李辅国。他一见皇上对李辅国生厌，便参与杀害李辅国，又去贿赂其他宦官，刺探宫中情报。所以皇上的一举一动，他都十分清楚，奏章全符合皇上的旨意。权倾朝野，路人侧目。谁要上书揭发他的丑行，他便加以杀害。那些趋炎附势之徒，纷纷向他靠拢，日日车马盈门，醉饮狂歌。当此之时，王韫秀深感不妙，除了口头反复劝告外，还作诗讽喻："楚竹燕歌动画梁，更阑重换舞衣裳。公孙开阁招佳客，知道浮荣不久长。""公孙"指汉朝的公孙弘，虽然当了宰相，富贵无比，但生活仍然十分俭朴。他深知位高禄厚是个危险的讯号，于是起客馆，开东阁，以延贤人。俸禄散尽，家无余财，虽有人频频在皇上面前告状，但都安然无恙，高寿终老。

鉴古思今，这无异是一记响亮的警钟！但老婆的话已听不进耳了！因为这时的元载，已不是当日穷酸气十足的元载，王韫秀也不是年轻貌美的贵家小姐。元载自得志之后，广蓄歌妓，美人之多，连皇宫都比不上。其中有一位宠姬叫薛瑶英，玉骨香肌，能歌善舞、平日深藏闺中，从不露面，只有他的亲近王炎、贾至等人见过。王炎在惊叹她的艳质之余，作诗一首，这样描述："雪面淡眉天上女，风箫鸾翅欲飞去。玉山翘翠步无尘，楚腰如柳不胜春。"有了这样一个美人伴随，王韫秀便"退居二线"。即使有金玉良言，也一钱不值了。

登峰造极意味着快到了下来的时候。一是自己主动下，是被人拉下。元载是属于后者。皇上察觉他的不轨之行后，曾当面警告，但他骄傲自大，不思悔改。于是下狱问罪，诏赐自尽，连能预测"浮荣不久长"的王韫秀以及一家老小都不能幸免。假如他当时还能听进老妻之言，何至有如此悲惨的下场？

王韫秀在丈夫艰难困厄之时，能看到光明，鼓励他奋勇前行；在丈夫红得发紫的时候，能及时发出忠告，谁还能说，妇人"头发长，见识短"呢？

清 贫

一个"贫"字，也分三六九等。有"清贫"、有"次贫"、有"赤贫"……各自的含义，虽很难准确界定，但用起来，却颇可斟酌。

描述平头百姓，两手抓空，穷光蛋一个，多用“赤贫”，若与知识分子有些瓜葛，则多用“清贫”。《后汉书·刘陶传》：“陶既清贫，而耻以钱买职，称疾不听政。”“清贫”也者，并非一贫彻骨，一贫如洗，除“贫”而外，还有个“清”字。这大概与“节气操守”和诗酒生涯有关。陶渊明说自己：“环堵萧然，不蔽风日。短褐穿结，箪瓢屡空”，好像接近“赤贫”，但又说“携幼入室，有酒盈樽”，仍有两杯可饮。此外宅边还有五棵柳树。这丁点财产，虽不值得买保险，但若说“赤贫”恐又通不过。杜甫弃官，生活靠人接济。“饥借家家米”，日子很难熬。但自己有两亩园子，卖药、搞副业也有点收入。只能说是“清贫”，“赤贫”“次贫”都用不上。孟郊破屋无门，四壁生风。寒天缺衣，冷得牙关打战，离“无产阶级”，大概只差一个百分点。但搬家时，“借车载家具，家具少于车”，还有一点点财产，当然也属“清贫”。蒲松龄在《聊斋志异·自序》中说：“门庭之凄寂，则冷淡如僧；笔墨之耕耘，则萧条似钵。”虽然日子艰难，但不至挨饿。该划入哪一类“贫”，我想大家心中有数。许多文士，因读书而穷，穷了又舍不得扔掉那几本书。书成了财富，也成了“包袱”。倘若划分阶级，就高不就低，恐怕是占不了便宜的。

“贫”字虽有档次分，而令人受苦则一。所以人人都憎很它。韩愈曾作过一篇《送穷文》。他在太学里当了四年博士，天天一碟咸菜，吃得“鸟淡”。于是要将穷鬼赶走。此举有效，当然众生有福，然而鬼类之中，就数穷鬼最能软磨硬泡。它像万能胶，一经把你粘上，就很难剥离。所以千百年来，我们虽大汗淋漓地在跟它苦斗，但至今仍未获全胜。

读书是投资。秀才们十年寒窗、三更灯火，没几个不想早早脱贫的。但除一些心眼机灵的优秀分子外，余则仍陷困境。但若以为“清贫”二字，已成“神堂猫屎——人憎鬼恶”，则又不尽然。只是在想与它结伴时，情景大多不美妙就是了。王梵志诗云：“官职莫贪财，贪财向死亲……一朝囹圄里，方始忆清贫。”当官的成了贪污犯，被投入大牢。这时才后悔当初搜刮太狠，金山嫌矮，银海嫌小。待到去见阎王时，两手空空，可能还少了个脑袋。“金钱金钱，万恶之源”。若早早明白这点，奉公守法，廉洁自律，雷打不着，火烧不怕。如以为寒士的书卷生涯可爱，可于公退之暇，把卷吟诗，品茗作赋，悠闲自适，乐也融融，"清贫"即是福分。但话又说回来，当权力在握，炙手可热之时，面对黄澄澄的是金，白花花的是银，他们能如得道的老僧，无动于衷吗？故噬脐莫及之叹，总是难免。

"清贫"这东西，有人想抛弃它不容易，想获得它也不容易。

唐代诗人"打假"

只要有商品流通，就难免有人造假.或以劣充优，或以假乱真，或缺斤短两，花样繁多，不一而足。唐代诗人，憎恶造假的现象，在诗文中给予曝光。

当时流通的货币是铜钱，但数额不足，交易困难，于是有人违法私铸。铜不够，铅铁凑，做个泥模子，土法上马，造出来的钱，崩头烂眼，又薄又丑。武则天时，曾在城门上悬出真假钱币，教人识别，但禁而不绝。杜甫对假币造成的混乱和危害，颇为关注。他在《岁晏行》一诗中说："往日用钱捉私铸，今许铅铁和青铜。刻泥为之最易得，好恶不合长相蒙。"他一面批评朝廷查禁不力；另一面又揭露造假者的卑劣手法，希望人们以诚相见。

唐代酒业发达，酒店星罗棋布。有的大酒家，楼高百尺，"碧疏玲珑含春风，银题彩帜邀上客"。规模装潢，大概已达如今的星级水平。但他们不是以合法手段谋利，而是往酒里兑水。一些酒，刚饮时味道还挺醇厚，但再端上来的就淡过鳖尿。韦应物发现这种欺诈行为，大呼上当。他在《酒肆行》一诗中，称这种"先酽后薄"的现象为"大偷"。小偷窃人财物，多是神鬼难察；而"大偷"则是在笑脸待客中，乘消费者不备，狠斩一刀。

农村的奸商，更加狷獗。元稹在《估客乐》中说，他们以黄铜做金，制造臂钏；以糯米代玉，制成项链。看起来，金光闪亮；敲起来，丁当作响；吹起来，天花乱坠。谁敢怀疑那是假货？"村中田舍娘，贵贱不敢争。"一口价，高高的，没商量的余地。他们欺骗智识短浅，忠厚诚实的村妇。"一解市头语，便无邻里情。"他们六亲不认，连老爹都敢宰。

缺斤短两，是商场最常见的欺诈。有感于此，政府曾采取了一定的措施。

《新唐书·百官志》载，两京诸市，有官吏“掌财货交易，度量器物，辨其真伪轻重”。既然有了监督，按理说奸商不敢作弊，但官吏管不到处，他们便捣鬼。诗僧拾得这样写道：“银星钉秤衡，绿丝作秤纽。买人推向前，卖人推向后。不顾他人怨，唯言我好手。死去见阎王，背后插扫帚。”在这杆秤上，他们变尽戏法。这不但令凡夫俗子时时叫苦，连出家人也愤愤不平。拾得认为：这些赚昧心钱的人，到了阴曹地府以后，就得用背后的扫帚去打扫厕所，以偿生前的孽债。

文学艺术是特殊的商品，而造假之风，也深入其间。白居易的诗，在当朝走红。人们可以用它换到酒、换到茶。鸡林国的宰相还高价收购，百金一篇。中国的诗文，有哪个朝代是如此值钱的？于是一个白居易，就变成千百个“白居易”。“盗窃名姓，苟求自售，杂乱间厕，无可奈何。”他们一旦得逞，便能迅速致富。不过老外的钱，也不是那么好赚的。他们有识别真假白居易作品的能力。元稹的《白氏长庆集序》，反映了当时这种现实。在文学上打假，保护作者权益方面，元稹是走在前面的人。

当时没有什么商品法则，朝廷对造假者也较为宽容。如是否禁铸假币，便有过激烈的争论。朝廷曾一度推出国库钱币，兑换假币，不但没能根绝假币，还在某种程度上助长造假之风。武则天知道通泉尉郭震盗铸，便找他个别谈话，发现他有奇志、有诗才，不但不严肃处理，还调任右武卫铠曹参军。江南假币滥泛，宋璟派萧隐之去“打假”。因执法过严，人多嗟怨，玄宗怕出乱子，便将萧隐之贬官，宋璟亦受牵连。造假者没有什么恐惧，消费者的利益得不到保护，诗人为之呼喊，恐亦难以起到救世道而正人心的作用。

白居易论刑政

从监狱的黑暗，最能看清封建社会政治的腐败，和人民所受的痛苦。

白居易在《歌舞》一诗中写道：“朱轮车马客，红烛歌舞楼。欢宴促密坐，醉暖脱重裘。秋官为主人，廷尉居上头。”这里说的“秋官”和“廷尉”，都是专政机关的官员。他们在风雪寒天，灯红酒绿，狂饮不休。而与此同时，在他们治下的牢狱,囚徒们无衣以御寒,无食以果腹,纷纷冻死,他们根本就不管不问。关于这方面的情况,白居易在《奏阌乡县禁囚状》中说得更详尽。当时阌乡、湖城等县的囚犯,靠妻儿行乞于路以供衣食。他们中有的人监禁多年,妻已改嫁,而案仍未审理……“自古罪人,未闻此苦。行路见者,皆为痛伤。”这些犯人,原因是欠了官物,无力填赔。而按理说,人死债清,不予追究,但却捉他们的儿子来坐监,又不供给狱粮,拖死为止。何其惨毒!

白居易一面为无辜的囚犯而悲伤,一面为刑政的腐败而气愤。他由此便想到官吏的素质问题。不少从事政法的官吏,原为“小人”,不明法理,不懂法规,胡作非为。有的是贪官浊官、认钱不认理,栽赃陷害,欺压弱小,大罪不判,小罪大判,弄奸作弊,怨气冲天。其实阌乡等地囚犯的处境,朝廷早已知闻,曾两度赦免,但行文至县,他们就是不执行。百姓的命运操纵在他们手里,真是求死不得啊!

狱中的囚徒,经常受到肉刑。或绝筋,或断骨,或伤面,见者痛心,闻者骇耳。因此白居易在《策林·议肉刑》中说审理案件,是为弄清事实,酌情行刑。居于这种考虑,肉刑应当废除。如果让奸吏掌握这种权柄,则专杀滥死之弊便不可避免了。

白居易并不否定治国应当有法,但这种法不应孤立实施,而要与礼、与道迭相为用,彼此配合。“以刑纠人恶,故人知劝惧;以礼导人情,故人知耻格;以道率人性,故人返淳和”(《策林·刑礼道》)倘能如此,就可以安定社会,使人心淳朴,崇尚文明。但在民生凋敝,衣食不保的年月,要百姓知书识礼、崇尚文明,岂不有点脱离实际?所以白居易又提出“富而教之”的对策。“群盗满山,赭衣塞路”的现象,固然是“暴君淫刑、奸吏弄法之所致也;然亦由天下之人,贫困思邪而多罪也”(《策林·止狱措刑》)。此言切中时弊。要解决这个社会问题,就得使人求温饱安居乐业然后才可以进行教育。然而实行起来,难如登天。

人难免犯罪获过,但封建社会刑罚残酷、法无定则,腹非者族,偶语此弃市,无辜牵连,诛灭九族,这些都是司空见惯的事。所以白居易认为,要使人心悦诚服,应理大罪,赦小过。就像结网,把大鱼捕住就得了,小鱼让它们漏走。“赦小过以示仁,理大罪而明义。”掌握分寸,爱惜人命。这种观点,对于动必使用铁斧钢刀滥杀无辜的暴君,是一种有力的抗议。

蜀道易

李白写过一篇《蜀道难》,千古传唱,妇孺皆知。“噫吁戏,危于高哉!蜀道之难,难于上青天。”鸟道横绝,人烟不通,高山碍日,飞瀑如雷,仙鹤飞不过去,猴哥们想攀也犯愁。自然界如此惊险,听了令人变色,李白从老家至京师时,向贺知章奉上这篇《蜀道难》。贺知章一看,拍案叫绝:“太白老兄,你大概是从天上下降的太白金星吧?不然怎么写得出这样的好作品?”我想再没有比这评价更高的了。

一篇好的作品令人赞叹不绝。后之来者,有的自惭无才,敛手搁笔,有的雄心勃勃,意欲出奇制胜,压倒前人。超越的精神是可嘉的,但前景不一定都很妙。诗人陆畅就作了一篇《蜀道易》。“蜀道易,易于履平地。”不知他继续“履”下去没有?他的集中可怜兮兮的只有这么两句。不过光这两句,就吓得人心胆俱碎,它比“难于上青天”可怕得多。“难”,你还小心翼翼地去攀,一觉得“易”,就满不在乎,在奇峰万仞、深谷无底的地方,像闲庭散步似的,走起路来昂首望天,一栽下去,岂不粉身碎骨?除非是活得不耐烦了,准备自杀,或者得仙人庇护。当然,我估量陆畅也只是说说而已,并不敢就去“履”。因为他在元和元年登进士第,为皇太子僚属,在凤翔当少尹,并没有在高山深谷出事的记载。如真的把蜀道当作“平地”去履一履,恐怕人世间就找不到他了。

你作《蜀道难》,我作《蜀道易》,敢于挑战,跟你李白对着干。“白也诗无敌”,名留青史,我也吓世人一跳。即使不能平分秋色,起码也因你之“难”而沾点儿光。“难”,谁不知道,陈腔滥调,僵化老化,而“易”,观点新,手法新,主义新。你不欣赏,就说明你层次低,缺乏现代意识。说不定在遥远的爪哇国,还会有报刊以显著标题登出:“某公近日推出新作《蜀道易》……”虽众皆哗然,识者瞠目,但还能名噪一时。说不定因有外方人士推波助澜,国人便刮目相看,从此青云得路,积金巨万。陆畅的大作,当时不就为剑南两川节度使韦皋看中，而奖罗八百匹吗？这八百匹别说是罗，按什锦白折价，也阔得可以。这种重奖，破当时文坛的纪录。

在世俗的眼光看来，得奖的作品便是佳作。不是佳作，怎能获奖？如此推断，古今一也。虽然大家都知道，“蜀道易”一开口就错，但谁又愿意说个“不”字，去惹那些得奖之作呢？据知情人透露，陆畅此诗是向韦皋讨好的。韦治蜀“二十一年，重赋敛，以事月进，卒致蜀土虚竭，时论非之”(《旧唐书·韦皋传》)。详情不必细说了。总之，“蜀道易”这句马屁惊天动心，拍得够响的了。

李白的《蜀道难》，虽然震惊当世，却未见有人给他一文奖赏。赞扬它是仙人之作的贺知章，也不过解下身上所佩带的金龟换酒，与他痛饮两杯而已，比起陆畅的八百匹罗来，相去何啻天壤？但是，“蜀道易”除了翻翻古书的人还知道有那么一回事外，别人恐怕就不大清楚了。而李白的《蜀道难》则价如瑰宝，流布不衰。

“蜀道难”与“蜀道易”，仅一字之差耳。虽同属夸张手法，于诗来说又都是容许的，但前者有生活依据，诗情浓烈，人皆信服，后者则截然相反。这就提醒作者，文学是极其严肃的事业，千万不要用它欺世盗名，故作惊人语；否则即使当时受益，却难免日后使人笑掉大牙！

酒雅钱俗

酒可用钱买，有钱即有酒；但酒的身分比钱高贵。

俗话说：“千里做官，为了吃穿。”这话没大错，但平淡少味。“千里做官，为的是钱。”话更低下，面目可憎。若说“千里做官，为了杯酒，”也许就无人笑话，还有几分可爱呢。杜甫《官定后戏赠》云：“耽酒须微禄，狂歌托圣朝。”直言无忌，当官是冲着一个“酒”字去的，不过官微俸薄，酒价昂贵，对一个酒徒来说，常常入不敷出，捉襟见肘。贾至《赠陕掾梁宏》云：“梁子工文四十年，诗颇名过草书颠。白头仍作功曹掾，薄禄难供沽酒钱。”当官的哭穷，无人同情；而说无钱饮酒则有人同情。

人活在世上，当以自力更生为骨气。若到处借钱，债台高筑，即使不被讥为穷鬼，也被视为无能，但终自大醉，酒债难偿，却另当别论。杜甫诗云："酒债寻常行处有。"这没什么见不得人的。从皇帝老儿到平头百姓都无人敢看低他。因为他豪饮，好样的。若说："赌债寻常行处有"，这位仁兄就要不得了。典衣当裤，倾家荡产，这属于破落户子弟之列，有此经历的人，大都羞于言说，但唐代酒徒，以此为荣。事过之后，还津津乐道，视同壮举。白居易诗云："忆昔羁贫应举年，脱衣典酒曲江边。""靖安客舍花枝下，共脱青衫典浊醪。"是不是七尺男儿，就看你是看中金钱物质，还是杯中美酒了。白居易说："有一燕赵士，言貌甚奇瑰，日日酒家去，脱衣典数杯。"此公虽然潦倒落魄，但不失风流，一旦得云雨，恐非池中物。后世有些文士，家累千金，吃喝不完，在诗词中也说"典衣沽酒"。并非装穷，而是讨那份雅气。

若说欠债典衣，还是双方意愿，有物可偿，符合常理，而伸手索取，则有失尊严。但乞酒则不算丢人，它的本身，超出金钱的范围，与贫富二字无关。"闻君有美酒，与我正相宜"(姚合《乞酒》)。物各有主，凭什么开口就要？"野客萧然访我家，霜威白菊两三花。子山病起无余事，只望蒲台酒一车"(皮日休《友人许惠酒以诗征之》)。不特问要，还规定数量。鱼玄机《次韵西邻新居兼乞酒》云："况逢寒节添乡思，叔夜佳酿莫独斟。"换言之，有你一杯即应有我一杯，半点也不客气！若将"酒"字换成"钱"字，如此说法可乎？杜甫艰难困苦。自云"饥借家家米，愁征处处杯。"想来言过其实，不完全如此。若真的"饥借家家米"，岂不成丐帮首领、大可怜虫了吗？或将"愁征处处杯"，改为"穷征处处钱"，就人格一落千丈，杜老身上的光辉立即化为乌有。但有一个香喷喷的酒字，在诗句里窜来窜去，似把人的身价抬高了不少。人们看到酒的品位高尚，而看到钱之龌龊。但接受别人的金钱，如是用来沽酒的话，亦无伤大雅，"世上疏儒素，人犹乞酒钱"(杜甫《所思》)。广文博士郑虔，有才难施，身老被弃，贬为台州司户，无钱买酒，人多分给。有酒壮胆，纳之不愧，饮之心安。

在美人面前，每一位男士，都想显得潇洒一些。即使囊空如洗，也不愿露穷，但酒徒则不然，酒瘾上来，便不管三七二十一，讨钱喝酒。"金钗有几只？抽当酒家钱"(杜牧《代吴兴妓春初寄薛军事》)。卖笑生涯，本身就图一个"钱"字，而这位薛军事，却要以她的金钗换酒，想来她对情郎亦不拒绝。元稹娶了韦丛这位千金小姐为妻后,“野蔬充膳供长藿,落叶添薪仰古槐。”日子颇为拮据。她带来的一点妆奁大概已被花光,于是便有“泥他沽酒拔金钗”的举动。“泥”者,死缠不放也。一位妇人之美,往往表现在高髻之上,硬要拔去了这枚金钗,便头披髻散,还有何美可言?大丈夫怎么能忍心朝小女子下手啊?假如拔下美人的金钗,不是去沽酒,而是贩货谋利,炒股图财,这位男士就鄙俗不堪,令人齿冷。但金钗是用来沽酒,雅事雅韵,可使杯中添味,闺中添趣,成为佳话,成为美谈。

假如有人举着一囊金钱,而得意忘形,向人炫耀,将会招致许多鄙视的目光。假如有人得到一瓶美酒而手舞足蹈,欣喜若狂,将使见者眉开,共得其乐。

独 知

唐穆宗时,王智兴担任徐州节度使,一日到使院视察。正在聚饮赋诗的幕僚见他到来,纷纷撤去笔砚待命。王智兴道:“你们刚才还在作诗,怎么见到我来,便都罢了?”于是众人恢复原貌,并请他也写一首。他毫不客气,写道:

“三十年前老健儿,刚被郎中遣作诗。

江南花柳从君咏,塞北烟尘我独知。”

王智兴是位武夫,久经战阵,平日不问之乎者也,而忽于众人面前写出一首漂亮的诗来,怎不令幕僚大惊失色?

这首诗,表现出王智兴的胆与识。他是主帅,是“第一把手”。要枪杆是自己的特长,要笔杆则是自己的短处。众人欢呼“来一首”,这是恭维他,假如写不出来,便是寒碜他。写不写?如写就得像个样子,要是狗屁不通,使人笑掉大牙,威信起码降低三分。时间如此之短促,不是要背诵,而是要“作一首”。作什么?选材就是难题。众人都围着看热闹,不急得脑筋嘣嘣乱跳,后背出汗才怪呢。但他到底是个有胆有识的人。头一点,是镇定不惊;第二点,只谈眼前的感受。既鼓励他人放手写作,也不向别人表示自己无能,从总体上考察,仍以居高临下的姿态压倒众人。

“江南花柳从君咏，塞北烟尘我独知。”大老粗的笔底下有大学问。创作的题材，无比宽广，不管作者如何神通广大，不可能样样事物都熟悉，任何一种生活写来都得心应手。但是，他也有自己所熟悉、所喜爱的生活内容。吟诵“江南花柳”，在王智兴看来，这是高难度动作，即使费了九牛二虎之力，也难免“出乖露丑”，让别人去描去画好了，自己回避一下。“塞北烟尘我独知”，在这方面他自己有深刻的体会。长庆初年，河朔兵乱，穆宗派他去平叛，在武宁、河北担任要职。这些生活如写起来，惊心动魄，一般人未必能比得上他。

“独知”是文学创作的重要课题。说到对生活的认识，大家都不乏其词，但关键是泛泛之论，还是独得之见。见人之所未见，才能道之所不能道。这是深入生活的真功夫，思想修养的真过硬。有人见到别人在某个题材上写出好作品，不问自身条件如何，便立即“续作”。一时间，众矢纷聚，重重复复，了无新意。而有人就不凑这个热闹。既不熟悉“江南花柳”，就索性避短，从“独知”中求生存，求发展。人无我有，人有我精。你演得轰轰烈烈，我也演得热热闹闹。唐代有的诗人，以写“江南花柳”取胜，而有的则以写“塞北烟尘”擅长，但都能给读者留下深刻难忘的印象。假如互换一下，很可能两败俱伤。

文士自荐

文人有个传统，以谦虚为美德。即使才高八斗，也说学问浅薄。称自己的作品为“拙作”。即使喜欢自己的作品，也说“敝帚自珍”。本应受到赞扬，则谦称“雕虫小技”。总之，尽量贬损自己，而实质上是想求得更多的赞扬。这种忸忸怩怩，表里不一，令人觉得十分不舒服。唐代的文人，就比这痛快多了。他们争强好胜，重视自身的价值。把自己贬得一钱不值的人难找，而吹自己能耐的人到处都是。

朝廷有明文规定，发现有本领有学问的人，有关方面要积极荐举，不得隐瞒；而本人也可向有关方面自荐。自荐就需理直气壮，详细全面地述说自己的优点，以便引起对方的重视。这样一来，就难免带有夸饰的成分。假如躲躲闪闪，说自己这个不行，那个也不行，顶多适合看大门，对方还不早就把你撂在一边了？

文人的硬件是作品。他们在参加考试之前，把诗文送给达官贵人和社会名流看，希望获得他们的赏识，给予推荐，以便增加录取的机会。这种活动，称为“呈卷”。今年失败，明年再来，称为“温卷”。刘禹锡说，许多当大官的人，都有这种经历。这种闯前门、走后门的行为，在当时是公开的，是“合法的”。虽然有人得以扬眉吐气，平步青云，但更多的则是碰壁而归，叹气连连。如果把当时这种生活做个全面的观察，可以写成一本书，但在这里我只能对一两位代表人物，做个简单的评介。

李白在追求功名的过程中，经常向人推荐自己。他说：“五岁诵六甲，十岁观百家”，已读过许许多多书，一肚子都是学问。十五岁便练剑术，武功也颇有根底。结识许多卿相，文章已获广泛的好评。当年孟尝君府中有三千食客，毛遂脱颖而出，说自己跟历史上许多英雄豪杰相比，都毫无愧色。他怕说了半天，别人走神，一句也没听进去，于是敲了对方一下：你不要因为自己富贵就骄傲，也不要因为我贫贱而轻视。别的不说，光我写的诗，捆起来就有两个牛腰那么粗。只要看我的勤奋和实践经验，你就可以知道我的本事。如果信不过，对我进行考核好了。“日试万言，倚马可待”。当下测试，立竿见影。其实这是吹牛！一个人趴在马背上，能“日试万言”吗？不过他这么一吹，对方就很可能不打瞌睡。在自荐方面，李白有一套理论。他说：“天不言而四时行，地不语而百物生。(李)白人焉，非天地，安得不言而知乎？”我不说，彼此如何沟通，我的目的又如何达到？

只吹不行，还得有坚厚的实力做后盾，不然就白费口舌。李白进京时，从自己的“牛腰”中，抽出一篇《蜀道难》来献给贺知章。贺老一看，拍案惊奇，呼他为“谪仙”。人世间谁见过有这样的大手笔？因有贺老的赏识，李白便有了扬名的机会。

杜甫自荐的积极性，不比李白差。他是雄心勃勃的诗人，很想为国为民干一番伟业。他在长安交游求官，一待就十多年，不断向贵人和名流倾吐自己的心曲。他说自己：“读书破万卷，下笔如有神。”他的学识和才华，都堪称一流，无可怀疑。后世的文人，即使官大到顶，名满天下，也不敢这样吹。李白说自己是“陇西布衣”，而杜甫说他的老祖宗有鼎铭之勋，公侯之贵，是著名的诗人，家声比李白显赫得多。李白说自己身高不满七尺，是小个子，但“心雄万夫”。杜甫说，他像一个大鹗，在万里无云的秋空，展翅高飞，如风行雷走，谁也追不上。这好比如今填写登记表，各方面的内容都得包括，无论哪一栏、哪一格，都得抖擞精神，显示自己的实力，倘若打蔫，就完全报废。

李杜的自荐都很不理想，但比较而论，李白则胜过杜甫。不管怎么说，李白有机会当了一些日子的翰林供奉，有飞龙马骑，有宫锦大衣穿，可以免费饮到美酒。而杜甫的奔走呼号，却没有什么结果。有一次，他的上书真的到了玄宗手里，玄宗命宰相李林甫考核。按实际能力，杜甫是可以得官的。但李林甫压了下来，说如今的世界“野无遗贤”，能人全都录用了，还考核什么啊？一句话，便把杜甫的官运断了。

漏室铭

刘禹锡写过一篇《陋室铭》，千百年来脍炙人口，特别为知识分子所喜爱。虽然只有短短的八十一个字，但却勾画出一个优雅安静的环境，开辟出一方读书人的理想天地。“苔痕上阶绿，草色入帘青。”生机满眼，诗意盎然。如今许多教授之家都没有这样的景色了。“谈笑有鸿儒，往来无白丁”，好像有点“脱离群众”，其实这是高级的文艺沙龙。又“素琴”，又“金经”，物质条件还是相当丰厚的。因之说，陋室不陋，连一些阔得可以的士大夫之家，也要将它写成条幅悬挂，以示向往之情。

世上还有另外一种陋室，不仅真陋，而且真漏。它们是现世生活的写照，传递出广大寒士的悲声。陶渊明的家：“环堵萧然，不蔽风日。”风日尚且不能“蔽”，而无孔不入的雨还能抵挡得住吗？杜甫的茅屋，大风一刮，顶便四散飞扬。“床头屋漏无干处，雨脚如麻未断绝。”床头是要害部位，尚且湿漉漉的，其他地方还不像个糠筛？这时什么盆啊钵啊，坛啊罐啊，定是摆得满地都是，那滴滴答答之声，可不是“调素琴”奏出来的韵律。他的漏室既比不上“诸葛庐”，也比不上“子云亭”。当初营造草堂，是靠人资助，匆匆而就，不够坚实。有的专家无视这一点，将他的草堂比喻为大地主的庄园。杜老有知，恐怕要在地下大叫一声“冤哉”！

身居漏室的人，不仅怕雨，也怕风，一年四季，都提心吊胆，孟郊诗云：“秋至老更贫，破屋无门扉。”寒天里，门有针眼大的洞，都让人冷意难禁，何况没有“门扉”？“一片月落床，四壁风入衣。”差不多是在露天过夜，岂是一个“漏”字能直言其痛苦啊！在漏室里，衣单被薄，觉也睡不稳。“卧冷无远梦”，睡睡又醒，肝火愈来愈旺，于是想到无衣无被炙地而卧的百姓，恨不得自己化为飞蛾扑向富人的烛光而同归于尽。

就像如今的一些城市布局一样，繁华区与僻远区，往往显示出等级。张籍三十三岁登第后，只得一个太祝的小官，一干多年，升迁无望。普通房子都搞不到两间，更别说什么“黄金屋”了。他家住在“龙须沟”上，天天闻着沟里的臭气、浊气，憋得喘不过气。一到下雨，那就更苦了：“雨中愁不出，阴黑尽连宵。屋湿唯添漏，泥深未放朝。”韩愈非常关心他，曾去探望过，见此情景，作诗叹道：“君居泥沟上，沟浊萍青青。”这个“青青”，非“草色入帘青”之“青”。有的人没将自己的漏室说得那么凄惨，表面读来还有点美意。“破窗风翳烛，穿屋月侵床”（杜荀鹤）。这样的房屋，倘大雨来时，该是何等的狼狈！诗中虽未明言艰难，然而已暗藏其中矣。

刘勰在《文心雕龙》中说，“铭”这种文体，多是天子诸侯用来记述自己的盛德的。世人对自己爱的珍贵之物，往往亦以“铭”记。“陋室”有“铭”，名满天下。而杜甫、孟郊、张籍辈，身居漏室，困顿万状，时刻盼望有个能蔽风雨之所，哪里还谈得上什么铭不铭？有感于此，故为文以补之。

杜　二

杜甫字子美，称官衔则曰杜工部、杜拾遗，而他还有个名字叫杜二。杜二，像是酒店小伙计的称呼。其实不然。这是封建家族排行的次第，要好的“铁哥们儿”，才这样地相称。任华是杜甫的朋友，《寄杜拾遗》有云：“昨日有人诵得数篇黄绢词，吾怪奇异特借问，称是杜二之所为。”李白有一首诗名曰《鲁郡东石门送杜二甫》，就是将他的名和排行连在一起了。李白在家族中排行，比杜甫多一位数字，叫李十二。杜甫有《送李十二白二十韵》一诗。白居易在家族中的排行更低，叫白二十二。刘禹锡有《翰林白二十二学士见寄诗一百韵因以答贶》一诗。

排行是在家族中自然形成，个人不能自定，更不得随意改变，行几就是行几。排头兵当然是老大。音乐家董庭兰，排行老大，高适诗集中有《别董大》二首。李贺的父亲李晋肃，排行二十九，杜甫有送他入蜀的诗。李白家寄沙丘，外出三年不归，非常想念自己的儿子。适有人到鲁中，便托他捎信，此人就叫萧三十一。杜甫的好友高适排行三十五。到顶没有？还不好说。

因为有一种特别的亲情在这里面，所以人们有时宁可不称名道姓，也要道排行，即便行文啰唆，亦在所不顾。如李白集中有一首诗叫《奉饯十七翁二十四翁寻桃花源序》。这就显得很尊敬，是其他言语所不可替代的。我们明白此理，就不会把“十七翁”误为十七个老头，把“二十四翁”，误为二十四个老头。这是两位老者去寻桃花源，而不是“退休”人员组成的旅游团。

人多以名显，或以字显，然而亦有以行第显者。音乐家董庭兰之名，史有传记，而高适诗，“莫愁前路无知己，天下谁人不识君”？人多知此诗句是赠董大的，董庭兰之名反而不及它响了。白居易与元稹为友，情同手足。他被贬江州时，给元稹写了一封信。这就是著名的《与元九书》。他在信中详尽地谈到自己对诗歌的见解和自己的文学创作活动，甚为后人所重视。元九的知名度，当亦不在元稹之下。

姓氏后面加行第，是唐人的习惯，是尊称，今多不用；不过在广东一些地方还保留。我忆起曾居住过的老街，就有不少这样的称呼。当然时代变了，称谓亦应有所不同，再呼我们伟大的诗人为杜二，就不合适了。正如看见当代一位大作家，我们呼他为张三、李四、王五、赵六……本人即使不恼火，旁人也以为不敬。

说环境

人生存在这个世上，总是要选择环境的。环境美好，则心情舒畅；环境恶劣，则烦恼丛生。这不仅影响到人的身心，且亦关系到事业的成败。所以安置家室时，常常为此费神.

杜甫在成都建草堂时，选择在一棵楠树的旁边。这楠树据说有二百年的历史，高耸云天，枝叶如盖。夏挡烈日，冬防雪霜。“近根开药圃，接叶制茅亭”。兴致来时，便在树下吟诗，醉后困乏，便卧在树下憩息。他把这棵树看成是自己的良朋益友，朝夕相处的芳邻。不幸暴风雨来临，大树被摧，像巨龙猛虎僵仆在那里。杜甫觉得诗吟不成了，草堂减色了。它一经消失，便不可弥补。他那首《楠树为风雨所拔叹》，情调之悲有如至爱亲朋之永诀。

杜甫在营造草堂时，没有想到室内的装饰和摆设，但在求得遮风挡雨的同时，却非常重视对生态的保护，到处向人乞求花秧树种，美化环境。草堂的诗意，是用汗水浇灌出来的，可以向世人炫耀，可以与世人共享。“桤林碍日吟风叶，笼竹和烟滴露梢”(《堂成》)。“风含翠筱娟娟净，雨裛红蕖冉冉香”(《狂夫》)。

“笼竹”“翠筱”，含烟锁雾，吟月弄风，一经天雨冲洗，就更加光洁明亮翠绿可爱些。杜甫说：“平生憩息地，必种数竿竹”(《客堂》)。夏日炎炎，酷暑难忍，一阵竹风吹来，便可缓解。“自闻茅屋趣，只想竹风眠”(《示侄佐》)。竹的好处多用处大，既幽静，又高雅。司空图有言：“数竿新竹当轩上，不羡侯家立戟门。”苏学士亦云：“宁可食无肉，不可居无竹。”其情调都颇类似，不知是否受到杜甫的影响。

人与自然界的万物众生，构成一个共同的整体，没有花草树木固然显得枯干，没有飞禽走兽亦显得寂寞。杜甫爱护动物，以极其亲善的态度，将那些小动物可爱的形象，优美的鸣声，写成美丽的诗篇。“两个黄鹂鸣翠柳，一行白鹭上青天。”“细雨鱼儿出，微风燕子斜。”动物的世界，也是人的世界，世界如此之大，也应有它们一席之地。它们的存在，不特于我们无损，且为我们的生活增添情趣。他教育自己的孩子："帘户每宜通乳燕，儿童莫信打慈鸦。"

改善环境、爱护自然的重要，虽然许多人都知道，但不见得人人都重视。或由于注重近期的效益，或为了生存的急需，有的参天古树被砍伐，有的芳林被荡平。城市里的高楼日见其多，而绿树和芳草却日见其少。有的新楼还未盖成，而像鸡笼一样的防盗网便已织就，人与人之间尚须如此提防，哪还有心思去考虑到燕子的新巢，窗边有无扶疏的竹影？有的道路，原本很宽，绿树行行，但如今树下设灶，连树为棚，火燎烟熏，树枯草死，令人举步维艰，慨叹不已。一些饕餮之徒，张开血盆大口，对准野生动物。杜甫吟哦的诗意少了，情味淡了。倘若不提高环境意识，而继续滥施砍伐，狂杀异类，有一天我们要成为真正的"无产阶级"。

这可绝非危言耸听！

云雨情

宋玉在《高唐赋》中说，楚王游云梦时，"怠而昼寝"，梦见神女来相会。她情犹未了，临别赠言："妾在巫山之阳，高丘之阻，旦为朝云，暮为行雨。朝朝暮暮，阳台之下。"这个故事十分浪漫。云来雨去，让人浮想联翩，但愿也做个好梦。有人苦思神女未得，便在巫山之上建了一座神女庙。朝参夕拜，以寄深情。刘禹锡对此有诗描写："巫山十二郁苍苍，片片亭亭号女郎。晓雾乍开疑卷幔，山花欲谢似残妆。星河好夜闻清佩，云雨归时带异香。何事神仙九天上，人间来就楚襄王。"

自从楚王与神女有了这段缘分以后，后世诗文常以"云雨"二字作为男女相爱的象征。"楼中见我金陵子，何似阳台云雨人"（李白《出妓金陵子呈卢六四首》）。"愿托襄王云雨梦，阳台今夜降神仙"（李群玉《醉后赠冯姬》）。李白以云雨之事，赞扬妓女金陵子之美；李群玉以云雨之事，向冯姬表达求欢之心。有时只提"云"，也可。"妾身愿作巫山云，飞入仙郎梦魂里"（戴叔伦《相思曲》);有时只提“雨”,也行。“不知巫峡雨,何事海西边”(刘长卿《扬州雨中张十宅观妓》)。约定俗成,意在其中。总而言之,打个“擦边球”都算。正如李商隐所云:“一自高唐赋成后,楚天云雨尽堪疑”(《有感》)。

诗文贵精炼,含蓄尤见其妙。有了“云雨”之说,写男女相爱,则可省去许多笔墨。刘禹锡《踏歌词》云:“新词宛转递相传,振袖倾鬟风露前。月落乌啼云雨散,游童陌上拾花钿。”这是写长江边上的露天舞会。月出春山,江天澄彻。姑娘们经过精心妆扮之后,便来到平堤之上,互唱新曲,振袖起舞。青春的旋律,生命的欢歌,像野火般炽烈,像微波般轻柔。当此之时,该有多少小伙子为她们倾倒啊!她们从月出直跳到月落,云髻松散,钗遗钿失,狂欢不倦,近似忘情。诗虽没有提供具体细节,但从“云雨”二字可以想到更加丰富充实的内容。

人们从楚王遇神女的故事中,提炼出“云雨”二字,可谓意味深长。在天为云,降落为雨。雨变成云,云又化为雨,你中有我,我中有你,互为因果,阴阳相生,以喻男女相亲,确切莫比。这类事情本属自然,且无师自通,闻一晓十,见微知著,正如见到两个底角相等,则知其为等腰三角形,无须再进一步论证。艺术的欣赏,正须有个广阔的空间,留出驰骋想象的余地。作者不管多么高明,都必须把读者的审美能力计算进去,不能包办一切。存在是有限的,想象是无限的。

有的作者,一写到男女欢情,便汗流浃背,全力以赴,细描细画,犹恐不足。如开人肉作坊,一览无遗。把已知当未知,把读者当傻子。这怎比得上有些云烟水汽,朦朦胧胧,来得更有诗意,更有情味?

老　退

白居易《不致仕》云:“年高虽告老,名遂合退身。”

人到多大年纪方算老?按照唐代的规定,“男女始生为黄,四岁为小,十六为中,二十有一为丁,六十为老”(《旧唐书·职官志》)。老了便“致仕”(退休)吗?不见得。古人的平均寿命,不如现代人长,但退休的年龄却比现代人晚。

“七十而致仕，礼法有明文。”后又有新的补充规定，年七十“若齿力未衰，亦听厘务”。

据说有官瘾的人，一旦不当，就像戒烟一样难受。所以有的人，七十已过，仍不愿退，甚至八九十岁了，牙齿落尽，眼昏耳聋，脊背如弓，走路靠拐，戴乌纱帽都吃力，日饮两盅参汤，也提不起精神，仍在那里苦苦坚持，白居易在诗中指出，这是由于虚荣和贪婪所致。“挂冠顾翠缕，悬车惜朱轮”，深怕失去禄位，失去高车，失去子孙的特殊待遇。所以能拖就拖，能熬就熬，“打持久战”。利益既得，笑骂由人，如此而已。但并不是所有该退的人，都久拖不辞。“七十求退，人臣之礼”，到时便得打报告，请求致仕；再者，当官如认真负责，比干什么活不累？人到老年，筋力衰弱，比不得血气方刚的小伙子，千头万绪，应付得过来吗？若是冬日早朝，半夜起床，黑灯瞎火，雪路蹄滑，风吹破耳，胡子结冰，鼻流清涕，像得了重感冒一样。若皇上在龙床上多打两个滚，你就得在殿门外多冻两个小时。别说七十求退，白居易三十九岁那年便想打退堂鼓了。

老吏恋官，除自身的虚荣与贪婪外，也有客观原因。退下去的只拿半俸。有人耐不住清淡，有人衣食为忧，即使原先富裕的，亦可能显得拮据。白居易老退时，嗜酒如命，花销较多，结果“庖童朝告盐米尽，侍婢暮诉衣裳穿”。这样便打算变卖产业，所得之钱，一半供酒食，一半留给家人。困难可能说得严重些了，但如拿全俸，何至于如此？

七十致仕，是明文规定，但执行起来，有很大灵活性。白居易一面批评那该退不退的老吏，另一方面又荐举年虽高、而力尚壮的贤人。韩愈一生，以荐才为己任，不受年龄限制，他称赞孔戣“为人守节清苦，议论平正，今年才七十，筋力耳目，未觉衰老，忧国忘家，用意深远，所谓朝之耆德之老成人者”（《论孔朝之致仕状》）。虽然孔戣三上书求退，但韩愈仍建议皇上继续任用。

人老是一宝，他们应受到充分尊重。七十致仕，这是对臣子一方面说的；至于朝廷方面，应该如何对待？韩愈认为“年虽八九十，但视听心虑，苟未昏错，尚可顾问委以事……”当然条件必须是头脑清醒，不打瞌睡，否则不顾不问，只挂个空衔，还有什么意思？《礼》云：“大夫七十而致仕”。若不批准，则“比赐之几杖安车”，给予优厚待遇，而不是编入另册，只留用，不照顾。

古人之意，廉颇虽老，倘仍能“一饭斗米，十斤肉，披甲上马”，在退休的年龄上，则不必“一刀切”。

尘锁长安

唐代的长安，街道宽阔，布局整齐。朱雀长街最长，约五千米，宽一百五十米。其余的街道也有二十五米至五十米宽，交通十分方便，然而这些道路，尘土滚滚，大煞风景。

人们生活起居，由鼓声指挥。长安实行宵禁，晚上家家肃静。早上一听到鼓声，人们便纷纷外出。万国衣冠，香车宝马，人流如潮，显示出国际大都会的繁忙景象。“六街尘起鼓咚咚，马足车轮在处通。”而那些黄土铺就的大道，也就随着马足车轮的碾压而尘土飞扬。“长安六月尘亘天。”若是夏日，头上炎阳高照，脚下尘烟飞溅，满身汗污的行人，无不龇牙咧嘴，紧皱眉头。下雨可能好些。不过跟着也就和泥了。

杜甫困守长安十年，一筹莫展。“朝扣富儿门，暮随肥马尘。”他骑着小毛驴到处奔走，日子艰难，处境狼狈。那一“尘”字，不仅写出他内心的悲酸，也写出他生活中的实际感受。杜荀鹤在京求功名时，朝无亲故，不识门路，虽遍求公卿，却无人肯引荐。“心火不销双鬓雪，眼泉难濯满衣尘。”心中火、眼中泪、衣上尘，又愤，又悲，又苦。那时失意的知识分子，感受最深的便是那个“尘”字。

平时的日子，尘烟就已经很厉害，若是大规模的人马行动或发生动乱，那情景就更加可怕。“车辚辚，马萧萧，行人弓箭各在腰。爷娘妻子走相送，尘埃不见咸阳桥。”开头车马行人，一切景物都十分清晰，后来掀起的黄尘，连大桥也看不见了。杜甫写的是实景，不是夸张。安史叛军占领长安后，杜甫当了俘虏，躲藏在白云寺赞公那里，音讯难通。“黄昏胡骑尘满城。”敌人横冲直撞，烧杀抢掠的情景，是从那空中涌起的尘烟中得知的。

生活在深宫里的人，感觉可能好些。“黄门飞鞚不动尘，御厨络绎送八珍”

(杜甫《丽人行》)。这是写宦官以玩命的速度,向主子送食品。"不动尘",是形容其骑技高超快捷,实际上也是尘土扑面的。李商隐《题二首后重有戏赠任秀才》云:"一丈红蔷拥翠筠,罗窗不识绕街尘。"诗中说这位从外地来京的任秀才,结识一位妓女,后来囊里乏金,见面无缘,只能遥望她门前的蔷薇和翠竹。而住在小区里的妓女,哪里知道任秀才在"绕街尘"中,徘徊思念她的痛苦?

京都的大道,没有噪音的喧嚣,没有废气的污染,可是那滚滚的黄尘,却教人难以对付。

金篦术

唐代与印度交往频繁。他们不仅传入佛典,也带来了科技。治疗眼疾的金篦术,即是其中之一。

其时的读书人,所用的灯光烛火,照明度都较差。若闻鸡即起,午夜不息,日久天长,麻烦就来了。白居易说他的眼,因为过度用功,结果"瞥瞥然如飞蝇垂珠在眸子中也。"一些贫苦的知识分子,得书不易,往往要向人借来抄。白日忙于躬耕,夜里一灯如豆,蝇头小字,于是乎病不免矣。杜荀鹤诗云:"眼昏多为夜抄书。"

眼是人的主要器官,大意不得。一旦出现病情,就得赶快治疗。"春来眼暗少心情,点尽黄连尚未平"(白居易《得钱舍人书问眼疾》)。传统的治眼方法,无非是内服汤剂,外敷药物,以便达到清火补肝、除障去翳的目的。黄连是经常使用的药物,但效果不一定很好。因此之故,便把希望寄托在"洋医"的外科手术。刘禹锡《赠医婆罗门僧》云:"三秋伤望眼,终日哭途穷。两目金光暗,中年似老翁。看朱渐成碧,羞日不禁风。师有金篦术,如何为发蒙。"诗中所说的"婆罗门"是古印度的僧侣贵族。他们知识丰富,掌握各种技能。在来华传教布道的同时,兼治眼疾。所谓金篦术,即以箭镞一样锐利的金属薄片,刮去眼膜,使人恢复光明。此法想来一定很痛苦,但无论如何也得忍受。当然,如在今天,事情就好办多了。是"白内障",做个小手术便可摘除;是视力误差的问题,配副眼镜或许就可解决。不过那时科技尚未发达到这等水平，所以金篦术便成了最佳选择。

金篦术盛行一时，曾给患者带来恢复光明的快乐。刘禹锡用“卷尽轻云月更明”一语，来描画翳障退去后，目极高天、光华万里的心境。杜甫患糖尿病后，病情波及眼睛。他在写给朋友的诗中，提到“金篦刮眼”。他是否做过这种手术，不得而知。但很可能在病苦时，对此也寄予希望。

耕田的、做工的、经商的，患眼病的都较少，而读书郎的发病率却很高。不日讽夜诵，苦苦用功，难得有成；而用功过度，又易罹此祸。倘眼睛受损、功名有望，还可得点补偿；就怕两败俱伤，鸡飞蛋打。不管怎么说，知识分子与“金篦术”总算是有缘了。

《红楼梦》书名来自李商隐诗

诗与小说，体裁不同，表现手法不一，但其情韵神髓往往是想通的。

李商隐有一首题为《春雨》的诗：“怅卧新春白袷衣，白门寥落意多违。红楼隔雨相望冷，珠箔飘灯独自归。远路应悲春晼晚，残宵犹得梦依稀。玉珰缄札何由达，万里云罗一雁飞。”诗中描述一位女子，从约会处失意而归。其实料峭春寒，凄风裹雨，吹打着手提的灯笼。回到住地，愁绪万千，和衣而卧。转辗无寐，将至天晓才得一梦。似在相会，倏又散去，只留下一片空虚。红楼在望，人远天涯近。她自悲自叹，怨恨兼有。诗中第三句“红楼”二字与第六句的“梦”字，词序虽然间隔，而意思却紧密相连，顺理成章，构成“红楼梦”三字。

李商隐的爱情生活，丰富多彩。他爱的热烈，爱的大胆，而写成诗却往往显得很隐晦。有的诗句，连专家学者都紧皱眉头，无法解开其中的“死结”，只能纷纷猜测。他的一些无题诗，虽有人往政治上扯，其实是货真价实的情诗。“凤尾香罗薄几重，碧文圆顶夜深缝。扇裁月魄羞难掩，车走雷声语未通……”“来是空言去绝踪，月斜楼上五更钟。梦为远别啼难唤，书被催成墨未浓……”“相见时难别亦难，东风无力百花残。春蚕到死丝方尽，蜡炬成灰泪始干……”这些诗篇都是描写女方对爱情的执着。缱绻的情怀，闺房的景物，周围的气氛，都和《春雨》一诗近似。读者从中很容易想到悲愁难诉、爱河难渡的林黛玉。

在《春雨》中的“残宵犹得梦依稀”，到了《红楼梦》里，就有不同形态的“梦依稀”。如第四十五回，黛玉“歪在床上”，时正黄昏，风也萧萧，雨也飘飘，罗衾不暖，烛泪长流，“耿耿星河秋夜长，抱得秋情不忍眠。”“不忍眠”，也还是“眠”了。忽然惊醒，“不知风雨几时休”，只有依稀一梦。又如第二十七回的《葬花诗》：“杜鹃无语正黄昏，荷锄归去掩重门。青灯照壁人初睡，冷雨敲窗被未温。”又是黄昏，又是冷雨，又是孤独，又是难得好梦。诸多情景，影影绰绰，虽不能对号入座，却可说明，这个《红楼梦》，与那个“红楼梦”彼此有路可通，有迹可查，回避不得。《红楼梦》大量运用唐诗的典故，甚至有些主要情节，与唐诗的关系密切。如唐人喜欢以“金钗十二行”，喻富贵人家妻妾众多。《红楼梦》那里就有“十二个”冰肌玉骨、柔情万种的女子，再加上若干个男人，便好戏连台，令人回肠荡气。《红楼梦》曾一度定名为《金陵十二钗》，可见蛛丝马迹。既然如此，从诗意中提炼出一本书名，或被诗意触发而写小说，就都不足为奇了。像曹雪芹这样伟大的作家，不可能是见某处有“红楼梦”三字，便拿来一用。

如果把生活比喻为一杯水，诗情就是一撮盐，一经投入，就立即有味；如果将生活比之为一堆新炭，一旦用诗火点燃，就红光满天，四处生辉。胸无诗情，缺少艺术素养，只能产生平庸的作家，不能产生伟大的作品。

诗评的文采

我们的国家，诗篇如海，名家辈出，而评诗的文字，也千波万浪，汪洋恣肆。有些精彩的文字，震古烁今，醒人耳目，与被评的诗篇，并存于世。

古人评诗，注重形象，抓住特点。他们不是泛泛地介绍内容，而是通过对艺术的评价分析，去宣扬作者的思想。这样，不特使读者了解诗中的精华所在，也明了诗人的情怀与抱负。屈原的诗篇，光耀日月，灿烂华美。太史公评论《离骚》时说：“其志洁，故其称物芳；其行廉，故死而不容自疏。濯淖污泥之中，蝉蜕于浊秽，以浮游尘埃之外，不获世之滋垢，皭然泥而不滓者也。”这使人对屈原的作品和人格，有了形象的了解。《诗经》色彩鲜明，形象丰富，可歌颂赞美之处甚多。《文心雕龙·物色》，则抓住它的“联类不穷”“写气图貌”“属采附声”的特点去评价。“灼灼状桃花之鲜，依依尽杨柳之貌，杲杲为日出之容，瀌瀌为雨雪之状，喈喈逐黄鸟之声，喓喓学草虫之韵。”刘勰通过对叠词的概括，使《诗经》给人留下深刻的印象。

张说和徐坚，主持集贤院工作多年。一日，张说把旧日的学士列了一个名单，徐坚说，其中的人都是很有名气的，你能把他们的作品做个比较吗？张说道：“李峤、崔融、薛稷、宋之问，皆如良金美玉，无施不可。富嘉谟之文，如孤峰绝岸，壁立万仞，丛云郁兴，震雷俱发……阎朝隐之文，则如丽色靓妆，衣之绮绣，燕歌赵舞，观者忘忧。然类之风雅，则为俳矣……韩休之文，有如太羹玄酒，虽雅有典则，而薄于滋味。许景先之文，有如丰肌腻体，虽秾华可爱，而乏风骨。张九龄之文，有如轻缣素练，虽济时适用，而窘于边幅。王翰之文，有如琼林玉斝，虽烂然可珍，而多有玷缺”(《大唐新语》卷八)。以如此生动形象的语言评论作品，实乃开一代新风。

李白、杜甫，喜欢以诗评诗，对作者的人品、情思、语言、韵律、风格等等，用鲜明生动的比喻，去做形象的描述。

李白喜欢清新明快的风格，提倡质朴自然的美。他赞美朋友这方面的作品为：“清水出芙蓉，天然去雕饰。”他主张诗贵独创，讥笑那些专事模拟的人为：“邯郸学步”“丑女效颦”。杜甫是个诗论家，他对古人和同时代人的作品，都有过精彩的评论。他称赞李白的飘逸奔放、想象丰富为：“笔落惊风雨，诗成泣鬼神。”他称赞高适的激昂豪迈、气势雄伟为：“骅骝开道路，鹰隼出风尘。”他赞美元结的诗，思想意义深刻，语言明丽华美，比之为：“两章对秋月，一字偕华星。”(“两章”指《舂陵行》和《贼退示官吏》)这种评论，比之泛泛地说一句什么什么主义，有味道得多了。李贺的诗，幽远深邃，诡谲多变，杜牧以云烟绵联，流水迢迢，时花美女，牛鬼蛇神之类的词句，去形容刻画之。他的文字，形象生动，比拟传神，像优美的散文诗一般，历来受到人们的激赏。

诗歌的风格特色，如婉约，如豪放，如飘逸，如雄浑等等，往往不是三言两言，便能描述得清楚，但有时打一两个比喻，倒能给人留下较深的印象。唐人这种评诗的方式，影响以后的文坛。如王弇州评黄山谷诗“瘦硬”，像“驴夫脚跟，恶僧藜杖。”形象生动，妙语惊人。

评论文字，首先应当把道理说清楚，这是毫无疑义的，但是，作为诗评，读者还希望它有点文采，有点感情。除了得益于理论的提高，也获得一点美的享受。

一首好诗，呕出诗人的心血，一篇好的诗评，也应融进作者的苦心！

佳　句

古人写诗，是非常重视佳句的。杜甫说：“为人性僻耽佳句，语不惊人死不休。”李白说：“张翰黄花句，风流五百年。”白居易赞扬李杜：“文场供秀句，乐府待新词。”袁枚在《随园诗话》中说：“余好诗如好色。得人佳句，心不能忘。”又云：“余出门归，必录人佳句以壮行色。”

何谓佳句？

形象鲜明，意境传神，读了之后，眼前出现生动的画面。如李白的“飞流直下三千尺，疑是银河落九天”，杜甫的“岸花飞送客，樯燕语留人”，等等。

凝练概括，深刻有力，读了之后，发人深省。如杜甫的“新松恨不高千尺，恶竹应须斩万竿”。李商隐的“身无彩凤双飞翼，心有灵犀一点通”。白居易的“野火烧不尽，春风吹又生”……

佳句之佳，很难一言概括。由于各人的审美观不同，修养阅历不同，亦很难以偏概全。《文赋》说：“片语以居要，乃一篇之警策。”人们对于形象生动，寓意深刻，凝练概括的句子，都十分喜爱，这点则是肯定的。

佳句的产生，很不容易，需要诗人呕心沥血，惨淡经营。动词的选择，虚词的运用，词与词的组合，句式的变化翻新等等，哪样不需要一番功夫？“二句三年得，一吟双泪流。”言虽过，却包含一部分事实。杜甫的百句长篇，仅得“朱门酒肉臭”一联。被人誉为推敲之祖的贾岛，“山根三尺墓，人口数联诗”，流传下来的佳句，亦不过尔尔。

唐诗为什么出现那么多的佳句？这与社会的重视有密切关系。白居易的“野火烧不尽，春风吹又生”，顾况于此垂青。李贺因“黑云压城城欲摧”之句，使已宽衣带想午睡的韩愈，立即起来接见。赵嘏因有“残星数点雁横塞，长笛一声人倚楼”，杜牧呼他为“赵倚楼”，于是扬名。任涛因有“露抟沙鹤起，人卧钓船流”，被李骘惊为奇才而加以推荐。张乔的《试月中桂》诗，因“根非生下土，叶不坠秋风”而擅场。王湾的《江南意》：“海日生残夜，江春入旧年”，张燕公把这两句诗题于政事堂，每示能文，令为楷式。

诗要以形象取胜。立论正确，道理成篇，满眼哲学术语，处处抽象概念，无情、无景、无神、无味，枯干僵硬，一脸死气，这样的诗，很难出现佳句。

“诗句不新则诗句朽。”老调重奏，人云亦云，用“常用语汇二百句”敷衍成篇，面目可憎，何来佳句？

脱离生活，脱离群众，雕琢过甚，满脸虚假，像稻草人穿着绸衣，徒以文字取胜，何来佳句？

句子二三寸长，松松垮垮，皮毛没去，渣滓仍在，读时喘气犹恐不及，何暇去找寻佳句？

有些诗集，读过之后，印象全无。往往不是内容不好，原因之一，是缺乏佳句。无佳句，不易背诵，难以记忆。

一个诗人，如能写出三五篇为世传诵的佳作，当然贡献不小，但不能达此目的，而能为社会提供三五佳句，我想也是一种不小的成就。

愿诗人写出好诗，愿从诗中读到佳句。

绘　声

北宋柳开的《塞上》云：“鸣骹直上一千尺，天静无风声更干。碧眼胡儿三百骑，尽提金勒向云看。”此诗写响箭升空，胡骑仰视，情景生动，人物逼真。第二句中的“干”字是诗眼，炼得妙，干脆、清亮、有力的响声，直上无碍，一身利索，令人仿佛置身塞外，感受到那独特的气氛。难怪有人把这首《塞外》视为宋诗的压卷之作。

但以“干”写声，并非创自柳开，唐代诗人就常用。岑参《暮秋会严京兆后厅竹斋》云：“瓯香茶色嫩，窗冷竹声干。”李商隐《楚泽》云：“夕阳归路后，霜野物声干。”唐彦谦《咏葡萄》云：“蝴蝶声干作晴雨，神蛟清夜蛰寒潭。”干燥与潮湿为相对概念，一般是用来描写有形体的对象，如“钟声柿叶干”（贯休）“散帙壁鱼干”（杜甫），而声音是无形的，哪来干湿度？但秋风萧瑟，百物皆燥，摸到哪里都索索作响，与雨季到处潮潮湿湿淋淋漓漓不同，所以他们以“干”写声，就不觉得奇怪了。

形容声音，经常说高低、大小、长短等等，但在诗中，却远远超出这个范围。它不仅有干湿度，而且有苦乐感：“溪冷泉声苦，山空木叶干”（高适《使青夷军入居庸三首》）。天冷了，声音也僵硬：“石涧冻波声，鸡叫清寒晨”（李贺《自昌谷到洛后门》）。声音也有颜色：“又有墙头千叶桃，风动落花红蔌蔌”（元稹《连昌宫词》）。“蔌蔌”是拟声，不是写貌，杨万里绝句“风吹花片作红声”即由此演变而来。看似无理，其实有理。诗意浓冽，妙不可言。

修辞学上，有所谓“通感”。五官互用，彼此替代。如常说“用耳摸摸”“用手听听”，等等，五官如此，物体亦然。重量、颜色、声音，干湿度等，本来各有岗位，有时却错了位置。诗人观察生活时，常将自己独特的感受融进去，所以有时便不顾物体的本性。这不是乱来，是贵在神似。写诗当然不能离开语法逻辑，胡说八道，但一律昂首挺胸操正步，未必就能写出好句。诗的容量要大，层次要多，令人想得深，想得广，想得远，在平淡中出新意，化腐朽为神奇。一字新鲜，则全篇增色，一句精神，则满目生辉。这就不难理解，为什么“吟成一个字，撚断数茎须”了。

绘　光

诗人创造形象，借物抒怀，五音相喧，七彩纷呈，创造出各种各样奇妙的境界。因此，文艺上的绘声绘色，便为人所乐道。艺术上，亦有所谓绘光的。比如一幅画，它不仅给人以鲜明的形感，同时也给人以明晰的光感。光的明暗、强弱，都通过画面表现出来。诗是文字的艺术，要描写光，难度极大。然而，那些优秀的诗人，却从不放过这点。

李白热爱祖国的河山和大自然的景物。他在描写这些事物的时候，常常是赋予光感的。读者不但睹其形，而且见其光。“镜湖水如月，耶溪女如雪。新妆荡新波，光景两奇绝”（《越女词》）。“如月”“如雪”，明亮闪烁，光彩夺目。诗人在造形的时候，也在描写光线、色泽。

在李白的笔下，麦垄桑枝，青山绿水，名寺古刹，江流野火，都是有光感的，给人以舒畅幽静的感觉。“凉烟浮竹尽，秋日照沙明。”“雨洗秋山净，林光淡碧滋。”“川光净麦垄，日色明桑枝。”诗是画，画中鲜明的形象，是由光线映衬出来的。如果抽去这些光泽，画面马上就会黯淡下来。为了表现出光感，诗人在动词的选择、景物的搭配上，是颇费斟酌的。

李白非常爱月。“床前明月光，疑是地上霜。”月光与霜光，是浑而为一的。在诗人看来，月色是最美之光。它幽雅娴静，鲜明华丽，是最能表现自己优美的情操和孤高耿介的胸怀的。因此，在他写景言情时，常以月色来配光。

“船下广陵去，月明征虏亭。山花如绣颊，江火似流萤”（《夜下征虏亭》）。诗人以欢快的情调，歌颂江南的月夜。月色如昼，光华清澈，照亮了青山，照亮了绿水，照亮了山花。船走中流，风光可爱。因此，可知这盏天灯，倾泻出什么样的光泽。月色与江火，交相辉映，创造出一个鲜明的意境，使人沉浸在月色皎洁的诗意之中。

李自写白天之光，也写夜光；写雨后之光，也写日照之光；写近光，也写远光。时序的更换，景物的变化，诗人所使用的光束都是不同的。静止之光易写，跳动的光难状。李白登上扬州西陵塔时，被那动人的景色迷住了。“水摇金刹影，日动火珠光。”这是一幅非常动人的画。名刹的倒影，与水波相荡，日光随波光而跳跃。金刹的投影，光是黯淡的；而波上的阳光，则如火珠，明亮夺目。一强一弱，一暗一明，相互映衬，形成极其美妙的画面。变动中的光，有些是瞬息即逝，难于捕捉的。“江水九道来，云端遥明没。”在水天相连的远方，日照波光，乍明乍灭，闪烁不定。这是人们在远距离所看到的一种极不稳定的光束。

绘光，与写貌、绘声，都贵在传神。李白绘光，是充满诗意的，富有神韵的。

"山青灭远树,水绿无寒烟。"诗人在这里用重彩绘出一种强烈的绿光。青山吞没了绿树的颜色,绿树融入青山之中。"海风吹不断,江月照还空。"李白是一个描写瀑布的能手。瀑布悬空,江月相照,它像琉璃水晶一样,似有若无,似无实有,而一个"空"字则将其光明透亮的特色写了出来,真可谓神来之笔!"玉壶美酒清若空。"此中美妙,确是李白特有的感受。他性嗜酒,一生之中,不知有多少次端着玉壶,而神游其中。诗人见那美酒,明亮透底,如一眼清泉,这时如何来形容自己对这种光的感受呢?他终于在万千词汇中,挑选出一个"空"字,给我们留下如此美妙的诗句。

杜甫也是一个捕光的能手。观其《遣闷》诗:"行云星隐见,叠浪月光芒。"他的《返照》诗:"返照开巫峡,寒空半有无。"这里的云中之星,浪中之月,暮中之景,它们的光,都是在转移、跳跃、飞逝之中。

造形不易,描声也难,而绘光更难。诗人只有认真细致地观察生活,事事处处留心,这样他才能捕捉到形象,写出动人心魄的佳章。

雨雪霏霏

生活现象,异常丰富,五音相喧,七彩纷呈。一些常见之景,眼前之物,往往不为人注意,而在诗人的笔下,却百态千姿,神情各殊。

下雨,是人们最为常见的。但在一些作品中,只见"淅淅沥沥""簌簌沙沙"之类的形容词,翻来跳去,新意不多。而在杜甫的笔下,却不是这样。杜甫写雨的诗,丰富多彩,变化万千。"风起春灯乱,江鸣夜雨悬。"这是夜雨。"秋日风落果,瀼岸雨颓沙。"这是秋雨。"牛马行无色,蛟龙斗不开。"这是骤来之雨。"随风潜入夜,润物细无声。"这是春雨。这些是从时间上说的。至于从地点上说,也各不相同。"潺潺石间流,汩汩松上驶"。这是石间松林之雨。"树湿风凉进,江喧水气浮。"这是江岸水上之雨。"雷声忽送千峰雨""萧萧沙中雨",前幅是气象万千,景色雄浑的图画,后幅是轻盈喧闹,烟雨迷茫的图画。云来雨下,雨过天晴,风声雨貌,晦明晴阴,也是千差万别,情态各异的。"人空才漠漠,洒回已纷纷。"这是写云密雨下的情形。"万木云深隐,连山雨未开。"这是写阴雨笼罩,地暗天昏的情景。而当雨过天晴时,高山则是"楚岫千峰翠";峡谷则是"峡雨落余飞"。杜甫在《晨雨》这首诗中,将当天微雨的神貌曲曲折折地写出:"小雨晨光内,初来叶上闻。雾交才洒地,风折旋随云。暂起柴荆色,轻沾鸟兽群。麝香山一半,亭午未全分。"轻盈飘洒,精彩细微,从光感、音响、色泽之中,去描写微雨的神貌。

写雪也是一样。"雪花飘飘",许多人都只是觉得它"飘飘"就完了,然而对于认真观察生活的杜甫来说,却不是这样。他写尽雪的神貌,描尽雪的特点。"暗渡南楼月,寒深北渚云。烛斜初近见,舟重竟无闻。""近见""无闻",描绘得多么传神!"随风且闲叶(雪飞叶落,随风杂舞曰'闲'),带雨不成花。""微微向日薄,脉脉去人遥。"真是意到笔随,诗来神助!不着重写雪之状,而侧重写雪之神。

诗人描写客观景物,总是和自己的心情身世结合起来的。所谓触景生情,借物言志。因为各人有各人的遭遇,所以同一景物,体会也就不一般。吴乔在《围炉诗话》中说:"情哀则景哀,情乐则景乐。"因此,除了自然界本身的形象而外,再加上诗人自己的主观见解和感情色彩,形象就显得更加丰富。杜甫写雪,反映了自己的羁旋愁怀,而李白的"天山三丈雪","燕山雪花大如席",则是为了夸张边塞的苦寒,描绘出妇女思夫的心境。李白诗中雪的形象,与杜甫的不同,它具有自己的特色,丰富了作品的内容。

生活是丰富多彩的,反映生活的作品,也应该是丰富多彩。没有新鲜丰富的形象,作品就不能感染别人。单调贫乏,人云亦云,其源概出于对生活缺乏深入细致的观察,以能运用"熟语"去写诗为满足。愿诗人在生活的基础上,展开想象的翅膀,为我们创作出丰富多彩、仪态万方的图画!

只愧秋来未有诗

秋天,恐怕是产生诗的旺季。因为人们熬过了一个酷暑,忽觉金风送爽,玉露生凉，周身轻快，自不免要吟哦两声，以吐愉悦之情。何况秋天蒲柳虽槁，却有黄花，也颇能逗人诗情。“采菊东篱下，悠然见南山”，与陶渊明的思想发生共鸣的大有人在。故吟菊与菊之诗，多似沙粒。秋日有重九登高的习俗，秋夜有皓月的光辉，良辰美景，赏心乐事，这些又都是使人情怀激荡的。

秋，自然也有它的“不足”。它一叩响你的门窗，就有肃杀之气降临。“草拂之而色变，木遭之而叶脱”，多愁善感的诗人，对此能不慨叹乎？“秋坟鬼唱鲍家诗，恨血千年土中碧”，“长安秋半夜，风前几人老”，李贺的秋诗，读得人全身起鸡皮疙瘩，瑟瑟作抖。当然，也有人大作反面文章的。杜牧的《山行》云：“停车坐爱枫林晚，霜叶红于二月花。”他从衰败零落中，发现了美景，并且爱得深沉强烈。刘禹锡的《秋词》云：“自古逢秋悲寂寥，我言秋日胜春朝。晴空一鹤排云上，便引诗情上碧霄。”鹤唳高天，其声嘎嘎，在人们的面前展开一幅无比壮阔的画面。那千尺豪情，正是来自无限美好的秋光。

司空图对于写秋，兴趣最浓。他的《山中》云：

凡鸟爱喧人静处，闲云似妒月明时。

世间万事非吾事，只愧秋来未有诗。

他晚年退隐林泉，与老僧对床夜语，作诗为乐，享受清福。观其集中，多有写秋之作。如《重阳山居》：“诗人自古恨难穷，暮节登临且喜同。四望交亲兵乱后，一川风物笛声中。菊残深处回幽蝶，陂动晴光下早鸿。明日更期来此醉，不堪寂寞对衰翁。”如《中秋》：“闲吟秋景外，万事觉悠悠。此夜若无月，一年虚过秋。”此外还有什么《白菊杂诗四首》《重阳四首》等等。相比之下，其他季节便不能如此获得他的青眼相看了。他觉得，若在这秋日里写不出几首诗来，确实是惭愧之至，对不起霜女素娥、仙桂蟾宫赐给人间的美意。

然而，令人遗憾的是，他写了那么多的登高赏菊，花下望月的诗，形象往往重复，新意甚少，只是到时而吟，逢秋便写。作为一个诗人，身上有点压力，写不出诗来，便有个“愧”字，我以为是好的，但如果只是因为应景无诗而愧，则又觉得无甚意味。一年四季，自然界的变化是不同的。“春风春鸟，秋月秋蝉，夏云暑雨，冬月祁寒，斯四候之感诸诗者也”（钟嵘《诗品》）。但若因为季节的变换而生感，则今年如此，明年亦然，写来写去，只限于表面的描画，便成老套。司空图的秋诗，看来是有这个毛病的。而后之来者，是否就完全察觉到这一点了呢？恐怕未必！君不见，逢年过节之时，必有应景诗文。鲜花耀彩，锣鼓喧空，今日之诗，与往日差别不大；来日之作，恐又与今天相似。真是“观音菩萨，年年十八”，成了“定型产品”了。

难道说，已经写过的旧题，就不能再作诗文了吗？当然不是。倘有感受，不管新题旧题，均可大笔挥洒，放声歌唱，说不定佳句迭出，妙语连珠。反之，则不必搔首徘徊，自我折磨，可让脑筋休息一阵子，为他时动笔积蓄力量。

故不必为多作应景之诗而喜，亦不必为无应景之诗而愧！

离天三尺三

“离天三尺三”，是一句民谣。人在远处看山，觉得山与天相连，天与山相接，但又无法丈量它们的距离，姑且定为“三尺三”。当然也有人不同意这个距离。李白在《蜀道难》中就说：“连峰去天不盈尺”。“不盈尺”，也许是八寸或者九寸吧？总之，比之“三尺三”，少了二尺多。

看山如此，观水亦然。水与天相连，天与水相接，故李白诗云：“黄河落天走东海”，“黄河之水天上来”，一口咬定，黄河水是从天而降。而王之涣诗云：“黄河远上白云间”，方向、路线与李白所说的不同，相差一天一地。到底是谁说得准确，人们对此都不予深究，倒是这些形象生动、气魄雄浑的诗句，给读者留下难忘的印象。

写诗总离不开夸张。李白有一些形容雪花的诗：“地白风色寒，雪花大如手”（《嘲王历阳不肯饮酒》）。“燕山雪花大如席，片片吹落轩辕台”（《北风行》）。手比雪花大多了，而席又比手大多了。这种夸张都是带有目的性的，为作品的主题需要服务的。“雪花大如手”，说明天色极寒，对王历阳不肯饮酒，起到“嘲”的作用。“雪花大如席”，是用这种想象之词，形容幽州女子，思念远戍边塞的丈夫之深、之切。至于“白发三千丈”，那更是世上绝对没有的了，但“愁”却可以有那么“长”。《文心雕龙·夸饰》说：“言峻则嵩高极天，论狭则河不容舠，说多则子孙千亿，称少则民靡孑遗……词虽已甚，其义无害也。”

诗人写作时，感情大多十分激动。晚唐诗人曹邺，有两句讽刺剥削阶级的诗：“官仓老鼠大如斗，见人开仓亦不走。”谁见过这么大的老鼠？是否在远古有、或从动物化石中能找到，不得而知，现世是绝对没有的。但剥削者敲骨吸髓，欲壑难填，他们岂不像个斗大的老鼠？读者首先不是估量它的体积，而是抓住它的形象，理解它的意义。故王仲任云：“誉人不增其美，则闻者不快其意；毁人不益其恶，则听者不惬于心。闻一增以为十，见百益以为千。”这点不特是诗，其他文艺形式，恐怕也有这种现象。倘一味强调准确，要求落实，则诗也就快断气了。

基于以上所述，想象之词，激愤之言，不必求其真，求其准。上天入地，描神画鬼，纯属虚设，更不必求其有，只要符合艺术的辩证法则就行。诗的生命，在于抓住形象，形神兼备，有情有味。

写　生

画家写生，诗人也“写生”。

李贺“旦日出骑弱马，从平头小奴子，背古锦囊，遇有所得，书置囊里”（《唐才子传》），归家后，在灯下整理成篇。他的“有所得”，在某些方面来说，便是“写生”的收获。

李白一生，游览了祖国许多名山大川，创作出山河壮丽的长卷。这不是全凭天才，在一定程度上，也归功于他的勤奋“写生”。“相看两不厌，只有敬亭山”（《独坐敬亭山》）。他面对青山，心里一遍遍地描，心里一遍遍地画。山在他的面前活起来了。诗人爱山，如恋情妇。待心有所悟，灵感骤至，才欣然命笔。如此写来能不动人？

杜甫“写生“，不仅勤奋，而且认真。他是描画的圣手，而又成绩卓著，在古代诗人中，少有能与之相比的。他的诗被誉为“史诗”，不但留下路旁的枯骨，寡妇的夜哭，战乱的烽火，朱门的兴衰……也记下自然界的万物众生。他的诗，是他生命的长卷“纪录片”。他的一生，得益于“写生”之处甚多，直至暮年，诗艺已是炉火纯青,他也没有放弃对这种基本功的训练。“仰面贪看鸟,回头错应人”(《漫成二首》)。我们仿佛看见杜甫,背着手,仰着脸,专心致志,万事全忘,久久地站在树下,脖子累酸了,也不以为苦。他不仅是在观察鸟之形,而且要捕捉住鸟之神,否则是不轻易动笔的。然而,鸟是运动变化的,不是固定在一点上的。刚才鸟之形象还十分清晰,转眼便形随声隐,声随形失,但杜甫仍不肯罢休。“寒花隐乱草,宿鸟探深枝”(《薄暮》)。鸟儿在跳跃踯躅,不停地向深处探,诗人的眼光也跟着追踪,也在不停地“探”。这些诗句,既是充满生气的画图,也是诗人在观察、“写生”时的真实记录。

大者易写,细者难察。要刻画出万物众生的神态,于细微之处是绝对不能放过的。“仰蜂黏落蕊,行蚁上枯梨”(《独酌》)。杜甫手把酒杯,忽觉面前的蜜蜂,在繁花中飞舞,撞落嫩蕊,它们不忍见花蕊坠地,又赶忙纷纷去接,嬉嬉闹闹,逗人已极。身边的枯梨,原已丧尽生机,忽又见蚁成蛇阵,正往前方开拔,生命于是又活跃起来。诗来神助,杜甫用白描手法,都把它们画下来了。

杜甫是个有心人,事事留意。是日,天气清和,诗人驾舟出游。这时前面游来了一群小鹅,顿时造成“交通堵塞”。责任在谁?看来有场纠纷。总之,鹅见阵势被搅乱,都怒瞪眼睛,群声齐发,不肯离去。杜甫看着这群吵吵闹闹的小淘气,觉得它们身上的颜色跟自己怀中的酒色一样,便放下杯来,趴在舷边,“爱酒及鹅”,情有所动,于是一幅绝妙的“写生”画就诞生了:“鹅儿黄似酒,对酒爱新鹅。引颈嗔船逼,无行乱眼多……”(《舟前小鹅儿》)。

据说,有人画虎,专门养了一些虎,供平时观察、写生之用。当然,这样,投资大,险处也多,一般人不易办到,不过,在自己周围多设写生对象,这倒是可行的。杜甫爱花,写了许多吟花的好诗。他除了外出寻花,进行“写生”外,还在自己的庭院,广植花卉,并筹集资金,添置了一块地皮,辟为花圃。这虽然“红取风霜实”,有些微薄的“收入”,但主要是为“青看雨露柯”(《栀子》),供自己欣赏和“写生”之需的。如果我们检阅一下杜甫的著作,就不难发现,他有相当一部分吟花的诗,是以自己所种之花为对象的。朝夕相处,亲切有情,易画真容,易出佳句,这比之泛泛吟花者,又不知胜几许矣!

画家写生,涂涂抹抹,有时十幅百幅,亦难满意。诗人“写生”也不轻松。字斟句酌,改罢长吟,方有惊人语。画家写生,与诗人“写生”,虽形式不同,但其实质和重要性则是相近的。

状物写态，甚为不易，画虎类狗，更为常见。有人面对佳景，激动不已，但吮笔良久，沉思移时，终于描不下来。这除了才气而外，恐与“写生”的基本功不过硬有关。至于刻画一物，陈陈相因，千载同调，或顺手拈来，改头换面，以为己有。这种懒人哲学，就更不足为训了。

一幅乡野秋光图

——读王绩的《野望》

东皋薄暮望，徙倚欲何依。
树树皆秋色，山山唯落晖。
牧人驱犊返，猎马带禽归。
相顾无相识，长歌怀采薇。

王绩字无功，山西龙门人。他在隋朝做过县丞等官职，入唐后，当太乐丞，从他的后半生看，不妨归入唐诗人之列。

他这首《野望》，是弃官归乡时写的。因为意境鲜明，诗情浓烈，所以历来受到人们的赞赏。诗人在黄昏已临，暮色将近的时刻，到野外徘徊，流连光景。他以诗人特有的观察力，为我们描绘出一幅秋野晚归图。诗的立意在一个“望”字，写来极有层次。举目回顾，只见“树树皆秋色，山山唯落晖”。寥寥十个字，点明季节、当天的时刻、观察的角度，使人想见秋色烂漫，红叶满山，落日透过疏林，晚霞映照山野的情景。诗人下笔自然，浓淡得中，颇有陶渊明“采菊东篱下，悠然见南山”的味道。这两句诗，是从大的方面，总的方面去写，如同画家，以粗线条去勾出轮廓，然后再进一步去细写。

“牧人驱犊返，猎马带禽归。”我们设想，诗人在举首瞭望之后，再低头近看，生动细致地勾出他身边所见的情景。在这里，虽然是偏僻的乡野，但仍然回荡着生活的音响。牧人的悠闲，猎手的快意，牛儿迈着慢步，马儿得意昂首，或耕或猎，各有所得。繁忙后的轻松，喧闹后的宁静，都能够从驱犊的声音、归马的蹄响中感觉得到。这时的音响，跟大车辚辚，小车奔奔，商贾的呼叫，搬运的人语，情景完全两样，构成“野”字特有的景色。

这首诗的颔联与颈联，是两幅生动的画图。这两幅画图，融进诗人的情趣，写出诗人对周围生活的爱恋。王绩性喜清静，效仿陶潜，饮酒之外，便是山水之乐。他对于当时纷乱的世情，弥天的罗网，既然反感，所以对于当时“相顾无相识”的情景，便觉得乐在其中。“长歌怀采薇”，用的是《诗经》的典故，表示怀归的意思。所可惜者，诗人感到离开尘世太迟，回乡太晚了。

这首诗，以生动的形象，清新的风格，表现出他对乡居生活的赞美，并不像一些选家所云，是抒发什么苦闷彷徨的心情。

说“一”

“一”是数之始。数字入诗，除“千”“万”而外，数“一”最为活跃。近体诗，由于音律、对偶的关系，它常与“三”“五”“千”“万”这些字作对。“千”“万”这类字，是举其成数，总带有点夸张。“一”虽然也带点夸张，但在大多数情况下，却给人以较实在的印象。“一山飞峙大江边”，“一桥飞架南北”，山也罢，桥也罢，的确给人以唯一无二的感觉。而“两行秦树直，万点蜀山尖”，这个“万”字，到底是多少，那就很不好说了。

杜甫在诗中，特别喜欢用“一”字。在他的笔下，“一”的形象极为生动鲜明。描写景物：“两个黄鹂鸣翠柳，一行白鹭上青天。”“万里桥西一草堂，百花潭水即沧浪。”诗情画意，给人以艺术的享受。他亦常以“一”来抒写自己飘零无寄、孤苦寂寞的情怀。“海外风尘诸弟隔，天涯涕泪一身遥。”“飘飘何所似？天地一沙鸥。”山河破碎，地老天荒，只此“一”字，便写得淋漓尽致，真使人惊叹他有一支神笔。

“一”以鲜明形象见长，古往今来不知出现过多少“一”字的佳句。唐代的齐己，写了一首《早梅》诗。其中有两句云：“前村深雪里，昨夜数枝开。”他拿这两句诗去谒郑谷。郑谷说：“数枝非早也，未若一枝佳。”齐己深为佩服。这是大家熟知的"一字师"的典故。"数枝"是多少枝？形象泛泛，不够鲜明。而"一"除了表面时令外，更主要的是给人以具体的形象。诗是要通过形象来表达情感的，而读者也是要抓住形象，进入意境，以获得艺术上的享受的。因此，读者往往不是考虑它的确切性，而是考虑它的生动性。归根到底，用"一"是为创作生动鲜明的形象。

好的构思，好的诗句，固然需要诗人付出辛勤的劳动，而简简单单的"一"，为了用好，也需要诗人耗费脑汁。

说　龟

龟，其形不美，其名不雅。广东人忌讳龟，某人若和龟联在一起，那真是奇耻大辱。

龟的身价，原来并不是这么低贱的。你别看它缩头缩脖，一副蠢相，在万物众生中，曾经跻身要位。被人奉为神明。《洛书》说它是"神灵之精也"，用它来占卜凶吉。故周朝专司此事的人，号曰"龟人"，不特不辱其身，且亦是一官半职呢。

龟，最为长寿，多年不吃不喝，照样平安无事。古书记载，南方有老人，用龟支床足，经二十年，老人死，移床，龟尚生。一九八四年一月二十五日《羊城晚报》载，沈阳挖出一个五十年前埋于地下做基础的老龟，不死。龟之长命百岁，今古不乏例证。

龟，力大无穷。《玄中记》说："东南之大者巨鳌焉，以背负蓬莱山，周回千里。巨鳌，巨龟也。"这自然属于神话传说。我们今日仍可在一些陵墓之类的古建筑中，看到它的家族背着巨大的石牌。千秋万载，不哼不哈，忍辱负重。

《博物志》说："龟无雄性，与蛇通气则孕。"这种石破天惊之论，是否可靠？需请教生物学家，不敢妄断。不过，记得小时候，在庙里看见玄天上帝，左脚踩龟，右脚踩蛇。不知是何原因，世无估到，这位以手捻须瞪眼的神灵，倒成了一个穿针引线的"红娘"。

龟,不特有那么神奇的传说,且一身是宝。《汉书》说:“元龟距形,长尺二寸,直一千一百六十,为尺贝十朋(古代以贝为货币,五贝为一串,两串为一朋)。”其价之昂,无异黄金。西沙群岛捕捉到的那些海龟,其肉味美,其甲为玳瑁,可做装饰;入药,性寒味甘,有清热、解毒、定惊之效。

百宝聚于一身,龟自然被人认为美。旧日有些印章,上面爬着个大龟,名曰“龟纽”。世人爱龟,恐怕没有几个超过武则天。初唐之世,内外五品官的身上,都佩鱼袋。在她掌政时,通改为龟袋。三品以上还有金饰。李白初到长安时,贺知章读到他的《蜀道难》,惊呼为“谪仙”,摘下身上的金龟换酒与他痛饮,在文学史上传为佳话。李商隐的《为有》云:“无端嫁得金龟婿,辜负香衾事早朝。”“金龟婿”的级别大概不低,总算有点身份了吧?攀上这门亲事,照理是该满意的,可是睡得暖暖,天尚没亮,便爬起来上朝,难怪闺房有怨叹之声了。

唐代许多人都想和龟靠近,沾它一点光。白居易无子,对侄儿爱得不得了,呼之为“龟儿”!玄宗时有个音乐家,叫李龟年。崇拜龟的诗人,有叫刘崇龟的,有叫王龟的。在广东人听来,起这种名字是很够大胆的。

美的标准,从来就很难取得一致。唐代诗人卢仝,就认为龟是个倒霉蛋。他的《龟铭》这样写道:

“龟,汝灵于人,不灵于身,致网于津;

吾灵于身,不灵于人,致走于尘。龟,吾与汝邻。”

天下世间之事,很少没有缺憾的,瑞气呈祥的龟,离不开一个蠢字。它未能隐藏于深渊,结果被人捞了出来,拆皮析骨,又钻又灼。能占他人之吉凶,却难卜自身之祸福。基于这一点,卢仝便不是大唱赞歌,而是为它洒一掬辛酸之泪。想卢仝一生,落魄潦倒,终日苦吟,靠邻僧送米为炊,且常受到当地恶少的欺凌。其为人也,耿介忠厚,忍气吞声,不愿计较长短,性喜指责时弊,因而又招灾惹祸。细细想来,莫以名状,只好把龟引为同党了!

物换星移,龟价渐跌,大概世人觉得其蠢有余而精气不足,虽千岁不朽,但作为不大,所以即使想多活几年,亦不敢贸然以龟自称,多取什么“松龄”“鹤年”以图吉利。

龟总算是老资格了。唯其是老资格,所以一旦感到寂寞,便又将它请出来,给予优厚待遇,奉若神明。据悉,近日英国又有人募集巨资,兴建龟庙,可见它的身价，跌中有升。

文学之道，长于抒情言志。倘今人仍有托龟言情，歌之颂之，我看亦无不可，不过，生活之图像总希望常写常新，常写常美，不要抱着一个老龟大做文章。谁不馨香祝祷，让那千年不死之老龟成灵成精，化作一股活活泼泼的生气？

让诗长上翅膀

唐朝是诗歌的黄金时代，这点不仅表现在写诗的人多，创作出来的诗多，而且表现在喜欢诗的人也多。上至王公贵族，下至牛童马走，无不讴歌吟唱。写诗、读诗、唱诗、评诗，成为社会的普遍风尚。

诗之所以能够长上翅膀，飞翔起来，我想有以下几个原因。

诗的音乐性。诗至唐代，格律比较完备成熟。音调铿锵悦耳，琅琅上口，易记易传。特别是绝句，类乎歌词，可以吟，可以唱。如李白、王维、王昌龄、王之涣、白居易等人的一些绝句，被谱入乐。诗人创作的新乐府，虽然和音乐脱离，但音乐性仍然很强，间亦被人用来谱曲。

诗句显浅易懂。诗句要传播开去，必须依靠人民群众，如果他们听不懂，看不明，怎么能够去传播？唐人写诗，多是直抒胸臆，贵露真情，有感于心，然后咏叹。他们力求使人了解他们的思想，除了极少数人写诗搞典故堆砌外，大多数人的诗都是易于理解的。那些至今仍为人传颂的名篇，语言都是较为好懂的。他们以写诗易懂为荣，所以向民歌学习，吸收口语入诗。白居易的"老妪能解"，传为佳话，"童子解吟长恨曲，胡儿能唱琵琶篇"，当时就已受到好评。

诗要能飞，篇章不宜过长。在劳动人民没有文化的时候，传诗是靠口授心记。篇章长了流传就有困难。一般的绝句律诗，篇幅短小别说了，就以《长恨歌》《琵琶行》来说，前者只有一百二十句，后者只有八十八句。"有军使高霞寓者，欲娉倡妓，妓大夸曰：'我诵得白学士《长恨歌》，岂同他妓哉？'由是增价"（白居易《与元九书》）。如果白居易的《长恨歌》有三五百行，这位倡妓恐怕便不敢如此夸口了。

采用多种的方式传播。诗除了口头传播外，还处处铭刻、题写、传抄。当时人们非常喜爱白居易的作品，“二十年间，禁省、观寺、邮候墙壁之上无不书；王公、妾妇、牛童、马走之口无不道。至于缮写模勒，衒卖于市井，或持之以交酒茗者，处处皆是”（元稹《白氏长庆集序》）。白居易说：“……凡乡校、佛寺、逆旅、行舟之中，往往有题仆诗者。”白居易在《答微之》一诗中说：“君写我诗盈寺壁，我题君句满屏风。”这真是盛况空前，爱诗之风大炽。白居易的诗歌，往往就是靠这种方式传播，飞到朝鲜、日本、缅甸等处的。

唐代的交通、印刷，都远没有我们今天发达，而诗却能大张翅膀，翻飞处处。于是我们想到今天的诗歌创作。诗人们写了许多佳章，虽然印数千万，广播时听众亦不少，然而却不能飞起来。读者常常局限在写诗的人和一部分青年。诗的读者，远远比不上看小说的人数。这确实值得我们深思。我觉得，应当从唐诗中汲取一点经验，也就是说，诗除了要有形象、有意境外，句子要凝练、短小，富有音乐性，易记易诵，篇章更不能过长。能如此，诗即使不能奋飞万里，起码翅膀也比目前丰满硬朗一些。

醉　诗

唐代的诗人很注重自身的形象，即便饮醉了，也是如此。换句话说，醉有醉美，醉得可亲可爱。

酒徒大多醉说不醉，醉时做着醒时的事情。“苜蓿穷诗味，芭蕉醉墨痕”（唐彦谦《闻应德茂先离棠溪》）。醉翁喜在芭蕉下饮酒，酒酣时牵过蕉叶便题诗。所谓“醒墨痕”者，不是胡乱涂抹，他们往往出新诗，出佳句。“斗酒诗百篇”，醉出来的诗，往往是好诗。

醉眼看世界，似乎更有诗意，情味更足。“看君走马去，直上天山云”（岑参《醉里送裴子赴镇西》）。常人所见，马行平地上，醉人所见，走马上云天，似真非真，如梦如幻。有朦胧美，有迷人景，这才是诗眼奇妙，醉人本事。“醉后不知天在水，满船清梦压星河”（唐温如《题龙阳青草湖》）。天在水，也不在水。这个道理不必说清，说清了反而无诗。说“梦能压星河”，当然是天地倒转，可归入醉语一途，但并非醉人所说，而是醒者所言。“人倚绣帘闲赏夜，马嘶花径醉时归”（薛逢《送同年郑祥先辈归汉南》）。醉了还能骑马夜归。“马嘶花径”，锦绣前程，虽不能说是豪气千尺，但也是诗意泱泱，跟那些扶着墙壁、趺趺倒倒摸回家者不同。

有些酒徒，看样子确实是醉了，需人搀扶回家。“桑柘影斜春社散，家家扶得醉人归”（王驾《社日》）。这类醉翁家家都有，醉者不以为苦，扶者不以为累。社日成了醉日，酒香四溢，增加了许多欢乐的气氛。

有些酒徒烂醉如泥，天地不分。除非是用担架，否则他们是不会动了。“看君倒卧杨花里，始觉春光为醉人”（熊孺登《春郊醉中赠章八元》）。倒在诗中，醉在画中，可爱可乐，不失斯文。“客醉山月静，猿啼江树深”（宋之问《端州别袁校书》）。宋之问被贬端州时，为即将赴合浦上任的袁校书饯别，两杯薄酒，远送行人。本有万千心事，要慢慢细说，而醉了之后，反相对无言。明月在天，无声地滑行，山猿一声比一声叫得悲凉。酒消愁，酒压闷，诗人为我们创造出一种深幽静穆的意境。他们醉了，我们也闻到一阵酒香。

牡丹叹

百卉千花，少有像牡丹如此受人青睐，获得殊宠的。在唐代，无论是禁苑深宫，或是禅房僧舍，无论是达官贵人，或是平头百姓，似乎到处都栽种牡丹，人人都在欣赏牡丹。关于它的佳话逸事，赞扬它的清词丽句，流传四方，令人着迷。

牡丹品种繁多，色彩艳丽。绿叶枝头，一花独放，固然风貌不凡，一树之上，百朵千朵荧荧煌煌。更成奇观。唐人喜欢郊游，每至春日牡丹花开，香车宝马，倾城出动，以恋家者为耻。刘禹锡《赏牡丹》云：“庭前芍药妖无格，池上芙蕖净少情。唯有牡丹真国色，花开时节动京城。”花期甚短，一刻千金。不但白日浪游叠赏，莫知厌足，归来时，还“欲就栏边安枕席，夜深闲共说相思”（薛能

《牡丹》)。天啊,这哪里是在赏花?分明是在迷恋情人!牡丹艳丽的姿质,惹得多少人废寝忘食、神魂颠倒!

虽然,有人说第二个将花喻为美人的是傻子,但不少才华绝顶的骚客,都甘心戴上这顶“傻帽”。因为在他们的眼里,一朵朵香艳的鲜花,好像是一个个可怜可爱的女子。“映叶多情隐羞面,卧丛无力含醉妆。低娇笑容疑掩口,凝思怨人疑断肠”(白居易《牡丹芳》)。白居易是个把花当“夫人”的诗人,难怪他在这方面如此情深。唐明皇对名花饮美酒。妃子即牡丹,牡丹即妃子。唐文宗在翘首凭栏,静心赏玩的时候,忽然吟起舒元舆的《牡丹赋》来:“俯首如愁,仰者如语,含情如咽。”你看,一枝枝,一朵朵,全都活了起来,有血有肉,有性有灵,扑进他的怀抱。

“牡丹热”一旦掀起,身价无异于今日的君子兰,人们便到处搜求,培植新品,钻营技艺,设方谋利,甚至不择手段地去骗、去偷、去抢。据《龙城录》载:“宋单父善植牡丹,明皇召至骊山,植花万本,色泽各不相同,赐金千余两。内人皆呼为花师。”如此重视牡丹,哪有价贱之理?“一丛深色花,十户中人赋。”白居易在《买花》一诗中对此慨叹不已。其实,这恐怕还是普普通通的“深色”呢!若是魏黄、姚紫、鹅白、端红,被花迷看中了,恐价钱就更加邪乎。不但普通人家不敢问津,豪门子弟也得摇头咋舌。当然花贩子是趁机大发横财了。

在花贩哄抬、众人争购的吵嚷声中,忽然有人喝道:它真的那么名贵,真的那么无与伦比吗?恐怕不见得吧!“近来无奈牡丹何,数十千钱买一颗,今朝始得分明见,也共戎葵不较多。”啊,醍醐灌顶,大彻大悟!柳浑这首《牡丹》诗,令人耳目一新。他真的称得上是“清醒的现实主义者”。“戎葵”是什么?据明朝薛凤翔《牡丹史》载:“戎葵,草名,即蜀葵,似葵。花如木槿花。”既然如此,还有什么值得人们倾囊解箧,癫狂不已的呢?那位给牡丹唱过许多赞歌的白居易,后来也隐隐觉得“爱恶在人情”。到了宋代,名满天下的牡丹,身价大跌,张来《与潘仲达》云:“谁知临老眼,得到美葵藿。”他的话虽然说得滑头一些,实际上牡丹在人眼里与普通花卉无异了。

由此观之,不但人需走运,花有时也需走运。时势不但造英雄,时势有时亦造“花雄”。这朵百媚千娇的牡丹花,为什么不走红运于其他朝代,而独独走运于唐代?这是“时”也,“运”也,是一种特殊的际遇。天子喜爱,群臣欢呼。上面拍板，底下哄抬。万曲千歌，交相叠唱；傅粉施脂，其态益妍。三分真容，七分虚饰，牡丹也就飘飘然，扶摇而上九天之顶，俨然成了群芳首领，百卉班头。

月出惊山鸟

王维心归释氏，合掌向佛，追求一种寂然无虑、安闲自得的生活。“晚年惟好静，万事不关心”（《酬张少府》）。一个经历了战争的灾祸，忍受过人世磨难的人，忽然远离嚣尘，回到田园里去，他心境之快乐和欣慰，是难以言喻的！“已悟寂为乐，此生闲有余”（《饭覆釜山僧》）。

王维生活中的静境，不是形如槁木，心如死灰。王维所追求的静境，有美妙的音响，有动人的画面，有浓郁的诗情。“空谷归人少，青山背日寒”（《酬比部杨员外暮宿琴台朝跻书阁率尔见赠之作》）。空谷辽阔，偶见人踪，还是一个有生意的世界。有时，人不一定出现，“空山不见人，但闻人语响”（《鹿柴》）。闻而不见，透出几分诗情来。“竹喧归浣女，莲动下渔舟”（《山居秋暝》）。“浣女”“渔人”，他们给人和平安详之感，虽有“喧”和“动”，但时间短暂，只在极静中察觉出来。这增加静的气氛而不致破坏静的本体。“花落家童未扫，莺啼山客独眠”（《高原》）。“山客”虽然只有一个，但身后尚有“家童”，静中隐藏着一种动态，不然就显得孤凄寂然，毫无生意了。“牧童望村去，猎犬随人还”（《淇上即事田园》）。来来去去，人口密度正好，一点也不紊乱拥挤。生活中因为有了这牧童猎人，牛羊犬马，才使这种静境有了物质上的保证，可亲可爱。闹与静是对立的，但静又需闹去做补充。如一味静下去，便使人觉得恐怖。“南园露葵朝折，东谷黄粱夜舂”（《高原》）。舂声因是在万籁俱寂的夜里听到，所以作为静的反衬。除了患有严重的神经衰弱症的人以外，一般都可照睡不误。这与工地打夯、拖拉机结队进城不同。“夜静群动息，时闻隔林犬”（《春夜竹亭赠钱少府归蓝田》）。别看它们吠得很凶，但有经验的人都知道，这是静夜的标志。

山水给人以静感，但它们也有动态。它们的动，使人更觉得其静。鱼虫的跳跃飞鸣是动态，但这种动态，成了静态的写照。“泉声咽危石，日色冷青松”

(《过香积寺》)。“雨中山果落,灯下草虫鸣”(《秋夜独坐》)。假如没有山泉的流动,草虫的碎语,生命便静止了,是死景一幅。“月出惊山鸟,时鸣春涧中”(《鸟鸣涧》)。月光朗照,鸟儿惊喧,是一幅多么幽静而又可爱的画面!这鸣声令人心旷神怡,眉开眼笑。它宣布这世界是属于诗的。

王维喜欢静,但又怕静得过头,所以不时用动来调节。“倚仗柴门外,临风听暮蝉”(《辋川闲居赠裴秀才迪》)。这知了知了的声音,唱得自由,唱得舒畅,消忧解闷,荡净欲虑,不妨细细地品味。“独坐幽篁里,弹琴复长啸”(《竹里馆》)。竹海之中,又啸又弹,静中取闹,闹中觅静,达到动与静的和谐统一。王维不仅深知诗的辩证法,也知道怎样才活得开心。

歪打正着

歪与正,是对立的概念。想歪,就不能正;要正,就不能歪。但在艺术创作中,情况却不尽然,往往正面描写,达不到目的,而侧面描写,却能收到意想不到的效果。在日常生活中,旁敲侧击,多作贬义词使用,而在艺术创作中,则不然。

人,是文学作品所反映的主要对象。因此,如何刻画人,便成为大家研究的重要课题。写人最好是写他(她)的眼睛。因为在秋波转动,明眸顾盼中,往往看出人物的心理、性格、情趣。画龙点睛,最为传神。“回眸一笑百媚生,六宫粉黛无颜色。”杨妃的花容月貌,于此可见。诗由于篇幅短小,写人时必须抓住特点,一两笔勾出。杜甫写胡人,抓住他们高鼻子的特点:“黄河北岸海西军,捶鼓鸣钟天下闻。铁马长鸣不知数,胡人高鼻动成群”(《黄河》)。李白写水乡女子天真活泼,美丽动人的形象,是抓住她们光脚的特点:“长干吴儿女,眉目艳星月。屐上足如霜,不着鸦头袜”(《越女词》)。

写眼,写鼻,写脚,都是正面刻画,但是人的固有特点,是有限的,因此,艺术家刻画人物形象时,就不得不从另外一个角度去探讨,以侧见正。

如乐府《陌上桑》,诗中的主人公是个美丽的女子。诗人除了从正面简略地写她的服装用具外,更主要的则是从观众的角度去写她。“行者见罗敷,下担捋髭须；少年见罗敷，脱帽着帩头。耕者忘其犁，锄者忘其锄。归来相怨怒，'但坐观罗敷'！"在这里，诗人没有一个字直接描写罗敷的美丽，但从人们因观罗敷而耽误事情的相互戏怨中，可以想见罗敷的姿容。

《董西厢》发扬民歌的手法，描写莺莺的美丽时，正面着墨不多，而从侧面大事渲染。如写莺莺的出场：在诸天圣像面前，和尚们一个个住了念经，罢了随喜，忘了上香。老和尚眼馋心痒，小和尚抱头缩颈，添香侍者似疯狂，执磬的头陀呆了半晌，作法的和尚，神魂颠倒，贪看莺莺闹了道场，秩序一片混乱，以致无法收拾。如果是一般的人，为一个美人的姿容，引起这场骚动，还是不足为怪的，需知这是一些四大皆空、六根清净、吃斋念佛的和尚，到此时，尚且感情冲动，狼狈万状，若一般人又该何如？在这些惊、怪、呆、狂的描写中，没有一个字涉及莺莺之美，而莺莺之美全出。读者根据侧面去推想，心中自有一个美人的形象。这个形象是用"齿如瓠犀""螓首蛾眉"那样的正面描写所无法比拟的。不写莺莺，而写和尚，好像是歪了，其实正中鹄的。

旁敲侧击，歪打正着，道出了艺术的辩证法。它不仅能使形象变得丰满，同时也克服了一览无余，缺乏余味的毛病。

边塞风情

岑参是盛唐的一位边塞诗人。他在描绘大漠烽火、边土风情方面，别具一格。在诗坛上享有极高的声誉，历来受到人们的赞赏。陆游在《跋岑嘉州诗集》中，赞美他的成就时说："太白子美之后，一人而已。"

岑参诗歌的艺术特色，与他个人的生活阅历有着密切的关系。天宝八年，他在安西节度使高仙芝幕中掌书记，天宝十三载，又随封常清出任安西北庭节度判官。安史之乱以后，又一度充任过关西节度判官，晚年任嘉州刺史，终于成都。《唐才子传》说他："累佐戎幕，往来鞍马烽尘间十余载，极征行离别之情。城障塞堡，无不经行。"这种生活，不特皓首穷经、长年面壁的知识分子，无法跟他相比，就是与他齐名的边塞诗人高适，也未必及他。

岑参在戎马生涯中，所经历的地点安西，即今之新疆；关西，即今之陕甘地带。晚年生活的四川，亦属边土。这些地方，关山险阻，战事频繁。出塞入塞，感慨良多。岑参也是一个读破万卷书的诗人，对于诗艺有极高的素养，一旦走向塞垣，视野开阔，见识增加，执笔为诗，别开生面。所以古人谈论到这方面，认为是得“江山之助”。这点，说得不是没有道理的。它表明了创作与生活的密切关系。岑参现存的诗三百六十首，而成就极高，为人传唱的，大都是反映边塞生活的作品。

杜甫和岑参是朋友。杜甫十分推崇岑参的诗。杜甫在《九日寄岑参》中说：“岑生多新语。”那么，岑参诗中的“新”表现在什么地方呢？

展示边塞生活丰富多彩的画面。我们伟大的祖国，幅员辽阔，山河多姿，但由于交通不便，行旅艰难，远边塞漠，很少有人到达，对于那里的风光，更少有人去描写。唐代不少诗人，都写过边塞诗。因为那是一个普遍引人注意的主题，一些知识分子，也借这个题目，来表现自己投笔从戎万里封侯的抱负。但很多人并没到过边塞，写诗时，常从概念出发，缺乏对生活的亲切感受。岑参则不是这样。“琵琶长笛曲相和，羌儿胡雏齐唱歌。”这是他亲自听到的。“浑炙犁牛烹野驼，交河美酒金叵罗。”这是他亲自尝过的。他两度出使，经历过的地方非常广。“为言地尽天还尽，行到安西更向西。”在广阔无垠的世界里，触目皆新。诗人把自己看到的奇特画面，一幅一幅地描绘下来。

苦寒，是岑参诗中广泛描写的生活景象。寒的具体形象，一个是风，一个是雪。“二庭近西海，六月秋风来”（《登北庭北楼呈幕中诸公》）。内地炎暑方盛，而那里已未秋先凉了。到了八月，“北风卷地白草折，胡天八月即飞雪”（《白雪歌送武判官归京》）。到了九月，“轮台九月风夜吼，一川碎石大如斗，随风满地石乱走”（《走马川行奉送出师西征》）。寒的景色，也是非常奇特的：“将军角弓不得控，都护铁衣冷难着”（《白雪歌送武判官归京》）。

生活在这种环境里，所抒发出来的情感也是不同的。报国与思乡的矛盾，追求功名与壮志难酬的矛盾，互相交织在一起，这种情绪，也带有边土塞外的风沙，雪海阴山的气味。“异域阴山外，孤城雪海边。秋来唯有雁，夏尽不闻蝉。雨拂毡墙湿，风摇毳幕膻。轮台万里地，无事历三年”（《首秋轮台》）。这就是他的生活与心境的写照。

岑参描绘边土风情的语言，新颖别致，饶有诗味，富于独创。

岑参在丰富多彩、新鲜奇特的生活面前，不是信笔直书，而是苦心推敲诗句，要把作品写得更加动人。“容鬓老胡尘，衣裘脆边风”（《北庭贻宗学士道别》）。诗中这一“脆”字，包含着浓厚的生活气息。一个久戍边塞的人，在凛冽寒风中生活，一年中有大部分时间穿着皮毛大衣，经风历霜，皮毛由老变脆。这一“脆”字，既写出远戍边塞时间之长，也写出功名无望、青春自老的苦闷。“蒲草晓霜凝马尾，葱山夜雪扑旌竿”（《献封大夫破播仙凯歌》）。诗中的“凝”字、“扑”字，写出冰冻大地、雪满长空的景色，勾勒出一幅塞外行军图。

岑参善于把生活中的画面，变成诗的意境。“寒驿远如点，边烽互相望”（《武威送刘单判官赴安西行营使呈高开府》）。在辽阔无垠的边塞，一个一个驿站排列在人们的面前，放眼望去，驿站由大而小，点点相连，以至于无。“远如点”三字，给人描绘出一幅非常生动真切的画面，读者如亲历其境，深入画中，陶醉于艺术的境界。

岑参所描写的生活画面，过去是很少有人反映过的。他没有多少东西可以借鉴，更谈不到因袭别人，在许多地方，都显示出他的独特创造。他的诗，形象鲜明，清新浅显，不事雕琢，很少使用典故，感情强烈真实，诗味浓郁，“迥拔孤秀，多出佳境”。

曹唐游仙

晚唐诗人曹唐，原来是个道徒。立足人世，而神游仙国。笔下所书，多为羽人道士、王母玉女。没有多少烟火气味。他曾一口气写了《小游仙诗》九十八首，轰动文坛，大播于时。

“仙都”在何处？像梦一样不可捉摸，像云一样缥缈。然而，千百年来，不知多少人在苦苦地追求。有的吞丹饮汞，竟至毙命；有的辟谷绝粒，备受苦痛；有的入山求仙，不知所往；有的闭门敲经，终无结果……曹唐在寻寻觅觅中，忽觉个中虚妄，于是变志从俗，重又坠入烦恼的尘网，不愿和老道们混在一起了。

“吾生也有涯”，庄子早就慨叹过了。平安无事，犹难得百岁，干戈扰扰，人命更似草头之霜，于是便很自然地产生盼望长生的思想。曹唐写道：“一百年中是一春，不教日月辄移轮。金鳌头上蓬莱殿，唯有人间炼骨人。“但是，光有长命百岁不行，还得有丰富的物质享受，倘若天天喝西北风，谁还想成仙呢？不过，这点曹唐早就考虑到了。在他的诗中，我们看到王母娘娘的盛宴，觥筹交错，玉女侍奉，美酒芬芳，仙乐悦耳，吃饱喝足了，便与仙人对弈，棋声铮铮然，笑声朗朗然，连诗也懒得写，更不须说要在烈日下扬锄，要在风雨中牵犁了。

曹唐写的虽是“仙都”，但其情其景，皆一如人间。“白石山中只有天，竹花藤叶隔溪烟，朝来洞口围棋了，赌得青龙值几钱？”仙都居然成了赌场，而在山外之山，烟笼雾罩，藤蔓锁路，更不怕有人去捉赌。“洞天云冷玉花发，公子尽披双锦袍。”在大雪飘飘，冷风刺骨的时刻，我们又仿佛来到某个朱门大宅。看见公子王孙，拥袍围炉，猜拳喝酒。乱世多难，饥寒交迫，此情此景，怎不令人羡慕？

社会存在，决定人们的意识。幻想，受时代的限制，物质生产条件的限制，又受到世界观的限制。世上根本没有一个所谓“仙都”，无论如何也是创造不出来的。曹唐无非是将富贵人家的阔气，和田园牧歌的情调结合在一起就是了。创作必须有深厚的生活基础，离开这块土壤，谁也无能为力。

作为幻想的方式，常常是滑稽可笑的，但却不能随便地否定它。因为被人们幻想过的东西，都有实现的可能。在今日看来，是异想天开、胡说八道的事，安知在异日不会成为普遍的现象呢？“楼上楼下，电灯电话”，被农民誉为“神仙世界”，而今日之物质生活丰富与美好，却大大地超过了它。我们与曹唐之所不同的是，他只懂得虚幻，在现实面前束手无策，我们不仅善于幻想，而且懂得为达到目的，如何去进行斗争。

说个性

凡是禁得起时间考验的诗篇，尽管原因不同，但有一点是可以肯定的，它都具有诗人自己的个性，自己的风格。

屈原的作品，凤鸟香草，飘风云霓，比拟非常独特。诗人上天入地，涉水登山，呼神换鬼，泣血盈衿。他爱国的热情，像奔腾的大江；他雄亮的歌音，响遏行云。他的诗，是他灵魂的结晶，有鲜明的个性，别人无法与之相比。

陶渊明是田园诗人之祖。他的诗，平淡而有奇趣，神彩风韵，今古独步。后世有阔人富绅，幽居别墅，赋诗种菊，然而终不能跟他相比。因为他们缺乏田园生活的真情实感，和鲜明独特的个性。

李白和杜甫，在我国诗史上，各树一帜，名耀千秋。写诗以李杜为宗的人，多拟恒河沙粒，然而，千百年来，只有一个李白，一个杜甫。模仿他们的人，没有一个登上他们头上的高峰。

个性，是这个诗人区别于另一个诗人的特点，是这一种风格，区别于另一种风格的标志。我国是诗的国家。卷帙浩瀚，如同海洋。假如我们从这个诗海中捧起一朵浪花，即能断定其为何人的作品，没有独特的个性，鲜明的风格，则凭什么去识别呢？王安石在《杜工部诗集后序》中说："客有授予古之诗，世所不存者，二百余篇。观之，余知非人所能为，而为之实甫者，其文与意之著也。"这段话，充分说明这个道理。

诗人的风格，就是诗人的个性。他的诗可以学，但他的个性不可以学。个性与诗人的斗争生活、出身教养、情趣爱好，密切相关。个人的情况不同，风格也就异样。"功名之士，绝不能为泉石淡泊之音；轻浮之子，绝不能为敦庞大雅之响。故陶潜多素心之语，李白有遗世之句。"（叶燮《原诗》）有人不从自身的特点出发，而对别人的作品一味模仿。不是以人之长，补己之短，而是以己之短，攀人之长。邯郸学步，时露窘态，效果肯定是不会好的。

批判地学习别人的作品，吸取营养以壮大自己，这是完全必要的。有借鉴与没有借鉴，效果也不相同。但是，攀上这个高峰，是为了登上更高的高峰，不是裹步不前，至此叹息。对于停留在模仿上的做法，前人比之为跛羊爬山，难登绝顶。"举世皆宗李杜诗，不知李杜又宗谁？能探风雅无穷意，始是乾坤绝妙词"（方孝孺《论诗》）。这种批评是十分中肯的。

善于学习的人，是使自己的风格，发展得更加完备，增强诗的个性，使之变得更加鲜明突出。唐代有一些诗人学习杜甫。据说，孟郊得其气焰，张籍得其简丽，杜牧得其豪健。而他们又都各有自己的风格。至于杜甫本人，则更是善于学习。“气摩屈贾垒，目短曹刘墙。”一方面虚心向前辈学习，同时也决心要超过他们。杜甫的作品风格，就明显地表现出熔百家于一炉。正如元稹所指出的：“上薄风骚，下该沈宋，言夺苏李，气吞曹刘，掩颜谢之孤高，杂徐庾之流丽。尽得古今之体势，而兼文人之所独专矣。”

菊花品种繁多，百态千姿，颜色异样，各有各的特点，用一个菊字便可以概括，然而也概括不了。

诗海洋洋，浪涛千叠，名家辈出，风格各殊，用一个诗字即可概括，然而也概括不了。

社会主义的文坛，为诗人提供广阔的场地。让我们创造出一个百花齐放、争奇斗艳的春天吧！让诗人施展自己的特长，显示出各自不同的风格吧！

诗　筋

红花绿草，瀑水溪流，云霞星火，走兽飞禽，人间实有之景，山川不移之物，在写作时，要说它是什么，不是什么，是比较容易的，只要我们概念明确，实词无疑就行了。至于虚词的运用，就比实词困难多了。

虚词在句子中闪烁不定，灵活易变。它像筋络一样，起着词与词的连接作用。有它则成七宝楼台，无它则成烂砖破瓦。它同样是反映客观世界，表达思想感情，不过比实词显得更为深沉含蓄罢了。杜甫在这方面显示出高超的本领。

“复道收京邑，兼闻杀犬戎。衣冠却扈从，车驾已还宫”（《收京》）。敌人来时，衣冠之徒，闻风奔走，置国家和人民于不顾，及至打了胜仗，朝廷高唱凯歌的时候，自己却又出来了。他们厚着脸皮，要跟皇帝的车马还宫。可是车马已经还宫了，他才来“扈从”。这些无能之辈的丑态，不是被“却”字、“已”字，活活地画了出来了吗？这里面包含着多么尖锐的讽刺和强烈的愤慨啊！

“戎鼓犹长击，林莺遂不歌”，这里的“犹”字“遂”字，是一种因果的联系。不同情景的对比，不同气氛的烘托，悲凉凄苦的情调，国恨家仇的思绪，全在这两字之间。诗人将自己的感情，融进客观的景物里去，显得极为神妙。

“离乱还奏乐，漂泊且听歌。”诗人生于离乱之世，社稷多难，人民受苦，所以见鸟伤心，对花流泪，即使乘月泛舟，划桨惊凫的时刻，也觉得是苦中作乐、无可奈何之举。“还”“且”二字，正是写他这种心境。这两个虚字的本身没有什么形象，但杜甫的五脏六腑都让人看出来了。“信宿渔人还汎汎，清秋燕子故飞飞。”渔人驾舟击水，燕子贴地争飞，本来是常见之景，但因杜甫是淹流他乡，所以缺乏乐趣。“还”“故”二字，在这里添了几多愁闷？“同学少年多不贱，五陵车马自轻肥。”满途荆棘，世态炎凉。昔日友朋中，不少已升官晋爵，飞黄腾达，唯独自己，断梗漂萍，到处为家。但是有谁想到他呢？杜甫在这里，好像是以羡慕的口吻称道五陵的富豪人家轻裘肥马的生涯，其实，富者自富，贫者自贫，他们与自己有什么关系？诗中用了一个“自”，就把这种感情完全表达出来。

《江南逢李龟年》，是杜甫一首有名的抒情诗。“岐王宅里寻常见，崔九堂前几度闻。正是江南好风景，落花时节又逢君。”诗人漂泊江南，身世凄凉，这时遇上老相识李龟年，于是引起诗人一番感慨。想起往日在岐王宅里、崔九堂前，曾经几度听过他的歌声，念及今日之辛酸痛楚，真是心如海潮翻卷，难以抑止啊！国家遭到如此灾难，人民承担如此沉重，他乡遇故知的快乐，便都化作无声的哭泣了。“正是江南好风景”，后面接着一句“落花时节又逢君”。最容易被人忽略的“又”字，用得十分含蓄。它包含着许多凄凉和痛苦，国家的、个人的、杜甫的、李龟年的，全都凝聚在这里了！读时细细琢磨，这一“又”字，具有多重的分量啊！

“去矣英雄事，荒哉割据心。”“之、乎、者、也”等词，觉得有点老夫子的味道，可是在杜甫诗中，却如此雄浑有气魄。登高吟唱，真可以使江流汹涌，峡口震荡。

杜甫所用之虚词，时或清新雅致，如回雪飞花；时或激昂慷慨，似敲金击鼓。他用得贴切，用得生动，用得灵活，任意驱遣，巧妙如神！

动词的功力

一句诗生动不生动、精彩不精彩，往往取决于它的动词。用得好，则诗句生动，用得不好，则诗句乏味。动词，好像是眼睛。眼睛明亮，则万物放光生色，眼睛无神，则世界混沌一团。故刻画人物，有“画龙点睛”之说。

给我们印象最深的人，我们会想起他的眼睛，能唤起我们心灵共鸣的诗句，往往有一个最生动传神的动词。至于“鸡声茅店月，人迹板桥霜”，和“枯藤老树昏鸦”这类佳句，可以说是用另外一类表现手法创作出来的。

那些苦吟逸事，差不多都和大名鼎鼎的诗人有关。难道他们写两句诗，就需这样废寝忘食吗？我想耗尽他们心血的，往往则是那个动词。“二句三年得，一吟双泪流”的贾岛，不正是为了“推敲”吗？至于杜甫，就更是注重对语言的锤炼了。他忘记手枯、眼痛、肺病、疟疾的苦楚，在艺术之宫进行辛勤的劳动，把许多精力都放在攻动词这个“关”。这点我们几乎在他的每一首诗中，都可以看出。“语不惊人死不休。”“惊人”，许多地方就表现在他的动词上。你要在他的诗中找寻佳句，用不着沙里淘金那样费神。海滩拾贝，处处皆是。“江碧鸟愈白，山青花欲燃。”“蝉声集古寺，鸟影度寒塘。”“市桥官柳细，江路野梅香。”“四更山吐月，残夜水明楼。”“竹风连野色，江沫拥春沙。”“岸风翻夕浪，舟雪洒寒灯。”

一句诗，一幅画。一句诗，一种意境。山花的颜色，野梅的香味，古寺的蝉声，寒夜的灯火，夕浪江沫，明水暗山，哪一样不是靠动词写出？有这个生动准确的动词，则神味全在，无这一动词，则黯然失色。“蝉声集古寺”，这个“集”字固然用得工，“残夜水明楼”，这个“明”字，又何尝不在平易之处显出它的功力？倘若读者用他的生活经验加以补充，则整个夜都是明朗如昼了。

如果上面所举的例子，是较为倾向于清新、轻盈方面的，那么，我们再看看他一些高大开阔、气魄雄浑的诗句。“锦江春色来天地，玉垒浮云变古今。”“江间波浪兼天涌，塞上风云接地阴。”“天地军麾满，山河鼓角悲。”“吴楚东南圻，乾坤日夜浮。”“地平江动蜀，天阔树浮秦。”

乾坤浮动，日月运行，旗卷风云，江回巨石，有哪一个勇士，扛得动他诗中的动词？风啸雷鸣一样的歌音，真需要千面金锣、万面鼙鼓来伴唱。杜甫于一千多年前吟咏的歌声，仿佛至今还能听到他的余韵。置身于文林艺苑的歌手，怎能不用力去锤炼他的诗句？

动词之运用，最为常见，亦最使人叫绝的一个方面，是拟人化。杜甫在自己的诗中,常常运用这种修辞手法。他的诗,写尽花草虫鱼、飞禽走兽。在他眼里,这些东西,都是有知觉的,有感情的,有性灵的。仿佛诗人和它们是“邻居”。是“朋友”,懂得它们的话,了解它们的心,一个鸣声,一个展翅,伸伸嫩蕊,摇摇细枝,好像诗人都完全明白它们的意思。所以,他笔下的动词,就使自然界的万物众生,都具有人的性灵了。“荒林无径入,独鸟怪人看。”奇就奇在这个“怪”字。好像鸟儿把飞走的原因,告诉给诗人一样。“楚岸收新雨,春台引细风。”“远山朝白帝,深水谒夷陵。”这些无口无声之物,诗人又怎能知道它们的心情和想法呢?诗人大概都是“情种”吧?心中有情,故物也有情。这类像违反情理的诗,人们不仅不责备它,反而拍案叫好,得到美的享受。究其原因,是由于动词用得好。

杜甫诗中的动词,不仅以生动、形象取胜,且亦以深刻有力取胜。他无论写什么,都将自己真实的感情,爱憎分明的态度写进去,没有半点虚假,因此,那入木三分的语言,才能更深刻地感动人。“妖孽关东臭,兵戈陇右疮。”这个“臭”字,和“朱门酒肉臭”中的“臭”字,同样下得有力,把生活的本质挖得极为深刻。“万姓疮痍合,群凶嗜欲肥。”人民灾难深重,群凶吮血吸髓,都在这一“合”字,这一“肥”字中写出。两种情景的鲜明对比,具有丰富深刻的社会内容。“剑外官人冷,关中驿骑疏。”世乱之景,冷暖之情,都包含在这“疏”“冷”二字里。杜甫诗中的动词,不流于浮夸、轻巧,能于生动、活泼中,显出它的深刻和魄力。这也是他的一个很大成就。

一句好诗,往往需要有一个好的动词。这个动词怎么来呢?是关在书斋里从词典上去选择呢,还是投身到生活的激流中去摄取呢?显然不是前者。杜甫的诗歌,是他生命的记录。他对生活,做过认真仔细的观察,有了体会,抓住形象,然后才动笔的。“寒花隐乱草,宿鸟探深枝。”这一“探”字,真是神笔!闭上眼睛一想,归鸟回林,寻枝找宿的情景,就历历如在目前。一幅活跃的图景,一幅难描的画面,都在这“探”字中写出。“择木知幽鸟,潜波想巨鱼。”因为是勾勒夜景,所以用“知”“想”二字。物有大小,景有远近,光有明暗,色有浓淡,人有大小之差,鸟兽有动静之别,如果缺乏细致的观察,不管南北东西,不问轻重巨细,全用同样一个动词去写,就势必是“能医百病”的狗皮膏药,不是“起死回生”的金丹。

只有对生活做了细致的观察，紧紧地抓住形象，动词才下得准确，不仅还它本来面目，而且带有神灵之气。“竹光团野色，山影漾江流。”画意诗情，自不待说了。“团”“漾”二字下得何等传神！也许你见过月照江流，河岸灯影，冉冉抖动，轻轻摇曳，似烛光，似仙女泻下的千尺云锦。这是多么美妙之景，多么难状之画啊！可是你要用一个准确的动词，将它勾勒出来，就感到困难了。但当我们读到“山影漾江流”中的“漾”字时，我们就感到诗人紧紧地抓住了这个形象！

杜诗的动词，富有神韵情趣，轻轻拈出而见其功力。“细雨鱼儿出，微风燕子斜。”不事雕琢，也不落俗。“回眺积水外，始知众星干。”其中的“干”，亦只是觉其奇而不诡，稳而不险。

杜甫对动词的重视，往往于一篇之中，句句炼字，一句之中，往往又不止炼一个字。总而言之，他反映生活时，不是让它静止地展现在读者的面前，而是要它在读者的面前活起来，显形、发声、放光、生色、喷香而后已！

量词的妙用

王梵志是唐代的一位通俗诗人。他的作品过去鲜为人知，直至敦煌文学的发现，他作品的光辉方耀人眼目。他的作品，平白如话，类乎口语，自成一家：“贫穷田舍汉，庵子极孤凄。两穷前生种，今世做夫妻……黄昏到家里，无米复无柴，男女空饿肚，状似一食斋……门前见债主，入户见贫妻。舍漏儿啼哭，重重逢苦灾。如此硬穷汉，村村一两枚。”这首诗，写出劳动人民在租税的重压下，过着牛马不如的生活。其中的“穷硬汉”用“枚”来形容，在诗中甚为少见，读了令人耳目一新。

“个”与“枚”意思相近，但神韵情趣却迥然不同。人的形体不是方的、不是圆的，而是用长度计算的。《通俗编·说文》：“树枝曰条，干曰枚。”所以用“枚”来形容人的数量，就不像“个”那样浮泛。唐人喜说“个”为“枚”。诗人段成式，是位学问丰富的杂家，在其所著《酉阳杂俎》一书中，该用“个”的地方，常用“枚”，形容人亦然：“咸阳宫中，有铸铜人十二枚，坐皆三五尺，列在一筵上……”（卷六)。王楚志是位生活在民间的诗人,善于采撷当时的口语入诗。这说明他很有眼光,很有胆识。

鲁迅先生说:“假如文学真的毫无什么力,那文人真是废物一枚,寄生虫一条了。他的文学观就是废物或寄生虫的文学观。”鲁迅先生用“废物一枚”来形容那些文人,使一千多年前的口语恢复生机,充满情趣。

文学中的词语,不仅要求准确,更要求生动传神。人的形体,虽表现为长度,用“枚”合适,但也要看场合,需随情随景而定,不能像狗皮膏药那样,到处乱贴。张岱《湖心亭看雪》写道:“天与云与山与水,上下一白,湖上影子,惟长堤一痕。湖心亭一点,与余舟一芥,舟中人两三粒而已。”其时大雪覆盖山湖,四围皆白,人居舟中,虽露出个脑壳,但已成“粒”状。如此描写,不特不会闹出笑话,反而令人拍案叫绝。

文学家炼词造句,不仅表现在形容词的选择,动词的推敲,而且连一个普通的数量词也不肯轻易放过。柳浑《牡丹》云:“近来无奈牡丹何,数十千钱买一颗。”唐时重牡丹,一本多花,更为值钱。描述的数量,一般都用“棵”,而作者在这里不用“棵”而用颗,强调枝头繁茂,接近圆形。不同于长而瘦的一棵,既新鲜别致,也生动传神。《红楼梦》第十七回也有这样的倒句,“院中点衬几块山石,一边种着数本芭蕉;那一边乃是一颗西府海棠,其势若伞……”其势若伞,就把那海棠的“颗”形做了很好的注释。倘若不明此理,以为“颗”是错字,将其改为“棵”,那就大煞风景了。杜荀鹤《隽阳语道中》云:“四五朵山妆雨色,两三行雁贴云秋。”山如花状,故用“朵”。张祜《送杨秀才往夔州》云:“江连万里海,峡入一条天。”两岸连山,壁立万仞,抬头所见,天只一“条”,岂不妙哉?

叠词的富丽

读杜甫诗歌,我们发现一件有趣的事情。他特别喜欢用叠词。不仅多,而且好。

叠词的运用,从诗三百篇开始,尔后的屈原、陶渊明、李白等,都成功地运用了不少叠词，表达自己的思想感情，刻画自然风光景物。在乐府民歌中，对叠词的运用更为常见。杜甫学习前人，发扬创新，大量运用叠词，因此使得他的诗歌具有鲜明的特色，增加无限的生气和光彩。

在短短的一句诗中，要一字之工，都极为不易，而要叠词用得好，用得生动、传神，就更为困难了。可是语言到了他的手里，就像木头到了木匠手中，要它怎样变，它就怎样变，要它是什么形状，就是什么形状。出神入化，点铁成金。

诗人热爱祖国，关心人民，痛恨祸国殃民的丑类。他十分巧妙地运用叠词，去表达这种灼热而愤慨的思想感情。“漠漠世界黑，驱驱争夺繁。”紊乱昏暗的世界，吃人掠夺的社会，用这两个叠词形容得淋漓尽致，真可以说是当日社会的缩影。

“衣冠空穰穰，关辅久昏昏。”山河破碎，人民多难，轻裘肥马的达官贵人，亦只是“空穰穰”而已，他们能救民于水火吗？

杜甫一生，失意落魄，更值烽烟四起的年代，到处奔走，长期漂泊，满怀愁绪，满胸郁闷，是可以想见的：“漠漠旧京远，迟迟归路赊。”“世乱郁郁久为客，路难悠悠常傍人。”

他在自己的诗篇中，更多的是用叠词去写花草树木，虫鱼鸟兽，风云雷雨，四时风光。这些自然景物，一经他用叠词形容渲染，就着色、生光、发响，像醇酒烈芳，使人一再回味。

形容体态的：“冉冉柳枝碧，娟娟花蕊红。”

形容色彩的：“青青竹笋迎船出，白白红鱼入馔来。”

描写光线的：“翳翳月沉雾，辉辉星近楼。”

描写声音的：“潺潺石间流，汩汩松上驶。”

这些叠词，好像都是信手拈来的，其实不然。诗人对生活做了细致的观察，有了深刻的体会，所以形容事物才那样准确。如“潺潺”和“汩汩”，都是形容雨声。但是，前者却是声大而远，而后者则是声细而近。倘一颠倒，不仅歪曲了生活，而且也破坏了诗。

诗人在运用叠词去描写形象、色彩、声音、光线等物时，常常是把这些东西融合在一起。不是单一地运用。因此，显得形神兼备、情景交融，意思更丰富，诗情更浓厚。

神韵形态兼而有之的："穿花蛱蝶深深见，点水蜻蜓款款飞。"

光线形态兼而有之的："闇闇书籍满，轻轻花絮飞。"

有声音有动作的："哀哀失木狖，矫矫避弓翮。"

幽静和高峻结合，形象和神采兼备的："苒苒谷中寺，娟娟林表峰。"

心情和色彩结合，神韵和形象相连的："双峰寂寂对春台，万竹青青照客杯。"

以声写情的："江风萧萧云拂地，山木惨惨天欲雨。"

以情写景的："沉沉春色寂，惨惨暮寒多。"

茂盛缤纷的："蔼蔼花蕊乱，飞飞蜂蝶多。"

轻细柔和的："地晴丝冉冉，江白草纤纤。"

这些诗句，写尽了稀奇、常见之景，个人家国之情。社会的长廊，生活的画卷，我们还来不及全部展现，就已经举了那么多例子了。

我们不难设想，像"风含翠筱娟娟净，雨裛红蕖冉冉香"，"留连戏蝶时时舞，自在娇莺恰恰啼"，"无边落木萧萧下，不尽长江滚滚来"，这些诗句，倘若抽掉它们的叠词，就像拔了孔雀的翎毛，割了黄莺的舌头。王维有"漠漠水田飞白鹭，阴阴夏木啭黄鹂"的名句，李嘉佑窃其句改为："水田飞白鹭，夏木啭黄鹂。"真是诗意丧尽，神灵之气全无。

如果吟咏一下常见的景物，偶尔用一两个叠词，不仅杜甫能，我想诗人皆能，如果是一些难描难画之景，转瞬即逝之情，能用叠词去做生动、逼真的描绘，那才算真正有一支神笔。

"江市戎戎暗，山云淰淰寒。"市井飘浮的晚烟，山云散而不定的情景，真可谓难描难写的景物了。这使我们想起陶渊明的诗句："暧暧远人村，依依墟里烟。"这样的情景有它们相同相近的地方，都同样地被这两位诗人用叠词写出，表达得那样生动、传神。"檐影微微落，津流脉脉斜。"这变幻的暮色，这瞬息即逝的江流神态，即使用现代的摄影机，也很难将它们捕捉住。达到形似容易，要达到神似，则是很难的。这两个叠词，却如此生动、逼真地把它们描写下来，如此富有神韵、灵气。"竿湿烟漠漠，江永风萧萧。"风声易写，烟却难形容。而"漠漠"一词，不仅写出神态，简直是有形态感，仿佛可以摸触得到的。因为

"漠漠"一词,十分富有诗意神韵,所以杜甫特别喜欢用它。或用于写烟,或用于写水,或用于写心情,放在哪里,哪里生色,用在哪里,哪里有神。

杜甫诗句中的叠词,有的是形容词重叠,有的是副词重叠,与的是数量词重叠,有的是动词重叠。或置于句首,或放在句尾,或嵌于句腰,五、七字之间,是它广阔的天地,任它驰骋。杜甫深深地懂得语言的辩证法,是一个伟大的语言艺术家,这是无可置疑的。

杜甫以后的许多著名诗人,也很注意对叠词的运用。如白居易的:"迟迟钟鼓初长夜,耿耿星河欲曙天。"王荆公的:"新霜溆浦绵绵白,薄晚园林往往青。"苏子瞻的:"浥浥炉香初泛夜,离离花影欲摇春。"这些诗句,都是出自仰慕杜甫的名家之手。至于"寻寻觅觅,冷冷清清,凄凄惨惨戚戚"的李清照,就更是善于运用叠词的词坛圣手、一代名家了。继往开来,于此我们也想到杜甫。

气　氛

创造气氛,可以产生强烈的艺术效果。

阅读一首好诗,被它所熏陶和感染,如置身其内,神游其中,与诗人同忧共喜,甚至忘怀周围的一切。这其中的原因,当然不一,但作品所涌现出来的气氛,不能不说是相当重要的。我们读过的作品,随着岁月的流逝,有些内容、情节可能忘记了,但感染你的那种气氛,却总在你的脑海里浮荡。因此,历来优秀的诗人,都很重视气氛的创造,在遣词造句,结构谋篇时,便为读者开辟出一个艺术的天地。而读者也很喜欢那些情深意真,气氛浓烈的作品。

气氛的创造,有赖于情合景,而不赖于理。"晚年惟好静,万事不关心。自顾无长策,空知返旧林。"王维眷恋林泉,厌弃尘寰的思想,用理来表现时,就显得非常枯干。相反地,当他一旦诉诸景物,创造形象,气氛就涌现出来了。"空山不见人,但闻人语响,返景入深林,复照青苔上"(《鹿柴》)。"独坐幽篁里,弹琴复长啸,深林人不知,明月来相照"(《竹里馆》)。清旷寂寥,幽静安谧。有音而不喧,有人而不杂。幽篁为伴,明月相照。在这种气氛中表现出诗人远离人世，怡然自得的心情。

环境的刻画，景物的配合，是创造气氛的最好办法。一些相同或相近的形象，交叉运用，互相烘托，诗的气氛就显得更浓。愈集中，愈强调，便愈有感染力。倘若枝蔓横生，就会冲淡气氛，消弱效果。李白有一首题为《访戴天山道士不遇》的诗："犬吠水声中，桃花带露浓。树深时见鹿，溪午不闻钟。野竹分青霭，飞泉挂碧峰。无人知所去，愁倚两三松。"

这首诗，主要是由景物组成：山犬、野鹿，桃花、翠竹，青松、溪水，高峰、飞瀑。肯定也有人，但只能偶尔遇上一两个。整首诗的景物，构成了一幅人迹罕到，不食人间烟火的画面。每一个景物，孤立地看，都给人以幽静的感觉，而更多相似的景物重叠在一起，相互烘托，彼此配合，则创造出一种极为浓厚的幽静的气氛。李白喜僧爱道，仰慕名山，是通过对这些景物的描写表现出来的。

创造出气氛，亦即是创造出意境，创造出诗情。这三者，浑然一体，而不可分割。"渔翁夜傍西岩宿，晓汲清湘燃楚竹。烟销日出不见人，欸乃一声山水绿。回看天际下中流，岩上无心云相逐"（柳宗元《渔翁》）。水绿山青，烟消云淡，在"欸乃"声中，展开一个优美的画面，形象鲜明，诗情浓烈。诗中涌现出来的气氛，构成一个非常幽静的意境。这种气氛，不是由某一字、某一句所产生，而是由整首诗来创造。这种气氛，感染读者，唤起读者的联想，让读者在诗的意境中徘徊。

好的诗，常常能创造出浓烈的艺术气氛。

唐代的散文诗

诗至唐代，彬彬乎大盛。许多文学家，都是诗坛的健将。他们写起文章来，诗的素质极强，诗的特点甚浓。他们有不少精美的散文，我们不妨视之为散文诗。

一、以诗的形式去写散文。王勃、骆宾王、李华、杜牧等，他们的一些文章，辞藻华丽，对偶工整，讲究声律，是诗与文的合并。这些文章若除去关联词语，则与诗无异。在这些散文中，有的是四六言骈体，如："虹销雨霁，彩彻云衢。落霞与孤鹜齐飞，秋水共长天一色。渔舟唱晚，响穷彭蠡之滨；雁阵惊寒，声断衡阳之浦”（王勃《滕王阁序》）。有的是长段长段的四言句，并且押韵。如：“六王毕，四海一。蜀山兀，阿房出”（杜牧《阿房宫赋》）。这些文章情彩丰富，音韵浏亮，读来朗朗上口。

二、语言精粹，千锤百炼。诗的语言，不特要求生动鲜明，而且要求简洁凝练。如果我们从语言的角度去鉴别，有散文是属于诗的。如李华的《吊古战场文》，描写古战场的景色：“河水萦带，群山纠纷……鸟飞不下，兽铤亡群……沙草晨牧，河水夜渡。地阔天长，不知归路。”描写搏斗的场面：“利镞穿骨，惊沙入面。主客相搏，山川震眩。声析江河，势崩雷电。”从它们所用的动词“穿”“入”“析”“崩”来看，都是诗人锤炼诗眼的功夫。为了创造形象，散文诗中大量运用比喻和夸张等修辞手法，如《阿房宫赋》，对于统治阶级的劳民伤财，奢侈浪费的描写：“使负栋之柱，多于南亩之农夫；架梁之椽，多于机上之工女；钉头磷磷，多于在庾之粟粒；瓦缝参差，多于周身之帛缕；直栏横槛，多于九土之城郭；管弦呕哑，多于市人之言语。”当然一般的散文也可以运用夸张和比喻。但像这种接二连三的连用，反复地夸张渲染，则常常是诗惯用的手法。

三、意境鲜明。诗人写散文，善于在平易的叙述和从容的描写中，创造出诗意。韩愈、柳宗元，是古文运动的首脑。他们提倡质朴的文风，以复古为旗号。但他们的文章不枯燥，不平淡，不乏味，波翻浪卷，瑰丽多姿。韩愈的一些散文，有诗人的气质，有哲学家的理智，有政论家的雄辩，情真意浓，构成一种独特的艺术风格，如他的《送李愿归盘谷序》：“盘谷之间，泉甘而土肥，草木丛茂，居民鲜少……坐茂树以终日，濯清泉以自洁。采于山，美可茹；钓于水，鲜可食。起居无时，惟适之安。”以清新的语言，整齐而又活泼多变的句式，描绘出盘谷的环境，创造出鲜明的画面。文中写志得意满的士大夫：“在外则树旗旄，罗弓矢，武夫呵前，从者塞途。”回到家中，侍候的人一大帮，“道古今而誉盛德，入语而不烦。曲眉丰颊，清声而便体，外秀而慧中。飘轻裾，翳长袖，粉白黛绿者，列屋而闲居。”这些文字，都有很强烈的感情，很丰富的诗味。柳宗元的散文语言清新，文笔优美，他的一些山水游记，艺术成就很高。如《至小丘西小石潭记》：

“从小丘西行百二十步，隔篁竹，闻水声如鸣佩环……潭中鱼可百许头，皆若空游无所依，日光下彻，影布石上，佁然不动。俶尔远逝，往来翕忽，似与游者相乐。潭西南而望，斗折蛇行，明灭可见，其岸势犬牙差互，不可知其源。”

文中有画，文中有诗，诗情画意，令人为之神往。对于这样的文章，我们称它为散文诗有何不可？

谈到散文诗中的画意诗情，我们不能不提到王维。在散文常未脱离齐梁余风的情况下，他能以极其平易、不事雕琢的文字给他的辋川别墅，绘出一幅幅有声有色的充满诗情的画面。“北涉玄灞，清月映郭。夜登华子冈，辋水沦涟，与月上下。寒山远火，明灭林外。深巷寒犬，吠声如豹。村墟夜舂，复与疏钟相间……”(《山中与裴秀才书》)清新自然，神气萧疏，意境深远。即使它不分行排列，不是韵文的形式，也应该是诗，是相当精美的诗。

唐代的散文诗，吸取先秦诸子的散文中的精华，又从司马迁的优美的文笔中摄取了营养。曹植的《与吴质书》，郦道元的《水经注》等作品中的精美语言，丰富文彩，浓烈感情，也对它们产生影响。唐代的散文诗的作者，因为本身是诗人，又生活在诗的气氛极浓的环境里，这就使得他们的散文常常带有诗的情味，流利婉转，抑扬顿挫，有的可以歌，有的可以吟，有的可以诵。唐人的散文诗，影响了以后的各个朝代，如宋朝的欧阳修、苏东坡、范仲淹的一些诗化的散文，都可以从唐人的散文诗中找到渊源的。

以文为诗，和以诗为文是不同的。写惯诗的人，做起文来，用词造句，结构谋篇，都带有诗的特点。写惯散文的人，作起诗来，虽然注重诗的形式，但常常显出散文的风采。（当然，上述情况，既能文亦能诗，既能诗亦能文者除外。）一篇散文，有些诗的句子，就好像无边的草原，点缀着少许野花，姹紫嫣红，分外引人注目。如是一首诗中，出现一些散文的句子，就好像一碗肉汤，兑了一瓢白水，势必淡而无味。宁可以诗入文，也不要以文为诗，更不能为了显示自己能写长诗，而将散文分行，以愚弄读者。

唐代的“自由诗”

诗歌发展到唐代，形成一个壮丽的高峰，它以律诗和绝句而闻名。许多诗坛巨星，差不多都在这方面大显身手，给我们留下了丰富的遗产，今天我们读到这些形象鲜明，韵律和谐，形式完美的诗篇，心情仍然激动不已。

可是就在律诗、绝句十分盛行的时候，却有许多人，同时在大写“自由诗”。他们冲破形式的束缚，于严格的声律、工整的对偶之外，寻求新路，显示出唐诗的丰富多样和诗人多方面的才华。

白居易是“自由诗”的鼓吹者，同时也是“自由诗”的实践者，他利用旧乐府这个形式，制作新乐府。“篇无定句，句无定字，系于意，不系于文”(《新乐府序》)。他的新乐府，和我们今天的新诗有“相似”处。他所谓“句无定字”，仍是以三、五、七、九言做基础，有一定规律，显示出它和谐匀称的美。同时，三、五、七言，交叉运用，灵活多变。他的《花非花》：“花非花，雾非雾，夜半来，天明去。来如春梦几多时，去似朝云无觅处。”他的《长相思》：“汴水流，泗水流，流到瓜洲古渡头，吴山点点愁。”这些都是学习民歌创作出来的新体，已开词的先声。不过应该说明，词是有固定格式的，而诗人创作此体时，则是“自由式”的。

李白和李贺，除了创作像白居易一样的“篇无定句”的作品以外，在语言上比白居易更为灵活多变。李白的《梦游天姥吟留别》《蜀道难》等，句的字数，虽然仍以五、七言为基础，但时三时四，或五或六，双音单音不整，颇为出人意外。《梦游天姥吟留别》，在“云青青兮欲雨，水澹澹兮生烟”的六字句之后，忽然跳出：“列缺霹雳，邱峦崩摧，洞天石扉，訇然中开”等四个四字句。若不加标点，而以五七言的惯例去读它，真是不大好懂。他的“秋风清，秋月明，落叶聚还散，寒鸦栖复惊，相思相见知何日，此时此夜难为情。”杨齐贤说：“古无此体。”这是李白在学习民歌的基础上，创作出来的新体，是“自由式”的东西。

李贺写诗，不受形式和音韵的限制。他是个大写“自由诗”的诗人。他的诗句，就以五、七言来说，音律、格调常常不同于律诗和绝句。句子的字数，或三或六，或四或七，变化不定。如《荣华乐》的开头，竟是七、三、三，四、四、七的格式。“鸢肩公子二十余，齿编贝，唇激朱，气如虹霓，饮如建瓴，走马夜归叫严更。”这和唐诗以五、七言为主的特点是不同的，和新旧乐府都不同。这是思想的“自由”，风格的“自由”，形式的“自由”，诗的“自由”。

值得我们注意的是唐代大多数诗人，都在写律诗、绝句，却没有人瞧不起这种“自由体”。它照样以合法的身份，与其他形式并存，而登大雅之堂，受到人们的赞赏。这原因,一方面是诗的本身,创造了鲜明生动的形象,不管它是以何种形式表现,它的本质都是诗。另一方面,唐代的诗人,一直不断地从各方面去探讨新的形式,故以后有词的产生。

百花齐放,就是提倡风格的多样性。不能尊崇一体,而排斥其他。同时也没有必要过早地给诗规定格式,限定字数、句数,弄成一种僵化的东西。唐代的诗人告诉我们,利用旧的形式,不是消极的运用,它也是因时因地而变更,而向前发展。诗的“自由”,是发展中的“自由”,不是倒退的“自由”。唐代的“自由诗”,在“自由”的同时,仍然是有规律可循的,在变化之中,仍然是有准则的。那么,这个规律和准则是什么呢?就是在诗句的音节上,以三、五、七、九言为基础,四、六言出现较少。究其原因,谋求上口易诵,在单音节词占绝大多数的唐代,较之四、六、八、十言念起来顺当。今人之诗,当然不同于前人,也不必同于前人。在语言上,出现了大量的双音节、多音节词,更不宜受三、五、七言的限制,可以灵活多变,以求上口为准。但句子不宜太长,以至读时喘不过气,违背人的生理特点。在这方面,我以为有点节制好。

抒情诗的情节

叙事诗,要有情节。通过情节,塑造人物,抒发感情,表现主题。抒情诗,主要是抒发感情。有的纯粹是写个人感受,有的则通过景物、人物、事件,以寄情思。对于后者,我们不妨称它为有情节的抒情诗。如李白的《江夏送张丞》:“欲别心不忍,临行情更亲。酒倾无限月,客醉几重春?藉草依流水,攀花赠远人。送君从此去,回首泣迷津。”

这是一首叙述临别的诗。在月夜里,饮酒告别。客人喝醉了,坐在流水旁边休息,主人随手折下花枝,赠送给他。恋恋不舍之情通过诗中的情节,表现得十分亲切动人。这种情节,与按照实际顺序写一个人或记一件事的不同。它是选择了生活中的几个镜头而构成的。再来看李白的另一首诗《劳劳亭》:“天下伤心处,劳劳送客亭。春风知别苦,不遣柳条青。”两相比较,就可以看出,同是送别之作，前者的有情节的，后者可以说是没有情节的，诗人只是集中表达他的一种情绪而已。

有无情节，不在乎诗的篇幅长短。王之涣的《登鹳鹊楼》："白日依山尽，黄河入海流。欲穷千里目，更上一层楼。"这是没有情节的；而崔颢的《长干曲》："君家何处住？妾住在横塘。停船暂借问，或恐是同乡？"这是有情节的。诗中一男一女，停舟问话，形象鲜明，神态生动。通过情节，刻画出一个敢于冲破封建礼教束缚的女性形象。

诗有情节，可以帮助诗人调动生活，组织材料，进行想象和构思。如李白的《子夜吴歌》："明朝驿使发，一夜絮征袍。素手抽针冷，哪堪把剪刀？裁缝寄远道，几日到临洮？"妻子为远戍边塞的丈夫赶制征衣。在抽针、把剪之际，愁苦的情怀，不堪言状。作品通过抽针、把剪、絮袍等裁缝动作，打通思路，塑造人物，表现作品的主题。但是，诗中的情节，不是客观事物自然的过程。它是需要选择和提炼的。它向读者展现的应当是一幅富有韵味的艺术性的画面。泛泛的叙述过程，好像是有密度，其实是空疏。这同诗中所谓情节，在本质上来说是不同的。

抓住动人的情节，即是抓住动人的形象。诗中动人的形象常是通过动人的情节表现出来的。有的诗，就整首而论是这样，有的诗，从它的一些举子来看亦是这样。如李益的"不知何处吹芦管，一夜征人尽望乡"，陈陶的"可怜无定河边骨，犹是春闺梦里人"，杜牧的"天阶夜色凉如水，卧看牵牛织女星"。这些诗句，是以生动的生活情节，来构成诗的画面的。形象集中而鲜明，能够给人留下较深的印象。

古往今来，许多诗是以情节取胜的。好的情节，常常被认为是好的构思，情节之与构思，往往很难分辨。因为有些新颖独特的情节，本身就具有浓郁的诗情，或稍加改造，即可入诗。这种情节之获得，不能完全依靠诗人之苦思冥想，需要深入生活，从原始素材中去提炼熔冶。

诗是抒情寄志的。情和志，都需有所依傍。人们把那些具有生动情节的诗，称为内容充实、有生活气息的作品，这不是没有道理的。所以，选择动人的情节，表现出浓郁的诗情，这应是诗人十分关注的问题。

片言百意

刘禹锡说:“片言可以明百意,坐驰可以役万景,工于诗者能之。”

读杜甫的诗歌,我们都有一个共同的感觉,他在二三十字之间,写尽家国之情,画下山水之美,往往万语千言,抵不上他一首五言绝句。他诗中的情和景,常常是言有尽,而意无穷。即使你费了许多笔墨,用了许多篇幅,也终觉无法把他解释得详尽。它唤起你的联想,引起你的诗情,要比它有形的本身丰富得多。

诗歌的含蓄凝练,固然在于它的立意布局,这是一个方面。但松散乏味的语言,绝对构不成动人的诗篇。杜甫锤炼诗句的一个重要方面,是他在遣词造句之时,十分讲究含蓄。苦涩难懂,固然把诗引进绝路;一览无余,也会丧失诗的生命。杜甫的诗,一般说来,能做到显浅处意在言外,深沉的感情也容易使人看懂。

“已诉征求贫到骨,正思戎马泪沾巾”这个“骨”字既通俗显浅,也含蓄凝练。

杜甫为了使自己的诗句写得含蓄有味,他运用的方法也是多种多样的。

不直接说出,而寄意其中。“路经滟滪双蓬鬓,天入沧浪一钓舟。”以形象的诗句,写出其老态之状,贫穷之境,而又包含着诗人漂泊无家的凄苦,比之直言老、病、贫,不知要胜多少倍!“水有远湖树,人今何处船?青山各在眼,却望峡中天”(《峡隘》)。后两句不说自己久滞他乡,欲思出峡,而说“却望峡中天”。杜甫将自己内心的感情,表现在抬头望天的一瞬,于诗更觉深沉,更有余味了。“野凉侵闭户,江满带维舟。”寂寞之景,思乡之情,蕴籍在其中。按理说,江满水涨,应是返家之时了,可是归舟还无可奈何地系在岸旁。

抓住有特点的事物,以点代面,也含蓄。“山浥翠微润,马含青草嘶。”露湿衣衫,是晓行之景,马含草而嘶鸣,是暮色来临,旅人歇脚的时候。在写景的时候,运用这样的手法,岂不更有诗味?

逐渐交代,慢慢点出,这种倒啖甘蔗的手法,也是含蓄。“花近高楼伤客心”,鲜花满目,登高远眺,为什么要伤心呢?“万方多难此登临”,原因说明了,第一句也就觉得有着落了，神韵也就出来了。像这样的含蓄，当然与全篇的立意布局有关系。

诗歌允许跳跃，允许飞越，即使是长廊千回，溪流百转，省去开端，删掉结尾，依然能使人看出它的完整性，前因后果，来龙去脉，无一处不清清楚楚的。就篇而论是这样，就句而论，也是这样。这也是一种含蓄。“束带还骑马，东西却渡船。”这说明使人到园中时，曾袒衣露臂，于凉风之中，于绿荫之下，乘凉消暑，有一段较长时间的活动。及至归来，束带穿衣，跨马起程，而前面又有河水阻隔，于是他又不得不下马上船，才能从东到西。这些情节，细细想来，是有些回旋曲折的。只能说明内容丰富，含蓄凝练，却不能说它有什么隐晦难懂的地方。

侧面烘托，也是含蓄的手法。如大家所熟悉的《月夜》这首诗，开头两句："今夜鄜州月，闺中只独看。"不写自己怎样思乡，而说家人怎样想念他。既然是独看，当然是形单影只，彼此分离了。而这千斛愁绪，不正是含蓄在这“独”字之中吗？送客辞亲，人情之常，而于旧日的文人，往往情意缠绵悱恻，形之于诗，令人不忍卒读。杜甫有不少写离别的诗篇，而离愁别绪，写得十分含蓄。“惟见林花落，莺啼送客闻。”落花啼鸟，不是备觉伤神吗？可是表面看来，却又不见一个悲字愁字。

一句诗中，几幅图画；两句话中，几层意思。这是我们最常见的含蓄。这也使我们更加明白，人们为什么常把凝练与含蓄相提并论，喜爱“言简意赅”的作品。“细草微风岸，危樯独夜舟。”一个字，一幅画，时间、地点、景物、遭遇，全在这两句诗中。“万里悲秋常作客，百年多病独登台。”罗大经说：“十四字之间，含有八意”（《杜少陵集详注》卷20）。

诗歌，从它本身的特点来说，是要求精炼的。只有精炼，才能含蓄；含蓄了才显得精炼，互为表里，相得益彰。言有尽，而意无穷，是诗人追求的艺术效果。

秀句堪夸

杜甫对王维的诗，非常推崇。他晚年寄身草阁，面对江流，较之前期整日奔波逃难，生活安稳一些，于是这时想起了王维，写了一首七绝：

不见高人王右丞，蓝田丘壑漫寒藤。

最传秀句寰区满，未绝风流相国能。

——《解闷十二首》之八

王维长斋奉佛，与世了绝，所以杜甫称他为“高人”。从“不见”二字，可以想到杜甫对他思念的殷切。杜甫写这首诗时，王维已经去世。蓝田荆棘，丘壑寒藤，辋川别墅是衰败了，但王维的诗却脍炙人口，流传不衰。

在杜甫看来，王维的诗，最佳之处是一个“秀”字。自杜甫而后，许多评论王维诗的，也常集中在一个“秀”字，如《江村销夏录》云：“诗中有画画中有诗，摩诘落笔秀且奇。”我想这不是随便举手赞成，人云亦云，到底诗中还是有一种“秀气”，所以人们才夸奖它。连王维自己，也很重视这个“秀”字。他说：“馀力文章秀，生知礼乐全”（《哭祖六自虚》）。

诗人以诗评诗，常常是语焉不详。杜甫说王维的“秀”，到底包括一些什么内容呢？意淡情浓，不事雕琢，而语自工。此谓之“秀”。如他的《杂诗》：“君自故乡来，应知故乡事。来自绮窗前，寒梅着花未？”

人们对于故乡，感情总是深厚的。历来写故乡的诗很多，或赞美，或追忆，或展望，哪一方面都可以倾泻强烈的感情。王维这首诗，向人们打听故乡时，只问及绮窗寒梅，似乎其余一概都不关心。表面看来，像一杯淡水，其实平易处，包含着浓厚的诗味，表现出诗人对故乡的强烈眷恋。这是寄至情于淡泊，而不假装饰。它的情调，它的风姿，都显出一种秀丽和隽永。再如他的《相思》：“红豆生南国，春来发几枝？劝君多采撷，此物最相思。”文字淡极，而情意浓极，扫除表面的痴思狂想，从爽朗的神韵中，露出非凡的格局，似乎得之天然。

秀，是一种美，弃尽臃肿，不见浮夸，以简洁洗练的手法，刻画出鲜明生动的形象。“牧童望村去，猎犬随人还”，“雨中山果落，灯下草虫鸣”，“竹喧归浣女，莲动下渔舟”，“漠漠水田飞白鹭，阴阴夏木啭黄鹂”，这些诗句，画面鲜明，色泽清丽，格调雅致，气度潇洒，是诗的美，是画的美。这种美，是诗人从生活中获得真实的感受而后创造出来的。

诗忌俗气。镶金嵌玉，七宝楼台，炫人眼目，这是容易办到的。但要洗尽铅华，淡秀生姿，如出水芙蓉，倚风自笑，潇湘绿竹，摇曳含情，不容易办到了。因此人们赞赏秀气，而厌弃俗气。

王维作诗，惨淡经营。秀，是他创造出来的一种特色，一种风格。他的诗，被人交相传授，被之管弦，可见读者对他的作品是多么的喜爱。杜甫说："最传秀句寰区满"，既是对他的诗作的推崇和颂扬，也是对他艺术风格的概括和总结。

语言和风格

语言是思想的外衣。

诗人的风格，主要是由思想决定的，而思想则是借助语言来表达的。不少诗人，都有自己特别喜欢的词语，用这些词语，组装成不同的句子，造成不同的画面和意境，显示出自己的风格和特色。

李贺的诗风，凄清幽冷，哀怨悲愁。这是由于他的不幸身世和苦闷的思想造成的。他在诗中，常用"鬼""血""泣""苦""寒""老"之类的词，以明其心志。用这些词写成诗，冷气森森，哀声凄切。"离宫散萤天似水，竹黄池冷凤凰死"，"长安秋半夜，风前几人老"，"夜雨冈头食榛子，杜鹃啼血老夫泪"，等等。山精水怪，天地神祇，忽往忽来，忽聚忽散，用这些悲寒凄苦的字句所造成的形象，构成冷峭的诗风。

即使是颜色鲜亮，给人快感的词语，在李贺的笔下，也蒙上一层哀愁，显得灰暗。他喜用"白"字。如"白衫""白夹""白冰""白水""白驴""白马"等等，经他组装成诗句以后，便显得一派死气。"蕃甲锁蛇鳞，马嘶青冢白"，"芦洲客雁报春来，寥落野篁秋漫白"……这些诗句枯槁索寞，空旷寂寥。

问题不在那一个字本身，而是看诗人用它造成什么样的画面，赋予它什么样的情感。

以"白"字为例。李贺的"雄鸡一声天下白"，因为上一句是"我有迷魂归不得"，扬幡招魂，呼神唤鬼，所以哀声见泪，造成一种惨惨戚戚的气氛。而毛泽东取其意而翻新的诗句："一唱雄鸡天下白"，则霞光满天，红旗如画，情景就截然不同。

李贺喜欢“白”字的悲凉索寞，而李白则喜欢“白”字的光亮皎洁，以表达其美好的情操。“请以双白璧，买君双白鹇。白鹇如白锦，白雪耻容颜”（《赠黄山胡公求白鹇》）。白鹇之白，美如白锦，纯如白雪，赛过白璧。他用这一连串的白字，来表现自己对白鹇的喜爱，抒发自己高雅的感情。杜甫也很喜欢“白”字，用它来表现幽闲、潇洒、安适、恬静。“白鸥”“白鱼”“白鹭”等词汇，常常在他的诗中出现。“江碧鸟逾白，山青花欲燃。”天开地阔，万紫千红，令人心旷神怡。“青青竹笋迎船出，白白江鱼入馔来。”色彩浓烈，形象鲜明，充满诗意，表现出诗人寄身江畔，得到暂时安稳的心情。

因诗而见人，因人而识诗。在这个意义上说，语言也是一面镜子，通过它可以看出诗人的心胸情趣。

情与景

诗言志，要抒情。无情不能为之诗。情愈浓，诗味愈浓，愈能打动读者。

诗亦需有景。无景无物，情往往无所依，志无所傍，容易显得枯干、空洞。诗要用形象思维，常用比兴二法。读者通过诗人的咏物，去观测诗人内心的奥秘。

一般说来，写景易，言情难。这点，《随园诗话》早已指出：“景从外来，目之所触，留心便得。情从心出，非有一种芬芳悱恻之怀，便不能哀感顽艳。”但是，要写好景语也是不容易的，“不能作景语，又何能作情语耶？”

诗有以景取胜者，亦有以情取胜者。

岑参的《逢入京使》：“故园东望路漫漫，双袖龙钟泪不干。马下上相逢无纸笔，凭君传语报平安。”这首诗，没有什么景物描写，一种真挚强烈的感情，像岩浆一样喷泻而出。诗人远离故乡，路逢使者，欲写家书，却缺纸笔，在仓促之间，急不择言，只求捎个平安的口信。字里行间，充满着诗人对故土的眷恋，对亲友的思念。游子情肠，羁旅愁怀。那离不开的辛酸，那回不去的苦闷，想得见，摸不着，随着老泪的流淌，抒发自己的哀怨。诗人虽然也写了驿路、马嘶、人语，使人联想出一幅画面，但是更主要的，则是以火一样的激情，去感染读者。

韦应物的《滁州西涧》："独怜幽草涧边生，上有黄鹂深树鸣。春潮带雨晚来急，野渡无人舟自横。"这首诗，表面看来，纯属写景。诗人在这里，选择了涧边幽草，深树黄鹂，春潮晚雨，荒江野渡。这组极为孤寂的景物，构成一幅异常幽静的画面。有草，有树，有鸟，有船，就是无人。末尾一句，为全诗画龙点睛之笔，是诗人真正要表现的意境。这首诗，是以景取胜。诗人巧妙地选择了一些富有表现力的景物，配合在一起，勾勒出这个淡泊的画面。创造出一种安谧的气氛，真正有点不食人间烟火的味道。这点，对于一个沉浮宦海，几经风波的人来说，是一个绝妙的天地，隐栖的好去处。因此，在无情之中，显出情来。情在景中，景中写情。

诗，没有单纯的写景。单纯写景，犹之穿着绸衣的草人，是没有生命的。诗人写景，总是为了抒情。不过那些优秀的诗人，总是十分巧妙地把情和景结合起来。

李白的《劳劳亭》："天下伤心处，劳劳送客亭。春风知别苦，不遣柳条青。"这首诗，是写景，还是抒情？其实很难把景和情分开。在这里，显然是二者紧密地结合在一起。初春时节，寒风嗖嗖，冷气逼人，草未萌芽，柳待吐青，此时此刻，分手道别，更增加情怀的凄苦。而在诗人的眼中，觉得是"春风知别苦"才"不遣柳条青"的。眼前之景，表达了心中之情，而心中之情，则注入了眼前之景。

那些诗坛圣手，都十分注意诗中的情景交融。王维诗："人闲桂花落，夜静青山空。月出惊山鸟，时鸣春涧中"（《鸟鸣涧》）。孟浩然诗："移舟泊烟渚，日暮客愁新。野旷天低树，江清月近人"（《宿建德江》）。如果了解这两位诗人，都想逃避现世，向往山林，也就知道他们不是单纯地在写景，而是在创造这种境界的时候，自己也钻了进去。

古人谓："诗中有画，画中有诗。"诗中有画，一般指的是写景；画中有诗，一般指的是言情。情景交融，水乳难分。这样的诗篇，自然是艺术中之珍品！

美的发现

生活中到处存在着美。“两个黄鹂鸣翠柳，一行白鹭上青天”，这是一幅优美的画面，人皆可见。但生活中还有一种美，则需要仔细寻觅、慧眼观察才能获得。

汲水是个累活。清早起身，走向井台，冷风拂面，水寒冻手，粗麻大绳勒得掌心火辣辣地痛，猫腰屈体，深井汲水……我们常常听到叹息之声。然而，我们来看李郢《晓井》是怎样歌唱的：“桐阴覆井月斜明，百尺寒泉古甃清。越女携瓶下金索，晓声初放辘轳声。”首一句描画梧桐树下，晓月将沉时的井台，创造出环境之美。第二句，百尺清泉，如琼浆玉液，令人思饮，这是井水之美。第三句，索以“金”形容，华丽之极。用“携”字、“下”字写越女的操作，轻巧而富诗意。人美物美，两者相得益彰。第四句，辘轳咿喔，音如晨曲，闻者欢心，听者动情，这是声韵之美。诗人在这里，赞美劳动，讴歌生活，绘出一幅晨汲图。

矿业工人的劳动艰苦繁重，生产工艺比较落后的古代更是如此。李白在秋浦，看到工人在开采银矿和铜矿，情景令他激动，于是放声唱道：“炉火照天地，红星乱紫烟。赧郎明月夜，歌曲动寒川”（《秋浦歌》）。工人在创造物质财富也在创造美。炉火冲天，紫烟升腾，那一“乱”字，极富生气，令人想见出火花四溅，红光闪烁的场面。据郭沫若的解释，那“明”字是动词，是工人的脸面，使夜月增加了光辉。工人一边劳动，一边歌唱，使山川为之震动。诗人在劳动者的生活中发现美，这种发现，具有思想意义和艺术价值。

美，常存在于“不美”之中。艰苦饥寒，凄凉穷困，按理说是无美可言的。但有的诗人却从不美之中发现美。杜甫的《佳人》一诗，就题来看，当是写一位美人了，但美人“不美”。她的兄弟在丧乱中被杀，轻薄无情的丈夫又把她抛弃，她躲到深山穷谷里去避难，无亲可依靠，变卖首饰度日。茅屋又已破漏，不能遮挡风雨。但从“侍婢卖珠回，牵萝补茅屋”来看，则分明又感到艰难的日子仍然有美。茅屋破损，牵萝补之。司空图的《独坐》亦云：“幽径入桑麻，坞西逢一家。编篱薪带茧，补屋草和花。”这种美，是超越常情的，只有诗眼可见，只有诗心可解。《佳人》的结尾说:“天寒翠袖薄,日暮倚修竹。”这位美人恐怕是狐裘已失,脂香难觅了。但为什么体弱衣单、天寒日暮之时,不进屋避寒而独倚修竹下呢?诗人认为,这也是一种佳人风姿,是愁恨万种的美,是瘦骨凌霜的美。诗人不愿自己所钟爱的人物一跤跌下便头青面肿,仍然让她苍白的嘴角露出一丝淡淡的笑。这笑,谁能发现呢?

整齐和谐的美

整齐和谐是一种美。

人的四肢分布,五官搭配,舟车桥梁的构造,楼台殿阁的布局,都以匀称和谐为美。少了一撮眉毛,短了两颗门牙,总觉得是个缺陷。艺术品的结构,亦常常如此。“渡口只宜寂寂,人行需是疏疏。”这里“寂寂”与“疏疏”,就是合理的搭配。绘山画水,做花添叶都讲究协调。即使是落花簌簌,风乱草树,往往在紊乱之中,见其整齐;在惊怪不定之中,见其有致。

诗的形式美,常显示在整齐和谐之中。对偶和排比,是诗常用的修辞手法。如“云对雨,雪对风,晚照对晴空,来鸿对去燕,宿鸟对鸣虫”。律诗的格律,最要紧的一条就是对偶,或者说对仗。不管五律还是七律,第三四两句和第五六两句必须作对。杜甫的《江村》:“自去自来梁上燕,相亲相近水中鸥。老妻画纸为棋局,稚子敲针作钓钩。”王维的《山居秋暝》:“明月松间照,清泉石上流。竹喧归浣女,莲动下渔舟。”个中诗情,自不必论;属对工整,音节和谐嘹亮。读来朗朗上口,不也是一种美吗?如果音韵失调,义不相接,两句诗中,节拍相距太大,自然也就破坏和谐的美。

《木兰词》写木兰从军时:“东市买骏马,西市买鞍鞯,南市买辔头,北市买长鞭。”有条有理,秩序井然。其实,古代市镇也许没有那么大,经营土杂品的商人,也不见得分工那么明细,用不着跑四个地方,去买四样东西。但是,倘若合说,便没有什么味道;分开来写,用四个单句排列起来,就很有情趣,它不仅表现出木兰代父从军紧张急迫的情景,同时也显示出木兰为国前驱的一片忠心。木兰凯旋,诗中写道:“开我东阁门,坐我西阁床。”怎么开了东阁门,还要到西阁去坐呢?或曰,木兰是个女子,需要找个地方换换衣服,回避一下男人。其实不然。木兰代父从军那么多年,于人马混杂之中,都巧妙地回避过去了,难道回到家中,倒还需这样细心吗?从“唧唧复唧唧,木兰当户织”的诗句来看,木兰也不一定是个阔气的女子;她是否有无“东阁”“西阁”,还成问题。但诗人描绘这些生活时,常常顾不了这许多。为了表现木兰久别归来,东瞅瞅西看看的快乐心情,诗人做了必要的铺陈渲染,在形式上,则侧重考虑句子和谐整齐。如果不从表现手法去加以解释,往往很难说明诗中描写的这些现象。

杜甫学习民歌的表现手法,有时用一些排比句描绘生活的情趣。他的《杜鹃》开头有这样四句:“西川有杜鹃,东川无杜鹃。涪万无杜鹃,云安有杜鹃。”这是学习《乐府江南词》:“鱼戏莲叶西,鱼戏莲叶东,鱼戏莲叶南,鱼戏莲叶北。”这些诗篇,若就精炼程度来看,有时似不及散文,口语也没有如此啰唆。这些,我们只能从诗的整齐和谐的角度去理解。

诗的形式,常见为双数,也有参差不整,落脚为单的。如《诗经》的《硕人》《江有汜》等。刘邦的《大风歌》是三句:“大风起兮飞扬,威加海内兮归故乡,安得猛士兮守四方!”杜甫的《曲江三章章五句》:“曲江萧条秋气高,菱荷枯折随风涛,游子空嗟垂二毛。白石素沙亦相荡,哀鸿独叫求其曹。”前三句为一顿,后二句为一顿。李白也有七句一首的诗。今人民歌亦有五句为一首的。这种单蹦,有如瘸子走路,靠手中的拐棍才能找到平衡。因为这样,人们不大习惯,所以这种诗体也就不能广泛流传和被大量制作。

整齐和谐,不是僵硬呆板。徒求形式整齐,把诗写成豆腐块,满脸横肉,毫无笑容,诗的生命,也就呜呼哀哉了!优秀的民间歌手,有出息的诗人,总是善于变化开合,在生动活泼中,创造出一种整齐和谐的美。

捕捉形象

杜甫是一个伟大的现实主义的诗人。他的诗篇之所有写得如此生动、形象、亲切、感人，是与他对生活深入细致的观察分不开的。

社会的离乱，时代的纷争，人间的眼泪，百姓的哭声，杜甫固然十分注意；自然界的花草树木，虫鱼鸟兽，风云月露，他也无不关心。大至高山长河，云殿飞阁，小至樱桃粟米、蕊粉蜂须，他也注意捕捉它们的形象。他在日常平凡的生活中，培养自己洞幽察微的能力，在塑造形象的过程中，磨砺自己感人肺腑的神笔。

杜甫有些诗篇，是直接描写他在对自然界进行观察后的体验的。"仰面贪看鸟，回头错应人。"从之一"贪"字，可以想到他的全神贯注，除鸟而外，不知人间还有何物。"择木知幽鸟，潜波想巨鱼。"即使在看不见的情况下，他也要听，要想，要琢磨。"啭枝黄鸟近，泛渚白鸥轻。""远鸥浮水静，轻燕受风斜。""近""轻""静""斜"这几个画面，都是诗人细心地观察得来的。"芹泥随燕嘴，蕊粉上蜂须。""蜂须""蕊粉"之微，差不多要用放大镜才能看到，而诗人却写得那样清晰、逼真。杜甫的确与众不同，别具一双观察生活的慧眼。

杜甫在自己的诗中，写了许多飞禽的形象，其中对燕的观察尤为细致。杜甫大半生寄居水国，漂泊江流，常于行吟泽畔之际，"扶杖徐步立芳洲"，对燕子进行观察，因此写来极为传神。"树密江蜂乱，江泥燕轻斜。""细雨鱼儿出，微风燕子斜。""远鸥浮水静，轻燕受风斜。"燕子贴水争飞，随风起舞，轻盈灵活，生趣盎然。杜甫特别喜欢用"斜"这个动词来形容飞燕，确实是抓住特点，使燕在读者的眼前翻飞起来。

杜甫觉得燕子与黄雀、白鸥的性格不同。它不畏雷火，不怕电光，风里来，雨里去。坚强勇敢，富有战斗性。"黄鹂过水翻回去，燕了含泥湿不妨。"一个是胆怯者的形象，一个是勇敢者的形象。杜甫是一个坚强的诗人，追求战斗生活的诗人，所以他在观察燕的时候，把燕的特性，与自己的心情结合起来写，因此，自与一般人不同。

杜甫心境快乐时，也常常想起燕子的轻闲、潇洒，不受拘束，自由穿飞的特性。如在《江村》中所描写的那样："清江一曲抱村流，长夏江村事事幽。自去自来梁上燕，相亲相近水中鸥……"鸥燕自适的心情，正好与"老妻画纸为棋局，稚子敲针作钓钩"的心情合拍。

杜甫觉得自己萍踪梗迹、漂泊为家的生活，与燕子的秋去春来，栖人梁上，寄人檐下，情景十分相似，所以借燕抒怀，写出自己凄凉的身世："湖南为客动经春,燕子含泥两度新。旧入故园尝识主,如今社日远看人。可怜处处巢君室,何异飘飘托此身?暂语船樯还起去,穿花贴水益沾巾"(《燕子来舟中作》)。写燕其实是写人,怜燕其实是怜人。对燕伤怀,满纸是泪,读之有无限辛酸之感。

诗是抒情的。借物言情,触景生情,总之,得有"物"有"景"。这个"情"才不会空,有所寄托。燕子是一个普通的常见的形象,但是诗人并没有让它从眼前一掠而过,而是让它在诗的天地间翻飞起舞,呢喃不绝,歌声悠悠。

杜甫对马的观察,也是十分细致的。他有不少诗篇写到马。首先他对马进行认真的观察。"晚凉看洗马,森林乱鸣蝉。"他不仅把握住马的形象,连马的特性、脾气,他都进行研究:"青刍适马性,好鸟知人归。"

杜甫从青年到老年,常常骑马往来。他在《壮游》一诗中,这样回忆自己年青时代的骑马生活:"放荡齐赵间,裘马颇清狂。春歌丛台上,冬猎青丘旁。呼鹰皂枥林,逐兽云雪冈……"此外,还常常提到骑马的生活:"忆过杨柳渚,走马定昆池。""我马向北嘶,山猿饮相唤。""峡内归田客,江边借马骑。"他有了如此丰富的骑马生活,再加上平时的细致观察,因此,那些写马的诗,形象就非常动人。

杜甫写了各种各样的马,骅骝騕袅,瘦马病驹。有的四蹄生风,目光似电,使人觉得雄健威武;有的力怯关山,病卧道旁,引起人们的垂怜。他所写的马,形神兼备,各有各的特点。他常常用很精炼的语言,就能把马的形象描写出来:"胡马大宛名,锋棱瘦骨成。竹批双耳峻,风入四蹄轻。"这真是一幅最生动的画马图。苏东坡有两句赞扬杜甫写马的诗:"少陵翰墨无形画,韩干丹青不语诗。"

马转战沙场,不畏强暴,越山过涧,意志坚韧,具有十分可贵的品质。杜甫希望有机会走上征途,为国出力,于是用马以自况:"哀鸣思战斗,迥立向苍茫。"同时,杜甫也觉得,马在良质被掩,骕骦空老这点上,亦与自己怀才不遇相似。"如今岂无騕袅与骅骝,时无王良伯乐死即休。"爱国有心,请缨无路,字里行间,透露出多少愤慨!诗人一生多难,晚年更惨。"穷年号雨雪,老马怯关山。"自己的飘零身世,与马何异?"古来存老马,不必取长途。"这句话说得就更加激愤了。难道自己连个老马都不如了吗?一个饱经战乱的人,最知道和平的可贵。"胡虏三年入,乾坤一战收。举鞭如有问,欲伴习池游。"消灭强寇,过和平的生活,亦是借马写出。杜甫如果不熟悉马,研究马,能写得出这么多关于马的好诗来吗?

诗要用形象思维。因此,诗人必须关心生活,事事在意,一个动作,一个音响,都要引起自己的思索和联想。有些形象,它是长久地耸立在那里,可以从容地观察,慢慢地体会。像李白写敬亭山,“相看两不厌”,对着它出神。但有些形象,转瞬即逝,稍不留意,便成过去。“飞星过水白,落月动沙虚。”这瞬间之景,杜甫一下便把它抓住了。还有一些形象,如刮风下雨,雪飞霜坠,往往容易被人忽视,但如果留心一下,也是千差万别,丰富多彩的。杜甫对这些自然形象的观察也很细致。他写诗是讲究“神”的,但这个“神”怎么来?必须把形象捕捉住。脑海里的形象愈丰富,写作就愈容易,反映就愈深刻,写来就愈传神。

观察生活,捕捉形象,必须付出极大的心血。诗人为诗所磨,常常失眠。但杜甫失眠时,仍然在谛听时间前进的足音。也有一首题为《倦夜》的诗,从“竹凉侵卧内,野月满庭隅”的初夜,一直写到“暗飞萤自照,水宿鸟相呼”的尽夜。整个夜的气氛、特点、过程,全被他抓住了。这个“夜”的形象,是他用多少失眠的时间换来的啊!

相看两不厌

李白爱山,异于常人。“五岳寻仙不辞远,一生好入名山游”(《庐山遥寄卢侍御虚舟》)。每一登临,皆留连忘返,写出佳章,万人传唱。

他的《独坐敬亭山》云:“众鸟高飞尽,孤云独去闲,相看两不厌,只有敬亭山。”敬亭山,在今安徽宣城县,山青水秀,景色如画。南朝的谢朓在此做过太守,唱山吟水,名胜甚多。李白对谢朓的诗是非常欣赏的:“解道登江静如练,令人长忆谢玄辉(朓)”(《金陵城西楼月下吟》)。青山名士,相得益彰,使这里的风光更具有特殊魅力。

李白筑室山下,一往情深,每次游赏,“大笑上青山”,仿佛山水也受到感染,献给诗人优美的画卷:“敬亭白云气,秀色连苍梧,下映双溪水,如天落镜湖”(《赠宣州灵源寺仲濬公》)。山光水影,处处亲切,日玩夜游,没有厌时。即使累了乏了,躺在松风月色之中,还在继续回味。“时游敬亭上,闲眠松风里”

(《赠宣城宇文太守兼呈崔侍御》),真的睡着了,这一觉之香甜,恐怕也非他人所能体会。

在李白看来,敬亭山是仙人世界,凡夫俗子安可得长久享用?他遥望南天,仿佛见有“仙者五六人”,都来这里盘桓。“羽化骑日月,行云翼鸳鸯”(《登敬亭山南望怀古赠窦主簿》)。仙人坐骑独特,来往方便,非世人骑马颠簸、手脚攀登可比。仙人可地久天长,以此为家。念及人生短促,转瞬之间已为尘迹,不禁悲从中来,食不知味,恨不得也烧丹炼汞,化成羽客,加进他们的行列,在敬亭山上永享清福。由于山水之美,才引起他求仙的渴望。

李白对敬亭山之爱,与寻常游客不同。一般人远观近视,来去匆匆,往往不知美在何处。即使写篇什么诗文,也大都是向人炫耀“到此一游”,未必有多少真情。李白是把敬亭山当作情人相爱的。远山如眉,草木如发,明湖如眸,坐在她的身边,不特审视她姿态的美丽,而且可以闻到她肌体的馨香。人有情,山亦有情。人爱山,山亦爱人。辛弃疾说:“我见青山多妩媚,料青山见我应如是。”彼此朝夕相对,如初恋情侣,目不转睛,从头看到脚,无处而不可怜。相对之时,最好是无旁人在场,“独坐”为佳。连鸟儿都高飞无影,孤云也识趣地躲开。山投入人的怀抱,人投入山的怀抱,用不着说什么,就已经是很幸福的了。酒浇不灭的愁,刀砍不断的恨,此时都可一扫而光。

爱是建立在彼此倾心,情投意合的基础之上,是绝对勉强不得的。就算她爱你,你不远千里来探望,在她身边建起楼阁,情浓如酒,终日向她倾吐热恋之情,但你不懂得尊重她,爱护她,把清泉污染,弄得她明眸浑浊;把古树砍光,上挖下凿,狂涂乱抹,钢缆铁索,喧嚣不绝,弄得她烦躁难安。这样不仅无爱之可言,而且相对成仇,积怨生恨,到那时,“相看两相厌”,她就变成个丑妇给你看。

烦恼里有美

说到搬家,人们就想起大车拉,小车载,锅碗瓢盆,桌椅板凳,七长八短,无所不有。如若不请三五个壮汉帮忙,就非得把自家累个半死不可。不过世人也有搬家极为省事的，如孟郊就是："借车载家具，家具少于车"(《借车》)。既然"少于车"，哪还有什么可搬的啊？不过这倒是从贫困中道出自己的谐趣来。

前人评论唐诗，有句名言："郊寒岛瘦"。贾岛是如何"瘦"的，姑且别论，这位孟郊则确确实实是"寒"得出奇。他一生贫困，经常饿得两眼昏花，不辨南北。有时想买碗茶水喝，都掏不出钱来。腹中空空的人是最怕冷的，秋风一起，他牙齿就得嘚嘚地作对儿厮打起来。"秋月颜色冰，老客志气单。冷露滴梦破，峭风梳骨寒……"(《秋怀》)到了冬天情景就更为凄惨。"厚冰无裂文，短日有冷光"(《苦寒吟》)。连普照众生的温暖的太阳，也是如此之可怕。冬天他冻成一粒虾米，蜷缩在那里哀吟。他虽为饥寒所苦，但尚能不时透露出一点幽默。也许正是这个原因，才支撑着他那瘦骨嶙峋的躯体，不停地对诗艺进行探索。

人生如履巉岩，哪种险境不会碰到？或为饥寒所苦，或为疾病所磨，或为妻儿所累，或为流言所伤……忧心国事，几致断肠，仕途失意，斧钺临头。诗人为此，不知写过多少肝胆碎裂、泪珠化血的诗篇。然而在这千难万劫中，我们也不时看到他们噙着苦泪的微笑。正如从满天的浓云里，透出一线阳光来，使人心胸明净，顿觉轻松。杜甫之"苦"。亦如孟郊之"寒"。在其极度困顿中，却又把自己的笑脸仰起来，让世人一看。"囊空恐羞涩，留得一钱看"(《空囊》)。无钱而玩钱，看来真是开心之极了！"径须相就饮一斗，恰有三百青铜钱"(《偪侧行赠毕曜》)。恰好是"三百铜钱"吗？恐不见得！多日无饮，酒债未清，忽然想到眼下又要端起杯来，心里到底是一种什么滋味？杜甫虽入暮年，而童心为泯，谐趣犹存。白居易勤奋过度，得了眼疾。"夜昏乍似灯将灭，朝暗长疑镜未磨"(《眼暗》)。有人说："死了胜过盲。"他虽未盲，但痛苦是可想而知的，不过他想得开。他说：我干脆把眼闭上，整日敲经学头陀，看你病魔能奈我何？充分表现出他"乐天"的特色。

据说，到医院探望病人时，你不要愁眉苦脸，要自然一些，想法尽快坐下来，以免引起病人情绪波动，增加他的痛苦。当然，最好是说些使对方愉快的话。韦应物有位朋友，病中想吃橘子，可是，这时橘子尚未成熟。为了安慰病人，韦应物作了一首诗："怜君卧病思新橘，试摘犹酸亦未黄。书后欲题三百颗，洞庭须待满林霜"(《故人重九日求橘书中戏赠》)。这一"戏"表达出深切的关怀，和真挚的友情。或许能使对方破愁为笑，病减三分，亦未可知。白居易就有过这种体会。他眼病时，友人来信问候，他便吟道："唯得君书胜得药，开缄未读眼先明。"

破愁为笑，愈活愈俏。那些富有谐趣的小诗，虽不同于呼天抢地、昂扬激愤之作，但同样可以陶冶人们的性灵，给人以慰藉和力量。明乎此，也就知道人们为什么不喜欢悲观颓废之作了。

卓别林说："烦恼里有美。"细味之，此言不诬也！

岳阳楼的情思

岳阳楼乃天下名胜，左面洞庭，右顾君山，"衔远山，吞长江，浩浩汤汤，横无际涯，朝晖夕阴，气象万千……"（范仲淹《岳阳楼记》）有缘来此，谁不想饱览湖光？特别是墨客骚人，在登临赏玩之际，必作点诗文，以发感慨，所以千百年来，描绘岳阳楼的诗篇，多过恒河沙粒。

杜甫暮年，乘舟出峡，漂泊江流。时在隆冬，朔风劲疾，身老多病，国事艰难，心境恶劣。虽然如此，但并不蒙头大睡，而是在这美丽的湖光山色中，捕捉形象，提炼诗意。翻腾在他胸中的是："涨沙霾草树，舞雪渡江湖"；涌现于他笔端的是："岸风翻夕浪，舟雪洒寒灯"。一俟天晴日朗，老人家就策杖登楼，饱览风光，以偿心头多年的夙愿。他的《登岳阳楼》云："昔闻洞庭水，今上岳阳楼。吴楚东南坼，乾坤日夜浮。亲朋无一字，老病有孤舟。戎马关山北，凭轩涕泗流。"写喜写忧，写景写情，都能动人肺腑。杜甫对着眼前的万千佳景，纷至沓来的可惊可愕的形象，只炼出"吴楚东南坼，乾坤日夜浮"一联，便勾出洞庭的胜状。其气魄之大，功力之深，真令人赞叹不绝。古人对此评曰："虽不到洞庭者读之，亦可使胸次豁达。"

杜甫这首佳章，历来公认只有孟浩然的《望洞庭湖赠张丞相》一诗，才能与之匹敌。孟诗云："八月湖水平，涵虚混太清。气蒸云梦泽，波撼岳阳城。欲济无舟楫，端居耻圣明。坐观垂钓者，徒有羡鱼情。"杜甫与孟浩然的登临，各抒各的心事。前者叹老嗟卑，忧国忧民，后者流露出从政的热情，希望别人拽他一把。诗的主题虽然不同，但“吴楚东南坼，乾坤日夜浮”，与“气蒸云梦泽，波撼岳阳城”，同属千古名句。

与杜甫同时代的诗人刘长卿，诗才卓绝，因得罪权贵，被贬潘州。他路过这里时，也写了《岳阳馆中望洞庭湖》一诗：“万古巴丘戍，平湖北望长。问人何淼淼，愁暮更苍苍。叠浪浮元气，中流没太阳。孤舟有归客，早晚达潇湘。”刘长卿一生，写过不少五言诗，其中有些意境幽远，造句不凡，颇受人们称赞，自己因而十分得意，以“五言长城”自诩。但这位“五言长城”这首写洞庭湖的诗，实在较为平淡，就以其中“叠浪浮元气，中流没太阳”一联来说，也没什么惊人的地方。

刘长卿的诗，与杜甫、孟浩然的诗，同属五言，构思的角度，景物的选择，也极为相似，但成就却不一样。后来人们把孟浩然的诗，书在岳阳楼左序球门壁上，将杜甫的诗，写在右面的壁上，而不见有刘长卿的诗，世人也不怎么知道他在这方面的作品。孟浩然并没有说自己是什么“长城”，杜甫虽雄心勃勃，立志要超越前人，一生写过大量为人传唱的五言诗，可也没有说过自己是什么“长城”的话。

有人说，文无定论，诗无定评。不过，我想还是有客观标准的。拿顽石当作白璧的人，肯定会有；但真正的宝石，明眼人都能看见它射出光辉。一个作者，对于自身的作品，最好不要妄发议论，是好是坏，让读者去鉴别，让历史去裁决。什么“泰斗”“精英”之类的话，更是不能乱吹，否则十有八九，是要令人笑掉大牙的。

气象与心态

天气直接影响人的情绪。重大行动的选择，恶行善举的发生，往往也和天气有关。

卢伦有一首《塞下曲》：“月黑雁飞高，单于夜遁逃。欲将轻骑逐，大雪满弓刀。”单于打了败仗，准备溃退，选择伸手不见五指的黑夜。如果是月光朗照，清晰可辨，肯定人马都成了靶子。《水浒传》里陆虞候火烧草料场，选择一个彤云密布、朔风呼啸的雪夜，一把火烧了起来。“月黑杀人夜，风高放火天。”歹徒们一见天黑风紧，便蠢蠢欲动。

天气影响人的情绪，也和人的性格爱好、生活处境有关。大雪天，行动不便，大都觉得烦闷。这时最好是在家里炖狗肉吃，能邀来朋友干两杯则更妙。“晚来天欲雪，能饮一杯无”（白居易《问刘十九》）？当然，也有不肯饮的，如李白有位朋友叫王历阳的便是如此。于是李白作诗嘲他：“地白风色寒，雪花大如手。”这样的鬼天气，除了杯中物，还有别的可以解闷吗？要是你不饮，才是天字第一号的傻瓜呢。也有人觉得，雪天不仅无愁，而且更好玩。你看，一片片雪花东飘西飘，那么轻盈，那么妩媚，像女子跳舞一般。韩愈站在窗前看着这些如魔如幻的雪片，仿佛春天快到来了：“新年都未有芳华，二月初惊见草芽。白雪却嫌春色晚，故穿庭树作飞花”（《春雪》）。饮酒也罢，赏雪也罢，觉得都不过瘾，不如走出门去和雪打打交道。

一般地说，天朗气清，春和景明，人们感到快乐，向上发奋的情绪强。宋朝的程颢有一首《春日偶成》：“云淡风清近午天，傍花随柳过前川。时人不识余心乐，将谓偷闲学少年。”这位老夫子，所以有“偷闲学少年”的心境，是因有云淡风轻的好气候，有花腮柳眉的陪伴，若是淫雨霏霏，恐怕他只能在书斋里闭目静坐，继续念他的“灭私欲，则天理明矣”。

张生与莺莺的约会，便选择良辰美景：“待月西厢下，迎风户半开。拂墙花影动，疑是玉人来。”有拂墙花影，说明月色皎洁。虽然看去不够清晰，但疑似之间，有一种朦胧美，“待”着放心，想着舒心。若是黑天黑地，即使张生爬墙头不崴脚，莺莺也绝不敢半掩门扉，探头张望。“明月几时有”？恋人对于气候预报恐怕比谁都关心。

“春秋代序，阴阳惨舒，物色之动，心亦摇焉”（《文心雕龙·物色》）。人的心态是很复杂的。从这个角度去探讨一下气候与文学的关系也是件很有趣的事。

陶诗的艺术特色

凡是真正有艺术特色的诗篇，它艺术的光芒，都不会被时间的洪流所湮没。至今我们读着陶渊明的诗篇，仍然像打开一卷色彩绚丽的画轴，仿佛看到诗人站在篱边采摘黄菊的潇洒态度，仿佛看见他荷着锄头，带着明月，从田野归来的情景，仿佛听到他发出不平的哀怨，和饥饿的呻吟……

自陶渊明始作田园诗以后，随之者不计其数，然而在这车载斗量的诗人当中，真正称得上伟大的，却首屈渊明。他的归隐躬耕，是真正对仕途的厌弃，对自由的追求；不是身在江湖而心怀魏阙；不是家有良田万顷而回乡过地主生活。因此，他所感所触也就异于常人。他的诗篇，也就非一般人所可比拟。

陶渊明的诗篇，是纯真感情的抒发。诗人的形象，与他周围的风光景物融合在一起。他所创造出来的意境，色彩鲜明，引人入胜，别具一格。现在让我们以艺术欣赏者的眼光，步入诗人生活的环境里去吧！

“方宅十余亩，草屋八九间。榆柳荫后檐，桃李罗堂前”（《归田园居》）。这就是诗人生活的环境。生活在这里是非常幽静的：“野外罕人事，穷巷寡轮鞅。白日掩荆扉，虚室绝尘想”（引文同上）。虽然有时也看到：“犬吠深巷中，鸡鸣桑树巅”，但这种声音并不显得吵闹、嘈杂，反而因为有这种鸡鸣犬吠的点缀，而显得更加静穆。它和市井的喧闹，车马的奔跑，丝竹弦歌的音响，是迥然不同的。

在这种幽静的环境里，诗人过的是“一觞虽独进，杯尽壶自倾……啸傲东轩下，聊复得此生”（《饮酒》）的生活，“采菊东篱下，悠然见南山”。诗人态度潇洒，神情恬淡，有酒有菊，有黄昏的归鸟，有美丽的晚霞。无忧无虑，悠然自得。在这里，不需向权贵低眉俯首，不必为仕途忙碌奔波。

诗人虽然是一个隐士，但并不是整天沉湎在诗酒黄菊之中，傲笑在东篱之旁，看白云归鸟，抚孤松而盘桓的。他自己也参加劳动。因为这样，所以劳动的形象，在他的笔下，就显得特别鲜明而富有诗意。“种豆南山下，草盛豆苗稀。晨兴理荒秽，带月荷锄归。道狭草木长，夕露沾我衣。衣沾不足惜，但使愿无违”（《归田园居》其三）。

诗人在这里不写西归的落日，不写闪烁的星星，而选择了一个“月”字，使他所写的环境一下明亮起来。在这幅图画中，渗进诗人浓厚的情感。这跟他去仕躬耕的心情是十分合拍的。你看劳动虽然十分艰苦，但非常舒心、惬意。“带月荷锄归”，又是那么富有画意诗情，表现出他对当日丑恶社会的厌恶和否定。

在诗人的眼中，田家父老的形象也是十分可爱的。“故人赏我趣，挈壶相与至。班荆坐松下，数斟已复醉。父老杂乱言，觞酌失行次……”(《饮酒》)

这些直爽而质朴的人物，在铺满荆条杂草的松树底下，饮酒为乐。他们虽然“杂乱言”“失行次”，但无森严的礼教去束缚他们，无上司狱卒去干扰他们。“相见无杂言，但道桑麻长”。虽然有时也欣赏奇文，相析疑义；但这只是遣忧排闷，与苦读寒窗企求步入经济仕途是截然不同的。“相思则披衣，言笑无厌时”。诗人和他的朋友、邻居，都是如此纯真、质朴、豪爽、大方。

我们知道，陶渊明的归隐躬耕，是对仕途的厌弃，是和当权者做彻底的决裂，具有反抗意义。因此，他在歌唱农村的时候，总是给它抹上美丽的色彩，但实际的生活，却是艰苦饥寒的。在东篱黄菊的后面，隐藏着人世的悲苦，在诗酒的背后，有被饥寒和疾病折磨的呻吟。“夏日长抱饥，冬夜无被眠”。“倾壶绝余沥，阘灶不生烟”。“弊襟不掩肘，藜羹常乏斟”。这些诗句使我们看到诗人既有优悠潇洒的一面，又有备尝艰苦凄凉的一面。但是这些形象不是零乱的，而是构成诗人一个完整形象。我们从这个形象，看到诗人的全部生活。因此，他无论是赞美讴歌，或是太息愁吟，都能引起我们的共鸣。

陶渊明的诗篇，出语平淡而又有深味，没有矫揉造作的痕迹。用李白的“清水出芙蓉，天然去雕饰”来形容，是比较恰当的。曾竑曰：“陶公诗，造语平淡，而寓意深远。外若枯槁，中实敷腴。”葛常之《韵语阳秋》也说：“陶潜谢朓诗，皆平淡有思，致非后来诗人怵心刿目雕琢者所谓也。”这些评价都是公允的。诗贵含蓄。一泻无余，味同嚼蜡。这是不好的。艰深苦涩，把诗引入五里雾中，也是不好的。倘能于平淡之中，寄寓着深远的意境，诗情浓郁，耐人咀嚼，则为诗歌的上乘之作。陶诗正是具有这样的特色。“春秋多佳日，登高赋新诗。过门更相呼，有酒斟酌之。农务各自归，闲暇辄相思。相思则披衣，言笑无厌时”(《移居二首》其二)。这样的诗，像说话一般明白，而它的诗味却又非常之浓厚。

“暧暧远人村，依依墟里烟。犬吠深巷中，鸡鸣桑树巅。”“采菊东篱下，悠然见南山。”“归人望烟火，稚子候檐隙。”这些诗句，平淡自然，但又并非枯槁乏味，过目全无，而是愈读情景愈逼真，愈体会愈觉有深意。“初视若散缓，熟视有奇趣。”（苏东坡语）这些诗句给予你的印象，不是稍纵即逝，而是留下永不磨灭的意境。

平淡自然，是诗的一个优点，但这点诗人是很难掌握的。梅圣俞《和晏相诗》云：“因令适性情，稍欲到平淡，若词未圆熟，刺口剧菱芡。”这说明掌握不好，反而倒了胃口。陶诗平淡自然，但又使你百读不厌。淡中有浓，疏中有密，静中有动，闲中有忙。单调的鸡鸣，使你想到农村的生气；深巷的犬吠，使你想到村落的静穆；一缕孤烟，使你想起充满生活气息的茅舍；一轮皓月，使你想起明媚而富有诗意的夜色。当你读到“拥褐曝前轩”时，你也许会同诗人一道感到冬日缺衣乏食的寒冷；当你读到“悠然见南山”时，你也会解除百虑，陶醉在自然的美景之中……

平淡自然，诗味浓郁，是陶诗的主要特点，但我们也听到他慷慨的悲歌，昂扬激愤的鼓点。如《咏荆轲》：“君子死知己，提剑出燕京。素骥鸣广陌，慷慨送我行。雄发指危冠，猛气冲长缨。饮饯易水上，四座列群英。渐离击悲筑，宋意唱高声。萧萧哀风逝，淡淡寒波生。商音更流涕，羽奏壮士惊……登车何时顾，飞盖入秦庭……”场面多么庄严、肃穆、悲壮！气势多么豪放、奔腾、磅礴！还有“精卫衔微木，将以填沧海。刑天舞干戚，猛志固常在”，这些被鲁迅称为“金刚怒目式”的诗句，出现在渊明的诗中，宛如平静的水面，狂波骤起，动人心魄。这说明，陶渊明不仅善于吟咏田园的风光，在颂扬英雄、抒发豪情方面也是个能手！

清新明丽　语出天然

读着李白的诗，好像在炎热的夏日，身临清池，绿荷满眼，清香四溢，微风阵阵，驱尽暑气，令人身心为之爽然。

李白的诗篇，具有自己的特色和风格，无论是吟咏史迹，或是歌唱爱情，无论是抨击黑暗，还是描绘风光，都挥洒自如，无拘无束，一泻而下，抒发自己热烈的情怀。他的作品与别人不同，别人的作品，也很难与他相混。这其中有一个很重要的原因,便是他的语言风格。

他语言的风格,以清新明丽见长,以天然而不事雕琢取胜,平易之中见深意,浅显之中见韵味。足可以此独树一帜,而压倒他人。唐代诗人,大都从事律诗的创作,而李白在这方面,则创作较少。非他不善此体,而是声韵格律,拘束过多,不易抒发感情,未若古风与乐府歌行来得便当。他律诗中那些对偶的句子,是很工整的,却不露斧凿的痕迹。这是他从严格的声律对仗之中冲破出来,归真返朴,达到出神入化的地步。这点,是很少人能够做到的。“蜀僧抱绿绮,西下峨眉峰。为我一挥手,如听万壑松。客心洗流水,遗响入霜钟。不觉碧山暮,秋云暗几重”(《听蜀僧濬弹琴》)。诗中这两联对句,如行云流水,奔驰而去,既不违规矩,而又得天然之妙。

“水急客舟疾,山花拂面香”(《秋浦歌》)。“山从人面起,云傍马头生”(《送友人入蜀》)。江南的诗情,蜀地的画意,都是从肺腑中流露出来的,是心中的天籁,不是编织的歌声。当你进入他诗中的画面时,已被他的诗情和意境所深深地吸引,你根本就不觉得他在写近体诗了。

他的绝句,真似民歌、小调一般,如浑金璞玉,没有一丝半点人工的痕迹。如《望天门山》:“天门中断楚江开,碧水东流至此回。两岸青山相对出,孤帆一片日边来。”诗的语言,流利明快,似脱口而出,既质朴直率,而又文彩缤纷。如春之有草木,山之有烟霞,荣润繁茂,气象万千,显示出极强的感染力。“船下广陵去,月明征虏亭。山花如绣颊,江火似流萤”(《夜下征虏亭》)。似一股清冽的泉水,从岩缝中流泻出来,散成霞绮,美不胜收。诗人用画一般的语言,赞美祖国的河山。他的《早发白帝城》:“朝辞白帝彩云间,千里江陵一日还。两岸猿声啼不住,轻舟已过万重山。”后人把这首诗与王维的“渭城朝雨”,王昌龄的“奉帚平明”,王之涣的“黄河远上”,称为唐代绝句中的绝唱。评为“绝唱”,除了诗的意境之外,在语言上也是很有特色的。清新明丽,舒展自如,铿锵嘹亮,一下便把人抓住。“一为迁客去长沙,西望长安不见家。黄鹤楼中吹玉笛,江城五月落梅花”(《与史郎中钦听黄鹤楼上吹笛》)。

在流放途中,诗人心里充满苦闷,一腔抑郁,对着江城倾吐。这种激烈的感情,似乎不经过任何的修饰,便吐露出来。余韵悠然,给人留下深沉而又十分不平静的感觉。“众鸟高飞尽,孤云独去闲。相看两不厌,只有敬亭山”(《独坐敬亭山》)。情调闲逸,有点似陶潜、王维。乍一读来,淡到极点,而细一咀嚼,则又浓到极点。淡中见浓,浓中淡出,把那种悠然自适的心情,似乎在无意中写出。对青山的热恋,则似无情的感觉。

诗,写得平易容易做到,但要平易之中含有深意,却很不容易。李白以其清新明快的诗风,力扫古奥,而浅显平易又不觉其枯槁乏味。他以清新的情调,创造出一个浓郁的诗的意境。在他的送往赠答的诗中,最能看出这种特点。"风吹柳花满店香,吴姬压酒唤客尝。金陵子弟来相送,欲行不行各尽觞。请君试问东流水,别意与之谁短长"(《金陵酒肆留别》)?

感情多么直率真切,而结尾又多么富有诗味!它不是一览无余,而是让你反复吟哦不忍释卷。它是用一种十分平易直率的语言,去创造一种十分深沉的意境。

送往迎来的诗中,切忌矫揉造作,装腔拿调,需要露出真情,见其实感,才能打动人心。李白的许多这样的诗作,都能获得很好的效果。《送郄昂谪巴中》:"予若洞庭叶,随波送逐臣。思归未可得,书此谢情人。"诗人就眼前之景,把自己比作一片叶子,随波而逝,以送友人。即景生情,情在景中,情景交融。如此鲜明的形象、浓郁的诗情,写得又如此纯真质朴,毫无雕琢之痕,真是十分难得。再如:"挥手自兹去,萧萧斑马鸣","相思无昼夜,东注似长川","徘徊相顾影,泪下双江流","我寄愁心与明月,随风直到夜郎西"……诗人勾出的画面,创造出的意境,都是富有诗情的。哓畅而流利,在平易之中见其功力,显其真美。这些语言,明净到了极点,犹之去净皮毛,除尽渣滓,经千锤百炼而成,却又不见其有丝毫造作。诗清而丽,丽即文彩。能造作清新的风格,当然令人可喜,复披之以文彩,锦心绣口,转照动人,岂不更是诗之上乘?

清新明丽,自然奔放,是民歌的重要特点。李白是沿着这条道路前进的。你读他的诗,有时分不出哪是民歌,哪是文人的创作。这正好说明,他掌握民歌的特点,到了何种熟练的地步。"慷慨吐清音,明转出天然"(《大子夜歌》)。没有此这更合适的语言,来形容他的语言风格了。这点,在文人创作中,是十分可贵的。当然,从李白的诗歌来看,他不仅仅是学习,同时也有创新有发展。在学习民歌、创作新诗方面,他是很突出、很有成绩的。

秋霜在心

写诗是件艰苦的事。有人觉得如火在胸，热血沸腾，有人觉得如病在身，受尽折磨。杜牧则有与众不同的感受。他说："欲识为诗苦，秋霜若在心。"

"秋霜在心"，是一种什么样的感受呢？"霜"，冷透骨髓，如剑似刀。它虽不像烈火烧肝那样痛楚，可若置于心中，滋味也是很不好受的。"秋霜在心"，说明创作的冲动已经到来。倘若没有激情，形如槁木，心如死灰，无哀无乐，无喜无怒，火烧霜冻的痛楚是没有了，但是人还怎么能写得出诗来呢？

严霜在心，往往一时很难消除，它伴随着诗人的整个创作过程。在诗人心有所感，而构思未就之日，也就是霜气最烈，痛苦难忍之时。它可以使人坐立不安，废弃饮食，神志不清，丧失常态。贾岛因之撞了韩愈的车马，李贺因之呕出心血，白居易因之两眼昏花而不辨蚊蝇，孟浩然眉毛尽脱，王维误入醋瓮……凡此种种，苦情不一，但皆是秋霜在心的结果。

秋霜在心，何时方可消亡？必须激情吐尽，佳章写就。这时即如病初好，除净烦恼，一身轻松，恨不得抓住自己的诗篇，登高疾呼；或夜深叩门，找三五知己吟诵。这时，苦没有了，变成乐，变成甜。霜，这时化尽了，春风徐徐，艳阳高照，那种情怀，是难以言喻的。但是，作为一个诗人，这种快感是暂时的。因为他总要不停地构思，不停地创作。旧作鸣世，新作将起，而严霜又至矣！

或曰，秋霜在心，皆是写烦恼苦闷之词，如屈子的悲歌行吟，掩涕叹息，杜甫的对月伤心，泪珠化血，倘写心境愉快之情，吟花唱柳之作，当不至于此吧？其实道理亦然。作为艺术之花，需要用全部心血去灌溉。不殚精竭虑，反复锤炼，难以写得动人。"鸟宿池边树，僧敲月下门。"贾岛之词不苦。杜牧、王维之诗，也没多少哀愁，何以感情行动，都如此痛苦？可见"秋霜在心"，是包括写任何一类内容在内的。

"秋霜是心"虽然是件苦事，但作为一个诗人，心中还是有点"霜"为好。白居易在心中的严霜最烈时，便写出《新乐府》《秦中吟》，待"霜"化尽后，便只能写些梳头听琴、叹老嗟卑的东西了。一个诗人，倘在不冷不热之时，便迅笔疾书，三五百行立就，当然轻松愉快，可读时却就没有味道了。“秋霜在心”，不仅说明为诗之苦，而且也说明对待艺术创作要严肃认真。那些珍贵的诗篇，往往都是“霜”逼出来的。

反复回环　一唱三叹

李白诗歌的语言，生动活泼，汪洋恣肆，忽开忽合，变化万端。他的语言，以表达自己的思想为宗，以能抒发激情为准。语言任他自由地驱遣，而他自己不甘做语言的奴隶。他的诗，常常是篇无定句，句无定字。就句而言，以五、七言为基础，杂以三言、四言、六言、九言、十言、十一言、十五言等。信手写来，自成一格。于自由之中，见其严谨，于多变之中，见其绳墨。

无论诗人采用任何的表现手法，归根到底是要塑造形象，创造诗的意境。李白为达此目的，则常常采用反复回环、一唱三叹的表达方式。“楚山秦山皆白云，白云处处长随君。长随君，君入楚山里，云亦随君渡湘水。湘水上，女萝衣，白云堪卧君早归”（《白云歌送刘十六归山》）。

这首诗，有几个字反复出现，有几个形象穿来跳去。白云青山，表现出诗人对山对山景的仰慕；湘水、女萝，抒发他向往林泉的情趣。重复不觉其啰唆，回环不觉其臃肿。语言流畅，景物鲜明，别具一格，不失为一首好诗。

反复回环，一唱三叹的手法，大都是在诗人万分激动，情不能已的时候使用。李白非常爱月。命运寄托蟾宫，理想连着金桂。当皓魄悬空的时候，诗人便欣喜若狂，玩月、吟月、唱月、攀月、揽月、步月……之诗，便似不择词句，欢唱起来。“沧江潮流归，白壁见秋月。秋月照白壁，皓如山阴雪”（《寄句容王主簿》）。

诗人在这里，兴会所至，赞叹不绝，一味叫好。而“白壁”“秋月”，“秋月”“白壁”，在反复回环中，使人感到皓光满眼，给人留下雪月难忘的印象。诗人借助顶针的修辞手法，前连后接，一气呵成，使人不一口气读完则不能休止。从这些诗句，很可以看出诗人一颗不平静的心。可是当诗人的心境平静下来的时候，同样是这种生活场面，却变成另外一个样子。“日落沙明天倒开，波摇石动水萦回。轻舟泛月寻溪转，疑是山阴雪后来”(《东鲁门泛舟》)。诗人按照时间的顺序，逐步展开。虽同样用了“山阴雪”这个比喻，但心境是何等的平静！

李白非常爱酒。他赞美酒的时候，也常常是得意忘形，一唱三叹。“天若不爱酒，酒星不在天；地若不爱酒，地应无酒泉。天地既爱酒，爱酒不愧天”(《月下独酌》)。满纸酒味，顺风而来，令人陶醉。

李白有一首题为《赠黄山胡公求白鹇》的诗。据诗人说：“黄山胡公，有双白鹇，盖是家鸡所伏。自小驯狎，了无惊猜。以其名呼之，皆就掌取食。然此鸟耿介，犹难畜之。予平生酷好”。因为“酷好”，所以诗人满怀激情地唱道：“请以双白璧，买君双白鹇。白鹇白如锦，白雪耻容颜。”四句诗中，五个白字。用这几个“白”字，来加强白鹇的形象。月光之“白”，鹇羽之“白”，皎雪之“白”，皆觉皓光满眼，不染纤尘，适足以表现李白的磊落耿介、不满现世、向往光明的胸怀。

句与句之间，是这样重复回环，顶针相连，而一句之内，有时也常见文字重复，形象互现。如他的《宣城见杜鹃花》：“蜀国曾闻子规鸟，宣城还见杜鹃花。一叫一回肠一断，三春三月忆三巴。”此外，如“两人对酌山花开，一杯一杯复一杯”，“人闷心还闷，苦辛长苦辛”，“抽刀断水水更流，举杯消愁愁更愁”，等等。

从表面看来，诗句的文字压缩，意思也不见得少，但是如此写来，却增加了气氛，活跃了场面，强调诗人的感情。这往往是十句八句诗所起不到的作用。这不是啰唆，不是臃肿。从创造形象的效果看，倒是一种最经济的手法。

我们在民歌中，常常可以看到这种表现手法。如乐府《江南词》：“鱼戏莲叶东，鱼戏莲叶西，鱼戏莲叶南，鱼戏莲叶北。”其实，即鱼戏于东南西北。不过，若是合说，则没有味道。分说则形象鲜明。如见鱼在水中穿梭往来，栩栩如生，颇有情趣。我想，这位无名氏的诗人，一定是看到鱼在水中，欢快嬉游，心情十分激动时，才写下这首诗的。

《木兰诗》中，有这样几句：“东市买骏马，西市买鞍鞯，南市买辔头，北市买长鞭。”其实一句话，即可概括。现实生活中，也不见得如此啰唆麻烦，经营土产品的商人，也不见得分工那么明细，但如此写来，却可见木兰代父从军的繁忙情景,增加了许多诗味。

李白学习民歌的表现手法,使他的诗篇显得活泼和有趣。这点,在他那个时代的诗人中,是颇为突出的。他是一个深懂语言辩证法的诗人。多与少,繁与简,在他的诗中,获得很好的结合。一个诗人,无论他采用什么样的表现手法,归根到底只有一个目的,就是塑造鲜明生动的形象。懂得的手法愈多,艺术的效果就愈好。从李白的诗歌来看,他在这方面是十分成功的。

少陵甘作村夫子

杜甫的诗歌,给人以律对精深,庄严秀雅的印象,这只是一个方面;另外,他努力向民歌、民谣学习,吸收口语中新鲜生动的词汇进行创作,写了一些通俗晓畅、顺口易唱的诗篇。这类诗篇,和我们今天的快板较为接近。

安史之乱以后,杜甫前往灵武投奔肃宗。不幸中途为贼所俘,经过一番斗争,好不容易才摆脱敌人。杜甫回忆这段生活时,写了一篇《述怀》:“去年潼关破,妻子隔绝久。今夏草木长,脱身得西走。麻鞋见天子,衣袖露两肘。朝廷悯生还,亲故伤老丑。涕泪授拾遗,流离主恩厚。柴门虽得去,未忍即开口。寄书问三川,不知家在否?比闻同罹祸,杀戮到鸡狗……”

杜甫寄居成都,常与草堂周围的野老田翁,往来对饮。他的《遭田父泥饮美严中丞》即是记述这种生活的:“步屧随春风,村村自花柳。田翁逼社日,邀我尝春酒……回头指大男,渠是弓弩手……叫妇开大瓶,盘中为吾取……高声索果栗,欲起时被肘。指挥过无礼,未觉村野丑……”

从以上所举这些诗作,不难看出,它们的风格、情趣,既不像他那些严格的律诗,也不像他秀雅的绝句。这类诗,接近口语,有的简直像顺口溜。它们以通俗取胜,以晓畅见长,不追求辞藻的华丽,很少使用典故。它们表面看来,显得粗浅,没有文人学士的气味。它们常用由求韵,读来朗朗上口,质朴诙谐而又痛快淋漓,完全具有大众口头文学的特色。这类诗,大量吸取口语、俗语如:“丧家狗”“小子小女”“老夫老妻”等。“渠是弓弩手”的“渠”字,“昨夜水高二尺强”的“强”字，它们在当时是口语，而今天也仍然活在我们的口头语言中。这些词汇，富有生活气息，在一些贵族文化人看来，很可能认为它们是没有资格入诗的，见到这些词汇，也许“哎呀”一声，大叫头痛。杜甫的观点，则与他们不同。所以戴昺在评论杜诗时说：“少陵甘作村夫子，不害光芒万丈长。”这话说得很有道理。

文人的创作，与民间的口头文学，本来就没有一条不可逾越的鸿沟。民间的东西，清新活泼，富有生命力，它像一股春风，扫荡文坛上龌龊的浊气 。那些进步的文人，一旦把它们融入诗中，就会放射出异彩。屈原的《九歌》就是根据民间的祭祀歌曲创作的，李白、白居易、刘禹锡，都学习、模仿民歌而创作新词，因此，使他们的作品呈现出一种清新活泼的风格。文学史上许多有名的作家，都是善于写一些通俗文学的能手，或多或少和民间文学发生联系。往往是吸取愈多，其成就愈大。一个对民间文学一无所知、或者抱着冷漠的态度的人，是很难成为优秀的作家的。

艰深古奥的东西，不一定就伟大，通俗易懂的东西，不一定就渺小。真正天才的东西，应当是易于被人接受和理解的。通俗化、大众化的东西，应当提倡。但我们所说的通俗化、大众化，是浅显中寓有深意，不是一杯淡然无味的白水。杜甫这些通俗易懂的诗篇平白如话，是显而易见的；但形象鲜明，具有很高的艺术成就，也是显而易见的。

诗人把作品写得通俗些，或者写一些口头文学的作品，这不是他的“降格”，而是他们的远见和过人之处。几句顺口溜，或者一段小快板，真正写好了，它们所起的作用也是不小的。

美人心事最难猜

世上有哪一位女子，不希望自己长得花容月貌？但花容月貌，不一定就能获得爱情的幸福。当她们豆蔻年华，便见蜂来蝶去，穷追不舍，而个中不乏轻薄之徒。“易求无价宝，难得有心郎”（鱼玄机《赠邻女》）。古往今来，成为女士们的共同慨叹！

“美人卷珠帘，深坐颦娥眉。但见泪痕湿，不知心恨谁”（李白《怨情》。坐在我们面前的这位美人，雪肤花貌，仿若仙姬，但精神状态不大好。日上三竿，才懒慵慵地起床，卷起珠帘，在厅上打坐。不言不语，没精打采，见花伤心，对影自怜。昨夜里，她肯定没睡好。一更伤心，二更叹息，三更抽泣，枕巾都湿了。细看，脸上还有抹不掉的泪痕呢。是什么使她这样难过啊？女人的心扉上了三道锁，不会轻易打开，走漏消息。他人也不便叩问，怕触到痛处，给伤口撒盐。看样子，不管是千般愁、万般恨，她都难准备自我消化，暗暗吞掉。世上最大的痛苦是倾吐不出来的。此刻这种痛苦，已塞满她的胸腹，快要把她憋死了。

她既守口如瓶，不肯诉说，就只能从她的神态去瞎猜。她心里恨的，是不是就是那位酒鬼？像李商隐《无题》诗所写的：“待得郎归月已低，寒暄不道醉如泥。五更又欲向何处？骑马出门乌夜啼。”要是这种男子，真是够呛。锦帐套不住，脂香吸不住，三更来，五更走，无恩无爱，一见面便臭气熏人，真不如嫁个酒瓮呢。说不定，她恨的是那个赌鬼？“关西狂小吏”粗豪鄙俗，一天到晚，呼卢喝雉，以赌为快，不解儿女柔情，不识闺房乐趣。万一输红了眼，“一掷赌却如花妾”（贯休《轻薄篇》），连老婆也卖了。不过愿她走运，碰到的不是这样的赌徒。看来可能性最大的是那位浪荡公子了。他脸皮白嫩，骏马金鞍，不明底里的女子，一天到晚眼勾勾地盯着他。这小子玩油了，笑脸藏奸，没有一句真话，在爱情上是极不可靠的。如今他毁约背盟，又去骗人了。“但见新人笑，那闻旧人哭”（杜甫《佳人》）？他的心才狠呢！死了九条人命，他都等于没有这回事。要不是遇上这样的轻薄男子，这位可怜兮兮的美人，会愁成这个样子，恨得手脚都哆嗦吗？闺房事秘，没有掌握第一手材料，只能乱射一通，很难一语中的。

李太白的《怨情》诗中，有一位失意的美人，至于她心里恨谁，天才知道；不过大家都可以动动脑子去猜测一番。

诗怕味同白水，无回味处；亦怕坠入五里雾中，令人不辨南北。此诗妙在不言中。种种情景，读者可思而得之。“不著一字，尽得风流”，即此之谓也。

侃 狗

犬守夜，鸡司晨，六畜之中，犬是警卫战士。柴门荆扉，竹篱茅舍，因为有了它们的存在，才得以有个甜甜蜜蜜的梦。“夜静群动息，时闻隔林犬”，这是王维《春夜竹亭赠钱少府归蓝田》诗句。在豺狼出没，匪患未已之处，它们的责任尤其重大。“村小犬相护，沙平僧独归”（李商隐《桂林路》）。这个“护”字，神圣不可侵犯。不管是虎是狼是盗是贼，一旦发现，就立即报警，冲上前去。把关守塞的人，也难免有放松警惕的时候，而它们始终坚守岗位，不随便放过一个可疑的踪影。它们的吠声并不都是怀着敌意，有时是远接高迎，不过你要善于倾听。“柴门闻犬吠，风雪夜归人”（刘长卿《逢雪宿芙蓉山主人》）。夜静更深，风狂雪猛，此时外出未归，不独家人担心，犬也为之不安。它时时侧耳远听，细辨足音，主人真的回来了，它就赶快跑过去，领进柴门。

它的吠声，有时未免吵闹，但却与宁静互补。王维在《山中与裴秀才迪书》中写道：“夜登华子冈，辋水沦涟，与月上下。寒山远火，明灭林外。深夜寒犬，吠声如豹。”这吠声确实凶猛，具有威慑力量，但并不恐怖。王维在这里，是以这种吠声，去烘托村墟夜舂、疏钟相间的宁静。“春日莺啼修竹里，仙家犬吠白云间”（杜甫《滕王亭子》）。禅心佛性，不怕犬的干扰；道童仙姑，也喜听它的吠声。

犬在劳动生产中，是很好的帮手。“牧童望村去，猎犬随人还”（王维《淇上即事田园》）。主人马头上挂着山鸡野兔，黄狼白狐，这丰富的收获，不也有它的一份功绩吗？

它对敌狠，对己亲，人情味极浓，杜甫与家人重回草堂的时候，最先跑来欢迎的是它：“旧犬喜我归，低徊人衣裾”。杜甫在离乱之时得到弟弟的消息，知他家庭发生不幸，自己十分悲伤。这时最为同情和为之分忧的则是它：“旧犬知愁恨，垂头傍我床。”杜甫思乡，身在舟中，有书难寄，不禁又想起它来。如这时有它在身边，让它捎封书信该有多好！《述异记》载：陆机有犬叫黄耳，他在洛阳写了封家信，盛在竹筒内，系在犬颈上。黄耳经历千辛万苦，奔驰到家，得回书返洛阳。它一旦与你结为知己，就相亲相爱，生死与共。李商隐诗云：“遥知小阁还斜照，羡杀乌龙卧锦裀。”《搜神记》说，张然有少妇，与奴通奸，欲谋杀张然，因做饭供食。奴拔刀倚户。张然有犬名乌龙，注目舔唇视奴，张然大唤一声：“乌龙”！犬应声伤奴。奴倒地，遂取刀斩之。它虽不能与苏军犬背炸药包炸德国鬼子的坦克相比，但为主人分忧，清除内患，也干得很出色。

因它有那么多可爱之处，所以养它的人都不肯薄待。“脂膏兼饲犬”。杜甫在《黄鱼》诗中说，巴东人用鱼膏来喂养它，可见它们的伙食标准不低。

许多广东人见狗，便想吃它们的肉。“老猫嫩狗”，老狗固然可吃，小的味道更佳。“狗肉一开锅，神仙打哆嗦”。然而读了上述描写狗的诗篇，为诗情所感染以后，也许就会放下屠刀，不再思尝一脔了！

唐代的巾帼诗人——李冶

唐代产生过许多有名的女诗人，李冶便是其中的一个。

李冶，字秀兰。据《全唐诗》说，她是浙江吴兴人，后出家为道士。她自小聪敏，智慧过人，专心翰墨，对诗和音乐都很精通。六岁时，父亲领她到后花园去玩，见满目蔷薇，生机蓬勃，便立即吟道：“经时未架却，心绪乱纵横。”将物拟人，融情入景，表现出她的才气。

李冶喜交游，蔑视封建礼法，她常与男文士往来。如科学家兼诗人陆羽、诗人皎然等，跟她都很要好。因此流言蜂起，攻击之声嗡嗡不绝，但她毫不在乎，继续我行我素。她的诗名在当时影响很大，唐玄宗很重视她的才气，曾经召她进宫，赏赐甚厚。

李冶为诗，态度严肃，极有功力，非草率示人者可比。她留下的诗作不多，但都有较高的艺术水平。“相看折杨柳，别恨转依依。万里江西水，孤舟何处归？湓城潮不到，夏口信应稀。唯有衡阳雁，年年来去飞”（《送韩揆之江西》）。诗的感情真挚，结尾亦颇有余味。“人道海水深，不及相思半。”她的诗句，富有创造力，在抒情言怀方面，都是较为出色的。

诗要有想象力，创造出深远的意境，方能引人入胜。李冶的诗恰好在这方面显示出自己的才能。唐代的音乐甚为发达，描绘音乐的作品亦很多，如白居易的《琵琶行》，韩愈的《听颖师弹琴》，李贺的《箜篌引》等，都是名篇。但李冶的《从萧叔子听弹琴赋得三峡流泉歌》，则是篇极富个性的作品，其在拟声绘音、创造音乐形象方面，可以说是走在他们的前面。这首诗一开头，便把人领进一个诗的意境："妾家本住巫山云，巫山流泉常自闻。玉琴弹出转寥敻，直是当时梦里听。"她把优美的琴音与三峡的流泉融合在一起，形象鲜明动人，一下便把读者抓住。接着，她对琴音做了丰富多彩的比喻和描写："巨石崩崖指下生，飞泉走浪弦中起。初疑愤怒含雷风，又似呜咽流不通。"各种音韵的变化，不同演奏的情调，写来极为传神。应该说，这些形象是自家的巧手编织的，是从肺腑中倾泻出来的一片诗情。

李冶的诗才，瑰丽的文彩，还表现在她的诗歌语言的流丽婉转、反复回环、变化多姿上面。如她的《明月夜留别诗》："离人无语月无声，明月有光人有情。别后相思人似月，云间水上到层城。"这样的诗篇，出自一个巾帼诗人的手中，怎不令人惊讶赞叹！

杏花春雨

国色天香的牡丹，在唐代令许多人癫狂着迷。入宋以后，牡丹虽然还是那样地娇美，但人们对它的热情已大为降温。过去不大被人钟爱的杏花，却颇受青睐。

清明时节，薰风送暖，细雨霏霏，牡丹犹怯春寒，而杏花已争相怒放。千枝万朵，脂红粉白，向人间贡献自己的辉煌。"梅苔香边踏雪来，杏花雨里带春回"（杨万里《送罗永年西归》）；"沾衣欲湿杏花雨，吹面不寒杨柳风"（志南《绝句》）。杏花春雨，春雨杏花，这两者差不多是同步的。气象氤氲，诗意浓郁，令人春情勃发。陆游在杭州旅舍，万千心事，辗转难眠，却写下这样脍炙人口的诗句："小楼一夜听春雨，深巷明朝卖杏花。"宋人喜杏，即使庭院没有栽种，也要买三枝两朵，美化居室，赏玩春光。叫卖杏花的声音，既已深入寻常巷陌，在那热闹的街市，想来情景定更为活跃。买花卖花，成了当时人们生活的一项重要内容。陆游的诗句因为写出生活中的情味，所以传入宫中后深为孝宗赏识。

有人把杏花视为春的象征，报春的使者。“春色满园关不住，一枝红杏出墙来。”万卉千花，可以描绘出春景的太多了，为什么偏要拈出“一枝红杏”？“红杏枝头春意闹”。春在什么枝头不可以“闹”，偏偏又是这个“红杏”。看来都不是随便落笔，当有特殊的韵味存焉。

走马看花的人，往往意不在花。即使看，也属草草。而真正赏花的人，就完全不同了。他们赏得有滋有味，赏得深刻独到，左顾右盼，常有惊人句。杨万里《郡圃杏花》云：“小树嫣红一两枝，晴熏雨醉总相宜。才怜欲白仍红处，正是微开半吐时。”花在半开，情景最佳。这是经验之谈，也是审美的共识。人们多爱将花喻为美人。对于杏花，有人更是她将打扮成绝代佳丽。当其盛开时，固然顾盼多情。招人怜爱，就是随风而落，也像残妆不整的景阳妃子。无论什么名花，一旦凋零，都会令人叹息连连，眷恋随失。不过有人对杏花的一缕芳魂，且深情不改。他们要给那馨香安排一方净土，免得落入浊尘，遭人践踏。“小市门前沙作堤，杏花虽落不沾泥”（陆游《小市》），我想就是那种心态的反映。有人自视高洁，百折不改其初衷，亦以杏花作比。“总被春风吹作雪，绝胜南陌碾成泥”。这杏花的骨气，在王安石心中，占有何等重要的位置。

花的命运如何，受到社会与地域的制约。在此时大出风头，在彼时则遭人冷眼；在甲地红极一时，在乙地则无人问津。少有长领风骚的。“情人眼里出西施”。是不是“西施”，自有客观标准，不过多因“情人”而定。“年年岁岁花相似，岁岁年年人不同。”不同的人，看亘古如斯、少有变化的花，便生出不同的感慨来。

谈诗序

诗有序，是诗和散文结合的一种形式。用得好，如劲旅之有羽翼，如高阁之有长廊，如奇树之有怪石，交相辉映，自然成趣。古今之佳诗固然很多，好的序文给人留下印象者亦不少。

唐代的诗人,喜欢用序。有的人用得特别多。那些好的序文,本身就是一首优美的散文诗。它们具有文字清新、语言形象、音节响亮、意境深远的特点。读了之后,不特可以窥见诗人的胸臆,而且可以获得艺术的享受。沈佺期的《从崇山向越常序》云:“崇山至越常四十里,杉谷起古崇山,竹溪从道明国来,于崇山北二十五里合。水欹缺,藤竹明昧,有三十峰,夹水直上千余仞,诸仙窟宅在焉。”寥寥数语,写出江南山水的俏丽,有一种明净的意境。王武陵的《宿慧山寺序》:“是时山林始秋,高兴在木,凉风白云,起于座隅。逍遥于长松之下,偃息于磐石之上。仰视云岭,俯瞰寒泉。夕阳西归,皓月东出,群动皆息,视身如空……”写景如画,宛如一幅秋山晚景图;文笔洒脱,充满抒情诗的味道。此外如李渤的《南溪诗序》,文字十分优美,用山水画家的手法,写出南溪岩石争高斗丽,孕翠曳烟,深幽静穆的境界。元结的《石鱼湖序》,赵冬羲的《滗湖作序》等,都可称得上山水小品,可与柳宗元的《永州八记》媲美。

一些优秀的序文,能以极其简练的手法,动人的语言,刻画出人物形象,或叙述出一段奇闻逸事。如岑参的《胡僧歌序》:“太白中峰绝顶,有胡僧,不知几百岁,眉长数寸,身不制缯帛,衣以草叶,恒持《楞伽经》,云壁迥绝,人迹罕到。尝东峰有斗虎,弱者将死,僧杖而解之……”用极其简短的文字,刻画了一个奇僧的形象,其生动传神,真可谓呼之欲出。又如沈亚之的《梦挽秦弄玉》,作记以述异境,缠绵曲折,哀婉动人。诗讲究立意,序亦应讲究立意,绝不能草率为之。

一些诗人常用序文抒发感慨,强调主题,表现出自己的情趣。诗以抒情为主,受形式的限制。序文如用得好,则可以起到补充和加强表达作品思想的作用。岑参的《优钵罗花歌》,是写他在“领伊西北庭度支副使”时,有交河小吏献花的事。此花异于众草,异香腾风,秀色媚景,因而诗人深切地慨叹道:“尔不生于中土,僻在遐裔,使牡丹价重,芙蓉誉高。……亦何异怀才之士,未会明主?”这些内容,要写到诗中,很难发挥得如此深透,也容易显得枯燥,而借助序文,则可以起到辅佐的作用。元结的《舂陵行》,是一篇现实主义的杰作,写出人民在安史之乱前后所蒙受的深重苦难。而其内容,已在序中,讲得非常清楚:“道州四万余户,经贼已来,不满四千,大半不胜赋税。到官未五十日,承诸使征求符牒二百余封。皆云:‘失其限者罪至贬削……’”读者在这里,清楚地看到离乱的世情。不特民不聊生，正直的官吏也有苦难言。这种序文，跟诗一样，都是历史的记录，是受难者的悲号和控诉，给人留下深刻的印象。白居易的《琵琶行序》："感斯人言，是夕觉有迁谪意"，以含蓄的语气，透露自己的不幸，和琵琶伎那种天涯沦落的哀怨之声配合得很好。

序文用得好有上述的好处，而用得不好，则影响读者的胃口，与诗人的主观愿望背道而驰。萧颖士是古文家，而诗却写得平平，用序尤其笨拙。他有一首几十字的短诗，却用了八百多字的序文。到底诗人在作诗，还是在作文？到底读者是在读文，还是在读诗？诗人最好是在作文时显露自己的诗才，而不要在作诗时显露自己的文才。至于描写"高深的"科学道理，运用偏僻而又离奇的典故，非长序不足以讲明，非作记不足以弄清。但超过诗本身数字的许多倍，那确实是诗人的下策。

诗，应当让人读懂，看懂，浅显而又含蓄，平易而又有深味。因此，用序应当慎重，只能必要时才用。宁可少用，甚至不用，也不要滥用。

谈诗题

读一首诗，首先接触到的是题目。诗抓人不抓人，有时题目起到引导的作用。有的题目，读者觉得新颖，有意思，他便想翻下去。反之，题日很熟、很俗，就有可能引不起兴趣。

一首诗的立意，是很重要的，但命题亦不可轻视。命题与立意是联系在一起的，古人有"题高则诗高"的说法。虽不能完全作如是观，但却有一定之理。读者常常可以从题目窥见诗人的胸臆、情趣和格调。

先有诗而后有题，或先有题而后有诗，我以为均无不可。关键在于，诗与题应是有机的组合，而不是各自无关的东西。

李白、杜甫、白居易这些大诗人，努力学习民歌，大量创作新乐府诗体。往往即事命篇，题明而意显。特别是白居易，在理论上加以提倡："句首标其目，章卒显其志。"诗的第一句，即是题目。如《卖炭翁》《杜陵叟》《道州民》等等。诗人这样命题，有其现实的目的和政治上的意义。

诗之题，有长有短。短的可以是一个字，长的可以是数十字，以至百字以上，超过作品本身的字数。有的类乎一篇小序。

有的诗，标明“无题”。“无题”亦即是有题。《无题》，大都用来写幽情暗恨，或有政治原因和其他方面的用意，不宜标出，但读者从字里行间，是能看出诗人那颗苦心的。李商隐喜欢用《无题》做标题，以宣泄自己心中的爱情。在诗史上是很有特色的。

有的诗，题显而意露，有的诗，题显而义隐。如王建的《新嫁娘词》：“三日入厨下，洗手做羹汤。未谙姑食性，先遣小姑尝。”从题目看，咏的是新娘，初入厨房，从事烹调的事情。但实质上，它是一首隐喻诗。它的真正用意之一，是想说明一个不熟悉情况的人，应先做调查研究，听取别人的意见，好决定行事。但写来不露马脚。若不仔细揣摩，把它当作咏新娘之诗，岂不有失本义？这首诗，命题与立意是不可分割的，表现出诗人独具的匠心。

诗题，往往是诗的一部分内容。细看题目，便增加对内容的了解。题与内容，互相补充，有隐有现，省却许多文字。

诗要精炼，尤贵含蓄。题目一看已经明了，内容就不必重复。如杜甫的《曲江对雨有怀行营裴二端公》：“南纪风涛壮，阴晴屡不分。野流行地日，江入度山云。层阁凭雷殷，长空面水文。雨来铜柱北，应洗伏波军。”胡夏客曰：“诗中言江阁，言对雨，言怀裴，言行营，凡题所当发者，诗皆一一拈出”（见《杜少陵集详注》卷二十三）。可见杜甫在行文布局时，处处顾及题目。

好诗要有好题。

写好一首诗不容易，出好一个题目也不容易。诗题以简洁、新颖、醒目、易记，富有吸引力者为上乘。

诗的开头和结尾

诗开头难，结尾也难。诗无固定格局，全凭独出心裁。但一般说来，开头应当抓人，结尾应有回味。

李白的《蜀道难》，开头一句："噫吁戏危乎高哉！蜀道之难难于上青天。"一声惊叹，震撼八方，如见峻岭奇峰，连绵起伏，湍流飞瀑，猿啼虎啸。诗从这里展开，呈现出一幅幅雄伟壮丽、惊险奇绝的画面。而他的《望庐山五老峰》，一开头便唱道："庐山东南五老峰，青天削出金芙蓉"，抓住形象，把读者领进如诗似画的境界。李白同是写山，表现的手法却各不一样。

杜甫写诗，讲究立意布局。他的《登楼》头一句是："花近高楼伤客心。"花近高楼，正好欣赏，娱心悦目，为何却要伤心？诗的第二句回答了这个问题："万方多难此登临。"这样，读者就随着诗的步伐渐进，倾听诗人的琴声，了解诗人的衷曲。而诗的神韵情趣，也就融进读者的心中。

有人说，好的开头，是成功的一半。然一半不是全部。如无好的结尾，在读者心中仍难留下深刻的印象。所以历来诗家，均注意诗的结尾。

李白有不少送别的诗。送往迎来，人情之常。此类诗，如不精思，很容易落入俗套。试读他的《黄鹤楼送孟浩然之广陵》："故人西辞黄鹤楼，烟花三月下扬州。孤帆远影碧空尽，惟见长江天际流。"诗人伫立楼头，目送故人。遥望水天相接的远方，帆影渐失。江水滔滔，情思翻滚。诗中无一离愁别恨之词，而怅惘寂寥之情全出。结尾余韵悠悠，感情深沉含蓄。但是，倘一律如此写法，岂不又成老套？因此，他的《金陵酒肆留别》又换了另外一副格局："风吹柳花满店香，吴姬压酒劝客尝。金陵子弟来相送，欲行不行各尽觞。请君试问东流水，别意与之谁短长？"这是将别而未别的情景。眼前还没见碧山帆影，但离愁已涌聚心头。诗的最后两句，对当时的环境、气氛，做了高度的概括。到底是"别意长"还是"江水长"？让读者去思索、去回味。李白有时也用侧面烘托做结。如他的《送友人》："挥手自兹去，萧萧班马鸣。"马尚有情，萧萧鸣别，何况人乎？这样就给人以联想。他的《劳劳亭》结尾也很有特色："春风知别苦，不遣柳条青。"折柳赠行，阳关三叠，离章别句，文人墨客不知写了多少，然而大都从正面道出，缺乏新意。李白这两句诗，构思新巧，出语惊人。人与景合，景与情合。千斛离恨，万缕愁思，让客观的事物表现出来。

倒啖甘蔗，渐入佳境，留下余味，当然是诗之上乘，但以直率天真、大胆泼辣、痛快淋漓做结，也有它动人的地方。如南北朝乐府民歌："阿婆不嫁女，那得孙儿抱？”“老女不嫁，踏地唤天。”李白学习民歌，也运用这种手法。如他的《杨叛儿》，写一位女子冲破伦理道德的束缚，要与情侣长伴不分。结尾两句：“博山炉中沉香火，双烟一气凌紫霞。”诗句热热辣辣，像一团烈火。

诗无固定之开头，但开头怕拖拉。诗亦无固定之结尾，但结尾怕无情。掩卷沉思，知开头结尾之不易也。

翻新变化

学习前人，推陈出新。

善于吸收者，将别人的精华，化作自己的营养，壮大自己，丰富自己。消化不良者，吃肉长毛，在自己的作品中，留下模仿别人的痕迹。

每一个优秀的诗人，都是善于吸收别人长处的人。《渔隐丛话》说：“老杜、李太白、韩退之，早年皆学建安，晚乃各自变成一家耳。”《居易录》说：“七言古诗，惟杜甫横绝古今，同时大匠，无敢抗行。李白、岑参二家，别出机杼，语羞雷同，亦称奇特。”问题不在于学谁，关键在于不拘泥固执，能入能出，能变能化，才能在文学史上独树一帜。

李白是善于学习别人的能手，他把别人一些优秀的诗句当作原料，通过自己的机杼，织出新的图案。曹植《七哀》诗：“愿为西南风，长逝入君怀。”李白《闻王昌龄左迁龙标遥有此寄》：“我寄愁心与明月，随风直到夜郎西。”他裁取曹植的诗意，而变成奇语。李白有些诗句，格式与人相像，但格调却与人迥异，有自己独特的神韵和个性。“池塘生春草，园柳变鸣禽。”这是谢灵运《登池上楼》中有名的佳句。李白的《赠从弟洌》诗：“西风飘落日，节变流莺啼”，意境与其有相似处，但冶炼的功夫极深，没有流露出因袭前人的窘态。沈云卿诗：“船如天上坐，人似镜中行。”原出王逸少语：“山阴路上行，如在镜中游。”李白的《清溪行》诗：“人行明镜中，鸟度屏风里。”胡元任对此评曰：“虽有所袭，而语益工。”学习前人，反对亦步亦趋，必须向前发展，创造出更多的新意，否则便没有什么意义。

学习别人的作品要变化翻新，就是自己的作品也要变化翻新。

李白有不少送别赠答之诗，意思相近，而意境不同：“东流若未尽，似见别离情”（《口号》）。“请君试问东流水，别意与之谁短长”（《金陵酒肆留别》）？“孤帆远影碧空尽，惟见长江天际流”（《黄鹤楼送孟浩然之广陵》）。同是用长江黄河做喻，抒写自己的离愁别恨，表达真挚的情谊，但变化万端，出奇生彩，毫无千篇一律的感觉。究其原因，是诗人时时变换角度，让形象进行不同的组合，翻出各种画面，收到很好的艺术效果。

再如李白写秋光的诗句，手法变换也十分巧妙：“人烟寒橘柚，秋色老梧桐”（《秋登宣城谢朓北楼》）。“露浩梧楸白，霜催橘柚黄”（《秋日登扬州西灵塔》）。“人烟寒橘柚”这个“寒”字，不正是与“霜催橘柚黄”的“黄”字同意吗？天气生寒，故橘柚变黄，而“黄”乃标志着寒的来临。“秋色老梧桐”这个“老”字，与“露浩梧楸白”这个“白”字，意思亦是相近的。秋天到了，梧桐凋零，树皮剥落，显示灰白的颜色。“老”与“白”，都带有季节的特点。于此可以看出，诗人并没有图省事，拿同样的句子，去表现同样的意境，而是刻意求新，另辟奇景，显示出它的多姿。

谢榛在《四溟山人集》中谈到诗人对“泪”字的运用。一些不愿意动脑筋的诗人，一写到“泪”字，便是“沾衣”“沾裳”就完了，而那些有独创性的诗人，却不肯拾人牙慧。如潘岳的“涕泪应情陨”，杜甫的“近泪无干土”，李白的“泪尽日南珠”，刘禹锡的“巴人泪应猿声落”……这些都说明诗人在努力创新，要写出自己的特色。

“谢朝花于已披，启夕秀于未振。”陆机这句话概括出善于通变的道理。

韩非论“想象”

在中国最先提出“想象”的人是韩非。他在《韩非子·解老》中说：“人希见生象也，而得死象之骨，案其图以想其生也。故诸人之所以意想者，皆谓之象也。”在这里韩非接触到了形象思维的思维方式问题。

作家进行形象思维，必须有生活依据——象。虽然“希见”但一定必须“见”过。倘心中无象，关门制作，以理推论，则虽有象骨，也很可能画出牛来。反映失真，常常是出于对“象”之无知，或知之不深。当然，形既不似，则神亦亡。

因此，作家必须深入生活，研究生活，辛勤地去捕捉“象”，去搜集“骨”。一旦心中有“象”，手头有“骨”，便可以展开想象的翅膀，上下几千年，纵横数万里，升天入地，涉水登山，四通八达，左右翻飞。生活异常丰富，五彩缤纷。“象”之形态不一，性格亦殊。只懂得一种“象”往往是不够的；最好是懂得各种各样的“象”。作家在塑造形象时，很可能用甲地之象的头，乙地之象的尾，杂取种种象，合成一个象。这个“象”，经过作者的大脑加工，渗入他的思想感情，加进他的主观见解，变成一种“新象”，具有集中概括的意义。这种“新象”，才是艺术化之“象”，才会放光生色，闪烁有神。

象之再生，有这样两种情况：一是原来有“象”，但已经消失，变为“无”，而作家恢复它的面貌，使之变为“有”；一是本来没有，但从一些“骨”的迹象，推想它过去为有，或将来会有。韩非借老子之言以名之曰：“无状之状，无物之象。”天宫月窟，纯属乌有之乡，李白的雷公击鼓，玉女投壶，乃是从人间之“骨”，想见天上之“象”。历史小说多是得古人之“骨”，“案其图以想起生也。”

韩非从象的由有到无，由无到有，接触到了形象思维的过程和特点。他首先提出“想象”一词，并对其进行生动精确的解释。它的意义不可低估，它在文坛上的历史地位不容忽视。此后，陆机在《文赋》中提出的：“观古今于须臾，抚四海于一瞬”，“笼天地于形内，挫万物于笔端”，刘勰在《文心雕龙·神思》中提出的：“寂然凝虑，思接千载；悄焉动容，视通万里”，论述得就更加丰富了，但韩非已开其先声。

剔开红焰救飞蛾

同一题材，同一主题，不同的诗人，有不同的写法。这其中固然是思想境界的差别，但也与艺术构思有关。

唐代不少诗人都反映过宫女的生活。因为这是一个社会问题，自然引起人们的关注。封建帝王，为了过荒淫无耻的生活，搜罗天下美女，充塞深宫。“后宫佳丽三千人”，“有不得见者三十六年”，历朝大抵如此。这些女子一经进入深宫，便失去自由，没有爱情的欢乐，没有青春的笑容，含愁带恨，郁郁终老。那些具有人道主义的诗人，对她们的遭遇，表示深切的同情，为她们倾吐心头的不满。

白居易写过一首《后宫词》：“泪湿罗巾梦不成，夜深前殿按歌声。红颜未老恩先断，斜倚熏笼坐到明。”诗中塑造了一个深宫怨女的形象。她被抛弃了，感到万分的悲哀和难言的痛苦。泪湿罗巾，哀哀无告，连梦也做不成啊！而此时此刻，前殿歌声悠悠，舞影翩翩，统治者又以更多人的痛苦，来换取自己的欢乐。歌声传来，心中更觉凄苦，反抗无力，顾影自怜。她只能斜倚熏笼，以“坐”来进行无声的悲苦的反抗。诗的形象鲜明，人物如浮雕一般矗立在读者的面前。白居易在《新乐府序》中说：“卒章显其志”。也就是他常常在诗的末尾点明主题，以直率取胜，以显浅见长。“红颜未老恩先断”，可以看作诗的主题。“斜倚熏笼坐到明”，也没更多的含蓄，是正面地宣泄自己的感情。

而与白居易同时代的诗人张祜，写了一首《赠内人》：“禁门宫树月痕过，媚眼微看宿鹭窠。斜拔玉钗灯影畔，剔开红焰救飞蛾。”“内人”即是“宫人”。这首诗的主题，和白居易的《后宫词》是相近的，但构思完全不同。它不从正面叙述，而是从侧面抒写。禁门千重，宫树深锁，这里面埋藏着多少怨和恨啊！月夜美好，但不属于她们；宿鹭成双，而她们却没有欢乐。御苑深宫，像一座监狱，她们是不戴镣铐的囚犯。自由的翅膀已经丧失，永远望不穿那漫漫的长夜。她们心中有数不清的痛苦与哀愁，但表面绝不让人看出。诗人通过“剔开红焰救飞蛾”的情节，使诗的意味更深一层。皇宫，不正像一盆吞噬无数宫女生命的恶火吗？宫女——那些生命像蛾一样微弱的形象，在被摧残，被毁灭，有谁来营救她们呢？但是诗人不是把她们比为绕火而飞的蛾，而是写她们去救与自己命运相同的弱者。自救无暇，反去救蛾，她们的命运更增加读者的同情和怜爱。诗从侧面去表现主题，言有尽，而意无穷。它给予读者的印象是十分深刻的。它比之正面直书，破门而入，更有余味。

诗要有特色，从侧面去写，是个好办法。譬之登山，从正面固然可以登上，但侧面亦可登上。正面登上容易,但你是踩着别人的脚印走路;侧面虽难,有巉岩万叠,峭壁千仞,但走的是新路,步法不容易与人相同。你选你的侧面,他选他的侧面,自然也就绰约多姿,有助于克服千篇一律的毛病。

正与侧,是矛盾的统一体。那些给人印象深刻的诗篇,常常是从侧面登上艺术的顶峰的。

驴背诗情

一只不起眼的毛驴,在它的背上却产生许多优美的诗篇。

杜甫困守长安时,就是靠一只毛驴,东奔西跑,交游求官。当然,骑毛驴跟跨大马坐高车不同,这种低等的交通工具,并不十分潇洒,多少带点苦涩的味道。杜甫的《奉赠韦左丞丈二十二韵》云:“骑驴十三载,旅食京华春。朝扣富儿门,暮随肥马尘。残杯与冷炙,到处潜悲辛。”这就是骑驴的命运。不过,在这驴背上细察人生,诗如泉涌,给社会绘制了一幅多方的图画,如《八仙歌》《兵车行》《丽人行》《出塞九首》等,都是这时期的佳作。

李贺喜欢骑驴。他的许多诗都和驴有关。李商隐在给他作传时说:“恒从小奚奴,骑距驴,背一古破锦囊,遇有所得,即书投囊中。”他功名失意,壮志难酬。“关水乘驴影,秦风帽带垂”(《出城》)。这两句诗,活活画出落第归家时的惨情。

骑驴虽然寒伧,但总比没驴可骑,徒步行走为佳。杜甫当过几天兵器仓库“保管员”,因为往官衙时,无马骑,徒步走路,挨官长骂,后来向东家借了一头蹇驴。王梵志诗云:“他人骑大马,我独跨驴子。回顾担柴汉,心下较些子。”比上不足,比下有余,诗人在驴背上求得心理平衡。不过也别把驴一律看轻。其中白者则非凡夫俗子所可享用。“谁是任公子,云中骑白驴”(李贺《苦昼短》)。据说这位任公子,骑白驴而升仙。

就写诗而论,骑骏马不如坐毛驴。因为毛驴速度缓慢,行走平稳,可一边走路,一边构思。有人问郑綮:“近为新诗否?”他回答:“诗思在灞桥风雪中驴子上，此处何以得之？”而马则不然，飞奔疾走，横冲直撞，动不动就会惹麻烦，需多加小心。当然骑驴而出重大交通事故的也有。贾岛喜欢在驴背上推敲，一日走火入魔，跟“市长”大人撞上了。有一种传说这样写道：他“尝跨蹇驴，张盖横截天衢，时秋风正厉，黄叶可扫。遂吟曰：‘落叶满长安’，方思属联，杳不可得。忽然‘秋风吹渭水’，作对，喜不自胜，因唐突大京兆刘栖楚；被系一夕，旦释之”（《唐才子传》）。因为一心想诗，而不知道过马路时要来回顾盼一下，这是一个错误；他的驴背上还搭了个棚子，大概只想遮阴，而未想到这会挡住了视线，这又是一个错误。为了这两句诗，被拘一夜，付出的代价，可说不小。他这个同代人就此有诗写道：“骑驴冲大尹，夺卷忤宣宗”（《安锜》）。

贾岛非常贫困，常向人索米，采野菜代餐，假如他没有这头驴，就是名副其实的“无产阶级”了。他这头驴，像一位穷知识分子的旧自行车，不过比自行车保管还方便。“门连野水风长到，驴放秋原夜不归”（王建《寄贾岛》）。张籍赠他的诗也有这样的句子：“蹇驴放饱骑将去，秋卷装成寄与谁？”自行车还须打气，交保管站，他的驴子饿了就放到外面任意吃草，需要时就牵过来。“布囊悬蹇驴，千里到贫居”（姚合《贾岛至》）。走了“千里”的自行车，别说需频频补胎，恐连外胎都得换了，他这头驴却无事。后来他到长江县任主簿，骑的也是驴：“长江飞鸟外，主簿跨驴归。”

唐代许多诗人都骑驴，走路敲诗两不误。那副神态，颇令后人为之向往。陆游《剑门道中遇微雨》云：“衣上征尘杂酒痕，远游无处不消魂。此身合是诗人未？细雨骑驴入剑门。”王侯将相已化为粪土，驷马高车也无影无踪，而驴背上的诗篇却至今仍为人传唱；驴背上诗人的形象至今仍令人难忘。李洞过贾岛旧地时说得好：“年年谁不登高第？未胜骑驴入画屏。”

知识标价

古人不管有多少远见卓识，都很少向社会“标价”。初唐诗人王梵志则有点不同。他说：“我有一方便，价值百匹练。”他这“方便”是什么“高招”，其价如此之昂贵？说来很简单，只有两句诗："相打常服弱，至老不入县。"也就是说，与人争斗时，不管有理没理，能打赢或打不赢，你都得认输，最好是从出生到老死，一脚也没进过县衙。能按此法行事，这一百匹练就"值"了。

道理虽然简单，但并不易行。倘若理在自己，反受欺压，能甘心忍受，而不起来抗争吗？人活一口气，树活一层皮，就算打到天边，告塌衙门，也要论个是非曲直。如此一来，祸将至矣！封建社会十分黑暗。"衙门八字开，有理无钱莫进来。"当官的不分青红皂白，先各打五十大板，然后看谁的胳膊硬，看谁行贿多，再判决。吃完了被告，吃原告，吃完了原告，吃被告。一件鸡咬狗，狗咬鸡的小事，今日对簿，明日会审，久判不下。弄得你有工做不成，有田耕不得，打输了，固然倾家荡产，打赢了，实际上也是输得一塌糊涂，待双方都看到这一层，恨不得撤诉私了，甘当孙子，趴下来磕头，那为时已晚！"一字入公门，九牛拉不出"。衙门是个无底洞，别说你投进"百匹练"，投入千匹练也填不满。

人在衙门外面，遇事容易气愤难平，一千个不含糊，但一旦入到里面，便都腿软打蔫，有理难申。司马迁对此深有体会。他因为李陵的案件牵连，无辜入狱，凭他的才学见识，十个律师事务所也满抵不上他，但一上来，便"交手足，受木索，暴肌肤，受榜捶"，脱光衣服打个半死，逼你低头认罪，胡说八道。因此，他得出结论："画地为牢势不入，削木为吏议不对。"这跟王梵志警告人们"至老不入县"，是完全一样的。

王梵志是佛徒。他劝世人勿怨勿怒，勿争勿斗，忍让是福，退避免祸。这种"逆来顺受"，包含着消极的因素，但从他对人世的体会来说，也是不得已而为之。他出家之前，亲见官府的黑暗，百姓冤情难白，只有远离公堂，才能减轻痛苦。佛教的宗旨，要"拯救世上受苦的苍生"，也许他觉得自己这种主张，也是佛"拯救"之一途。

王梵志说，身在空门，自然是淡泊名利，不图钱财，他说这两句诗"值百匹练"只是喻其重要，并不真的有经济头脑，想开个咨询公司，拿去换钱，从善男信女的囊中搜刮一笔。如果两句诗便"值百匹练"，则文人早已走出穷乡，王梵志也不至于瓦钵清斋、绳床草履，贫到彻骨。诗文的价值，不能单凭卖方标价，还得有买方市场才行。看来顾客对此十分冷淡。因为争强好胜、不肯吃亏是人的天性，明知官吏贪浊，讼则两伤，但仍然请律师、托讼棍，打得遍地星火，水尽鹅飞。由此观之，王梵志的“方便”，不仅“百匹练”不值，恐连二尺土布都没人要。

美丑辨

美是美，丑是丑，泾渭分明，一眼看清，这样的例子，俯拾即是。但美中见丑，丑中见美的亦不少。

白居易的诗，常常使用美中写丑手法。他的《轻肥》云：“樽罍溢九酝，水陆罗八珍。果擘洞庭橘，鲙切天池鳞。”奇珍异味，芳香四溢，这样丰富多彩的盛筵，谁能说不美？但“是岁江南旱，衢州人食人”。这些豪门贵族，不顾百姓的死活，一味穷奢极欲地享乐，相比之下，这美就变成丑。

郑遨的《富贵曲》云：“美人梳洗时，满头间珠翠。岂知两片云，戴却数乡税。”香肌浴罢，秀发如云，金珠耀彩，宝玉生辉。这还不美吗？金珠是农民的血，宝玉是农民的汗。她们打扮得愈华丽，农民付出的血汗就愈多。这样的美人，还有什么可爱。这类诗，用的是对比手法，为显示其丑，便用浓墨彩，去描画它美的一面，给人造成强烈的印象，使感情由一个极端向另一个极端转化，不须诗人说其丑，读者便得出结论。

与此相反的手法，是丑中见美。李白的《横江词》云：“人道横江好，侬道横江恶，一风三日吹倒山，白浪高于瓦官阁。”人道的好，与侬道的恶，其实是一样的意思。说它恶，不是否定它，而是从另一个侧面赞美它。当大风起时，浪涛如山，飞霜喷雪，令你欢呼，令你喟叹，这是一种惊险奇绝之美。你花钱去旅游，不就是为开眼界，壮胸怀，观赏一些天下虽有，而眼前却无的奇绝之景吗？假如呈现在你面前的，是一汪绝望的死水，清风吹不起半点漪涟，哪还有什么情趣？

李白的《送王屋山魏万还王屋》云：“却思恶溪去，宁惧恶溪恶？咆哮七十滩，水石相喷薄。”好家伙，又是一个“恶”字。“咆哮七十滩”，还不把舟楫覆没，人为鱼鳖吗？诗人说这“恶”字，并不是凭空捏出来的。《元和郡县志》：“处州有丽水县，本名恶溪。以其湍流岨崄，九十里间五十九濑，名为大恶。”那里水清如镜，两岸连云，高崖壁立，虽然很“可怕”，人们也愿冒风险去一瞻它的风采，李白热爱祖国山川，常以奔腾澎湃的诗情，讴歌它们动人的形象。这种以丑为美的表现手法，比之直接赞颂，更能觅其爱心。

恶中藏美，说丑不丑，最为耐人寻味。杜甫很爱自己的妻子，但却称她为“山妻”“瘦妻”“老妻”。从字面看，她瘦骨嶙峋，老而多皱，没什么可爱的地方。其实那是昵称，并不是因为写诗出名，便想换个老婆。喊一声“山妻”“瘦妻”“老妻”，比喊三声“亲爱的”还有分量。你看杜甫暗地里是怎么赞美她：“香雾云鬟湿，清辉玉臂寒。”又是“香”，又是“玉”，美到不得了。杜甫从没用过这等香艳的文字去赞美女性，而对于自己的妻子则是例外。

杜甫的《八仙歌》写八大“仙人”醉后“丑态百出”，惊世骇俗。说雅一点是酒仙，说俗一点是酒鬼。酒鬼还有美的吗？但杜甫觉得他们酒后露情真，醉态不俗，正是他们可爱之处。这些形象，不仅在读者心中扎下深根，也在文学史上放光耀彩。倘若正面歌颂，不知还能收到这种效果不？

唐代不少诗人，都给自己画像。李商隐的《咏怀寄秘阁旧僚二十六韵》云：“攻文枯若木，处世钝如锤……悬头曾苦学，折臂反成医。仆御嫌夫懦，孩童笑叔痴”，意思是说自己未老先衰，勤学无益，不会处世，以致亲人都嫌自己没出息。最末一句，用了个典故。《晋书·王湛列传》说，王湛有才学，不为人知，族人都嫌他是痴汉。后来他的侄子发现他的本事，肃然起敬。上朝时，武帝跟他开玩笑，“你家痴叔还未死吗？”他忙说：“臣叔不痴，他是个大能人。”李商隐以王湛作比，外痴而内慧，外丑而内美，胸藏灵蛇之珠，怀抱荆山之玉，只是未被人识罢了。

美丑交织，有时难辨。要紧之处，是思想感情起作用。作为审美者，应加强修养，丰富学识，掌握辩证方法，这样，才不致把顽石当作白璧，也不致把金珠当成粪土。

为官一日　造福一方

封建社会的官，像走马灯似的，少有一屁股坐下，就十年二十年不挪窝。

因此之故，为官也如同为客，随时准备开路。平日里，不是忙于钻营，谋求升迁，就是想法捞个盆满钵满，当然，也有任期虽短，而心不旁骛，专为百姓办好事的官。

白居易因为一件冤案，被贬为江州司马，泪湿青衫。任满之后，没能返回长安，而调往忠州做刺史。继续“锻炼锻炼”。忠州在长江边上，是个贫穷落后的僻地。给他头一个印象是“林峦平地少，雾雨多阴天。”“吏人生梗都如鹿，市井疏芜只抵村”。论环境、论条件，在这里做个州官，比不上如今在乡里当个脱产干部。他的寂寞和苦闷是可以想见的。他可以像他的前任一样，泡衙门，混日子，到时走人，但他是个良心未泯，责任尚存的官，以尸位素餐，无功食禄为可耻。于是暂忘个人的愁苦，放下对家乡的思念，变闲人为忙人，大搞“地方建设”，“龙昌寺底开山路。”发展交通，便利百姓。修路在今天可能是件“小事”，但在那时是件大事。目光短浅，缺少魄力，固然办不到，不苦心经营全力投入也做不成。因此他获得百姓的赞誉和爱戴。

白居易的前任，大概多是一些无心理政，有意捞钱的官吏，或者是一些终日昏昏的懒蛋，所以这土地肥沃、雨量充沛的忠州，府城四周却十分荒凉，花树稀少，白居易于是着手绿化，决心要改变这里的面貌。他在巴子台前、在开元寺边广植柳树，可收立竿见影之效。此外，他还在城墙边、府衙旁，种杏种桃，种梅种竹……“白片落梅浮涧水，黄梢新柳出城墙”（《春至》）。不到两年的光阴，忠州水木葱茏，已非刚来时的情景了。为了丰富花树品种，他还自掏腰包，从庐山买来杜鹃花秧，荷锄开渠，引流灌溉。花开万朵，灿如云霞，他作“山石榴（杜鹃）花开”诗，以表欢乐之情。

俗话说：“官不修衙”。因为修了之后，是供后来者享用，与己无关，何必白费那份力气？所以旧时的衙门，大都墙崩檐塌，鼠雀成窝，像无人参拜的神庙，就更别说将它美化一番了。白居易并非不明此理，但他战胜私心，以公益为念。他的《种荔枝》云：“红颗真珠诚可爱，白发太守亦何痴。十年结子知谁在，自向庭中种荔枝。”荔枝生长缓慢，待到它结果，他大概早已调走，告老还乡了。此举在外人看来是大傻，是大痴，而其可爱可敬之处却正在这里。

当官的能力有大小，境遇有好坏，但不管怎么说，都应尽职尽责。要带领群众脱贫致富，建设美好的生活。治下建成乐园，这是高难动作，非一朝一夕之功，而即使做不到这点，也不能让自己所管的地方山光岭秃，江河腐臭，道路堵塞，遍地垃圾，城倒墙塌，文物流失……假如连这都不能做到，那么官当得还有什么味道。

白居易将要离任时，留下这样两句诗："楼上明年新太守，不妨还是爱花人"(《别种东坡花树两绝》)。他希望后之来者，保护环境，即使没有什么建树，也不要把前人的成果破坏殆尽，挥霍一空。纵观历史，他这种忧虑并非多余。

心逐大江流

一条大江满载诗情，每一朵翻腾的浪花都能寻找得出诗人的踪影。杜甫在安史之乱期间，由陇入蜀；原本是为了逃难的，打算时局一平，便返回故乡。谁知从此便寄身蜀国，漂泊江流，一颗诗心永远在那里定位，他到达成都后，便在浣花溪旁经营草堂。浣花溪又名百花潭，是锦江的支流。"锦江春色来天地"，风光如画，气魄非凡。"野老篱前江岸回，柴门不正逐江开"(《野老》)。大概靠江较近，地势低平，所以春水一来就有点麻烦。"江涨柴门外，儿童报急流"(《江涨》)，一闻汛情，就须赶快收拾。不过在大多数的时候，日子都是过得平静而快乐的。"清江一曲抱村流，长夏江村事事幽。自去自来梁上燕，相亲相近水中鸥。老妻画纸为棋局，稚子敲针作钓钩"(《江村》)。在此消夏，无异活神仙。老先生棋下累了，还可划小艇领妻儿去兜兜风。江村四周是水，邻居不多。"江深竹静两三家"，最多也不过"八九家"。划累了，进去拜访他们，有芋头招待。不划艇兜风，可以沿着窄窄的江路漫步，看花赏柳；或袒腹卧江亭，觅句寻诗，再不然，就拧开酒壶欣赏涛声，喝它两口。

杜甫曾到阆州生活过一段日子。阆州在嘉陵江边，从成都到达那里，须经过沱江和涪江。它们都是长江的大支流。来来去去，满目新景。他的《阆水歌》云："嘉陵江色何所似？石黛碧玉相因依。正怜日破浪花出，更复春从沙际归。巴童荡桨欹侧过，水鸡含鱼来去飞。"从水鸟的口福，便可想到在水边生活的人吃鱼并不困难："青青竹笋迎船出，白白江鱼入馔来。"

杜甫当年在长安杜陵附近居住时，自称“少陵野老”，如今生活在江边，则自称“江边老翁”。可见他的生活，已和江结合得多么紧密。他是个有心人，无论是对浪里的风光，还是岸上的景物，都观察得极为仔细。“江间饶奇石”，但动静各异，石态非一。有的江翻石走，有的“将崩未崩”，有的“江流石不转”。更奇的是“江心蟠石生桃竹”。这种竹，任你波涛喷射，长年水浸，照样生长得很好。杜甫说，若用它做杖，真恐化龙飞去。水的颜色也是不固定的。“青山落日江潮白”。这“白”是特定的时间特定的运动状态下才有。由于物体受光线强弱的影响，颜色的深浅也有“差异”，“江碧鸟愈白。”这是互相映衬的结果。万物众生，仿佛都与杜甫神经交感，心灵共鸣。“山寒青兕叫，江晚白鸥饥”（《雨》）。别人也许不知，但杜甫看出它们是受到饥寒的威逼。“林热鸟开口，江浑鱼掉头（《奉送王信州崟北归》）。杜甫知道它们畏热，怕江水污染。不知是诗人多情，还是大千世界对诗人亲切。杜甫说：“江月去人只数尺”。放仿佛只要张开双臂，就可将它拥抱过来，用不着像李白那样，还要举杯去邀请。

乘舟出峡，是杜甫描写长江最精采的一笔。“星垂平野阔，月涌大江流”（《旅夜抒怀》）。这是江流壮丽的夜景。但江的涌动画面，随时令和地域而变幻。若在秋末冬初，无风无浪，则有“十月江平稳”的感觉；若山势骤分，断岸时出，则又有“江平不肯流”的体会。他在秋日登上夔州的高台，远眺只见“无边落木萧萧下，不尽长江滚滚来。”气魄雄大，摇天撼地。诗句有“力能扛鼎”之誉，而在白帝楼俯视大江又是另外一番气象。“楼先去日远，峡影入江深。”落日西斜，江静水明，可清晰地看到长长的峡影直入水底。“返照入江翻石壁，归云拥树失山村”（《返村》）。光的反射，浪的跳跃，水与岩石的搏击，声韵交响，惊心骇目。当然若遇上老天变脸，大雨倾盆，只有震耳欲聋的雷鸣，和四顾模糊的昏黑，眼前的世界，就全凭想象了：“高江急峡雷霆斗，古木苍藤日月昏”（《白帝》）。出峡之后，进入洞庭湖，登上岳阳楼，境界大开，心胸大开，于是写出“吴楚东南坼，乾坤日夜浮”这著名的诗句。

杜甫不忘思念长安，思念故里。他说“此身那老蜀？不死会归秦。”又说：“江汉思归客。”当他听到官军收河南河北的喜讯时，曾打算“即从巴峡穿巫峡，便下襄阳向洛阳。”但终于未能如愿。这对于他本人来说当然是件憾事，但对于大江来说，却是件幸事，因为诗人在继续漂泊期间写了许多光耀今古的诗篇。笔者游历过巴山蜀水,惊叹它山川的清丽和雄伟,但真正认识它丰富多采的美,则不完全是来自切身的感观,有相当多的部分是来自杜诗。因为后者对山川的再现和诗化,是我自身的能力无法达到的。假如在诗歌方面设有"长江文学奖",我想应首先颁发给杜甫,因为他在这方面的贡献,历史上几乎没有一位诗人能与之匹敌!

手不释卷话诗圣

杜甫是个十分勤奋的读书人。他的一生,是与书为伴的一生。

杜甫困守长安时,写给韦济的诗有这样两句:"读书破万卷,下笔如有神"。其时他才二十多岁,便已有"破万卷"之说了。当然,"万卷"只言其多,并非实指,但从其后的生活来看,他读过大量的书,则是肯定无疑的。在他看来,要想写好诗,除了自己的才力之外,还须勤读。"下笔如有神",不是凭空而得,而是与读书互为因果。

在读书人看来,生活中最宝贵的东西,不是黄金白璧,而是书。"黄河西岸是吾蜀,欲须供给家无粟。愿驱从庶戴君王,混一车书弃金玉"(《黄河二首之二》)。其时明皇在蜀,肃宗在灵武,安史叛军的残余势力尚未消灭。杜甫在艰难困顿之中,愿与百姓共扶皇室,将来太平了,有一车书度日。他在逃难中,携妻带子,囊箧空虚,而书却不离身。晚年寄身泽国,漂泊江流,生活很不方便,但诗中却有"群书满系船"之句。当此生命难保之际,这么多的书真显得累赘碍事,若换一个人,就可能把书本抛弃了。杜甫"右臂偏枯耳半聋",兼得消渴症,备受病魔的折磨,但书也没离开他。"竹斋烧药灶,花屿读书床"(《寄彭州高三十万使君适虢州岑二十七长史参三十韵》)。说明他一面在熬药,一面在读书。书犹药也。对读书人来说,书可以"解渴",可以"疗饥",可以"治病"。没有书就像没有药一样难受。

杜甫从各方面记录下他的读书生活细节,"青青屋东麻,散乱床上书"(《溪涨》)。这年秋水泛滥,侵入屋中。虽然身边堆满书本,但也顾不上读书了,为了“防汛”，只好让它们零乱地“散在床上”。“地幽忘盥栉，客至罢琴书”（《过客相寻》）。杜甫身居僻地，穷老无事，常以琴书为乐，有客来访，便放下书本，欣然出迎。“力稀经树歇，老困拨书眠”（《九月一日过孟十二仓曹十四主簿兄弟》）。只要有点精力，都尽量读书，实在不行了，才闭眼休息。他在梓州时，忽然听到官军收复河南河北的消息，高兴得流下眼泪。“却看妻子愁何在？漫卷诗书喜欲狂”。从“漫卷”二字，想到他当时正在看书和仓卒间胡乱收拾书卷的情景。

杜甫读书的理想，是“致君尧舜上，再使风俗淳”。所以他认为，“男儿须读五车书”，才能为国家承担重任。本此目的，他重视教子，希望他们经纶满腹，诗礼传家。可惜的是，儿子未能学到老子的本事，而日子过得比老子还惨。

射雕御史

高骈是个文武全才，诗写得漂亮，武艺也高超。他的生活带有一点传奇的色彩。传说他出猎时见双雕从头上飞过，弯弓仰射，一箭贯之，众人惊呼，称他为“射雕御史”。

这个射雕御史的自画像是很威武的：“手持金钺冷，身挂铁衣寒。”“曾驱万马上天山，风去云回顷刻间。”在任神策军都虞侯时，赶上党项叛乱，亲率禁军万人戍长武，诸将无功，只他一人用奇计，杀敌最多。后出征南诏、斩蛮酋，镇安南，破敌三十万，疏通安南与广州的水道。南诏寇巂州，掠成都，朝廷又命他为剑南西川节度。历经战阵，戎马倥偬，重兵在握，官封极品。黄巢起义，两京沦陷，他犹豫观望，迟不往救。朝廷猜忌他有异心，便释去他的兵权。他感到失望和气愤，从此便与方士往来，反抗战违，在战乱中被杀。

高骈的名字，虽列入《新唐书·叛臣传》，但从今天的眼光来看，他是个值得肯定的人物。晚唐的局面，处处动乱，如干柴着火，欲救无术，当权者又喜怒无常，倒行逆施，因此他预感自己不祥：“却恨韩彭兴汉室，功成不向五湖游。”所以时时想回避矛盾，以渔竿消愁，美酒解忧，“如今暗与心相约，不动征旗动酒旗。”从此可以看出，他已准备撒手了。

高骈南征北战，东讨西伐，其实他心里憎恨战争。特别可贵的是，作为一个主将，却能时时站在普通士兵的立场，抒写他们心头的苦闷和哀怨。“陇上征夫陇下魂，死生同恨汉将军。不知万里沙场苦，空举平安火入云”（《塞上曲》）。黄沙上的白骨，塞草上的血痕，有多少冤魂在悲风中号哭？没有一个士卒是心甘情愿丧命的，他们都恨那些驱使他们上前线的“汉将军”。这些“汉将军”里面，恐怕也有作者自己的影子。但他不忌讳自己的处境，而敢于抨击那些只顾邀功请赏，而忘士卒痛苦的将军。“心坚胆壮箭头亲，十载沙场受苦辛。力尽路傍行不得，广张红旆是何人”（《叹征人》），这是两种命运的鲜明对比，战争结束后，死的死，伤的伤，而有人却加官进爵，红旗高扬。“一将功成万骨枯”，可叹！

将军与士卒，地位不同。无论环境怎么恶劣，条件怎么艰苦，将军都可以享乐。高骈的处境，也不例外。“草色青青柳色浓，玉壶倾酒满金钟”（《边方春兴》），但是士卒的愁苦，亦为他所有，二者有时完全一致。高骈在抒写自己的苦闷和怨恨时，同时也是在倾吐士卒的心声。他南征时，经过海门，吟道：“回期直待风烟静，不遣征衣有泪痕。”我们也不妨把这个看作是对士卒的安慰，但是回程并不顺心。他的《安南送曹别敕归朝》诗云：“知君万里朝天去，为说征南已五秋”。很明显，他在那里待腻了，希望别人给皇上捎个信，赶快回师。陇水黄云，沙飞风吼，长年累月，铁衣金戈，即使不死，也绝无乐趣。一夜风来，不知几人愁白了头。此时谁不思念故土的温暖，亲人的情谊呢？高骈在《塞上寄家兄》诗中写道：“棣萼分张信使稀，几多乡泪湿征衣。笳声未断肠先断，万里胡天鸟不飞。”这种乡泪，这种悲声，不仅是诗人的，也是士卒的。

高骈一生的是非功过，很难在这千字文中去说清楚，但有一点可以肯定，他的诗篇，为广大士卒诉说悲愁和不平。他是一位同情人民的诗人。封建社会的正史，是站在封建主义的立场，维护帝皇的利益而撰写的。他说“主圣扶持易”，但到“主昏”了，无法扶持了，自己便采取行动，因此被认为大逆不道，十恶不赦。如今我们以诗正史，扫去他身上的尘埃，使之现出应有的光辉。

造 声

我们平时所听到的乐声,有的是得之天然,有的是来自歌唱和各种乐器的演奏。但除此之外,还可通过改造客观环境,获得美妙动人的声韵。

白居易喜欢流水的音响,在庐山建草堂时,他引导瀑布,从房顶泻下,如鸣琴击筑,令人心旷神怡。但泉声水韵不是随处可听,受到环境的局限,于是他就创造。他的《新小滩》云:“石浅沙平流水寒,水边斜插一渔竿。江南客见生乡思,道是严陵七里滩。”这个“新滩”,水流无声,平静如镜。只有置石其中,让水流曲折回旋,才能产生声音。他说:“碧玉班班沙历历,清流决决响泠泠。自从造得滩声后,玉管朱弦可要听”(《滩声》)。听音乐演奏,是他三大爱好之一,但听到这种“滩声”之后,他便觉得其他音乐皆乏味趣了。晚年退居洛阳时,住在履道里,西墙紧靠伊水渠。于是他又打渠里做文章,从嵩山采来石片,巧立渠中,成为一个个小山峰,流水缭绕,激石成韵。特别是秋月夜静之时,满耳泠泠,如寒玉鸣响,令诗人夜夜都有好梦。

宰相牛僧孺,晚年也退居洛阳。他与白居易是好朋友,他们不但经常诗酒往还,而且在玩水方面也有同样的爱好。牛僧孺在园中修了一个“人造滩”。办法是,挖一条渠,将伊水引入,顺流堆石,星罗棋布,深处,碧水磷磷,浅处,清水溅溅。崎岸狭窄,有呜咽之声,沙汀涟漪,也有散乱之韵。渠水像条录音带,有各种音响在合唱。高低起伏,变化万千。一经生成,就可日夜播放。白居易说:世上的流水我见得多了,但没见过如此美妙的。当然,他的话带有夸张,但如它的本身不具魅力,则诗人也绝不会如此动情。

在造声的同时,也在造景。白居易引泉自房檐注砌,像垂着一串珍珠,飘飘洒洒,烟雨霏微,随风而去,景致十分动人。牛僧孺的“新滩”,雪浪翻腾,碧波共长天一色,令人想到巫山巴峡,万顷潇湘。假如只有声可听,而无形可赏,诗意就减去不少。

琴瑟琵琶,莺歌燕语,听惯了嫌腻,异香宝鼎,七彩楼台,看多了生烦。而这种人造新声，丰富了生活的情味，收到综合性的效益。它表现出人们造声写意的才能和建设园林的匠心，也反映出人们渴望回归自然的心态。

贾岛的五绝

贾岛是“推敲”的祖师爷。“鸟宿池边树，僧敲月下门”的典故，为世人所熟知。诗中的“敲”字，确实用得好。月光朗照，山寺寂静，若用“推”字，就把画面破坏了。他说“二句三年得，一吟双泪流。”可见敲定一字，真是不易。

长诗难写，短短的绝句就易吗？一首诗仅二十字，哪一个字不扮演重要角色，正如在圆桌上表演杂技，地方就那么一丁点儿，稍有闪失就全砸了。但怀有绝技的人，正好于此大显身手。贾岛的本事是练出来的。“夜长忆白日，枕上吟千诗”（《枕上吟》）。他的心思没有一刻闲过，即使瓮中无米，亦复如此。因此在苦吟诗人中，他名居前列。

作为诗来说，仅倾其心于词句的锤炼是远远不够的，更重要的是讲究整体的布局和构思。贾岛二者兼顾，各有特色。他的绝句，能于自然平淡中，显现出丰富的诗情。如《宿悬泉驿》云：“晓行沥水楼，暮到悬泉驿。林月值云遮，山灯照愁寂。”诗表面无奇，但羁旅愁怀，历历可见，在艺术上收到很好的效果。《寄远》诗云：“家住锦水北，身征辽海边。十书九不到，一到又经年。”平之极，浅之极，但情不薄，味不淡，汇集千万心声，喊出一个时代的愤懑。他的写月绝句云：“海底有明月，圆于天上轮。得之一寸光，可买千里春。”出语固然不凡，结句更为警策。写月之诗，多过星宿，但谁见过有这等别致的？这类诗不是靠某个字敲得响动人，而是以构思取胜。

贾岛一生，屡败文场，有怀才不遇之叹。但他不消沉，不停止奋进。“丈夫未得意，行行且低眉。素琴弹复弹，会有知音知”（《送别》）。但假如无人“知”他就得呼喊了：“十年磨一剑，霜刃未曾试。今日把示君，谁有不平事”（《剑客》）？他希望有人赏识得以扬眉吐气，但并不是直道其情，而是把自己比喻为“剑”，磨砺已就，等待一试之机。诗新奇，醒目，全靠整体把握，难度较大，因此得分也高些。

贾岛的《寻隐者不遇》云："松下问童子，言师采药去。只在此山中，云深不知处。"此诗家弦户诵，但版权却有争议。有人将他归于孙革的名下。题为《访羊尊师》。唐诗有些篇章，由于多种原因，同时为两个作者所有。有的很易分清，有的则难以裁定。不过就此诗而论，我倒倾向版权属贾岛所有。《全唐诗》有孙革（又作孙华）其人，及他唯一的这首诗。材料缺乏，无从考究。相反，贾岛可供佐证的材料则比较充足。第一，贾岛是释子，但也结交道徒。除了《寻隐者不遇》外，还写过《山中道士》诗，同写炼丹采药、远离尘世的隐者。第二，一个作家的构思方式、表现手法，往往见于不同内容的作品。如他的《昆明池泛舟》结尾云："不见钓鱼人，渐入秋塘水。"这有"云深不知处"的境界。第三，贾岛的五绝，不是一种模式。既有精工炼字的，也有重在立意的；既有单一纯净的，也有变化莫测的。

贾岛的五言绝句不多，但分量不轻，在诗坛上有一定地位。

王梵志议官

出家向佛、了却尘缘的人，大多无争无斗，无怨无怒，形如槁木，心如死灰。但也有身在空门，回望前尘，而感到愤愤不平的。如初唐诗僧王梵志，即属于后者。他原是位读书郎，认为无论世上什么珍宝也不如知识值钱。其时家中有些田产，日子过得还较舒心，但后来租多税重，便深感力不胜负。官差临门，凶如虎豹，稍有迟缓，鞭扑随之。"户役数千般，处分须平等。"而官吏不照章办事，任意敲榨。"但知多与酒，火艾不欺人。"意思是说，税收之外，还须请吃喝，多送些酒给他们，便可保平安。但贫苦人家，怎会有那么多财礼可送？所以沉重的捐税，都压在他们的头上。而富人则不同，税吏到来，"广设好饮食，多酒劝且醉。"然后再送财物，"纵有重差科"，也一一免了。

他目睹官府的腐败，十分愤慨。他说："天理为百姓，格戒亦须遵。"但如今戒律法令，形同虚设，全都乱了套。"断榆翻为柳，判鬼却为人。"冤案愈积愈多，愈来愈奇，百姓有苦无处诉。贪官不但没受处分，还步步高升。这难道不是天下之大怪事吗？因此王梵志告诫人们："相打常服弱，至老不入县。"换言之，与人相争，打掉牙齿往肚里咽，忍气吞声为上策。因为法吏心黑肠黑手黑，吃完原告吃被告，有幸官司打赢了，耗时日久，赔尽家资，赢了也等于输。在这里使人想起司马迁《报任安书》的话："画地为牢势不入，削木为吏议不对。"这都是血的教训，说得较痛心的了。

王梵志在揭露官府黑暗的同时，也对那些贪官浊官发出警告，并预卜他们并不美妙的下场。"饮食不知足，贪钱得动手。每怀贼劫心，恒张饿狼口。"他们像恶贼，见钱就要，强取豪夺；他们像饿狼，眼露凶光，莫知厌足。"乌纱帽"一旦和"贼心""狼口"连在一起，百姓还有活路吗？但一旦罪行被揭露，就革职抄家，逐出衙门，羞见妻儿，无脸还乡，像一堆人见人憎的臭狗屎。更有甚者，脑袋也保不住。"枷锁息然至，饭盖遭毒手"（唐代俗称人头为饭盖）。历朝历代的贪官，多是通过这种方式进入地狱之门的。

生活在朝政腐败官场黑暗的年代，人们盼望出现清官好官。王梵志说，百姓要求不高，当官的"行即食天厨，坐则请月料"。他们领到自己应得的俸禄，勤理公务，依法判案，平均赋役，百姓就多烧两炷高香，多念两声弥陀。但这样的官，要找到又是多么的不易！

我推想，王梵志出家的年头一定很晚。这脚跨入佛门，而那一脚还在俗世。佛国禅光还没看到，两耳边还是人世的悲声。他的诗多作于出家之后，以佛徒的口吻，谈论俗尘的烦恼。他无法找到一个政治清明的世界，让苍生脱尽烦恼，只能做些警世诗篇，替芸芸众生吐几口闷气。

庄子的魂魄

李白自云："五岁诵六甲，十岁观百家。"在百家之中，他最喜欢的恐怕是庄子。庄子的思想影响他的创作，对他性格形成和发展，也有着重要意义。

李白用庄子的思想，来塑造自己的形象，在人们的心目中，李白是一个豪迈奔放，追求自由的诗人。在万物众生中，有哪一个形象，是具有这等气势的呢？大鹏可说是具有的。“大鹏一日同风起，扶摇直上九万里。假令风歇时下来，犹能簸却沧溟水……”（《上李邕》）这个神鸟，是从《庄子·逍遥游》里来的：“北冥有鱼，其名为鲲，鲲之大，不知其几千里也。化而为鸟，其名为鹏，鹏之背不知其几千里也……鹏之徙于南冥也，水击三千里，抟扶摇而上者九万里。”要想靖边患，安社稷，扶明主，救苍生，掀天揭地干一番伟业，就应有大鹏这种魄力。在你的面前，不管是君是王，是将是相，是圣是贤，他都敢高昂头颅，直视无忌。往古的明训，当朝的羁绊，他都能一甩就脱，一挣就破。他的行为不循常流，他的语言使人惊畏。“日试万言，倚马可待”，“虽长不满七尺，而心雄万夫”（《与韩荆州书》）。古往今来，有几人说得出这样的豪言？说不出，不一定是缺乏这种才力，而是没有那种气度，和横扫六合的英姿。当然，这种高傲无畏，是要受孤立，被嫉妒的。阶前觅食的小雀，以及在画笼里歌吟的鹦鹉，对它最看不惯。

神鸟之志在天，羞于与鸡鹜争食。“凤饥不啄粟，所食唯琅玕。焉能与群鸡，刺蹙争一餐”（《古风四十》）？庄子说，这种凤鸟，生于宝石之中，以琼枝为食。李白不仅要化成一只鹏，而且要变成一只凤。但可悲的是，“楚人不识凤，重价求山鸡”（《赠从弟冽》）。昏君当国，奸臣弄权，庸才高升，贤士无名，哪里还有人念及凤鸟啊？不特没有珍木可栖，没有琅玕可食，连那份喂马的菽粟也不易挣到，免不了饿死冻死的份。

庄子一生，失意贫困，身居陋巷，向监河侯借粮，穿打补丁的衣服。虽然如此，但千金重利，卿相之位。他都不屑一顾。因为他洞察人世的奸邪，憎恨统治者的阴险卑劣，心中有一股愤世嫉俗的怒火。愿意自由自在地生，不愿意违心矫情而活。李白“一朝弃金马，飘落成飞蓬”（《东武吟》），虽不像庄子“织履贷粟”，但“五花马，千金裘，唤儿将出换美酒”（《将进酒》），也成了穷光蛋。在贫与富，饥与饱之间，他有权选择后者，但他没这样做。这并非他不需吃饭，不需穿衣，不需养妻蓄子，而是他不愿与权贵同流合污，蝇营狗苟。牺牲自由，出卖人格，在他看来，比贫困饥寒更为可怕。“安能摧眉折腰事权贵，使我不得开心颜”（《梦游天姥吟留别》）。李白这种蔑视权贵、不慕荣利、向往自由的思想，固然与他看透社会的黑暗，和自己的种种遭遇有关，但也不能否认，这里面有庄子的思想给他垫底。

庄子的作品，有许多寓言故事。生动深刻，予人启迪。李白非常喜欢将这些故事融化入诗。李白的爱情诗，如火如荼，大胆泼辣，生缠死恋，一往情深。“十五始展眉，愿同尘与灰。常存抱柱信，岂上望夫台”(《长干行》)?诗中的“抱柱信”典故，即出自《庄子·盗跖篇》:“尾生与女子期于梁下，女子不来，水至不去，抱梁柱而死。”李白为诗，主张要有真情，要有创见，追求清新自然，不事雕琢。“丑女来效颦，还家惊四邻；寿陵失本步，笑杀邯郸人”(《古风三十五》)。这诗的前两句，用《庄子·天运篇》)故事：“西子病心而矉其里，其里之丑人见而美之。归亦捧心而矉其里，其里之富人见之，坚闭门而不出，贫人见之，挈妻子而去之走。”后两句用的是《庄子·秋水篇》故事：“子独不闻乎寿陵余子之学行于邯郸欤?未得国能，又失其故行矣。”用这两个故事，来讽刺那些不问自身条件如何，而一味模仿别人的人，十分深刻，至今仍有现实意义。

李白学庄子，是常取其意而为诗并加以发展。他的《咏山樽》云：“臃肿寒山木，嵌空成酒樽。愧无江海量，偃蹇在君门”。其意出自《庄子·逍遥游》:“惠子曰，吾有大树，人谓之樗，其大本臃肿而不中绳墨。”庄子之意，是樗材大而无用。李白之意，虽臃肿无用，但可雕空成酒樽。这是符合他嗜酒的性格的，但他一生失意，难展抱负，所以有“愧无江海量，偃蹇在君门”之叹。意思丰富了，情味也变浓了，倘以庄子之原意铺成，不赋新义，就不足称道了。

李白的浪漫主义诗情，有庄子的奇思怪想，李白流转回荡、自由奔放的语言，有庄子变化开阖、仪态万方的神态。李白的思想，寄寓着庄子的魂魄。在这个意义上，我们不妨说，李白是唐代诗人中的庄子。

表面谈情　其实无爱

描写爱情生活的作品，大多显浅易明，无师自通；但有些则言在此，而意在彼，稍不留心就会搞错。

《离骚》是屈原抒发自己政治理想的一首长诗，其中有句云：“日月忽其不淹兮，春与秋其代谢。惟草木之零落兮，恐美人之迟暮。”意思是说，时光飞快，春去秋来，深怕我心中那位美人变老了，无法在年轻时与之相好。又曰：“众女嫉余之蛾眉兮，谣诼谓余以善淫。”意思是说：我有两道蛾眉，非常美丽，因而引起丑妇们的嫉妒，到处造谣，说我淫荡。其实诗中的美人是比喻君王，嫉妒者比喻为令尹子兰、上官大夫这些奸佞之徒。但有人不从此入手，而别出心裁说屈原是“同性恋者”。此说即使不是荒谬绝伦，也是对文学作品的大大误解。

用男女之间的事，来暗喻另外一种复杂的心态，是文学作品最为常见的表现手法。唐代有一种风气，举子在考试前，将自己的作品送给名公巨卿、社会贤达评审。如获推荐，金榜题名便大有希望。诗人朱庆馀，把自己的作品送给张籍评议，并附上一首诗：“洞房昨夜停红烛，待晓堂前拜舅姑。妆罢低声问夫婿，画眉深浅入时无？”从表面看，是洞房第二天早起，新娘梳妆打扮，准备去拜见舅姑（公婆）。他问男方，自己的眉画得怎样，是否符合新潮。对方在答诗中说，从镜子里看，你的形象美若天仙，不但我非常喜欢，我想见到你的人都会动情。你就大胆地往前走吧！不过这“小两口”全是雄性。虽情话悄悄，蜜语绵绵，但与那类事毫无瓜葛。

也是这位张籍，还写过一首《节妇吟》：“君知妾有夫，赠妾双明珠，感君缠绵意，系在红罗襦。妾家高楼连苑起，良人执戟明光里。知君用心如日月，事夫誓拟同生死。还君明珠双泪垂，恨不相逢未嫁时。”这首“情诗”，是写一位女子对“插足的第三者”婉言拒绝。这“第三者”是淄青节度使李师道。他拥兵自大，割据一方，大搞恐怖活动，制造动乱。朝廷摄于他的势力，封以高官；然而野心难驯。空门恶僧，狱中死囚，皆罗致其门下。但他也知道，没有几个知识分子，也不易成事，于是拉拢张籍。张籍既要表明自己坚定的立场，与中央政府保持一致，但又不能得罪这些恶势力。这确是件难事。因此写了这首《节妇吟》寄给他。说自己收到那两颗明珠，心中十分激动，可是想到自己已是有夫之妇，雷打难分了，岂能再接受你那份爱心？当我把那两颗明珠退还给你的时候，真是难受极了！倘若如今还待字闺中，那该多好啊！可是你来迟一步了！大概是老天爷注定我们无缘结合吧。情真意浓，声泪俱下。令人不得不相信，这位“美人”确有难处。张籍深知，这“第三者”惹不起。他求之不得，就会凶狠如虎，给你放血，所以不得不来点花活。这番“情话”，虽无爱可言，但能解人急难，获得平安。

唐代的羽林郎

羽林郎是官名,汉朝时即有设置,到了唐代,就成了皇上警卫队员的统称。他们由大将军统辖,负责保卫宫廷内部的安全,遇有隆重典礼,就做仪仗队。韩愈《丰陵行》云:“羽卫煌煌一百里,晓出都门葬天子。”皇上出巡,他们就在两边道上奔驰护卫,犹之如今的摩托车队。他们多有武功,且敢于玩命,不避生死。皇上打猎,他们骑马追随。李世民《出猎》云:“雕戈夏服箭,羽骑绿沉弓”,形象亦颇威武。在唐代这些人是从汉阳、陇西、安定、北地、上郡,西河六郡的良家子弟中选拔出来的,或父辈为国事献身,后代方可为禁军。

这些羽林郎,虽然“根正苗红”,但素质多不高。他们中的一些人,在为禁军之前,就游手好闲,纵酒狎妓;入禁军之后,劣行不改,仍时时作奸犯科。他们夜里在宫中值勤,天明下值后,“散入五陵松柏中”,见有客商经过,便杀人越货。大诗人韦应物,少年时在玄宗的警卫队里当差。他后来回忆当时的情景:倚仗权势,横行乡里,家藏亡命,公开聚赌,抢劫女人,可谓“五毒俱全”。

这些人公开的身份是兵,暗中活动是匪;在皇上身边是兵,一出宫门便是匪。他们是特种兵,特种匪,阴阳两面,神鬼莫测。比单纯的兵、单纯的匪更加凶险。唐代的法律,劫人者罪,杀人者死。若秉公而论,那些“杀人百回”的家伙,已经恶贯满盈,揪他们出来判刑,绝不会错,但朝廷的法律有空可钻。一到改年号,或皇上心血来潮实行大赦,许多罪行便都一风吹。天网恢恢,就让这些家伙漏了!根据当时的规定,凡有劣迹者,不许入宫重操旧业,但风声过后,他们便变换名姓,在乡籍中重新登记,“出来依旧属羽林,立在殿前射飞禽。”摇身一变,又成了皇上的警卫员。

唐代的法律机构,从上而下都有设置,若有罪犯,必从严查处,即使逃亡,也绘图捉拿,或将亲属做人质,逼其投案自首。但对于这些咬不动、煮不烂、锤不扁的羽林郎,明知他为匪为盗,也毫无办法。韦应物回忆说:“司隶不敢捕,立在白玉墀。”“白玉墀”是皇帝宝殿的台阶。羽林军手执斧钺,气势如虎,屹立在那里，办案人员即使有十个包老爷的胆，也不敢带着手铐到那里缉拿。当然那里也是进不去的。实在有人击鼓鸣冤急了，有关当局就说几句官话、废话、鬼话搪塞过去，拖而不办。

兵匪一家是社会衰败的象征，是乱世之年的产物，也是人治社会的恶果。羽林郎本身有特权，皇上不去管，治安部门又管不了。因为失去法律的约束，和社会的有效监督，所以他们才敢如此猖獗无忌，胡作非为，即使做了许多大案要案，仍可逍遥法外。可怜的是老百姓，深受其害，投诉无门，只能暗暗叫苦而已。

抢美人

战争的主要目的，是占领对方的城池，也包括抢美人。“冲冠一怒为红颜”的事，无论中外都不少见。

荷马史诗《伊利亚特》记载，斯巴达王墨涅拉奥斯的妻子海伦为绝世美人。伊利昂城的王子乘船出访希腊时，将她拐走，于是发生一场长达十年的战争。而在墨涅拉奥斯的哥哥领兵想去夺回海伦的时候，却俘获到对方一位美女。虽是“副产品”，但也不无小补。

靠战争去抢夺美人，往往要搭上许多头颅，费时费力，赔本的买卖也是有的。如果被抢的一方，没有任何抵抗力，则不必兵戎相见，“文抢”可也。何谓“文抢”？即派几个小厮去“请”就行。唐玄宗有兄长封宁王，他府中美人之多，名字都叫不过来。门前有位卖饼人的妻子，皮肤细白，眉眼生辉，他一见动心，便“请”进府来，甚为宠爱。一年后问她：“还想见卖饼人不？”她默然不答。宁王把卖饼人找来。她蓦见前夫，双泪交流，几致昏厥。当时有十几位文士在场，都很伤感。宁王命大家赋诗，以记其事。王维即作了一首《息夫人》：“莫以今时宠，能忘旧日恩。看花满眼泪，不共楚王言。”当年息妫为楚王掠回宫中，生了两个儿子，但她终生沉默，同床异梦。卖饼人之妻，想来与息妫相似，故王维才有以古喻今之叹。

安史之乱以后，番将沙吒利倚仗他帮唐王平定叛乱有功，大劫美女。韩翃外出谋官，其爱妾柳氏怕遭不测，便削发为尼。沙吒利闻她貌美，便夺为宠姬。一日韩翃无意中与她的牛车陌路相逢，互诉离情，痛不欲生。但慑于沙吒利的势力，无计可施。后来他的友人出于义愤，带领几位武士用计把她夺回。赵嘏的爱妾，在元宵观灯时，被当地长官浙西节度使看中，强为抢走。她日夜思念，情不能已。后有缘见面，过度悲伤，肠断而死，给赵嘏留下一份沉重的哀愁。他的《江楼感怀》云："独上江楼思渺然，月光如水水如天。同来玩月人何在，风景依稀似去年。"

有些性情刚烈的女子，一见挣不脱枷锁，便以死抗争。乔知之的爱妾窈娘，容貌如花，能歌善舞，诗文俱佳。不幸被武则天的侄子武承嗣夺去。乔知之锦带传诗，以寄相思之情。她旧爱难忘，悲愤难抑，投水而死。武承嗣反诬乔知之有罪，将他杀害。石崇有美妾绿珠，孙秀倚仗权势想夺，石崇不从。孙秀假借王命，派兵前来搜捕。绿珠见石崇为自己受难，便跳楼自杀。杜牧的"可怜金谷坠楼人"即咏此事。

凭借手中的权势，可以抢走一个人的身，却很难抢走一个人的心。

抢美人之罪，甚于抢金银财宝。抢金银财宝的人，夥矣！有谁还记得他们？而抢劫美人的家伙，却留下千古恶名。

读者的创造

读者喜欢爱情诗，对于有点情节的尤为欣赏。因为它能向你倾吐一段生缠死恋的故事。让你惊，让你奇，让你喜，让你愁，摇魂撼魄，感情获得极大的满足。

叙事情诗，大多篇幅较长，有首有尾，中间跌宕起伏。读过之后，乐而忘倦也罢，扼腕长叹也罢，都无法改变人物的命运和既定的事实。读者情绪，受诗人调动摆布，处在被动的地位，但还有一类叙事性的情诗，篇幅极短，只有一个故事梗概，人物形象有待读者去丰满，故事情节有待读者去补充。读者处在主动地位,可以凭借想象,大胆创造。

刘禹锡《杨柳枝》云:“春江一曲柳千条,二十年前旧板桥。曾与美人桥上别,恨无消息到今朝。”诗中有时间、有地点、有人物、有情节。读罢掩卷,眼前一江春水,宛转东流,杨柳万千,迎风摇曳。在良辰美景之中,男女双方可以歌,可以舞,可以吟诗,可以品酒,尽情赏玩。然而,偏偏在此时言别:女子多情,泪湿香巾;男儿重情,不忍分手。眼见春水无力,柳丝软弱,终于挽不住美人远去的身影。她一步一回眸,慢慢地走过小桥,渐渐地远去,消失在芳草连天的尽头。留给对方的只有满怀愁绪。临别时,泪眼相看,订有誓盟。但美人一去,杳如黄鹤。是背约寻欢,另有所属;抑或音书难寄,反恨对方,这些都说不清楚了。往日的板桥,如今已显得苍貌古颜,但旧爱难忘,依稀还见留下的倩影。所以,信心未失,一直在坐等,一直在遥盼,以致形容憔悴,早生华发。经此一别,就是漫漫的二十年啊!这个世界的跨度,像个大皮囊,什么都可以往里装。你可以这样地描眉画眼,他可以那样地安枝插叶。悲欢离合,谁无体会?因此,“一千个读者心中,就有一千个哈姆雷特。”

爱情之事,无师自通,谁的想象力都不贫乏。只要告诉你两个底角相等,你就会得出这是个等腰三角形。但有的作者,一写到爱情,便现身说法,从头道来,连细枝末节也不放过,把读者当作弱智儿童,一点想象余地都不给。只有作者的投入,没有读者的积极性。虽花花绿绿,满眼香艳,死去活来,热闹非凡,但借用梁山兄弟的话说:觉得“鸟淡”!

长安宵禁

唐代大部分时间,社会都比较安定。杜甫回忆盛世之年说:“九州道路无豺虎,远行不劳吉日出。”《资治通鉴》卷二一四也说:“行万里路,不持寸兵。”大概是为防止京都有刺客伤人,所以长期实行宵禁。

长安的布局,用白居易的话形容:“百千家似围棋局,十二街如种菜畦。”每当夜幕降临,这十二条大街就开始戒严。唐代的制度,在许多方面都是继承汉代的。班固《西都赋》说:“周以钩陈之位,卫以严更之署。”所谓“严更”,就是“督行夜鼓”。鼓声咚咚,金吾开始在钩陈(后宫)周围巡逻。家家关门,处处肃静。作为首都的市民,人人心中都想着一件事,外出时千万别忘记天黑回家。

唐代是酒风盛行、酒徒众多的社会。酒徒一到喝得昏昏大醉,就可能把禁忌全忘了,那后果是可想而知的。“崔生狂夜行,武侯正严更。幞头拳下落,高髻掌中擎。杖迹胸前出,绳文腕后生……”刘行敏其时为长安令,早起上朝,在路上见崔生被执法的武侯打得七歪八斜、捆成个粽子扔在那里。走近一闻,酒气呛鼻,于是下令松绑,作了上面几句诗嘲笑这位醉汉。大才子温庭筠,生活放荡,行为失检,夜醉犯禁,被金吾打得头青面肿,牙齿四出五入。他不服上诉,有关方面不予受理。

无论是外出办事或游玩,一听到净街鼓就疲于奔命。李贺的《荣华乐》说,醉后骑马夜归,边走边喊:“严更了! 严更了!”他那紧张的神情尚可想见。白居易说,他的朋友韦庶子,外出赴宴,一见天黑,便扔下杯筷走人。“银烛忍抛杨柳曲,金鞍潜送石榴裙。”“石榴裙”就是身边的歌妓舞女,不管是自备的或是临时聘用的,都得“女士先行”,好好护送她们回去,否则碰上禁卒,饱以老拳,那就苦也。不过有的少年郎不在乎这一套。“半醉五侯门里去,月高犹生禁衙行”(罗邺《公子行》)。他们仗酒使气,与禁卒纠缠。有的禁卒知他们不好惹,只好从宽处理,将他们护送回家。政策有灵活性,看是谁来执行了。

长安的住宅,被划分成若干个坊,犹之如今的区。大街虽然戒严,坊里却有夜市,人们可以自由往来。白居易家中有客来访,他是嵩阳人,明天就要还乡了,特来告别。黄昏惨惨,雪花飘飘,净街鼓已经响过。白居易事前没有准备,便让家人到坊中采购,热情招待这位“马瘦衣单”的客人。“为君设酒张灯火,酒酣火暖与君言。”如果坊中没有沽酒的方便,两人枯坐待旦,那该是何等枯淡,何等乏味啊!

长安作为开放的国际大都会,却长期笼罩着宵禁的紧张气氛,对于经济的繁荣和发展当然是不利的。一年之中,只有元宵节前后三天才解禁。这时到处张灯结彩,歌吹沸天。香车宝马往来奔驰,红男绿女接踵摩肩,人们叹息欢乐的时刻过得太快了。苏味道诗云:“金吾不禁夜,玉漏莫相催。”

白居易治水

白居易是个关心人民疾苦的诗人，他的一生，光为水利事业就付出不少心血。

他五十一岁那年，除去中书舍人的职务，到杭州任刺史。时宣武军乱，汴河未通，便取道襄汉。他在洞庭湖口，见大江自西南来，浩浩汤汤，长波如泻，奔腾入海，不禁放声赞叹大禹的伟绩；然而，也感到治水之功，远未完成。洞庭与青草这两个大湖，白水茫茫，千百丈深，夏秋之交，常常发生水患，毁坏了许多土地，使百姓无家可归。他认为，水像人们身上的血脉，流通则为福，停滞则为祸，不用力去治，是救不了百姓的苦难的。于是他幻想大禹复生，“手提倚天剑，重来亲指画。疏河似剪纸，决壅如裂帛。渗作膏腴田，踏平鱼鳖宅。龙宫变闾里，水府生禾麦”（《自蜀江至洞庭湖口有感而作》）。

大禹不可复生，但他的精神却可永存。白居易上任以后，把治理两湖作为当务之急，因为这关系到灌溉千余顷田的大事。他深入实际调查研究，做了许多具体而细微的工作。当年李泌在这里做官时，曾修有六井，供人饮用、灌溉。井与湖相通，中有阴窦，往往堵塞，白居易对此进行梳理。按照旧法，用水多有不合理处，易造成干旱。于是他修筑湖堤，加高数尺，保证湖水充盈，以防凶年。这就是两湖有名的白堤。

白居易在治理两湖的过程中，除战胜自然的困难外，还须和人们的错误思想做斗争。有的县官认为，放湖水灌田，对钱塘县官不吉利，但他们不直接这么说，而假托什么：“鱼龙无所托”，“茭菱失其利”来做借口。白居易对此加以批驳：救百姓的命要紧，还是救鱼龙要紧？茭菱之利多，还是稻粱之利多？有谣传：“放湖郭内方井无水。”白居易又讲明湖底高，井底低，不会出现这种现象的道理。

治好两湖之后，如何管理也是个大问题，他离任时，作了一篇《钱塘湖石记》，告诉后任官吏，如何用水、如何保水，特别提出要克服官僚主义的弊端。

根据往日的程式，用水时必须“打报告”，申请逐层上达，逐层批复，动辄经旬。如此这般，禾苗早已旱死。所以白居易说，遇上旱年，百姓急用水时，“刺史可自便押帖，所由即日给水。”水是命脉，当官的必须认真负责，急民之急，不能拖拉。

经过治理，两湖变得更美了。临别之时，白居易恋恋不舍。“湖上春来似画图，乱峰围绕水平铺。松排山面千重翠，月照波心一颗珠。碧毯线头抽早稻，青萝裙带展新蒲。未能抛得杭州去，一半勾留是此湖”（《春题湖上》）。百姓对于这位关心自己疾苦的刺史，更是舍不得他离去。临别之日，男女老幼，拦住归路，泪水满襟。白居易觉得在任上，没为百姓做什么事，惭愧得很，所可慰者：“唯留一湖水，与汝救凶年。”

白居易晚年，退居洛阳。龙门潭之南，有八节滩，九峭石。船筏经过这里时，常出险情。“舟人楫师，推挽束缚。大寒之月，裸跣水中，饥冻有声，闻于终夜”（《开龙门八节石滩诗二首·序》）。白居易对于人民的痛苦，感同身受，清夜不得自安，为了解除舟船往来的艰难，他拿自己的家资，开凿石滩，疏通水路。在贫者出力，仁者施财的共同努力下，终于如愿以偿。白居易十分高兴，作诗以记其事：“七十三翁旦暮身，誓将险路作通津……我身虽殁心长在，暗施慈悲与后人”。一个“水”字，反映出白居易的伟大精神。

李白笑多过哭

人这一生，谁能无哭，谁能无笑？不过就李白而言，笑多过哭。

生活中本来就有许多可喜可乐的事，何况李白天性开朗，善于娱情，所以我们在他的诗中，常常听到笑声。他是个酒徒，有了酒就能驱愁解闷，美在心中，笑在嘴上，杯不离手，笑意就可常在。与亲朋共酌，开怀畅饮，他朗朗大笑；无人在场，自斟自饮，他也常常偷乐。后者的笑，是情意最浓的，不搀任何杂质。

美的形象是欢乐的源泉，是笑的触发剂。有人说，在所有的美中，以美人为第一。青山绿水、春花秋月，不可以共存。但在她们的身上却能集中体现。生活中有了美人，也就有了笑声。你欣赏美人，赞赏美人的笑意，也往往得到相应的回报。“镜湖水如月，耶溪女如雪。”江南的女子，肌肤雪白，眉眼生辉，采莲时见到客人，“笑入荷花去，佯羞不出来”(《越女词》)。我想，定是来客对她们有了美意，她们才“羞”，才笑意盈盈地将船划入荷花里去，用的是诱“敌”深入之法。“妇女马上笑，颜如赭玉盘”(《幽州胡马客歌》)。胡女的脸，白里透红，红里透白，可爱极了！但假如你见到她们时，怒目圆瞪，或一幅死相，她们能在马上对你笑吗？李白是胡姬酒肆的常客。他不仅喜欢她们的美酒，也赞赏“胡姬歌如花，当垆笑春风”(《前有樽酒行》)。你笑，我笑，见面时大家都笑。不管是谁先笑，都使人感到青山不老、绿水长流。

读书是举世公认的苦事，但个中也有乐。陶渊明就说过：“好读书，不求甚解。每有会意，便欣然忘食。”“欣然”，大概就会有笑意。李白与陶渊明有同感：“片言苟会心，掩卷忽而笑”(《翰林读书言怀呈集贤诸学士》)。读着读着，就自己对自己笑了。这是收获的笑，这是启智明心的笑，这是超越时空的笑。古人之笑于前，而今人之笑于后。朋友请他饮酒，当然快乐，但饮中又读书，则更快乐。“读罢向天笑。”这一笑，笑得多么开心，多么舒畅，恐怕连老天爷都受到感染了。他读书勤奋，满腹经纶，但不愿做一个皓首穷经的腐儒。他看到天下纷乱，仕途无望，便想入山求仙，彻底告别“臭老九”的队伍。“我本楚狂人，凤歌笑孔丘”(《庐山谣寄卢侍御虚舟》)。但这一笑，又是多么的无奈，多么的苦涩！

笑声是往前冲刺的信心和力量，是排除险阻、战胜困难的句号。安史之乱中，李白与家人失散，爱子伯禽在东鲁，他肠牵肚挂，梦魂不得安宁。他的门人武谔，义薄云天，一身侠骨，愿冲破胡兵的封锁，去把伯禽接来。酒酣以后，武谔“笑开燕匕首，拂拭竟无言。”这一“笑”，勇敢坚定，义无反顾，完全令人放心。此时此刻，李白的内心能不笑吗？他应范居士之邀去参加酒会。谁知中途迷路，连人带马困在苍耳丛中。那件漂亮的翠云裘，挂满了苍耳的刺，狼狈得很。但一进入主人家的门，便放声大笑，喝醉而还，更加笑得不亦乐乎。至于途中不愉快的遭遇，早就忘个精光。

李白是个重情的人，动不动就潸然出涕，哭得天旋地转。他与友人吴指南，同游洞庭湖。吴指南不幸死于中途。他“襌服痛哭，若丧天伦。炎月伏尸，泣尽而继之以血。”游南阳时，崔宗之赠他孔子琴。崔宗之不幸早逝。李白每一抚琴，都悲不自胜。“谁传《广陵散》，但哭邙山骨。”连那位善酿酒的纪叟死了，他都大哭一场。他怀才不遇，无法施展自己的抱负。男儿生于天地之间，还有什么比这更加痛心的？他想起燕昭王以千金买骏骨，筑黄金台以招天下贤士的故事。那时凡有才能的人，都有献身的机会，可是如今自己遇到的是迷恋声色、听信谗言的昏君。“揽涕黄金台，呼天哭昭王。”这一哭，不仅自己伤心，我想凡失意的人都会落泪。他参加永王水军，想为平定安史叛乱出力，但永王兵败，受到株连，当了囚徒，流放边地。“夜郎万里道，西去令人老。”与朋友告别时，“慷慨泪沾缨”。他在向达官贵人诉说委屈时，又是一泡眼泪。

李白说：“哭何苦而救楚，笑何夸而却秦？吾诚不能学二子沽名矫节以耀世兮，固将弃天地而遗身”（《鸣皋歌送岑征君》）。前句用的是申包胥哭秦廷、请求救兵的典故，后句用的是鲁仲连谈笑却秦军、有功不受赏的典故。李白认为，这种“哭”与“笑”，都有沽名钓誉的味道，是他所不取的。他该哭的，则放声悲号；该笑的则尽情倾吐，完全出于真心，来自纯情。既不欺天瞒日，也不媚俗谋私。笑与哭，完全可以窥见一个人的内心奥秘，以及他的道德品行。

没有笑的生活，是非人的生活；没有哭的生活，也同样是非人的生活，在笑与哭这曲交响乐中，笑是李白的“主旋律”。

杜甫哭多过笑

杜甫生活的时代，是哭的时代。打开他的诗卷，泪光闪闪，到处都是悲声。

杜甫欲振兴社稷，满怀壮志到了长安，然而四处碰壁，一筹莫展。“朝扣富儿门，暮随肥马尘。残杯与冷炙，到处潜悲辛。”这时虽未放声悲号，而心中已在哭泣了。统治者不但骄奢淫逸，而且好大喜功，穷兵黩武。为了开拓边土，到处抽丁拉夫，到前线作战。“车辚辚，马萧萧，行人弓箭各在腰。爷娘妻子走相送，尘埃不见咸阳桥。牵衣顿足拦道哭，哭声直上干云霄”（《兵车行》）。此情此景，百姓哭，诗人怎能不哭？

安禄山叛变，杜甫被困长安，当了俘虏。为逃避迫害，他东躲西藏。“少陵野老吞声哭，春日潜行曲江曲”（《哀江头》）。倘若能大声悲号，痛苦还没算到绝顶；倘若有泪不敢流，有声不敢出，那才真正可怕，到了地狱的尽头。

胡骑纵横，血火相交，天下已难找到一片净土。为了保卫大唐帝国，匆匆组成的新军，不停地开往前线。妻送夫、娘送子，兄送弟、弟送兄。爱国的行动，义无反顾，可谁都知道，生离即为死别，哪有不呼天抢地、悲痛欲绝的？“白水暮东流，青山犹哭声”（《新安吏》）。杜甫同百姓一样痛苦，但却带着泪水去劝阻他们悲伤；以哽咽的声音去抚慰他们破碎的心灵。这是一种什么样的惨情啊！

世上的苦难有多深，诗人们的苦难就有多重。他随着难民的队伍由陇入蜀，情景之不幸，非笔墨所能形容。“二十一家同入蜀，唯残一人出骆谷。自说二女啮臂时，回头却向秦云哭”（《三绝句》）。乱世之民，最可怜的是儿童。大人的痛苦还可自抑，儿童的哀号则难以制止。他们不知为什么要逃亡，死活舍不得离开自己的家。可是原先的家还有吗？“十室几人在，青山空自多。路衢唯见哭，城市不闻歌”（《征夫》）。一个“哭”字，将心中塞满，流不过一丝气息。当此之时，亡者固然悲惨，存者也面临绝境。“征戍诛求寡妻哭，远客中宵泪不干”（《虎牙行》）。丈夫战死，儿子阵亡，残存一口气未断的“寡妻”，却须负担繁重的捐税。她们“终宵泪不干”，诗人也终夜泪湿枕。

人哭鬼也哭。“战哭多新鬼，愁吟独老翁”（《对雪》）。胡虏如虎，来势凶猛，官军不堪一击。万万千千的战士，身首异处，血涂草莽。此生何罪，遭此苦难？死能不哭？“新鬼”哭，“旧鬼”也哭。“新鬼”“旧鬼”，互抱互诉，凄凄惨惨。冤魂漫天流散，啾啾的鬼声绕地不绝。求生不得、求死不能、快要成鬼的百姓，彻底悲号，祈祷和平：“老弱哭道路，愿闻兵革休”（《遣兴》）。

百事可愁，苦多乐少。偶有一笑，也令人怅然久之。“他时一笑后，今日几人存”（《九日五首》）？当年亲友相聚，何等快意？而蓦然回首，不少人已骨埋山丘，留下的只有淡淡的悲伤。杜甫一生，难得官职，蓄妻养子，如牛负重。“笑为妻子累，甘与岁时迁。”这种“笑”脸肌能舒展吗？恐怕是愁和苦的写照吧。“强将笑语供主人，悲见生涯百忧集”（《百忧集行》）。人的笑，应当是发自内心的，但他有的笑不是这样。他生活靠人接济，手心朝天，所以对于“主人”要“笑语”侍候，不笑也得笑。为此他感到羞愧，暗地流泪。当然，不该笑时就不笑，梗着脖子来也可以，不过对方就给你点颜色看："厚禄故人书断绝"。没有经济援助，便有"恒饥稚子色凄凉"之叹，全家都得喝西北风。

我们在杜甫诗中，好不容易发现一点笑，然而却那样暂短、那样无奈，且为弥漫大野、穿透历史的哭声所淹没。

诗人与赌徒

任何一种游戏，只要以财物做注，恐怕都可称作"赌"；任何一种"赌"，如不以财物做注，恐怕都可说是游戏。而游戏是不分尊卑、贵贱、性别、年龄的，人人都可以玩玩。赌而不下注的则很少，更多的是废业毁家，化亲为仇，白刃相见。

不要以为一沾赌便都是二流子，不识之无的愚夫愚妇，拧门撬锁的歹徒。马融《樗蒲赋》："昔有玄通先生，游于京都，道德既备，好此樗蒲。"这位玄通先生，修养很高，可说是个"完人"，但却嗜赌成癖。赌在汉时，不特不犯禁，善赌者还可得官。《汉书·吾丘寿王传》："年少，以善格五，召待诏。"

唐不禁赌。上自天子，下至士庶，皆好此道。玄宗与虢国夫人、秦国夫人作赌。杨国忠在旁计算筹码。花蕊夫人《宫词》云："日高房里学围棋，等候管家未出时。为赌金钱争路数，专忧女伴怪来迟。""樗蒲冷淡学投壶，箭倚腰间约画图。尽对君王称妙手，一人来射一人输。"有她们带头，就不怕捉赌了。

杜甫诗之圣也，也许有人以为，他拘泥古板，远离此道。其实他赌起来如疯如狂。他的《今夕行》云："今夕何夕岁云徂，更长烛短不可孤。咸阳客舍一事无，相与博塞为欢娱。冯陵大叫呼五白，袒跣不肯成枭卢……"客舍无聊，与人聚赌，脱衣光脚，大声呼喊，毫不掩饰。所谓呼卢喝雉者，即：有五个木子，一子两面，一面涂黑画牛犊，一面涂白画雉。五子都黑叫卢，得头彩。掷子时高声大呼，希望全黑，所以叫呼卢。这种赌也叫樗蒲、五木。

李白的赌劲，并不比杜甫差。他的《猛虎行》云："有时六博快壮心，绕床三匝呼一掷。"这么一喊，恐怕连街上的"警察"都听见了。

赌之快乐，连神仙的生活也不可缺少。曹唐的游仙词有云："白石山中自有天，竹花藤叶隔溪烟。朝来洞口围棋了，赌得青龙值几钱？”神仙的赌场，环境幽雅，不类俗人躲在黑暗偏僻的角落里。

赌要下注，有时赌得豪情四溢。李白《少年行》：“呼卢百万终不惜，报仇千里如咫尺。”冯衮《掷卢作》：“八尺台盘照面新，千金一掷斗精神。”“百万”“千金”虽为约数，看来倾家荡产也在所不惜。更有甚者，连性命也豁出去。李白《送外甥郑灌从军》：“六博争雄好彩来，金盘一掷万人开。丈夫赌命报天子，当斩胡头衣锦回。”从军杀敌，为国献身也是“赌”。血染沙场，草萦白骨，拉倒了事，算是“输个精光”，倘杀敌立功，衣锦还朝，便算“全赢”。这么一“赌”，对于人生似乎是一种壮举。

唐代是个“开放”社会，几乎一切都解禁。没有多如牛毛的法令来束缚他们。他们并不认为赌便是丧失人格、羞宗败祖、有辱圣朝，所以写赌的诗篇，也多留了下来。“朝持樗蒲局，暮窃东邻姬。”不特是赌钱，连偷女人，韦应物也敢堂而皇之、直言无隐地公诸于世。

今人的理论水平高于古人，但胆量未必都胜过他们。嫖赌之事自觉不大光彩，必千方百计地隐讳。倘一时无聊，也作有这方面的诗文，编集时绝不敢收进去。目的是要证明自己从前无错，如今正确，将来伟大。每一个文字都合伦理规范，是光芒四射的。

时代不同，境况不同，不能因古人之好赌无禁，而认为今人也应乐此不疲，我所欣赏的是，能从他们集中看到真貌。他们既不粉饰自己，亦不粉饰世界。

酷吏杀诗人

俗语有云：“山高皇帝远”。意为皇帝老子虽然厉害，但鞭长莫及，管不了你，即使骂他两句也听不见，而那些地方酷吏就不同了。他们是“土皇帝”，直接骑在你脖子上，任意胡为，无法无天。惹翻他们，固然不行，平白无故，也能活活把你整死。

陈子昂是初唐大诗人，老家是四川射洪。他退职还乡时，便遭到当地县令段简的迫害。他家是书香门第，官虽不当了，但朝廷还按原俸供给。在那时候，也算是个有地位的人，可以无忧无虑地生活了。但回到家乡，即为县令辖下的子民。不怕官，最怕管，是死是活，是好是歹，便都由不得他了。

陈子昂早就知道贪官的残暴，污吏的可恨。在他向武则天上书时，便特别列了一条，认为要使社会获得安宁，必须铲除他们。但他不明白，贪官污吏是封建政权的基础。社会性质不改变，他的愿望是永远不能实现的。他更没有想到，自己远离仕途，回到村居，结果还落入贪官污吏之手。

段简知陈子昂家资雄厚，便敲诈勒索。陈家为了免祸，便纳钱二十万缗，但仍不能填满县令的欲壑，于是陈子昂无辜入狱。他素来体弱，且父亲刚死不久，哀毁骨立，怎能禁得起酷吏的折磨？他在狱中长叹："天命不佑，吾殆死乎！"遇害时年仅四十三岁。

也许有人要问：陈子昂不是一个很勇敢的人吗？在武则天面前，慷慨陈词，指责时弊，无所畏惧。随军出征契丹时，在危急关头，请分兵万人，为之前驱。为什么遇到酷吏的迫害时，却不起来抗争呢？其实非不争也，时移势异，在这些残暴的土皇帝面前，任你是三头六臂的英雄，亦无力可使。司马迁说得好，猛虎在深山，百兽震恐，及其落入阱槛之中，便摇尾求食，因为有一种威势在约束着你。他记述自己被投入监狱的情形时说："交手足，受木索，暴肌肤，受榜捶……当此之时，见狱吏则头枪（触）地，视徒隶则心惕息"（《报任安书》），说自己不害怕，那不过厚颜罢了。从司马迁的经历，就可以知道陈子昂无论如何是逃脱不了厄运的。

在这里，我还想到王昌龄的遭遇。他为避祸乱，隐居故里，结果被刺史闾丘晓所杀害。这位闾丘晓不是敲诈他的钱，而是忌他的才。杀人总得找个借口吧？史书上说王昌龄"不护细行"。何谓"细行"？大概就是"生活小节"，"作风问题"吧！闾丘晓要是抓住这些，然后"上纲上线"，说多严重就多严重，你自己是无法辩诬申枉的。在封建社会里，个人失去独立的人格，行动受到束缚，稍敢冲破陈规，超过雷池半步，便有天大的罪名扣在你的头上。所谓"不护细行，终累大德"，死是自找，活该！

陈子昂和王昌龄这两位杰出的诗人，就是这样含冤抱屈，死在地方酷吏的手里。岂不痛哉！世人对于他们的遭遇，都深表同情。闾丘晓后来犯法论罪当斩。他向张皜求情:“家有老母需养,乞为饶命!”张皜大概想起往事,便说:“王昌龄就无母需养吗?”回答得好,也算是对酷吏的报复,替世人出了一口闷气!

骨与肉

怜肥爱瘦,各有追求。

曹霸是唐代的丹青妙手,擅长画鞍马。杜甫在《丹青引》一诗中,对他的画技与人品,都十分赞赏。《名画记》说他在开元中已得名,天宝末每诏写御马及功臣,官至左武卫将军。当时一些豪门贵族,都纷纷向他索取墨宝,装点屏风,以增光辉。他潜心艺术,淡泊明志。“丹青不知老将至,富贵于我如浮云”,因此在画坛上,留下辉煌的一页。如今我们谈论文学艺术,常用“别开生面”“惨淡经营”这些词语,即源于杜甫对他的颂扬。

曹霸为玄宗的坐骑玉花骢做画时,皇上命宫人研墨理绢,两旁侍候。许多画家都献过绝艺,唯独他的画幅最受嘉奖。“须臾九重真龙出,一洗古今凡马空。”从这两句诗中,使人想见他笔下的鞍马,神韵独具,古今无比的风姿。杜甫在《韦讽录事宅观曹将军画马图》诗中,也提到他为玄宗的另一匹坐骑做画的情景:“曾貌先帝照夜白,龙池十日飞霹雳。”《画鉴》说:“曹霸人马图:红衣美髯奚官,牵玉面骍,绿衣阉官,牵照夜白。”韦讽宅中这幅画马图,中有九马。其中有两匹,杜甫是认得的。一是唐太宗的坐骑拳毛䯄。《金石录》:“太宗六马,其一曰拳毛䯄,黄马黑喙,平刘黑闼时所乘。”一是郭子仪的坐骑狮子花。这是代宗赐给郭子仪的。“此皆战骑一敌万,缟素漠漠开风沙。”其余七匹,霜蹄银足,如寒空洒雪,瞻顾清高,各争神骏。

曹霸笔下的鞍马,突出筋骨,时见瘦硬,电走雷飞、精神百倍。而他的入室弟子韩干则恰恰相反。杜甫说:“干唯画肉不画骨,忍使骅骝气凋丧”(《丹青引》)。表明不喜欢那些肥嘟嘟的马。

韩干为什么跟老师不一样,创作出这种形象呢?这是有社会原因的。他最初奉诏入宫时,向宫廷画师陈闳学习,虚心勤奋,但不盲目拜倒,画出自家的个性。玄宗怪他所画的马不师陈闳时，他说："臣自有师。陛下内厩之马，皆臣所师也。"也就是说，他向生活学习，效法自然，不为一家笔法所囿。他深入内厩，不避污秽，采访圉人，积累素材，静观默察。细心揣摩。岐王、薛王、申王等人的府第中有好马，亦前往写生，并与诸王子驰骋冶游，纵马出猎。因为生活根基深厚，有丰富的创作实践和经验，所以笔下鞍马，堪称妙品。不过亦如杜甫所言，有"画肉"的特色。如《照夜白》，马的肥臀滚圆，高高撅起。《调马图》的马，亦膘肥油厚，体积庞大，不露筋骨。我们应当指出的是，这种形象来源于现实生活，反映出时代的风格和人们的审美追求。当时社会强盛，生活安定，物产丰富。"稻米流脂粟米白，公私仓廪俱充实"（杜甫《忆昔二首》）。人们大多饱暖无忧，显示的图像自与凶年荒岁、数米而炊的饥饿之相不同。时人以肥硕为美。一号美人杨贵妃是肉体，外号"肥婢"。按如今的审美观点，恐怕要采取减肥措施了。但"三千宠爱在一身"。唐玄宗不特对她恋不能舍，且指天为誓，愿结来生之好。"温泉水滑洗凝脂"，恐怕爱的就是她一身肥白。这种社会生活风貌，必然反映到艺术上来。当时石窟庙宇的壁画、雕塑、挂图，亦丰满厚实，以"多肉"见称。陈闳的《八公图》，不论文臣武将，都脸型硕大，腰粗腹鼓。废寺中发现的木版画《中国公主传丝于阗图》，她们的脸型，肥大将圆，几乎不辨下颏。毫无疑问，这些都渗入作者对美的追求。

审美情趣是十分复杂的。杜甫既肯定韩干艺术成就，又讥笑他"画肉"，明显地表现出自己对瘦硬之美的偏爱。他的《房兵曹胡马》云："胡马大宛名，锋棱瘦骨成。竹批双耳峻，风入四蹄轻。所向无空阔，真堪托死生。骁腾有如此，万里可横行。"在他看来，锋棱瘦骨，四蹄生风，是真正的龙马精神。《列子》伯乐曰："良马可形容筋骨相也。"古人画《八骏图》，多螭颈龙体，矢激电驰，非马之状。杜甫的审美，大概也是受到《相马经》的影响吧。

边关笛韵

唐代的西北边塞，战事频仍。那里大漠连天，风悲日惨。鸟飞不下，蓬断草枯。生活苦寒，战斗残酷。征人荷戈至此，谁还敢存生还之念？假如这时有一串美妙的音符，忽然从寂静的夜空飘过，那千万颗军心，该产生怎样一种骚动？李益《夜上受降城闻笛》云："回乐烽前沙似雪，受降城下月如霜。不知何处吹芦管，一夜征人尽望乡。"这笛声，是和煦的春风，使枯萎的生命复苏；这笛声，是火种，给寒夜带来了暖意。征人循声回望，一定会想起倚门而望的慈母，想起空闺寂待的妻子，想起辘轳咿呀的老井，想起耕牛走过的水田……他们不愿离开自己的故乡，可是被驱赶来了。他们心中有多少怨，多少恨啊！弄笛人将自己的心音，吹进无数人的肺腑，弄笛人长夜难眠，百里连营的将士也难以合眼。李益生活在军中，深知征人的情怀。每当此时，便以诗记下他们的躁动和不安。"天山雪后海风寒，横笛偏吹行路难。碛里征人三十万，一时回首月中看"（《从军北征》）。是什么声音，具有这样大的力量，可以使数十万人的灵魂同时震动？横笛吹奏的《行路难》），是乐府《杂曲歌辞》，内容"备言世路艰难，及离别悲伤之意。"因此征人听了，悲从中来。眼前景，心中情，融二为一。声声悲凉，句句凄切。数十万征夫，又一次蓦然回首，去追寻那已失去的故乡梦。仰问明月：故乡路在何处？明月只是无声地运行，它无法帮人跳出"天山雪后海风寒"的苦境，无法化解心中的积恨。只有你啊，笛声，能代征人倾吐出万斛哀愁。吹吧，尽情地吹吧！虽然听后泪落如雨，但心中痛快。假如没有你的声音，眼前只有一片枯寂，那数十万负戈带甲的生命，就一一化作幽灵。

在李益的边塞诗中，笳声笛韵，在辽阔的天宇荡漾。那声那韵，有时不是单管独奏，而是此应彼和。"几处吹笳明月夜，何人倚剑白云天"（《盐州过胡儿饮马泉》）。虽未言及征人的心态，但他们的苦乐，我们可想而知。"行人夜上西城宿，听唱梁州双管逐。此时秋月满关山，何处关山无此曲"（《夜上西城听梁州曲》）。诗中说管就是说笛。这种声音是属于战士的，和战士的心贴得最近，而与主将的距离却很远了。"微月东南上戍楼，琵琶起舞锦缠头。更闻横笛关山远，白草胡沙西寒秋"（《夜宴观石将军舞》）。士卒在前方浴血苦战，将军在后方戍楼夜饮。有随军的歌舞女子表演，助酒取乐。即高适诗中所说的"战士军前半死生，美人帐下犹歌舞。"你死你的，我活我的，这种不平，到哪里去诉说？至于那横笛的声音，在远隔千重关山之外，在白草胡沙的夜空流散，只有同情征人疾苦的诗心才能捕捉得到。

战争是无情的。一次又一次厮杀，一次又一次格斗，敌人终于被打败了，俘虏被编入“降户营”。于是勒碑刻石，铭记战功。不过，我们也惨了！“万里将军没”，只剩下一些老兵残卒，缠头裹臂，负伤拄拐，在陇上缓缓地进行。这时已没有笳声，没有笛韵，只有呜咽的流水，伴随着疲惫无力的心音。浩浩无边的沙漠，依然一片惨白。“此地无人空月明”。那凄冷的幽光，只照见枯蓬短草，只照见一堆堆白骨。没有月色的沙场固然可怕，有月而无声，更加可怕。

唐代不少诗人，都制作边塞诗。各呈异彩。李益则以描写关山愁色的笛声，拨动我们的心弦。

白云心

杜牧说：“闲爱孤云静爱僧”。

人的一生，是奔波忙碌的一生。为天下大事忙，为老婆儿女忙，为柴米油盐忙，为鸡零狗碎的事忙。忙得出汗出汁，忙得脑筋乱跳，忙得睡无定规，吃无定时，直至鹤发鸡皮，垂垂老矣，手不能动，心犹在忙。杜荀鹤诗云：“举世尽从愁里老，谁人肯向死前闲？”

因为忙得如此不可开交，如此辛苦，所以不少人都在千方百计地寻觅一个“闲”字，想从忙圈跳出来。当了官，便有权，便有钱，按理说该是快乐了，但须早起朝天子，官场防同僚，案牍劳形，民斗难调，处处都需用心力应付。实在忙得太苦了，便想把乌纱帽也扔掉。“断送一生唯有酒，寻思百计不如闲”（韩愈《遣兴》）。这是对人生的总体设计，也是“尝过忙中苦，方知闲里甜”的总结。闲是一些人追求的最高境界，是无价之宝。“白发任教双鬓改，黄金难买一生闲”（牟融《游报本寺》）。“一生闲”连皇帝老子也不易得，更别说为生活苦苦煎熬的寻常百姓，但假如有短暂的闲暇之机，却不要轻易放过：“因过竹院逢僧话，又得浮生半日闲”（李涉《宿鹤林寺僧舍》）。

闲对谁来说都需要。因为一直忙下去，像个不加油、不维修的机器，日夜连轴转，势必不能长久。所以从立法上规定要有“闲”。“九日驱驰一日闲，寻君不遇又空还”(韦应物《休日访人不遇》)。唐朝规定十日休息一日,跟我们如今过星期天差不多。庄子也说过这样的话:一月之中,开口而笑者,不过四五日而已。我隐隐觉得这个开口而笑的次数,接近今天对休假日子的划分。

闲是另外一种活跃,个中妙趣甚多。杜甫《陪李金吾花下饮》云:“见轻吹鸟毳,随意数花须。”“鸟毳”是落花。因为很轻,可以吹弄,花须露出来了,可以从容地细数,当然数错了也不要紧,只是闲中求乐而已。他的《七月一日题终明府水楼》云:“楚江巫峡半云雨,清簟疏帘看弈棋”。两军对阵,战斗正酣,自己却背着手在旁边琢磨。忘了生计中的艰难,撇开俗世的烦恼,得偷闲时且偷闲。白居易以酒消闲。“送愁还闹处,移老入闲中……此翁何处富,酒库不曾空”(《自题酒库》)。他不时以“闲”为题吟咏,称知足的和吟玩性情之作为“闲适诗”。柳宗元寒江独钓,意不在鱼。他执竿兀坐。寂然不动,好像入禅。他是佛徒,有这种基本功。

打发时光的方式尽管有异,爱云之心往往是共同的。王维《终南别业》云:“行到水穷处,坐看云起时。”他隐林泉之后,万事不关心。常常看云,未见时,便以坐等待。这是一种什么样的闲情?“新买双溪定何似,余山欲寄白云中”(《问寇校书双溪》)。他把一切都交给了云。他对自己的弟妹说,你看见天上那片飘飞的白云了吗?那就是我。白云在天,高洁无比,时聚时散,飘泊随风,象征着人生逍遥自适。无牵无挂,不受束缚,完全解脱。这是快乐,这是安慰,这是满足,李白甚至想去拥抱它,形影不离。“欲报东山客,开关卧白云”(《忆东山》二首)。

心向白云,多少带点禅味。“闲爱孤云静爱僧”。有闲就有静,有静就有闲。王维崇佛,他说“心静如空”。除了阿弥陀佛,心中一无所有。名利二字的体积能无限地膨胀,心中一旦有了它们,就静不得,闲不得。它们把心中的位置占满,一片薄如蝉翼的白云也进不去。白居易《香山二绝》:“空门寂静老夫闲,伴鸟随云往复还。”他的《闲卧》又云:“佛容为弟子,天许作闲人。”慕云之日,即闲静之时。久静可忘病,身心俱康泰,因此爱云者大有人在。

心向白云也多少带点庄味。不少诗人都是外儒内庄。每当宦海遇风,人生受挫,而从儒学中又无法找到解脱的妙方时,便很容易转向老庄。老子曰:“致虚极,守静笃。”这就是闲,这就是静,这就是放弃追求。庄子曰:“山木自寇也,膏火自煎也。桂可食，故伐之，漆可用，故割之。人皆知有用之用，而不知无用之用也。”既然如此，还攻什么经书，练什么本事？枪打出头鸟，学问大易遭殃。所以人生应当求闲求静，省力省心。抬头看云生云灭，不要俯视浑浊的尘世。这种消极无为的思想，便被吸收过来，从形象上表现为“白云心”。佛与庄门户不同，但在这方面，却殊途同归。许多诗人的思想，都不是纯一的，而是儒释道的成分都有。白云是镜子，从中可以窥见他们对待人生的态度。

宣传自己

我们的文化传统，以谦虚为美德。不管自己的作品写得多么好，对人皆曰“拙著”“拙作”。送给人看，则曰“指教”“指正”“批评”。虽然曹丕说过：“文章经国之大业，不朽之盛事”，但涉及自己的作品，便称“雕虫小技”了。少有像“老王卖瓜”那样，自吹自擂。一者这易引起读者生厌，二者文士的脸皮也大多较薄。

不过唐代的文人多讲究包装，他们豪气万丈地宣扬自己，即使如寒山、王梵志这样的出家人也不例外。这两位诗僧，是以口语写诗，揭露矛盾，它的平直风格与我们平常所看到那些雅致的绝句律诗不同。虽然有人讥笑他们，但他们却不妄自菲薄，且自视甚高。寒山说，只要读了他的诗：“悭贪继日廉，谄曲当时正。”可收立竿见影之效。其实古往今来贪浊的人，不绝如缕，多是死不知悔的，哪能读了几句诗便廉洁起来。果真如此，就让他写诗往衙门里撒，让那两手脏黑，一身污垢的人，从此革面洗心，变成人样，真是功莫大焉，善莫大焉。不过这等想法，无异神话，根本不可能实现。至于阿谀奉承，心术不正的人，闭眼都能抓出几个，他们醉心名利，多不读书，灵魂如何净化？如何正得过来？可见“广告”中多有夸张不实之词，寒山也犯了这个毛病，不过他反驳我们。寒山举出自己教弟为例。其弟又贪又馋又淫又懒，五毒俱全，乡亲们都说，此子不可救药，却被他作品的思想彻底改造好。因之，他说自己的作品是“杨修见幼妇，一看便知妙。”

王梵志给自己做广告，比寒山有过之而无不及，他说："家有梵志诗，生死免入狱。"无论是现世的牢狱，或是阴间的牢狱，都是可怕的。假如他的诗能免牢狱之灾？他的作品一定畅销，不过无书也不要紧，花点抄工即可。他说"白纸书屏风，客来即与读"，这就方便省事多了。

王梵志的"免入狱"之说，根据是什么呢？他说，为官的应当勤政爱民，廉洁自律，如此则民乐官乐，可保平安。假如贪赃枉法，日夜捞钱，东窗事发，牵去割头，这不就"入狱"了吗？他说，应当控制人口的发展，否则自食苦果。有人不自量力，盲目生育。愈生愈穷，愈穷愈生，无衣以御寒，无食以果腹。男婚女嫁，如牛负重。"吾头为何白？子孙满堂宅。"虽没"入狱"，但离"入狱"已不远矣。

寒山与王梵志认为自己的诗篇，可以化作一条船，把苦难深重的芸芸众生，普渡到幸福的彼岸。为了收此"奇效"，便积极宣传他的诗，不东躲西藏，不扭扭怩怩，不吞吞吐吐。杜甫也想改造客观世界，不过"致君尧舜上，再使风俗淳"，还得靠皇帝老儿的力量。而寒山与王梵志，则依靠讽读他们诗篇的广大读者。

宣传自己的才气，容易变得骄傲，成为狂人。李白就承认自己狂，杜甫也说他"飞扬跋扈"。才气是虚的，大小真假都不易测。

动静篇

不特应善于劳作，也应善于休息。

诗人的劳作与休息，因人而异。不宜一致。劳作之时，有人靠浓茶烈酒，激发灵感，有人厚被蒙头，暗打腹稿，有人关门闭户，断饮绝炊……待作品写成，无不如释重负。这时有人纵马出猎，有人乘兴踏月，有人袒胸露腹，登高呼啸……诗僧齐己，有与众不同之处。他在《喻吟》一诗中说："日用是何专？吟疲即坐禅。"

齐己为诗，异常勤奋。他虽在禅院，但梵音锁不住他那颗火热的诗心。他思出云表，万物众生皆为吟咏对象。为争一字之奇，为求一句之巧，他常常苦吟不辍，如中魔着邪一般。尝于凉气袭人的秋夜，独倚片石，拥着僧袍，去构思诗句。直到晓风吹落梧桐的露滴，以为是下雨了，他才觉醒过来。当他一旦走进诗的世界，便一切都不管不顾了。用他自己的话来说："情来何止发真风。"

齐己这种玩命的精神虽然可贵，倘若不知休息，恐怕不出多久，便要到西天去见佛祖了！不过倒不必替他担心。他不仅知道刻苦用功，而且善于休息和养生。心劳力竭之后，他双手合十，两眼一闭。阿弥陀佛，恐怕一切都置诸脑后了。《内经》说："恬淡虚无，真气从之，精神内守，病安从来？"齐己就是这样养精蓄锐，恢复体力，为下一次创作准备良好的条件。

由动返静，这对任何一个诗人来说，都是十分必要的。但又不是任何人都可以轻易做到的。该静之时，各种形象仍可能纷至沓来，在脑海中厮打；而当你想保持那股"风"劲、奋笔疾书时，则又可能是昏昏沉沉，精疲力尽，难以为继。欲静则静，欲息则息，并不像电灯开关那么简单。

齐己养足精力，停止坐禅时，并不是立即又去写诗，而是做一些准备工作。阅读作品，拜访诗友，游览名山大川，扩大视野，捕捉形象。岳阳的风光，洞庭的胜状，使多少诗人倾倒？孟浩然有"气蒸云梦泽，波撼岳阳城"的佳句，杜甫也抒发出"吴楚东南坼，乾坤日夜浮"的诗情。齐己登临赏玩时，理应也吟几句，但见秋高水落，君山如黛，只有陶醉，别无感受。所以徘徊良久，终不发一言。大概这就是，不该"动"时，绝对不要"动"吧！

一直"静"下去的，大可不必说了；一心只顾"动"的，也颇可忧虑。这种人，不问自己是否处在最佳的创作状态，而是苦煎苦熬，死打硬拼，日产万言，以多为宝。殊不知精神倦怠，灵气亦失。这时倒不如酣睡一觉，或痛玩一场，活活泼泼，养得一段生机。因为自家累个半死，未必就于世有益。一些令人皱眉的低劣之作，往往就是动静失宜的结果。

蝜蝂与贪官

柳宗元在《蝜蝂传》中说：蝜蝂这种小虫善负，"行遇物，辄持取。"愈背愈重。愈重愈背，最后僵仆不能动。“人或怜之，为去其负。苟能行，又持取如故。又好上高，极其力不已，至坠地死。”它在不停地捞，不停地往上爬。物比命重，死不知止。蝜蝂是动物中之小者也，有此悲剧不足为奇；而人为万物之灵，又是如何呢？

一部几千年的历史，有许多篇幅是写到贪官的。虽然沧海桑田，朝代迭变，但贪官的形象总不见消灭。这原因当然很复杂，非一篇短文能论说得清楚。而有一点可以肯定，这些人都是在财货的面前，禁不起引诱，而最后招灾。贪官与蝜蝂仿若同一家族。

贪赃必须有权，无权不易贪赃。封疆大吏，六部尚书，固然可以利用手中的权柄堆金积玉，而州官、刺史、县令，更是不可小看。他们直接统治百姓。清廉一些，百姓就轻松一些；一兴风作浪，百姓就叫苦连天。能否肃清贪官，抓住他们是重要的一环。但封建社会为贪官提供肥沃的土壤。不分南北，所在多有，且繁殖力强。最高当局常常为此感到头痛，束手无策。对于贪官，有人骂他们是蝜蝂；而有人则善心规劝。唐代宝应年间的进士古之奇，目睹安史之乱以后朝政腐败，奸臣弄权，上下相蒙，百姓在水深火热之中，求死不得，便作《县令箴》，希望为民父母的“公仆”，在财货面前洁身自好，谨之慎之，堂堂正正地做人。他说：“欲不可纵，货不可黩。黩货生灾，纵欲速祸。”这无异是一记响亮的警钟。不论是人类的历史，还是虫豸们的历史，都证明侵吞财货没有好下场。人有人样，官有官相。古之奇认为当官的应当是“如山之重，如水之清，如石之坚，如松之贞，如剑之利，如镜之明，如绳之直，如秤之平”。能做到这“八如”，才是受人赞赏的好官。而这“八如”中最重要的一条是“清”。《汉书·郑崇传》：“臣门如市，臣心如水。”一个人的心境如水之清，金钱不能动其欲念，妖魔鬼怪，歪风邪气，自然就无法入侵，这才谈得上石松之坚贞，镜弦之明直。如若心地不洁，两手污秽，就像败絮一般，失去分量。虽然摆着官架子，在那里吓唬别人，但内里已腐烂，只须用草棍轻轻一拨，他就翻好几个筋斗。贪官无不与不法之徒狼狈为奸，沆瀣一气，吃里扒外。他们明里为人，暗中为鬼，既当婊子，又立牌坊，比公开的匪盗还可怕。有些案情是非昭然若揭，为何久拖不办，久审不决，大事化小，小事化了，不了了之？因为暗地里已收金纳银，盆满钵满。法律像一把利剑，是国家的威严之所在，百姓希望之所寄。当群魔乱舞，恶鬼跳梁时，剑就应当发挥它的威力。但有的执法者按剑不动，有眼如盲，有耳如聋。当群情激愤，天下汹汹时，才做举剑状。但剑未落，而早已手颤；鬼未惊而自己先已胆寒，即使剑把鬼劈着了，也是软而无力，隔靴搔痒。所以鬼愈打愈多，愈打愈猖獗。为何如此？个中原因不说也罢。

贪官既无人样，也无官相，用苏东坡的话说，是“天下之贱士也”。此等“贱士”，在财货的面前与蝜蝂表现得同样顽固。“虽其形魁然大者也，其名人也，而智则小虫也。”无论你用儒家的勿取不义之财，或佛家的菩萨善心，或道家的节欲知足，都不能劝他们回头。其中有的人，被五花大绑押赴刑场砍头时，还恨不得攫尽天下之财全归己有。

尘缘未绝说贾岛

贾岛是个半俗半僧的诗人。

他文场失意后，便去当和尚，法号无本。无本者，即无根无蒂、空虚寂灭之谓也。看来他要一辈子念佛了。但后来与韩愈相识，执弟子之礼。在韩愈的劝说下，还俗应举，中了进士。为僧难免思俗，入俗难弃禅心。“发狂吟如哭，愁来坐似禅”（姚合《寄贾岛》）。俗味很浓，僧味也不淡。他正是在这双重性中度过自己的一生。

贾岛因带着一肚皮牢骚出家，所以虽身在佛门，却未能忘却尘世的烦恼，他在洛阳为僧时，当局规定午后不得出寺。若换个出家人，不许出就不出。佛国无边，何处不可修心养性？然而他却觉得自由受缚，不能忍受。于是叹道：“不如牛与羊，犹得日暮归。”他为人非常执着，一旦向前，就不易回头，无论是为僧，还是还俗，都富有挑战性。

他是苦吟诗人，行坐寝食，都不忘作诗，常走火入魔，惹出麻烦。据说曾出了两次交通事故。一次是骑驴过街，没注意行人。当时秋风萧瑟，黄叶飘零，便信口吟出，“落叶满长安”之句，寻思上联，忽以“秋风吹渭水”作对，喜不自胜，结果撞上“市长”大人车马，被拘一夕。一次是去访问李凝幽居，于驴背上得

“鸟宿池边树，僧敲月下门”之句。其中“敲”字又欲作“推”字，一时未定。神思恍惚，结果又撞上韩愈的车马。传说虽不完全可信，但他那份痴迷，则是有根有据的。

他时刻想推销自己。“十年磨一剑，霜刃未曾试。今日把示君，谁有不平事”(《剑客》)？气冲斗牛，一副侠胆。其实他骨瘦如鹤，气短力微，只不过借剑喻己，想人赏识罢了。唐代的举子要想在科场上显露头角，往往要疏通关节，寻找坚强的靠山，而他出身微贱，朝中无亲故，缺乏外援，所以他恨这个社会的不公。他认为自己没有出路，是因受到公卿的压抑所致。他从裴度庭院经过，吟道：“破却千家作一池，不栽桃李种蔷薇。蔷薇花落秋风起，荆棘满庭君始知”(《题兴化园亭》)。裴度平定叛乱有功，封晋国公。他聚敛甚多，长安有第。贾岛一见，火从内发，故作诗嘲之。他蔑视权贵，不把他们放在眼里。及第后，他寓居法乾无可精舍。一日宣宗微服出游，行至寺中，闻人吟诗，便循声登楼，见案上诗卷，便取来浏览，贾岛在后面，一手夺走。他不认识宣宗，便瞪眼嚷道：“郎君鲜食美服，哪懂这个？”事后十分紧张，伏阙待罪。朝廷给他一个长江县主薄的小官，将他贬出长安。唐代有两位诗人的作品，涉及此事。安奇诗云：“骑驴冲大尹，夺卷忤宣宗。”李克恭诗云：“宣宗谪去为闲事，韩愈知来已振名。”

贾岛有个堂弟叫无可，也是诗人。当时有两人一道出家。贾岛耐不住寂寞，杀了回马枪；而无可仍在合掌向佛。贾岛还俗时曾有约，将来仍出家，可一落尘网便被裹住。无可写诗提醒他，不要忘约。贾岛说，我怎么能忘啊？“名山思遍往，早晚到嵩丘”(《寄无可上人》)“终有烟霞约，天台作近邻”(《送无可上人》)。他对佛门的清静，仍怀向往之情。但说是说，行动是行动，这两者充满矛盾。

贾岛一生，为诗艺洒尽心血。“二句三年得，一吟双泪流”，锤炼出许多精品。韩愈赠诗云：“孟郊死葬北邙山，从此风云得暂闲。天恐文章浑断绝，故生贾岛著人间。”贾岛与孟郊齐名，影响深远。但他的一生，贫困潦倒，官微职小，禄不养身。死之日，家无一钱，只有一头病驴和一张古琴，教人为之一叹：他是否感到此生值得，含笑而去，或是后悔还俗，不如诵经？这就不得而知了。

奇峰耸立　瑰丽多姿(代后记)

唐诗在我国文学的发展史上,是一个高峰。它多姿多彩,光芒四射。每当我们面对着这座高峰的时候,都心潮激荡,感到光荣和自豪!同时也有信心和决心,在这基础上继续攀登,创造出无愧于古人、不负于今人的奇迹。

唐代,是诗的时代。作者遍及各个阶层,既有帝王将相文人学士,也有道士佛徒。舞女歌伎。他们联袂结队,浩浩荡荡,蔚为壮观。他们留下浩瀚的卷帙,丰富的佳章,闪光耀彩。美不胜收。今天尚可看到的,计有诗人二千二百余名,诗作四万八千九百余首,结集为九百卷。《全唐诗》提供给我们这个数字,肯定是不完全的。但仅此一点,已令我们瞠目。在文学的发展史上,它无论是与哪一个国家、哪一个民族、哪一个时代的文学相比,都毫无愧色!

我国诗歌发展的历史,源远流长。到了唐代,形成律诗和绝句。它们是在旧诗的基础上,发展创造出来的新诗,所以又称"今体诗"或"近体诗"。它讲究平仄对偶,格律严整、音韵和美,朗朗上口,使读诗成了享受。唐代的诗人,是富于创造精神的诗人。他们不仅开拓生活视野,扩大创作题材,而且在形式上,也不断探索,求新求美。"今体诗"的奠定和完善便是他们对祖国文化的一大贡献。

唐诗的内容,包罗万象,丰富多彩,我们很难用三言两语去概括。它不仅具有极高的审美价值,也具有极高的认识价值。它深刻而全面地反映了唐代社会生活的各个方面。从这个意义上说,它具有"百科全书"的性质。

唐代的诗人,面对现实,歌唱人生。最使我们激动的,是他们热爱家乡,热爱祖国,热爱人民的感情。诗的作者,多为文人学士,知识分子。他们向往仕途,追求功名,但展现在他们面前的并不是一条开满鲜花的道路。这些人中,壮志难酬身世坎坷的居多。无论是升是沉,是容是枯,他们大都恋家爱国,不忘人民。李白仗剑去国,辞亲远游,但此后一直无缘重返故里。有"举头望明月,低头思故乡"之叹。他游历过祖国的许多名山大川,以动人心魄的语言,去歌唱它们壮丽优美的形象,以浪漫主义的情思,去描绘它们迷人的意境。每一寸山光水色，在他的笔下，都带有醉人的诗意。今天我们见到杜甫的第一首诗是《望岳》。诗人高歌齐鲁雄浑的风光，抒发自己“会当凌绝顶，一览众山小”的豪情。安史之乱后，他带领妻子逃难入蜀，千里长途，日夜奔走，山高路险，猿啼虎啸，生死难卜。在这恶劣环境下，他仍然一路吟唱，描出那惊险奇绝的风光。入蜀后，他的诗更是一幅幅清新明丽的图画。世人称他的诗为“图经”。这图，是歌唱祖国河山的长卷。他晚年乘舟出峡，流寓荆湘，仍以衰老多病之身，登上岳阳楼，对着洞庭湖壮丽风光，写出“吴楚东南坼，乾坤日夜浮”的诗句。祖国的山川是美丽的，因为有了诗人的歌颂，而变得更加可爱！

祖国美丽可爱的山水，是不允许敌人侵犯的。每当边关告急，国家有难的时候，许多诗人都立志从戎，呼唤杀敌。李白唱道：“明主不安席，按剑心飞扬”。他要为国分忧，共度患难。在垂老之年，还请求执戟前驱，“冀申一割之用”。王昌龄唱道：“黄沙百战穿金甲，不斩楼兰终不还。”一股豪气，直逼霄汉。即使战死沙场，马革裹尸，也引以为荣。李贺弱质多病，不能打仗，但面对河山破碎，人民受难，也唱出：“男儿何不带吴钩，收取关山五十州？”这些诗句，代表人民的心声，千百年来，鼓励人民保家卫国，奋勇杀敌。

唐代的诗人，同情人民的疾苦，关心百姓的命运。那些优秀的诗人，在面对现实，观察人生的时候，并没有忘记田父的辛劳，织女的艰苦。唐代虽然是个繁荣强大的社会，但它的繁荣与强大，是建立在剥削和奴役人民的基础上的。贞观之治，开元盛世，人民还能喘口粗气。一到安史之乱，人民就陷入水深火热之中。战火不熄，灾祸连绵，田地荒芜。贪官乘机巧取，酷吏公开掠夺，无辜的百姓愤愤不平地忍受宰割。诗人目击时艰，为百姓伤心，为百姓流泪，倾吐心头的哀怨和闷懑。杜甫的“朱门酒肉臭，路有冻死骨”，生动形象地画出贫富对立、阶级矛盾的现实。因为人民受苦，所以他寝不安席，食不甘味。假如他那颗赤心，可以给人民带来幸福，他将剖胸献出，毫不可惜。白居易写了许多讽喻诗，从各个方面揭露社会的黑暗现象，和人世间的种种不公。他对人民遭受苦难，表示深切的关怀和同情。对统治者的穷奢极欲横征暴敛，表示愤慨。他认为社会的种种弊端，都是贪官污吏造成的，“贪官害民无所忌，奸臣蔽君无所畏”（《采诗官》）。所以他要写出民生疾苦，上达朝廷，以解民困。当然这是他一种善良的愿望，还看不清封建社会的本质。他和杜甫一样，都深深地热爱人民、为人民祈求和平与幸福。他看到人民在饥寒中饮泣，便说："安得万里裘，盖裹周四垠，稳暖皆如我，天下无寒人"（《新制布裘》）。到了晚唐的时候，更是满目疮痍，民不聊生，一面是"四海无闲田，农夫犹饿死"；一面则是剥削者有功，吃人者有奖。杜荀鹤的《再经胡城县》云："去岁曾经此县城，县民无口不冤声。今来县宰加朱绂，便是生灵血染成。"愤怒难抑，极其沉痛！这些作品，是唐诗中十分珍贵的部分。千百年后读来，仍使我们激动不已。它证明一个真理：关心国家命运、同情人民疾苦的诗人，人民永远忘不了他；不顾人民疾苦，只顾个人浅斟低唱的诗人，人民就可能渐渐地把他淡忘。

唐代的诗人，风格不同，流派不一。他们的作品，百花齐放争奇斗妍。但有一点是共同的，他们普遍重视对诗句的锤炼，严肃认真地对待创作，即使才高八斗的诗人，亦不敢轻率从事。其中最有代表性的当数杜甫。"为人性僻耽佳句，语不惊人死不休"（《江上值水如海势聊短述》）。这可看成是他对待创作的誓词。他不仅这样说，而且也这样去努力实践。"新诗改罢自长吟"。吟中改，改中吟，反反复复，定要使之满意。他忘了饥寒，忘了疾病，一息尚存，此志不渝。杜荀鹤"典尽客衣三尺雪，炼精诗句一头霜"，已是无米下锅，穷得出骨，但仍然日锤夜炼，乐此不疲。

唐以诗取士，写诗当然带有功利的目的，但在大多数的情况下，他们写诗是不图名不图利的。他们认真刻苦锤炼自己的作品，是自尊、自爱、自乐，表现出一种献身艺术的崇高精神。"二句三年得，一吟双泪流。""吟成一个字，捻断几茎须。"写两句诗真的那么艰难吗？极言之也。他们严格要求，甚至把诗看得比生命还重要。他们不肯匆匆草就，仓促示人，以多产高速来炫耀自己。今天我们读到那些如精金美玉一样的诗篇，恐怕大多不是信口吟成，一挥便得，而是精工锻打，吐尽心血的结果。这不仅是诗，恐怕其他成功的艺术品，都包含着这么一个因素。唐代诗人对待作品的态度，于我们是很有启发的。

诗人一面写诗，一面总结经验。关于什么是诗的问题，文坛上有时争论不休。而白居易早就给它下了一个定义。"诗者，根情、苗言、华声、实义。"这个定义，相当科学完整，道出了诗的本质。白居易的诗歌理论，相当丰富，具有现实意义和战斗精神。他主张诗要面对社会，反映民情，提出"六为"："为君、为臣、为民、为物、为事而作，不为文而作。"诗要写得通俗易懂，使人民便于接受，反对远离世情，描花写草。他的批评，旗帜鲜明，尖锐泼辣，独抒己见，不怕权威。传司空图所作《诗品：二十四则》，对各种风格流派，加以形象的评论，特色鲜明，令人可回味之处甚多。在更多的情况下，诗人是以诗论诗。杜甫诗云："不薄今人爱古人，清词丽句必为邻"（《戏为六绝句》）。诗人应虚怀若谷，广泛学习，多方吸取，不要囿于一隅。"海纳百川，有容乃大"。光知道一丁点儿东西，是成不了一个大作家的。杜甫认为诗要重视佳句，讲究音韵，讲究立意。李白主张，诗贵独创，要有"情"！反对邯郸学步。他提倡清新质朴，反对堆金砌玉，浓施脂粉，"清水出芙蓉，天然去雕饰"（《经乱离后天恩流夜郎忆旧游书怀赠江夏韦太守良宰》）。元稹赞扬杜甫："怜渠直道当时语，不著心源傍古人。"这是切合实际的。杜甫的心中，既有古人，也无古人，天章云锦，自家机杼织成。他的许多诗篇，吸取了当时的口语，写得通俗易懂，又富有浓烈的诗味，这不仅显示出特色，也显示出胆量。"少陵甘作村夫子，不害光芒万丈长。"可见通俗显浅，未必渺小，朦胧到令人看不懂，未必就伟大！

唐代诗人，没有丰富的诗歌理论来指导创作，在这可能是件憾事，但也可能是件好事。因为心中无所依傍，不受拘束，更可以自由挥洒，大胆创造。唐代诗人，不仅留下大量的诗作，也留下许多关于诗的见解。这些见解，来自实践，有真知灼见，非隔靴搔痒泛泛而示人者可比。

唐诗的成果，不仅为中国人民所共有，也为世界人民所共享。我国的优秀作家，几乎无一例外地都受到唐诗的影响。他们从中吸取丰富的营养以壮大自己。人们从牙牙学语之时起，即背诵唐诗。其中一些佳句，如"月是故乡明"，"每逢佳节倍思亲"，"野火烧不尽，春风吹又生"，"海内存知己，天涯若比邻"，"慈母手中线，游子身上衣"，等等，不断为人引用。它们丰富我们的语汇，增强我们的表达能力，陶冶我们的情操。许多国家，都有唐诗译本，那些伟大的诗人，早已冲出亚洲，走向世界。

如果我们把唐诗比作一个金矿，它不仅蕴藏丰富，而且品位极高，永远开采不完，我们从中所得的益处，也将与日俱增。

U0811397

生命该如何寄托

位舞蹈守望者的思想手记

舞蹈家@王亚彬　著

人民东方出版传媒
東方出版社

图书在版编目（CIP）数据

生命该如何寄托 / 王亚彬著 .—北京：东方出版社，2016.8
ISBN 978-7-5060-9201-2

Ⅰ. ①生… Ⅱ. ①王… Ⅲ. ①随笔—作品集—中国—当代 Ⅳ. ① I267.1

中国版本图书馆 CIP 数据核字 (2016) 第 213324 号

生命该如何寄托
（SHENGMING GAI RUHE JITUO）

作　　者：王亚彬
策　　划：王莉莉
产品经理：常秋井
责任编辑：王莉莉 常秋井
出　　版：东方出版社
发　　行：人民东方出版传媒有限公司
地　　址：北京市东城区东四十条 113 号
邮政编码：100007
印　　刷：保定市正大印刷有限公司
版　　次：2016 年 10 月第 1 版
印　　次：2019 年 5 月第 2 次印刷
开　　本：720 毫米 ×960 毫米 1/16
印　　张：18.25
字　　数：150 千字
书　　号：ISBN 978-7-5060-9201-2
定　　价：66.00 元
版权所有，违者必究。

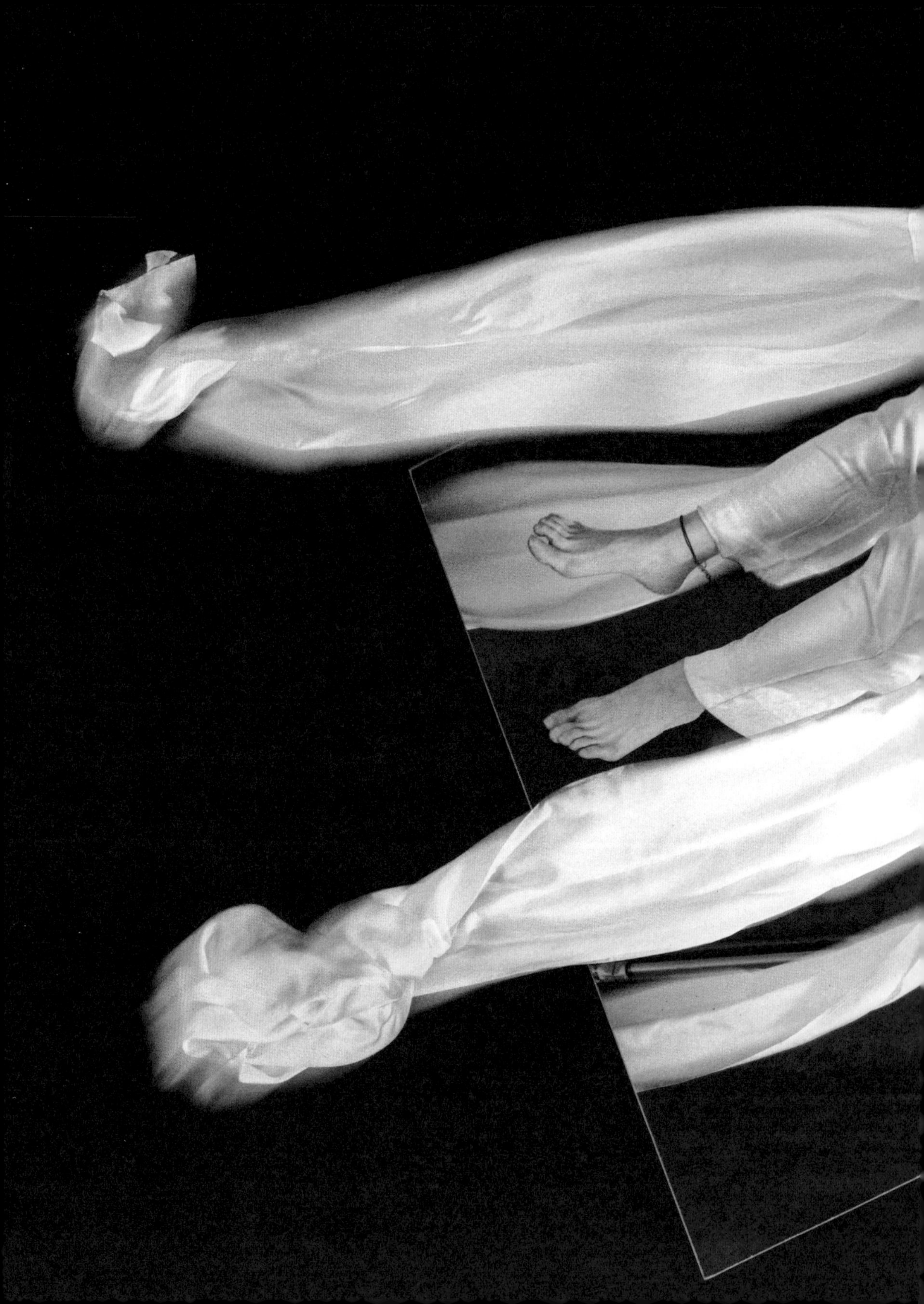

目录

01.
第一篇 隐忍的生命之痛

02.

第二篇 我选择了舞蹈，舞蹈也选择了我！

03.

第三篇 生命该如何寄托

尾声

前言

前言

出版一本独立的图文集已是我很久的想法了，全面互联网时代的到来反而给了我这一次“汇聚思想”和“梳理情怀”的机会。一天，在微博上溜达时，看见了东方出版社策划编辑王莉莉的私信，点开来看，竟然是邀约出版。很快“网友见面”，约在天桥附近的一间咖啡馆，大致聊了聊相互的想法，发现黏合程度很高，决定继续推进这件事情。

我第一次出版书是在 2005 年 12 月，记得当时交稿后就去莫斯科演出了。演出回来，跑去书店，远远看到淡粉色的书排成一摞，最上边那本安安稳稳摆着四个字——《身体笔记》。对我而言，那是一本会跳舞的书，书里的字里行间都透露着美的气息和肢体律动的朦胧。出版那本书的时候，心情真是非常新奇，集结手写和电脑的书稿，闷头 7 日，早 10 点晚两点，除了傍晚 5 点到 7 点在楼道里踢腿练功拼命出汗，拒绝一切外出活动，足不出户长在家中。对于一名舞者，做了一次深入而持续的脑力劳动，以控制身体的能量来操控大脑，日夜兼程，书稿出炉，码出来的文字被工整平滑地印在纸面上，喜欢得不得了。

当书出版后，不断在北京舞蹈学院宽敞的排练场里遇到拿着《身体笔记》前来找我签名留念的学生，才知道，这是一本销量不错的书，我想换一种方式带给舞蹈界以及热爱舞蹈艺术的人们别样的感受。可惜，《身体笔记》如今已然绝版。文字版权一签十年，十年过去，眼下才又重新回到我的掌纹间，如同被领走的孩子又回到母亲的怀抱。更衣沐浴，再次翻看，发觉这世界上除了影像这种最为直观的记录外，文字是表达情感、思想最好的方式之一，她并不随时间的消逝而暗淡，重读便会有温度，然后勾勒出十年前的那个我。

与编辑的几次会面，我们相聊甚欢，决定独立出版我人生中的第一本书，相信未来还有第二本、第三本，甚至更多。在我看来，如今互联网时代的到来，让人们的生活发生了很大的变化，截至目前，还不能够精准地确认这样的改变究竟意味着什么。但对于人们思维、阅读等方式的改变还是具有很强烈的鼓动性，同时，创业风也是无孔不入，令诸多年轻人摩拳擦掌，跃跃欲试。打开微信，感觉这个世界（或者身边的人、事物）都飞一样地跑动着，好像连坐下来静一静的时间都被动地舍不得给予。一切都变得非常“迅速”“火爆”，甚至“喧闹”。此时，我总是能记起来我一个医生朋友的话“放慢节奏，拉长时空”。看着身边火速奔跑、两耳生风的人们，目不暇接、扑面而来、鱼龙混杂的信息，迅速长高的大厦……一切好像已经成为一个快进的频次，甚至连交友都变得快捷、短促、浅层。

即便如此，我可能还是那个我，修身养性，做自己喜欢和愿意做的，包括文字抒写和出版。我甚至觉得在这个时代还有“舞蹈家”这样的称谓存在，实在是一件难得的、不可思议的幸事，可多少人能够明白这三个字带来的真正意义呢？在此次抒写的过程中，我试想过，如果当初，我没有去拍摄影视剧，没有坚持从事后来“亚彬和她的朋友们”的品牌演出，那该是怎样的一个王亚彬？很是奇怪，当人们在我面前谈论当年的“王小蒙”时，我总是觉得那是另外一个叫作“王亚彬”的人，和当下的我是两个人。如同人们获悉“王小蒙”同时也是舞者时那种惊讶以及反差，我不禁偷偷笑，偷偷笑人们可爱的样子，也偷偷开心“王亚彬”这个多面体。然而，这些年的创作和教学也让我明白原来舞蹈这件事是可以作为一辈子的事业，一个可以贯穿整个人生的支柱。舞蹈使我继续沉浸下来，如同抒写般宁静。这样的顿悟让我变得清醒、平和、欢愉，内心充满喜悦。同时，我愿意用文字将舞蹈人生的过程做一个自述。如此，你将在舞台上看见那个依旧活跃的我，文字世界里，通过阅读遇见那个内心寂静的我。除了舞蹈，文字其实一直在我身边，摸摸当年被耗损的那台黑色笔记本，觉得生命不仅是一种消殒，同时也是一种体尝和积淀，感悟时与人分享。所以，不在舞台上起舞的日子里，我会闲暇着，喝着不多不少的红酒，听着轻缓自在的音乐，抱着电脑，持续抒写。

我想这本书像是我不间断的成长史，见字如见人，我愿意在这个“奔跑起来的时代”里慢下来，如同一个手艺人，慢慢雕琢，细细打磨，透过“生命该如何寄托”去思考和表达。

此书献给千千万万奔波在尘世间，渴望被艺术陶冶想要去超越自己的人。

很多人，特别是女人，会恐惧时间的流逝，但很奇怪，我总觉得时间可以赋予女人更多的内容，比如阅历、心态以及超越自我的勇气。所以无论怎样，作为一名舞者、编者，如果有一天我选择了不再用肢体去表达，或者由于客观的原因停止了这种方式，我都不会后悔。至少曾经，我是如此擅长用自己的肢体去淋漓尽致地诠释着我所希望的表达。

舞者亚彬

王亚彬这个人

当听到“王亚彬”这个名字时，也许大多数人想到的是那个舞者，跳舞特别好的那个舞者，这也是我所期望的情形。

王亚彬，水瓶座，生性敏感、自由、特立独行、倔强、幽默，21 岁前内向、不苟言笑，21 岁以后性格逐渐开朗；以舞蹈为事业；喜欢摄影、写作、绘画、看电影。她 1984 年出生于天津一个普通工薪阶层的家庭。在没有任何“艺术世家”背景的影响下，她于六岁参加了天津“三毛艺术团”，一个“卧虎藏龙”的业余舞蹈培训班，理由非常简单粗暴：接送方便、强身健体。小学一至三年级的业余时光，她全部在此度过，这可能是除了家，她在外待的时间最长的地方。与其他小朋友不同的是，她的“生长”极其缓慢，因为个子小，所以永远站在第一个，但的确是班里最为灵光的一个。亚彬的启蒙舞蹈老师叫李华，曾经是那个年代非常职业的一位舞者，后来专门从事教育事业。李华曾不止一次地对前来接送亚彬的父母讲：“亚彬以后一定可以成为一名特别棒的舞者，应该送她去最好的地方学舞……”话音落地，却迟迟不被接起，亚彬的父母总是憨憨地笑笑，礼貌性地点点头。因为在 20 世纪 80 年代，“舞者”这个名词和职业还不被大众所熟悉。日复一日过去，直到报纸上出现了北京舞蹈学院招生简章，李华将剪报郑重地交给亚彬的父母，从那一刻开始，亚彬的命运默默地和舞蹈联系在了一起。亚彬的父母都是地道的天津人，父亲心思细腻，凡事手到擒来，喜好运动，母亲则比父亲显得更加健谈。那年冬天，亚彬九岁，父母接受了李华的建议决定带着她去报考北京舞蹈学院、天津艺校舞蹈专业，还有一个名字记不起来的舞蹈艺术机构。考试结果出乎意料，这三个地方竟然都发来了录取通知书，好像一步步在印证李华老师的“预见”。“彬彬，你愿意去北京上学，还是留在天津？”母亲问道，话语里含糊着不舍。“要去就去最好的学校！”亚彬坐在炉子旁边的小板凳上应道，目光里没有一丝犹豫。这个年龄只有九岁，身高只有 1 米 36 的孩子就这样决绝地拍板了，父母没有任何反对，全家全票通过。

现在看来，当初的那个决定是一个正确选择。

王亚彬在年幼时，非常少言寡语，因为她是班级里、年级里最小的一个，不仅年龄小，个子也是最小的。进了北京舞蹈学院，一直站在小个组的第一个。13 岁参加平生第一个舞蹈比赛：传说中的“桃李杯”，舞蹈界的“奥斯卡”，光荣地拿到排名最后的“优秀表演奖”，没进一二三等奖的名次，险些被淘汰出局，这个奖算是不幸中的万幸。亚彬在北京舞蹈学院附中中国舞专业一上就是 6 年，后来慢慢开始长大，慢慢懂得舞蹈是什么，练功也好像开了窍，加上超级刻苦和努力，连续多年荣获“三好学生”、奖学金，最终，她被保送至本科。

也许她生来就该跳舞，舞蹈的天赋加上后天的勤奋，她逐渐迎来不同阶段的肯定：17 岁荣获文化部第五届全国舞蹈比赛表演一等奖，华北五省暨北京市第七届舞蹈比赛表演一等奖；18岁荣获第二届中央电视台电视舞蹈大赛表演一等奖；19岁第一次以领舞身份参加央视春晚，8月荣获第七届“桃李杯”舞蹈比赛青年组表演一等奖、本科毕业。因“桃赛”获奖而被剧组选中，出演了平生第一部电视剧《跟着阳光跳舞》，同期为张艺谋电影《十面埋伏》做舞蹈设计；20岁主演的舞剧《玉鸟》荣获第十一届中国艺术节文华奖评选“新剧目奖”，再一次加盟《军中红舞鞋》电视剧组；21岁出版文艺类图书《身体笔记》，主演电视剧《乡村爱情故事Ⅰ》（获得第十届精神文明建设“五个一工程”优秀电视剧奖）；22岁被北京电影学院表演学院录取，攻读“影视表演及理论”方向硕士学位；23岁央视春晚领舞作品《行云流水》，荣获“最受观众喜爱节目三等奖”；25岁以优异成绩取得北京电影学院硕士学位，主演舞剧《草原记忆》（荣获第十一届精神文明建设“五个一工程”优秀舞剧奖及第七届中国舞蹈“荷花奖”全国舞剧·舞蹈诗比赛评委会特别奖），创建亚彬舞影工作室——“亚彬和她的朋友们”艺术品牌系列演出平台并推出第一季舞作《与你·共舞》；26岁推出“朋友们”第二季舞作《寻》、受邀参加第十六届亚运会开幕式《启航·海洋之舟》双人舞表演、远赴美国舞蹈节全面学习现代舞；27岁受邀出任中央电视台电视舞蹈大赛评委，推出“亚彬和她的朋友们”第三季《守望》，博鳌亚洲论坛国事演出独舞作品《墨韵》；28岁推出第四季《亚彬和她的朋友们三年展》第一次登陆北京国家大剧院，上海合作组织峰会文艺国事演出领舞《舞之武》，主演电视剧《推拿》；29岁委约世界级编舞家、制作并主演舞作《生长》北京国家大剧院世界首演，国内巡演、中法双边会晤国事演出独舞《扇舞丹青》；30岁舞作《生长》世界巡演30场，推出“亚彬和她的朋友们”系列第六季《梦·三则》；31 岁第一次做导演，指导、编舞、主演了根据作家毕飞宇同名小说改编的舞剧《青衣》，“亚彬和她的朋友们”系列第七季于国家大剧院世界首演、2015 年度国内巡演 20 场，舞作《生长》受邀在伦敦赛德勒之井举行首演，中东欧国家领导人会晤国事演出《行云流水》；32 岁成为英国国家芭蕾舞团历史上邀请的第一位中国编舞，为该团全球女性编舞计划“She Said”进行委约创作。同期，舞剧《青衣》受邀“布达佩斯之春”艺术节进行演出，7 月舞剧《青衣》展开第二轮国内巡演，出版《生命该如何寄托》。除此之外，亚彬和她的舞团作品还受邀在意大利罗马平衡艺术节、法国蒙比利埃国际舞蹈节、摩纳哥舞蹈论坛、Sank Polten 舞剧节等国际重要艺术节进行演出；还曾赴纽约林肯艺术中心、莫斯科大剧院、瑞士日内瓦万国宫、比利时德辛格剧院、卢森堡、法国第戎、巴黎、德国汉堡、维斯巴登、英国伦敦等国家级剧场进行舞蹈演出。

纵观亚彬年轻的“编年史”不难发现，在练到最苦、最累的时刻，她总是可以得到来自业内的肯定。无疑她是幸运的，同时也是艰辛的，因为世界上最难超越的就是自我。从小就以“不以物喜，不以己悲”来勉励自己的亚彬，在 17 岁看《生命中不能承受之轻》，好像对人生有了那么一点点的理解。而“我要成为一名舞蹈家”这句在入学教育观看舞蹈家纪录片时，她转向同学说的话，成为了她的生命标的。那年她九岁，没想到这么多年过去，梦想竟然成真，亚彬以她独有的执着和坚持，以她对舞蹈的爱和激情，在舞蹈艺术的海洋里创造着属于她的世界。

01.

第一篇 隐忍的生命之痛

身体的包浆

时间回到23年前。开学典礼，早上，新入学的小朋友们在院校领导的带领下轰轰烈烈地完整参观了传说中的“舞蹈家摇篮”，看到了明亮的练功房和一排排嫩黄色的把杆，很明显，把杆上已经刻上了毕业不知去向的人们的名字。这里的所有人仿佛都是跳舞出身，他们讲话时便是一场手舞足蹈的演出，搞不清楚是在训话还是在舞蹈。中午休息，我坐在父母临别时铺好的床褥上很是兴奋，并不知道这是一个严酷旅程的开始，从那一刻起我就要不停地奔跑，就要被编织进激烈的淘汰制。

基础训练课，老师让我们钻进把杆站到墙壁角落里量身高，我是第一个，班里最矮的学生，所以每次组合的开始我都会自觉地站到第一个出场位置，因为每一个组合几乎都是从小个儿开始。量过身高后，扶住把杆刺溜钻出来，手心有些火辣辣地疼，这时你会发现九岁女孩的一双手竟然开始有了茧。舞蹈学院专业教室的布局是三面把杆环绕教室，中间和两侧，剩下的是对面可以照到所有孩子的镜子，镜子下面是放日常衣物的柜子，有拉门。能站到中间把杆的人大多或是条件最好，或是功夫最好的人，中间把杆最中间的那个位置是所有上学的人最为向往的，那代表着班里的优秀人才。可是我在旁边把杆的最后一个，紧紧挨着镜子，对刚刚够到把杆的自己的样子进行观察，就像把前蹄搭在主人手里的小狗，而班里其他的小姐姐的手肘却几乎可以与把杆持平，甚至超越它。

上图：7 岁赴美演出，第一排右起第二个是我，提前体验“独立”生活。

下图：那年 14 岁，北舞五年级，细瘦的我继续在“摇篮”里成长。

第一学年，我真实的年龄应该是九岁，因为试读期是一整年，所以需要继续隐藏好谎报的年龄以免招来学龄不够被退回原籍的处罚。户口本上的年龄是母亲托人改写的，由属鼠变成了属猪，长了一岁。考进舞蹈学院的情形虽然刚刚过去一些时候，已经模糊地淡忘了，只知道有老师不停地拿小软尺量你的胳膊、上身和腿的比例，不停地传号让你一个人进到十几个大人盯着的房间里跳舞，然后轮流搬抬你的左腿、右臂，叫你做弹跳等。经过一番观察，终于被一个老师从落选的队伍里领到入选的横排中，站在最边上，当时疑心是否差点被舞蹈拒之门外，那里的女孩都高过一米三六的我。我的腿比上身长八厘米，算是一个短腿姑娘，别的女孩有长 15 ～ 22 厘米的，都是些苗条的种子。我的身高实在与年龄不相符，连老师也怀疑我以后是否会成为一个矮个儿。

虽然身高不足，但我每天还是用自己的双手去努力握着面前高高在上的把杆。我的双手从小就又细又长，常被亲戚邻里喻为“凤爪”，那时因为脾胃不好还经常在手指内侧关节针灸，然后用带血的十指握住一大块止血的棉花，妈妈便道我是生来就要受累的。现在又来学了舞蹈，看来这样的预测是有根据的。记得儿时握着爸爸的大手，它粗糙有老茧，但热热的，如今摸着把杆，即使光滑却没什么温情可言。老茧是一个个小小的黄色圆圈，分布在指关节内侧和手掌上方，每一个都鼓鼓的，像充了气的坐垫，按上去没有什么感觉。我怀疑这是舞蹈开始在我身上留下的痕迹，有预感将来会在身体乃至关节的各个部分留下更加残酷的痕迹。

来北京上学已经整整一个学期，逐渐习惯早起然后一天满满的课程，父母的电话定期打给值班室不断告诉我注意营养，可我依旧徘徊在一米三六，丝毫看不到将来长高的任何可能性。我们的基础训练课循序渐进已由地面升至把杆，教室碰巧能赶上开学第一次参观看见把杆留名的那间。

一个独自一人的周末，没有家里洗衣机轰轰的转动和喇叭里广播的新闻，也听不见父母低声地聊天。阳光还算灿烂，只是从众人继续呼噜的鼾声中，透过窗帘投射在住在下铺的我。北京的水据说来自地下，因此一年四季会冰凉透骨，晨时洗过脸便完全清醒。不知道为什么，离家出来的星期天会起得如此早，也许心里有些不踏实，坐在暖融融的炕上，腿上垫着枕头书写。记得，父母来看我，每次都要嘱咐我，洗手、洗衣时要戴上胶皮手套，水温会刺激皮肤，刺激关节，要注意保护自己的身体。那时太小，真的体会不到叮咛背后的苦心，但意识到一直在“保温箱”里的生活自此结束，洗衣物、换床单、打水、打饭等等都要亲力亲为，一切自理。楼道里，在休息的时间进出宿舍时，我总能看见高班姐姐们赤身裸体地走在宿舍走廊，大声嬉笑、聊天，同时用刺骨的自来水在水房冲澡，我简直惊呆外加佩服。而她们的膝

“亚彬和她的朋友们”第二季舞作《寻》。

盖、小腿外侧和脚面上经常有着一大片的青紫，像印章，那些颜色像调色板，有因为红肿而渗血的、有逐渐褪去灰黑的、有新鲜青翠的，甚至还有裹挟着大量纱布的，触目惊心。看看自己裸露出来的肘、膝盖和脚面，没有那些高班姐姐们的“粗糙”，那种“粗糙”不知道为什么看上去格外显眼，连夏天美好的小碎花裙都遮挡不了。她们常常自嘲，外人看到了会不会以为是家庭暴力。和老茧一样，这也一定是舞蹈渗透身体的开始。我想，我已经做好这样的思想准备。

一直坐着，书压在腿上，感觉好像有个地方特别不舒服，站起来用手仔细地搜索，发现一根木刺。这个东西应该是学校练功场地板的产物，低年级，一切动作基础要从地面练起，我们每天要光着腿，只穿一双小袜和地板亲密接触，勾绷脚、横竖叉、地面环动、下腰等舞蹈基础训练。在身体与地面的摩擦中会刮起木地板上的刺，紧接着刺就无声地落进皮肉里。所以，低班的学生课后娱乐就是凑在一起，相互合作着用针挑出刺，然后皮肤上就留下红肿的一小片，这也是女孩子经常抱怨的话题。如果父母在身边肯定要点上什么双氧水或者碘酒一类消毒的东西，他们会说“千万别感染”，然而现在，这成为了舞蹈磨炼意志的一小部分，用不着大惊小怪。我只好静静地坐着，接着看书，等其他人睡醒之后帮我“挑刺”。没错，镜子告诉我那里的确有一颗饱满的黑色木刺，在大腿后侧。

学舞之初，先是见识了什么是身体的包浆。每一个把孩子送给舞蹈的家长都是值得敬畏和尊重的，他们滋养和成全了前赴后继为舞蹈艺术贡献的人。在舞蹈的世界里，身体是最伟大的表达工具。

在历练艰辛过后，那些茧子、淤青、色斑成为了身体的包浆，远远看去，只能欣赏到舞台上舞蹈现场所带来的美和震撼力，而只有舞者知道身体包浆的味道是疼痛的、辛辣的、折磨的，但不去浸透这样的“包浆”，却是无法重生的。

梅花鹿

我平生一共参加两次“桃赛”，一次在1997年，一次在2003年。每逢参赛，必须成为一头癫狂的梅花鹿。

12岁，为了奔赴广州比赛，在北京备战，这是在北舞上学以来，我的四肢头一次有了大面积淤青。入选第五届全国“桃李杯”舞蹈比赛是我始料未及的经历，学院每次推出比赛选手时都会慎重酝酿、层层选拔直至准备时机成熟，等到临近比赛时筛选出个别可以代表学院水平的人远赴沙场。

“桃李杯”是院校性质的全国性舞蹈比赛，按照年龄、年级划分为不同的组别，从少年乙组、甲组到青年组，男女分开，舞种分开，三年一个轮回在不同城市举行。一般参赛选手在赛前的一至两年内选拔，然后进行重点培养，力争夺魁，一展各院校之教学成果。

三年级第一个学期，学校附中古典舞系分配了一个名为《哪吒闹海》的独舞剧目给我，还有一个同学和我一起排练。看过这个节目的录像，又要表演，又要有基本功技术，而且这样的作品对一个12岁的附中学生有些难度，节目本身是过去“桃李杯”比赛的获奖作品。哪知这次排演就是学院选拔参赛选手的前奏，用难度大的作品来使学生快速提高，当然给我们排练的沈元敏老师是历届冠军的金牌教练，让我受益匪浅。

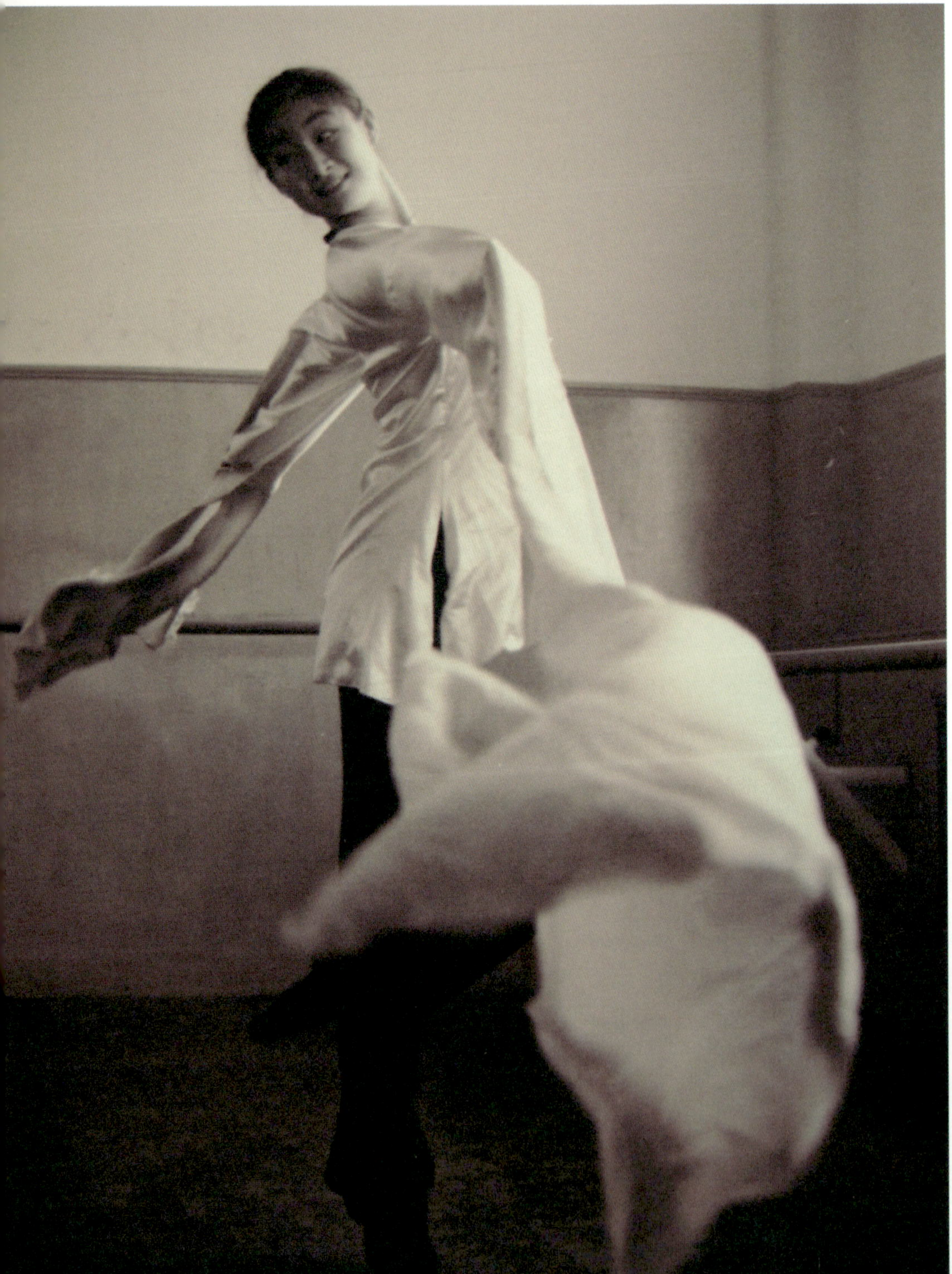

基训课是这次比赛我们这个年龄段应该参加组别的重点内容，所以在期末考试之际，我被任课老师忽然从旁边把杆最旁边调至中间把杆最中间，很有重中之重的培养架势。那次考试也差点因为地理位置的不习惯而砸锅，还好天生良好的适应能力挽救了我，让我接住了这次比赛机会。

寒假，我的同学大部分都在家里享受着温馨的幸福，我和几个“特别培养”的苗子提前返京，住在学生宿舍。训练完毕想吃一口热面，学校及四周却漆黑一片，北京的风好像更冷，人出来打水冻得直抖，像没窝的鸟儿。躲进热水房，让冉冉热气熏腾着自己的面颊，有些想家，有些害怕眼前这过分宁静的校园。我们几个挤在一个房间里听着范小萱的《雪花》，凑在偷偷使用的酒精炉旁边一起傻等方便面出锅，窗外是寒风赶着枯叶狂奔。谁也不说话，一时间仿佛失语的人们聚在一起，那是白天重荷的训练使然。《雪花》从老式录音机里一片片飘出来，屋里越发得寒冷。这时，有个姑娘发话了：“我不想参加比赛了，我想回家！”这句话掷地有声，连锅里的面都停止了咕咚。几个小朋友抬起头，仔细地相互看了看，应和道：“要不，明天咱们跟老师一起说，不参加了。”接着，一片沉默。我在小火苗照亮的附近，看见了好几个红眼圈，泪水慢慢地滴在面汤里。

可第二天，清晨6点北风吹的那个大操场上一个没少，齐刷刷地开始跑步。我知道，昨天说的话跟面条一起吃进肚里了。

或许在过去将近三年的训练中强度都没有如此之大，课堂的新动作也没有这么高难，我拿着一个球球和编导一起在教室里滚打摸索，试过的动作都在我的身上刻上印记。第二天再次拿着球球复习动作时，如果忽然忘记，可以看看手臂、手肘、迎面骨等不同部位的淤青，立即回忆起那是如何促成的，动作也紧接着飘荡在脑海中。那些紫块躲在棉睡衣里散发着浓重的疼痛和火燎的味道，我想它们应该是肿了。我从此对紫色的东西深有感受，看到别人臂肘上或许是蹭黑的一片便问："不会是磕的吧？"

19 岁，二赴"桃赛"集训中的几天里，我听着各路上级领导的讲话，又冷又饿，而且还要与睡神作对。这是中国共产主义青年团第十五次全国代表大会，在临近比赛的时刻我还在这里享受着最崇高的政治洗礼。

早上 5：20 被叫起来，提前一个小时到达会场，为了排好队和领导合影，在近千人的长幅照片上，留下一个只有小指指甲一半大小的头像。看表，这个时候选手们应该正在学校练习基本功，同时迎接着第七届"桃李杯"舞蹈比赛对他们命运的恩典。

"桃赛"过程的苦痛与难忍，导致越来越多的伤痛和心理上的叛逆，不停地使自己的情绪产生很大波动。不过还好我的年轻指导教师还是蛮会调节选手心理和体能训练的，虽然他在附中是给小孩子上课。

哎哟，坐了近三个小时，双脚真的很肿，大名骨在鞋里凸出着，一疼一疼地直窜腿根。昨晚排练时，最后一遍以踩裙绊倒而结束，右膝滑翔于地胶，可以嗅到裤子的煳味，白裙上血迹斑斓，红肿难以抑制。夜里睡觉时，伤口在与被子摩擦的瞬间如火如荼，像定点的闹钟把我不停地唤醒。一个舞者与常人相比忍受了多少非人可以承受的痛与各式难过，然而十年了，我在吞忍和品味。

排练结束后，大家鱼贯而出之时，我瘫躺在地板上，静静地等待门缝里溜进轻风的拂拭，看着天花板，一动不能动。除了微弱的呼吸，整个生命像死去了一样。脊椎在膨胀，从头一直导向尾骨。没有人再来探望，哪怕是饿死的鬼魂也不愿来嗅嗅这满是汗迹的、疲倦无助的人。

空调又开始吹，不知哪方仙人的香粉味道飘来，我看见穿得非常体面的女子踏着高跟鞋从我面前飘过。我低头看看我的腿，像极了梅花鹿，一只满是青紫的梅花鹿。我从大会堂宽阔的楼梯爬下来的时候，忽然有了这样的联想：

血红凝练的琥珀挨着剔透圆润的玉石，

太阳的光芒下愈显纯净，像婴儿的眸子。

秋天扑向大地，扫落淡黄的叶片，酒红的花儿在风里颤颤巍巍。

那颗心啊，从梦魇的黑色套子里翻滚滑落，淅淅沥沥带着血痕。

空气里逐渐弥漫起槐花香，一股一股蹭着血迹舔舐着兔跳的心。

慢慢的，伤口在白日的灼热下，

在槐花又甜又重的气息里完好地生长如初。

左脚

左脚，在一个行走如飞、眼睛看到哪里就可以去到哪里的生活中有时是被忽略的，如同身体任何一个运转正常的部位不会被特意关注一样。也许是对不穿鞋袜劳动过度的抗议，一日左脚终于在这种与地板的摩擦中疲惫受伤，前脚掌一位置爆裂，就是半脚掌承重最大的地方。起初是一道宽阔的裂痕，随后逐渐成为灰尘快乐的寄宿地。然后再是忽略左脚，以愚蠢的忍耐和排练的继续进行忽略，直到 2004 年 3 月左脚的惨痛报复。

从一条沟壑变成一片平原，忍耐到底屈服于疼痛。

2003 年冬，左脚病症终于确诊为长了“瘊子”的脚垫！瘊子区别于鸡眼，是灰尘进入皮肤后感染成为一种不断自我内部传播的细菌，每一个细菌拥有自己的一小根毛细血管，雏形是一颗颗白色的肉刺，其生命力极强，繁殖速度极快，如放任其自由成长最深可至骨膜——消息源自天津皮肤专科专家大夫。亲爱的左脚是我旋转主力腿的下属，曾经在这片平原之上做过七个吸腿翻身和无数个连续起伏的旋转，曾经带着这片平原到过天津、杭州、哈尔滨、深圳、成都、重庆和香港。在这些城市里走过、笑过和哭过，同时拜访了城市里不同的修脚技师，经历了各种神奇的刀法，目的只有——使左脚患区的突出部分与周遭相符，使接触地面的疼痛定时消失，使病情继续恶化。在确诊当年年初决定利用春节 10 天的休息时间处理它，可是天津南市祖传秘方的实施又被心急如焚的排练计划催促着，没有坚持到药效发挥的尽头。撤药那天，乌云密布，胡同里灰暗小屋的“大师”用脏兮兮的手指甲活生生地揭去连带皮肤的药膏，鲜血如注，还好母亲有定力没被我呼啸而出的叫喊吓倒。左脚病区体验了一下裸露的空气，以为大事告成，实际还有一小片瘊子在恢复期内不被察觉的残留下来，继续傲慢地生长开。

回到学校准备参加 2003 年第七届“桃李杯”舞蹈比赛，来自各界的压力使我重蹈覆辙又在左脚肌肤长全的时刻开始忽略它，之后一发不可收拾。

左脚二次疼痛开始的具体时间我已经不能记起，练功鞋底部的不平坦牵制左脚的不满，每次在舞鞋狭窄的空间里旋转时要把主力腿的重心稳固，脚掌顶到最尽头与地面呈 90 度，无论重心偏向哪一方都要竭力使其回归到与支撑腿垂直的状态，跳跃的起始也是由左脚发力或落地缓冲。定期修掉左脚病区的赘部会比较轻松地踩到半脚掌满意的高度，达到左脚跳跃落地的轻盈程度。

时间已经把日历翻过 2003 年的 6 月，8 月该是正式比赛的时候了。那么左脚我只能和你说“对不起”，外部压力不再允许任何关于因左脚疼痛而停下的练习间断，这也是改变其生长速度最关键的时期。以前都是 30 天到 40 天见一次修脚师傅，随着比赛的临近，已经由 30 天缩短到 20 天。到达成都赛前适应期时，修脚的时间已经被准确地固定在 7 天。想想修脚师傅也是不容易，他必须小心地运用刀片不薄不厚地刮掉病区皮肤，如果不慎使瘊子惬意地暴露在外，踩地就会疼痛异常；如果为了省事轻微削去一点，那么几天后练功时，在出现立半脚尖的动作之前还要坐下脱鞋把脚垫进行“人工黄金线分割”，使脚垫二分之一的地方出现横行裂缝促使半脚掌起落自由。还好，在比赛的前几天比较有经验地把握住修脚的时机，否则后果不堪设想。那时脚垫的巅峰状态可以与壹圆硬币比美，从厚度到硬度绝对略胜一筹。

左脚就如此忍过 6 月、7 月、8 月三个月，比赛唯一留给它的就是高频闪电的生长速度。之后，日常走路是一定会被左脚引起注意，若不小心踩到的石子“正中下怀”，上面就会附着配合一声“啊”。鞋底好像有倒不尽的沙，再舒适的鞋也配不上宝贵左脚的需求。就这样，左脚的瘊子陪我一起度过了 2003 年“央视春晚”；经历了“非典”、7 月毕业和 8 月“桃赛”；一起经历了 2004 年 2 月舞剧《玉鸟》的二次排演和“文化奖”评选的录像工作。每一次跳动，我的心就多一条因为疼痛而绽开的缝隙，去了各种医院，始终没有找到完善的治疗方式。

经朋友推荐，去到了坊间治脚很好的技师那儿——黄庄一个家属院内，当天就把药敷上。听说我的脚因时间过久不太好治，心里一沉。墙上挂着各种疑难杂症的脚病图片，看了挺恶心。没被诊断之前抱有充足的希望，希望技师刘继凤可以治愈我想我把最好的年华献给了舞蹈。

脚垫。一个胖胖的中年妇女挑开里屋的门帘出现，找到眼镜戴上看，我屏住呼吸，准备接受诊断。脚垫感染长成瘊子，先得除去脚垫，然后看瘊子是否压迫神经，至少 10 次，一次敷药五天至七天。什么也没多想——做。技师说在修脚的过程中可能会流血和疼痛。坐在我旁边的老太太从鞋里拎出一只变形的小脚放在修脚师傅面前，刀子刷刷，脚皮落地，鲜血也流在棉花上。看得我想尖叫，感觉刀片离我真正的肉越来越近了，偶尔会撕疼。然后看见一小坨土黄色药膏填在脚底板，贴上膏药腐蚀开始。我把大脚趾和脚掌包着胶布的脚挤进鞋里，还好没有什么特别的反应。走路，坐车，练功，回家，脚都很好。傍晚时分，左脚开始有感觉，脚底板火辣辣的燃烧；入夜左脚不知是不是药理的关系开始肿，脚掌撕痛，无法着地；睡觉时已经很痛苦了。

2：30 终于熬到可以暂时丧失知觉的睡眠时间，轻轻地放妥左脚，缓缓地躺下，可是撕裂的阵痛折磨得我难以入眠。换了起码五百多个姿势，脚仍然不解我的好意，继续发作。左脚的每一次移动都是我自己的双臂亲自操办，轻拿慢放，被子也不敢倦怠，没眼力见儿地糊在上面。整个看不见月亮的夜晚我都在翻腾，凌晨 5 点左右疼痛把我从稍微有别于常态的睡眠中扯醒，眼帘困顿可是精神被疼痛拉得清醒极了，一双神经质的眼球在半闭的眼睑下转得飞快。

如此难以入眠的夜晚，每五天换药就会发作两三次，在寂静的夜里我盯着对面一盏盏逐渐灭去变成全黑的建筑，盯着窗棂边沿皎洁的月亮，盯着已然浮肿的左脚，期待着白天的到来，可白天的到来仍不会减轻任何痛楚。

由于演出任务迫在眉睫，修脚技师决定换一把窄而尖锐的薄刀片，在脚掌划开皮肉见血然后糊药。为使药物更好吸收，不得不通过多次的划痕把整个患区清晰地分了很多小块。这种感受如同意识最清醒的时候，用锋利的刀片在身上割伤。因为皮肤有创面，所以当药膏糊上会觉得很杀，如同用酒精擦拭消毒。

穿着拖鞋走出诊室，跨上自行车缓慢地启动，与来时的灵便形成硕大的对比，我仿佛瞬间衰老了几十岁，行动是无奈的迟钝。这样一上一下的对比已经持续将近20天，从马上要恢复到全部好感的打破，我不断地飞向空中，又不断地跌落在地，再飞再跌，摔得鼻青脸肿，气力渐无。

回到家，刺痛又胜利地把眼泪从我的心里涌出，失声痛哭，泪水清爽地洗刷入夜的宁静与发酸疲倦的双眼，真的已经很累了，夜长得漫无止境。左脚，在将近三个月的治疗中慢慢地好起来，眼看着一根根肉刺从脚掌剔除，那种由于脚伤带来的不能尽情舞蹈的精神痛苦终于消散褪去。

那天傍晚，我走出那间让我痛并快乐的修脚诊所，在余晖下拖着箱子奔往机场，奔往需要我的那个舞台。从此，左脚掌，留下了浅浅的一条愈合疤痕。

右脚

2001年12月11日晚间20：30，北京舞蹈学院301专业课教室，一个刚刚获表演金奖的学生王亚彬右脚外踝错位……消息像遇到大火从窝里迅速飞出的马蜂，一溜烟传遍整个教学楼。

我就是那个不幸的家伙，自从9月第五届全国舞蹈比赛在无锡闭幕，整整一个月一直忙于在南方城市的巡演，回到北京又立即投身于火热的毕业组课阶段，丝毫不能怠慢。可能是接连几周不停地工作，身体已经超过疲劳的边缘，在当天的最后一刻、最后一个动作排练时，终于爆发。

大跳腾起，去体验导演要求眼泪漫天飞舞的凄情，我没有接到任何来自身体不适的警告，因为排练投入带来的兴奋使我忘记一切。空中停顿，之后在人体落地的一瞬间动作超出了肌肉控制，以至外踝直接着地，紧接着又反弹到相反方向，我趴在地板上再也动弹不得。

黑色爵士靴立即被饱满的肿胀撑起，惊呆的导演冲过来，蹲在我身边失语。我知道毕业课、出国演出、近期比赛全部飞散，眼泪迅速弹出眼眶迸裂在冰凉的地板上——“砰”一声门响，他去求助。

四周一片宁静，只听得泪水潺潺的流淌，细碎且心痛。腰椎隐隐发凉，身体在轻微的抽搐。我用指尖轻轻按着伤脚的小腿，竟然死去般知觉全无。试图从地上爬起，

左图：舞剧《生长》

可一次次高频地跌倒让我掉进深渊的心更加沉重。骨折的猜测在B超结果没出现以前，整晚都徘徊在脑中。想到丧失艺术舞动的能力，遗憾地退出舞坛，愤恨地出国离去，深邃地成为遗憾……渐渐地又回想曾经……悉心地栽培子女，不悔地重回讲堂，一系列与右脚有关无关的联想随着身体里液体的流出而奔走。

众人来了，导演小心翼翼地把我背进电梯，送到北门，抬进车里。飞速到达人民医院急诊室的路，从那一刻起就永远铭记心中。我痴痴地透过满是哈气的玻璃车窗，看到车外移动的树、家属楼、餐馆和西直门新鲜明晃的隧道广告牌，那连串的灯火刺激我一同受伤的瞳孔，一道道，仿佛划向面颊的锋利刀片。我仍然流泪，一路静默无语。

急诊室、大夫、病历本、人民币、挂号单、拍片号、轮椅、等待和煎熬……

右脚扎进北京冬日刺骨的冷水，已经是晚上11点，长长的一天终于结束。送我、陪我看病的人都已回去，擦干冻得通红的右脚艰难地爬上上铺，只希望快点熄灯，来忘记这场人生“闹剧”。

我在混沌一片中缓缓醒来，看着肿痛的脚，不知如何是好。眼泪又无声滚落，双手轻轻地把脚托起，这时室内温度大约50℃。眼泪连成串，热得像蜡珠，滴在手掌心里，流到睡前尚未来得及脱去的练功裤上、床上。看着黎明前的窗外，一片黑暗。

昨晚倒地的片断一遍遍不停地回放，神经被轧得同样肿胀，太阳穴一声声鸣叫。远方，太阳升起的地方，我闻到香水的甜味，看见一双如同飞蛾大翅膀一样扑闪扑闪的眼睛，那么温存，模糊中我辨认出那是母亲的眼睛，可怎么那么遥远？昏迷……

上周五，我架着从校医那里借来的双拐，自己去了北医三院。当我从出租车上拖出自己的身体时，迎面聚集了众人的目光，好像红外线的辐射，可以穿透衣襟看到赤裸的全身，赶紧低头逃跑。

挪进康复室，小护士们一拥而至的问寒问暖，摸摸瞅瞅一起把我架到治疗床上。老大夫拨开人群，“狠毒”地开始按摩，几个至深至痛的点令我大汗淋漓。尽量咬紧牙，不作声，心里像虫在啃食。双手仇恨地相互厮杀着，张开手心，一簇簇被指甲抠得发紫。

然而接受天平底座坏掉的事实是很有必要的，自尊心与好强的性格在此时加重了我的痛苦。中午想冲一杯奶粉喝，却意外地发现壶里热水已干，空荡荡的瓶胆告诉我：你的脚崴了，很久没打水。看着浑身湿热的同学回屋，知道她们排练很辛苦，我不愿意总麻烦其他同学，因此只有回忆一下牛奶的味道，喉咙里又发出呜呜的哽咽。

捧回金奖、大跳落地、外踝错位，好像编排好的影视剧情，让尚未体尝获奖喜悦的我迅速饱尝了失落。我在校园里独自忍受了将近一个月才打电话告诉家里。那时学期基本结束，专业课考试也接近尾声。后期，我不愿再去排练场看课，而是故

意躲在宿舍里，躲在布帘里一个人待着，默默地听着音乐、发呆、写东西。不知道过了有多久，右脚最终在芭团老王大夫的药膏下逐渐消肿。

放寒假前，我去找老王大夫，那天是平安夜，我带着我的右脚来复位。

原来在右脚落地的过程中，由于身体重量倾倒和右脚的弹回，导致右脚外踝错位。退去肿胀，需要复位，这样右脚踝关节才能灵动如初。我艰难地站在病床上，等待大夫的行动。上午从满是跳跃身影的学校抽身离开，暂时忘记自己的舞蹈会让我轻松一些。一双沾满活络油的大手，推着侥幸没有骨折而是错位的外踝，准备按下关键的一推。听到让我下蹲的命令，真想捏碎墙上的灯泡，没有大叫。我把向外的力量回缩到身体里，支持下蹲。随着“咔”一下的诞生，我被抛入大海，吐出的不知道是眼泪、鼻涕还是口水，脚踝寒冷又透心的火烧。它丝毫无差地回到自己原本的位置，接着，老王大夫帮我敷上香油药膏，疼，轻了些。终于，我的重心可以均衡地分配在两脚间，一撑一挪的日子似乎像地上的纸片，瞬间被风吹得很远。我可以慢慢告别这个冬天一只袜子、光一只脚、没有舞鞋的受难，爸爸托人带来的鞋可以穿了。

回到学校，不知道专业快要考试的人们怎样计算她们的时间，一直深陷忧郁的我尽力调动着唇边的嘴角，让它们努力向上。可复位带来的阵痛，使微笑看上去僵硬无趣。爬楼梯时，挂在右脚上的拖鞋显得过分肥大，勾也勾不住，每次费力抬起脚落到下一级时，身体总会摇摆不定。自己的踝仍旧控制不了自己的脚，就像自己的理性控制不了感情一样。

虽然右脚踝回到了自己的位置上，但由于修整的两个月里跟腱的退化，让我右脚无法下蹲，像一个僵硬的棒槌。其实，这才是一个开始，还有漫长的康复等待着我。

夜晚的寂静真美好，美好得想要流眼泪。
白天那些躁动都抛到脑后，再也不会像太阳下的巧克力一样融化殆尽。
每天被无数凌空的动作拉扯得那样长，那样没有尽头。
我想可能是想家了，多么希望此刻时光稍纵即逝，
终点紧紧地贴着起始，一个小到看不见的圆点。
修长的清汤面躺在碗里，婉约地缠绵在一起，
相互裹携着悠然的清香，此处是我的最爱。
闭上眼睛，脚下是温热的海水，在梵•高深蓝色的夜空下去梦桃花源。
恬静，一切美好如初。

疼痛

我的精神由于咖啡的作用还兴奋着，游历在白天观摩的情景中，那份独守难以释怀。记忆最深刻的一个动作是二人拉着的双手慢慢分开，焦距越来越模糊，然而指尖的距离仿若藕丝，缠缠绵绵，直到分别的惆怅凝结在空中，谁也看不到对方的影子，灯熄，哗然一片掌声。我想舞者那完全假戏真做的表演会不会把自己陷得很深呢？那指尖相互的摸索和身体的撞击难道就不会产生出什么火花？不知道，远远望去，走近观众的演员面颊边挂有淡淡的一丝泪痕，动情的演绎把自己年轻的心弄得沉沉的。

电脑还剩一点点电，这是我习惯拔掉电源工作的原因——在电池有限的时间内做完所有需要完成的内容，提高效率，争取更多的时间去休息。可我依旧想要记录下排练过后的感受，那个舞剧中离情别愁的片段。

乐曲旋律本身已经很凄惨，嗞嗞拉拉道尽人生悲苦，舞蹈本身就是配合着这首乐曲气氛来的，讲述男女主人公恋恋不舍、迫不得已别离的场景，那种举手投足的伤感力量直击心脾。舞蹈作品有很多门类，比如喜闻乐见的民间舞、婀娜多姿的古典舞。舞蹈类型也有如情绪类、动作类、人物类的，而舞剧中的这段双人舞以离情为主要表达的情绪。

秋风萧瑟的夜，她行走在过去的情感世界中，不枉费那一段醉人的时光。在玻璃门的摩擦中带走了喧闹的人群，咖啡馆的楼道再一次把空空的寂静留给了自己。不知是什么感受，好像要费力看清浴室外透视模糊不清的面孔一般。她失去自己的最爱，不惜留下感情的伤痕，双方在分手时，可能心底都暗自说着“抱歉”！在现实面前冰冻住的女主角痛哭流涕跌落在光秃的墙壁拐角，两行泪水宛若溪淌的泉流倒映着月牙惨白的笑容。心伤地托起自己的身体，一步步离开她绝望的地方。男人却没有走开，一直躲在树荫下共同感受着颤抖的背影。风中曾有过双臂抱紧那肢体的娇柔，风静默而震动，树叶不再摇曳。月下，泪光涟涟……

好像室内这个温度，身上和心理不该有任何的疼痛。

在排练结束的时候，可能是过分地投入，异常的疼痛让我流出早以为干涸的眼泪。我又哭了，蹲着蜷缩在排练厅的角落里，所有人消失。整个人像南方的潮湿天气，这是在北方不常见的。全身冰冷，用手骨猛捶梆硬的暖气木板，用打青的快感削减局部的疼痛，终于明白什么是意念转移，我想我真的是找到一种轻松些的方式，却近于自虐。很用力地压抑住喉咙要爆发的声音，把它压得很低很低。周围全是死亡的气息，在短短的几分钟内如果能剖开气管注入什么东西，比如顽强的抵抗力并起作用，人才不会在目前的状态下被上帝带走，因为上帝不喜欢脆弱的孩子。也许死亡对于我来讲来得早些，还有很多未做和未尝试的东西。虽然腰部的刺痛没有达

到绝望的程度，可已使我走近崩溃的边缘。努力闭上眼睛，想让自己压融进空气里，以为可以化解不停外溢的泪水。眼睛现在有点酸，想起母亲告诉我的偏方：用“六必治”牙膏敷在患处 10 个小时，可消肿止痛。仰起脸，想，如果这种偏方可以敷在心脏上，那这个世界伤心的人就不会那么多了。

疼痛好像缓解了一些，我想象着这个剧未来公演的情景，不知道这样的作品能为观众带来什么样的感受，但我相信情感的共通性会在作品和观众心理建立起这样一条联系，一条隐隐作痛的联系。为什么想是会遇到疼痛，因为和悲剧一样，疼痛会让人觉得深刻、难忘。疼痛可以来自许多方面，不能承受的生命之轻，不能割舍的生离死别，都可能会引起疼痛。这或许和神经、意识的敏感都有着相当紧密的关联。我想念不那么潮湿的北京夏夜，飘点儿风，吹散整晚的沉闷，来本书或者红酒什么的，仿佛就上了云端，容易满足就不容易疼痛。

好吧，如果排练场的温暖可以剥离疼痛，那么就让舞者们的体温热再高一点吧。

一次伤寒

夜，突然的胃疼让我从梦中惊醒。坐起身，头的眩晕和体温感觉的不适让我根据经验判断为发烧。量过体温 38.5℃，全身炙热。挣扎爬起床跑去喝水，冰凉的液体没有给身体带来任何舒适感，还是发烧，可能是独自来北京生活的第 N 次了。没有太多的无措和受惊，知道多喝水，按时吃药就可以康复。感冒药，一般会有导致睡眠的配料成分，经我不完全对自身尝试的药物考察，逢食必眠，尤其是在药力发挥时不得已休息的过程中，易产生幻觉。

那是在第五届全国舞蹈比赛之前，大学期间第一个接触的原创剧目《烟雨西泠》，讲述江南女子苏小小，故事里的她已然化作一个美丽的灵魂。而第一次面对这样一个情感复杂的人物，好像尚未成年的我能理解的范围非常狭小，同时那种释放性的情感表达，显得特别稚嫩和浅薄。为此我和编导都有点儿头疼，在我的脑海中，我试图想象人物形象最健硕的样子，可惜总是一片苍白。排练中编导想要创造的那种穿越时空、近乎于真实情感的雕刻，在我这里始终没有得到实现。我总是很保守地在表演中释放自己情感，弄得自己难受至极，而他人却无动于衷。有时，灵感和领悟都是一张薄薄的纸，但每个人捅破的时间都没有定律。抓耳挠腮的窘态使编导不得不一次次苦口婆心的讲解，虽然我查看了史料记载，也尽力感受，但终归没有"得逞"。

近几日不小心感冒，排练时一直在流的透明鼻涕像一条小虫，弄得鼻孔痒痒的，很想去抓。猛一个甩头，那黏稠的东西就有可能落在附近某一个舞者的身上。呼呼喘气的声音发出很大动静，粗哑且浑厚，如同一条夏日里耐不住滚烫炙热的狗。望着当地排练教室的天花板，死盯着灯管，等待着下一个喷嚏的诞生。浑身酸疼，必须坚持，所以舞蹈的时候很痛苦。还好练功厅有音乐，它在我舞蹈期间支撑自己度过头晕，给自己一点药物以外的安慰。最终，没有多余的力量去挪动身体，只得早早休养生息。

中午吃掉感冒药，下午再次排练时，整个人好像进入昏迷状态。踩在木地板上一会儿听见头顶的灯在嬉笑，一会儿是眼前吹过的柳树枝在奔跑，赶快闭上眼睛，目中一切才逐渐静止、静止……出了一身冷汗，还好刚才没做什么剧烈动作。头疼迫使我昏昏睡去，闹铃扒开我和苏小小。心中抑郁着来自角色和剧目的压力，胃疼与高烧瞬间击垮了脆弱的抵抗力。紧接着我就要出现在灯光灰暗、空气污浊、摩肩接踵的人民医院急诊室里，捧着不知何味的心情，迈着沉重的步子去扎那刺激的一针。

路上，我听着比赛剧目的音乐，这个节目最为喜欢的一段是开头不久，细致入微的二胡零星响起时，时空的重叠。手指尖做着细碎的颤抖，从面前缓缓划过，带着脸上逐渐露出的微笑，一起回忆曾经与心上人厮守的幸福时光。紧接着一声划弦，躺在想象中二人世界的梦，惊醒，一切化为乌有。可怜的小小在病魔的厮打下，独守、死去……这时音乐好像那来自上天的音乐灵魂，飘然而至，在头顶上空笼罩自己，像是远方的呼唤。脚下忽然没那么冰冷，自己竟然可以看到窗户外与篮球架平行的绿野苍树，音乐继续燃点着有点阴森的室内空气。慢慢地，眼前一片模糊，我的世界只有烟雾般的云朵，灰灰墨渍的南方太阳和一颗空洞、越跳越缓慢的心。怀着庄重对待耳朵的态度，不敢轻易放弃任何一个犹如沙漠里清泉的音符，闭上眼睛高高坠落着，云里雾里地飘着，灵魂迫散。猛的，青丝抚过面颊，沉入水底的鱼。

坐在输液室里的我，瘫软在座位上，头无力地低垂着，左手被针头刺得鼓鼓发胀，手腕冰冷如铁。冷汗湿透了衣领，"苏小小"得了"伤寒"。体温的攀升让我心更加焦灼，烧吧，这样我可以什么都不想了，暂时忘记那受伤的小小，安心睡去。混沌中意识忽强忽弱，滚烫的身体好像躺在挂满白色窗帘的宿舍里，耳边的声音分不出轻重缓急，嗡嗡作响。心脏在液体一滴一答中起起伏伏，呼吸尚存。一阵凉爽的液体，将我带入了梦魇。朦胧中从眼睑的缝隙看着淡黄色灯光，仿佛看见自己伴着感伤音乐起舞的鬼影。宽阔、高敞的排练室安静、悠远，自己沉重的身体丝毫不能再跳跃于高出地平线半寸的距离。我看着可笑的自己站在那儿发呆，膝盖直视下的脚趾们失望而哀伤地趴在冰凉的地板上，不再移动。

我穿着紫色纱衣跳动时，觉得自己就是那个略施粉脂的纤细灵魂，她飘忽于灵界间，采取着世间精华，虽然早已逝去，可光滑细嫩的肌肤仍在。怀着忧郁、感伤、期盼与眷恋，遥远地站在西棱柏树下，那片翠绿的树林和斑斑草坪，一切由那里开始，又由那里结束，牢记于心底，在记忆的长河中淹没。

这时电闪雷鸣，纱帘的小孔变得模糊，天花板开始扩散，周围的声息开始消失，什么都不见了。我这是在哪里？纤细的手指擦着浮在面颊上的泪痕，孤零零的紫色衣裙飘荡在冥冥的竹海里，一片无尽绿色。他为何还不来，难道是书信没有送到？一颗颗泪珠滚落，清幽的身影沙沙地穿梭。一束耀眼的光芒投射在奔跑的遗迹，留下淡淡的足痕。身后凋零的竹叶上沾满斑驳的泪块，红得发烫。湿湿潮潮的汗迹和哆哆嗦嗦的冰冷使她窥见了自己心底最痛楚的地方，看不清前面的石子路，跌倒。

手背被狠狠地牵拉一下，整个神经顿时清醒，原来睡着时手臂滑落，回血的吊瓶软管刺溜扯直，吓得自己连忙呼号地叫来护士。做过处理，人也逐渐清醒。回想着刚才高烧间隙的场景，病里的竟是心中的“小小”。时隔几日，体力恢复后再次排练。竟然奇异般懂得情感的外放，把编舞因为我发烧耽误排练的疑虑打消，甚至怀疑我受到什么刺激，我自己也很惊异整个剧目结束时，那来自内心深处而涌动出来的泪水，基本把编舞也看呆了，不知这场大病竟会给我带来了这样的变化。

从此，我记住了“苏小小”这不易的一次伤寒。

拉扯自己

同学们洗完澡哆哆嗦嗦地归来，尚未干透还在滴水的发梢已在回宿舍的路上冻结了一些冰碴，今儿真冷。当初招生，可以到这所学校来上学的孩子多半家境是富裕的，因为学费加上生活费比普通中学好像要昂贵许多，光看看澡筐里琳琅满目的洗浴及护肤用品便可知都是些娇贵的孩子。可舞蹈面前，人人平等。

北方一向干燥，冬天到来，小腿据说是因为气候的原因不停地脱皮，也可能遗传了父母干性的肤质。在晚间澡堂的镜子面前，我看到了大腿外侧长出了一系列的横纹，用手指按着镜中的痕迹摸去，感觉一道道像缝在布上没有颜色的线条，不痒也不疼，但突兀于皮肤之上，又似盲文。很奇怪地问自己，这是什么东西呢？不会是肌肉组织拉伤造成的吧，怀着忐忑不安的心情挂通了家里的电话，把情况如实禀报一番。经过母亲刨根问底的各种追问，最后“确诊”为长个子迅速所致。后来电话里母亲的 N 多个注意一句也没听进去，只道自己开始面对长大的现实。

很多个周六周日，我都是因为疲倦而昏昏入睡，再不就是捧着自己喜欢的小说安静地阅读。姐姐们偶尔叫我出去一起逛街，却看一副孩子样，又立即嘻嘻哈哈头也不回地走了。空荡荡的房间里通常只有我一个，作怪的喇叭会在没有准备时，突然响起，往往是男生呼唤女生的乱喊，听到了，却装作室内无人不予理睬。我想她们可能已经过上了成人的生活吧，我也想快些长大、长高一些，这样把杆会扶着轻松些，小说里长而深刻的句子会理解得容易些……

四处看看没人，就跑进水房，站在水池的镜子前，悄悄地撩起衣襟看腿部那些新鲜“疤痕”，像舞蹈课程教材里研究部落文化的图腾标记。一年的试读期早已结束，还有不到一个月就要期末考试，每一个人都逐渐崭露出自身对艺术的感知，虽然我小，也刚正式接受专业训练，但对于用肢体达意似乎有了要表现的愿望，这一点考到北舞之前就有所崭露。早先考入学校时，听得最多的话题是毕业后干什么，每周父母来看我，不断地把好好学习、争取评为“三好学生”的任务下达，自己觉得应该而且有道理。那会儿的我，总觉得一个人成长需要特别漫长的过程，然而就在明白这些不久，身上的图腾出现了——我已经开始长大、发育、懂得道理……隔三差五地看到镜子里那一条条淡白色的纹理，激起我天生自立的好强心，虽然年纪轻，但终有一日我也可以站在中间把杆的中间。

远离父母生活的日子，需要自己拉扯自己慢慢长大，除了两侧的腿部条纹，我感到学识也在慢慢丰沛进内心，变得饱满。在我附中毕业的那年，我确信地拒绝了几个著名歌舞团的盛情邀请，做好了上大学的准备。因为，15 岁太年轻，还仍旧是一个孩子。大学部升学考试的两个星期里，我几乎没有和家里有任何联系，最后父母着急地把电话打到了学校，一天练功回到宿舍，值班阿姨告诉我 “快去给你父母回电话”，我才意识到可能是没和家里联系的时间太长。

电话接通，那一端的声音显然充满了担心。简洁地汇报了近况，挂了电话，又去排练场了。

现在想来，其实有很多的重要时刻都是自己做的决定，父母有参与，但仅仅是旁听和各自立场的判断。这种独立感的培养其实早在上学期间就养成了，我像自己的小小领导者，指挥着自己跑到任何想要去的地方，有种轻微的、淡淡的被自己“拉扯”大的感受。

塑身魔术

倾盆大雨，穿过背心袖口的凉风轻轻地舔过胸膛，舒怡的淡风犹如喷向空中清而文雅的烟雾，雨滴脏脏地打在玻璃上，留下文身的图案。树木在空气中一起随雨滴飘荡，啪啪没有个统一的节奏持续着。之后，天边一条很轻很轻的彩虹在微笑，七种颜色好像相互谦让，没有完全的呈现。那不是一个准确的弧线，没过多久就消失殆尽。视线收回，看到讨厌的为了保证效果而清洗过度、褪色严重的减肥用品，那条挂在阳台中间齐膝的减肥裤，发出难看的惨蓝。

回想起那曾是某个同事的生日，于某个傍晚时分补给大家的一个蛋糕。同事们下了排练蜂拥而至，想一解自己的口腹之馋。可是为了表示对她的祝福，我们还是先一起高唱着生日歌，这种例行公事的程序背后是对于蛋糕的渴望。当嗓子里冒出旋律的同时，不停抽动着的鼻子上方，一双双眼睛早已将视线集中在蛋糕上，在场的人无一例外地都盯着那淡紫色的奶油花。我暗自窃笑，平日里那份决心减肥的坚毅面孔此时都变得无比的温柔，听，肠胃里发出了咕咕叫声。

我知道美美地吃下蛋糕之后会有不同的反应：去操场跑步、闯进厕所呕吐、扎紧保鲜膜出汗、躺进蒸舱腰围缩小……目的只有一个——保持纤细的身材或者瘦些，再瘦些，更瘦些。每一个人好似吝啬的财主，时时闪烁着对瘦的贪婪，在青春发育时刻进行着不同程度上的自我“摧残”。时间像一个狰狞笑容的魔术师，用少女们光滑肌肤上褶皱的出现作为自己开心的酬劳，通过戴着黑色手套的指尖把美丽的身体揉捏得忽胖忽瘦，我们的身体如同橡皮泥，但我们喜欢站在明亮的练功厅镜子前，看那日渐苗条的身影和轻盈的舞姿。但因为节食导致生命中的第一次昏厥，这次惨痛的经历让我对于瘦身有了一个全新理解。

那是出生以来最可怕的一次经历，活了 20 年从没有因为排练的劳累或者身体其他部分不适或什么其他原因而昏倒。现在仿佛挣扎在病危的边缘，茫然地为了达到自己的满意而努力着，甚至不顾健康。用什么形容词来说明自己的感受呢，只要有人的地方就永远肮脏，充满恶臭。我又气馁地开始哭涕，真没出息。

在那前后，我还去拜访了就近药房的老中医，心情一度在前几日雨线倾斜中沮丧。一早起床直奔中药店去看厚腻的舌苔和不适的身体状况，挂了号等在诊室外又是一个最年轻的病人，现在每天的主要任务不是去练功或者排练什么新节目，而是想着治疗中的左脚，还有怎么能更瘦。捏在手里的铜牌在雨天发潮，心脏在宽大的 T 恤后面快速地跳动，不知道自己究竟怎么了？才短短两个星期，因为减肥身体最大限度地向虚弱折扣，好像一下衰老很多。讨厌这种气虚无力的感觉，让我体会不到年轻身体的活力和欢愉，不敢靠近带有任何饭香的地域，在同事大口咀嚼午饭的同时还要装作若无其事，最终尴尬地走开。不知道没有生机但线条纤细的生命会带来什

么艺术美感，犹如一具即将干臭的躯壳侮辱着众人的视线，总会让人想到不好的东西，愚蠢的以自己健康开着莫大的玩笑。

那一阵是流泪最多的日子，不但因为治脚疼痛的反复，还有减肥带来的各种胃疼，真不知道那会儿的我是为一个什么样的目标在荒诞地活着？

午时，瑜伽的地面动作已在床上做完，觉得天气憋闷就站到地板上，还好面对的是白色小桌和塑料桶，背对铁栏杆的上下铺。当双手交叉背后仰头挺胸腰时，感觉很轻，很飘，似乎游历在无知觉的边沿，一切变得纤细起来别于平日的世界，身体好像在逐渐消失。我用残余的一丝气息在想，如果这种感觉没有消退就起身不练了，炎热的天气带来恐惧的腐朽气息，缺氧和营养的缺乏会让人意志全无。问题似乎还没有考虑清楚，就如同一头从楼梯上栽倒下去，头被无形的手抓住，甩得撞墙一般，在不知名的物体中回荡，只是感觉额头火辣辣的热，想停下来却欲罢不能。我这是在哪里？这是我吗？如果是自己会这样凶残地用头去碰撞，然后产生疼痛来折磨自己吗？或许是电影里看到画面的通感，不对，很灼热，才知道的确是自己的身体上产生的疼痛和混沌。

猛烈的跌宕过后，缓缓地把头抬起，费力地睁开眼睛才明白过来：刚才是自己，呼的栽倒过去，没有任何防范措施。双膝跪地，大头朝下。恍惚以为自己坐在楼道里，实际上还是房间里的水泥地板上。哭涕的呼号几乎是和完全看清事物的同时爆发，眼泪混合着地板的灰尘流下面颊。慢慢地爬到床边，用手撑着下肢坐好，无声地拆去裹在胳膊上、腿上和腹部的减肥薄膜，褪掉潮湿的减肥裤，让裸露在空气中的全部肌肤呼吸，亮晶晶的汗水仍然不停地从发根淌下，它们与眼泪一起在这样苍白的线条中滑过。额头一片紫青，像陶瓷的瓷底，圆润，色彩斑斓。小心地把上身交代给床板，世界再次一片模糊。血丝充满整个瞳孔留白的地方，眼袋被时间的拖累和心情的苦涩着色，不敢辨认镜中可怕的人像。挂在大臂下面修长的肌肉和左胸腔里的心脏在颤抖，38℃的夏日里浑身淌着冷汗。

不敢相信眼前的一切，是什么让我如此自残。打开风扇，戏弄窗帘的和风自由地在身体周围浮动，胳膊和腿由于被束缚的时间过长，留下一道道红色的印迹，我老实地不发一声地躺在小布单上，比死去还要安静。

终于，感觉能喘几口气，爬起来吃一个西红柿，甜蜜的汁滋润着刚刚发生的惊恐，不觉又泪流满面。已经没有味道的眼泪流进指甲，带着额头的刺痛干涸呆坐在一角。窗外红树绿柳，蓝天白云，仿佛和我没有一点关系。想起上学期间，每个周一都要称重，谁胖了，那接下来等待她的是午日阳光下持续地奔跑和喋喋不休地训练，直到磅秤再回到最瘦的那个位置。每个人都渴望轻盈、轻盈再轻盈，像一片纸、一片树叶、一张书签。我想这也许是一种误导，为什么我们不能体魄健硕、肌肉饱满地去展示舞蹈呢？除了芭蕾，需要相对消瘦、纤细以外，古典舞、民间舞或者现代舞、当代舞，充满力量和丰沛的表达最具表现力，而孱弱、过度纤细只能降低自身的舞感和身体舞动本身的美感，更提不上女性的线条或者什么气场。

此前的我们被过度洗脑，认为的“美”现在看来是那样的干瘪、乏味，这个世界上有什么能比健康的体魄更为迷人的呢？这种审美真的是通过悲惨的经历和开阔的眼界得来的，隆起的胸部、微胀的小腹、圆润的臂膀和结实的大腿，那才是一个健康舞者的形象。

虽然如此，可这个世界上还有很多可亲可爱的姑娘们仍然在塑身魔术中进进出出，好不快意。

暗流

湿润的气流在远离我的自由天空中飘悠
我像孩子手中的一只弹球在他失去玩耍兴趣的时候
被抛弃在箱子最底最灰暗的角落里
从箱子裂开的细缝中渴望窥视着活跃的雨滴和溅起的泥巴
车流照常行驶
生死照常更迭日落日出
无声的窗帘背后有暗自的哭泣和躺在疼痛中的挣扎
雨在耳边轻轻慰藉
但也无法抹去梦中的恶魔
为了缓解肿胀的心情只有用手去按摩腑脏
温润我崩溃后的残迹
至少呼吸还陪伴着我

潮湿的雨气伴随着经期情绪的不安，带给自己不仅是身体上的不适，还有心理上的动荡。又很久没有时间写字了，笔在手里如同陌路的生人，又好像一只抽搐的脚，跳不出好看的舞蹈。

我讨厌在不舒服的时候见到太多的人，听到太多的声音，或者接受太多不必要的光芒。很累。腰像注入水银的死尸，没有任何生机的长在胸与底椎的中间。想要

躲避起来，穿肥大的T 恤，披很长的头发，戴黑色的眼镜，疼痛让我又在流泪，一颗一颗的，透明极了。没有过多的气力去坚持，缺乏毅力和勇气，脆弱的只想躺着，任由那一股股暖流的冲逝。

现在心里稳定了许多，遇到经期，小腹绞痛，每次见到红红的液体凝重地滴在白瓷上的流痕，像带有泥浆的雨水滑下玻璃。想着一个舞者所承受的身体负荷，那来自身体内部深深的疼和永无休止的疼。

早上起床，下肢动弹不得，但现实中浮肿的脸颊在冰水的洗刷下，必须要面对临近比赛进行的高强度训练，我不知道这对年轻的身体有什么健康上的损害。轻飘地套上夏日里潮热的“舞”字排练背心，塞了两块据说可以止疼的巧克力甜食，拎着录音机，怀着抢占教室的心情冲向练功房。今天是周末，因为比赛要取得出色成绩，我的指导教师额外地附加了排练，因为这个临时的排练使我和她失去了周末的休息。

穿上舞鞋，踩在浓热的空气里，小腹有点不适应的下坠。横叉趴在硬朗的地板上竟然想要昏昏睡去，但被不停出汗的左手握住的手表，告诉我必须坚持。无奈，用收缩关节的方法慢慢站起去做练习前的热身活动。脚踝绵软，就像踏在云彩或者棉花上，柔软的时时要我跌倒，一周一周环绕排练场的小跑，立即汗流浃背。

握住把杆去踢艰难悠荡起的腿，一下下，小腹发出撕心裂肺地叫喊，整个身体麻而酥软，温柔的湿热不停地攻击自己。“一位”扶把做“蹲”，过度凸出的曲线像一个挺着肚子的孕妇，孤零零地站在车水马龙那无望的公路上，等待生产的救兵到来，好有一个彻底的解脱，来安心休养。

楼道里想起鞋子的唧唧声，知道那是指导教师到来的信号。之后，我拖着沉重的肉身在近似疯狂的训练中跳腾转跃，一切都在加速。每一次腾空落地，小腹如同装满石块的麻袋，打在摇摇欲晃的双腿上，震得手脚发抖。当腿从旁抬至 180 度逐渐向后片去的瞬间，好像古代五马分尸的酷刑，身体的每个局部残忍地被撕裂，可又叫喊不得，更加觉得身体像过电般一遍遍热起来。耳鼓里技术组合“茉莉花”的旋律变得尖锐，让我不敢相信那是花蕊的芬芳，而像在一片泥泞的沼泽里艰难地爬行。

近乎于崩溃……

真想解剖一下自己的身体，看看发出疼痛的位置是怎样的变化，想起达•芬奇的

“人体黄金切割图”，是不是在鲜血与刀刃中发现了一丝诗意?

练习六遍技术组合和若干单一技术元素，排练结束于早上开始的三个小时后。辛苦我的指导教师，勉强地打了声招呼，她走了出去，我顺着门框躺倒在排练场里。脑中空白，一股股热流仍流淌不止，那是此刻，周身生命力最旺盛的部分。汗水顺着我身体湿润了排练场的舞蹈地胶，勾勒出身体轮廓。此时，最轻盈的部分是从头发向上冒出的“蒸汽”，简直觉得这个排练场要把我的灵魂带走了。撕痛的暗流像蒙克那张呐喊的脸，可没有一丁点力气能喊出来，我就静静地看着天花板，感受着汹涌的流淌。

沙画般的流年

坐在夕阳投射在蓝色地胶的光影里，排练场空无一人，淡淡的烟雾还缥缈在近在咫尺的空气中。连日的雨气仿佛打湿了时间，变得绵延漫长，而今早的太阳除去潮湿，拉平时间的皱褶，就这样“嗖”一下，跳跃过去。

在时光里，往往记下的总是发生过的，像沙画般稍作停顿，进而转向下一个画面。我小的时候，沙画般的流年都记录在父母亲的脑海里。每一个人，当记忆时，已路过了初始，而平生的第一帧画面通常被描绘而成，是现实和想象糅合过后的色彩。然而随着年龄的增长，周围帮你描述的人越来越多，沙画的状貌开始在不同人的脑海中有着不同的画面。

我就是喜欢这样，在暗自的一个角落，慢慢地书写，让流年都落在纸上，码在电脑里，永存在记忆中，不要讲出来。是的，在叙述一样事物的时候，尤其当这内容已是过去，就要小心地表达，仔细地选择词汇，由此才能尽量做到：不被眼前语言的描述而改变记忆。讲出来的遍数多了，会影响记忆的本来面目，然而不要忘记，记忆本身已然被主观化，如果还想保持原来的状貌，请不要讲出来。

我记得每一个放学的傍晚，父亲或是母亲骑车接我。那会儿的我个子很小，喜欢扎着两条小辫子，甩嗒甩嗒的。北方的冬天，即便戴了手套，裹在棉花里的手指头还是会冻得像红萝卜一样，颜色纯正，屈伸时“咔吧”作响。接近家的街面拐角时，

我的小时候

好像总能闻到五楼窗户里悠哉悠哉飘到户外的饭菜香味，那香味被灶膛的蒸汽包裹，总会让我的味蕾浮想联翩。我仍旧记得那会儿用的搪瓷缸子、铝质饭盒、朴实无华各种褪色的木质筷子和那张好圆好圆的折叠桌。现在想来，父母亲那会儿真是辛苦。当我远在他乡时，每每到了傍晚，走在陌生的街道，仰起脸看见陌生板楼的窗户婆娑不清的背影，总会让我想起那一个个“忙碌”的傍晚。我记得放学路上父亲或者母亲站在车旁等我的温暖，记得父亲或者母亲努力骑车的背影，记得顺路买菜推着车左盼右顾的情形，记得推开家门扑面而来的暖流，记得扑鼻而来的菜肴……

而我却在繁忙的、不稳定的、毫无头绪的、自认为忙碌的生活中，过去了很多个年头。我不明白此刻为什么想赶紧卷起铺盖回家，或许是烦了？逐渐了解到人的情感是复杂多变的，在各种各样、突如其来的事情中表露，有时让人惊异，有时让人恐惧，时间将更多的内容暴露在我面前，看到的一切让自己觉得老，老，老。

或许几十年后，不饶人的岁月会令繁密的皱纹爬上她曾经光洁但略显苍白的面颊，两眼充满了游离不定、渺茫的目光——黯淡、无神。皮肤有如发面过后馒头的表皮，松懈缺乏光泽。身体的毛发也无精打采地趴在头顶上，显然那是个老态的女人。我想自己可能太累，在一个年轻的年纪经历了不够年轻的经历。一路上听着水木年华的《在他乡》，仿佛是唱给别人的哀调，一种他人的愿望，离现在的我很遥远。

我可以抑制迟迟落下的笔，轻轻拥抱的快感，但想起父母的微笑，心里所有的负担瞬间蒸发，想象着一身轻松地回到家乡的情景。

在同样的蓝天下，那年，一直身在北京备战“桃李杯”比赛的时候，有过这种强烈的回忆。那天是坐在去剧场走台的大巴车上，看着天空一丝丝淡淡的云，想到一起与父亲在蔚蓝天空下骑车的情形，我骑在里边，爸爸作为保镖骑在外面。两辆轻快的单车带着清脆的笑声、聊天声走在我的大脑深处。想到这儿情绪的起伏弄酸盯着蓝天的瞳孔。接下来的是什么？进入剧场与自己身体的搏斗，与自己体力和意志挑战，与四个旋转和作品人物的相处。

那会儿穿着“三毛”背心在大院子里踢腿的我，如今已可以站在明亮的正规排练厅里任意遨游。我像一个魔术人，有时是个孩子，有时又是一个面对社会的成年文青。几年在外的闯荡，让我独立得甚至接近孤僻，想想回家，面对父母，还是幸福无比。

总之，人在他乡，总是在想家乡的事。一遍遍，像沙画者的排练，让画面重复地出现，隐退，再出现再隐退。随即显现，随即消失。一切生动，一切美好。

这就是流年，如沙画般。

父母

很多人都说我的双臂很有力量的感觉，不知是不是当初大学二年级时舞动长绸的结果，反正很坚实。记得男子现代舞，很多都是赤裸上身的跳跃，双臂经常暴露在众人的眼前，被光源无意突出了那流畅的线条和坚实的肌肉形状，一种人体天生流露的迷人。我想习舞的女子如果拥有力量很强的臂膀线条，也一定很美。最近，洗澡的时候才发现自己的两个臂膀已经被紫外线晒得黝黑黝黑，好像所谓的流行古铜色。暑期练功虽不多，可每日要奔波于排练场和开会场地各处。我的胳膊让我想起当年母亲夏日里每天回家时手臂上套的白色套袖，阳光是公平的，并不会因为谁辛苦而不去过度照射，也不会因为谁的皮肤过敏来绕道而行。母亲的手臂最怕紫外线，在上班路上皮肤如果过久地被阳光灼晒，一定会又红又肿，无奈只有用白色套袖为手臂遮挡。那会儿条件很艰苦，没有办法，母亲一定要保证积满每月 30 天的劳动日，来换取一份固定的收入，然后攒着给我买这买那。

9 岁，每周父母如同运输大队长，从天津给我带来各种好吃的，生怕我营养不良或者劳累过度。冬日，每次我临行前，母亲都要帮我把小棉衣拉上拉锁。而每次抬起头，她都哭得不行不行的，所以那个时候我就明白了为什么说“女人是水做的”。记忆里关于母亲好像就是这两件事印象深刻，也许我就是一个没心没肺的孩子。

父亲送我去车站。自从我自己开始往返京津两地时，最受不了的就是每次父母的送别。年复一年，我可以独自拎起沉重的行李，可以与拥挤的人群抗衡，可以通过快速通道买到自己要坐的班车，可以把太多以前要父母做的事情来自己完成。这无形间拉开了与父母之间的距离，父母可以通过这些事情和自己建立的联系或关系越来越少，我独立了，但也孤立了。看见父亲站在人群中背着双手的样子，一次次送我去北京和接我回天津的印象连续浮起，我倒是没有以前坚强了。因为如今每次同样的情形，我都会在列车启动，离开站台的时候偷偷落泪，包括每次父母来看我，然后从北京临别回津。我讨厌这种脆弱，但无力抵抗。

第一次见父亲落泪是 1999 年，我本科报到的时候。那次父母专程问朋友借了车，一路陪我从天津到北京报到，将我在附中旧的被褥、床单全部替换成崭新的，装在汽车后备箱一并发往北京。一路欢声笑语，父亲开车，约莫三个钟头，从天津的家里到了北京舞蹈学院院内，接着是一通儿干活。

本科第一学年，宿舍里一共住了八个女生，也是整个楼道里最大的一个宿舍。附中同学加我一共三个，我们都在一起，其他都是外地考来的同学。来得晚了，只有睡上铺的份儿，费了牛劲把被褥弄到上铺，还挂好了蚊帐，我们仨折腾得前心后背都湿了。简单地吃过午饭，父母准备回津。我和母亲坐在车里聊着天，等着去厕所的父亲回来后出发，可左等右等都不来。我说我去看看，跑到一层的男厕所，站

我的父亲母亲

在侧门口喊父亲。他爽快地说“马上就出来啦”，我也没多想，就蹦蹦跶跶上车了。从反光镜看见父亲从厕所出来，径直走到车旁，可手里的毛巾一直在不停地擦脸，擦脸，擦脸啊。走上车，还在那儿擦。我和母亲都觉得很是奇怪，非得让我父亲拿下毛巾。结果一看，两个眼圈那么红。

父亲忍不住，在厕所里默默地流泪。

可能是我独立太早，我几乎无法面对感情迸发，我想不是因为我坚强，而是因为我太脆弱。确实，在我上北舞附中的时候，在低年级，由于年龄差异带给我的经历并不怎么美好，甚至非常残暴。好在天生抵抗力强，没有沾染上什么恶习气。在父母眼中，我真的是饱受委屈。父亲的担心在我上本科的时候，又滋生出来。没做父母永远无法理解父母对于孩子的那种心情，看着父亲泛红的眼圈，我只能咬咬牙，挤出几句话劝慰一下，15 岁和 9 岁比，我已经长大许多。

那一次，后来想想，我的心都龟裂地像脚后跟了。当车子驶出我的视线时，我原地没能移动，直接洒水车般地哭个痛快，没有与父母分离生活过的人是无法体会这种心境的。我想日后，我会用尽量多的时间去弥补我和父母间的缺失。

冷水冷

排练中，舞剧那一幕，导演也许希望看到与剧情、与演员表演更加贴近的舞美效果，决定在倾斜 15 度的舞台上大量放水。几个主要演员的演出服装穿在藏进棉猴儿里的身体上，谁都不敢轻举妄动地脱掉外套。这时各工种准备就绪，水中的尝试开始。

因动作需要，我不得不在舞台放水之前倒地。躺在那里，一动不动，只听见小腹里血液的流淌。水像一个魔鬼，慢慢洇湿我身体上的布料，慢慢洇湿套在里面的基础体操服，慢慢洇湿我，整个交待给地板的人。冰冷的水让我的小腹开始痉挛，一团扭打在一起的红色绒球，我没有热量来分解它们，只好等待自然的结果。水继续流淌，我仍旧不动，拿出了董存瑞叔叔炸碉堡的精神。然而，痛一点点出现。

躺着的时候我在想：喜欢冬天家里大床上温柔的鸭绒被，喜欢有热姜汤喝的“日子”，喜欢甜甜的红糖味道，喜欢什么都没有的知觉，喜欢熊熊的澡水……

不知水还有多少才可以放尽，希望在我身处的背后出现一个很大的地洞，把流向我的水淹没。冷……

当我哆哆嗦嗦地从地上湿哒哒地爬起，每走一步，就留下一个暗色的潮湿脚印，一只落汤的鸟儿。结束合成，急忙打车回去，小腹早已僵硬得失去柔软本性。

今天是舞剧进剧场合成的第三次，将临演出的日子和这个“日子”一起到来。

第十六届亚运会开幕式《启航·海洋之舟》双人舞表演。

南方的冬天实在阴冷，空气中飘泊着像从墓地里吹来的风，踩进滚烫的水盆，洗去小腹因白天实验的冰冷，然后套上厚厚的棉绒袜，揉肚子……

坐在黑暗四起的空洞房间里

将要到来的雨水把窗外的云染得青紫一片

透过玻璃

仔细分辨条状的线体是否开始降落

一时

天空被切割成无数的碎块

它自己却感受不到任何的痛

每个窗棂里

逐渐亮起或橙或白的灯火

不知世界要同谁一起欢笑

离奇的电影

总是出乎意料地写下结局

让每个局外人瞠目结舌地发呆

导演像巫师一般

操作着手里玩具似的导筒

吆喝着奇迹

剪接师在影片脱于母体之前

一起窃笑

仿佛他们能已预先站在了荧屏的画面前

呵呵的笑声扩散到我的耳鼓

同时扯开尘封已久的心情

"砰"的一声响

玫瑰花瓣四散于心脏的裂口，扬起蜜人的香息

在沉默的雨夜

躺在暖融的枕边睡去

偷偷做起梦里的别事

只留风吹着湿湿凉凉的空气

冷

怀念暖

夏日已去

血与死

从中国青年政治学院至中央民族歌舞团的步行路上，是有一架天桥要过的，站在那里，低头看各种川流不息的车子在脚下溜过，像在空中飞一样，悬空的感觉真好，渴望有一天可以随大卫漫步云间。

干涸的北京，让天生脆裂的鼻黏膜组织常常流血。有时是在练功厅里，猛然甩头的瞬间呼啸而出。为此父母曾经多次带我拜访大夫，寻找止血秘诀。而昨天头一次在忘情的舞动中，遭到外力的攻击，鼻子再次出血。

排练，四幕，有个家伙由于动作幅度过大，或者我的躲闪不及，手臂外侧重重地挥向鼻子，过程中我突然遏制肢体的运动，捂住脸颊，雕凝在那儿。可怜的鼻子当场青肿，一酸，血液流出。那会儿我真想借机大哭一下，可能就会早些结束排练。但我强忍住泪水，显得挺坚强地跑到水房冲洗。虽然那个家伙有强悍的肢体语言，但背后却是内心的无力与脆弱。走近镜子，用蘸水的大团纸巾冰敷，看见那张抱歉的面孔。也许，一部大戏的磨合就是在这摔打中完成的。

最近总喜欢因为一点小事而怪笑，其实日子过得都不怎么开心，脑子里一直是舞剧人物的处理、雕琢和肢体打磨。大家偶尔会在排练的时候开开玩笑，可我总想躲在笑声背后，自己那点心情希望被察觉，被很好地分担。

现在呼吸极其不畅，可能鼻腔内部发生阻塞。练功，低头或左右摇摆都会阵阵

舞剧《青衣》排练照

发沉，感觉鼻子成为旋转的阻力。真想停息下来，躺在露天的楼顶放声大哭，然后安静地对着天空，看星星，没有把杆的焦黄，没有镜子的反射，没有人打搅，我自己只对自己说话，哪怕是肢体，也只给自己跳……

那一段时间，不知道为什么整天都跟血有关系，让我又惊又怕。

同样一部剧又一次来到杭州，这次是在杭州剧院进行录像，和排练、彩排一样，每次所有部门要到位，动作、剧情表演要一丝不苟。不知是不是涉及一些人性的东西就要出现死亡，舞剧的四幕有舞伴死去的设计。

为了达到逼真的效果，很多电视剧、电影中的死亡时刻，都是溅起无数的鲜血，让荧屏前的观众黯然泪下，那种血包道具就是用蜂蜜和食用色素混合制成的。

一天进剧场的工作结束，躺在留有一丝灯光的房间里准备进入梦想，却在大面积的黑暗中，嗅到白天排练时用到的血包味道。说不上来的黏稠感觉堵住嗓子，使我窒息，脑部停止运转，看见……

作为演员的那个我，站在台上紧紧地贴在他的身后，害怕残忍的情形在眼前发生，他用不屑一顾地转身告诉我：情节中我的他已经死去。慢慢睁睁开眼睛，离开他僵硬的身体，倾倒；我不顾一切地用力撑住，再一次离开，再次倾倒。肩膀紧缩着，让我可以死劲抵住向我压下来的重量。那个他真的死去了，红色的道具血包咬碎在口腔里，泥泞地淌在嘴边、胸前和整套蓝色的服装上。

听不见台下观众的呼吸声，灯光通过地流扫射进我通红的眼睛，究竟怎么了，我盯着眼前排练时设计好的现实，一动不动。时间在我呼吸的痉挛中进行，颤抖的手沉重地盖上他的双眸，在那表演的三分钟里，我是爱他的。

世界的另一半塌陷，血泊中，我用力从地板上扶起他的身体，拼命捶他的胸膛，用那只失去生命的手为我戴上雪白的神圣饰物。他一点反应都没有，能从他身上感到的就剩下不断流淌的“鲜血”。在那表演的三分钟里，我是深深爱他的。哭泣终于爆发，泪水混合着血浆撒到观众的眼睛里，忘记那是戏剧，忘记我与他根本只是同事关系，此刻的我，经历了人生中面对死亡的“表演”。

也许只有到了死亡的瞬间
才知道
死亡的种种味道
别人的眼泪尽管是严重的海水咸
可自己已经见不到一片蔚蓝的汪洋
躺在公路上
任由鲜紫的血液流淌

与地面的尘埃混杂

变灰

平静地望着壁虎走过的天花板

听着安乐药水刺破皮肤踏进血管的喝彩

幽幽的微笑浮起苍白的唇边

像大空中稀薄的厚实云朵

大片地飘来变淡消逝

再也吃不到浓黑朱古力的香甜

品味似胶的爱情

缓缓上升的灵魂清透

繁重的眼帘下银灰色的世界

泥土的气息死亡

美丽的银灰色

灰色的死亡和血红的液体从他的面颊上蹭到我颈上、手臂上，还有大腿上。有些蜜的味道，这让我对于血更加的惧怕。舞剧一边在进行，我一边在偷偷地颤抖，在一片混沌里终于结束。

白天在剧场里的血和面对死亡的表演，刺激了我的神经，当晚睡眠被无情地扼杀了，脑海中不停地看到那种红色液体，令我战栗，那肯定是死亡的标识，让我想起人民医院里那个面容焦黄、全身萎缩的“尸体”，从救护车里被推下。急救床上铺着清淡如花的粉色塑料布单，周围的人都屏住呼吸，一起看着死神的降临。医生们齐心合力举起“尸体”左臂，夹上心电测量器，任何表情都看不见。

之后，很长时间，血的气息继续充斥着整个急诊的房间，最终，那个人在昏迷中被死神带走了。滑轮向远方走去，粉色的布单“哗”的撕成两半，发出的刺啦声弄得我撕心裂肺，不忍目睹地上还带有血迹和亡灵的残破布料。我真是怕极了。我永远被动地强迫记住了那个时刻，当我面对血迹的时候，这个景象会不自觉地弹进脑海。

我想血与死是残酷的，那么表演也是残酷的，她会以惊人的记忆来捕获最为贴切的经验，那种经验无论是直接还是间接，都刺激着作为载体的演员，以传递最为逼真的表演效果。

南京南京

离开了南京，忽然想落笔了，窗外依旧是雨滴淋漓的南方，音乐淡淡地弥漫在房间里，躲在被窝里，抱着苹果，黄酒在杯子里温热着。

竖起指头细细地计算，此次应该是第四次到南京了，这座城池因为当年的离别而显得印象深刻。那种心底涌起的悲伤如同一个巨大的黑洞，连时间都无法填补。街道两旁的梧桐在雨里湿漉漉的，像一个个有力的臂膀，披着绿色的叶片支撑起南京的天空。

1999 年，北京舞蹈学院附中毕业的我和最要好的发小一同被南京军区前线歌舞团的老师挑中，希望一并赴南京工作。但那会儿的我 15 岁，能理解的事情显然特别有限，我选择了继续上学，我发小去了南京。从那会儿开始，“南京”这个词对我而言就是一个念想，遥不可及，却又十分亲近。小时候面对的那种离别，悲伤的成分很少，也许只是青少年的某种伤心，不像人到中年，离别会伤气。我不知道我亲爱的发小在另一座城市过得如何，日子仿佛就这样一点点过去了。继续留在北京上学的我，时常在出早功、落日、深黑的夜晚想象那个叫南京的城市该是什么样子呢？会有冬日里大片的乌鸦？通红的夕阳？抑或静谧漆黑的月夜？我什么都想不出来。

2001 年，第五届全国舞蹈比赛，我获得金奖后被文化部安排到南方巡演的队伍中，有幸第一次到了心中的这座城市。那次，住在梨园宾馆，印象深刻，10 层，隔舞剧《青衣》，我和筱燕秋一起起舞，一起落幕。

壁就是剧场，如今才了解当年第一次来南京演出的剧场也是2015年舞剧《青衣》演出的紫金大戏院。这也许就叫作缘分。然后特别怪异的一点是，现在的我竟然记不起来第一次来到南京是否见过我的发小，还是她们随团外出演出？可能，想象得过多，自然而然地就信了。那一年晨起，错失了送别老师的机会，心里懊悔得不得了，连看着梧桐树都高兴不起来了。

2012年，电视剧《推拿》结束了在山东东营拍摄后的一个多月，我竟然再次来到南京，这会儿的南京有着剧组的同仁，有着发小的重逢，还有胡舅一伙南下的拍图之旅，显得多彩极了。夜游是我最喜欢的，整座城市都安静下来，连行人都没有一个，明晃晃的灯映着月光下的脚步轻盈，涓涓的细水穿梭在城中间，那种感觉唯美得像梦游般，不愿醒来。南京其实一直很爱下雨，淅淅沥沥，缠缠绵绵，像喝多了酒的姑娘，柔软，绵延，长长的头发摇曳在轻轻的风中。那里金嫣走过，伴着伙伴们的笑声，她追随着她的最爱，以飞蛾扑火般的炽热之情燃烧着自己。其实金嫣蛮可爱的，那么聪慧的她明知道那是一条死胡同，却偏偏不撞南墙不回头，仿佛不头破血流，这辈子就白白来过了一样。我相信，她的心和海一样大，活在她自己的世界里，顿时丰满起来。那茂盛的感情的枝丫如同道路两侧的梧桐，张扬地生长着。我想其实像金嫣这样的女子，应该是很美好的一种女子。活在自己编织的温暖幻想里，不肯出来。不过确实，现实是冷酷的、凛冽的，甚至无情的，哪怕对于奇迹的发生都有一定严苛的判定。很难，在现实里挣扎出虚无的边界，现实就是现实，谁也没有更改的能力。我站在街角，凝望着南京的街貌，看着金嫣走过一条又一条的巷子，跌跌撞撞却又十分壮美。立夏的雨滴飘在她的额头上，落在细密的发丝上，亮晶晶。她一直都是那么精神，虽然看什么都不清楚了，但她还是那样热忱地爱着，经历着。她也许不知道，但王亚彬知道“有节制的表达是一种美，但也是一种自虐”。

2015 年，奔向美好的舞剧《青衣》终于在冬雨连绵的 11 月来到了南京。剧场里竟然有暖风，我和小伙伴们感到无比快乐。装台的日子里按部就班，从到达一直到演出完毕大约八天的时间。虽然没有看见一天太阳，但那种美好铭刻心底。晨起去往剧场的路上，昂头，看见叶片在风中摇摆，路人匆匆而行，鸭血粉丝汤的小铺子蒸汽布满玻璃。这些人、事、物仿佛变成了流线，在眼前交叉着汇聚成了印象，这种印象暗藏着马蒂斯的狂野，梵•高的脆弱以及达利的超我。跨过脚下一片片湿漉漉的梧桐树叶，细雨拍打在面颊上，忽然想起南艺那碧绿的草坪。哦，原来南京的早晨是这样的，太多想要的体验靠着想象滋生出来，圆滚滚，热乎乎，像血浆，像雨洼，像抓不住的风。这一次，舞台上是关于筱燕秋的一切。她是那样一个执着、纯粹、敏感，甚至有些癫狂的人，一个女人，一个难以驾驭自我的女人。她有的是沉浸，沉浸在她自己想象的世界，这一点筱燕秋和金嫣可以做朋友。筱燕秋或许就是嫦娥，不过生错了星球。她或许就是应该放养，自然生长的野草，可惜被灌输了教养，培育了专业，然后深深地爱上自己，无法自拔。确实，凭筱燕秋的技艺，不爱自己，还能爱谁呢？她的孤独像吞进体内的水银，稳当当封闭起了外部的世界，在她心里的那个月宫，是想象至极的完美，没有人能真正地懂得。在南京演出的时候，眼泪似乎干涸，或者那种悲情已经肃穆了自我，我和筱燕秋一起起舞，一起落幕，多么希望大幕拉开后永远没有结尾。我想她也许想在雪地里呼喊，泪盈盈，怯生生，微微地颤抖着，我很想很想用我宽阔的臂膀和胸怀去拥抱她，给她一些人类的温暖。我想我们可能爱的都是一样的东西，说这话也许有人会不赞同，但当我们可以跨越时空遇见时，那种默契也许是谁都无法撼动的。我很爱她的大部分，她也许也很怜悯我。最后，我确实特别想知道这样境遇的表演，在别人看来是怎样的一种感受。

雨还下着，漆黑的夜雾蒙蒙的，我想起了游荡在南京的那些日子，一个个日子晶莹剔透，像抹了蜜一样，快乐地聚集起来，光亮亮地储存在我的记忆里。

红气球

零点钟声敲响的时候，我正准备央视春晚《对弈》的登场，想象着家人聚在一起包饺子，放鞭炮，那种遥望转化成眼前的整装与积极的热身工作。此刻，2 月 13 号的直播已经是春晚第七次演出，现场的气氛热烈，坐在台下的观众也是神采奕奕，脂粉红妆非常喜庆。精神仍旧紧张的幕后工作者在晚会直播结束前不能放松任何一丝神经，精神不能有任何一丝疏漏。看着他们穿梭在后台快速矫健又略带疲倦的步态，觉得演员还是相对轻松些，毕竟登台的时间紧凑，节目结束便可以放松转到自然的状态中。所有的幕后工作者严谨而认真，每次彩排前后都要无数次地来论证、修改节目方案、排练、走台、试妆、合成、联排、修改、带观众彩排、录制、剪辑、播出……一环套一环，一丝不苟。

央视春晚中我领舞的作品《对弈》直播结束，换好衣服，带着残妆走出央视圆楼。那一刻几近零点，我看远处绽放在天空中的烟花。每一抹大年三十夜幕的降临，腾空而起的烟花，让许多文艺工作者下意识地感受到心里那种隐隐的孤独与强烈的思念。台前幕后的许多人确实在平时的生活里清淡得不曾被人们想起，但出现的那个瞬间却可以带来许多不凡的感受。“她比烟花寂寞”可以是一种暗喻，因为绽放的时间必定短暂，更久的是背后的酝酿。深蓝色的夜空飘来轻轻的火药味道，铺在地上的鞭炮纸屑像秋日里的落叶，偶尔随风飞扬。路灯依旧璀璨地点燃，为迟迟夜色

在 2007 年央视春晚表演《行云流水》。

中回家的人照亮。节日里，公路上的车很少，忽然街边的景色生长出来，露出微微的嫩绿与纷飞而至的积雪。当我看见这一幕的时候，一只真正的气球滚进我的脑海中。

童年里的春节仿佛年味更重一些，现在终于理解母亲的话："年是给你们孩子过的……"时间是一样很好的东西，可以把很深的记忆淡化甚至忘却，年也是一样，在现在的我看来，好像就是那么一回事，没什么可以特别开心的。然而对于某年里尚未长大成人的我来说，的确有着无穷的吸引力，有亲戚孩子们凑在一块的欢笑声、乱作一团的鞭炮声、嘁里喀嚓争来夺去的撕糖纸声，还有很多好吃的溅入油锅的下菜声。各种充满香气的事情在冰天雪地里同时绽放，早间会从里到外穿上全新的衣裳，踩上小雪地靴嘎嘎地跟在雪地里推车前行的母亲身后，按照习俗去该去的地方。

我的姥姥在某一年的春节过后去世，随后那所很大很大的杂院也被拆迁告示贴得不得空闲，在小屋里捧着大红气球玩耍的场景也付诸东流，再寻不得。

那是个阴郁大雪的下午，街边的小贩进行年三十前最后的努力，卖什么的都有。我站在一堆拴在二八自行车旁的气球边，摸摸这个，碰碰那个，久久不愿离去。从小没有因为一定要买什么东西而大哭大闹，那个岁月自然有那个岁月的难处，无形中便浅浅的理解。可过年终有过年的好，母亲看看我，再望望气球，心思自然被坦荡于光天化日之下。

远处，离开小贩的纵深前方，一个继续跟在母亲身后的小小背影拖着一只红红的偌大的气球，像一团火一样铺开在童年的印象中，暖暖的。气球的质感很像光洁的皮肤，蹭在脸颊上软软的、滑滑的。手中拽着一根长长的线，像溜溜球上下左右地弹向外延的空间里。很害怕亲戚中的其他小孩把自己的气球弄破，眼睛总是紧张地盯着别人对气球玩耍过程中的动作，看是否用力过大过猛。质量还算过硬的气球终于熬过满是跑动脚印的年关聚会，来串门的人总是不带小朋友的，这让我对于寄放姥姥家的气球还是放心了不少。

窗外仍然是碎片般的雪花，偶尔爆裂在空气中的鞭炮声也依稀淡漠，我的气球像一个苦命劳工的双颊，一天天消瘦。浓缩的褶皱明显地布满它的全身，它的弹性逐渐消失，只是喜欢懒懒地待在一个角落里，即使没有受到旁人注意被狠狠地积压，也不必担心它的破碎。

父亲，还有家里的其他大人都试图让这枚红气球回复本身的光彩，可物也有寿命，怎么做都是白费力气。最终在一个模糊的下午跟着所有节后的垃圾走掉，再也没有回来。

我想，我还是非常喜欢它的，那种透彻的大红颜色和饱满跳跃的激情，就算不去碰它，高高地悬挂在那儿也是非常悦目的。如今，很久没回家了，过年也因为常常赶上演出不能准时出现在父母身旁。演出在外的时候，总想有个红球。这一年一年跟翻相册一样，这么快过去，身边的同事几乎都做了父母，我的脑海里还藏着那个在雪地上奔跑起来的红球，心里还是那个没长大的我。时间过得飞快，有时来不及写下就已匆匆流淌过去，想要抓住却不知那感受到了哪里。

夜色下

那动人的面容

被烟花的绽放所感染

皎洁的月光俯下身

亲吻孩子般无邪的笑脸

风动

吹拂起那思念的涟漪

曾经过往回忆期盼未来时光的降临

一切的先知是无知的未知

此刻

天空中飘来一颗又大又圆的红球

又寂寞又美丽

在美式咖啡的诱惑下，我们一结束当天的排练，便结伴来到这个中等消费的地方吃吃喝喝。几个当地歌舞团的舞者都很漂亮，青春的气息荡漾在凉爽的咖啡馆里。外屋放的是诺拉琼斯的音乐，耳熟能详，爵士乐伴着悠扬的歌声。左脚好像被忘记一样，只要安静地不进行任何运动。这释怀的心情，也许是和自己某种难以忘却的经历有关。现在回头看看 ，无论“痛”在我的生活中存在与否，都已不再重要，仿佛留下的真就只有这里咖啡纯而香浓的味道。或许由于时间的打磨，让我对由咖啡引起的通感转换了关注的对象。

舞蹈、咖啡似乎有着相似的地方，同样的涩中带甜，同样的芳香迷人，同样的令人精神振奋、热血沸腾。每天练功前，都泡一杯黑黑的咖啡，不加奶精和糖，细细品味，思维在神奇的力量中开始活跃，提起鞋子走进练功房，开始一天中最重要的事情。

练舞间歇时，常常会思量着咖啡的味道，如同喝咖啡时思量舞蹈。两种共同需要体尝的东西：有酸，有苦，有激情，有沉寂，有我们……四个女孩紧紧地挤在沙发上，等着点单的咖啡送来。

在舞台华丽炫目的灯光下聚焦着各种各样的表演艺术形式，每次排练，当我看到其他舞者的时候都会心生感慨。在明亮的排练厅里，无论是朝阳升起，还是夕阳西下，我都可以看见舞者们尖尖下巴上滴答到地板上晶莹的汗珠，滚烫而充满力量。她们从来没有疲倦的时候，至少是在排练集中的N个小时里没有困顿、精力分散抑或懒散怠慢。她们来自全国的各个省市，有的是中专毕业，有的是本科毕业分到地方的老师，也一起来参加紧张的排练和演出。

我想大多数跳舞的人都热爱舞台这一亩三分地，喜欢忙碌的、腿脚不停的日子，喜欢奔走于一个城市与另一个城市之间，喜欢变换着各种角色，穿着各种服饰，跳各种不同的舞。忽然想起《阿飞正传》中的那一句表达："世界上有一种鸟是没有脚的，它只可以这样飞啊飞，飞得累了便在风里睡觉，这种鸟儿一辈子只可以落地一次，那一次就是它死的时候。"仿佛概括了舞蹈演员的舞蹈生涯一般，壮烈而不易被人察觉。

多数舞者的生活简单得很，练功厅、剧场、驻地，一般演出过后到夜里10点左右，晨起迎着第一抹日光开始新的排练内容。所以我很小的时候就决定舞蹈不是生活的全部，而是生活中的一部分，腾出空余的时间做点别的事情。时不时地会想起小时候参加全国舞蹈比赛的情景，除了夜间睡眠，然后剩下就是练功、排练、走台、试妆、比赛、巡演，充实到回到房间倒头便睡抑或走向失眠的极致。

这几个姑娘很辛苦，白天舞剧排练结束后，晚上过了9点钟还要去上班。那种

班就是行业内所说的“炒更”，有时在迪厅、有时是行活，总之，这样的事情能为她们带来力所能及赚到的额外收入。南方的姑娘长得非常清秀，略施粉墨，便清新可人。我想她们还是喜欢跳舞，属于那种完全可以靠颜值但偏要靠实力的舞者，赚点零花钱贴补家用。

大家很开诚布公地谈论自己以前工作时遇到的尴尬，一会儿又转向自己喜欢的车子、一些感兴趣的东西。她们在舞台上是严肃认真的舞者，生活中丝毫没有掩饰的天真和嬉笑怒骂，让人感到天性里的坦然和真实，一种没有任何压力的轻松，可能舞蹈带给人们的是这样的一种鲜活的魅力。和那里生活的人相比，北京的人们似乎活得很严肃，周边的压力不仅压在普通人身上，也压在舞者身上。他们迫不得已地会去接很多的工作，以维持在北京的开销，比如房租。这种生活犹如海上的暗涌，随时出现或好或坏的惊喜迸发出未知的水花。舞者都像武士，忍受着苦涩、甘甜，远离集体温暖，独自体味自己的孤单。

她们走后，我回到自己住的房间，开启很大的窗户，听着航笛的响起，江水泛着晶莹的水花，带来潮湿的空气，躲在屋里打开电脑，用摇滚冲刷对舞者生活产生的忧伤，打破独处的静谧，去熏烤被泪水浸湿的灵魂，我和自己的文字相处在一起，取暖。

舞蹈既如此，幕后的寂寞与台前的美丽相映成辉，练就着舞者一颗纯净而敏感的心。作为众多舞者中的一名，我将继续试图通过文字对身边的所知所感进行描述，又寂寞又美丽。

那些舞者没有走远
因为杯里还留着咖啡的香味
发温的勺子挺在杯口
像一只向远方眺望的颈
摸着瓷般光滑的皮肤
禁不住俯下身亲吻
被唇擦掉的指纹
曾经牵起舞者纤细的臂膀
勺柄顺着杯的弧度滑行
慢慢地指向自己
像一盏深情的聚光灯
照亮着舞台上所有的面颊
也照亮那些漆黑的心房
舞者们
始终如向日葵般的追随着它
热水跌落杯中
腾起虚渺的轻气
咖啡的残迹一饮而尽
喝到平生以来
最苦的咖啡

奔波

看着楼下靠近西湖，窄窄马路来来往往的车流，总是一个人趴在窗台看天际的夕阳，带着美丽光晕的大亮球逐渐模糊在淡淡的云霭周围。房间里，看到夕阳的光芒穿透玻璃落在红丝绒铺搭的沙发上，平添一份暖意。用手捂住眼睛偷看刺目的夕阳风景，一圈圈向理想王国蔓延。

夕阳的轮廓终究被吞没进无边的黑色，月亮坐在时间的跷跷板上，徐徐升起，大地一片银白，仿佛雪后的场景。明晃的烟尾巴滚动着从空而降，熄灭在南方潮湿的地板上。抬望眼，树梢的黄色将不可避免地生育着伤秋的悲感。踢踏作响的拖鞋声逐渐散去，一片沉静。

昨晚终于历尽艰辛顺利完成比赛，演出结束回到房间竟然失眠，可能是疲劳过度或者那种表演的心情澎湃尚未结束，自己也不知道。躺下，没有人与你共享晚间演出结束后兴奋但又不明的孤独与心底的苦闷。看着蜷缩在角落里的一只蜥蜴笑了，夜间两点钟的电视台是雪花纷飞的微型装置。房间里默默吹风的空调嗷嗷地叫着，我倦怠地卷在床上柔软的薄被中，头陷在四个棉花般的枕头里狠狠地失眠，我的忧郁如同黑色一般纯正。

那年 8 月“桃李杯”最后颁奖晚会演出结束的同时，拿着一纸履历里新添的一等奖证书，默默地坐在化妆间，独自梳理满是头卡的发饰。所有人欢呼雀跃地离开

谁知下次舞台灯光亮起时，
我又会在哪里？

剧场，整个楼道在颁奖前充斥着人声，又在一切结束后黯然。闪烁在面颊上的亮粉分不出是喜悦的微笑，还是失落的伤感。

这就是舞者的生活，一辈子不停地奔走在世界的各个角落，为自己、为别人带来喜怒哀乐，带来内心的砰动和脉搏的跳跃。然后在灿烂的灯光下，默默地留在大幕后，缓缓地拖起身体走回自己的空间，仿佛是不食人间烟火的仙，没人知道他们究竟是谁、在想什么？

四肢已经瘫软在宽大的单人间床上，连关灯的力气也丧失了，腿上的淤青隐隐作痛，颈椎不适，腰部底卡关节酸皱，被水冲洗过的伤口生疼……然而我还是执着地喜欢着这种残酷的肢体表达方式，在时空的流动中生存，忘记自己生活的不快与颠簸，站在音符的连绵里笑。

舞剧的尾声，我站在舞台上，看着逆光打在脸上的光芒以为自己来到了桃源，步伐向后隐退去，与观众作无形的道别，呼吸残置在空气的水雾里，噼啪落地的雨水兴奋地游走。眼泪静静冲刷着整出剧目的汗水、血水和胭脂，有些什么味道，我已全然不知。

一个人力量不足以与孤独、无奈面对的时候，需要勇气，而这种勇气的出现显然有些艰辛。很多个白天，我拎着简单的行李，只身出现在各种机场、车站和宾馆。在社会的舞台上像一只奋力拼搏的船只，自己努力维修着身体破损的地方，努力以智慧、勇气赢得一条又一条顺利的航道。然而该停泊的时候，却找不到心灵的客栈，犹如干瘪的橙子，一直被日光烤灼。

有时在想人生的过程，只有时间无所不能，让花容月貌年老色衰，让眼前变成过去，让当下成为历史。什么时候才可以像夕阳一样，不计日出日落的辛劳、白昼人类的浮华、深夜独自的寒冷和自然气候的肆虐，完全带给心灵的慰藉和永恒难忘的绚丽？我不知道，谁也回答不了这个问题，因为似乎想到这里就会有些疲倦。

失眠慢慢煎熬着我，体尝着夜晚的寂静、血液的温暖，荡漾在乳白的晨曦中，彻夜未眠，海岸要紧张地激起惊涛骇浪。凌晨，仿佛看到朦胧太阳灰黄的脸。

谁知下次舞台灯光亮起时，我又会在哪里？

02.

第二篇
我选择了舞蹈，舞蹈也选择了我！

关系

1990 年，大概 26 年前，舞蹈与我是陌生的。当时六岁，那会儿，我父母对于舞蹈的理解可能仅限于在空旷的屋子里蹦蹦跳跳。出于强身健体的目的，出于接送便捷的地理位置，我父母在我入校的那年，顺带报了隔壁的舞蹈班——传说中的“三毛艺术团”。

现在回想起来，觉得那是一个高手云集却不显山露水的地方。我记得砖色半弧形的围墙开了一扇锈色的大门，大门是对开的，在入门的左手边是千年不变的传达室，每次下了舞蹈班就看见那个传达室大门周围栖息满了父母，而父母的手里都是夏天里的小冰棍，冬天里的热包子。院内正中石阶，大概很高，很宽，那会儿的我上了一级台阶得再迈一步才能上第二级。一楼左右手是我们两个排练场，瘦长的方形场地，有着落地窗，一长排的把杆和一整面墙的落地大镜子。二楼是音乐班，有各种器乐，中国的，西洋的，整天吱吱啦啦。再往上爬一层好像就是我只去过一次的服装室，那里的老师们总在缝缝补补。

我是在这样的环境下学了三年舞蹈，我的舞蹈启蒙老师李华领着我走进了无比美好的舞蹈世界。我被李老师领进门，见到了如此至真、至美、璀璨的艺术殿堂也是我今生的幸事。小时候，舞蹈班从来不过度压腿、压腰，让我印象深刻的是如何发自内心的笑和去体验舞蹈里的那份忘我。如此想来，终身受益。那会儿，对于舞蹈，确实

左图：我选择了舞蹈，舞蹈也选择了我。

还不清楚究竟是什么，该怎样，为什么。我和舞蹈的关系也一如我的老师对于我的教导，她怎么教，我怎么学。

之后，考上北京舞蹈学院附中，作为班里最矮、最小的一个“小豆子”开始了自己的舞蹈之路。同样，六年的附中加上保送来的本科，十年里我面对舞蹈还是像面对老师那样，毕恭毕敬地去学，不过是专业地和超出一般刻苦程度地学。舞蹈对我而言，显得如此苛刻，严厉却丰富无比，让我更好地解决了肢体运动和超技艺的技术问题，成为了一名职业舞者。很难忘记在学习舞蹈的过程中，那些变成“梅花鹿”的日子。

本科毕业，19岁，舞蹈和我的关系发生了微妙的改变，她好像与我走得更近了，我对她的了解和感情也更深了。毕业那年，我立志要成为一名舞蹈家的最初愿景正朝着可能实现的方向发展。虽然，记忆里有些痛苦的部分，但整体的感受还是一如既往的美好。

2009年，我决定联合几位青年艺术家、音乐家创作“亚彬和她的朋友们”时，舞蹈与我之间的关系仿佛又更近一步：舞蹈对于我而言就好像已经融入我的血液当中了。2009年7月，我正式取得北京电影学院影视表演创作方向硕士学位，同年创建了“亚彬舞影工作室”。当年毕业后的我在想如何“不坐在家里默默等待机会，而是自己主动去创造机会——建立一个国际性的平台，让更多的优秀艺术家崭露才华并打开心扉去呈现世界最好的作品，让更多的人走进舞蹈，了解舞蹈”。聚合新生代的青年舞蹈和艺术跨界能量，致力于高水平舞蹈作品的舞台表演创作，以“亚彬和她的朋友们”为品牌推出年度舞蹈专场，向人们展示舞蹈魅力与时代精神。因此，那年的我虽然尚未成熟，但成立工作室的初衷和创立品牌的考量是延续至今的标准，从未改变。这初衷是因为不想让自己被动，不想被各式的标签所固化，因为我从不看重这些标签。那会儿大型晚会很多，但作为舞者除了能去排练一些舞剧，大部分时间就是等待着“电视晚会”的邀请，站在群舞之间美美地炫上一段。当时的我，如果没收到邀请便在家每天练功，写字，看电影光盘。确实，从心底，我不想像商品一样等待被挑选，我与舞蹈不应该是这样的关系。

我希望自己可以主动的、衷心的，带着美好希冀去完成心中的梦想，同时作为 80 后的一代去推动中国舞蹈事业。也许，会有人把这些当作口号来看，但我不是，因为我每一次跳舞的时候，不管是在排练还是在舞台的聚光灯下舞动的时候，都会觉得特别的陶醉，好像只有在那一刻才能很精准地把自己的情感表达出来。我觉得对我而言，舞蹈是精神世界里一个重要的支撑。所以，我很幸运，我可以将自己的爱和事业完美地融合在一起，充满激情。这一做就八年，未完待续，舞蹈与我，不仅是我选择了舞蹈，同样舞蹈也选择了我！

情人

晨起，抒写的欲望如此得强烈，关闭门窗，偷偷地躲进自己的精神世界。室外，艳阳高照，走过的地板上有着各种物体形状的阴影投射，随着心中的风，颤颤巍巍。春寒乍暖，刚下过雨，街道间飘着某种残留的泥土清香，一条狭长偏僻的走廊尽头隐藏着一群没日没夜跳舞的人们。午后的阳光投射在教室里，黑色地胶上斑驳的是舞者们跳动的步伐，交织在光线的阴影里发出摩擦地板的瑟瑟声响。身体在一个固定的空间里不停地流动着，变换出各种行进和静止的动作，镜子里反射出他们专注而执着的目光以及满面汗光的面孔。那一刻，我仿佛爱上了他们，仿佛重新又爱上了舞者的这个职业。提琴的曲子在大家的耳鼓里飘荡，我竟然有种想哭的冲动，因为面前的他们让我深深感到一个舞者落寞的无闻与付出，最终将青春年华消耗在绚丽多彩的舞台上，带给观众无限的快乐和美之后，默默地转身离去，不曾带走任何。

忙碌完学校“建党 90 周年”的舞剧演出后，行走在广州的几天时光里让我找到了学生期间的那份执着和穿梭于创作间的快乐。不得不承认，如果舞蹈是他，那上辈子一定亏欠他很多，不然为何今生如此炽热地爱着？似乎这是其他外界因素不能够影响的，偶尔，看着认识的人人前那般的辉煌，荧屏上那样的倾情表演，自己也有心动的时候。也许，去拍戏对我而言，目前不是一个最好的选择。转身，拥抱舞蹈，深深地毫不犹豫地“沉迷”。我这颗心不光爱着舞蹈，还爱屋及乌地喜欢着为此奋

前图：2012 年金砖国家领导人第三次峰会国事文艺演出，独舞《墨韵》。

斗的人们，可能他们的名字没有那么多人知道，但却在一个艺术空间里闪烁光芒。

现在的人们工作太忙碌，犹如风驰电掣的赛车在跑道上永无停止。生活中的风景在快速地划过中被忽略，看不见草原也欣赏不到落日，有时忙得连自己都不知道为什么如此。我是真的太渴望田园般的生活，想快乐地在丛林中起舞，大海边漫步，月光下思索，晨起时慢跑，吃新鲜的果蔬，品鉴大师们的精神遗产。所以，有时，我喜欢忙碌，为自己的那么一点点，可能在外人看来丝毫没有趣味的忙碌。可是有谁能够体会沉浸在艺术创作中的美呢？我想跳舞的孩子们或许可以感悟得到。脚尖笔直地画出空中完美的轮廓，浸湿的汗水悉数流下，聚光灯里的舞动，擦肩而过又合而为一的配合，这些是多么可以打动众多纯净的灵魂而为之付出一切。

因此，我爱，并没有任何遗憾和后悔。心灵的寂寞和孤单本应属于艺术的创作者，由此，我更加深刻地理解了遇到的艺术家们，体尝了他们曾有过的失落和静默。阳光还在，寻着阳光来临的那条通道，坐在一个角落里静静地看着，观瞧着，内心受到极强的震撼和冲击。也许，作为一名舞者注定了要全身的投入与忘我地舞蹈，专一和执着是必须遵守的戒条。脚掌摩擦地面的声响交织着大提琴的旋律绽放出另一扇风景的画面，那里是一座神秘而暗藏辛劳的象牙塔，是外界永远无法解读的一抹圣地。

舞剧《男孩们》

这些为舞台上那一瞬间的舞者们，重复地雕琢着一次细腻的动作联结与身体相互间细微的挪动。舞蹈就是我的情人，缠绵悱恻，情谊连绵，如有一日即便你背叛于他，他还是那样永远迷人地存在着。

浓厚的夜色降临
流光溢彩的月光
燃烧着迷人的气息
窗棂里皎洁的月光使得肌肤净透
像极了柔软顺滑的丝绸
散着浅浅的清香
指尖触摸的弧线　温润而潮湿　泛着红润
婆娑的倒影扑朔迷离地颤动
仿佛耳垂上的玉坠
一股暖流激起湖底的波澜
原来是短暂　却不是夜的弥留
情人们依偎在火炉旁
静静地听着彼此心跳的律动
一直到永远
我相信
有情人必终成眷属
长相厮守

虚拟的真实

那年，为舞蹈影像作品的拍摄，做了很长时间的准备工作，包括作品的电视创意和舞蹈本身的动作修调。一口气，不到五个月拍摄了两部DTV，一部《扇舞丹青》，一部《烟雨西冷》。在那拍摄环境的虚实间，让我在作品和现实里跳进跳出。

进入纯蓝色扣像的演播室，体验的是一种完全与世隔绝的环境，我只可以见到手持摄像机的工作人员、场景监视器和听见舞蹈选自《高山流水》的古筝曲。我和导演间的对话是通过音响传播的，人也是第一次在电脑虚拟的空间中流动，时不时瞄一眼监视器，确保虚拟的荷花别被舞动所遮挡。

演播室的大门紧紧关上，室内没有一点声息，让平日里习惯开演前观众“喧嚣”的耳朵有些不适应的安静。效果灯开启，青烟缥缈，我在天地蓝色交合为一的空间里展动腰肢。忘记坐在室外的人们的存在，一道落地玻璃把我送进完全的舞蹈状态。

音乐响起，自我感觉被周围全新的表演环境，和来自空灵的气息调整得很好，在头脑中不自觉地抹掉了每个动作的要求，只是尽兴地与古筝弦动之音密切配合。“当”一声，深厚而久远，由心底发动的内力驱使这个肢体开始运动。过程中不曾想到我的眼睛看哪里，手臂举多高或是步子踩多准，只要一味地回归自我，回归每一个兴致盎然奋笔书画的亮丽心情，挖掘自己的情绪走向。看不见漆黑一片的眼睛、听不见品头论足的嘴巴，声息都属于舞蹈。

左图：《扇舞丹青》

海洋般的蓝色中尽量想象可能发生这种表演行为的氛围，尽量享受可能置身于某个空间里的山峰水阔，云岭雾厚。弦音悠悠的古曲，把我由浮躁喧哗的人群领入纯净安详的舞蹈空间里，和我一起体验短暂瞬间的快感与失去自我的投入。

一段一段，拍摄进行得很顺利。连续几天都持续着这种表演的良好状态，直到看见操作台播出的回放。我想这是一次忘记式的旅程，不同的时空体验，不知道自己做过什么，因为自己行动的受控已转到潜意识的范围中，一切都化作自然而然。好像款款深情地去描述了一个抽象、虚幻、玄妙、关于中国传统精神、泼墨作画的过程。

相信很多观众在央视《请您欣赏》栏目中看到过《扇舞丹青》，编舞是佟睿睿，这个作品算是我们两个的成名作，一个作为编舞，一个作为舞者。《扇舞丹青》带我走向更为广博的舞蹈世界，让大众知道和了解了我。而《烟雨西泠》里的苏小小是编舞张云峰的第一个女子独舞，以“发烧”作为药引，经历了突破自我表演的作品。那个忧伤而憔悴的女子，始终不能被忘记。我在同样的拍摄环境下，在不同的人物、作品间穿梭，我拿起扇子，自己就是一介书生；穿上淡紫色衣袍，就是一个痴情女子。

淡紫的纱质衣袍罩住灵动的躯体，演播室中央的舞台上布满仿真的南方竹叶，清雾弥漫，如梦如幻，真像鬼界。脚下粉色的练功鞋踏进沙沙作响的一地叶片，踩

右图：《扇舞丹青》

到的是书中描述的竹海草林。站在一棵修长竹子边，痴痴地望着遥远的天边，目光透过水泥方砖洒向南齐的历史边际，带着绝望与微渺的期盼，步行。

停顿，更换场景，竹子被挪置舞台中间，继续拍摄。

我仿佛转了个身，进入了丛林深处，周边忽然长满绿色，熙熙攘攘的叶片中看见不断搜寻我的那长长的摇臂镜头。巨人般的活动设备像摄像师的胯下坐骑，而驱赶的人是操控台的导演。镜头悬浮于舞动的轨迹之上，荡漾游徊的台面阴影被准确地记录着，荧屏上该是最为立体的舞蹈。整个空间对我而言，像一个环行电影院，每一面墙壁都投射着我的情绪、目光和眼泪，摄像机会不知何时的看见各个方位的细节表演，天地长满瞳孔。

我的眼泪真正要掉落了，在“小小”命运的短暂回忆后，轻轻地用现代人的手指把她的眼泪擦干，抹了口红的双唇咬住湿润的手指，心痛的血，滴在泥土石子的缝隙。

终于长吁一口气，我由作品悲怨之情中解脱出来，身心疲惫，想赶快找到温暖的位置坐下来，好好数数流出的眼泪和汗水。我坐在那儿一动不动，化妆师走过来询问我怎么了，我只好轻声告诉她：“舞蹈……”

独裁

14：30 的决赛第一场，第 15 个节目过后，我终于有了对自己的一份感慨。那闪闪发亮的瞬间，仍在黑夜里不停地刺激着脑部神经。为了不打搅同伴的休息，我坐在厕所的马桶上书写。

又是一个长长失眠的夜，宾馆里的蓝色圆珠笔承载着此时的心情与状态。10 月，带着多次专家及学院考验过的剧目，与编导一同来到命运未卜的无锡，参加比赛。

初赛前，我没有去看任何一部比赛作品，无论精彩与否，都怕影响到自己的情绪和心境。10 月 7 号下午的比赛到来，站在剧场后台一个无人察觉的角落里，闭上眼睛去调整自己的心态："这只不过是一场给观众看的普通演出而已，你并不要想着去拿什么奖项，你只需要把一个好的作品稳定完整地呈现出来，给大家个好印象就行。"深吸一口气，微笑着从黑暗走到台口，适应一下明亮的光线，准备上场。

深紫色的电脑光聚拢在我的周围，音乐起，深沉而富有生命感的古筝拨动了我的心弦，开始跳动，带来了呼吸、韵律与心情。手持彩扇，稳健而潇洒地泼墨作画，带着一丝文人墨客的高雅气质与那超然洒脱的拂袖之风，漫步于舞台之上。让观众隐约见到唐代的李白、东晋的陶渊明，发挥着他们的想象。

舞蹈慢板走过之后，流水般的古筝像被春风带来，从天而降，随着连贯与跳动的音符，我犹如展翅高飞的鸟儿，鸣叫着冲向那清爽深邃的天空。我热烈地拍打着翅膀，心中的狂喜暴露无遗，手中扇子上下翻飞，像一个醉酒之翁，像一个统领着数千人演奏而又自我沉迷的指挥。在真实虚幻中做一个前无古人、后无来者的自由人。我的身体犹如张大千的巨荷图伸展向舞台的边沿，又如连绵起伏的竹林随风摇曳，不容喘息，一气呵成。

“唰”，一道白光打入，静谧地照耀在那儿，周围清烟的气团将我笼罩，那束光轻轻地淡掉。刚才的一切好像只是人们的一个幻象，我缓缓地抬起眼睑，仿佛什么都没有发生过一样，凝视前方，嘴边带有一丝浅浅的微笑，作画人瞬间成为画中之画。

一种精神，一种心胸，一种品格，既没有具体人物形象，也没有特意安排的种种喜怒，淡雅，像杯清香萦绕的茶，却又在观者心中如何抹刷不去，就那么一点点、一丝丝的味道。在这个小世界里，仿若打造了一件精致的艺术品：抹去技术技巧的痕迹并把其与动作交糅，连接中的尖利棱角也被长期的磨炼暗暗擦去，圆润，流畅，宛若小溪冲刷过亮而光的鹅卵石子。这里有端庄，有无畏，有风流倜傥，还有那玩世不恭。以舞台的硕大空间为纸，在空气里，以扇为笔，以身为指。

我统治着舞台，包括剧场里每个角落的视线与孕育在人体中不断跳跃的心脏。站在那里，总会产生强烈的表现欲望，同时渴望通过肢体将其尽情地挥毫、呐喊出

血液里奔涌的激情。看着观众闪亮的眸子，又一次的欲望被再一次点燃，体察自己传达出的丝毫细微情感。

我如同一个占领舞台的独裁者，用舞动将观众的眼神统治，使他们快乐地为我臣服，但不压抑他们内心的火焰，因为适当的反馈是最好的刺激，让我重新整装待发。我喜欢灯光眩晕般的陶醉，那一刻我除了忘记，还是忘记，只清楚火红心脏悦耳的怦动。光芒再次亮起，看清台下坐满的观众席，我举着奖杯由衷的感谢着，那些所有要感谢的人们。

我挥挥手，向那年那个 17 岁的独裁者致敬。

美国舞蹈节

2010 年，为了系统地学习现代舞，我只身奔往美国北卡罗来纳州，美国舞蹈节。这是一次从未有过的独自赴海外学习的经历，共计六周，竟然有一个半月之久。心里充满强烈的陌生和鲜有的畏惧，登机飞行到现在已近半路程，从北京出发至纽约再转机到北卡罗来纳州的 Duke（杜克）大学，开始美国舞蹈节（ADF）国际编舞大师班的学习。

这是我第三次去美国，每一次的感受都完全的不同。如果人在长期熟悉的环境下成长会变得越来越循规蹈矩，躺在旧有的生活轨迹上不曾有任何一点点变化。长此以往，人会越来越胆小，会越来越懒，并害怕接受新的事物和面对新的环境。对于上述观点我深有感触，也许恋爱会使个人生活更加稳定和坚固，但个人的独立性却逐渐隐藏或者被动削弱，当有一天又要一个人面对无法回避的新事件以及全新的陌生环境时，将是对于心志一次非常好的考验。与此同时，会再次发现自己脱离群体时的懦弱，所以依偎未必是一件好事情。

第一次去美国，1992 年，跟随天津“三毛艺术团”一起半个月的时间，赴外演出。那会儿我八岁，考北舞之前，同行的几乎都是同龄孩子，大家在老师的带领下独自体验自理生活，丝毫没有对于父母的想念，当然更不懂得家的概念。

第二次去美国，是 2009 年年末，在纽约过的圣诞节，在旧金山过的新年。大约

10 天的时间，去了很多个地方，见了一些朋友。去艾尔文艾力舞蹈团（Alvin Ailey American Dance Theater）上芭蕾课，当年舞团艺术总监 Judith Jamison 和舞蹈杂志获奖的 Renee Robinson（美国舞蹈节终身成就奖），见了笔触犀利、有“亲吻死亡”之称的《纽约时报》著名舞评人 Anna Kisselgoff。这些前辈们在看了我的课、看了我的舞蹈视频，给予的赞赏和未来的希冀如今都在逐一实现。抽空，去了百老汇，看了音乐剧，逛了传说中的第五大道。

第三次去美国，没成想这么快就到来。创办于 1933 年的本宁顿学院的美国舞蹈节，在 1948 年迁移到康涅狄格学院，1978 年迁移至北卡罗来纳州德勒姆的杜克大学。该舞蹈节由舞蹈影像、舞蹈批评以及国际编舞大师班和若干场不同风格的演出组成。持续六周之久，2010 年国际编舞大师班三个来自中国，四个来自俄罗斯，一个来自德国，一个来自印度。在头三天可以选择一些自己比较感兴趣的课程去学习，接着就是抽空去看演出，看舞蹈资料带，游泳，去海边拍摄自己的舞蹈 MV，我想自己这蹩脚的英文足够可以进行日常的交流和上课时简明的提示。在 2009 年取得北电硕士学位后，我又迎来了重回校园学习的机会。

估计整个舞蹈节都没有像我这样选课的人，从早上 8 点一直到晚 7 点，中间几乎没有任何休息。我像一块海绵，掉进了现代舞的河流，拼命地吸收、消化。的确，

上图：温暖家宴，与美国舞蹈节前任 Charles Reinhart 和现任 Jodee Nimerichter 及诸位艺术家合影。

下图：美国舞蹈节与同学、编导们的合影。

这个舞蹈节从现代舞的流派到创作方式到理论构建及作品排练，堪称一个完整的现代舞史进度表，选择的课程越多，你就会越多地了解现代舞的发展和不同支系的沿袭关系及发展脉络。同时，身体可以在短期内被最大化地激活，头脑可以被各种灵感和方式点燃。我想这就是美国舞蹈节的魅力所在，为你打通一条可以成为每个人身体里的现代舞经络。

我很喜欢和来自各地的同学们一起上课的感觉，有一种默默的凝聚力。看得出每个人的努力，向着那种无形的动作要求而努力着。这里的人总体来讲还是不错，虽然来自四面八方，但心都热热的、暖暖的。我的自行车、头盔、三脚架都是朋友们借给我的。想想这些，觉得来此一趟非常值得，课程好，人也好。

当我特别疲倦的时候，我会独自一人钻进图书馆，趴在视频前边像一块饥渴、无限大的胃，使劲把看到令我感动的内容记录在记忆里时，非常兴奋，完全可以抵抗疲倦带给我的困顿，这一切源自热爱舞蹈的心和一种强烈的求学精神。其实，人越往前走，就会发现需要了解的内容越来越多。

此次我是我们班唯一一个参加俄罗斯编舞作品世界首演的同学，每天要比其他同学多出一项内容，就是去参加这个编舞的排练，不间断地三五个小时。在几百个学生的面试中我被选中，这个作品最终会成为此届美国舞蹈节的收尾演出。这个作品的结尾，我看得见飘在空中的沙子，被灯光照射下非常的晶莹剔透，全部都是金色的，非常梦幻。灯光设计非常棒，他也曾和舞蹈家皮纳鲍什有过多次合作，营造出整个作品的灰黄照片和流逝记忆的氛围，最后作品取名 Sepia。“深褐”很像老照片的感觉，带给人们无限遐想，像流沙一样，记忆无处不在。

我非常享受自己在台上独舞的时段，虽然时间很短，但是可以体验一种纯粹现代舞环境下的表演。现代舞的表演更加真实和淳朴，没有那么多矫揉造作的表情，情绪也许每次在跳的时候都不一样，我喜欢这种释放内心活动丰富，而表面看起来很自然的表演形态。

刚开始参加排练的时候，大家都觉得我是一个只会跳“中国古典舞”的东方姑娘，当六周魔鬼式排练结束的时候，站在舞台上，我俨然已成为一个腿脚灵活、动作更加自由的现代舞者，连当年美国舞蹈节主席 Charles Reinhart 都为我在这六周内的改变而鼓掌叫好。由于在美国舞蹈节期间我的巨大“进化”，吸引了 Charles 的目光，在 2010 年“亚彬和她的朋友们”第二季的时候，他来中国北京，观看了作为中国新一代青年舞者的创作表演。连续两场的演出过后，他忽然打破演出以来所保持的沉默说道：“我非常喜欢这季演出，亚彬真的是一名超级出色的舞者。这是一场世界级的演出。”

我想，去美国舞蹈节学习的经历，让我更好地开放了思维、锻炼了身体，有了进一步创作的积累和动力。

我希望舞台之外我可以藏得更深

为了保证准时开拍舞蹈作品，深秋的早上我在闹钟的侵扰下，迅速无奈地从热乎乎的被窝里爬起，把自己穿得像包子一样出门，北方的深秋真凉。阴雨绵绵，心中窃喜，能见到燥热的北京这么少有的天气。因为渺渺蒸腾的青烟给硕大的室外空间涂上一层淡淡的灰，黯淡的天色仿佛可以覆盖住一切，包括自己。顶了一把雨伞，走在到处是水洼的路上。伸手打到一辆满载热气的出租车。剧场门口只见几个清洁工扫扫刷刷，提前到场的舞者们都坐在通风口处听着节目的音乐，安静地等待工作人员的到来，冷风不断在周身迂回，瑟瑟发抖。

大厅灯火通明，驻足看见墙壁上一个褶皱的自己。用手挥了一下，她也挥了一下，嗯，是我的影子。顺着楼道一路走去，啪，按了开关，墙上的那个我忽然不见了。

化妆间的门开了，我走进去，端坐镜前。粉扑湿湿地打在脸上，肤色均匀了许多，粉底遮盖了油滑的外表。从小接触舞蹈的我基本上很早就被老师们画来画去，有时是一个腼腆的印度女孩，有时是一个火爆的中国娃娃，总之一定要符合剧情人物并通过化妆术来塑造我。底粉、暗影、眼线笔、眼影、眉粉、高光、腮红、口红，在这样一张一亩三分地儿的脸上走过多遍，一个完全不同的我出现了：紫色流离的瞳孔、蓝黑纤细的眉毛、浅粉含羞的颧骨和桃红娇柔的嘴唇。虽然好看，但我总觉得那个自己不是自己，不是自己眼中那个随性的舞者。浓厚的舞台妆可以全然改变一个人，改变一个身份，对于一个整日习惯素面朝天的人来讲仿佛一次重塑，虽然镜中有自己熟悉的骨骼曲线。我知道接下来的几个小时里，我一定是另一个人和角色。

也许在演员生涯往后的专业时光里，说不定我一会儿是她，一会儿又不知会是谁。一副面容，时而妖艳，时而妩媚。妆面自然给予了不同的造型和人物状态，厚厚的粉底挤压着色彩下细弱的毛孔，让我觉得像虚假的面具，令我有些惊恐不已，害怕这副假面把我带到人物灵魂的某一个阴暗处。那里有低空飞翔的蝙蝠和不停滴水的岩洞，漆黑一片。生活中，会面对许多着妆或者素颜的人，但有时被妆面装点的面颊却有着一丝距离感，甚至使我望而却步，好奇心驱使我想看看微笑的背后躲藏着怎样的真颜?

化完妆，我孤单地矗立在那儿，想起刚才的影子。阴暗参半的录制大厅里一个人拎着录音机，听着自己的脚步声，拖着自己的影子，开始热身，等待着录像的开始，影子衷心的陪伴我一会儿下腰，一会儿抬腿。忽然，我觉得这样很舒服，虽然对着她傻傻地笑，她却没有反应地躺着，但我还是觉得这会儿是最真实。我不在乎以妆面来塑造另一个我，而我只希望观众记得舞台上的我，离开舞台，我希望保持自己的自由生活，出入随性，不必为舞台形象或影视剧中的人物而牵绊。我希望安安静静地去练功、排练，并做我自己想做的事情。就像我的影子一样，在生活里沉静、

舞剧《青衣》剧照

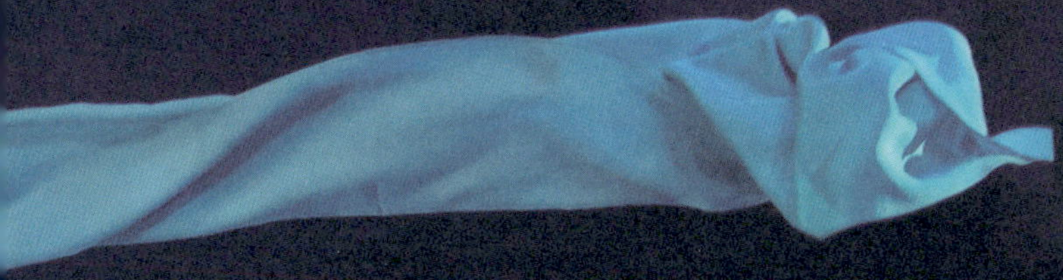

安宁、不以物喜、不以己悲，有着大众模糊的面孔和我行我素的随时抽身。

确实，所有的绽放应该发生于舞台之上，而我希望在舞台之外可以藏得更深。

轻轻举起唇线笔
顺着嘴唇的弧线 麻木的滑行 留下浓而艳丽的曲折
红得发紫的唇彩闪烁着骇人的光芒
血色的唇像一只被电击的蝴蝶 残忍对着苍穹无限地飞翔
没有疲倦
因为疲倦是死亡以后的事
被汗水吞没的色彩 深深地陷进嘴唇 青而发黑
终究有一日 是血红蝴蝶坠落在地的时候
那时 所有人 会为坠落的清脆叹息
远看
却仍是一只自由飞舞的蝴蝶

舞剧《青衣》剧照

分享

夜深，看着户外星辰的闪烁，竟然没有一丝睡意，新买的书静静地躺在一旁散发着文字的清香。查看文字记录，不知道为什么会许久未曾动笔，是生活的忙碌，还是心的疲倦，或许是明察秋毫的敏感在逐渐蜕化。咫尺在口腔内隐隐作痛，想起疼痛的一系列曾经的过往，可能疼痛是一种很好的催化剂，促进着意志力的生长。我虽然未亲眼见过，却曾听说有一种伤人的疼痛是如何转化不了的，那应该就是久久不能平息的思念。思念可以是水饺，也可以是多重的万花筒，在记忆的边沿认真地无穷旋转，把过往的细碎一一体味和沉浸。有时很短，有时很长，像断断续续的秋风。

夜深，还是那样的静谧，耳机潜水般地隔绝了音乐以外的所有世界，除了旋律，再就是自己心里的声音了，可能是笑声，也可能是哭泣，可能是酸涩，也可能是真正的欣慰，我就是不能正确地捕捉到，因此连此刻的心情我都无法形容。

回想起白天的讲座，阳光穿透云朵，照耀在流动的公路上，一切有了北京秋日的高爽。从讲座现场出来，那种感觉像是一种释放，一种彻头彻尾的释放。此次受邀北师大舞蹈系为学生们进行讲座，很是兴奋。讲座对于我而言像是一次精神的旅行，不过旅行的方向既回溯过去，又面向未来。

我喜欢和年轻的学生们一起分享我的故事、我的心得和通过实战得来的一些经

验。这让我想起我在学生时代听到的每一次讲座，那个时候面对讲台上的人所讲述的内容未必全部能够消化，但随着时间的流逝，可能在某个瞬间脑海里就浮现出曾经听过的某句话或者某个故事片段。那会让我恍然大悟，明白当年讲座者的意图，虽然看起来有些后知后觉，但对于比同届同学年纪小的我还是很受用的。如果时间允许，我还会找来当年听讲座所记下的笔记让自己重新温故知新，这种快感令人十分愉悦和奋进。如今，我也在人生进程中逐渐成熟，有幸为年轻的学生们进行讲座，着实让我兴奋不已。截至目前，我像蜗牛一样慢慢地在学生和大学间移动着，在北京电影学院、中国传媒大学、中国地质大学、中国农业大学、上海财经大学，还有南京艺术学院、南京师范大学和上海戏剧学院等地进行过讲座。我特别希望以此来播撒艺术的种子，培养未来潜在的艺术创造者、艺术传播者和艺术受众。

不得不承认的一点是，讲演同样也是一门艺术，这就是为什么从小我父母会让我阅读名家的一些讲演习作，估计目的就是让我去领略“传播”的力量。跳舞的人多数善于肢体表达而羞于开口说话，其实讲演和“影视表演”一样，需要一种舞台之外的天性解放。面对平齐的、近距离的目光要显得淡定、从容、亲和，与之形成鲜明对比的是疯狂转动的头脑。既要具备一定高度的认知，又要有很强的语言组织能力，如此，才能将所思所想滔滔不绝、有条不紊地讲述出来，在听者间形成一种气场，让快乐积极的内容流动起来，传递出去。一次讲座，如同一场体能训练，消耗掉大量“热量”，我会感觉到内部的一种“饥饿”，这种“饥饿”会促使我更加认真和勤奋地啃食精神食粮。因为每一次讲座都是一次升级、更新，每每有新意，抱着最真诚的态度去与听众分享、交流。

我想如果有机会，我将带着我的“腹稿”漫步各地，播撒舞蹈艺术的种子。

我把“初恋”献给了你

下雨，这么阴暗的天空给人沉静、安宁和清爽的感觉，坐在窗边享受这雨天一定不错。雨滴滴到窗上，慢慢地滑落，是那么的柔美温顺，让人想去品尝。松树枝像穿着闪亮珠宝绿色的线，水珠摇摇欲坠，从远处望去亮晶晶。泥土的清香钻进窗缝，吸入肺中。真快，我已经到了大三实习的阶段，一个新的实习任务是要与杭州歌舞团合作一部叫《玉鸟》的大型舞剧，我出任女主角“玉”，比较班里其他同学，我进行的是表演实习。经系主任推荐，又得编舞垂青，自己开始为舞剧的出演努力，一经得到院方主管专业的领导同意，立即就投入排练场地。

在附中毕业、大学学业接近尾声的时候，我还没有领略过一部大型舞剧真正的运行过程，全新的角色，这算是第一次。没有前人的录像可作为依据来进行学习和模仿，完全是编舞的独立创作，有点担心自己是否可以胜任。在去舞剧剧组排练的路上，朦胧笼罩着大地，地面升起股股青烟，飘向空中，随风逝去，犹如仙子般轻盈、美丽、虚幻，一线微弱的白色光芒似乎正奋力撕破乌云冲入天际，不知心情该如何形容。

最先排练的是一对双人舞，讲述女主角“玉”受惊吓后，爱人的安抚舞段。这个舞段动作节奏缓慢，动作质感缠绵且肌肤相近。终于明白了编舞让我改变观念的初衷，有点类似于影视表演中“天性解放”的课程训练，可以忘记自己的名字、身份、情感，暂时钻到另一个精神躯体里去畅游。现代舞在编创上有很多即兴方法，比如感受对方身体重量、重心位置、局部接触等等，从而激发出无穷的原形动作，然后对动作进行放大——缩小以及频率的实验，最终定型一套符合剧情的舞段。这回创作就是相近距离的接触，一方边体味对方的感觉，另一方边做出自我表现的行为。在现代舞接触练习中，二人身体必须放松，用意识贯彻肢体研究主动与随动的关系，在运动过程中达成一致，共同完成磨合的完整性、时间差及默契的产生。

一个现代舞演员，他替我的舞伴来试动作。静静地，他走近我，像一阵乌黑的风。编舞让我斜靠在他的胸膛上，整个人完全倾倒，等待着他缓缓将我的重量掌握之后，举到空中。确实，那天的雨水让光着脚板的我很冷，忽然觉得他的胸膛热热的，很暖和，像一个火炉。稍长的黑色卷发一贴在我的脸上、颈上和胸膛上，我立刻面红耳赤，但鉴于第一次排练，怕那个严厉的编导说我，就不敢停下来。对方的脸与颈部裸露在外的肌肤要在不断地变化摩擦中寻找着一种适应剧情的动作方式。这是我头一次和陌生的，一点都不熟悉的男性靠得那么近，感觉他的目光在扫视，但又猜不到他在想什么，耳朵里捕捉到的应该都是我小鹿般的心跳和呼吸声。在试动作的过程中，我的潜意识一直处于紧张状态，肩膀出于防卫性的缩起并内扣，身体的各部分肌肉由于精神过度紧张绷得像一块石板，而我那个不了解情况的剧组同仁仿佛面对一块

大石板，这块石板在对方身上砸来砸去，旁边隐约传来笑声。

也许在有经验的舞者们看来，这真是一件可笑的事情。他们怦然心跳的第一次接触，或许被“身体解放”所淡化，或许由于年龄的成熟而淡忘。即使产生感觉也会被自己那份习惯中的木讷遣散，分流于纯动作的起承转合中。镜子面前一副现代舞者的面孔，一个是中国古典舞还在大三的我，鲜明的对比啊。此刻，我竟然被暗含在身体内部一种叫作羞涩的情感所打败，不敢“投入”他们的怀抱，这真叫人无语。瞬间，我觉得这个排练场我是最老、最封建的那个。我需要快速地在思想的冰窟中解冻，并试图以一个现代的成熟方式去理解面前的“接触”。这些都是我在学校里未曾接触过的，幸运的是我不是一个善于恐慌的人，而是一个善于思考并且做出迅速反应的人。逐渐地，我明白了导演意图和我私下里的情感走向，开始变得敢于去感受对方的肢体运动轨迹和律动，跳好的双人舞其实是一股温暖的阳流在相互的身体里同时流淌，没有世间的争执、暴力、血腥，那么恬静地去享受艺术中的快慰。

我觉得我可以把这次排演的“体验”看作“初恋”，一次活生生的真实初恋。

蓝色的光隔离世间的空气
静穆里停顿的瞬间对视
修长纤肢延展了无限的遐想
身体的重量在股掌间游走
下落 旋转 高举 忘记他人的存在
在共同的气场里交糅着双方的喘息

两颗精灵般的灵魂
舞动中相爱并共同起舞

那傲人的气质连上苍都感动
足尖灵动交错
体温混合着攀升
你中有我 我中有你
瞳孔里全是相互的影
完美是人类发明奉献给舞者的词汇
严谨不失创意 精准不失灵活
那种最深的情感暗藏在起承转合
却在观众面前展露无遗

两颗精灵般的灵魂
舞动中相爱并共同起舞

水袖

脚跟、脚心、脚掌、脚趾，细腻的逐个关节运动牵拉着妙曼的身姿，轻轻将重心缓缓地移动，闲散的步子走在岸边，拖着那垂地并被湖水咬湿的玫红绣花丝缎的长袖，徜徉在月光涟漪的夜空下，长裙飘飘，淡黄的束腰描述着躯体的玲珑曲线，红唇，粉颊，青丝，羞涩的碧玉。

身体在古曲的乐符中静静流淌，淡蓝色的纹理在水中，我可以看见水底的白色瓷砖，那样缥缈不定。我被来自水中的压力推波助澜地荡漾着，一会儿被水流举起臂膀，一会儿我被展开腰肢，皮肤的每一个毛孔都是湿漉漉的。发丝在视线上方的水域里盘旋，张牙舞爪地寻找着心里潜意识哼唱的节奏，不受思维的控制。憋住气，脊背悬浮于水面上，手脚肆意地伸长，感受肌肉线条的不断增长。弧线的颈、弯曲的腰，影射到水底一个透明的月牙。假设能在水中舞蹈，那一定是鱼美人的轻盈化身，此刻我正想象体验那份跳动的水中“漫步”。

这是第一次接触古典舞“身韵”课时，一种叫做“漫步”的步伐训练，当然蓝色地胶的练功房里的一切都是潺潺细涓和满身淋漓的绸光锦波的幻想，舞姿的确美。动作进程的流畅是进入水中的圆滑，没有坚硬停顿的存在。那种古代美女图般的幻想是被自己虚构出来的，我不得不想到那些。水袖，就是京剧里“天女散花”这出戏用的那种超出手腕长长的袖子，常见白、粉二色。它由杭纺制成，新袖要置于滴有柔顺剂的水中浸泡，洗去僵硬的板形，继而成为手臂的延伸和情绪宣泄的身体部分。

平生记忆最喜欢也是记忆最深刻的课程就是中国古典舞的水袖课，明亮的排练场里每个学生都身着白色水袖，漫步在整个空间里的情景应该是世界上最美的画面之一。中国古典舞的水袖从戏曲吸收而来，除了保留精髓的袖技外，赋予了水袖以新的生命律动。水袖由杭纺裁剪而成，上好的杭纺丝滑，手感好，瑟瑟带风。水袖作为舞者肢体延展的重要道具，需要发力于腰，配合重心，作用于手臂，末梢于手腕。要想使袖收放自如，听任于身体的发配，需要扎实的基本功。本科刚刚接触水袖课时，每晚熄灯前后都将楼道地板拖洗干净，站在那儿，出收练上几百次，以求高度控制，随性收放，这样在运用水袖表演时，才能精准无误。

光洁的手臂在水袖的延伸下变得更加具有女性的阴柔气息，充满妩媚的抛袖在阳光灿烂的日子分外妖娆。我喜欢身体接触凉凉的绸缎冰爽，它光滑得像涂了蛋白的瓷器。支配它需要将近一个半学期的训练，最终可以达到袖随心想，可以走曲线的弧度，也可以笔直地送袖尖到远方。每次上课，从学生一排排走过的夹缝里能瞄见镜中身穿白色袖衣的我，自觉很端庄、神秘，仿佛穿越远古到达现世的人缥缈在快速的电子时代里。手在袖口里的翻动、扭转造就了一个个目不暇接的袖花：团龙、扬袖、反收袖、片花……好不乐哉。

水袖舞到了舞剧《青衣》，几乎人袖合一。

由于对水袖的偏爱，从 2009 年“亚彬和她的朋友们”第一季起，几乎每一季都有运用水袖而创作的作品。记得第一季演出的时候，我和古筝演奏家常静有部即兴作品，水袖和琴韵，那部作品叫《相生》。舞蹈和音乐都是在一个既定的结构下自由即兴，相互感知，不亦乐乎。水袖仿佛自我身体生长出来，叠、旋、绕、抛，自由翻飞。演出结束，忽然想起来北舞古典舞系主任（现在的副院长）王伟老师坐在台下，她是本科带过我的老师，特别害怕她会说我怎么把水袖跳成那个样子。没想到，一出门，碰见王老师，看到她兴奋的面孔，没说我，反倒强烈地鼓励我发展了水袖的运用。我想，因为这样初次尝试的鼓励，让我有了日后坚定的创作信念。

我使用过最长的水袖，单袖袖长大约 45 米，从肩缝一直到袖尖。这样比例的水袖，这出收袖间的力学远远超出了我的手臂范围。那是在电影《十面埋伏》的电影剧组，因为画面需要而专门制作的不同长度的水袖。我在那部电影中担任舞蹈设计和舞蹈表演，一起与剧组工作过 10 天左右。

2003 年，我们都在校，一边被“非典”紧闭，一边准备着“桃赛”。编导系的建民老师找到我，他知道我水袖好，想让我帮他编一段水袖舞录制，至于他拿这段录像去做什么，我没问，他也没说。后来，“非典”过去，我们开心地出入自由。我便受邀去了歌舞团给张艺谋导演、作曲梅林茂先生和演员章子怡表演中国古典舞作品，一支是《扇舞丹青》，另外两段是根据梅先生作曲的音乐小样来即兴起舞。张导的意思是想让梅先生看看中国古典舞的状貌，获得更多灵感。那次也是我第一次做水袖的即兴演出，音乐现场放，现场跳，跳的全是感觉和音乐带来的反应。最终，在电影开拍的前夕，我结束了“桃赛”，拿到了连续三年舞蹈表演金奖，这样的殊荣把我带到这部电影的剧组。相信各位在看这部电影的时候，印象最深刻的就是这个牡丹坊里的舞蹈桥段了。我试图，在那样一个环形的空间里设计出最佳的水袖舞动左图：十四岁，北舞，参加张艺谋导演的歌剧《图兰朵》。

方案，既满足导演对于画面的想象，又满足角色以及角色情感的释放。没想，很多人却通过这段舞认识了我，然而他们却不知，早在这段水袖舞之前，我在舞蹈专业的奋进已被很多人所认可。

而水袖舞到了舞剧《青衣》，几乎人袖合一，虽然臂膀有着初期学袖过度练习留下的劳损，但并不妨碍表演。这段舞编了许久，既要有大青衣的矜持气质，又要袒露女主人公近乎癫狂疯魔的心理。深沉的乐声委婉地讲述凄悲的经历与心灵痛楚的神伤，是多么厚重的深刻，琴弦拉动浮起历史的尘埃，在那黑又静谧的舞台。我用纤细的手挑起水袖的生命配合着这位启动记忆的旋律，用光滑白皙的袖面拂清凸现于乐符中的不幸人们。一种感染与另一种感染交织扭拧在一起，灵魂正于此时由心窍深处慢慢腾起，穿梭于袖尖与袖尖的触碰，风采尽现。水袖除了运用常规的技术技巧，还可增强情感叙述性，每一次抛出去的袖子要直抵心底，将人物情绪表现得淋漓尽致。舞剧《青衣》的结尾处，我穿上水袖，觉得自己变得那么长，可以触碰皎洁的月容，可以深探落寞的湖底，可以依偎壮硕的山峦，可以切割空间让情感沸腾。

瞬间即永恒

傍晚，一个人在排练场，关着灯，练功。远处后花园的明亮闪闪的星星，镜中反射出不知是月光还是灯光照射的影子，看不清轮廓，眼前的模糊中只能辨识出挥舞的四肢和整个身体的移动。汗水浸透衣襟，一颗颗顺着发丝滴在黑色地胶上，没有录音机伴奏的各式音乐，喘息和弹跳落地的声音咚咚混杂在户外人来人往的脚步声里。有时无论是把自己的身体还是精神隔绝一下，对自己保持内心的安静都是有益的。我觉得老天就是让我生来跳舞的，这么多年来的训练已充分磨炼了心性，人的肉体是脆弱的，而意志力一定坚不可摧。在训练或者排舞的时候，我特别反感有人打搅，包括但不限声音、目光或多余的行走。我总觉得花在排练场里的时光就是一种修行，这种修行如同一个密而不透的通道，会将破茧而出后全新的我带到观众面前，有节制的封闭可以让我成功躲避炽热目光带来的灼伤，可以暂时只面对自己，不言不语。

黯淡的排练场没有方向，大跳以捕捉光源的一个亮点作为定位，不断地摆脱地心引力，向高处跃起。用指尖指向远方，身体无声地即兴着，一个个快速甩头看见火车般擦肩而过的白色车窗，一条条不停旋转的跳跃带我在空气里高高低低。我不分前后左右的方向，猛然静止，闭上眼睛沉浸在这纯粹的环境里默默冥想。让感官去捕捉时空里走动的轨迹，弹跳的高度和旋转的次数，然后逐渐调息恢复平静。

舞剧《青衣》

累了，就躺在排练场，披散开头绳紧束的发髻，放松地摊在地板上，闭起眼睛。

这个世界，如果舞者或者舞蹈家和她们的作品被理解，我觉得这样一个群体所面对的所有都值得了，作品除了带给人们情绪上的愉悦外，如果能从精神世界去感染和陶冶，那真是一件令人欣慰的事。我还是想要重复地说跳舞是追求真理的一个过程，我们要创造历史，而不是重复历史。我们从历史中吸收、传承，继而发展、创造，带领人们探寻未知世界的美。因此，跳舞成为我们了解未知世界的钥匙，如此我们了解舞蹈的过去、欣赏现在，同时对于探求未来充满的渴望和想象。

舞蹈，在时空里通过动作的叠加使观者产生印象，这些印象的逐一积累传递着情绪、情感，动作的组织编排结构着不同的人、事、物，使生命变得更加灵动并充满哲思诗意。舞蹈的每一个动作、每一场表演都是唯一的，独一无二的，不可复制的。与时空相比，舞蹈现场显得那样短暂。但这样的短暂因为凝结了智慧、灵性、修为的传递而成为永恒，舞者是艺术的载体之一，舞蹈将时间的长度质变般地凝结为浓度，舞蹈的瞬间即永恒。

“作为一个舞者、编舞，平生最爱就是舞蹈。我是幸运的，因为不仅是我选择了舞蹈，舞蹈同样也选择了我。舞蹈艺术是多维空间里的现场艺术，充满鲜活感性的释放和禅学般的深沉哲思；舞蹈是完整的，共融的，兼具共性、个性的，瞬间即逝但却永恒永存的艺术，这是我对舞蹈的认知，希望你我共享！”

03.

第三篇 生命该如何寄托

亚彬和她的朋友们

遥想那个暮霭中，坐在封好窗户的阳台上，终于看见傍晚余晖的太阳，在云雾里，害羞地看着我。那种金灿的颜色是我一辈子不可能忘记的，那一瞬间的对视要比被爱情当街击倒来得更迅猛、更浪漫。随着快速沉寂的夕阳下落，她一直不断隔过很多楼，很多墙，远远近近目不转睛地望着我，那种羞涩溅到挤出嫩芽的树梢间，溅到浓而低沉的云朵上，比春天的绿圣洁，比人间的爱永恒。我快被感动得流泪了，心想，如果可以，此生在有温存的夕阳余晖的云霭边度过。我，此时不再奢求什么，远望夕阳，留一幅永恒的画在心中，这就是活着的好处。我宁愿放弃一切，一生拥有她。

那是大学期间的最后一个学期，蹉跎的冷风飕飕吹过的校园，让我爱着的夕阳，照耀在这从小看大的一草一木，重燃起那些怀念的曾经。听说北京舞蹈学院的院庆要对校园进行重新装修，不知道还会不会是记忆里的样子。面对毕业，我想每一个毕业生，都会有几分来自社会工作的压力和需要排挤的苦闷。翻看墙壁上的挂历，站在10年的岁月中，悉悉索索的圆珠笔印告诉我，有过多少次痛、欢笑和沉默，满满渗浸了足够的情感。攥一攥日期估计手心会是潮的，我想把它们其中的痛撕成碎片，想要忘记，却发现很难。纸片虽然碎掉，但心里的颗粒仍会留存，我会时不时摸摸那些颗粒，让它提醒我在这所舞蹈最高学府的学习生涯。人在回忆的时刻会“阶段性”衰老，记忆像烟头烫的疤，久久难以愈合。

即将毕业，不知未来对我意味着什么……

时间一旦被发现存在，人就会感到自己的孤独，因为忙碌可以让很多事物去填充眼前偷偷溜过的时间。心底很渴望安静，但又想让人声的嬉戏去淡漠自己的不郁，忽然真的成为想象中的无声，世界上完美的事情都是靠追求完美的人来完成的。如果社会是一个新生儿的诞生成长地，学校就是母胎，她输送营养，带你体尝精神盛宴，让你学会内心的反省和相互的倾诉。毕业汇报课、供需见面会、年级合影照将是一条色彩斑驳的脐带，一旦毕业的系列活动结束，意味着婴儿顺利出生，脐带被剪断。每一个人将背负着刚走入成年的幼稚、血迹斑斑地去一个崭新的世界，我想这就是“舞蹈家摇篮”的由来，新的血液即将流淌进社会的各个角落。我是上百个离开母体游向广阔天空的其中一个。

幸运的是，我被留校了，以舞者、青年教师的身份在北京舞蹈学院青年舞团工作。很快，我独自适应了毕业后的生活：找房子租住下来，定期上课、演出，同时接一些细碎的“边外”演出以维持生计。大部分时光依旧比较闲散，我总是等待着编舞的老师们从各个电视台打来电话，邀请我去表演节目或是参加舞剧。接到邀请总是满心欢喜，热情饱满，认真地、一丝不苟地完成好每一个任务，同时去体会着在舞台上短暂的快乐时光。

2010 年“亚彬和她的朋友们”第二季舞作《寻》。

可这样的日子时间久了，觉得很是被动，为什么我总是在等待中被挑选？为什么我不能去主动选择和创造我想要做的？为什么我不能自由地去表达自己，表达对人的认知，对生命的感受和追问？时间对舞者而言，特别宝贵，最好的年华应该在舞台上绽放，在创作中消磨。我特别渴望在舞台上来呈现“舞蹈的纯粹质感”，去回答“为什么要跳舞？”我想尝试着去集中世界舞坛精华来创作优秀作品，搭建一个可共享的艺术平台，拉近普通人与舞蹈艺术的距离，让国内的观众看到最好的舞蹈作品，让世界的观众看到最好的“中国创造”。我以我执拗的性格，一定要对作品的创意和制作严格把控，不断研磨，力求完美。我知道这一切都源自我想要迫切地表达。平心而论，这样的主见生成、思考的过程并不短，大概有五六年的光景，这期间的遇见、经历、体悟让我养成这样的主见，十分笃定，从未动摇。

“亚彬和她的朋友们”自创建至今已 8 年，每年一季原创全新作品，每一次这些作品的编排和演出都会面对全新的压力与挑战，同时这样的创作也是对心智及能力的检验。在“亚彬和她的朋友们”这个平台上合作过的艺术家近 200 位，其中包括享誉世界舞坛的编舞家 Sidi Larbi Cherkaoui、英国国家芭蕾舞团艺术指导 Tamara Rojo 等。粗略估算，亲临现场、观看过“亚彬和她的朋友们”系列演出的观众将近 15 万人。相信近些年的创作带给观众的是全新的感知与美的享受——2009

年第一季《与你·共舞》、2010 年第二季《寻》、2011 年第三季《守望》、2012 年第四季“亚彬和她的朋友们三年展”、2013 年第五季《生长》、2014 年第六季《梦·三则》、2015 年第七季舞剧《青衣》、2016 年第八季《M– 道》。在这八年中，我们发现了出色的舞者、音乐家及台前幕后的艺术家们。这样创作纯粹的舞蹈，突出肢体语言本身作为我们的表达，希望让更多的人感受舞蹈艺术的独特魅力。从毕业走到今天的我，终于找到一个可以实现艺术梦想的平台。在这个平台上我和各位来自不同国度的艺术家切磋、攀谈、习舞、巡演，不断吸收、吐纳，我想是舞蹈艺术本身调动和激发我们的智慧，去创作更有意思的作品，通过作品去回答“为什么要跳舞”，通过作品看到我们的初衷：高品质、艺术性、国际化、搭建一流的艺术平台。

跳舞、编舞其实是追求真理的一个过程，我们要创造历史，而不是重复历史。我们从历史中吸收、传承，继而发展、创造，带领人们探寻未知世界的美。因此跳舞成为我们了解未知世界的钥匙，如此我们了解舞蹈的过去、欣赏现在，同时对于探求未来充满了想象。早在八年前，当“亚彬和她的朋友们”诞生之时，中国现代舞环境尚未成熟，屈指可数的现代舞团让人萌生怜意，而舞蹈生态仍以地方院团创作的舞剧为主。“亚彬和她的朋友们”的出现，带动和激发了一大批具有艺术潜能

的舞者、编舞，如同星星之火，逐渐点燃他们心中创作的欲望，舞蹈工作室如雨后春笋般涌现出来，而这些工作室、舞蹈剧场的创作者们几乎都与“亚彬和她的朋友们”有过不同程度上的合作和千丝万缕的关系！每每想到这些，我感到非常欣慰，因为这也符合“亚彬和她的朋友们”的初衷。中国舞蹈事业的向前推进需要几代人，而此刻，这样的重任已然落在了我们这一代人的身上。我很幸运，在平台创建早期发现了这些“至宝”，并通过多样的创作方式有了非常好的艺术呈现和交流学习。我很感谢“朋友们”，这些“朋友们”如今大多数也已成为业界佼佼者，我们时常互相鼓舞，加油勉励对方。我们都希望中国舞蹈能更好！

撰写书稿之际，舞剧《青衣》仍不间断地在全国巡演，而这些文字也都还带着演出过后手掌的温度。“亚彬和她的朋友们”一定会在中国舞蹈史上留下重要的一笔，我从没想过这是作为个人的舞蹈项目，我希望以自己的绵薄之力推动中国舞蹈向前发展，将“中国创造”最好的舞蹈作品带到国际舞台上。舞蹈是一辈子的事，她承载着每个人对生活的认识，反映着每个人的不同经历。参加过“亚彬和她的朋友们”系列创作演出的人，每一位都是一个传奇。同时，也特别感谢，感谢帮助、资助过“亚彬和她的朋友们”的人！

2009-2016
“亚彬和她的朋友们”迄今合作艺术家名列

（按每季合作顺序排名）

编舞家：

费波、桑吉加、胡岩、美国舞蹈节编舞教师 Mark Haim、高成明、张云峰、刘霄、赵梁、美国艾尔文艾力舞团灵魂舞者 Elisabeth Roxas-Dobrish、著名当代舞编舞家〔比〕Sidi Larbi Cherkaoui、〔日〕Satoshi Kudo、范雷

舞者：

武巍峰、孙悦、万玛尖措、周格特力加、李德戈景、扎西旺加、海翔、梁贺曦、孙科、王盛峰、陈茂源、董华兴、刘梦宸、彭捷、闫贝妮、许瑶、王晨、洪韵柯、王强、周俊、刘漫婷、王君龙、张成翰、党谣、王婷、孙剑飞、宋扬、王迪、耿军、洪林、张志、李超、尹昉、王晴、〔希〕Elias Lazaridis、〔美〕Johnny Lloyd、〔日〕Kazutomi 'Tsuki' Kozuki、谢欣、胡沈元、柳雯、黎星、单思涵、徐一鸣、毕然、佘伟靓、钱琨、王明超、王宇、刘琦琦、韩承朴、彭莹、姜玉莉、张亚鹏、甘甜、涂莉莉、卜瑞

音乐家：

刘霄、常静、张卓、文智波、李劲松、呼斯勒、樊冲、丁武、斯日古冷、周龙（普利策音乐奖获得者）、樊冲、宋昭、丁可、〔波〕Olga Wojciechowska、Barbara Drazkowska、〔印〕Manjunath B Chandramouli、〔非〕Kaspy Kusosa Kuyubuka、郭思达、〔英〕Jocelyn Pook

舞美（视频）/灯光设计：

任冬生、王琛、邓文、刘科栋、〔法〕WILLY CESSA、〔英〕MATT DEELY、〔德〕MICHAEL DRALLE、〔法〕HELENE GUETARY

服装设计：

阿宽、李晴、李昆、〔英〕KIMIE NAKANO

造型设计：

贾雷、王嘉

当代艺术家：

展望、曾梵志、Grayson Perry

作家：

毕飞宇

戏曲指导：

裴艳玲、魏春荣、李海燕

编剧：

庄一

与你·共舞

我作为团队核心成员之一的“亚彬和她的朋友们”，2009年开始了第一次尝试，第一季《与你·共舞》横空出世。这是我第一次以舞者跨界兼做制作人，第一季《与你·共舞》几乎是原创，在这个基础上我们选择了两个既有作品。舞者都是当年非常优秀且获全国奖的人，同时合作的还有优秀的音乐演奏家。从那时起，“亚彬和她的朋友们”已经开始探索“世界语言讲述中国故事”和“中国语言讲述世界故事”，我想这也许是一条前人未曾走过的路。

整个筹演阶段，工作状态非常紧凑忙碌：朝九晚五在北京舞蹈学院参加排练，下班后和小伙伴们来到城东的朝阳9剧场化妆、走台、合成，晚19:30开始演出。这样一天跳下来着实辛苦，我都快不认识自己了。要说压力，确实有，一个没有学习过专业制作的“业余选手”，仅以过去参演剧目学习的制作经验去创作一台全新作品，真的算是挑战了。一切都没有我想象得那么简单，几乎每一个流程都要亲自去盯，除了作品本身，还有舞台置景、投影视频、音乐剪辑、拍摄录制。用辛苦或者累来形容，我想都不足以描述事实的程度。

出乎意料的是，第一季在朝阳9剧场的演出，400个观众席竟然坐满了。这样“亚彬和她的朋友们”开始了她的首秀，作品一个小时左右。我让小提琴、古筝、马头琴成为舞台现场舞蹈表演元素的一部分，将演奏家的行为与舞蹈编织在一起创意了

2009 年“亚彬和她的朋友们”第一季舞作《与你·共舞》。

“控制”“相生”等作品。演出结束，当我们全体出现在舞台上谢幕时，台下观众反响热烈而真诚。当我们拖着疲倦的身躯，从后台溜达出来准备下楼时，忽然看到还有许多观众等在一层大堂。其中一对外国夫妇看完激动地表示，在北京多年没看到这样好看、纯粹的舞蹈了，希望我们还能继续坚持创作精品。那一刻，“朋友们”所有的辛苦都值得，因为我们做到了。回过头来看，这些经历和观众的反馈对于起步时期的我们是一种温暖有力的支持和鼓舞。

“与你共舞”，我总是在想象全民起舞时的盛况，这个你，可以是千千万万个不同的你，遇到了便起舞。因为舞蹈确实可以无处不在，肢体语言的交流最为生动、感人，最没有国界的障碍，最国际化，最立体。想起很多次出国演出，看到其他人无法用外文沟通时有趣的肢体语言，如果将那一刻拍摄下来，又会有一段非常有意思的舞诞生。人们可以透过肢体语言深切地感受到舞者的情绪、情感以及内在的叙述结构，舞蹈的意象是通过肢体语言的叠加，透过个体观看者的思维而产生了不同的意义，舞蹈现场表演的每一场都是独一无二的，同时又是稍瞬即逝的，这让舞蹈本身表达既定的编舞内容时充满新鲜感、神秘感和唯一性。

无论是封闭的剧场舞台，还是开放式的美术馆、展览馆空间，你所面对的舞者是真实具备肢体行动力的人、具备表现力的舞者以及表演能力的演员。这三点在舞者起舞的时刻高度地融合在一起并在时空中留下完美或接近完美的舞姿、状态，从而带领着观众去触摸舞者本人；抑或舞者饰演角色的内心情感，同时以舞者主动、观众被动的共同通感来共同阐释作品的意义。这样的作品、舞者和观众才是好作品、好舞者和善于交流的观众，这样的演出才会有共鸣。但前提是舞者要够专业，作品要够档次，观众要够“投入”。

而对于舞者而言，时常在跳舞的过程中会忘记自我，天人合一，融化在表演的时空中，淡去、甚至混淆了舞台之上的“虚幻”与现实的界限，成为了“人生如戏、戏如人生”的最佳典型。那是投入的一种快感。

时光奔涌，耳边生风

橘色的太阳长满细密青丝

拂面，浮生

炫目的灯光下，你我，面对

琴声响起，你抬起柔软的臂膀，我拎起纤细的脚踝

我们忘记身体的沉重，于云雾缭绕的山间游走

想不敢做的，做想好的，做好想做的

来……

让我们，与你共舞

回忆中的《生长》

大多数人喜欢描述，而描述只是一种通过感觉进行的表达，非常表面，缺乏深度。鲜有人去解释一个事物，解释已然超出单纯描述的程度，因为其背后需要哲思的支撑。解释一项事物，需要耗费更为长久的精力，却也因此显得深刻和厚重。

我们想做的不光是表现美，同时也要解释美。

《生长》在我的记忆里已经存活了将近七年。七年前的冬日，我在东京见到西迪·拉比·彻克奥维（Sidi Larbi Cherkaoui）。那是一个下雪天的傍晚，谁也没想到，那个傍晚过后，我们成就了《生长》，也成为中国舞蹈家以个人及工作室名义去委托一位世界编舞家来完成一部委约作品创作、制作的国内首例。

拉比是一位有着摩洛哥血统的比利时人，来自摩洛哥的父亲、祖籍比利时的母亲 1976 年在安特卫普生下了西迪·拉比·彻克奥维。安特卫普也是一座海港城市，人口只有 49.3 万。拉比的热情并不是缘自喧嚣的都市环境，双重文化身份驱使他通过舞蹈探索和弥合这个世界。他儿时喜欢绘画，作为一名舞者，他尝试了各种舞蹈风格，包括迈克尔·杰克逊的《月空漫步》、古典芭蕾及现代舞。他曾在安娜·特蕾莎·基尔斯梅克（Anne Teresa De Keersmaeker）舞蹈学校学习。基尔斯梅克是欧洲最优秀的舞者之一，她曾建议彻克奥维将他的双重文化背景作为舞蹈的源泉。他就是这样做的。自那时起，拉比创作出了许多优美典雅、令人惊叹不已的作品。他

左图：舞剧《生长》

证明，我们确实合作愉快。在这四年中，我们彼此在不断地了解和观察中经过多次的磨合和探讨（思想和肢体方面），大家决定坐下来好好探讨究竟以怎样的方式来完成一个完整的作品（90 分钟，整晚连续不断的舞作）。从 2010 年 10 月到 2013 年 11 月首演间，我们一共进行了 100 多天的创作、排练与合成、彩排。

当我们认识到对方的意义所在时，有三个选择：1. 一支独舞，2. 一支双人舞，3. 全篇。相互了解过后，我们都希望选择了 3，这是对这部作品的一个初步共同认识。这是《生长》创作的初衷，其实也是基于我们团队在创作理念上达成的共识。而且，不论是在东方或是西方，对于人或是自然界中的事物，生长和万事万物都存在着密切的关系。因此我们当初在商量这个主题时，觉得它具有了一种国际化的涵养，观众对于该作品的理解不会困难，但会产生差异。后来事实证明，在观看演出时，每个观众都可以根据自己不同的经历对《生长》 有不同的理解。当然这个初衷也在不断推进我们作品创作的进程，促进这台由中西舞蹈家合作完成的高水准的舞作诞生。

最初，创作概念以树为主题和喻义，以“树枝”象征未来。我们做了一些艺术方面的研究，汲取了一些养分，比如从画家、雕塑家、艺术理论家、数学家、机械师等诸多身份的阿尔布莱特 • 丢勒《量度四书》中深刻地认识到了点、线、面、体；比如丢勒有关科学与艺术间的阐释和协助关系，他在数学与几何方面的造诣曾经运用在他的绘画创作上。丢勒使物体的运动规律抽象化，他通过点、线、面、体的关系去描绘和解释人体线条，其中甚至包括肢体行为和表情的关系，在其“体量”“动能”之间寻找最为精准的艺术表达。丢勒透过这种由具象提炼至抽象的艺术表达创造出了美，同时他也赋予其耐人寻味的深意。这些内容都令我们的表达有了背后的依据。舞蹈的肢体表达，通过弯曲里的律动，去伸展、收缩、对抗、滑动、分裂、坠落，以一种超自然的形态去表达其隐喻的思想内核。其科学与艺术的结合，才能够使人们从单纯艺术的描述美转向解释美。这背后需要充分的科学分析及更深刻的理论系统的支持。最终配合以舞美形象化的辅助，达到艺术解释美的高级层面。

随着排练的深入，我和编舞逐渐对作品在认知方面的深度得以加强。虽然树的喻义是好的，但我们认为过于写实和具象。由于写实和具象的内容，容易给人们的想象空间造成很大的局限。其实，我们最终在演出的时候，观众已经不能看到特别具象的树枝，取而代之的是我们用更加抽象化、意象化的处理方式来展现“生长”这一主题。这也是我们在整个创作过程中，不断对主题和内容表达进行深化和提炼的结果。《生长》从最初关于树的生长概念，逐渐发展为对于万物生长的表达，跨越了从物质到精神世界里的“生长”。这可以说是“超现实”感的一种体现吧！

面对“生长”，我们提出问题：生，我们从哪里而来？长，我们要到哪里去？

在舞蹈语汇表达的沟通上，通过对于生、死、色、空以及人的不同变化而产生一个时空多维度诠释，来表达这种超现实感。同时，从更多角度去诠释这个“生长”的概念。“生长”的概念比从前更加精练和抽象，包括的内涵和寓意也比当初丰富不少，整部作品看起来比当初以树枝作为载体的呈现方式要显得更加富有思想性。《生长》这部作品的英文名Genesis（起源）是拉比赋予的，中文名是我起的。这个词的意思是“创世记”。因为这个剧想说的就是一个人从懵懵懂懂开始，直到他了解自己作为“人”这个概念的过程。“创世记”有很多意思，“生长”这个主题除了问“我们从哪里来，又将去到何处”这个问题外，其实它本身还预示着某种破坏，它是在对整个固有结构的破坏和重建中所表达出的某种原始动力。也正是在这个“生长”过程中，我们会遇到各种各样不可预测的因素，使人产生一些变化，让人最终达到一个不同的程度。应该说，“创世记”的外延更大，在它里面，涵盖了“生长”的意思。整个舞作，可以理解为一个人生长的历程，多种关系的生长历程，时空的生长历程。在开篇时，医生穿着白大褂，戴着口罩，预示着生命或者任何物种诞生的地方。通过舞台上的背景变化，开始了生长的历程，其中包括语言文字、触碰爱情，再到接触生死，一直到全篇的结果，而结果可能又寓意着未来的新生。在这些不同的阶段中，舞蹈也呈现了人性的各个侧面，观众可以在欣赏中不断反观自己，每个人都能看到自己熟悉或者感动的一面。我们在《生长》中更多呈现的是一种人文关怀，一种对人性的描写。

《生长》的创作让我感受到中国古典舞的训练背景，使我受益匪浅。由于我从小接受古典舞训练，可以说是脱胎于中国古典舞的训练体系，这种训练让我看起来会比其他演员在动作表现方面更具有韵律感，动作更加连贯，气息更加流畅，同时看起来会显得动作更加饱满和具有厚度。

我觉得这是非常难得的。像欧洲有很多非常棒的舞者，他们之前也都受教于西方的古典舞也就是芭蕾训练，所以他们跳起来时，你会觉得他们与完全没接受过严格训练的舞者是迥然不同的。中国古典舞的训练使我在跳舞和表达情感的过程中，赋予了我身体本身更多的内容。每个舞者动作都会或多或少带有自己的特点，这种不同也算是个体动作的表达风格，虽然这个风格会随你跳不同风格的作品有所改变，但它还是会让我因此更加突显出来。而在整个排演的过程中最令我感动的是，我发现无论是东方还是西方的舞者，对舞蹈都有一颗非常热诚的心。因为排练过程是非常艰苦和辛劳的，我们几乎每天从早上九点到晚上七点都是用来排练的，不管是来自东方还是西方的演员，大家都特别敬业，这是其一。其二就是每个舞者对不同的舞段都有自己的理解，也就是说，在很大程度上都贡献出自己的想法和二度创作，

舞剧《生长》

我在教室里看大家排练都觉得十分振奋。我本来很担心东西方的舞者在语言交流上会有障碍与隔阂，因为我在中间会帮助大家做一些翻译工作，从开始到首演、巡演，我都在跟着。比如新闻发布会上，我们要一起面对媒体回答问题，我是对编舞了解最多的舞者，也因为我不仅作为《生长》的主演，同时还担当了这部剧的制作人，包括很多时候都要通过我把编舞的意思翻译给中国舞者。逐渐，我发现其实大家之间的沟通除了通过肢体语言，还有相互间彻底的理解，我明白拉比编舞想要的质感，就知道怎么能在一起更好地工作。

在“亚彬和她的朋友们”系列中虽然合作过那么多编舞，拉比是最不寻常的一个。首先，他不停留在动作表面的美感，每个舞段他都会深入不断地进行修改调整，直到满意。其次，他非常重视舞者本体，可以最大限度地调动舞者身体的潜能，有时连舞者自己都不知道这种潜能是怎么被激发出来的。同时，他在编排方面并不是教科书式的，而是尽可能地调动舞者自身的积极性，一起编创动作素材。印象最深刻的是对舞蹈质感的要求，让状态和动作更完美饱满地呈现，我说的这种完美并不是通常意义上的开、绷、直，而是舞蹈呈现时身体的状态。让我记忆犹新的是关于“质感”的描述和追求，从此这个词在我的舞蹈生命中刻下印迹。

《生长》是一部当代舞舞作，如果适应于 2013 年当时中国现代舞环境，这部作品几乎提前了五年诞生，或许在 2018 年能有更多的人看懂。我觉得欣赏“当代舞”，国际舞坛概念的当代舞，一定要放松大脑，心平气和，面对舞台，做好接收再反馈，如此简单明了。当代舞，其包容性更强，只要可以表达创作的主要意图甚至可以“不择手段”“包罗万象”，我喜欢这种包容和气度，那会让主题显得更加坚实、突出，过程更加丰富，意味更加深远，观看当代舞演出的过程会让人脑洞大开。这种体验完全不同于传统舞，因为当代舞的艺术创作太个体、太个性，编舞可以在舞台上尽情去发挥想象力，去展示观众未曾想象和看到过的世界。这部舞作在东西方公演的时候，我们得到的观众反馈非常不同，在对于舞作本身的理解方面也产生很大差异。比如说，作品中有一些手与头发接触的动作，这里可以看作是一种情绪的散发，身体里情绪的扩散，抑或是某种“生长”。事实上，我们通过手的动作，去传递一种能量，一种气。可以说，手的动作是“生长”意义方面的一个延续。看这部戏，你可以把它放在大的“生长”概念之中，而不是舞者的每一个动作都要和“生长”的概念去贴近。演出过程中人物服装的变换好似人物身份的切换，就好像是每个人成长过程中不同侧面、不同身份的切换。玻璃盒的每一次打开，象征着我们人生中不同阶段的生长，水晶球就像我们的心一样透明，这其实是表达了我们生长中的原始动力。每个看过演出的人，看到的都是不同的“手”和不同的原始动力。我倒是觉

彬和她的朋友們第五季
YABIN AND HER FRIENDS
YABIN AND HER FRIEND
亚彬舞影工作室
EASTMAN
赞助公司
SHOAC

与世界著名编舞家
Sidi Larbi Cherkaoui
在《生长》世界首演发布会现场。

得这是一个非常有趣的现象，我们创作了一部可以让观众心中产生“一千个哈姆雷特”的舞作。我猜大多数普通观众还是会从比较具象的角度去看，每个人的切入点和判断都有所不同，这和观众自身的文化背景、艺术涵养密切相关。

虽然我们作品的表达形式是以现代舞、当代舞来呈现，但实际上我们表达的主题一直都和生活、生命、人息息相关。我们的作品并不是有多么炫，或者是离生活有多么遥远。因为我们所有合作过的艺术家们，大家的有感而发都是来源于生活。从 2009 年创立的“亚彬和她的朋友们”品牌，我作为主导人，把握演出的方向，我们的形式感是非常现代、当代的，包括舞美、灯光这些艺术的视觉呈现，但是内容还是深深地源于生活。从前四季的演后反应能看出许多观众很喜欢我们的作品，觉得我们的作品在形式上蛮有创意，能让人眼前一亮，但内容上又离人们生活很近，仿佛能在作品中看到自己。这一点让我很欣慰，起码我们的作品大家是能看得懂的，而看不懂的人也能多少感受到美和人的温度。《生长》整个的创作其实就像生长的过程，这是一件非常有意义的事。整个团队从最早的几个舞者加上编舞，一直到音乐家的不断加入，我们就像由一粒种子成长为一棵参天大树。

对比“亚彬和她的朋友们”系列，观众肯定会发现它们彼此之间有着很强的差异性，整体来讲，风格都是现代，而《生长》更为当代。具体可分为三个方面：第一，

《生长》是一个完整的舞作，没有中场，一气呵成。第二，《生长》是工作室全权委托编导拉比进行的一台完整舞剧创作，“委约”这个概念在国际舞坛早已不再陌生。第三，《生长》从整体风格上来说更加国际化，创作视角超越于“朋友们”前几季的主题，它所涵盖的意义也更加深远而广泛。同时，与前几季相比，这一台作品也拉开了在中国开启世界首演和巡演的序幕。以往的作品都是在北京公演，从没想过去巡演，而《生长》经过北京国家大剧院的世界首演，接着来到广州、上海巡演。2014 年 1 月，《生长》这台作品于欧洲首演，进行世界性的首轮 30 场巡演。在“朋友们”系列的创作史上，我们曾经邀请过海外的编导进行创作，但我认为这一季作品应该是最为广泛的一次文化融合。因为整个剧组的主创人员，除了亚彬舞影工作室的中国舞者外，其他艺术家大概来自 10 个不同的国家。在这 10 个不同国度的艺术家之间产生的交流和一些对于艺术创作的认识和表达，非常自然地带入、融合了各个国家的文化背景，逐渐由不同到大同，又逐渐从大同拆分到各自细腻的理解。

我始终认为编舞拉比非常善于掌控作品大局，同时，具备很强的文化融合及再创造的能力。我们的中方舞者，包括我自己都非常积极地参与到整部作品的创作过程中，我们协同工作，参与编舞，参与一些具体段落的思考，甚至融入了中国古典舞的元素创作。

《生长》在一定程度上讲，更像一部好看的思想体，通过舞蹈去表达充满哲学意味的每一个段落，一部既具有东西方文化融合，同时又深度挖掘舞者潜能的作品，可以说《生长》是调动了主创人员的全部智慧凝结而成的一部难得的佳作。

持续两个小时没有从座位上站起，我把脑海中细碎的，关于《生长》的记忆调动起来，拉成一条蜿蜒的曲线来记叙。此处，我想借用比利时驻中国使馆马怀宇大使的一段话，能够概括这部舞作的意义："《生长》是比中两国的文化事业联系的纽带，是重要的创作上的合作。这也是双方首次进行如此深度的联合创作。比利时和中国的艺术家和机构在一起倾其所有、尽其所能，实现他们的共同畅想。《生长》说明共同的热忱能够跨越语言和文化的界限。这个作品在中国和欧洲等地进行演出，将成为联系全球观众的纽带。我相信，我们的未来依托于像《生长》一样的交流活动，能够使我们通过不同的角度观察这个世界，更好地达成对对方的理解。"

如果你被吸引了，希望日后我们舞台上见。一起《生长》！

《生长》的世界首演

《生长》——“亚彬和她的朋友们”第五季，终于在百忙中于国家大剧院戏剧场进行了毋庸置疑的世界首演，反响热烈，座无虚席。作为制作人和主演的我以为自己会在首演谢幕时，泪流满面，结果发现，原来我比谁都冷静。这部戏聚集了将近四年的光景，从萌发这个想法到筹备实施，再到登台演出，仿佛像一个梦境一般，着实是一种从梦想走向现实的过程，那样令人振奋和激动。

2012 年的 10 月，我和拉比出现在比利时风格简洁、宽阔、敞亮的排练场里相互以肢体语言尝试着我们真正的合作。对于两个不同国度的人来讲，语言上的交流没有特别的障碍，思想上除却各自的成长背景不同以外，仿佛再也找不到任何的差异。这对于我而言，是一个惊喜，仿佛应验了“物以类聚、人以群分”的古话。随着排练的深入，我们则在越来越深入的接触过程当中获得很多共鸣。我们有着清澈透明的心、敏感的艺术触觉、疯狂的工作热情以及对于幽默感的表达。我喜欢这种奇异的感受：面孔以及肤色的不同人类，却可以感到双方之间的巨大雷同，国别好像是一面镜子，映衬着我们的外表差异及内在的共通。

当第一个阶段结束排练时，拉比问我是否曾经学习过类似的肢体行动方式，我回答说：never（从来没有）。我看得出，这是他对于中国舞者肢体行动力的一种赞扬和惊叹，他惊叹于脱胎中国古典舞却可以自由进入当代舞领域的跨度与表达。那么，

舞剧《生长》

舞剧《生长》

这意味着，我们的合作真正步入正轨。

接着我们坐下来开始商讨，我们将怎样定义我们的新作品，既区别于以往，但同时又兼具东西方文化内涵，既国际化又有独到的特点。《生长》由此诞生了，总之这个中文名字是我起的，英文的 Genesis 是拉比赋予的。我们找到了文艺复兴时期的著名画家、建筑师、数学家丢勒，因为丢勒对艺术的创作不仅描述了美，同时又深入地解释了美。不仅以完美的绘画作品说明他科学探求的结果，同时也向人类阐述了科学与艺术的关系。我们从中获得了很多灵感，对于《生长》可以说每一个阶段的排练都是对于主题的深化，从最初的以树为寓意的描述，一直到以人类"生长"为关怀的人文追求。

这一晃，几近一年的光景，《生长》世界首演了。

观众们如同生活的观察者，静谧地守候在观众席观察着台上的一举一动：固定的舞台空间由于舞美装置的位移而进行着空间的重组，空间的重组意味着时光的更迭，一颦一变，一动一世界。舞者们身着白色外衣，神情严肃地穿梭在装置之间，那样地迂回在生命诞生的神秘场所里，久久不愿动摇。也许，每一个生命的诞生都应该如此坚定，毫不犹豫。接着，一个个鲜活的生命从雪白的外衣载体脱壳而出，瞬间，观众看见了生命旅程当中的自己，因为那里有成长、遇见了文字、懂得了爱情、经历了人类应有的情绪和己见，既饱含了主观情感又叠加了客观描述，令观者不能自已。舞者在舞台上倾其所有，贡献着自己的爱和体验，如痴如醉，理性操控着自我，疯狂地表达。他们用手指、发丝、足尖去感知着世界的味道，把最为香甜的那一部分毫无保留地展示在了舞台上，让观者看到了人性的不同侧面、生活的重组、灵魂清澈的碰撞以及激情到来时那无法阻止的高潮。舞者跳得淋漓尽致，观者看得久久不能平静，我想这可能就是高品质的艺术作品所带来的震撼，一种心灵的震撼和艺术的陶冶。

而现场音乐似乎更加立体地传递了舞作的视听体验，那样悠扬、急促、撼动、灵异，耳鼓随着演出的进行也得到了天籁之声的沐浴。站在舞台上，我感受到了光，纯粹的光。此次作品的灯光并不刻意，但特别。它让花花绿绿的电脑灯黯然神伤，它让整体的氛围更显神秘，它让舞段看上去更加充满魅力，它让音乐飘扬进整体的舞台空间里，不多不少，将将好。

首演结束那晚，我站在亮起灯光的观众席面前谢幕，我看到很多张释然的面孔，也听到了不惜力气的掌声，那样持久，同时热烈得像初恋。当时，我在想，为此跳死在舞台上应该也值得了。

感谢《生长》的所有主创，感谢支持《生长》的朋友们，我将以对于舞蹈和创作无限的爱和表达来回报大家。

爱你，《生长》。我想“生长”也爱我们。

左图：舞剧《生长》

《生长》的欧洲首演

演员们身着演出服在寂静的电动大幕后默默地准备，这一天是2014年1月9日，作为目击者，Els Van Steenberghe（艺术与戏剧研究专家）和首批欧洲观众、媒体，一起目睹了这一部中比跨国创作的《生长》，欧洲首演。大幕升起，平日不见人影的城市，900个观众席的剧场里却座无虚席。在德辛格（DeSingel）这个“全欧洲最为华美的舞台之一”，我们带去了第一部中国创造的作品，演出开始的那一刻充满了兴奋、紧张，戴着胶皮手套的手掌全是汗珠。

在我看来，每一次的演出都是一次分裂、再聚合，从而生发新的意义。这种“分割和占领”的形式可以提升精神境界，完善个人心理状况，促进爱情生活——分割是为了走得更远，要获得一种占据自我领地的感觉。而舞者、树木和动物的一个共同点就是要不断前进和攻克自己的空间，但这是通过与自己居住的环境进行良性互动而实现的。

我们的音乐家——波兰钢琴家芭芭拉•德雷兹科斯卡（Barbara Drazkowska）、印度音乐家Manjunath B• Chandramouli、非洲歌手Kaspy N'dia、美国舞者、音乐人约翰•劳埃德（Johnny Lloyd）和日本舞者、歌手Kazutomi Kozuki，在演出现场非常完美地与舞者互动着。

我想现场观众应该会陶醉于舞台上的景象，舞者们身穿白色医生袍，脸上戴着手术口罩。在这一开场的情形中显得冷峻，接着随着亚克力玻璃装置的开合，时空开始有了变化，舞者们开始了身姿与优雅的举止。我想可能观看演出的台下观众无法想象到舞台上如瀑黑发的这个中国女子就是该部作品的制作人，让《生长》从一个瘦小的种子培育成一个完满的果实。

演出结束，德辛格剧场内爆发了热烈的掌声，这掌声延续到了德国、意大利、法国、英国等国家巡演的剧场。这掌声甚至令我有些错愕，怀疑这是否是梦一场。我想我以舞者的强悍坚毅，以无可动摇的决心向全世界展示中国创造的丰富多彩，用美妙的艺术打破西方人对中国文化的偏见。那种激动让我的手臂有些颤抖，声音有些哽咽，我也特别开心舞者们可以与我一起分享当时的那份“沉重的情感”。

舞剧《生长》的突破性跨文化合作，用艺术的语言和审美诠释了全人类共同思考的人生命题，吸引着来自不同文化背景的观众。与拉比一起携手创作的舞剧《生长》，为观众开启并展现了精神文化跨界交流的新空间。

可能在未来，《生长》会被他人不断地记述，而我，幸运地成为了经历者。

海的呢喃

我就住在海的边上，夜深的时候，我可以听见海浪的声音，十分的强壮和坚实。那种劲头可以毁灭一切，似乎毫无忌惮，什么都无所顾忌。偶尔划过的海鸟带着满身的潮湿蹲在路经的石板路上，留下一个又一个梅花般的脚印。一个阴影擦身而过，一只海鸟带走了另一只，眼前竟然是飘落黄叶的一条徜徉悱恻的记忆。

那个悠扬的某月午后，青绿色的石子路上到处洒满焦黄的叶片，“咯吱咯吱”的声音伴随着人们的喧闹和愉快的步履。有风，很厚的风，带着浓浓的秋栗香打在我们的脸上。对于一个踏上古老国度不久的人来讲，这里混合着传统与现代、继承与变革，一切仿佛是新鲜而又充满生机的。坐在落地的玻璃窗前，这会儿，距离世界首演已经过去大半年的时间，我在试图想象《生长》里双人舞的画面。

我们这样走着，愉快地对望着，从亚克力的盒子走向面对，站在风里傻笑着。这是一个电影里的桥段，很像很像，一个古老国度的现代女性遇到一个“外星人”，显得不符合规律和突兀，但却特别。其实，有些人的感情是很容易滋生出来的，这和相处的长短没有半点关系，而是一种念想。一起共事多年的同事依旧是“君子之交”，而几次对视的相遇却促成了一段“奇异”的感情之旅。然而一切发生在那三面围墙的剧场里，灯光下。以前有人说过：“正常的社会里不会有浪漫的爱情……”但这样浪漫的故事发生了，在舞台上。海，一望无际，岸边细嫩的沙子十分柔软而潮湿。海从远处，天边的那端，地球的深腹旋涡处，翻涌而至，带着花朵般的香甜与阳光照射的温暖。一股股来到岸边，冲刷出一条条尚未干涸却又立刻湿润的烙印。绵延不断，此起彼伏。清澈无比，犹如甘露。

舞动中海水漫过她的脚面，小腿，膝盖，盆骨，她的手指尖一点点轻柔地被海水湿润，在那个温度里，无论是谁都会融化。她逐渐地漂浮起来，就在温暖的海水里；她开始划动她的四肢，以便更好地驾驭这来自深腹处的一汪圣泉。她的嘴唇因为海水而湿润，她的头发也浸润在海水里，像水草一样婀娜地摇曳，她的身体深深地陷进海水里，浸湿的皮肤越来越滚烫，在午后阳光的照射下闪闪发光。她深呼一口气，瞄准了海水深处的旋涡处，使出浑身的力气，一下子钻进旋涡的深处，见一大捧水花溅起，却听不见任何世间的嘈杂，只剩吞云吐雾悠长的喘息声，世界如烟雾般，消散殆尽。整幅画面隐约起来，轻飘起来，没有任何重量，没有任何牵绊。在海水的深处，奋力地蠕动，一下一下，笃定而坚实。海水的波澜响应着这炙热的高潮，拍岸的回肠荡气，热烈之至，仿佛没有终结。此刻，旋涡深处，滚烫的湿热早已一股股从更深藏的地方冒出来去迎接那最后一刻的抽动。她浑身战栗，水花细细洒洒地从身上抖落下来，一颗颗落进海水里，留下一串串细碎的涟漪。海水变得滚烫，像午后的阳光，沁润着温热，慢慢平息下来。懒洋洋地晒在那里，只有淡淡的水痕，人生没有几个大家能凑在一起的岁月。

一圈圈扩散开来。随风飘来一股香甜的味道，好像古铜色头发的卷曲，微微的，浅浅的，又像是新鲜出炉的面包圈香味。

整个世界顿时香甜柔滑起来，她站在那儿一动不动，余晖勾勒着她的轮廓。柔软的头发在风里一跳一跳的，翘首着无知的未来。海水依旧堆砌在那里，也是一动不动，像一摊平面的雕塑。

那个场景仿佛就是如此，难以忘却，深深地烙印成为“动力定型”，擦也擦不掉，盖也盖不上。曾经，试图在海水潮落的时光里站在那，看着海水是否会把过去的记忆冲洗去，但过了许久，那些“动力定型”还完好无损地保存在那儿。既没有受潮长霉，又没有丢失不见，它们还是待在那儿，完全没有被移动，完好如初，甚至还饱有当时的温度。

住在海边，天天看海，看云，眺望那最遥远的边际，都有点儿分不清了。模模糊糊地，总感觉还是能看到那个舞台上晃动的身影，泛着光晕，好像越来越清晰，我的心脏就是快跳出来，简单直白地跳出来，然后迸发出一阵鲜红的血液，喷射在海面上，脸上和柔软的碎发上，还有可爱的脚趾头上。随着光线的减弱，好不容易透过发丝看清人们脸颊的时候，一阵风吹过，眼前又是那一片辽阔无际的海。我晃晃悠悠，好像有种要晕倒的感觉，以为下雨了，摸摸脸颊上都是湿湿的，可能是泪水，但也说不准是海水。

也是在海边回忆的那一天，晨间起早，载着朝阳送走出发巡演的舞者们。回程的路上却毫无困意，从机场去西三环的路上继续内视了整个舞作《生长》的“生长”过程，眼眶不禁在这个很清爽的早上湿润起来，我知道舞者们此次飞去欧洲，也带走了我的心。晚间，大约 21:00 时，当得知舞者们已然安全到达欧洲，心终于踏实下来，才明白一天的神魂颠倒是为什么。舞作《生长》像一个敏感、多疑，面对陌生人会有些许恐惧的“孩子”，他诞生在中国，如今又跑到世界的舞台上玩耍。我多么殷切地希望，有朝一日可以把这个“孩子”再次带回祖国的怀抱。

2010 年，亚彬遇见西迪•拉比•彻克奥维，从一个仅有的想法到一部完整舞作在舞台上的呈现，再到全世界的巡演，这其中的所有甘苦只有自己才心知肚明，有血有泪的事都化作对于这部作品的爱，深深的、厚厚的、浓浓的，带着琼浆般的甘甜。2013 年，国家大剧院 11 月 14 日乐池加座售罄戏剧场的世界首演，到广州、上海，接着比利时、德国、意大利、法国、英国、荷兰、法国、比利时、摩纳哥、奥地利……这一路，数上海哭得厉害，每次哭的时候，总喜欢躲起来，别让编舞、舞者们、音乐家们、工作人员看见，看见了，就会问“为什么”，一问就又止不住的眼泪，没完没了，循环往复地连自己都厌烦了。

舞剧《生长》

记得大剧院首演过后，我的老师来后台看我们，她们激动，泪眼汪汪，我也激动；记得恰巧在广州的台湾朋友来看我们，两个大男人激动得说话也颤颤巍巍；记得上海演出来后台挺兴奋的前辈来看我们，不光感动，还使劲地问“累不累”。其实，每每这个时候，我就在想，如果可以，好像跳死在舞台上也没什么不可以。

外国人其实也是人，不是完人，也有缺点。但面对艺术，决绝和精细的态度让人心生敬意。打趣的时候也都挺逗哏的，嘻嘻哈哈，一帮熊孩子。

我其实最想说的就是我们的舞者们。记得第一个见的是李超，当时央视舞蹈大赛刚结束，那年我恰巧是评委，也恰巧在李超的技术组合部分打了最低分，被当众孤独地拎了出去。以什么标准来评判演员的技术，确实是一件需要商榷和相对统一的事情，尤其是全国性质的舞蹈大赛。但这一轮，我特别地留意了这个舞者。当时，觉得他可以作为舞剧《生长》的中方舞者之一，后来事实证明，我的选择是正确的。不过，那会儿我们不熟，偏分倍儿板正的头发，干净笔挺的小衬衫，以为黑色薄风衣的李超是个内向腼腆的羞涩大男孩，谁想熟了以后，内在的活跃细胞喷涌而出，甚至需要在排练的时候稍加控制。

第二个：王晴，李超的同班同学。《生长》中方舞者确定了李超后，还差一个女生。李超推荐了王晴，他的同班同学，面试过程很简单，发了段大概 5 分钟的视频给我们，看了看，觉得挺有特点，柔软，妙曼，随即也定下来。简约，愉快，神速。

第三个：尹昉，三里屯北区的一个敞亮的咖啡馆，很温暖但很短暂的见面，双方就特别相互确认，只不过没告诉他要来编舞排练的是谁，这是我制作项目的特点，保密保密再保密。为何选他呢？是因为看了老崔当年粗剪过后的《蓝色骨头》，觉得这个孩子演的有点意思，模仿能力强，挺是那么回事，虽然此前没怎么看过他的舞蹈作品，但以此推断他应该聪慧伶俐。

加上我，按照此前与拉比的共识，中方虽然多了一名舞者，但在我的极力推举下，大家终于走在了一起。

这张图是我们四个少有的集体照，我手边这有的集体照李超多是半眨眼的。这样，我们四个一直搭班演出了近 40 场，中间喜怒哀乐，嬉笑怒骂，也算是一起欢乐，一起忧。

而新一年的巡演，舞作《生长》吸收了两位新成员：舞者谢欣、胡沈元。谢欣是一位身体能动力很强的舞者，非常洒脱、自在的一个舞者。同时，在专业方面也具备进取心和思考力，永不停歇。胡沈元，身体条件非常好，有深沉的一面，也有顽皮的一面，芭蕾锻造的身形很赞，任何一部舞蹈 pose 都特别美。此次，两位的加盟让剧组平添活力，希望远赴欧洲巡演五场的中外舞者通力合作，我想舞作《生长》也一定会得到一贯的优秀口碑。

忽然间觉得，人生没有几个大家能凑在一起的岁月……满脑子是《生长》的舞台画面，细密而忧伤的青丝拂过面颊，我又站在海的另一边，静静地守候归来的消息。

那一瞬，感觉过了好久。

媒体眼中的《生长》

记得在德国汉堡，四场演出，热情的德国观众在持续热烈鼓掌的同时，把观众席的地板踏得咚咚作响。德国的那个冬天非常寒冷，雪厚厚地盖在地面、屋顶和树上，可演出的热情仿佛能够融化剧场外的冰天雪地。那一次演出，我们作为中国舞团得到了德国重要媒体的高度好评，长篇累牍、不厌其烦地表达着对于“亚彬和她的朋友们”《生长》的喜爱。不仅在德国，在比利时、意大利、法国、荷兰还有英国等国家演出，好评依旧。要不是此次出版，相信我也不会去翻我们演出的报评。

特此，对于以往关于“亚彬和她的朋友们”的报评，做了一个总结，分享给大家。

英国《金融时报》Financial Times
她具有中国古典舞的背景，同时也致力于将更多的现代舞引入中国。她的年度作品《亚彬和她的朋友们》引起了广泛的关注……她的表演将中国传统舞蹈及当代西方舞蹈糅合在一起，互为阴阳……

德国《法兰克福汇报》Frankfurter Allgemeine Zeitung
王亚彬用舒缓的节奏展示了非凡的舞蹈。她柔软、流畅又极具爆发力的动作令人心醉。《生长》中舞段间流畅的衔接无与伦比，中国舞者优秀得不可思议。

《泰晤士报》，Debra Craine
在所有舞者当中，王亚彬无疑是个杰出的号召者和核心，优雅并充满力量！

DanceTab 杂志，Graham Watts
2013 年制作的这台大型一对一的合作是拉比•彻克奥维和中国演员和舞者王亚彬与他们各自代表的公司合作的结果，两个公司都有舞者参演，区别在于彻克奥维担任编舞、亚彬担任制作人。剧终一段亚彬扣人心弦的独舞使安静得近乎凝固的赛德勒之井剧场此时若是有个别针坠落在地，观众都能听得见声音。

Exuent 杂志，Raches Ederkin
最美丽动人的是在全剧结束前王亚彬的独舞，她的每一个动作都像是从她发根延展出来的，从双臂到颈、上身，从发根四散开来，可以感到产生这些动作的巨大张力。

《青年剧场》杂志，Franciska Ery
这个剧目是中、比两国创意公司和艺术家非同寻常的合作，他们互相激励，互相影响，达到了炉火纯青的地步。

《卫报》，Judith Mackrell
在《生长》这部剧中，令人欣慰的是编舞流畅的风格和王亚彬突出的审美力量的完美结合。尽管舞剧表达的主旨和这个合作的精神相反，是对人间分离和丢失的冥想，揭示出现代社会其实是每个被分离孤独的灵魂的叠加。

《舞蹈批评》杂志
这部充满想象力和细致作品中的点睛之笔是王亚彬的舞蹈，她动作的弱软和精准，她修长的双腿和双足组合出不同的形状，那些表现她要冲破束缚时对抗沮丧和挫折的力量。她无疑是位杰出的艺术家，希望人们在伦敦的舞台上多露头角。

《晨星报》，Peter Lindley
来自北京的舞者王亚彬在伦敦首度亮相表现出的强烈情感使人陶醉。她有力的肢体表现和动作技巧的娴熟结合在一起，在电影《十面埋伏》中已经有淋漓极致的表演，此次又在彻克奥维细腻的编舞中再次呈现出来。她的旋子、倒地和平衡都使人叹为观止，在表现情感时她的扭曲和腾跃的力量也让实在令人折服。

《观剧 – 国际剧院评论》杂志，Katerina Yannouli
向佛兰肯斯坦（科学怪人）致敬，王亚彬的独舞是披散着齐腰长发的她和在玻璃盒子里的另一名舞者遭遇，两人像困在盒子中的瓷娃娃。这段舞在物质与精神、个体与群体、强烈与平静之间始终保持着相称的平衡。

《英国剧场指南》，Vera Liber
亚彬腾空飞起，没有绳索，没有特效——轻盈似水银般，瑜伽冥想中的自由自在，让肢体的神功一览无余。

《好戏追踪》杂志， Shelley Pinto–Duschinsky
作为女性繁殖和变化能力的延展，亚彬的双臂像从肩膀坠落下的瀑布，而结束又使观众想象力迈进了一大步。水是生命之源，这个比喻在今天当在火星发现水的遗迹占据新闻版面的时候更显得恰到好处。

《光明日报》
国际上成功的经验告诉我们，取得公认成就的艺术家，都走了一条把本民族优秀文化元素融入通用的国际化语言的必经之路。“亚彬和她的朋友们”也不例外。他们的教育背景、生活背景都是中国本土，他们把中国古典舞的语言元素和精神元素天衣无缝地糅进现代舞中，如此自然、贴切、无痕。……亚彬和她的朋友们，艺术精益求精，理念打破陈规，探索难能可贵。犹如他们的舞，触动了生命的活力所在。

《中国艺术报》
从几季“亚彬和她的朋友们”舞蹈专场来看，今天的王亚彬显然并没有止步于此。她利用自己在古典舞领域获得的一切技艺条件，开始向着自己的舞蹈理想进发。通过每年一季的探索和奉献，王亚彬在用她的舞蹈不断地询问自己、找寻自己，不断地向着自己的艺术目标和理想靠拢。于是，在她呈现给我们的这些舞蹈中，我们看到的是一位勤于思考、善于表达、勇于探索的舞者，依然是那样规范、讲究，那样非同一般，同时又是那样独特，那样引人入胜。
在不久前于北京保利剧院结束的第三季“亚彬和她的朋友们”晚会中，王亚彬率着她的朋友们继续在舞蹈领域内深入开掘，艺术探索的触角更为延展，不仅在她极为擅长的古典舞领域中进一步深入，更在其他舞种上不断开拓，甚至还有让人大呼过瘾的美国舞蹈编导创作的作品。如此的表现，让人对王亚彬的不断守望，充满了赞赏和不断的期望。

《北京青年周刊》
王亚彬这个名字以舞者和组织者的身份又一次躁动舞坛……王亚彬步步坚实地让别人知晓她坚强的舞者身份，而在通往自己理想的路上，她选择飞翔着向前……她所做的不过是让舞蹈更为独立、更有尊严，这是一个真正喜欢舞蹈的文艺女青年。

《生长》是中国国内20年间罕见的舞台作品之一，极具颠覆性！它以前所未有的舞蹈语言演绎了当代艺术，同时融合东西方文化的本源元素。在未来5至10年中，该作品将成为影响舞蹈肢体表现的最佳代表作。

荷兰NRC传媒
配合西方钢琴、电子乐、印度咚咯鼓以及刚果、日本和西藏民歌融合在一起的旋律起舞，亚彬的动作堪称完美。

荷兰《人民报》Volkskrant
来自亚彬工作室以及伊斯曼的优秀舞者呈现了美轮美奂的舞步。

荷兰Theaterkrant
这是一场音乐的盛宴，舞蹈演出完美又不失风趣，最重要的是非常具有诗意。

荷兰Trouw
《生长》美轮美奂。

《德国世界报》Die Welt，Germany
他（编导彻克奥维）将中国年轻舞蹈家王亚彬视作他新一代的缪斯。在当下的时代，能见到这样才华横溢的舞者是非常美妙的事。

德国《吕贝克媒体》Unser Luebeck
彻克奥维的最新作品《生长》此前在北京首演，这部作品是他和中国舞蹈家兼制作人王亚彬共同创作，并且由于王亚彬在西方古典和中国传统舞蹈上兼备的令人不可思议的技术，对他有了很大的启发。
中国的舞蹈之星王亚彬一段独舞让人印象深刻，黑色的长发自由飞舞，修长的四肢展示了她柔弱无骨的技艺。

德国《威悉信使报》Weser Kurier
彻克奥维专为她编排了一段非常出众的舞蹈，我们也可以称之为发梢与四肢的独舞。她黑色的长发披散下来，像一道墙幕遮挡在脸前，随后她做了一个非常展示柔韧功底的高抬腿，脚尖稳稳地举过头顶，下一刻又灵巧地转回了地面。

《新苏黎世报》Neue Z ü rcher Zeitung
中国舞蹈家、编舞及制作人王亚彬希望与彻克奥维（Cherkaoui）合作编排一段独舞。彻克奥维被她充满古典魅力与传统中国韵味的舞姿所折服……
王亚彬身着的黑色服装，表演了一段独舞。台上，她舒展四肢，展示着她的柔美身段。这段独舞在观众看来十分独特，独立于整部作品，似乎是编导对她的一种特别的褒奖。

德国西南广播公司 Southwest Broadcasting

王亚彬会经常进行排练、制作或者编舞，所有的作品都展现出了相当高的水准。两位来自东西方的艺术家以这种形式平等地进行艺术合作，这部舞蹈作品的诞生在中国可以说是史无前例，也更说明了这部作品的独到之处。

舞蹈是一门人人都通晓的语言。王亚彬学习的是中国传统舞蹈以及现当代舞。西迪·拉比·彻克奥维在舞作中为她设计了一段独舞，王亚彬无瑕的美丽让人陶醉。她的舞姿如同猎豹般轻柔，身体似无骨般柔软，四肢的动作看上去毫不费力，黑色长发披在舞伴身上，伴随她蜷缩，旋转。王亚彬就像一朵待放的蓓蕾，缓慢而执着地绽放着。

王亚彬与西迪·拉比·彻克奥维的合作成果是令人瞩目的。这部 90 分钟的舞蹈史诗值得人们前去观看欣赏……她希望借此作品在西方国家实现突破。世界上著名的剧院或许会为她敞开大门。

德国《舞》杂志 Tanz

王亚彬建立了以自己的名字命名的舞蹈公司，她不仅在祖国中国，而且在世界范围内都享有盛誉。

法国 BSC 新闻

王亚彬是一名伟大的舞者，能够为其他舞者带来巨大的能量（她也在舞剧中出演了具有长臂的女妖角色），她的身体软开度极佳，并演绎出令人不安的情绪。观众不禁被她的魅力和由内而外的戏剧性深深吸引。

法国 Dansercanalhistoriquo

王亚彬身着中国传统服装表演的长袖舞将全场气氛带至最高点。

法国 Les Echos

王亚彬曾经在《十面埋伏》中编导了一段鼓舞，这也是《生长》中包含了中国古代公主形象的原因。在混合多种元素的音乐中，演员们呈现了一场流畅的演出。

三十而立

三十而立，对于一名女性舞者而言是一件大事，意味着心智的逐渐成熟，表演经验历练的积累，以及如果不坚持每日刻苦练功，身体技能会逐渐缓慢下降。这一切对我来讲仿佛来得太快了，29岁作为主演、制作人完成了人生中的大戏之一《生长》，这令许多人感到惊叹，连国外剧院的一些朋友都给我起了“Crazy girl”的外号。我虽然crazy，但其实早已不是little girl。

曾经在毕业的时候幻想着像国外的那些舞者，每日奔波于剧场、酒店、火车站，过着“漂泊”的生活，然而留校工作的我显得安稳许多。我心里想着，总有一天我要去体验一下职业舞者“漂泊”的日子，好不好过再说。就这样从《生长》开始，我如同上了一趟列车，一趟开往我梦想的那个“漂泊”模式的列车。可这种模式其实我在17岁那年就已经开始体尝，记得到黄果树演出，没人送机的尴尬，杭州的夜游，还有许多城市的惊人一瞥。可无论发生什么，我都特别开心，因为那会儿真小，许多人都看我如同小姑娘，处处照顾我。我呢，也傻傻憨憨比较招人喜欢。

忽地，30岁那天，我和《生长》“漂泊”在罗马，那儿的冬天有点暖和，甚至有一天穿起了半截袖。那次《生长》受意大利Equilibrio艺术节邀请，和往常一样集体飞去，伴随着时差，脚踏在欧洲大陆上像是踩着棉花。演出地点在巨大的“鸟蛋”

剧场，那里有音乐厅、剧场和展览长廊，俯瞰非常壮观，观看非常森严。装台、走台、合成，在高凳上压腿。演出时间 21:00 时开始，那一刻已经将近北京时间我的 30 岁生日的凌晨。演出依旧那样的出色，观众热情的呼喊和掌声让我们久久不能离开舞台，一次谢幕接着一次谢幕。那一刻我知道，我的年龄彻底地从 2 迈进 3 的门槛。

步行 15 分钟，拖着沉重的步伐和疲倦的身躯回到酒店，我在想，我离开的时候是 29 岁，回来的时候已经 30 岁，走，出去撮一顿。小伙伴们在我的招呼下直奔附近一家愿意开得晚些的餐馆，一股脑地点了 pizza（比萨）和 pasta（意式面食），虽然没有中国面条，但扁平的 pasta 完全可以代表。就这样，在异国他乡度过了 30 岁生日，没有一年一度的 KTV，也没有一年一度的脱口相声秀，我在小伙伴的祝福声中仿佛又年轻了一岁。

面对老板送来插着一根蜡烛的提拉米苏，我的眼眶竟然莫名其妙地湿润了，确实不知道为什么。三十而立，老外舞者跟我讲：30 岁对于舞者是一个新的开始。

我欣然同意，举起手来在 facebook（脸书，美国的一个社交网络服务网站）上贴了一张图，以示纪念。

三十而立，一个新的开始！

梦·三则

繁忙的工作间，我已经很久没有用文字记录了。刚刚结束《梦·三则》solo（独舞）的排练，这篇文字是我在飞往武汉排练舞剧《射雕英雄传》的路上写的。愉快而又艰苦卓绝的舞蹈创作让我体验了每一支作品不同的诞生过程，我和编舞好像每一支作品的母亲，对于每一个新生儿，都充满了爱。

那年恰逢三十而立，继续了“亚彬和她的朋友们”系列，同时又入围“中国梦”北京优秀小剧场作品展演的活动，颇受鼓舞。记得读本科那会儿看过一部通过六个梦构建起来的电影，黑泽明的《梦》，还读过弗洛伊德《梦的解析》，对于心理学始终抱有强烈的兴趣，我总想试图通过舞蹈创作，去展现人的精神层面。“亚彬和她的朋友们”系列第六季《梦·三则》就在这样的悠长背景下诞生，一个关于爱情、关系、潜意识的三部曲。

这次创作分为三个独立作品，每个作品 20 分钟，由独舞、双人舞、集体舞构成，无论从舞蹈作品的体量还是从创作秩序上讲都是一个顺序，相互存在关联的动机。第一则独舞，特邀美国艾尔文艾力舞团的灵魂舞者、编舞 Elizabeth Roxas 来华一起工作，这也是继她 1986 年第一次访华演出后再次来华工作。持续将近两周的创作，以“爱”为主题的 20 分钟独舞诞生，系《梦·三则》的第一则。舞蹈以两个段落衔接而成，表达梦境中的跳入跳出，舞蹈很有世界编舞艾尔文艾力的舞风，动作延展

上图：舞剧《梦·三则》蓝

下图：舞剧《梦·三则》红

性强，自由，奔放，情感充沛，对于音乐处理也有其“古典”的严谨性。演出深受中年观众的喜爱，既浪漫优雅，又活泼开放。舞作中使用了部分特殊手势，建立了艺术与现实的延展和勾连。让人既投身于委婉的情感表述，又不禁被触动内心那片对于“爱”的回忆。

在开始排练这个作品的最初几天里，我学会了所有关于这支作品的主要动作元素，当然在编舞的技法上也有着不同“循环”的部分。Elizabeth 非常 nice，面对她的时候，仿佛时间都变得轻柔了许多，静静地从我们身边流淌过去。看着 56 岁的她，真觉得年龄在她的身上没有任何的影响，而精力也如年轻人一般充沛。她那自然的银丝，配合着另一半黑发，有型得不得不让人每次都多看上一会儿。可以想象当红一时的 Elizabeth 在舞台上所绽放的无穷魅力，她与美国同时期几乎所有的著名编舞家都有过台前幕后的交流，而这些编舞家的作品，大部分她都表演过。所以这一次合作，对我而言，确实是走了捷径，一下子可以感受到“大师们”的风范。她由西方古典芭蕾转向了现当代舞，既保留了古典芭蕾的严谨、优雅，同时又平添了现当代的自由、挥毫。

也许，人能力的增长就由此而来，当接受新鲜事物时，先清空自己，不加己见。像空荡荡的一个玻璃杯，以清透、干净的状态看着新鲜的“果汁”慢慢注满。然后，你加一些自己的理解进入，一开始要一点点进入，像神婆婆熬汤一样地仔细，边去体味，边去感受着这一点点的变化。如今这般跨国的国际性创作，很难拆清在作品中的中西方，因为二者已不断地融和，同时又一起生发出新的内容。然而这其中只有参与创作本身的人明白，到底发生了什么，改变了什么，又诞生了什么，只可意会，不可言传。我想这是一种舞蹈的默契，因为我始终认为舞蹈是最无边界的艺术形式，无需任何文字形式，通过身体的表达，你便理解、感受、悟透舞蹈的肢体语言无国界。

我和 Elizabeth 共同在排练场里消磨的时光逐渐凝结成了我们的作品，一支关于“爱的梦”。人，总是会有梦想，而梦想总是会带着美好和向往，梦想总是应该有那可以实现的一刻。

作品起初在梦的边缘徘徊不定，呢喃着什么，你不能确定意识究竟到达了哪一个层面，但明确的是，这始终是一支“双人舞”，我从来没有离开过他，他也未曾走远过一步。系在那儿，远远的是蓝色的雾气，一切开始潮湿起来，呢喃牵引着她走进梦的深入，那里逐渐显现着他的痕迹：墙上的情书，空气间弥漫的味道，步履留下的脚印，还有拥抱留下的温热……她喜欢这样沉浸着，又同时向往着，如初春般的少女，怀揣爱情的种子……慢慢地，她听见时间弹跳着从身边经过，还一步三回头地向她微笑着，此刻她知道只要心中充满爱，一切将变得美好。她又深深地走

舞剧《梦·三则》白

进了梦，这一次，她陶醉得更深，舞台上泛起阳光灿烂般的金色，沐浴在太阳下，在清风里轻轻摇曳。而情书如同“咒语”般，萦绕着梦里，好像是他的轻唤，又饱有浓密的深藏。因为我们都知道，真正的爱应该是刻骨的。

或许，作为舞者对于这个作品的文字阐释还不够深邃，那就去看现场吧。都在那儿，因为身体从不撒谎！我想，这一次的创作过程也如梦般，每每踏出排练场的那一刻，我确实有些怀疑，到底哪一个是现实，哪一个是梦境。截然不同却又相互关联着，冥冥中，仿佛体验过，但好像又没有真实发生过。这种“辩解性”的体验增加了舞蹈的魅力，提升了对于艺术的体悟力。现实与梦境其实离得并不远，当笃定时，他们的本质都相同：向往着美好，或将美好付诸实践，一切便充满力量与神圣。

我想这是一支特殊的solo，献给你们，我亲爱的观众们，同时也献给我和我爱的人！

《梦•三则》中的第二则，我与工作室合作舞者尹昉从3月开始投入舞蹈编排，掐指算起来，大概有半年之久，记得严冬过后的寒凉与盛夏的酷暑。起初关于这个作品我们有很多想法，最终确定了讲述“关系”，就像梦与现实的关系，如此相近却又有不同。

大部分不同年龄的观众非常热衷地评论我们这个作品，表达他们对于这个作品浓厚的兴趣与挚爱。“如果去年‘亚彬和她的朋友们’的‘生长’是面向世界的绽放，今年的‘梦·三则’更像是自我的回归。平凡得像每个陪在枕边的夜梦，有点熟悉的自己，演绎着出乎意料的故事。我想亚彬可以给的已经超越伊丽莎白想要的。双人舞是我最喜欢的段落，两个身体从指尖到脚尖的交缠，充满想象力，她对自己已经熟悉到收放自如。”

以上是摘录了一位现场观众看演出后在微博上发表自己看法的评论。

我想，随着阅历的增长，创作、表达和再创作会成为一个良性循环系统。这样既保持了高度的艺术水准，同时又可以被众人所读解。

第三则的集体舞则是一次集体创作的游离，作品一挥而就，但整个创意和想法熬过了漫长的时间，包括对于音乐的选择也是几次才最终定稿。集体舞作像是梦境中的摇摆，重复，漫步，激昂，最终“面向太阳，迎接未来”。其实，梦大多程度上代表了一种美好，然而将梦实践出来的时候，就充满力量，变得无比重要和神圣起来。

梦，以三则的方式将观众带入既定的舞台时空，这三则各自独立并相互关联，你可以按照你喜欢的方式去排序，去编织，去解读。

其实，生活是一场多幕的戏剧，而戏剧又是一场无痕的梦。

继续跳舞是幸运的

有人出差，就剩下我一人。即便马路上还是很多的车，但忽然，生活变得空旷了许多。好像很多时候都在忙工作，要么闲暇的时光就在玩手机，玩的这么年轻就有些“老眼昏花”，连去剧场看戏时都很难辨别出人家演员是哭还是笑呢。可是这一切就像鸵鸟把头别在翅膀底下或者埋进土里，既发现不了生鲜的味道，也体尝不到“群居”的快乐。怎样将工作和生活完美的结合，这才是值得思考的问题。

站在路口，手里握着假想中的两张票，原来忙得连朋友间的来往都这样稀疏，稀疏得如同奋进少年正在进程中的谢顶之光。风，娓娓地吹着躺在地面上的“干煸”树叶，一抬手，“嘶”的一声，叶片被拦腰截断，粉碎在冬日不见天光的黑夜里。那种周身犯劲儿的孤独像一层塑料薄膜，虽然薄，但坚毅无比，紧紧地捆绑在悸动的红心上，勒得青紫青紫。

一排排路灯恍惚地划过反光镜，街道的变化可以判定一年中的节气。但时间跑得太快，试图抓住时间的人都是失败者，能做的只能将未来时间分割好，然后有力、稳准地踏入，像刀锋一样，扎进每一个阶段的时间结点，直到死亡。

还能跳多久？想想很心酸，望着舞蹈，谁能体会爱有多深。好的交响乐就像剥春笋，最娇嫩的内核直击心灵，弥散在灵魂周围，散发着迷人的隐隐香气。夜色包裹着郁金香风中的低吟，五色土摇曳着空中的月影。小号吹散倦意，鲜红的液体滚烫地流淌，散发着雄雄生机。此刻的生命被变成方形、菱形，还有三角形装进旋律的套子里，不动声色、愉快地向前滑动。指挥驱动着庞大的乐队，皎洁地变换心率，不曾懈怠，不曾厌倦。

其实，世间无论奔跑的快慢，终点一直只有一个，我们离它又近又远。空气里混合着烟草的气息，马路在昏黄的雾霾天气下分不清是晨曦还是傍晚。宝马车一路尘土，擦肩而过，路边传来二胡的声音，一切仿佛混淆在一起，分不出个次序来。忽然，不知道什么时候开始的，觉得有点累，那种生活的疲倦。不见硝烟，不见尘土，那种寂静的疲倦。每晚睡得很沉，却总有清晰的梦可以被记住。日子一天天哗啦啦地过着，就像动作一个个编排着，有意义的少，惯性的多。

最近在看王蒙先生的《八十自述》，在那些时候竟然还可以保持对于生活的热情以及对于创作的激情，让我这个 80 后简直有点无地自容。现在的日子是没有风浪的，平润的，安逸的，却为何总觉得缺少了些什么。而且生活得越来越不自然，不光是远离了自然，连正常的蓝天都“趋之若鹜”。有一天傍晚，我站在高处望那渐渐绿起的，被什么围墙阻隔的绿荫树时，很想落泪。很久没哭了，其实累得很。同样一天，我去了趟医院，看医生，抓药。遇见的都是和自己一样的百姓们，取药跟去超市买食品一样，大包小裹的。脸上都写着无奈和隐隐的焦躁，手脚胡乱地堆在身体周围，每一具身体又交错地安插在各门诊诊室的门口，等待着一个个被检查。那里有些可畏却又有最温暖的关怀和微笑，有无望的叹息和意外的惊喜，有悲痛欲绝的别离。

等药的过程爬上微博、微信，余秀华的诗被暂时刷屏，细读了几篇，竟然由衷地感动起来。那颗藏在诗句背后的心是那种淳朴的，清透的，炙热的，没有阿谀、没有造作、没有那些不好的。一首首仿佛透明的管道，向外界输送着天籁般的氧气。但，对照着她的诗歌，你看到，那是一个多么“幸与不幸”的人。

摘录一首网络上余秀华的成名作：

穿过大半个中国去睡你

其实，睡你和被你睡是差不多的，无非是
两具肉体碰撞的力，无非是这力催开的花朵
无非是这花朵虚拟出的春天让我们误以为生命被重新打开

大半个中国，什么都在发生：火山在喷，河流在枯
一些不被关心的政治犯和流民

一路在枪口的麋鹿和丹顶鹤

我是穿过枪林弹雨去睡你

我是把无数的黑夜摁进一个黎明去睡你

我是无数个我奔跑成一个我去睡你

当然我也会被一些蝴蝶带入歧途

把一些赞美当成春天

把一个和横店类似的村庄当成故乡

而它们

都是我去睡你必不可少的理由

读她的文字，有点让我感到不安，那种直抒胸臆的表达让文字增加了无限的感染力和说服力。我有时也写一写类似于诗歌的字，但饱含的情感却总是留了一些在心里，未能全情地渲发出去。率真真的是很好的东西，让人更加接近美的本质。也许人单纯些才能感受到美的本质，诗歌会唤起人的美感，舞蹈更是如此。

想一想，这个世界上依然存在战争、疾病、死亡、离别，可不管怎样，能跳舞就是幸福的，和写作一样，那种直抒胸臆能够给人们带来无限的美好。过了三十而立，还能够继续跳舞对我而言已然很美好。

这一刻，万般宁静
夜晚的风带着桃花的烂漫
翻山越岭地跨进梦境
柔软的空气掩着初夏的温热
让梦继续一寸寸拱出了胚胎
长出了芽
生活是一盘活色鲜香的棋子
进进退退编织了无形的岁月
分不清梦和醒的人
要么彻底浪漫，要么无比绝望
时光啪啪地跌进过去的洞穴
最终明白
一切的终结都与起始惊人的一致
也许，我生来就是为了更好地跳舞

生命该如何寄托

2015 年 10 月 4 日，舞剧《青衣》在北京国家大剧院正式公演，世界首演。很奇怪，每一次新作品公演前，我总是在脑海中可以想象出来舞台上的呈现以及发生的相关系列反应，比如演员的表演及兴奋程度、现场的配合、观众的感受、拍摄出来的剧照，舞台效果的呈现等等。

首演的前一夜，我坐在空旷的大剧院戏剧场的座椅上，接近 22:00 时，精神得很，不知道是激动还是疲劳过度，看着眼前穿梭的中国的、外国的工作人员，眼眶一阵潮湿，脑海里却翻滚起来。将近三年，小说《青衣》最终成为了舞剧《青衣》。

与《青衣》结缘是在 2012 年，南京。那年，我很荣幸受到导演康洪雷的邀请，加入了根据作家毕飞宇的小说《推拿》改编的同名电视剧，出演盲人按摩师“金嫣”（小说里一个敢爱的狠角）。在拍摄《推拿》期间，除了阅读《推拿》原著以外，我也读了作家毕飞宇其他的文学作品，其中就有重读的中篇小说《青衣》。

那会儿小说读到一半，我忽然灵光乍现，在南京梧桐树的摇曳下，文字融化成舞台场景的想象，尽管模模糊糊，但却也真切，我想，“这部小说太适合改编成舞剧了……”不仅因为小说原著写得好，更是因为在这部中篇小说中，我看到了青衣“筱燕秋”（原著中的京剧演员）这个角色所要探寻的“生命该如何寄托”这样的主题，这也许是每个人需要思考的问题。

筱燕秋是一个很具备艺术家气质的女性人物，因为她单纯、执着、忘我、敏感，其实这些都是一个艺术家具备的特点，同时又是一个在悲剧意识中完成小说起伏的承载者，人们都在旁观着她的命运。筱燕秋对艺术很痴迷，这一点，我们很像。不同的是在探讨如何寄托生命的时刻，筱燕秋选择了身体的声音，而我选择了身体的姿态。小说本身的文字充满温度，风格很抒情，内心描述细腻，特别适合舞剧表达的特性。而在舞剧的创作角度上我更愿意去关注一个女性角色（筱燕秋）的人物命运，去触碰人性中更为深刻的一面。无论怎样思辨，人活着，生命该如何寄托呢？筱燕秋通过登台演戏和饰演戏中角色去寄托生命，这似乎就成为了她生命里的全部。她有时如痴如醉地目我陶醉，有时醒来又扪心自问自己到底是谁，她就在这样的内心困境挣扎，可生命的目的到底是自我还是他者，我想对她而言，可能已经不重要了，甚至，她可能都忘记了自己。

舞剧《青衣》中的筱燕秋天生就应该唱戏，“命中就有两根青衣的水袖”，她的生活就应该是粉墨登场，在舞台上她才能充实起来，她觉得只有如此，她才是真正的她，她才可以找到自己，她才会开心。可命运捉弄人，她被迫离开舞台，离开她的“嫦娥”，无奈地开始了“人间烟火”。投俗的筱燕秋却始终惦记着那个曾经奔月的“嫦娥”，日思夜想。甚至忘记了她还是一个女人，一个妻子，一个母

舞剧《青衣》

舞剧《青衣》定妆照

亲，现实和她梦想之间的冲突撕扯着她，夜不能寐。当生活逐渐平静下来时，复排《奔月》又向筱燕秋投来了重新登台的希望。这一次她奋不顾身，甚至有些“不择手段”，在今生唯一的一次机会面前对自己毫不手软。然而，当她马上就要抓住这个机会的时候，却节外生枝，最终败落在自己的学生手下，被顶替掉，远远地被抛进历史的尘埃中。那一场尾声的大雪是筱燕秋一生的独白，一件雪白血红的水袖从舞台上方飘然而至，现场静谧至极，她看着眼前那片黑暗里的观众，充满了悲情、绝望、疼痛、怨恨……泪水从眼眶中滚滚而出，颤抖着穿上水袖，在雪花飘落中最后一次面对自己，深深地沉浸，去拂拭发生的一切。她好像又回到了月宫，孤身，四处无人，自说自唱，泪水盈盈。

曲终的那一刻，我让所有舞台上的布景、侧幕条升起，赤裸裸地呈现舞台的全部：斑驳的底幕墙体、昏暗的夜光灯、两个侧幕间头戴对讲机的舞台操作师们、穿着演出服刚刚同台的演员们、因为要待演出结束打扫卫生手持扫帚的阿姨、还有矗立在那烤得炙热的灯架子，观众们看到了舞台演出背后的一切，也看着演员们和工作人员看着“我”。月亮出现的那个地方，由于暴露了所有幕条的遮挡，一抹暗淡又有些凄厉的红色投射在舞台上，一个拖着长长的背景慢慢地向舞台纵深处的黑暗走去，有些悲凉有些踉跄沉重而又缓慢，背景越来越远，越来越模糊，越来越深邃，直到逐渐地消失。

之所以在舞剧《青衣》中做这样的结尾处理，更多的是考虑模糊了现实与戏剧的界限，如同“我站在桥上看风景，而房间里的人在看我”，究竟分不清“戏如人生，还是人生如戏”。

如同如今的我在讲述这部戏的时候，脑海里所抒描的情景大抵是舞台上的轮廓，而小说本身，我想已然消化在创作过程的理解中，逐渐淡去了文字形态，留下的魂魄被重生种植在了舞台上。生命的目的到底是自我还是他者？女主角到底是筱燕秋，还是嫦娥？舞者、编者王亚彬到底是自我，还是角色？然而，内心的困境和艺术家的困境是一致的，这部戏可以走进每一个人，可能每一个人都会面对，但每一个人的答案一定是不同的。

创作这部戏耗费的脑细胞最多，2012 年当我有改编成舞剧的初步想法时，最棒的是得到了作家毕飞宇和导演康洪雷的认同以及肯定。从那天谈到这个想法，到最终以舞剧呈现，中间经历“亚彬和她的朋友们”第五季《生长》、第六季《梦•三则》的漫长全程创作与世界首演及欧洲巡演，时隔近三年。

2014 年，当舞剧改编的工作开始落实，着手舞剧案头工作时，我又有些迷茫了。作家小说中的女性形象如同针灸一般，身份都是那样的“纤细”“普通”，比如金嫣啦，筱燕秋啦，玉米啦，但这样的“纤细”一点都不手软，入木三分，扎得很深，都是狠角。在表演方面，作为一个年轻的“老艺术家”（好友给的绰号），我觉得难度不会太大，关键是需要从导演的角度去思考：如何将这样的狠角儿编织进适合于舞剧的叙述中，怎样在保留小说精髓的基础上改编这个故事，让其适应于舞剧的表达，并以舞剧的艺术特性来讲述这样一个故事。这部舞剧我以导演的身份，想让筱燕秋与时间做次对话，在舞台上去呈现一个人的生命长度和浓度。这也是我创作多年来，第一次这么冷静地去直面另一个女性角色。

此次创作是我第一次做导演，面对这样好的一部文学作品的舞台改编，激动、兴奋，格外紧张。记得南京发布会上，作家毕飞宇在答记者问时讲道：“青衣从来就不是女性、角色或某个具体的人，她是东方大地上瑰丽的、独具魅力的魂。王亚彬抓住了她，并让她成为了王亚彬自己。”成为了“王亚彬自己”其实并不重要，重要的是透过她的呈现去看待“生命该如何寄托”。

RLEY
DANCE
UMBRELLA

左图：舞剧《青衣》排练

被“启发”的导演

我此前提到的“迷茫”真的是不能够确认以怎样的重构来呈现这个故事，小说是好看，每次看都会被感动，就这样重读了很多遍。正巧，那会儿工作室另一部戏《生长》在欧洲巡演，索性就将小说带在身边，得闲的时候读一读。那种感觉又美妙，又折磨人，因为好像知道那个方向，但却那么模模糊糊。《生长》巡演到比利时布鲁日，去看望了我的朋友——Wim Vandekeybus，对，没错，就是那个风靡全球、才华横溢的编舞家以及 Ultima Vez 舞团的创始人。

他的舞团建立在布鲁塞尔一条幽静的小路上，从建筑外表看起来十分的神秘，没有任何楼牌标识，墙面上喷着各种青春的涂鸦。走进楼里，一层，一个黑匣子似的宽敞的排练场，可能因为四周拉着黑幕，看不到镜子，十几个舞者席地而坐，各种活动，热身。那是一个暖融融的下午，阳光很好。我们在他的小二层办公室见面了。他给我的感觉，仿佛像一个大男孩，充满活力和各种奇思妙想。当与他面对时，蓝色的瞳孔里绽放了闪烁的光芒，整个气质男性极了。他的作品也极其男性，力量像即将喷发的火山般酝酿着，随时都可能爆发。他的舞蹈 MV 在中国已经流传许久，很多人只是闻其声而未见过其人。

坐在他对面，我慢慢地叙述着即将排演的新舞剧《青衣》。因为这个想法在我的脑海里盘旋许久：力邀 Wim 来做一个中国故事的舞剧导演！但，没想到的是他的时间表真的满得塞不下任何其他的日程，我就在这叙述中讲述了“青衣”，讲述了我想要表达的一切，讲述了我看待这部剧的审美、立意、表达形式、舞段风格，总之我想我是把自己当时所思考的全部安静地陈述了一遍。

“我想把这部剧呈现的重点放在表现这个女人身上……这里有爱、嫉妒、恨、欲望、挣扎和疼痛……一个女人的命运和时间、身体、事业、情感的关系……梦境其实是一个特别好的表达手段，我想把部分的内容归置在梦境之中，女主人公醒来，现实的一切已经发生改变——对，要有精神与现实的纠结，现代与传统的割分，现实生活与戏曲舞台的错位……我不想要客观意识的批判，因为我对她抱有同情，所以要客观地呈现……”

我在落地玻璃阳光投射下来的房间里像一个嵌入这个房间里的发声装置，丝毫没有停下来的意思，一股脑把我对于舞剧《青衣》的理解一吐而尽。偶尔一些想不起来的单词，一些发音不准的单词，都像浮云飘过，叙述本身并没有受到什么影响。我好像忘记这个房间里还有其他人的存在，我只是自顾自地说着，偶尔停下来喝口特意为我倒的热水。

Wim 静静地听完，整个过程没有发表任何的建议，当我结束了“唠叨”之后，他竟然笑了，说：“关于这部戏，我觉得你自己完全可以做导演，为什么不呢？”

对啊，为什么不呢，这句话我听进去了。当初，我只是想着做编舞，一直在思考可以请谁合作来导演这出戏，小说原著已经在巡演的时候送给 Wim 看了……但就是没想过自己来做导演。这一句反问，让我愣了几秒钟，都不知道该怎么接下去了。结果，那天就火速下定决心：对，自己来导。

告别 Wim，是因为第二天演出《生长》，要从布鲁塞尔赶往布鲁日去剧场合成。忽然，很晒的太阳藏起来，瓢泼大雨洒在汽车挡风玻璃上，而我深深地陷入了“青衣”的思绪中，幻想着新舞剧的排演和呈现，甚至渺渺地听见了京剧清音。

还有 15 天就将结束欧洲巡演，小说《青衣》已经具备了旧书的质感。有时，演出后喝着不知道哪个产区的红酒，看着小说，一行行文字集结成某一段叙述，抬眼，我却可以望见那样的一个情景：那个穿着幽长水袖的我站在远处飞舞着。

与毕飞宇交往

与其说与毕飞宇交往，不如说与毕飞宇的文学作品交往。我个人对作家毕飞宇不是很了解，相信他对我的了解更加少之又少。虽然饰演过作家同名小说改编的电视剧《推拿》中的“金嫣”，后来又把作家同名小说《青衣》改编成舞剧，但这么多年相互间的交流，寥寥无几。听起来这好像很荒诞，但了解一个作家，读他的作品，就已经足够了。

记得刚上本科一年级，选修了几门和文学有关的课程，选的时候很爽，听课的时候很 high，交论文的时候很衰。因为“西方现代派文学分析”“中西方文学比较”以及“中国近现代小说分析”都需要去读大量必读书目，然后在学期考试的时候提交相关的论文，在那个灰头土脸，每日不修边幅，穿着趿拉板儿，除了排练场、操场（去跑步，不是谈恋爱）以外，我去的最多的地方就是文化课教室。在那忍受着蚊虫叮咬完成期末作业，全部手写，写到手抽筋。直到手掌沾满油笔印，才觉得今日的时光好值。我常常在想，除了像我这样的职业舞者，其他人群运动锻炼身体，可能也是为了更好地写作，因为写作的确是一件“体力活”。

就这样，这些选修课为我推开了文学的窗棂，嗅到了文字的芳香，顿悟了语言的多变，遇见了新鲜的风景，展开了想象的翅膀。我怎么觉得那么美。虽然那么累，体力上的超负荷运动量加上同学之间的积极竞争，让那会儿的我有些喘不上来气，

舞剧《青衣》

可坐进文学的讲堂，豁然开朗，从未感到困顿疲倦。我从这些作品中认识了很多作家，有关意识流、有关伤痕、有关女权……看到了“生命中不能承受之轻”，以为懵懂了“追忆似水年华”，却又在蚊帐中咀嚼了“活着”。而拍摄电视剧《推拿》，又赋予了我最美好的读书时光，大量的阅读仿佛又让我回到了当初那动人心弦的日子，也于此重新认识了作家毕飞宇。

开始与毕飞宇交往，第一部是读了恨不得读万遍的《推拿》，接着是《玉米》，再次又是恨不得读万遍的《青衣》。总体上讲，我的观感并不好，为什么这样讲呢？是因为他的作品太疼了。这种疼是我既熟悉又陌生的，但作家对于疼痛非常敏感，这一点和作为舞者的我有着强烈共性。舞蹈的疼不必赘述。而作家笔下的这种疼是刺骨的，仿佛从指甲缝里钻进去一样，直击心胸。然而这种疼又是通过飞扬的语言形成一个形象扑面而来的，无处不在，即便是短暂的欢愉也难逃避。《推拿》里的金嫣、《玉米》里的玉米和玉秀，还有《青衣》里的筱燕秋，她们很像，又那么不同。她们的疼是心里的疼，想死还不舍得死的那种疼。

《推拿》金嫣的开篇第一个出现的是徐泰来，因为这会儿的金嫣除了名字还叫金嫣，剩下整个人都要贡献给了徐泰来。没办法，她就是这样一个“不撞南墙或者撞了南墙也不回头”的人。为什么？她绝望啊。一个前半辈子能看见，而后天的眼疾让金嫣越发觉得世间一切的不可信，甚至是她曾经亲眼见过的。世界仿佛在金嫣面前缓慢地掩上一道门，门的另一侧是暗无天日的洞穴，她终将在这洞穴中干老枯瘪。这会儿，她能信什么，只能信信爱情。金嫣内心的戏剧性又开始作祟，而这会儿她又自我了，她等的是谁，是徐泰来，就像等待戈多一样，永远盼不到戈多的到来，可戈多是谁，没谁能说清。

女人最怕什么时间，时间可以摧毁一切，无论有多么的如漆似胶，耳鬓厮磨。时间不停地拉长着金嫣的等待，耗损着她作为女人肯主动追求男人的勇气、自尊和自信。她终于忍不住，在夏中的一个傍晚，拉住泰来问，可泰来天生就是一个河蚌，怎么可能开口。小说写到此处，大概是最让人舒心的一段，仿佛闷热的天气迎来了一场大雨，酣畅淋漓。金嫣的决绝逼得泰来无处躲藏，终于憋出一句“我配不上你”。女人啊，这世界最敏感的动物，就几个字全能猜透男人的心思，这会儿的金嫣终于释放了她全部的委屈——放声大哭。二人的“爱原来是这样的，自己可以一丝不挂，却愿意把所有的羽毛毫无保留地强加到对方的身上”。

泰来终于被金嫣“降服”。

而金嫣面对的是整个世界的失色，她的绝望驱使着她想要完成心中那最为神圣的“仪式”，成为幸福的新娘，可作家在此止笔，仿佛站在山头指指那个方向，让读者自己去找，让金嫣自己去走。读《推拿》的时候特别想去抱抱金嫣，她太像一支绽放过后正在凋零却依旧带刺的玫瑰，但是她把刺都朝向了自己。

而筱燕秋的那种疼是撕心裂肺、体无完肤的疼，那种疼带着刺骨的冰冷、带着幽深的怨气。如果金嫣是一支正在凋零的玫瑰，那我们目睹了筱燕秋从花骨朵到枯死的全过程，它十分残忍，也是十分的凄美。

小说在开始的时候，倒叙了最关键的部分，饭局。饭局除了吃饱还有另一个巨大的作用就是谈生意，饭局谈生意的成功率甚至比办公室高出不知多少倍。这对筱燕秋而言，这是非常好的一次机会，只要老板投钱，她就可以重回舞台。重回舞台？这不就是她的梦想么？回到嫦娥，再奔向月宫？

开篇以世俗的饭局亮出了艺术家筱燕秋的挣扎和无奈，接着切换回她从小一路学艺的样子，“命中就有两根青衣的水袖”，如此，她不是嫦娥，似乎都没有道理。一路飘红，却因为“对抗”被降服，乖乖地被庸俗的生活洪流送出了月宫，冲进了筒子楼，冲进了柴米油盐。她心里一定很苦闷，苦闷积压得深了，一碰，就会疼。

我能够想象到时间对于筱燕秋意味着什么，仿佛放逐异国他乡的政客年老时企图还乡的强烈愿景。时间夺走了筱燕秋的一切，姣好的面容和婀娜的身材，时间是一把利刃，将筱燕秋钉在远远的阴暗角落里，不着日光，她能做的只能忍痛活着。

而此刻，当作家抛给女主角一枚彩蛋的时候，背后一定藏着更加艰险的路径。筱燕秋这个傻女人得知《奔月》的复排还像芭蕉叶一样高兴地和面瓜做爱，我也是醉了。谁能想到，眼看筱燕秋一点点爬出阴暗的角落时，命运又将她毫不留情地拽了回去。为了上戏，她拼了，她减肥，她堕胎，她忍受了作为人可以忍受的一切疼痛，包括用自己的肉体去和老板进行交易，我想筱燕秋一定为了《奔月》，为了嫦娥不舍得死，有些狼狈，有些苟延残喘。很多人能够活下来，就是因为还尚存着那么一点点希望，而当希望粉碎的时候，生命将会戛然而止。

那一个大雪纷飞的冬日，筱燕秋眼睁睁看着自己的学生春来一步一扭地挎着老板从后台走过，春来顶替了筱燕秋，登上舞台。此刻，悲剧的气氛弥漫开来，从化妆间镜面的反射，弥漫过墙角，扩散进漫天的雪花。灯下是筱燕秋的轮廓，她拖着她的身体和长长的水袖，像一张纸艰难地飘出剧场，干瘪地落在雪地上。剧场里《奔月》的伴奏终于响起来，而此时的筱燕秋戳在路中央。远处，传来她的咿咿呀呀，不知道她在哭还是在唱，还是边哭边唱……

而此刻，她已然不知道什么是疼痛……

作家毕飞宇笔下的女性形象都锋芒毕露，不过表达方式不同而已，这些女性形象像极了针灸，能轻而易举地刺破读者的皮囊，深入骨髓，纤细而尖锐。之所以，可以和毕飞宇交往，因为舞者的疼痛承受力非常强，我敏感，我会觉得更加疼。于此，我保留作家原著精神，以舞剧呈现，希望能让更多的人去正确地面对“生命之痛”，去思量“生命该如何寄托”。

我想，与毕飞宇交往最好的方式，就是去了解他的作品，对于作家本人，我期待他的最新作品。

裴艳玲印象

舞剧《青衣》邀请裴艳玲老师作为戏曲顾问，这给了我一次极好地接触大师的机会。因为这部戏当中不仅有对戏曲元素的运用，更重要的是对于人的呈现。要想排好“青衣”这个角色，就要了解“角”，而这个“角”想必也是专业精湛、独当一面、经历风雨、见过世面。做戏就要做透，不光要形态上像，更重要的是通过去体悟“角”的心境，这样人物角色才能更入木三分。谁能有这样如此丰沛的内心、高超的技艺和不平凡的经历呢，我想非裴艳玲老师莫属。

裴艳玲老师精通河北梆子、京剧、昆曲，她是当今仅存的为数不多的“活化石”“活字典”，简直就是一部戏曲通史，有关戏曲的人、事、物，发展脉络无一不知、无一不晓。最重要的一点，裴老师继承传统的同时，还在不断创新、发展。

与裴艳玲老师的谋面缘于李老师，早在20世纪80年代，裴艳玲老师一行赴美演出，李老师作为翻译陪同其中。当时，虽与裴老师交谈不多，但裴老师精湛的表演技艺及低调谦逊的为人，给李老师留下了深刻记忆。

时光迁徙，2014年10月，当国家艺术基金批复舞剧《青衣》之时，第一个想到就是裴艳玲老师。辗转周折，才再次找到裴艳玲老师的联系方式，这一约，就约到了2015年的4月。

阳光尚好的周末，我与李老师一并乘车赴石家庄前去拜见裴老师，那种心情又兴奋又忐忑。早有耳闻，这位大师级的艺术家非常低调，甚少与外界接触，包括接受媒体采访。裴老师是一个性情中人，但遇愤愤之事，又会突然一反低调常态，拍案而起，过后拂袖而去，那种艺术家的纯真和傲骨淋漓尽致地体现。但以李先生对裴老师和我的了解，他说我和裴老师很像，虽然年纪相差，但心性纯粹，对艺术的执着简直如出一辙。聊聊看吧。

果真，12：00 时，裴老师准时出现，在裴艳玲大剧院的办公室，剧院韩书记及黄院长作陪，一起见证了这次“意义重大的会面”。乍暖还寒时，裴老师头顶鹅黄色的毛线帽，一身素雅的深色中式对襟衫，一条黑布绒裤子和一双黑色纳底“老汉鞋”。

和想象中的英姿飒爽完全一致，常年饰演男性角色的裴老师骨子里透着那种爽快、帅气、干练，却又糅合着女性的含蓄和少许的羞涩。眉宇间仿佛蕴藏着无限的能量，目光清澈、淡然，听到有意思的事时便立刻锐利起来。

裴老师的艺术造诣非常深厚，但为人却平易得很，让我这晚辈交谈时没有任何的压力，在一旁倾听的时候也可以喘个大气。果然，我们的交谈甚是投机，裴老师非常赞同我的两个观点。第一个观点，中国古典舞和如今的戏曲非常相像，都存在何去何从的状况，如何更好地传承和发展，我想只有两个方向可选：一方面继续回溯，往根上找，以传统来继续扎实积淀，更加厚重；另一方面，大胆地往前走，不断推

舞剧《青衣》

陈出新，兼收并蓄。第二个观点，戏曲，尤其是传统戏，应该保留一切的精髓，令其完好无损地“传帮带”，成为永驻的经典，让这些经典之作被更多人去了解。如此，才能将传统继承并向前发展，未来和历史才不会断裂 。“说得好！”裴老师说完这句话，脸上的微笑更加温暖和蔼了。这句话，让我觉得胸口的一口气终于松下去，人顿时轻松了很多。因为当面对裴老师的时候，所感到的真诚力量会让人倾吐己见，谁知这颗年轻的心和裴老师饱历沧桑的心一下贴得那么近，甚至有种相见恨晚的感觉。

在裴老师身边住下的几日，我们什么都聊，喝着茶，听着故事，感受着她的感受和那一片嘹亮背后的沧桑。逐渐，对于“角”的身前背后开始有了感觉，捕获了登台时的灿烂之际和落幕后的黯然神伤。说到兴起，裴老师一个山膀，一个马步，一个抖靠，转瞬一个背身回眸，几撇婀娜圆场，简直让我觉得雌雄合体。那令女人的怦然心动、面红耳赤的“男人”才更会欣赏女人，同时也更懂得女人的美。

时光飞逝，如今回想起来与裴老师共处的时光，真是眼界大开，受益匪浅，而裴老师对于舞剧《青衣》的帮助，我想只有去亲眼看过《青衣》演出的观众，才能体会得到。

记得，第一次看裴老师现场是在林兆华戏剧邀请展上裴老师带来的《寻源问道》，这台通过现代的讲述、精湛的表演、示范于一体的大师课让观众了解了戏曲的来龙去脉、台前幕后。这样体量的戏对于 65 岁的裴老师驾轻就熟，毫不吃力。身着水衣的裴老师，显得更加素雅，没有光鲜衣着，却能够强烈地感受到她内心的笃定和气场。外部形态对于裴老师而言已然不重要，那举手投足间人已入戏，人戏不分。

第二次是看裴老师创作的《赵佗》，在梅兰芳大剧院公演，那戏里的人情味特别的醇厚，催人落泪。裴老师扮装出现的时刻，现场都沸腾至极。静谧下来的剧场里绕梁着裴老师的唱，脑海中浮现海的波澜和星空的高远，有喜，有悲，有苍凉。演出结束，观众全体起身掌声轰鸣，此刻的我站在侧台，看裴老师返场、谢幕，听掌声、鲜花、呼喊……终于大幕合上，观众把裴老师又还给了她自己，浸透的衣襟安然地趴在裴老师的前胸后背上，褪去妆容的那个温情的裴老师又出现了。化妆间仍然围堵着索要签名的粉丝，有的不远千里追随着裴老师演出的每一站。我不忍太多打搅裴老师的休息，匆匆起身告别。临别时的一抱，眼泪差点夺眶而出，我知道是为什么，但又不愿意讲。握着裴老师的手，四目闪动着泪花，我想，这是一种不必描述的通感，一种感动，因为是艺术把我们跨越时空连接在了一起。

我也想要像裴老师一样，在艺术上永青，我想这也应该算是另一种形式的传承吧。

世界语言讲述中国故事

很多媒体在发布会的时候都向我提问："为什么舞剧《青衣》的设计团队都从国际上邀请？"我说："希望通过世界语言来讲述中国故事。"

在我看来，虽然小说《青衣》是中国的故事，但她不仅仅是民族的，也不单就是女性的，而是关于一个人困境的，描述人性的。这本身就已经具备开放性，所以，我在面对这部作品的时候，我也保持自己的开放性，保持肢体语言惯有的开放性，因此我选择了一个国际团队，以世界语言来讲述中国故事，让国际上好的设计师来支持和服务于这个中国故事。我不认为不同国界的人会对这个改编成舞剧的故事有任何隔阂，因为人，人性都是共通的，我希望通过这样的组合把舞剧《青衣》带到更广阔的天地。

确认了舞剧《青衣》的整体行程后，在巴黎经朋友介绍，认识了法国艺术家海伦，一个脾气有些古怪的视觉设计艺术家。我邀请她来看我们舞剧《生长》的演出，她一下爱上了，看完戏激动地要请我去她家里吃饭，聊天，聊戏。

这是一个有着特殊跨国经历成长的法国艺术家，她的父亲是美国人，百老汇当年闪耀的star，从小在剧场里看戏长大的她充满了古灵精怪，也充满了对于舞台的热爱。舞剧《青衣》的视频设计是她第一份有关剧场表演项目的设计工作，我们在她木质的桌子上吃着简单的豆汤和面包，看着她的作品，交流着相互的想法。我感觉舞剧《青衣》像一粒种子，在一个共同的时刻被种植进了不同的空间维度，开始生根发芽。

舞剧《青衣》全长约 85 分钟，10 位舞者。舞剧台本的梳理，我和英国留学回来的青年编剧庄一反复论证，多次讨论，决定淡化和凝练原著中柴米油盐的生活常态的描写，保留重要故事结点推动戏剧化情节发展的重要段落。通过戏中戏，日常生活、潜意识和超现实这三条线索的有效编织来完成故事的讲述。万事开头难，有了方向，一切自然迎刃而解。和法国设计拱手道别后，我在欧洲巡演最后一站回程的航班上，灵感突至，10 个小时没有一丝睡意，竟先于编剧把小说当中可以成为舞段的部分顺畅地罗列出来。

整部舞剧构思的进程中，轮廓和逻辑越来越清晰，同时也确认了舞台呈现的美学方向。对于这部剧的舞台呈现，我想到了远在伦敦也曾经为世界著名舞团、编舞、歌剧院、电影做过设计的“拍档”：舞美设计迈特迪利和服装设计中野希美江。

服装设计中野希美江与世界著名的阿库•汉姆舞团、希薇•纪莲经久合作，同时为英国国家芭蕾舞团、加拿大蒙特利尔大芭蕾舞团等舞团及爱丁堡国际艺术节等进行舞美及服装设计；舞美设计迈特•迪力曾与 Chloe Obolensky、Deborah Warner、Fidelio、米兰拉斯卡拉歌剧院等诸多剧院和舞团合作，并担任 2012 年伦

舞剧《青衣》

敦奥运会开幕式 Tor Hill 艺术指导。中野希美江和迈特•迪力为著名的阿库•汉舞蹈团 iTMoi 设计的服装、舞美入选 2015 年剧场设计展，该展览每 4 年举行一次。他们这一设计作为英国展区展品也入选了 V&A Make/Believe 展览。2016 年 4 月，经过舞剧《青衣》后，我们又有幸在一起合作了英国国家芭蕾舞团邀请我编舞的作品《M– 道》，紧张而又愉快，结下深厚友谊。而灯光方面还是邀请我的老朋友，同样来自法国，善于营造独特舞台氛围，与诸多世界编舞合作的灯光设计威立西塞，我们也曾在舞剧《生长》中一起工作。

“筱燕秋”这个人物身上艺术家的纯粹在该剧中体现得淋漓尽致，为了最大程度使形式和内容相吻合，在舞台视觉方面我们将以极简主义风格来表达整个人物世界，如此便使得形式和内容更相契合。我始终认为极简主义和留白这二者间存在着极强的照应关系。

极简主义与简约主义并不相同，20 世纪 60 年代所兴起的一个艺术派系，又可称为“Minimal Art”。以本初的状貌或者形式呈现于观者面前的一种表现方式，不对观者意识产生任何来自于作者作品的压迫性、暴力感。同样以一种开放的姿态，形成意象空间，直接建立观者与作品间的对话，给予观者没有限定性的想象。以简胜繁，赋予舞剧更强的弹性与纵深。舞台干净剔透，投影视频的应用和互动，同时辅助剧情向前推进。

舞剧《青衣》在追求极简主义的美学风格下，在舞台置景、道具中运用的最重要元素就是镜面，在最初阅读文本时，我在思考如何更好地将女主角的内心和她所面对的困境、挣扎表达出来时，我想到了拉康的镜像阶段论确（mirror phase）。其主要概念有三：一是请求，通过镜面的自我对应物、自我意识的出现和异化会发生并以此建立在（他者）对应物的认同和实现上。二是需求，确立自我。三是欲求，自我意识的过度“发达”。将舞台元素有机地与故事本体进行交织，使形式有助于内容进行帮衬。第一，人人爱美，镜面是人们每日都会面对的日常元素，尤其是女人，使用镜面来辨识自我的程度非常高；第二，镜面会出现在无论舞剧、戏曲、戏剧的排练场，舞者或者演员们会通过镜面去判断、纠正自我，镜面对于他们是一种外部反射，也是他们辨识自我的最好工具；第三，从心理层面来讲，表现精神世界的变化时，镜面成为了最好的手段；第四，使舞台的空间通过镜面的客观反射无限放大，将女主角的内心世界外化。随着舞台上镜面的升降、移动、破损、移动等动态运动，观众所看到的视觉更迭，呈现着女主人公现实、自我意识、潜意识之间的变化、破碎、癫狂。镜面强烈外化了女主人公的内心世界，放大了其内心活动。

也许是这样一种内在紧密联系外部世界的作用体，使观众得到全景式观看体验，一起进入到具有魔力的舞台叙述中：一个回眸也许是一场回忆，一次疼痛也许是终身的烙印；她望着“她”，不分彼此，水乳交融；他爱她，仿佛没有尽头。非线性交叉的叙事结构不仅激发创作者的智慧，同时也将挑战观者的想象力。然而“现实与梦想”，“潜意识与超现实”都将作用于剧场舞台的同一空间，并以此不断推动着故事的发展。不断认知和理解这种逻辑，拓展建立在“理解”基础上去应对和处理矛盾的能力，决定了事物发展的方向，其实也决定事物最终的结果。与此同时，每个处在各种矛盾中的个人将如何进行自我的解读，不断认识、理解、阐述和表现存在我们中间的这种逻辑正是艺术创作的魅力所在，也是艺术作品感染力和生命力之所在。

作为导演与整个国际设计团队的沟通耗费了大量的时间、精力，由于国别、时差，经常开会至深夜。然而，幸运的是舞剧的艺术方向（编舞、服装、灯光、舞美、视频设计）在设计之初达成了共识，收拢并带领着这些设计师们朝着适合的方向走，真不是一件容易的事情。但结果是令人满意和开心的。

舞剧《青衣》以“世界语言讲述中国故事”秉承了“亚彬和她的朋友们”创立之初的愿景和创作方式。当代舞发展至今，作为中国本土艺术人才，如何创作出可以与世界舞坛接轨的艺术作品，如何与世界范围的艺术对话，我想这是我们这一代舞蹈创作者所要思考的问题。舞蹈这门艺术形式，在我看来，非常具有国际性。同时，舞蹈创作也应该拥有国际视野，并以开放的心态做好当代语境中肢体作为灵魂最为自然、贴切的完美体现，使人类情感、思想理念最为精准地表达出来。

夜深沉

舞剧《青衣》经历了漫长的筹备、排练，终于进场合成，准备预演。北京舞蹈学院，我情感至深的母校，从1993年入校迄今，已然度过了23个年头。如今带着作品回到母校，即将在这个新剧场里为师生展开国家大剧院世界首演前，为期三天的预演练兵，心情也是相当激动。

在北舞南门的那条巷子间，车转弯的地方有一大片草坪，那块草坪之上有棵非常粗壮的大树。冬日雪景远远望去，美得连时间都停止了。夏日里，道路两侧挂满了槐花，一撮撮蛋黄的花瓣像极了海底的水母，摇曳着坠落在车顶上、地面上。“舞蹈家的摇篮”，我又回来啦，看着工作人员在花间飞舞般的忙碌着，期待着新戏的合成，预演。

这几日，父亲一直跟在剧场里，悄悄地坐在一个角落，看着我们忙，吃饭的时候跑来一起帮着张罗。我知道每一季“亚彬和她的朋友们”到来的时候，家人最兴奋，同时也最紧张。我小时候，北舞附中一年级，父母就每个周日往返一趟北京。前后在一起基本待不了几个小时，吃个中饭，在文化课教室里坐一坐，就要回天津了。每次回去，我记得我母亲拼命在那儿流泪。

由于父母要坐班，所以他们几乎在我上学的时候没看过一节课，一场演出，无论附中还是本科。唯一一次周六上午，父亲赶来看我上基训课，结果发现我面颊红润，

舞剧《青衣》

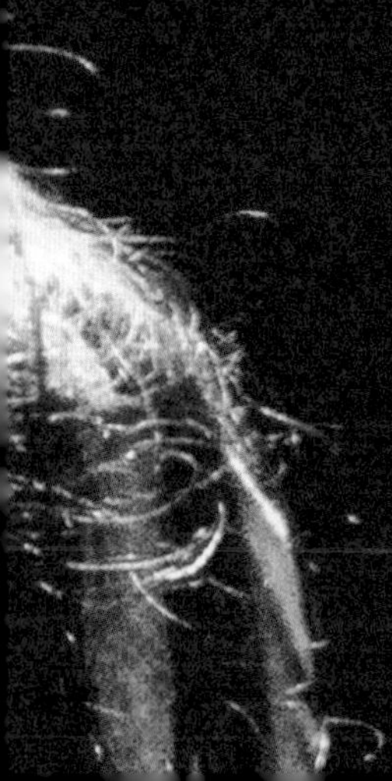

小脑袋一直耷拉着，慢悠悠走不动的样子。他本能地感觉到我又发烧了，于是和老师请了假，带我去了海淀医院。门口有抽奖，为了哄我开心，结果还中了袋洗衣粉。

然而，从做“亚彬和她的朋友们”开始，父母几乎每场都准时出现。他们从来不会多说一句，都是默默地在某个角落安静地注视着我。有时累极了，偶尔会和他俩谁的眼神对望一下，看到的全是心疼的表情，欲言又止，赶紧躲开目光，避免因为压力、疲劳带来的情绪失控。

这一次预演，我父亲来了，母亲在天津休息。不一样的是现在父母都退休了，他们可以整天陪我在剧场，还是老样子，一言不发，静静注视。

预演一演就是三天，第一场，从早上 9 点就走进剧场，合光，合景，合视频。大家有条不紊地忙碌着，接着联排、采访、化妆、演出。一天 24 小时，从 7 点 30 分出门，直到演出结束，感觉任务才完成了一半。舞剧《青衣》是上海艺术节扶青单元的委约项目，他们的纪录团队为此来到北京，头天拍摄完采访，还要在演出过后拍摄舞段。那会儿“筱燕秋”跳得我泪流满面，不知道该怎样更好地收敛起自己的情绪，忘情地表演过后，从里往外透着无力，却要咬牙完成拍摄。结束了舞段拍摄已经 23：00 时，接着，在空旷无人的舞台上摆放灯光，打亮。剧场好像除了值班的人以外，其他人都已经回家。我脸上带着淡淡的残妆，明晃晃的灯光洒在我身上，竟然觉得一阵暖意，入秋的夜晚却是有些寒凉。

采访开始了，多数也是问我的生平，关于创作，关于人生……不知道聊到哪个问题的时候，忽然静悄悄的观众席一声椅子响，拍摄瞬间停下来。顺着声音望过去，一个人影从昏暗的角落里站起来，逐渐慢慢地向舞台亮光的地方靠拢。所有人都屏住呼吸，不知道还有观众在。那人，戴着一顶棒球帽，越来越近。夹杂着眼影和汗水印迹的眼睛因为夜深而感到干涩，刷了好几次眼球才看清，那人是我父亲。我赶紧跑到台沿，靠近他。这会儿，父亲应该是困得不行了，眼睛半眯着跟我说："彬彬，太晚了，我要先回去，不等你了，你自己回家注意安全……"

不说倒好，这话扎进耳朵，太难过了。这么晚了，父亲还悄悄地陪着我，希望能等我一起回家。我忍着，什么话都没能说出来，特别使劲地点点头，嗓子眼里挤出一声"嗯"。看着父亲有些弧线蜿蜒的背影从剧场门洞消失，我的眼泪喷涌而出。大概拍摄的"歪果仁"不能明白这是为什么，但对我而言，太多的感动、愧疚和不舍。为了早点拍完，我盲从了我的控制，我用肌肉把情绪压得扁平，泪水在流出来的路上就被风干。观众席，此刻真正的没人了，黑漆漆的一大片。我，走回我的椅子，坐下，还是明晃晃的灯，与之前不同的是眼角一抹泪痕。

谢幕礼

国家大剧院戏剧场，又一次座无虚席，全体掌声雷动。此刻，舞剧《青衣》刚刚完成了她的世界首演。站在侧幕，雪花纷飞，演员们肃穆地排成一排向观众鞠躬，致谢幕礼。接着是“小青衣”戏里“筱燕秋”的学生“春来”，这个不到 21 岁的小姑娘将学生的稚嫩、好奇、懵懂、惊慌、欲望、无措和迷人，演绎得这样好是我没有想到的。最初，当我们手背贴手背开始起舞的那一刻，我知道“小青衣”属于她了。而“面瓜”则比小说原型外表显得太过鲜嫩，青春，身材高挑，无论是首演版“舞剧小王子”的黎星，还是清秀的单思涵，他们都用形体完美地塑造了憨厚老实的丈夫，舞台上那么潇洒，又那么令人记忆深刻。

一部戏的首演，宣告这部戏的诞生，如同一个“孩子”的出世。孕育一个“孩子”非常不易，过程艰辛，耗费气力。站在侧幕，逐渐好像听不见掌声了，然后看着远方是舞台上请我上台的“面瓜”，我不知道那会儿的心情该怎样形容。我仿佛跑进了水里，听不见一点声音，台下是放慢的动作：那些拍着巴掌的观众们又朝我们招手，又蹦蹦跳跳，很激动，也很冲动。而一些静坐的女观众，则是偷偷地透过镜框擦着应该不是汗水的泪水，还时不时地看看周围的人。

我什么也听不到，只是觉得手被左右的面瓜和春来牵着，一会儿跑向前，一会儿退向后，一会儿鞠躬，一会儿又鞠躬。我想我可能是累坏了，还是没能从戏里出来？

《青衣》谢幕礼

《青衣》谢幕礼

因为那一刻，平铺向观众席的舞台只有我一个人，只有筱燕秋一个人。春来离他而去，嫦娥也离她而去，唯一爱她的面瓜不知道在哪儿。孤零零地，她带着满腹的悲苍，环视着观众席，泪水饱满的一大颗一大颗奔出，滚落在地板上，砸得粉碎。她知道，这是她的绝唱。她要将今生的疼都舞出来，唱出来。

雪花飘零，她穿上水袖，向着最纵深慢慢走去……身后是她留下的耐人寻味的故事。

我再也无法抑制喷涌而出的情绪，在最后一次鞠躬的时候，爆发性的倾泻。我看见地上镜面装置里的面孔瞬间被泪水淹没，我也不知道为何情绪到了这会儿才释放出来。我听见了台下的掌声、呼唤声，甚至手帕拂拭皮肤擦去眼泪的声音。我也不知道这是笑还是哭，五官都挤在一起，嘴角向上提提，又向下抽动几下。我知道那个瞬间我一定很丑，但我也知道我把美和另一个角色的我留在了舞台上。

登上世界的舞台

2016 年 2 月 9 日，农历大年初二，我托运了两只巨大的箱子，只身一人从北京出发，前往英国国家芭蕾舞团工作，在那儿即将度过新年里的 68 天。

这是我人生当中第一次受到国际委约创作的邀请，成为历史上第一位受到英国国家芭蕾舞团（English National Ballet/ENB）邀请委约创作的中国编舞。早在 2014 年，英国国家芭蕾舞团艺术总监、芭蕾明星 Tamara Rojo（塔玛拉•罗霍）就已向我发出邀请，为该团发起的“全球女性编舞计划——She Said （她说）”这个崭新演出季进行创作。艺术指导塔玛拉特邀的 3 位世界级女性编舞家共同创作，除我之外，她们分别是曾为荷兰国家芭蕾舞团、古巴国家芭蕾舞团等工作的哥伦比亚编舞安娜贝尔•洛佩兹•奥乔亚，曾为艾尔文艾力美国舞蹈剧院和悉尼舞蹈团工作过的加拿大编舞艾卓尔•巴顿。艺术总监塔玛拉希望，新一季的作品可以让三位来自不同文化背景的女性舞蹈艺术家，以各自作品发出她们不同的声音。

作为女性舞者和编舞，这是我第一次参加全部“女性班底”的创作项目，我想这是一次女性艺术家“相互倾听”的最好机会。在我看来，女性天性敏感，情感更为充沛、饱满，其实这对于编舞来讲会很好地表达更多不同于男性视角所观察到的事物内容，这是天性所致。

我是三位编导中年纪最小的一个，并作为舞者从事着舞台一线的演出工作。而安娜贝尔和艾卓尔都是舞者出身，但挂靴后，以编舞作为纯粹职业将近十年。虽同为女性编舞，但此处“刀光剑影”，大家都饱含着热情，希望以最好的状态去创造佳绩。毕竟，首演剧场伦敦赛德勒之井剧院（Sadlers' Wells）是世界舞坛坐标性的剧场，通常以先锋、当代舞蹈作品为主，在业内拥有很高地位，在此上演的作品会以最快的速度被西方舞蹈界认知。因此，我有些“亚历山大”。在前往伦敦工作时，做好了充分的准备工作：2015 年，在《生长》巡演过程中已和英国著名作曲家卓希琳普克有过非常好的深入交谈；与同为舞剧《青衣》的服装设计中野希美江勾勒和选定了人物服装的设计方向、布匹材质以及舞美设计方式；与参与《青衣》排演的青年舞者范雷、李海宁一起做了动作素材的试验以及积累。所以，在我随身的行李箱中躺着完好的剧本、分段舞段台本、预期排练计划以及动作素材的部分录像。

关于 She Said 舞作创意方面，艺术总监给予非常大的创作空间，2014 年 6 月正值《生长》欧洲巡演，抽空跑了趟伦敦，在英国国家芭蕾舞团塔玛拉的办公室内，我们坐下来，面对面进行了第一次关于创作的会谈。受古希腊悲剧“美狄亚”这个故事的启发，我萌生了想以不同的编舞视角，排演这个经典悲剧的想法。美狄亚这个在世界文学史当中非常重要的女性形象，众人皆知，而我却希望以一种不同的方式重新解读。在我看来，女性犹如海洋般，既恬静、内敛、柔弱、多情，又波澜壮阔、惊涛骇浪。我希望配合作品寓意呈现的视觉概念使舞台如海洋，置景以丝绸悬挂，通过丝绸景片的变化来配合人物内心的张弛及剧情环境的发展，去营造对这样一个女性形象的重新认知。当我表述我的编舞计划时，塔玛拉显得十分兴奋，我们共同希望为英国国家芭蕾舞团打造一个具有东方气质的全新作品。那一次会面，我还见到了该项目的联合制作人法如克、ENB 执行行政卡若琳、制作人路易斯、音乐总监盖尔文修思兰德，后期大家合作非常完美。

塔玛拉，一个西班牙女孩儿，在英国跳舞跳了 27 年，其中在英国皇家芭蕾舞团 16 年，成为举世瞩目的世界芭蕾明星。她接手英国国家芭蕾舞团后，该团迅速蹿升至英国第二，世界第五大团，2015 年荣获英国“outstanding”先锋舞团的盛誉。她的性格非常直爽、果断、敏锐、坚韧、勇敢，我们每天在排练场、楼道擦肩，在排练间歇时不时地会谈，效率也非常高。这样的一个女孩以开放的心态，带领着这样一个团，如同在奔跑，所有演员在她的感召下，不止于满足表演古典芭蕾作品，同时对新鲜事物有着强烈渴望。这也是非常让我欣慰的一点，英国国家芭团的舞者们很乐于尝试新事物，勇于挑战自我。

在 ENB 工作期间，日程排得非常紧张，一共 3 间教室，从早到晚，从来没有过空闲，演员虽然疲倦，但非常开心有新作品可以跳。我的作品被委派了三组演员，

1 2
3 4
5

1：与英国国家芭蕾舞团艺术总监 Tamara Rojo 于 She Said 世界首演后酒会合影

2：与制作人 Farooq Chaudhry 夫妇

3：与英国国家芭蕾舞团 Louise Shand Brown 在 She Said 海报前合影

4：与英国国家芭蕾舞团 M－Dao 的芭蕾舞者们于世界首演前在 Sadleswells 舞台上合影

5：与英国国家芭蕾舞团两位主演

Ksenia Ovsyanick 左一

Laurretta Summerscales 右一

从首席舞者、主要演员到群舞舞者，而每一组饰演美狄亚的舞者都那么截然不同。三组演员最终都如愿地登上了舞台，演出六场，一组可以得到两场的演出机会，大家都非常感激于此。

作为该项目的编舞和仍旧是舞者的我，每日早晨跟随团里上大课，然后分头到各场地排练至傍晚。有时，我会工作到很晚，将第二天的排练素材提前编排好。舞者们都非常 nice，特别喜欢待在一旁静静地看我排舞，目光偶然对视，他们送来欣赏而温暖的微笑。

美狄亚的扮演者是那么动人的芭蕾舞者，但一只脚穿足尖鞋，而另一只光脚的编舞设计，对芭蕾舞者而言是绝对的挑战，她们需要在平衡中完成动作，同时又要不断超越平衡。后来英国报评有讨论到这一点，评论说“这是一名当代编舞对于古典芭蕾的挑战”。

这是我第一次尝试融合古典芭蕾元素的舞蹈创作，也是第一次与古典芭蕾舞者合作。舞蹈专业不同，专业特性差异就很大。虽然之前对芭蕾训练体系并不陌生，但不是芭蕾专业，并不被要求穿足尖鞋。为了更好地创作动作素材，特意买了足尖鞋。我需要切身了解不同舞种，去体会需要的素材才能更好进行编舞创作。我一直都很喜欢古典芭蕾。喜欢在足尖上的优雅，特有的高贵、舒展和轻盈。

而我的动作风格和运动方式与芭蕾截然相反，不仅体现在手势、气息的运用，还有动作动律，整体的运动幅度非常大。我的动作里向下的动势会很多，而芭蕾总是向上提收。

舞者们非常积极地参与排练，在这期间，作为编舞不能什么都不讲，只简单粗暴要求演员带到什么样子的技术，呈现什么样子的舞蹈形态。每一次我都会从文化角度、背景来启发演员，分析人物心理、剖析情感变化诱因、关注细节、学会通过上“ 肢体”去表演、眼神的运用，我想我也真的是调动了这么多年在舞台表演、演剧过程中积累的经验和认识去引导演员到达最为精准的表演。如果表达和意图都领会了，其实技术不是问题。舞者们在表演的时候也会非常入戏，剧中人物情感带领着她们，甚至难以自拔。

很快，作品进入到剧场合成，我遇到了最棒的团队一起来完成。ENB 舞台部门非常专业，进场前舞监与设计团队开了多次技术会，精确到各部门合成、切换的秒数、频次。我想，在这样一个沟通交流的进程中，逐渐在和担任我作品表演的舞者们、设计们去解释我心目中作品最终的状貌，我希望那是一个开放性与外部世界直接对话的当代作品，一个融入东方美学及情感表达的作品，一个融古典与现代的作品。确实，在这里的创作对我而言是一次挑战，未曾面对的许多问题都经历一番，仿佛一次热烈的人生历练。在这样的过程里，我更好地、更详尽地了解专业性与创作的精密结合，更好地吸收与西方团队沟通的方式和经验，同时也让这片欧洲板块上的艺术家和团体对一个中国面孔的编舞有了更为深刻的认知。

She Said 世界首演于 2016 年 4 月 13 日晚 19:30，在伦敦赛德勒之井剧院拉开帷幕，来自欧洲、亚洲和美洲的三位女性编舞呈现了一台风格迥异、极具创新的三段体演出。从以墨西哥画家 FridaKahlo 生平为蓝本的魔幻现实作品《折断的翅膀》，到设定在东方写意背景下的取材古希腊悲剧《美狄亚》故事创作的《M－道》，到古典现代芭蕾技巧集大成的展示《不可思议地存在》，加上英国皇家美术学院院长，特纳奖得主 Grayson Perry 为这台节目创作的幕布，所有这一切，加上超一流的舞美、灯光，音乐和舞者在艺术总监塔玛拉的调动下成就了在伦敦春季最棒的一台演出！

我想作为第一位受到英国国家芭蕾舞团邀请委约创作的中国编舞，也算是出色地完成了这个任务。希望在未来，有更多的机会走到国际舞台，去尽情发挥我的艺术创造力，让世界上更多国家的人看到更好看的艺术作品。

美狄亚

回想起“美狄亚”这个形象，在普罗大众的脑海中一定是一个兼具美丽、彪悍、凶残的女性她是天使，又好似魔鬼。过去的影视、舞台剧中关于美狄亚的形象，无外乎一个装进女性外表而饱含男性荷尔蒙的人，根本就是一个男性女人，当然被塑造成为暴虐的“女性”时，那种暴虐却不是女性唯一拥有的。安插在这个人物形象身上歇斯底里般的表达方式，让我已经忘记她还是一个女人，仿佛龟裂的千年树皮惨不忍睹。

“Stronger than lover's love is lover's hate. Incurable, in each, the wounds they make.”

“比爱人的爱更强烈的是爱人的恨。他们所留下的创伤是无法治愈的。”

我觉得这才是还原本真面目的美狄亚，之所以选择这个题材，一是因为故事本身的悲剧性，具有悲剧性的事物会更深刻；二是“美狄亚”作为女性，她极致了女性所能遇到的所有，她本身就是一个“轮回”，让人不寒而栗的同时充满同情和无奈。其实在此次 She Said 的创作，我并没有刻意站在女性视角，因为我本身的性别已然赋予我与男性编舞的差异，很多特质天生既存。更多时

上图：LaurrettaSummerscales in M–Dao

下图：LaurrettaSummerscales，Madison Keesler，and Fernando Bufala in M–Dao

候，我更愿意以作品的艺术方式去表达人性，让更多人认识自己，认识他人。

角度的不同带来不同的视角，我想在这个当代舞作品中让人们看到一个不同的美狄亚，她不仅是“美狄亚”，还是一个女人。她有她残暴的一面，可终归在爱情面前败下阵来，失败的爱无处释放，她只能让自己的双手沾满自己骨肉的鲜血，让内疚和后悔终身折磨弃她而去的伊阿宋。

一共七名舞者，人物关系谱以美狄亚、伊阿宋和公主三人编织而成，其他舞者作为美狄亚的内心外化出现在台上。

舞台开篇悬挂在吊杆上的丝绸一道道组成弧型，被投射上天空和大片云朵。漫天的乌云昭示着命运的改变，一道闪电，所有丝绸吊挂下来，从舞台前区逐渐拖到纵深处，垂吊起来。对于美狄亚而言，仿佛她的天空塌陷，一去不返。此刻，背景光逐渐亮起，勾勒出美狄亚孱弱的轮廓，她拖着伤痕累累的身心，从树林里一步步走出来，舞台中央，开始她第一段“伤痕”独舞。她蜷曲在舞台的一角，似乎想起来什么，灯光渐转，伊阿宋踱步出现，舞台呈现暖色调，此段为“爱情闪回”。二人如漆似胶，跨过宽广的河流，翻越高远的山脉，生命里只有你我。而此时，一心向外的伊阿宋发现了他的目标，他摆脱纠缠的美狄亚，熟视无睹。危机重重、气氛凝重的音乐伴随着三人的牵绊，美狄亚像幽灵一般存在于伊阿宋与公主之间，她躲在最阴暗的角落里伤痛、嫉妒、憎恨，复仇像青藤一般紧紧攫住美狄亚的心。舞者像野兽般在美狄亚的挥舞下爬上舞台，此刻复仇的火焰燃烧到了顶点。他们是美狄亚的内心外化，他们是美狄亚凶残的施暴者，他们是美狄亚自己，他们也把美狄亚的亲生子带到了她面前。“砰”，全场灯黑，只有两条丝绸被打亮，两个孩子的影子投射在丝绸背景上。因为是影子，我们看不清孩子的面孔，也看不清美狄亚的表情，只能听到美狄亚紧张的喘息声，看到她颤抖的手。一声巨响，两个影子倒地，两条丝绸被拦腰截断，从天而降，美狄亚终于亲手弑子。以“断绸”为意象表达弑子，此刻被明晰。只见美狄亚托住丝绸的一角慢慢跪地，最后一直独舞在雨水中呼号，脸上的泪水混合着雨水。她看着沾满“鲜血”的双手无处可逃，绝望、悔恨、无助，最终美狄亚战胜了自己，从地板上托起长长的丝绸，如同把她那可爱孩子的尸体扛在肩上。音乐止，她有些步履蹒跚地向舞台纵深走去。忽然，她停下来，仿佛想起什么，缓缓地回过头来，慢慢地用她的食指指向观众，目光里写满了深意。灯光，减收，全场黑。

第一次坐在台下看自己的作品公演，紧张得大气都不敢喘。在《M－道》收光结束后的十几秒，现场一片静寂。那十几秒钟仿佛过了很久，我完全不知道会要发生什么。逐渐的，现场响起深沉而有力的掌声，一声、两声，由缓到急促、由稀少到众多，最后持续性地爆发了热烈的掌声。天哪，我的心像坐过山车，激动得要从嘴巴里飞出去。我爱死我的舞者和所有设计们，我们呈现了这样一个完美而超乎寻常的作品。

中场休息，我高兴地站在赛德勒之井剧院的一层平台上，剧院的艺术总监Alistair Spalding、剧院董事、还有其他观看的观众向我表示隆重的恭喜。这也是我在六个月内连续两次登上该剧院的舞台，第一次是作为舞者和制作人的舞剧《生长》，这一次是作为《M– 道》的编舞。连剧院董事都说："上帝究竟赋予了多少才华在你一个人身上，舞跳得那么棒，编得也那么好，太不可思议了，希望以后看到你的更多作品来剧院演出！"他们也是真心喜欢，抑制不住地称赞，还主动送杯红酒给我压压惊。我呢，还是我，嘿嘿地笑着，但心里清楚，一旦发生即成历史，我希望我不要重复历史，我相信我会创造新的历史。

这个东方般神秘存在的"美狄亚"让世界观众认识了我，同时这也是作为编舞身份的国际首秀。我相信，怀着对于艺术的敬畏、执着与纯粹，种下一颗好的种子，未来也必将收获一枚好的果实。

有关作品《M– 道》世界首演后的报评（看完可以小小地为我感到骄傲一下）：

《舞台》Neil Norman
虽然从表演中不太容易察觉，王亚彬尝试在作品《M－道》中将希腊神话中美狄亚的故事移植到中国的背景下。轻柔飘舞的帷幔、绚丽迷人的灯光以及自然连贯的动作都反射在黑色的镜面地板上。缓缓开场后，随着 Laurretta Summerscales 饰演的美狄亚企图拆散伊阿宋和他的年轻妻子，展现尖锐戏剧冲突的三人舞将剧情带入高潮。美狄亚深受恶魔力量和恐怖召唤之害，表演深入挖掘了杀婴行为下隐藏的深层情绪。Jocelyn Pook 的配乐结构奇特，在恐怖片式曲风与西方化的中国民乐之间来回变换，始终处于躁动不安的状态中。

《卫报》Judith Mackrell
王亚彬在《M－道》中在《美狄亚》的故事里添加了大量优雅飘飞的丝带和书法灯光效果。这场芭蕾舞演出以 Laurretta Summerscales 扮演的美狄亚只穿一只足尖鞋踽踽独行开场，这种手法令人叹为观止。作品在美狄亚与伊阿宋以及他的情人上演纠缠不休的三人舞的过程中渐入高潮。在美狄亚受到驱使进行报复时，Jocelyn Pook 的配乐和魔鬼的合唱又给作品带来恐怖的感觉。

《城市早报》Melissa York（★★★★★）
王亚彬是 2003 年电影《十面埋伏》中的舞蹈设计及演员，由她编舞的第二幕剧目《M－道》将欧里庇得斯的作品进行了中国式的改编。《M－道》改编自《美狄亚》，演出在舞台仅靠丝带和灯光效果就呈现出暴风云和激流，在这样的迷人背景下上演了美狄亚的情感与人性之争。

Evening Standard， Lyndsey Winship（★★★★）
芭蕾舞团上演全部由女编舞创作的三幕舞剧并不鲜见，但是演出由世界顶尖女编舞创作的作品却十分罕见。《她说》……向世界展现了女性编舞也能够像男性编舞一样创作出引人入胜、可圈可点的作品。

《泰晤士报》Debra Craine（★★★★）
“经历另一种苦痛”在王亚彬的作品《M－道》中得到了体现，我们在作品中看到了伊阿宋的背叛是如何将美狄亚变成一个杀子毒妇的。这是一部令人难忘的作品，暗暗涌动着对美狄亚的强烈同情，并以芭蕾动作的柔软力量来呼应 Jocelyn Pook 华丽而充满不祥之感的配乐。

《卫报》Luke Jennings
王亚彬的《M－道》是演出的第二部作品，运用了戏剧的表现形式。该作品描写了美狄亚（Laurretta Summerscales 饰演）遭到丈夫杰森（Fernando Bufalá 饰演）的背叛，后者抛弃了她而选择了格劳克公主（Madison Keesler 饰演）。王亚彬的编舞风格极具技巧性，十分唯美。她的作品以一种含蓄的方式展现出了人性的欲望，同时又在呈现的过程中数次深入浅出。

Express， Jeffery Taylor（★★★★★）
《她说》及王亚彬的作品《M－道》可以用卓尔不凡来形容。《M－道》将古希腊女巫美狄亚的故事赋予了中国的背景。Jocelyn Pook 的音乐是十分东方的，而王亚彬的舞蹈语汇则是完全现代的。

Londondance.com，Graham Watts
《M－道》更具有忧郁气质。剧目之间衔接十分自然。编舞王亚彬本身就是一名非常优秀的舞者，她在西迪•拉比•彻克奥维的《生长》一剧中登上了赛德勒之井的舞台。王亚彬在《M－道》的编舞中以精致而精准的中国舞语汇，呈现的行云流水一般如诗的舞蹈。她着重展现了美狄亚的神话故事中，美狄亚作为女性的人物特点，而不是为了报复丈夫而弑子的邪恶化身。

A Younger Theatre，Emily May
编舞王亚彬在《M－道》中讲述了古希腊神话中悲剧人物女巫美狄亚的故事，表现了爱情的嫉妒心……虽然在原著中美狄亚被描写为心理扭曲毫无人性，王亚彬在作品的开端运用一段充满感情极具视觉表现力的独舞，向观众呈现的美狄亚美丽而不为人知的一面。美狄亚与丈夫的双人舞充满感情和浪漫，而其亚美尼亚传统风格的编曲营造了令人惊悚的氛围，烘托出了造就这对夫妇悲剧命运的冥冥之力。编舞语汇逐渐汇聚，着力描绘美狄亚发现丈夫再婚计划，并被嫉妒吞噬。她的舞蹈动作如困兽一般，充满仪式感地被代表狂怒的群舞演员包围，代表着美狄亚具有了超凡的神力，成为了半神。然而，王亚彬在她作品的结尾部分再次转换了节奏，表现出了美狄亚弑子后充满母性地怀抱代表孩子的两片布，呈现了这一标志性悲剧人物充满矛盾的内心。

Dance UK
Dance UK 公布了其 2015-2016 年度编舞观摩项目的 14 名入选编舞名单，他们将有独一无二的机会，观摩自己选择的编舞家在不同阶段和不同背景的创作过程。Ellie Aldegheri 将观摩王亚彬为英国国家芭蕾舞团创作 She Said 的过程。Dance UK 今年与其成员英国国家芭蕾舞团合作，为该项目提供了三个名额，观摩三位女性编舞在其职业生涯中的不同阶段。入选者将能够与世界顶级女性编舞家 Annabelle Lopez Ochoa，Aszure Barton 及王亚彬近距离接触。这三位女编舞为英国国家芭蕾舞团向女性编舞致敬的剧目《她说》各创作了一部新作品。观察员们将见证这一创作过程（2016 年 2-4 月间），并观看剧目在赛德勒之井剧场的首演。

尾声

写在出版之前

写在出版之前

确实，为了这本书的出版，牺牲了很多的休息时间。由于工作的特殊性，除了排练场里的“厮守”，还要出没不同的地方或者参加一些活动，一天可以坐下来静静写作的时间变得非常的不固定。可是我相信：时间应该被人掌握和支配。家里除了一台台式电脑外，随身携带的是一部巨大的、功能超级高效的笔记本电脑，非常忠实，非常沉重，压在练功过后的双肩上简直令我直不起腰。如果没有笔记本电脑的随身，很难在见缝插针破碎的时间里好好写上一段。我总是想象着自己可以带着便携工具像经常出没在左岸咖啡的那些作家、诗人一样，随时写作。

在电脑专卖店里溜达半天，听闻移动键盘 1500 块大洋后，终于扭身走掉，想象出了最佳解决方案：我那陈旧的台式笔记本电脑配套的移动键盘可以搭配我的手机使用，这是一个令我非常振奋的想法。我完成了“随时写作”的解决方案，简便、完美。我喜欢敲击键盘的那种质感，文字如溪水般涓涓流淌，直抒胸臆。记得大三的时候，2002年，撰写本科毕业论文，先是论文提纲、开题报告，再是撰写两万字的论文加上答辩。对于笔记本电脑的需求成为一件迫在眉睫的事，因为手写确实跟不上脑袋运转的速度。2001年在家养脚伤的那段日子，手写了一篇一万多字的短篇小说，后来，竟然在榕树下那个文学原创网站获得小说原创奖，扣了个税，竟然发了8000元给我，一个业余选手，受宠若惊。当时手写就是因为家里还没有配置电脑，后期小说是拜托表哥将文稿输入电脑，才成为可能上传到网站的电子版。期间，接了表哥好几个电话，问看不清的这几个字，那几个字。

当然，手写就像如今的图书，有着不可替代的温度和特殊性。但从手稿输入电脑的那个过程确实有点难熬，电脑输入的便捷让写作者可以相对有效的保存“体能”，延长工作时间，就像舞者找到更加舒适的练功服和鞋子，可以更好地持续舞蹈。我记得第一台电脑是IBM的经典款，黑漆漆的外壳，憨厚的重量和相对温和的速度。很多个夜晚，电脑自带风扇散热的声音一直伴随着我。这台笔记本电脑跟随我进过春晚的剧组，电视剧的拍摄现场，以及伴随了我第一本书的出版。平日里除了巨大的练功包外，还要背着这块“板砖”到处跑。记得用的最为频繁的时期是《身体笔记》出版前，每日从上午10点工作到凌晨两点，竟然有了种“作家”的错觉。

也许这是出版前的紧张，不由得让我想起过去书写的过程。确实，坐下来，静谧的四周逐渐可以开始感受思想的流动，紧接着思如泉涌，手指尖飞般的键入，慢慢的，一段段情感，记忆或者深刻的感受扑面而来。每日写作一结束，如同排练过后的倦怠，那是一种连任何人都不想看见，任何声音都不想听见的倦怠。

希望，一切在出版过后能与你一起分享。

文前图 1
摄影师 / 张罗平

文前图 2
摄影师 / 吕海强

文前图 3
摄影师 / 张罗平

目录 II
摄影师 / 晓明

目录 –IV
摄影师 / 张罗平

目录 V
摄影师 / 张罗平

P002
摄影师 / 董昊

P007
摄影师 / 张夷
只有舞者自己知道身体包浆的味道。

P008
摄影师 / 王宁
“亚彬和她的朋友们”第二季舞作《寻》。

P012
摄影师 / 刘长春
完好地生长如初。

P024
摄影师 / 胡家宝
舞剧《生长》

P027
摄影师 / 董亮
一切美好如初。

P032
摄影师 / 张罗平

P033
摄影师 / 张罗平

P044–045
摄影师 / 范欣

P050–051
摄影师 / 董亮
生死照常更迭日落日出，一场场的排练似乎要带走我的灵魂。

P063
摄影 / 新华社
第十六届亚运会开幕式《启航·海洋之舟》双人舞表演。

P066
摄影师 / 董亮
血与死是残酷的，那么表演也是残酷的。

P072
摄影师 / 刘海栋
舞剧《青衣》，我和筱燕秋一起起舞，一起落幕。

P077
摄影师 / 王一男
在 2007 年央视春晚表演《行云流水》。

P083
摄影师 / 张罗平
又寂寞又美丽。

P090

P092
摄影师 / 张罗平
我选择了舞蹈，舞蹈也选择了我。

P096–097
2012 年金砖国家领导人第三次峰会国事文艺演出，独舞《墨韵》。

P099
摄影师 / 王小京
舞剧《男孩们》

P102
摄影师 / 刘海栋
《扇舞丹青》

P105
摄影师 / 侯科
《扇舞丹青》

P108–109
摄影师 / 范欣
我如同一个占领舞台的独裁者。

P118–119
摄影师 / 王宁
舞剧《青衣》

P120–121
摄影师 / 王宁
舞剧《青衣》

P123
摄影师 / 魏冰
我喜欢和年轻的学生们一起分享我的故事。

P128
摄影师 / 张罗平
跳好的双人舞其实是恬静地去享受艺术中的快慰。

P129
摄影师 / 张罗平
跳好的双人舞其实是恬静地去享受艺术中的快慰。

P134–135
摄影师 / 张晓雷
水袖舞到了舞剧《青衣》，几乎人袖合一。

P138
摄影师 / 金家吉
平生最爱是舞蹈。

P138
摄影师 / 金家吉
平生最爱是舞蹈。

P140–141
摄影师 / 张夷
舞剧《青衣》

P144
摄影师 / 张罗平

P147
摄影师 / 王小京
2010 年“亚彬和她的朋友们”第二季舞作《寻》。

P150
摄影师 / 陈佳
我爱“亚彬和她的朋友们”的每一个朋友！

P150
摄影师 / 陈佳
我爱“亚彬和她的朋友们”的每一个朋友！

P154
2009 年“亚彬和她的朋友们”第一季舞作《与你 · 共舞》。

P158
摄影师 / 张夷
舞剧《生长》

P158
摄影师 / 王嘉樾
舞剧《生长》

P163
摄影师 / 王嘉樾
舞剧《生长》

P171
摄影师 / 张夷
舞剧《生长》

P172–173
摄影师 / AAP
舞剧《生长》

P176
摄影师 / AAP
舞剧《生长》

P176
摄影师 / 某兔
舞剧《生长》

P184
摄影师 / 王小京
舞剧《生长》

P184
摄影师 / 某兔
舞剧《生长》

P194
摄影师 / 张罗平
三十而立

P196
摄影师 / 刘海栋
舞剧《梦 · 三则》蓝

P196
摄影师 / 刘海栋
舞剧《梦 · 三则》红

P199
摄影师 / 刘海栋
舞剧《梦 · 三则》白

P202 组图
摄影师 / 马驰骋
继续跳舞是幸运的。

P210–211
摄影师 / 王宁
舞剧《青衣》

P212
摄影师 / 张罗平
舞剧《青衣》

P216
摄影师 / 董亮
舞剧《青衣》排练

P216
摄影师 / 董亮
舞剧《青衣》排练

P221
摄影师 / 张夷
舞剧《青衣》

P229
摄影师 / 刘海栋
舞剧《青衣》

P234–235
摄影师 / 张晓雷
舞剧《青衣》

P240–241
摄影师 / 张夷
舞剧《青衣》

P245
舞剧《青衣》谢幕礼

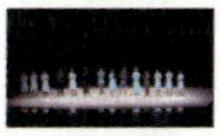

P246
舞剧《青衣》谢幕礼

P256
摄影师 / Laurent Liotardo
Laurretta Summerscales in M–Dao

P256
摄影师 / Laurent Liotardo
Laurretta Summerscales, Madison Keesler, and Fernando Bufala in M–Dao

P262
摄影师 / 张罗平

P266–267
摄影师 / 张罗平

走出研发困局，改变企业命运

研发困局

研发管理变革之路

胡红卫 著

U0811409

電子工業出版社
Publishing House of Electronics Industry
北京·BEIJING

内 容 简 介

本书是由具有丰富实践经验的国内知名的研发、人力资源管理专家撰写而成的，作者通过自己的亲身经历和咨询实践，从中国企业目前的研发现状入手，详细介绍了中国企业产品研发的六大困境（产品创新模式落后、核心技术短板、质量管理薄弱、职能化壁垒、“大厨式”研发、缺乏职业化人才），提出了突破研发困境的思路，并介绍了华为的核心技术体系建设及研发管理的变革，从而揭示了华为研发创新成功的秘诀，为企业高层管理人员、研发主管和研发人员，提供了可资借鉴的经验。

未经许可，不得以任何方式复制或抄袭本书之部分或全部内容。
版权所有，侵权必究。

图书在版编目（CIP）数据

研发困局 / 胡红卫著. —北京：电子工业出版社，2009.2
ISBN 978-7-121-08088-3

I. 研… Ⅱ. 胡… Ⅲ. 产品－技术开发－企业管理－研究 Ⅳ.F273.2

中国版本图书馆 CIP 数据核字（2009）第 000865 号

责任编辑：刘淑敏
印　　刷：三河市华成印务有限公司
装　　订：三河市华成印务有限公司
出版发行：电子工业出版社
　　　　　北京市海淀区万寿路 173 信箱　邮编 100036
开　　本：720×1000　1/16　印张：19　　字数：372 千字
印　　次：2022 年 1 月第 21 次印刷
定　　价：78.00 元

凡所购买电子工业出版社图书有缺损问题，请向购买书店调换。若书店售缺，请与本社发行部联系，联系及邮购电话：（010）88254888。
质量投诉请发邮件至 zlts@phei.com.cn，盗版侵权举报请发邮件至 dbqq@phei.com.cn。
服务热线：（010）88258888。

序　言

自从1980年改革开放以来，我国国民经济保持了每年10%左右的高速增长，2008年的国内生产总值（Gross Domestic Product，GDP）预计将超过德国，仅次于美国和日本，位列世界第三。但是，在经济快速增长的背后，我们应该对经济增长的方式进行反思。

据统计，我国每增加一个单位的GDP，所消耗的资源是印度的五倍。虽然我们的经济增长了，但资源消耗和浪费的代价也是巨大的。其次，粗放式的增长方式也对环境造成了很大的破坏。我们引以为豪的"中国制造"不但附加值低，而且由于国际经济不景气、汇率、质量等原因正面临越来越严峻的挑战。

一双在我国生产的耐克鞋，我们只挣一美元多。可是，一经拥有品牌的耐克公司出售，就值上百美元。用我们廉价的劳动力，用我们的资源，污染了我们的空气和水，而国外的企业家则挣了大钱。

中国信息产业2003年的生产总值是1.8万亿元，利润750亿元，利润率4%；2005年信息产业的生产总值为2.8万亿元，利润1300亿元，利润率降低到3.4%；2006年信息产业的生产总值达到4.75万亿元，利润率也仅仅是3.4%。这本来是一个技术含量高的大产业，我们的利润率才这么高，总的利润额与IBM一家公司的利润额相当。即使我们国家的高科技企业，也只能停留在产业链的末端。

于是，从"中国制造"向"中国创造"转型，"中国智造"、建设创新型国家、提升企业创新能力、打造核心竞争力……成为政府和企业界日益关注的问题。

那么，该如何做？

"除了技术研发，中国别无选择。"迈克尔·波特来中国时，平静的一句话似乎令人茅塞顿开。国内有识之士也纷纷呼吁：中国企业到了该扎扎实实抓研发的时候了。长期因为缺乏核心技术而被动挨打的国内企业更是痛定思痛，康佳集团一句**"用创新赢得尊严"**的口号，更是赢得了温家宝总理的高度赞许。

然而，面对现实，中国企业研发能力积弱已久，与国际平均水平相比有很大差距。大多数中国企业还处于研发困局中，典型的表现有以下几种。

（1）一些企业还满足于粗放式扩张的经营方式，短期的经营思维和浮躁心态比较明显，片面强调销售，不重视研发，研发投入不足，少数企业甚至置产品质量于不顾。随着市场竞争的加剧和国内外经济形势的恶化，这些企业的生存空间越来越小，不少企业开始认识到产品研发的重要性，但不知道如何搞研发，而且担心“不搞研发等死，搞研发找死”。

（2）一些企业并不是不知道研发的重要性，它们更知道研发的艰难性。研发是个长期见效的工程，有时候是个无底洞，尖端技术纷繁复杂，更新变幻莫测，如何决策？如何投资？如何进行预算控制和进度控制？新旧产品如何更替？新产品何时上市，旧产品何日退出？在这些企业，研发往往处于配合销售的位置，带有很强的试探性和从属性，多年过去了，研发并没有什么起色。

（3）一些企业已经把研发摆在了战略位置，甚至视研发部门为公司最重要的部门，研发投入持续加大，研发队伍不断扩大。但是，研发管理水平普遍不高，存在诸如缺乏先进的研发理念，产品战略及规划的前瞻性和有效性不足，职能化壁垒造成各部门配合困难，研发流程管理薄弱导致研发进度和质量问题，技术研发薄弱，没有有效的研发绩效管理等问题，严重制约了产品及技术创新能力的提高。个别企业通过持续的努力已经建立了有效的研发体系，产品具有较强的国际竞争力，但也存在缺乏基础性核心技术的尴尬，面临建立跨企业的产业链创新模式，以及国际化研发体系的挑战。

中国企业如何走出研发困局？这是中国企业界的难题，又是不得不面对的难题。

我曾经参与我国第一台家用录像机的开发，后来从事过程控交换机的开发，在华为公司工作近9年时间，见证了华为从代理别人的产品到自主研发全线通信设备，研发队伍从十几人到四千多人的发展里程。期间，华为的研发不断遇到各种难题和瓶颈，都是通过研发管理建设和变革来解决的，尤其是从1998年开始花了5年时间引进、实施和优化集成产品开发（Integrated Product Development，IPD）体系，使华为的研发管理水平实现与国际接轨。华为的经历使我认识到，中国企业不仅要加强自主创新，更要不断通过研发管理建设和变革提升产品创新能力。

离开华为后，我先后创立了世捷企业管理咨询有限公司、汉捷研发管理咨询有限公司。作为国内第一家专业的研发管理咨询机构，汉捷咨询专注于为中国企业提供研发管理咨询和培训服务，以帮助中国企业研发管理水平的持续提升。从事管理咨询工作9年间，笔者为国内一千多家企业提供过研发管理和人力资源管理培训，为一百多家企业提供了研发管理咨询和人力资源咨询服务，对中国企业在研发管理方面的问题和困境有了比较全面和深入的认识，也一直在思考和致力于为中国企业提供优秀的研发管理解决方案。根据十多年来在研发管理领域的实践，我做了一些探索和总结，并写成本书，希望对中国企业的总经理、研发主管、研发骨干及研发人员、相关专家学者、研发管理咨询顾问、关心中国自主创新和研发进步的人士带来启发和帮助。

本书共分为8章。第1章中国企业的研发之困，主要介绍了中国企业研发的10大典型问题和6大困境；第2章产品创新模式，主要介绍了目前中国企业存在的各种各样的产品创新“病症”；第3章核心技术短板，主要指出了中国企业的核心技术到底短在了哪里，同时提出了缩短核心技术差距的途径和方法；第4章都是质量惹的祸，指出了产品质量问题的根源，提出了避免设计上的低级错误、加强测试、注重技术评审、建立中试环节等控制和提高产品质量的手段；第5章打破职能化壁垒，指出了实施产品管理和产品经理制、建立矩阵式组织结构及运行机制是打破职能化壁垒、克服这一制约新产品研发效率顽症的有力武器；第6章告别“大厨式”研发，介绍了目前中国企业普通存在的依赖能人而不是依靠流程的“大厨式”研发问题，提出了建立结构化的并行开发流程并不断优化流程是企业研发能力持续提升的重要保证；第7章打造职业化研发人才队伍，主要介绍了打造职业化的、出色的研发人才队伍对企业研发创新的重要意义；第8章研发管理变革之路，主要探讨了企业如何有效实施系统性研发管理解决方案。

在本书的撰写过程中，除了使用了我自己平时收集的大量素材和撰写的文章外，第4章、第5章还部分引用了汉捷咨询公司郭富才、徐旭、刘铭、桂莉、刘劲松、严光衡等撰写的文章，汉捷咨询公司胡海燕负责本书的排版工作，对他们表示衷心感谢。一年来，我在繁忙的日常工作之外，经常利用节假日和晚上休息时间伏案写作本书，非常感激我太太和儿子的理解、鼓励和支持！

由于水平和时间所限，本书存在很多不完善的地方，欢迎读者指正。

目 录

中国企业的核心技术到底短在哪里？为什么缺乏核心技术？只有找出了差距所在，找到了形成差距的原因，才能提出缩短核心技术差距的路径和办法。华为、美的、海信等国内领先企业在核心技术方面的努力和实践，具有示范和借鉴意义。

中国企业在产品质量方面惹的祸不仅数量多，而且后果很严重。为什么出现这么多质量问题？是质量管理部门的工作没有做好吗？要提升产品质量，首要的是企业真正树立“质量第一”的理念，发扬认真负责的精神。在质量控制上，可以采用避免设计上的低级错误、加强测试、注重技术评审、建立中试环节等手段。产品可靠性是中国企业最难啃、也是必须啃下的硬骨头。

职能化壁垒是制约产品研发效率的顽症。为了打破职能化壁垒，实施产品管理和产品经理制、建立矩阵式组织结构及运行机制是当务之急。为了有效运行矩阵结构，要求企业建立全流程意识，产品开发团队（Product Development Team，PDT）必须对产品的市场成功负责，职能部门需要蜕变为能力中心。

依赖能人而不依靠流程的“大厨式”研发模式在中国企业普遍存在，严重影响了企业研发能力的持续提升。所以，中国企业迫切需要建立结构化的并行开发流程，并不断优化流程，实现从依赖“大厨”到依靠流程的转变。产品开发流程需要根据具体项目采用合适的裁剪策略和方法。在研发流程建设中，尤其需要加强项目管理、需求管理、质量管理等支撑性流程的运行，持续努力地推进流程的执行落地。

创造出色的产品，先创造出色的人。然而，中国企业还普遍缺乏职业化的研发人才队伍。研发人员的绩效管理、研发人员激励机制、研发人员的任职资格管理、研发团队建设都是打造职业研发人才队伍需要关注的关键环节。

产品研发需要系统性的解决方案，IPD 是一种先进、成熟的系统性研发管理解决方案。企业需要通过研发管理变革实施系统性的解决方案，并采用适合企业自身的变革策略及步骤。华为、方太两家公司IPD变革之路，为我们提供很多经验和启发的同时，也印证了研发管理变革的三大关键成功因素：一把手的作用、优秀的解决方案及实施、改造企业文化。

第1章

中国企业的研发之困

进入21世纪，产品研发已经成为企业竞争的主战场，但是中国企业研发管理水平落后，面临着产品创新模式落后、核心技术短板、质量管理薄弱、职能化壁垒、“大厨式”研发、缺乏职业化人才6大困境，企业自主创新能力不强，在国际竞争中处于非常不利的地位。

中国企业要摆脱研发困局，唯一的出路是实施研发管理变革。

1.1 产品研发是企业竞争的主战场

进入21世纪，中国经济继续发展，国际竞争日趋激烈，中国企业面临发展机遇的同时，面对着更大的挑战：普遍缺乏核心竞争力、“中国制造”的优势在逐步减弱、自主创新能力不强、质量问题和事故频发、竞争加剧和成本攀升导致利润持续下滑……毫无疑问，企业竞争的游戏规则正在改变——竞争的主战场开始从制造、营销转向产品研发。

1.1.1 产品制胜的时代已经来临

美国PRTM（Pittiglio Rabin Todd & McGrath）公司创始人迈克尔·E·麦克哥拉斯1986年在*Product And Cycle Excellence*一书中指出：“正如制造是20世纪七八十年代企业竞争的关键领域一样，产品研发是20世纪90年代乃至21世纪企业竞争的主战场。”对于中国企业来说，这个预言开始成为活生生的现实。

爱立信一度是手机市场上的领先者，1992年推出了当时世界上最小的手机，此时的诺基亚还名不见经传。但是诺基亚自 1996 年以来加快产品研发，通过不断推出一系列技术领先、款式新颖、功能人性化的手机，赢得了消费者，终于成为手机市场上的霸主。朗讯由于产品方向的失误，一度陷入经营困境，裁员近 50%，最终落到被阿尔卡特兼并的命运。进入 20 世纪 90 年代，在西方发达国家，产品研发开始决定企业竞争的输赢。

曾几何时，国内企业只要会销售，能够批量制造产品，哪怕产品是模仿的或引进来的，质量也不怎么样，就可以撑起一片发展的空间。大约在几年前，越来越多的企业发现这种好日子已经不复存在了。企业如果没有过硬的产品，没有核心技术，哪怕营销再好，制造能力再强，也很难在市场竞争中活下来，即使活下来，也活得很累。一个典型的例子是中国彩电行业。2000 年以来，彩电行业从过去的风光无限，到行业整体亏损。究其原因，关键是缺乏核心技术和产品创新能力，一味靠价格战竞争。2001 年，索尼在中国只销售 30 万台彩电，但获利 5 亿元人民币，让我们每年销售几百万台彩电的国内厂家望尘莫及。另一个典型的例子是手机行业，2004 年以来国内的手机厂商经营状况每况愈下，除了华为、中兴、宇龙、多普达等少数几家拥有较强自主研发能力的厂家外，其他厂家要么关闭，要么亏损严重。

中国企业经历了从计划经济到市场经济的转变。在转型的过程中，企业认识了市场，认识了竞争，开始知道营销的重要性。许许多多的企业抓住市场机会，研发或引进一些产品，并通过市场开拓和销售，取得了发展，形成了一定的规模。但发展到现在，很多企业开始缺乏发展后劲了，几年来规模不上不下，甚至出现业绩下滑或陷入困境。其中一个主要原因就是产品研发跟不上，缺乏核心技术。

过去成功的经验是现在失败的根源，这句话用在很多中国企业是合适的。过去，大家靠营销超前于别人，或者营销做得比别人好而取胜，然后老以为靠打广告、建渠道、扩大营销队伍一定能奏效，而对产品研发就没有像对营销那么重视了，也不舍得投入。殊不知，产品是营销的基础和前提，如果没有过硬的产品，再好的营销手段也只能取得短期效果。实际上，对于产品明显不如竞争对手的企业，广告传播往往只能带来负面的作用。另一方面，通过市场竞争的洗礼，现在的企业都懂营销了，你会使的营销策略也好，营销工具也好，别人也会使用，即使暂时不会，也很快能学得来。所以，放眼未来，尽管营销也是非常重要和不可或缺的，但是企业关键要靠具有竞争力的产品取胜。可以说，产品制胜的时代已经来临。

1.1.2　产品研发是中国企业的薄弱环节

通过产品研发赢得市场竞争的胜利，关键在于企业产品研发满足市场需求的能力，这也是企业尤其是高科技企业的核心竞争力。《人民日报》曾经刊登了一篇名为《昔日四强，今非昔比》的文章。记者分析了曾经代表中国民族通信旗帜的“巨大中华”——巨龙、大唐、中兴、华为，面对的市场机会差不多，起步差不多，但经过四五年时间，华为、中兴已远走在了前面，大唐还勉强可以，巨龙则几乎退出了通信市场。而决定四家企业差距的最关键因素就是各自推向市场的产品，其背后支撑的是产品和技术创新的能力。

产品研发能力是企业提升赢利能力并获得持续发展的重中之重。中国的家电企业曾经是中国企业中的“靓丽”一族，规模、产销量不断扩大，发展势头强劲。包括彩电、手机、计算机、空调、冰箱、微波炉、洗衣机和 DVD 等在内的家电业，是中国开放时间最早、竞争最激烈的行业，同时也是发展最迅速、国际化程度最高的行业。然而，许多数据资料显示，中国家电业的效益低下，持续竞争力并没有随着规模的扩大而提高，产业规模与经济效益呈相反方向发展，这是国内家电业急需脱身的困局。

从数据和世界著名企业的经验来看，我国家电业效益低下的一个主要原因是研发投入过低，研发能力不强导致企业缺乏核心技术竞争力。2005 年，我国彩电产量占全球的 50%以上，但是，我国彩电企业普遍面临无法生产高端液晶面板的技术瓶颈，不得不将价值链上的高附加值拱手让于国外的竞争对手，自身利润被摊薄，甚至亏损。长期以来，绝大多数中国家电企业没有采取以研发为重心的经营策略，导致整个行业呈现出“失重”的发展状态，只能处于国际产业链的低端位置。

也许有人认为，这是由于我国在科技上基础差、底子薄，不像西方发达国家已经经过了一百多年甚至几百年的积累。但是，单纯以此来解释中国企业的研发落后显然是站不住脚的。韩国在汽车、半导体、高速铁路、核电等重大产业领域，曾经都与我国在一个起跑线上，有些甚至比中国落后，然而，十几年后的今天，韩国已在上述领域全面领先。目前，韩国是在全世界排名第六位的知识产权大国，涌现出了三星电子、LG、现代等大批世界级企业。三星电子与联想时间成立差不多，目前已经在消费类电子、存储器、集成电路等领域跨入世界领先的行列。

尽管在中国各行业中也涌现出像华为、中兴、联想、比亚迪、海信、美的、用友软件、三一重工、振华港机、奇瑞等一批优秀的创新型企业，在市场竞争中取得了一定的优势地位，但是，迄今为止，中国还没有出现一家真正的世界级高科技企业。华为正在向世界级高科技企业迈进，但也不得不承认“迄今为止，华为没有一项原创性的产品发明，主要做的、所能得的是在西方公司的成果上进行一些功能、特性上的改进和集成能力的提升，更多的是表现在工程设计、工程实现方面的技术进步，与国外竞争对手几十年甚至上百年的积累相比还存在很大差距”。二十多年来，中国企业也许在市场和经营方面（如果不管利润的话）是成功的，但在核心技术发展方面并没有多少值得自豪的地方。

综上所述，中国企业在产品研发上还远未摆脱落后的面貌，在激烈的国际竞争中越来越处于被动挨打的局面。面向未来，在研发这一主战场上，如何奋发图强、摆脱困境，是摆在中国企业面前的迫切课题。

1.2 中国企业的研发困境和文化根源

近年来，“完全拥有自主知识产权”、“达到国际先进水平”、“世界一流”、“替代国外产品”、“拥有自主核心技术”、“自主提出的国际标准”、“世界名牌”、“重大突破”等字眼经常出现在企业的宣传材料和媒体的报道上。出于市场宣传和提升信心的需要，这些用词无可厚非，但另一方面也在误导人们对中国企业研发能力的认识。事实上，我国企业的产品研发能力与发达国家企业相比存在着巨大的差距，中国企业普遍处于各种研发困境中。

1.2.1 中国企业研发能力不强体现在各个方面

二十多年来，中国企业在市场及产品创新方面成绩显著，技术创新方面也取得了长足进展，中国制造更是独步天下。现在，绝大多数消费者已经习惯于购买国产品牌的电视、冰箱、洗衣机、电脑、小家电等消费类电子产品，国产品牌手机曾经占有市场的半壁江山。在通信设备领域，华为、中兴在国际市场上强势崛起，集装箱、工程机械、专用集成电路、应用软件、汽车、电力自动化设备、电气设备等领域都出现了一大批具有自主知识产权、颇具竞争力的产品。但是，光环的背后是我国企业自主创新能力的不足，是核心竞争力的缺乏。具体来说，中国企业研发能力不强体现在产品结构、关键技术、基础研究、知识产权、企业地位等多个方面。

分析一下我国企业的产品结构，不难发现两个突出的特征：一是低端产品、粗加工产品、高消耗产品还占主体地位，贴牌生产产品和模仿产品占相当比例。

一些重要领域的关键技术和重大装备严重依赖进口，集成电路芯片制造装备的85%、石油化工制造装备的 80%、轿车工业装备和数控机床等的 70%都被进口产品占据。二是上游基础性产品能够自主研发的很少，如 IT 产品的 CPU 和操作系统、电子产品的核心芯片、软件产品的数据库、平板电视的液晶屏、空调的压缩机、汽车的发动机等。

中国企业普遍缺乏关键技术，尤其是核心技术，严重制约了自主创新能力的提升。手机行业是一个典型的例子。从 2004 年开始，国内手机厂商由于缺乏核心技术，产品缺乏持续竞争力，导致业绩集体下滑，库存积压严重。据中国电子信息产业发展研究院统计，国产手机 2004 年上半年市场占有率仍有 50%，但统计 6 月份销售量时，市场占有率只剩下 38%，而到 2007 年上半年，国产手机的市场占有率更是降低到不到 28%。除了市场主要定位于海外的华为、中兴，以及聚焦于专业细分市场的宇龙、步步高、多普达等少数几家外，大部分手机厂家都生存艰难。国产手机产业的风光不再，再一次引起人们对核心技术和核心竞争力的深思。

如果说中国在核心技术方面表现为缺乏，那么在原创性的基础技术方面则几乎是空白。这主要源于中国企业基础研究方面的缺失。华为是国内自主创新能力最强的企业之一，但在基础性研究方面也投入甚少，所以，“经过 18 年的艰苦奋斗，至今为止，华为没有一项原创性的产品发明”（华为总裁任正非语）。

从专利的总量看，中国也许算得上是知识产权大国了。但是，我国的专利含金量低，发明专利占的比例很小，而且近半数发明专利申请来自国外。据统计，2005 年中国发明专利申请中，46%是国外企业和机构在中国申请的。来自国家知识产权局的统计显示：中国国内发明专利申请与国外发明专利申请在质的方面依然存在较大差距。以两者发明专利申请集中的领域分析，国内发明专利申请量占我国同类发明专利申请量比例最高的领域是中药，占 98%；第二是非酒饮料，占 96%；第三是食品，占 90%。其次分别是中文输入法占 79%，污水处理占 73%，特种陶瓷占 64%。相对于发明专利的匮乏，中国企业实用新型和外观设计方面的专利是比较多的。数据显示，仅 2006 年，我国的实用新型专利数量就高达 161 366 件。但是，这些专利很多都是在原来的基础上稍做改良、仓促上马并快速通过的。在 2007 年 11 月 27 日北京“创新型国家建设与知识产权保护研讨会”上，富士康集团知识产权管理处处长傅绍明更是认为，目前中国的很多实用新型专利都是“垃圾专利”，“90%的实用新型专利都应该撤销”。虽然他的话可能有些过激，但这也在一定程度上反映了我国在实用新型专利方面存在的问题。

最后，从中国企业在国际上的创新地位和能力来看，差距也是很大的。就拿国内自主创新的领头企业来说，如果与国际领先企业相比，不管从行业地位、技术实力还是从创新效能上，无疑都是相形见绌的。比如，华为与思科、爱立信相比，差距还很明显；海尔和西门子相比，在海外市场不管是品牌还是技术形象都不在一个档次上；联想尽管收购了IBM公司的PC业务，但在相当长的时期内，在PC领域还很难超过惠普；一汽是中国汽车工业的领头羊，但显然还无法与丰田、通用、大众等汽车巨头同日而语。在2007年10月份召开的“创新型国家建设与知识产权研讨会”上，信息产业部电子知识产权咨询服务中心主任赵天五认为，“国内的一流企业和三星差距在15年到20年”之间。

1.2.2 中国企业的6大研发困境

近年来，中国企业已经越来越感受到研发能力不强这一硬伤，也不是不想尽快提升产品创新能力，但受困于各种研发难题。归纳起来，中国企业普遍面临着以下6大研发困境。

1. 产品创新模式落后

改革开放以来，国内的市场机会实在太多了，市场空间实在太大了，而且市场又不成熟，知识产权缺乏保护，国内劳动力成本低，只要依靠简单模仿和修改，或者合资引进产品及技术，就能够发展壮大了。如果仿制别人的产品、购买别人落后的技术还能够赚钱，企业犯不着冒自主研发的艰难险阻。

这种客观因素，加之企业界普遍存在的急功近利心态、浮躁情绪和片面追求规模的经营导向，导致企业自主创新意识不强，产品及技术创新方面的投入不足，研发投入比例一般是发达国家同类企业研发投入比例的1/2 ~ 1/5，甚至更少，而投入在基础研究方面的资金则几乎没有。过去二十多年来，很多企业最关注的是如何搞营销，如何跑马圈地，以迅速扩大自己的规模，而在研发方面则明显重视不够，研发部门只是被动响应销售和竞争的角色。陕西彩虹集团曾经是我国CRT显示器方面的龙头企业，由于对研发重视不够，研发人员的薪酬待遇甚至不如生产人员，导致产品及技术创新能力不足，终于在新一轮平板电视产业的竞争中败下阵来。TCL集团之所以陷入困境，表面上是国际化扩张的失误，其根本原因是产品及技术创新能力不足。TCL本质上就是一家销售公司，产品研发只是销售的配套甚至摆设。如果把营销和研发比喻为企业发展的两只脚的话，TCL是跛脚的，跛脚的 TCL 终究没有成功地走向国际市场。在欧洲市场，消费者对彩电的需求快速变化，TCL在产品创新方面无法做出及时反应，而运营成本又居高不下，导致巨额亏损，拖累了整个集团的发展。

长期以来，中国企业在产品方面主要采用模仿、跟随、引进、合资、改型等较低层次的产品创新模式，企业发展主要依靠粗放式的营销和生产驱动，研发还没有上升到企业战略的突出位置。在绝大多数国内企业，研发投入比例明显偏低，缺乏前瞻性、有效的产品战略及规划，产品研发被动响应客户和竞争，市场与研发脱节严重，缺乏支撑产品持续发展的产品平台和技术平台，缺乏核心技术，没有建立高效的创新机制和研发管理体系。

产品创新模式的落后只能产生低水平的创新，造成产品竞争力不足，使中国企业在下一轮更高层次的竞争中处于非常不利的地位。一些企业已经认识到必须实施高效的产品创新模式，如美的集团在 2006 年认识到必须调整经营思路，提出企业发展要技术和营销双驱动，但如何实施先进、成熟的产品创新模式又是一大难题。

2. 核心技术短板

国产手机 2003 年依靠渠道和终端比国外品牌更广更多，加之款式不断更新，取得了巨大的成功。但到 2004 年，国外手机厂商也实现了渠道的延伸和渗透，国产手机缺乏核心技术和研发能力的短板就充分暴露了出来。这不光是手机行业的问题，核心技术短板几乎存在于国内各行各业。

在技术水平相对落后的情况下，采用技术引进的方式无疑是十分必要的。但是，我们在技术引进的战略措施上出现了明显失误。我国一直以来希望通过合资合作、开放市场的方式，达到“以市场换技术”的目的，但实践证明这条路是行不通的，其结果是市场给了别人，我们的企业并没有得到核心技术。

还有，我们对引进的技术缺乏后续的吸收、消化和再创新的投入和策略，往往只停留在一般的应用层面。有关比较研究发现，韩国如果花 1 美元引进技术，会花 7 美元投入后续的吸收、消化和再创新，而我国如果花 1 美元引进技术，只会花 0.7 美元投入后续的吸收、消化和再创新。我们很多引进的技术，过几年后又落后了，又得花很大的代价去引进。中国和韩国几乎是同时从西方国家引进核电站技术，到现在韩国公司已经能够参与国际上核电站项目的投标，而我国的核电站建设还完全依赖进口。

事实上，很多中国企业要么不太重视研发，即使重视研发也只是重视产品研发，在技术研发上投入的资源和精力过少，或者对核心技术的积累和突破失去了信心，结果多年过去了，新产品做了一大堆，但在核心技术方面还是落后，甚至与国外同行的差距更大了。江苏大全集团主业是电力设备，近年来发展迅速，2006 年的销售额将近 40 亿元人民币，一直也挺重视研发，但是其董事长在 2006 年参加了德国的自动化设备展后感慨地说：“几年过去了，我们在技术上与跨国公司的距离不是近了，而是被拉远了！”

3．质量管理薄弱

中国企业生产的产品在功能方面基本没有什么问题，有的甚至更适应本土化的需要，但产品质量实在不敢让人恭维，故障频发，可靠性差，加之技术含量不高，致使在绝大多数行业国产产品处于中低档产品的范围。而且，国内企业的产品质量事故时有发生，对“中国制造”的声誉造成了很大的负面影响，更有甚者，有的质量事故直接危害到消费者的生命安全，尤其是2008年9月爆发的“三鹿奶粉”事件更令人震惊。

“质量第一”、“质量就是企业的生命”等质量口号还不时回响在我们的耳边，但在现实中真正把产品质量放到突出重要位置上的企业并不多见。究其原因，根源上是很多企业缺乏责任心，缺乏真正对客户负责的意识，还有就是企业普遍注重短期扩张，而对质量改善这样的长期性工作关注不够。

在很多企业的日常经营和管理活动中，产品质量管理松弛，尤其是研发质量管理薄弱。在产品研发中，往往只重视功能实现，不重视性能和产品可靠性，缺乏有效的质量控制活动。在质量管理和保证体系方面，只是形式上建立了一些像ISO9000这样的体系，并没有在实际工作中落实。许多员工质量意识淡薄，“差不多”精神和马虎了事作风比比皆是。长期以来，研发质量管理已经成为中国企业研发工作的软肋，尤其是产品可靠性设计及控制更是软肋中的软肋。

4．职能化壁垒

产品研发需要各职能领域共同参与和通力合作，包括各专业技术领域和相关职能领域。专业技术领域如系统工程、硬件、软件、结构、测试等，相关职能领域如市场、销售、制造、采购、服务、财务等。然而，各职能部门的设立和运行必然使员工形成部门意识，习惯从部门角度看待和处理问题，逐步形成本位主义，往往导致部门之间沟通及协调不畅、接口不清，进而相互扯皮推诿、协作困难，从而产生了职能化壁垒，也被形象地形容为“部门墙”。

职能化壁垒会给产品研发工作造成很大的障碍，其对产品研发的负面影响是多方面的，也是潜移默化的，如导致市场压力传递减弱、研发与市场脱节、对需求了解不充分、产品研发效率低下、研发质量失控等问题。

随着企业产品种类的增加，职能化壁垒带来的问题将更加突出，许多公司开始实施产品管理模式，如建立横向的产品线组织，形成“产品线+资源线”的矩阵结构，强化跨部门流程和团队化运行，试图从横向上将各个职能部门贯通，以实现跨部门协同研发，快速响应市场需要。但是，顽固的职能化壁垒常常使企业的这种努力付诸东流。

5．“大厨式”研发

依赖能人的研发状况在中国企业十分普遍。这些研发高手就像大厨一样，只有他们才能做得出“好菜”，离开他们就不行了。这种研发模式可以称之为“大厨式”研发。

“大厨式”研发是在企业创业和成长中形成的。在初创时期，企业老总可能本身就是“大厨”，企业到了一定规模，老总不可能亲自来做研发了，于是出现了新的“大厨”。“大厨们”凭自己的技术和经验研发产品，产品研发过程中出了难题，只有他们能够搞定，离开他们研发就“玩”不转了。他们因为太忙或者也不想把他们的经验积累下来，一般的研发人员只是打下手的，使“大厨们”经常到处救火。“大厨们”是公司的宝贝，老板也得供着他们，生怕他们离职，有的老板甚至感慨自己实际上是为“大厨”在打工。

随着企业规模的发展壮大，“大厨式”研发的局限性越来越明显，很多问题都会暴露出来，如难以找到那么多研发高手，高手们难以管理也难以留住，高手还往往制约人才成长。在这种情况下，进行系统化的研发流程建设，从依赖“大厨”到依靠流程来推动产品的持续发展，就成为企业的必然选择。

很多企业老总也认识到这个问题，依赖个人英雄搞研发肯定走不远，开始建立研发规范，制定研发流程，进行经验总结，培养研发人才，但效果很不理想。有些公司指望质量部门或企管部门把研发流程编制出来，但是管理部门闭门造车搞出来的流程显然与实际情况相距甚远，也得不到研发人员尤其是“大厨们”的支持，最后辛辛苦苦做出来的一套流程只能束之高阁，依赖“大厨”的局面并没有实质上改变。

6．缺乏职业化人才

中国企业研发人员总数已经位列世界前列，我们的研发人员普遍比较勤奋，专业水平较高，而且人力成本低，这是我国企业在研发方面的突出优势。但是，我国企业的研发人员也具有明显的劣势，如职业化水平不高，由于教育和传统文化的原因导致创造力不足。另外，由于历史背景、创新投入、创新机制等多方面的原因，企业普遍缺乏技术带头人。在创新文化方面，虽然绝大多数企业都把创新作为企业文化的核心主题，但很多企业并没有真正理解产品及技术创新的内涵，也没有根据企业自身的特点诠释产品创新的模式和要求，研发人员在创新理念方面存在不少误区，言行上存在很多与优秀创新文化相背离的地方。

研发人员职业化水平不高，除了喜欢盲目标新立异外，还表现在市场意识和商品化意识缺乏，重技术轻管理，不重视质量和成本等方面。在遵循规范和方法工具应用方面，相对于我们的邻居印度，我们存在非常大的差距。华为曾经把研发人员的这些毛病称为“幼稚病”。

“我们最头痛的问题是缺乏优秀的研发人才。”这是中国企业老总谈到研发上的困难时说得最多的。一方面是由于“大厨式”研发模式使企业必须依赖更多的能人；另一方面也说明企业在研发人才的培养和使用上困难重重。确实，如何培养职业化、高水平的研发人才队伍是中国企业一项任重而道远的任务。

以上6大研发困境，就像摆在中国企业产品创新能力提升道路上的6道鸿沟，必须一一跨越。造成这些研发困境的原因是多方面的，包括历史因素造成了中国企业研发基础差、底子薄，很多企业长期不重视研发，国家在技术引进和合作战略上的失误，行业政策引导不足等，而其中最关键的原因是中国企业在研发管理上问题重重，研发管理水平长期落后。

1.2.3 中国企业研发困境的文化根源

著名学者余秋雨认为中国传统文化存在“三个不在乎”：不在乎公共空间，不在乎真假，不在乎创新。中国文化的渊源倾向于辩证和整体思维方式，而不是西方文化的逻辑和分解思维，遇到问题习惯于调和和中庸，自然就逐步不在乎真假了。中国的科技成果鉴定会最容易走形式，正是这种文化表现的典型例证。表现在企业研发上，就是追求事物本质和真理的科学精神不足，对产品及技术创新容易满足于实际应用，甚至浅尝辄止，难以做到深入并取得突破。

儒家文化中循规蹈矩的思想传统是不在乎创新的根源的，这导致了对创新的漠视和轻视，甚至反对。试问，在这种环境下，谁还愿意去创新？当然，随着经济的发展和社会的进步，现在企业已普遍意识到不创新不行了，对产品及技术创新的投入越来越大。但是，社会上还明显存在不在乎创新的另一种表现，即对创新失败的不宽容、不理解，这无疑也是制约创新的一大因素。另外，企业研发人员对创新的理解经常陷入一些误区，如认为创新就是标新立异，盲目应用新技术，忽视创新中继承的重要性等。

产品及技术创新需要科学精神，更需要长期艰苦探索和持续积累的意识和意志，“科学的入口处就是地狱的入口处”，马克思的话正是这种精神和意志的最好诠释。但是，在中国传统文化对待成功的态度上，人们倾向于寻找奇谋和捷径。就像郎咸平教授所谈到的，中国人欣赏“以少胜多”、“以弱胜强”，崇尚“四两拨千斤”。所以，我们在对待科学研究和技术创新的态度上，缺乏持久的探索精神，没有“板凳要坐十年冷”的意志力，钱学森、袁隆平、陈景润式的科技工作者在中国不多见。在企业界，研发人员普遍倾向于做“短、平、快”的产品研发项目，而对艰苦的技术研发工作就没有那么热衷了。这些年来，中国企业在产品创新上做了大量工作，但技术突破和进步不大，与此种倾向有直接的关系。而且，当前社会整体比较浮躁，追名逐利、急功近利的社会氛围，无疑大大助长了这种倾向。

中国传统的“官本位”思想是扼杀企业产品及技术创新的撒手锏。过去的社会，“学而优则仕”，当今的企业，“技而优则官”。似乎当官才是技术人员的出路，缺乏技术发展通道，技术水平再高也不如当官地位高、待遇好。在很多科技导向的企业，这种情况已经有所改善，但根深蒂固的“官本位”思想还在影响着研发的方方面面，如当部门主管的既然是官，就得管项目，结果企业大大小小的主管们都要到项目来插上一手，让真正需要对项目负责的项目经理无所适从。在一些企业，产品及技术创新的成绩是领导的，失败是研发人员的，这也是“官本位”思想在作怪。在我国历年国家科技技术进步奖的获奖者名单中，几乎都是把企业和单位的领导们放在前面，而实际负责的科研人员跟在后面，这种现象值得反思。

尽管随着社会的进步和科学技术的发展，中国现代的教育模式与过去那种儒家经典教育的教条主义模式不能同日而语了，但不可否认的是，我们现在的教育模式，强调的还是听老师的话和接受经典论著。再加上长期应对考试，使得研发人员在学生时代学到的主要是遵循经典和追随标准答案，而不是创造性地探索自然，这无疑对以后从事产品及技术创新造成很大障碍。当然，中国的教育优势是传授知识的过程非常严谨和扎实，这是有利的方面。

由于中国历史上长期的法治不健全，中国人比较缺乏纪律性，漠视程序和规则，这对于企业的产品及技术创新也是一大障碍。当今的产品越来越复杂，技术含量越来越高，企业不可能靠小打小闹地搞研发，需要的是几百人、几千人甚至几万人整体协作来搞研发，在激发个人创造力的同时，严格的纪律与程序控制越来越重要。但是，在传统思维的影响下，企业研发人员往往喜欢各行其是，不愿意受到流程的约束，更不愿意提炼、总结和推广流程。

以上是中国传统的社会文化对企业产品及技术创新带来的障碍。从企业内部来看，由于企业文化建设不到位，研发人员普遍存在职业化意识不强的问题，体现为市场意识不足，重功能轻性能，重技术轻管理，缺乏商品化意识，缺乏成本意识，甚至缺乏质量意识。

资源是会枯竭的，只有文化才能生生不息。在中国企业自主创新的道路上，文化建设无疑是一项基础工程。尽管国家在大力提倡建立创新型国家和创新型文化，但由于传统的社会文化存在巨大的惯性，阻碍企业产品及技术创新的社会文化因素不可能短期改变，那么企业唯一、也必须要做的是通过创新文化的建设，超越这些社会文化的障碍。

1.3 中国企业研发管理落后原因及10大典型问题

中国企业研发管理上的落后不是单一哪个方面的落后，而是在理念、规划、结构、流程、平台化、技术管理、人力资源管理等方方面面都落后，这已经成为制约中国企业研发能力提升的根本性因素。所以，中国企业要走出研发困境，提升核心竞争力，根本的出路是实施研发管理变革。

1.3.1 研发管理落后是造成中国企业研发困境的根本原因

如果把企业比喻为一辆马车，那么营销和研发就是马车的两个轮子。中国企业经历了从计划经济到市场经济的转变。在转型的过程中，企业认识了市场，认识了竞争，认识了营销的重要性，企业这架马车上的“营销”轮子越来越大，越来越健全，但“研发”轮子依然是那么的弱小，导致企业的产品及技术无法适应市场竞争的要求。

难道是国内企业不重视产品研发吗？过去，中国企业确实对研发重视不够。正如《中国经营报》总编指出的：在前几年中头版报道的企业曾经非常风光，现在几乎全部销声匿迹了。中国企业有一种急功近利的赌徒心理，通常大肆投放广告，甚至是一段时间搞运动搞销量，但明年怎么办？10年后怎么办？中国企业是踏踏实实搞研发的时候了。

现在，国内绝大多数技术型和制造型企业已经越来越重视研发了。但重视研发只是改变企业研发弱势的前提，除此之外，企业还有太多的工作要做，尤其是研发管理体系的建设。

曾经以“手机、呼机、商务通，一个也不能少”而享誉全国的恒基伟业公司，由于没有持续不断地推出具有竞争力的新产品，现在已经很难唤起人们的记忆了。局外人认为没有新产品，肯定是企业不重视研发，研发投入不够，但是事实上恰恰相反，相对于企业自身规模来讲，恒基伟业在研发上的投入非常大，2001年光北京研发中心就超过100人，算上各地的研发人员，差不多300人。

为什么这么一个颇具规模的研发队伍，无法研发适应市场需求的产品，不能面对外部竞争的挑战？答案在于研发管理。恒基伟业缺乏明确的研发思路和理念，没有一个相对长远的战略，其种种尝试都带有一定的侥幸心理。尽管组建了近 300 人的研发队伍，不乏来自摩托罗拉、微软等著名企业的专业人才，但内部管理没有章法，部门各自为政，流程可有可无，人员想法不一，项目运作无序，技术积累薄弱，而该公司一度希望在掌上电脑、智能手机、“记易宝”、行业应用等方面全线出击，结果哪个方面都未做好。

1.3.2　中国企业研发管理的 10 大典型问题

与恒基伟业情况类似，绝大多数中国企业在研发管理上也存在诸多问题。根据汉捷咨询多年的调查研究，中国企业在研发管理上存在 10 个方面的典型问题。

1．未形成系统、正确的研发理念

市场导向、客户意识、技术创新等是中国企业经常强调的观念，但是，整体来看，中国企业的研发理念比较零碎模糊，缺乏系统性，而且存在很多不正确的、过时的观点。比如，很多企业认为，研发就是研发部门的事情，而没有把研发当做公司各部门的一项整体活动；产品成功关键取决于技术和人才，研发管理只是辅助的；很多研发主管和研发人员觉得“失败是成功之母”，抱着试一试的心态去搞产品研发；流程和规范会约束创新；产品创新突破来源于天才和灵感，而不是执著、长期有目的的追求，等等。一些企业甚至寄希望于“四两拨千斤”，总想通过一些绝招来搞研发。还有，很多企业对产品研发、技术研发、技术研究、基础研究、核心技术等基本概念没有正确的理解。另外，绝大多数中国企业还停留在从功能及性能实现的角度来定义产品研发，而没有从客户的角度，即从呈现给客户的产品整体（包括功能、性能、体验、包装、服务、品牌、资料等）的角度去定义产品研发。

2．缺乏具有前瞻性的、有效的产品规划

国内企业通常都会提出一个远大的产品发展目标，但一般都过于笼统，也没有明确的竞争定位；通常也会制定年度产品研发计划，但很少在产品平台战略和产品线规划上下工夫。

在我所接触的中国企业中，很少有制定了产品平台战略及规划的，一些企业甚至没有产品平台的概念。由于只是关注于一个一个产品的立项和研发，众多产品相互拼凑，无法平台化、系列化地研发产品。缺乏共享平台的支撑，也导致研发能力和研发效率受到严重制约。

中国企业的产品研发计划和实际的产品立项，往往是被动响应市场和竞争的结果，缺乏主动的、基于充分市场研究的、具有前瞻性的产品线规划。产品研发

计划容易流于形式，产品研发在失去清晰的路线图的指引下，主管们和产品研发人员就会无章可循，只能临时和被动地定义和研发产品。而企业由于不能按恰当顺序研发并投放新产品，往往错失良机，在恼怒的心态下，于是企图样样都一下子做出来，不顾有限的资源，摊子铺得很大，到头来发现自己不具备充足的资源，结果是欲速而不达。

3. 在研发过程中缺乏业务决策评审

中国企业普遍缺乏把产品研发作为一项投资来管理的意识，很少开展相应的投资管理活动，尤其是产品立项后未进行业务决策评审，对于具有很大业务风险、难以带来投资价值的项目，没有在过程中发现并及时砍掉，导致大量产品上市后失败，造成研发资源的巨大浪费。这也是企业普遍感到研发资源尤其是人力资源紧缺的主要原因之一。

4. 职能化特征明显的组织结构阻碍了跨部门协作

产品研发是一项需要跨部门协作的综合性活动，几乎需要企业所有的职能都参与进来。绝大部分中国企业的组织结构是以部门职能为基础的，运作上职能化特征明显，部门各自为政，由于“部门墙”的存在带来了部门之间协作和协调的种种困难。一些企业采用了矩阵结构，然而部门壁垒依然存在，跨部门协作困难的问题并没有得到多少缓解。

首先，各部门对产品研发的成功标准缺乏一致的认识。如技术部门认为只要产品顺利转入生产就成功了，制造部门理解的成功则是产品制造流程和工艺的稳定，而市场部门则关注产品何时上市、销量如何。各部门在产品研发过程中缺乏一致的目标是带来跨部门协作困难的根源之一。

其次，在项目运作层面没有有效的运作原则和机制。绝大多数的企业都会采用项目组的方式来负责产品研发，但项目经理往往有责无权或有责少权，项目经理的角色更像是一个行政管理人员、记录人员和协调人员，而不是项目的领导者。项目组也不是真正的跨部门小组，职能部门所拥有的权利和责任比研发组多，项目成员对职能部门的忠诚远远超过对公司或项目的忠心程度。一旦出了问题，部门之间就相互抱怨及推诿责任，备忘录中常常出现这样的字眼：“市场部认为……”，“工程部的看法是……”，“生产部觉得……”。

另外，跨部门协作的障碍也来自文化的不支持。很多公司“官本位”思想突出，本位主义和官僚主义较严重，各部门做事不关注整体利益，造成跨部门协作的“土壤”不良。

5. 不规范、不一致、接力式或串行的产品研发流程

流程比较粗放、层次不清、不够规范、不具体、不细化、操作性不强等结构化不足的问题在国内企业中比较普遍。流程执行方面缺乏纪律性，比较随意，各自按自己的理解行事，没有一致的流程。当然，很多情况下，流程是由职能管理部门闭门造车做出来的，流程不切实际，或者只是把当前本身有问题的做法固化，不按这种流程去执行，反而是一件好事。

很多公司制定了产品研发流程，但他们的流程只是一些零散的功能性流程（如硬件研发流程、测试流程），缺乏系统性，没有一个联合了所有职能部门的集成的总体流程，这就像作战时缺乏总体的“作战图”和“作战方案”，导致项目组如何开展工作、各部门如何参与产品研发过程中缺乏统一部署和安排，只能各行其是。加之跨部门协作的机制又不强，导致产品研发流程在“部门墙”林立的情景下运行艰难、接口不畅、漏洞百出。

另外一个典型问题是，流程是接力式的、串行的，运行缓慢，问题留到了后面，造成返工和拖延。在产品研发前面的阶段，除了技术部门以外，测试、制造、维护、财务，甚至市场部门很少参与，导致产品研发偏重从技术的角度来考虑问题，产品的工艺性、可靠性、可测试性、可维护性等考虑的很少，产品研发后面的阶段要花大量的时间和精力来修改前期考虑不周的错误，甚至要重新设计。

6. 项目管理薄弱

尽管项目管理的方法和工具在国内企业已经开始普及，但由于相配套的组织机制、业务流程、考评激励措施欠缺，加之研发工作本身的不确定性、复杂性、涉及面广，研发项目管理的有效性也是比较差的。包括时间估计不准确，总体进度计划缺乏完整性，也得不到及时修正；因为职能部门各自制定进度表，计划衔接性差，造成实际工作衔接性也差；进展情况得不到及时汇报，缺乏有效的监控措施和手段；对成本目标缺乏关注，也没有有效地降低设计成本的方法；对风险估计不足，缺乏预防措施；资源管理头绪多，尤其是在矩阵结构下，更是无所适从。

产品质量管理尤其薄弱。在源头上，产品需求的定义不准确、不清晰（如客户需求）、不完整（如可靠性需求、可维护性需求）；在保证质量的过程控制上，流程本身不规范、不科学，执行不力；在质量控制活动上，缺乏完整的、明确的测试计划和技术评审计划，测试方法和手段落后，测试走过场，技术评审流于形式。

7．技术研发与产品研发未分离，缺乏技术研发体系

绝大多数的中国企业没有解决好产品研发与技术研发的关系，产品研发与技术研发混在一起，没有实现分离。一方面导致产品研发中要去突破技术难题，加长了研发周期，并带来了更大的风险，影响产品的成功；另一方面容易片面关注产品研发，缺乏专门的团队和相应的机制保障技术研发工作的开展，制约了技术研发体系的建设，关键技术和核心技术难以积累和提升。

国内企业技术研发体系的缺乏还体现在没有明确、清晰的技术规划及路标，没有建立专门的技术研发流程，缺乏相应的实验和试验体系，缺乏高水平的技术研发人才等方面。即使在国内知名的大型企业中，也极少有成立了专门的技术研究机构的。企业在经营决策和评价及激励机制方面的短期导向，是技术研发体系缺乏的关键原因。

8．缺乏共享器件或共用零部件，缺乏知识积累及共享机制

中国企业在产品的标准化、通用化方面普遍做得比较差，具体体现为零部件种类非常多。如各产品和各项目之间往往各干各的，很少考虑零部件的重用。从产品设计的角度来说，就是缺乏模块化设计，缺乏对共享器件或共用零部件（Common Building Block，CBB）的规划、研发、应用及维护。国内一家高科技企业在进行器件归一化工作时，发现在公司各种型号的产品中，100 欧姆的电阻竟达 12 种之多，经过分析，最后归并为 4 种。

很多企业一开始不重视研发知识的积累，前人的经验无法传承，教训及问题无法提示后人，产品研发的效率变得越来越低，经常犯同样的错误。对知识管理重视起来后，又发现要建立有效的知识积累及共享机制是何其艰难的事情。专家们太忙、对知识难以结构化管理、缺乏评价及奖励措施、知识即权力的传统观念、缺乏分享文化等都是这些企业需要解决的问题。

9．缺乏有效的培养机制，研发人员的职业化素质不足

研发人员的成长速度滞后于项目的增长速度是中国企业普遍面对的问题，反映了企业对研发人员培养的被动局面，表现为培养手段单一、未建立清晰的发展通道、责权不明确、师傅带徒弟留一手、专业培训不足、对周边工作了解不够、交流机制缺乏、市场压力传递不到位等问题。由于缺乏周边部门的锻炼及轮换机制，职能化组织带来的横向责权缺失，对产品经理、项目经理等复合型人才的培养尤其不力。

中国企业研发人员聪明勤奋，学习能力强，专业化素质较高，但普遍职业

化素质不足，体现为市场意识不强，重功能轻性能，重技术轻管理，缺乏商品化意识，缺乏成本意识，甚至缺乏质量意识。华为公司曾经把研发人员的这些问题称之为“幼稚病”，1997 年曾在研发系统发起了一场轰轰烈烈的“反幼稚”运动。

10．缺乏有效的研发考核与激励机制

如何对研发人员进行合理的考核和激励是困扰着企业的难题。一家精细化工企业的人力资源部在推行绩效管理方案时，研发部经理就提出：“做起来是可以，但考得不好，反而起反作用，谁来负责？”由于研发工作的创造性和不确定性，目标难以量化，对研发工作和研发人员的评价确实比较困难。比如说，要考产品的市场效益，研发人员会说课题又不是我选的，怎能怪我？再如考计划完成率和错误率，往往越难的项目计划完成率越低、错误也越多、项目组人员越是辛苦，结果他们的考核成绩却越差，这不是“鞭打快牛”吗？那谁还愿意去做高难度而重要的项目。于是，企业对研发人员的考核在定量和定性之间、在结果和过程之间、在短期和长期之间摇摆，找不到一个行之有效的考核办法。

在矩阵结构下如何对研发人员考核也是一个难点。研发人员面对两个或以上的上级，考核关系如何界定，项目考核和部门考核如何结合，权重如何确定，如何对技术部门以外的职能部门参与产品研发的人员进行考核……这些问题让人难以理出头绪。

绩效考核的不科学也带来了报酬激励缺乏依据，带来不公平感，影响研发人员的积极性。如果再加上岗位价值不明确、任职资格划分及评定模糊，那研发人员的薪酬就确实靠拍脑袋了，于是薪酬机制引起更多的不满。在这种情况下，项目奖被一些企业看做是灵丹妙药，可惜项目奖在带来短期激励的同时，也带来了诸如降低研发人员对企业的凝聚力、影响团队精神、短期行为、不利于人员流动和培养等长期的危害。对于研发人员来说，发展机会、认可、沟通、荣誉等非经济性激励措施的重要性并不亚于薪酬，但这些也明显被大量企业忽视了。一个企业主抱怨研发人员不愿意加班，但他自己极少与研发人员沟通，研发人员按时下班有班车，晚上加班后回家要自己想办法，更不用说免费的夜宵。试想，在这样的环境下，有哪个研发人员愿意加班？

以上 10 大研发管理的典型问题就像阻碍中国企业研发能力提升的 10 大顽症。要解决这些问题，除了企业的决心和努力外，通过研发管理变革，引进和实施业界先进、成熟的研发管理体系是必由之路。

1.4 研发管理的发展历程

研发管理的思想和体系是随着研发实践逐步发展起来的，历经第一代、第二代、第三代研发管理的变迁，现在又提出了第四代研发管理的概念。美国企业的研发在全球一直处于领先地位，美国不仅是第一代研发的主要实践者，第二代、第三代研发管理的一些经典模式也是首先在美国提出并通过企业的实践得到推广的。由于第四代研发管理目前并没有成型的模式，所以当前领先企业普遍实施的是第三代研发管理模式。

1.4.1 第一代、第二代、第三代研发管理的变迁

早在18世纪60年代，工业革命在英国发源。经过200多年工业革命的洗礼，西方国家尤其是美国在技术和产品研发方面已经遥遥领先于其他国家。但早期的产品研发主要集中于发明上，包括新的消费类产品的发明，或者发明新型的生产设备用于提高生产效率。真正面向消费者的产品研发当推福特研发的“工薪阶层买得起的汽车”。1908年8月12日，第一台福特T型小汽车在底特律出厂。因为采用了大规模生产的新技术，T型车造价仅为900美元。从1908年到1927年，T型车累计销售了1500多万辆，成为历史上最畅销和销量最大的车型。但是，福特认为：“不管你喜欢什么，我的汽车就是黑色的。”通用企业抓住了消费者需求多样化的趋势，研发了很多款式新颖、更能满足顾客需要的汽车，受到消费者的热烈欢迎，导致福特的T型车不得不在1927年停产。

此后几十年来，顾客需要和欲望不断演进，新技术不断取得突破并广泛应用，在市场竞争的牵引下，产品不断推陈出新，市场不断细分，产品品种急剧增加；企业生产模式从少品种大批量转变为多品种小批量；半导体、计算机、通信设备、因特网等新兴行业不断涌现，著名的“摩尔定律”不断改写信息产业的规则；日本企业凭借价廉物美的汽车、电器等产品在全球迅速崛起；企业在激烈的市场竞争中潮起潮落……到今天，全球企业都进入了一个市场多元化、产品多样化、技术不断革命的纷繁复杂的世界。

有意思的是，随着新产品和新技术的层出不穷，相对于生产管理、营销管理、财务管理、人力资源管理等领域，对产品研发管理的研究一直未引起人们的重视。传统上，产品研发被看做是一门艺术，即产品是天才与灵感相结合的产物。它并不是什么可以管理的东西，它是偶然发生的。产品研发没有被作为一个过程来进

行审核、管理或教导。甚至到了 20 世纪 80 年代以前，许多关于产品研发方面的文献集中于创造及人类沟通之谜上。他们认为产品研发是不可管理的，所能提供的只是一个合适氛围，以激发灵感和创造力。这便是第一代研发管理的基本思想。

第一代研发管理以科研和发明为导向，认为研发主要是科学家和发明家的事情。企业研发机构和大学科研机构、国家科研机构一样，科学家与发明家根据自己的科研方向和兴趣选择研究课题，企业高层不参与研发相关的决策。这一时期的研发活动，尽管一项又一项发明如雨后春笋般破土而出，但在很多企业中与营运并没有太多的直接关联，研发本身没有明显的商业目的和策略，对研发的评价也都以发明、专利、论文等科研成果为主，并不与企业的经营绩效挂钩。

1930 年美国专利局一位要员宣称"该发明的都已经发明了，专利局可以关闭了"的时候，美国专利局虽然并未关闭，但却预言了"发明时代"即将让位于新的研发时代：随着"阳春白雪"式的基础研究和发明研究逐渐退居次要地位，"下里巴人"式的与生产紧密相关的应用研究悄然兴起，并逐渐占据了主导地位。这种改变首先从通用汽车、福特、通用电气、杜邦、美国钢铁等传统大型工业企业身上发生，然后逐渐往丰田、索尼等当时的中小企业群扩散。企业开始建立和加强以产品创新为导向的研发部门，而且一些学者注意到结构化和积极的管理并不一定窒息创新，这些管理手段和方法提供各种分界线，以各自明确的职责为基础，更加注重创造力和授权，结构化并不妨碍产品研发，它只是明确了过程，而创造力即由此而生，而企业的实践也证明了这些观点。于是，第二代研发管理模式应运而生。

然而，除了 20 世纪 80 年代中期罗伯特 · E · 库柏提出的门径管理（Stage-Gate）流程及后来在此基础上提出的 NPD（New Product Development）模式外，在第二代研发管理的理论和方法方面的建树不多。门径管理和 NPD 模式作为第二代研发管理模式的代表，强调结构化研发和研发过程控制，至今仍然为很多优秀企业所应用。不过，在今天看来，门径管理流程及后来在此基础上提出的 NPD 模式在系统性和操作性方面都有相当大的局限性。门径管理和 NPD 都过于关注产品研发流程，而对产品研发的其他关键要素，如产品战略、市场分析及产品规划、技术研究等方面都涉及很少；把研发主要定位为一项配合公司经营的活动，而没有上升到公司战略的高度；对如何集成产品研发管理的各个要素没有整体模型和具体的方法；在指导研发管理实践上缺乏可行的方法和工具。

1986 年前后，迈克尔 · E · 麦克哥拉斯提出了 PACE（Product And Cycle Excellence）研发模式，将研发管理体系划分为产品战略、阶段评审决策、核心小组组织、结构化研发流程、技术管理、管道管理（指多项目的资源管理，后文中出现也是这个意思。——编者注）、研发工具 7 个相互关联、有机集成的要素，标志着第三代研发管理模式的诞生。后来，业界又在 PACE 的基础上提出了集成产品研发（Integrated Product Development，IPD）模式，并在 IBM 公司得到成功应用，使研发管理的系统性和实践性提升到了一个新的水平。以 PACE，IPD 为代表的第三代研发管理模式在美国企业得到了广泛的应用，大大促进了企业研发管理水平和研发能力的提升。

1.4.2 西方企业在研发管理实践方面并不理想

由于企业实践的滞后效应，西方企业在研发方面的表现也不尽如人意。根据 PDMA 和 Booz-Allen & Hamilton Surveys 在 1998 年对美国企业研发方面的一个调查，发现在企业研发中：

- 7 个概念只有一个成功，如图 1.1 所示。
- 50%的新产品上市后失败。
- 66%的 CEO 对他们公司在新产品研发上的表现感到失望。

可见，大多数新产品以失败而告终。根据调查，典型的新产品失败的原因如图 1.2 所示。

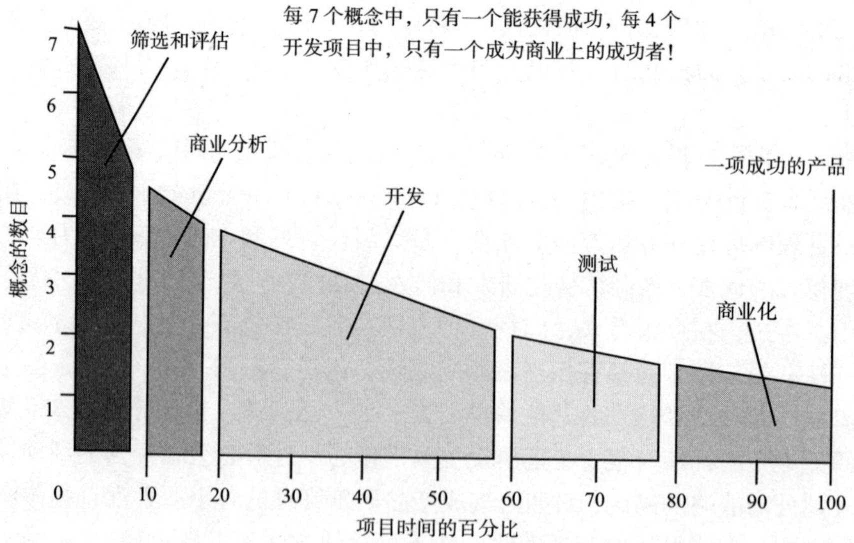

图 1.1　7 个概念只有一个成功

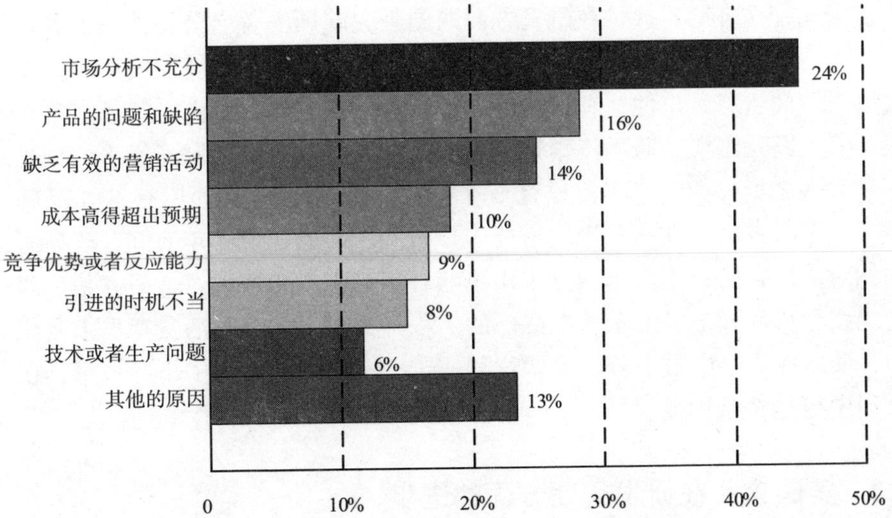

图 1.2 导致产品失败的问题所发生的百分比

即便是大名鼎鼎的 IBM 公司 1993 年前后，在研发方面也遇到了巨大的麻烦，成为公司巨额亏损的主要原因之一。比如，IBM 的研发投入费用占收入的比例在 1993 年达到 12%，由于硬件毛利的持续下降，公司不再能支付得起这么高的研发费用。而且，投入的研发费用中 25%白白损失掉了，而业界最佳的损失比例是 12%。IBM 的产品上市时间也远远落后于主要的竞争对手。后来，IBM 在郭士纳的领导下，实施 IPD，取得了巨大成功，显著缩减了产品上市时间和研发费用，如图 1.3 所示。

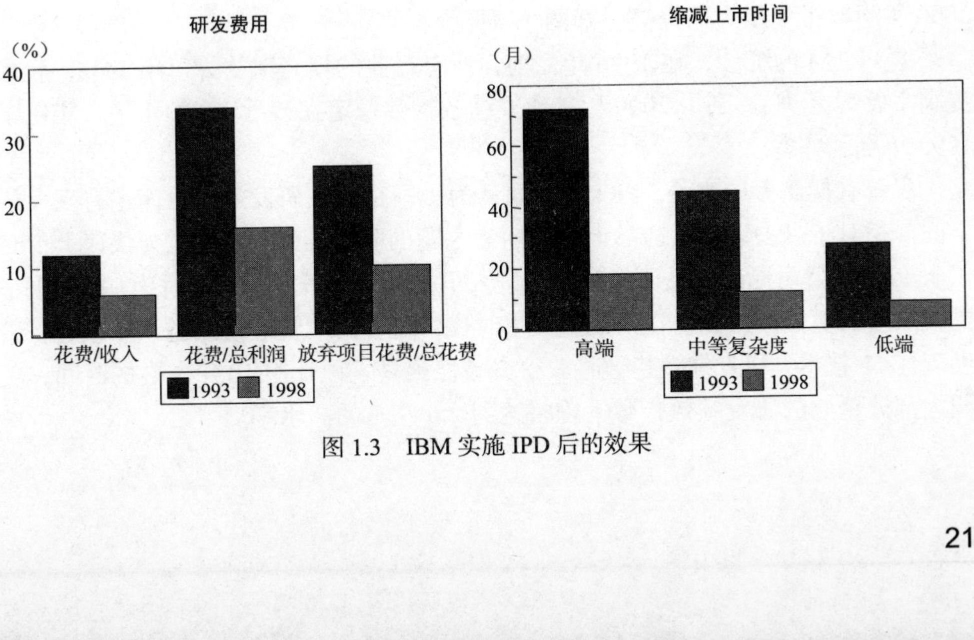

图 1.3 IBM 实施 IPD 后的效果

在美国，像 IBM 这样在研发方面遇到巨大麻烦的著名公司并不少见。如摩托罗拉的“铱星计划”最终宣告失败，再一次说明过于技术导向的产品研发基本上会以失败而告终，也使摩托罗拉蒙受了巨大的损失。朗讯由于产品战略判断的失误，陷入经营困境。通用汽车是世界上最大的汽车公司，但多年来一直受品牌和型号太多之累。相对于丰田只有 3 个品牌、26 个型号，通用有 8 个品牌、89 个型号；丰田推出一款新车平均需要 3 年时间，而通用要 4 年时间。产品研发方面的相对落后，使通用汽车饱受丰田不断吞噬其市场份额之苦。爱立信、西门子等公司在手机研发上，由于长期浓厚的工程师文化，缺乏对消费者需求变化的洞察力，最后在竞争中败下阵来。像这种例子，不仅在大公司中不胜枚举，在中小型公司中更是经常出现。

1.4.3 美国企业在研发管理方面的进步

尽管如此，美国企业过去 20 年来在研发方面取得的进步是巨大的。根据 PRTM 公司的估计，在过去 20 年左右的时间里，美国大部分公司所有新产品的上市时间平均缩短了 40%～60%，在研发效率上也取得了不断的提升。

为了衡量研发效率，PRTM 公司 1992 年提出了研发绩效指数（R&D Effectiveness Index，RDEI），主要比较新产品产生的利润与新产品投资。将新产品营业收入在公司总营业收入中的比例（比如说，40%）乘以利润率（比如说，10%）与研发投入占营业收入的比例（比如说，5%）之和，再除以研发投入比例，就得到了研发绩效指数。上例中的 RDEI 为 40%×（10%＋5%）/ 5%=1.2。

根据 PRTM 所做的基准数据，美国大部分企业的研发绩效指数在 1992 年到 2000 年间取得了很大的提高，如图 1.4 所示。

据 PRTM 的统计，在 1996 年之前，所有行业的提高率约为每年 14%，后来提高率放缓至 4%。到了 2000 年，研发绩效指数稳定在接近 1.0 的水平，相比于 1992 年翻了一番。

尽管有如此大的改善，PRTM 公司认为美国企业在研发效率方面还有巨大的空间。相对于过去以缩短产品上市周期为主题的阶段（PRTM 称之为快速上市时代），PRTM 公司提出产品研发管理将进入下一代——研发生产率时代，即以更小的投入获得更大的产出。在研发生产率时代，随着研发管理模式进一步改进，借助现代 IT 技术，研发绩效指数将获得突破性提高，预计用 10 年左右的时间，美国大部分企业的研发绩效指数平均将达到 2.0 左右的高水平。

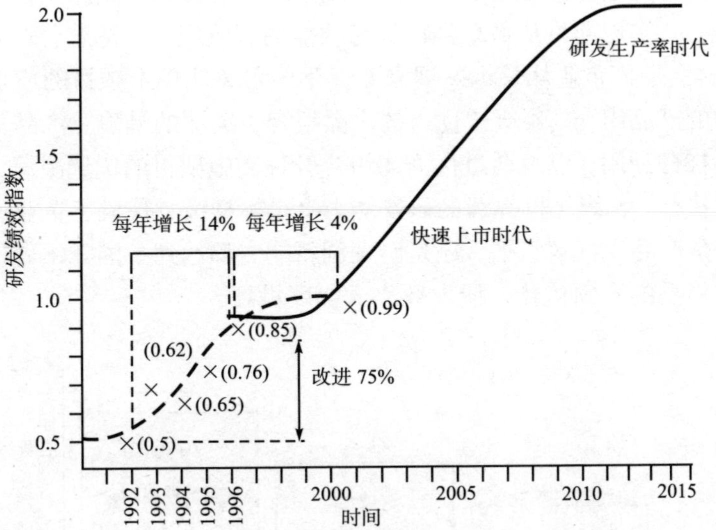

图 1.4　美国企业研发绩效指数的变化及预测（来源：PRTM 公司）

1.5　中国企业研发管理水平评价

根据 PACE，IPD 等第三代研发管理思想及方法，研发管理体系按照运行效果和过程成熟度可以划分为非正式的管理、优秀的功能、优秀的项目、优秀的产品组合、世界级 5 个水平等级。那么，这 5 个等级各自有何特征？中国企业的研发管理水平处于何种状态呢？

1.5.1　研发管理的 5 个水平等级

我们知道 CMMI 划分为初始级、已管理级、已定义级、量化管理级、优化级 5 个成熟度等级。这种等级划分主要是以过程的成熟度为依据的，并不能反映体系的真实运行效果，这就是我们经常发现已经通过了 CMMI3，4 级甚至 5 级认证的企业，研发体系运行的效率和效果并不一定好的原因。所以，我们要客观考察一家企业研发管理水平的高低，不能光看过程的成熟度，而主要应从运行效果的角度来评估。图 1.5 就是从研发管理体系运行效果出发，结合过程成熟度将研发管理体系划分的 5 个水平等级。

1 级（非正式的管理）一般出现在企业初创时期，类似一种“游击队”式的做法。2 级（优秀的功能）代表企业已经建立了完整的功能部门，但是功能部门各自为政，跨功能运行困难。下一步，企业必须以项目为主线建立各功能之间的协同作战机制，实现项目从概念到市场跨功能的有效运行，标志着达到 3 级（优秀的项目）。但是，企业从长远发展来看，不能仅关注单个项目的成功，而要关注形成优秀的产品组合。4 级（优秀的产品组合）关注的是建立产品平台，实现产品平台的杠杆利用，以及通过优秀的组合管理实施项目的优选决策，并使项目得到高效地执行。5 级（世界级的研发能力）是标杆级，代表了企业通过长期的努力，不管是产品、技术水平，还是研发创新能力都达到了国际领先地位，通过对研发管理体系的不断优化，研发效率大幅度提高。

图 1.5　研发管理 5 个水平等级

1.5.2　研发管理 5 个水平等级的特征

5 个水平等级代表了企业研发管理体系演变的 5 种状态，表 1.1 进一步从能力表现、结构、流程、项目管理、产品战略及规划 5 个维度简要说明了各等级的主要特征。

表 1.1　各等级的主要特征

等级 / 维度	1 级	2 级	3 级	4 级	5 级
能力表现	个人能力	功能能力	协同能力	平台能力	世界级能力
结构	不明确不清晰	职能化	跨部门团队	异步研发的组织平台	跨企业的创新联盟
流程	无纪律状态	各职能的工作流程	统一的跨部门流程	流程成为战略优势	集成的研发链管理

续表

等级 维度	1 级	2 级	3 级	4 级	5 级
项目管理	无原则性	协调不畅	高效协作	管道平衡、高效	跨地域、虚拟的项目管理
产品战略及规划	无	无原则性流于形式	有效引导产品研发	杠杆利用产品平台	有效引导产业链创新

1. 1 级的主要特征

产品成功几乎完全取决于个人的经验和能力，最高层和高手在项目中扮演最关键的角色；没有正式的组织架构，但具有“游击队式”的灵活和机动；大家习惯凭经验行事，很少建立流程及规范，即使有流程也处于无纪律状态；项目管理的方法没有被正式采用，项目进度目标及计划往往流于形式，“救火队员”比项目经理更受欢迎和尊重；项目都是临时决策和立项，谈不上什么产品战略及规划，没有意识到技术研发与产品研发的区别。

2. 2 级的主要特征

各方面的功能能力（如硬件研发、测试、工业设计等）已经完整地建立起来，在经验丰富的研发主管及研发人员的努力下，项目时常能取得成功，但失败的项目或者未达到预期的项目更多；组织方式是典型的职能化结构，项目管理的责权主要被分配到各职能部门而不是项目组，项目经理往往有责无权或有责少权，项目组不是一个真正的跨部门团队；建立了很多各职能的工作流程，但比较零散，不成体系，缺乏贯通各职能的产品研发流程，这就好比修了一条公路，每段都修得不错，但段与段之间要么有障碍，要么有鸿沟，汽车在这种公路上能跑得快吗？

在 2 级，企业尽管应用了项目管理的方法，但由于缺乏跨部门的、责权到位的项目团队，各职能部门负责管理项目和进行项目决策，但各自为政，矛盾频繁，项目经理只是扮演了协调人甚至联络员的角色，而且缺乏统一的、跨部门的流程支持，导致项目开展中协调不畅、跨功能运作困难。另外，关键技能只限于某些个人知道，既难以从成功的项目获得经验，也难以从失败的项目吸取教训。

通常由企业最高层根据公司的战略和内外部环境制定产品规划，或者制定产品研发进度表，但这种规划或进度表往往是凭感觉或临时开会确定的，缺乏完整性、前瞻性和可行性，没有考虑产品平台规划，经常与战略目标不一致和脱节，所以在执行过程中，企业被迫被动响应市场和竞争来选择项目，原来制定的规划或进度表被放在一边，流于形式。而且，企业往往有操之过急或希望满足所有客户要求的倾向，结果摊子铺得很大，研发了很多产品，但成功的产品并不多。

处于2级的企业已经意识到了技术研发与产品研发的区别，但在运作上两者没有实现分离，产品研发中的技术风险很大，也无法提前进行技术研发活动。

3．3级的主要特征

在纵向职能架构的基础上，建立了横向的跨部门团队；职能部门不再直接管理项目，而由跨部门的项目团队全权负责；统一的跨部门流程已经建立起来，使各项职能实现了有机的联合，并在所有项目得到应用。在3级，通过组织和流程的变革，各项职能之间的协同能力不断提高，成为项目成功的关键。

项目团队是一个重量级的团队。项目经理从协调人的角色转变为团队的领导者，对项目成功负责并做出项目的日常决策；项目成员从接口人转变为职能部门的代表，能够完全代表相应的职能部门做出项目中的决策；项目管理的方法得到充分的应用，项目团队建设得到加强。由于采用了跨部门的项目结构和管理方法，实现了项目的高效运作，大大缩短了研发周期，提高了研发效率。

处于3级的企业建立了产品战略及规划流程，在规划过程中，高层和市场、研发、销售、采购、财务等部门共同参与，甚至跨部门团队负责提出和维护产品战略及规划。除了产品规划外，企业还制定了相应的技术规划。由于建立了前瞻性的、信心十足的产品和技术路线图，技术研发在产品研发之前就提前进行，为产品研发提供关键的技术平台，而产品研发则在产品规划的引导下有序进行，并根据内外环境做出适当的调整。

4．4级的主要特征

系列产品所共享的产品平台已经建立起来，推动着企业在产品领域取得持续的成功。按照产品、平台、子系统或模块、技术分层的异步研发模式被采用，企业建立了支撑异步研发的组织结构，如成立了平台研发部门和技术研究机构。产品研发流程得到不断优化和完善，与产品战略和技术过程有效地结合起来，并植根于企业文化中，成为确保产品成功的战略优势。

多项目资源的管道管理已经开展，在整个企业或跨项目的层面上进行整体计划，项目所需的资源事先经过平衡，项目的优先次序依项目潜力和管道的状况而定，确保优先的项目得到充分的资源保障。通过对整个产品研发管道进行优化管理，加快项目通过管道的速度，实现多项目运行的高效。

有关产品平台的决策越来越受重视，决策基于明确的、具有前瞻性的产品策略和技术策略。高层在研发方面的重心放在现行的和新的产品平台上，制定明确的产品平台战略及规划，并与技术规划紧密联系起来，通过有效的产品研发和技术研发过程而实现。

5. 5 级的主要特征

达到 5 级的企业已经在产品和技术方面建立了领先优势，但为了保持领先地位，取得更大的成功，企业还需要充分利用外部的优势资源，加强技术合作，所以建立跨企业的创新联盟是这些企业的必然选择。相应地，研发流程需要跨越企业内部，与外部合作伙伴的流程实现集成，同时也需要与企业其他业务流程（如供应链流程、客户关系管理流程）更密切地结合，实现集成的研发链管理。

对项目团队进行跨地域、跨企业、跨文化的管理成为项目管理关注的重点。由于很多项目成员是外部机构人员，他们并不受企业内部规章的约束，项目经理无法像对企业内部成员那样直接施加影响，所以项目经理对他们采取的是一种虚拟管理的方式，这要求项目管理系统更加严密和先进。现在一些跨国公司通过利用全球研发资源，实现 24 小时不间断研发作业，正是跨地域、虚拟项目管理的典型例子。

制定产业链创新战略，以引导跨企业的产业链创新，形成产业链竞争的领导地位，产品战略及规划的过程不仅依靠传统的分析、假设、预测、细分、定位、规划等手段，更强调通过创意管理激发创新，并采用模拟、仿真、消费者合作等方式，寻找最佳的创新组合，使产品创新的预期效果尽早明朗化。同时，非连续创新和破坏性技术越来越受到企业关注，以获得更大的创新空间。

1.5.3　对中国高科技企业研发管理水平的评价

用以上 5 个水平等级对中国企业进行评估，显然对大量传统的生产型和服务型企业是没有意义的，因为在这些企业还谈不上具有研发职能。所以，我们仅对中国技术型企业，也就是我们经常所称的高科技企业进行一些分析。汉捷咨询 8 年来对国内 80 多家高科技企业进行了深入调研，在培训过程中邀请了 150 多家高科技企业的主管根据 5 个水平等级做了自我评估，发现绝大多数企业的研发管理处于 2 级左右的水平，部分企业尚处于 1 级，达到 3 级的企业极少。如果从整个中国高科技企业的范围来看，达到 4 级的企业估计仅有几家，而达到 5 级的企业几乎没有。代表了研发管理最高水平的华为，应该处于向 5 级过渡的阶段。

如果对中国高科技企业的研发管理水平进行统计估计，大致上如图 1.6 左边的曲线，右边的曲线代表了美国高科技企业研发管理水平。

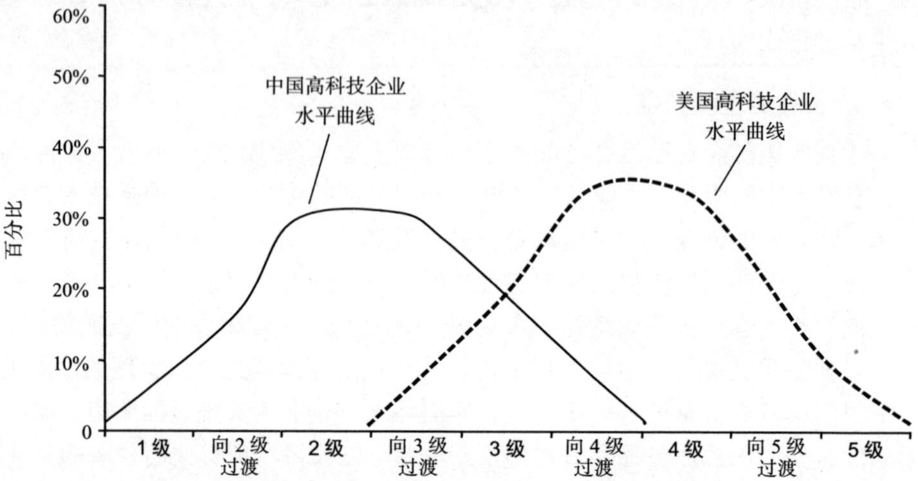

图 1.6 中国与美国高科技企业研发管理水平等级比较

从水平等级的评价来看，中国高科技企业研发管理水平集中在 2 级左右，2 级的主要特征与前面提到的中国企业研发管理 10 大典型问题是吻合的。与美国高科技企业相比，中国高科技企业在研发管理上大概还差将近两个水平等级。根据汉捷的分析，企业研发管理要提升两个等级，即使持续进行研发管理变革和改进，也需要花 10 年左右的时间。所以，对于中国企业来说，为了在研发管理上达到先进水平乃至形成世界级的研发能力，需要付出长期艰苦的努力。

第 2 章

产品创新模式

自改革开放以来，中国企业通过“八仙过海，各显神通”式的产品创新，取得了成功，但同样存在各种各样的产品创新“病症”，未建立高效的产品创新模式，制约了企业的发展。

以产品创新促企业发展，首先应保障研发投入，其次要制定明确的产品战略及规划，选择合适的产品创新模式，还应多向优秀的创新企业学习。

2.1 产品创新“病症”面面观

尽管中国企业在产品创新方面的成绩有目共睹，但是从总体上看，产品创新的层次、效率，以及产品成功率都还比较低，在产品创新策略、产品创新机制、产品创新管理等方面存在着各种各样的产品创新“病症”。

2.1.1 “八仙过海，各显神通”式的产品创新

改革开放 30 年来，国民经济蓬勃发展，人们的物质和文化生活水平不断提高，政府、企业、学校等各种社会机构积极谋求发展，随之而来的就是对各式各样的产品及服务的持续需求，于是，国外企业和产品纷纷跨入国门，而国内企业也抓住市场机会，推出自己的产品及服务，上演了一场“八仙过海，各显神通”的好戏。

1. 贸易起家

在今天的中国民营企业中，有相当数量的企业是以贸易起家的，其中不乏国

内著名的大型民营企业，如联想、华为。对于一无产品、二无技术、三缺资金的创业者来说，没有比代理国外企业尤其是跨国知名企业的产品更好的选择了。很多企业通过贸易熟悉了市场，积累了一定的资金，对技术也有了相当的了解，于是逐步转向自主研发、生产及经营。这些企业自己研发的产品比代理的产品成本更低，价格更便宜，而且能够更快地响应市场的需求，企业获得了更大的发展。有关人士将之总结为“贸工技”或“贸技工”模式。

2．下海创业

下海曾经是20世纪80年代末和90年代初最热门的词汇之一。下海创业者的背景比较复杂，有从政府官员或职员下海的，如用友软件的王文京；有从国企下海的，如比亚迪的王传福；有从科研机构下海的，如联想的柳传志；有接父辈班而下海的，如方太的茅忠群；有从军队下海的，如三九的赵新先，等等。这些下海创业者的共同特点是拥有强烈的成功欲望和创业激情，掌握了一定的产品技术，如王文京在财政部的时候就在研究和研发电算化软件，王传福在原来的单位就是搞电池技术的，通过艰苦的努力，抓住市场机会，研发出创新的产品，开创出一片新的发展空间。

3．合资经营

在“以市场换技术”思路的指导下，20世纪80年代中华大地上涌起了一波又一波的合资潮。与外商独资企业不同的是，合资企业能够快速利用国内企业的资源和优势，能够更好地得到政府的支持，而且合资经营的领域市场潜力巨大，所以发展迅猛。例如，1984年成立的上海贝尔电信设备公司与法国阿尔卡特合资经营，其引进的通信设备S1240程控交换机很快就成为我国电信网装备的主力机型，该产品当时的紧俏程度是我们现在难以想象的：需要提前18个月预订，而且需要交付设备全款作为定金。汽车行业尤其是轿车行业应该是合资经营最大的、也是影响最为深远的领域之一，国内几大汽车厂家，如一汽、上汽、东风汽车等先后与德国大众、美国通用、法国雪铁龙、日本丰田等国际汽车巨头合资，先后引进研发了一系列畅销国内的车型。可以说，目前行使在中国大地上的车辆绝大部分是合资企业生产和经营的。

合资经营对于促进国民经济发展，丰富人们生活，引进先进的生产方式、管理模式及产品技术无疑做出了历史性的贡献。但是，国外企业通过合资大举占领了中国市场，而我们并没有引进和掌握真正所需要的关键技术和核心技术。

4．乡镇企业蜕变

在改革开放和市场经济的洗礼下，中华大地上崛起了一批著名的乡镇企业，成就了一批乡镇企业家，是一个奇迹。“珠三角”和“长三角”是乡镇企业最多的地区，也是硕果累累的地区。同是位于广东顺德的科龙集团和美的集团，其创始人潘宁和何享健均是在农村白手起家的，第一代产品基本上是依靠手工的方式敲打出来的。浙江万向集团的创业充满了艰辛和泪水，由于是乡镇企业，客户不相信，展销会不让入内，创始人鲁冠球只能在展销会会场外面摆地摊来推销自己的产品。同样在浙江的老板电器的前身是一个村办企业，通过二十多年的艰苦经营，目前已经成为国内高端厨房电器的主要生产厂家之一。位于江苏无锡的晶石集团，其前身是一个乡村的砖瓦厂，目前已发展为一家重要的电视零部件供应商，其研发生产的彩电高压包一直占据了全球市场份额第一的位置。这些乡镇企业通过不断蜕变，现在都成为了现代化的企业或企业集团，成为中国经济发展的一支重要力量。

5. 高校企业

不知从何时开始，在中国企业队伍中开始出现了一批以高校名字冠名的企业，如北大方正、清华紫光、浙大中控、东大金智、科大讯飞等，尤以“清华”为首冠名企业最多。这些企业以高校为背景，以高校智力资源为依托，以科技转化为目的，在改革开放的浪潮中，取得了一个又一个的辉煌。北大方正无疑是它们中的先行者，也是将科学技术转化为生产力的典型代表。以北大教授王选为首的科研队伍通过多年的钻研发明了汉字激光照排技术，之后在学校的支持下成立了北大方正有限公司，成功开创了一条技术产业化的道路。由于国家经济发展大环境的影响和北大方正等先行者的示范作用，越来越多的高校和科研机构纷纷将自己的科研成果拿出来，或自主，或通过合资合作的方式兴办企业，从而成就了一批以高校为背景的科技型企业。这些企业的产品一般技术含量较高，而且因为有高校作为后台支撑，技术发展的后劲较大，所以得到了客户和业界的认可，以至于很多企业为了提高产品可信度，想方设法与高校攀上关系。在此过程中，难免就有滥竽充数的。

6. 因特网风潮

20 世纪 90 年代初，随着因特网热潮的兴起，各式各样的因特网企业如雨后春笋般冒出来，再加上“风投们”的推波助澜，一时间因特网企业吸引了人们的大量眼球，以至于传统企业也耐不住了，纷纷往因特网里面砸钱，一个著名的例子就是联想集团花巨资建立了 FM365 网站。

但是，光烧钱不产生效益，无法持久。于是，因特网泡沫终于破灭，因特网行业迎来了一轮理性发展的行情，一批优秀的因特网脱颖而出，并在网络产品及服务方面占据了主导地位。新浪、搜狐、网易占据了门户网站的前三位，腾讯成为即时通信领域的领导者，百度称雄搜索领域，盛大开创了网游的传奇，阿里巴巴更成就了电子商务领域的神话。

7. 海归派

曾几何时，“海龟”或“海归”成为了人们谈论中最热门的词汇之一。海归派之所以越来越引起人们的关注，不仅在于回来效力的海归人员越来越多，也在于越来越多的海归人员创办的成功企业。海归派创业一般选择新兴的高科技行业，这样能充分发挥他们的技术优势和信息优势。他们擅长借助风险投资商，抓住新兴的市场机会，利用自己在海外掌握的技术，研发创新的产品，使企业得到快速发展。中芯微电子、UT-斯达康、展讯通信、朗科科技、亚信通信等，都是具有代表性的海归派企业。

8. 国企改革

之所以把国有企业放在最后来谈，并非国有企业不重要，恰恰相反，国有企业一直是国民经济的主要支柱；并非国有企业的产品创新不突出，其实大多数国有企业随着市场的发展和竞争的加剧，也一直在致力于产品的创新和技术的进步，并涌现出很多可歌可泣的创业和创新事迹。

虽然国有企业拥有资源优势，但是由于体制和机制的原因，在竞争中往往处于不利的地位。于是，大量国有企业积极投入改革的浪潮中来，转变经营机制和管理模式，激发创业和创新的活力。随着张瑞敏的锤子砸向有质量缺陷的 76 台冰箱，青岛电冰箱厂走向了一条改革和创新之路，并最终发展为海尔集团公司。二十多年来，很多国有企业与海尔一样，积极进取，锐意改革，创业创新，在市场经济中扮演着举足轻重的角色，它们中的佼佼者包括中集、万科、康佳、长虹、创维、宝钢、上海电气、一汽、上汽等一大批企业。

即使在垄断经营或限制性行业，如金融、电信、石油、电力、铁路等，国有企业的发展和进步也是有目共睹的。譬如电信运营行业，通过数轮的重组和改革，建立了全球最大的通信网络，移动用户数在 2007 年年末已达到 5.5 亿户，通信产品及服务日益丰富多彩，价格也在逐步降低。

不为公众所知的是一大批军工企业和科研院所一直在为国防建设和国家大型项目默默奉献。在它们几十年如一日的努力下，我国在航天航空、火箭发射等领域进入了世界先进行列。

2.1.2　产品创新“病症”面面观

1.“贪多求全”症

有人认为，美国只有一家真正的多元化企业，那就是通用电气（GE）。这个看法有些极端，但如果说中国有太多的多元化企业，我想不会有什么人反对。我们经常看到很多中国企业，规模不大，但涉足多个产业领域，设立了数个事业部甚至十多个事业部或子公司，这是企业贪多求全的心里在作怪。其结果往往是企业资源分散，缺乏核心能力和核心产品，每块都难以做强做大。如前面提到的恒基伟业公司就曾经患过该病。再如，国内曾经有多家家电企业，不顾自身的资源和核心能力，进入汽车行业，结果都铩羽而归。

2.“头脑发热”症

患这种病症的企业处于快速发展时期，现在的业务取得了巨大的成功，于是乎就感到自己无所不能了，开始寻找新的投资领域。最后确定的产品领域看起来比原来的更有前景，等大量资金投入后，才发现自己进入了一个陌生的领域，进退两难之际，无奈选择退出，但巨大的损失已经造成。盛大当年要做一统江湖的“盒子”，就是“头脑发热”的典型症状。

3.“闭门造车”症

一家软件企业的研发人员认为客户需要对业务进行监督，于是花了将近半年多的时间研发出来一套业务控制系统，请潜在客户来观摩，在得到“还能用”、“技术不错”等评价之后就没有了下文。一家通信企业的研发主管在 2002 年时看到手机的和弦铃声很好听，彩屏很好看，于是研发了一款带有和弦铃声和彩屏的对讲机。该对讲机上市以后，用户普遍反映与手机的铃声容易混淆，彩屏在地下室看不清楚。这种“闭门造车”搞产品创新的例子在企业中不胜枚举。研发人员想当然地理解客户需求、自以为是、以我为主、不愿意或没有机会接触客户等，都是这种病症的表现。

4.“缺心少魂”症

很多中国企业在产品创新时，没有自己的核心技术，也不致力于核心技术的积累和突破，长期以来，产品没有自己的“心脏”，只能借用别人的，如中国彩电行业和手机行业的绝大多数中国企业属于这种情况。另外，很多中国企业的产品没有自己的定位和特色，没有“灵魂”，只能依靠低价竞争。

5.“败絮其中”症

很多企业的产品功能挺全，包装得不错，但内在质量实在不敢恭维，动不动就出故障，典型的“金玉其外，败絮其中”，很多用过某些国产品牌手机的消费者应该深有体会。不少企业似乎忘记了“质量是产品的生命”这一箴言，拼命搞一些花里胡哨的功能和营销概念，却视产品的根本于不顾。

6.“发育不良”症

很多企业第一代产品做得很成功，积累了一定的市场和技术基础，很自然地向相关的产品领域进军，但新领域往往做不起来，甚至中途夭折。例如，方太是以吸油烟机起家的，经过四年多的努力，吸油烟机就做到国内高端第一品牌。为了扩大规模，方太投入资源研发饮水机，产品研发出来了，但缺乏竞争力，打不开销路，最后只好下马。究其原因，关键是产品经营体系还“发育不良”，企业还没有建立适应产品多元化发展的组织体系和资源平台，因为新产品领域不像第一代可以集中企业资源并依靠高层推动其成功。后来，方太建立了有效的产品经营体系，进入灶具、消毒柜、热水器几个领域都取得了成功。

7.“广种薄收”症

产品创新策略有“种豆”与“种瓜”之别。“种豆”，随便找一块土地，撒下一把种子，对所有的种子和豆苗都平均地进行浇水施肥，最后收割豆子。“种瓜”，挑选一处土地（只需一点点土地），挖一个坑，只种下一粒种子；精心浇灌这粒种子，种子长成苗，苗长成主藤，主藤衍生支藤，支藤上开花结瓜；一根藤上可结无数瓜，而且摘掉一个瓜后，还能长出新瓜。可见，“种豆”是粗放式经营，广种薄收，一次性收获；而“种瓜”是精耕细作，希望全押在一根藤上，却能长期地、持续性地收获。

我国企业产品研发是“种豆”的多，“种瓜”的少。产品研发项目的选择很随意，或由领导拍脑袋定，或取决于研发人员的个人兴趣，或追逐国外所谓最新动态和风潮，缺乏市场意识，偏离国民经济实际；由于对每个项目都没有必胜的信心，只能平均分配资源，不敢“把所有的鸡蛋装在一个篮子里”；最后，看似取得了许多科研成果，但都是一些“干瘪的小豆子”，不具备市场价值。

而成功企业的成功产品研发多是“种瓜”。例如，华为公司在产品研发上采用“常青树”战略，华为公司的几乎所有产品都是从主流产品（C&C08 数字程控交换机）上生长出来的，产品之间的技术继承性和相关性很强；大家都在一根藤上努力，从而枝繁叶茂，瓜多瓜大，“瓜瓜”不息。

8. "先天不足"症

很多公司研发的新产品先天就存在不足，要么缺乏基本的产品技术，要么在营销方面没有任何经验积累，或者与竞争对手的产品相比各方面都处于劣势，毫无特色可言。无锡晶石集团是做变压器的，彩电高压包市场份额全球第一，后来投资做微波炉，但一来在终端家电领域没有任何经验，二来产品没有特色，成本方面更是不可能比格兰仕低，结果可想而知。美的集团曾经投入资源研发数码相机，但由于缺乏精密机械方面的研发和加工能力，最后只能选择放弃。

9. "产品繁殖"症

对于缺乏精心谋划的产品策划和线路图的公司来说，很容易出现"产品繁殖"的危险。由于缺乏产品规划的引导，产品立项比较随意，被动响应市场和竞争，结果研发了很多产品，不成体系，不成系列，大量的都是水平一般的产品，缺乏核心产品。这一问题在国内一些大型的家电企业中是比较突出的，如有的彩电厂家一年推出几十款电视型号，但畅销的也就那么几款。

10. "技术偏执"症

对于企业来说，热衷技术是一件好事，但如果处处都从技术出发，对技术过于偏执，忽略了市场需求和要求的话，经常导致产品创新方向和时间安排上的失误。例如，华为认为 PHS 是落后技术，而失去了在"小灵通"上发展的机会。夏新手机一直非常看好 3G 技术，所以把主要的资源都投入到了 3G 手机的研发上，但国内 3G 一直没有上马，在国际市场上，3G 也一直未成为主流，份额不过5%左右。作为昔日的 3G 先锋，夏新目前几乎已成为了"先烈"。

以上诸多病症，从各个侧面反映了中国企业在产品创新模式上的落后：缺乏战略导向，机会主义倾向明显；研发投入不足，产品及技术在低水平上循环；在创新思路上比较盲目和随意，缺乏明确的定位和一贯的特色；研发与市场脱节，常常闭门造车；技术导向过度，市场导向不足；无法平台化、系列化地研发产品；研发效率低，进度拖延，质量失控，等等。

那么，中国企业如何才能克服产品创新方面的病症，建立高效的产品创新模式？关键在于制定明确的、具有前瞻性的产品战略及规划，选择基于市场和平台、符合行业特点及自身状况的产品创新模式，实施高效的研发管理体系，而前提是加大产品创新的投入。

2.2 产品创新的投入策略

中国企业在产品创新，即研发方面的投入普遍偏低。其实，很多企业也意识到研发投入是对未来的投资，但是企业的利润有限，无法支撑较高强度的研发投入，而这又进一步导致产品创新受限，产品竞争力缺乏，利润更薄。企业如何才能走出这样的恶性循环？

2.2.1 从投资的视角看产品研发

企业习惯于把产品研发定义为一个从需求到样品，再到最终产品的技术实现过程，对与技术相关的活动比较关注。其实，从企业经营的角度看，产品研发首先是一种投资，而且往往是企业最重要的投资，应该从投资的视角看产品研发，用投资的理念和方法来管理产品研发。对产品研发进行投资管理，存在财务上如何支持的问题，以及如何具体落实到产品研发管理过程中去的问题。

长期以来，财务会计是企业决策的重要依据。但财务会计是一个历史系统，它只能对已经发生的财务状况和收益情况进行反映，而无法对公司的长期价值做出评估。决定企业长期价值的主要因素——研究与研发投入和市场投入在财务核算时均计入费用。从传统财务控制的理念出发，这种费用是应该被严格控制的，这显然与产品研发的投资理念是相冲突的。所以，对于产品研发，不能只考虑费用控制和对当期利润的影响，而更应该从投资的视角来看，确定适当的研究与研发投资比例。

2.2.2 企业 R&D 投入强度多少合适

企业 R&D 投入强度（即 R&D 投入占销售收入的比例）的合理范围与企业所处的行业、产品、规模、发展阶段等因素均有关系，不能一概而论。根据汉捷的研究和咨询实践，我们提出了外部参照法和内部预算法两种方法，帮助企业确定合适的 R&D 投入强度范围。

所谓外部参照法，即参考行业的典型企业或主要竞争对手的 R&D 投入强度，从而确定自己的投入比例。譬如，美国 IT 企业的 R&D 投入强度一般在 10%左右。在实际操作时，还应该对行业进行进一步细分，找出其中的典型企业进行统计分析。以通信行业为例，取爱立信、摩托罗拉、诺基亚、西门子为参照企业，如表 2.1 所示。

表 2.1　通信设备行业研发投入比例

	2001 年	2002 年	2003 年
行业均值	11.3%	9.6%	10.5%
行业平均离差率	5.2%	4.8%	6.1%
投入合理下限	9.8%	8.5%	8.9%
投入合理上限	12.7%	11.1%	12.3%

根据 R&D 投入强度行业均值和平均离差率，从而得出企业 R&D 投入比例合理下限和上限，企业可依此，并结合企业的实际情况（如新产品竞争、财务状况）确定 R&D 投入强度。

内部预算法主要考虑的因素是企业的成本结构及企业的赢利目标，具体步骤如下。

（1）按照损益表（R&D 费用单列）列出企业的成本及费用项目，如表 2.2 所示。

（2）对销售成本做出预算，计算销售毛利率。

（3）确定公司合理的销售利润率（利润总额/销售收入）。

（4）计算出期间费用率，并在市场及销售费用率、管理费用率、R&D 费用率、财务费用率之间进行分配，从而得出 R&D 投入比例。

（5）必要时对以上数据进行调整，最终确定 R&D 投入强度。

按照预算法，影响 R&D 投入强度最大的因素是毛利率。通信设备行业的毛利率一般在 40%～60%之间，而 PC 行业的毛利率只有 12%～15%，所以通信设备商的 R&D 投入比例与 PC 厂商肯定有很大差别。即使在同一个行业，不同企业的毛利率也有较大差别，而这正是企业综合管理水平，尤其是产品研发水平的体现。

表 2.2　中国企业的损益表结构分析

项　目	结构比率	当前结构	加大 R&D 投入后
销售收入	100%	100%	
—销售成本	销售成本率	高	⇩
销售毛利	销售毛利率	低	⇧
—市场及销售费用	市场及销售费用率		
—管理费用	管理费用率		
—R&D 费用	R&D 费用率	低	⇧
—财务费用	财务费用率		

续表

项　　目	结构比率	当前结构	加大 R&D 投入后
利润总额	销售利润率		
—所得税			
净利润	销售净利率	低	⇧

值得一提的是，企业不能被动地根据当前的毛利率确定 R&D 投入强度，而应主动地通过增加 R&D 投入来改善成本结构。如表 2.2 所示，我国绝大多数企业当前的成本结构中毛利率低，确实无法支撑高强度的 R&D 投入，但即使在这种情况下还是应该加大 R&D 投入。增加 R&D 投入后，短期内可能利润降低了，从长期来看，只有加大 R&D 投入，加快产品创新的速度和水平，才能提高产品毛利率，最终提升企业的赢利水平。

2.3 产品战略及规划

产品战略及规划是企业在产品创新方面的战略选择和路线图，解决的是在产品研发中如何“做正确的事情”的问题。产品发展方向如何选择？产品如何准确定位？产品平台如何规划？关键技术如何获取？选择研发什么产品？什么时候研发？在产品研发中需要采取什么策略措施……这些问题都直接影响到产品创新的效果和效率。

2.3.1 产品战略框架

产品战略从框架上来看，分为 4 个层次，即产品战略愿景、产品平台战略、产品线战略及规划、新产品研发。如图 2.1 所示，该图又称为“产品战略金字塔”。

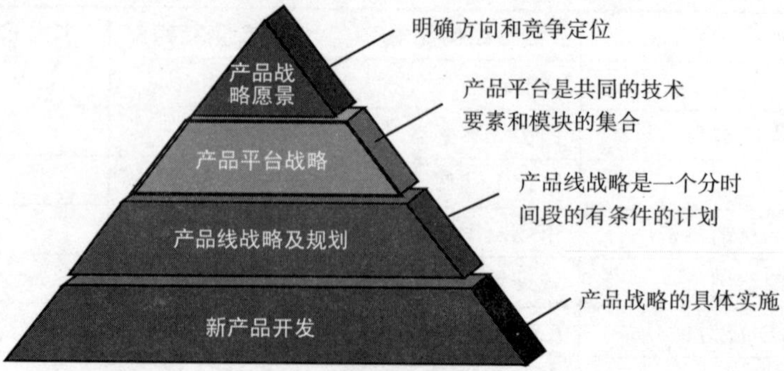

图 2.1　产品战略金字塔

产品战略的 4 个层次也表达了企业制定产品战略时的思考过程。

首先，企业需要确定战略愿景，明确未来产品的发展方向、目标和定位。其次，需要考虑如何构建一个支撑企业产品线发展的基础，即产品平台，因为企业将来研发的不仅是几个产品，而是数十个、数百个，甚至数千个产品，如果这些产品能够通过共享的关键技术要素和模块来支撑，不但能保持产品的关键差异性，产品研发的效率也能够大幅提高，无疑会大大提高产品创新的成功率。再次，根据外部条件和内部条件，对企业进入的业务领域划分产品线，制定产品线战略及规划，并展开为产品、平台产品和技术路标。最后，通过新产品研发，将产品战略付诸实施。

2.3.2　产品战略愿景

产品战略愿景是企业研发产品的目的地。大多数企业的使命及愿景中都会明确为客户提供什么样的价值，并依此研发什么产品，要做到什么程度，所以产品战略愿景已经包含在企业使命及愿景中，那就不需要另外再制定一个产品战略愿景了。也就是说，企业使命及愿景与产品战略愿景一般是二合一的。

企业的战略愿景需要回答三个问题：

- Where——我们要到哪里去？
- How——我们如何到达那里？
- Why——我们为什么会成功？

第一个问题，我们要到哪里去？企业 10 年、20 年甚至更长时间后是什么样子？这就像我们去旅行，首先要有一个目的地，然后确定一条到达目的地的路线。战略规划体现在线路图上，如果一个线路图既没有起点也没有终点的话，那么它根本就不能称之为线路图，是没有意义的。

第二个问题需要回答我们现在的位置是什么地方，我们如何才能一步一步地到达目的地。

第三个问题需要回答我们为什么会成功，核心竞争力是什么，我们为什么能战胜竞争对手。

下面是几个企业产品战略愿景的例子。

1．华为（1997 年）

华为的追求是在电子信息领域实现顾客的梦想，并依靠点点滴滴、锲而不舍的艰苦追求，使我们成为世界级领先企业。

为了使华为成为世界一流的设备供应商，我们将永不进入信息服务业。通过无依赖的市场压力传递，使内部机制永远处于激活状态。

点　评

华为在 1997 年制定《华为基本法》时确定的战略愿景，产品发展方向明确为电子信息领域的设备，特别强调永不进入信息服务业。不足是产品的竞争定位没有凸显出来。

2．迈瑞（2004 年）

向全球提供最优性能价格比的医疗设备和服务，为人类的健康做出卓越贡献。

成长为世界级优秀的医疗设备供应商，使迈瑞成为人类生活链中不可或缺的一环，为客户、员工、股东、社会创造价值。

点　评

迈瑞的愿景不仅明确了产品发展方向为医疗设备和服务，最优性能价格比的竞争定位非常突出。

3．Apple（1996 年）

Apple will be a leader in providing simple，powerful，high-quality information products & service for people who create，communication and learn.

点　评

在 1995 年前后，苹果电脑由于遭受了 IBM、康柏、微软等公司的强力竞争，经营陷入困境。为了突围，苹果在 1996 年制定了新的战略，提出了新的战略愿景。该愿景不仅明确了产品方向和应用领域，而且非常鲜明地提出了竞争定位——简约、功能强大、高质量，堪称战略愿景的经典。在这一愿景的指引下，苹果实施了新的产品战略，走出了困境，并再创辉煌。

4．金发科技（2002 年）

为现代工业提供更高性价比和更新型的改性塑料。

通过持续的技术创新，依靠金发人的智慧和努力，不断探索最佳塑料功能化解决方案，满足客户对新型塑料的需求，使金发成长为世界级塑料供应商。

点　评

金发科技的战略愿景有效地回答了 3 个问题。

Where——成长为世界级塑料供应商。

How——通过持续的技术创新，依靠金发人的智慧和努力，不断探索最佳塑料功能化解决方案。

Why——满足客户对新型塑料的需求。

产品战略愿景主要为以下几个方面的目标服务。

1．为产品决策提供明确的方向指引

上海宝信软件公司原来依托宝钢集团研发信息系统，后来独立了出来，公司业务长远定位不清楚的问题一直困惑着管理层。从股东的角度来看，是希望他们能立足于集团，为集团服务，但从企业经营者与员工的角度来看，又希望企业有更为广阔的发展空间，能为更多的行业提供服务和解决方案。由于没有制定明确的产品战略愿景，整个公司在这两个因素的左右和影响下，不知何去何从。

很多企业都会有类似的困惑，没有一个明确的产品方向指引，在各种机会面前，既觉得这个机会不错，又感到那个机会也很好，常常进入自己并不擅长或力所不及的产品领域，使企业的发展受阻。

2．为产品平台战略建立了一个框架

如果没有明确的产品战略愿景，那就是不清楚产品的发展方向和竞争定位，产品平台战略就失去了依据。战略愿景确定了公司进入的产品领域，相应地，这些产品领域都需要确定产品平台，而愿景中的竞争定位也需要直接体现在产品平台的组成要素中。

3．指导产品和技术研发活动

例如，迈瑞在其愿景中提出要提供最优性能价格比的医疗设备和服务。这样每个研发团队在产品研发过程中就会非常注重产品的性价比，努力将自己医疗产品的性能不断优化，并且使成本不断降低。产品战略愿景也为前瞻性的技术研发指明了方向。

4．为客户、员工和投资者树立共同目标

在员工、投资者与客户之间建立起一个共同的目标，让这个目标成为他们前进的动力。

案例 2.1 同洲电子对产品战略愿景的思考

深圳同洲电子有限公司是国内机顶盒领域的领导者。该公司相关高层就同洲电子的产品战略愿景进行了思考。以下是他们的讨论总结。

经过讨论，大家对我们公司的战略愿景提出了一些非常有价值的建议。我们公司的使命是为千家万户提供方便、易用的多媒体信息工具。微软的使命是为所有办公室提供PC与软件，而我们面对的用户群更大，是面向广大普通家庭用户。我们希望自己的产品能成为一种多媒体信息工具，而不仅仅只是一台机顶盒而已。

虽然我们的产品说白了只是一个数字电视机顶盒，但是我们并不打算将它作为数字电视的接收与转换的设备来对待，而是把它当做一个多媒体信息工具来经营。我认为我们的多媒体信息工具与PC机相比的话是更适合广大普通用户的，它将更加简单、容易使用，而且综合各种应用功能，把电视的功能、PC的功能、上网的功能、电话的功能都集成到一起，使其成为一个三网融合的终端电子消费产品。

Where——我们能够为广大家庭用户提供综合性的、方便的、易使用的多媒体信息工具。

How——通过我们对目标不懈的追求最终实现我们的使命，具体达到目标的方式是要贴近客户，了解客户需求；因为我们的客户群的范围非常广泛，所以我们要针对细分客户群提供多层次、个性化、多样化的终端产品；在技术上坚持对产品进行持续创新，不断优化，因为面对如此广大的客户群，不同细分客户的需求是不一样的，他们对产品求变求新的需求是很强的，因此这对我们产品的要求要比前端产品高得多。

Why——为什么会成功呢？通过我们对客户深入的理解，通过我们对客户需求的准确把握，通过我们努力为客户提供高性价比的产品，以此达到我们的目标。

点 评

同洲是做机顶盒的，但其战略愿景并未局限于研发什么样的机顶盒，而是为千家万户提供方便、易用的多媒体信息工具。因为战略愿景需要给产品留有充分的发展空间，时效性要够长。如果光定位为做机顶盒，不仅产品领域太受限，而且机顶盒作为一个产品是有生命周期的，万一过几年市场不再需要机顶盒了那怎么办？所以公司的战略愿景不能局限于现有的产品，而应该从市场角度、客户需求角度来思考和定义。

英国有一家马车公司将自己的战略愿景定义为：致力于为顾客提供经济、优质马车。后来汽车出现后这家公司就倒闭了，因为汽车的大量出现使人们对马车的需求大量减少。但问题的根源是这家公司的愿景局限于做什么样的产品，这样当市场需求出现变化时企业难以跟随这种变化而对其产品进行转型。我们想象一下，如果当初这家公司的战略愿景是：为顾客提供方便、快捷的交通工具，相信这家公司就会随着后来出现的新技术开始生产汽车，持续经营下去。

2.3.3　产品平台战略

什么是产品平台？要对产品平台进行准确定义和理解不是一件容易的事。且看以下两个定义。

（1）《PACE》：产品平台是关于产品规划及其战略决策而制定的一个概念。它是整个系列产品所采用的共同要素，特别是基本的决定性技术的集合。

（2）《Product Design And Development》：产品平台指由一系列产品共享的一整套资产。零件和部件经常是这些资产中最重要的部分。

这两种定义都明确指出产品平台是为系列产品所共用或共享的，前者强调的是共同要素，尤其是决定性技术；后者强调的是整套资产，尤其是零件和部件。结合一下，我认为可以把产品平台定义为整个系列产品所采用的共同要素的集合，包括共用的基本架构、子系统、模块或组件、关键技术。或者，更加简单来定义，产品平台就是系列产品所共用的基本组件及基本技术，如图 2.2 所示。

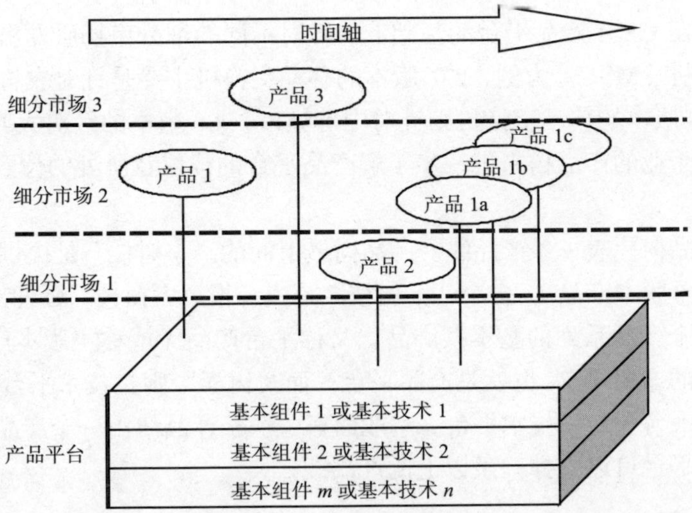

图 2.2　产品平台的构成

以华为 GSM 产品线为例。在 1995 年开始研发 GSM 产品之初，华为就确定了 GSM 的产品平台。在进行平台规划时，华为充分考虑了平台的延续性，大量采用了已有的 CC08 交换平台的软硬件模块和技术，包括主控、40M 的光纤背板、接口、信令等。接入模块选用的是无线智能网 MSSP 模块接入，传输选用的是 155M SDH，也是在 CC08 机的基础上发展起来的，如图 2.3 所示。

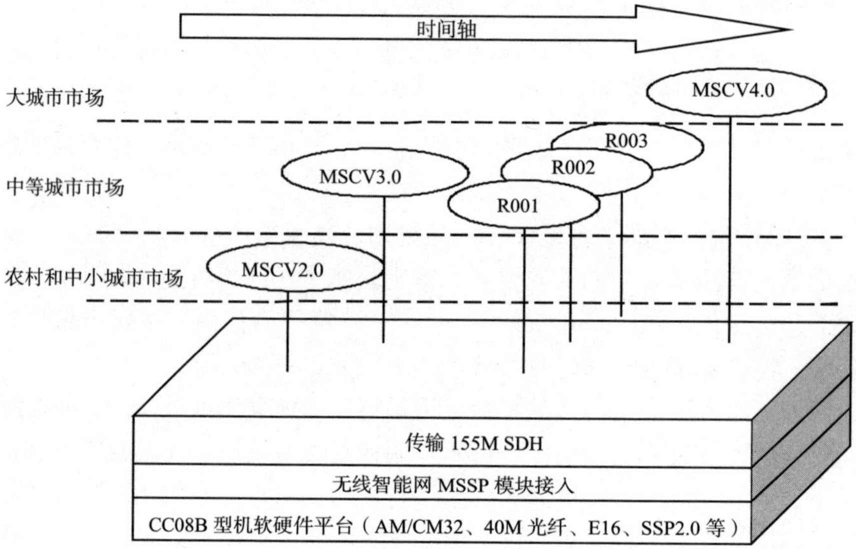

图 2.3　华为 GSM 产品线的产品平台

然后，在 GSM 产品平台的基础上，针对不同的细分市场研发出不同产品。以移动交换机（MSC）为例，2.0 版本的移动交换机主要是针对农村与中小城市的市场，3.0 版本的移动交换机则针对中等城市，4.0 版本的针对大城市。

可以从企业的产品树来进一步了解产品平台的构成及所处的位置，如图 2.4 所示。

每棵产品树代表一条产品线。产品树最上面的“小树枝”是提供给客户的具体产品（或子版本产品）；多个“小树枝”是由一根“大树枝”延伸出来的，“大树枝”是一个产品系列的基本型产品，又称平台产品（或称主版本产品）；再往下是产品树的“树干”，也就是产品平台；而“树根”则是技术平台，可以划分为共用技术平台和专用技术平台。一般而言，一条产品线由一个产品平台支撑，而一个产品平台可以支撑一条以上的产品线。

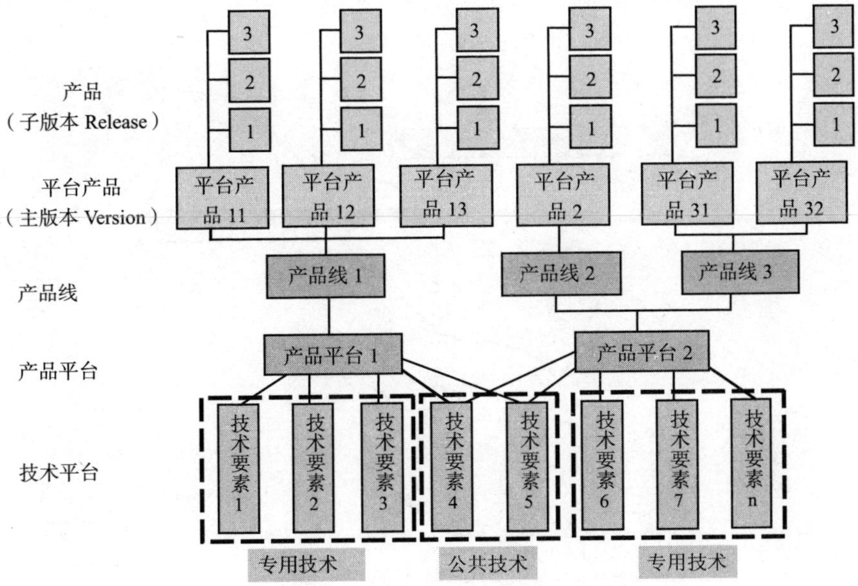

图 2.4　产品平台在产品树中的位置

以下是不同产品的产品平台包括的子系统、模块或组件及技术要素。

个人计算机：主板、CPU、OS、硬盘、内存、电源、显示器、界面等。

应用软件产品：构架（如大型机、C/S、B/S）、输入/输出、应用功能等。

轿车：底盘、发动机、下车身、悬挂、电子网络控制系统等。

通信设备：主控、背板、通信协议或信令、OMC（网管）、接入模块等。

合成材料：一种核心化学合成物与生产一系列来自该合成物的产品的制造工艺的结合（如杜邦公司的 Kevlar49 是一种预侵材料，该材料为合成材料提供了重量轻和高抗张强度的特征。它与其他材料相结合，可以形成不同的合成材料，如航空器的结构部件和体育器械）。

产品平台战略就是根据企业产品战略愿景和产品发展领域，选择及确定支撑产品线发展的产品平台。产品平台战略一般有以下三种，如图 2.5 所示。

产品平台是产品战略的核心环节。一方面，它明确了实现核心战略愿景的基本架构，是公司战略愿景的承载平台；另一方面，它为产品线战略奠定了基础，将公司战略愿景具体化，同时也为公司设计产品线战略提供了指导，起到承上启下的作用。而且，产品平台决定了产品成本结构、研发能力及后续产品的主要差异性，所以它是关系到产品线乃至整个公司成败的关键。

三种产品平台战略分述如下。

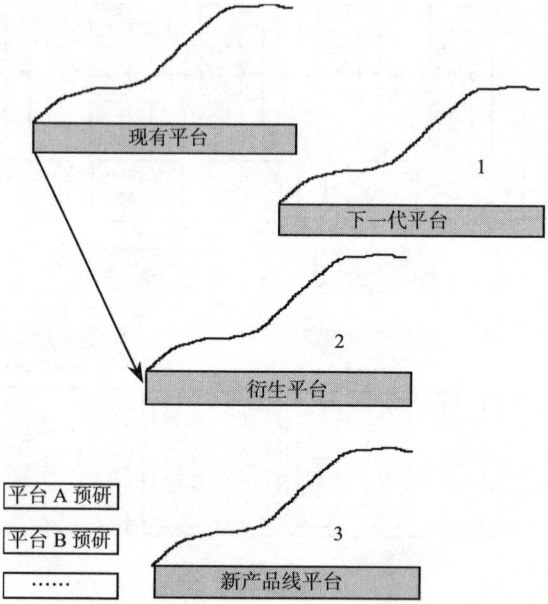

图 2.5　三种产品平台战略

1．下一代平台战略

往往采用一个完全不同的架构来取代原有的平台。因为下一代平台战略所需的技术通常不能及时获得，为防止两者之间出现空白，延长原有平台的生命周期是必要的。

2．衍生平台战略

它与原来的平台相似，但又有足够的不同点，同时公司仍未决定以新一代产品平台取代该平台。因此，需要公司将其作为全新的产品平台处理。

3．新产品线平台战略

面向新市场机遇的产品平台。这种种情况下，公司已决定进入这一新市场，公司需要做的是通过几种平台的预研，选择其中一个平台进行研发。

案例 2.2　中兴与华为在视频会议产品上的较量

大约在 1996 年前后，国内视频会议市场开始启动，中兴和华为都先后进入这个市场。中兴由于率先进入市场，而且投入力度比较大，在该产品市场上一度领先于华为，但华为在 1999 年就赶上来了，并在 2000 年后来居上，而且逐步拉开了距离。华为凭的是什么？

原来，中兴根据不同的客户需求成立不同的项目组研发视频会议产品，由于各项目组之间缺乏协调，导致中兴的视频会议产品有三种控制系统、四类终端设备。虽然前期客户需求满足得很好，研发的速度也快，但越到后面由于缺乏统一平台而造成的问题就越多，研发效率大为降低。

而华为在研发视频会议产品时，一开始就着手产品平台规划和研发，前期花了大量的时间和精力研发平台，所以新产品推出的速度一度滞后于中兴，但产品平台一旦建立起来后，后期的产品研发就越来越快了。

正确的产品平台战略成为华为在视频会议产品线上取胜的关键！

案例 2.3　王安电脑的失败

1975 年，王安电脑公司首次推出了世界上第一台具有编辑、检索等功能的新型文字处理机，取得了巨大的成功。以往称王安企业为“电脑公司”的新闻界一反常态，纷纷改口叫它“文字处理公司”，因为从白宫总统办公室到各州州长办公室都竞相使用这种机器。

王安电脑凭借文字处理机的业绩不断扩大战果，很快成为了一家举世瞩目的跨国电脑产业集团，员工超过 3 万人，营业额高达 30 亿美元，实力已经能够与电脑巨人 IBM 分庭抗礼。

进入 20 世纪 80 年代以后，软件技术快速发展，逐步成为计算机的核心技术，软件兼容也是大势所趋。但王安无视这种变化，继续坚持以硬件为核心技术的文字处理机平台，甚至做出了“不与 IBM 的 PC 机兼容”的决策。

王安的战略失误是致命的。到 20 世纪 80 年代后期，由于 IBM 和众多兼容机厂商众星捧月，PC 机和软件标准化已成大势所趋，不可逆转。当电脑网络热潮席卷而来时，王安的微电脑更因不兼容被排斥于各种网络之外。终于，王安电脑陷入巨额亏损，宣布破产。这真是“一着不慎，满盘皆输”。

王安电脑的失败源于错误的产品平台战略决策！

产品平台的选择是否正确对企业来说是生死攸关的，而选择过多的产品平台给企业也会带来很大的危害。例如，波导手机公司采用了多达 9 个产品平台（飞斯卡尔、西门子等），造成不同机型之间的整合效用没有发挥出来，产品研发效率和运营效率低下，在经过 2004 年的短暂赢利后，手机业务一直在亏损中挣扎。丰田汽车所有的产品都是基于 4 个不断革新的产品平台的基础上发展起来的，4 个强大的产品平台已经足以使它成为世界上第二大和最赚钱的汽车公司。

产品平台战略最好是以整体产品平台规划的形式来表现。这样可以显示出所有现有产品平台的生命周期及预计的新平台的日程。它还表明产品平台间的重大鸿沟可能在哪里，以及何时必须开始研发新产品平台战略。若实施得当，产品平台战略制定的过程会促使企业提前开始技术要素的确定。图 2.6 是产品平台规划的示意图。

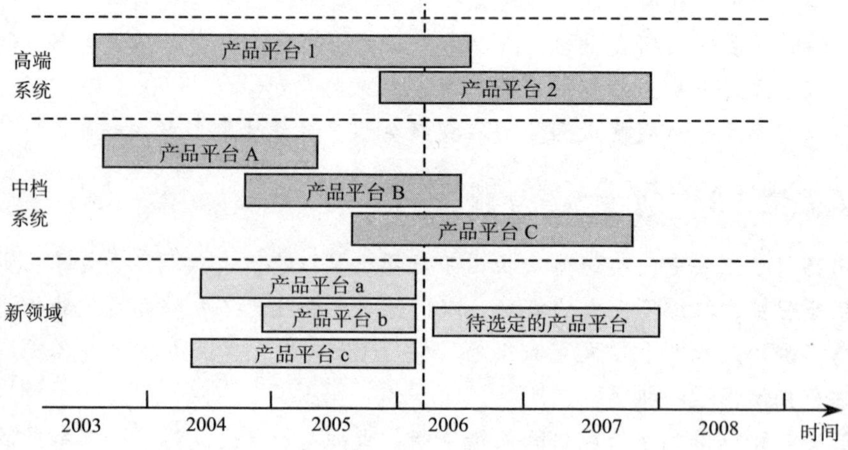

图 2.6　产品平台规划

中国绝大多数企业在创业和成长期过程中，往往缺乏产品平台的概念和规划，关注的是具体的产品如何研发出来，导致产品的持续发展缺乏产品平台和核心技术的支撑。意识到产品平台的重要性后，又容易把产品平台战略与产品线和单项具体产品的战略混为一谈。从产品战略的原理来看，需要把产品平台战略作为产品战略的重点，并成为最高管理层在产品研发方面的工作重点，这样企业可以更好地将精力集中在战略问题上。

华为公司非常重视产品平台建设，产品平台的建设一直是公司高层的重大决策内容。在发展过程中，华为也曾经研发了很多失败的产品，产品上市失败率并不低。从 JK1000、“二哥大”、电话机、ATM 交换机、ETS 无线接入系统、GSM 边缘网，到后来的“小灵通”、CDMA95 等产品都遭遇了重大挫折，有的甚至一败涂地。但这些产品的失败并没有影响华为产品发展的大局，华为当前各条产品线发展的势头都很好，关键在于华为一直非常关注各产品线的产品平台建设，而且在产品平台战略和规划方面没有出现重大失误。

案例 2.4　同洲电子在产品平台建设方面的思考

公司相关高层听取了汉捷咨询顾问对产品平台概念和建设思路的介绍后，就同洲电子的产品平台建设进行了思考。

1．对产品平台的理解

我们对产品平台概念的理解主要是从产品平台、技术平台及市场平台三者之间的关系上来理解产品平台的。我们认为产品平台有一个承上启下的作用，对上它要能承接市场需求的不断变化，对下它又要能够把技术平台上的所有技术，包括专有技术和公共技术整合起来。

而且产品平台与产品线又有一个相互对应的关系。新产品的研发过程就是在产品平台上对公司的一些专有技术和公共技术有机组合的过程，因而由于产品平台的存在，我们能够把研制新产品所需要的关键技术在技术平台上提前准备好，这样只需要把这些关键技术与市场上客户的需求有机结合就可以形成新产品，推向市场。产品平台在市场平台与技术之间起到了一个相互承接的作用，它本身也是公司的一些核心技术和公共技术积累而成的。

对于产品平台与产品线的划分，我们认为，产品平台是一系列产品共同特性的集合，产品线是由产品平台支撑的具有相似特性的一系列产品，不同的产品线可能由同一个产品平台来支撑；同一条产品线又可以发展出不同个性化的产品。产品平台要按现在市场需求和未来市场需求的变化而不断地优化、完善，要不断地有新的关键技术融入进来。

2．数字电视机顶盒的产品平台

我们公司的产品平台主要包括以下几个要素：① 嵌入式的硬件技术；② 嵌入式的软件技术；③ 统一软件平台（USP）技术；④ 面向用户的多功能业务技术。因为无论硬件设计还是软件设计都会有相应的不同方案，最终的产品需要一些中间技术将这些方案有机地融合起来。

产品研发的过程是在平台上先完成产品的架构设计。硬件部分有相应的硬件研发团队来实现，驱动程序由相应的软件研发团队来完成。对客户需求我们是通过业务层面的工作来满足，在硬件设计中形成高、中、低端的不同方案，分别针对不同层次的客户。上层的应用程序则设计多个不同版本来满足不同国家、不同地区、不同客户群的差异化需求。

当然，前瞻性的技术研发也非常重要，公司对这方面的投入也比较多。因为如果想产品能保持强大的生命力，并且能持续发展的话，我们就不能把我们的产品当成一个单纯的数字电视的接收与转换设备。要达到我们公司发展的目标与产品愿景，要成为一个数字化的多媒体信息平台，那么就必须往我们的产品里面添加更多的新技术，实现更多的新功能，而且这些新功能都必须通过简单易懂的用户界面来实现。因而要预研的前瞻性技术还是非常多的，在这里就不详细说了，这也是企业发展的必然。

3. 产品平台的规划及管理

对于产品平台是如何规划、研发和管理的问题，这涉及具体实施和落实，也涉及公司采取什么样的组织结构，什么样的流程的问题。就我们公司目前的情况来看，我们觉得在产品平台规划上还做得不好，因为我们的产品平台建设工作也才刚起步不久，主要是由研发体系中的技术规划组来负责。他们的主要工作就是负责产品线中的一些新技术研发的规划，同时把我们现有产品和旧有产品中的一些核心技术提炼出来，然后将这些提炼的核心技术以一种简化的方式搭建起一个产品平台的基本框架。具体来说，就是我们现在生产的数字电视机顶盒包括哪些技术，其中哪些技术是我们已有的，哪些技术是需要我们研发的。

从管理上我们希望能够把技术规划组所做的工作落实到研发体系的各个部门中，同时通过基础部来做更多技术预研工作和产品平台建设工作。而产品部的主要责任就是在产品平台上基于客户需求，将现有技术合理地组合快速推出适应市场需求的产品。但是现在公司高层对产品平台的理解与研发体系各部门对产品平台的理解有些错位，很多细致工作都没有做好，我们觉得现在需要有个部门来衔接公司高层与研发体系各部门。

点　评

同洲电子已经建立了产品平台的概念，制定了技术规划，技术研发与产品研发开始分离，异步研发模式的雏形基本具备，而且高层领导非常重视产品平台建设方面的工作，但在产品平台规划和管理方面存在明显不足，有待加强。

（1）已经识别了产品平台的技术要素，也考虑了今后需要在平台中添加一些新的技术，但还没有正式的产品平台战略及规划，而且单纯从技术的角度去识别产品平台的思路是有问题的。应该从市场需求的角度，结合技术发展趋势，对产品平台的架构和要素进行选择，并按照平台的生命周期按代做出规划。因为缺乏产品平台规划的承接作用，技术规划可能与市场需求脱节，而且在进行技术研发时，因为没有明确的平台需求，会制约技术研发的有效性，不利于技术平台的积累。

（2）目前成立了技术规划组负责技术规划工作，基础部负责技术预研工作，但还没有建立完整的组织及流程体系来支撑产品平台的建设和技术研发。如平台及技术的研发应该设立专门的部门或团队来负责，目前还放在各职能部门（如硬件部）中。再如，需要一个机构衔接公司高层与研发体系各部门的关系，其实，可以成立一个技术委员会来承担这方面的工作，还需要一个具体的执行部门，如总体技术部来支撑技术委员会的工作，暂时可由技术规划组来承担，而且，平台及技术的研发还需要建立有别于产品研发的流程控制体系。

案例 2.5　迈瑞公司在产品平台梳理方面的工作

迈瑞医疗电子有限公司是国内领先的医疗电子设备供应商，于 2006 年在纽约证券交易所上市。2004 年下半年，迈瑞开始明确提出产品平台建设，2005 年开始才真正放到比较重要的位置。以下是迈瑞公司研发负责人介绍他们在产品平台梳理方面的工作。

1. 对产品平台的理解

产品平台就是共享组件。对于产品平台规划的问题，我们是将它设定为新产品研发流程的一部分，在研发流程中有一个称为总体组的小组来负责规划产品平台。

那么在研发中怎么去落实呢？我们在研发流程中总体方案的方案论证中就要求考虑到产品平台方面的问题，产品规划要跟产品平台相结合，也就是说产品之间的继承、兼容等与产品平台相关的问题都要考虑。但是从我们公司的历史来看，因为过去对产品平台不太重视，所以有些问题也是积重难返。比如，我们的心电模块就有 4 种，彼此之间都略有差别，但经过论证之后发现完全是可以结合起来做到一个产品平台中去的。

现在这 4 种心电模块在同一产品线上的不同产品中被多次使用。当客户提出对某个产品进行修改时，我们这边就会麻烦，产品设计的修改、维护费用也非常高，比如说，某个技术参数在测量时有点异常，那么在这个模块上修改之后还要修改另外一个平台。这样使得很多研发设计的工作量变得很大。

2. 产品平台梳理

我们最近做了一个软件模块梳理项目的立项，这个项目不是为设计新产品，而是把我们原来所有型号的监护仪产品中使用的所有软件模块做一个重新的梳理和规划。虽然这个项目不过是对一些软件模块做了一下重新编写和规划，但是由于这些软件模块涉及很多产品，所以客户验证也是一件很麻烦的事情。一旦要更改，首先客户验证的工作量会非常大，甚至有些产品由于安全问题还可能涉及法律、法规，需要到有关部门重新注册，或者通告监管部门，这个过程也是一个很麻烦、很费时的过程。所以我认为如果在产品研发前期不重视产品平台的研发与建设，那么到了后期各种问题都会暴露出来。

我们现在在产品研发管理方面还存在一些问题。虽然我们现在已经提出了产品平台建设，但是对产品平台管理与普通构件管理之间并没有一个比较明确的区别。比如，在技术文档的编写上，两者之间就没有区别。在研发某个产品时大家只是在脑子里有个平台概念，但并没有一套完整的产品平台体系，没有一套基于产品平台可共享的技术文档。如果能对产品平台的技术文档区别对待或者独立编写，这样在这个平台上研发出来的产品就可以直接引用这些技术文档。我们现在编写研发文档还常常需要拷贝、编辑同类产品的文档，没有一套独立的与产品平台对应的技术文档。

点　评

迈瑞公司开始重视产品平台建设并着手进行产品平台梳理，这是在研发工作方面的一大进步。但迈瑞在对产品平台的理解、产品平台规划、产品平台应用方面还存在偏差和差距。

首先，产品平台与 CBB 混为一谈。两者的目的不一样，产品平台的主要目的是为产品线发展建立共用的架构、组件或模块和关键技术，CBB 或共享组件的目的是标准化、通用化和重用；两者的构成不一样，在整个产品线范围能够共用的 CBB 才作为产品平台的构成要素，而只要在产品之间能够共享的组件或模块都属于 CBB 的范畴；两者的管理层次不一样，产品平台需要公司最高层做出决策，CBB 一般在技术管理层面做出决策。

其次，产品平台规划被定义为产品研发流程中的一个环节。产品平台战略及规划是独立于产品研发做出的，在产品线规划之前就需要制定。在产品研发流程前期的产品架构设计和共享组件选择是产品平台规划的具体实施环节。

最后，产品平台应用还处于初级阶段。由于迈瑞公司在产品研发之前没有进行产品平台规划和研发的工作，只是碰到共享的问题后才开始进行产品平台的梳理——严格来说，只是共享组件的梳理，所以，也没有一套基于产品平台可共享的技术文档。

可见，迈瑞公司在产品平台规划、建设和应用方面还有很长的路要走。

2.3.4　产品线战略及规划

产品线战略是一个分时间段的、有条件的计划，为一个产品线确定研发产品的顺序。这个顺序是按时间分阶段的，贯穿整个产品平台和产品线的生命周期。而且，它是有条件的，可以根据对市场、竞争要素和资源状况的更好理解而改变。事实上，只有当我们把这些相关因素都考虑进去后，我们才可能设计出一个成功的产品线战略和规划。

产品线战略是产品平台战略不可分割的有机组成部分，但相对来说不那么至关重要。产品平台战略的要素已经选定，主要差异基础也确定了，总的成本结构也已确定了。没有好的产品平台战略，再好的产品线战略也无济于事。

尽管如此，产品线战略在产品战略中的作用还是不容忽视的。产品线战略得不到很好实施就会制约任何产品平台战略的成功。没有产品线战略，公司就不能按恰当顺序研发并投放新产品。这样，就会错失良机，于是在恼怒的心态下，企图一下子样样都做出来，结果只能是发现自己不具备充足的资源。

产品线战略通常以产品线路标规划的方式来表达。IBM ThinkPad 产品线规划就是一个典型的例子。IBM 公司在 1989 年开始研发笔记本电脑，但是几款产品都不太成功，在市场上都无法与康柏公司竞争。直到 IBM 公司设计了 Thinkpad 产品平台，并在这个平台的基础上，研发针对不同客户群的产品家族，其中包括高档产品家族、中档产品家族、低档产品家族，在每个产品家族都推出一系列的产品，最终在市场上获得了巨大的成功。图 2.7 反映了 IBM ThinkPad 产品线路标。

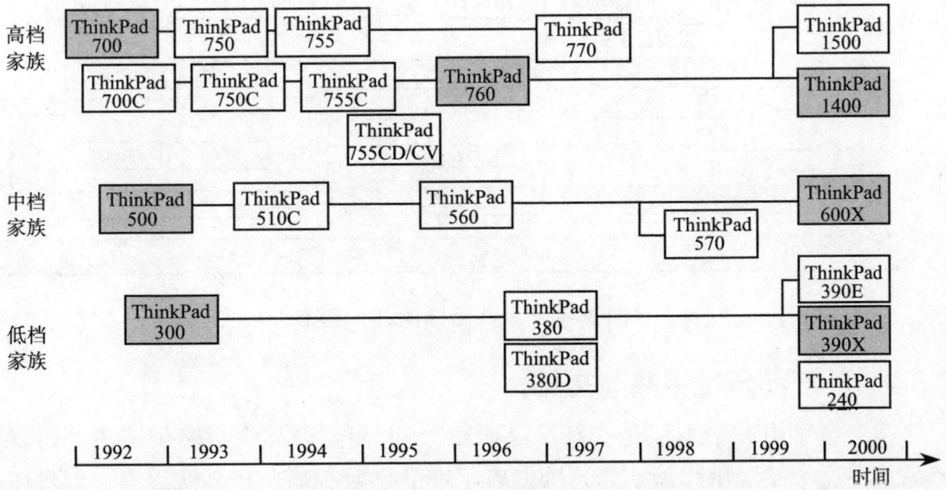

图 2.7　IBM ThinkPad 产品线

在制定产品路标规划之前，对可能进行的产品研发项目进行组合管理是非常必要的。每家企业都拥有很多的新产品研发机会，而企业的资源是有限的，如果每看到一个机会就马上投入产品研发，那么很快就会发现：我们同时研发了太多的产品，远远超出了自身的能力，结果每个项目都不能按期完工，部分产品被迫流产，即使能上市的产品也大多属于二流产品，真正优秀的产品极少，产品研发远远不能达到我们的期望。所以，需要通过组合分析对所有主要的产品研发机会进行筛选，确定公司研发哪些产品，放弃哪些产品，重点保障哪些产品，并形成产品研发项目的优先级排序。

经过产品—项目的组合分析后，就可以排出一个路标上所要研发的产品，形成产品路标规划。典型的产品线路标规划的内容包括以下几个部分：

- V 版本启动时间、生命周期及主要特性；
- R 版本启动时间、上市时间及主要特性；
- 每个 V 版本及 R 版本的技术需求计划；
- 每个 V 版本及 R 版本的人力资源需求计划；
- 每个 V 版本及 R 版本的投入产出分析。

图 2.8 是产品线路标规划的示意图（其中 PF 为 Product Family，即产品家族）。

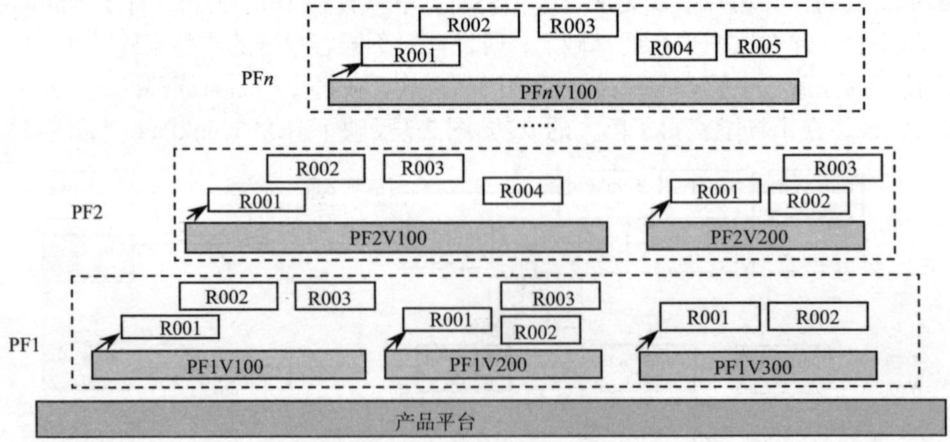

图 2.8　产品线路标规划示意图

2.3.5　新产品研发策略与措施

整个金字塔的最下层是“新产品研发”，上面的产品线战略确定需要研发的产品，在这个层次里付诸实施。即使有了产品平台战略、产品线战略，但具体到某个产品研发的时候，为了产品真正能够成功，具有市场竞争力，还要考虑很多因素，采取适当的策略措施。

（1）差异化策略——这是科技型企业最喜欢采用的产品策略。虽然差异化问题在规划产品平台、产品线的时候肯定会考虑，但在某个产品中我们还要考虑具体的产品差异。

（2）价格策略——使产品更具价格竞争力。涉及成本如何降低、设计如何优化等内容。比如，华为早年的程控交换机的价格比国际巨头便宜 30%，甚至更多。华为如何做到这一点的呢？原因是多方面的，其中很重要的原因是在研发上，比如，在用户电路上用厚膜电路代替原来的离散元件电路。当时统计表明，这一改变使得交换机每一线的成本大约降低了三四十元钱。

（3）时间策略——时间策略是支持竞争战略的，包括我们在产品研发的时候经常讨论的一个问题：率先推出还是快速跟进？

（4）全球产品策略——对多数高科技产品，全球产品策略的经济优势非常大，以至于可以完全压倒地区性的或本地的竞争对手。

（5）同类相互残杀战略——不断推出新产品，淘汰原来的产品。比如，英特尔就采取这种策略。

2.3.6　高效的产品创新模式

产品战略及规划解决了企业产品创新的方向、领域、目标、定位、平台、技术、路线图等一系列重要问题。那么，在产品战略实施中，产品线的宽度和深度如何把握？如何面向市场研发产品？如何平衡市场导向和技术导向？如何激发产品创意？如何提高产品研发效率？如何加快产品创新的速度？……这些都涉及选择什么样的产品创新模式的问题。

不管是何种产品创新模式，关注的结果应该都是两个方面：一方面，通过产品的多样化尽可能地满足市场需求；另一方面，提高产品创新的效率，包括缩短产品研发的周期，提升产品质量，降低产品成本，提高产品成功率等。以这两个方面作为纵坐标和横坐标，根据产品多样性和创新效率，可以划分为 3 种产品创新的类型：低效的产品创新、扩张的产品创新和聚焦的产品创新，如图 2.9 所示。

1. 低效的产品创新

企业强调把握机会，比较关注市场和竞争的变化，但对客户需要缺乏深入和完整的理解，缺乏具有前瞻性的、有效的产品战略及规划，基本上没有产品平台规划，产品立项被动响应市场和竞争；企业进入的产品领域多，在每个领域研发的产品也很多，但成功的产品较少，缺乏拳头产品；没有制定完整的技术规划，技术研发与产品研发未分离，技术研发及预研活动严重不足，产品缺乏核心技术，导致产品的竞争力不强；产品创新更多地体现在外观和功能方面，以模仿和跟随为主；研发组织及流程体系比较薄弱，部门间协作困难，流程运行不畅，研发效率低，产品研发周期长，质量不可控；缺乏有效的人员培养和发展机制，复合性的产品管理人才尤其缺乏；在财务绩效上表现为销售规模不断增加，利润率不断降低。

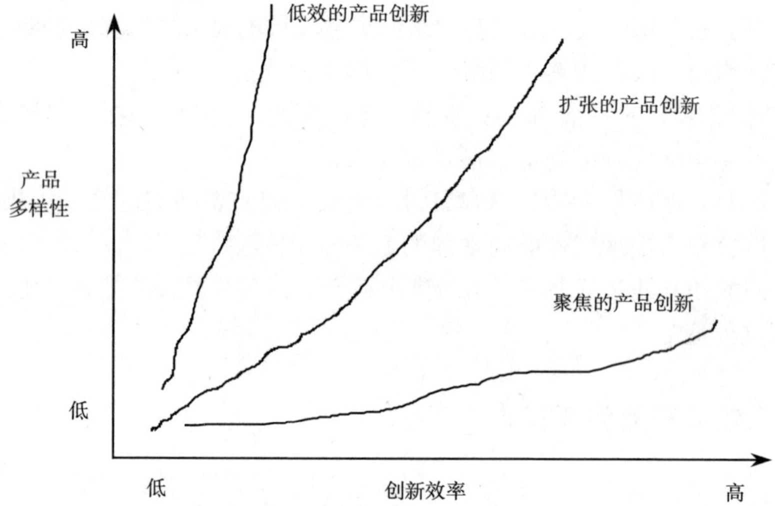

图 2.9　三种产品创新的类型

低效的产品创新模式经常表现出以下特征：重把握机会，轻能力积累；重推广销售，轻市场研究；重单个产品，轻平台共享；重产品研发，轻技术研发；重表面创新，轻内涵创新；重功能创新，轻性能改进；重职能监控，轻流程运作；重高手救急，轻知识积累，等等。

低效的产品创新模式是中国企业典型的、普遍的产品创新模式。从传统的机电、汽车等产业，到新兴的通信、家电、IT 等产业，乃至食品、饮料、日用品等产业，国内大部分企业都处于低效的产品创新状态。

产品多样化、低成本的创新由于难以形成大规模的经济效应和长期有效的经验曲线，所以附加值比较低，也属于低效的产品创新模式。例如，深圳高新奇科技公司涉足电话机、对讲机、传真机、MP3/PMP、车载 MP3、手机、录音笔等产品领域，主要以低价进行竞争，最便宜的电话机在苏宁电器的销售价仅 20 多元人民币，可见其成本已控制到了什么程度，当然产品的附加值也是很低的。

2．聚焦的产品创新

企业专注在某一领域进行市场及产品创新，强调通过集中精力以更深入地了解客户需求，研发满足客户个性化需求的产品；技术发展方向比较明确，通过长期的积累一般能掌握产品的关键技术，甚至形成自己的核心技术；如果企业能够建立良好的创新机制和体系，产品创新效率能够持续提升，否则随着企业规模的扩大，产品创新的速度会慢下来，产品创新的效果也不如以前。

聚焦的产品创新模式如果企业执行得当，不失为一种高效的产品创新模式。国内很多成功的企业采用的就是这种模式，如深圳好易通专注于做对讲机，目前是唯一跻身世界专业无线通信领域前 5 强的中国企业。但这种模式也有它保守的一面，容易丧失新的发展机会，尤其是当本领域的市场已处于饱和或衰退期时，企业将发生陷入困境甚至倒闭的危险。例如，深圳宇龙通信公司曾经是专门做寻呼设备的，随着寻呼市场快速衰落，宇龙走向了关门的边缘。后来宇龙决定转型，并仍然选择了聚焦的产品创新模式，专门为中国联通网络做智能的双待手机，终于在竞争白热化的手机产业中杀出了一条血路。

3．扩张的产品创新

企业在产品多样性和创新效率两个方面同时提升，形成了持续扩张的机制。一个潜力足够大的市场平台已经建立起来，产品战略及规划是通过有效的市场研究和策划制定的，并指导企业选择适当的市场机会；产品平台被作为产品扩张的基础，通过有效地规划、应用和管理产品平台，不断研发基于平台的衍生产品，满足客户不同的需求；技术规划、研发和管理受到高度关注，建立了专门的技术研发体系，逐步形成了自己的核心技术体系；如果企业能够杠杆利用产品平台，而且建立有效的产品创新组织及流程体系，产品创新效率将得到大幅度提升；优秀的研发体系和技术体系也促进了创新队伍的建设，为产品扩张和发展提供了坚实的人才保障。

在中国，真正形成了扩张的产品创新模式的企业少之又少。华为是这方面的典型代表和标杆。除了电信运营外，华为目前涉足了几乎所有的通信产品领域，包括有线交换机、下一代网络、接入网、光网络、移动通信、数据通信、通信终端、业务软件、信息安全系统、长途光纤等，在每一个产品领域，华为都是从一个新进入者成为具有很强影响力的竞争者，在一些领域甚至成为全球领导者，正是因为华为建立了扩张的产品创新模式。

扩张的产品创新模式的驱动力主要来自两个方向，一是市场，二是技术。市场驱动的产品扩张，强调从市场的角度看产品，关注客户需求的演变和竞争的态势，建立市场平台，寻找和把握机会，研发多样化的产品。技术驱动的产品扩张强调从技术的角度看产品，关注技术发展趋势，建立产品及技术平台，促成和引导机会，提升产品创新的效率。市场驱动和技术驱动是对立统一的，两者思考的角度不一样，会导致不同的见解，如研发一个产品时，从市场的角度看关键要增加更多的功能，而从技术的角度看关键要小型化；两者又是统一的，技术驱动最终是服务于市场驱动的，因为没有市场的技术，就像“屠龙术”一样，现实中本没有龙，发明屠龙的技术，是没有用的。摩托罗拉耗资几十亿美元的“铱星计划”就是一个典型的例子。

作为高效的产品创新模式，扩张的产品创新模式强调市场驱动和技术驱动的融合和平衡，是基于市场的创新模式和基于平台的创新模式的综合。

2.4 基于市场的创新模式

基于市场的创新模式的基本思路：在产品战略的指导下，以业务成功为出发点，开展市场管理及产品规划、创意管理、市场需求平台、需求工程方面的活动，实施产品创新。它强调产品创新必须以市场为基础和前提。在产品研发之前，通过市场管理及产品规划流程，形成产品投资组合；在产品研发过程中，紧紧围绕市场尤其是客户需求进行产品创新。

2.4.1 市场管理及产品规划

市场管理（Market Management）是一套系统的方法，用于对广泛的机会进行选择收缩，制定出一套以市场为中心的、能够带来最佳业务成果的业务战略与计划。以产品线为单位，这套业务战略及计划主要包括产品线业务计划、产品线项目组合和产品线路标规划（含产品路标、平台产品路标、技术路标）。

产品研发管理关注“把事情做正确”，而市场管理关注“做正确的事情”。市场管理是产品研发的源头，市场管理流程是产品研发流程的前端流程，如图 2.10 所示。

对于国内很多企业来说，产品创新失败的原因不仅来自产品研发过程，很多时候主要是源头上出了问题。相对于产品研发管理，国内企业在产品市场管理方面显得更为薄弱。在产品研发管理方面，不管怎样，企业还会有较为明确的分工协作（分工的合理性和协作的有效性是另一个问题），还会引进一些项目管理的实践，而在市场管理方面，国内企业还基本上处于凭感觉和“拍脑袋”阶段，有

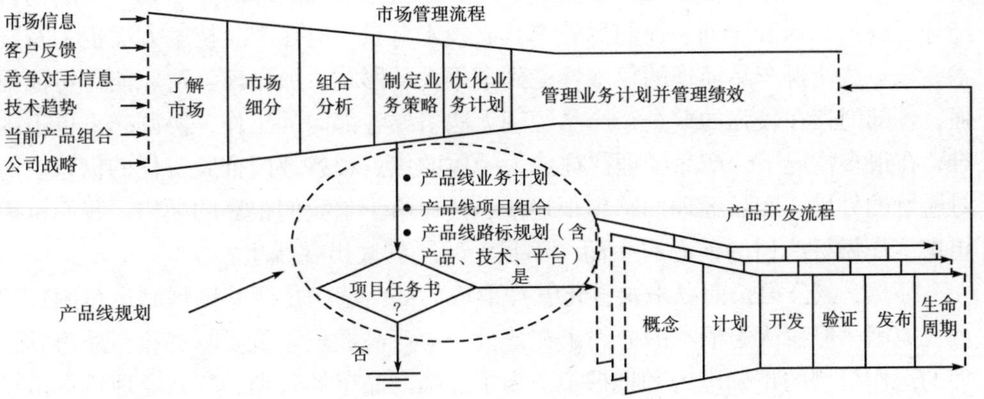

图 2.10　市场管理流程

一些市场调研、市场分析、产品规划方面的活动，但往往非常零散，根本不成体系。且看一家做视讯设备的公司在产品市场管理方面的问题：

- 没有明确的中长期（3 或 5 年）战略规划，只有年度计划；
- 目前产品线的主要市场（专网）空间有限，开始进入新的市场领域（公网、企业网、远程教育），但带有冲动情绪，凭感觉的成分很重（觉得市场有需求，研发有能力）；
- 对于市场需求主要靠总经理个人把握，没有人对市场需求、竞争信息进行整合或分析，研发和市场脱节，没有整体的产品路标规划；
- 没有明确的需求文档，产品的需求往往是口头传达；
- 新产品推出的速度不能满足市场的需求，承诺的产品功能不能实现；
- 进入海外市场缺乏整体策划，目标不明晰，采取“走一步看一步”的策略；
- 没有产品规划，两种不同的产品叫同一个名字；也没有技术规划，产品研发与技术研发的关系不明晰，很多产品研发出来只有一个用户；
- 产品决策粗放，没有完整的决策支撑信息，没有优先级排序；
- 公司从直销起家，正在向渠道销售方面过度，但目前品牌跟不上，资料跟不上，培训跟不上，渠道销售进展缓慢。

这家公司认识到以上问题后，调整市场部职能，在市场部内设立了 4 个产品经理，推行产品经理制，加强产品的市场管理。但是，推行产品经理制一年下来，效果远不如预期的那么明显。产品经理确实起到了很多信息收集、整理、传递，以及穿针引线的协调作用，但市场分析和产品规划工作并没有实质性的提高，产品研发立项和决策更多地还停留在凭感觉和“拍脑袋”的阶段。各个部门似乎并不认真对待产品经理的意见，事实上，产品经理对市场的理解并不如一线的销售经理了解那么深和全面，他们尽管都具有技术背景，但在产品技术方面也不及技术专家。这使得产品经理的权威性受到了很大的影响，加之该公司职能化特征很强，各部门存在较强的壁垒，产品经理无法引导各部门的工作，协调起来也很困难，在很多情况下，产品经理往往成为矛盾的焦点和各部门推脱责任的借口。面对尴尬的处境，产品经理们感到很迷茫：公司给予了我们很高的期望，我们也很想把工作做好，但为何心有余而力不足？问题到底出在哪里？

显然，该公司长期以来垂直化管理形成的部门壁垒是产品经理制运行困难的重要原因，但我认为根本的原因出在该公司对产品经理定位、职责和产品市场管理的运作机制的正确理解和把握上。为了加强产品市场管理，产品经理负责市场管理工作，这没有错，但产品经理不是包打天下的角色，它的职责定位应该是组织和整合资源来做好产品市场管理乃至产品生命周期管理的工作，推动产品取得持续的商业成功，所以产品经理应该是一个整合者，而产品市场管理需要团队运作机制的支撑。

3M 公司是不断根据市场进行产品创新的典范。3M 公司是很多人认为的依靠个人的创意和努力来推动创新的吗？我们先看看 3M 公司业务规划小组的模式，如图 2.11 所示。

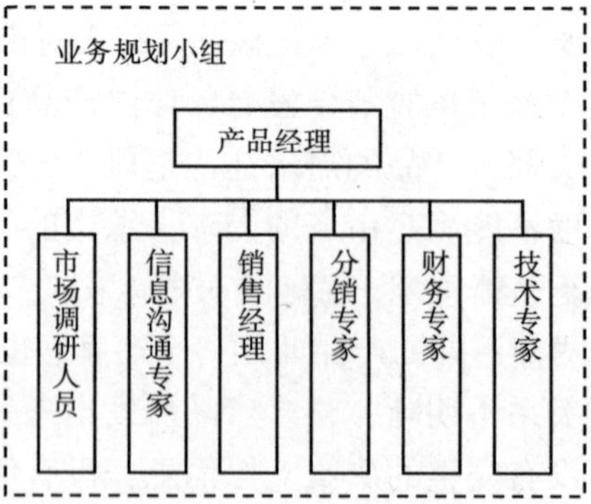

图 2.11　3M 公司业务规划小组

业务规划（如产品线业务规划、产品路标规划）是产品市场管理的主要输出。如图 2.11 所示，3M 公司的业务规划小组由一名产品经理加上几名营销和非营销专业人员组成。比如，在 3M 公司的商用磁带事业部，就按照这种形式划分了 9 个业务规划小组。在每个小组里，并不是由产品经理一个人对产品的计划负全责，而是由他与来自公司关键部门的代表共同负责，是一种真正的团队共同负责和运作机制。

营销大师菲利普·科特勒曾经用“小总经理”来比喻产品经理。确实，产品经理在他负责的产品领域，应该像总经理一样担负起整合大家的智慧和努力的作用。总经理在市场方面也许不如市场副总，在技术方面往往也逊于技术总监，在财务方面更是不如财务总监那么专业，但他是统揽全局，真正能够把市场、产品、技术这条线打通的人，是一个资源及信息整合者和团队的领导者。同样，产品经理也需要扮演好这样的角色。

在组织运作模式上，产品经理需要领导一个团队执行市场管理流程，如图 2.12 所示。

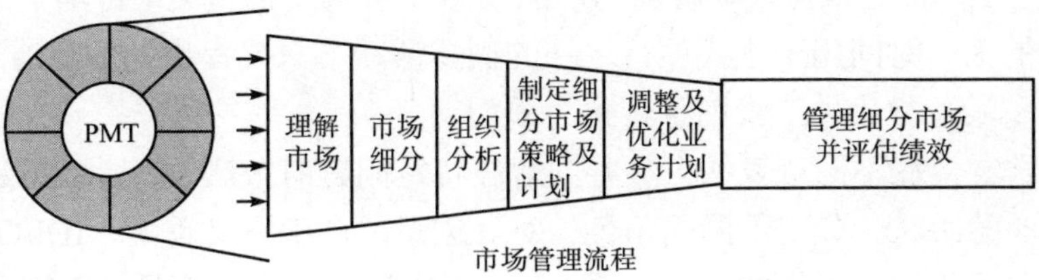

图 2.12　PMT 团队执行市场管理流程

由于产品经理不仅关注单个产品，更要关注一个产品线或者产品系列，所以，产品经理领导的团队通常称为组合管理团队（Portfolio Mangement Team，PMT）。对于优秀的产品经理来说，他不仅需要依靠自己的智慧和才能，更要依靠团队的力量，他需要记住：团队的力量是无穷的！

2.4.2　创意管理

创意对产品竞争力的影响越来越显著，根据理特管理咨询公司的调查，在诸多创新管理要素中，创意管理对产品创新能力的贡献最大。创意的产生及捕捉已经够抽象了，要再对创意进行经营管理，似乎难上加难。

然而，通过明确的目标和原则，改善思维模式，营造探索机制，建立跨职能团队，采用结构化方法，不仅能激发创意，而且可以对创意进行有效的设计和管理。

一个富有吸引力和远大的使命和与之相应的愿景、战略目标是创意产生的前提。Google 的使命是整合全球信息，让人人可用，让人人受益。这一使命已经超过搜索引擎的意义范围，是 Google 创意的源泉。

创意产生的途径和场合是多样的，但也应该遵循一定的原则，如符合企业的价值定位；以过去为师，但不做过去的奴隶；聚焦于战略性的机会。一些公司对产品创意采用无限制的途径以期获得最大化的创新性，问题是许多创意并不符合公司战略，不会对公司产生有益的贡献。BOSE 公司就是一个很好的例子：基于公司进入家庭影院市场的战略选择，研发专注于这个市场空间，为整个产品系统创造了很多新创意，投资也是围绕着这些创意进行的，没有出现与战略不符的现象。

以市场为导向的创新企业非常注重营造激发和产生创意的机制，包括导入创造性的思维方式，雇用有创意的员工，让有创意的员工与客户直接接触，允许员工花一定的时间用于探索新的创意，营造平等互重的文化氛围，建立创意库等。3M 公司把“你不应该扼杀一种新的产品设想”写入了企业文化哲学中，允许员工花 20%的工作时间用于正式项目之外的创造活动，只要提出的创意通过审核，公司会拨一笔经费让员工将创意转化为原型。

创意常常会在不同背景的人员共同解决特定问题时被激发，所以组建跨职能甚至跨企业的团队，分配不同的角色，对好创意的产生意义重大。IDEO 公司创始人汤姆·凯利在《创新的 10 个面孔》一书中指出，企业产品创新需要人类学家、试验家、嫁接能手、跨栏运动员、协调员、导演、用户体验设计师、布景师、照料者、故事家 10 种不同的角色。

有人认为结构化的流程和方法会约束创意和创新。当然，僵化和教条的流程和方法是创意和创新的藩篱，但是遵循创意产生原则和规律的结构化方法不仅不会阻碍创意，而且是通过识别和管理创意设计的元素，使创意产生更加有序和有效。丰田在研发普锐斯（Prius）混合动力汽车时，加强前端工程，在研发流程的汽车造型（Styling Design）阶段，丰田全球的 4 个研发中心（加利福尼亚、东京、丰田城、巴黎）参与了创意设计的竞争，在 20 多套不同的设计方案基础上选择了其中的 5 种进行概要设计，并制作了 4 个原物尺寸的泥塑模型，从中优选出两个设计方案，在广泛征求员工意见的基础上进行了大量的优化，最终加利福尼亚的创意和设计方案胜出。

2.4.3 市场需求平台

在很多中国企业，市场人员了解到的客户需求不能平滑移交到研发部门，或者移交到研发部门的市场需求由于不系统、不详细等原因得不到研发部门重视，而研发部门在产品研发过程中，又苦于市场需求不明确，在实验室中自己臆造客户需求，导致研发出来的产品不符合客户需求、市场竞争力不强等现象的发生。在这些企业，经常听见以下类似的言论：

- “我们公司没有专门的市场部门，只有销售部门，销售人员只管销售目标的完成，对客户反映的信息不能传递到研发部门中，而研发部门主动到销售人员那里了解市场信息时，销售人员往往对我们说‘我只管销售，你先把产品拿出来再说’。”
- “我们公司从销售部门那里得到的市场信息不系统、不详细，对于我们研发部门来说只能起参考作用，但真正的客户需求我们也不知道，只能闭门造车。”
- “当现有的产品在市场上出现了问题，我们公司才去组织人员收集市场信息，所以我们研发人员处处去救火，成了救火队员了。”
- “我们公司没有建立清晰的信息传递流程和模板，也没有建立由市场人员和研发人员组成的跨部门团队负责市场信息收集，所以有时是通过文件、有时是通过会议、有时是通过电话、有时是通过邮件，导致信息传递的阻滞和失真。”
- “公司没有客户需求收集工具来指导我们工作，所以收集的客户需求信息不系统，不全面。”

……

这些问题的发生反映了企业没有建立市场需求平台，对市场需求缺乏有效的管理。一个有效的市场需求平台应该包括市场需求信息收集渠道、组织机构及团队、市场需求数据库、市场需求管理流程、市场需求分析工具等。

很多企业寄希望于销售人员及时反馈客户的准确需求，但结果一次又一次地令人失望。销售人员只关心销售任务的完成，除了提供一些诸如“客户需要一只喝水的杯子”这样笼统的信息外，并不能对产品研发带来帮助，有些销售人员甚至在考核的压力下杜撰一些所谓的客户需求。有些企业老总很厉害，干脆靠自己来了解和把握需求。企业小时，老总身兼市场人员没问题，但是企业大了，产品多了后，老总根本顾不过来，这时，企业就需要专门的市场人员来收集和分析需求，而且需要建立和规范需求收集的渠道，使客户的需求像各条小河的水一样，能够汇集起来，流到大河。华为公司为了收集市场需求规划了 12 种渠道，包括客户建议委员会、决策支持中心（Decision Support Center，DSC）、客户简报、研发高层交流、产品或解决方案团队、标杆、实验局、用户服务高层交流、现场支持、支持热线、会议、客户满意度调查，其中并没有销售人员反馈的渠道。

原始的市场需求从四面八方汇集上来，存在良莠不齐、粗细不一、真假不明、轻重不分等现象是很正常的，所以接下来是如何对这些需求信息进行筛选、存储、分析。面对这么多的数据和信息，建立一个需求数据库是很有必要的，而采用合适的分析方法和工具则更为关键。

$APPEALS 是一种有效的客户需求收集和分析方法，它按照 8 个维度进行客户需求分析：

价格	•（$ Price）
可获得性	•（Availability）
包装	•（Packaging）
性能	•（Performance）
易用性	•（Ease of use）
保证	•（Assurances）
生命周期成本	•（Life cycle cost）
社会接受程度	•（Social influences）

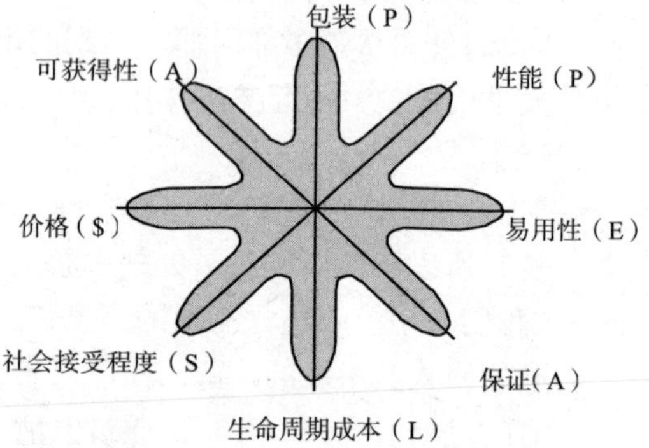

图 2.13　$APPEALS 的 8 个方面

（1）$——价格：这一要素表示客户希望向一个令人满意的产品或产品包支付的价格，关键是考虑基于所支付的价格，客户实际收到的或感知到的价值。这包括针对技术、原材料、人工成本、一般管理费用、体验、自动化、简易性等客户所感知的价值。

（2）A——可获得性：这一要素表示购买容易和效率方面的客户购买体验（即让客户“随心所欲”），关键是考虑整个购买体验有多出色。

（3）P——包装：这一要素表示客户希望的视觉属性：设计质量、性能和外观。关键是考虑客户对形状、设计等的看法，以及这些属性怎样提升产品的吸引力。包装应当考虑风格、组件化、集成、质地、颜色、图形、工业设计等。

（4）P——性能：这一要素说明客户期望所具有的功能和特性。关键是考虑在客户所希望的功能和特性方面，产品的实际和被感知到的表现。产品是否能很好地工作？产品是否具备了所有的所需要的及客户希望的特性？客户衡量诸如速度、功率和容量这些属性时，它的表现是否很出色？

（5）E——易用性：这一要素说明易用性属性，关键是考虑舒适性、学习、文档、支持、人机工程、显示、传感输入或输出、界面、“直觉”等。

（6）A——保证：这一要素通常反映可靠性、安全和质量方面。

（7）L——生命周期成本：这一要素说明在产品使用生命周期内的拥有成本，关键是考虑安装成本、培训、服务、供应、能源效率、折价价值，等等。

（8）S——社会接受程度：这一要素表示影响购买决定的其他要素，关键是考虑如何通过口头宣传、第三方专家意见、顾问报告或见解、形象、政府或行业标准、法规、社会认可、法律、产品质量责任等来正面影响购买决定。

类似的工具还有产品生命周期分析、生活模式分析、人群特征分析等各种方法。对于不同的细分市场和产品，可以选择适用的方法。把握客户需求最关键的是要站在客户的角度考虑问题，而不是厂家的角度，如应用$APPEALS 工具进行“可获得性”这一要素分析时，如果只是站在厂家的角度，大家想到的是“销售渠道”等，但如果站在客户角度，那么还有很多隐含的需求，如“客户是否可以方便地了解产品信息、客户是否可以容易地下订单、客户是否可以快捷方便地得到商品”，等等，这远比“销售渠道”复杂得多，全面得多。所以，站在客户的角度分析需求，可以挖掘出更多的隐含需求，为将来的产品增加更多的卖点。

需求的复杂演变过程和需求传递的易误解性，决定了市场需求管理是复杂而困难的工作，所以必须建立规范的组织和流程来进行管理。市场部门和研发部门需要密切配合，共同来完成需求收集、分析及分配等工作，当产品越来越多和越来越复杂时，应该成立跨部门的需求分析及管理团队。

市场需求管理流程分为收集、分析、分发、实现、验证 5 个步骤，在该流程运行中，复杂多样的市场需求最终需要在产品研发中实现并得以验证，需要借助需求工程的方法和工具（见第 6 章）。

2.5 基于平台的创新模式

基于平台的创新模式需要在产品研发之前规划及构建产品平台和技术平台，这样后续的产品都是在平台上衍生出来的，不仅使系列产品都具有一致的定位、主要差异性和成本结构，而且通过异步研发模式和共享器件或共用零部件的应用，大大提高产品创新的效率，能够“多、快、好、省”地进行产品研发。

2.5.1 基于平台的异步研发模式

异步研发模式是以产品平台为基础的一种平台化研发模式。具体来说，就是基于产品平台进行分层、分时的研发。通常按产品体系结构可以划分为 4 个层次来进行研发：最终产品基于平台按客户需求进行设计和集成，平台由子系统构建而成，子系统由相应的模块单元构建而成，硬件、软件等方面的关键技术要素需要分离出来研发。4 个层次的研发应该在不同的时间启动，越下面的层次越要提前启动，所以称为异步研发，如图 2.14 所示。

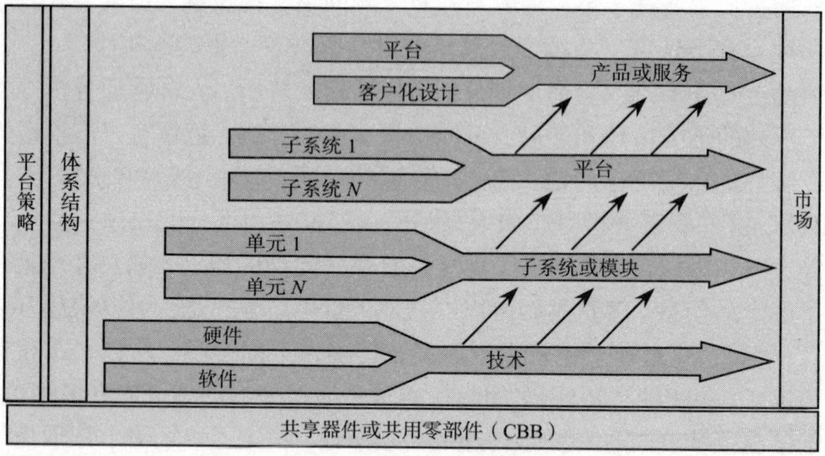

图 2.14　异步研发模式

共享器件或共用零部件是实现异步研发模式的载体，即把各个层次能够共享的模块或组件、零部件纳入 CBB 管理，以有效实现重用。

按照异步研发模式，由于提前进行了平台技术、模块或组件、子系统的研发，并建立了 CBB 的重用机制，这样最终的产品研发就可以在已有的平台和成熟技术的基础上快速研发，而且更好地保证质量，实现产品研发的“多、快、好、省”。

2.5.2　杠杆利用产品平台

“核心竞争力”概念的发明人普拉哈拉德和哈梅尔曾经用一棵树来比喻汽车的产品研发：树根是核心能力，如制造引擎的技术；树干是产品平台，如引擎；树枝是业务单元，如汽车事业部、摩托车事业部；树叶是最终产品，如雅阁等品牌的汽车。公司如果只在业务单元和（或）最终产品上开展研发工作，最终将会输给那些关注“树根”和“树干”的企业。

随着公司要研发的产品或产品线越来越多，如何利用已有的技术、模块、子系统乃至零部件，提高通用性和重用率，就变得越来越重要。比如，过去研发新产品，70%～80%都是新的东西，现在由于有了产品平台，只有 20%～30%需要新研发，新产品研发的速度自然能够大大加快，而质量也能够得到更好的保证，也就是说研发新产品时可以杠杆利用产品平台了。如果缺乏产品平台的积累和提升，企业的研发水平就只能在低水平上重复，无法实现高效研发。所以，杠杆利用产品平台是企业提升产品创新效率的必由之路。

另一方面，产品平台不仅在很大程度上决定了产品研发的效率，而且它也决定了产品的主要差异性和成本结构，因为产品平台就是根据客户关键的共性需求，结合自身的核心技术构建的。从这个意义上来讲，它从根本上影响着后续产品的成败。

1. 国内企业产品平台薄弱

绝大多数国内企业在创业和成长期研发新产品时，往往没有产品平台的概念，关注的是具体的产品如何研发出来，而且产品立项也是被动地响应市场和竞争，加之各产品项目组、各产品线或事业部之间缺乏沟通和协调，结果造成产品研发陷入缺乏平台整合和共享的被动局面。表现通常有以下几种情况。

（1）没有明确的产品平台或者没有自主的产品平台：一些公司只有初步的标准化和共享的意识，没有产品平台的概念，另一些公司则没有自主的产品平台。如红旗轿车就没有自主的产品平台，只能走借平台的道路。开始时借用奥迪 100 的平台，后来发现这是一个已经落后和老化的平台，后来又借用了福特的“林肯城市”平台、马自达 6 平台，都不成功，最近开始借用丰田的 Majesta 平台。没有自主的产品平台和核心技术的问题在国内三资企业中是很普遍的。

（2）产生了过多的平台：由于各产品技术和方案选择时缺乏平台规划的指引和要求，选择比较随意，造成所采用的平台过多。如某品牌手机的研发，由于研发战略不统一，采用了太多的平台（飞斯卡尔、西门子等，达 9 个之多），造成不同机型之间的整合效用没有发挥出来。而且平台越多，所用的材料就越多，相应的研发成本就越高。

（3）平台薄弱，重用率非常低：产品研发各自为战，相互封闭，没有建立一个统一的技术和产品平台。2000 年年底我们到某电气企业调研诊断时，就发现该企业气存在产品研发平台不统一、外观不统一、接口不统一、规约不统一、结构不统一、研发环境不统一、研发工具不统一等问题。

（4）平台缺乏继承性：很多公司在产品一代一代的研发中，后面的负责人总是习惯于否定前人的成果和方案，另起炉灶干事，导致技术和平台无法积累和继承。如西安某通信设备产商在移动通信设备研发时曾经就存在这一问题，不是在继承的基础上创新，而是在否定的基础上创新。

（5）缺乏核心技术，平台没有差异性：核心技术是产品平台最关键的部分，也是体现企业产品差别化的关键所在。如果产品平台缺乏核心技术，平台的价值和产品的竞争力就大打折扣了。如国内的彩电厂家就普遍受这一问题的困扰，缺乏核心技术，陷入同质化价格竞争的泥潭。

2. 产品平台建设

如何进行产品平台的建设呢？当然，最好在进入一个新的产品领域之前，就根据关键的市场需求和产品的体系结构选择和规划产品平台，先进行产品平台或平台产品的研发，然后在平台的基础上规划产品线并研发具体的产品。优秀公司的做法是，在新产品线正式投入产品研发之前，提前足够长的时间，如两年，即进行技术预研和平台规划，过程中会探索不同的技术和平台，并进行选择，原则上，应该只选其中一种产品平台和相应的技术。

产品平台像产品一样也是有生命周期的，所以产品平台管理的一个关键任务是判断产品平台的生命周期，及时研发新的产品平台，替代过去的产品平台，以支撑产品线的发展和产品研发。如果新的产品平台跟不上，即新的产品平台与旧的产品平台出现了鸿沟，则要对原有的产品平台进行扩展，或者研发一个衍生的产品平台。

外部差异性和内部通用性的矛盾是产品平台规划和管理要解决的一个核心问题。从满足客户需求的角度看，企业的产品要具有尽量多的差异性和多样化，而从内部运作效率的角度看，当然又希望尽量通用化。所以，在设计产品平台时，需要把共同的需求设计到产品平台中，并且把尽可能多的差异需求也考虑进去。同时，这种设计应尽量保持研发和制造过程中的共同性，在制造的尽可能晚的阶段（如测试以后）再进行针对特定的需求进行修改调整，如通过软件、附属配件进行调整。当然，在满足差异化和多样性需求方面也是有限度的，一个企业不可能满足所有的需求，这就要求企业首先对目标客户和目标需求做出抉择，避免面对过多的客户需求。总之，一个好的产品平台既要能支持足够多的差异性，又要保持足够多的通用性，而这恰恰是产品研发中最具挑战性的工作之一。

定义一种基本产品是产品平台设计的一种有效方法。该方法是从以下问题开始的：假设公司只研发一个产品，它应该满足什么客户的什么需求？如何定义该产品？依此确定一种基本产品，即产品平台的雏形，然后在该基本产品的基础上，调整功能和增加特性以满足不同客户的需求。

不幸的是，绝大多数的公司在产品研发时，并没有主动规划产品平台。后来，随着产品的增多，才被动地考虑重用和共享，开始着手产品平台建设。如迈瑞医疗电子过去对产品平台不重视，后来由于缺乏统一的产品平台而导致的各种问题才暴露出来。比如，心电模块就有 4 种，彼此之间都略有差别，但经过论证之后发现完全是可以结合起来做到一个产品平台中去的。在这种情况下，产品平台建设无疑是颇为困难的一件事，因为会影响到已经在运行的产品、正在研发的产品和将要规划的产品，牵涉到市场销售、研发、制造、采购、安装服务等一系列环节，而且有些问题可能已经积重难返。这就像一个大规模的产品变更过程，需要进行周密的策划、细致的梳理和不断的整合，而且需要有专门的部门和项目组来负责。

不管是主动规划产品平台，还是被动重用和平台建设，CBB 的建设都是其中的关键环节。如果说产品平台给产品研发提供了一个共用的概念和框架，那么 CBB 就是实现共用产品平台的手段。为了建立 CBB 和提高重用率，产品的平台化和模块化构造是前提；其次，CBB 的建设需要相应的组织和流程，以实现在不牺牲差异的情况下优化可通用性和可重用性。比如，成立技术委员会或总体组，对产品进行模块化构造和优化，以不断减少新设计点的比例；成立编码小组，开展器件归一化工作，建立优选器件库，以不断减少器件的种类。

由以上可见，产品平台规划和管理是一项技术性很强的工作，很多公司会由技术管理部门或成立总体组来负责。但产品平台首先是一个战略问题，平台的选择直接决定了产品的竞争力，也决定了后续的产品研发能力。所以，产品平台战略应是产品战略的主要重点，理应成为最高管理层在产品研发方面的工作重点。产品平台战略的决策通常是公司成长和成功的关键。在平台层次规划产品简化了产品战略过程，使得高层管理者可以把绝大多数的时间、在适当的时机集中于少数的最关键决策上，而这些关键的决策几乎决定了来源于该平台的系列产品的未来成功。

案例 2.6　惠普喷墨打印机基于平台的产品创新模式

惠普公司喷墨打印技术的商业化不但开创了打印工业的一个新时代，赢得了巨大的市场成功，并且在喷墨打印机产品研发中采用的平台研发策略成为基于平台产品创新的经典成功案例。

1. 平台研发的驱动因素

产品平台的研发决策是研发中的战略决策。是否采用以产品平台的途径研发产品不仅关系到前期平台研发投入的回报，而且还决定未来一系列产品的特性、销售前景和竞争力。惠普公司喷墨打印机的产品平台及其产品研发是在市场、新技术和竞争的驱动力下的战略决策。

（1）市场驱动因素。在喷墨打印机产品问世之前，打印市场上主要有两类产品——高端的激光打印机和低端的点阵打印机。低端的点阵打印机存在打印速度慢、打印质量不高、噪声大、可靠性低、只能单色打印等重要缺陷。虽然点阵打印机占据了主要的打印市场，在20世纪70年代中期，多个打印机厂家已经意识到喷墨打印技术是可能会成功取代点阵打印机的关键技术。相比点阵打印机，以喷墨打印为技术基础的新一代打印机，具备价格较便宜、打印质量更高、打印速度更快、更可靠、更容易使用、更安静等显著优点。

（2）技术驱动因素。打印的质量主要取决于喷墨、打印头和纸张之间的关系。如何控制打印墨水喷射到纸上，以及如何防止墨水堵住细小的喷头成为主要难题。虽然包括惠普、IBM、佳能等领先的几家打印公司同时尝试过多种可能的技术，其中以IBM公司为代表的压电DOD喷墨技术（Piezoelectric drop-on-demand）和惠普公司为代表的热喷墨技术（Thermal inkjet printing）为两个重点研究的技术。惠普公司在1980年到1984年，终于研发出可以用于大规模制造的热喷墨打印的核心技术，并由此形成一系列成功的产品设计的技术基础。

（3）竞争驱动因素。由于意识到喷墨打印机的巨大市场前景，多家公司展开了激烈的研发竞争。虽然惠普公司的热喷墨技术在技术研发中率先取得成功，但是如何保证技术和产品的持续领先、不断赢得或扩展市场、最大限度地保持最终产品的持续竞争力，是惠普公司喷墨打印机设计者们关注的关键问题之一。

惠普公司采用了产品平台研发的途径，以热喷墨技术为核心技术基础，构建了产品平台架构，并在原始产品平台的基础上，不断扩展或者建立新的平台，从而为多个系列产品的研发和新产品的升级换代提供了可能性。

2. 产品平台架构

图2.15是惠普公司喷墨打印机的第一代平台架构（500平台）的上层框图，分为机械、工业设计、电子、固件、应用软件等技术功能域。支撑产品平台的核心技术是惠普公司专有的新技术——热喷墨技术。

3. 平台产品

在500初始平台的基础上，惠普首先研发了最初的Deskjet产品。基于同一个产品平台，针对产品性能提升或者针对不同细分市场的一系列产品被陆续研发出来。例如，DeskPlus降低了最初产品的成本和改进了质量，DeskWrite是适用于苹果公司的麦金塔电脑的打印机，DeskAppletalk使用了苹果公司的新麦金塔通信接口，如图2.16所示。

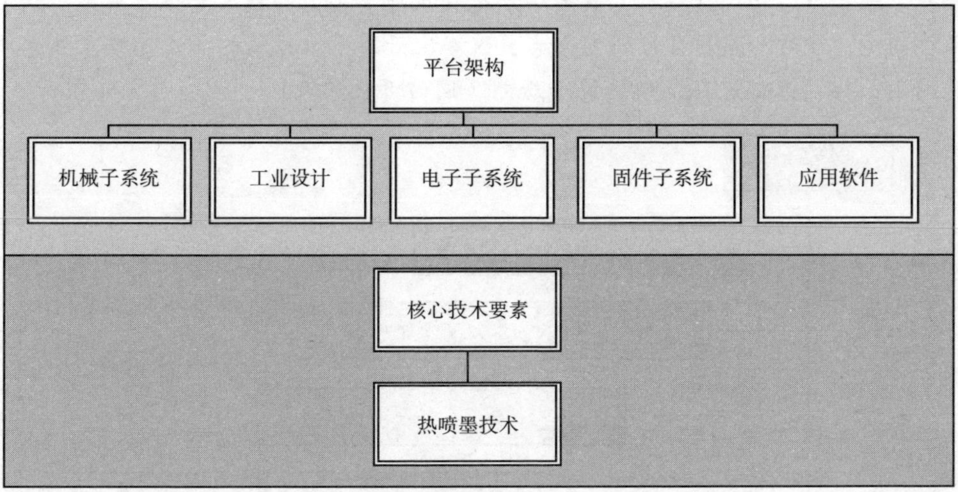

图 2.15　惠普公司喷墨打印机 500 平台架构

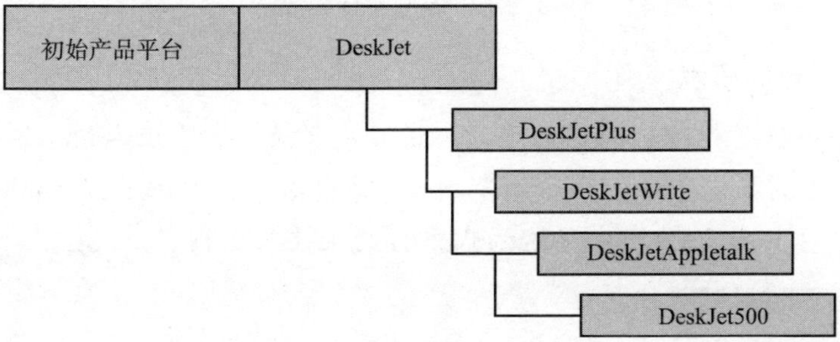

图 2.16　500 平台的产品线

4．平台扩展

在初始平台的基础上，惠普公司对产品平台进行了 4 次扩展，图 2.17 展示了这 4 次平台扩展的重要改进点。第一次产品平台扩展在单色打印的基础上增加了彩色打印的功能，但是这个平台只设计了一个墨盒的结构，用户在使用彩色打印时需要切换单色和彩色墨盒；第二次平台扩展主要改进墨盒结构的设计，同时采用了单色和彩色双墨盒，这样用户在彩色打印时不用再更换墨盒；产品平台的第三次扩展，主要使产品小型化，进入像日本这样的细分市场；改进产品的制造过程和降低产品的成本成为第四次平台扩展的主要目标。

4 次产品平台的扩展工作都是在初始产品平台的基础上进行的，在子系统和接口数目大致不变的条件下，通过新技术的使用来提升或增加平台产品的功能和性能、降低产品和制造成本，最大限度地利用原有平台的技术和设计成果。需要强调的是，针对不同的目标研发平台，这4次产品平台扩展的研发工作虽然起步时间不一样，但都是在预先的统一规划下同时开展的。

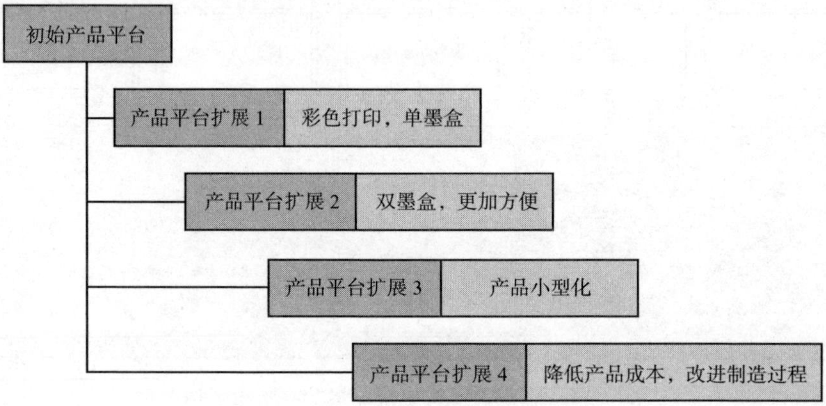

图2.17　500平台扩展

5. 新平台的研发

惠普公司喷墨打印机的初始平台经过4次扩展后，已经达到了该平台技术的承受极限，达到了该平台的生命周期顶峰。惠普公司随后推出了“600”和“800”两代新的平台。图2.18给出了这两代平台的主要改进内容。

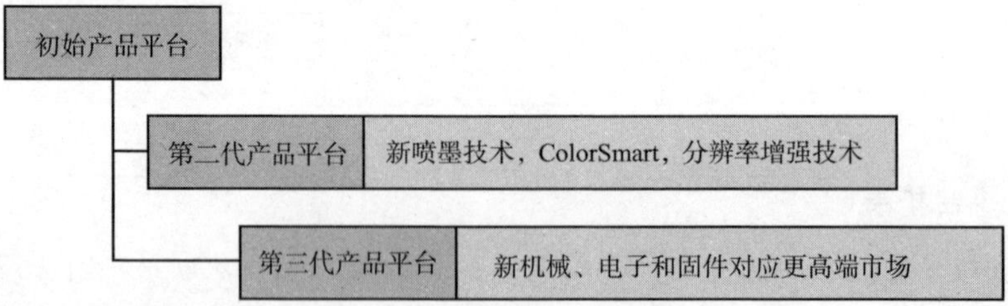

图2.18　喷墨打印机新平台

600产品平台的设计目标是改善喷墨打印机的打印质量，使打印的效果接近激光打印机。600产品平台采用了3项新技术——新喷墨技术、ColorSmart技术和分辨率增强技术。第一代平台的核心技术——喷墨技术不能满足色彩改善的质量要求，而第二代600平台采用的新喷墨技术可以达到这样的要求；惠普公司新导入的分辨率增强技术通过控制喷墨点的大小改善了打印的分辨率；新采用的ColorSmart技术解决了电脑屏幕显示的色彩与打印及输出的色彩存在的差异问题。

喷墨打印机最初的目标市场是家用用户，600产品平台后推出的800新平台，主要针对小型商务和办公室应用，把喷墨打印机扩展到更高端的市场。800 新平台要求更快的打印速度和更好的打印质量。基于 800 产品平台研发的打印机速度是基于 600 平台研发的打印机速度的两倍，打印机的纸盒可以多装 50%的纸张，打印机可以同时用于视窗电脑和麦金塔电脑，不再需要为两类电脑设计不同的打印机。为了满足这些新的要求，800 产品平台的机械、电子和固件都经过全新设计。

6. 平台产品和产品线

表 2.3 列出了在上面描述的三代平台基础上研发出的产品。

表 2.3　惠普公司产品平台及系列产品

	平台产品	
	视窗电脑	麦金塔电脑
DeskJet“500”平台		
初始产品平台	DeskJet DeskJetPlus DeskJet500	Deskwriter（麦金塔） Deskwriter(Appletalk)
平台扩展 1	DeskJet550C（单色、双色墨盒切换）	Deskwriter 550C（单色、双色墨盒切换）
平台扩展 2	DeskJet550C（双墨盒） DeskJet510C	Deskwriter 550C（双墨盒） Deskwriter510C
平台扩展 3	DeskJet300（便携式日本版） DeskJet300（便携式） DeskJet340（便携式）	
平台扩展 4	DeskJet560C DeskJet520C	Deskwriter560C Deskwriter520C
DeskJet“600”平台		
初始产品平台	DeskJet540C	Deskwriter540C
平台扩展 1		Deskwriter600C
		Deskwriter660C
DeskJet“800”平台		
初始产品平台	DeskJet850C	
……	DeskJet855C	

在这些不同代的平台的基础上，一系列平台产品被研发出来。这些基于平台的产品研发模式与单个产品的研发模式相比，产品的研发周期更短、上市速度更快、性能提升更快、产品质量更稳定，而且充分利用平台研发投入的成果，如共用子系统，后续研发费用较低。

点评

惠普公司采用基于平台的产品创新模式，在最初平台的基础上研发出一系列新产品，用可控的研发步调不断研发出成本降低、性能提高、适用新市场的新产品，保证了产品的持续竞争优势。

惠普公司喷墨打印机平台的成功是建立在市场机会、技术突破和竞争优势的基础上的。而基于平台的持续产品研发，则充分利用了市场机会、技术优势和竞争优势。

保证产品平台的差异化和领先的支撑基础是独有的核心技术。热喷墨技术保证了竞争对手难以模仿的核心竞争力，不但保证了最终产品的高性能差异，也构筑了竞争对手难以短期进入的技术门槛。共享同一核心技术的平台产品，在提供竞争差异的同时为核心技术的初始研发投入获得了可持续性的回报。

产品平台是多个产品的共有基础。产品平台的研发应当充分考虑为产品线提供共同性、标准化、模块化的基础。保证更多的共用模块和接口被重复使用，以充分利用产品平台的优势。

产品平台应当及时扩展以适应新产品的需求。当初始平台确定后，后续平台的扩展应当同步开展，这样可以大大减少后续产品的上市时间，不但可以继续扩大市场、增加销售，也使得竞争对手难以及时地模仿跟进。

当现有平台的生命周期结束时，必须有及时替换的新平台。新的产品平台设计要求保持成本和性能的优势，或者能够进入新的市场领域。旧平台中好的子系统仍然可以保留，但是新的技术应当优先考虑采用来显著提升产品的性价比或适应新市场的需求。

惠普公司以平台为基础研发的喷墨打印机获得了巨大的成功，不但几乎完全取代了点阵打印机，并且带来了大量的新用户，在2000年前销售达2亿台，凸显出平台模式的强大威力，值得我们学习和借鉴。

2.6 快速跟随的产品创新模式

基于市场的产品创新模式和基于平台的产品创新模式，是企业实现高效创新的必然选择，而快速跟随的产品创新模式对中国企业极具现实意义。杰克·韦尔奇曾说："模仿也是一种创新。"但是不能是简单地照搬照抄，而是在模仿的基础上，做得比别人更快、更好。快速跟随的产品创新模式强调的是一样的道理，跟随是为了站在别人的肩膀上研发更好的产品，而速度则成为制胜的关键。

2.6.1　率先进入还是快速跟随

比竞争对手率先推出新产品，进入市场，是企业赢得新一轮竞争的法宝。诚然，成为率先进入市场者可以形成竞争战略的基础，也造就了很多成功的企业。然而，成为快速跟随者同样可以赢得市场，而且往往拥有更大的竞争优势。

率先进入与快速跟随可以获得不同的优势，如表 2.4 所示。

表 2.4　率先进入与快速跟随的优势比较

率先进入市场的优势	快速跟随市场的优势
• 获得一种市场份额的优势 • 较早地获得经验 • 影响标准的界定	• 在时间上更接近最终市场 • 可以领先一步，并维持领先 • 使用更加新异的技术

在大多数情况下，成为速度最快者的优势大于率先者的优势。事实上，众多的公司通过产品快速跟随市场和竞争对手而取得了巨大的成功，如惠普公司。惠普不像施乐公司或是 IBM 那样，它很少在市场上第一个推出新产品。施乐和 IBM 曾经在市场上首次推出价格高昂的激光打印机，而惠普通过快速跟随策略，很快就推出了性能更好、价格更低的产品。当竞争对手的新产品上市后，惠普的工程师就会利用对顾客服务性拜访的机会，频频探询他们对该产品的意见。例如，询问他们喜欢产品的哪些特色和性能，哪些是他们所不喜欢的。要不了多久，惠普的工程师再来拜访时，一定会带来一个完全符合顾客要求的新产品，使顾客在满意之余对惠普倍加信赖。惠普正是通过快速跟随的策略，在激光打印机市场远远抛开了对手，而且在个人计算机、服务器等市场上都取得了巨大的成功。

宁波方太厨具有限公司也是通过产品快速跟随而成功的典范。在 1997 年方太准备做吸油烟机时，国内已有众多吸油烟机的品牌。为了确保产品的成功，方太首先做了精心的市场调查，总结出当时各品牌吸油烟机的 5 大问题，然后有针对性地研发和推出新产品，借助品牌的营造，使得方太的吸油烟机一炮打响，短短三四年时间成为国内吸油烟机的第一品牌。从方太的例子我们进一步看到，产品的成功并不取决于是否先上市，而决定于产品能否更好地满足顾客的需求。

2.6.2　快速跟随的时机和关键点

产品的快速跟随也要注意时机的问题。从产品的生命周期来看，应选择产品成长期的初期作为进入时间点比较合适（见图 2.19）。在产品的导入期，顾客对产品知之甚少，需求也不是很明确。进入成长期后，顾客的产品知识日益丰富，对质量、价格、交货等方面提出了更高的要求，这时选择快速跟随策略的企业就可以通过更准确地把握客户需求，抓住竞争产品的缺陷，推出更好的产品，在市场上后来居上。

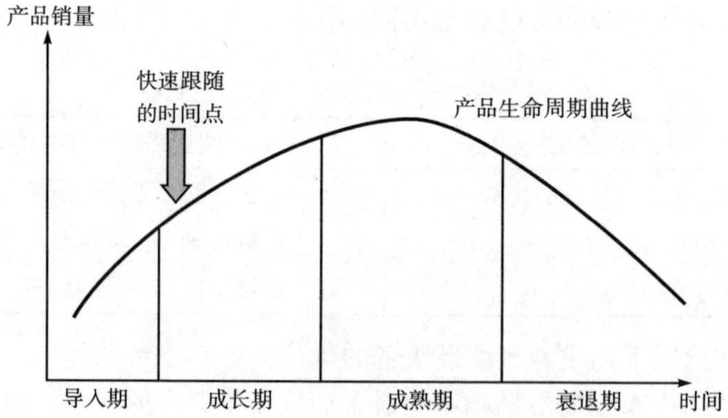

图 2.19　率先进入与快速跟随的优势比较

实现快速跟随策略的关键点是缩短产品上市时间（Time-To-Market，TTM）。在你试图研发超越竞争对手产品的同时，竞争对手也在改进已推出的产品，最终的输赢取决于在产品研发或改进期间谁能够更好地响应市场条件的变化。而较短的 TTM 才能使公司对新出现的市场机遇做出更迅速的反应，并赢得竞争的胜利。

“快鱼吃慢鱼”，成为速度最快者，才能取得持续的竞争优势！

2.7　优秀的创新企业如何进行高效创新

最近一期《时代周刊》评选的全球最具创新能力的企业中，苹果公司、Google、丰田名列前三甲，而 IBM、诺基亚、三星电子等公司也榜上有名。在国内，这些年也涌现了华为、中兴、美的、海信、腾讯、百度、方太、迈瑞等一大批优秀的创新企业。这些企业在产品及技术创新中的实践，无疑对广大企业具有示范和借鉴作用。

2.7.1　领先企业的创新投资回报比落后企业高 10 倍以上

理特公司在 2005 年实施了全球卓越创新调研，全球各地各个行业超过 800 家企业参与了此次调研。参与调研的企业对研发的投入平均占销售收入的 4.5%，但是各行业对创新的投入和新产品占业务的比例有根本的差别，如图 2.20 所示。

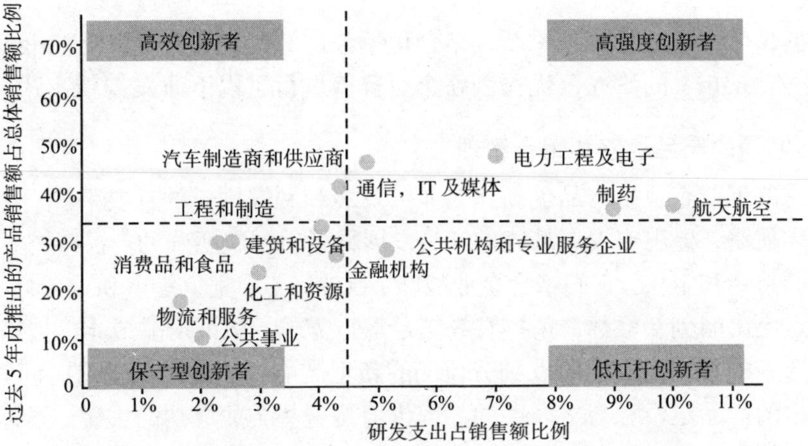

数据来源：理特公司 2005 年全球创新调研

图 2.20　研发活动的行业差异（来源：理特公司）

尽管如此，各行业各地区的企业都认为创新是增加利润、扩大规模的最重要手段，其重要程度超过了降低成本、扩大生产和通过并购实现扩张。

根据调研报告，所有的企业都很重视创新管理，但是领先的创新企业和落后的企业相比差距悬殊。

每个行业的企业按照创新水平分为 4 类，各占总数的 25%。图 2.21 显示了主要行业中 25%的领先企业和 25%的落后企业在创新投资回报率上的差距。可见这个差距在各个行业都很高，普遍超过 10 倍。

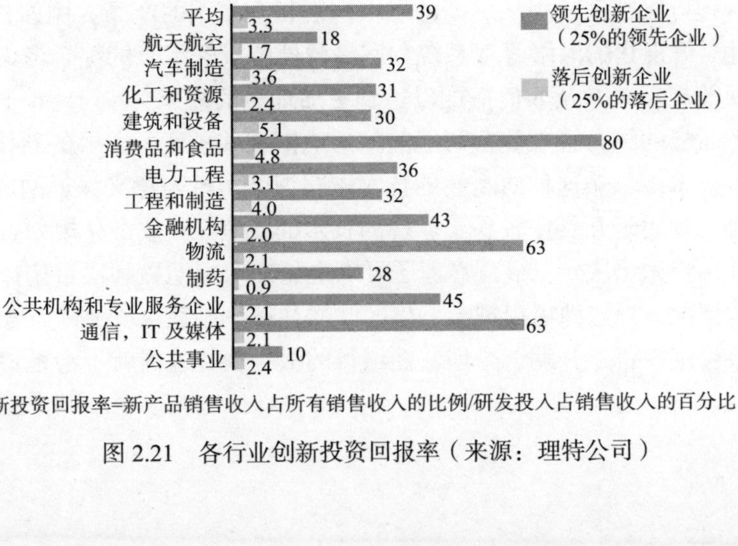

注：创新投资回报率=新产品销售收入占所有销售收入的比例/研发投入占销售收入的百分比

图 2.21　各行业创新投资回报率（来源：理特公司）

2.7.2 优秀创新企业的产品创新实践

根据汉捷咨询的研究和总结，结合理特公司的调查和 PRTM（Pittiglio Rabin Todd & McGrath）的研究，优秀创新企业普遍进行了以下研发创新实践。

1. 明确的产品战略和组合管理

优秀的创新企业把产品创新作为业务发展和利润增长的首要手段。它们根据企业整体战略，提出宏大而具体的产品发展愿景，制定明确的产品战略，确定产品创新的目标和定位。它们结合企业战略、行业特点、竞争焦点和企业自身状况，选择重点突出的创新目标，包括有效满足客户需求、降低产品成本、提高生产效率、创造新的客户需求、研发细分市场的新型产品、缩短产品上市时间等。

突出的产品定位和与之联系的品牌价值是这些企业成功的关键。不管是诺基亚的“科技以人为本”、沃尔沃的“为生命安全”，还是苹果的“简约风格”，在展现产品独特魅力的同时，其品牌形象也深入人心。

优秀创新企业普遍采用产品线管理和组合管理，注重系统性的业务信息和技术信息分析，分产品线或业务单元对客户需求、技术发展和产品功能进行展望和规划，对研发投资进行有效的组合决策，避免失败和错误的投资选择。组合管理的方法可以从公司级别统一考虑投资，有助于避免各业务单元之间的重复投资。当进行组合管理时，需要了解公司总的资源能力。许多公司发现同时开展过多的项目会减少产出效率，对此进行规划后就会有明显的改进。从产品的生命周期上看，新产品推出时，老产品如果没有及时退出市场，使得整个产品线处于低利润、高维护成本的状态。

组合管理可以帮助公司从更高的层次识别相互作用的产品。例如，在 Avaya 公司，通过对可视化的网络管理系统和网络硬件的投资组合的综合考虑，可以发现它们之间的相互关系及如何搭配以达到更加理想的效果。

进行产品线的组合管理使公司能前瞻性地探索并预研所需要的新技术，集中资源投资该技术。虽然这种前瞻性的技术能够为公司带来意义深远的竞争优势，但是一般公司倾向于开展比较易于掌握的技术的投资。有效产品规划可以及时发现该技术并尽快做出决定。组合管理还可以避免出现短期赢利项目挤掉具有长期意义项目的情况，当这种短视现象发生的时候往往创新就会受到负面影响。有效组合管理会设定投资于长期、高创新性项目的最小值，这样就不会被短期的项目挤掉了。

通过创新的产品战略重铸辉煌

1997 年，史蒂夫·乔布斯重新掌管已连续 5 个季度亏损的苹果公司。为了摆脱经营困境，乔布斯制定了新的产品战略：一方面：削减原来的产品线，采用聚焦策略，将正在研发的 15 种产品削减为 4 种，避免研发低端的产品以满足市场份额的要求；另一方面，积极寻求向消费类电子领域扩张。

在新的产品战略的引导下，苹果公司首先选择向数字音乐领域进军，终于在 2001 年推出了个人数字音乐播放器 iPOD。在 iPOD 推出后不到一年半，苹果 iTunes 音乐店也于 2003 年 4 月开张。苹果通过改变音乐播放器的容量、色彩、尺寸，增加视频、图片、游戏、附件等功能，不断丰富和完善 iPOD 产品线，加上 iTunes 的强力支持，使 iPOD 成为了改变产业规则的革命性的产品，也令苹果电脑重新走向辉煌。

2．与客户直接接触

优秀创新企业专注于客户，强调与客户直接接触的重要性，尤其是产品研发人员与客户的直接接触。通过与客户进行持续的接触和交流，不仅能够提高对客户的理解和提高客户的参与度，而且可以激发和产生新的产品创意。华为的研发人员在与中国移动营销人员交流时，了解到相当多的潜在用户（尤其是低收入群体）由于手机号码办理和银行存折交费的麻烦而不用手机，于是设想了预付费的模式，以吸引这些潜在用户购买手机。通过后续双方共同的产品创新，“神州行”业务很快推向市场，成为中国移动业务的重要增长点。

与渠道和供应商进行紧密合作，越来越受到领先创新企业的重视。通过充分的渠道准备，可以加速上市赢利时间，而不是在需要的时候才慌忙准备。在研发团队中直接加入客户、渠道和供应商是一个有效的实践，能够对产品创新带来明显的促进作用。例如，摩托罗拉公司与渠道、供应商方面的合作伙伴共享产品路标规划，就能够从多方面对产品提出积极的意见，保证产品聚焦于用户需求，以职能性的思维模式转变为基于市场导向的思维模式。

3M：通过了解“超级用户”进行创新

为了研发一种新的抗菌包扎产品，3M 从目标市场选择了超级用户（战地外科医生），从有相似性的市场中也选择了超级用户（化妆师），并对他们进行访谈。通过对这两类用户的了解，3M 获得了两方面的知识：从战地外科医生那里了解到速度的重要性并认识到他们是如何提高速度的，而化妆师则介绍了如何将各种物质敷于皮肤的好办法。3M 借此研发出一种全新的抗菌护理方法，并为其外科医疗部门设定了长期发展战略。3M 超级用户项目的巨大成功再次说明了在创新流程中与客户多交流接触的重要性，只有这样才能够将客户的知识融入创新中，从而有效地满足客户需求。

3．激发创意的产生

优秀创新企业视创意为提升产品创新能力的关键杠杆，不遗余力地营造激发和产生创意的机制和氛围，并采用结构化的方法对创意设计进行有效的管理。

是否具有丰富多彩的创意应该是衡量一家企业是否具有创新精神的关键因素。理特顾问公司的资深合伙人理查德（Richard Granger）认为："如果你走进一家公司，里面的员工热情地跟你谈论公司的未来有多美好，能够滔滔不绝地谈论他们一些令人兴奋的新主意，那么你几乎可以肯定，这是一家充满着创新精神的公司。而另一些缺乏创新的公司，里面的人只会跟你谈论现在，而非将来。"

Google公司采用独特的创意创新模式，主要有以下几个特点。第一，谁要有好的点子，可以直接把它做出来。第二，每个人除了正式项目之外，还有20%的时间做自己的东西，做培训、做新的技术都可以。第三，平等民主。公司员工20%的时间不但可以做自己想做的项目，也可以参与别人的项目，大家一起做。第四，实时回馈。比如，一个工程师想了一个新点子，大家投票，如果认为是好点子就可以把它做成一个雏形，放到网上试用，如果使用者觉得好就把它变成新产品。

方太：创意引导领先的设计

方太公司自成立之初就把"设计领先"作为产品创新的基本原则之一，然而，领先的设计需要建立在好的创意之上。在主导产品吸油烟机的研发中，充分体现了创意对领先设计的引导作用。

作为后来者，方太研发第一代吸油烟机时，寻求工业设计上取得突破，一两个月内，提出了100多个产品款式的创意，有很多根本不像吸油烟机。经过筛选，选择了其中一款深形机，外观上与当时通行的薄形机产品差异非常大，但能有效解决拆洗不方便的问题。这一"出奇兵"的结果，几乎引发了中国吸油烟机行业的一场改形风。

方太"鼎后"系列吸油烟机在外观上借鉴了豪华轿车的前端轮廓，是当时业内最高端的产品，为方太的年销售额贡献将近20%，不愧为"吸油烟机中的皇后"。

方太在2000年前后推出过一款"银家三系"，把吸油烟机、灶具和嵌入式消毒柜三件产品设计成一个系列进行推广。当时的主要出发点就是将材质和颜色统一起来的创意，"好像人穿衣服一样，让厨房电器也能配套"。

灶具组工程师徐慧家里也在使用"银家三系"这套产品。有一天，和旁边吸油烟机组的同事聊天时，她抱怨说自己炒菜总是等到油烟很大的时候，才想起打开吸油烟机。她说："灶具和吸油烟机的开关能够同步就好了。'银家三系'在工艺造型上已经做到了配套，那么在功能上是不是也可以有一些相互联系？"大家一听都很兴奋，在研发总监的支持下，徐慧和吸油烟机组的同事成立了一个小组，用无线射频技术实现了两种产品的同步启动。这项创新成为"新银家三系"上市时最重要的卖点之一。

4．技术和知识产权管理

现在的商业环境使得技术和智力资产有必要被更好地利用。优秀的创新企业从智力资产管理中获益主要包括三个方面，首先是让技术信息在整个公司内部形成很好的沟通，避免占用不必要的时间和成本；建立这种沟通机制不仅可以快速便捷地获取信息，而且避免无谓的重复技术研究，这种情况出现的原因往往是由于人们不知道他们需要的技术在公司的其他部门已经进行了探索。另一个方面是制定技术研究规划，并与产品线、平台规划相辅相成，将产品研发和技术研究分离开，由于技术研发和产品研发差别非常大，所以单独的技术研究有利于建立可靠的进度计划。最后一点就是要更加积极地利用知识产权管理获利。量化地进行知识技术的授权以期获得最大化的回报，同时通过法律和专利方式保护技术和智力资产的投资。

优秀创新企业都将明确的、定量的智力资产管理作为整个产品研发和创新战略的一部分，它们也乐于鼓励取得专利，并且成立专门的组织进行专利保护。这些采取实际行动的公司从技术授权和许可上也得到了巨大的经济回报。

智力资产管理对创新能力有着巨大的影响：利用技术投资的优势，拉开与竞争对手在新产品上的距离；对于无法单独具备商业价值的技术，可以通过授权许可方式获得回报；将新技术预研聚焦于更具突破效应的战略区域。

华为：通过技术和知识产权管理缩小与跨国巨头的差距

作为一家以技术为核心的通信设备商，华为很早就认识到技术研发的重要性，往往在正式投资新的产品领域之前就进行技术储备。1997 年，华为将技术研发与产品研发逐步分离，对各产品线共用的硬件和软件技术进行统一规划、研发、引进和管理，使得产品技术水平得以迅速提升。1998 年成立预研部，并在各产品线设立预研分部，加强前瞻性技术和产品的研究，连同中央硬件部和中央软件部，形成了完整的技术研发体系。

早在 1995 年，华为就成立了知识产权部。在国际市场的开拓中，华为更充分认识到知识产权的重要性，制定了知识产权战略，并与技术发展战略保持一致。自 2002 年以来，华为的专利申请量一直处于前列。2006 年，华为提交 PCT（专利合作条约）国际专利申请 575 件，在全球申请人中排名上升至第 13 位，2008 年已经上升为第 1 位。华为先后和高通、爱立信、诺基亚、西门子、摩托罗拉等跨国通信巨头达成了专利合作协议。

5. 合作研发

由于产品创新的复杂性、全球化与外包趋势，优秀的创新企业在创新活动中更多地与外界伙伴合作研发，实行开放式的创新。合作研发主要包括三个方面。

一是有选择性地进行价值链布局。价值链是指一整套创造、生产、交付和维护产品所需要的能力、投资和活动。参与价值链的收益取决于价值链中价值最大的环节，这与各个公司的实际能力直接相关，如电信设备商北电网络，采用外购方式进行制造活动，而将资源主要放在前端设计和后端的用户解决方案上，这样才能在价值链中取得较好的收益。

二是通过外包和外购降低研发成本。通过对价值链的仔细研究，公司可通过将部分研发工作外包和外购的方式降低成本。例如，一些国际性的软件企业，将软件编码的工作外包给印度公司，从而降低了研发成本。

三是建立研发合作伙伴关系和合作网络。优秀的创新企业在评估自身资源和能力的基础上，充分利用外部优势资源，通过合作的方式研发更具竞争力的产品，获得所需的新技术。千年制药公司成立于 1993 年，在那个时候，如果只是单独进行研发，恐怕投资只能满足很少项目的研发。千年制药公司专注于药品发明，而通过合作的方式完成其他的工作，这使得千年制药公司快速拓展其业务领域并取得成功。优秀创新企业还经常通过扩展已有产品和服务的范围定义来提升创新能力。例如，通用将普通的摩托车增加了交通监控、驾驶支持服务等功能，作为新的产品卖给用户。为了达到目标，通用公司需要与无线服务提供商、电信提供商和无线设备供应商进行业务合作。

宝马和 ZF：联合研发全新的汽车转向系统

宝马、ZF 和另外一家小型电子公司联合研发了一种全新的汽车转向系统，德国强大的机械和电子工业基础促成了这一发明。主动转向改变了车轮转向角度和方向盘转动角度之间固定的比例，创造了全新的驾驶感受，取得了灵敏性、舒适性和安全性的统一。该项创新的发明过程及所研发的技术方案大大提升了这几家企业的创新形象，并在 2004 年获得了创新大奖，受到了客户的广泛欢迎（40% 的 BMW 新 5 系轿车装备了这种新型转向系统）。

6. 平台化建设

平台化可以极大地提高研发效率和创新能力，在产品线内部重用模块和子系统可以避免不必要的投资，模块化的设计可以减少产品升级成本，也可以在产品集成中获得收益。

优秀的创新企业越来越多地应用“平台”的概念，精心地制定产品平台或技术平台规划，避免不必要的新增平台，以使每个平台上衍生的产品类型更多。同时，最先进的技术可以应用到平台，而使大量类型的产品受益。模块化设计是平台化的关键方法，它还可以使产品尽量在提交用户前进行集成和装配，可以减少存货成本。Carrier 公司在产品的本地化过程中就有效地采取了这种方法。

平台化可以提供比竞争对手更加快速的产品研发能力，并将更具创新性的技术应用于产品研发，也提供产品线的差异化，从而提高产品的创新性。

丰田：通过平台建立竞争优势

20 世纪 90 年代，如何在生产型号各不相同的汽车时，尽可能使用同型号的零部件是困扰汽车制造企业的一个普遍问题。丰田认为解决方案可以在设计部门与规划部门的合作中找到。丰田强调产品的独特性、重视产品规划，同时努力最大化地使零部件能共享。通过建立平台战略，这个矛盾得到了解决，各个部门能够合作进行模块化的产品设计。丰田在大量不同类型的轿车研发上有效地利用平台技术，在每个平台上研发出的轿车类型更多，因此在研发速度和成本方面领先竞争对手。而竞争对手的平台却只能支撑较少类型的产品，导致投资浪费。

7. 跨部门团队

优秀的创新企业意识到产品研发采用“将项目扔过部门墙”的方式有很多弊端，因此产品研发由市场、技术、制造、销售、服务等人员组成的跨部门团队进行。业界优秀的实践包括基于市场目标的项目运作方式，打造包括全部相关职能人员参与的研发团队以减少无谓的重复工作，由跨部门管理团队进行及时有效的业务决策，对过程的执行建立适当的过程指标和组织目标。

设想一个团队只有单一的职能人员参与，但是项目却需要包括从概念到发布整个过程的职能人员参与，而另一个项目团队由必要的跨部门人员参加，其职能包括从概念到发布整个生命周期。前一种组织方式是以职能为中心的，一般项目组由一个主要的职能人员负责，如工程和市场，而其他职能人员只是在需要的时候参与进去。后一种方式是以团队为中心的，要求全体人员协作，共同对市场结果负责。跨部门团队可以在早期解决下游的问题，节省了宝贵的研发时间，进行决策时也更加适当。IBM 公司的实践说明快速高质量的决策依赖于优化的流程和跨部门团队。另外，创意常常会在不同背景的人员共同解决特定问题时被激发，跨部门团队也可以用来探索市场机会点。

思科：通过跨部门团队响应客户需求

在 1997 年到 2001 年期间，思科为了更好地服务客户，根据客户细分来划分组织机构。但是，由于各个细分市场的需求经常会有重叠，因此公司针对不同的市场往往会研发出相同或类似的产品，造成很大的资源浪费。

之后，思科调整了组织结构，尤其对产品研发组织实施整合，对研发工作进行集中管理，以产品技术为依据划分部门。为了保持和提升对客户需求的响应速度，思科按照客户类型划分销售部门，一个集中的市场部介于研发部门和面向客户的销售部门之间，起统筹和桥梁的作用，更为重要的是建立各种跨部门团队，通过各职能之间的紧密合作，快速为客户提供产品及服务。如跨部门领导团队负责监督 6 个跨部门的端到端流程的运作，跨部门的解决方案团队负责解决方案蓝图的制定，跨部门的研发团队负责新产品的研发及上市。

8．流程和知识管理

优秀的创新企业认识到如果仅仅依靠当前的流程，将会限制创新的效率，所以，业务流程管理（Business Process Management，BPM）成为他们提升创新效率和构筑产品竞争力的关键手段。他们不仅关注于公司级产品研发流程的整合，以解决跨部门合作效率的问题，而且着眼于对职能领域流程的改进，识别并强化独特的活动，以提升核心能力。通用公司为了推进跨越业务单元进行创新协作，在公司级建立了通用的研发创新流程指导产品研发和生命周期管理。

知识的管理越来越受到企业的重视，但如果无法与流程管理有效结合，往往会收效甚微。基于流程活动的知识识别和知识积累、项目经验教训总结、过程资产管理、知识检索和使用等实践，已经为优秀的创新企业广泛开展。杜邦公司成立专门的流程改进组，进行流程和知识的管理，从项目中吸取经验教训，并通过信息系统的存储和管理，为公司带来巨大的收益。

结构化的研发流程和知识管理为项目管理奠定了基础。优秀的创新企业在已管理的研发流程和知识库的基础上，通过项目管理流程使各项研发活动高效执行，实现项目目标。在这些企业，根据项目的不同，已定义的研发流程将裁减为适合特定项目的流程，项目按阶段和里程碑进行管理，充分应用计划与监控、沟通、质量保证、资源管理等方面的技术与工具等，项目管理的水平得到系统提高。

Tetra Pak：通过流程及组织改革提升创新能力

几年前，世界领先的包装公司 Tetra Pak 面临更为残酷的市场环境，决心加强其创新能力。该公司经过整体分析后开始进行系统的改革。其关注的三项最重要的改革领域包括：研发流程、组织结构和绩效评估方法与工具。

研发流程：优化并实施创新流程的所有子流程，如产品研发流程、创意管理流程、信息调研流程。

组织结构：任命了新的首席技术官，组建了创新流程委员会来统领一系列旨在提高创新能力的活动；建立了若干新的部门，如技术战略委员会、技术中心等。

绩效评估：基于平衡计分卡建立了绩效指标，用以评估组织及流程改进的进展情况。

Tetra Pak 已经取得了令人瞩目的成就，其新产品的数量每年保持在 30 个以上。

9．资源及能力管理

优秀的创新企业实施研发资源的量化管理和规划，根据可提供的资源规划项目，使有效的资源投入到高价值的项目中，平衡项目资源的需求和固定的资源供给之间的矛盾，最大限度地利用公司的业务专家，避免资源过剩和闲置的情况出现。克莱斯勒公司致力于在资源瓶颈发生之前就要得到识别，将资源使用信息融入投资组合管理当中。

除了对资源进行有效的规划、平衡和管理外，优秀创新企业关注资源能力的持续提升，一些公司干脆将资源部门定义为能力中心（Competency Center）。他们着眼于长期的资源和技能的管理，对于公司发展所需要的技术能力进行前瞻性的考虑，持续提升现有的专业技术能力，并识别什么时候需要获取新的专业技术，基于能力开展招聘和培训活动，研发人员通常聚焦于少数项目以利于其技术的提升。当整个研发的核心团队深入一个项目时，一般会得到更高性能、更具创新性的产品。相反的，研发团队不断变化更迭，很难取得突破性的进展。

三星：设计能力提升之路

三星是利用设计能力提升品牌价值和市场份额的代表。1993 年，三星董事会主席李健熙访问了洛杉矶的零售商，看到三星的产品毫不出众，而索尼等一些企业的产品则很显眼，于是决定在节约产品成本方面少下些工夫，更加关注独创性产品，希望通过出色的设计能将三星空投到全球顶级品牌的行列中。

为了吸引出色的年轻设计人员，三星于 1994 年就将设计中心从小城水原搬到了汉城，同年请美国设计公司 IDEO 帮助研发一种计算机显示器，这是与 IDEO 等咨询公司合作的开始。1995 年，三星建立了“三星创新设计实验室”，设计人员能够在美国最好的设计学院“艺术中心设计学院”的名师指导下学习，三星将设计人员派往印度、埃及、巴黎、法兰克福、纽约、华盛顿等地参观博物馆、著名建筑、历史遗迹等。

到 2004 年年底，三星的设计人员达到了 470 人，其中有 120 人是过去一年内加入的。2000 年以来，设计预算每年增长 20%～30%。为了关注最重要的市场，三星在伦敦、洛杉矶、旧金山、东京、上海建有设计中心。三星还改变了设计部门的定位和程序，设立了首席设计官，设计人员得到了更大的权力，首席执行官每个季度都举行设计会议，各部门主管在一起评议新产品及其设计。过去，设计人员的工作是给工程师拿来的产品装外壳，现在设计人员不仅能影响产品的外观，还经常给工程师一些创意，工程师们要按照这些创意设计内部，也包括采用的零部件。

10. 利用 IT 系统更好地支持创新活动

产品研发是公司中信息密集程度最高的流程。多数产品研发的信息通过纸面、胶片方式传递或者通过桌面应用系统（如微软的电子表格），需要时不易获得，实际上许多对产品研发非常重要的数据甚至根本无法得到。优秀的创新企业利用 IT 系统使信息自动化，更加高效地探索、提炼、组合、变更、共享和交流知识信息，提升整个流程和知识管理的级别，更好地支持创新活动。通过统一管理先前独立的资源、产品、项目信息，避免对相关信息的重复输入及处理工作。今天，第三方的企业级应用软件已经可以提供这样的功能，并且超过了 ERP 和 CRM 系统提供的功能。

信息自动化的优势还在于协同工作。产品研发需要跨部门或跨组织运作，对网络中各个参与者的协同能力的要求提高了。当一个参与者需要及时做出修改时，它就会将变更及时提供给其他参与者。目前，变更的交流、影响的识别、变更的实现需要持续数天甚至更长，如果应用适当的支撑系统，这些问题的解决可能只需要数小时。EMC 公司估计通过将大约 30 个数据库合并成一个，实现 ECO 自动化工作流，处理一次查询的时间可以从两周缩短到 1 天，ECO 的整个周期为原来的 1/3。

信息自动化对创新的作用也是显而易见的。先前消耗在手工上的时间可以投入到高价值、创新性的活动中，从而提高了信息查询的速度和研发的效率。优秀的创新企业已经越来越多地利用数字化手段支持产品研发活动，如通过建模和仿真系统完成大量设计和验证工作，不仅加快了速度和降低成本，而且这样会得到更具竞争力的产品。波音公司可以利用系统工具，使得包括用户、供应商的设计团队通过实时的可视化工具进行协同设计，并交流意见解决问题。

IBM：应用 IT 系统支持 IPD 高效运行

IBM 从 1993 年开始实施 IPD 体系，在关键领域应用 IT 工具使 IPD 流程高效运作。IPD 涉及以下几种工具：产品数据管理、决策管理工具、项目管理方面的工具、工作流、基线管理、公用基础模块管理等。

除了建立 IBM 自己的产品数据管理系统 Tivoli 外，在项目管理方面，IBM 使用了 CA 的 CA superPrj，Microsoft 的 Project 工具；在协同工作方面，使用了基于 Lotus Notes 研发的 Business Management Workbench 和 Workflow Engine 工具；应用 ALIAN Think 作为 Decision Support Software，而在共用基础模块的管理和应用方面，则使用了 ASPECT 作为工具。

11．营造创新文化

优秀创新企业视创新文化为创新的根本和源泉，总是不遗余力地建立鼓励创新的机制，营造创新的氛围，打造优秀的创新文化。在这些公司，倡导相互尊重和平等相待，新的想法和创意受到鼓励，哪怕是未被采纳的主意和失败的项目也受到尊重，信息充分分享，员工热衷于谈论未来和新的设想，各种知识、主意、想法在开放式的办公环境和休息场所碰撞或交融，模拟用户实验室永远是最热闹的地方，创意不断涌现。其实，不管是 3M 公司提出的“你不应该扼杀一种新的产品设想”，还是方太公司要求的“不说不可能”，其目的都是为创造力的种子营造一个温室。同时，他们对产品创新也规定了明确的方向、目标和定位，以避免毫无意义的胡思乱想和标新立异。如苹果公司鲜明地提出“简约、功能强大、高质量”的产品定位。

针对研发人员偏爱技术、经常忽视市场和成本的问题，优秀的创新企业十分注重培育研发人员的商品化意识，建立市场导向的创新机制。丰田公司称产品研发部门为商品研发部，在部门名称上就打下商品化的烙印。优秀的创新企业普遍采用学习型组织、客户接触、质量改进、流程优化、团队建设等方面的实践，并建立相应的评价与激励机制，不断强化研发人员的客户意识、质量意识、主动性和团队协作精神。

Google：独特的创新文化

短短 7 年造就了 Google 奇迹，其核心就是创新。从创业到高速发展，Google

形成了独特的创新文化。

富有使命感的工作。Google 的使命是整合全球信息，让人人可用，让人人受益。很多人认为 Google 是搜索引擎，但其实 Google 的产品超过了这个意义范围。完成富有使命感的工作，员工会觉得很了不起，也会刺激他们更多的创新思维。如 Google Earth，这是 Google 产品的典型代表。

足够的创新空间。Google 采用独特的创新机制，主要有以下几个特点。第一，谁要有好的点子，可以直接把它做出来。第二，每个人除了正式项目之外，还有20%的时间做自己的东西。第三，公司员工 20%的时间不但可以做自己想做的项目，也可以参与别人的项目，大家一起做。第四，一个工程师想了一个新点子，大家投票，如果认为是好点子就可以把它做成一个雏形，放到网上试用，如果使用者觉得好就把它变成新产品。

平等互助，追求创新、实干、透明、客观。鼓励员工把自己的想法讲出来，或在公司内部的网上列出来。本着激情和有趣的宗旨，我们鼓励每个人做自己喜爱的项目。Google 公司不仅给员工提供宽松自由的办公环境，还设有健身房等休闲设施，使员工保持健康的身心，更高效地投入创新工作。

2.8 华为坚持实事求是地进行产品及技术创新

作为国内自主创新，尤其是产品和技术创新的标志性企业，华为值得国内企业借鉴的经验是多方面的，但如果一定要总结为一条的话，那就是——实事求是的自主创新。最近，华为任正非总裁的一个讲话以“实事求是的科研方向和 20 年的艰苦奋斗”为题，也说明了这一点。

华为从最开始没有自己的产品和技术，后来自己研发产品和技术，到现在能够提供具有国际水准的全线通信产品，拥有一万多项专利，经历了 18 年的艰苦努力，其中的经验和教训数不胜数。根据本人在华为近 9 年的工作经验，我将其归纳为 3 点：一个导向——始终坚持以市场为导向；二个平台——产品或技术平台和研发管理平台；一个机制——研发人员的动力机制。

1. 始终坚持以市场为导向

华为是在激烈的市场竞争中创业和成长的，作为早期的创业者和公司最高层，具有强烈的市场导向意识是很自然的。问题是在企业规模不断扩大、部门职能划分越来越细的情况下，如何让研发人员还能坚持市场导向？华为的做法是让研发人员直接面向市场，直接对产品的市场成功负责，而不仅是对研发成果负责，并且从流程运作和考核机制上来保障这种导向。另外，针对国内研发人员普遍存在的重技术、轻管理、轻市场、缺乏商品化意识、缺乏成本意识等问题（华为内部称之为“幼稚病”），华为特别注重对研发人员进行思想改造，强调研发人员要市场导向、业务导向，要成为“技术商人”。在 1997 年，华为甚至在研发系统搞了一场轰轰烈烈的“反幼稚”运动，给研发人员乃至其他部门的员工带来极大震动。

2．打造产品/技术平台和研发管理平台

“小公司靠创意，大公司靠平台”，这是华为任总对企业如何做大的见解，所以华为一直非常重视平台建设。对产品创新而言，关键就是搞好产品平台和技术平台及研发管理平台。华为现在的产品成千上万，但都源于一个“母亲”——那就是 CC08 数字交换平台，这样使得每个产品线或产品系列和具体的产品都能够继承“母亲”的优良传统，从“母亲”那里吸收营养，尽快成长，而且“母亲”和具体的产品之间能够相互帮助、相互借鉴、相互提高，而不是相互打架、相互拆台。形成这种公司大平台支撑产品线平台，产品线平台支撑具体的产品研发的局面不是偶然的。

首先，华为在思想上非常重视平台化和重用思想。其次，在组织和流程上采用相对集中的产品线模式而不是相对分权的事业部模式，产品路标规划和产品研发流程中注重平台构造和技术共享，并建立了中央总体技术部门和产品线的技术管理部门，负责平台的整理、规划和管理。最后，这与华为一贯坚持集团奋斗、团队协作的企业文化也是密不可分的。

产品平台的背后就是技术平台，尤其是核心技术。《华为基本法》明确指出：广泛吸收世界电子信息领域的最新研究成果，虚心向国内、外优秀企业学习，开放合作、独立自主地发展领先的核心技术体系。这句话其实道出了华为在核心技术发展方面的战略思路。确实，在核心技术方面，国内企业必须承认自己是追赶者，必须承认西方企业通过几十年甚至上百年的积累，在科学技术方面已经远远领先于我们。华为也不例外，所以实事求是的做法就是抱着开放合作的态度，虚心向别人学习，不是从零开始，而是站在巨人的肩膀上，更多地通过引进、消化、吸收的方法，然后进行再创新和集成创新，发展自主的专利技术体系。

在研发管理平台的建设方面，华为坚持不折不扣地学习西方先进的、成熟的研发管理模式和体系。从 1998 年开始，华为花了 5 年时间、数千万美元从 IBM 公司引进并实施了 IPD 体系，使得华为在较短的时间内就打造了具有国际水准的研发管理平台，大大提高了产品研发能力。

3. 构建研发人员的动力机制

在动力机制方面，研发人员首要关注的是个人的发展和工作本身的吸引力。《华为基本法》明确指出：华为价值分配形式是机会、职权、工资、奖金、安全退休金、医疗保障、股权、红利，以及其他人事待遇。只要你肯干又有潜力，华为提供给每个研发人员充分的发展机会和发展空间。华为强调向各级研发人员下达挑战性的目标和任务，同时每个研发项目组会得到充分的授权，研发部门的领导主要是把握方向，不会过细地干预项目研发工作。尤其当产品研发的目标是定位在赶上国外先进水平时，研发人员会信心十足，而且焕发出一种民族的自信和自强。

高绩效的企业文化和良好的工作氛围是华为研发人员动力机制的另一源泉。为了早日实现产品的创新突破，缩短与国外通信巨头的差距，华为必须坚持艰苦奋斗的精神，研发人员的工作压力是很大的，工作时间也是比较长的。“床垫文化”被认为是华为研发精神的集中体现和象征，早期的研发人员甚至提出过“干到晚上 10 点钟不叫加班”的口号。尽管现在的研发人员的负荷与原来相比已经大为降低了，但加班还是常有的事。同时，华为努力营造的较为宽松的环境和团队协作的氛围，令研发人员心情舒畅，集中精力投入工作。

研发工作是华为的核心活动，又是创造性劳动，待遇水平向研发人员倾斜是华为一直坚持的薪酬政策。根据职位职责和胜任能力定工资，根据业绩定奖金，根据潜力定股权，是华为在报酬机制上的具体做法。在研发人员的评价上，兼顾过程和结果，既要关注过程中的交付，又要与产品市场成功与否直接相关，但又不绝对，因为有些是由于公司决策造成的，研发人员所付出的努力还是应得到承认的。同时，华为也清醒地认识到，在评价和薪酬方面要做到绝对公平是不现实的，更多的是要通过程序的公正来保障结果的公平，或者说保障研发人员对结果的公平感。

另外，华为非常重视各种精神方面的认可、鼓励和奖励。比如，研发主管通过各种方式对员工良好的表现和进步进行认可和表扬，根据评比的奖牌和奖杯，结合企业文化的各种荣誉奖（如创新奖、协作奖、攻关奖等），公开的表彰，等等。

正如华为指出：“中国并不缺乏创新的种子，缺乏的往往是创新的土壤。”华为的经验告诉我们：只要本着实事求是的原则，以市场为基础，以平台为支撑，以动力为保障，培植创新的沃土，创新的大树就一定能够长成。

第 3 章

核心技术短板

中国企业的核心技术到底短在哪里？缺乏核心技术的根本原因是什么？如何找到缩短核心技术差距的路径和办法？

华为、美的、海信等国内领先企业在核心技术方面的努力和实践，具有示范和借鉴意义。

3.1 核心技术短在哪里

核心技术是中国企业的短板，这似乎已经成为人所共知的事实。然而，中国企业的核心技术到底短在哪里，则很少有人做出解释。因为产品技术的多样性和复杂性，这也是一个很难回答的问题。本节尝试做一些分析。

3.1.1 什么是核心技术

关于技术（Technology），虽然大家都明白其含义，但至今没有一个被普遍接受的定义。《不列颠百科全书》中对技术的解释为："将科学知识应用于实现人类生活的实际目的，即改造人类环境。"

《辞海》中对技术的解释也有两条："① 泛指根据生产实践经验和自然科学原理而发展成的各种工艺、操作方法与技能。""② 除操作技能外，广义的还包括相应的生产工具和其他的物质设备，以及生产的工艺过程或作业程序、方法。"应当说，《辞海》中的解释在包括了《不列颠百科全书》中解释的基本内容的同时，还增加了根据技术从生产实践发展出来的内容，因此更全面。

根据以上定义，产品技术就是企业提供产品的过程中所用到的各种工艺、操作方法与技能，广义的还包括生产产品的工具和其他设备，以及生产产品的工艺过程或作业程序、方法。在这里，我们讨论狭义的产品技术，而且主要是产品研发过程中用到的产品技术，这也符合我们对产品技术的一般性理解。

关于产品技术，我们目前听得最多的就是核心技术，但是，什么是核心技术？似乎没有一个明确的定义。我认为，核心技术应该具备三个条件：第一，核心技术是产品的关键性或基础性技术；第二，核心技术是企业独有的、不可替代的、竞争对手难以模仿的技术；第三，核心技术为企业的产品广泛应用并成为产品竞争力的基础。关键芯片设计、软件基本算法、微处理器技术、软件操作系统、大型数据库、新型材料、网络协议、信号处理、配方、降噪技术、抗干扰技术等都是我们经常谈及的典型的核心技术。

核心技术可以分为基础性核心技术和应用性核心技术两种。基础性核心技术一般是众多产品技术实现的基础，对一个产业甚至多个产业产生重大影响，如计算机的 CPU 技术、移动通信系统的基本通信模式及协议、软件操作系统等。应用性核心技术是在基础性核心技术的基础上，根据客户需求，应用在产品上的各类技术。与两者相对应，企业和科研机构的技术研发活动也划分为基础技术研发和应用技术研发两类。

3.1.2 中国企业核心技术短在哪里

中国企业的核心技术短板短在哪里，可以从产业和企业两个层面来看。

1. 从产业层面看核心技术短板

从产业层面来看，我国大量缺乏基础性核心技术。这些技术基本掌握在西方国家手上，如计算机方面的基础技术、半导体关键技术、基础性网络技术、基础性软件技术、基础性通信技术、汽车关键性技术、大型飞机关键性技术、核能发电技术、生物医药技术等，中国企业进行产品创新时，只能购买、合资或引进这些技术。相关的核心产品我国无法自主研发和生产，几乎完全依赖进口，如信息产业的核心芯片、关键零部件，装备制造业的精密数控机床、大型发电机组，汽车产业的发动机、悬挂系统，软件产业的操作系统、数据库、编程语言，家电产业的液晶屏、压缩机，等等。

尽管我国在航天航空、第三代移动通信系统、工程机械、基因工程、集成电路、大型计算机等领域掌握了一些基础性核心技术，但在技术的先进性方面还有差距，在技术更新换代时能否跟上还存在很大风险。

对于少量的基础性核心技术，科研机构和产业界在进行攻关，这是非常可喜的，但基本上处于起步或早期研发阶段，还没有形成产业上的重大突破。例如，中科院计算所在 6 年前开始决定研发中国自己的 CPU——“龙芯”，并组建了龙芯课题组，2006 年研制成功的“龙芯 2E”，性能达到了中档奔腾 4 处理器的水平，但要达到目前的国际先进水平和实现产业化还有很长的路要走。再如，由 12 家整车厂、大学、科研院所和原材料生产商在 2007 年 12 月组成了联盟，在汽车轻量化这个基础应用技术方面进行合作研发。汽车轻量化技术对于节能、环保意义重大，我国企业轻量化技术研究明显落后于跨国公司。国际上平均每车每年自重减轻 1%，国内自主乘用车较国外同类车自重高约 8%～10%，国内自主商用车较国外同类车自重高约 10%～15%。该联盟已提出在未来 3 年内达到跨国公司目前整车的轻量化水平。

基础性核心技术的缺乏严重制约着我国电子信息、航空、装备制造、核能、软件、汽车等战略产业的发展。不难想象，如果我们所需要的基础性核心技术和核心产品无法从西方国家获得，那么我国的战略性产业将面临瘫痪的局面。我国要做到对战略产业的自主控制和发展，从发达国家的做法来看，只有一种方式，那就是摆脱对外国的依赖，独立自主地发展自己的核心技术体系。

2．从企业层面看核心技术短板

国家知识产权局 2006 年估计，我国国内拥有自主知识产权核心技术的企业仅为万分之三，99%的企业没有申请专利，我国企业核心技术的缺乏程度由此可见一斑。即使在拥有技术专利的企业中，真正具有核心技术又有多少？也是少数。由此可以推断，在中国，拥有核心技术的企业是凤毛麟角。

即使在拥有核心技术的中国企业中，基础性核心技术基本上也是空白。即使以自主创新著称的华为公司，经过 20 年的奋斗，也没有一项原创性的技术发明。我们经常提及国外跨国企业在基础性技术和发明方面取得突破，如 IT 公司科学家 Larry Hornbeck 博士率领团队发明了 DLP 技术，并广泛应用于光学系统；索尼公司投入巨资研发成功单枪三束彩色显像管，从而给彩电产业带来了革命；IBM 的研究员斯图尔特·帕金（Stuart Parkin）根据“巨磁电阻”这一物理原理——“巨磁电阻”效应［20 年前被法国科学家阿尔伯特·费尔特（Albert Fert）和德国科学家彼得·格伦博格（Peter Grnberg）先后发现，两人共同获得 2007 年诺贝尔物理学奖］，研制出新型的读出磁头，从而大幅度提高了硬盘的容量，推动了计算机产业的发展。

可喜的是，一些领先的中国企业在应用性核心技术方面取得了进展，以下是这方面的一些例子。

(1)大唐电信具有自主知识产权的TD-SCDMA技术方案被国际电联和3GPP接纳，并成为国际标准，与WCDMA，CDMA2000一起成为全球3G标准，改写了我国在世界通信标准领域只能作为旁观者的历史。

(2)华为凭借多年的高强度投入，截至2006年5月，在WCDMA方面的基本专利有69项，占全球WCDMA基本专利的5%，名列WCDMA全球基本专利五强，已基本达到了与跨国巨头们相互制衡的水平。

(3)展讯成功研发出手机的“心脏”——基带芯片，实现了国内企业在该领域零的突破。目前，展讯已经成为国内手机基带芯片的重要供应商。

(4)中星微电子在数字多媒体芯片技术方面取得突破，获得迅速发展。数字多媒体芯片技术在众多“眼球行业”，如移动数字影像、数码相机、宽带数字多媒体通信、数字高清晰电视，具有广泛应用的应用前景。

(5)朗科发现了闪存盘的实现原理，并注册了《用于数据处理系统的快闪电子式外存储方法及其装置》的核心专利，成为全球闪存盘领域的领先者。其创始人邓国顺被誉为“闪存盘”之父。

(6)宇龙通信率先推出了双模双待手机，即指在一个手机上装有可同时容纳GSM和CDMA两个网络的手机卡，实现两个号码同时在线。宇龙在双待机射频设计、软件设计、功耗的关键技术方面申请了几十项专利，其“酷派”手机成为了双模双待手机市场的领导者。

(7)海信为了改变中国彩电企业的缺芯局面，提升企业核心竞争力，决定研发彩电芯片中最核心的芯片——数字视频处理器。通过多年的努力，终于成功地推出了我国企业拥有自主知识产权的第一个彩电数字视频处理器芯片——“信芯”，并实现产业化生产。

(8)美的集团在进入商用空调领域之前，就十分重视相关关键技术的预研和储备，通过多年的努力，不仅掌握了变频、电控、风机风道等关键技术，而且在大型机的铸造技术和离心技术、数码涡旋技术这两项核心技术上处于国际领先地位，有力地提升了美的商用空调产品的竞争力。

(9)三一重工从1994年开始以混凝土输送泵作为进入工程机械行业的“敲门砖”，对混凝土泵的机械、液压、电气等关键技术进行攻坚，终于研发成功了中国第一台具有自主知识产权的混凝土输送泵。面对如何达到160米高的输送高度的核心技术，三一重工组织研发人员攻关，不到半年就攻克了这个技术难题。

……

但是，以上这些企业只是少数中的少数，绝大部分企业的应用性核心技术基本上仍是空白。我国搞汽车工业已经几十年，但不管是以合资为主的汽车企业，还是有自主品牌的汽车企业，仍深受核心技术缺失之痛，无法摆脱“空心化”的局面。家电企业除了海信的“信芯”这么一个亮点外，核心芯片、核心零部件完全依靠进口。中国是全球 DVD 生产大国，DVD 厂商为数众多，跨国公司的一纸技术专利诉讼，使我国 DVD 企业每生产一台 DVD 就需向跨国公司缴纳 15 美元的专利费，大约占到 DVD 售价的 20%，这对于利润微薄的 DVD 生产厂家来说，无疑是雪上加霜。曾经一路高奏凯歌的中国手机企业，由于普遍缺乏芯片级和协议栈方面的核心技术，缺乏核心竞争力，在跨国公司的反击中败下阵来。软件企业无一例外地应用别人的操作系统和数据库，大型的 ERP，CRM，ISC，PDM 等应用软件基本上还没有。我国的医药企业新药研制投入严重不足，生产的化学药品 97%都是仿制药，我国自主研发获得国际承认的创新药物只有两个：青蒿素和二巯基丁二酸钠。类似的现象，在机电、核能、造船、化工、食品等行业的企业中也不同程度地存在。

即使是华为、中兴、海信、美的、展讯、宇龙等这些拥有核心技术的中国企业，与业界的跨国企业相比，在核心技术领域还存在着巨大差距。这种差距主要体现在以下几方面。

（1）在核心技术的深度方面，我国企业基础性核心技术方面还基本上是空白，掌握的是一些应用性的核心技术，而且很多核心技术不够成熟，技术先进性不足。例如，在移动通信领域，华为尽管拥有了相当数量的专利技术，但基础性的专利基本上掌握在高通、爱立信等国际巨头手上，对移动通信网络的规划和理解与爱立信相比也是有较大差距的，只是华为相对竞争对手来说能够更快、更贴近客户需求、更低成本地进行产品创新，所以在市场竞争中赢得了主动。当然，从广义的产品核心技术概念上看，更快、更贴近客户需求、更低成本地进行产品创新也是一种关键的核心技术，从而成为企业的核心竞争力，丰田汽车在这方面的表现就非常杰出，除华为以外，国内一些优秀的企业（如中兴、联想、迈瑞）也是依靠这种核心能力赢得竞争的。所以，这种核心能力在很大程度上弥补了中国优秀企业在核心技术上的不足。

（2）在核心技术的广度方面，中国的领先企业与跨国企业相比也有明显的差距。就拿国内领先的家电企业来说，与三星电子都是没法比的，在核心技术的广度方面差距太大了。三星电子业务领域涵盖了半导体、手机、MP3/MP4、电视、家用空调、冰箱、液晶面板、压缩机、数码相机、计算机、打印机、传真机、机顶盒、数码中央空调、存储设备、通信系统、监控系统、光通信等，其业务范围比中国任何一家家电企业都要广很多，更令人惊叹的是三星电子在大部分业务领域的技术水平都达到了国际先进水平，而中国领先的家电企业目前还面临着充当“搬运工”和“组装工”角色的尴尬。在国际市场上，我国企业面临的是跨国公司构筑的核心技术专利“丛林”，跨国公司动不动就利用“专利技术”这个撒手锏，来“封锁”中国企业的产品进入国际市场。

（3）在核心技术的价值方面，中国企业核心技术的应用价值还不高，技术专利的保护和管理机制比较薄弱，很少能够通过品牌体现出放大效应。一些跨国公司不仅拥有大量核心技术，而且将这些技术广泛应用于产品创新上，通过产品营销和品牌营销充分体现其价值，所以它们的产品卖价高。熟悉高尔夫运动的人士都知道，国外企业的一套高尔夫球杆卖价为几万元甚至十几万元，就是因为其长期的核心技术和品牌积累的效果。国内企业的产品售价普遍比跨国公司的产品低，甚至是别人的几分之一，就是因为缺乏核心技术和品牌，即使拥有核心技术，也未充分发挥其价值。

（4）在核心技术的前瞻性方面，中国企业的核心技术基本上是在跟随的基础上进行功能、性能等方面的改进或创新，对前瞻性技术尤其是破坏性技术研究很少。所谓破坏性技术，顾名思义就是对当前的主流技术将带来破坏作用的技术。尽管破坏性技术目前的性能还不如主流技术，但改进的速度更快，在一定时间后，其性能将超过原来的技术，成为新的主流技术。跨国企业强调技术超前的意识，普遍采用“应用一代，储备一代，研究一代”的技术发展策略，以确保今后在核心技术方面的领先地位。思科的一位高层管理者曾半开玩笑地说过：“如果思科停止了新技术的研究，华为在数据通信领域就会找不着方向。”虽然是玩笑话，但也说明华为目前在技术发展方面还基本上是一种跟随策略。

综上所述，中国绝大多数企业根本就没有核心技术，少量具有核心技术的企业在核心技术的深度、广度、价值和前瞻性方面与跨国企业相比都存在非常大的差距。由于缺乏核心技术和核心竞争力，中国绝大多数企业都处在产业链的低端，只能挣些辛苦钱，而越是没钱越无法加大研发投入，造成了恶性循环。难道这就是中国企业缺乏核心技术的根源吗？问题并没有这么简单。

3.2 中国企业为什么缺乏核心技术

中国企业为什么缺乏核心技术？这是个相当复杂的问题，涉及战略、决策、规划、组织、投入、人才、过程等方方面面。在本节，我应用“鱼骨图”工具对其原因进行分析，肯定存在不全面和不到位的地方，但应算得上是国内第一个分析中国企业为什么缺乏核心技术的“鱼骨图”。

3.2.1　时间并不是真正的原因

一谈到中国企业缺乏核心技术，人们很容易想到的是历史和时间的原因。我倾向于认为时间更多的是一个约束因素，并不是真正的原因。如果历史和时间是真正的原因，那我们就无法解释第二次世界大战后日本通过短短的二十多年时间就从一片废墟中成长为技术强国，也无法对韩国在汽车、半导体、电子、核能等领域的迅速崛起给出合理的解释。

从核心技术的研发周期来看，基础性的核心技术一般需要十几年的时间，应用性核心技术一般需要几年时间，而新中国成立已经近 60 年，改革开放都已经 30 年了，所以，有人说是因为核心技术的研发周期长，这样的理由是站不住脚的。即使科学原理的研究和突破往往需要几十年时间，按新中国成立这么长的时间来说，我国也应该有所突破了，但我国目前还面对着“诺贝尔奖”获奖记录为零的尴尬。

把中国企业核心技术短板归咎于历史和时间的观点是有害的，因为这样我们会看不到或忽视造成我国缺乏核心技术的真正原因，也难以找到弥补我们核心技术短板的有效对策。如果是这样的话，也许过了二三十年后，我们仍在谈我国企业缺乏核心技术。

3.2.2　中国企业缺乏核心技术的原因分析

图 3.1 的“鱼骨图”是对中国缺乏核心技术做出的因果分析。

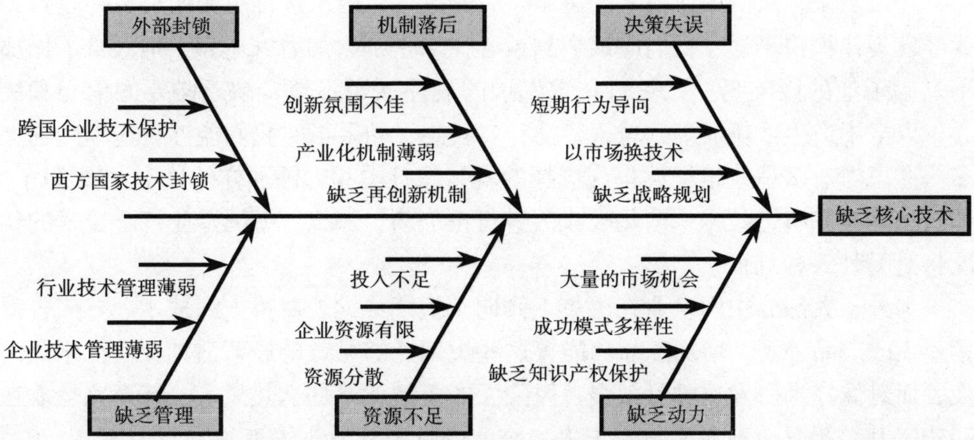

图 3.1　中国缺乏核心技术“鱼骨图”分析

1. 决策失误

我国过去有“两弹一星”的奇迹，现在有“神舟”飞船和“嫦娥一号”探月卫星的骄傲，这些辉煌的成就首先是英明决策的结果。可惜这样的具有重大战略意义的英明决策太少了，更多的时候我们像是在经济发展的浪潮中随波逐流。不管是国家层面、行业层面还是企业层面，由于缺乏前瞻性的技术战略和规划，导致我国技术发展缺乏必要的目标和方向的指引，资源无法聚集，在大量的技术领域没有持续的积累和提升，一些技术领域甚至放弃继续研究，浪费了大量宝贵时间，如由于轿车开始合资生产后，我国基本上放弃了原来在轿车研发方面的成果。

大量实践表明，要取得核心技术突破，必须有强烈的目标导向（包括明确的市场和产品目标）和紧迫感，需要有充分的资源投入和十足的决心及信心。华为公司称之为压强原则，即长期集中精力于某一技术领域从而形成突破。技术战略及规划的缺失，使得“压强突破”在我国只是个别现象，而不是整体性的突破。

不幸的是，我们希望走一条捷径，从而做出了以市场换技术的决策。现在发现，原来是我们一相情愿，通过与国外跨国企业合资经营，市场给别人了，虽然引进了一些技术，但核心技术别人却始终没有让我们掌握。更有甚者，很多国内企业通过合资的形式，非但没有获得核心技术，反而把自己原来的产品品牌和技术家底都丢了，这种现象被媒体称为“合资劫”。

科技部副部长刘燕华特别以汽车产业为例，“以市场换技术”直接导致了目前中国汽车行业在表面繁荣的背后，“市场让出去了，原有技术也丢了，新的技术又没掌握，造成我国汽车工业对别人的依附性过大。”

今天看来，以市场换技术的策略是有问题的，做出这种决策的根源一是对企业经营规律摸得不透，我们应该想到核心技术是别人的看家本领，别人给了你那不是砸了他的饭碗吗？二是对技术发展的规律认识不清，缺乏必要的信心和决心，以至于产生依赖心理，希望走捷径。我想，如果当时我们能够在这一问题上多一些思考、多一些论证，也许选择的就是像日本和韩国那样的技术发展道路，即直接购买和引进技术，消化吸收后进行再创新。那么，中国企业核心技术的状况将是另外一种局面。

另外，大部分中国企业在决策上倾向于短期导向，对搞人海战术、打广告促销量、改产品外观、增加产品功能等这些短期能够见效的经营活动，往往乐此不疲，而对像技术研发这种见效慢、风险大的事情就不那么热衷了，甚至完全放在一边，其结果是企业越不投资未来，企业就越来越没有未来。

2．缺乏动力

如果遍地是黄金，那么人们对掌握挖金矿的方法和工具是没有兴趣的。改革开放以后，中国市场机会遍地，企业比的是“跑马圈地”，看谁占地盘快，谁占的地盘多；比的是吸引眼球，看谁打的广告多，谁的渠道广；比的是花样翻新，看谁的款式多，看谁的功能多。至于核心技术，当然就放在次要的位置了，再说何苦费那么大的劲去搞核心技术，反正没有核心技术也能够发展，还不如弄几个概念营销来得快。在这样的商业环境下，只要企业把营销搞好了，能提供像样的产品，利用成本优势，就能够活下来了，甚至还活得不错，再加上当时社会普遍急功近利的氛围，企业纷纷患了“短视症”，对研发核心技术缺乏动力。

随着市场环境的改变，地面上的黄金已经被捡得差不多了，跨国企业又加大了“抢黄金”和“挖黄金”的力度，很多中国企业越来越感到原来的着数不奏效了，才开始注意核心技术。如手机行业、电视机行业，企业现在已经感受到没有核心技术支撑就很难活下去。但是核心技术并不能等同于核心竞争力，从企业成功的模式来看，并非所有的企业都是通过核心技术取得成功的。尤其在客户高度多样化和个性化的今天，企业可以通过更好的服务、更低的成本或更快捷的交货赢得市场，而不是依靠产品核心技术，沃尔玛和戴尔就是最经典的例子。于是，一些中国企业在是否花很大代价发展产品核心技术的问题上犹豫起来，联想集团提出的“从产品的周边技术做起，逐步向核心技术发展”的思路正是这种迟疑的典型表现，所以这么多年来，联想在计算机领域的核心技术发展和突破方面的进展并不理想。

缺乏知识产权保护是企业缺乏发展核心技术的动力的重要原因。试想，如果企业辛辛苦苦积累的核心技术缺乏专利保护，或者由于相关技术人员被挖“角”而让竞争对手获取，但企业却没办法制裁，那么谁还愿意去搞核心技术研发呢？而通过侵权或者挖“角”获得核心技术，表面上给企业提供了一条获得核心技术的捷径，实际上严重制约了企业整体的核心技术发展，好在知识产权保护的局面近年来已经在逐步改观。

3．机制落后

据有关人士估计，如果花一元钱从外面购买技术，韩国会花 7 元钱消化、吸收、再创新，而我国只会花 7 毛钱用于消化、吸收、再创新。技术引进和再创新机制的落后使得我们在很多技术领域陷入了引进、引进、再引进的恶性循环。中国和韩国几乎是同时从外面引进有关核电站技术的，目前韩国企业已经能够参与国际上核电站建设的投标，而我国的核电站建设还完全依靠进口。

对于技术处于落后状况的发展中国家来说，技术引进是技术发展的必由之路。日本、韩国、中国都选择了引进技术，所不同的除了上面提到的再创新不够外，技术引进的力度和方式也是有很大差别的。日本和韩国往往不惜代价地引进技术，采用的方式多是花巨资购买别人的核心技术专利，如三星电子曾经通过多达5次的请求及谈判，从美国一家公司购买了半导体存储器的核心专利，然后花了6年时间进行再创新，使其在半导体存储器方面的技术水平达到国际一流。而我国往往是购买别人的整机和成套设备等“硬家伙”，总觉得这些“硬家伙”才值钱，而对更具价值的、软性的核心技术专利就忽视了，也舍不得花钱购买。另外，以美国为首的西方企业对我国实行核心技术封锁，也是我国引进核心技术尤其是尖端技术的巨大障碍。所以，二三十年来，我国在技术引进上效率是比较低的，效果也是比较差的。

在内部，我国产学研的各个环节脱节严重，没有形成联动机制，产业化机制薄弱，也是制约核心技术发展的重要原因。由于缺乏产业化目标，很多科技人员长期都是在象牙塔中从事科研项目，为论文而论文，为成果而成果，“成果鉴定会就是追悼会”的现象屡见不鲜。无法进入产业化环节，也使科研成果无法真正成熟，无法获得相应收益，影响科研工作的持续投入。

长期以来，社会上的创新氛围也是很不理想的。整个社会比较浮躁，急功近利变成很多机构、企业和个人的思维模式，自然对核心技术研发这样需要长期投资的事情不利。“搞原子弹的不如卖茶叶蛋的”的现象一度比较突出，对科研人员的生活待遇缺乏应有的保障，使他们无法安心于科研工作。而传统文化习惯也给技术创新造成了障碍，这在第1章已有论述。

4．资源不足

一直以来，我国对研究及研发方面的经费投入偏低，只占到生产总值的1%左右，而美国、英国、日本、韩国研发经费的投入是其生产总值的3%左右。从企业层面来看，研发投入占销售收入的比例也明显偏低，除了华为、中兴等几家企业研发投入比例超过5%甚至10%，以及少量企业投入比例在1%～5%以外，绝大多数企业研发投入比例低于1%，而且研发投入经费主要用于短期的产品研发，在技术研发方面的投入少得可怜。在如此低的投入力度下，想在核心技术方面取得整体性的突破是不现实的。

中国企业利润率普遍不高，就拿赫赫有名的“电子百强”企业来说，2006年的平均利润率只有3.3%。在企业太穷的情况下，较高的研发投入确实难以承受。奇怪的是很多企业在广告投入、销售费用方面的投入比例是很高的，在购买豪华轿车、办公楼等硬件设施方面也很舍得花钱，为何在研发投入上就那么抠呢？这一方面反映了这些企业的急功近利和缺乏远见，另一方面也是中国的商业环境使然。在很多人看来，在中国搞企业关键要有名气和形象，能搞定客户，产品和技术反倒在其次了。不过，人们也越来越看到，现在的商业环境已经发生了变化，产品制胜的时代已经到来。

据统计，中国研发人力资源在总量上已经排在全球前列，所以我们在科技人员的数量上是不成问题的，突出的问题是缺乏高端的科技人才，尤其是学科带头人。

核心技术涉及的领域多，具体的课题或项目更是数不胜数，每一个课题或项目都需要大量投资。我国的现实情况是，同样的技术课题或项目在不同的单位重复进行着，使得本来有限的资源投入被分散了，大量的技术课题或项目在可怜的资源条件下，何谈突破？有些课题或项目简直就像是小孩在过家家一样。当然，企业之间由于经济主体和竞争关系的原因，重复研发的情况不可避免，但是，国家投资和管理的科研机构、高校、国有企业之间，完全是有可能将资源按照技术领域和课题相对聚集起来的。

5．外部封锁

随着世界科技的不断发展，发达国家为了维护自己的现有优势，进一步加强了对核心技术的控制，以使发展中国家无法发展起自己的高科技产业。尤其为了抑制中国的崛起，西方国家一直对中国实施核心技术封锁，千方百计地阻碍我国购买和引进先进技术，给我国发展核心技术体系带来了非常大的障碍。即使已经签订的技术引进合同，西方国家也经常以国家安全为由予以取消，例如，1986 年 6 月，中国北方工业公司与某西方国家某公司签订了进口该公司 CMD 集成电路的合同，但被该国以国家安全为由予以否决，北方公司不得不放弃了这项合同。1987 年，中国技术进出口公司也由于同样的原因不得不中止了进口高技术产品的 4 个大型合同。

跨国企业也不会轻易把核心技术散播出去，因为那是它们赖以获得高附加值的本钱。“以市场换技术”只是我们的想法，跨国公司到中国办合资企业是来占领市场和赚钱的，而不是把核心技术教给我们。以北京某汽车企业为例，尽管董事长是中国人，总经理是外国人，但核心技术绝对不掌握在中国人手上，即使引进中国的技术也是受控制的。外方总是把核心技术牢牢地攥在手里，不让中方学到，从而在合资企业中占绝对优势。中国最大的汽车变速器生产企业之一——陕西省法士特齿轮有限公司总经理李大开的感受是：“现在不少跨国公司对我们严加防范，跟防贼一样防着我们，令中国人学而不会，会而不精。像合作生产某一型号的自动变速器时，人家只是把零部件拿来让我们生产，至于生产产品的软件源码是怎么编的，人家一点也不让我们知道。”更令人气愤的是，很多合资企业不仅没有带来先进技术，外方反而通过高价采购国外原材料等方式使合资企业连年亏损。

6. 缺乏管理

过去，中国科技与经济脱节的“两张皮”问题突出，现在这个问题已基本解决，但是科技管理体制还严重缺乏在国家战略决策、资源宏观调控和创新活动组织上的相应支撑。突出表现：一是国家层面的科技战略决策薄弱，缺乏明确的国家目标和有效的宏观调控机制，不利于集成全社会科技资源实现战略性跨越和赶超；二是有关部门、各地方在创新活动中彼此分割、政出多门、各行其是、相互脱节，科研活动分散重复的现象十分严重，科技装备、科技文献和科技数据没有实现有效共享，特别是军民创新体系长期分离，导致国家资源的严重浪费；三是科研机构管理僵化，行政管理色彩过浓，不利于创新思维形成和优秀创新人才脱颖而出。另外，科技课题的决策仍然停留在“人治”阶段，社会和科学界的人际政治在多个层面起重要或主导作用，而科技的专业优劣在现有体系下不能发挥合适的作用。这些是制约我国核心技术发展的管理体制因素。

从企业层面看，如果说研发管理是中国企业在管理方面的薄弱环节，那么技术研发及管理则是薄弱环节中最薄弱的一环。中国绝大部分企业有元器件的清单、会计科目清单、客户清单、固定资产清单……但唯独没有关键技术清单，只能说明这些企业对技术研发的概念和关注度都不够。在这些企业，只有产品研发，基本上没有正式的技术研发活动，或者产品研发与技术研发混为一谈，研发资源基本上用于短期的产品研发。试想，如果连技术研发活动都未正式开展，得不到起码的资源保障，谈何核心技术积累？

一些国内领先企业已经考虑到核心技术发展的问题，但也不系统，存在随意性、临时性和拍脑袋的做法。国内一家知名的冰箱企业在进行三年技术规划时，基本上就是拍脑袋，感觉到未来消费者会越来越重视节能、环保和营养，那么要搞节能技术、环保技术和营养技术，然后再看看技术发展的趋势，选几项重点技术列入规划。由于规划和目标不明确，资源又得不到保障，技术研发工作经常是“三天打鱼两天晒网”，也缺乏过程监控，核心技术不可能自己“跳”出来。

3.3　如何缩短核心技术差距

对于中国来说，缩短核心技术差距没有捷径可走，只能依靠长期艰苦的努力。政府、企业、科研机构、大学应在目标明确的前提下，强化各自在核心技术发展方面的角色和责任，并切实把相关工作落到实处。

3.3.1　发挥国家的主导作用

我国已经确立了建立创新型国家的战略目标，自主创新成为我国的基本国策，也制定了中长期的科学技术发展规划。但在具体部署、组织和落实上，无论是科技资源的筹集、行业发展政策、重大课题的安排，还是科技体制改革、技术引进策略、科技人才培养等方面，都需要发挥国家的主导作用。

从美国、法国、日本、韩国等国家科技发展的经验来看，政府在经费拨款和筹集资金、建立科技管理机构、资助早期研发、组织联合研发、推动国产化、扶持核心科技企业等领域发挥了至关重要和不可或缺的作用。

日本为发展科学技术除了政府大量拨款外，主要依靠运用国家职能调动、组织私营企业和社会各种力量筹集资金，不仅为科学技术发展提供了足够的资金保证，而且巧妙地调动和照顾了私营企业的积极性和利益。日本政府还组织建立了三层科技机构：第一层的“科学技术委员会”作为政府发展科学技术的最高领导和咨询机关，由政府首脑直接领导，其任务是制定国家科研总方针和长远科研规划目标；第二层的“科学技术厅”和“学术委员会”掌管日常工作；第三层是科学技术研究所。根据最新的网站资料显示，日本现有大约 2200 个科学技术研究所，其中绝大多数是国立的。

美国的计算机产业在世界上占主导地位，政府起了重要作用。美国政府对计算机产业的支持之所以能够产生明显的效果，关键是政府职能明确，不断根据产业发展需要调整支持方向，改进资助体系和管理。20 世纪 50 年代是计算机技术发展的初期，政府的主要作用是用户和资助者，联邦政府资助了绝大部分计算机技术的研究；60—70 年代是技术扩散和产业增长阶段，政府扶持的重点转向长期基础性研究、基础设施建设和培养人才；80—90 年代是计算机产业成熟阶段，政府积极组织和支持联合研究研发。

韩国提出技术立国策略，国家对技术创新的投入非常大，研发投入占生产总值的比例维持在 3%左右的高水平。在一些重点领域不遗余力地扶持核心科技企业的发展，涌现出了三星电子、LG、现代等大批世界级企业。

从中国的科技资源分布来看，目前全社会的科技资源依然比较集中地掌握在政府手中，政府仍是科技资源的最大拥有者，是科技活动最重要的引导者。因此，进一步发挥政府的宏观调控功能，引导全社会科技资源的有效配置，可以集成社会力量，形成政府主导和引导、科研单位和企业协调互动的技术创新格局，大幅度提高国家自主技术创新能力。而美国、日本、韩国政府发展核心技术体系的经验值得我国学习和借鉴。

3.3.2 调整技术引进策略

尽管过去出现了“以市场换技术”的失误，但是引进技术的方针并没有错，必须承认我国在核心技术上落后西方发达国家很多，技术引进后再创新是最明智、也是最务实的路子，不能简单地理解自主创新就是什么都自己干。相反，我国应该以开放合作的态度加大技术引进的力度，只是在技术引进的策略上必须做出调整。

首先，要舍得花巨资直接向国外购买先进技术，尤其是基础性的技术专利，尽量少购买整机和成套设备。第二次世界大战后日本科技迅速发展的主要途径之一就是大力引进国外先进的科学技术，具体做法主要是购买外国最先进的技术，特别是基础技术的专利权。日本是世界上购买专利经费支出最多的国家，即使如此，日本政府和企业仍然在拼命引进技术，技术引进的支出占研发总经费的45%左右。当然，中国在引进先进技术方面会受到西方国家的限制，但是市场本身是开放的，只要我们按照市场规律办事，加上政府的协调，在技术引进方面一定有广阔的天地。而作为技术引进的基础性工作，包括技术规划及关键技术清单、技术信息收集及分析等，也是必须得到切实加强的。

其次，要把技术引进后的消化、吸收、再创新作为一项工程来抓。需要的不只是资源上的投入和保障，更需要的是切实的目标和承诺。“一号机引进，二号机国产，三号机出口。”日本人是这样说的，也是这样做的。我们也应该提出这样的要求，切实着力于国产化，对于存在“引进、引进、再引进”问题的有关单位和责任人不能姑息迁就。

最后，加强与国外公司合资时的技术谈判，签订技术转让协议。“以市场换技术”之所以不成功，除了国外公司并非真心实意地与我们换技术外，也与我们自己缺乏技术转让的要求、不努力消化再创新有很大的关系。很多合资项目，往往从引进技术变成了引进生产线，从追求技术发展变成了一味扩大规模。国外公司在合资时提出的条件大体相同：一是要中方企业把最好的资产拿出来，二是企业包袱一概不要，三是要求地方政府给予许多优惠政策。过去，我们由于追求经济规模和急于脱困而简单地满足对方的要求，现在，情况不同了，我们也要提出明确的技术转让要求和时间表。

3.3.3　企业成为核心技术发展的主力军

从美国、德国、日本、韩国等国家技术发展的道路来看，企业尤其是大型科技企业扮演了主力军的角色，如美国的通用、IBM、波音，德国的大众汽车、西门子，日本的索尼、丰田，韩国的三星、现代。以通用公司为例，不仅发现和创造了电灯、音频无线电广播、激光、X 光、微波炉、CT、人工降雨、人造钻石、涡轮螺桨发动机、大型飞机发动机、超声 4D 成像、大型燃气轮机等革命性的技术和产品，而且凭借通用科学家 Irving Langmuir 在表面化学领域做出的开创性研究和 Ivar Giaever 博士发明的超导隧道开挖两度获得了诺贝尔奖。

仰视这些著名企业的技术成就，中国领先企业必须奋起直追！

中国企业必须改变过去片面追求规模的经营思路，转变到重技术、重效益的路子上来。有人认为，中国劳动力成本低，具有明显的制造优势，应该继续大力发展符合中国国情的制造业，走高技术发展的道路不现实。这是一种短视和危险的看法！相对于东南亚、南美等一些国家，中国的成本优势正在散失，如果没有自主的核心技术产业，中国将成为别人的技术附庸，影响经济长远发展，甚至危及国家安全，而且我国不能够、也不允许再以牺牲资源和环境的代价来发展经济了。所以，发展核心技术和技术型产业是中国未来的必然选择，华为、中兴、海信、迈瑞等领先科技企业的实践也证明了中国企业完全可以发展自己的核心技术体系，关键在于企业是否真正把核心技术作为企业的经营重点并持续加大投资。

有条件的中国企业应该尽快制定自己的技术战略及规划，即从关键技术清单开始，根据产品发展战略的要求和技术发展趋势，制定关键技术尤其是核心技术发展的线路图，并确定技术获取的途径与方式。由于技术更新和变化日新月异，企业不可能有经济能力独立研发所需的所有技术。使用许可证技术或直接购买某项技术是很有必要的，这样可以把有限的技术资源投入到必要的技术研发中去，但必须关注技术引进后的应用和再创新。

为了使技术战略及规划得到有效落实，也为了产品研发效率的提升，在组织模式上，企业应该尽早让技术研发与产品研发相互分离，对技术研发工作安排专门的团队或部门，这样才能使技术研发得到资源的保障。相应地，需要对技术研发人员制定有效的激励机制，避免很多企业研发人员只愿意从事产品研发而不愿意从事技术研发的问题。

中国领先的科技企业应该大力组建或加强技术研究院建设。目前，我国只有华为、中兴、海尔、海信等极少数企业建立了技术研究院或相应机构，而且一般是从事短期的应用技术研究和检测工作，甚至直接从事产品研发，这是不正常的。技术研究院必须担负起基础性核心技术研发的重任，在条件允许的情况下，可以从事一些理论研究，国家在这方面应予以大力资助和扶持。

3.3.4 建立企业技术联盟

在一些基础性、共性的核心技术领域，如果光依靠个别企业进行研发，不仅资源不够，而且由于周期长，企业研发出来后竞争对手同样受益，企业缺乏对这些技术研发的积极性。在这种情况下，需要政府出面组织相关企业组建技术联盟，对这些技术集中攻关，以便尽快突破。

日本在半导体技术领域，就是由政府出面组织各企业集中技术力量，共同攻关，取得了骄人成就，为电子工业一度称雄世界打下了牢固基础。20 世纪 70 年代末，日本为打破美国对集成电路一统天下的局面，通产省出面组织 4 家公司（富士通，NEC 等，每家出 30 名研究人员，都是 20 ~ 30 岁有才华的年轻人，共 120 人。然后通产省出一个所长，每家公司出一名室主任组成 4 个研究室）分解了 30 多个课题，包括设备、工艺的各个方面，计划 3 年完成。结果 3 年不到，这些课题全部解决。成功后，形成共享性基础技术，各企业用这些技术研发自己的产品，形成共同发展的大好局面。

我国企业通过成立技术联盟共同对基础性技术进行攻关的例子屈指可数，而且往往由于组织不善、机制不良的原因而效果不佳。2007 年 12 月 27 日，在中国汽车工程学会的协调组织下，由 12 家整车厂、大学、科研院所和原材料生产商组成了“汽车轻量化技术创新战略联盟”，在汽车轻量化这个基础应用技术方面进行合作。联盟成立了专家委员会，由专家委员会负责组织和协调各单位之间的技术合作。相比日本在半导体领域企业技术联盟的做法，不难发现，他们在组织上是非常明确和到位的，而我们的技术联盟往往像一个松散的俱乐部。所以，成立企业技术联盟并不难想到，但是在组织和机制运行上确实需要我们花一些心思。

3.3.5 大幅度增加基础研究的投入

“中国在基础研究领域投入太少了”，芝加哥大学霍华德医学院研究员布鲁斯·兰列出一组对比数字，基础研究、应用研究和产品研发三者投入经费之比，中国是 1∶3∶13，美国是 1∶1∶3。

有人认为，既然中国在基础科技上已经落后西方，提高基础科技水平又那么困难，从经济角度考虑，应该将资源集中于应用科技和发展社会需求有关的技术上，把基础科技置于次要地位。中科院上海生命科学院神经科技研究所所长蒲慕明教授反驳说：这种观点是短视和误导，中国未来技术发展主要瓶颈正是基础科技的薄弱，在一个越来越讲求原创性和知识产权的时代，与发达国家共享基础科学研究成果将会是极为昂贵和低效的。艾滋病“鸡尾酒疗法”发明者何大一博士则提醒：“如果没有大规模的基础研究投入，当我们再次面对类似‘非典’等疾病时，不能奢望科学家迅速找出病因。”

蒲慕明教授和何大一博士的观点极具说服力，基础研究尤其是基础性核心技术的研发不仅是非常必要的，而且通过大规模投入和十几年的长期努力是完全可以突破的，韩国在 80 纳米级 DRAM、70 纳米级 NAND 型闪存半导体、薄膜液晶显示器（TFT-LCD）面板、新型轻水反应堆功率控制系统等领域的成功无疑是有力的佐证。我国需要解决的一是投入问题，二是时间问题。投入上，在现有的基础上增加两三倍甚至更多一些，目前我国的经济基础应该是允许的。时间方面，关键是大幅度提高基础研究人员的待遇，吸引优秀人才，使他们长期安心研究工作，避免各种外部的诱惑。另外，现阶段可以侧重在信息技术、生物技术、航空航天技术、材料技术等我国具有较好研究研发基础的领域，发挥比较优势。

3.3.6　深化科技管理体制改革

科技管理体制改革是一项复杂的系统工程，国家已经在各方面采取了措施。根据当前科技管理体制存在的问题，需要加强目标规划、科学决策、产业化、资源配置、联合攻关、人才培养等方面的工作。

我国制定了《国家中长期科技规划》和《国家高技术发展计划》（简称 863 计划），其目标还有待进一步分解，并制定具体的实施计划，这样才能使政府科技部门和科研机构目标更为明确和清晰，也便于考核评价，传递压力，落实责任。

在科技决策方面，科技信息、课题论证、决策程序、专家咨询等都是需要加强的环节。尤其是科技课题的决策，应改变行政化的决策方式，建立专家决策机制。

产业化机制的完善需要在政策、资金支持、人才配备、成果转化、项目筛选、激励机制等方面建立配套措施。产业化一个很重要的领域是军事技术民用及产业化，为国民经济发展服务。

建立科技预算的协调机制，由科技、财政部门牵头、相关政府部门参与，统筹协调科技投入，切实避免多头投入和分散投入，提高创新资源的配置效率。

政府科技部门在一些基础性核心技术的联合攻关上可以扮演规划者、赞助者和组织者的角色，确保各单位抽调出优势资源，协调利益机制，组建专门的攻关团队，在相当长一段时间内，集中优势兵力，重点突破。

科技管理体制必须贯彻以人为本的基本原则，建立优秀人才脱颖而出的机制。在科研机构和大学尤其要克服官本位思想，打破论资排辈的用人机制，建立技术专家发展通道，避免“学而优则仕”的习惯性做法。对于科研人员，应给予挑战性的科研课题或项目，大幅度改善他们的研究环境和条件，包括提高科研人员的待遇，使他们的积极性和创造性得以充分发挥。国家科技部门可以联合科研机构、大学和企业，根据国家科技发展规划制定科技人才战略及规划，包括引进人才的规划，通过规划的实施建立多学科、多层次的科技人才梯队，为核心技术发展提供坚实的人才保证。

3.4 华为公司发展核心技术体系的启示

在中国企业中，依靠技术发展壮大的很少，而华为又是这些很少的企业的标杆。从在技术上一穷二白，到现在在固网、光网络、移动通信、数据通信、业务与软件、通信终端等领域形成了自主的核心产品及技术体系，华为用了 20 年时间。业界人士经常说：“在华为的身上，我们找到了中国发展高科技产业和核心技术的信心。”

3.4.1 核心技术领先战略

“华为技术”，华为公司从 1988 年创业之初就以此为名，从此就与技术结下了不解之缘。

华为从代理香港鸿年公司的小交换机起家，当时挺赚钱，但华为决不满足于成为一个贸易商，而是要发展自己的产品和技术，于是，华为摸索着开始研发自己的小交换机。通过一番努力，华为自己的小交换机终于问世了，尽管在产品及技术上还比较粗糙且不成熟，但凭着华为积累的关系还是赢得了一片市场。

1993 年年初深圳市有关部门组织企业家到美国考察。企业家们西装革履，提着精致的皮包，派头十足，唯独华为总经理任正非不修边幅，拎了一个塑料带，显得很不合群。在飞机上，邻座一位企业家问任正非是做哪行的，没想到一问之下，任正非开始滔滔不绝地谈起了华为将如何研发最好的交换机，技术上将如何领先，一定要把国内最优秀的通信人才请到华为……当时的华为，刚刚经历了 JK1000 空分局用交换机由于产品技术方向判断失误的惨痛损失，正投入公司所有剩余资金和银行贷款，背水一战，全力进行 C&C08 数字程控交换机的研发。

即使在最艰难的时候，华为也没有放弃在产品技术上的梦想。

自 1993 年起，华为就明确提出每年拨出不低于销售收入 10%的资金投入研发。实际上，大部分的年份，研发经费的投入超过了销售收入的 10%。

1996 年的一天，华为高层在一家著名咨询机构的协助下举行战略研讨会。当咨询公司的合伙人问到什么是华为战略的核心重点时，大家几乎异口同声地提到了核心技术领先，而总裁任正非则进一步阐述了华为的领先之道："华为与跨国通信企业相比还是一家小公司，我们只能通过持续的、大规模科研投入和集中精力突破一点的方法，使我们与世界著名公司相比，部分产品达到先进水平，局部还领先，从而获得市场的支持。"这就是华为著名的"压强原则"。

"十年磨一剑"，1996 年的华为还谈不上核心技术领先，但经过 12 年的努力和"压强原则"的反复运用，今天的华为在国际通信设备的核心技术领域已经占有一席之地，核心技术领先的曙光已经来临。

3.4.2　打造技术创新平台

通信设备的技术主要体现在硬件和软件上，而硬件和软件的核心技术又分别体现在芯片和核心软件（如基本算法、协议、信令等）上。1993 年华为成立了基础研究部，专门负责研发华为通信设备所需要的专用集成电路（ASIC）。大量 ASIC 芯片的推出，不仅构筑了华为在硬件方面的核心技术基础，而且大大降低了成本。后来，华为又成立了中央硬件部和中央软件部，负责跨产品线的共性核心技术及模块的研发，如网络处理器的应用模块、网管的基础架构等。

在华为各产品线（产品部门）内部，技术研发与产品研发是相互分离的，有专门的技术平台研发部门和技术研发流程，负责研发出货架技术及技术平台，为产品研发提高技术支撑。通过这种方式，技术研发工作得到了有力的保障，产品技术水平迅速提升。

1998 年下半年，华为成立了预研部，开始系统性地对具有前瞻性的产品及技术进行研发。相对于中央硬件部、中央软件部和产品线技术平台部门，预研部负责更新、更难的核心技术及具有前瞻性的产品的研发，如背板总线的速率提升、

IP 电信网等。预研部还负责通信相关领域标准和协议方面的研究，为华为在国际标准制定方面赢得主动。华为规定，预研经费将占研发总经费的 10%，相应地，人员也占到研发总人数的 10%，但预研人员的水平一般要求更高。

3.4.3 技术发展以商业为导向

对很多技术型企业来说，技术导向和市场导向是一对不好协调的矛盾。华为认为，最终要统一到市场导向上来。华为总裁任正非曾经说："如果死抱着一定要做世界上最先进的产品的理想，我们就饿死了，成为梵高的'向日葵'。我们的结构调整要完全以商业为导向，而不能以技术为导向，在评价体系中同样要以商业为导向。技术人员不要对技术宗教般崇拜，要做工程商人。你的技术是用来卖钱的，卖出去的技术才有价值。"

华为也曾经考虑过基础研究，进行了一些探索，但由于生存压力，加之国际厂商在基础性核心技术方面已经领先很多，近年来，华为对基础性核心技术研发的关注度实际上在下降。华为自己也承认："经过 18 年的艰苦奋斗，至今为止，华为没有一项原创性的产品发明。"

3.4.4 艰苦奋斗的精神

在华为，最受推崇的产品当属都江堰水利工程，最受推崇的研发精神是我国搞"两弹一星"时体现出来的艰苦奋斗精神。

华为早期主要依靠青年学生搞科研，在没有资源、没有条件的情况下，其难度可想而知。1992 年华为研发 C&C08 2000 门数字程控交换机的时候，任正非开玩笑地称项目组为"半桶水"，因为除了项目经理毛生江以外，其他项目组成员过去连交换机都没见过，而毛生江也只是短期接触过交换机，只能算是"半桶水"。但华为硬是凭着自强不息和艰苦奋斗的精神，虚心向别人学习，一点一点积累，攻克了一座又一座通信产品及技术的高峰。披星戴月是研发部门的真实写照，"不怕苦，不怕累"是研发人员的一贯作风，干累了，把垫子拿出来，躺在上面休息一会儿后，爬起来再接着干，有些项目组还提出了"干到晚上 10 点不叫加班"的口号。

华为走到今天，在很多人眼里看来已经做得很大了、很成功了，在产品及技术方面已经积累起雄厚的基础，创业时期形成的"垫子文化"、奋斗文化已经不合适了，可以放松一些了，外界对华为的"垫子文化"也有颇多误解。面对这种现象，2006 年总裁任正非发表了《天道酬勤》一文，告诫华为员工："繁荣的背后，都充满危机，这个危机不是繁荣本身必然的特性，而是处在繁荣包围中的人的意识。艰苦奋斗必然带来繁荣，繁荣后不再艰苦奋斗，必然丢失繁荣。”任正非进一步分析了国际形势：“最近不到一年时间里，业界几次大兼并——爱立信兼并马可尼、阿尔卡特与朗讯合并、诺基亚与西门子合并，一下子使已经缩小的差距又陡然拉大了。我们刚指望获得一些喘息，直一直腰板，拍打拍打身上的泥土，没想到又要开始更加漫长的艰苦跋涉……”

任正非指出：“艰苦奋斗是华为文化的魂，是华为文化的主旋律，我们任何时候都不能因为外界的误解或质疑动摇我们的文化，我们任何时候都不能因为华为的发展壮大而丢掉了我们的根本——艰苦奋斗。”

毫无疑问，艰苦奋斗也是华为核心技术体系得以不断发展并取得领先的根本！

3.4.5　开放合作、独立自主地发展核心技术

《华为基本法》明确指出：广泛吸收世界电子信息领域的最新研究成果，虚心向国内、外优秀企业学习，开放合作、独立自主地发展领先的核心技术体系。在核心技术方面，国内企业必须承认自己是追赶者，必须承认西方企业通过几十年甚至上百年的积累，在科学技术方面已经远远领先于我们。华为也不例外，所以实事求是的做法就是抱着开放合作的态度，虚心向别人学习，不是从零开始，与国内、外合作伙伴开展合作研发，而是站在巨人的肩膀上，通过引进、消化、吸收的方法，然后进行再创新和集成创新，发展自主的专利技术体系。

华为很重视与国内的大学和科研机构开展合作研究，有时通过建立联合实验室，有时是通过购买技术的方式，华为获得了不少创新的产品技术。华为的窄带CDMA 技术、SDH 光网络技术、智能网技术等都得益于与清华大学、北京大学、中国科技大学、北京邮电大学、电子科技大学等高校的合作。

随着规模的扩大，华为不断加大与跨国巨头的研发合作力度，先后与英特尔、德州仪器、西门子、摩托罗拉、北电网络、3COM 等著名企业建立联合研究机构或组建合资企业。同时，非常注重在国际市场上购买自己所需要的核心技术专利。华为有一款全球领先的产品，在功能、性能上超越竞争对手的一个关键技术，就是通过购买某外国公司的技术而获得的。华为寻找并选择了一家超长光传送技术和产品解决方案研究上非常领先的厂家，该公司累计投入已经超过$70M，其技术主要应用在骨干长途光传送系统中，网络地位非常重要，经分析认为其产品和技术具有很高的市场价值，最后决定购买该技术。经过技术转移和二次研发，以

及必要的法律手续，在短短的9个月时间内完成了集成研发，成功推出应用了新关键技术的产品，实现了大容量、长距离（4 600公里）无电中继的光传输。2003年推出该解决方案以来，在相关市场上获得快速发展。

点 评

处于产品技术要求高和技术快速更新换代的通信产业，是华为致力于发展核心技术体系的重要驱动因素，但并非根本的原因。深刻认识到核心技术是企业长远发展的基础，真正把核心技术作为企业战略的核心，并持续高强度投入巨额资金于研发，抱着自强不息的信念，长期的艰苦奋斗，是华为在核心技术体系上取得突破的根本原因。可以说，是长远眼光和艰苦卓绝造就了华为。

在中国企业中，说重视研发的多，愿意投入的少，尤其在核心技术研发上舍得投入的少之又少，所以华为成为中国企业中的凤毛麟角，就不足为奇了。

然而，即使华为这样的企业，在对待基础性研究方面也踌躇不前。也许华为认为基础性核心技术方面与西方公司差距太大了，短期内无法赶上，也许考虑到基础性研究的投资巨大，有可能长期没有结果……如何使中国最领先的企业致力于基础性核心技术的研发，是我国下一步在核心技术发展上需要解开的困局。

3.5 美的空调风机风道技术的领先之道

风机风道技术是家用空调的核心技术之一，对空调的制冷效果、噪声等性能影响很大，一直是国内空调企业的软肋。美的家用空调风机风道研究首席工程师——游斌博士带领团队，通过持续努力，在该项技术上不断取得突破，使美的家用空调风机风道技术在国内处于领先地位，并逐步接近了国际先进水平。

3.5.1 游斌博士

游斌，湖南长沙人，1991—1995年就读于华中理工大学流体机械专业，1995年被保送为流体机械专业硕士研究生，1998—2004年间，曾为美的、格力、麦克维尔、海尔、海信、澳柯玛、日立、春兰等大型空调企业研发人员进行风机风道专业知识培训，并协助他们解决新产品研发中遇到的难题，被行业内多家企业聘为研发顾问。2004年进入美的博士后科研工作站，全面负责“空调流体动力系统的仿真优化设计与耦合分析”研究，填补了美的集团在风机风道设计方面的空白，研究成果由省科技厅鉴定达到国际先进水平。目前，研究成果不但在家用空调

90%以上的产品实施应用，而且在空气清新机公司、商用空调、威特公路养护机械等公司的部分产品上实施应用，已为企业带来数亿元的利润收入。

游斌博士对研发工作的最大体会是："做研发一定要耐得住寂寞!"

3.5.2　筑巢引凤

1999 年年底，美的空调公司联合华中理工大学成立了"博士后科研工作站"。美的集团总裁何享健对"博士后工作站"非常重视，每年年底都专门请工作站的研究人员和外籍专家座谈。美的所在的佛山市顺德区政府也很重视人才，每年都主办"博士、博士后、专家中秋联谊会"、"新年音乐会"。

美的建立了比较完整的创新体制，拥有先进的实验室，强大的产业集群，成果能很快转化为产品。多年来，美的集团通过科技人才月对产品研发方面做出贡献的集体和个人进行表彰，营造了尊重知识、尊重人才、尊重创造，敢为人先、敢冒风险、敢于创新、敢于竞争和宽容失败的氛围。

正是由于美的对科研人才的高度重视和良好的软硬件条件，使与国内大部分空调企业都打过交道的游斌博士最终选择了美的。

3.5.3　厚积薄发

游斌博士在风机风道研究方面具有十几年的理论和实际研究经验。行业内，很多博士和大学教授几年都难在国内权威期刊《工程热物理学报》上发表论文，而游斌每年都有两篇论文发表，其原因一方面在于游斌博士做的研究具有创新性，国内很少有人做到那个深度；另一方面是游斌博士的论文既有理论分析，又有实践验证。

另外，游斌博士带领项目组成员阅读和研究了国内、外近 40 年来的文献，也为研究项目的成功奠定了良好的基础。

厚积才能薄发。项目组沉心于非常枯燥的科研工作，耐得住寂寞，终于在风机风道技术上取得了突破。

3.5.4　产业化的挑战

然而，如何才能把科研成果成功产业化，游斌博士碰到了难题。

2004 年以前，美的家用空调在风机风道方面一直是仿制和抄袭，基本没有创新。游斌博士他们最先研究出的几款新风道，效果非常不错，研发中心的工程师不敢用，说是怕风险。那时很多工程师是一种“不求创新，但求无过”的思想。好成果却不采用，不能转化为生产力，让人非常痛苦！

在研究项目组的耐心和努力下，工程师们慢慢地采用了新设计的风道，整机风量、噪声指标有了显著改善，结构更优化，成本也更低，才逐渐建立起信心。到现在，研发中心所有新产品全部采用游斌博士他们设计的风机风道。还有一个重要的原因是，2004年后美的集团科研体制改变，更加重视创新和自主研发，科研成果更容易推广应用。

为了更好地保证技术成果更快地产业化，明确了今后风机风道的所有研究项目，都是基于需求开展。比如，如何在保证现有空调器外观、体积和结构部件不变的情况下，通过设计新的风轮来降低噪声，提高风量，从而提升能效和整机性能；或者在保证性能不变的前提下，如何通过风道优化来减小整机体积，从而降低成本，等等。

3.5.5 产学研相结合模式的展望

游斌博士认为：“当前，美的内部高层次的创新型研究人才相对短缺，而美的和高校的合作大多以‘点对点’的方式进行，尽管在风机风道等技术领域取得了进展，但在高层次创新型研究人才的培养和研究团队的建设方面还存在不足。今后，可以考虑加强与高校的联合建设，在学科集群与产业集群对接中培养高层次创新人才。”

经过多年的发展，美的已经具有强大的制造优势，在科研方面也具有相当好的硬件，比如，博士后流动站、各单位先进的实验室系统、美的学院大楼和大学生公寓等，美的同时还有很好的科技人才政策和几十位优秀的博士和博士后。美的可以利用现有的软、硬件资源，和高校建立产学研联盟，让重点高校把本科生、研究生输送到美的直接培养，对学生实行双导师指导，以美的的博士后、首席工程师、高级工程师作为主导师，学校导师作为副导师，以美的急需解决的关键技术问题作为研究课题。在学生的课程学习结束后，让高校直接输送学生到美的的研究基地培养，美的直接指导硕士研究生和本科生的毕业设计，学生毕业后就直接留在美的工作。这样，既完成了企业的研究项目，也建设了研究团队、培养了人才。学生在联合培养期间熟悉了美的的企业文化，毕业后能够很快地参与到新的研究项目当中。

可以展望一下，这种产学研相结合的研究模式，经过3～5年的发展，一定能够结出丰硕的成果，会成为美的未来主要的研究模式之一。

3.6 海信研发“信芯”的意义

中国家电企业第一颗“中国芯”在海信诞生，并不是偶然的。从深受缺乏核心技术之痛到确定技术立企、把技术放在首位的战略，到寻求合作、组建团队研发芯片，海信之芯——“信芯”的诞生成为了必然，而“信芯”的意义远不仅于海信本身。

3.6.1 技术立企的海信

翻开海信集团的画册，首先迎面而来的是海信各个研发领域的学科带头人，而董事长周厚健的致辞则放到了最后。这在中国企业的画册中肯定属于“另类”，也将海信的技术情结展露无遗。

海信领头人周厚健对技术的迷恋，不仅仅缘于他的工程师背景，更来自对中国家电业的忧患。

周厚健访问日本时，他从东芝一个叫石田博之的人那里听到了这样的评价：“中国家电企业就是一帮水果贩子，市场上需要什么水果，它们就包装什么水果，然后拿到摊子上去贩卖。”

石田博之的言论存在偏激之处，但也基本上符合中国家电企业的实情。这样的话深深刺激了周厚健的心，也令他陷入深思：“实实在在地讲，中国人在核心技术上拥有自主知识产权的产品实在太少了！”

2004年，周厚健带队参加美国的CES展览会，回来后他感慨地说：“我们最大的危机在技术上……我们与国外同行的技术差距越来越大，大到已经不是时间上的概念，而是空间上的……中国企业技术上的差距让人心痛。当然，这种差距不是海信一家的问题，是中国消费电子产业整体的‘软肋’。”

海信怎么办？！海信不甘于做“水果贩子”，海信要技术突围！

不知从何时起，周厚健就做出了技术立企、把技术放在企业的战略首位的决策。他多次强调：“要把技术立企提高到一个战略的高度，绝不允许动摇！”

正是凭着在产品及技术上的创新，海信顶住了多次彩电“价格战”，成为长江以北唯一幸存下来的彩电企业。

尽管在工业设计、产品功能、产品质量上与日、韩企业的差距在缩小，但海信与其他国内家电企业一样，彩电所需的核心零部件，尤其是核心芯片仍然需要进口，国内彩电企业技术“空心化”，受制于人的局面并未改观。

3.6.2 试水芯片研发

1998 年，海信开始探索研发芯片的可能性。

芯片设计对很多专业人士来说并不是什么神秘的事情，但研发像 CPU、多媒体视频处理器、手机基带处理器这些复杂度极高的大规模集成电路，是一件可怕及难以想象的事情。

1999 年，海信经过多番努力找到了美国一家芯片设计公司，希望和他们一起进行有关电视芯片的合作研发。不久，海信派时任数字电视研究所副所长的战嘉瑾及几位研发人员前往美国，协助美国公司做一些芯片验证板及调试方面的工作。

战嘉瑾在美国工作了 3 个月。最令他感慨的是，那家美国公司做芯片设计的研发人员很少，也就那么七八个人，十来条枪，而且他们都是中国人，他们设计的一款液晶显示芯片，其出货量当时已经排到了全球第三位。

“看来芯片设计显然没有想象中那么难！”战嘉瑾想，“谁也不比谁笨，海信凭什么就不能设计自己的芯片？”

美国之行给海信设计自己的芯片带来了信心。2000 年，海信终于决定要做芯片了。然而，选择做什么芯片呢？是选择模仿式的“逆向设计”，还是自主式的“正向设计”？

调研和论证的过程非常漫长，也非常痛苦。2001 年年底，海信确定选择“正向设计”的方向，研发彩电核心芯片之一的数字视频处理芯片。这无疑选择了一条充满艰辛和风险的道路。

3.6.3 四年鏖战

海信芯片研发中心设在了上海集成电路产业化基地。说是研发中心，其实相当长时间内就那么几号、十几号人。

战嘉瑾带领三位研发人员首先奔赴上海，组建数字视频处理芯片研发项目组，开始了艰难的征程。

一切都要从零开始。战嘉瑾他们除了如饥似渴地从书本上汲取芯片设计的理论知识和方法外，就是想方设法地与一些国外企业交流，学习芯片设计的先进经验。过了不久，项目组成员增加到 8 个人，达到了“七八个人，十来条枪”了。然而，除了战嘉瑾曾在那家美国芯片公司有过短暂的芯片验证工作经验外，这批年轻人普遍缺乏芯片设计经验。

2002 年，他们开始了芯片设计的探索——包括数字图像处理的算法设计、建立芯片设计流程、芯片设计方法研究等。为了锻炼他们的能力，海信安排了一个液晶显示器电路的 FPGA 项目让他们做。2002 年年底，他们成功完成了该项目，这极大地鼓舞了项目组的信心。

2003 年年初，项目组完成了数字视频处理芯片的调研、论证及系统的定义。接下来的 6 个月，完成了所需全部算法的研究和设计工作，项目组也扩充为 11 个人。然而，2003 年 9 月，当他们把经过软件仿真后的设计代码用于设计的电路验证时，发现理论上设计得好好的东西放到验证板上后结果全乱了。经过反复修改多次，问题始终解决不了，研发工作陷入困境，项目组几乎瘫痪。经过多少个日日夜夜的攻关，最后发现困扰项目组整整一个季度的难题，缘于一个“并不是什么大的问题”——因为疏忽，有一个元器件的型号搞错了。经过这一教训，战嘉瑾他们懂得了对项目过程规范管理，尤其是加强技术评审环节的重要性。

2003 年年底，项目组完成了 RTL 电路的设计，第一块芯片验证板诞生了。

2004 年年初，芯片进入了关键的流片阶段。5 月，电路的设计验证工作完成，7 月，芯片的 IP 整合工作完成，9 月，后端设计工作完成，11 月，芯片通过 MPW 流片。然而，接下来在测试中出现的数据不稳定、毛刺多、仿真结果与实际结果对不上等问题再一次向项目组袭来。

2005 年年初，就在测试、出问题、解决问题的过程中，芯片成功地应用在支持 1080P 高清显示格式的电视机上，芯片“一次流片成功”！2005 年 3 月，芯片完成工程批样片生产和整机应用验证。

2005 年 4 月，山东省科技厅对芯片完成了鉴定，认为海信研发的芯片在视频处理算法、芯片体系结构、深亚微米集成电路设计技术方面达到了国际同类产品水平。6 月 26 日，海信正式发布了这一成果，信息产业部副部长娄勤俭等领导出席发布会，并宣布这是中国音、视频领域第一款具有自主知识产权并可以正式产业化的核心芯片。

战嘉瑾他们 11 位研发人员日夜鏖战了 4 年，经历了 4 年的寂寞，终于可以舒一口气了！

3.6.4　后面的路更长

然而，后面的产业化进程，芯片持续优化和创新的挑战又摆在了海信和研发人员面前，后面的路更长，也更加艰苦。

科研成果产业化是一个严肃的课题，海信对于自己研发的数字视频处理芯片的应用也是慎之又慎。尽管每用一颗自己的芯片，整机的成本可以降低 4~5 美元，但海信深知新产品的成熟有一个过程，所以采取的是步步为营的策略，先在样机上试用和验证，然后在 2 000 台整机上小批量应用，再逐步扩大。

当媒体问海信研发数字视频处理芯片花了多少钱时，有人建议周厚健对外宣传好几个亿，至少也要说一个亿，这样显得海信很大气，也可以增加知名度。但是，一贯务实的周厚健告诉来访者，海信的全部投入也就 3 000 万元左右。

但即使 3 000 万元的资金，对处于利润微薄的国内家电业的海信来说，也是一笔不小的投入。如果要继续投入芯片产业，实现芯片的产业化规模，后面的投资将会数倍甚至数十倍地增加，况且芯片产业对海信来说是一个新领域，光有研发是不够的，市场营销、运营、人才等方面都要配套，这使海信对是否大规模投入芯片产业显得犹豫不决，也是海信急于成立芯片公司的原因。

海信成功研发核心芯片对国外芯片企业来说是一种威胁，它们绝对不会坐视不理，必然会加快研发进度，推出更高性能的芯片。面对国外企业必然做出的响应和反击，海信怎么办？如果海信希望自己的芯片不落后，希望自己在芯片产业中占有一席之地，除了继续投入巨资进行研发外，别无选择，那么，后面将又是漫漫长路……真可谓，雄关漫道真如铁，而今迈步从头越！

3.6.5 研发“信芯”的意义

经过慎重考虑，海信将自己成功研发并具有完全自主知识产权的数字视频处理芯片命名为“信芯”，其含义，既代表了海信之芯，也代表了中国家电人的信心。

“信芯”的成功研发给中国家电业注入了一支强心剂，给中国家电业结束“空心化”的局面带来了信心和曙光。

海信在过去几乎未涉足芯片设计的情况下，通过以战嘉瑾为首的 11 位研发人员历经 4 年的努力，突破了高复杂度和高难度的数字视频处理芯片，是对海信乃至全国研发人员树立勇攀科技高峰信心的添加剂。

对大多数中国企业来说，如何弥补核心技术短板，至今都说难，至今都没有人肯做，没有人有信心做，没有人敢做。“信芯”对于这些企业抛弃借口、切实投入资源进行核心技术研发提供了一个鲜活的案例。

“信芯”是对中国只适合发挥制造业优势、满足于做“世界制造中心”的论调的有力反击。

信心是中国在核心技术发展上最缺乏的东西。但愿海信的“信芯”只是沧海一粟，越来越多的“信芯”在中国企业和科研机构中不断涌现！

第 4 章

都是质量惹的祸

从“中国制造”遭遇“质量门”，到国内产品质量问题频发，甚至出现严重的质量事故，中国企业是否迎来了“第二次质量危机”？

树立“质量第一”理念、落实认真负责精神、强化质量管理工作、加强测试、注重技术评审、建立中试环节、提高产品可靠性……产品质量已经成为刻不容缓的课题。

4.1 质量惹了哪些祸

“中国制造”在海外频频遭遇“质量门”，国内产品质量问题和投诉频繁不断，重大的产品质量事故时有发生，中国企业的质量似乎又到了一个关口。第二次质量危机是否已经来临？中国企业必须觉醒了！

4.1.1 “中国制造”遭遇“质量门”

2007 年入春以来，席卷世界市场的中国制造产品频遭“质量门”的困扰。

先是曝出托马斯木制火车玩具被查出漆料含毒，后又发现该玩具部件存在脱落、极易造成幼童误吞的风险。基于此，从 2005 年以后售出的玩具被悉数召回。接着于 6 月初，中国第二大轮胎生产厂商杭州中策在美国的进口商——美国外国轮胎销售联盟有限公司（FTS），向美国国家公路交通安全管理局提交了召回中策轮胎的报告。报告称在 2006 年 8 月发生在美国宾夕法尼亚州的一场导致两人死亡的车祸中，安装在事故车上的中策轮胎可能要对此负责。6 月 28 日，美国食品药品管理局发布进口预警，对来自中国养殖场的 5 种水产品实行自动扣留，并拒绝其入境，理由是在这些产品中查出了未经批准的兽药残留，这些物质可能致癌。之后，全球最大的玩具制造商美泰公司（Mattel）宣布因油漆含铅量过高召回 210 件玩具，而这些玩具都是在中国制造的。不久前的二甘醇牙膏事件，更让国内、外消费者紧张不已。

出问题的不仅是日用品，更有国人寄予了莫大期望的重工业产品。不久前，某型号国产轿车在俄罗斯的汽车碰撞试验中折戟，据说是俄罗斯三年来最差的汽车碰撞成绩；更不用说早先另一型号的车在德国的碰撞试验，是 20 年来的最差成绩。

中国制造的质量和安全问题成为国内、外关注的焦点，中国制造的质量遭受了前所未有的质疑。尤其是一些境外媒体，有的抓住几个个案反复炒作，甚至妖魔化"中国制造"。

我国政府对此做出回应，在不回避个别产品的质量问题及责成相关企业整改的同时，应该看到在国际市场上中国制造的主流是好的，我国出口产品合格率近年都在 99%以上，国外个别媒体在报道上存在"以偏赅全"现象。而且经过调查核实，有些事件并不是中国制造本身造成的，如玩具油漆含铅量过高是由于美泰公司设计缺陷造成的，牙膏"二甘醇"事件是因为各国产品的标准不一致。

应该注意到，这些事件所涉及的质量问题都是产品安全方面的。这种问题就像"冰山"露出水面的部分，发生的概率非常低，但一旦出现就会引起广泛的关注，造成负面甚至恶劣影响是不可避免的。可以推想，"冰山"藏在水面下的部分——更多非安全方面的质量问题虽然频繁地发生，未引起广泛的注意，但造成的潜在影响同样是不可估量的。从过去中国的轻工产品在俄罗斯的遭遇，到现在"中国制造"在国外被普遍认为是低质低价代名词的现象，中国制造在国际上的质量形象一点都不容乐观。

4.1.2　国内产品质量问题频发

那么，中国制造在国内的际遇如何呢？

2007 年 10 月，上海市工商局对上海手机市场展开抽查，质量监测结果显示，国产手机质量不合格率达到 26.7%，不合格问题主要集中在待机时间、放电性能、业务与功能测试、直插式设备等项目上。工商局已经责令相关企业停止销售。

以上只是一次临时抽查，反映出来的中国手机产品的质量问题，仅仅是冰山一角而已。关于中国手机产品的质量，广大的消费者感受更深，尤其是使用过程中的质量问题，如自动关机、接触不良、信号差、掉线、成像效果差、外观材质不耐磨、出现错误信息、功能失效、元器件损坏等，简直多如牛毛。国产手机的市场份额近年来之所以节节下降，除了因为缺乏核心技术以外，最根本的原因就是质量问题，不稳定、不可靠、故障频频，使很多消费者都对国产手机失去了信心，转而购买国外品牌产品。

类似的质量问题发生在彩电、空调、冰箱、MP3/MP4 等家电产品领域，其他工业产品的质量也令人担忧，设备故障较多，运行性能不良。在材料行业，很多高质量的材料需要进口，比如，中国是钢材的第一大生产国，但由于无法达到高标准的质量，发动机用的钢材一律依赖进口。

有人认为，发生在境外的“质量门”事件，一是所涉及的产品都是低值易耗消费品，二是这些产品都是一些不知名的企业生产的，这些企业是“资浅企业”，或者说，不是国内消费者熟知的品牌企业。言下之意，国内品牌企业即“资深企业”的产品质量是值得信任的。

遗憾的是，事实并非如此。

财经评论家翟玉忠先生因买电脑而写下的《TCL，我为你哭泣！》一文，在网络上引起了广泛的共鸣。据翟先生讲，他于 2006 年 10 月 16 日买了一台 TCL-T10 笔记本电脑，第二天就因为电脑有时会发出很可怕的响声，不得不到 TCL 销售商那里换了一台。但问题远没有结束，电脑频频发生自动关机的故障，从此他就每周都要到 TCL 维修部门去报到，连续去了五六周，最后干脆把电脑放到 TCL 北京维修站“住院”一周。而在购买和维修电脑的过程中，翟玉忠先生也感受到了“TCL 管理流程令人咋舌的漏洞”。翟先生的遭遇颇为令人同情，相信中国绝大多数的消费者都有类似的经历。

大名鼎鼎的海尔电器在外观上非常抢眼，但其内在质量并不令人放心，以至于有些消费者认为海尔电器存在价格高、宣传高但质量较差的现象。在海尔创业初期，张瑞敏挥舞大锤向 72 台有缺陷的冰箱砸去，海尔从此走向了抓质量、树品牌的发展之路。但时至今日，已经是世界名牌的海尔产品还存在那么多质量问题，谁再来砸海尔的“冰箱”呢？

喜欢改头换面，弄一些花哨的功能，玩概念，夸大其词，包装炒作……这些似乎已经成为很多国内企业惯用的手段，但在企业光鲜的外表下难掩其产品内在质量的不良。对于产品在技术上有一些落后，消费者是可以理解的，但对于产品质量问题频发，用户是无法容忍的，因为这代表了产商对用户的不负责任。

更令人担忧的是某些国产产品还不时发生安全事故，危及消费者的人身安全。以生产燃气灶具为主的华帝电器，不到一年就被媒体 6 次曝光其产品爆炸伤人事件。而2004年发生的安徽阜阳“毒奶粉”事件和2008年发生的“三鹿奶粉”事件造成众多幼儿受到严重伤害，少数甚至死亡，真是令人发指。

可以说，国内产品质量问题严重！据相关资料显示，我国产品的抽样合格率一直徘徊在75%左右，市场抽查合格率更低，每年因为不良品造成的损失达2 000亿元以上。

4.1.3 第二次质量危机是否已经来临

20世纪90年代初，国内市场“假、冒、伪、劣”之风越刮越大，假皮鞋、假药、假酒、伪劣保健品、进口垃圾服装、IT水货，此起彼伏。尽管之前假货和劣质产品事件也不时见诸报端，但从来没有这次这么集中和猖獗。这次“假、冒、伪、劣”浪潮给广大消费者带来了极大的经济和健康损失，引起了极大的质量信任危机。

接下来，是一场轰轰烈烈的“打击假、冒、伪、劣”运动，采取的措施包括对制造“假、冒、伪、劣”生产厂商进行曝光和查处，加强质量检查的力度，建立质量投诉机制，提升各级技术监督局的权威，等等。而随后的“维护消费者权益”、“质量万里行”、“名牌运动”等活动，则对于企业提升质量意识和建立质量保证机制产生了深远的影响。可以说，在政府和社会的高度关注和支持下，中国企业成功地应对了这一次的质量危机。

十几年后的今天，中国企业是否迎来了第二次质量危机？种种迹象表明，我们确实已经面临着第二次质量危机。

第一次危机主要发生在国内市场，“假、冒、伪、劣”是关注的焦点，家电、IT、汽车、服装、食品饮料等是质量问题比较突出的行业。随后是一个急风暴雨式的“质量普及年代”，通过10年的洗礼，中国企业尤其是加工制造业的产品质量大幅度提升。

第二次质量危机首先发生在国外，“中国制造”遭遇“质量门”，产品安全问题成为关注的焦点，中间还夹杂着国外少数媒体“以偏赅全”的炒作，甚至“妖魔化”中国制造的思潮。在国内市场，国内企业产品质量问题频发，甚至出现质量安全事故，严重影响了消费者对国货的信任，其后果已经在手机、家电、材料、IT等行业显现出来。而且，经过二十多年市场经济的发展，消费者对质量的要求同过去相比已经不能同日而语了，国内企业如果不能跟上这一要求，在未来的竞争中必将处于很不利的地位。

第二次世界大战后的日本、韩国在海外也曾经遇到“质量门”，发生过质量危机。两个国家的企业均是通过持续致力于质量监控和质量改进，克服了质量危机，从根本上扭转了低质产品的形象。对于中国企业来说，完全可以把这次质量危机转化为质量进步的一个契机，分析造成质量问题的原因，寻找解决之道。

4.2　质量问题的原因分析

从全面质量管理的观念来看，造成质量问题的原因不外乎人员、机器、物料、环境、方法几个方面。对于中国企业的质量问题，需要着重谈谈人员和方法方面的原因，并采取相应的解决方案。

4.2.1　缺乏认真负责的精神

企业提供的产品成千上万，几乎是每天都连续不断地制造产品，只要在需求定义、产品设计、生产、运输、安装服务整个过程中哪一个环节、哪一位员工出现了疏忽或差错，就会造成质量缺陷。所以，保证产品质量的关键在于质量形成过程中员工的工作质量，而员工的工作质量在很大程度上取决于工作态度，也可以看做是一种素质。

小平同志说过：质量问题反映了一个民族的素质。那么，国内企业产品质量整体较差的现实，也反映了企业员工队伍的整体工作素质不高，尤其是缺乏认真负责的精神。

认真负责是做好一切事情的基础，当然也是保证工作质量和产品质量的基础。毛主席说过：世界上最怕的是认真二字。遗憾的是，历史的沿革、文化的传统、社会的积弊、科学的滞后使国人普遍养成了“差不多”精神，马虎了事是很多人的一贯作风，对他人和工作缺乏负责任的态度不是个别现象，使得企业的质量根基比较脆弱，如果再加上企业对用户也不太负责，那么企业的产品质量问题频发就不足为怪了。

4.2.2　不重视质量

很多企业的产品质量差，与企业不真正重视质量有直接关系。

“质量是企业的生命”，这是很多企业挂在嘴上的话，但行动上显然没有把质量放到相应的位置上，还经常做出一些“不要命”的事情。比如，为了赶时间、赶市场，抱着侥幸心理，匆匆忙忙地就把质量还很不成熟的产品投放市场，其结果是害了用户，也砸了自己的脚。中国手机市场曾异常火爆，许多国内手机厂商片面追求速度和销量，置质量于不顾，最后只能吞下巨额亏损甚至倒闭的苦果。

不重视质量的根源在于一些企业本身缺乏社会责任意识，缺乏对用户负责的态度，也是国内企业普遍重规模、要速度，不顾质量、技术、效益的倾向在作怪。对于很多企业来说，各部门的角色是这样定位的：市场销售部门是主角，研发部门和制造部门是配角，质量部门是摆设，财务部门是记录员，服务部门是“救火队员”兼出气筒，而用户则是受害者，他们在深受产品质量问题之痛的同时，还要经常“享受”服务人员的气。

4.2.3 质量控制过程漏洞百出

这是我亲身经历的事情。1992 年年初，天气是那么的潮湿和阴冷，作为华为的一名研发人员，我受命到海口给客户安装华为自己研发的用户交换机，那时华为没有专门的安装人员，装机的任务就落到了研发人员头上。我费了一番工夫，终于把交换机安装完毕，接下来开始调试——模拟用户拨号，话务台振铃，拿起话筒听电话……令人奇怪的是话务台居然听不到话音，试了多次依然如此，对系统重新初始化和设置，问题还是无法解决。估计是话务台出了问题，于是我把话务台打开一看，不由倒吸了一口凉气：电路板上缺了一块核心的语言芯片！显然是生产人员忘了把芯片插在电路板上面了，但为什么组装人员没有发现？为什么调试人员漏调了？为什么出厂检验人员又漏测了呢？！

当时的华为正值业务迅速发展时期，各方面的管理机制很不健全，质量控制过程也很薄弱，与今日的华为已经不能同日而语了。但在今日的中国，还有多少企业像当时的华为一样，随着业务的迅速扩张，来不及建立有效的质量控制机制？在设计环节，客户需求摸不准，经常犯一些低级错误，没有建立有效的设计评审机制，致使大量设计缺陷流到生产环节和市场；在测试和试生产环节，时间紧来不及测，有些项目漏测，因测试能力和测试手段所限很多缺陷测不出来，试生产不能充分暴露问题和纠正错误；在生产环节，没有严格遵循工作规范，人为疏忽造成质量缺陷，检验工作不到位；在运输安装环节，运输途中缺乏保护措施，产品安装后存在隐患，产品使用缺乏交代；在维修服务环节，问题三番五次得不到解决，服务过程不规范，承诺无法兑现。如此漏洞百出的质量控制过程，怎么能有良好的产品质量呢？

4.2.4 质量保证体系薄弱

产品质量不能仅仅依靠质量控制活动，还需要质量保证体系，很可惜，中国绝大多数企业的质量保证机制也是相当的薄弱。具体体现在五个方面：一是业务流程及规范缺失，导致员工缺乏工作标准，考虑问题不周全，常常顾此失彼；二是流程及规范执行不力，一些关键的质量控制活动，如技术评审，流于形式；三是缺乏质量问题的反馈、报告、分析、解决和跟踪机制；四是没有对经验教训进行总结归纳，以优化流程及规范，并形成预防措施；五是没有建立质量保证的组织机制，质量管理部门的工作多限于检查、反馈和监督方面，没有深入设计、制造、服务过程和质量保证机制中。

产品可靠性也许是中国企业在质量保证和控制方面最薄弱的环节。在很多企业，产品可靠性工作可以说是基本空白，还处于听天由命的状态。无可靠性人员，无可靠性设计，无可靠性测试和分析的“三无”现象在中国企业比比皆是，FMEA 方法只出现在书本上和培训中，绝大部分企业其实根本就不知道自己产品的可靠性如何，也不知道如何去衡量可靠性，当然也就谈不上可靠性管理了。

4.3　质量管理部门的尴尬

在中国企业，质量管理部门往往处于不被看重、受人责难、工作难开展、成效不明显的尴尬境地，这是中国企业质量管理落后的一个缩影。那么，在企业真正重视质量和质量管理的前提下，如何建立强有力的质量管理部？尤其是如何建立有效的 QA（Quality Assurance）组织呢？

4.3.1　质量管理部门的尴尬

产品质量的重要性，恐怕没有哪个中国企业会否认，很多企业处处宣称“质量就是生命”，但质量管理部门却没有受到足够的重视，与“生命”更是相距十万八千里。在很多企业，名义上的质量管理部，实际上是质量检验部，甚至只是生产质量的检验部门，像是一个附属部门，有时还有比这更尴尬的形容——“鸡肋部门”。

质量人员也容易成为众矢之的。因为质量人员的阻拦，影响了生产进度和交货，生产人员和销售人员对你咬牙切齿；来料检验后退货，得罪了收黑钱的采购，他们对你恨之入骨；你对质量问题紧追不放，让研发人员也觉得你是一个头痛的家伙。大家的苦汇集到一起，找老板去告状、投诉，质量人员的日子就不好过了。很多时候，质量人员苦于对业务不了解，尤其是对研发业务不了解，无法深入业务活动中控制和保证质量，很多地方都插不上手，感到无能为力。

出了产品质量问题，大家认为质量管理部门的工作没有做好；如果产品质量没问题了，大家又感觉怎么质量主管整天没有做什么事呢？在大家看来，产品质量控制得好，是因为研发部门遵循了设计规范，加强了测试和技术评审，是因为生产人员改进了工艺，加强了流程控制，似乎与质量管理部门的工作没有什么关系。所以，对于质量管理部门来说，最好是产品不时出现一些质量问题，这样能为自己加强质量检验工作和开展质量控制活动找到充分的理由，也能证明自己的存在和价值。

企业还需要质量管理部门的地方就剩 ISO9000，CMMI 等质量标准体系的推行了。这确实是公司级的一件大事，质量管理部门也会额外卖力，毕竟质量标准体系对产品质量的重要性是不言而喻的，推行质量标准体系是提升质量部门地位和影响力的大好机会，而且获证后的成就感和对企业的价值也很直接。然而，在绝大多数的情况下，辛辛苦苦花了一两年甚至更长时间的努力，对质量改进没有实际的效果，拿到证书无疑是一项成绩，但质量管理部门的工作也落了一个形式主义的评价。

十多年前，中国企业意识到人才是企业成功的关键，以人为本的思想蔚然成风，企业纷纷建立人力资源管理部，人力资源经理或总监成为市场上最热门的职位之一。10 年来，中国企业的人力资源管理水平确实取得了很大的进步。

十几年来，中国企业的质量管理水平几乎停滞不前。全面质量管理（Total Quality Management，TQM）引入中国已经三四十年，但一直雷声大雨点小。ISO9000，CMMI 等国际质量标准在中国企业一实施就走样，变成形式化的一套东西。质量管理部门的尴尬恰恰反映了中国企业在质量管理方面的落后，说明许多企业没有把质量管理放在重要的位置，有的企业的质量管理部还从属在生产部门里。

4.3.2 企业需要什么样的质量管理部

第二次世界大战后的日本企业由于深切感受到了质量之痛，在戴明等质量专家的帮助下，推行全面质量管理，切实运用 PDCA 方法，使“日本制造”成为优质产品的代名词。面对日本企业的崛起和挑战，美国企业除了在技术创新方面发力外，就是大力加强质量管理。马可姆·波里齐国家质量奖成为美国企业新的目标，标杆比较方法为众多企业所青睐，以摩托罗拉、通用电气为代表发起的六西格玛（6 sigma）运动风起云涌。通过技术创新和质量进步，美国保住了经济第一强国的地位。

在当前中国企业面临质量危机，跨国企业的反攻致使很多中国企业在市场上节节败退的时刻，中国企业必须觉醒了！加强质量管理必须成为企业重要的课题，包括建立一个强有力的质量管理部。

质量管理是企业的生命线，企业理所当然地应该建立一个公司级的质量管理部，统抓企业的产品质量和过程质量。一些企业把质量管理职能分设在不同部门，如研发设立研发质量部、制造设立制造质量部，而没有统一的公司级质量管理部门，作为一种过渡的做法这是没有问题的，但从长期来看，将会对企业整体的质量管理体系建设不利。作为企业关键的职能部门，质量管理部应该直接向企业最高领导负责，其职能可以定义为：开展有效的质量控制活动，建立健全质量保证体系，树立优秀的质量文化，以确保企业的过程质量和产品质量。

作为职能管理部门，质量管理部兼具参谋、建设者、监控者和服务者多重角色，这正是质量管理工作富有挑战性的地方。质量管理部在加强自身建设和提升能力的同时，尤其需要注意与领导层和业务部门的沟通，一方面获得领导层的支持，另一方面赢得业务部门的信任，在质量目标和措施上与业务部门达成共识。当然，质量管理部千万不要成为高高在上的部门，必须把工作重心下移，深入各项业务工作中，具体的做法是，在研发、制造、采购等与产品质量直接相关的部门派出质量管理人员或设立下一级的质量管理机构，目标、政策、流程、制度、人员任用归质量管理部统一管理，日常工作由业务部门主管安排和指挥，这样既使企业的质量管理体系得到有效落实，产品质量得到有效监控，又使质量管理人员直接深入和服务于业务活动的质量管理。

质量管理不只是质量管理部的事情，各级主管都是质量的直接责任人，所有员工都需要对工作质量负责，质量管理部对此需要有清醒的认识，并致力于全面质量管理、全员质量意识思想的宣传和贯彻，塑造优秀的质量文化。

在质量管理部的设置上，需要兼顾质量控制和质量保证两方面的职能。质量控制是事中的过程监控活动，不仅限于质量管理人员实施的质量检验和检查，其实大量的质量控制活动，如测试、技术评审、交叉检查等是由业务部门的员工实施的，但质量管理人员也要负责这些活动的组织，确保其有效性。质量保证既是事前的预防和事后的总结提升，也是对产品质量形成全过程中所涉及的人员、过程、方法、工具等要素进行全面的部署，建立完整的系统，并确保其有效运行。

4.3.3　如何建立有效的 QA 组织

在质量管理组织建设方面，如何建立有效的 QA 组织应该是最难的。由于缺乏经验和指导，很多企业只能摸着石头过河，先从各个部门抽调一些新人和“闲人”成立一个 QA 部门，按照规范要求试试再说。这样尝试的结果，往往是走了弯路，一切回到原点。还有一些企业已经成立了 QA 部门，QA 的职责就是保证过程体系一板一眼地得到严格执行。而业务人员却认为 QA 只会站在业务环节之外指手画脚，像警察一般指责业务人员的不是。而 QA 人员对此也相当委屈，“我是照章办事啊”，得罪了人不说，还可能对自己的工作内容感到迷惘。这样的 QA 部门，在其他部门的眼中“可有可无”，在老板的眼中是“白白增加了管理成本”。

根据企业的实际情况，QA 组织按照其归属，一般分为职能型和矩阵型两种。

在职能型 QA 组织中，各业务职能部门可能会设立自己的 QA 岗位，QA 独立于项目组或分部门，直接向部门主管报告，如图 4.1 所示。这种 QA 组织的优点是：因为同属于一个部门，QA 人员容易深入具体工作，容易发现项目的实际问题，对问题的处理也更快捷。缺点是各职能部门相对独立，部门之间缺乏经验的交流和共享，不同部门还可能重复进行过程、方法和工具的研究。而且，企业中普遍存在“重业务、轻过程”的现象，QA 的工作与业务工作相比显得无足轻重，QA 人员的职业发展更容易受到忽视，很难获得应有的培训和提升。

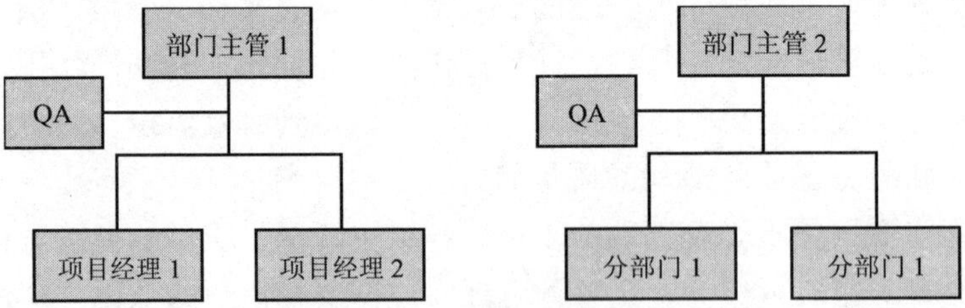

图 4.1　职能型 QA 组织

在矩阵型 QA 组织中，QA 直属于质量管理部，QA 人员由质管部指派到各个项目组和业务部门，在管理上向 QA 经理报告，业务上向项目经理和部门主管报告。图 4.2 是 QA 与研发部门的组织关系图，QA 人员直接参与项目的工作，项目经理对 QA 的工作绩效有建议权，但由 QA 经理对 QA 进行直接考评，这既有利于保证 QA 工作的独立性和评价的客观性，也可以保证 QA 组织的长期利益与项目的短期利益之间的平衡。QA 经理根据项目的进度计划、工作量和优先级对 QA 资源进行动态调配，一个软件 QA 通常可以负责 5 个左右软件项目的质量保证工作，硬件 QA 可以负责 2 ~ 3 个项目的工作。

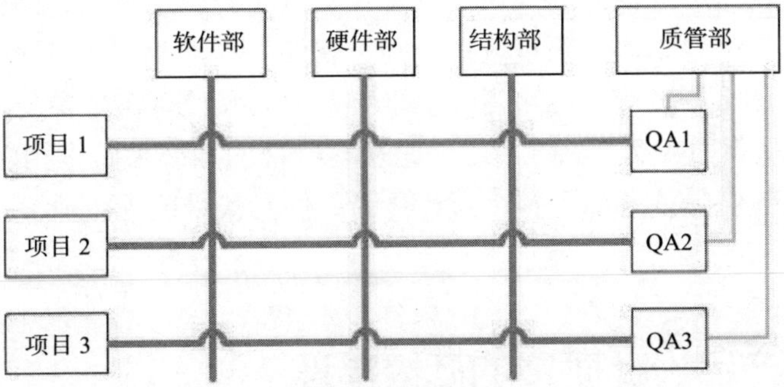

图 4.2 矩阵型 QA 组织

这种结构的优点比较突出。由于 QA 人员直接参与项目工作，非常了解过程运行的情况，更容易发现过程改进的“短板”，QA 是改进过程实施的重要推动力量，QA 组织甚至还可以担负起组织级质量体系的优化、过程资产库和度量数据库的建立、维护和使用的职能。而质管部成为 QA 人员的资源池，一方面负责为项目输送 QA 人员，另一方面可以培养 QA 人员，可以有效避免职能型 QA 组织中不同部门重复投资于质量体系、忽视 QA 职业发展的问题。

但也有一个问题，由于 QA 和项目组分别向不同的领导负责，因此相对而言，QA 较难融入项目组，对于一些问题，包括一个问题是否成为问题，在 QA 与项目经理之间往往难以达成共识，产生扯皮现象。对于这种情况，一般通过问题的“上报”机制来解决，即 QA 可以直接报告职能部门主管和质管部经理，通过上级主管协商来寻求解决方案。

那么，QA 的角色和职责应该如何界定？以研发 QA（包括 PQA，HQA，SQA 等）为例，一个合格的 QA 在项目中会充当三种角色：警察、老师、医生。典型的职责包括过程指导、过程评审、产品审计、过程改进、过程度量。作为警察的角色，QA 以业务流程为依据，需要及时发现和报告项目的问题，有选择性地参加项目的技术评审，定期对项目的工作产品和过程进行审计和评审。作为老师的角色，QA 辅助项目经理制定项目计划，包括根据质量体系中的标准过程裁剪得到项目定义的过程，帮助项目进行估算，设定质量目标等；对项目成员进行过程和规范的培训及在过程中进行指导等。作为医生的角色，QA 可以承担收集、统计、分析度量数据的工作，对项目过程进行诊断，帮助分析原因，开处方。

QA 人员可以来自企业的各个部门，既可以由专职人员担任，也可兼职。但很多企业的经验证明，选择一些新人和“闲人”组成的 QA 部门往往只能构成形式上的 QA 组织，却不能胜任企业对质量体系寄予的重任。在选择合适的 QA 人选时，企业应首先考虑他们的知识、技能和素质能否满足组织和岗位的要求。具体而言，可以从综合素质、项目管理经验、软件工程经验、项目业务知识，以及对过程体系的熟悉程度等方面来考察。QA 人员如果没有实际参与过项目或产品的研发，没有从事过项目管理工作，或是从有些部门抽调来工作相对比较“轻松”的人员，即便他们熟读背诵了整个过程体系，仍然很难成为企业真正需要的合格的 QA。

4.4 避免产品设计质量的低级错误

一般来说，70%的产品质量问题是由设计环节造成的，而大量事实表明，产品设计中的错误大多数又是低级错误。所以，如何避免产品设计质量的低级错误就成为提高设计质量的一个关键问题。

4.4.1 “这样的错误本来是可以避免的！”

2007 年 11 月，我到合肥给美的荣士达公司授课，他们的一位设计工程师谈到去市场调查的感受时，形容当时的心境是“无地自容”。因为他们研发出来的产品退货率高达 15%，而且退货的原因中 40%～50%是由于设计时考虑不足造成的，按照他的话来说：“都是一些低级错误，如冰箱地脚松动，没有保护设计而划伤表面等，这样的错误本来是可以避免的！”

联想到不久前，我在江苏大全集团下属一家电力电器设备公司调研时，阅读他们的客户投诉报告，发现大部分的问题都是诸如电线靠得太近导致短路、未考虑散热而导致器件烧坏、使用一段时间后门关不上等。这些问题本来在设计上应该考虑，而且也不复杂，只要对电线绝缘、关键器件散热、结构件公差多加考虑就可以避免。但为什么这些看似简单的问题，研发人员没有考虑到呢？

其实，作为消费者，我们在生活和工作中，也会经常抱怨厂家为什么没有充分考虑到我们的需求和使用，老犯一些低级错误。由于职业的原因，我对这方面的体会就更多一些。如手机，我从 1995 年开始用过摩托罗拉、西门子、诺基亚、三星等多家著名品牌的产品，早期用摩托罗拉手机电池接触不良就不多说了，前年用诺基亚的一款智能手机，不到一年键盘中间的操作杆就开始失灵了，后来改用三星 D608，每次换电池时时钟都复位，又得重新设置日期和时间，相当麻烦。用了一段时间多普达 D600，整体感觉还不错，但发短信需要进行三处操作才能进入输入收件人和内容的界面。2008 年买了 N95，这无疑是一款功能非常强大和诱人的手机，但用了不到半年滑盖开始出现松动，屏幕出现了明显的黑影。即使大名鼎鼎的 ThinkPad 电脑对于消费者使用习惯也有考虑不足的地方：底面没有防滑的凸起，以至于单手拿电脑时容易滑落。我有一次就是从桌上拿起时，不幸掉落地上，好在 ThinkPad 很结实，但一个角摔得变型，一个 USB 接口差点报销了。

跨国著名企业的产品尚且有这些低级的质量问题，国内企业的产品就更不用说了。从 2006 年年底开始装修新房，我就在与应接不暇的产品质量问题做斗争。从前期装修公司的设计图纸经常忘记更新，新砌墙面与原来的明显不平行，防水存在漏洞……到中期购买各种装修材料、修改楼梯和墙面装修的尺寸、外观、颜色、配合等各方面的质量问题，再到后期家具、灯饰、洁具、电器在使用中出现的各种问题，如多用地插基本上没有考虑接电话线的可安装性，造成电工师傅和我花了两个多小时把零件拆开后才装好；古董电话机还没有使用到半个月就没有了铃声；浴柜的脚阀由于接口处材料容易损坏而漏水。有时真叫我哭笑不得，我选择的供应商不可谓不好，但是他们为什么就不考虑仔细一些？他们为什么就不从我的角度考虑一下问题？他们可知道这些问题给消费者带来了多少麻烦和痛苦？！

4.4.2　研发人员为什么犯低级错误

造成这么多设计质量的低级错误，原因恰恰就在于设计人员缺乏从消费者的角度考虑问题，缺乏仔细的调查、思考和权衡，没有关心设计质量问题给客户带来的麻烦和痛苦！我们的设计人员往往热衷于技术和功能，而对产品给谁用，他们有何要求，他们如何使用缺乏关注。总觉得功能实现了就大功告成了，不太关心产品使用时的性能怎样，是否会出问题。总的来看，研发人员缺乏以客户为中心的意识，缺乏质量意识，这是职业化素质不足的重要表现。

对于中国企业的研发人员来说，造成客户观念和质量意识不足的原因是多方面的。有教育的原因，我们的教育体制应试特征和科研成果导向突出，实践性和实效性明显不足，使得研发人员从学校走向企业后按照搞科研的态度对待产品研发，较少意识到产品研发是为了满足客户需要和获得商业化成功。也有社会环境和企业环境的原因，当今社会比较浮躁，企业急功近利和碰运气心态比较强，导致很多企业急于抓市场机会，而且又不讲究策略，普遍撒网，恨不得把所有的产品一下子都研发出来，结果摊子铺得很大，大家都在赶进度，把质量就撂在一边了。还有企业研发流程方面的原因，很多企业的研发人员在流程上是与市场脱节的，公司规定他们按照市场部门或产品策划部门提出的需求研发产品，从而使他们失去了与客户接触的机会，自然也难以使他们从客户的角度来考虑问题。更有评价和激励机制方面的原因，很多企业对研发的评价和激励机制是短期导向和成果导向的，缺乏长期导向和市场导向。典型的做法是与进度挂钩的项目奖，这种做法除了导致大家片面赶进度外，对客户观念和质量意识有害无益。这些原因归结起来，就是文化方面的问题，缺乏以客户为中心和注重质量的价值导向和行为导向。

造成设计质量问题，也有心理学方面的原因。人们不喜欢主动去关心别人的需求，所以研发人员往往研发自己喜欢的产品，而不是客户喜欢的产品。而且，人们都倾向于认为自己是对的，所以，研发人员往往也过于自信，不注重客户的意见。在认知方面，人们还存在投射效应和盲点，所以研发人员容易用自己的偏好和想法去理解客户的偏好和需求，当然也存在自己考虑不周全的地方。

研发人员缺乏必要的经验，也会导致设计质量方面的低级错误。企业迫于应对竞争，必须研发越来越多的产品，而经验丰富的研发人员短缺，那么缺乏经验的研发人员也得硬着头皮担纲。一般来说，企业过去的研发经验和教训是很少总结和积累的，专家们也没有积极性去悉心指导新人，所以，一些简单的错误一再重复出现。

除了研发人员的职业化素质不高、容易出现投射效应和经验不足以外，还有设计流程及规范的缺失和执行不到位的原因，导致研发人员在设计过程中考虑问题不周全，常常顾此失彼，无法吸取过去的经验教训，设计交付容易存在各式各样的缺陷。另外，缺乏必要的质量反馈和跟踪落实机制，又使很多低级错误一犯再犯。比如，前面提到的冰箱地脚松动的问题，质量部门早在两年前就提出来了，但就是迟迟得不到解决。

4.4.3 如何避免产品设计质量的低级错误

首先得从研发人员的职业化素质入手，实现以客户为中心的设计，其次需要加强测试、技术评审、重用、问题反馈等手段，最后通过组织和流程将相关措施予以落实。

1. 以客户为中心的设计

既然大多的低级错误从客户的角度来说应该是可以考虑到并避免的，那么，首先要关注的就是如何使研发人员真正站在客户的角度去思考和解决问题，提升客户观念和质量意识，实现以客户为中心的设计。

显然，光靠宣传和教育是不够的，需要采取多方面的措施，包括在项目目标设立上，要求产品研发团队对产品的市场质量负责，并细化为具体的考核指标，如早期产品返修率、产品的客户满意度等；采取更为有效的与质量挂钩的奖罚措施；把传统产品研发流程由市场部门定义需求，研发人员依此进行研发的做法，转变为市场部门提出产品的商业目标和高层次客户要求，而由研发人员通过客户调研、访谈、分析并定义需求，解决研发人员与市场脱节的问题；公司也应该多创造一些机会让研发人员接触客户、了解市场，尤其了解客户的意见和产品在使用中出现的问题，使研发人员自觉形成为客户着想的思维习惯。针对研发人员容易想当然地理解客户的需要，除了要求研发人员通过主动客户需求调研整理分析需求外，在需求定义后增加客户验证的环节。

2. 测试

加强测试把关。测试人员同样需要加强客户观念和质量意识，并从客户使用的角度设计测试用例，不断优化测试手段和测试规范，避免设计错误流到后面的环节。有条件的话，邀请客户或准客户参与测试和早期试用是避免设计中低级错误、完善产品的有效办法。据阿里巴巴的马云讲，他除了收发电子邮件和浏览外，根本不懂电脑，但阿里巴巴的每一个软件系统研发出来，他都要以使用者的身份去折腾一番，直到像他那样基本上属于“电脑盲”的人都觉得用起来不怎么费劲后，产品才能过关。

3. 技术评审

针对研发人员经验不足和思维盲点问题，除了加速培养和树立系统思维外，关键是要加强日常设计工作中的同行研讨和检查，并在一些关键节点上设立技术评审点，请专家们来找错误和提意见。“评审，评审，再评审，测试已经太晚了”，这是研发质量管理的基本原则。无疑，技术评审是产品设计质量控制的核心环节，其实也是很多企业的薄弱环节。汉捷咨询帮助一家电源企业推行 IPD，在一个试点的研发项目中，扎实地进行技术评审，在方案设计和模块研发阶段就发现了 600 多个问题，结果在原型机做出来后，发现应该考虑的问题几乎全部考虑到了，有效避免了通过过多测试来发现问题，产品上市以后客户评价非常好。对于容易出现质量问题的地方，更是要加强评审，同时，需要在评审检查单（Checklist）上考虑对这些问题的检查。

4. 重用

另外，要求研发人员在设计过程中要加强重用，注意在继承的基础上进行创新。所谓重用，就是在不牺牲差异性的情况下，尽量使用过去产品已经使用过的平台、模块或组件、技术，尽量使用标准化或通用化的零部件。重用可以减少产品研发中的设计点，避免由于考虑问题太多而导致的质量问题，也有效地降低了质量风险，当然也可以加快产品研发进度。

5．问题反馈

对于产品在使用过程中出现的质量问题，一方面是企业的损失，从另一个角度来看，也是企业的宝贵财富，企业应该把这些财富挖掘出来并且利用好。汉捷咨询的一个家电行业的客户在这方面就做得很好。这家企业通过售后服务、销售、营销人员及研发人员主动拜访等渠道将客户在使用中存在的问题和对产品的意见收集起来，建立数据库，并研发专门的工具对这些信息进行定期分析，根据重要性和可行性排序后，每个月整理一些改进行动，要求产品研发、制造及安装各环节予以执行，并跟踪落实。

6．流程及组织保障

以上措施，最终需要通过相应的流程及制度确定下来，并贯彻落实。当然，流程本身应该是过去知识和经验的总结，以帮助研发人员在开展各项设计活动时，能够考虑问题更为全面和到位，避免出现低级错误。流程及制度的制定、落实和见效，无疑是很艰苦的工作。高层领导的坚定支持是前提保障，各部门主管的重视也很关键，而质量管理部或流程管理部等流程建设及监控部门永不放弃的执著精神更是不可或缺的。

需要强调的是，以上措施不仅针对设计中的低级错误，对如何减少设计中各式各样的质量缺陷也是适用的。

4.5 评审、评审、再评审，测试已经太晚了

作为产品设计质量的两大控制手段——测试和评审孰重孰轻的问题，存在很多争论。也许这种争论并没有太大的意义，毫无疑问，两者都至关重要，但在次序安排上需要把评审放在优先的位置，在测试之前应该评审、评审、再评审。

4.5.1 测试与评审

测试和评审都是研发质量控制的基本活动，有时容易被混为一谈，其实两者存在明显的区别。测试是在产品运行时进行的动态分析，测试的对象是最终产品、中间产品或原型，包括单元测试、集成测试、系统测试、验收测试等多个层次。评审是对产品的有关文档资料进行的静态分析，评审的对象包括技术文档、项目

计划、测试用例、测试结果、产品数据等。

在规范的产品研发过程中,测试工作一般占到整个研发工作量的30%~40%。国内许多企业都建立了自己的产品测试部或产品测试中心，但在产品质量控制上仍然存在漏洞，如测试手段和方法欠缺，测试人员和研发人员都是同一个研发部门的同事甚至是上下级，真正要做到独立测试很难，测试人员的能力可能不足，有时由于时间紧来不及测试，更多的时候是前面留下来的问题太多，很多问题根本测不出来。

测试部门尤其是系统测试和验收测试的部门需要树立权威性和独立性，严格把好产品质量关。在华为 3Com 测试中心，所有的测试设计、测试执行、测试结论都是完全由测试中心自己来做，具有很强的独立性和权威性。在一次干部大会上，华为 3Com 总裁郑树生博士曾当众表明立场，测试中心“一定要严格，如果不严格就是对公司犯罪”！这使得后来一旦有研发人员试图要求测试中心对其研发的产品网开一面时，大家就会搬出这句话，反问他：“你是想要我犯罪吗？”对方当然不愿戴那么一顶大帽子，于是就乖乖地把产品拿回去重新做。

相对于测试是在最终产品、中间产品或原型完成之后寻找问题的方法，技术评审则是一种在产品研发过程中尽早发现缺陷的手段。根据 IBM 的统计数据显示：大多数企业的产品研发中，2/3 的缺陷都是在需求和设计阶段引入的，而越早发现问题修复成本越低，到后期发现问题的修复成本往往成几何级数增加，可见通过评审尽早发现缺陷的价值有多大，而且尽早发现问题对进度控制也很重要。

缺乏技术评审，或未严格进行技术评审的后果往往会导致测试阶段发生缺陷的“井喷”，研发人员不得不拼命加班“救火”，而最终由于缺陷越来越多，产品上市时间也所剩无几，不得不遗憾地放弃——产品只能带着缺陷发布给客户，听天由命了。

1993 年，华为研发 ETS 无线接入产品时，市场反馈需求量很大，客户要货很急，在产品研发过程中就没有进行严格评审。产品匆促上市，结果发现设计指标不符合规格书要求，设计中未考虑工程和维护的问题，产品质量问题多多，生产的单板直通率低，生产效率不高，结果研发工作重新回炉，研发周期大大加长，研发投入增加。由于市场上问题不断，用户怨声载道，客户投诉不断，导致所有研发人员全部出去“救火”。更严重的是影响了客户对产品的信心和客户关系，产品销量迅速下降，导致呆死料价值达 1 200 万元。

所以，需要评审、评审、再评审！

4.5.2 技术评审的困惑

然而，从企业实际情况来看，技术评审却是一件困难和令人困惑的事。

技术评审是业界公认的质量控制最有效的手段之一，但在很多公司却很少进行技术评审甚至没有实施。即使一些企业实施了技术评审，但也因各种各样的原因使技术评审有效性不足，容易流于形式。

1. 一家电子产品企业原型样机评审纪实

原型样机评审的目的是对产品子系统及模块单元测试结果、集成测试结果做评审，包括功能与规格的吻合度等，以评估原型样机是否足够成熟（功能需求已经得到满足，性能需求已经基线化）、制造系统是否适合进行试产。

评审会议主题：美规 A50、日规 B50（产品型号，一种小型电子产品）原型样机评审

评审目的：验证研发做出的原型样机，确认认证资料，以送样（将样品送给客户确认）

评审主持人：研发中心郭经理

评审责任人：研发项目经理肖工

评审员：两名项目成员、工程部杨经理、工艺组李工、采购部王经理

记录员：项目管理专员

会议桌上摆着两个白色的大纸盒，里面混装着美规和日规的样机。两种产品的差别在于日规有 EMC 要求，美规没有 EMC 要求，外观都一样。开会的人员陆陆续续地来了。

研发中心郭经理拿着电子产品样品，问："为什么高度减少了？电路板一样吗？"

研发项目经理肖工答："一个有散热片，一个没有。"

郭经理："请工艺组看看工艺上是否有困难？"

工程部杨经理拿起一个电源开关仔细察看，还不时把电路板从外壳中拿出来，正反面都试着装了装。突然发现，在电路板和外壳之间，居然没有防反装置。吃惊地问："没有防反装置？"

工艺组李工："那为什么还是装进去了？"

研发项目经理肖工答："不清楚。"

研发中心郭经理："是因为手板没有按照图纸生产？"

研发项目经理肖工答："不知道。"

研发中心郭经理："PCB 板上开个口，不就可以防反了吗？"

无人回答

研发中心郭经理："电流保险丝只有一家供应商吗？"

研发项目经理肖工："都是 LL 家的。"

研发中心郭经理："要增加别的供应商，万一哪天 LL 供不上货怎么办。"

点　评

研发主管领导身兼评审的主持、裁判、教练多重角色，说不定在产品研发过程中他也经常充当"运动员"亲自参与研发工作，项目经理是被动地参与产品研发和评审，难怪很多事情都显得比较糊涂，而其他评审人员完全是配角，几乎可有可无。这种评审，凭着领导的经验和能力固然能发现一些问题，但制约了评审组织能力的形成和评审专家的培养，而且领导一忙起来，往往就没有时间评审了。

以上发现的几个问题，如高度问题、可制造性（工艺、防反）和可采购性（供应商），本来应该在前面的设计阶段就通过评审发现并解决的，说明前期的评审很不充分。

研发中心郭经理："零线、火线的要求呢？"

研发项目经理肖工："好像以前没有这个要求。"

研发中心郭经理一边再次查看样机，一边又提出问题："双层绝缘做不到，和原理图不一致啊。"

研发项目经理肖工："供应商无法提供资料证明他们的产品可以达到双层绝缘。"

研发中心郭经理："那只好我们自己在外面套上材料了，认证机构要求的。"

……

会议进行了差不多 1 小时，至少有十几页图纸和资料，于是研发中心郭经理在忙着看一张张的图纸，忙着签字。旁边工程部人员开起了小会。

点　评

评审几乎成了研发主管领导的独角戏。项目经理是如"不清楚"、"好像"的答复，评审人员很少发言，一方面可能领导在场不敢开口，另一方面显然没有做足准备，这样的评审不知有多少问题会漏过。

评审材料过多，又没有留出足够的预审时间，导致技术图纸及资料的评审只是签字走过场。

工程部杨经理："散热的问题有没有考虑？元器件太接近了。"

研发中心郭经理："C2，C3 电容要远离发热器件，这是设计的要求，记下来，后面再改。"

研发中心郭经理："X 元器件完全用错了规格，怎么犯这样的错？仓库还有备件吗？你们说怎么弄？"

工程部杨经理："最好不要用这个，现在还有好多这样的货被退回来了。"

研发中心郭经理："那怎么办？（有点激动了）说问题谁都会说，你说怎么办？"

研发项目经理肖工："如果坚持用了，认证通过之后还要改器件，很麻烦的。"

研发中心郭经理："看样子今天还是不能送样。（今天评审的结论已经出来了）项目工程师你们还有意见吗？采购部门呢？"

采购部王经理："X 元器件没有备货。"

研发中心郭经理："决定今天不送样了，X 元器件需要全部更换。"

研发项目经理肖工："影响我这个产品的交期啊，怎么办？"

研发中心郭经理："工程部杨经理啊，我要说你两句，你们既然早就发现问题了，为什么不早点告诉我们？这就是你们的责任了。"

工程部杨经理点头，苦笑。

研发中心郭经理："工艺、采购、研发、工程部都要签字，证明你们参加了评审。"

评审员轮流在评审报告上签名。

工程部杨经理："提个建议啊，能不能在会前给个样机给我们？结构复杂的产品很难在现场检查的。"

研发中心郭经理："以后提前一两天给你们样机吧。"

点 评

为什么关键器件、散热要求的问题到了这个时候才发现？说明前期要么没有做过评审，要么评审没有任何作用，也反映了工程、采购等部门人员没有参与前期的研发过程，一些关键信息无法反馈给研发人员。到了后期评审的时候，评审会议往往成了各部门间相互"踢皮球"和抱怨的场合。

评审准备不充分，评审责任不到位，评审过程不规范，评审方法不落实，这种评审怎能保证产品到了客户手里不出问题？

2．一家软件公司网管系统概要设计评审纪实

张强（人名为虚构，以下同）是一家软件公司的 QA，刚刚走马上任，很希望在新的岗位上做出一番成绩。参加 CMMI 培训后，他很自然地想到要抓技术评审工作。正好项目经理王方正在负责网管系统的研发工作，他希望王方的项目开始实行正规技术评审活动，而且获得了领导的支持。在张强的“软硬兼施”下，王方答应先对项目的概要设计文档进行评审。

“请大家注意，现在进行网管系统 NMS V2.0 的技术评审会，评审对象是本项目的概要设计文档，上周三我已经向各位评审专家下发了评审通知，从评审意见的反馈情况看，多数专家还是相当认真的，提出了很多问题，但是有部分专家……”

“是这样，我昨天刚刚出差回来，在外地没有收到邮件，今天才知道评审会就赶来了，以后的评审请尽量通知到我。”还没等张强说完，李利抢着解释。

“我这几天一直在忙着 Q3 接口的技术预研项目，实在抽不出时间来，不过我还是浏览了一下评审材料，只是没有形成书面的意见。”赵刚也解释着。

“我提个建议啊，在评审初期开个介绍会议，请评审材料的作者给大家简单介绍一下设计思路和要点，毕竟我对这个项目不大了解，熟悉评审材料就花了我 3 小时的时间。”

“我觉得也应该增加介绍会议。”有几个人表示赞同。

“大家的意见非常好，我在组织上确实有些问题，以后我会在这些薄弱的环节进行改进的。”张强进行了简短的总结。

其实他也有自己的苦衷，预审前的介绍会是他极力向王方要求的，不过王方认为实在挤不出时间，只能作罢；在评审专家的选择上也是煞费苦心：合格的技术专家目前都很忙，况且技术评审也不是人家“分内”的事情，参加评审不计在正常的工作量里面；最令张强担心的是目前邀请的专家中并没有人熟悉接口模块中 MIB 管理信息库，这是这个版本中新增加的重要功能之一，对此模块精通的专家袁力此时正在北京解决客户现场的问题，没办法参加评审。

王方认为合格的评审专家没有时间，可以发动新员工参加，毕竟他们有热情、肯学习，也许可以弥补业务上的缺欠，而且人多力量大，“三个臭皮匠顶个诸葛亮”——此次评审专家足足有 20 人之多。

不过从反馈的评审意见上看却无法乐观，这些新员工尽管很认真，但对评审材料学习的成分大于评审，发现的很多问题是排版错别字、技术或业务的疑问等（当然张强也认为评审材料不太合格，单单错别字就足以说明问题了，但是王方

认为“大事不糊涂”就可以了）；倒是几个技术骨干提出了一些关键的问题——张强认为这还远远不够，根据经验，其中应该还隐藏着大量的缺陷没有发现，但是没有以前的记录统计资料，张强也无法用数据指出其中的差距，只能寄希望于评审会上发现问题了。

“赵刚，先来谈谈你发现的问题。小李，你做今天的会议纪要吧。”张强知道赵刚是业务上的高手，而且素来谨慎，所以要求他最先发言。

“我在网管协议的选择上有些疑问，在设计中使用 SNMP 的 V1 这个版本，估计是考虑重用我们以前的协议模块，虽然减少了工作量，但是 V1 不支持大数据量的传送，只支持一个管理工作站，而且缺乏在开放的公共网络环境下运作的安全特性，我建议系统选择 SNMP 的 V2 这个版本，可以支持大数据量的传送，目前这个版本已经成熟，而且多数新的设备已经提供了对 V2 的支持。”

“下一个问题，对于告警信息的上传，建议区分不同的优先级，否则容易造成信息风暴……”

赵刚虽然只是“浏览”了一下材料，所指出的问题却使大家不断点头，也有人就某个问题发表一下自己的看法，这种吸引力也使负责记录的小李沉醉其中，直到张强敲敲本子提醒他做记录。

赵刚发表完了意见，孙旭就开始了。孙旭在公司效力多年，尽管战绩显赫，但他的火爆脾气却令同事敬而远之。

“数据配置这个模块是谁设计的？！都什么年代了，可配置的数据类型还这么少，以前我们给客户配置靠 MML（人机命令）就可以搞定，现在人家要自己配置，如果你还不知道客户的要求，到现场挨一顿骂就清醒了！”

“还有，我们需要处理的设备类型那么多，设备类型匹配的算法居然使用逻辑链处理，真是笨了个灵巧！我估计设计者大学里也没学会啥是表驱动，这都是大学胡乱扩招惹的祸……唉，算了算了，对评审我就是这些意见，本来还想在会上共同切磋切磋，你们怎么都像睡着了似的！”孙旭悻悻道。

实际上大家也都认同孙旭指出的问题，但是这种过于“刺激”的提法着实令人无法接受，所以都盼着他快快结束这种“震撼式的教育”，哪还会有人主动和他探讨问题。

李利和孙旭几乎是同时进公司的，对孙旭的话不以为然，接着孙旭的话题说：“就是你大呼小叫，都是内部矛盾犯得上吗？昨天小泉又跑到靖国神社去拜鬼，也没见你这么激动过。”

孙旭毫不示弱：“就为这事，我昨天气得晚饭都吃不下去。怎么也没见你激动啊？”

“……”

真是一石激起千层浪，本来几个坐在后面打瞌睡的人也加入了声讨的行列。

“好了，还是回到我们的评审议题上来吧！”项目经理王方实在不能容忍时间被这么浪费。

“……”

不知不觉，评审会已经开了 3 小时，评审意见已经发表的差不多了，不过张强觉得还是有些意犹未尽，会上基本都是在确认预审时发现的问题，大家的评审意见都没有涉及 MIB 管理信息库，通过会上“头脑风暴”所碰撞出来的新问题少之又少——这并没有达到他会前的预期。同时张强也发现这么多人参加的会议，经常发言的也是那么几个固定的，坐在后面的人开始的时候还算认真，后来就纷纷开小会了——下次一定不能找这么多人开评审会了，5～6 人就可以了。

张强正在为评审会的总结打着腹稿，会议室的门开了——总经理朱光奎匆匆走了进来。他刚刚接待完一个重要客户，就赶来了。本来张强并没有邀请朱光奎参加，主要是怕大家无法尽情地发表意见，但是他还是忍不住要过来。

朱光奎本来是想听听大家的评审意见，但是坐了 5 分钟，几乎没有人出声。

朱光奎似乎意识到了什么，就抬头问张强评审会效果怎么样。

“大家相当认真，提出了很多宝贵的意见。”

“那么，你认为 NMS V2.0 的概要设计文档质量怎么样，是否可以顺利进入详细设计阶段？”

大家的目光都聚焦到张强脸上，张强甚至可以感觉到项目经理王方灼人的眼神。

张强用手抹了一下鼻尖上渗出的汗珠，看着王方，一字一板地说：“我和王经理认为通过此次技术评审，评审材料已经基本达到标准，可以进入下一阶段，但是文档中还存在一些较大的问题和风险。”只是后半句声音太小了。

朱光奎似乎没有听到他的后半句，他点了点头，环视参加会议的人员，然后满意地说：“这次评审会开得非常成功，大家辛苦了，谢谢诸位，散会。”

大家鱼贯而出。

张强感觉有些沮丧和无奈，当然还有对项目未来的担忧。

点　评

对于刚刚开展起来的正式的技术评审活动，张强的努力是值得肯定的，客观来说也取得了一定的效果。做比不做肯定要好，作为新生事物，也需要一个完善的过程。

技术评审不能光靠领导的支持和项目经理、QA 的良好愿望，关键在于建立完整的技术评审体系，包括评审组织的角色及职责、评审专家选择及责任落实、评审计划、评审流程及规范、评审方法、评审过程的评价、激励措施等方面。

4.5.3 技术评审的常见问题及解决办法

技术评审的问题通常集中在评审计划、准备工作、评审专家、评审组织、评审过程、评审会议、评审检查表等几个方面。表 4.1 归纳了技术评审的常见问题及解决办法。

表 4.1 技术评审常见问题及解决办法

序号	问　题	后　果	解决建议
1.	项目计划中没有包括必要的评审	评审仓促进行，或者可有可无，保证产品质量需要过分依赖测试	在项目计划中包括评审和跟踪修改的时间安排
2.	预审之前没有进行介绍会议	评审专家需要花过多时间了解评审材料，效率不高	评审专家对评审材料不熟悉时需要召开介绍会
3.	评审专家的选择没有覆盖评审材料	部分评审对象无人负责，评审不完整	针对评审材料选择评审专家，需要覆盖完整，可以采取“轮查”的方法
4.	评审专家数量不合理，一般过多	容易导致评审专家责任心降低，影响评审效果	专家数量一般为 3 ~ 7 人，选择专家时关注质量而不是数量
5.	预审安排不合理或者进行不充分	数据显示预审可以发现 90%的问题，评审会上只能发现 10%的问题，“丢了西瓜拣芝麻”	将预审反馈的问题质量作为可否召开正式评审会的重要标志之一
6.	问题没有记录	无法对发现的问题进行跟踪解决，评审没有起到作用	指定专人进行记录、问题解决的跟踪
7.	没有建立评审要素表或者要素不符合公司的实际情况	评审时无据可依，无法积累公司的研发资产，评审效果完全依赖专家个人能力	建立评审要素表，并及时优化

续表

序号	问　题	后　果	解决建议
8.	缺乏评审的历史数据	无法对评审质量、评审改进进行评估和管理	收集历次评审的数据，建立公司过程能力基线
9.	评审会上跑题或者陷入细节，没有及时控制	评审效率不高	主持人需要进行控制
10.	急欲给出问题的解决思路	“在食物和性之后，人类最大的驱动力就是告诉别人如何去做事情”，但是在没有充分思考和了解全部细节时给出的往往不是最佳方案	评审注重发现问题，而不是解决问题
11.	评审会时间过长或者评审专家在一天之内安排多次评审	评审专家无法长时间集中精力，技术评审对普通人类精神聚焦的作用远远达不到老虎机和麻将	一般两小时左右为宜，可以将一个过长的评审分成几个部分
12.	评审材料质量低劣	评审专家无法聚焦于关键问题，而耗费在低级错误上，影响评审效果	评审材料需要自检，评审组织者需要评估材料是否可以进行评审
13.	领导的不恰当参加	领导的意见可以主导其他人员的意见，评审会成了“一言堂”	尽量避免高层领导参加技术评审会，即使参加其身份也是技术评审专家

4.6　中试的使命

企业有必要设立中试部门吗？对于这个问题，不同的企业有不同的答案，所以，有些企业设立了中试部门，有些企业则没有。但不管怎样，验证测试、产品试制、工艺研发、产品数据等职能对于产品质量都是必不可少的，成立中试部门有利于集中管理和强化这些职能。

4.6.1　中试的使命

相信很多企业都遇到过这样的情景：产品研发人员紧赶慢赶把样机做出来

了，测试通过后，总算松了口气，接下来匆匆忙忙交给生产部门，恨不得项目就此结束，赶紧投入新的挑战性的研发工作中去。到了试生产或批量生产环节，各种问题都来了：生产部门技术能力很有限，生产人员对产品不了解，技术文档资料不齐全，工艺不成熟，研发人员由于忙于新的项目而支持不到位，质量问题不断出现，产品合格率低……在市场压力下，产品陆续交付市场，噩梦也宣告来临，维修、退货、投诉、抱怨、救火、更改……服务人员和研发人员疲于奔命。

于是，很多企业想到了设立一个中间环节，作为产品研发和批量生产环节之间的缓冲和过渡。对于这个中间环节，研发人员和测试人员都觉得不是自己的责任范围，不愿意做也不屑于做，而生产部门则缺乏技术工程能力，且认为研发部门交给生产的就应该是成熟的东西，在这种情况下，中试体系或中试部（有些公司称中间试验部）就应运而生了。

中试，就是样机测试通过后，大批量投产前的验证测试和试生产环节，属于产品研发工作的组成部分，就是要在产品研发过程中，做好产品质量、批量生产、销售及售后服务的技术和工艺准备。中试的目的是使产品设计在生产线环境和模拟用户使用环境下尽早暴露问题，并加以解决，使技术、质量、生产工艺趋向成熟，实现大量生产，确保产品交付质量的稳定可靠。

中试的使命，归纳为一句话：加快实现产品研发成果的商品化。

中试部或中试体系的工作一般包括以下几个方面：

- 产品测试，尤其是试生产验证测试和可靠性验证测试，以提高产品质量；
- 制造系统设计，包括工艺设计、专用设备研发、物料技术认证等；
- 试生产，在生产线环境下，由试制人员完成，研发人员提供全程的技术支持，生产人员（可能兼试制人员）参与；
- 产品数据管理，为试生产和批量生产、销售合同及订单处理等提供技术文档资料等产品基础数据；
- 设计安装维修工艺，提高产品可服务性。

当然，企业在建立中试部或中试体系时，可以对以上工作内容进行裁剪。

是成立专门的中试部门，还是建立或强化测试和试生产环节，是很多公司困扰于产品质量问题时面临的选择。成立中试部门使有关中试方面的工作有专门的部门和专门的人员负责，避免许多对产品质量、产品商业化很重要的工作无人负责或没有能力负责的问题，有利于加强产品测试、试生产、工艺研发等方面的能力，最终提升产品质量、加快商品化进程。但是，设置中试部门也会带来不少弊端，包括如在整个研发流程中多了一个部门，带来了沟通成本和扯皮机会的增加，影响研发效率；产品设计人员感到后面反正有中试部门把关，可能放松对设计质量的要求；成立一个新部门也会带来成本的增加；另外，中试部门人员的待遇水平一般都低于产品设计人员，而他们的工作技术含量其实也是相当高的，对他们如何有效激励是一个问题。

以自主研发“酷派”双待手机著称的宇龙通信公司在 2005 年年底就曾经面临要不要成立中试部的问题，最后，公司为了尽快解决诸多质量问题，决定成立中试部，下辖测试装备部、硬件测试部、软件测试部、试制部和工艺部。宇龙通信公司通过中试体系的建设，产品质量有明显的改善。

4.6.2　中试部在华为的变迁

华为的中试是被逼出来的，因为当时的质量问题太多。

1994 年前后，华为自主研发的通信设备越来越多，但这个时候产品质量问题比较严重，生产、用户安装的问题也很多。为此，1995 年，华为成立了中试部，走过了一段独特的发展历程。

1. 第一阶段（1995—1996 年）：质量是测试出来的

一开始成立了 30 人左右的中试部，下设试制部和测试中心。试制部负责进行产品试制，培养人员，并着手解决最紧迫的产品质量问题，深化对中试工作的认识。测试中心包括硬件测试部、软件测试部、测试实验室。

通过开展试制和测试工作，显著改善了产品质量，积累了初步的中试方法和流程。到 1996 年中试部人员扩充到约 300 人。但是，产品质量仍然存在大量问题，主要表现在新产品批量生产中发生的制造质量问题。

2. 第二阶段（1996—1998 年）：质量是测试和制造出来的

华为意识到仅仅提高设计质量是不够的，还必须提高制造质量，为此在中试部增设了以下部门：

- 工艺试验中心，负责新产品工艺设计，重点是电加工、装配工艺。
- 装备研发中心，负责生产所需测试装备及其自动线体的研制、引进和集成。
- 物料品质试验中心，为批量生产的物料质量提供技术支撑。

BOM 中心和技术文件中心，划归中试部并提高这两个部门的级别，抽调测试和研发工程师加强 BOM 和技术文件管理部门。

在这个阶段，产品中试形成初步体系，能力大大加强，若干重点产品和部件质量达到较高水平。到 1998 年 7 月底，中试部已经有 700 多人，而当时华为中央研究部（负责产品研发、软硬件单元及集成测试）是 1 800 多人。

但是，总体而言产品质量仍然不高，问题在于产品质量控制仍然是“事后控制”模式。

3．第三阶段（1998—2003 年）：质量是设计出来的

华为从 1998 年开始引进和实施 IPD 项目，中试部也开展了大规模的中试流程建设和业务能力提升工作，包括建立了工程设计环节（DFT，DEM 等），实现职能线与产品线的矩阵管理；中试工艺和测试部门开展产品可安装性、可维护性设计工作；测试中心重点建设了产品实验室和专业实验室；中试各业务领域普遍开展对外合作。

2000 年以后，中试部人员达到 1 000 多人，中试业务和管理能力大大提高，产品质量大大提高，转产周期显著缩短。

4．第四阶段（2003—）：质量是流程决定的

经过 5 年的努力，到 2003 年，华为 IPD 流程已经全线贯通，产品质量在严密和严格的流程中得到控制和保证。中试部的各项业务活动已经融入 IPD 流程中，中试部作为一个单独部门存在的必要性已经不大，各项业务活动可以分别划归相应的资源部门，由这些部门对这些业务进行继续建设和优化。为此，华为做出了解散中试部的决定，其下属部门归属如下：

- 测试中心按产品划归各产品线，加强各产品线的测试中心。
- 专业实验室（EMC、可靠性等）、工艺试验中心整合为研发系统的整机系统研究部，作为一个公共平台部门。
- 物料品质试验中心的元器件可靠性职能划分到研发系统的中央硬件部，供应商选择、认证等职能划归供应链系统的采购部门。
- 装备研发中心划归研发系统，作为一个独立的研发部门。
- 产品数据管理中心划归研发系统的运作管理部门。
- 试制部划归供应链系统，整合生产工艺等职能后成立了新产品导入部。

至此，华为中试部作为一个部门的使命宣告完成。

不过，华为曾经使用过的中试口号相信还时时出现在华为中试人的脑海中：

- “新产品的摇篮，品质的堤坝。”
- “中试是一面筛子，质量把关，把问题留住。”
- “解放研发、支援生产、服务市场。”
- “保证产品设计和拷贝质量。”
- “提高质量，加快新产品上市进程。”

4.7　可靠性——最难啃的骨头

就目前中国企业产品与国外领先企业产品的差距而言，主要已经不是功能和性能的差距，而主要是核心技术的差距，还有就是质量和可靠性方面的差距。作为时间维度上的质量，可靠性的差距是最明显的，是最影响用户信心的，应该也是产品质量方面最难以解决的。

4.7.1　为何经不起时间的考验

最近一两年，国外品牌产品在国内市场呈现升温趋势，这当中包括手机、平板电视、音响、冰箱等电子产品，电脑、MP3/MP4，ERP 系统等 IT 产品，汽车、纺织设备、机床等机电产品……其中一个关键的原因就是很多中国企业产品的可靠性比较差。

所谓产品可靠性（Reliability）是产品在规定的条件和规定的时间完成规定功能的能力。规定的条件包括环境条件（气候、机械、化学、电磁等）、负荷大小、工作方式等，规定的时间是指在产品有效寿命期间内的某个时间点或时间段，规定的功能即用户需要的产品功能。

可靠性是在时间维度上的质量，以时间领域的失效作为判据。产品可靠与否需要在应力和时间的共同作用下考核，可靠性可以认为是产品在运行过程中质量的一种度量。

中国企业的产品往往功能上比较完整，甚至比国外产品功能还多，有的性能指标还超过了国外的产品，最大的问题就在于核心技术和质量不行，尤其是产品可靠性比较差，随着时间的推移，零部件失效问题比较严重，产品故障频发。例如，多年来，国产机床可靠性问题突出，严重影响了国内、外市场竞争中的声誉，甚至使许多国有大、中型机床企业长期处于困境。

为何很多中国企业的产品质量经不起时间的考验，即产品可靠性差呢？

（1）因为企业并不重视质量和可靠性。企业片面追求规模和短期利益，没有把质量和可靠性摆到战略的高度，只是在市场上出现了质量问题时才想办法“救火”。中国企业目前普遍都对营销和品牌非常重视，但忽视了一个前提：营销和品牌是以产品为基础的，产品则是以质量为基础的，没有了质量和可靠性，一切皆为空谈。

（2）企业可靠性设计水平低，没有实施可靠性工程，缺乏可靠性应用经验。

很多企业基本上没有进行可靠性设计，或者只是采用一些传统的可靠性技术，如老化试验等方法，说到底是在产品后期进行的“筛选”方法。而目前主流的可靠性设计技术，强调在设计阶段就保证产品的可靠性，如跨国公司在研发电子产品时，就大量采用了容差分析技术、降额设计、EMC 分析、电应力设计、热设计等可靠性设计技术，从而大大提高了电子产品的可靠性，带来了非常好的经济效益。国际领先的大公司，对这些设计方法均有专业团队来保障，而国内只有少数企业配备了可靠性方面的专业人员。

要保障产品可靠性，不仅需要进行可靠性设计，还需要开展物料选型及认证、可靠性测试、可靠性试验、失效分析等工作，并建立相应的组织及流程，实施可靠性管理，是一项系统工程。纵观国内企业，系统实施了可靠性工程的只是极少数，很多企业连局部工作也未开展。

（3）采用过多的新设计和新技术导致可靠性差。国内企业普遍缺乏平台化设计，再加上研发人员喜欢求新求异，不容易看上别人设计的东西，在新产品研发时采用大量新设计和新模块，重用率很低，带来不稳定因素的增加。鉴于大部分企业技术研发与产品研发未分离，在产品研发时需要对一些关键技术进行攻关研发，无法应用成熟的技术，给产品带来了不可靠的隐患。还有，很多中国企业出于赶超国外产品的意图，往往对新技术应用很大胆，不像国外先进企业对新技术要进行验证，确认成熟可靠后才应用，这也给产品可靠性带来了很大的风险。

（4）企业片面追求产品功能多样，导致可靠性变差。不少消费者反映，以前的国产单碟 DVD 播放机还是比较稳定的，后来的三碟机就老出问题。随着功能的增多，设计点增多，需要对更多的因素加以控制，否则产品可靠性会变差，这是符合产品研发规律的。问题在于很多国内企业为了增强产品吸引力，往往片面追求功能的多样性，甚至弄一些花里胡哨的功能，但又缺乏可靠性控制的能力，最后反而因产品可靠性差影响产品和公司的信誉和形象，真是得不偿失。

4.7.2 从哪里抓起

产品可靠性作为一个由设计、制造、使用、维修、外购零部件等多方面组成的庞大系统工程，可以说是企业产品质量方面最难啃的骨头，让不少企业产生了畏难情绪，不知道怎样下手，只能头痛医头，脚痛医脚。

可靠性工作比较复杂，需要长期积累经验教训，企业应该遵循分步实施的原则，结合企业的实际情况，找到切入点。

（1）抓可靠性可以从元器件抓起。数据显示，整机的故障中有 70%左右是由外购件、外协件、配套件这些外购外协件引起的，每个企业具体情况会有所不同。而且产品一旦选用了一个厂家的某物料，其质量、成本、可采购性基本上 60%都已固化，后期的一系列改进、保障策略所达到的效果只能占到 40%，所以物料选型影响重大。

物料选型与认证是一项产品工程，如何确定物料的规格，如何识别不同厂家的物料优劣，如何对物料厂家进行认证，如何监控物料厂家的质量波动，这些专项技术，在国际领先公司都有专业的团队进行研究，并有系统化的流程保障物料选用，而目前国内企业在这方面普遍比较薄弱，因此从物料选用开始，产品质量及可靠性就和业界领先公司拉开了差距，可以说是输在了起跑线上。

外国有些企业将零部件分为致命件、重要件、一般件 3 个等级，重点关注致命件的可靠性。这种分类法值得国内企业借鉴，抓元器件的可靠性可以先从致命件开始。

（2）抓可靠性可以从可靠性测试抓起。对于国内很多企业来说，还不具备开展可靠性设计的能力，那么可以先开展可靠性测试方面的工作，了解产品可靠性的状况，暴露可靠性问题，尽量将故障消灭在产品出厂前。

可靠性测试需要注意实验室试验与现场测试并重，要以现场测试为主。现场是真实使用的场所，影响可靠性的因素更复杂，温度、湿度、振动等与实验室的情况完全不同，现场是暴露可靠性问题最重要的场所。现场测试要制定随机抽样规则，与用户配合好，要反映真实使用质量的情况，特别是失效分析，有些要带到实验室外进行跟踪试验，不仅测试自己的产品，也要测试同类国内、外竞争对手的产品，以查找原因，找到如何提高产品可靠性的办法。

（3）抓可靠性可以从失效分析抓起。通过对研发、测试、小批量试产、量产阶段、用户现场的器件失效分析，找到失效的根本原因和改进措施，及时纠正和预防失效的发生。发现问题越早，解决问题的成本也就越低，因此即使是研发调试过程中出现的个别器件失效，也要进行彻底的失效分析，明确失效机理，进而采取对应的解决措施。

一家电子设备企业深受产品可靠性问题的困扰，通过失效分析，找到了很多产品故障的原因，经过设计改进和过程控制措施，使产品故障率大幅降低。如经过对某产品的返修单板进行分析，发现大部分返修单板均是某接口器件失效，对器件进行解剖后，在金相显微镜下观察，发现器件失效的原因是 EOS 导致内部铝线熔化，该 EOS 能量较大。进一步分析和该铝条相连的管脚电路应用，发现电路设计应用不当，没有采用保护电路，在用户现场带电插拔产生的电浪涌导致该器件失效。通过模拟试验再现了失效现象。通过对该单板增加防护电路设计和热插拔设计，问题没有再发生。

以上是企业在产品可靠性方面可以率先开展的工作。按照“先人后事”的原则，在抓这些工作之前，更为优先的工作应该是设立相应的组织机构或安排相关专业人员，逐步打造一支可靠性专业团队。

4.7.3 工欲善其事，必先利其器

可靠性是专业性很强的工作，在可靠性工程的每个环节，包括可靠性设计、可靠性测试、失效分析、可靠性预计、物料选型及认证等，都需要借助相关的方法及工具。事实上，如果没有专业的方法和工具的支撑，要开展有效的可靠性工作几乎是不可能的，所以，首先需要掌握和应用这些方法及工具。结合产品及生产的过程，所用到的可靠性方法及工具如图 4.3 所示。

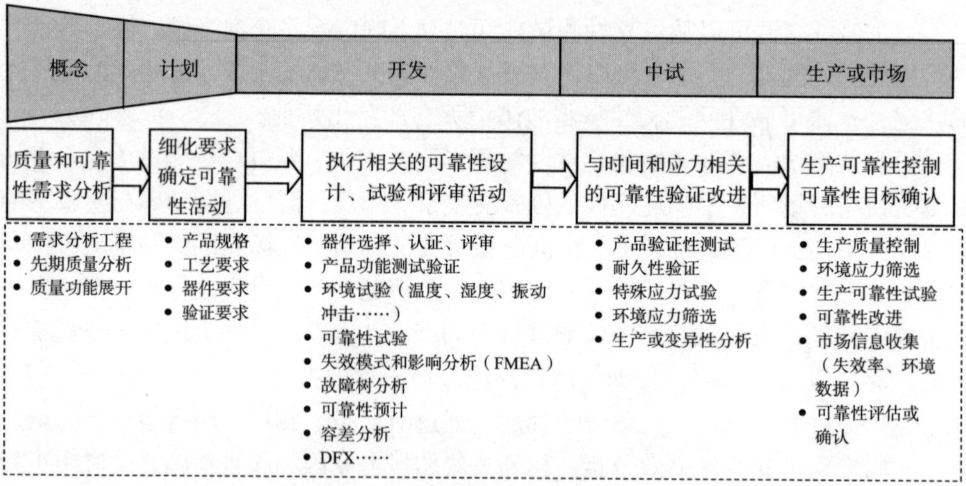

图 4.3　可靠性的方法及工具

对于这些可靠性方法和工具，真正掌握并有效应用在实际工作的企业很少。以失效模式和影响分析（Failure Mode and Effect Analysis，FMEA）为例，相信很多企业都有所了解，一些企业已经将之引入设计和工艺过程，但流于形式的居多。

FMEA 是一种可靠性分析及管理的重要方法。它实际上是［失效模式分析（Failure Mode Analysis，FMA）］和［影响分析（Failure Effect Analysis，FEA）］的组合。FMEA 的基本原理就是对产品所有可能产生的故障和可能造成的危害进行分析预测，并按照严重程度、检测难易程度和发生的频率对这些故障进行分类分析。

FMEA 实际是一组系列化的活动，其过程包括：找出产品或过程中潜在的故障模式，根据相应的评价体系对找出的潜在故障模式进行风险量化评估，列出故障起因或机理，寻找预防或改进措施。由于产品故障可能与设计、制造过程、使用、承包商或供应商及服务有关，因此 FMEA 又细分为设计 FMEA、过程 FMEA、使用 FMEA 和服务 FMEA4 类。其中设计 FMEA 和过程 FMEA 最为常用。

FMEA 的内容主要包括如下几部分：

- 失效模式分析，确定系统内不同结构层或功能层次的失效模式。
- 失效影响分析，对每一个失效模式，确定其失效对其上一层模式及最终系统的失效影响，了解其组件界面失效关联性，作为改进的依据。
- 关键性分析（Critical Analysis），对每一个失效模式，依其严重等级和发生几率综合评估并予以分类，以便确定预防或改正措施的内容和优先顺序。

在具体实施时，通常的做法是依据企业的实际情况设计相应的 FMEA 表格协助工程师进行工程分析，使其在工程设计早期发现潜在缺陷及其影响程度，及早谋求解决之道，以避免失效的发生或降低其发生时产生的影响。

成功实施 FMEA 是一项颇具挑战性的工作，以下是需要重点关注的因素。

（1）系统分析。FMEA 的核心是对特定系统进行分析研究，确定怎样修改系统以提高整体可靠性，避免失效。FMEA 的质量取决于分析的系统性、深入程度和准确性，这是需要相关专业人员花大量时间研究的，决不能浅尝辄止，流于表面。

（2）及时性。FMEA 是一个“事前的行为”，而不是“事后的行为”。为达到最佳效益，FMEA 必须在失效模式被纳入产品之前进行。

（3）交叉技能。企业在实施 FMEA 时，由一个跨部门的团队共同分析是很有必要的。团队各成员来自各职能领域，保证专业能力互为补充。

（4）客户需求。FMEA 需要紧紧结合客户需求，以准确定位失效分析的对象和判断失效的影响，所以在具体的实施过程中，一定要注意保证客户需求信息的通畅。尤其是客户需求一定要来源于市场，切忌由研发人员从主观上做出判断。根据以往的经验总结，很多推行 FMEA 效果不佳的企业，一个主要的原因是对于客户的需求不了解，研发人员长期积累下来的“主观判断”很多和实际的客户需求是相悖的。

（5）短期成效。FMEA 需要有计划分阶段地逐步深入，在实施过程中不断取得短期成效和进展，让实施人员获得持续的成就感，保证大家的积极性，为进一步推动实施提供持续动力。

（6）过程总结。在整个 FMEA 推行过程中，应做好相关的记录和文档，并分阶段地做好经验总结工作，一方面把企业的知识能力积累下来，另一方面对以后的推行改进提供指导。

与实施 FMEA 方法一样，实施其他可靠性方法及工具同样需要关注以上因素。当然，还有一点至关重要，那就是反复、认真地使用这些方法，直到熟能生巧。

第5章

打破职能化壁垒

职能化壁垒是制约产品研发效率的顽症。打破职能化壁垒，关键在于实施产品管理和产品经理制、建立矩阵式组织结构及运行机制。

为了有效运行矩阵结构，要求企业建立全流程意识，产品研发团队必须对产品的市场成功负责，职能部门需要蜕变为能力中心。

5.1 职能化壁垒

职能化壁垒，又称部门壁垒，还被形象地形容为“部门墙”，是企业发展中的必然产物。产品研发工作碰到职能化壁垒，轻则进度滞后，协作不畅，返工频繁，重则需求变形，决策失误，产品夭折。

5.1.1 方太产品研发的困惑

方太成立于 1996 年，研发的第一个产品是吸油烟机，取得了巨大成功。随着规模扩大，后来又开始研发灶具、消毒柜、热水器等厨房电器产品。技术中心从过去 10 多人发展到 2003 年年初的 60 多人。但研发人员的增加似乎并没有带来产品创新能力和产品竞争力的提升，产品研发的速度明显不如原来公司小的时候那么快了，产品成功率也大幅降低，2003 年上半年销售的主要是 2000 年前研发上市的产品，这令方太领导层感到非常困惑。

2003 年 3 月的一天，方太技术中心主任兼总工程师陈安林带着困惑，与我进行了一段对话（以下分别简称“陈”和“胡”）。

陈：……那时我们也没什么流程，但一个产品好像很快就能上市。但现在，我们有专门搞设计的、搞工艺的、搞测试的，研发的人越来越多，可为什么产品研发的速度反而越来越慢呢？设计与工艺、设计与生产，相互之间的抱怨越来越多呢？为什么现在的设计人员跟我们那时候不一样呢？

胡：这个问题很有意思，也很典型。成效有时与人的多少关系不大，“一个和尚挑水喝，两个和尚抬水喝，三个和尚没水喝”，说的就是这个道理。不管有没有流程，要做成一件事，首先要有合格和努力的人。请问，你那时研发是个什么样的情景？

陈：……每一张图纸都是我画出来的。有好长一段时间，几乎每个数据我都能脱口而出。然后，联系模具加工厂。模具厂不能按时交付，我就在他们厂里蹲点，陪着他们一起加班，直到拿着模具回到公司。记得参与第一个产品研发的也就三四个人吧，我们不分彼此地试模、改模、改图、再试模……吃饭都在产品边上，每晚就睡几小时。

胡：这就对了。合格的产品研发负责人首先是“进入角色、尽到责任”，你当时就已具备了这个素质；其次是关注协调，你总工的身份让你协调起来很容易。当然，产品研发还需要有正确的指导思想。据说，你们在研发前投入大量的时间进行了市场调研。

陈：我们确实花了很多时间进行市场调研，分析市场上已有产品的不足，了解用户的需求，并针对不足在新设计的产品上做了改进。其实到产品可以生产了，上市了，我们还跟到一线，了解用户的反应……

胡：尽管那时没有流程，但是已具备了正确的市场导向意识和设计指导思想，再加上合格和努力的研发人员并有效协调各项活动，新产品的成功就不足为奇了。现在我们来做这样一个假设：假如你们每年仍然只是研发一两个产品，你的身份让你可以直接影响到各个环节，你刚才所谈到的研发模式显然是很有效的。但如果有四五个产品线，每年研发二三十个新产品，你一个人还能应付吗？如果都是一些尽责如你这样的研发负责人，每个人都将一个产品负责到底，但他们是否都具有你这样的协调能力？而且谁来关注不同产品之间的资源争夺、知识共享呢？这时产品研发的组织和流程就越来越重要了。

下面，你能不能谈谈目前的研发状况？

陈：现在我们技术中心划分了结构部、电气部、燃气部、工艺部、测试部等部门，市场部的产品经理，还有制造系统的生产、供应和品质部门也参与产品研发中，工业设计外包给杭州一家公司。同时研发的项目有十多个，项目实行主设计师负责制。主设计师的技术水平是不错的，但主设计师协调起来很困难，他们也不愿去协调，尤其是技术中心以外的部门。模具方面拖进度拖得特别厉害，进度很慢，而且经常返工，设计师、工艺部和供应部为此经常扯皮。产品评审会请各部门参加，主设计师们认为评审会就是各部门对他们的批斗会。流程规定产品研发分为 9 个阶段，实际操作中很多项目根本未按流程进行……

胡：可以看出，主设计师们并没有真正承担起产品研发负责人（或产品研发项目经理）的角色和职责，但我们不应该去责怪他们，而应该从组织和机制上去思考造成这种状况的原因。你刚才提到流程，请问流程执行差的原因是什么？

陈：目前的产品研发流程虽然对各个阶段的工作已经进行了大致的定义，但较为粗泛，在如何协作方面定义不够清晰，所以操作中可能有多种解释。客观存在的多套流程也削弱了流程的权威性。产品研发计划方面很薄弱……

胡：显然，贵公司在产品研发流程的结构化和项目执行方面还有很大的差距。另外，从你刚才描述的情况看，设计人员的积极性似乎也不高。

陈：是的。这与我的管理能力有一定关系，我更关注技术和对外的工作，但原来还是不错的，自从从外部引进了几个高级技术人才后，慢慢就发生了变化……

胡：从外部引进优秀的人才是必要，但如果处理不好，往往带来待遇和价值观念方面的巨大冲突。这个问题可以以后做进一步的调查。贵公司一向重视市场调研，请问目前如何保证产品研发是符合市场需求的？

陈：我们在市场部设立了产品经理，负责市场调研和需求分析，设计师主要根据他们提供的需求和公司领导的要求来研发产品。但目前的产品经理基本上是新手，对技术基本不懂，主设计师根本不服他们……

胡：我一向主张产品研发负责人一定要亲自了解市场和客户需求，看来你们过去成功的经验并未得到总结和继承。

最后，我想问问贵公司最近两年来推出的产品成功率怎么样？

陈：最近两年，我们也推出了不少产品，有些销得还不错，如灶具，但总体上占公司销售份额还是比较少的。我们曾经研发过饮水机，拖了很久产品才上市，质量也不太过关，加之竞争太激烈，市场上已经有安吉尔、美的等品牌，上市后销路打不开，最后放弃了。目前，公司又投入巨资研发热水器，并高薪聘请了一名原来在日本热水器企业工作的技术专家负责该项目，但成功的几率有多大，还很难讲……

胡：方太第一代产品研发很成功，效率也很高，随着研发部门的划分和研发人员的增加，产品创新效率和能力反而下降，这是典型的职能化壁垒带来的问题。方太需要在研发组织结构、业务流程、人员文化等方面做出改革，打破部门壁垒，建立优秀的产品研发模式，以大幅度提升企业的产品创新能力。

5.1.2 职能化壁垒对研发的影响

部门分工和职能化是企业组织结构的基础，是企业发展的必然选择。就研发而言，按照各专业领域（如市场调研、硬件、软件、测试、质量、采购、试生产等）划分职能部门，建立优秀的职能，是形成产品创新能力的基础，同时有利于资源的共享和利用。但是职能分工必然使员工形成部门意识，习惯从部门角度看待和处理问题，逐步形成本位主义，往往导致部门之间沟通及协调不畅、接口不清，进而相互扯皮推诿、协作困难，而职能化壁垒也宣告形成，而且愈来愈厚。

职能化壁垒对产品研发的负面影响是多方面的，也是潜移默化的。

（1）压力传递减弱。企业初创时期，研发人员一般都直接面向市场，在市场压力的驱动下加班加点搞研发是常事。企业发展到一定规模，随着部门的增多，往往只有销售部门和服务部门能够直接感受到市场压力，而传递到其他部门（如硬件部、软件部、采购部等）的压力由于职能化壁垒的存在而明显减弱。市场压力无法有效传递到产品研发的各个环节，带来的是研发部门和研发人员紧迫感的缺乏和活力的降低。

（2）研发与市场脱节。研发部门和市场部门之间存在典型的职能化壁垒，也是导致研发与市场脱节的根本原因之一。研发人员抱怨销售部门只关注销售任务，市场部门（Marketing Department，如果有的话）无法提供可用的市场需求信息，而市场及销售部门则指责研发人员固执己见，不与他们沟通，只会闭门造车。研发与市场脱节导致产品研发工作逐步偏离市场，甚至远离市场。

（3）需求不充分。在职能化壁垒面前，研发人员往往得不到完整和准确的客户需求，而自己也无法或不愿直接向客户了解需求，还经常凭主观臆断客户的需求，产品研发只能在客户需求不充分的情况下进行。而可制造性需求、可采购性需求、可服务性需求等内部需求由于各部门各自为政，基本上不会考虑，问题要到试生产、批量生产和服务环节才暴露出来。

（4）效率低下。在“部门墙”林立的组织环境中，各部门主要关注本部门的工作，与其他部门缺乏主动沟通意愿，即使进行沟通，也是不充分和迟缓的；而各部门间的协调则由于缺乏共同的目标难以达成共识，造成决策的缓慢；即使形成决策，也由于各部门各自为战和协作不够导致执行不力；各部门还会设立各种审批环节，以使部门的工作受控和显示自己的权威。在这种环境下进行产品研发工作，沟通不足和交接失误导致大量错误和返工，协调无果和决策拖延导致下一步工作迟迟无法开展，复杂的审批环节造成过多的等待，浪费了大量宝贵的时间，而各部门之间的配合不畅和相互指责常常造成“三个和尚没水喝”现象，产品研发的效率低下成为必然的结果。

当然，为了解决这些问题，企业一般会设立项目经理，组建项目组，但在职能化壁垒下，项目经理往往有责无权或有责少权，只能发挥些许协调作用，项目组形同虚设，还是职能部门主管说了算，效率低下的情况并没有多少好转。

（5）质量失控。在职能型研发组织中，各部门都采取“抛过墙去”的工作方式，对于其他部门抛过来的工作，其质量怎么样并不关心，各自只关心自己的工作质量，造成研发工作中的很多缺陷无法及时发现。过程中技术评审往往由于各部门的本位主义，导致资源投入不足，评审会议成为部门间相互指责的场所，评审效果大打折扣。在很多企业，质量管理部门与研发部门之间的对立情绪突出，研发人员认为质量部门的工作浮于表面，只会找碴儿，而质量人员感到研发部门不配合，不尊重他们的意见，质量管理的工作无法深入。

（6）对文化的伤害。研发人员长期在职能化壁垒中开展工作，很少接触客户，逐步远离了市场，感受不到竞争压力，久而久之，“以客户为中心”、“以市场为导向”的观念成为空谈，商品化意识被成果导向所替代，研发人员对市场的敏感性和活力逐渐退化。而部门间协作的困难，相互间的推诿和扯皮，使企业一贯提倡的协作精神变得苍白无力，对部门利益的关注超过了对整体利益的关注，研发人员逐步学会了“踢皮球”和“各人自扫门前雪”。

产品研发是一项需要企业几乎所有职能部门参与和协作的工作，随着企业规模的扩大，职能化壁垒就像一种顽症，使产品研发遭遇以上各种障碍，严重制约了企业产品创新能力的提升，当企业产品或产品线越来越多时，这一问题尤为突出。

为了避免职能化组织带来的种种问题，很多企业在成长中选择了项目型组织进行产品研发，按照产品划分一些项目或产品研发部门，在各个项目或产品研发部门配备各职能人员。项目型组织在很大程度上克服了职能化壁垒，在项目范围内效率比较高，在企业规模不大时不失为一种明智的选择。但是，项目型组织不利于各职能专业能力的培养和提升，资源无法共享，而且做不到把所有的职能人员都划归到项目组织，如制造、采购、服务等人员一般都在项目组织之外，职能化壁垒还是存在，所以，从长远来看，企业需要建立职能型组织和项目型组织之外的第三种研发组织模式——产品管理组织或矩阵型组织。

5.2 如何有效实施产品管理

当企业产品或产品线越来越多时，职能化壁垒将成为企业产品发展的瓶颈，建立横向的产品组织和项目组织，打破职能化壁垒，实施产品管理成为众多企业的选择。然而，如何有效实施产品管理对企业是一大挑战。

5.2.1 产品管理

对产品管理的一个通常的定义是：把企业的一部分（通常是一个系列的产品）拿出来当做“虚拟企业”来管理。

从过程来看，产品管理是对产品进行全生命周期管理。按顺序，它应该包括4个环节，即产品战略管理、产品市场管理（或称产品营销管理）、产品研发管理和产品生命周期管理，如图5.1所示。

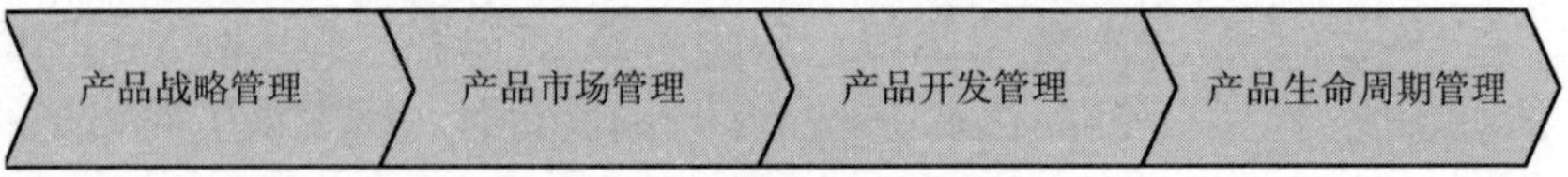

图5.1 产品管理的全过程

从本质上看，产品管理是一种授权下的责任机制，类似我们经常提到的“承包责任制”。

从组织模式看，产品管理是一种横向的矩阵组织模式。它需要充分依靠和利用纵向的资源部门和专业能力。相对于产品研发中的矩阵项目组织，产品管理组织是更大的矩阵组织，也包括了研发中的矩阵项目组织，是大矩阵的概念。

对产品管理还可以有其他不同角度的理解。

当企业的产品线成长到原来以职能划分的组织架构难以负荷的程度时，换言之，当职能化壁垒成为企业产品发展的瓶颈时，企业就需要产品管理了。有效的产品管理将以产品为主线，从横向上打通企业业务流程，打破部门壁垒，将各项资源整合起来，为市场提供有竞争力的产品及服务，实现业务的成功。

关于产品管理的组织方式，可以打个比喻：一个家庭准备收养很多小孩，如果开始时只收养三五个，靠一对父母，再加上家庭教师、保姆就可以养好。后来收养的小孩增加到几十个，还靠一对父母就很难顾得过来，即便加上一大堆各专业的教师、保姆甚至其他专业人士，但由于大家各自只管自己的那块工作，而且相互配合上又出现这样那样的问题，孩子们的培养就很成问题。这时候最好对孩子们进行分组，如 5 个孩子一组，每组分别指定一对父母对该组小孩的培养负责，教师和保姆们则根据父母的要求负责配合工作，这样，孩子们的成长才会有好的保障。企业的产品就像企业的孩子，“孩子们”多了也需要给他们指定负责人（通常是产品经理）来专门负责，实施产品管理，而不能再靠总经理包办。

有效的产品管理使企业更好地面向市场，面对竞争的挑战。当今世界，市场需求变化越来越快，竞争越来越激烈，技术不断更新换代。面对纷繁复杂和变化多端的外部环境，企业如何应对？明智的做法是对市场和产品进行细分，选择自己的细分市场，根据目标客户群不断变化的需求提供不断更新的产品。这时就需要不同的产品管理团队自始至终地关注不同客户群需求，有效把握市场和竞争的变化，提供满足市场需要的产品。

5.2.2 中国企业产品管理的现状

像前面方太的案例一样，很多中国企业都是从单一产品领域的几个产品发展起来的，发展到一定规模后，企业开始拓展新的产品领域，各产品领域的产品种类也越来越多，职能化壁垒也越来越严重，不少企业也开始设立产品经理，推行产品管理模式，但是效果并不理想，典型的现象有如下几种。

（1）新的产品线发育不良。企业指望新的产品线支撑企业发展，但各部门更关注的是原来的产品线，因为那是公司生存的本钱，而且从事与原来产品线相关的工作更容易干出成绩和得到奖励，加之管理高层的精力顾不过来，使得新的产品线得不到充分的资源，营养不足，只能在部门壁垒之间艰难前行。在深圳，一些民营科技型企业发展到一定规模（如 2~3 个亿）后就停滞不前了，就是由于缺乏新产品线的支撑。

（2）拳头产品少。许多中国企业推出的产品种类繁多，但单个产品的平均市场价值很低。换言之，企业研发了很多产品，摊子铺得很大，但真正的拳头产品或者卖得好的产品很少。这种状况固然与客户需求的多样化有关，更与很多企业立项和研发产品时的随意性、盲目性和碰运气的心态有密切的关系。总的来说，绝大多数中国企业缺乏对产品的规划，或者产品规划缺乏前瞻性和必要的选择取舍，更多的是被动响应市场和竞争。

（3）产品缺乏鲜明的定位和特色。中国绝大部分企业的产品缺乏明确的定位，推出的产品缺乏鲜明的特点和一致性。通常是，今天推出这种款式，明天又推出另一种款式；今天是这种颜色，明天又是另一种颜色；产品缺乏明确的价值定位，缺乏突出的竞争优势。反观一些跨国公司的产品，就特别注意产品的定位和连贯性，如诺基亚的手机强调人性化的定位，三星的手机注重的是工业设计的新颖。IBM 的 Thinkpad 笔记本电脑无疑是产品定位的经典例子，但是联想接手后一些研发主管就迫不及待地要改外观、改颜色，幸好消费者反对，才未改。从这个例子可以看出国内企业和著名跨国企业在产品理念上的差别。

（4）产品管理模式没有有效运行。尽管不少企业在开展产品管理方面的工作，包括制定产品规划、设立产品管理部、实施产品经理制、推行矩阵结构等，但效果不佳，产品经理和产品管理有名无实。当然，不同企业在产品管理水平上存在差异，不过，还是可以总结一些典型状况。表 5.1 从管理体系要素（理念、组织结构、业务流程、人力资源）和产品管理环节（产品战略管理、产品市场管理、产品研发管理、产品生命周期管理）两个维度做了一些归纳。

表 5.1　产品管理的现状分析

	理　念	组织结构	业务流程	人力资源
产品战略管理	• 确定了方向，但缺乏明确的竞争定位 • 不注重产品 • 平台	• 由老总决定，参考其他人（如委员会）的意见	• 随机的，或通过会议讨论，未作为流程来管理	• 除了老总外，其他人发挥的作用很有限 • 老总的精力和洞察力逐步不适应产品发展
产品市场管理	• 以产品为中心，而不是以市场为中心 • 独立地对待产品，而不是当做产品组合来管理	• 由少数高层决定 • 缺乏市场功能 • 产品经理在市场管理方面的职能较弱	• 通常只有粗放或非正式的产品研发计划程序，没有正式的市场管理流程 • 缺乏前瞻性，被动响应市场和竞争 • 缺乏市场信息和竞争情报	• 产品经理技能不足，地位不高 • 市场部门主要精力是做市场和品牌规划，市场研究和策划的能力不强
产品研发管理	• 没有把产品研发作为投资来看待和管理 • 重视产品研发，不重视技术研发 • 急功近利思想严重	• 部门各自为政，横向协作困难 • 技术研发职能薄弱 • 项目经理有责无权或有责少权	• 职能化的、粗放的业务流程，而不是跨部门的、模板化的业务流程 • 流程缺乏结构化设计，缺乏并行设计 • 没有技术研发流程	• 缺乏复合性的项目经理 • 研发人员专业化素质不错，职业化素质较差 • 缺乏技术专家及带头人

续表

	理　　念	组织结构	业务流程	人力资源
产品生命周期管理	• 重视规模扩张，不重视产品形象和赢利 • 不重视客户反馈 • 不重视产品的退出	• 各部门各司其责，但各项工作缺乏统筹 • 产品维护和改进方面的职责难以有效落实	• 缺乏客户反馈的流程，使得产品管理无法闭环 • 缺乏产品退出的流程	• 产品经理的统筹能力有限，也缺乏必要的助手或团队支撑他的工作 • 各部门偏重于完成职能目标（如销售目标、会计信息），与产品管理相关的人力和能力配备不足

值得注意的现象是，很多企业发展到一定的规模后，也意识到职能型组织越来越成为产品发展的障碍，于是按照产品类别划分事业部，对各类别的产品进行相对独立的管理。在短期内，这种做法由于一定程度上解决了部门协作的问题，而且事业部机制有利于强化事业部成员的自主性和能动性，取得了较为明显的效果。但是，从长期来看，这种过早的事业部体制导致了资源分散，制约了专业能力的积累和提升，最终会影响企业整体产品的发展。这有点像让刚刚中学毕业甚至小学毕业的孩子去独立创业一样，会有成功的，但更多的是失败。

更好的做法应该是，通过有效运作产品管理或产品线管理组织模式，一方面着眼于产品的扩张，另一方面着眼于专业能力尤其是核心能力的提升。待公司的资源和能力达到相当的程度后，再考虑导入事业部机制。当然，在事业部内部同样要有效运作产品管理。

5.2.3　如何有效实施产品管理

有人质疑，产品管理会造成复杂的“横向产品管理＋纵向专业管理”的矩阵组织结构，难以操作。但正如著名咨询机构科尔尼指出：企业面对复杂性的挑战，也唯有以复杂的矩阵组织结构去应对！随着企业的产品越来越多，矩阵化的产品管理组织应该是必然的选择，除非企业按产品划分子公司或事业部进行独立经营。那么，企业要面对的就应该是如何掌控产品管理组织模式。

产品管理的有效实施关键在于观念转变、领导角色调整、组织模式变革和产品管理人才培养。

在企业内部强调产品和产品管理的重要性，相信不会有什么人反对，但要把产品管理的理念具体落实到位，并非容易的事情。产品管理的观念除了我们经常谈到的“以市场为导向，以产品为主线”、“横向整合资源”、“落实产品经理责任制”等以外，其核心还包含了选择和取舍的内涵。在取舍面前，很多企业是难以抉择的。比如，企业要树立高端的产品品牌形象，就必须放弃低端市场，这又意味着以损失销售规模增长为代价，如果企业是以规模为经营导向的，是很难做出这样的选择的。宁波方太是国内极少数做出这种选择的公司之一。又如，很多企业也明白核心技术重要，但是要拥有核心技术，一方面投入巨大，另一方面周期长，市场机会这么大、这么多，还是赶紧做产品，抢占市场要紧，甚至连质量都顾不过来了。国内众多的手机厂商正是这种产品观念的典型代表。再如，产品管理是一种精细化的管理，需要对市场进行充分的调研，对产品进行精心的策划，而国内大多数企业习惯于粗放经营，凭感觉，抓机会，抓销售，事实上这也是这些企业成功的经验。在这种习惯性的“成功”思维的影响下，企业的领导往往认为与其搞那么多复杂的分析和判断，还不如自己凭直觉拍板。另外，产品管理还需要打破部门壁垒，强调跨部门连带责任意识和全流程意识，一个人要向多个上级汇报，等等。对于长期受职能化观念熏陶的员工来说，要形成这些意识也是挺不容易的。

对于大多数创业长大的企业来说，老总就是首任的“产品经理”。企业大了后，很多老总还是习惯于“产品经理”的角色，大大小小的产品决策都要自己来定，总觉得自己对市场和产品是最了解的，当然自己对公司产品发展也是最有责任心的，对其他人不放心。确实，在很多公司我们看到的情况是，老总对市场状况和产品发展最在行，员工们也非常佩服老总的战略眼光和洞察力。但是这是以牺牲更多的人对市场及产品的了解和洞察换来的，因为什么都是老总在了解，老总在决策，责任也是老总在背，名义上管理产品的人员失去了应该拥有的理解市场、产品决策和承担责任的机会。当然，这也牺牲了老总很多的精力，使他没有精力用于一些重要而长远的工作上，如培养人才，及早建立有效的产品管理组织模式。

把建立产品管理组织模式形容为企业的一次组织变革一点都不为过。这种变革不仅包括产品管理理念的树立，矩阵组织结构的导入，业务流程的建立和贯通，而且涉及企业全体员工责、权、利机制的调整。同时，这种变革对企业发展具有深远和根本性的意义。因为，有效的产品管理模式一旦建立起来，企业将形成一种市场驱动的、扩张性的、持续的产品创新和发展机制。当然，这种变革是艰难的。很多企业的渐进式变革思路无疑是明智之举，但要防止这种思路演变成进展缓慢和流于形成的探索。就像不少企业设立了产品经理，推出了产品经理责任制，但是实施下来，产品经理成为了无关紧要的协调人，产品管理举步维艰。为了确保变革的成功，除了最高领导层坚决支持和真正把产品管理搞明白以外，借鉴甚至模仿业界成熟的产品管理模式具有十二分的必要性！在这个问题上，企业千万不要自以为聪明，需要承认自己探索的局限性和风险性。即使像华为这样的技术人才、营销人才和管理人才济济的企业，在产品管理方面摸索了多年后，还是于 1998 年全面引进了 IPD 模式，并取得了巨大的成功。华为对待 IPD 实施的态度是“穿美国鞋”，如果穿不进去，不是去改鞋，而是“削足适履”。8 年来，汉捷咨询帮助 80 多家企业导入 IPD 模式，绝大部分企业实施 IPD 的效果很好或良好，也有效果不太理想的，但绝大部分企业都认为 IPD 使自己的产品管理步入了正常和发展的轨道。

接下来，应该是产品管理人才的问题了。引进产品管理人才是比较困难的，因为产品管理人才作为复合型的人才，在人才市场是很短缺的。即使引进来后风险也很大，因为熟悉这家企业市场及产品的人可能无法理解另一家企业的产品经营模式，而与企业磨合的风险也肯定存在。看来，企业主要得靠自己来培养产品管理方面的人才了。事实上很多企业在这方面花了不少工夫，但效果不理想，产品经理和项目经理成长速度缓慢，远远无法满足产品发展的需要。所以，问题的关键是如何加速培养产品管理人才。根据成功企业的经验，结合我们的咨询实践，关于如何培养合格的产品经理和项目经理，推荐以下几条措施供参考：

- 建立产品经理、项目经理及其候选人在各部门学习和锻炼的机制，包括岗位轮换、挂职锻炼、参加会议、决策参与等多种做法。
- 提高产品经理和项目经理的地位和待遇，提高他们的积极性，同时吸引有能力的人员承担产品经理和项目经理的角色。
- 对产品经理和项目经理设计专门的、成套的培训课程，包括商业模式（Business Model）设计、产品战略及规划、市场分析、营销管理、财务分析、沟通技能、领导力、项目管理、团队建设等方面。
- 对产品经理和项目经理充分授责、授权，既要压担子，又要授予资源和权力。授权的尺度应该是高层负责战略决策，而把战术决策交给产品经理和项目经理。
- 建立和完善产品管理体系，尤其是产品管理流程体系，总结产品管理方面的成功经验和知识，通过体系培养产品经理和项目经理。
- 建立产品经理和项目经理的资源池（有点像“专业俱乐部”），定期组织交流和探讨，相互总结提高，对候选人也是很好的学习机会。

当然，成功产品经理和项目经理的培养，最终还得落实到实践上，“在游泳中学会游泳”。

5.3 产品经理如何履行自己的职责

产品经理切实履行好自己的职责是产品管理模式有效运作的关键。从现实情况看，产品经理可以说是企业中定义得最不清楚的职位，也是最难履行好职责的职位之一。确实，按照产品经理的标准职责，成为一名合格的产品经理，是一个很大的挑战。

5.3.1 产品经理面对的问题

自 1927 年宝洁公司设立产品经理以来，已经过去了 80 年。现在很多中国企业也设立了产品经理，但真正能够有效履行产品经理职责的企业并不多见。从我所接触的企业来看，在产品经理运行中碰到的典型问题包括以下几种。

（1）对产品经理的定位和职责不够准确和全面，如有的公司产品经理仅是隶属于营销经理的职位，主要负责市场调查、产品策划等参谋职能，有的公司则把产品经理等同于产品研发项目经理，还有的公司干脆设立产品经理来负责产品技术支持方面的工作。

（2）尽管企业按照产品管理模式的要求设立了产品经理，给产品经理赋予了产品全生命周期管理的职责，但由于企业部门分割较严重，职能化文化色彩浓厚，造成产品经理实际上的影响力很有限，甚至名存实亡。

（3）没有合格的人员能够承担产品经理的职责。在公司创业期，往往就一个或一类产品，总经理实际上就是公司的产品经理。随着公司产品的增多，公司发现各类产品都需要有人来负责，对负责人的要求应该是既懂营销，又懂产品，但企业里往往是技术专才、销售专才比较多，难以找到能够把市场、产品和技术打通的人才。

（4）产品经理花了过多时间去应付随机性、临时性的事务，没有时间去考虑策略性和规划性的工作，导致产品管理举步维艰。

（5）产品经理缺乏有效的矩阵组织和流程的支撑，往往也得不到高层的授权，有责无权或有责少权，在产品管理中只能起到有限的协调作用。

5.3.2 有效履行产品经理的职责

要搞清楚产品经理如何定位，即产品经理的使命是什么。很多企业对产品经理的定位是比较狭窄的，如准确定义市场需求，确保产品研发符合市场的要求，对所负责产品的市场调研和营销工作进行规划并组织实施，推动产品销售目标的实现。这些对产品经理的定位概括了产品经理的部分职能，但不完整。要完整地理解产品经理的使命，应从企业为什么要设立产品经理这一问题出发？对于产品多元化的企业来说，再依靠总经理、营销副总或研发副总来经营和管理所有的产品显然已经不现实，这就需要根据产品的分类由产品经理来负责，所以产品经理应承担产品经营的使命，即对所负责的产品系列进行全生命周期管理，对系列产品的市场成功负责，对系列产品的损益负责。

由于产品经理需要对所负责的产品系列的经营成果负责，并组织进行产品全过程管理，所以产品经理相当于一个“小总经理”。产品经理需要组织和协调各职能部门主管开展与产品经营相关的各项工作，但这些主管并不直接归产品经理管辖，产品经理对他们实施的是“虚拟”管理，因此产品经理又被称为“虚拟总经理”。

不管是“小总经理”还是“虚拟总经理”，产品经理的角色及职责需要体现在产品全生命周期管理的各个环节中。典型的产品经理的角色及职责如表 5.2 所示。

表 5.2　产品经理的典型职责

环　　节	角色及职责
市场研究	• 组织对所负责产品进行市场调研，跟踪并研究相关产品的用户需求，收集和分析竞争对手信息，研究其发展动态和行业动态，并提出市场研究成果报告 • 根据公司产品战略，对产品市场进行细分，选取目标细分市场，确定产品定位
产品规划	• 参与制定产品战略和产品平台规划 • 组织制定产品路标规划，并监控实施，定期提出修改建议 • 在公司内外收集有关新产品的创意，并组织论证 • 根据产品路标规划或经过论证的创意，提出新产品研发的项目任务书，提交产品决策团队评审立项
产品研发	• 在研发过程中，收集、筛选和传递客户需求，指导和监督产品研发过程 • 根据需要参与产品研发工作，必要时担任研发项目经理
产品上市	• 组织和协调新产品试销工作，提供产品试销报告 • 负责产品的市场发布工作，对市场发布进行协调和跟踪 • 制定新产品上市计划，并组织新产品的上市推广，确保新产品快速上市
生命周期管理	• 协同财务部门监控产品的销售和赢利情况，提出新的营销策略 • 指导和监督产品销售工作，及时发现问题，提出解决方案 • 提出产品优化和改进的建议，并监控实施 • 提出产品退出的建议和方案，经批准后监控实施

当然，产品经理的角色及职责根据行业和产品性质的不同会有所不同，各块职责的侧重点也不一样。无疑，这些职责对产品经营成功来说，都是非常重要的，企业应该慎重地选择适当的人员、建立相应的组织架构和流程来履行它们。

选择合格的人员或团队是第一步。有些企业非常重视产品研发与市场工作的相互交流和岗位轮换，如华为公司一贯注重产品研发人员直接面向市场和向市场部门流动，很早就实现了产品线+资源部门的管理模式，培养了大量深谙市场之道的产品和技术人员，这样选择合格产品经理的余地就很大，这也是华为能够持续推出大量新产品的关键。但对很多企业来说，长期以来产品研发和市场管理工作相对独立运行，合格的产品经理人选很难找，这就需要建立一个团队来承担产品经理的角色及职责。从长远来讲，这些企业必须建立相应的体系和机制来培养产品经理。

第二步是建立组织架构和业务流程。产品经理从纵向的组织结构来看，是一个横向的职位，所以也需要一个矩阵式的组织结构和考核机制。更为重要的是，应该建立跨部门的业务流程来支持产品经理的职责，以有效协同各个部门涉及产品管理方面的工作，否则产品经理的运行将困难重重。宁波方太在 2002 年年初设立了产品经理，立属于市场部，但一直运作不理想，与研发部门协作很困难。通过思捷达咨询和汉捷咨询的帮助，方太引进了 IPD，建立了市场管理流程和产品研发流程，进一步明确了产品经理的定位和职责，理顺了与产品研发的关系，使得产品经理的作用得到明显提高。

另外，产品经理的职责中很多是专业性很强的工作，需要有相应的专业方法和工具来支持，如业务分析、竞争分析、客户需求定义、财务分析等方面的方法和工具，同时，还应该建立相应的信息系统，使数据得以有效管理，并便于沟通和贡献。

总之，产品经理要有效履行产品经理的角色及职责，需要通过团队协作推动工作，需要依据业务流程开展工作，并且用方法和工具来武装自己。

5.4 挑战复杂性——如何有效运作矩阵结构

在产品管理模式下，矩阵组织结构的有效运行是产品管理成功的前提，也是打破职能化壁垒、提升产品研发效率和质量的关键。然而，矩阵结构的复杂性往往令企业望而却步，即使建立了矩阵结构，运行效果也很不理想，从而对矩阵结构产生怀疑。其实，问题不在于矩阵结构本身，而是企业没有建立配套的解决措施。

5.4.1 “产品线+资源线”的研发矩阵组织模式

当企业发展到一定规模时，面对复杂多变的客户需求和竞争环境，企业依靠职能型的研发组织结构已经难以应对，采用项目型组织结构或事业部结构则对专业能力的提升不利，进而制约企业核心能力的形成，这时矩阵式的研发组织结构就成为当然的选择。在研发矩阵结构下，纵向仍然是各专业职能部门负责资源的建设及提供，又称为资源线，横向上一般按照产品类别或产品线划分跨部门团队，构成产品线组织，从而形成了“产品线+资源线”的矩阵组织模式。

图 5.2 是某高科技企业发展到 700 多人的规模时，从过去的职能组织结构调整后形成的矩阵型组织结构（有些部门未画出）。该公司划分了视频会议系统、视频监控系统、VOIP 产品、综合复用系统 4 条产品线，在每条产品线设立了产品经理。

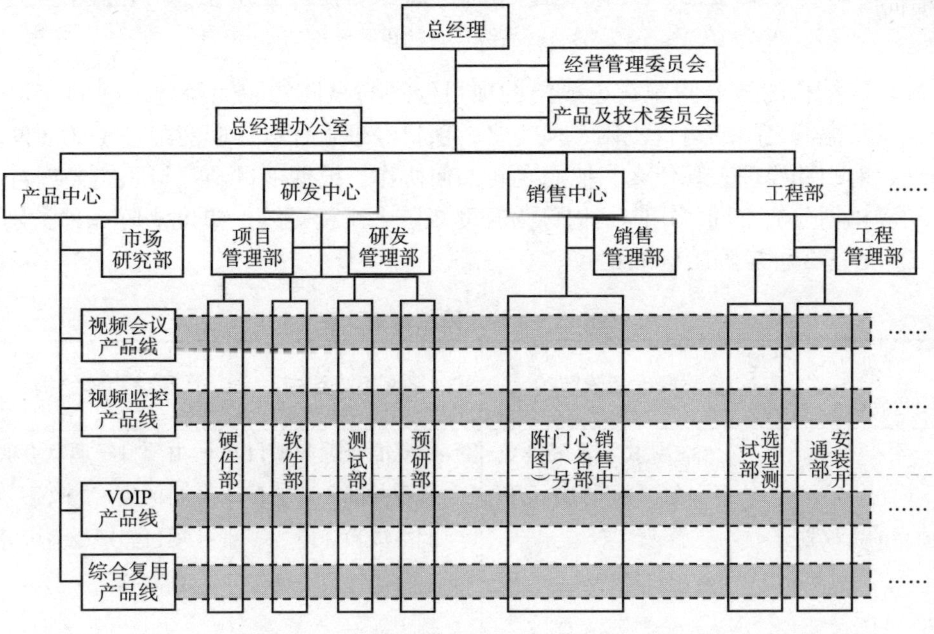

图 5.2 某高科技企业的组织结构图（部分）

各产品线运作的矩阵结构如图 5.3 所示。

其中，PMT 为组合管理团队，有些公司称为产品管理团队或产品规划团队，它在产品经理的领导下，主要负责根据市场分析制定市场规划和产品规划。PDT（Product Development Team）为产品研发团队，它在 LPDT（即 PDT 经理或项目经理）的领导下，负责产品研发项目的实施。产品经理和 PMT 是常设的，而 PDT 经理或项目经理和 PDT 是根据具体的产品研发项目临时设立的。

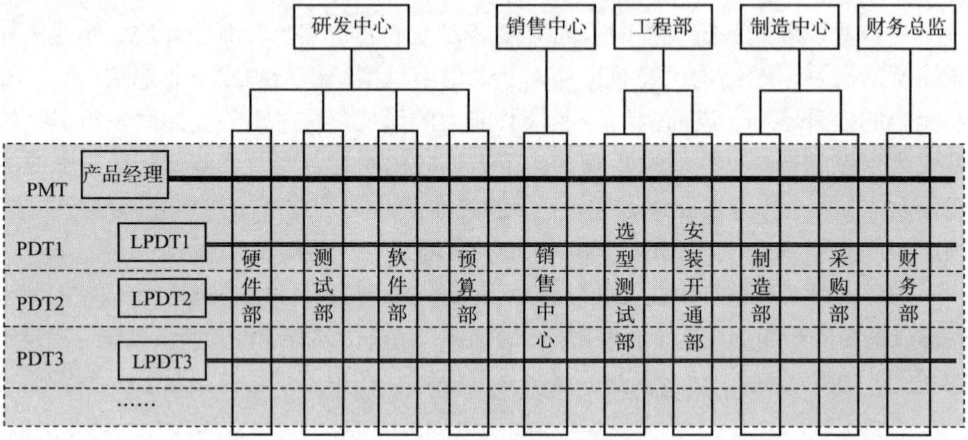

图 5.3　产品线运行的矩阵结构

矩阵结构的核心问题在于横向的项目经理与纵向的职能经理之间的职责划分，以及他们之间的运行机制，换言之，项目经理管什么，职能经理（如硬件部经理、采购部经理）管什么，他们之间如何协作。根据项目经理与职能经理对项目的责权划分的不同，矩阵结构分为轻度矩阵、平衡矩阵、重度矩阵 3 种类别。表 5.3 是这 3 种矩阵结构的比较。

表 5.3　3 种矩阵结构的比较

类型 项目特征	轻度矩阵结构	平衡矩阵结构	重度矩阵结构
项目的责权划分	• 主要由职能经理负责项目的决策和管理 • 项目经理权力有限	• 由职能经理和项目经理共同负责项目的决策和管理 • 项目经理权力低等到中等	• 由项目经理负责项目的决策和管理 • 项目经理权力中等到高等
项目经理的角色	• 项目协调员 • 兼职	• 项目管理者 • 全职	• 项目领导者 • 全职
项目成员的角色	• 项目联络员 • 没有权力	• 项目接口人和协调者 • 拥有一定的权力	• 完全代表相应的职能部门 • 具有职能方面的决策权

续表

项目特征 \ 类型	轻度矩阵结构	平衡矩阵结构	重度矩阵结构
在组织中，全职为项目工作的人员的百分比	• 0~25% • 员工主要为部门工作	• 15%~60% • 员工在为部门和项目工作	• 50%~95% • 员工主要为项目工作
项目管理行政人员	兼职	兼职	全职

轻度矩阵结构的运行机制与职能型结构并无本质区别，项目经理有责无权或有责少权，影响力很有限，部门间沟通、协调困难等问题同样存在。

在平衡矩阵结构下，项目经理和项目成员的权力得到了加强，但职能经理仍旧参与项目的管理和决策，这时项目经理和职能经理各自在项目中管什么就需要界定得相当清晰，但不管怎样，还是难免相互之间的责权重叠和冲突。

重度矩阵结构对于项目和资源的责权进行了明确的划分，项目的责权完全授予了项目经理和项目成员，而职能经理专注于资源的建设和管理，对项目的运行提供资源和能力的支撑。如果运行得当，在横向上可以打破职能化壁垒，打通流程，快速响应客户的需求，纵向上职能经理专注于资源和能力的建设，有利于纵向做深，积累和提升能力，支撑流程的有效运作。这样形成一个交叉的相互配合机制，就像一张密密麻麻的大网一样，能够牢牢地抓住客户需求，为客户快速提供产品和服务。

所以，相对而言，重度矩阵结构是一种最佳的矩阵结构，当企业的规模足够大，或者产品比较复杂、跨部门协作量大的情况下更是如此。

但是，矩阵结构也带来了管理的复杂性，包括责权划分问题、项目成员向项目经理和职能经理双重负责和汇报的问题、资源调配问题、双重考核问题、文化不适用问题等。企业要克服这些问题，有效管理矩阵结构带来的复杂性，无疑是一个相当大的挑战。

5.4.2　有效运作矩阵结构

首先，重度矩阵结构对职能经理的角色和思想的转变是一个很大的挑战。在传统职能型结构或轻度矩阵结构中，职能部门主管既管人又管事，在矩阵结构下，职能部门经理需要把管事的权力交给横向的项目团队，专注于管人和资源，就像足球队主管，不再管如何打好比赛，而是关注培养合格的足球队员、研究最佳的体能训练方法等。这好像削弱了职能经理的权力，而这也正是职能部门经理抵触的关键所在。对于这一问题，应该换一个角度来看。过去，职能部门经理既管项目又管资源，由于各职能经理都在管项目，经常发生相互争执和扯皮，项目运作缓慢，结果项目没管好，另一方面，职能经理也没有充分的精力关注资源的建设，资源能力也得不到持续提升。所以，必须转变工作模式，把项目管理的责任和权力交给项目经理，而职能经理通过专注资源的建设，可以更快更好地提高资源能力，更大地发挥他们在公司的作用和影响力。重度矩阵结构不仅强调横向项目和流程的加强，同样也强调纵向的资源和能力建设的加强，对公司整体而言，项目经理和职能经理都非常重要。

其次，项目经理向谁汇报？重大问题由谁来决策？这对矩阵结构的有效运作也至关重要。在很多情况下，项目经理被设置为向某职能经理汇报，如产品研发项目经理归某产品研发部的经理直接领导，其实还是职能部门经理在管项目，职能化运作的固有问题无法克服。正确的做法是，项目经理应该向更高一级的主管，最好向高层管理团队汇报，该主管或团队是在各职能部门经理之上的，并由他或他们做出项目的战略性决策。在 IPD 模式下，这个高层管理团队就是公司级或产品线级的集成组合管理团队（Integrated Portfolio Management Team，IPMT），与 PMT，PDT、技术研发团队（Technology Development Team，TDT）等执行团队形成两个层次的团队运行模式，如图 5.4 所示。

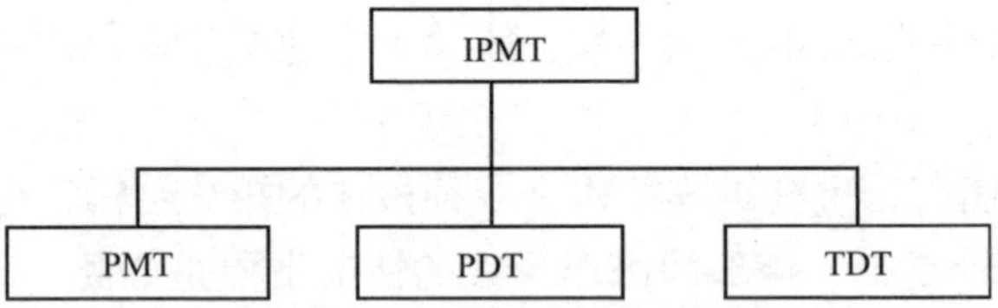

图 5.4　两个层次的团队运作模式

IPMT 负责战略决策、承诺和提供资源并向执行团队授权，PMT，PDT，TDT 等执行团队负责战术决策和项目执行，这是一种真正的扁平化结构。在这种结构下，高层领导以跨部门团队运作的方式，通过及时的战略决策、充分的授权和对各部门资源的承诺及提供，有力地推动着项目矩阵团队的有效运行。

除以上外，矩阵结构还需要角色及职责划分、绩效评价、激励机制、资源调配、项目计划及监控、团队人员培养等方面的配套管理措施。其实，不管采不采用矩阵结构，这些管理措施对于组织效能都是至关重要的，只是在矩阵结构下，需要对这些管理手段根据矩阵结构运作的目的和目标做出必要的调整。

矩阵结构的有效运作最终要落在文化的转变上，那就是从传统的职能型文化向团队型文化、流程型文化转变。在新型文化下，员工更加关注整体利益和客户的满意度，“这个地盘归我管，你不能插进来”的那种部门壁垒的思想被打破，以客户为中心的思想真正体现在员工的言行中，各部门员工在横向的矩阵结构中协同工作，团队热烈讨论着业务流程的绩效并寻找提高效率的方法，员工的角色意识、流程意识和结果导向意识都大为增强。从整个公司层面来看，强烈的市场意识、高度的协作精神和卓有成效的运作系统掌控了矩阵结构的复杂性，企业得以有效应对外部复杂性的挑战。

5.5 建立全流程意识

在职能化壁垒下的部门意识实在根深蒂固，员工想不到客户，看不到流程，部门各自为政，互不买账。要打破职能化壁垒，使矩阵结构能够行之有效，让流程能够顺程运行，首先需要淡化部门意识，建立和强化全流程意识。

5.5.1 全流程意识

一家通信企业新产品销售不好，老总要求销售部门分析原因。销售部门提交的反馈报告结论是：新产品没有什么竞争优势，早期产品的质量问题也大大影响了客户的信心。消息传到产品研发部，研发人员义愤填膺：我们拼了命把产品研发出来，各项性能指标都达到了预定的要求，一些指标还处于国际领先水平，明明是销售人员无能，还要把责任推到我们头上。项目主管为此连夜向老总写了份报告。老总看到两份看法截然不同的报告，陷入一片困惑中。

一家消费类电子企业为了加强产品规划工作，成立了产品规划部。研发部主管们对此不以为然：过去我们自己根据市场需求研发了那么多成功的产品，今后我们等着由规划部来“闭门造车”吧，反正我们就根据他们的策划方案来研发，产品成功不成功只能听天由命了。

一家电源企业一直受产品不能及时交付给客户而困扰，于是决定要按照交货及时率对制造部门和发货部门进行考核。根据部门的职责分工，对制造部考核的及时交货率是按照产品入成品库计算的，对发货部考核的指标是领到成品后到交给运输单位的周期。这样运作了一段时间，各自的指标都完成得不错，但是由于成品存储、信息沟通、运输单位的耽搁等方面的原因，产品延时交给客户的问题并没有得到解决。

一家自动化设备企业的销售人员时常抱怨：做公司内部部门的关系比做客户

关系还难。商务部、生产部也有他们的苦衷：销售人员动不动就拿客户来压我们，他们签单从来不顾我们内部的资源和时间限制，总是一大堆急单，甚至经常签一些公司还没有研发出来的产品。

……

在企业运作中，类似的问题不胜枚举。究其原因，关键在于传统职能化组织管理造成部门意识根深蒂固，各部门各自为政，“各人自扫门前雪”，“我的地盘听我的”，谁都别来插手，“我只向我的主管负责，要让我配合你们的工作，你去找他”，只关注所谓的部门利益，而不顾公司的整体效率和效益。

随着市场变化越来越快，竞争越来越激烈，部门意识及由此形成的“部门墙”或部门壁垒、部门割据成为企业绩效低下的根源，取而代之的应该是全流程意识及由此形成的流程化运作、团队化运作。

所谓全流程，顾名思义，就是全面的、完整的流程，明确一点，就是端到端（从客户端到客户端）的流程，即来源于客户需求，最终满足客户需求的完整的过程。

所以，全流程意识首先强调以客户为中心的观念。流程中的每个部门、每个员工要真正做到以客户为中心，需要树立主动、认真倾听客户声音和把握客户需求的强烈意愿，养成依据明确的客户需求来开展各项工作的习惯，努力为客户交付合格的产品和服务。部门意识往往使我们忽略客户、忽视客户需求，而全流程意识告诫我们：我们存在的理由和价值就是为客户服务。

全流程意识要求流程中的每个部门、每个环节都要关注全流程的结果，而不是“铁路警察各管一段”，各部门只关注自己可控的那一段，一旦接口或是最终结果出了问题，各部门首先想的不是如何去解决问题，而是不停地推诿、扯皮，好像问题出来谁都没有责任。全流程意识牵引我们：整体优先于局部，贡献优先于职能。

全流程意识是对事负责，而部门意识是对人负责。对事负责制是开放的、扩张的，在机会面前，在客户需求面前，在职责和任务面前，员工主动扮演好自己的角色，对市场变化快速响应，为客户提供满意的产品和服务。对人负责制是封闭的、收敛的，员工关心的是上级的评价和好恶，只听命于上级的命令，往往置横向流程的要求于不顾，无法满足客户的需求。

全流程意识不同于一般的流程意识。一般的流程意识侧重于强调按照流程规范行事，倡导“下一道工序就是客户”，要注重下一个环节的需求，或者希望通过流程把工作程序固化下来。而全流程意识是一种对客户、对工作的本源性的认识，帮助我们从本质上去思考我们工作的真正目的是什么？——我们真正的工作应该是通过全流程的有效运作，为客户提供满意的产品和服务，同时实现公司和员工自身的价值。

5.5.2　促进全流程意识的 3 个方面

如何才能建立全流程意识？重点需要从价值观、考核机制、团队及流程运作 3 个方面开展努力。

全流程意识无疑是对传统部门意识和思维方式的挑战。人们在工作中习惯于听从上级的指挥和指令，完成自己“分内”的工作，对自己无法控制的事情显得无能为力甚至认为事不关己，出了问题倾向于把责任归于别人，等等。全流程意识需要打破这些传统的观念，建立崭新的客户观、责任观、协作观和管理观，是非常不容易的。我们在为一家企业做咨询时，要求他们的产品研发项目组对产品的市场效果负责，很多研发人员就不认同：项目又不是我们选的，市场销售我们也无法控制，为什么要我们对市场成功负责？！我们从全流程意识的必要性、紧迫性和重要性，对研发人员展开说服工作，晓之以理，并诱之以利——全流程意识对项目的成功和个人的成功是很有利的。最后，费了九牛二虎之力，总算把绝大多数研发人员说通。由此可见，要树立全流程意识，需要对价值观进行艰苦的重塑和宣传。遗憾的是，很多公司的高层也对全流程意识缺乏认识，比如，我们最近接触了一家知名的通信企业，刚刚与一家知名的咨询公司合作进行企业文化的咨询项目，在他们核心价值观的提炼稿中我们看不到任何与全流程意识相关的内容，不能不说是一大败笔。所以，树立全流程意识首先还得从高层抓起。

从考核机制上支撑全流程意识是关键。首先，要把全流程的指标和目标责任落实到流程的每一个环节，强调部门的连带责任，不迁就部门的可控性，而不是像通常的做法，各部门只管自己可控的一些指标，不顾流程的整体表现和最终客户的需求。其次，建立双重乃至多重的考核评价机制，也就是事情由谁来管，就由谁来评价，比如，设计工程师在项目里的工作由项目经理指挥，当然也应该由项目经理考核评价，最终汇总到设计工程师的直接主管那里进行综合评价。通过这种评价机制牵引形成对事负责的全流程意识。

全流程意识需要通过团队及流程运作来落实。全流程意识的具体体现就是通过跨部门的流程团队完成流程的各项活动。跨部门的团队必须承担全流程的目标和责任，同时，他们也必须获得高层团队的授权，并得到功能部门主管（Function Managers）的支持。正是在这种明确的责任机制和授权机制下，团队成员随时感受到客户需求的脉搏并积极响应，他们通过高效的沟通、协调和决策，及时解决流程运行过程中出现的问题，同时，全流程意识也在这种协同的工作环境中逐渐形成并不断得到强化。

5.6 PDT 必须对产品的市场成功负责

在重度矩阵结构下，PDT 能够有效运行的重要前提是 PDT 经理对产品的市场成功负责，而不仅是对产品推向市场负责。这就像一场战役的指挥官需要对战役的胜负负责一样，否则指挥官很难从全局的角度思考问题，战术布置和执行也会大打折扣，从而影响战役的胜利。

5.6.1 市场成功的产品才是真正成功的产品

这个问题就好比我们问什么是成功的电影？什么是好的工程？什么是好书？受大众欢迎的电影是成功的电影，为人们带来利益的工程是好工程，畅销的书才是好书，我想这是大家普遍接受的观点。

同样，衡量一个产品的成功最重要的标准应该看它是否为消费者带来利益，是否受消费者欢迎，而不在于它花了多少钱，设计多么完美，技术多么先进。余秋雨在散文《都江堰》中感慨到：原来以为万里长城多么伟大，到了都江堰才知道都江堰养育了川西平原一代又一代人，那才是真正伟大的工程，李冰父子才是真正伟大的设计师。记得华为总裁任正非多次告诫华为的研发人员，要造就造“都江堰”这样的产品。

当你带着儿女逛商场，看到自己研发的产品陈列在非常显眼的位置，而且你自豪地对你的儿女说：“我研发的产品卖得很好！很赚钱！”这时，你研发的产品就是成功的产品。

所以，产品首先是商品，其次才是成果。一般而言，成功的产品就是销量好且赚钱的商品，也就是市场成功的产品。当然有些产品研发是出于企业的战略需要或竞争需要，市场成功可能有不同的定义，如有的产品是为了进入特定的市场，形成示范效应，而不在于产生直接的利润。

5.6.2 PDT 为什么要对市场成功负责

很多研发主管可能会问：“前面的立项是公司高层说了算，后面的销售及运营 PDT 经理也管不着，PDT 怎么能够直接对产品的市场成功负责呢？”

对于这个问题，可以从 4 个角度来看。

（1）从经济学的角度来看：产品研发是一种投资行为，最终追求的是投入产出比，即投资回报，而高的投资回报是以市场成功为前提的。如果产品投向市场后，投资回报是负的，意味着在浪费资源，从经济学的角度来看是不道德的。所以，从经济行为来看，PDT 应对产品的投资成功负责。

（2）从管理学的角度来看：跨部门的流程运行需要各部门通力合作，共同关注最终客户，对最终结果负责。如果流程的各环节都只关注自己的可控目标，势必导致各自为政，甚至相互扯皮、推诿等现象，最终影响流程最终结果的达成。产品研发流程的结果就是产品取得市场成功，PDT 操作的是从接受项目任务书（Charter）到产品发布上市这一核心环节，而且 PDT 是一个跨部门的团队，在各职能领域都可以发挥综合性的影响，当然应该对产品的市场成功负责。

（3）从个人价值实现的角度来看：有一个比喻——新产品就像是自己的孩子。对孩子的前途负责对于产品研发人员来说，实际上是发自内心的，是自然而然的。产品的成功也意味着个人的成功，意味着个人价值的实现。

（4）从文化的角度来看：技术导向的工程师文化对企业来说是不合适的，会带来很大的危害。爱立信手机业务的衰败，根本的原因是手机研发部门只关注技术，不关注顾客，总认为手机不过是个通信工具，关键要话音清晰，摔不坏，而对手机已成为一种时尚品的趋势视而不见。苹果公司也曾经是典型的工程师文化。苹果的工程师认为：计算机的软驱要用手按一下软盘才弹出来是不可接受的，而应该设计成鼠标一点软盘就出来，其实用户觉得用手按一下已经够方便了。难怪爱立信（中国）公司原总裁张醒生就任亚信 CEO 后，明确提出要在亚信颠覆工程师文化，要在研发部门倡导商业文化、商品文化、市场文化，产品研发工程师应该成为产品商人。

5.6.3 PDT 从哪些方面对市场成功负责

具体而言，PDT 可从以下一些方面对产品的市场成功负责。

（1）树立以客户为中心的思想，培养市场意识。对产品研发来说，不同的出发点会导致不同的结果，没有强烈的顾客导向意识的 PDT 研发出来的产品也难受到顾客的欢迎。

（2）准确定义市场需求，并对需求进行跟踪管理。从市场的角度看，产品研发就是调研、分析、识别、选择、验证、实现客户需求的过程，从这种意义上讲，产品只是实现客户需求的载体，所以产品研发自始至终要贯彻市场需求这条主线。

（3）做好业务计划，提供基于事实的决策依据。业务计划实际上是产品的市场指导书，它明确了确保产品市场成功的各个要素。PDT 的责任就是确保这些要素得到监控和实现。当根据可预见的事实，由于某些要素的欠缺而无法保证产品成功时，PDT 应向产品决策机构提出来，以便决定产品是终止研发，还是改变方向。

（4）按时完成项目计划，确保产品及时上市。实践表明，缩短的产品上市周期（Time to Market，TTM）将大幅度提高产品的销售收入，并延长其生命周期。从短期来看，确保产品及时上市是 PDT 的第一要务。

（5）加强质量控制，实现产品的质量目标。质量是设计出来的，产品研发是贯彻公司质量目标的核心环节，产品质量的好坏当然也直接影响产品能否得到顾客的认可。

（6）在设计中构建成本优势。对于大多数产品来说，材料成本在总成本结构中都会占到相当大的比例，而材料成本关键是由设计决定的。所以，PDT 在设计中就应该构建产品的成本优势，确保产品上市后的价格竞争力和赢利能力。

（7）面向可制造性、可测试性、可服务性等需求的设计。产品可制造性、可测试性、可服务性设计不仅可以加快生产周期，提高交货及时率，而且可以提升质量水平和服务满意度，是促成产品成功的重要因素。

（8）产品改进与优化。产品的市场成功主要反映在产品上市后到产品生命周期结束这段时间。这时 PDT 一般已解散，产品改进与优化工作可交给 PDT 成员，或者专门的小组，或者其他设计或工程人员负责，但即使由专门的小组，或者其他设计或工程人员负责，对产品改进与优化的支持仍然是 PDT 成员义不容辞的责任。

要实现 PDT 真正对产品的市场成功负责，关键还是人的问题，尤其是 PDT 经理的任职资格问题。一位优秀的 PDT 经理（负责研发的某产品累计销售额已达十多亿元，市场份额接近 70%）对此深有体会：“在独立领导产品研发中，我逐渐学会如何做 PDT 经理——组织目标达成的强烈的明确性，高度责任心、使命感和危机意识，对业务领域、市场趋势和竞争环境有深入认识，对业务相关技术有足够了解，熟练的产品研发管理方法，以及建立在这些基础上，有效的团结和集体奋斗，有效的激励与沟通，正确认识下属才干并正确使用，对下属严格要求和关心他们的成长等，是 PDT 经理的资格要求。”

创造出色的产品，先创造出色的人。如何创造出色的人？松下幸之助认为，责任能够培养企业绝大多数的人才。为了培养优秀的 PDT 经理和优秀的产品研发人员，实现公司产品和市场的繁荣昌盛，那就把产品市场成功的责任赋予给 PDT 吧！

5.7　能力中心——职能部门的蜕变

在以职能为中心的组织结构下，职能部门是造成职能化壁垒的根源。打破职能化壁垒，建立以客户为中心的流程化、矩阵化组织，并非取消和削弱职能部门，而是转变职能部门的定位，职能部门蜕变为资源部门，更准确的定义是能力中心。

5.7.1　作为能力中心的职能部门

能力中心（Competency Center），顾名思义，即提供某种或某类能力的责任单位，该单位整合了相应的人员、流程、方法及技术。

在传统的组织结构下，职能部门是产品研发的主导者，产品研发项目中的各项工作需要由相应的职能主管来指挥和决策，由于职能化壁垒造成沟通、协调和决策的低效严重影响了项目的运作。在重度矩阵组织结构下，职能部门的定位和职责发生了很大的变化，专注于资源的建设，逐渐演变为能力中心。

作为能力中心的职能部门，不再直接管项目，但要为项目提供资源和能力保障。以足球队为例，职能部门主管不再下场指挥比赛，但为了支撑打好比赛的整体目标，职能部门主管需要培养出合格的球员、研究最新的体能训练方法以提升能力等。职能部门主管从部门业务主导者变成了公司业务支撑者，对职能部门主管的要求也从能“打仗”（完成业务目标）变为能“带兵”（培养核心能力）。

为了建立真正的能力中心，职能部门主管需要转换角色定位，专注于人员招聘、人员培养、部门核心能力的增强上，使职能部门成为满足产品研发需求的“资源池”，从而有力地支撑产品研发工作。特别是心态上，职能部门的主管要做好调整：以前职能部门的员工是主管自己看得到、可控制的，在推行矩阵管理后，这些人员则可能是派到了 PDT 中从而消失在自己的视野里（在重度矩阵结构下），或者是从 PDT 中领回了任务回到职能部门完成（在平衡矩阵结构下），而不是像以前一样只接受职能部门主管分配的任务。

在项目执行过程中，具体的职能工作开展，还是要依据各职能部门的子流程，各职能部门子流程的质量及效率很大程度上决定了产品研发的质量及效率，所以，各职能部门需要关注子流程建设，并根据产品研发流程的需要做出相应的补充、修改及完善。举例来说，在产品研发初期，需要确定供应商策略和关键器件清单，而这些工作需要采购、认证部门共同完成，那么器件认定工作的子流程定义、分工、职责、活动定义等，以及流程的具体运作水平，就决定了产品研发初期采购工作的水平。又比如，在产品研发中期，要组织进行产品的硬件设计工作，而硬件 EMC、可靠性、可制造性等设计水平，对产品质量影响非常大，这就要求硬件部门要提高 EMC、可靠性等设计子流程的水平和质量。

在推行矩阵管理后，需要各职能部门提供职能代表，与 PDT 经理或项目经理一起组成跨部门的核心团队，共同对产品研发的成功负责。这些职能代表完全代表相应的职能部门或能力中心，负责充分利用相应的资源和能力，完成本职能领域与产品研发相关的所有活动，这意味着，这些代表不但是本职能领域的专家，而且需要将 PDT 的任务在本职能领域的外围组进行分配和管理。如制造代表要能解决 PDT 研发中所有的制造问题，同时需要带领一个制造外围组完成产品研发中相应的制造方面的活动。职能代表是项目团队和能力中心之间的桥梁，起到了将能力中心的能力转移到产品研发过程中的作用。

相对于“资源部门”的概念，“能力中心”具有更深层次的含义，它淡化了传统企业的职能分工的文化特色，增强了目标导向、客户导向和全局思维的文化内涵，部门的概念已经显得不再重要，取而代之的是支撑公司业务发展的能力中心。

5.7.2 能力建设

职能部门蜕变为能力中心后，需要建设和提升哪些能力？如何提升这些能力？

首先，需要培养人力资源的能力。职能部门的主管从“打仗”变为“带兵”后，首要任务就是要在本专业领域建立一套选人、育人、用人、留人的机制，从而锻造一支团结高效、能打硬仗的队伍。在矩阵组织架构下，对专业人员的招聘、培养、评价和激励，建立资源池，为项目源源不断地提供所需人力资源，成为职能部门主管们的主要职责之一。

职能部门在资源池的建设和运作流程方面的工作需要提前动作，资源池应该像池塘的水一样，信息、人员是流动的，心态是开放的。而资源池的建设，包括人员选拔入池、培养、出池、评价、资源池状态评价监控等一系列规范的建立和推行。

其次，职能部门主管需要关注流程能力的建设。2006 年德国世界杯足球赛，巴西队个人能力出众，个个都是世界级球星，但最后却与冠军无缘，关键原因在于攻防缺乏章法、队员配合生疏，整体的流程能力不足。相类似，产品研发项目成功与否不仅在于项目成员的个人能力，更取决于产品研发流程尤其是子流程的能力。所以，职能部门需要把流程建设及优化作为自己的工作重点，具体工作包括确定专业领域的政策及原则、制定子流程及规范并持续改进、经验库建立、编制模板及指导书等。

当企业产品线和产品越来越多时，实现产品平台的杠杆利用就成为提升产品研发能力的关键，而产品平台最终要落实到各专业领域的平台上，所以如何提升各专业领域的平台能力就成为职能主管的关键职责。以硬件部门主管为例，他需要根据产品平台和产品研发的要求，研发及维护共用的单元电路，提出专用集成电路设计的需求及参与研发，对关键器件进行选型、认证和验证等。

最后，职能部门主管还需要承担文化建设的职责，提升研发团队的文化力。企业文化是最高层次、最持久的组织能力，企业文化建立除了从公司整体层面进行明确、宣导外，关键在于主管对员工的言传身教，并对员工的行为进行引导和评价。职能部门主管作为研发人力资源管理的主要责任者，理应在这方面发挥核心作用，引导研发人员认同和实践公司文化。

归纳一下，职能部门需要从人力资源能力、流程能力、平台能力和文化力 4 个方面进行能力建设，以真正体现能力中心的定位和作用。同时，职能部门主管还要负责能力的转移和应用指导，具体来说，就是需要确保能力中心的员工应用职能部门的策略、流程、规范和工具，并对能力中心派到 PDT 的职能代表和外围组成员提供技术指导。

第 6 章

告别“大厨式”研发

依赖能人而不依靠流程的“大厨式”研发模式在中国企业普遍存在，严重影响了企业研发能力的持续提升。所以，中国企业迫切需要建立结构化的并行研发流程，并不断优化流程，实现从依赖“大厨”到依靠流程的转变。

在研发流程建设中，除了建立主流程、阶段流程及相应的子流程外，还需要加强项目管理、需求管理、质量管理等支撑性流程的运行，并持续努力地推进流程的执行落地。

6.1 从依赖“大厨”到依靠流程

很多企业的研发成功靠的是几个研发高手——“大厨”，但长期依赖个人研发产品存在严重问题，一是不可能找到那么多高手，二是高手不一定留得住，三是依赖高手会导致难以管理，四是高手往往制约人才成长。在这种情况下，进行系统化的研发流程建设，从依赖“大厨”到依靠流程来推动产品的持续发展，就成为企业的必然选择。

6.1.1 为什么依赖“大厨”

“大厨式”研发在中国企业中非常普遍，公司往往有几位研发高手——“大厨”，只有大厨才能炒得一手“好菜”——成功的产品，类似一种中国餐馆的运行模式：炒菜（做研发）没有标准化工艺，迷信大厨的手艺；大厨的手艺（技术）直接影响了餐馆（公司）的成败，大厨走了，餐馆（公司）就可能关门；餐馆（公司）无法积累、复制大厨的手艺（技术）。

企业出现这种现象，是在创业和成长中形成的。在初创时期，企业老总可能本身就是“大厨”，第一代产品就是老总研发的，随着规模的扩大和产品的增加，老总不可能亲自来做研发了，于是出现了新的“大厨”。“大厨们”凭自己的技术和经验研发产品，水平越来越高，人也越来越牛，产品研发过程中出了难题，只有他们能够搞定，离开他们研发就玩不转了。他们因为太忙或者也不想把他们的经验积累下来，一般的研发人员只是打下手的，使“大厨们”经常得到处救火，所以他们也往往是研发部门最忙碌的人。当然，“大厨们”是公司的宝贝，老板也得供着他们，生怕他们离职，有的老板甚至感慨自己实际上是在为“大厨”打工。

其实，很多企业老总也认识到了这个问题，依赖个人英雄搞研发肯定走不远，开始建立研发规范，制定研发流程，进行经验总结，培养研发人才，但效果很不理想。觉悟高的“大厨”为公司利益着想，支持这种做法，但陷在项目中脱不开身，很少有时间来认真总结经验和编制流程，心有余而力不足；觉悟差些的“大厨”会觉得这样一来将影响自己的地位甚至饭碗，有抵触情绪和反对态度在所难免，逼急了甚至拍屁股走人。有些公司指望质量部门或企管部门把研发流程编制出来，但是管理部门闭门造车搞出来的流程显然与实际情况相距甚远，也得不到研发人员的支持，基本上无法操作，最后辛辛苦苦做出来的一套流程只能束之高阁。看来，企业在建立研发管理体系上花了不少工夫，但依赖“大厨”的局面并没有多少好转。

6.1.2　依靠流程研发产品

如何才能摆脱对“大厨”的依赖？中餐馆和麦当劳的比较给出了答案。中餐馆必须依赖大厨才能做出好菜，很难做大，而麦当劳是依靠标准化的流程烹调出口味高度一致的汉堡包和炸薯条，全球众多的麦当劳餐厅都是如此。也许有人会说，产品研发与麦当劳做汉堡包不一样。确实，绝大多数的产品无法像汉堡包那样标准化，但依靠流程来保障产品成功的道理是一样的。

依靠流程可以保障产品符合客户需求。从识别目标客户、访谈客户、需求收集、需求分析，到需求定义、需求分解及分配、需求跟踪、需求实现、需求验证，在产品研发流程中定义了一系列连贯的需求管理活动和相关的设计活动，确保对客户需求准确定义并得以实现，避免“大厨式”产品研发中容易出现的对客户需求理解的片面性和主观性。

依靠流程帮助研发人员更好地进行产品设计。流程不仅是做事情的逻辑关系，更是对每项具体的活动如何做进行定义和规范，指导和帮助执行者正确地完成任务。在“大厨式”模式下，研发人员其实想做事，但不知道如何做，那么产品研发流程可以分析正确的做法，结合过去成功的经验，把每项活动的操作规范、标准、模板、工具等做出定义，帮助研发人员完整、准确地思考和解决设计问题。

依靠流程才能更好地保证质量。在“大厨式”研发模式下，产品研发的质量取决于“大厨”和有限的测试，由于缺乏设计规范的指导，缺乏有效的检查和评审，加之“大厨”精力顾不过来，导致质量缺陷频繁产生而且无法发现和解决。在产品研发流程下，一方面通过研发活动的规范尽量减少质量缺陷，另一方面通过严格的评审和测试发现质量问题并予以解决，另外，还通过 QA 的流程引导和流程审计工作保证流程得到切实执行。

依靠流程可以提升产品研发的效率。有人认为流程会影响产品研发的效率，确实，烦琐的程序和过多的审批环节会使产品研发变慢，即使合适的流程和必要的审批也会增加一些产品研发的时间，但换来的是由于减少了错误和返工带来的整体研发周期的缩短。“大厨”主导的产品研发短期内可能显得很快，但是样机研发出来后往往需要花比之前更长的时间产品才能转产，到市场后还面临大量的质量问题和频繁的修改。

依靠流程实现知识和经验的积累、传承和共享。研发流程是对过去产品研发成功知识和经验的总结，通过研发流程的运行可以将这些知识和经验继承下来，同时还可以对新的知识和经验通过研发文档、流程及模板优化、知识经验库等方式进行积累，在以后的研发中传承和共享。而“大厨们”的知识和经验主要存在于他们脑海里，一旦“大厨们”离开公司，知识和经验也就随之流失了。

研发流程建立的目的之一就是要摆脱对人才的依赖，但并不是否定研发人员对产品成功的重要性。即使建立了完善的研发流程，合格的研发人员仍然是产品成功的前提条件，再好的研发流程也需要研发人员掌握和执行，只是这时候对研发人员的要求可以适当降低，不再是什么事情都依赖“大厨”了。

企业研发要摆脱对“大厨”的依赖，需要建立研发管理体系，尤其是建立研发流程体系，而研发流程的建立却恰恰需要“大厨们”的大力支持和参与。一方面需要摆脱他们，另一方面又需要依靠他们，这是一对矛盾。解决这一矛盾的关键在于与“大厨们”进行有效的沟通，充分尊重和认可他们的贡献，打消他们的顾虑，使他们认识到告别“大厨式”研发并非不再需要他们，而是使他们今后能发挥更重要和更有效的作用，需知“大厨式”研发模式长期下去，不仅制约公司产品的发展，影响大家在公司的利益，而且对“大厨”自身也是有害的，因为这种模式会助长个人英雄主义和骄傲自满情绪。

建立研发流程不能简单地把现有的做法固化，这样会把现有的错误也固化下来，无法形成优秀的流程，也不能零零散散地编制一大堆看似不错，但很不系统、没有层次结构、不成体系、操作性不强的流程。正确的做法是在研发最佳实践和流程专业方法论的指导下，结合企业自身实际，制定一套系统化、有针对性、可操作的研发流程体系。

6.2 结构化的并行研发流程

相对于企业生产流程、销售流程、售后服务流程来说，研发流程涉及的活动更多，更为复杂，需要市场、研发、测试、采购、生产、销售、服务、财务等部门的共同参与，所以构建研发流程时，除了需要遵循业务流程设计的一般方法外，还要着重考虑研发流程的结构化和并行工程。

6.2.1 结构化的研发流程

所谓结构化，是指相互关联的工作要有一个框架结构，并要有一定的组织原则来支持它，比如，在一个自上而下的层次构架中，上层结构简单一些，越到下层越繁杂越具体。同时，需要对每项工作进行定义，即每项工作都应清楚地明确规定出来，所有人员都应该清楚他们所参与的是什么工作，用什么方法去完成。

产品研发是复杂的。因为产品研发人员必须完成成千上万项活动，而这些活动大部分是与他人工作紧密相关的，协调便成为极其复杂的工作。为了能管理好这些庞大而复杂的活动，产品研发流程必须成为结构合理、定义清楚的过程。

我们一般谈到的研发流程，除了产品研发流程以外，还包括产品战略流程、市场管理及产品规划流程、技术研发流程、产品或技术研究（Research，很多公司又称为预研）流程等，不同的研发流程结构化的层次和程度会有所不同，比如，技术预研流程的结构化程度就远不如产品研发流程。

以产品研发流程为例，一般可以划分为流程概览、阶段流程、子流程或支撑性流程、模板或指导书 4 个层次，图 6.1 是一家科技型企业产品研发流程的层次结构图。

通过流程结构层次的划分和定义，企业一方面明确了产品研发各个层次的流程，另一方面将产品研发所涉及的各项活动识别出来并进行规范，包括对每项活动的输入、输出、衡量标准、操作步骤、约束条件、方法和工具等进行详细、清晰的定义，并编制相应的模板、表格和操作指导书。

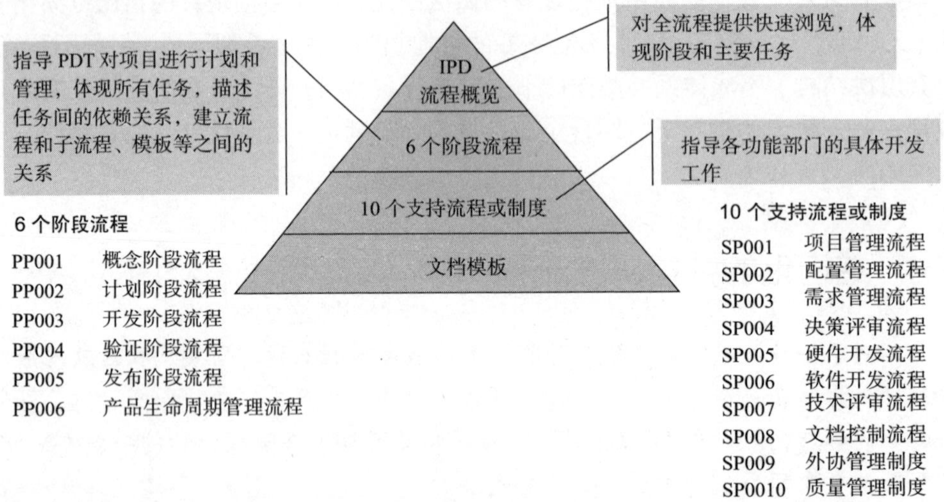

图6.1 某科技型企业产品研发流程的层次结构图

6.2.2 在非结构化和过于结构化中寻求平衡

产品研发流程是可定义的、可重复的、可管理的，但是产品研发流程与制造流程不同。制造流程是完全按照生产文件进行标准化作业，产品研发是带有较强创造性的活动，不能像生产流程那样定义得过细、过死，需要在规范化和灵活性之间取得一种平衡，如果按照结构化观点来看，就是需要在非结构化和过于结构化之间寻求平衡。

在非结构化状态下，没有规范，过于强调灵活性，就成了无序状态，放任自流，容易出错，质量、进度等目标没有保证。目前中国企业产品研发非结构化的问题很突出，缺乏规范的、一致的流程，术语和文档很不统一，产品研发活动处于无纪律状态，对一些关键性的活动都没有定义流程、规范，没有制定相应的操作模板。如需求没有经过评审，需求的制定没有充分的信息输入，设计时没有充分考虑制造的问题及物料采购的问题，也没有成本分析，没有规范的评审。

而过于结构化也无法保障项目目标的实现，流程和活动过度规范化，缺乏创新空间，太多的审批环节，过多的测评指标，滋生官僚主义，变成了僵化、教条的流程，造成运行缓慢和效率低下。这种流程也会遭到研发人员的抵触和忽视，其结果是研发流程受到削弱，变成一套形式。

产品研发流程应该是平衡的流程，具体表现为：

- 流程是可重复的，但可以根据具体情况进行裁减；

- 对产品研发活动进行清晰和规范的定义，但保留了适度的创新空间；
- 流程是可测评和可管理的；
- 流程是文档化的，而且得到了应用，写的与做的是一致的；
- 流程是持续优化的。

要取得非结构化和过于结构化的合理平衡，还需考虑以下因素。

（1）企业的发展阶段。对于创业期的企业，产品和项目很少，应强调快速研发产品，抓住市场机会，这个时候，产品研发没有必要有太多过细的规范。当然，这个阶段企业的生存风险也是最高的；而对于发展、成熟期的企业，产品和项目逐渐增多，有很多经验教训可供借鉴，运作也已有了一整套模式，但可能这些经验、教训、模式只存在于少数老资格员工（“大厨”）的头脑中无法共享，这时候就需要建立详细的流程、规范和操作模板，以共享经验、避免犯重复的错误、指导后续的产品研发，尤其是指导大量新进员工的研发工作（这个时期，往往有大量新员工加入）。当然，规范化是一个长期的过程，不是一次性做到最优、一劳永逸的。要避免各种体系文件一下子定得过细，让执行者感觉非常烦琐而根本不会去执行，而应结合实际，渐进式地细化、优化。

（2）组织规模。不同人员规模的组织，由于沟通的复杂性和频度不同，对过程的规范性要求也是不同的。极端情况：一个人的个体作坊，大可以随心所欲，在积累了大量的经验后，形成自己得心应手的规范，这些规范可能只存在于个人的头脑中。超过两个人，就需要交流，规模越大，交流越复杂，以至于文件化成为必需，否则就无法保持一致性和有效传承。

（3）产品特点。标准化程度高的产品，结构化程度也需要高一些。对不同产品的不同专业领域制定研发规范时，灵活性考虑也会不同，比如，消费类电子产品在外观设计方面要留有足够的弹性，利于设计上的创新，而在关键电路的设计上则应该有严格的要求，避免研发人员凭自信选择未经验证的电路，影响产品的可靠性。另外，对产品本身的复杂性不同，对规范的详细程度要求也不同，产品越复杂，规范应越详细。通常，产品越复杂，项目组织也越庞大。

6.2.3　并行工程

并行工程是很早就提出来的产品研发工程方法，要求对产品研发过程中各方面的研发活动进行并行、集成化处理，强调各部门的协同工作，以提升产品研发效率、缩短产品研发周期。

并行研发容易和异步研发混淆，其实它们是不同的产品研发方法。异步研发模式是指对整个系列产品进行研发时，以产品平台为基础分出几个层次，如划分为最终产品、平台、子系统或模块、技术 4 个层次，不同的层次分时进行异步研发，越下面的层次越要提前研发，这样最终产品的研发就可以在已有平台和共用模块及关键技术的基础上快速集成，从而提高产品研发的质量和效率。并行研发一般是针对单个产品的研发过程，各项职能要尽量并行，如在进行系统设计时就制定系统测试及验证计划，产品研发一开始就需要考虑可制造性需求及设计，销售计划在产品研发早期就形成，而不是等到产品上市时再临时抱佛脚。但是，二者的根本目的是一样的，就是提高产品研发的效率和质量。

产品研发流程的并行模型可以划分两个层次，如图 6.2 所示。

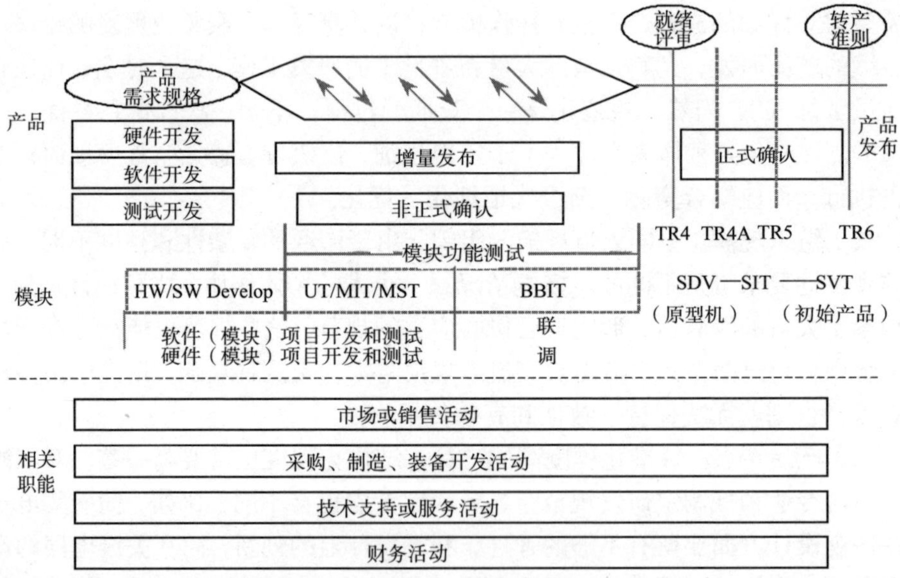

图 6.2 产品研发流程的并行模型

第一个层次的并行指系统工程、硬件研发、软件研发、产品测试等产品功能及性能的研发活动的并行，比如，开展系统工程的活动，使需求能够同步分解和分配到相应的子系统和模块，并在研发中保持所有子系统和模块的协调一致；硬件研发、软件研发、结构设计、测试等活动尽量并行开展，充分考虑相互的接口和协同。

第二个层次的并行指产品功能及性能的研发活动与市场、采购、制造、服务、财务等职能活动的并行。在串行研发流程中，销售、制造、采购等职能活动只在产品研发的后期才进行，甚至很少开展。并行研发流程强调要充分考虑这些相关职能的活动，而且尽量提前进行，如在产品研发初期就开展销售策略、可制造性、可服务性、关键供应商选型等活动。

6.3　研发流程的裁剪

由于企业产品复杂程度的差别，研发工作也有全新研发、局部研发、优化改进等区别，所以不同产品的研发流程不可能是完全一样的，这就需要在企业已经定义的、相对比较完整和标准的产品研发流程的基础上，根据实际情况进行裁剪，形成适用于将要研发产品的流程。

6.3.1　流程裁剪时的常见问题

尽管企业已经制定了结构化的产品研发流程，当项目经理需要在项目中使用这个已定义好的流程体系文件时，面对厚厚的过程文件往往无从下手，心中也充满疑虑：

- 我的项目研发周期只有 3 个月，团队 4～5 个人，难道要完全按照公司定义的标准流程执行吗？如果必须执行所有的流程和子流程，生成所有要求的技术和管理文档，那项目的研发周期恐怕不是 3 个月，而是 4～5 个月了。那我的项目还能成功吗？
- 我听说过“裁剪”这个词，不过到底是“裁剪”还是“裁减”，我还没有弄明白。即便弄明白了应该是“裁剪”，而非“裁减”，可具体该怎么操作？我可以随心所欲地将自己认为不必要的或者很费时费事的过程裁剪掉吗？
- 如果公司有 QA，也有裁剪指南，那就好办了，我可以在 QA 的帮助下使用裁剪指南裁剪得到项目的流程，执行就是了。但如果公司没有 QA 的角色，我就只能自己进行裁剪了。可是，裁剪的结果需要有人批准吗？

在这里，我们假定完整的产品研发流程体系是包括了产品研发的方针、原则、流程、指南、模板和表格等一整套的体系。那么，项目经理该如何是好？

6.3.2　流程裁剪指南的目的和作用

建立裁剪指南的目的是用来指导项目对标准的产品研发流程进行裁剪，以形成符合项目特点的项目定义流程（Project Defined Processes，PDP）。

标准的产品研发流程包括了研发一个完整产品或项目的全流程，以及相应的支撑流程。因此，每个特定的项目都可能无法直接使用这个标准的流程。比如，标准的产品研发流程描述了研发一个系统级产品的完整过程，研发流程中包括了软件、硬件、结构、工业设计等。而某个特定项目仅仅包括纯软件的研发工作，在这种情况下，该项目无法也不应该盲目地遵照执行完整的流程。或者，某个特定项目，项目的成功标准是按时交付，而客户要求的项目交付期特别短。为了达到这个目标，项目也不得不对流程进行裁剪以满足客户的需要。裁剪指南就是来帮助项目裁剪标准的产品研发流程，以形成项目定义流程，使用项目定义流程来管理项目，实现项目的目标。

裁剪指南能确保所有项目在定义项目特定的工程活动、需求研发和管理、计划、监控、测量分析、配置管理、质量保证过程时有一个共同基础。裁剪指南主要可在以下方面指导项目：

- 选择适当的产品研发生命周期，由于各种生命周期模型在产品工程领域已经有深入的研究，业界对于瀑布模型、迭代模型、增量模型、螺旋模型等的使用场合等也基本达成了共识。因此，项目只需要将项目的实际特点与生命周期模型的应用场合相匹配，选择合适的生命周期类型即可。
- 剪裁标准的产品研发流程，结合所选择的产品研发生命周期，形成项目定义流程，使之符合项目的具体特点。

6.3.3 如何进行过程裁剪

项目特点是裁剪依据和出发点。项目特点包括：① 项目规模，如大、中、小等，通常可以使用功能点（Function Point）或千行代码、单板数等单位进行度量；② 项目类型，如研发、维护、功能增强等；③ 项目技术复杂度；④ 项目周期；⑤ 产品种类等要素。

裁剪指南应包括以下内容。

（1）可裁剪的对象。可裁剪对象确定了裁剪的范围，可裁剪对象不仅限于过程元素和活动，还包括标准、方法和工具、输出的工作产品及模板等。

（2）裁剪所考虑的要素。对于某个裁剪对象，其范围、频度、正式度等都是裁剪要素。如对已有类似研发经验的项目，可以适当减少过程培训、业务培训等活动；对于研发周期较短的项目，可以适当合并一些评审活动，如概要设计和详细设计评审合并进行。

项目在进行裁剪时，由于裁剪指南很难枚举所有的裁剪情况，因此有时还是需要项目经理和 QA 依据经验进行判断和决定的，这时，最根本的依据就是项目的质量要求和对风险的考虑。首先要分析，如果一旦裁剪掉某些活动，是否会给项目带来风险，带来多大的风险，以及是否影响项目质量目标的达成。然后综合考虑后才能决定是否裁剪，如何裁剪。

另外，企业建立标准的产品研发流程的目的不是“为了规范而规范”，而是为了提高过程和技术的重用。因此，如果项目在裁剪时有很大的灵活度，每个项目定义流程都很随意或者项目定义流程之间相似的内容很少，那么重用的目的就很难实现了。所以，规范度和灵活度是流程裁剪时需要平衡的另外两个要素。

概括起来，流程裁剪的原则就是：质量与风险并重，规范与灵活平衡。

流程裁剪的主要活动包括：

- 根据标准的产品研发流程和裁剪指南，进行流程裁剪，以符合项目特征。项目经理在 QA 的协助下完成该项工作。
- 记录裁剪的理由，将裁剪的结果整理成项目定义流程文档。
- 由质量部门或工程过程组审核裁剪理由和项目定义流程，并批准。审核的检查点主要包括是否与标准的产品研发流程一致，是否符合本项目的特点，是否记录了充分的裁剪理由。如果审核不通过，则重新进行流程裁剪，或进行修改。
- 基于项目定义流程制定项目计划，根据计划监控项目的实施。

6.3.4 “裁剪”而非“裁减”

常常见到企业的流程体系中赫然存在一份“裁减指南”，员工也往往认为裁剪就是大刀阔斧地“减少”完整的流程要求。如果项目时间紧、缺乏资源，就可以这么做。这是一个认识的误区。

所谓“裁剪”就是量体裁衣，根据项目特点量身定做最适合项目的流程，用最经济的流程实现质量目标。对于一个研发周期超过一年的系统级产品的研发，公司定义的 4 大决策评审点（Decision Check Point，DCP）：概念 DCP、计划 DCP、可获得性 DCP 和退出 DCP，以及 6 大技术评审点（Technical Review，TR），TR1 至 TR6，可能“一个都不能少”。而对于一个快速定制研发的项目而言，一般将概念 DCP 和计划 DCP 合并，某些 TR 也可以合并。

有些项目经理认为裁剪得到了项目定义流程，然后就可以开始项目的具体工作了。但 PDP 并非项目计划，更不能替代项目计划。项目经理应基于 PDP 制定项目的工作分解结构（Work Breakdown Structure，WBS），以 WBS 为基础进行工作量、规模和进度估算，制定项目进度表和完整的项目计划。后续工作要以项目计划为基础监控项目的实施。

有些企业在刚刚建立研发流程体系时，由于很难立即制定一份完善的裁剪指南，所以干脆一刀切，不允许裁剪流程。但这样硬性规定的结果是一些维护型、功能增强型的项目要么就是在搞不清状况的情况下照着完整的流程执行，生成很多文档，也延误了研发周期，降低了效率；要么干脆拒绝执行流程，仍然按照过去的工作方式研发。显然，这就违背了建立流程体系的初衷。

另一个极端是企业允许流程裁剪有很大的灵活度，却没有设定一些原则。这样的结果往往是项目随心所欲地裁剪流程，使研发流程的可重用性非常低，而项目的质量和效率也得不到保证。

6.4 项目管理——使流程运转起来

很多企业对于研发流程与项目管理之间的关系感到困惑：如果已经建立了规范的、结构化的研发流程，是否还需要建立项目管理体系？如果两者都是必需的，那么应该如何配合才能有效地融为一体？项目管理的内容到底是什么，与研发流程的关系是什么？问题不一而足。

事实上，研发流程与项目管理之间是相辅相成的。如果没有规范的研发流程，项目管理就失去了管理的基础；研发流程需要有效的项目管理才能运转起来。

6.4.1 结构化的研发流程为项目管理奠定了基础

流程是为了达成特定目标而进行的一系列活动。结构化的研发流程不仅识别出完成企业的产品研发工作需要进行的活动，而且对这些活动进行了结构化的梳理与整合。结构化的研发流程将整个研发过程划分成几个大的阶段，规定了研发流程的起点与终点，识别出了每个阶段必须进行的工程领域的关键活动，明确了研发过程的里程碑点，定义了保证产品满足市场需要且符合企业发展战略要求的业务决策评审点，以及为了保证产品满足功能需求和质量要求而设的技术评审点。

项目管理就是在研发过程中应用计划与监控、沟通管理、质量保证等技术与工具对项目的相关人员及其执行的活动进行管理以达成研发目标。项目管理工作的基础是项目初期制定的项目计划。而项目计划的内容涉及需要进行的工程活动、参加的人员、沟通与协调机制、流程执行中关键控制点等。这些信息正是来自规范的研发流程。

如果没有明确的研发过程的阶段划分、活动定义，工作分解结构的编制就缺乏基础，也就无法有效地进行项目范围和计划管理等。如果没有一致的研发流程，每个项目的管理过程就不具备一致性，也无法在多项目之间进行有效的协调与平衡。在结构化的研发流程中明确定义了参与研发工作的各个角色及其职责，那么在制定项目计划与进行项目监控时就能够据此分配资源，以及在例外事项发生时根据流程中的角色职责来落实责任人。

此外，流程的起点和终点也清楚地确定了项目的起点与终点。在这个具有时间限制的过程中，如果研发人员能够对过程有一定的预见性，在过程中掌握主动，那么研发工作将会事半功倍，大大提高效率。在汉捷咨询帮助一家自动化设备企业建立研发流程时，负责研发的老总非常希望通过新研发体系的实施，来提高员工的主动性。主动性是优秀研发人员的关键素质之一，事实上通过良好的管理可以提高员工的主动性或者说良好的管理降低了对员工主动性这项素质的要求。要达到这样的管理效果，流程与项目管理的结合是一条捷径。通过结构化的流程辅之以项目计划与监控，则可以使来自各职能领域内的相关负责人的工作更加具有预见性和主动性。这种预见性与主动性不是单纯地依赖个人的素质和觉悟，而是在流程中已有定义，在项目计划中已有安排，只需要相关人员按部就班就能够在工作中赢得主动。

6.4.2　项目管理使研发流程运转起来

如果我们将研发流程比做是修建的一条登山路，那么项目管理就是登山队如何沿着这条路又快又好地登上山顶，这条路在登山队登山时才发挥作用。同样，结构化研发流程的运行仅仅让参与的角色各自按照流程行事是不够的，而需要项目团队实施有效的项目管理才能使研发流程有效地运转起来。

企业研发流程定义了流程中的角色、需要执行的活动及相应的模板、规范等，而项目管理就是安排特定的人，在特定的时间，去完成特定的活动，项目管理的管理对象就是研发流程中的活动。

项目管理本身也是一个流程。与产品研发流程具有明确的阶段划分，各阶段在时间上是线性的不同，项目管理流程的基本过程是迭代的，在整个产品研发周期可以分为启动、计划、执行、监控、收尾5个过程，而在研发流程的每个阶段、每月、每周甚至每日都可以实施这5个过程。项目管理流程正是通过这。5个过程，使研发流程中的活动能够有效执行，所以，项目管理流程又被称为研发流程的“使能”流程。

根据产品研发流程的层次结构，相对于产品研发主流程和阶段流程，项目管理流程是支撑性子流程，需要在多个方面发挥支撑作用。

首先，项目管理流程基于产品研发流程裁剪后得到的项目定义流程制定项目计划，驱动产品研发的运行。具体需要明确需要开展哪些活动，由谁来执行这些活动，何时完成，由谁来监控，应该向谁报告，活动与活动之间的进度如何配合等。项目管理正是通过项目计划来保证具体的活动有专人负责，通过执行监控活动来保证执行进度与执行结果的质量。

其次，项目管理流程解决人员配备和协调的问题。研发人力资源是有限的，给不同的产品研发项目配备哪些人员，跨部门的研发人员如何安排自己的工作，以及他们相互之间如何有效配合，何时提交阶段工作成果，出现资源紧张时如何协调等问题，只有进行有效的项目管理才能得到有序的解决。

再次，项目管理流程根据产品研发流程中的角色及职责划分，把任务分配给具体的人员，并确保他们之间的良好配合。当流程在具体实施时，要保证同一角色承担者之间的工作协调一致，仅依靠一套流程显然不够，更需要一套详细的工作计划。通过对所有角色承担者制定统一的计划，同时将整体计划细化分解到各自的个人工作计划中，并在执行过程中统一监控。

最后，项目管理流程保障各职能领域的有效配合。高效的研发流程往往采用矩阵型的组织结构，职能线与产品线之间需要相互交错与平衡。这种结构能够让项目组及时对市场状况做出响应，加强研发过程相关职能领域的沟通，极大地提升研发效率。但正是因为这种跨部门运作的方式，所以更需要各职能领域的人员之间工作要协调，步调要一致，项目信息必须要有效传递。而项目管理工作正是通过跨部门的端到端的计划来监控并解决这些问题，以保证流程中涉及的人、活动、工作成果、控制点等有序而高效地进行。

因此，企业在构建自己的研发体系时，不但要建立一致、规范、跨部门的研发流程，而且还应该在此基础上，建立起适合流程运作的项目管理流程和制度。在实际产品的研发过程中以结构化的流程来保证研发工作的一致性和规范性，同时以有效的项目管理来保证流程的切实执行，最终保证产品研发成功。

6.5　需求管理——以客户为中心的研发

对客户需求缺乏理解，市场部门反馈的需求不明确，以自我为中心理解客户需求，对客户需求分析及定义不完整，很少考虑内部需求，无法识别差异化客户需求，需求变更随意……产品研发中有关市场需求的问题五花八门，也是产品失败的主要原因之一。解决这些问题的关键是建立市场需求管理流程，实施需求工程，实现以客户为中心的研发。

6.5.1　市场需求管理流程

市场需求复杂多变，依靠零散和临时的活动，根本无法完整、准确地了解市场需求，也无法将需求有效地落实到产品规划、产品定义和产品研发中，而应该建立规范、完整的流程来管理市场需求。市场需求管理流程一般分为 5 个步骤。

1．收集阶段

需求可能来自各种内部和外部渠道。本阶段要采用面向市场和客户驱动的方法，利用细分市场分析框架，制定需求收集计划，开展各种主动的收集工作，生成高价值客户需求。从而确定并生成可能的产品包需求，为后续的分析、筛选和执行做准备。本阶段强调主动收集、有目标地收集，以及收集渠道整合。

2．分析阶段

通过$APPEALS，QFD 等分析工具，对需求进行分析、解释、排序和进一步细化，使之可以被分发、执行并验证。本阶段强调规范的需求分析过程、分析工具和方法。

3．分发阶段

该阶段的主要目标是保证需求被恰当地分配到最合适的组织或者子流程，并由对应部门决策：该需求应当被接纳，还是拒绝，或推迟。本阶段强调分级分层的管理模式、多种分发渠道的跟踪。

4．实现阶段

将客户需求变成产品，满足所确定的客户需求。该阶段和产品研发流程有紧密的关系，需求转变为规格、设计及产品，在此过程中由产品研发流程控制需求的每次转变。本阶段强调端到端的可追溯性、变更控制。

无论是市场需求还是内部需求（内部需求一般包括可制造性、可测试性、可维护性等），随着时间的推移，都有可能发生变化。特别是市场需求，由于市场形势变化、新的行业标准，或者由于客户的原因，都特别容易发生变化。事实上，几乎所有的产品在研发过程中都遇到需求变化的情况，极端的，有相当多的产品由于需求变化过于频繁而无法按时完成产品研发，导致研发进度延迟，研发成本居高不下。

需求变化是不可避免的，关键是对需求变化有良好的管理。没有良好的需求管理，响应市场的速度和效率就会下降。为了对需求变更做出快速响应，需要召开定期或紧急的需求分析会，确定是否要刷新原定的产品研发范围和计划，必要时需评估影响程度。

5. 验证阶段

验证活动贯穿整个需求管理流程，主要通过内部验证和客户确认两类活动进行。本阶段强调在实施的前后都要与客户分享，客户有最终评价权。

需求的内部验证是指获得的市场需求和内部需求在转换成产品包需求、设计需求，乃至设计规格的过程中，需要对每一次转换进行验证以确保需求没有被遗失、误解或者扭曲。需求的验证活动主要贯穿在集成产品研发流程的各个阶段，产品研发团队管理需求转换的映射关系，并且在每次转换后的技术评审点召集需求管理与分析专家进行评审，以确保需求被正确地理解和实现。

需求的客户确认是指通过和战略客户交流产品概念或者进行 Beta 测试来确认客户的期望和要求。需求的确认非常重要，因为它是整个需求管理流程形成从客户到客户的闭环所必不可少的关键环节。在需求管理流程中定义了两种需求确认活动：早期确认和常规确认。

需求的客户早期确认就是在正式的研发实现阶段前与关键客户交流产品概念，以确认企业提供的产品概念中正确地理解了该关键客户的需求，并且产品概念中提供的实现符合该关键客户的期望。

需求的客户常规确认包括 Beta 测试活动，产品研发团队在测试过程中，要完整地记录客户对产品的意见和建议，并在产品正式发布以前进行有效的整改和完善。需求的客户确认活动也是一种高质量的主动需求收集活动。

把需求转换为产品设计并最终形成了产品，需要回过头来对市场需求的落实情况进行验证，在新产品的推广和管理过程中发现存在的问题，总结经验教训，不断循环提高准确把握客户需求的能力。

6.5.2　需求工程

根据市场需求管理流程，市场需求最终需要在产品研发中实现并得以验证。在产品研发中市场需求的实现一般遵循以下过程：客户要求、市场需求、产品包需求、设计需求、产品规格、产品实现、需求跟踪、需求验证。这些过程中复杂而细致的转化、综合、分解、分配、跟踪、确认等工作是一项工程，称为需求工程。图 6.3 是需求工程中需求的转化逻辑示意图。

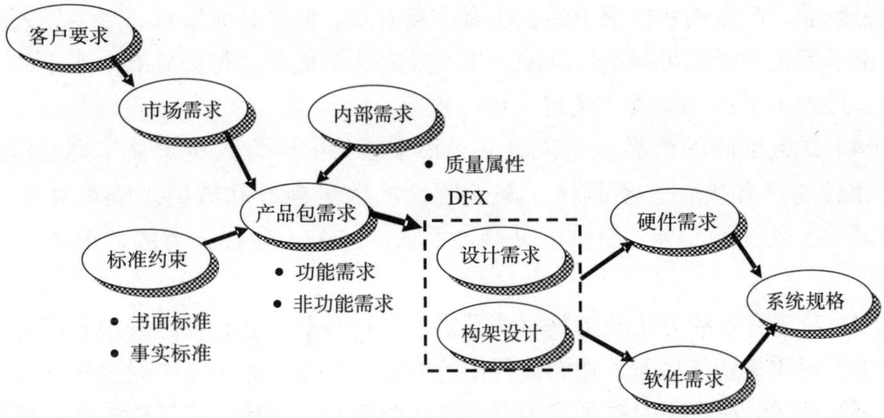

图 6.3　需求工程中需求的转化逻辑示意图

需求工程贯穿产品研发全过程，属于产品研发中系统工程（System Engineering）的主要组成部分。国内企业在需求工程方面也是相当薄弱的，典型的问题有以下几个。

（1）在产品研发前期，缺少客户需求收集及分析的活动。很多研发人员认为，既然市场人员在前面给出了需求，我们只要照着这些需求去做就行了。殊不知，这样的想法是很危险的，因为前面了解的需求可能不全面、不具体，客户需求可能发生了变化，而且如何验证这些需求确实是客户需要的？所以，产品研发前期应该进行更具体的、更有针对性的客户需求收集及分析工作，包括必要的客户访谈和需求验证。如果这些工作省掉了，表面上加快了研发进程，实际上后患无穷。

（2）产品研发人员凭主观偏好理解客户的需求，结果研发了自己喜欢的而不是客户喜欢的产品。这很大程度上是受投射效应的影响，从心理的角度来讲，人们容易将自己的想法和偏好投射到别人身上，如认为自己喜欢的东西别人也会喜欢。一名项目主管认为多媒体芯片组应该功能强大和全面，按照他的想法花了九牛二虎之力研发了一款 DVD 多媒体芯片组，因为价格太高，没有任何竞争力，其实客户最关心的是价格，功能方面并不需要面面俱到。

（3）缺乏完整的产品包需求定义。产品包（Offering）即企业提供给客户的全部，包括产品的功能、性能、服务、体验、定位、形象、包装、资料等。产品包需求不仅包括市场需求，还包括内部需求和标准约束。企业产品需求定义往往只局限于产品的功能和性能需求，对客户关注的其他需求缺乏考虑，内部需求也考虑得比较少，如可制造性需求、可维护性需求等。一家初创企业选择健身自行车进行创业，产品创新性很不错，也有市场需求，但产品研发出来后，投入制造后，由于事先未考虑可制造性问题，生产效率非常低下，每天只能生产十多台自行车，远跟不上市场需要，错过了市场机会。

（4）缺乏准确的产品包需求定义。很多项目的研发人员定义了产品需求，但是比较笼统和模糊，不具体，缺乏明确的衡量标准和数值。噪声要小、高速回转、提供统计功能、简洁的外观、手感良好……诸如此类的需求定义并不少见。

（5）缺乏有效的方法及工具对产品需求进行分解和转化。尽管很多研发人员多少也了解质量功能展开、功能流程图等方法，但在实际工作中对这些方法并没有深刻的理解，在应用时碰到了困难容易浅尝辄止，最后还是凭感觉来分解及分配需求。

（6）研发人员被动地对待需求工程的各项活动。他们认为需求是用户和市场部门的事情而不是自己的事情，能少干则少干，能偷懒则偷懒。研发过程中经常发生需求变更，需求的跟踪不力，导致产品迷失方向，产品不是半途而废就是陷入半死不活的状态。

6.5.3 识别客户需求应注意全面性和差异化

我们分析客户需求，往往容易局限于产品功能、性能的分析，其实客户需求的各个方面，如外观、安装简便性、产品易用性、使用安全性、可维护性、使用成本等，都可能成为决定产品竞争力的重要因素。要透彻理解客户需求，提升产品竞争力，必须全面了解和分析客户需求的各个方面，包括客户从认识、接触产品开始到购买、使用产品，最后到废弃产品的整个过程的各个方面，如图 6.4 所示。

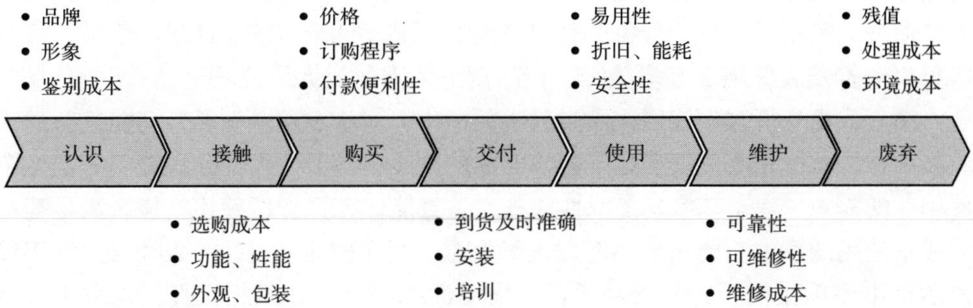

图 6.4　全过程的客户需求分析图

第一，要考虑客户认识产品过程中的需求。品牌是否能满足客户心理安全需求？形象是否能满足客户对显示地位的需求、对风格的需求？是否能满足客户低成本鉴别的需求？等等。据统计，6 成以上快速消费品购买者选择知名品牌产品的最主要原因是因为其难以鉴别产品好坏，其鉴别成本比产品之间的差价高得多。一家做蓝牙耳机的企业最近非常苦恼，其新研制成功的蓝牙耳机具有良好的品质和外观，但由于一直以来该企业都做零部件产品，其品牌在大众消费者心目中几乎没有影响力，最终只能选择暂时放弃自主品牌，重点发展代工业务。

第二，要分析客户接触产品过程中的需求。渠道安排是否满足客户低成本选购的需求？是否给客户一个舒适的选购环境？产品外观是否能满足客户的审美需求？能否让客户感到赏心悦目？两年前三星推出的 D608 滑盖手机风靡一时，创纪录地保持畅销一年多，就是因为其精妙的造型，三星也正是依靠其独步天下的外观成为影响较大的手机厂商。客户在接触产品的时候，自然会非常关注产品的功能、性能，这时候，产品展现出来的功能和性能是否能迅速吸引客户的注意力？是否能满足客户的偏好？等等，就非常重要。

第三，要分析客户做出购买及下订单过程的需求。价格是否合适？订购程序是否简单？付款是否便利？都将影响到最终是否能成交，一位朋友在使用了几家拍卖网站后，最终还是选择了在淘宝网站上购买了几件产品，因为淘宝网的订购程序更加方便，付款也更便利。

第四，要分析产品交付过程中的客户需求，对于大件产品或者功能复杂的产品，需要一个交付过程，所以交付过程的客户需求也很重要。是否能及时到货？安装是否简便快速？培训是否充分、清楚明了？上海一家生产大型港口起重、装卸机械的企业，由于改进了塔吊机的安装方式，改现场安装为非现场安装，预先将塔吊机安装好，然后用轮船运进港口，通过导轨将塔吊机送到现场，只需打几个地桩固定就能完成安装，既不耽误客户港口作业，又降低了安装费用，尤其是出口欧美的塔吊机，由于避免了雇用当地费用高昂的港口施工队进行安装，每台塔吊机节省安装费用 2 万多美元，产品竞争力因此大大增强。

第五，要分析客户使用产品过程中的需求。对于耐用消费品、功能复杂的工业品而言，交付完成仅仅满足了客户需求的很小一部分，大部分还是要满足客户使用后的需求，除了基本功能、性能外，是否能让客户方便使用？能否满足客户低成本使用的需求？能否满足客户人身安全、财产安全的需求？20 世纪 90 年代柯达推出傻瓜相机后充分满足了客户易用性的需求，让照相机真正走进千家万户，成为家庭必备品，销售量随之成倍增长，也造就了柯达曾经辉煌的 10 年。5 年前，国内个人财务管理软件市场管家婆异军突起，以一个“玩具”级的小软件创造了几千万的销售额，其原因就是满足了数以百万计不懂电脑但又非常需要用电脑软件管账的个体老板的需求。国内汽车市场，这几年国民抵制日货的大有人在，但日系车在欧美可是大行其道：在高油价的推波助澜下，由于日系车省油、使用成本低，在北美市场取得极大的成功，几乎把本土的汽车巨头通用、福特等逼到绝路。

第六，要分析客户的维护需求。产品是否能满足客户持续、不间断使用的需要？是否是可靠、低故障的？在出现故障时是否能快速进行维修？维修是否是低成本的？等等。深圳一家台资 UPS（不间断电源）制造商在其高档 UPS 产品中增加了自检、故障预报警、故障定位功能后，降低了客户维修的可能损失，也降低了维护成本，客户颇为认同。

第七，要分析客户废弃产品的需求。尤其对于欧美等发达国家的客户，废弃产品受到政府严格控制，很多出口欧美的产品纷纷采用易降解的塑料做零部件材料，以增强产品竞争力。

在收集、分析了各方面客户需求后，就要进行客户需求分类，划分重要性等级，以更好地分析从哪些方面体现产品竞争力。在 IPD 体系中，客户需求被归纳为 8 个方面，分别是：价格、可获得性、包装、性能、易用性、保证、生命周期成本、社会接受程度，该 8 个方面英文首字母缩写组合为$APPEALS，从 8 个方面来全面分析客户需求和产品竞争力。

全面分析客户需求能有效防止我们漏掉一些重要的客户需求，但并不代表各个方面的需求都是重要的，在全面分析客户需求后，接下来要分析哪些需求是关键需求？哪些需求是非关键需求？关键客户需求是产品体现竞争力的重要方面，成功的新产品往往把握住了关键差异性客户需求。

由于抓住了客户对高档吸油烟机外观时髦、高档、吸油烟效果好、噪声小的需求，方太厨具早期在高档吸油烟机上取得了巨大成功；苹果电脑 5 年前推出的 iPod MP3 播放器，风靡全球，为苹果电脑带来数十亿美元的利润，因为 iPod MP3 播放器可以满足客户低价获得自己最喜爱的音乐的需求，可以满足客户拥有一个艺术品一般的播放器的需求，可以满足客户方便下载和播放的需求，这些就是客户关键差异性需求。

研发新产品就是要把精力放在满足客户关键差异性需求上，而不是处处用力，只有这样，我们研发新产品的努力才不至于白费，才有机会获得成功。

当然，要全面了解客户需求并把握住关键差异性客户需求，并不是一件容易的事情，需要建立起系统的客户需求管理的体系，包括成立跨部门的客户需求收集、分析小组，建立起客户需求管理流程，掌握客户需求收集、分析的方法和工具，培养出善于分析并透彻理解客户需求的人才。正是因为需求管理的重要作用，企业在建设产品研发体系的时候才在需求管理方面投入了大量的精力，汉捷多年来辅导企业建设研发管理体系的经验证明，这种投入是非常必要也是非常值得的！

6.6　质量管理——在产品研发过程中构建质量

大量数据表明，产品质量 70%以上是由产品研发环节决定的，所以，质量管理的重心应该放在产品研发过程中。事实上，在产品研发过程中，质量和质量活动无处不在，需要建立研发质量管理体系对之进行有效的管理，实现在产品研发过程中构建质量的目的。

6.6.1　在产品研发过程中构建质量

产品的研发过程可视为一个函数，其中的变化因素有人员（human）、过程（process）、技术（Technology）、材料（material）、需求（Requirements）、时间（time）、设备（device）等。每一个变化因素的稳定程度或质量状况都会对产品质量产生影响，如图 6.5 所示。

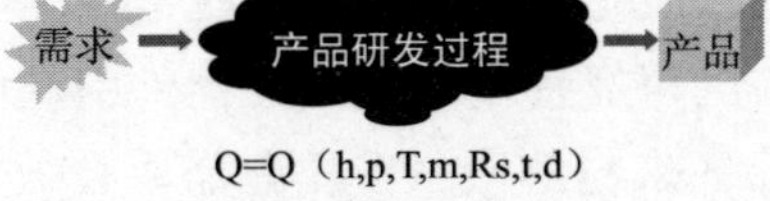

图 6.5　产品质量的影响因素

一个产品的质量主要是在产品研发过程中形成的，所以需要重点在研发过程中进行质量控制和管理，而基本的思路就是对影响质量的上述变化因素进行计划、实施和控制。

招聘和培养合格的研发人员，无疑是研发质量管理的首要环节，因为其他变化因素的管理最终也要依靠人。除了掌握必要的专业知识、技能和经验外，需要着重培养研发人员的市场意识和质量意识，尤其是克服在中国企业比较普遍存在的马虎了事的做事习惯。要使研发人员养成为客户着想的思维方式和认真严谨的工作作风，需要结合企业文化的建设来进行。

我们常说过程质量决定了产品质量，这里的过程应该是包括人员、技术、方法、设备等因素的。单指过程本身而言，遵循规范的过程是研发工作交付质量的保障，而且过去产品研发中的知识需要通过研发流程积累下来，以继承好的经验，避免犯同样的错误。当然，质量控制和管理活动也需要完整地部署在研发流程中，并确保不会受到忽视。还有，在实施研发和管理活动时，采用专业、高效的方法及工具（包括 IT 工具），不仅可以提高产品研发的效率，而且对于产品质量保证的作用显著，尤其是 QFD，FMEA、可靠性设计方法等质量工程方法。

对产品研发过程进行设计和管理时，尽量将质量控制活动和采购、制造等职能活动提前，对产品质量是很有必要的。如果在研发后期再进行质量控制活动，企业将因质量问题而投入巨大费用，更可怕的是产品可能带着很糟糕的质量问题流到用户手中。如果先期不考虑测试、生产方面的约束条件，等产品原型研发出来后需要进行验证时，往往会发现存在测试困难、生产困难等问题。

为了保证产品质量，产品研发最好采用成熟和经过验证的产品技术，但是由于客户需求和市场竞争的压力，企业一般都需要应用一些新的技术，从而带来一定的质量风险，这就要求企业在增加功能及提升性能与质量保证之间取得平衡，而不是盲目地采用新型技术。解决这一问题的根本办法是采用基于平台的异步研发模式，使技术研发与产品研发相分离，提前准备产品研发所需的关键技术和其他平台要素，这样产品就可以在已有的产品平台和关键技术的基础上快速集成研发，从而更好地保证产品质量。

随着专业分工越来越细，产品研发中外购件、外协件的比例不断提升，对外购、外协的元器件、组件和成套设备或系统的质量控制和管理变得至关重要。据分析，电子产品 70%左右的可靠性问题是由元器件引起的，可见对元器件进行有效把关的重要性。为了保证来料的质量，企业需要有效开展元器件选型及认证、供应商管理、来料质量监控、元器件品质试验等工作。

需求不明确意味着需求的稳定度差，在产品研发过程中随时都会发生变化，也意味着处于研发过程的产品可能不符合客户的要求，所以，准确把握客户需求，提高需求稳定度，在产品研发过程尽量减少需求变更，是提高质量稳定性必不可少的前提。可以说，需求和需求管理的质量好坏在某种程度上已决定了产品的质量程度。由此，需求管理流程的制定是否合理、能否得到有效执行，也是研发质量管理的重要内容。

客户对产品质量的要求会随着时间的变化而变化。一般来说，新产品刚在市场上推出时，客户对产品功能和性能的期望较低，随着时间的推移，客户的期望越来越高，原来能够令客户兴奋的需求在较短的时间内就可能变成基本需求，如手机的拍照功能曾经是吸引客户的亮点，但很快就成为中、高档手机的基本功能。所以，企业在产品研发中应充分考虑客户需求随时间的变化，掌握产品特性及特点推出的节奏，更重要的是缩短产品研发周期，提高需求实现的准确率，推出更容易被客户所接受的新产品。

设备的因素是与过程、技术、材料等因素结合在一起并发挥作用的。采用精良的测试设备对提高测试工作的质量和效率意义重大；试验设备用于研发和验证产品技术，有利于提高技术的成熟度和稳定性；检测设备用于把关来料的质量；生产装备的研发对于生产过程质量的控制意义显著。所以，在产品研发过程中，对相关设备进行必要的投资，充分发挥设备作用并通过设备维护使其具有良好运行状态，是保证产品质量的重要手段。

6.6.2 打造研发质量管理体系

对影响产品质量的相关因素进行管理，建立质量管理体系早就受到了企业界和管理界的关注，有关质量管理体系的国际标准也不断推出，ISO9000 和 CMM/CMMI 是我们非常熟悉的质量体系标准，前者包括研发质量控制的要素，后者则主要关注产品研发过程质量尤其是软件研发过程质量。

然而，ISO9000，CMM/CMMI 等质量管理体系的实施效果远远低于企业的预期，“流于形式”、“束之高阁”、“无甚效果”是企业员工很常见的评价。CMM/CMMI 在国内企业推行多年，除了颁发了一大堆认证证书外，对企业质量管理和产品质量的改进效果甚微。为何企业辛辛苦苦推行的质量管理体系无法发挥应有的作用？除了企业普遍缺乏有效的执行力外，问题首先出在企业设计的质量管理体系本身，企业往往只是教条性地采纳标准体系，缺乏系统思维，很少能够建立一套系统的、针对企业实际的、操作性强的质量管理体系。如果企业过于强调获证的目的，那么这一问题会更加突出。

就研发领域而言，如何才能建立有效的研发质量管理体系？结合很多企业推行 ISO9000 或 CMM/CMMI 体系不成功的教训来看，不能像实施 ISO9000 体系一样片面强调要素，也不能像实施 CMMI 一样只关注过程域（Process Area），而应系统思考，结合企业业务需要和实际情况，可以从领导、结构、流程、人员及文化 4 个层面构建系统化的研发质量管理体系。

如果以人体为例，则领导就相当于人的大脑，结构相当于骨骼系统，流程相当于神经网络和血液循环系统，人员及文化相当于人体的细胞和营养状态。要使一个管理系统有效运转，也要像人体一样，领导、结构、流程、人员及文化 4 个方面都要调整到良好的状态，有机、联合地运转起来。

在领导层面，需要倡导“客户至上”、“质量就是生命”的核心价值观，把产品质量摆在企业战略的突出位置，明确产品质量目标、质量方针和相关政策，并在产品研发中落实为具体的产品质量目标和质量计划。各级领导包括项目团队的领导需要直接对质量负责，带头重视和关注产品质量。

在结构层面，应强化各级质量管理部门或机构的职能，划分 QC，QA 等质量管理人员与研发主管及执行人员的角色职责，形成质量人员对研发部门及团队形成支持、又能够强有力地发挥监控作用的工作局面。与产品相关的质量活动，需要由相应的部门或岗位承担，确保重要的质量活动不会受到忽视和遗漏。

在流程层面，应首先面向市场建立产品级的跨部门流程，避免在很多企业推行 ISO9000 或 CMMI 时只是把相关要素或过程域堆砌在一起的做法，而是将产品级流程作为骨架，把相关要素或过程域作为血肉，集成为一个有机的整体，保证产品研发的过程质量。对于主要的质量控制和保证活动，更需要建立相关的流程，以对这些活动进行有效实施和管理，如测试和技术评审是基本的质量控制活动，就需要建立完整的产品测试流程和技术评审流程，而流程审计、质量问题报告等质量保证活动也需要在流程中得以落实。另外，基于流程建立质量度量指标，对于产品质量的管理也是必不可少的。

在人员及文化层面，需要从知识、技能、价值观、行为习惯等方面对研发人员实施培养和教育。在很多企业对研发人员的培训和培养中，往往片面强调产品技术，对质量和流程方面的培训十分薄弱，造成研发人员一味热衷于技术，而对产品质量和流程规范甚少关心，这种局面必须改变，否则产品质量保证无从谈起。除了领导重视以外，首先需要明确质量方面的价值观，强调客户观念和质量意识，并通过教育培训、主管言传身教、考核激励等配套措施使质量文化得以落实。

总之，打造高效的研发质量管理体系是一项系统工程。企业应该清醒地认识到：获得 ISO9000 或 CMMI 证书并不代表企业已经建立了有效的质量管理体系，只是质量管理体系建设征途的一个里程碑，对很多企业来说，仅仅是多了一个营销宣传方面的手段而已。所以，在建立研发质量管理体系的过程中，企业关键要明确自身的产品质量目标和对研发质量管理体系的要求，系统思考，建立整体的研发质量体系框架，借鉴 ISO9000 或 CMMI 等质量标准，把获证作为一项局部的成果或者不妨就当做一种营销手段，以免使研发质量管理体系走向形式主义的泥潭。

6.7　研发流程执行之痛

研发人员往往认为流程约束了创造力，不喜欢有很多的条条框框，感觉按照流程行事后没有原来那么方便了，没有原来那么快了，再加上中国社会遵循规范和程序的意识本身就不强，所以，如何有效执行研发流程对中国企业来说绝对是一个挑战。

6.7.1　研发流程执行效果不佳的主要原因

汉捷咨询在对很多企业调研时发现，这些企业花了很大的力气建立了研发流程和相关制度，但往往都成了“聋子的耳朵”——摆设。研发流程及制度如何有效执行，变成了企业老总们心中永远的痛：不建立研发流程，研发能力上不去，制定了研发流程，也是流于形式。

造成这种现象背后的根本原因到底是什么？根据汉捷公司多年来企业研发咨询的经验，以及对国内、外领先企业优秀实践的分析，我们发现以下 9 个方面是导致中国企业研发流程执行效果不佳的主要原因。

1．缺少执行流程的文化

在一个重视流程及制度的企业中，照章办事将会深深地印在每个员工的脑袋中。但照章办事的文化短时间内在中国企业靠员工自觉形成的可能性不大，要靠公司的长期宣传、甚至老板亲自力行才能慢慢成为文化。

柳传志非常重视按流程制度办事，他曾在联想强调：“员工做事，有流程制度的一定要按流程制度办事；流程制度有问题，那就先按流程制度办事，然后提出改进建议；没有流程制度，先按公司文化要求办，然后提出建设流程制度的建议。”

2．一把手对研发流程建设不重视

在许多企业中，老总认为接见重要客户、制定战略规划和目标、重大投资决

策等工作是自己的职责，研发流程建设是研发部门和流程管理人员的事情，你们自己处理就行了，这种现象在中国企业比较普遍。

在研发流程制定过程中，涉及研发人员共同遵守的准则，各部门及岗位的责任和权力再分配，各角色接口关系的再明确，如果老总不点头，下面往往是议而不决、争得面红耳赤而没有结果；再者，在新的研发流程推行时，由于领导不重视，下面人员往往由于惯性而不去遵守，甚至抵制。因此，在新研发流程建立与推行过程中，需要企业领导人在一些关键里程碑点进行表态和推动。

3. 为认证而认证

研发流程的建立往往与 ISO9000 或 CMMI 体系认证联系在一起，所以许多企业希望借助体系推行和认证的东风建立有效的研发流程，但很容易陷入“为认证而认证”的怪圈，研发流程的实施逐步变了味，大家关注点放在了编流程、做记录以求获证上，而不是放在切实落实流程上，最终导致为通过认证的研发流程形同虚设。

企业通过 ISO9000 或 CMMI 认证来增强客户对企业的信任和提升企业形象，这无可厚非。问题在于，企业依靠编造的流程甚至弄虚作假获得的认证，不但影响了流程的切实执行，更重要的是破坏了企业诚实做事的文化，使得以后的流程执行变得更加困难，可谓得不偿失。

4. 闭门造车

企业流程制度建设是流程管理部门和业务部门共同的工作职责，而不仅仅是流程管理部门的事情。流程管理部门在流程建设中更多的是组织和管理工作，由这个部门来组织业务部门进行流程建设。在研发流程的建设中，一些企业错误地认为：既然成立了流程管理部门（有些公司由质量管理部承担流程管理的职责），那么就应该由该部门把研发流程设计好，交给研发部门执行就可以了，研发部门最多在过程中参与一下，提提意见。

于是，流程管理部门开始闭门造车，编制了一套看似很不错的研发流程，然后交给研发部门执行，寄希望于研发人员主动领会这套流程并遵照实施。殊不知，这种建立流程的方式会导致以下结果出现：一是编写的研发流程、模板、制度与公司的研发实际相距太远，可执行性差，且容易把过去错位的做法变成了流程规范；二是由于研发部门没有参与研发流程制度制定，在执行时抵触情绪较大；三是由于研发部门没有参与流程建设过程，给研发流程培训带来很大的压力和困难。

5. 没有指定流程责任人

研发流程实施后，仅仅由流程管理部门的员工来负责流程管理和优化是不够的，还需要指定明确的流程负责人，对流程的建立、持续优化、培训、解释负责，主要原因是流程管理与优化的工作量比较大，再者研发人员对流程的具体运行更为了解，所以一般做法是：在流程管理部门统一组织下，由研发部门骨干人员承担某个具体流程的建立、优化、解释、培训工作。这样如果某个研发人员做事遇到流程疑问，将会有一个权威的人士来解释和辅导，也将有专人负责对流程持续优化接收改进建议。

6. 流程培训不足

流程发布后，要对执行的人员进行培训才能够执行得好。流程管理人员、流程审计人员的其中一个职责是要对流程执行者进行培训，培训的时机可以选择在流程发布后，或者一个项目的启动阶段。

特别是流程审计人员，应首先把流程培训放在第一位工作，然后才是对执行者进行流程审计，我们常给流程审计人员讲：首先是牧师进行布道，然后才是警察发现违规者并通报，不要仅仅做警察。

7. 没有流程审计

流程制定、执行、监督是一个闭环管理圈，这正如立法、执法、监督的三权分立方式。一些公司研发流程执行得比较差，也与没有人监督执行有关，可以说没有流程审计，流程就得不到好的执行。

在企业中，流程审计人员的职责就是负责流程培训与监督执行，通过周期性的、特定事件的流程审计，检查流程执行的情况：哪些流程、哪些部门执行得好，哪些流程、哪些部门执行得差？好与差的原因是什么？是执行人员不熟悉流程，还是执行人员不愿意执行，或者是流程本身有问题？流程审计的结果需要在公司高层参加的例会上汇报。

8. 没有持续优化

流程不是僵死的，要随着公司的业务发展持续优化，这样的流程才有生命力。尤其是研发流程非常复杂，很难一步就做得比较完善，肯定存在这样那样的缺陷，需要及时发现问题并改进，而且公司产品及技术在不断发展，研发方面的经验及教训也需要不断积累，需要对研发流程做出必要的调整和补充，包括制定新的子流程、操作规范及模板等。

许多企业花半年的时间建立研发流程，但是后续的优化工作就没人管了。

9. IT 固化不够

研发流程仅仅依靠人来监督执行，在某种程度上会打折扣，需要 IT 系统来固化，而中国企业在 IT 系统尤其是研发 IT 平台方面还普遍比较薄弱。

中国人特别爱讲情面，讲了情面就忘记了流程制度的约束，而 IT 信息系统是没有情面可讲的，做了第一步，第二步没有执行，第三步的权限就无法开放，所以想在 IT 固化的流程中绕道走是行不通的，而且 IT 系统能够客观地留下流程执行的记录，所以 IT 系统能够有效地确保流程的执行。

6.7.2 研发流程执行之道

对于上述研发流程执行不力的原因，大部分的问题不难找到解决方案，如针对缺乏流程审计、没有流程负责人、IT 固化不够、缺乏流程培训等问题，那就设立相应的机构或岗位落实责任，开展相关的工作，有效开展这些工作也是颇具挑战性的，但真正困难的是要解决领导和文化方面的问题。

在一些中国企业，老总经常强调研发部门和团队的角色及职责需要明确和细化，但是自己需要在研发方面担负什么职责却是模糊不清的，表现得比较随意。有些老总显得很超脱："既然设立了研发副总或研发总监，有那么多研发主管和项目经理，那我抓大的方向就可以了，其他的事情就交给你们了。"有些老总又对研发项目很不放心，管得过细，什么事情都要研发部门和团队向他汇报，恨不得一切细节都在自己的掌控之下。这两种情况比较典型，它们有一个共同点，就是老总都不亲自来抓研发流程的建设。

其实，老总在研发方面的职责除了确定产品战略及规划、做出及时有效的产品投资决策、选拔及培养人才、协调解决研发中的重大问题以外，推动研发管理体系的建设尤其是研发流程的优化也是非常重要的一项工作，因为研发流程不仅是提高产品研发的质量和效率的关键，而且只有优秀的研发流程才能给企业带来持续和长久的优势。再者，研发流程需要企业各部门共同参与，如果没有老总牵头，光靠流程管理部门和研发部门的推动，做出来的研发流程得不到营销、制造、服务等部门的认可和支持，更不用说在这些部门有效执行流程了。所以，老总必须亲自推动研发流程的建设，否则研发流程就缺乏有力推动和执行的前提。如果老总没有认识到研发流程的重要性和自上而下推行的必要性，那么流程管理部门和研发首先要做的事就是想办法影响老总，使他承担起推动研发流程建设的责任。

在文化方面，研发流程的执行主要会遇到 3 个问题，一是传统上中国企业员工遵循规范和程序的意识和习惯不强，二是中国企业普遍缺乏执行文化，三是研发人员在改变工作方式的过程中，将遇到观念和行为习惯上的挑战。第一个是传统社会带给企业的问题，企业无力去改变社会文化。第二个问题，关于如何提高执行力的论述已经太多，在此不用多言。如何解决第三个问题，在研发流程实施过程中改变研发人员的观念和行为方式，倒很实际，也具有相当大的难度。

可以说，大部分研发人员从骨子里面是轻视管理的，一些技术水平高的研发人员表现得更为明显，大家普遍认为，产品成功与否关键在于高手和技术，研发流程只是花架子，中看不中用。等质量问题、返工问题、沟通问题等纷纷从各个角落跳出来时，研发人员也感觉到流程规范的必要性了，但在执行流程的过程中又碰到新的问题：研发人员抱怨工作量与过去相比成倍地增加，研发效率下降了，进度大大落后于市场部门的要求。迫于压力，辛辛苦苦建立起来的研发规范被无情地抛弃，一场轰轰烈烈的流程变革就这样无疾而终了。

如何才能改变研发人员对流程的看法，更重要的是如何让研发人员养成遵循流程的习惯呢？下面的两个故事应该可以带来启发。

故事 1　射箭与 CMM 感悟

最近常与友人一起去射箭馆射箭，第一次去，什么都不懂，幸好有服务生大概地给我们讲解了一下，所能了解的不过是怎样上箭，怎样拉弓，怎样瞄准之类的，放箭大家都会，于是就拔箭怒射，一组 36 支箭没多久就射完了，一记分，101 分，平均近 3 环，感觉还不错，又射一组，156 分，提高蛮快的（这种提高纯粹是一种熟能生巧的结果，还不是 CMM 理念造成的）。

第二次去，射完一组，还是只有 157 环，没什么提高了，看来这种野路子的练法也就只能这个水平，突然发现身边有个青年，刷刷刷，箭箭都是 9 环以上（现在想来，应该是 CMM5 级的高手了），于是过去跟人家搭讪，取取经，那人还真热情，立即给我们口若悬河的侃了起来，什么身体一定要站直，稍微前倾啦，拉弓一定要拉到下巴的某个位置啦，拉满的弓要贴着鼻尖啦，头不能抬得太高，要低头，等等［就像 CMM5 级要达到的十几个关键过程区域（Key Process Area，KPA）］，听完大师的一番高论，心潮澎湃地又要了一组箭，按照十几个 KPA 的要求一箭箭地射出去，感觉不好，结果更是让我们伤心失望——97 环！于是有人得出结论：咱不是那种专业选手，他们的要求对我们不实用，野路子我们不是也射了 157 环吗？（我们第一次尝试 CMM，以失败告终）

回去以后，总觉得不服，静下心来后分析了一下：野路子成绩是不错，但从射到靶上的箭看，分布的非常杂乱，上下左右各个边角都有，说明稳定性不够，因为野路子射箭是不重视过程的，站的姿势一会是侧身45°，一会又是侧身90°，拉箭的位子也不一样，有时都拉到耳朵了，有时还没有拉到鼻子，有时握弓的手是直着推出去，有时又是弯着抓住弓……看来我们首先得保证有固定的射箭姿势。(这不正是CMM2级所要求的可重复吗？！)

分析出了原因，当然急着去实践啦，于是我们第三次来到射箭馆，先不管姿势好不好看，规不规范，先按同样的姿势射了几箭，嘿……箭虽然偏了，但却是集中在箭靶的右下方，于是赶紧调一下瞄准器，再按相同的姿势刷刷刷又是三箭，全部射中在7环以内!!!(通过度量能有效地帮我们调整过程中的不足)，接下来的成绩当然很理想啦——235环！我们真正认识到了CMM的好处，明显比野路子强多了！

实际上意识的改变是最难的，通过CMM 2级的实践，基本改变了我们的意识，现在再按着以前那位大师的要点一步一步地来改进就容易多了，现在我的成绩已经达到了262环，平均7.3环，还有一位已经达到了301环，平均8.4环，就连射箭馆的工作人员都惊叹我们进步神速！(作者：张毅)

故事2　多走1公里

从前有个人来到一个偏远的山村，看到大家都蹚着水过河。于是他就出钱在村里建了一座桥。一年后，桥建好了，很漂亮。但是他惊奇地发现，人们依然是蹚着水过河。他百思不得其解，就赶到河边问一个刚上岸的村民："河上不是有桥吗，你们为什么还要蹚着水过河呀？"村民回答："桥？太不方便了，你看我到桥边要走500米，过了河再回来还要走500米，我从这里蹚着水过河多近啊！"

如果把做产品看成是过河的话，我们以前一直是蹚着水直接过去的，而现在的研发流程就好比是那座桥，我们可以列出很多蹚水过河的理由，时间那么紧急，你还要我们绕一圈多走路？我们都是好水性，这条河还蹚不过去吗？从桥上过岂不是失去了发挥的舞台？是的，这些都是理由，然而却忽略了蹚水过河的危险：河里有鳄鱼(缺陷)，随时可能把你吃掉；河水湍急(人力不足)，你随时可能陷入旋涡，等你上岸时已经偏离目的地很远了；上游随时可能有山洪暴发(需求变更)，把你冲得晕头转向……想到这些，你是否对过去蹚水过河的做法有点后怕？当你历经磨难、精疲力竭地爬上对岸时，却发现你和目的地的偏离远远大于1公里时，你会想些什么？

我们在推行研发流程时遇到的一个很大的问题就是"多走1公里"的问题，很多人会说我们的时间太紧了，没有时间走流程，如果你给我足够的时间，我就会把流程走好！然而真的是这样吗？我们总是紧盯着那"1公里"，认为那是一种巨大的投入；祈祷鳄鱼都睡觉吧，祈祷河水慢慢地流，祈祷上游风平浪静，祈祷我们可以安然地蹚过去，到达胜利的彼岸！事实上呢？我们的确很少有蹚不过去而淹死的时候，因为我们都是冲浪高手；但是我们每天和鳄鱼搏斗，浑身是伤，走得东倒西歪偏离了航向，被大浪拍打常常要喝几口水。我们愿意接受这么多的磨难，为什么就是不愿意多走这 1 公里呢？

还有一种更可怕的情况，开始决定走桥了，然而走了 400 米以后，看到人家蹚着水过河的已经到了河中央了，开始动摇了，终于决定还是就地下水吧！这才是真正的“多”走路了！有些项目就是这样，看起来走了流程，但是形式多于实质，如需求跟踪矩阵，迫于 QA 的压力花了不少人力去填写，但是填完以后就没有人看了，这就和种了庄稼却不去收割一样，浪费啊！有一句俗语，“馒头吃到豆沙边”就是形容这个！当你把馒头外面的面粉快吃完、马上就要享受甜美的豆沙时，你却放弃了，因为前面的面粉让你失望！你离你的豆沙只差这一口！

上面两个故事，都生动地说明了研发流程的重要性，所不同的是：前者让当事人体验到了执行流程后的显著进步，后者则分析了不遵循流程带来的种种问题。要让研发人员执行流程的观念和习惯，固然需要通过培训和教育使研发人员认识到流程的必要性和重要性，更重要的是通过实践努力，不断使研发人员感受到执行流程的好处和不遵循流程的危害，只要这样坚定地走下去，研发流程一定能够得到切实执行。

第7章

打造职业化研发人才队伍

要创造出色的产品，先创造出色的人。然而，中国企业还普遍缺乏职业化的研发人才队伍。

研发人员的绩效管理、研发人员激励机制、研发人员的任职资格管理、研发团队建设都是打造职业研发人才队伍需要关注的关键环节。

7.1 我们离职业化还有多远

在中国企业，研发人员常常津津乐道于我们的专业水平高，聪明又勤奋，但是千万不要忘记我们还远没有达到职业化的水准！我们研发人员缺乏市场意识和商品化意识，重技术轻管理，不重视质量和成本等问题还很突出。在遵循规范和方法工具应用方面，相对于我们的邻居——印度，我们还存在非常大的差距。

7.1.1 研发人员的“幼稚病”

1996年前后，在我国通信网络上运行的华为设备越来越多，而华为的“救火队”也越来越壮大和繁忙。由于产品故障频频出现，客户投诉不断，甚至出现设备运行瘫痪的现象，华为不得不花大量人力、物力修复故障和解决问题。经过分析，华为发现这些问题大多与研发人员的观念和行为方式直接相关，譬如，研发人员经常拍脑袋地理解客户需求，导致研发了客户不需要的产品；一些研发人员喜欢标新立异，研发了很多花里胡哨但不中用的功能；研发人员重功能轻性能，性能指标不符合客户要求，尤其是可靠性比较差；研发人员重技术轻管理，做事情喜欢走捷径，不喜欢遵循规范和严格的评审，结果大量问题留到了客户使用环节；研发人员只考虑自己职能部门的事情，没有全流程的概念和意识，不太关注上游、下游的情况和整个流程的结果；研发人员选择元器件和电路比较随便，时常选择了没有经过验证的器件和电路；研发人员在设计过程中，喜欢凭自己的喜好行事，而没有考虑客户的要求，也不考虑成本；研发人员往往是凭经验在做研发，不注意学习和采用专业的方法和工具，甚至对于新方法有抵触情绪，等等。这些都是当时华为研发人员很不职业化的表现，华为总裁任正非称之为研发人员的“幼稚病”。随后，华为在研发系统掀起了一场轰轰烈烈的“反幼稚”运动，之后又花了四年多的时间推行任职资格管理，以推动研发人员的职业化发展，大大提高了研发人员的职业化水平。

其实，研发人员的这种“幼稚病”在中国几乎所有的企业都不同程度地存在。导致研发人员职业化水平不足的原因是多方面的，有教育的原因，有社会文化的原因，也有企业自身的原因，这些原因主要通过以下几方面影响着研发人员，使他们无法表现出职业化的行为。

首先是角色定位的片面性。不管是在学校做实验和研究，还是在企业做产品研发，很多研发人员对自身角色的定位是从事技术工作，在自己擅长的领域做出成果来，而没有意识到自己的本职工作是为客户、为企业做产品或者商品，这使得研发人员明显缺乏商品化意识，总是关注局部而不是整体，只是对成果负责而不是对产品负责。亚信公司前 CEO 张醒生执掌亚信后，发现研发工程师缺乏商品化意识的问题很突出，所以要求工程师们要成为技术商人。

由于文化传统和教育等原因，中国研发人员自我意识比较强，在思考问题时容易以自我为中心，不太考虑别人，甚至连客户也很少考虑，这样很容易在研发工作中各行其是，相互之间不买账，缺乏主动沟通和协作的意愿。有一次我在上海贝尔碰到一位软件主管，他说他下面有一名软件工程师很牛，为什么牛呢？因为这名工程师认为别人编的程序他都能看懂，而他编的程序别人都看不懂。

如果企业管理和企业文化建设跟不上，研发人员的价值导向将出现偏差，如缺乏以客户为中心的观念，重技术轻管理，缺乏全流程意识，轻视产品工艺、可制造性等方面的工作。一家企业有两位水平不错的工程师，研发了一项新产品，现在要到车间试产了。由于生产工艺比较复杂，需要他们的现场指导，并继续完善生产工艺，以便更适合车间生产。这本是一件很自然的事情。但是，这两位研发人员不愿意去现场指导，生产工程部与其多次交涉未果，干脆投诉到研发部经理，两位研发人员受到批评，这两人由于内心价值观的问题，对为何要自己去做生产工艺这一类的“低级”工作想不通，认为是大材小用。殊不知，工艺研发也是产品研发的一部分，对于很多行业而言，工艺研发的难度与重要性并不亚于产品设计。

研发人员容易在工作过程中形成经验主义的思维和习惯。当然，过去的经验对于未来的研发工作是很宝贵的，但如果产品研发中事事都凭经验，而不是依靠严谨的流程和方法，这种研发方式是很危险的。研发人员过于相信经验，习惯于凭经验行事，而忽视了内外环境的变化，拒绝采用新方法及工具的现象在很多企业并不鲜见。

缺乏组织纪律性，不喜欢遵循规范和程序无疑是中国企业研发人员的典型特征之一。纪律性差本来就是中国社会文化的短板，加上研发工作的创造性和不确定性，使得研发人员容易对研发流程和规范产生抵触情绪，认为规范和程序会限制创新（有时只是一种借口），研发过程中总是按照自己的方式来开展工作，导致产品研发工作的随意、无序甚至混乱，其结果是降低产品创新的质量和效率。

根据汉捷咨询多年的调查，中国企业研发人员的"幼稚病"是比较普遍和比较严重的，更让人担忧的是很多企业和研发人员并没有意识到这一问题，不了解我们在职业化水平方面与业界先进水平的差距。

7.1.2 我们离职业化还有多远

谈到职业化，我们很容易想到西方跨国公司专业人士的工作方式和作风：西装革履，谈吐不凡，做事有板有眼，什么都有表格和模板。绝大部分中国企业的工作人员与他们相比就不那么职业化了，总感到缺少了一些东西，总是补不起来，研发人员的职业化问题可能更为突出。然而，2005 年我在上海中达电通公司授课时，该公司研发总监的一席话使我对中国企业研发人员的职业化问题有了新的希望和信心。他提到，中达电通同时为华为和摩托罗拉做外包设计，经常与这两个客户的研发人员打交道，华为的研发人员对设计需求提得很细、很专业，而且事事都有跟踪和反馈，相对来讲，摩托罗拉的研发人员就做不到这个程度，有些事情现场答应得好好的，回去后就没有了下文。他还提到，华为制定了研发人员不得用 U 盘拷贝文件的规定，对此华为研发人员遵守得很好，哪怕只有一位华为研发人员在场也是如此。

从以上例子可以看出华为研发人员的职业化水平完全不亚于西方著名企业，这是华为多年来推行职业化教育和管理的结果，然而，华为总裁任正非在 2007 年还感慨："如果华为的员工都像印度的员工就好了！"

如前所述，华为是从市场上的设备故障及客户投诉，以及中试、制造、安装、服务等环节暴露的问题看到了研发人员商品化观念、全流程意识等职业化素质的不足，而华为从与印度公司和印度工程师的合作中，则发现了自身在规范化执行、方法应用、数据化管理等方面与印度的差距。

1997 年，华为到印度班加罗尔开办研究所，很快就在当地招聘了十多名印度工程师。从深圳过去的华为研发主管开始给印度工程师交代研发程序，安排研发任务，等过了一周后，主管检查他们的工作进度，发现他们基本上没有开工。华为主管们非常奇怪："印度工程师一直以执行力著称，怎么我们交办的任务他们没有动手呢？"细问之下，才知道印度工程师正在等待主管给他们下发编程规范，包括需要用到的方法和工具。这件事令华为主管们十分感慨：如果在国内，主管交代了任务，哪怕没有程序和规范，工程师们也就发挥"主观能动性"按各自的想法去做了，即使设立了程序和规范，工程师们也往往各行其是。但印度工程师就不一样了，如果没有程序和规范，他们绝不会贸然行事，可见，规范化执行的意识已经深入到他们的血液中。

也许有人会说，印度工程师严格遵循规范的做法会影响研发工作的创新。其实，这是一种误会，或者是一些研发人员不愿受到约束的借口，恰恰也是一种不职业化的看法。在印度公司，研发程序和规范本身就是根据规范要求和实际需要制定的，已经考虑了创新方面的灵活性，而印度工程师并不把程序和规范看做是约束自己的教条，而是指导自己思考问题和解决问题的一套知识、方法及工具，这也是一种职业化的态度，很值得中国研发人员学习。

华为印度研究所的中方研发主管们对印度工程师在方法应用、软件定量化管理方面的职业化水平感受很深，认为中国工程师无论在管理理念、方法方面，在数据化管理及决策上，还是在个人职业素养上，与印度工程师相比都有很大的差距。

软件研发到底是不是不可控制的、不可预见的和不可详细计划的？这个问题一直困扰着很多国内的研发人员。很多人振振有词：软件研发是一个高度智力活动，充满了不可知因素，因此无法度量。一些华为的研发主管也是这个论调的支持者，但到了印度一段时间后，尤其是看到印度经理做的预测、计划，经历了一些项目的始终，才知道自己大错特错了。软件研发过程完全是可以用数据度量的。

某一个华为在印度的合作项目，中方工程师预测工作量为 22 个人月，印度方预测为 36 个人月，实际执行为 35 个人月。

为什么会这样呢？我们的工程师采用的方法是参考网上 DOWNLOAD 的代码，加上自己的经验，拍脑袋预测出来的，而且好像总是很乐观，我们的上级经理看得满意；印度方是通过定义 SCOPE，采用 BREAKDWON 和 COCOMO 模型预测出来的。实际上在软件工程中有很多很多的方法，而且这些方法已被大量使用和验证，只是我们不会去利用。

如果连作为软件研发时间控制最重要的、最基础性的软件规模大小，我们都不能准确预测，怎么谈得上合理地调配资源、预测和规避风险、保证进度呢？在进度压力下，我们最常见的解决措施就是加班、加班、再加班。

我们是否想过：大量的 BUG、低级的软件错误是不是同我们没有合理地、科学地、有依据地分配资源和保证资源有关呢?

印度人为什么能够精确地计划软件任务并有效监控其进度和质量，因为他们采用 BREAK DOWN 方法、WIDE BAND DEPHI 方法、COCOMO 模型来进行软件预测；应用需求跟踪矩阵来保证每一行代码都能归溯到需求，保证文档和代码一致；建立工程师技能数据库保证安排合适的人到合适的岗位；通过 Relyiegh 曲线来监督项目的质量，预测下一阶段项目可能的质量走势……

印度质量经理可以直接向高层汇报项目的真实质量情况而不用看项目经理的脸色。所以最后当他交给你东西时，可以告诉你："对不起，可能还有一些小问题，大约 10 万行代码有 5 个错。"

可以说，目前华为研发人员的职业化水平代表了中国企业的最高水准，很多方面已经可以向西方著名跨国企业看齐了，但是在不少方面与印度工程师相比还有明显的差距。而中国绝大部分企业研发人员的职业化水平与华为相比又有不小的差距，由此就不难理解我们的研发人员离真正的职业化还有多远了。

7.2 要创造出色的产品，先创造出色的人

尽管我们需要避免"大厨式"的研发，避免对人才的过分依赖，但是优秀研发人才仍然是出色产品的前提和基础，所以要创造出色的产品，需先培养出色的人，尤其是出色的工程商人和出色的项目经理。

7.2.1 从工程师到工程商人

我们习惯于把研发人员称之为工程师。所谓工程师，按照牛津高阶英汉双解词典的定义是指"设计、建造或维护机器、建筑、设备之类东西的人"。作为工程师，研发人员要负责相关产品或产品模块或子系统的设计，需要掌握和提升相应的技术能力。但如果研发人员尤其是高层次的研发人员仅仅把自己定位为单纯的工程师，只关注技术实现，过于热衷技术，对产品的成功往往是很不利的。

产品研发不仅是技术实现的工程问题，从市场角度来看，产品研发首先需要满足客户需求，而根据企业经营目的，产品研发本质上是一种投资行为，必须带来业务上的成果，这就要求产品研发人员面向市场和从投资的视角来看待和实施产品研发活动。然而，在很多企业中，研发工程师过去在学校里学的是如何掌握技术，到企业后又埋头于技术实现，很少有面向市场、业务成功方面的概念，加之企业在文化上缺乏引导，工程师文化盛行，研发人员谈论的往往是技术上如何先进、谁的技术水平高、如何提升技术等与技术相关的话题，而对客户需求、竞争态势、业务成功等方面甚少关心，导致产品研发是明显的以技术为导向的，很难研发出客户需要的、具有竞争力的产品，也无法取得业务上的成功。

基于产品研发的实质，研发人员不仅是工程师，还应该是业务人员，或称之为商人，综合起来，研发人员应该成为工程商人。亚信公司前 CEO 张醒生到亚信工作后，发现亚信的工程师文化很突出，就提出过研发人员要从工程师转变为工程商人的口号。

从工程师到工程商人涉及观念、思维、角色、责任、技能、行为多方面的转变。

研发人员习惯于从技术的角度去看问题，这往往是其教育背景和工作环境决定的。一个从来不与客户打交道的研发人员很难具有较强的客户意识，一个根本就不知道电路板是如何加工、如何调测装配的硬件工程师不可能形成可制造性的概念，研发人员因为从不考虑产品能否赢利自然也不会关注成本，所以，要使研发工程师建立市场意识，从投资的角度看待产品研发，光靠宣传教育是远远不够的，关键要让他们接触市场和了解客户，帮助他们建立投入产出和投资回报的概念，尽量给他们多提供一些参与测试、制造、服务等下游环节的机会。在早期的华为，研发工程师就被鼓励多与客户打交道，倡导“工程师下乡”的制度，因为当时华为生产基地在深圳保安区的西乡镇，所以要求工程师们经常要到“乡下”走一走。人的观念意识和思维模式的转变，除了学习外，关键受他接触的事物和环境的影响，要让工程师转变为工程商人，首先在于让他们接触和感受瞬息万变、竞争激烈的商业环境。

其次，明确研发人员的角色定位。所谓工程商人，其实就是工程人员和商业人员（Business man）的整合。工程人员的任务主要就是技术实现，作为商业人员，研发人员需要考虑自己设计的方案、模块或产品能否满足客户的需求，是否具有竞争力，如何进行产品运营（制造、推广、销售、服务等）才能获得投资回报，所以，研发人员在进行工程设计的同时，需要紧紧围绕客户需求和关注竞争态势，通过业务角度的比较分析选择技术方案，为后面的产品运营环节提供相应的资料和支持。

再者，需要让研发人员具备业务方面的技能，包括客户访谈、竞争分析、以客户为中心的设计、成本分析、基于业务的技术决策等。这些技能的获得一方面可以通过学习和培训，更重要的是需要改变过去的研发习惯，在实践中培养和提升，如培养以客户为中心设计的能力，就应该改变过去由市场部门定义需求，研发人员依此进行研发的做法，转变为市场部门提出产品的商业目标和高层次客户要求，而由研发人员通过客户调研、访谈、分析并定义需求，在研发过程中实现并验证需求。

7.2.2 从项目组长到项目经理

1. 李明的烦恼

李明曾经是一名优秀的硬件研发人员，作为硬件工程师参加公司几个重要产品的研发，表现都很不错。后来，担任一个硬件项目组的组长，带领5位硬件工程师出色地完成了整机一个关键硬件模块的研发工作。由于其优秀的表现，研发中心领导决定一个新产品（Y产品）研发项目由李明来担任项目经理。

Y产品是面向新细分市场的一个新产品。尽管公司过去做过类似的低端产品，但与过去的产品相比，Y产品在功能、容量、性能要求、技术要求等方面都有很大的不同。李明注意到了这一点，他组织相关人员对市场部提出的客户需求进行了细致的分析，并召集会议对需求进行评审。待需求确定后，就开始考虑采用什么样的技术路线来实现它。李明一直对技术很热衷，对相关产品的技术发展也了如指掌，他认为Y产品将是公司新一代产品的代表，所以应该采用尽可能多的先进技术，以体现出产品的高档次。他根据这一思路制定了技术方案，并以此开始设计产品规格和总体方案。看起来，一切都尽在自己的掌握之中，李明想：只待总体方案出来，就可以投入大规模研发了。

但是，在产品决策评审会上，与会人员对技术方案和产品规格提出了质疑。有的专家根据他们的了解认为，目前定义的产品需求和规格并不能满足目标客户的要求，而有些过高的性能指标又显得没有必要。研发中心的一位高层更是尖锐地指出，如果按照目前设想的技术方案去做的话，根本无法达到公司产品的毛利率目标，产品将缺乏成本方面的竞争力，而且能否如期完成研发存在极大的不确定性，因为可能面对太多的技术问题。会议的结论是：重新修改产品定义和技术方案，等再次评审后再往下走。这样，一个多月又很快过去了，产品终于可以投入正式研发了。

Y产品主要分为硬件、软件、结构等部分。李明亲自负责硬件系统的研发，由于对自己的办事方法充满信心，对下属的工作总是觉得不满意，同时心里想着我负责的工作一定要做得漂漂亮亮、不能出问题，因此恨不得所有的事情都自己去办：产品中有几个关键器件的性能测试、厂家选择一定要自己来做；产品的结构清单看起来简单，实际上直接影响到合同制定、商务成套、生产装配、备货发货、安装维护等各个环节，其中的关联之处员工不一定都知道，还是自己做比较保险，等等。一段时间过去后，弊端就表现出来了：一方面，亲自做的事情太多，整天疲于奔命，还是有很多任务没法及时完成，每到月底统计的时候留意一下，自己的计划完成率在项目组里面反而是最低的一个。对上级和其他部门的承诺不能实现，不但影响自己的工作指标，还拖了相关部门的后腿。另一方面，部分员工工作量不足，得不到充分的锻炼，或者觉得自己只是在做一件机械的工作，没有发挥才干的空间，缺乏成就感，士气下降。两三个月下来，硬件系统的研发进度很不理想，设计问题也不断出现。李明感到很困惑，过去带 5 个人从事硬件模块的研发挺顺利的，现在的工作怎么这么被动呢？而且，麻烦还不光在硬件系统这块，软件系统的研发负责人向李明反映，软件模块与硬件模块的接口缺乏考虑，经常出现脱节的问题，一旦出现了问题，硬件人员和软件人员往往各执己见，达不成共识，对进度影响很大。

结构组为了改变公司产品的外观形象，设计了一款新的产品外形，整个产品形象看起来是比原来的漂亮很多，可是新产品的结构比原来复杂近两倍。尽管如此，在技术评审时，李明还是支持了结构组的创新。到了中试阶段，几台样品试装后，就决定新旧产品生产切换，结果在生产线上小批量生产时，由于新产品安装操作困难，生产效率受到很大的影响，制造部门拒绝接收。研发人员还不服气，认为为了产品形象，生产效率低一点没什么了不起，并坚持自己的意见。几经试验，才发现此项创新使装配时间增加了近 3 倍，这还不包括在客户现场更为复杂的安装操作。至此，这项创新宣告破产，但已经造成生产切换中的物料混乱，有近 100 台安装困难的新产品流向市场或生产线，并使新产品切换工作推迟了两个多月，造成了大量的人力和物力浪费。

类似的烦恼李明还面临很多，他也越来越感到困惑："难道我不适合担任项目经理？如何才能成为合格的项目经理？"确实，李明碰到的关键问题是如何适应新的角色，即从一名项目组组长成为一名合格的项目经理。

2．项目经理与项目组长有何不同

首先，两者的责任范围不一样，项目组长主要对设计任务负责，他的工作范围集中于根据设计规格的要求组织项目组成员完成设计任务并进行单元测试，参与必要的集成测试和系统测试工作，而项目经理需要对产品负责，从市场导向的角度来看，尤其需要对产品的市场成功负责，这决定了他的工作范围比项目组长要广泛得多，如组织对市场需求进行分析、定义和验证，研发产品概念和设计总体方案，从业务的角度来管理或协调产品营销、制造、财务等方面的计划和执行，以及项目进度、质量、成本、资源、风险等方面的管理，等等。李明具有良好的技术背景，由于平时努力工作和积极学习，对产品有相当的认识，但对项目经理工作的理解和把握是不足的。

其次，项目经理在管理意识和技能方面的要求与项目组长相比是不能同日而语的。一般来说，项目组长有50%甚至更多的时间是花在技术方面，管理方面的工作主要是任务分派和监控、人员激励和日常沟通，项目经理的管理工作就复杂了很多，不仅要做好项目的团队建设和项目管理，还有与管理层、相关部门进行频繁的沟通和协调，在很多方面要根据项目的目标进行决策和权衡。在这方面，李明也未实现向管理者的角色转换，更多的是把自己定位为项目组长甚至技术人员的角色，缺乏对下属的授权和信任，喜欢什么事情都亲力亲为，在整合和协调方面也做得很不够，制约了项目团队整体功能的发挥，影响了下属的士气，导致项目的各项工作无法顺利地开展，各子系统和模块之间的接口经常出现脱节。

再者，在思维模式和观念意识方面，对项目经理的要求非常高。除了前面提到的管理意识外，项目经理需要在业务、创新、成本、技术等方面养成正确的思维习惯。我们经常把产品研发项目团队比喻为创业团队，所以项目经理从某种程度来讲就相当于“创业公司的总经理”，他不仅要考虑采用什么样的技术方案，更需要关注产品如何才能获取更多的利润，需要高度的商业化意识。如何有效地创新无疑是项目经理必须关注也是容易犯错的一个问题，盲目地求新求异并不是真正的创新。企业需要的是有价值的创新，应该强调在继承的基础上进行创新。除此之外，项目经理还需要具有全局观念，支撑公司产品线的发展。显然，李明在这些方面都是欠缺的。

3. 从项目组长到合格的项目经理

从以上分析来看，合格的项目经理与项目组长一样需要具有技术、任务管理和团队管理方面的技能，更重要的是需要具备以下几个方面的能力：

- 对市场的理解和产品知识；
- 使项目团队融为一体的能力；
- 对业务的理解，对产品线战略的理解；
- 发现产品所提供的长期价值，支持产品线愿景的能力。

应该说，李明一下子从项目组长跳到项目经理，缺乏一个过渡期或锻炼期来获取这些能力，风险是很大的。所以，公司在任命李明为项目经理之前，应该通过一些途径培养他，比如，提供市场、服务等周边部门的锻炼机会，在项目经理助理的位子上进行学习。同时，给李明提供产品管理、项目管理、人员管理、研发流程管理等方面的系列培训。

当然，项目经理能力的获得不是一蹴而就的。由于快速发展的需要和资源的限制，企业不可能等一个项目组长完全具备项目经理的能力后才让他担任项目经理，事实上，只是通过锻炼、培训和学习也无法使项目组长真正具备这些能力。就像只有在游泳中才能学会游泳一样，项目组长也只有在领导和管理项目的过程中才能成为合格的项目经理。不过，让一个过去没有相应经验的人员来担任项目经理是有风险的，为了项目的成功，公司应该建立有效的产品研发流程来支持项目经理的工作，并开展项目的监控和评审工作。很多公司考虑到这一点，对项目经理更多的是从他过去的技术背景来定位，市场、业务、制造等方面的问题留给相关部门和高层来解决，项目经理主要是对设计和技术负责的项目经理，即技术性的项目经理，与项目组长的角色并没有本质的不同。这通常被看做是面对现实的做法，也是大多数企业的做法，但它无助于培养合格的项目经理，也往往会影响项目的成功。

那么，更好的选择是什么？公司应该赋予项目经理充分的责、权，强调项目经理和项目团队必须对产品的市场成功负责。正如松下幸之助指出：使命和责任才是培养人才的首要因素。在项目组长到项目经理的过程中，对产品、市场、业务、产品线战略的理解，可以通过学习和实践掌握，而最难也是最关键的，是思维模式和观念意识的转变。只有让项目经理担负起产品市场成功的使命和责任，才能跳出过去在项目组长角色上的思维模式和观念意识，真正面向市场、面向商业成功、面向全局地思考问题和开展工作，有效地实现这一转变。

7.3　研发人员的绩效管理

企业在绩效管理上最常见的误区是把绩效管理等同于绩效考核，甚至进一步把绩效考核等同于发工资和奖金的工具，尤其在对研发人员进行绩效管理上，试图研发出一套精确、量化的绩效考核办法，在此基础上与薪酬紧密挂钩，做到使研发人员心服口服，从而起到激励研发人员的作用，其结果往往起到反作用。

7.3.1 从绩效考核到绩效管理

一谈到绩效管理，在很多企业老总和主管脑海里蹦出来的就是填表、打分、定级、谈话等情景，老总发愁没有好的量化方法和计算公式，主管畏难于对考核等级的比例控制，生怕挫伤下属的积极性，员工们感到公司在考他们，甚至是在整他们，人力资源部门夹在老总和主管之间，充当着问题的替罪羊。在大家都经历了一番折腾后，主管和员工开始应付了事，绩效考核流于形式。

难道是绩效管理方法本身有问题？或是企业对绩效管理难以掌握？绩效管理作为一种系统的管理方法，实施起来确实是不容易的，但首先的问题是企业对绩效考核和绩效管理本身的认识就存在偏差。

1. 绩效管理和绩效考核的区别

企业往往只看到了绩效考核或评估，而忽视了对绩效管理全过程的把握。于是，我们经常看到的是"匆匆过客"般的绩效考核：又到绩效考核的时间了，人力资源部照例将一些固定的表格发给各个部门经理，各个部门经理则需要在规定的时间内填完这些表格，交回人力资源部。于是经理们在这些表格中圈圈勾勾，再加上一些轻描淡写的评语，然后就表中的内容同每位下属谈话十几分钟，最后在每张考核表上签上名。这次考核工作就算万事大吉了。每个人又回到了现实工作当中，至于那些表格去哪里发挥作用了，也就不了了之，也没有人再关心它们。

其实，绩效管理不只是针对过去做考核或评估，重点要重视如何能够达到目标，如何绩效良好，为何有些工作没做好，有些工作做得好，应该如何改善才能做得更好，强调主管如何帮助下属找出瓶颈，并改善缺点。只有这样，才是有价值的、有意义的绩效管理。

绩效考核只是完整绩效管理过程中的一个环节。绩效管理与绩效考评的主要区别如表 7.1 所示。

表 7.1 绩效管理与绩效考核的比较

绩效管理	绩效考核
• 一个完整的管理过程	• 管理过程中的局部环节和手段
• 侧重于信息沟通和绩效提高	• 侧重于判断和评估
• 伴随管理活动的全过程	• 只出现在特定时期
• 事先的沟通与承诺	• 事后的评价

由于对绩效管理的片面认识，将绩效评估从完整的绩效管理中割裂开来，首

先会误导绩效管理的目的。绩效管理的目的包括 3 个方面，即战略目的、管理目的和研发目的。一个有效的绩效管理系统首先要根据公司的战略目标制定各部门和员工的目标，成为落实公司战略的手段。其次，绩效管理系统应贯彻指导、评价、区分、激励、沟通等管理措施，使管理有效。最后，绩效管理应着眼于人力资源的研发，使员工持续成长，绩效持续改善。将绩效管理等同于绩效考核，必然造成“瞎子摸象”——只看到了需要评估部门和员工表现的一面，而忽视了其他更为重要的目的。事实上，单纯地为了评估员工表现做绩效考核，主管和下属就像老做着“审判”和“被审判”的工作，双方都费力又不讨好。久而久之，大家都不愿做绩效考核了，即使做，也是应付着做、轻描淡写地做、蒙混过关地做，这样绩效考核流于形式就不难理解了。

2．绩效管理是一个完整的过程

绩效管理是管理者和员工双方就目标及如何达到目标达成共识，并促成员工成功达到目标的管理方法，这是被广泛接受的关于绩效管理的定义。基于这一定义，绩效管理也是一个完整的管理过程。从绩效考核到绩效管理，企业不仅要完整地看待绩效管理的全过程，而且要树立“绩效管理是基本的管理过程”的理念，并围绕此理念展开绩效管理的各项活动。绩效管理过程一般分为 4 个步骤。

（1）制定绩效目标及计划。设立绩效目标着重贯彻 3 个原则。其一，导向原则，依据公司总体目标及上级目标设立部门或个人目标。其二，SMART 原则，即目标要符合具体的（Specific）、可衡量的（Measurable）、可达到的（Attainable）、相关的（Relevant）、基于时间的（Time-based）5 项标准。其三，承诺原则，上下级共同制定目标，并形成承诺。

绩效目标确定后，上下级还需要就实现目标的策略措施进行讨论，并形成绩效计划。

（2）开展绩效辅导。主管需要观察下属的工作并做绩效记录，这很容易被忽视，其实，管理者和员工都需要花充分的时间记录工作表现，并尽量做到图表化、例行化和信息化。一方面为后面的辅导和评估环节提供依据，促进辅导及反馈的例行化，避免拍脑袋的绩效评估；另一方面，绩效表现记录本身对工作是一种有力的推动。中国有句俗话“不怕管，就怕算”，绩效记录也是一项算的工夫。

辅导就是主管观察下属的行为，并对其结果进行反馈——表扬或批评。值得注意的是，对于下属行为好坏的评判标准事先需要与下属沟通，当观察到下属好的表现时，应及时予以表扬；同样，当下属有不好的表现时，应及时予以批评并要求纠正。有人认为绩效辅导就是要时刻监督、检查员工的工作。这不能一概而论。正确的做法是：只是在下属需要的时候，才密切地监督他们。一旦他们能自己履行职责，就应该放手让他们自己管理。

（3）进行绩效考核及反馈。就是我们通常所说的绩效考核或评价环节。在绩效管理过程中，评价是一个连续的过程，而绩效考核是过程中依据设定的评估方法和标准进行的正式评价。鉴于绩效结果一般需要较长时间才能体现出来，以及绩效评估等级的敏感性，越来越多的企业倾向于半年或一年评估一次。

反馈面谈不仅是主管和下属对绩效评估结果进行沟通并达成共识，而且要分析绩效目标未达成的原因，从而找到改进绩效的方向和措施。由于管理者和员工对反馈面谈的心理压力和畏难情绪，加之管理者缺乏充分的准备和必要的面谈沟通技能，往往使反馈面谈失效甚至产生负作用，这是需要注意克服的。根据反馈面谈达成的改进方向，需要制定绩效改进目标、个人发展目标和相应的行动计划。

（4）绩效考核结果的应用。绩效考核结果的应用是多方面的，绩效结果需要与工资、奖金、机会、个人发展、选拔、晋升、资格评定、认可、奖励、长期激励方案等方面进行挂钩，以体现绩效导向，激励员工追求和实现更高的绩效目标，实现绩效管理过程的闭环。

也许有人会说，我们连绩效考核这一环节都做不好，要做好完整的绩效管理的过程岂不更难。其实，管理问题一般是系统问题，依靠“头痛医头，脚痛医脚”的方法不能奏效，需要系统地解决问题。绩效管理系统作为一个完整的管理过程，如果只是把精力花在绩效考核上，确实难以见到成效。唯有各个环节运作良好，才能使绩效管理行之有效。

7.3.2 研发绩效管理的特点

相信很多企业都有这样的体会：实施销售、制造等部门和人员的绩效管理时还觉得心里有数，效果也不错，对于财务、人力资源等职能管理部门和人员的绩效评价相对困难一些，但还是可以找到一些评价各项工作质量和效果的办法，但是对于研发部门和人员的绩效管理，不管是目标及计划制定、绩效评估方法、考核关系，还是过程管理方面，都感到相当困难。确实，由于研发组织、研发工作和研发人员的一些特殊性，使得研发绩效管理具有以下特点：

- 研发工作是一种创造性劳动，其任务及目标难以量化；
- 研发成果受很多因素的影响，具有很强的不确定性，对影响结果的原因难以界定，如新产品上市后销量不好，就比较难分清楚是研发人员的原因，还是产品立项或是销售等方面的原因造成的；

- 在不同研发部门、不同项目、不同专业人员之间，绩效的可比性不强，如设计缺陷率高的工程师不一定比缺陷率低的工程师绩效差，因为各自设计内容的复杂性、创新性都不一样；
- 研发的最终结果（新产品销售收入、利润等）需要相当长的时间（如上市后一年以上）才能表现出来，具有滞后性，不可能在当期评价；
- 研发人员的角色是多样化的，工作是复杂的，往往涉及产品设计、通用化工作、技术支持、生产问题解决、指导新人等多方面的工作，这也给绩效管理带来复杂性，包括在矩阵结构下的双重评价问题；
- 研发工作具有很强的团队性质，而且往往是通过跨部门的团队来开展工作，相互间工作的关联性很强，对于研发过程中出现的问题，很难区分是谁造成的或者区分的成本很高，这给绩效辅导和绩效考核带来了难题；
- 研发人员具有内向、敏感、较真、希望得到认可等个性特点，非常关注绩效考核的科学性和公正性，而对于他们认为不合理的地方一般又不会主动提出来，这无疑给绩效考核方法的设计、绩效反馈的有效性、绩效结果的应用都带来了挑战；
- 研发主管对于下属的工作内容往往不如下属更专业和深入，这给绩效辅导带来了困难，而且研发主管往往拉不下面子，倾向于认为下属们的工作都不错，所以在面对给下属考核等级比例分配时很困难。

中国很多企业由于对绩效管理本身的认识存在偏差，而且对研发绩效管理的特点缺乏理解，所以在实施研发绩效管理时常常采用错误的方法，使研发绩效管理陷入困境。

7.3.3　研发绩效管理的常见误区

企业在研发绩效管理中存在以下典型的误区。

1. 只有绩效考核，没有绩效管理

很多企业把绩效管理与绩效考核混为一谈，眼里只有绩效考核，而不是主动地开展绩效管理的全过程。单纯的绩效考核只会让研发人员认为公司不相信他们的努力，所以要考他们，如果考核成绩不好则要扣发工资、奖金，这种考核容易引起研发人员的反感甚至抵触。而且，由于没有明确的绩效目标和计划，绩效记录缺乏，考核过程中沟通不足，使得绩效考核缺乏依据，研发人员感到考核结果不公平、不合理，绩效考核逐步流于形式。

2．需要精确、量化地考核研发人员的工作

企业高层管理者往往将研发人员积极性缺乏归咎于考核不准确，考核结果未能提供足够的奖励依据，希望能够帮助设计一套能够精确、量化考核研发工作成效、使研发人员心服口服的办法。一些企业老总恨不得发明一套数学公式，通过计算机程序就能算出研发人员的绩效。

这里隐含着一个假定，即研发人员的绩效可以通过量化考核准确评估。但是，由于研发工作非常复杂且难以量化，其结果和过程都具有很强的不确定性，员工能控制的因素有限，研发出现失误时，很难准确区分是何种因素导致的，而且不同部门及员工绩效的可比性不强，所以要精确、量化地考核研发人员的工作几乎是不可能的，许多企业在这方面做了大量的努力，但都是无功而返。

通过对业界领先企业的研发绩效考核模式进行观察，发现研发实力越强的企业，对研发人员的考核越“宽松”，量化程度越低，基本上是依据平时的绩效记录和一些度量指标（Metrics）结果进行定性评价。越是处于发展初级阶段的公司，越是试图将研发人员的绩效管理量化。当然，对于研发高层、研发部门和团队，因为其工作可以综合且更面向结果，是可以以量化的绩效指标（如 Key Performance Indicator，KPI）为主来进行考核的。

3．将指标等同于 KPI，将量化管理等同于量化考核

追求对研发人员量化考核的企业还有一个常见的错误是将指标（Metrics）等同于 KPI，将量化管理等同于量化考核。其实指标的首要作用是用于分析和改进，只有少量面向关键结果的指标才会作为 KPI 直接用于考核，如缺陷密度、BUG 数、研发任务的计划完成率等一般都不会拿来直接对研发人员进行考核，但要统计、分析，以找出改进工作的措施，事实上如果这些指标用于考核，很容易诱发统计上的造假行为，真实的统计结果将很难得到。

同样，量化管理是我们需要尽量追求的，因为可衡量，才能可管理，但并非动不动就要量化考核，尤其对于研发人员的工作内容，大部分是不适宜通过量化、算分来考核的。

4．KPI 是拍脑袋想出来的，短期导向突出

许多企业的 KPI 没有紧紧围绕公司战略进行系统分解，是拍脑袋想出来的，结果弄出来一套四不像的 KPI 体系。尤其是研发部门的 KPI，如果不够准确和完整，对于产品创新能力的提升和公司的发展影响非常大，因为研发工作对于公司战略实施的影响是很直接的。拍脑袋想出来的研发 KPI 通常更关注短期的业绩，

关注研发内部的绩效，如有关产品研发进度和上市方面的绩效，而对于关系到公司长期潜力的绩效（如核心技术水平）和全流程绩效（如新产品销售利润）考虑甚少，对产品的市场成功和公司的长远发展很不利。中国众多大型家电企业发展了二三十年，研发了大量新产品，但核心竞争力依然是那么薄弱，究其原因，与这些企业的 KPI 和绩效考核的短期导向是分不开的。

5．未体现跨部门连带责任，迁就部门及岗位的可控性和权限

理论分析和实践都证明，如果各部门只关心自己的职责分工和相应的绩效指标，没有共同的结果责任和目标，那么各部门之间的协作会较差，预期的跨部门流程结果也难以达成。很多企业在推行绩效考核前，各部门还协作得不错，但推行绩效考核之后，部门之间反而不太协作了，就是因为企业采用部门化绩效指标来考核后，部门之间的壁垒比原来更严重了。

所以，不管是设立部门 KPI，还是岗位目标，需要注意基于流程建立跨部门连带责任，而不能迁就部门及岗位的可控性和权限。具体的办法是，将跨部门或岗位的流程结果性 KPI 或目标，作为流程上各部门或岗位的 KPI 或目标。研发流程基本上是跨部门的，遵循跨部门连带责任的原则更为重要。

6．只有自上而下的下达机制，没有承诺机制

不管是设立 KPI，还是确定目标和任务，许多企业的老总和研发主管往往是通过行政命令的方式下达给下属，或只是象征性地征求一下下属的意见，而不管下属是否理解和接受。这样确定的 KPI、目标和任务很难让员工信服，更不用说员工承诺达到目标了，其结果是员工的主观能动性受到很大的制约。

上下级之间相互承诺是目标管理的一项基本原则。在绩效目标和计划的制定过程中，研发主管需要与下属就目标及如何达成目标进行充分沟通，达成共识，并形成承诺。一方面员工承诺主动、保质保量地完成绩效目标，另一方面，主管承诺给予员工相应的资源并充分支持员工的工作。一些跨国企业称绩效计划为个人业务承诺书（Personnel Business Commitment，PBC），强调的就是承诺机制。

7．不重视绩效记录

很多研发主管和研发人员认为做绩效记录是一项费时、费力且没有什么作用的事情，如工作日志就经常被研发人员认为是一项额外的任务而应付了事。出现了这种现象的企业，只能说明还没有认真地、切实地开展绩效辅导、反馈和沟通工作，绩效管理的效果会大打折扣。

绩效记录有没有用，关键在于研发主管和员工是否在应用绩效记录。其实，

绩效记录是绩效辅导的基础，发现问题和解决问题的手段，上下级间沟通的工具，绩效考核的依据，而且做好绩效记录对研发人员完成工作任务具有提醒和促进作用。

8．充分区分考核结果，僵化执行强制分布要求

为了充分区分员工的表现，很多企业倾向于设置更多的绩效考核等级，如A，B，C，D 4级或A，B，C，D，E 5级，少数企业甚至用分数（如百分制下面的76分）作为研发人员的考核结果，上海一家研发集成电路尖端设备的企业老总甚至提出要精确到小数点后面一位。当然，考核还必须遵循强制分布或比例控制的原则，但是人力资源部门制定的比例控制措施缺乏灵活性，于是研发主管们最发愁的事情就是确定C级以后（含C级）的研发人员，生怕敏感、较真的他们的积极性受到影响，事实上，这些研发人员往往会感到自己被当做了失败者，而且与评为前面等级的同事相比自己的成绩也未必差甚至还好一些，不公平感油然而生，积极性受到挫伤在所难免。

其实解决这个困境的办法很简单，就是将考核等级减少为A，B，C 3级，比例分别为20%，70%，10%左右，让绝大多数研发人员感到自己是成功者，而且评为A的员工一般是大家公认的，大家觉得没有什么不公平的，研发主管不用再为比例控制大伤脑筋，也不用再浪费很多精力与人力资源部讨价还价。

也许有人质疑：3个等级无法充分区分员工绩效的差别。这听起来挺有道理，但操作起来就不是那么回事了，想充分区分其实无法准确划分，更难得到员工的认同，况且由于人都希望自己是胜利者，充分区分的结果是本来表现还不错应该受到肯定的员工受到了打击，从而违背了绩效管理的初衷。从绩效管理目的和奖罚有效角度来看，3个等级的划分已经够了。事实上，很多著名跨国企业绩效考核结果都是A，B，C 3个等级，或者不称为A，B，C，而定义为超过目标、达到目标、未达到目标。需要强调的是，绩效考核等级只是一方面的考核结果，而绩效考核分数只能是一个参考依据或中间结果，另一方面的考核结果是员工哪些地方做得好，好在哪里；哪些地方存在不足，应该如何改进。

9．拿出一部分工资来浮动，名曰绩效工资，与绩效考核结果挂钩

不少企业推行绩效考核时，绩效考核结果一出来，就迫不及待地要与员工薪酬挂钩，通常最先想到的是把月度工资拿出一部分（如20%）来浮动，与绩效考核结果挂钩，如考核为A，B，C，D，分别乘以系数1.3，1.1，0.9，0.5，作为员工的绩效工资。其实，这根本就不是绩效工资！根据薪酬理论，绩效工资是指根据绩效定期（通常是一年）给员工提升的那部分工资，绩效工资一旦生效就变成了员工的固定工资，而月度工资是根据员工所在岗位和任职能力确定的工资，如果把一名员工安排在一个岗位上，那么与他在该岗位上的任职能力相对应的工资应该是固定的。所以，实行浮动工资其实是缺乏依据的，除非企业不相信员工相应的任职能力，事实上浮动工资给员工传递的正是这种不信任感，研发人员感受会更加强烈，危害作用也更大。

对研发人员实行与绩效考核结果挂钩的浮动工资后，多拿两三百块，激励作用微弱，少拿两三百块，负激励作用明显，多拿的还感到是从少拿的那里扣出来的，感觉挺不爽。更大的问题在于浮动工资破坏了企业与研发人员之间的信任关系，使企业和员工都更加片面地强调绩效考核，对公平性提出了过高的要求，结果使得大家都觉得不公平。实践也证明，浮动工资对于企业研发来说，是一大祸害。

10．采用项目奖促使研发人员关注项目绩效尤其是项目进度

研发工作大部分是按项目运作的，需要对项目绩效（即研发人员在项目中的绩效）进行管理。由于研发项目受到的影响因素繁多，如何控制项目绩效尤其是进度是一个难题，于是很多企业寄希望于通过与项目绩效（主要是进度）挂钩的项目奖，促使研发人员努力推进项目的运行。

项目奖的方式确实可以激发研发人员推动项目工作的热情，但这种过于功利和短期刺激的奖励方式带来的负面作用显然被企业忽视了。采用项目奖的企业有一个假设：只有让研发人员看到直接与项目绩效挂钩的奖金，他们才会发自内心地、主动积极地完成项目任务。其实这一假设是站不住脚的，真正能够持续有效激励研发人员的并非是像项目奖这样的短期性奖金。不管从理论上分析，还是从实践来看，产品研发项目奖都是弊大于利的，关于这一点下面还有详细分析。

7.4　研发人员的激励

短期导向和过于功利化是企业在研发人员激励方面最常见的两个错误。短期导向的激励损害的是企业战略实施，而过于功利化的奖励机制伤害的是企业文化，错误的后果不可谓不严重。研发对企业最终绩效（如利润）的影响往往是长期的，研发人员最关注的是个人发展，所以，对于研发人员的激励更应强调长期导向，更应偏重非薪酬的因素。

7.4.1　产品研发项目奖的 5 宗罪

谈到企业对于研发人员的奖励机制，最常见的莫过于产品研发项目奖。很多企业和不少研发人员都把项目奖看做是激发研发人员努力最有效、也是理所当然的奖励方式，果真如此吗？我们先从一个杜撰的故事说起。

传说，唐僧师徒4人历尽千辛万苦，胜利到达西天。如来佛为了鼓励他们，给他们发放了100万元奖金，由唐僧分配。这下唐僧可犯愁了：悟空打妖怪功劳最大，分配比例应该多一些，但多多少呢？多少了，悟空觉得没有体现他的贡献；多多了呢，八戒和沙僧有意见，以后在配合悟空干活上肯定出问题。再说，八戒和沙僧的贡献谁大谁小，奖金额度上应该如何平衡？最后，应该给自己留多少？想来想去，唐僧难以拿定主意……

类似的情景，也经常发生在企业的研发部门。为了加快产品研发项目的进度，调动研发人员的积极性，企业常用的办法就是设立项目奖，与研发项目的进度挂钩，一旦达到了某一里程碑且通过评审（有时评审只是形式上的），就给项目组发一笔钱。这种做法还挺管用，研发人员一想起到达一定的进度目标就有钱拿，干起活来带劲了，加班加点似乎也找到了理由。项目经理也感觉良好，有了直接的激励手段，便于指挥大家干活。但是，唐僧的担心和困惑同样也会落到研发主管们的头上。尽管公司设定了项目奖分配的规则甚至参考比例，但具体分配比例还得主管们拿主意。如果分配比例把握不好，项目组成员不满意，轻则在后续的工作中少出力或出工不出力，重则引发团队成员之间的矛盾，严重影响团队氛围和凝聚力。其实，研发项目奖的危害又何止这些，归纳起来，产品研发项目奖会给企业和研发团队带来5个方面的突出问题。

1．关注短期行为，长期性的工作无人问津

研发项目奖无疑能够促进短期的产品研发活动，尤其与项目进度有关的活动。但是，由于研发项目奖的导向作用，使研发人员都热衷于投身短期内能够看到“效果”的产品研发项目，而对技术研发、前瞻性产品预研等长期性的项目则无人问津，研发流程、技术规范、经验积累、文档编写等工作也没有人愿意做。久而久之，企业产品研发了一大堆——当然成功率是很低的，但企业还是缺乏核心技术和知识积累，没有核心竞争力。这是国内企业的通病，家电、手机、软件、机电设备等众多行业基本上都是这种情况。可以不客气地讲，致力于推行产品研发项目奖的企业，就是致力于放弃公司的未来。

2．强化急功近利，损害研发工作本身的成就感

打着“有效的激励机制”大旗的项目奖，表面上提升了研发人员参与项目的热情，但也在无形中伤害着研发人员对研发工作本身的热爱，损害研发工作本身的成就感，也影响了研发人员对企业的归宿感。产品研发是一项充满创造性和挑

战性的工作，产品是研发人员努力的结晶，甚至人们常常把产品比喻为研发人员的“儿子”。所以，产品研发本身就是具有高度成就感的工作，这种成就感才是激励研发人员的源泉。但是，如果我们只是一味地采用金钱刺激，慢慢地，这种成就感和那种对产品的热爱就会降低甚至消逝，研发人员会变得越来越急功近利，这正是“此消彼长”规律在产品研发激励因素方面的体现。在长期实施研发项目奖的企业，我们常常看到这样的情形：研发人员斤斤计较，接项目前先看项目奖有多少再定，与企业讨价还价，相互攀比，“一切向钱看”的倾向很明显，与企业的关系也慢慢演变成一种单纯的雇用关系。

3．影响对市场和质量的关注

在项目奖的驱动下，研发人员对奖金的关注超过了对产品的关注，对产品进度的关注又超过了对产品市场及质量的关注。为了早日获得项目奖，研发人员容易片面赶项目进度，而质量就放在次要的位置上了，至于产品如何在市场上取得成功更是放在一边不管了。尽管大多数公司对里程碑都有质量要求，设立测试和评审点，但是，我们清楚测试和评审是把关的环节，如果研发人员不真正对质量重视，测试容易蒙混过关，评审容易流于形式。很多公司为了牵引研发人员关注产品的市场效果，会留一部分项目奖放到产品上市相当长一段时间再发，与市场结果挂钩。但是，这种做法的时效性令人怀疑，研发人员关注的还是前面几期“有把握”的项目奖金。所以，项目奖机制无疑在不断地削弱研发人员的市场意识和质量意识。

4．影响内部合作，尤其是跨部门合作

正如前面提到的，项目奖在研发团队成员之间的分配比例难以确定，如果大家觉得不合理，势必影响相互之间的配合，甚至引发矛盾和对立情绪。也许我们的项目经理对团队成员各自的努力和贡献是心里有数的，不幸的是，人们往往倾向于认为自己的贡献比别人大，而自己的报酬比别人少，所以要找到一个大家都满意的结果确实难上加难。相互之间分配比例和额度是可以保密的，可惜人人心里都有一本账，项目奖总额是公开的，每个人只要根据自己获取的额度一算，分配比例就出来了，况且，世上没有不透风的墙，把自己的比例与别人一比较，不公平的感觉随之而来。

更容易产生不公平感的是市场、采购、制造等部门参与研发过程的人员。我们知道，一个新产品的研发和成功上市，不可能光靠研发部门的人员完成，而需要相关部门的人员共同参与，所以，研发工作不仅是研发部门的事，而是包括市场、采购、制造、服务等部门参加的一项跨部门工作。在项目奖的分配上，企业一般只考虑研发部门的人员，其他部门参加研发工作的人员肯定有想法：凭什么

你们研发人员就有项目奖，我们就没有？这样一来，想让他们积极主动参与研发工作就变得很困难。在一家企业，我曾经遇到这样的情形：很多研发项目经理为了平衡采购、生产等部门相关人员的不满心理，私下里从项目奖中拿出一部分塞给他们，以换取他们在新器件采购、试生产等工作上的合作。项目奖都推行到这分上，不能不说是一种悲哀。

5．制约研发管理体系的进步

为什么很多企业热衷于推行产品研发项目奖？我想，除了研发主管们认为项目奖比较直接见效的原因外，还有一个潜在的原因是，主管们觉得产品研发过程难以掌控，与其花大力气去建立研发过程管理体系，不如通过设计与进度挂钩的项目奖机制，使研发团队自动自觉地去关注进度目标。可以说，这简直就是放弃管理控制的偷懒方式。主管们只是寄希望于项目奖来解决问题，而忽略了依靠研发管理体系来解决问题的根本方法。最终他们将会发现，除了换来研发人员的短期行为外，项目奖其实解决不了什么问题。另外，项目奖的做法对新人的培养机制也是不利的。

归纳起来，产品研发项目奖由于片面强调短期利益，片面强调与项目里程碑尤其是进度挂钩，片面强调项目成员之间的分配关系，致使长期利益、市场导向、质量意识、团队合作、工作成就感、管理控制等价值导向因素受到制约和削弱。长此以往，必然对研发文化带来严重伤害，这算是对研发项目奖 5 宗罪的归结吧。

需要说明的是，我并不是否定项目奖这种奖励方式，只是理性地分析项目奖这种方式应用在产品研发项目上具有很大的破坏作用。我认为，适合项目奖方式的前提条件是：项目之间的可比性强，项目的确定性比较强，项目成功的影响因素相对单一，项目结果能够阶段性地体现，如一些工程交付类的项目。显然，产品研发项目不符合这些条件，所以，与阶段进度直接挂钩的项目奖方式无法管理好产品研发项目，好比用于开门锁的钥匙无法打开汽车一样。当然，在研发项目完成到一定的里程碑时，给予一定的奖励（含物质奖励和精神奖励），以体现对研发团队的认可和鼓励，效果应该不错，但这与强调直接挂钩、一味给予金钱的项目奖是有本质区别的。

那么，产品研发项目到底需要什么样的激励机制？一方面，基于产品研发项目不确定性强、可比性不强、影响因素复杂等特点，应该建立客观依据和主管判断相结合、内部因素和外部因素相结合、团队与个人相结合、重点关注项目阶段性交付的综合评价机制，并采用相应的奖励方法，如季度奖或年终奖。另一方面，更需要强化各种非物质的激励因素，尤其是产品研发项目本身的激励作用，建立丰富多彩的非物质激励措施。

7.4.2 薪酬并不是唯一的和最重要的

美国的行为科学家弗雷德里克·赫茨伯格（Fredrick Herzberg）提出来了“双因素激励理论”，公司政策、管理措施、监督、人际关系、物质工作条件、工资、福利等属于保健因素，这些因素基本上是与工作环境和工作关系相关的，当它们恶化到人们认为可以接受的水平以下时，就会产生对工作的不满意。但是，当人们认为这些因素很好时，它只是消除了不满意，并不会导致积极的态度。那些能带来积极态度、满意和激励作用的因素就叫做“激励因素”，这是那些能满足个人自我实现需要、属于工作本身或工作内容的因素，包括成就、赏识、挑战性的工作、增加的工作责任，以及成长和发展的机会。如果这些因素具备了，就能对人们产生真正的激励作用。

从这个意义出发，赫茨伯格认为传统的激励假设，如工资刺激、人际关系的改善、提供良好的工作条件等传统的“激励因素”即使达到最佳程度，也不会产生积极的激励。按照赫茨伯格的意见，管理层应该认识到保健因素是必需的，不过它一旦使不满意中和以后，就不能产生更积极的效果。只有“激励因素”才能使人们有更好的工作成绩。

在如何有效激励研发人员这个问题上，中国企业普遍的做法是过于强调薪酬，过于功利化，于是浮动工资、项目奖大行其道，在薪酬结构上，固定工资比例偏低，浮动薪酬（主要是奖金）比例偏高。按照“双因素理论”，薪酬主要是保健因素，在这方面搞太多的花样，并不能带来激励作用，浮动工资、项目奖的实施反而会带来负作用，固定工资比例偏低给研发人员的感觉多半是企业把更大的风险加给了他们，也不利于吸引研发人才和人员的稳定。其实，研发人员的薪酬最关键的是要做到让大家感到公平合理，薪酬对外具有相应的竞争力，对内按照规范的政策和制度，采用固定工资加上年终奖的薪酬制度就是一种既简单又有效的薪酬模式，国内、外大量优秀企业都是这样做的。

从激励的角度来看，发展机会、挑战性工作、成就感等非薪酬的激励因素才能真正焕发研发人员的热情，但是大多数中国企业在非薪酬的激励因素上做得是很不足的，研发人员的士气较低。对于这些企业来说，可以在以下一些方面加强。

1. 给予发展前景和机会

研发人员肯定很看重薪酬，但更为看重的是个人的发展前景和机会，而且只有个人得到了专业发展，个人长期的收益才有了保障。深圳国人通信公司在业务扩张时期招聘了大量不同背景的研发人员，尽管薪酬不错，但还是一度出现了研发人员士气低落的问题，该公司领导层发现主要是由于发展前景不明确和文化缺乏认同造成的，于是提出了“专业饭碗理论”。专业饭碗分为泥饭碗、铁饭碗、银饭碗、金饭碗、钻石饭碗，形象地给研发人员指明了发展方向，并制定了专业资格等级评定及发展制度，再以文化建设相配合，打造出了一支积极向上的研发队伍。

2. 让员工承担更大的责任

研发是一项具有很强的责任感和成就感的工作，让研发人员承担更大的责任，不仅是促使他们成长的关键，而且也能给他们带来很大的激励作用。在华为公司，大量二十几岁的年轻人就承担了重要甚至重大的研发任务，干劲十足，并不在于拿多少钱，关键在于赋予了他们更大的责任和充分的授权。

3. 给员工更多的自由空间

作为创造性劳动者，研发人员需要更多的自由空间，以满足他们的身心需要，提高工作效率。所以给研发人员提供良好、宽松的工作环境和休息场所，实行弹性工作制等，在优秀企业中是很普遍的做法。

4. 充分的信任

没有人否认信任的力量，但我们经常低估信任的力量。研发人员是否感到被公司信任，会极大地影响他们对公司的认同感和士气，这也是为什么浮动工资带来很大负面作用的原因所在，因为那是一种损害信任关系的薪酬方式。

5. 尊重员工的工作

研发工作具有很大的风险性，存在这样那样的错误和失败是很常见的。对于失败的项目和工作，在绩效评价中要予以考虑，但研发人员付出的劳动和努力是需要被尊重和肯定的，这样才能激发研发人员更加积极地投身到研发工作中来。

6. 关注和沟通

研发人员希望被关注和认可，这不仅需要研发主管日常关注和认可他们，也需要公司管理层经常关注研发人员的工作状态，多花些时间与研发人员沟通，这是比多发一些钱更有效激发研发人员努力的方式。不少企业的老总别说与研发人员沟通，连研发人员的办公场所都极少去，在这样的企业不可能指望研发人员有激情。

7. 表彰他们的成绩

通过各种方式（如证书、荣誉、奖牌）表彰研发人员的成绩，既经济、灵活，又能形成很强的奖励和导向作用。例如，华为给研发人员设立的荣誉奖五花八门，如攻关奖、导师奖、进步奖、创新奖、新人奖、协作奖等，对各研发部门秘书也设了奖，称为“小蜜蜂奖”，这些奖项对于获奖人是一种认可和鼓励，对于部门营造了一种向上的氛围，还可以与公司文化倡导的行为结合起来，对于文化建设也起到了促进作用。

8．在里程碑和完成时庆祝他们的胜利

当研发人员达成项目里程碑或产品研发完成时，这是他们感到高兴和值得庆贺的时刻。此时，大张旗鼓地庆祝他们的胜利，比采用项目奖的刺激方式会更为有效，而且避免了项目奖带来的负面问题。庆祝的方式可以多种多样，辅之以一定的经济奖励也是可以的。

综上所述，有效激励研发人员，薪酬并不是唯一的和最重要的，企业不必在薪酬上动太多的脑筋，做到研发人员感到公平合理就行，而在非薪酬的激励因素上，企业倒要多动一些脑筋，充分发挥各种激励因素的作用。

7.4.3　华为研发人员为什么加班

一些企业老总常常为研发人员不愿意加班而苦恼，或说公司未能形成加班的风气。而华为公司在这方面做得很好，为什么华为研发人员能够坚持经常加班？

说实话，很多华为研发人员当初在华为加班是不得已的，因为下班后，大家都不走，自己当然也不好意思提前走，而那些提前走的，也慢慢在华为公司待不下去了，这就是文化的力量。

回想一下，华为公司研发人员加班文化的形成有如下原因。

（1）基本上是年轻人，家都不在本地，年轻人下班后都是以公司为家的。

（2）加班是要领导带头的，老总不走，总监就不好意思走，项目经理也就留下来，一直到员工，一级看一级的。特别是老员工，能够带动新员工，而主管级的很多会议，都是安排在晚上的，这样，整个公司晚上还是灯为通明的。

（3）加班要做好配套服务工作：加班班车、免费加班夜宵，这些华为公司都做了很多年，否则没人留下来加班。

但是，这些都是外在原因、是客观的，最重要的还是内因，就是员工主观上要愿意加班，这就要解决工作的目标问题，就是加班做什么，对自己有什么价值，否则光有加班的形式，那也是没有意义的，这一点，才是华为公司真正厉害的地方，就是把个人工作日标通过产品计划、季度工作计划、员工考核日标等明确下来，每个人都有忙不完的事情，即使工作做完了，也有很多需要学习、进修、培训的，这些华为公司都安排在晚上，上班时间不得培训。这样，员工通过加班可以提前完成工作、提高能力，而这些都是和个人考核挂钩的，最后个人可以取得好的报酬和职业发展，这就解决了加班的长期动力问题。

加班是有瘾的，搞技术的人，晚上安静，调程序欲罢不能，加班效率高，成就感就会很强。这么多年，其实我们个人都养成这个习惯了，不加班还真难受。

即使这样，华为的加班文化也带来了一些弊端，长期加班会对研发人员的身体健康造成负面影响，特别是对于那些年龄大了、体力差了、有了家庭的员工，如何兼顾家庭和事业，公司并没有解决得很好，所以，骨干的流失还是存在的。这需要更好地分析人在不同年龄段的要求，针对性地解决大家的工作动力问题，以实现一个平衡、快乐的人生。

对于加班的弊端，企业也要考虑解决。

（1）不能违反劳动法。华为公司是这么处理的，指令性加班（指公司安排、主管命令，一般要有书面通知）是要付薪酬的、可以调休，而这种指令性加班非常少。一般生产线等部门指令性加班多，研发很少。员工放弃节假日休息加班，可以调休，但是调休假不能跨年度使用，本年度未使用完的调休假，年终公司给付工资相同的报酬抵扣。这样，员工会感觉好，因为公司给了员工选择：你可以选择休假，也可以选择经济补偿。

（2）强调有张有弛。在华为，有些项目组一般每周固定一个晚上集体锻炼，其他晚上加班。这样的团队氛围就不会压抑，而且员工身体也能够得到主动的休息。项目经理甚至主动要求有些老员工回家休息，因为后面还有大仗要打，体力要保留好。

（3）取得成功后的团队开展庆祝、表彰等团队建设活动，使得大家觉得干活有意思、有成就感，而不是一味地加班、苦干。道理很简单，为什么老板加班觉得有意思，员工加班觉得苦？因为收获不同，成就不同。所以要解决这样的问题，需要各级干部要懂点人力资源管理和心理学。

7.5 研发人员的任职资格管理

任职资格管理不同于一般的职称管理和技能等级管理，任职资格管理关注的是对员工职业发展建立全面、具体的标准，使员工在完成工作目标的同时，实现个人职业发展目标，从而形成长期的工作动力。华为在任职资格管理尤其是研发人员的任职资格管理方面的经验值得借鉴。

7.5.1　变被动管理为主动管理

企业管理的目的，一方面要实现企业目标，另一方面要实现个人目标。企业目标和个人目标最终是统一的，但是在实际工作中，员工在为企业目标努力时，对个人目标的实现往往感到不直接、不明确，如硬件工程师在设计电路图，他清楚地了解这是为某产品所设计的，但这项工作会对他未来的职业发展和报酬意味着什么、有没有用、如何影响等都是模糊的。基于员工是为了实现个人目标而努力的假设，在上述情形下，员工的工作更多是被动的，他们更多地认为“公司要我做”、“公司要我学习”，而不是“我要做”、“我要学习”的主动状态。

如何才能改变传统的被动管理模式，转变为主动管理模式？关键要明确员工个人目标，主要是个人发展目标和报酬目标，并与岗位目标结合起来，使得员工在努力达到工作目标的同时，也对个人目标的达成带来具体、明确的贡献，从而激发员工主动积极地开展工作。这正是任职资格管理的基本目的。

7.5.2　任职资格管理的过程

任职资格是指在特定的工作领域内，根据任职标准，对工作人员工作活动能力的证明。在这一定义中，首先，任职资格具体要针对特定的工作领域而言，如嵌入式软件研发领域；其次，需要划分任职资格等级，并对每一等级都确定详细的任职标准，如三级嵌入式软件工程师的任职标准；最后，对工作活动能力的证明考察的不仅是能做什么，还要考察做了什么，做得怎么样。一般的技能等级主要考察的是在特定的专业领域能做什么，而传统的职称（如高级工程师）连对能做什么的考察也是很笼统的，往往是由被评定人提交一些过去工作的总结性和说明性材料，然后进行答辩和评审，很多时候，评审只是走走过场。

任职资格管理是一种系统的方法，用于对员工发展通道和等级进行规划，对每一等级制定任职资格标准，研发资格认证方法，牵引员工不断提升工作活动能力，并根据资格标准和认证方法对员工能力进行评价，从而促进员工的职业发展。任职资格管理使员工在为企业目标努力时，同时为个人目标的实现积累经验和能力，把企业目标和个人目标紧密地结合和统一起来，可以充分调动员工的主观能动性。所以，任职资格管理也是一种长期激励机制，而且往往是比股权和期权更为有效的激励机制。

任职资格管理是一个完整的管理过程，可以划分为 4 个步骤，如图 7.1 所示。

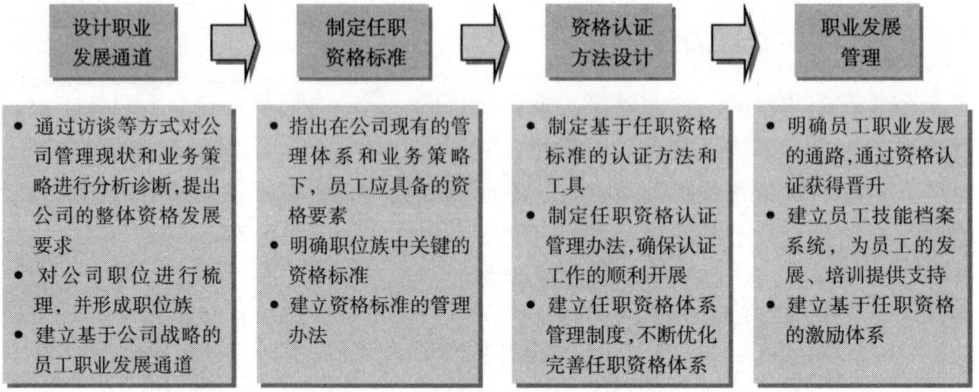

图 7.1 任职资格管理的 4 个步骤

首先，要设计职业发展通道。一般分为 3 个步骤：① 根据公司战略要求，划分职位族，如领导族、技术族等；② 对每一职位族设计一至数条发展通道，如技术职位族可以设立硬件、软件、系统工程、测试等发展通道；③ 对每一条发展通道设置等级，通常为 3 ~ 6 级不等。

接下来，需要对每一发展通道的每一等级制定任职资格标准。这是一项十分复杂的工作，员工的发展通道可能多达十数条甚至更多，每条通道又划分几个等级，对于每一等级都需要从该等级任职者的能力、行为、贡献 3 个方面来制定任职标准，也就是任职资格标准的 PBC 模型，如图 7.2 所示。

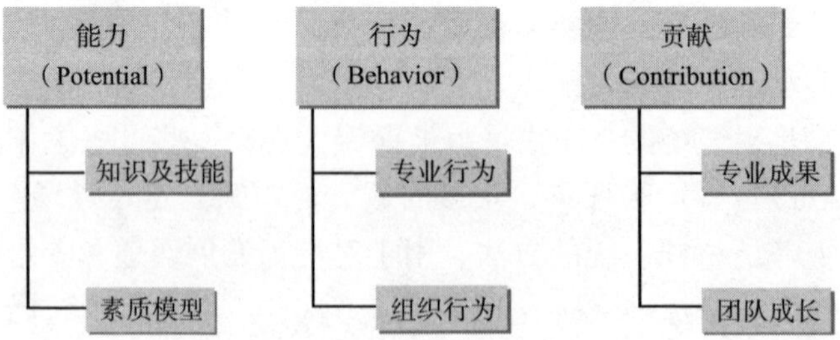

图 7.2 任职资格标准的 PBC 模型

根据 PBC 模型，任职资格标准需要包括知识及技能、素质模型（Competency Model）、专业行为、组织行为、专业成果、团队成长 6 个要素。因为素质模型主要用于招聘和选拔，且很难改变，组织行为可以体现在企业文化管理中，所以，在实际操作时，任职资格标准主要包括知识及技能、专业能力、专业成果和团队成长 4 个要素。

任职资格管理关注的不仅是员工是否达到了任职资格标准，更关注员工为达到标准而努力的过程，在资格认证方法设计时特别要注意这一点。传统的技能等级或专业职称评定往往是在特定的一段时间（如两周），对被评定人实行集中认定，任职资格认证方法决不能这样设计，而更多地需要体现在日常工作过程中，只是过了一个周期时间（如半年）后再进行集中的综合评定。根据任职资格认证方法，员工根据任职资格的各项标准，需要结合日常的工作，积累任职资格分项标准达标的证据，并进行自评，然后由专业主管和任职资格管理人员定期来取证和审核，对于知识及技能的任职资格要素，可以通过考试的方式。如果设计了积分机制，员工还可以根据任职资格各分项的达标情况进行积分。当员工认为任职资格各分项标准均已达标时，就可以提出任职资格认定申请，经主管审核后，就可以提交任职资格评定机构（如任职资格评定委员会）进行综合评定了。

任职资格管理最终要落实到员工的职业发展上。对于员工来说，选择哪一条发展通道？自己适合向什么领域发展？如何提升自己的能力？需要参加哪些培训？如何获得任职资格晋升？资格晋升后对报酬有何影响？这些都是员工最为关心的问题。主管和人力资源管理人员需要通过职业发展管理帮助员工有效地解决这些问题，只有这样才能真正焕发出员工的工作激情。

企业推行任职资格管理是一项系统工程，不可能一蹴而就。华为公司曾经花了 4 年的时间才建立了一套完整、有效的任职资格体系，即使中、小型企业一般也需要两年以上的时间。当然，很多企业希望早些见效，那么采用由粗到细、由浅及深的策略也是可以的，但是任职资格管理的基本原则和框架是应该坚持的，否则很可能演变为像传统的职称管理那样的形式主义做法。

7.5.3　华为如何推行研发人员任职资格管理

华为一贯关注员工的发展，不拘一格提拔人才。对员工的评价，华为主要看绩效和实际工作中表现的能力，而对员工在社会上取得的专业职称，只是在招聘时作为一个参考依据，一旦员工进入公司，原来的专业职称就“作废”了，代之以华为内部认定的专业职称。如此，在华为才有毕业生到华为工作一周就被提拔为高级工程师的例子，大批二十多岁的年轻人被晋升为高级工程师、主任工程师甚至一个产品领域的总工程师。

然而，华为当时的内部职称认定很不规范，基本上是拍脑袋想出来的。随着公司规模的扩大，这种随意的评定方式带来的弊端越来越明显，由于标准不明确，评定程序不清晰，不少研发人员感到评定缺乏公平公正性，而且评定是事后的，对研发人员缺乏牵引性。所以，华为迫切希望建立一套系统、专业的体系和方法来解决这一问题。

1997 年，国家劳动部将华为确定为中英合作项目——国家职业资格（National Vocational Qualification，NVQ）在中国的试点单位。英国 NVQ 中关于职业能力的概念，是指能在现实工作环境中完成任务的能力，也是按企业的标准来满足业绩要求的能力，这与我国传统的专业职称有很大的不同，我们的职称能力往往与现实工作活动及业绩是脱节的。NVQ 标准结构是对任职岗位划分工作单元，每一工作单元细分为若干要素，对每一要素的标准要求包括行为标准、必备知识和工作环境，如图 7.3 所示。

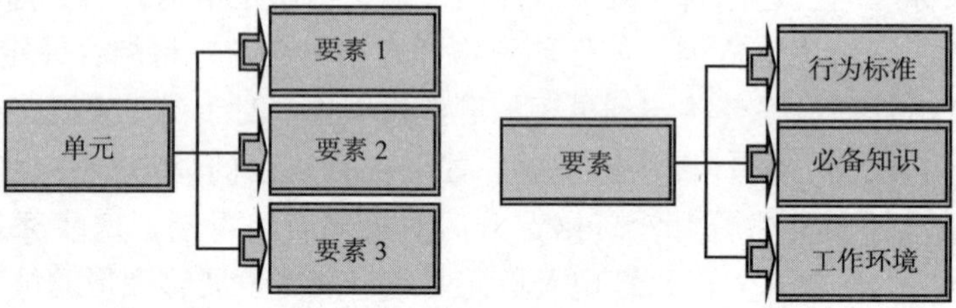

图 7.3　任职资格的评价要素

NVQ 认证方法主要包括观察法、产品法和问答法，产品法又可以通过工作成果样品、第三方证词、自我评估描述 3 种方式来认定，不像我国专业职称主要通过评审的方式来评定。

华为认为 NVQ 体系很切合华为的需要，在以下几方面 NVQ 体系具有很强的借鉴意义：

- 通过建立标准认证，可以激发员工不断改进工作，提高工作质量和工作效率；
- 引导员工树立终身学习的观念；
- NVQ 标准的建立和认证有利于企业人力资源的规范化管理；
- 将有助于员工培训目标和内容的确定及效果评估。

在这样的背景下，华为提出了建立任职资格体系的目标。在 1997 年下半年，当时的常务副总裁孙亚芳带队到英国接受 NVQ 的专业培训，1998 年年初华为任职资格体系建设工作正式启动。

从 1998 年到 1999 年，华为大约花了两年的时间建立任职资格标准，包括干部任职资格标准、技术任职资格标准、营销任职资格标准和专业任职资格标准 4 个部分。

技术任职资格分为 6 个级别，即 1～6 级，每级又分为 4 等，分别为职业等、普通等、基础等和预备等，适用的技术族职位包括软件类、硬件类、测试类、工程类、制造类、资料类、机械类、特殊技术类、电源技术类、专项技术类、技术管理类、系统类、外语类、其他。

技术任职资格标准体系的内容包括 3 个方面，即基本条件、资格标准、参考项。基本条件用于初步判断是否可以申请一定级别的资格，资格标准是衡量能否获得资格的主要标尺，参考项对资格标准认证结果进行调整，如图 7.4 所示。

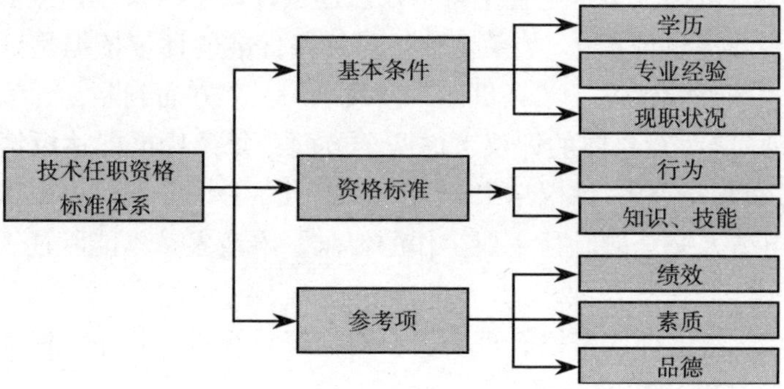

图 7.4　任职资格标准体系的内容

资格标准中的行为能力是任职资格标准体系研发中工作量最大、也是最难的工作。行为能力标准的结构分为 3 个层次，即单元、要素、标准项，也可称为行为模块、行为要素、行为标准。行为模块即岗位的工作领域，如单元电路设计，行为要素代表每一项具体的工作，如原理图设计；行为标准则是对每一项工作的操作步骤、活动内容做出详细规定和要求，关键要明确“做到什么程度”，并作为员工今后是否达标的标准。

从 1999 年到 2000 年，华为开展了任职资格的认证工作。任职资格标准建立后，接下来要解决的问题就是如何认证的问题，为此，华为建立了技术类任职资格和专业类任职资格的认证程序，划分为 6 个步骤，如图 7.5 所示。

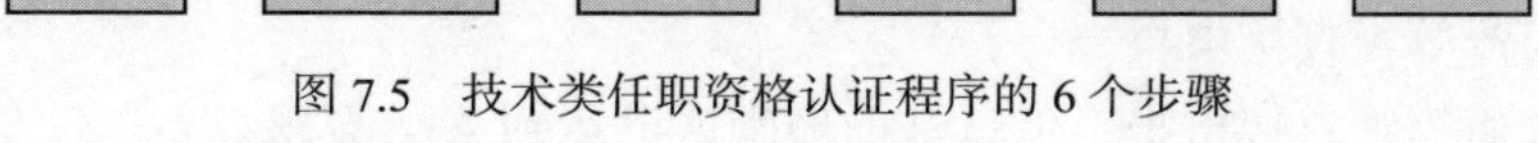

图 7.5　技术类任职资格认证程序的 6 个步骤

首先由员工对照相应等级的资格标准进行自评，每条标准后附以数据、产品证据、说明或关键事件，用以说明“是否达到标准的要求”、“达到什么程度”。

对于员工的自评结果，主管和任职资格管理人员审核后，与员工沟通确认。

自评和审核这两个步骤是在日常工作中多次、反复进行的，可以采用积分制，由员工自行计分，主管审核。当员工认为自己已经符合某级别某等级的资格标准时，就可以提出任职资格认证申请了，经主管审核通过后，进入后续的测试、评议步骤。

测试的是必备知识和专业技术，一般采取闭卷考试的方式，特殊情况可开卷或加面试，每年 3 月份安排统一考试，特殊情况（转正、调配、岗位轮换）由各部门确定时间。

评议的步骤包括预审、主管主持会议、逐条评议、结果反馈或面谈沟通、陈述理由（口头或提供证据）、结果调整。对每条标准的评议依据是证据说明或关键事件，从“是否做到过”、“一贯性”、“效果”3 个方面判断，评议结论为“通过”或“不通过”。对总体的评议考虑两个方面：每条标准的达标情况和参考项（绩效、品德和素质等），评议结果分为 A，B，C，D，分别代表申请人各方面均表现出色、申请人完全能胜任主要工作的要求、申请人基本能胜任工作要求、申请人基本上不能胜任工作要求。

评议之后，将由任职资格管理委员会对评议结果进行评审，评审的重点为任职资格认证的过程及结果。

根据评议和评审结果，由公司任职资格部统一颁证。每一级别的资格证书分为 4 等，即职业等、普通等、基础等、预备等，与测试和评议结果的对应关系如表 7.2 所示。

表 7.2　任职资格证书等级划分

证书等级	测　　试	评议（行为标准认证）
职业等	通过	A 等
普通等	通过	B 等
基础等	通过	C 等
预备等	通过	本专业：低级别的职业等、普通等 其他专业：同级别职业等、普通等

在向高级别资格申请时，原则上不能越级申报，具体操作办法如下所述。

- 职业等：直接申报。
- 普通等：直接申报，但认证前经确认已达到 A 等要求。
- 基础等：不能直接申报。6 个月改进后，再进行认证，达到 A 等或 B 等再申请高级别。
- 预备等：不能直接申报。需获得职业等、普通等后再申报高级资格。

任职资格的认证工作逐步走上轨道后，华为于 2000 年 7 月开始实行任职资格结果的应用。主要应用领域包括以下 4 个方面。

- 定级调薪：员工的薪酬级别将取决于员工所从事的职位和任职状况（含任职资格）。
- 岗位晋升选拔：当较高级别职位出现空缺时，首先从满足一定任职条件的员工中选拔。
- 任职聘用与调配：原则上只有满足职位要求的任职资格时，才能任职该职位。
- 技能提升培训：从职位要求出发，可根据员工任职资格条件组织相关培训。

华为历时 4 年时间实施任职资格体系。就研发人员的任职资格体系推行的效果来说，规范研发人才的培养和选拔，为晋升、薪酬等人力资源管理工作提供重要依据；促进技术工作的规范化、标准化，提高研发人员的职业化水平；树立有效培训和自我学习的标杆，以资格标准牵引员工不断学习、不断改进；建立了技术人员的职业发展通道，激励员工不断提高其职位胜任能力，起到长期激励的作用。

华为任职资格管理体系对于华为以职业化的员工队伍参与国际竞争、保持华为持续性发展产生了重大意义，也是借鉴国际先进的管理方法，并与华为实践成功结合的一个范例。

7.6　研发团队建设

绝大多数的研发工作是通过团队来完成的，所以在企业存在各式各样的研发团队，如规划团队、产品研发团队、技术研发团队、技术评审团队、高层决策团队等，其实各专业部门的全体员工也可以看做是一个团队。企业在努力提升研发人员个人能力的同时，必须高度关注研发团队建设，实现 1+1 > 2 的效果。

7.6.1　由巴西队铩羽而归谈项目团队建设

2006 年 7 月 2 日，德国世界杯上最大的夺标热门巴西队被淘汰！这一刻令无数桑巴军团的拥趸痛心疾首——是的，曾经 5 次捧杯、巨星云集的巴西队本不应该以这种方式倒下，法国队似乎只拥有一个无所不能的齐达内，但是罗纳尔多、罗纳尔迪尼奥、卡卡们却失去了他们往日的风采，我们看到的是一支攻防缺乏章法、配合生疏、甚至在比分落后时也没有积极进取的“明星联队”，这样队伍的失利是必然的。“从一开始，巴西队就是一支拥有冠军球星的球队，但并不是一支冠军球队。”赛后足球名宿贝肯鲍尔如是说。

在叹息巴西队出局时，你可曾考虑过这样的问题：为什么以替补队员出战日本的比赛却成了巴西队最为酣畅淋漓、也是唯一一场具有桑巴味道的比赛？为什么小罗在巴西队中没有在俱乐部中表现那么抢眼，仅仅是位置后退了10米吗？为什么“失败令人痛苦，有些球员可能彻夜难眠，可有些就未必了”（罗纳尔迪尼奥的哥哥兼经纪人罗伯特赛后抱怨）？为什么几乎全世界球迷都发现了巴西队的问题，金牌教练佩雷拉却“熟视无睹”？尽管赛后卡福声称巴西队仍然是最优秀的，只是输掉了一场比赛而已。我想单单从球星来看，巴西队无疑是最优秀的，但是从团队角度来看就不尽然了。

什么是团队？就是一群“心往一处想、劲往一处使”的“家伙”，通过不懈努力执著地追求共同目标。毫无疑问，卫冕冠军是巴西队员的共同目标，而他们是否愿意为此进行不懈的努力呢？为了赚钱而选择弱旅进行热身、赛前训练收费参观（训练内容可见一斑）、深夜泡吧，很难说他们尽了力。如果此前的胜利可以靠球星的灵光乍现，但是这种缺少凝聚、缺乏配合的踢法遇到了强大的法国队，就没有任何的机会了。让我们看看什么是真正的团队：当德国、阿根廷进行残酷的点球决战时，替补门将卡恩上前鼓励莱曼，两只大手紧紧握在一起，这一刻让我感慨德国人团结的力量——要知道，前不久卡恩还对自己的替补位置发泄着不满。对于产品研发而言是同样的道理，研发项目的成功需要全体成员的通力合作，无私奉献，必要时甚至牺牲个人的利益，成员们相互分享着成绩也分担着挫折，这些都是建立在大家认同的价值观和目标的基础上的，否则团队是脆弱的。我曾经见到过这样的情形：某产品研发完成后移交用户，由于其中的缺陷导致重大事故，在分析原因的时候，成员们均宣称自己是与此无关的，问题是别人的——问题原因定位出了若干个不同的版本，可以想象这个团队的未来走势。当然打造一个团队并非朝夕所能，一般来讲团队需要历经初创、磨合、规范、表现等若干阶段，项目经理需要采取不同的策略去提升团队的士气和工作效率。

优秀的团队需要领袖—— 一个能够鼓舞队友、率先垂范、关键时刻勇敢承担起责任、为团队带来“斗魂”的人。目前的巴西队比起他们的前辈，显然缺乏这样的领袖：1994 年“铁血”队长邓加可以降服桀骜不驯的罗马里奥，2002 年球队真正的领袖是主帅斯科拉里，他依靠个人魅力协调着更衣室的平衡。领袖不是自封或者任命的，而是凭借自己独特魅力而为团队成员认同的，如果团队缺乏这样一个领袖，当遇到困难的时候就会茫然不知所措，就像马拉多纳禁赛导致阿根廷在世界杯上失利，赛后雷东多曾含泪说：“我在场上一直寻找着你，可我找不到，整场比赛我都在寻找着你！迭戈！”缺乏领袖的另一个问题是导致一个团队分化成若干个小团队，就像当年的无冕之王荷兰队，一个队员要么属于阿贾克斯，要么效忠埃因霍温。如果研发团队是这样，项目目标、技术方案、产品质量可能成了小团队之间讨价还价的对象，项目运作踌躇不前，相互掣肘，团队则名存实亡。

任务分配。将任务分配给最合适的人员，而不是分配给名气最大或者曾经最合适的人员，会使项目运转的效率大大提升——虽然道理浅显，执行起来却并不轻松。看看曾经是巴西队制胜的两翼，今天却步履蹒跚、锋芒不再，除了感慨岁月如刀，也会疑问是否巴西队真的没有称职的边卫了，不过我不认为看到的是巴西最强的阵容，而是最有“价值”的阵容——那些对夺冠有欲望、有能力却无名气的人成了看客。足球运动新陈代谢之快令人咋舌，恐怕 IT 界的快节奏才可以与之媲美。要想工作效率高，能力和任务的匹配是很重要的，昔日的辉煌却不能证明现在仍然是强者，所以对人员的选择不能只看“广告”，更应该注重“疗效”。

制度与天才，孰重孰轻？这是研发管理经常谈论的问题，仿佛成了永恒的话题。实际上没有一套成熟的规范，仅仅凭借天才的个人发挥，如果双方实力差别较大，还可以顺利过关，否则取得成功的可能性不大，原因就是足球是 11 个人玩的，不是一个人的游戏。就像这支巴西队可以战胜比之更加随意的加纳队，却无法撼动老而弥坚的法国队。虽然 1986 年马拉多纳几乎是凭一己之力使阿根廷捧杯，但是这样的天才却是百年一遇的，现在的里克尔梅无法比肩看台上的传奇前辈。我想技术和业务方面的天才并不多见，即使有的话，待遇也往往是个大问题。那么在缺乏天才的情况下，是否可以通过完善的制度塑造一支王者之师？恐怕也很困难，还记得德国队在与阿根廷点球决战之前，守门员莱曼得到教练员的一张指导如何扑球的纸条——据说德国人收集统计了两年内阿根廷队员罚点球的数据，难怪莱曼 4 次扑救方向全部正确并且两次得手。德国人做事情严谨的方式令人敬畏，但是缺乏骨干的团队却平庸得无法登顶，我想克林斯曼此时一定非常怀念他在 1990 年世界杯上的队友。当然制度过于苛刻也会适得其反，阿根廷王子雷东多放弃了参加世界杯的机会——原因是主教练要求所有球员剪短头发，令人实在猜不透头发和技术有什么关系。产品研发和足球比赛都是创造性的活动，这就决定了需要在规范和人员能力双方面取得平衡，片面强调某一方面而否定另一方面都是不明智的。

巴西从来不缺乏明星，而是缺乏一股渴望冠军的激情和“欧洲气质”的团队配合，相信他们不久就会卷土重来的。对人家身上的毛病指指点点是轻松惬意的事情，而试图改正自己及其所处团队的问题却是沉重的，关键是拿出勇气去实践自己的美好设想。

7.6.2 从技术走向管理，打造高效的研发团队

一个高效的团队首先在于一位优秀的团队领导，然而中国企业的研发团队领导（如项目经理、部门主管）大多数是从技术岗位提拔上来的，普遍缺乏必要的管理技能和团队建设能力。先看两个典型的例子。

案例 1

张强曾经是一个非常出色的软件研发人员，一年前被提升为项目经理，负责带领7名软件研发工程师负责某软件子系统的研发。他暗下决心一定要更加努力，为公司多做贡献。

在接下来的时间里，他更加发奋工作，事必躬亲，只要有可能，项目组的各项软件研发任务他都要抓。每次，他都担心下属的经验有限，对软件的总体设计思路很难全面把握，所以他要亲自做好软件总体设计甚至概要设计后，再交给手下的研发工程师去研发。在研发过程中，他也时时去了解下属完成任务的情况，碰到做得不好时，难免把下属“教育”一番，有时甚至把任务拿回来亲自干。

然而，他的下属普遍反映，他们在工作时没有多大的责任感，除了每天无目标地打打下手，没完没了地被批评外，没有任何成就感，办公场所混乱，人员忙闲不均，相互之间产生摩擦时有发生。

有关领导于是找张强谈话，请他注意下属的感受，注意调动他们的积极性。

又经过半年的努力，他仍然习惯于亲自抓研发，舍不得离开技术一线，总觉得凭自己的技术把软件做得很出色才是真本领，也能够体现自己的成就。他也试图影响别人去做好工作，但下属总难如他所愿，很多事情他干脆自己干，搞得自己越来越忙乱……

案例 2

某公司研发部门现有 5 个专业室，蒋勤担任其中规模最大的专业室主任，同时在任一个项目的项目经理。该部门科研任务较为繁重，年度研发任务二十余项，由于研发项目较多，使很多研发人员同时参与多个项目的研制，专业室人员的工作跨度大，专业室的人力资源一时难以得到合理的研发和调配。

基于上述现象，蒋勤发现，专业室的内部沟通出现了问题，专业室的管理工

作难以正常开展，而且与其他项目经理的冲突时有发生。

蒋勤试着对团队氛围和专业室内部管理进行改变，但面对科研计划的巨大压力，蒋勤越发感到力不从心，他无法找到其中的平衡点。

年终，蒋勤负责的项目没有按时完成，年终奖金被扣罚，他所在的专业室也因管理不到位丢掉了"先进集体"的参评资格。他甚至有将专业室主任的位置让给别人的打算。

新的一年又开始了，蒋勤该怎么办?

以上案例中的项目团队和专业团队之所以团队士气低落、绩效不理想，关键是张强和蒋勤的团队管理能力不足造成的。在从技术岗位走向项目经理和专业主管等管理岗位时，他们的角色还没有转换过来，大部分时间还是在做技术工作，即使进行管理活动，也缺乏必要的管理技能，使管理工作有效性较差。所以，要打造高效的团队，关键在于培养优秀的团队领导，使他们成功地从技术走向管理。

然而，从技术走向管理并不是一蹴而就的事情，撇开角色转换的困难不谈，光是学习和获得各方面的管理技能就需要费一番工夫。研发人员走向管理岗位需要掌握的管理技能包括以下几种。

- 目标及计划：研发主管首先需要根据公司及研发部门的目标和要求，为团队或部门、属下员工设立愿景和目标，并展开为有效的计划。
- 组织：主管需要对下属成员进行合理的分工，明确每个人的角色及职责，并建立必要的流程和工作程序。
- 决策：主管面对一系列的选择时，需要学会收集及分析信息，平衡各利益相关者的期望，做出及时、有效的决策。
- 授权：主管在为下属分派工作时，不管是分工确定的还是临时安排的，都需要授予下属必要的权力和资源，掌握授权的内容、方式和程序。
- 管理沟通：除了基本的沟通能力外，主管还需要掌握管理沟通的技能，如辅导下属时的沟通方式及程序、表演和批评的技巧等。
- 激励下属：一是在公司薪酬政策及制度的基础上，使下属感到公平合理；二是运用好愿景、机会、赞赏、认可、关注、信任、荣誉、奖励等多方面的激励手段。
- 培养下属：除了让下属承担责任，给他们授权外，还需要为他们指明发展方向，明确发展目标，并帮助他们成功地实现发展目标，包括培养接班人。
- 监控：主管需要确定监控点和监控手段，定期或不定期地检查目标及计划完成情况，及时发现偏差及造成偏差的原因，并提出和落实纠偏措施。

- 文化建设：主管首先自己要认可和实践公司的价值准则，然后以此诠释为下属能够理解和操作的行为原则和要求，并宣贯落实。

可见，作为研发主管，他们需要学习和掌握的管理知识和技能是非常多的，企业应该给他们提供系统的培训。而且，面对不同需求、风格和特点的下属，研发主管们还需要适当调整自己的管理风格和方式，即权变管理。再者，如何结合团队建设的过程综合运用这些技能，更是研发主管们面临的挑战。

团队就是由少数有互补技能、愿意为了共同的目的、业绩目标和方法而相互承担责任的人们组成的群体。一个高效的团队应具备有效领导、共同目标、相互信任与尊重、充分沟通、取长补短、高效工作程序、持续学习、灵活及适应性等特征，然而团队成员组合在一起后，并不能马上就具有这些特征，而需要经历一个过程。团队发展一般需要经历 4 个阶段，即形成阶段、震荡阶段、规范阶段、表现阶段，各阶段的团队精神和工作绩效会有明显的变化，如图 7.6 所示。

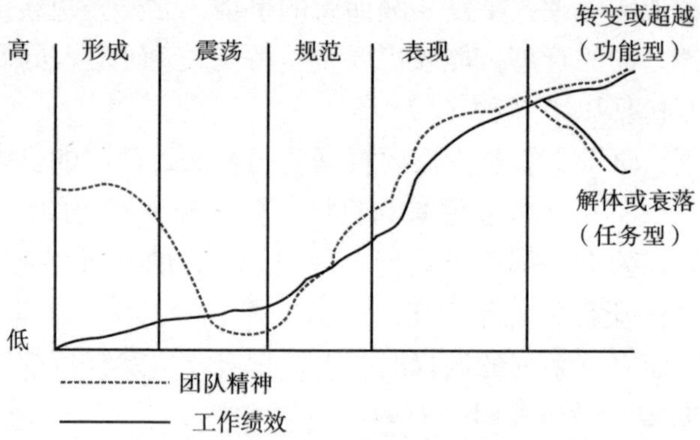

图 7.6　团队发展的 4 个阶段

在形成阶段，大家开始互相认识，团队成员总体上有一个积极的愿望，急于开始工作，但团队成员不了解自己的职责及其他成员的角色，个人对工作本身和他们的相互关系高度焦虑，几乎没有什么实际的工作进展。此阶段的情绪特点是激动、希望、怀疑、焦急、犹豫。

在震荡阶段，团队目标更加明确，成员开始运用技能着手执行分配到的任务，缓慢推进工作。随着工作的进行，成员会越来越不满意依靠团队领导的指导或命令。同时，成员根据其他成员的情况，对自己的角色及职责产生更多的疑问。当开始遵循操作规则时，成员会怀疑这类规则的实用性和必要性。成员们希望知道他们的控制程度和权力大小。此阶段冲突产生，气氛紧张，人们有挫折、愤怒或者对立的情绪，成员们可能抵制团队，因为他们要表达与团队联合相对立的个性。

在规范阶段，团队成员之间的关系已确立好了，大部分矛盾得到解决，成员接受和明确了各自的角色、团队规则得以改进和规范化，控制和决策的权力由团队领导移交给了团队。信任在成员之间建立起来，凝聚力形成，成员间大量地交流信息。

在表现阶段，成员积极工作，集中精力于实现团队目标，团队有集体荣誉感、信心十足，成员开放、坦诚、及时地进行沟通，并密切合作、互相帮助，相互依赖程度高。

团队领导面临的挑战是尽快使团队从形成阶段发展到表现阶段，这需要团队领导在团队的不同阶段采用不同的管理策略。以产品研发项目团队为例，项目经理或 PDT 经理如果了解团队发展不同阶段的特点，并据此采用一些针对性的管理方法，将有助于建立高效的团队。具体而言，在目标及计划、团队规则、角色或职责、情绪管理、任务管理、决策等方面，项目经理可以结合团队 4 个阶段分别采取一些管理措施，如表 7.3 所示。

表 7.3　团队发展 4 个阶段的管理措施

	形成阶段	震荡阶段	规范阶段	表现阶段
目标及计划	明确项目目标，建立共同的项目愿景	分解为具体目标，并进行适当的授权	鼓励项目成员制定日常工作目标及计划	关注结果，制定挑战性目标
团队规则	明确团队规则，进行团队建设培训	解释规则，并维护规则的有效性	改进规则，并进一步规范化	促进成员自觉维护规则
角色或职责	促进相互了解各自的角色或职责	梳理工作流程，明确各角色的权限	根据实际情况，对职责及关系做出调整	淡化职责边界，倡导相互补位
情绪管理	管理成员的期望，避免把研发工作想得太理想	增进沟通和理解，进行冲突管理	倡导和加强团队精神	鼓励坦诚，强化团队凝聚力
任务管理	做好前期工作，不要急于进行具体的产品设计工作	监控工作进度，制造短期成效，增强信心	监控任务完成情况，落实纠正措施	成员间密切合作，集思广益
决策	项目经理做出	成员参与，项目经理做出	倡导团队决策	团队做出灵活应变的决策

当然，打造高效的研发团队，除了需要合格的团队领导并充分发挥其管理才能外，与团队成员的素质和能力也是密不可分的，所以，不光要培养研发主管的管理能力，研发人员的素质教育和技能提升也是企业必须常抓不懈的工作。另外，企业高层领导应该给研发团队充分授权，给予他们必要的资源，及时做出战略性决策，而把日常战术性决策交给团队，解决团队层面无法解决的问题，除了在关键性里程碑对团队工作进行监控外，不需要干涉团队的日常决策和工作。只有这样，才能做到如《孙子兵法》中所说的“将能而君不御者胜”，建立赢得市场竞争胜利的研发团队。

第 8 章

研发管理变革之路

产品研发需要系统性的解决方案，而研发管理变革是企业实施系统性的研发管理解决方案的必由之路。在研发管理变革进程中，企业应该采用适合自身的变革策略及步骤，并引进先进、成熟的系统性研发管理模式。

华为、方太两家公司 IPD 变革之路，为我们提供了很多经验和启发的同时，也印证了研发管理变革的 3 大关键成功因素：一把手的作用、优秀的解决方案及实施、改造企业文化。

8.1 产品研发需要系统性的解决方案

中国企业在研发管理上面对的不是一两个方面的问题，而是在战略、规划、结构、流程、项目管理、人力资源等各个方面的问题，是系统性的问题，所以依靠"头痛医头，脚痛医脚"的办法，不能根本性摆脱研发困境，而必须要采用系统性的解决方案。

8.1.1 IPD——系统性的研发管理解决方案

很多国内企业在研发管理上都进行了积极的探索。

一家电力自动化设备公司了解到产品研发应该按照产品线和资源线相交叉来运行，于是根据教科书上的说明建立了矩阵组织结构，并据此进行了部门和人员分工，规定了各自的职责和工作程序，然后希望产品线部门努力研发产品，资源部门专注于资源建设。但运行半年后，产品线和资源线矛盾重重，项目管理更加混乱，研发人员无所适从，只好又回复到原来的组织模式。

一家通信设备制造商在同西门子公司合作时引进了西门子的全套产品研发流程，如获至宝，然后在公司推广。两年下来，研发活动确实规范了不少，但产品研发人员不关注市场、跨部门协作困难、合格研发人力资源不足、产品质量失控等问题并没有好转。

一家消费类电子产品制造商在第一代产品研发过程中，创业者直接面向市场，花了大量的时间和精力进行市场调研，摸清了客户需求和竞争产品的问题，然后协调各方面资源迅速研发和推出产品，结果后来居上，取得了巨大的成功。随着公司规模扩大和产品增加，该公司决定划分部门，加强职能建设，划分了工业设计部、结构部、电气部、燃气部、工艺部、模具部等部门，并实行主设计师制，由主设计师负责产品的研发工作。两三年后，各项研发职能是加强了，但产品的创新机制反而下降了，产品研发离市场远了，产品研发速度慢了，产品研发质量差了。

在以上案例中，并不是矩阵结构不行、西门子的产品研发流程不好，也不是企业不应该强化职能管理。管理是一项系统工程，研发管理当然也不例外。上面3家企业的错误在于没有采取配套的措施，实施系统化的解决方案。

在西方，管理界和企业界从20世纪90年代初开始就在寻求系统性的研发管理解决方案。1992年，IBM公司遭受了巨大的经营挫折，新产品上市迟缓，产品毛利率下降，研发费用浪费严重，年亏损额高达80亿美元。为了摆脱经营困境，IBM实施了以IPD为核心的企业再造方案，并获得了巨大的成功，从1993年到1998年总共节省了120亿美元的费用，硬件产品研发时间从4年下降到16个月，使IBM重铸辉煌。

IPD是一套领先的、成熟的产品研发的管理思想、模式和方法。它是根据大量成功的产品研发管理实践总结出来的，并被大量实践证明的高效的产品研发模式。

IPD是面向业务成功的产品研发模式。它关注根据企业战略制定产品战略，理解市场环境，识别和选择业务机会，并转化为投资组合和业务计划（Business Plan），通过异步研发模式、跨职能团队和结构化的并行研发流程，将产品成功推向市场，实施生命周期管理以实现业务目标。所以，IPD本质上是一种产品经营模式。

IPD的核心思想体现在8个方面。

（1）产品研发是投资行为：我们习惯于从技术角度来看产品研发，IPD则提醒我们首先要从投资的角度看待产品研发，强调用投资的理念和方法来管理产品研发，主要包括对产品研发进行投资组合分析和管理，以及在产品研发过程中进行投资决策评审。

（2）基于市场的创新：IPD 强调产品创新要以市场为基础，即在充分的市场分析及规划的基础上进行创新。在产品研发流程之前，需要实施市场管理流程，充分开展需求分析、竞争分析、市场定位等市场管理活动；在产品研发过程中，需要正确定义市场需求和产品概念，贯彻以客户为中心的设计。

（3）基于平台的异步研发模式和重用策略：在研发整个系列的众多产品时，应该在共同的产品平台基础上进行研发，可以按照最终产品、平台、模块或组件、关键技术进行分层、分时的异步研发，在不牺牲差异性的前提下尽可能地实现模块或组件和关键技术的重用，应用 CBB，发挥平台的杠杆作用，从而“多、快、好、省”地研发产品。

（4）技术研发与产品研发相分离：在异步研发模式中，很重要的一点是技术研发与产品研发实现分离，具体来说，就是关键的技术和技术平台需要在产品研发之前由专门的团队研发出来，并能够实现技术转化，这样可以大大减少产品研发的风险，加快产品研发周期，而且有利于技术的突破和进步。

（5）跨部门协同：由于部门之间的职能化壁垒，加之产品研发的复杂性和对速度的要求，依靠部门之间分工协作已经难以保障产品研发的质量和速度，所以需要成立跨部门团队来负责产品研发的决策、规划和实施，依据跨部门流程，通过协同的方式来开展工作，确保沟通、协调和决策的高效。

（6）结构化的并行研发流程：产品研发活动是可规范、可管理的。为了能管理庞大而复杂的产品研发活动，必须建立结构合理、定义清楚的研发流程，并在非结构化和过于结构化取得平衡，在保障产品研发质量和效率的同时，并不会约束创新。而且产品研发的各项技术活动和职能活动应尽量并行作业，一开始各方面的人员就参与进来，以缩短研发周期，保证质量。

（7）产品线与能力线并重：在组织上，需要建立横向的产品线组织和纵向的能力线（资源部门），通过同时加强产品线和能力线的建设及运作，不断提升各领域的专业能力，并支撑产品线实现全流程的管理，快速响应市场。

（8）职业化人才梯队建设：产品研发需要各种类别和各个层次的人才，企业必须系统性地规划和培养研发人才，建立职业化的人才梯队，以确保研发管理体系得到有效运行，推动产品创新的成功。

IPD 是研发管理的系统解决方案，其整体框架如图 8.1 所示。

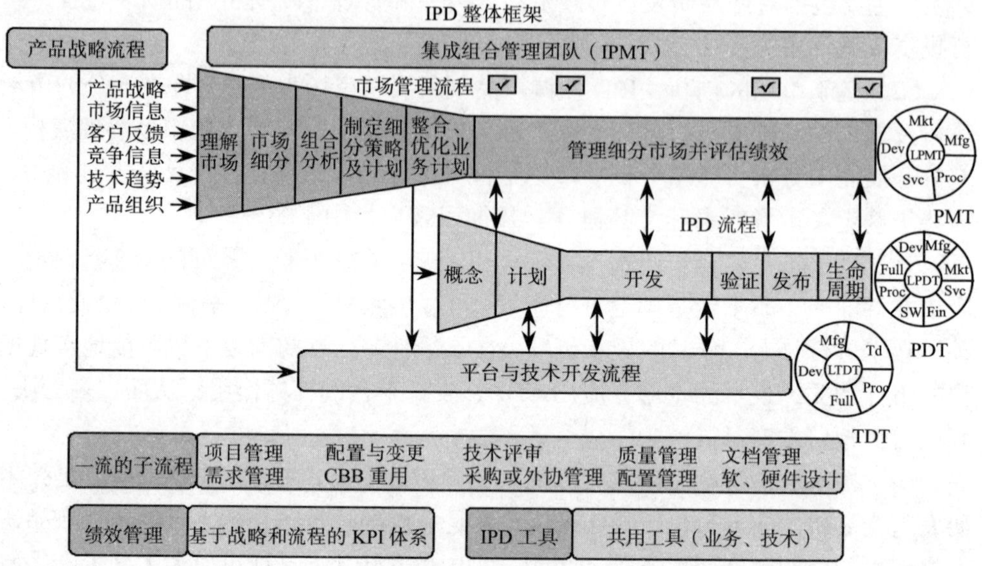

图 8.1　IPD 整体框架

产品全生命周期是 IPD 框架的主线，包括产品战略、市场管理、产品研发、生命周期管理 4 个阶段，体现了产品经营的全过程，其中产品研发需要平台及技术研发的支撑，这样可以划分为产品战略流程、市场管理流程、IPD 产品研发流程（含生命周期管理）、平台与技术研发流程 4 个主流程。这 4 个主流程由两个层次的跨部门团队负责，第一个层次的团队集成组合管理团队（Integrated Portfolio Management Team，IPMT）负责决策，第二个层次的团队主要包括组合管理团队（Portfolio Management Team，PMT）、产品研发团队（Product Development Team，PDT）和技术或平台研发团队（Technology Development Team，TDT），分别负责执行市场管理流程、产品研发流程和技术与平台研发流程。

主流程的运行需要一系列子流程的支撑，包括项目管理、需求管理、质量管理、硬件设计、软件设计、测试、配置管理、文档管理等；对流程、部门和团队需要设立相应的度量指标和考评指标，并纳入绩效管理；为了提高各项研发活动的质量和效率，需要导入 IPD 工具，包括业务工具、技术工具和 IT 工具。

在美国，IPD 作为业界最佳的产品研发模式已经得到广泛认同，一些著名企业纷纷采用 IPD 模式来管理自己的产品创新体系。美国不少高校还专门开设了 IPD 的课程。IPD 包含的思想、模式和方法是理论与实践相结合的产物，必将具有巨大的生命力。

IPD 自 1998 年登陆国内，至今已经走过了 10 个年头。与很多流行一时的管理概念或模式不同，IPD 没有华丽的外表，也缺乏哗众取宠的噱头，但正默默地改变着国内企业的研发管理现状。

当然，IPD 绝非唯一的研发管理解决方案，CMMI，NPD（New Product Development）、门径管理（Stage-Gate），产品及周期优化法（Product and Cycle Excellence，PACE），Rational RUP 等都是我们时常提及的研发管理模式。IPD 与其他研发管理模式一样，都是经过实践总结出来的，一些核心思想和基本方法是相通的，尤其是 IPD 继承了 PACE 的基本思想和方法。但是，经过比较，IPD 毫无疑问是更加系统、集成度更高、操作性更强的研发管理模式，从实践来看，其实施效果也更好。

8.1.2　IPD 与 CMMI 的区别

IPD 与 CMMI 到底有何区别？在与企业进行交流时，研发人员常常问到这个问题。大家知道 CMM 是软件的成熟度模型，与 IPD 肯定不是一回事。而 CMMI 在 CMM 的基础上增加了集成的产品和过程研发等专业领域，不再局限于软件。于是，对 IPD 不了解的人士可能认为 CMMI 比 IPD 范围更大，是包括 IPD 的。这完全是一种误解。

先看一下 CMMI 与 CMM 的区别。CMMI 与 CMM 的主要区别有 3 个方面：专业领域、成熟度等级和过程域、模型结构。与 CMM 相比，CMMI 覆盖 4 个专业领域，即软件工程、系统工程、集成的产品和过程研发、采购。在成熟度等级和过程域、模型结构方面的区别在此不详述。

IPD 与 CMMI 起源和出发点不同，决定了两者具有很大的区别。CMM 是 SEI 针对软件质量保证制定的能力成熟度模型，与 ISO9000 系列标准和 MIL 标准一样，均属于过程质量模型。CMMI 是在 CMM 的基础上发展起来的，与 CMM 一样，本质上关注的是过程质量。而 IPD 着眼于产品研发获得市场成功，是在 PACE 等产品研发模式的基础上，经过一些领先企业（如 IBM）的实践发展起来的。IPD 关注的是将影响产品成功的关键要素（如结构化流程、产品决策评审、产品研发团队等）有机地整合起来，形成集成的产品研发模式，推动产品的成功。

具体而言，IPD 与 CMMI 在以下方面具有明显的区别。

（1）两者的层面不一样。IPD 是企业层面的一套产品研发管理的思想、模式和方法，本质上是一种产品经营管理的模式。CMMI 是面向研发的，而且更多的是面向软件研发的。

（2）思想高度不一样。两者目的的不同也导致了思想的不同。IPD 的核心思想集中体现为6个方面，即产品研发是一项投资、基于市场的创新、跨部门的协同、异步研发、重用、结构化，而CMMI主要倡导通过过程和活动来保证质量。可见，IPD是从更高和更加全面的角度来看待产品研发的。

（3）对流程的结构化不一样。IPD首先把产品研发看做一个流程，包括概念、计划、研发、验证、发布、生命周期管理6个阶段，在此基础上，IPD建立了一个涵盖了流程概览、阶段流程、子流程和模板的分层结构框架，对涉及的产品研发活动进行合理的结构化。CMMI把流程分解为一个个关键过程域，是相对离散地定义流程的，这决定了在CMMI体系下，产品研发流程的结构化不够。

（4）管理的范围不一样。IPD需要对所有的产品研发活动进行管理，横向上涉及市场、设计、测试、试制、制造、采购、服务、销售、财务各功能部门在产品研发中的活动，纵向上涉及决策、管理、执行3个层面。而CMMI主要是面向研发部门的活动，如软件研发、系统集成、项目管理等。对于软、硬件相结合的高科技产品而言，软件研发的工作量往往占整个研发工作量的50%～60%，而硬件研发又可能占到15%～20%，所以CMM可以管到50%～60%的研发活动，而CMMI可以管到65%～80%的研发活动。

（5）关注重点不一样。IPD不仅关注把事情做正确（do the things right），同时也关注做正确的事情（do the right things），所以IPD既强调执行的重要，也强调决策的重要。CMMI主要关注执行，即把事情做正确（do the things right），而且CMMI对如何执行好研发活动要求更规范、更细致。

（6）人员管理不一样。IPD包括了对团队和个人的考评，如对集成组合管理团队和产品研发团队的评估。CMMI则不包括人员管理的内容。当然，SEI研发了主要针对软件研发人力资源管理的P-CMM。

尽管IPD与CMMI有这么多的不同，但就对具体流程和活动进行管理而言，两者所依据的原则、方法和实践是相通的和一致的，所以企业在优化产品研发体系时，完全可以将两者融合，实施IPD+CMMI的解决方案。事实上，一些企业（如华为、格尔软件、优特科技）在融合IPD和CMM或CMMI方面已经获得了成功的经验。

8.1.3 基于IPD，系统性地建设研发管理体系

基于IPD体系，企业可以从以下5个方面来系统性地建设研发管理体系：

- 产品战略及规划体系。
- 业务决策评审体系。

- IPD 组织体系。
- IPD 流程体系。
- IPD 绩效管理体系。

产品战略及规划体系和产品决策评审体系关注“做正确的事”，IPD 组织体系、IPD 流程体系和 IPD 绩效管理体系关注“把事情做正确”并高效地完成。

以上 5 个方面管理体系的主要内容、需要贯彻的指导原则、构建的基本思路如下所述。

1．产品战略及规划体系

（1）主要内容：产品战略流程、市场管理及产品规划流程、技术规划流程、市场需求管理流程、市场需求数据库、市场调研及情报系统、集成组合管理团队、组合管理团队、技术管理团队等。

（2）指导原则：基于市场的原则（从市场的角度而不是从产品的角度做规划）、前瞻性原则、明确定位原则、平台化及系列化规划原则。

（3）基本思路：“四化”——团队化、流程化、信息化、工具化，即成立跨部门的团队负责制定产品战略及规划并进行决策，建立完善的规划流程，基于充分的数据和信息进行分析并获得对市场的洞察，强调采用一系列专业的方法及工具。

2．业务决策评审体系

（1）主要内容：业务决策评审点、业务决策评审流程及运行规范、业务计划书编制规范、研发合同编制规范、产品退市计划规程、集成组合管理团队、IPMT 秘书机构、产品研发团队、生命周期管理团队在 DCP 中的角色及职责等。

（2）指导原则：业务（投资）控制风险、及时决策原则、承诺及授权原则。

（3）基本思路：在产品研发过程中，分别设立概念决策评审、计划决策评审、可获得性决策评审（量产决策评审），由 PDT 提出业务计划书及决策建议，供 IPMT 决策；在产品生命周期中，由 LMT 提出（如果没有 LMT，可由 PMT 或产品经理）产品退市建议及退市计划，提交 IPMT 决策。

3．IPD 组织体系

（1）主要内容：企业组织架构图、产品线组织结构及职责划分、跨部门团队（IPMT，PMT，PDT，TDT 等）角色及职责、运行机制、职能部门划分及职责、职位体系、资源线运行规范等。

（2）指导原则：跨部门团队协同原则、扁平化原则、充分授权原则、产品线与资源或能力线并重原则、资源平衡原则、文化导向原则。

（3）基本思路：在公司或事业单元层面上，设立“产品线+资源线”的重度矩阵结构，根据具体项目情况适当结合项目型结构或职能型结构，采用各方面的配套措施，使矩阵结构有效运行。

4. IPD 流程体系

（1）主要内容：IPD 体系流程框架、IPD 产品研发流程（袖珍卡、阶段流程、角色及职责、活动说明、模板）、技术平台研发流程（袖珍卡、阶段流程、角色及职责、活动说明、模板）、支撑性子流程及相关规范、模板，包括系统工程、硬件或软件等领域设计、项目管理、文档管理、技术评审、质量保证、CBB 重用、需求管理、物料选型及认证等，以及支撑流程体系运行的 IT 系统（PDM 系统、协同平台等）。

（2）指导原则：结构化原则、并行原则、平衡原则、全流程责任原则、持续优化原则。

（3）基本思路：自上而下，先构建整体框架，然后层层展开和细化；先主后从，先构建主流程，再识别和划分支撑性子流程，使主流程与支撑性子流程有效衔接；由外及内，以客户的要求和需求为出发点，明确流程的关键活动及内部逻辑关系；先流程重组后 IT 化，在流程构建过程中，不是简单地把现在的做法变成流程，而需要实施流程重组或优化，然后实施 IT 系统，使流程固化并高效运行。

5. IPD 绩效管理体系

（1）主要内容：IPD 度量指标及 KPI 指标体系、绩效管理流程及制度、部门绩效考核办法、项目绩效考核办法、绩效与薪酬挂钩方案等。

（2）指导原则：公平合理原则、定量与定性相结合原则、目标导向原则、SMART 原则、过程管理原则、激励为主原则。

（3）基本思路：关注绩效目标及计划环节，从 KPI 和定性工作两个方面制定目标；强化绩效辅导环节，做实过程监控；优化绩效考核环节，淡化评分，适度区分考核等级（如区分为 A，B，C 3 级），做好绩效反馈；简化绩效结果运用，避免绩效考核结果与工资、奖金频繁而紧密地挂钩，加强在绩效管理过程中信任、授权、认可、荣誉等非经济激励因素的运用。

8.2　企业研发管理变革的步骤与策略

实施系统性的研发管理解决方案，对企业来说是一场变革。尤其是企业如果全面实施 IPD，将完全打破传统的职能化运行方式，涉及企业各个层次、各个部门人员的工作习惯和责权的显著变化，其变革的深度和广度都是一般的管理变革所不及的。那么，面对研发管理变革，企业准备好了吗？如何根据自身的实际情况，采取相应的变革步骤及策略？

8.2.1　总体规划，分步实施

当今中国越来越多的企业已经认识到如果不搞研发、不提升产品创新能力，那无异于等死。然而，真正搞研发又意味着企业将走向一条充满艰辛和风险的道路。在这条道路上，企业不仅要投入大量的资源，打造一支强大的研发人才队伍，关键要建立一个高效的研发管理体系，持续提升产品创新的能力。如果光有钱和人，而没有好的研发管理，随着企业上了一定的规模，产品创新的效率和成功率只会越来越低，企业不可能走得远。这就要求企业通过变革，建立高效的研发管理体系，不断提升产品创新的能力。

然而，建立一流的研发管理体系不是一蹴而就的，需要通过长期和艰苦的努力。对于致力于持续、长远发展的中国企业，遵循“总体规划，分步实施”的原则是非常必要的。在总体规划上，需要以世界一流企业为标杆，确立形成世界级研发能力的长远目标，树立研发变革的决心和信心，并制定研发管理水平不断提升的中、长期规划。另外，企业需要遵循研发管理水平演进的规律，结合自身的实际情况，采取分步的策略和计划。根据研发管理水平等级划分和汉捷咨询的研究，企业一般可以按照 4 个步骤来达到建立世界级研发能力的长远目标，如图 8.2 所示。

需要说明的是，这 4 个步骤是概念意义上的划分。企业具体如何分步推进研发变革，可以根据以上步骤，结合实际情况来确定，如有的步骤可以合并，有的步骤可以并行。

8.2.2　第 1 步：局部优化

“我们企业搞研发的总共才二十几条枪，有必要引入研发管理吗？”

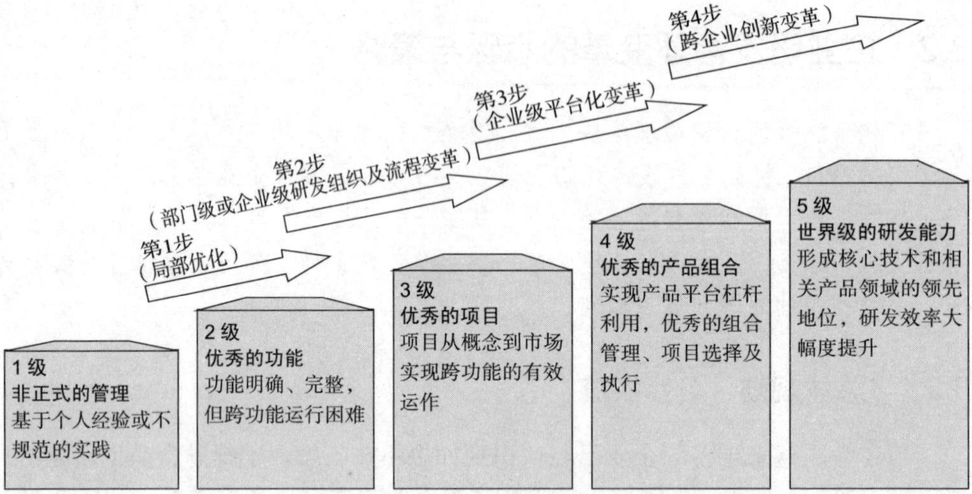

图 8.2　研发管理变革的 4 个步骤

“感觉研发的各个方面都挺乱的，加强研发管理从哪里着手呢？”

“高层的关注点主要在市场销售，要建立研发管理体系，我们研发部门感到心有余而力不足!”

……

对于很多刚走过创业期或者研发管理基础还比较薄弱的企业来说，需要面对企业的实际情况，在研发管理上采用局部优化的策略是必要的。

局部优化往往需要从一些功能领域入手，而具体选择什么功能领域则要看企业当前面对的实际问题。比如，有的企业面对产品质量问题频发的困境，那么需要重点改进的就应该是研发质量管理；有的企业项目管理毫无章法，那么可以选择项目管理作为重点的改进领域。除了质量管理、项目管理外，需求管理、产品规划、硬件研发、软件研发、中试、系统工程等功能领域都可以作为局部优化的对象。总之，每个企业有其独特的行业特点和其自身独特的资源、文化、组织等，研发系统存在的问题也都不同，其需要改进的地方也就不同，而且企业资源和精力有限，不可能面面俱到，就得分清轻重缓急，把握重点。

汉捷咨询辅导过的几家企业，其改进重点就各不相同。

生产开关电源的深圳晶辰电子公司，其产品决策、人员积极性都不错，但在 2003 年前后其产品上市后故障很多。经过分析我们发现产品不稳定的主要原因是产品研发缺乏必要的过程控制，尤其是产品测试不完整、把关不严，所以，我们重点帮助他们建立研发流程的控制点，改进产品测试体系，7 个多月后产品故障率明显下降。

成立于 1999 年的深圳国人通信公司，2000 年中就请我们做咨询。国人通信拥有核心的射频技术，但到 2000 年年底其产品研发队伍组建时间不长，管理机制还是典型的“游击队作风”。针对这种情况，我们着重帮助他们向“正规军”发展，从划分部门、建立职能结构开始，到设计职位体系，明确职位职责，然后建立基本的研发管理制度，有力保障了国人通信后来的快速成长。

对于生产改性塑料的广州金发科技公司来说，由于其产品研发流程结构化要求不高，部门间协作一直比较顺畅，但在 2002 年前后其产品策略很不清晰，产品研发随意性很大，所以我们就重点抓了产品战略规划流程和决策评审制度，提高了产品研发的成功率，大大降低了产品研发浪费。

需要指出的是，研发管理的局部优化也需要遵循系统性的原则。研发管理体系是一个大系统，而其中的每个组成部分是一个小系统，同样需要考虑理念、策略、结构、流程、人员技能、绩效评价等管理要素的整合，避免采用孤立、片面的解决方案。

8.2.3　第 2 步：部门级或企业级研发组织及流程变革

对于具有一定研发管理基础的企业，各功能领域（如硬件设计、产品试制等）已经建设得相当不错，当然也存在很大的改进空间，面对的主要矛盾是部门壁垒突出、各功能领域协作困难。这时研发变革的重点应该是通过流程贯通各部门，形成团队化、流程化的运作模式。

然而，不同企业变革的决心和力度是有差别的，准备情况也有所不同。有些企业尽管研发部门受困于研发质量、进度、成本等问题，已经认识到横向流程和团队建设的迫切性，但是最高层视研发工作基本上是研发部门的事情，还没有意识到公司各个部门都充分参与研发的重要性，只能启动部门级研发流程变革。

部门级研发组织及流程变革主要在研发部门内部进行，并适当考虑与相关职能部门（如市场、制造、采购等）的接口。研发流程主要关注各技术专业领域（如硬件、软件、结构、测试）的活动，建立跨越各专业领域的产品研发流程和产品研发团队、引入并行工程的方法。项目管理、需求管理、文档管理、质量管理等活动作为子流程加以规范和优化。在组织结构上，一般采用项目式结构或轻度矩阵结构。

汉捷咨询帮助过不少企业实施了部门级研发组织及流程变革，如深圳迈瑞电子公司在项目式组织结构的基础上，明确各职位及角色的职责，建立了覆盖各专业领域的研发流程体系，并通过项目管理和研发绩效管理推动研发流程的运行。上海格尔软件公司一直从事定制化的软件系统研发，随着定制化项目的增多，研发效率越来越低，质量风险加大。格尔软件按照 IPD 建立了研发体系框架，从项目式研发模式向产品式研发模式转变，加强项目管理，并通过引进 CMMI 优化了研发相关子流程。

部门级研发组织及流程变革能够明显提升研发各专业领域和部分职能管理（如项目管理、质量管理、文档管理）的能力，促进各部门的协作，但是由于变革的范围局限于研发部门，无法形成真正的跨越企业各部门的组长和流程，职能化壁垒仍然阻碍着跨部门的协作，前端的市场管理及产品规划、中间的产品研发过程、后端的产品制造及销售环节相互之间的脱节问题依然突出，研发项目运行无法达到高效的状态。所以，有条件的企业应该选择企业级的研发流程变革。

推行企业级研发组织及流程变革的前提条件是企业最高层的远见和决心。首先，企业最高层尤其是一把手需要从长远战略的高度来看待研发管理变革，充分认识到从职能化模式转变为团队化、流程化模式的极端重要性和演进规律，其次，要有打持久战的准备，面对传统的根深蒂固的职能型文化，具有坚强的变革勇气和决心。最后，企业还应该具有一定的研发管理基础，并且建立了研发管理建设的推动组织。

在部门级研发变革中，研发主要被看做是一项技术实现活动，而实施企业级研发流程变革时，首先要从投资的角度、从产品经营的角度、从跨部门的角度来看待产品研发，只有站在这种视角来思考和认识，才能建立企业级研发变革的思想基础。

企业级研发流程是跨越产品全生命周期、贯穿企业各部门的流程。在横向上，它可以划分为产品战略、市场管理及产品规划、产品及技术研发、产品生命周期管理几个环节，覆盖了研发各专业领域和相关职能领域（如销售、制造、服务等）的活动，并采用并行工程的方法；在纵向上，它将成千上万的研发活动逐层展开，并紧密连接各个层次的活动。从流程的角度来看，IPD 就是一种典型的企业级研发组织及流程模型。

建立产品线组织和运行模式、实现重度矩阵结构运作是企业级研发流程变革的关键和难点。只有建立了强有力的、横向的产品线组织，才能为企业级研发流程的有效运行提供组织保障。

产品线组织按照不同的产品领域划分，主要包括常设的部门及岗位、常设的团队和临时的团队，常设的部门如产品线管理部、项目管理办公室、项目经理部等，常设的岗位如产品线总监、产品线经理、产品经理、PDT 经理等岗位，常设的团队如 PMT，TMT 等，临时的团队如 PDT，TDT 等。在企业整体组织结构下，产品线部门和岗位的设置通常有几种做法：一是设立独立于营销部门和研发部门的专门的产品线管理部门，设立产品线总监、产品线经理、产品经理、PDT 经理等岗位；二是在营销部门内部设立产品线经理、产品经理、PDT 经理等岗位；三是在研发部门内部设立产品线经理、产品经理、PDT 经理等岗位。这 3 种方案各有优缺点，企业可以根据自身的实际情况而定。

研发团队化、流程化运行是通过产品线来实现的。而要使产品线有效运行，除了建立跨部门的流程体系外，还需要建立与产品线运作相应的绩效管理制度，培养产品线运作所需要的关键人才（如产品经理、PDT 经理），职能部门为产品线提供优秀的资源和能力也是至关重要的。

实施企业级研发组织及流程变革，不仅涉及企业整体结构、各部门责权及运行方式的改变，需要企业做出艰苦的努力，而文化上的转变更是企业面临的真正挑战。所以，要求企业最高层自始至终领导和参与这场变革。当然，这场变革成功给企业研发能力带来的提升将会是突破性的。

8.2.4　第 3 步：企业级平台化变革

通过企业级研发流程变革，各部门通过团队化、流程化运作实现了高效地协同作战，产品研发效率大为提高，但是，随着产品线和产品数量的不断增加，如果没有优秀的产品平台，在新产品研发时，系统架构需要重新设计，原来的技术模块或组件重用率很低，甚至还需要突破一些关键技术，产品研发的成功率和效率无疑都会受到很大的制约。而且，如果不同产品采用大量的不同模块和技术方案，将导致零部件种类和供应商数量急剧增加，造成产品成本的增加和供应链管理效率的下降。所以，着眼于研发能力的大幅度提升，企业需要实施产品重组，推行平台化变革。

通过产品重组，形成异步研发模式，将共享技术要素、模块、子系统提炼出来，提前进行研发。在产品研发过程中，这些已经被研发出的共用技术和模块被应用到产品中，并被多个产品多次重用。从而实现在产品稳定性改善的同时，减少产品研发时间，降低研发费用和产品成本。

通过产品重组，形成系列化产品研发模式，研发产品不再是一个一个研发，而是成系列地研发多个产品，分时间段分批次投入研发，系列产品之间不再是毫无关系的孤立的产品，而是相互关联，共享关键技术和模块，各产品只在第一个产品的基础上做少量修改，而不是全部从头来过，从而极大地提升研发效率。

其实，企业产品的平台化、模块化建设可能在功能建设和流程优化时就开始了，但是如果不通过一场系统的、持久的平台化变革，要形成强大的产品平台和核心技术体系是不可能的。平台化变革涉及产品战略规划、技术战略及规划、产品研发模式、企业组织形式、资源投入及配置、市场管理、供应链管理、信息系统等一系列领域的转变，如在组织结构上，就需要根据异步研发模式建立负责不同层次研发任务的部门和团队，包括负责技术研究的机构。

平台化变革应该从企业产品或技术战略及规划开始，把产品平台战略真正作为产品战略的核心，并以此形成技术战略及规划。企业必须更加前瞻性地去看产品研发，并提前识别平台化的机会和关键技术要素，给关键技术尤其是核心技术的研发留出充足的时间。这不仅需要与市场规划、需求管理紧密结合，还需要对技术投资有充分保障。

模块化设计是平台化变革的关键环节。在前期市场规划时就充分考虑需求级重用，推行模块化设计方法，规划和研发尽可能多的 CBB，是产品研发实现“多、快、好、省”的关键。所以，建立 CBB 管理组织和流程，推行 CBB 方法，采用信息系统管理 CBB，是平台化变革的一项重要内容。

IBM 公司在实施 IPD 的过程中，通过平台化变革，大力推行 CBB，使机箱结构种类从 14 种下降为 4 种，母板种类从 15 种降为 4 种，RISER 插卡通过采用工业标准和先进总线技术，种类由 25 种降到了 4 种；供应商从 1996 年的 5000 家减少为 1998 年的 1200 家，其中前 20 名供应商占采购额的 35%；1998 年料号数比 1996 年减少 30%，其中可重用料号的比率达到 50%。

汉捷咨询曾帮助深圳海洋王公司、中集车辆集团、吉阳自动化等多家企业，开展平台化整合和建设工作，都取得了良好的效果。当然，从平台化变革这个概念上来看，这些公司的平台化工作和 CBB 建设还远未达到应有的力度和效果。

8.2.5 第 4 步：跨企业创新变革

打造世界级企业是很多优秀中国企业的梦想，而具有世界级研发能力是成为世界级企业最重要的标志。世界级企业拥有领先的产品及技术体系、一流研发效率和全球化的研发能力，但是，一个企业不可能样样都强，世界级企业也不例外，而且也几乎没有企业能够覆盖产业价值链的所有环节。所以，如何做好跨企业的创新和资源整合，是世界级企业面对的艰巨挑战，也是形成持续竞争优势的关键。

在迈向世界级研发能力的道路上，跨企业创新变革是企业研发管理变革的最后一步，可能也是最漫长的一步，因为这是一个不断积累并最终实现质变的过程，并需要在多个领域实施新的研发策略和模式。

企业需要通过积累形成自身的强势地位和独特能力，与相关企业结为战略合作伙伴，以达到整合及管理产业价值链的目的，从而使自身所在的价值链具有持续的竞争优势。除了自主研发外，企业还普遍采用合作研发、外包研发、购买专利技术、收购兼并等研发策略和方式。

为了实现跨企业的创新策略，企业必须在研发组织和流程方面进行改造。在研发组织上，既要加强自身的核心团队建设和核心技术保护，又要保持足够的开放性，在诸多领域与战略同盟合作研发，或者委托合作伙伴进行外包研发。在研发流程方面，企业需要建立集成的研发链管理，以便于战略联盟上的各企业能够共享资源，共同协作。

在跨企业创新变革中，技术战略和管理将放到更加突出的位置。技术战略的制定不仅基于产品路线图和对技术情报的分析，而且要关注企业长期核心竞争力的构造；技术规划要更具前瞻性，一些基础性核心技术的长期培育也需要及时做出决策并保障长期投资，这种投资可能要在未来十多年才能带来回报，如菲利普花了 15 年以上的时间来形成其光媒体（光盘）的核心技术能力，JVC 在建立其录像技术领导地位上同样花了十多年的努力。

在自主研发和外购技术方面做出权衡，是技术战略的重要内容，需要考虑企业战略、市场机会、资源条件、技术情报、知识产权等多个方面。由于技术越来越复杂，一家公司不可能在各个技术领域都进行投资并取得领先，购买技术已经成为企业快速缩小与行业领先者差距的重要手段。

跨企业创新还需要面对和解决全球化研发的挑战。企业的研发合作伙伴可能分布在不同国家，而企业自身处于快速响应市场和整合资源的需求，会在不同国家和区域设立研发机构，企业要做到在全球范围内，针对不同地域客户的需求，快速组织全球各方面的资源，借助强大的知识管理平台，实施跨地域的、虚拟的管道和项目管理。在市场竞争日趋激烈、企业毛利率持续下降的今天，企业的研发预算必须控制在合理的范围，那么，持续提高全球化研发的效率就成为优秀企业新的努力方向。

在国内公司中，华为无疑是跨企业创新和全球化研发的典型代表。截至 2008 年 8 月，华为拥有三万多名研发人员，研发机构分布在全球十多个国家，面向全球一百多个国家和地区的通信市场，与众多领先企业和研究机构结为研发合作伙伴，为客户提供全方位的通信产品及解决方案，其全球化的研发架构和跨企业创新体系已经形成，还有待不断优化和完善。

8.3 华为的研发管理变革之路

华为从1998年开始引进IPD，是国内最早实施IPD的企业。实施IPD对于华为来说是一场艰巨的变革，这场变革影响深远，经过五六年时间使华为的研发管理水平和产品创新能力迅速与国际接轨，大大地推动了华为的发展速度和国际化进程。

8.3.1 摸索的代价和收获

1997年圣诞节，华为总裁任正非在美国考察期间访问IBM公司，IBM的一位高层花了一天的时间给任总一行介绍 IPD。后来任总回忆道："当时我听得津津有味，我有高血压、糖尿病，但听了一整天，一点都不觉得累。"

1998年年初，春节过后刚刚上班，华为副总裁以上的领导和研发部门高层在蛇口南海酒店封闭了整整5天，消化从IBM带回来的IPD资料，研讨如何通过IPD解决华为研发管理方面的各种问题。

一直以来，华为就在研发管理方面做出了不少努力，如1993年开展了物料清单（Bill of Material，BOM）的整理和优化；1994年实施ISO9001，建立产品研发程序；1995年开展器件归一化工作，建立了优选器件库；1996年实施研发流程重整，建立了研发综合流程及相应的模板。但是，一些多年困扰华为的研发难题依然存在，比如，产品研发偏重于技术导向而不是市场导向，研发容易与市场脱节；产品战略及规划不够清晰，对新领域的投资评审不够，决策的效率及质量不足；研发组织结构中各自为战的问题比较突出，没有人对产品的全流程负责；研发流程不成体系，缺乏并行工程，等等。

5天的会议开得颇为热烈，与会人员认识到IPD能够系统地解决华为在研发管理方面存在的问题，显得有些兴奋，一些领导已经有点跃跃欲试了。总裁任正非也信心十足，于是指示公司管理工程部和研发部门共同组成项目组，要求他们根据IPD模式尽快设计出行之有效的解决方案。

IPD项目组主要由一批管理人员构成，这些管理人员基本上是华为在两三年前招来的 MBA，少数研发业务人员也参与到项目组中。为了避免被打扰，专门为项目组在一间酒店配备了办公室。经过近两个月的努力，项目组拿出了一套基于IPD的研发体系变革方案，并进行了推广实施，期望公司研发从此按照IPD模式来运行。

华为按照新的方案调整了组织结构，基于 IPD 的研发流程和项目管理体系也在各产品线推行。看起来各项目组开始按照 IPD 模式运作了，也积累了一定的经验，然而，效果并不像人们预期的那样。该次变革遭到很多人的抱怨，有人认为，此次变革，不仅没有很好地解决原有问题，同时又产生了不少新的问题，也有人认为，新的流程占去了他们过多的时间而没有效率，还有人因为新的工作方式难以适应而不满。其中以下问题尤为突出。

首先，变革后的 PDT 从结构上看并不是一个真正的 PDT，并没有贯穿产品研发的全过程，PDT 经理也没有充分授权。PDT 成员大部分来自研发，生产和服务方面还在逐步参与，市场方面目前只有一个接口人，而且这个接口人本身又可能忙于其他事情，对于 PDT 的市场牵引指导作用很少或者信息不明确，有时甚至误导。公司的 PDT 基本上还是处于以技术为导向的状态，离市场、用户需求为导向的目标还有较大差距。

再次，新转变过来的各个部门、各个职位的职责没有很好地定义清楚，同时也缺乏合理有效的绩效考评指标。实际运作中有时候不但没有提高效率，反而使效率降低。最突出的一点就是产品线与资源线之间的关系没有很好地定义清楚和理顺。PDT 并没有获得真正的项目预算，PDT 经理无法通过经济杠杆来调动资源，而是通过协调或行政手段从资源部门去争取资源。

最后，大多数 PDT 经理来自研发部门，技术比较好，但在管理方面缺乏相应的培训或缺乏管理方面的技能。同时由于个人业务经验方面的局限性，他们在处理问题时习惯于以技术为导向，不太注意站在市场、用户角度去考虑产品研发。包括一些 PDT 经理在内的 PDT 成员都比较年轻，缺乏全流程研发经验，在参与 PDT 工作之前缺乏全面深入的培训，普遍缺少正规 PDT 运作所需的技能，尤其是项目管理跨部门沟通方面的技能。

在研发流程方面，对研发全过程考虑得不是很全面，流程在实际运作中存在很多不合理的地方，如流程的整体架构和层次不清晰，主流程和子流程之间脱节，流程之间的关系不顺畅。在流程的实际运作中，职能部门扮演的角色比产品线要重要得多，造成人为割裂流程，如研发流程、中试流程、生产流程等，这种随组织结构而制定的各种流程之间的接口松散，出现有些问题没人管，有些问题多方管的现象，在这些接口上 PDT 要做大量的协调、沟通工作，浪费大量的人力、物力。

显然，华为对 IPD 变革的复杂性和艰巨性估计不足。华为以为，自己的管理基础不错，又有一批管理人才，执行力也很强，凭着自己的能力应该可以消化 IPD，摸索出一套适合华为自身的研发管理解决方案。当然，通过自己的摸索，对 IPD

的理解有了很大的提升，而且也总结出了一些好的方法和经验，并且在工作中得到应用。

遗憾的是，华为并没有真正地消化和理解 IPD 的核心思想和方法，各方面的准备条件尤其是员工的思想和技能准备上不足，在解决方案的设计上采取的是急躁和闭门造车的做法。最后，提出的解决方案本身有问题，实施中困难重重，IPD 变革一度陷入困境。

8.3.2 向 IBM 学习

经过分析，华为认识到 IPD 变革是一项复杂和艰巨的系统工程。

截至 1998 年年底，华为研发人员规模已经达到四千多人，产品覆盖交换、无线、传输、多媒体、智能网等领域，而且产品涉及的专业领域多、技术复杂。在这种情况下，要实施 IPD，实现公司研发从职能化向团队化、流程化运行，其艰难程度可想而知，决不是一两年就可以完成的事情。

经过反思，华为认识到 IPD 变革不能再闭门造车。

从 1993 年开始，IBM 公司在郭士纳的领导下实施 IPD，取得了巨大的成功，实现了“让大象跳舞”。尽管 IBM 和华为所处的行业不同，但产品的技术特点是一致的，在经营和管理上，IBM 无论从哪个方面，都可以成为华为的学习榜样。于是，“向 IBM 学习！”成为华为提出的响亮口号，而实际行动之一就是 IBM 作为咨询方帮助华为实施 IPD 变革。

1999 年 2 月，华为召开了 IPD 咨询项目动员大会，IBM 顾问、项目经理陈青茹女士在动员大会上指出：“IPD 项目运作要优化的是整个华为公司的运作，其中牵连的范畴非常大。IPD 的精神就在于能否跨部门地看产品研发，所以，各部门的参与是 IPD 成功的保证！”华为总裁任正非在动员大会上强调：“我们让大家去穿一双美国鞋，让美国顾问告诉我们美国鞋是什么样子，到中国后，鞋是不是可以变一点?现在只有顾问有权力变，我们没有这个权力。我们唯有全力以赴地努力学习 IBM，才能保证 IPD 业务变革的成功！”

根据 IBM 咨询的方法论，华为 IPD 项目划分为关注、发明和推行 3 个阶段，项目周期计划是 27 个月，即 2 年零 3 个月。

在关注阶段，进行了大量的“松土”工作，即在调研诊断的基础上，进行反复的培训、研讨和沟通，使相关部门和人员真正理解 IPD 的思想和方法。经过半年多的调研诊断工作，项目组明确了 9 个需要改进的关键领域：

- 市场需求管理。
- 系统工程。

- 项目管理。
- 结构化的流程。
- 跨部门团队。
- 技术管理。
- IPD IT 工具。
- 项目管道管理。
- IPD 技能培养。

发明阶段的主要任务是解决方案的设计和选取 3 个试点 PDT，并辅导试点 PDT 按 IPD 进行运作。按照 IPD 的要求，华为在 IBM 的帮助下设计了“产品线+资源线”的组织架构，建立了跨部门团队。在组织架构调整和干部任用上，大力提拔积极支持和参与 IPD 变革的人员，而明显抵触 IPD 变革的人员则逐步被边缘化，这对华为内部的触动是非常大的。IBM 顾问组和华为相关人员设计的 IPD 流程体系、项目管理体系和绩效评价体系经过多次讨论和反复修改也出台了，时间又过去了 8 个月。2000 年 5 月 17 日，第一个试点 PDT（VMSC6.0 产品 PDT）终于启动了。华为总裁任正非参加了启动会并指出：“从我们高级领导来看，我认为 IPD 项目是公司最大的一件事情，公司干这件事情下了很大决心，在座的每个人都要高度投入进去，我们一定要完成目的。怎么做好这件事情呢？就是要听顾问的话，即使顾问错了，也要听顾问的话，经过实践检验顾问发现他是错的，那么由他自己纠正。如果顾问不纠正，以后我们发现了，我们大家再来讨论，也是可以纠正的。”华为虚心向 IBM 顾问学习的决心可见一斑。接下来，华为又启动了另外两个试点项目。由于最高层领导的高度关注和大力支持，IBM 顾问全程辅导，试点项目组人员热情高涨，大家纷纷把参与试点项目当做一项荣誉。

推广阶段是逐步推进的。在 3 个试点项目取得初步成效后，IPD 管理体系先在 50%的项目中推广，然后扩大到 80%的项目，最后推广到所有的项目。

推广过程是不断解决问题的过程。IPD 的运行需要打破部门壁垒，建立流程式组织结构，从功能式组织结构转变成流程式组织结构必然涉及部门的障碍，也涉及人的障碍，要求各个部门都要放弃自己固有的管理方法、管理规则和利益准则。对此华为是有充分准备的，总裁任正非指示：“我们一定要按照流程打破所有部门的壁垒，对此我很有信心，只要你阻挠了事情的发展，那么就要把你裁掉。”事实上，由于阻碍 IPD 变革而被调整的人员不在少数。

在推广过程中，必然对原来的工作方式和习惯带来冲击，存在一些不够顺畅的地方，于是，一些困惑和疑虑也接踵而至。对此，IPD 项目组及时给予了解释。

困惑一：走IPD流程用的时间太长了。事实上，IPD将会缩短产品上市周期。IPD倡导一次就把事情做对的精神，强调充分做好产品研发的前期工作，而不是象过去那样匆匆忙忙进入研发阶段，样机做出来不断修补和返工。不过，要实现IPD本身的这些好处需要华为停用或者进一步重新设计自己的老流程，不要留恋过去。如果仅仅是简单地加入新的做法，却按照老流程和老做法进行运作，最终结果只有失败。

困惑二：IPD 不够灵活。IPD流程是一种改进绩效的平衡方法。事实上，IPD流程是非常灵活的，可以适合于所有的研发项目。IPD流程实际上并不是要求所有项目都逐一地执行所有活动，而是可以、也应该根据项目的实际情况对活动进行一定的调整，具体可参见流程裁剪指南。

困惑三：重量级团队削弱了功能部门的影响力。事实上，功能部门在IPD的执行与决策中都占据着关键的地位。功能部门角色发生了变化，如果还像过去一样既要管理好部门，又要直接控制项目，结果是哪方面的工作都做不好。就像在乐队的演奏中，每个人都有自己的角色。如果鼓手演奏的声音比其他人大，鼓手想控制整个音乐，虽然鼓手自己可能感觉很强大，但是整个音乐已经不和谐了，已经被破坏了。在IPD流程中以团队的形式进行运作很重要，但是，如果没有本身优秀的强大功能部门，IPD也无法发挥自己的作用。功能部门在许多方面都发挥着重要的作用，如对本部门员工技能的培养进行管理，制定功能部门策略，向PDT和IPMT做出并履行承诺，将本功能部门与其他部门及公司联合起来，加强本功能部门对承诺的执行。

困惑四：IPD是要在速度与质量之间做出取舍。事实上，必须是速度与质量相结合。我们不能因为速度的原因而牺牲质量。华为“抓住市场机会”的紧迫感实际上是抓住销售机会，一切都是为了完成销售。通常表现为速度较快，但是质量不好。这种方法是先跨进客户的门槛，向客户表示华为可以提供他们所需的产品，然后承诺大量的资源来排除产品的缺陷，这种方式不是以市场为驱动的公司的行为，而是以销售和研发为业务模型的公司的行为，华为如果以这种方法在全球市场与对手进行竞争，是无法获得成功的。IPD的目的是保证速度，但同时也要保证产品的高质量。IPD不仅要使华为加快开发速度，而且还提供了一种规范，保证能够生产出高质量的产品。

困惑五：IPD 影响决策的速度。事实上，重量级团队（IPMT与PDT）加快了决策的速度。要想加快决策速度，很重要的一点是要了解决策由谁负责制定，谁对这些决策负责任，而且所有决策团队的成员都需要掌握相应的技能，并在做决策时及时参与。通过授权 PDT，功能领域及 IPMT 在自己的责任范围内制定和管理决策，加快了决策的速度。

推广过程是不断优化的过程。经过试点项目的验证，华为在 2001 年年初推出了 IPD 体系 1.0 版，成为第一个正式的版本。2002 年年初、2003 年年初华为又先后推出了 IPD 体系 2.0 版、3.0 版。随着体系的不断优化和升级，IPD 运行的效果也凸显出来，产品的过程质量和运行质量都得到了明显的提高，产品平均上市周期从 1999 年的 75 周缩短为 2003 年的 48 周。

我有幸在华为参与了 IPD 的引进工作。记得在 1999 年年初 IPD 项目的启动会议上，咨询方 IBM 的项目经理说："IPD 将优化华为公司的整体运作！"当时大家将信将疑，但几年下来，IPD 确实帮助华为建立了世界级的研发管理体系，并优化了华为公司的整体运行。

8.3.3 华为研发管理变革的启示

华为研发管理变革取得了巨大成功，其成功的背后是华为坚持正确的管理变革方针和持续不懈的艰苦努力。

1. 把管理作为一项投资

华为一直高度重视管理建设，可以说对管理重视程度已经达到了虔诚的地步。1992 年成立了管理部、1996 年组建了管理工程部、ISO9001 体系推行、业务流程重组、人力资源管理变革、ERP 实施、IT 规划、任职资格体系、IPD 变革、MM（市场管理）、PDM 实施、ISC（集成供应链）……华为一刻也没有停止过管理改进的步伐。搞管理是需要投入的，尤其是 IPD 变革，华为历时 5 年时间大约花费了四五千万美元的巨额投入（包括咨询费、人工费、IT 系统等）。然而，在华为看来，管理建设就是一项投资，而且是企业必须支付的投资，只要企业认认真真地对待这项投资并付出艰苦努力，这项投资将带来超额的回报，相反，如果管理方面的投资少了，或者投资管理不到位，将制约企业的长期发展。

放眼国内，在管理方面舍得投资的企业并不多见。在研发领域，越来越多的企业已经认识到研发投入的必要性，技术型企业按销售收入比例的 3%～5%甚至以上作为 R&D 投入比较常见。如果以 5～10 个亿销售规模的企业为例，即每年拿出 1 500 万～5 000 万元或以上作为研发投入是比较正常的，但是根据我们的了解，在以上规模的企业中，每年拿出超过 100 万元来改善研发管理的企业少之又少，也就是说绝大多数的企业每年在研发管理改进方面的投入占销售收入的比例低于 0.1%～0.2%。很多中国企业家向来对有形资产（如办公楼、车辆）的投资出手不凡，而对像研发管理这样的无形资产投入显得颇为吝啬，不能不说是患了“投资短视症”。

那么，企业在研发管理方面投资多少合适呢？华为 IPD 变革提供了一个参考。以华为从 1998 年到 2002 年 5 年间约 700 多亿元人民币销售收入计算，在研发管理变革方面的投资大约占到了销售收入的 0.5%。我认为，这一投入比例对于绝大多数技术型企业是合适的。

2．研发管理变革是一项系统工程

研发管理变革是一项长期性的、分步实施的系统工程。华为的实践也充分说明了这一点。在 1998 年开始 IPD 变革之前，华为在研发管理方面已经开展了大量工作，在 IPD 成功运行后，华为也一直没有停止优化和完善的步伐，尤其在跨企业创新管理、国际化创新管理、模块化优化等领域，华为在继续加大投入。图 8.3 展现了华为 IPD 变革 5 年及前后一段时间在研发管理方面开展的工作。

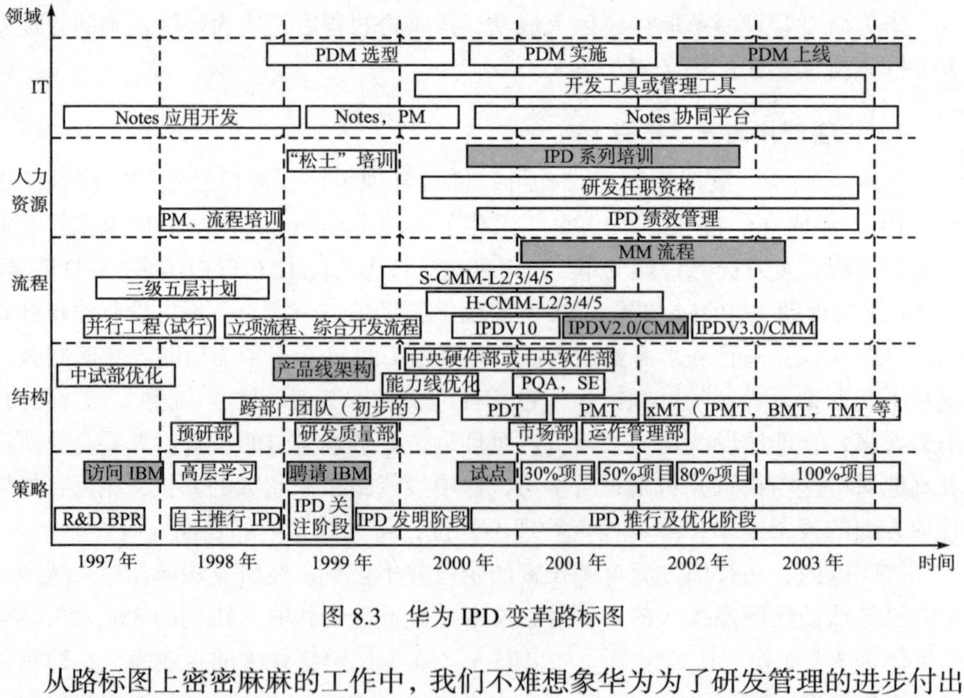

图 8.3 华为 IPD 变革路标图

从路标图上密密麻麻的工作中，我们不难想象华为为了研发管理的进步付出了多少艰苦的努力。所以，华为研发的成功不是偶然的，是华为长期“卧薪尝胆”、艰苦奋斗的结果。

国内企业与国际领先企业相比，还存在着明显的差距，尤其在研发领域存在巨大的差距。我们的企业没有理由不奋发图强，特别是在产品及技术创新方面必须奋起直追。华为无疑对中国企业起到了榜样的作用。

3. 虚心学习国际先进的研发管理模式

华为虔诚地重视管理，也虔诚地学习和实践国际先进的管理方法。我多年在华为负责管理体系建设的推动工作，如果说华为在管理进步上有什么值得总结的话，我认为“走出去，引进来”这 6 个字是其中关键的一点。

之所以早在 1998 年就推行 IPD，正是由于华为总裁任正非走到美国 IBM 公司，了解到 IPD 这一业界领先的研发管理模式，然后把 IPD 引进来。

愿意“走出去”的前提是企业清醒地认识到自己的不足和局限，以开放的态度虚心了解和学习先进的管理思想和方法。当然，这要求企业具有辨别能力，因为现在市场上流传着各种各样的管理模式和方法。华为主要从成熟性和先进性两个方面来判断，是否成熟关键看该种管理模式在业界的应用状况，尤其可参考同行业或类似行业的成功案例，而先进性则要看该种管理模式是否代表国际先进水平，是否是业界最佳实践，前瞻性怎么样。

能够“引进来”的关键在于企业的决心和坚持不懈的努力，而虚心学习的态度同样也是必不可少的。华为在研发管理上勇于穿好一双“美国鞋”，如果鞋不合脚怎么办？总裁任正非指出：“不是去改这双鞋，而是削足适履！”在 IPD 体系付诸执行前，任正非做出了“先僵化，后优化”的指示。中国人聪明人太多，自以为是的人也很多，如果每个人都希望按照自己的思路办，大家都对新的体系说三道四而不去认真执行，不仅无法设计出优秀的解决方案，即使好的体系也得不到有效执行。

当然，IBM 的 IPD 解决方案不能生搬硬套到华为身上，对此 IBM 顾问是非常清醒的，他们很关注 IPD 体系如何针对华为的实际情况。这样，一方面华为要求员工充分尊重和遵照 IPD 标准和 IBM 顾问的意见办，另一方面 IBM 顾问强调 IPD 体系要与华为的实践相结合，产生了类似“拧麻花”的效果，一个往顺时针方向拧，一个往逆时针方向拧，越拧越劲，从而形成了真正切合华为的 IPD 解决方案。

与华为虚心学习和吸收的态度相比，许多企业在引进和实施研发管理模式时，动不动就强调自己的特殊性，不太遵循研发管理标准方法和专业咨询机构的意见，过于要求管理规范要按照企业的特点调整和修改。这样的做法，要么新瓶装旧酒，要么弄出一套四不像的解决方案。这是值得企业警示的。

8.4 方太研发变革之路

2003年4月，宁波方太厨具有限公司启动了IPD项目，并把IPD咨询项目列为“2003年10件大事之首”。通过两年的持续努力，方太基本上完成了IPD变革，并取得了圆满的成功。方太总裁茅忠群评价：“方太曾经做过不少咨询项目，IPD是最成功的一个！在汉捷顾问团队专业和卓有成效的咨询和辅导下，我们的IPD运行情况非常好！”

8.4.1 产品创新能力遭遇“天花板”

方太成立于1996年，专业研发、生产和销售以吸油烟机、灶具、消毒柜、热水器等厨房电器为主导的系列产品。近年来，方太在吸油烟机、灶具、消毒柜中、高端市场一直保持领先的地位，并在热水器、集成厨房等领域也取得了很大的进步。

在外人看来，方太总裁茅忠群继承了他父亲茅理翔的事业，其实茅忠群创立方太很有些白手起家的味道。

茅理翔是点火枪技术的发明人，有“点火枪大王”之称。1992年，茅理翔创办了宁波飞翔公司，专营点火枪，并发展到一定规模。到1995年，茅理翔希望刚从上海交通大学硕士毕业的茅忠群回家子承父业。在父亲的再三劝说下，茅忠群放弃了出国深造的机会，回到了宁波慈溪，但提出了两个条件，一是创办一家新的公司，不做点火枪，因为点火枪已经没有什么前途了，二是飞翔公司的人今后新公司一个不要。在茅忠群的身上，体现了浙江人特有的经营头脑和敢作敢为的精神。

做什么呢？经过一番分析，茅忠群瞄准了吸油烟机。当时的吸油烟机市场增长迅速，但是，已经有老板、帅康、樱花等吸油烟机厂家，竞争已经相当激烈。作为后来者，有机会吗？此时的茅忠群表现出出色的经营才能。他亲自带队花了3个月时间做市场调研，分析了消费者的需求，总结出当时市场上吸油烟机产品的6大问题，这样如何定义自己的产品就心里有数了。当茅忠群提议给新的公司和产品起名为“方太”时，几乎所有周边的人都反对，他老爸更是无法接受这一过于女性化的名字。但茅忠群力排众议，坚持认为“方太”不仅容易记忆，而且华南区域的消费者深受香港电视台“方太厨艺”节目的影响，产品出来后有利于在华南地区打开局面。还有，茅忠群决定新产品从高端切入，希望把“方太”打造为一个高端品牌。

然而，茅忠群毕竟从来没有研发过产品，连在企业的工作经验都没有，好在总工程师陈安林原来在国有企业研发过产品，于是，他们两人组织了几个工程师，一唱一和地开始研发吸油烟机，外观造型则找了一家专业公司设计。经过七八个月的努力，第一台吸油烟机终于研发出来了，上市后一炮打响！在第一代吸油烟机成功的鼓舞下，方太再接再厉，不断研发新产品，尤其是抓住了欧式吸油烟机受到越来越多消费者追捧的机会，方太经过四年多的时间超过竞争对手成为了高端吸油烟机的第一品牌。从 1998 年开始，方太进入灶具、消毒柜市场，也取得很不错的成绩，在 2000 年后，又进入了集成厨房、热水器市场。

2001 年，国内厨具市场发生着显著的变化。一方面，消费者对厨具产品提出了更高的要求；另一方面，国内、外电器巨头，如伊莱克斯、西门子、海尔、美的等，纷纷进入厨具市场，它们在技术、营销和工艺方面具有综合优势，国内其他厨具生产厂家也不断跟进和创新，与方太形成了全方位的竞争。

在严峻的外部形势下，方太明显感到产品生命周期在缩短，企业经营模式必须从过去大批量少品种向小批量多品种转型，新的经营模式对产品创新能力和产品竞争能力提出了更大的挑战。面对外部竞争的挑战，方太加大了对产品研发的投入，技术中心从过去十多人发展到 2003 年年初五十多人。

但是，研发人员的增加并没有带来产品创新能力和产品竞争力的提升。与过去相比，拳头产品更少了，产品研发速度变慢了，质量问题更多了，成本压力更大了。2003 年年初销售的主要是 2000 年研发的产品，3 年来，产品销售收入没有明显提升；新产品主要依靠能人来研发，而且迟迟不能上市；上市后质量问题频发，售后服务的压力越来越大；一些产品由于成本过高导致赢利水平下降。这令方太领导层非常困惑。

带着困惑，方太找到了汉捷咨询。经过初步诊断，汉捷咨询认为，方太的产品创新能力遭遇了“天花板”，职能化壁垒、研发团队建设薄弱、流程管理能力不足、知识共享差、技术重用少等问题导致研发体系已经越来越不适应方太多元化产品线的发展，需要实施研发管理变革。

8.4.2 聘请汉捷咨询，启动 IPD 咨询项目

方太公司在 2003 年 4 月启动了 IPD 实施项目。方太和汉捷咨询组建了联合项目组，计划通过 7 个月的时间，划分调研诊断、方案设计、试点实施 3 个阶段，设计并初步运行一套 IPD 解决方案，包括产品战略规划、研发组织结构、研发团队运作模式、研发流程及相应操作指南和模板、CBB 规划及流程、研发人力资源

管理，如图 8.4 所示。

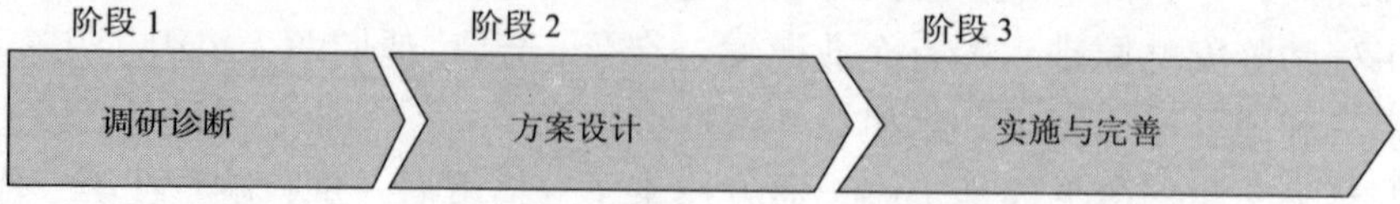

时间

阶段 1：1 个月

阶段 2：3 个月

阶段 3：3 个月

主要活动

阶段 1：

1A 项目组织
- 建立项目小组
- 制定项目实施计划
- 准备项目资料

1B 调研或需求分析
- 访谈、问卷、资料研究
- 问题诊断或分析
- 差距分析及设计需求
- 1C 总体方案
- 设计思路
- 框架性方案

阶段 2：

2A 产品战略规划
- 核心战略愿景
- 产品平台或产品线战略

2B 组织结构
- 研发组织结构
- 产品开发项目组织

2C 绩效及薪酬激励方案
- KPI 体系
- 绩效管理制度及流程
- 工资管理制度
- 奖金管理制度及评定办法

2D 研发业务流程
- 研发业务流程框架
- 研发流程或子流程及模板

阶段 3：

3A 实施培训
- 制定实施计划
- 实施培训及推行

3B 跟踪检查
- 实施辅导
- 内部审核
- 问题解决

3C 方案完善
- 设计方案修正及调整
- 实施评审及总结
- 下一步管理推进计划

图 8.4　方太 IPD 咨询项目的步骤

8.4.3　变革管理 8 步法

尽管当时方太研发人员只有五十多人，但是他们过去的背景差别比较大，有来自台资企业的，有来自日资企业的，有来自西门子的，有来自国有企业的，也有土生土长的，各种背景的人员聚集在一起，磨合的难度可想而知。来自不同企业的研发人员带来了不同的研发语言，倾向于认为自己过去企业的研发方法才是好的，加之方太没有健全研发流程和制度，所以在工作中产生了大量的矛盾和冲突，甚至逐步演化为派系的争斗。看来，如何通过 IPD 推行，整合研发人员的思想和方法，难度不小。

技术中心与其他部门矛盾重重。研发人员经常抱怨采购人员耽误了进度，制造部门认为研发人员只会给他们带来无穷的麻烦，市场部门的产品经理很不愿意与技术中心打交道，而工程师认为产品经理都是些毛头小伙，根本不把他们的意见当回事，品质部门则觉得技术中心就像一个密不透风的球，连水都泼不进去。可见，要打破部门壁垒，形成团队化、流程化的运作，是方太实施 IPD 的一个严峻挑战。

人们对新事物容易产生排斥的心理。IPD 对方太是新鲜事物，大家对它感到好奇的同时，有些人对它充满期待，也有些人难免存在怀疑甚至抵触情绪。一些主管和研发人员认为，IPD 在国内通信企业和 IT 企业有成功案例，在家电企业还没有应用过，IPD 可能不适合方太，日资企业、台资企业那套东西应该更合适一些。面对普遍的观望态度和部分人员的抵触情绪，如何使大家逐步认同 IPD 并参与到 IPD 实施中来，无疑是 IPD 变革的核心问题。

顾问组认识到，在方太 IPD 实施中应该更加突出变革管理。为了有力推动方太的 IPD 变革，我们应用了变革管理大师约翰·科特的“变革管理 8 步法”，如图 8.5 所示。

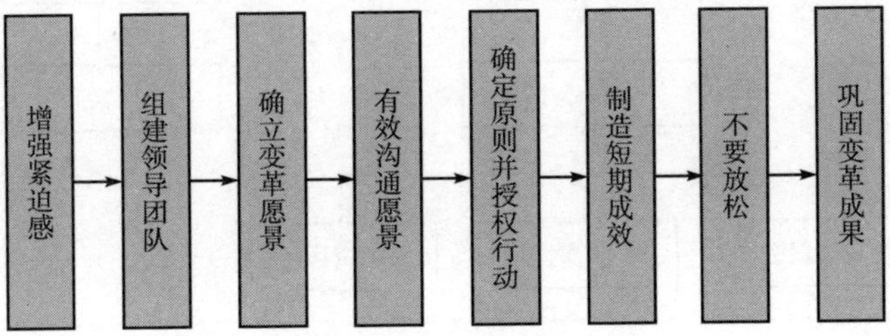

图 8.5　变革管理 8 步法

1. 增强紧迫感

尽管方太最高层已经充分认识到研发变革的必要性和紧迫性，但中、基层普遍感到方太的产品在市场上表现还不错，就是有些不顺畅的地方，并没有感觉到了非变革不可的地步。为此，IPD 项目团队在动员、宣传和培训方面花了不少的时间和精力，尤其对顾问组调研诊断发现的问题进行了大范围的宣讲。调研诊断报告主要总结了 4 个方面的问题：

- 在产品战略方面，还没有形成产品战略的整体概念，也没有明确和正式的产品战略规划。
- 在研发组织结构方面，目前功能化割裂、活动分散的研发组织结构已严重制约了产品多元化发展的要求和市场竞争的需要，急需做出调整。
- 在研发业务流程方面，产品研发流程处于无纪律状态，产品研发效率低下，项目管理、质量控制、外协管理等都很薄弱。
- 在研发人力资源管理方面，与公司整体相比较，研发的人力资源管理尤为薄弱，管理团队未形成，呈现比较散乱的状况。

在令大家看到问题严重性的同时，IPD 项目组还收集了一些竞争对手的信息，用事实和数据说明了竞争对手的进步和咄咄逼人之势，使公司上下认识到研发变革已经迫在眉睫。

2．组建领导团队

方太和汉捷咨询共同组建了项目指导委员会和IPD项目组。项目指导委员会由方太最高层领导和汉捷咨询高层代表组成，负责确定IPD变革的方向和目标，领导及推动变革。IPD项目包括双方的项目经理和项目成员，如图8.6所示。

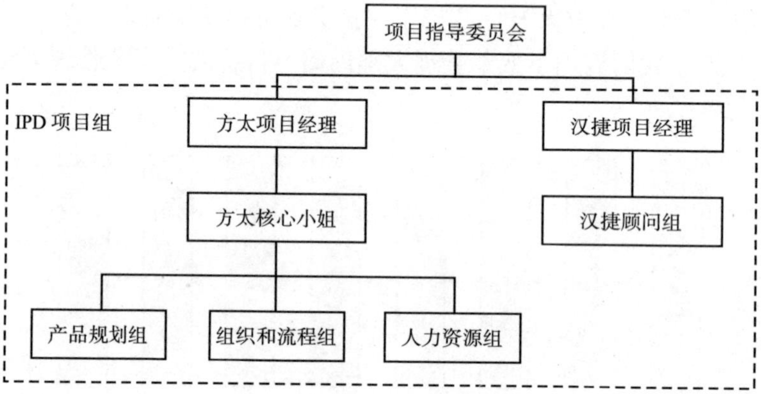

图8.6　方太IPD项目组织结构

IPD项目组是变革的管理和执行机构，负责制定项目计划、调动资源、设计并组织实施IPD体系。高瞻远瞩的项目指导委员会和阵容强大的IPD项目组的成立，使得IPD变革拥有了强有力的组织保障。

3．确定变革愿景

在IPD项目启动会上，方太总经理茅忠群提出了IPD变革的总体愿景——建立行业乃至国际领先的研发系统。然而，对于主管和工程师来说，研发体系要怎么变，变成什么样子还需要更为具体的说明，而且最好不是由高层领导或顾问组告诉大家怎么变，而是大家一起来思考，提出变革的具体愿望。为此，IPD项目组组织研发部门主管、相关职能部门主管和研发骨干召开头脑风暴会议，大家集思广益，提出了IPD变革的具体愿景：

- 快速地将新产品推向市场，击垮竞争对手！
- 建立有效的研发人员激励机制！
- 具有前瞻性的产品规划！
- 建立集成研发模式，各部门协同工作，积极主动地解决问题！
- 促进个人学习与成长！

- 快速有效的研发决策！
- 良好的组织文化氛围！

4．有效沟通愿景

变革愿景是主管和骨干们共同提出来的，是他们共同的愿望，他们在工作中自然就会与同事和下属谈及这些想法。但是，正式和有效的沟通渠道是必不可少的，IPD 项目组主要从 3 个方面进行愿景的沟通。一是将变革愿景融入 IPD 理论和方法的培训中，告诉大家为什么要变革，可以变成怎么样，如何应用 IPD 的方法来达成变革目标。二是通过内部刊物和 IPD 项目简报，将变革愿景展现给大家，并一一做了进一步的诠释。三是在办公室走廊、食堂过道等显眼的位置张贴海报，通过漫画的方式，向大家描绘变革愿景和实现方法。

5．确定原则并授权行动

IPD 需要各部门的共同参与，需要各部门的员工都要采取行动，改变过去的工作方式和行为，如此广泛和深入的变革，没有统一的行动原则是不行的。在项目指导委员会的指导下，IPD 项目组提出了 6 项实施原则。

（1）打破部门壁垒：IPD 的精髓之一就是跨部门地看待和实施产品研发，所以各部门员工要走出部门的边界，树立全局观念和全流程意识，以产品的市场成功为目标，采用协同的工作方式来开展各项工作。

（2）总体规划，分步实施：不管是 IPD 整个体系，还是各个模块，都需要系统思考，确定建设目标，提出系统性的解决方案。这样，新的体系肯定比过去全面、复杂，在实施时就需要根据实际情况循序渐进、分步骤地达到预期目标。

（3）观念先行：IPD 首先是一套现代化的研发管理思想，将对原有的研发观念带来冲击甚至颠覆，所以要首先进行观念的澄清和更新。

（4）先僵化，后优化：IPD 项目组组织制定的解决方案不可能是完美的，肯定存在这样那样的问题，如果大家带着挑刺和怀疑的态度不着力执行，方案不可能落实，优化更无从谈起。因此，只要经过充分讨论和评审的方案一经提出，就必须不折不扣地执行，执行中碰到问题，也不能随便修改，而是有计划、有步骤地优化。

（5）Win-Win（双赢）：带着双赢的思维来对待和参与 IPD 项目。IPD 推行成功后公司发展了，个人的利益也将得到体现，而且 IPD 实施对于个人是一个宝贵的学习和成长的机会，退一步来看，即使个人今后离开公司，也提升了职业技能和价值。

（6）自我超越：如果每个人都是希望别人改变，而没有认识到自己需要改变，那么管理变革注定要失败。所以，需要大力倡导公司从上到下都首先要把矛头对准自己，选择改变自己，并采取积极的行动，最终实现自我超越。

6．制造短期成效

IPD 变革是一个长期的过程，少则两三年，多则五六年，所以在变革过程中设立里程碑目标、不断制造一些短期成效，对于增强变革信心和力度，确保变革的成功是至关重要的。

在方太 IPD 变革中，第一个里程碑式的成效选择在新的研发组织结构和研发流程切换这一核心环节。

IPD 项目组设计了“产品线+资源线”的重度矩阵结构，如图 8.7 所示。

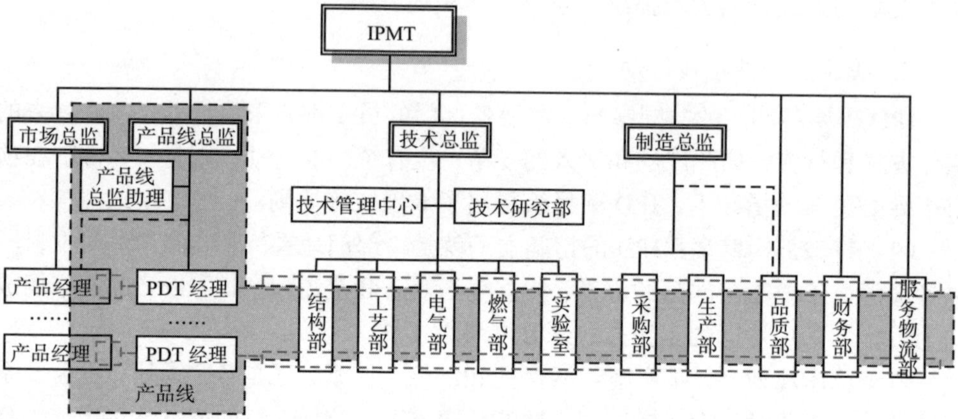

图 8.7　方太“产品线+资源线”的矩阵组织结构

新的组织架构横向上体现产品研发资源的整合，打破部门分割和职能分割，建立跨部门的产品研发团队，纵向上强调专业能力的积累和提供合格的团队成员。

从传统的职能式研发组织结构转换到重度矩阵结构，跨度是相当大的，为此，项目组制定了周密的研发组织切换方案及计划，在切换前做了大量准备工作，如职位职责的培训、薪酬政策的明确、任职者的选拔、办公场所的调整、人员谈话沟通等。

2003 年 8 月 12 日，方太召开了研发组织切换动员大会，在会上总经理茅忠群做了“势在必行，志在必得”的动员讲话，我代表顾问组宣告了组织切换的原则，大会对切换工作进行了总体部署。会后，各项切换工作有条不紊地进行。

但是，在办公室拆墙问题上遇到了麻烦。

一直以来，研发各部门之间都隔着一道墙。这是一道“有形”的墙，隔着一道墙，各部门之间联系相对地少了，部门里面七八个人，俨然一个小小的独立王国。这也是“无形”的墙——其实是心中长期存在的一道“沟通及协调障碍墙”。

按照预定的方案，需要把研发各部门之间的墙拆掉，从方便跨部门团队运作的方式重新布置办公场所。从拆墙到布局估计要五六天时间，无疑会对研发人员的工作造成影响，当时又正值研发旺季，所以茅忠群考虑暂时不拆墙了，等“十一”放假时再拆。我提出，既然公司花这么大的决心来变革，而且确定了“打破部门壁垒”的行动原则，就应该立即付诸行动，把墙拆掉。

在我的坚持下，茅忠群决定立即拆墙，还亲自拿着铁锤砸下了第一锤。研发人员临时转移到培训教室办公，一周后回到了与原来大相径庭的办公场所，感到的不仅是有形的墙被拆除了，更是长期存在于心中的那道“无形的墙”在慢慢融化，也进一步感受到了公司变革的决心和信心。

也许，真正的变革都免不了要动人。在新的一轮主管任命中，不能适应发展需要的个别主管下来了，有潜力、积极参与变革的人员得到提拔。电气部部长是一个专家级人物，产品电气方面的关键问题似乎除了他就没有人能够搞定，而他也是反对 IPD 最厉害的一个，不仅在行动上抵触，而且煽动他人，经过多次做工作毫无结果，最后只能请他走人。值得一提的是，他的离开只是给电气方面的工作带来了暂时的困难，之后电气部在新主管的领导下成为方太最优秀的专业部门之一。

组织结构切换的效果超出了预期，经过一个短暂的适应期，各方面的人员各就各位，各部门之间在不知不觉中加强了沟通，各 PDT 经理和成员们为各自的项目忙开了，在一个庞大的团队中如鱼得水，工作起来更有劲了。

紧接着的是研发流程切换。基于 IPD 模式的产品研发流程设计是整个项目中工作量最大的一项工作，并直接影响到新的研发体系能否贯彻 IPD 的思想，能否有效操作。项目组密切协作，对产品研发流程一个一个设计、讨论、修改，每个模板或表单都经过反复的修改，达到了既反映方太的产品和技术特点，又具有实际的可操作性的目的。

从 9 月份开始，产品研发流程开始分步切换，最开始运行的是概念阶段流程和技术评审流程，随后其他阶段性流程和支撑性子流程也先后下发和实施。

IPD 产品研发流程体系包括 IPD 流程袖珍卡、6 个阶段流程（概念阶段、计划阶段、研发阶段、验证阶段、发布阶段、生命周期阶段流程）、支撑性子流程或制度、模板或表格 4 个层次，支撑性子流程或制度包括项目管理流程、配置管理流程、需求管理流程、决策评审流程及规范、技术评审流程、文档控制流程、外协外购管理制度、质量管理制度等。

到 2003 年年底，方太所有的产品研发项目都切换到了 IPD 流程。IPD 项目组还根据研发流程和模板制作了一套样板，以便于研发人员更好地理解新的流程。基于 IPD 的绩效管理和薪酬体系也开始试运行。

从 IPD 项目初步实施的效果来看，新的研发体系正在逐步得到切实推行，尽管实施的时间还不长，但已带来以下 8 个方面的变化：

- 在产品战略及路标规划指引下进行产品研发；
- 建立了“产品线+能力中心”的矩阵型结构，横向上体现产品研发资源的整合，打破部门分割和职能分割，建立跨部门的 PDT，纵向上强调专业能力的积累；
- 提高了研发活动的集成性，通过人员、活动及信息的集成，体现并行工程的思想；
- 基于市场进行产品研发，研发人员直接面向市场；
- 基于信息的业务决策，通过 IPMT 的运作，提高业务决策的质量；
- 从设计人员向产品研发人员的转变，产品研发人员不只是完成设计任务，还要对产品成功负责；
- 面向可靠性、可制造性、可服务性等方面需求的设计；
- 形成项目管理、绩效管理、薪酬管理等方面的管理支撑。

方太原来预感此次组织变革的风险很大，但实际完成情况比预想要好。研发系统人员的团队合作性得到提高，人员相对稳定，待遇也体现出相当的公平性，按计划执行的意识得到加强，产品研发进度的有效性得到保证。方太绝大多数员工都认可 IPD 变革取得的初步成效。

7. 不要放松

进入 2004 年，为确保研发体系变革后能够顺利运行及滚动优化，方太成立了研发体系优化小组。优化小组的主要工作包括以下几个内容。

（1）IPD 变革思想、方法的持续宣贯与深入。

（2）流程优化：明确模板使用的具体责任人；为各模板编写批注，提供表单编写指导，建立模板样板供各 PDT 参考；细化裁剪指南，明确各种研发类型的研发任务；把项目管理与流程管理结合起来，减少项目成员阅读文档的时间，通过撰写模板即可直接体验流程过程。

（3）PDT 经理绩效考核制度实施效果追踪并优化。

（4）2003 年确定了技术人的职位等级，2004 年需明确技术任职资格体系的操作细则。

（5）建立研发人员的素质矩阵，明确不同职位、等级的技术中心成员对新流程、管理技能、专业知识、工程素质、IT 工具等方面的要求程度，以确保有合适的人来实践新的研发体系。

优化小组的工作形式主要有以下几种。

（1）例会制度：优化小组每两周召开一次例会，就维护过程中遇到的问题进行沟通。

（2）问题管理：对各 PDT 日常提出的问题实时解答，对于不能当场解答的记录于《问题跟踪表》上，在内部网络上建立"问题管理"文件夹，给所有 PDT 成员设置访问权限，随时提交问题点；对于收集到的问题，在优化小组例会上进行讨论解决，不能解决的问题，与咨询公司沟通后解决；问题解决的结果由优化小组组员及时反馈给相关问题提出人，同时录入上述文件夹里供查询。

（3）走动管理：优化小组不定期地参加 PDT 例会、技术评审及业务决策评审，参与 PDT 项目开工会，进行流程引导，指导完成各阶段文档；监控并跟催 PDT 活动进度，确保 PDT 按计划完成研发项目任务；及时将各阶段提交的文档做总结并与其他 PDT 进行交流。IPMT 主任、产品线总监、技术总监不定期地到研发现场与 PDT 团队及研发人员进行交流沟通，以鼓舞士气。必要时通过一些访谈、座谈、问卷调查的形式完成对相关信息的收集工作。

（4）知识共享：优化小组在"网上邻居/技术中心/Mailserver"上建立"IPD 知识共享"文件夹，技术管理中心及该维护优化小组收集完成质量较好的项目文档，并提供讲评与编写指导，以供学习；同时，项目运行中与 IPD 流程运作相关的人员也可发表对项目的建议与看法。

通过持续的优化工作，IPD 体系的运行效果进一步凸显出来。PDT 经理胡杰说："IPD 应用以来，产品可控性明显增强，IPD 流程引导我们更好地做计划，风险提前考虑并且引导团队想出更好的解决措施，设计思路也比较明确，且延续性比较强，同时它更是一种指导思想，特别是给年轻的工程师和 PDT 经理提供了更好的指导。"技术管理中心曹亚裙说："自从引用了 IPD 流程以来，技术更改明显减少，可以提前发现问题，减少了很多研发中不必要的损失。"研发总监诸永定说："引用 IPD 思想以来，我们的跨部门沟通明显加强，技术也达到了很好的交流共享，研发团队也充分考虑了公用基础模块……"

到 2004 年年底，IPD 变革给方太研发绩效带来了明显的提升：

- 2004 年的在线项目 43 个，比 2003 年增加 1.5 倍，但研发人员仅比 2003 年增加 20%。

- 按时完成率，80%（误差，超过项目完成时间 15 天内）。
- 研发周期缩短 50%，平均研发周期（不包括 SKD、改进型）9 个月，单个项目最长周期是 12 个月，最短的 5 个月。咨询项目实施前的平均研发周期约为 16 个月。
- 设计更改减少，设计过程中的更改减少了约 50%，过去模具往往要改 2 ~ 3 次，现在一般更改 1 ~ 2 次。
- 技术积累增加，在“产品线+能力中心”的运行模式下，能力中心关注能力的建设，包括 CBB 的建设。2004 年已经建立起初步的 CBB 库和研发经验库。
- 新人成长速度加快，过去，新人没有人管，成长缓慢，在新的体制下，新人在 PDT 中发挥作用，新的激励机制促进了有经验的研发人员培养新人，使新人成长的速度明显加快。
- 工作交接比较顺利，过去，人员的流失，尤其是研发骨干人员的流失会给研发工作造成很大的混乱。现在，由于有了新的体系的支持，人员变动后工作接手方面基本不会出现大的问题。

8. 巩固变革成果

自 IPD 研发体系正式运行以来，方太研发工作可谓日新月异，每天都在发生变化，这种变化不是表面的，而是深层次的、脱胎换骨的变化。

从 2005 年起，研发体系优化小组更名为“常务小组”，体现了方太持续关注和巩固变革成果、坚持不懈推行 IPD 的决心。常务小组将立足于 IPD 思想的深入贯彻、流程的持续优化，并努力营建团队协作氛围，不断推动公司产品研发、技术研发工作规范地开展。

2005 年常务小组的主要任务：

- 建立、完善并实施培训体系。
- 研发流程的持续优化。
- 领导和管理能力培养及团队建设。
- 技术任职资格体系的优化和完善。

经过持续地渗透，到 2006 年，此时 IPD 文化已经深入人心，在一堆 IPD 术语畅行得好像原本就是这样时，“常务小组”便逐渐淡出了人们的视线。

这一年里，有段关于 IPD 的佳话不得不提。原“优化小组”成员陈雪芬与曾以品质部主管身份担任过 PDT 经理的张涛结婚，时任制造总监的李本杰作为证婚人，一纸“按 IPD 流程实施的婚姻有效”的证婚词，让全场嘉宾忍俊不禁。

[场景] 2006 年 5 月 8 日　陈雪芬、张涛婚宴现场

新娘、新郎、各位长辈、各位亲朋好友：

晚上好！

今天 5 月 8 号是谁结婚谁发财的好日子，我受新郎新娘的重托，担任张涛先生与陈雪芬女士结婚的证婚人，深感荣幸。我是第一次——“证婚”，张涛、陈雪芬是第一次——“结婚”，但新郎、新娘结婚终生也就只有这么一次了。我把新娘、新郎的名字串起来赠送一副对联：

雪飘芬芬，纯情浓化水。

水张涛涛，真爱恒似海。

横批“涛声依旧”

张涛先生与陈雪芬女士的婚姻是天作之合，上帝所造，乃顶级情侣产品，同是方太人，让我们按照方太 IPD 的流程来验证这对组合的恋爱历程。

（1）概念阶段：2003 年 3 月 13 日，张涛先生到方太报到，初识陈雪芬女士，男女心灵碰撞，潜在需求在心中萌生，产生了磁力市场。

（2）计划阶段：2003 年 3 月 28 日，张涛先生约陈雪芬女士去虞波广场放风筝，最妙的是动员了方太的超级灯泡——“查亮亮”陪伴，照亮了他俩前行的情路（精彩细节内容留给新娘、新郎下回分解）。

（3）研发阶段：在超级灯泡“查亮亮”默默发光的无私照明下，张涛先生隔三差五地约陈雪芬女士放风筝，研发出来一片情感的大空。着急于风筝扯来扯去的纠缠不清，仙人江毅出马，勇敢地捅破了那层窗户纸，坐收“渔翁之利”。

（4）验证阶段：*N* 年相伴 *N* 年考验，平日里轧平了方太大院里里外外的数条马路，也赢得了双方父母的祝福。*N* 年看了婚房无数，爱情指数也跟随房价一路飙升，越看越高。

（5）发布阶段：经过试样合格，通过小批量恩爱生活顺利验收，我今天代表政府宣布：张涛先生与陈雪芬女士经过相识、相恋、相爱缔结的婚姻，符合《中华人民共和国婚姻法》之规定，婚姻真实合法，有效！准入洞房。

让我们真诚地祝愿他们永远幸福，愿他们孝敬父母，愿他们育爱子女，愿他们一生恩恩爱爱，愿他们全家美满富足！

证婚人：李本杰

8.5 研发管理变革的关键成功因素

通过研发管理变革，打造高效的研发体系，源头在一把手，而关键也在一把手。除了最高层支持、承诺和参与这一首要因素外，建立系统性、有针对性和可操作性的解决方案，通过有效地实施组织和流程来解决问题，以及坚定不移地改变观念和做事方式，并最终改造企业文化也是关键的成功因素。

8.5.1 从一把手开始

面对 21 世纪纷繁复杂的商业环境，中国企业的老总们越来越认识到高效研发体系的重要性和迫切性。但是，如何才能打造高效的研发体系，总裁们在理念、原则和思路上存在很多不系统、认识模糊，甚至不正确的地方，对研发体系和方法缺乏全面、准确地了解和把握。比如，很多企业高层认为研发就是研发部门的事情，而没有把研发当做是企业的整体运作；对产品成功片面强调技术和人才的重要性，而忽视研发管理体系的长期性和根本性的作用；缺乏前瞻性的、有效的产品战略及规划；只关注最终产品的研发，不重视甚至不了解产品平台研发；技术研发与产品研发混为一谈，两者没有实现分离，等等。

当然，绝大多数的老总长期在商场上打拼，积累了丰富的商战经验，对产品的行业和市场环境具有深入的了解，尤其很多老总是搞研发出身的，对产品和技术也了如指掌。然而，时过境迁，过去的经验和认识并不是未来成功的有效向导。随着市场、竞争和技术环境的剧烈变化，企业如何建立适应现代商业环境的研发模式，无疑是总裁们面临的巨大挑战。据汉捷公司的观察，在中国，绝大部分企业总裁并不真正懂得现代的组织化、流程化和团队化的研发管理模式和方法。

所以，推动研发管理变革，打造高效的研发体系，要从一把手开始。

首先，一把手必须带头学习和把握现代研发理念、模式和方法，了解企业研发管理的现状及存在的问题，确定研发管理变革的方向和目标。在我与企业总裁们讨论研发方面的问题时，很多总裁往往只是一味地抱怨研发效率低，产品研发进度总是滞后，质量问题不断，等等。然后再怀念一番自己当年如何带领一班人搞产品的辉煌经历，谈到如何解决问题，无非是要求研发部门学习先进的研发管理方法和工具（往往还会特别强调一下研发项目管理的方法），如何去监控研发人员的各项工作。殊不知，首先需要，也是最需要更新理念和学习研发管理的往往是一把手自己。

谈到这一点，也许很多总裁们会不服：如果说我不懂研发管理，那么公司产品和技术为何有今天的成就呢？诚然，在企业创业和初期发展的过程中，一把手直接推动了企业的成功。但是初期的成功更多的是靠创业者和员工的拼命努力和聪明才智，尤其是一把手的智慧（包括直觉），将来，企业要进一步成长，要做强做大，必须超越过去"游击队式"的运作方式，建立"正规军"的运作模式。在研发方面，需要建立组织化的、团队化的研发管理体系。而体系的精髓和灵魂是理念和原则，试想：如果一把手对现代研发管理的理念和原则都不了解，或者仅停留在"市场导向"、"质量至上"等这些抽象甚至模糊的认识上，那么，企业的研发工作怎么会有正确的指导思想呢？企业研发体系怎么会有灵魂呢？另一方面，现代研发管理体系非常关键的一点是跨部门的一体化运作，或者称跨部门协同，这种跨部门的运作光靠研发负责人的努力是不够的，其实在职能化特征比较明显的企业，研发负责人（包括研发副总）往往也不愿意去推动跨部门的协同，因为结果一般是吃力不讨好。所以，一把手需要责无旁贷地承担起这一艰巨的任务，当然，他先得理解跨部门协同的概念，特别是如何才能推动跨部门运作。

我多年来一直在讲授"如何打造高效研发体系"和"集成产品研发"的课程，这两门课程是专门为企业中高层开设的研发管理方面的高端和整体性课程。遗憾的是，我在很多企业讲授这两门课程时，很多企业的一把手不会参加。而课程一结束时，研发主管们就会向我叹气：如果我们总裁能够参加课程就好了，只要他懂了，后面的事情就好办了。

我们经常对华为推行 IPD 的效果津津乐道。华为为什么从 1998 年年初就开始推行 IPD？为什么推行 IPD 会那么彻底？正是因为华为一把手任正非率先理解了 IPD 这样的现代研发管理理念和模式，才使得华为在国内率先引进和实施 IPD，并不折不扣地推行，通过多年的努力，建立了具有国际水准的研发体系。

那么，在研发管理变革过程中，一把手要做什么？应该怎么做？根据企业研发管理变革的成功实践，一把手主要要做好以下几方面的工作。

1. 宣贯研发理念和原则，推动研发文化转变

通过学习和思考，一把手理解了先进的研发管理思想和模式，进而可以在研发部门或者第三方咨询机构的帮助下，提炼和整理为公司的研发理念和研发管理原则，通过多种形式在公司宣传和贯彻，持续转变研发人员的观念和行为习惯。

2. 直接推动和参与研发体系的实施和优化

一把手不仅要表达对研发管理变革的支持和决心，更重要的是要承担直接推动者的角色，对研发变革的成败负责，承诺并参与研发变革的进程，对实施过程

进行必要的监控，及时扫除推行过程中的重大障碍。

3．履行在研发体系中的职责

在实施新的研发体系时，一把手需要带头履行产品战略及规划制定、立项决策、在产品研发过程中的决策评审、授予项目组权力等职责，以起到带动作用。

4．选拔合适的人员

为了运行新的研发体系，一把手既要大胆选拔合适的人员，也要坚决更换不合适的人员。在加强对人才培训的同时，更应赋予他们充分的责、权，敢于压担子，同时，建立良好的激励机制。

在研发管理变革实践中，一把手最容易犯的一个错误是更多地把自己当做旁观者和评判者。尽管他也表达对变革的支持和决心，但一旦变革中出现了问题或有人向他反映了问题——这是变革中必然出现的，他不是去推动问题的解决，而是怀疑和责怪实施人员。在一把手的观望下，越来越多的人加入了怀疑甚至抵触的行列，最终使变革失败或者效果很不理想。

所以，一把手不仅是研发变革的推动者，也应该是变革的实施者。

8.5.2 系统性、有针对性、可操作性的研发管理解决方案

研发管理变革要解决的是系统性的问题。对系统性管理问题的解决，采用“头痛医头，脚痛医脚”的办法是难以奏效的，而必须要进行系统思考，采取系统性的解决方案。

拉尔夫·基尔曼在《摆脱救急观念》一书中指出：人类创造的组织系统所衍生出来的复杂问题，无法用简单的救急方法来解决。唯一的方法是发展一套真正的综合措施，一套管理现代组织的整体规划。这套整体规划应包含5个部分：①文化；②管理技巧；③团队建设；④战略结构；⑤报酬系统。如果只贯彻这些措施中的一种或几种，则任何试图改善绩效和鼓舞士气的努力都难以奏效，任何短暂的效益都会很快消失。只有在不断努力的基础上，实施全部五种措施，才能取得持久的成功。

根据汉捷咨询的方法论，整个研发管理系统及其子系统都可以划分为5个主要的要素——理念、策略、人力资源、结构和流程或制度。在优化研发管理系统时，对这5个要素必须进行系统的、全面的综合考虑，并将其整合起来，避免实施孤立、片面的解决方案，如图8.8所示。

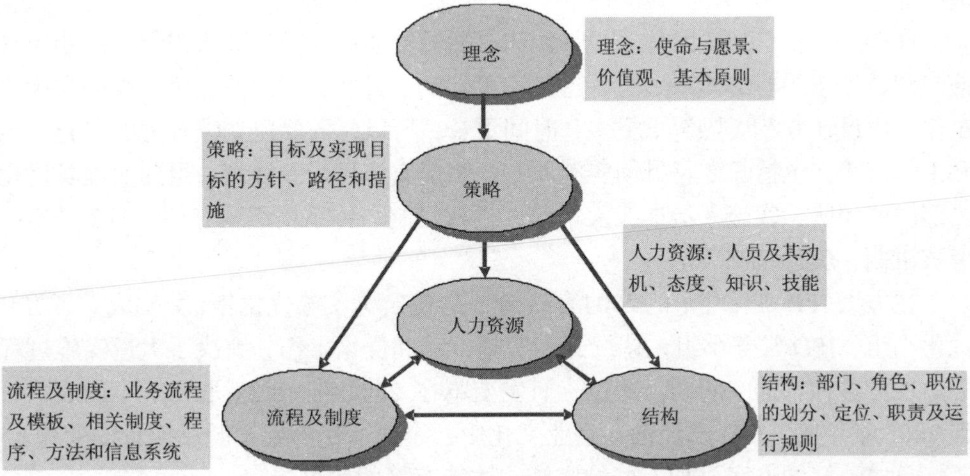

图 8.8 汉捷咨询系统性管理解决方案的框架

采用系统性的解决方案并不是要同时实施研发管理体系的所有子系统或模块。在实施步骤上，企业需要根据实际情况，按照“总体规划，分步实施”的原则，在不同的时间段实施不同的子系统或模块。而在实施每个子系统或模块时，需要考虑系统要素的整合。比如，企业实施研发质量管理系统时，其解决方案就应该包括质量理念、质量目标及方针、质量部门及岗位设置、质量人员及技能培养、技术评审流程、质量保证制度、质量绩效评价、质量奖惩机制等。

研发管理解决方案要结合企业实际，具有针对性。各家企业的行业及产品不同、发展阶段不同、管理基础不同、企业文化不同，适合的解决方案也肯定有差别。但不宜片面强调企业的特殊性，在引进业界先进的研发管理方法论时，应充分遵循其基本思想、原则和方法，再针对实际情况做出调整和细化。这除了企业需要树立平衡的观念外，在导向上，企业高层更多地要强调遵从规律和标准，而把结合企业实际需要修改的工作交给实施团队和咨询机构，这样才能形成类似华为 IPD 方案设计的“拧麻花”效应，制定真正适合企业的解决方案。

研发管理解决方案还要具有可操作性。除了把解决方案细化、模板化、表格化、工具化外，应注意从使用者角度出发，编写流程、制度和规范，让使用者容易理解，便于沟通，另外，编制相应的培训教材、学习材料、应用手册等也是很重要的。

制定了系统性、针对性、可操作性的研发解决方案，方案的落实就有了一个坚实的基础。然而，新研发体系的有效运行和优化还有更长的路要走，过程中会出现各种各样的问题，除了坚持不懈的努力外，关键要通过实施组织和流程来解决问题。

许多公司一旦把研发体系设计出来，通过初步的试运行并下发后，就希望各部门和员工按照新的体系运行，这是不可能的。其实，后面的实施、推进和优化工作，比设计方案还要付出更多，时间更长，所以，需要建立强有力的实施组织和工作流程，包括确定及贯彻实施原则、制定实施目标和计划、组建实施及优化的部门或团队、实施人员选拔及培养、授权机制、体系培训及宣传、过程设计、考核机制、奖惩机制等。

在方太 IPD 变革中，把 2004 年、2005 年确定为实施优化年，分别成立了 IPD 优化小组、IPD 常务小组，持续开展实施推动和优化工作，解决了大量实施过程中出现的各种各样的问题。所以，研发变革在 2004 年年底就取得了丰硕成果，到 2005 年年底，IPD 已经融入企业文化中，企业运作产生了脱胎换骨的变化。

总之，好的方案，加上好的实施，才能有好的效果。

8.5.3 导入变革管理，改造企业文化

之所以称为研发管理变革，是因为改变的不仅是研发模式、组织结构、研发流程和方法，更要改变员工原有的观念和行为习惯，即改变企业文化。观念和习惯的改变总是困难重重的，而且人们对新鲜事物往往倾向于怀疑或拒绝。所以，变革管理就显得尤为重要。

管理上的变革，不破不立。在变革进行中，当人们感到这种“破”可能使自己在某些方面失控时，抵触情绪就会出现。变革管理方面的适当做法可以使人们易于接受这种变革。图 8.9 是在变革过程中人们可能产生的情绪反应曲线。

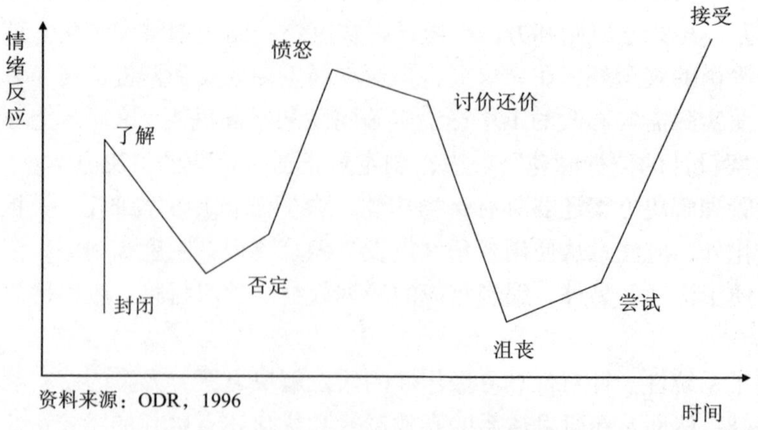

图 8.9　变革中人们可能产生的情绪反应曲线

在新的理念和体系推行时，员工典型的情绪反应是从了解、否定，到愤怒、讨价还价、沮丧，最后才是尝试、接受。比如，在 IPD 变革过程中，很多研发人员起初是有兴趣了解 IPD 到底是怎么回事的，接着就开始怀疑甚至否定，觉得 IPD 并不适合企业实际情况。当新的体系出台，要求研发人员同时接受项目经理和部门主管的领导，并且遵循流程提交相应文档时，研发人员愤怒了，继而讨价还价，希望采用折中的做法。企业还是严格要求按照新体系运行，研发人员既不熟悉又不习惯，觉得做事效率还没有原来高，沮丧的情绪在所难免。在愤怒、讨价还价、沮丧的氛围下，个别研发人员甚至会一走了之，而留下来的继续尝试新的做法，习惯在慢慢改变，更重要的是新做法的效果逐步显现，干起活来得心应手，此时，研发人员才真正接受了新的观念、体系和工作方式。

正如变革大师约翰·科特指出："文化的改变不是在开始出现，而是在最后发生。"但是，文化改变不是自动产生的，而是变革和变革管理的结果，需要企业坚定不移地改变人们的观念和做事方式。在研发管理变革中，采用增强变革的紧迫感、建立共同的变革愿景、组建变革团队、调整组织结构、选拔合适的人员、清除变革障碍（尤其是更换阻碍变革的高层人员）、制造短期成效、持续有效的培训和沟通等变革管理方法及措施，是十分必要和重要的。

变革和通过变革带来文化的改变是困难的，对于一些管理和文化基础比较薄弱的企业来说更是如此。对于这些企业来说，可以划分多一些步骤逐步建立系统性的研发管理体系，采用渐进式的变革，以规避变革的风险。

成功的研发管理变革将为企业带来研发绩效的大幅度提升，形成一流的产品创新能力，推动企业持续发展，但是，我们也应该认识到变革的风险和短期内给企业绩效带来的损失。图 8.10 反映了随着变革的推进组织绩效的变化，一个显著的特征是在新的体系推行时，由于需要一个培训、沟通、学习和改变习惯的过程，组织绩效会发生下滑，到了一定时间才会止住下滑的趋势，逐步提升并达到更高的绩效水平。图 8.10 的三角形面积就代表了变革引起的绩效损失。如果变革失败，甚至会造成组织绩效持续下降。

所以，在研发管理变革中，应注意通过有效的变革管理防止变革的夭折，并把变革引起的研发绩效下滑的深度和持续时间最小化。

现代研发管理体系的精髓是一套先进的研发管理思想，是对传统的研发管理观念和方法的改造和颠覆。因此，研发管理变革本质上是一场思想上的革命。对于处于转型期的大量中国企业来说，迫切需要通过现代研发管理思想的导入、生根、发芽和发展，使自己摆脱研发困局，改变命运，走向辉煌！

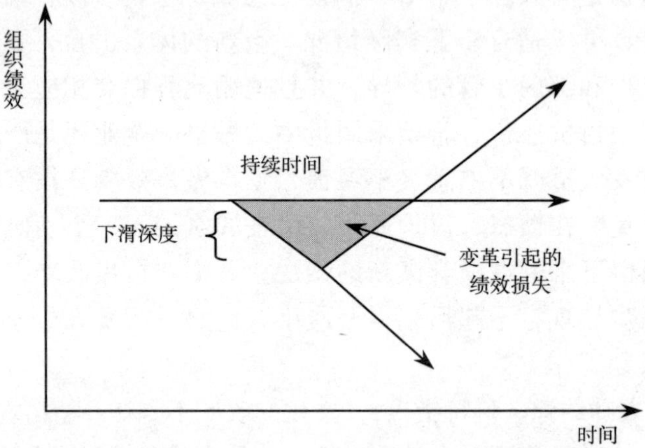

图 8.10　有效的变革管理可以减少绩效损失并避免风险

参考文献

[1] 卡尔·T·犹里齐，斯蒂芬·D·埃平格．产品设计与开发（第2版）．杨德林．大连：东北财经大学出版社，2001．

[2] 迟宇宙．海信突围．北京：北京大学出版社，2006．

[3] 郎咸平．科幻．北京：东方出版社/东方音像电子出版社，2006．

[4] 琳达·哥乔斯．产品经理的第一本书．戴维侬．北京：中国财经经济出版社，2004．

[5] 琳达·哥乔斯．产品经理的第二本书．戴维侬．北京：中国财经经济出版社，2005．

[6] 程东升，刘丽丽．华为真相．北京：当代中国出版社，2004．

[7] 程东升，刘丽丽．华为经营管理智慧．北京：当代中国出版社，2005．

[8] 罗伯特·布德瑞．企业研究院．盛逢时．北京：中信出版社，2003．

[9] 李仪．PDM原理、方法与实践．北京：中国商业出版社，2007．

[10] 唐纳德·莱曼，拉塞尔·温纳．产品管理．（第4版）．汪涛．北京：北京大学出版社，2006．

[11] 汉捷研发咨询有限公司．研发管理（2005年合订本），2006．

[12] 汉捷研发咨询有限公司．研发管理（2006年合订本），2007．

[13] 汉捷研发咨询有限公司．研发管理（2007年合订本），2008．

[14] 迈克尔·E·麦格拉思．培思的力量．徐智群，朱战备．上海：上海科学技术出版社，2007．

[15] 汤姆·凯利，乔纳森·利特曼．创新的10个面孔．刘金海等．北京：知识产权出版社，2007．

[16] 菲利普·科特勒，费尔南多·德·巴斯．水平营销．陈燕茹．北京：中信出版社，2005．

电子工业出版社世纪波公司好书推荐

《态度决定高度》

杨正辉 著　　16 开　　定价：18.00 元

内容简介：这是一本所有职业人提升个人竞争力的必读物。本书通过微软现任总裁史蒂夫·鲍尔默成功创造数百亿美元打工神话这个事实，从“成功要靠巧力，而不只是辛苦”、“客户的心情决定你的‘薪情’”、“不创新就像大象被挑断了脚筋”、“做一些别人想都不敢想的事”、“经营你的人脉”、“追求卓越无极限”、“当你跨入管理层之后”7 个方面剖析了职场中人要想成功的若干个秘密武器。

《公司要好，员工要强才行》

（韩）金基铉 著　　16 开　　定价：19.80 元

内容简介：员工的业务处理能力就是企业的竞争力。虽然大企业内许多职员的业务操作水平已达要求，但业务能力和创造力的发挥还需要进一步开发和培养。本书作者在韩国现代集团工作 31 年，有在企业各个部门丰富的工作经历及海外的工作经验。对于职场生活有独具一格的感悟和看法。本书从职场人的精神姿态、高效的业务处理能力、职场内的人际关系、爱人的力量等方面进行阐述，为企业经营者或企业高管们提供有价值的参考经验。

《集中精力做重要的事》

（美）杰克 · 坎菲尔德，马克 · 维克多 · 汉森，莱斯 · 休伊特 著

16 开　　定价：21.80 元

内容简介：想知道你做事拖拉、效率低下的原因吗？就是没有集中精力做自己最擅长的事情。在本书中，你将学到世界上最成功的人士所运用的聚焦战略，比如养成好习惯、建立良好的人际关系、保持自信等。无论你想拥有什么，你都可以通过阅读本书的战略并加以实施，从而实现你的梦想。这些非常实用的战略由一系列易于操作的行动方案组成，只要你认真尝试，你会惊喜地发现：自己的时间更加自由，银行存款倍增，最重要的人际关系更加牢固。

《忙要忙到点子上》

毛尧飞，杨立军 著　　16 开　　定价：20.00 元

内容简介：不知从何时起，“忙”成了我们的口头禅，也成了多数人的生活常态——忙于工作、开会、应酬、充电……忙得不可开交，似乎总有做不完的事。整日的忙碌让众多职场人士辛苦万分，同时也并非企业的管理者所乐见的。员工的过度忙碌造成了企业资源更多的消耗，也增加了企业人力资源管理的危机。忙，真的很有讲究。该如何才能忙得正确、忙得舒心、忙出成效呢？本书将为忙并盲着的职场人士提供行动指南，突破大多数人的生活常态。

《培养高效执行的员工（第 2 版）》

（美）米基·霍利迪 著　　16 开　　定价：28.00 元

内容简介：本书作者米基·霍利迪以大量生动活泼的实例向大家讲述了培养高效执行的员工的三种途径：指导、督导和引导。企业的中高层管理者可以通过这些简单易学、行之有效的技能和方法来激励自己的员工，使他们以饱满的工作热情和积极向上的态度投入到工作之中，从而实现个体和团队的效益最大化。本书将有助于你提高说服、变革与发展的能力。不管你的员工是 3 人还是 300 人，你不仅将取得期待中的结果，而且将获得最为自豪的成就。

《俘虏职场 VS 职场俘虏》

（韩）金二洙　　16 开　　定价：25.00 元

内容简介：本书作者结合自己多年的工作经验及人生阅历，通过大量生动的事例，从 6 个方面全面剖析职场生活，帮助职场中的你充分认识自己的价值，并有针对性地进行自我开发，进而把自己打造成为既能在顺境中一飞冲天，也能在逆境中逆风飞扬的人。

以上图书各大新华书店均有售，或按如下地址咨询：
北京世纪波文化发展有限公司（北京市万寿路南口金家村 288 号华信大厦）
邮编：100036　　电话：010-88254199　　E-mail: sjb@phei.com.cn

反侵权盗版声明

电子工业出版社依法对本作品享有专有出版权。任何未经权利人书面许可，复制、销售或通过信息网络传播本作品的行为；歪曲、篡改、剽窃本作品的行为，均违反《中华人民共和国著作权法》，其行为人应承担相应的民事责任和行政责任，构成犯罪的，将被依法追究刑事责任。

为了维护市场秩序，保护权利人的合法权益，我社将依法查处和打击侵权盗版的单位和个人。欢迎社会各界人士积极举报侵权盗版行为，本社将奖励举报有功人员，并保证举报人的信息不被泄露。

举报电话：（010）88254396；（010）88258888

传　　真：（010）88254397

E-mail：　dbqq@phei.com.cn

通信地址：北京市万寿路 173 信箱

电子工业出版社总编办公室

邮　　编：100036